长寿年鉴

CHANGSHOU YEARBOOK

2017

重庆市长寿区人民政府 编

方志出版社
Publishing House of Local Records

图书在版编目（CIP）数据

长寿年鉴. 2017/重庆市长寿区人民政府编. --北京：方志出版社，2018.1
ISBN 978-7-5144-2942-8

Ⅰ. ①长… Ⅱ. ①重… Ⅲ. ①长寿区—2017—年鉴
Ⅳ. ①Z527.193

中国版本图书馆CIP数据核字（2018）第014806号

长寿年鉴（2017）

编　　者：重庆市长寿区人民政府
责任编辑：冯　松
出 版 人：冀祥德
出 版 者：方志出版社
地址　北京市朝阳区潘家园东里9号（国家方志馆4层）
邮编　100021
网址　http://www.fzph.org
发　　行：方志出版社图书经销中心
电话（010）67110500
经　　销：各地新华书店
印　　刷：重庆巴南彩印厂
开　　本：889×1194　1/16
印　　张：37
字　　数：1228千字
版　　次：2018年1月第1版　2018年1月第1次印刷
印　　数：001~700册

ISBN 978-7-5144-2942-8　定价：260.00元

《长寿年鉴》编纂委员会

顾　　问　赵世庆　张明生　张　华

主　　任　巴川江

副 主 任　师明萌　潘晓林　张昌红　陈志洪

成员单位　区委办、区人大办、区政府办、区政协办、

经开区办、区委组织部、区委宣传部、

区财政局、区志办

主　　审　师明萌　张昌红

主　　编　游　江

《长寿年鉴》编辑部

主　　编　游　江

执行编辑　朱凤乔

责任编辑　杨　耀　刘雪颖　张晓明　张玉洁

何　章　高振声　李春兰　程　伟

《长寿年鉴（2017）》编写人员

（按姓氏音序排列）

艾长明	敖　伟	操良静	柴　琳	陈　侃	陈　维	陈俊材
陈　强（低保中心）			陈　强（救灾科）			陈文丁
陈跃勇	程　庸	程　哲	程帮全	程泽凤	戴　璐	但昆华
邓明成	邓银婕	董金津	杜华莉	范星星	付　玉	付妮娜
付新轶	傅歆芯	高　凤	高　勇	高丽岚	高小鸿	郭永乐
韩　静	韩　黎	韩　林	何　欣	何　颖	何　章	何光明
何建彬	何小松	何晓倩	贺开利	洪　啸	洪永良	侯俊成
胡　倩	胡　杨	胡小敏	胡晓强	黄　婕	黄　井	黄　伟
黄瀚霖	黄家菊	黄金花	黄隆平	黄南天	黄永利	简　勇
蒋舰斌	焦　旺	经本鑫	柯长林	赖　婧	雷　达	雷福中
雷庆君	李　婕	李　伟	李　娅	李代威	李佳宏	李俊薛
李唐贤	李雪源	李永鑫	李勇军	李源江	梁勤勇	廖　欣
刘　科	刘　梅	刘　权	刘　睿	刘　竹	刘良安	刘显碧
刘小波	刘星星	刘学瑜	刘政权	陆　钰	罗　晋	罗　娟
罗昌友	罗德明	罗洪波	罗明江	罗小松	吕　峰	吕兴建
马　岱	倪春红	聂　鹏	宁　娜	彭　润	戚晓容	邱　林
邱　宇	瞿勇强	邵　鹏	沈亮亮	沈紫鹭	舒　莉	孙　祥
谭　睿	谭其军	汤世华	唐　榕	唐嘉佩	陶　超	陶　亮
陶世英	田洪波	汪　维	汪月琴	王　莉	王　松	王国兵
王瀚立	王利利	王维安	王小强	王亚东	王元梅	王智航
韦爱群	文　燕	文　瑶	文佳刚	文宇洁	吴　洪	吴健雄
鲜亚中	项　川	项淮垣	肖　举	谢　莉	谢廷冰	熊　伟
徐　里	徐　滔	徐美峰	徐尊萍	杨　宏	杨　静	杨　梅
杨　明	杨　娜	杨　琪	杨　妍	杨　颖	杨家全	杨顺民
杨永超	尧　敏	叶　蒙	叶凌云	叶亚琴	叶云芬	余　杰
余剑梅	余晓莹	余勇士	余志鹏	喻　茳	喻　鹏	袁　准
袁国勤	袁时雨	袁志龙	曾晓东	张　闯	张　群	张　伟
张成文	张福江	张洪维	张铭文	张其昌	张茜评	张晓强
张正东	张忠荣	赵　勇	赵玮炜	郑延龄	周　丹	周　一
周　游	周家修	周建村	朱天一	邹　红	邹　仪	左　娟
左艳萍						

编辑说明

一、《长寿年鉴》坚持以马克思列宁主义、毛泽东思想、邓小平理论、“三个代表”重要思想、科学发展观、习近平新时代中国特色社会主义思想为指导，坚持辩证唯物主义和历史唯物主义的思想、观点和方法，系统地记述重庆市长寿区自然、政治、经济、文化和社会等方面情况，真实、全面、系统地反映重庆市长寿区改革开放、经济发展、社会进步的成就，旨在为决策参谋、为经济导航、为民众服务、为修志积智，是各级组织、社会各界和广大民众认识、了解长寿的一个窗口。

二、《长寿年鉴（2017）》记载2016年重庆市长寿区经济、政治、文化、社会和生态文明建设的发展变化情况。正文内容以部目、类目、分目、条目组成框架结构的主体部分，以条目为表现内容的基本形式。全卷设特载、大事记、长寿概况、政治、经济、社会事业、镇（街道）、人物、统计资料、附录10个部目。设特载、大事记、长寿概况、中共重庆市长寿区委员会、重庆市长寿区人民代表大会、重庆市长寿区人民政府、政协重庆市长寿区委员会、中共重庆市长寿区纪律检查委员会（区监察局）、民主党派　工商联、群众团体、法治、武装、农业和农村经济、工业、工业园区建设、中央市属在长寿企业、商贸服务业、交通　邮政业、信息业、城乡建设与管理、建筑　房地产业、环境保护与管理、旅游业、库区移民、财政　税务、金融　保险、非公有制经济、经济管理与监督、文化　体育、教育　科技、医疗卫生　计划生育、社会事务、民生、镇（街）、人物、文献、统计资料、附录等38个类目，283个分目，1381个条目。条目标题以黑体字加【 】表示。一些黑白照片插入内文，以求图文并茂，以图补文。彩页的时政要闻图片以“活力长寿”为主题刊载，继续设《数字长寿》版。

三、《长寿年鉴（2017）》在保持上年基本框架的前提下，根据年度特点和有关领导、供稿部门、年鉴专家、读者的意见作了部分调整。在《中共重庆市长寿区纪律检查委员会（区监察局）》类目增设《重要会议》分目；在《工业》类目增设《钢铁冶金工业》《化学工业》《装备制造业》《电子信息工业》《智能家居和食品工业》分目；在《中央市属在长寿企业》类目新增《重庆钢铁股份有限公司》分目，将《重庆长寿化工有限责任公司（重庆长寿捷圆化工有限公司）》分目名称增加（重庆化医长寿化工集团有限公司）；在《信息业》类目将《长寿新闻网》分目改为《长寿日报新媒体》；在《旅游业》类目《概述》分目增加《长寿区旅游特色商品》的内容，增设《滨江长寿谷景区建设》分目；在《人物》类目增设《领导人物》分目，增设《在长寿的外地人》分目，暂停设《人物传略》分目，恢复《烈士》分目；增设《附录》类目。

四、《长寿年鉴（2017）》的计量单位采用国家法定计量单位，但个别仍沿用常用非法定计量单位，以适应习惯的使用方法。经济社会统计资料由区统计局提供。一些单位报送的统计数据因统计口径不同，使用时应以统计局的数据为准。

五、稿件作者署名，除在编写人员栏目中罗列外，在文末标出。

《长寿年鉴（2017）》时政要闻彩页版
提供图片的单位和个人

中共重庆市长寿区纪律检查委员会

《长寿日报》社

重庆市长寿区交通委员会

重庆市长寿区江南街道办事处

《长寿文化》报社

樊　强

开放与合作

2016年11月17日，中共长寿区委书记赵世庆（左五）、区长巴川江（左六）带队到沙坪坝区考察市容环境综合整治工作

2016年11月8日，长寿——邻水战略合作框架协议在“邻水渝北长寿垫江四方领导小组首次联席会议”上签订。四川省、重庆市、四川省广安市有关领导，长寿区领导赵世庆（右四）、左永祥（右二）等出席会议

2016年4月12日，长寿经开区的杰富意金属（重庆）有限公司年产120万只高品质钢桶项目竣工投产。区领导赵世庆（左四）、巴川江（左三）、张华（左二）、潘晓林（左一）等出席投产仪式

2016年9月26日，长寿区政府、攀华集团、找钢网在长寿举行战略合作发布会暨胖胖狗“互联网+供应链”启动仪式。区领导赵世庆（右五）、巴川江（右三）、张明生（右二）、张华（右一）等出席

2016年11月14日，重庆长寿远恒佳学校开工建设。区领导巴川江（右三）、张明生（右二）、张华（右一）等参加开工奠基典礼

2016年1月8日—11日，第十五届中国西部（重庆）国际农产品交易会，长寿18家农业企业的30余个特色农产品销售59.8万元，签订农业项目订单1.6亿多元

2016年4月13日，第二十届国际柑桔病毒学家组织（IOCV）的专家到现代农业园区考察后认为，长寿柑橘病虫害防治技术处于世界领先水平

2016年4月21日，在长寿召开的重庆市木门行业协会三届七次会议提出共同打造“中国家居（木门）产业基地”

2016年4月22日，长寿工业园区家由莱公司举办“第十三届全国加盟商大会”，全国21个省市的100余名经销商、厂方代表参加

2016年12月，长寿现代农业园区企业尚蔬坊生产的纽荷尔香橙装箱上车，远销江浙一带

2016年6月16日，重庆大学国际学院19个国家的60余位留学生，到长寿现代农业园区参观

2016年2月22日，长寿菩提古镇举行战略合作伙伴签约仪式

2016年9月9日—10日，全国42家重点网络媒体的编辑、记者们到长寿采访、报道

2016年3月1日，长寿区第一项世界纪录——菩提山万寿天梯获得扛旗世界纪录认证公司“刻最多‘寿’字的石梯”认证

2016年7月22日—23日，吸引中外名模参与的2016年葵花节摄影大赛在长寿湖举行

2016年9月16日，长寿区参加在重庆悦来国际博览中心举行的2016重庆国际旅游狂欢节开幕式

2016年9月24日—25日，全国40余支体育组织的665名运动员参加2016年重庆长寿湖全国铁人三项锦标赛

2016年4月19日，第三军医大学大坪创伤专科医院与长寿化工园区医院签订技术指导合作协议，长寿化工园区医院正式成为大坪创伤专科医院指导医院

2016年6月11日，南川道南中学暑期实践活动到长寿区科技教育特色学校八颗中心校，交流学习科教成果和经验

2016年12月18日，巴渝文化网开网及中国文联《人民文艺家》杂志重庆组稿中心授牌成立仪式在长寿巴乡谷举行

2016年4月16日、17日，全区的50支社区坝坝舞代表队参加2016年全国社区（乡村）广场舞大赛

中国共产党重庆市

区委书记赵世庆报告中共重庆市长寿区第十二届委员会工作

2016年12月27日—29日，中共重庆市长寿区第十三次代表大会在科技文化中心礼堂举行。区领导赵世庆、巴川江、张明生、张华、何以龙、左永祥、王身高、侯宇生、谭伟、王志宏、蒋牧宸、师明萌、李雪松在主席台前排就座。全区339名党代表出席大会，全区部门、镇街负责人98人列席。图为大会开幕式会场

长寿区第十三次代表大会

新当选的中国共产党重庆市长寿区第十三届委员会常务委员

区领导赵世庆（左图中）、巴川江（右图中）、谭伟（左图右）、师明萌（右图右）、李雪松（右图左）、唐华（左图左）参加代表团讨论

代表们在各代表团参加讨论

重庆市长寿区第十七届人民代表大会第六次会议

代理区长巴川江报告政府工作

区人大常委会主任张明生报告人大工作

闭幕式上的区委、区人大、区政府、区政协四大班子主要领导

新当选的区长巴川江面向国旗庄严进行宪法宣誓

重庆市长寿区第十七届人民代表大会第六次会议于2016年3月13日—16日在区科技文化中心礼堂召开。会议应到代表284人，178人列席会议，10名市民代表旁听第一、二次全体大会。图为大会会场

区领导和代表们参加分团讨论

中国人民政治协商会议重庆市长寿区第十四届委员会第五次会议

区政协主席张华报告政协工作

大会主席台

与会政协委员参观长寿火车北站建设

政协委员分组讨论

2016年3月12日—17日，政协重庆市长寿区第十四届委员会第五次会议在区科技文化中心礼堂召开。会议应到委员288人，实到273人。19名市民代表应邀旁听大会。图为大会会场

工业高地——

2016年，全区实现工业增加值176.8亿元，比2015年增长10.7%，占全区地区生产总值的38.9%。规模以上工业总产值900亿元，增长12.5%。钢铁行业加快产品结构调整；化工行业产值增长5.1%，医药化工产值增长34.2%，MDI一体化实现产值74亿元；装备制造行业产值增长24.6%，加快以现代汽车配套项目为主导的产业集聚，发动机、变压器产量分别增长20.7%、30.4%；新材料新能源行业产值增长29.2%，引进深圳比克电池全产业链项目，实现新能源汽车及配套动力电池产业零的突破；电子信息行业产值增长10.3%，高端移动智能产品项目入驻企业17家。

长寿工业园区（街镇工业走廊）升格为市级特色工业园区，成功打造“长寿家居”品牌，加快推进智能家居、大健康产业集聚和中科未来城建设。

2016年4月22日，长寿区与旭川化学（苏州）有限公司年产10万吨聚氨酯树脂项目签约。区领导赵世庆（后右四）、巴川江（前右）、张明生（后右三）等出席签约仪式

2016年2月29日，北京紫光制药在国内唯一的原料药及医药中间体研发生产基地——重庆康乐制药有限公司原料药及医药中间体生产线建设项目开工。区领导赵世庆（右六）、巴川江（右四）等出席开工仪式

2016年7月8日，重庆力标汽车部件有限公司年产1200万件汽车零部件项目在长寿经开区开工。区领导赵世庆（右四）、巴川江（右五）、张明生（左三）等出席开工仪式

长寿经开区年内新注册企业36家，新开工项目72个（其中重大项目51个），开工面积198万平方米，新投产项目40个；现代汽车配套项目建设加速推进，建成投产企业7家，新增产值20亿元，开工建设25家。图为重钢股份有限公司夜景

工业集群发展

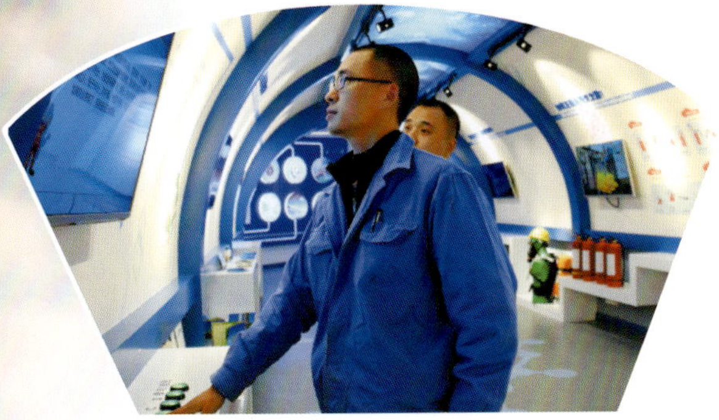

2016年3月，长寿经开区安全环保宣教中心投入使用

2016年12月8日，巴斯夫重庆第二届社区咨询委员会成立，进一步将责任关怀落实到社区

2016年8月，长寿经开区杰富意金属容器（重庆）有限公司年产120万只高品质钢桶项目竣工投产

2016年5月，重庆市映天辉氯碱化工有限公司“曾永寿劳模工作室”的成员们商讨“循环水节能改造项目”施工方案

年内，长寿区1000万台智能终端产品项目正式投产。主要生产手机、平板电脑、穿戴设备等电子通信设备。产品主要销往国外

长寿工业园区年内新增用工6616人，总计用工超过25000人

长寿工业园区（街镇工业走廊）全年完成固定资产投资47.3亿元，完成重大项目投资8.8亿元，新建成企业13家；完成工业总产值150亿元（其中规模以上产值90亿元），增长45.8%；完成利税总额25.6亿元，增长2.2倍

农业基地

2016年，全区实现农业总产值66.2亿元，比2015年增长15.4%，建成全市首个综合性畜牧信息平台——长寿畜牧云信息服务平台，现代农业园“互联网+”晚熟柑桔气象为农服务平台建成投用。新发展区级以上农业产业化龙头企业9家、农民合作组织129个，认证家庭农场130家。推进农业政策性保险，水稻、玉米、油菜、柑橘、渔业投保面积9600公顷。

2016年，全区粮食播种面积70640公顷，产量37.33万吨，现代粮食生产园核心区二期和移民生态园建成

农业稳产增收

年底前，温氏5000头种猪、源创20000头生猪、标杆60万只蛋鸡项目建成投产

2016年，蛋鸡存栏量和有机水产品产量保持全市第一

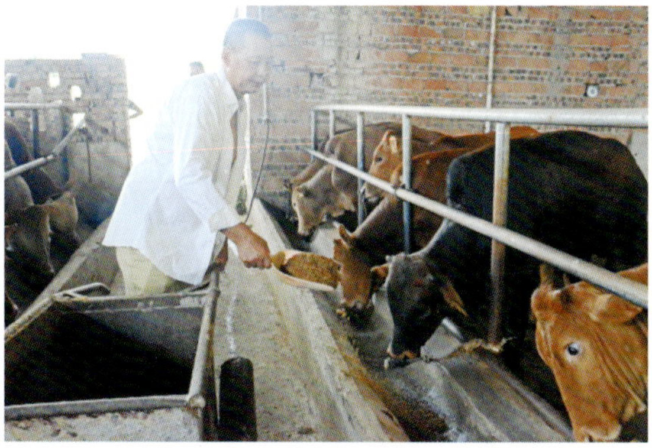

全年饲料产能和奶牛存栏居全市第二

依托地理优势发展生态养殖

2016年， 全区蔬菜播种面积15000公顷，总产量36.4万吨；果树种植面积25133公顷，总产量26.98万吨。建成中国无公害果蔬示范区

旅游胜地

全年接待游客770万人次，比2015年增长10%；实现旅游收入47亿元，比2015年增长11.9%。完成《长寿区乡村旅游总体规划》编制。长寿湖加快聚集旅游和大健康、新金融产业；菩提山文化旅游区综合楼及商业配套设施开工，菩提古镇获得评选“全国优质旅游项目”。全区首部旅游微电影《长寿湖之恋》上线全国各大网站。

2016年6月和9月，成功举办长寿湖龙舟民俗文化节和全国铁人三项锦标赛等系列活动

2016年，长寿湖的房车营地、沙滩排球、郁金香展、菊花展等吸引各地游客

旅游持续升温

龙溪河游乐

柚子宴

农家乐

大洪湖畔

油菜花节

2016年，推广“长寿人家”乡村旅游品牌

第三届西部旅游产业博览会暨首届重庆旅游地产节

最具投资价值旅游地产

长寿古镇

重庆市旅游局 CBG 重庆广播电视集团（总台）

菩提山——长寿菩提古镇文化旅游区成为修身养性、休闲娱乐热点

商贸物流中心——

2016年，长寿区推动商圈业态融合发展，以重庆工贸城为载体，打造市级专业市场群，电商产业快速发展，打造区级综合公共配送中心。全年实现社会消费品零售总额117亿元，比2015年增长13%；实现商品销售总额310亿元，比2015年增长18%。

2016年12月20日，位于渝怀铁路长江大桥下游1.85千米、长寿长江大桥上游6.4千米处的长寿长江二桥开工建设。区领导赵世庆（前）、巴川江（后右六）、张华（后右五）等参加开工仪式

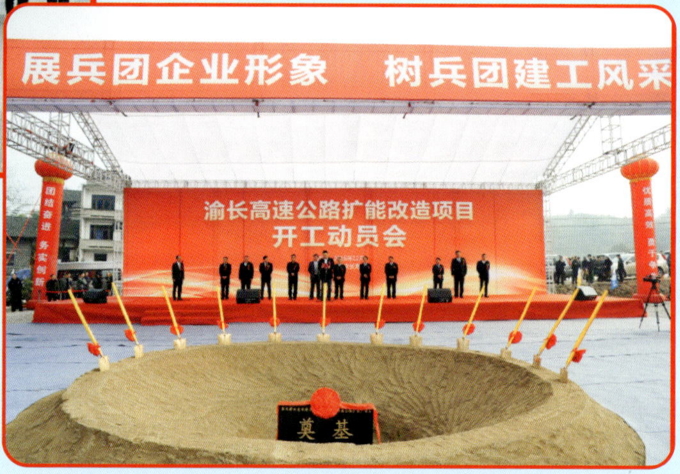

2016年12月9日，渝长高速公路扩能改造项目开工。区领导赵世庆（右五）、巴川江（左六）、张明生（右四）、张华（左五）、左永祥（左四）等参加开工仪式

年内全区商贸限额以上企业新增22家，总量达到168家

成功举办各类特色会展。7—8月开展的2016年重庆夜市文化节活动参与商家1500户，消费者41万余人，实现销售收入7.5亿元

搭建“幸福长寿”农产品电商平台，全年建成“村村淘”电商平台12个、村级电商服务站35个，16种农副产品上线销售，年交易额超过1亿元

商贸流通转型升级

年内，新崛钢材市场一期、中远物流仓储项目、中再生再生资源项目全面建成；年底前完成重庆化工品交易市场平台搭建及软件系统开发，实现网上交易

年底前，新恒阳码头完成4号、5号泊位建设投运；重庆长航（长寿）化工物流基地完成1个临时泊位建设

渝怀铁路成为长寿货物运输大动脉

建设中的渝万高铁长寿湖站

11月28日，渝万高铁正式开通运行

城市交通

农村交通

给长寿人民带来便利的渝利铁路和渝万高铁

城乡协调发展

2016年，长寿区启动“多规合一”“智慧城市”等重点工作；实施城区道路区联互通、改造老旧城区、小城镇基础设施项目、农村公路建设及人居环境改善等工程。新增城市建成区面积1.1平方千米，达到56.9平方千米，常住人口城镇化率63.32%。

2016年7月15日，中共重庆市委时任副书记张国清（右三）到长寿调研城乡规划等工作。区领导赵世庆（右五）、巴川江（右二）等参加

2016年7月7日，区领导赵世庆（左二）、巴川江（左三）专题调研桃花溪污染整治

2016年，快速推进阳鹤等四个重点区域综合开发

城区道路互联互通，年内新增通车里程13千米、停车泊位5002个

年内竣工桃花、区医院2座人行天桥

创建全国文明城区，城乡建设提质整体面貌改观

完善环保基础设施，年内整治大气、废水等方面突出问题100余个

长寿滨江片区如仙境

良好的生态环境引来成群白鹭

实施重点水源工程，2016年城市集中式饮用水源地水质合格率100%，街镇34个集中式饮用水源地水质合格率85%

全年改造农村危房1950户，4个农民新村完工

街镇建起压缩垃圾站，年内全区24座街镇污水处理厂规范运营

全年改造农村公路148千米、村道错车道2300个

改革开放创新

2016年，长寿区引进项目186个，合同引资509.2亿元，实际到位资金260.1亿元；外贸进出口总额实现10.7亿美元，实现离岸服务外包执行额1.2亿美元，实际利用内资242.1亿元、外资2亿美元；制定出台支持企业创新、推动重点区域和重点领域创新等36条措施，依托“一区一园”搭建孵化平台，每万人发明专利拥有量2.2件。

2016年9月8日，已登陆“新三板”的重庆望变电气（集团）股份有限公司投资的10万吨非晶带材及高磁感铁芯材料项目开工。区领导赵世庆（右六）、巴川江（右五）、张明生（右四）、张华（右三）等出席开工仪式

大力发展农村电子商务，年内筹建“重庆长寿村村淘电子商务公司”等微信淘宝电商平台和电商便民服务站，打通农产品销售瓶颈

2016年1月，《长寿日报》、人人长寿APP、长寿手机报、长寿新闻网、长寿日报微信、长寿日报微博六位一体全媒体构架成功

2016年5月16日， 长寿区与重庆银行签署“双创”基金战略合作项目框架协议。区领导赵世庆（后右五）、巴川江（后右四）、张明生（后右三）、张华（后右二）等出席签约仪式

2016年5月19日， 长寿工业园区管委会举行上市策划培训暨交流会，为企业挂牌“新四板”“新三板”创造条件，20余家优质企业参会

率先在全市出台微型企业工商登记制度和申办流程有关制度， 年内成为全市7个行使外商投资企业登记核准权的区县

长寿工业园区践行“创新驱动发展”战略打造全市“高新技术产业园区”

2016年3月，江南街道枇杷种植户建立协会，抱团发展

石堰镇的奥凯生态园实施生物环保养猪，年内实现粪便零排放

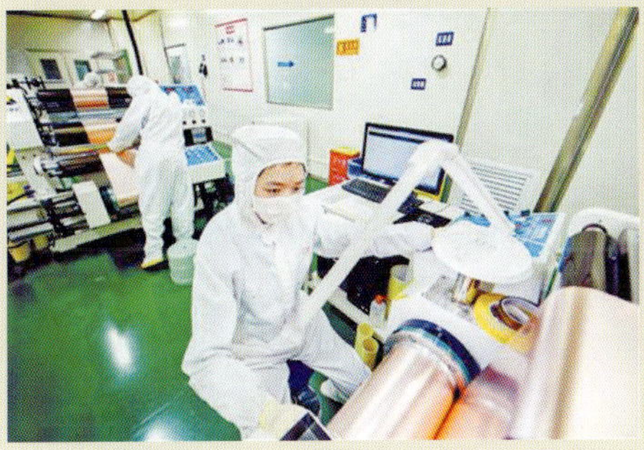

科技创新以产业优势聚集创新优势。图为2016年12月的云天化瀚恩柔性覆铜箔车间

小康动力创新赢市场，拥有行业领先的铸造生产线和曲轴箱、变速器等零部件加工线

创新社会综合治理体制，年内全区19个街镇全部实现网格化服务

年内建成科技型企业82家、国家知识产权优势企业6家、市级知识产权优势企业13家、 市级知识产权试点企业56家。图为生产高技术含量、高附加值工程塑料和塑料合金产品的LG化学（重庆）工程塑料有限公司车间

2016年6月，创新与变革——化工大企业高峰论坛在长寿经开区举行， 来自中国化工企业管理协会和全国各地的专家、学者、 企业家们齐聚一堂交流和探讨

改善社会民生

2016年，长寿区全面开展危房改造、金融扶贫、医疗扶贫、就业扶贫、产业扶贫“五大扶贫工程”和教育帮扶、兜底保障、交通扶贫、饮水安全扶贫、农村环境整治扶贫、电商扶贫“六大扶贫行动”；优化教育资源供给，全面两孩政策平稳实施，公立医院实行药品价格零差率销售，实施“两管一站”、体育场馆免费低收费开放；矛盾纠纷调解1.8万件，成功率99.2%；公众安全感指数保持在90%以上，全域建成重庆市安全社区；顺利完成全区263个村居换届选举和19个街镇领导班子成员调整。

2016年7月28日，区委书记赵世庆一行看望慰问高温一线的环卫工人和公安干警

全年城镇新增就业2.3万人，登记失业率在2.2%以内

住房保障

帮贫助困

医疗民生

全民健身

百姓春晚

儿童科普

医疗服务

优化教育资源

换届选举

平安保障

全面从严治党

2016年，中共长寿区委根据中央和市委关于在全体党员中开展“学党章、党规，学系列讲话，做合格党员”学习教育活动的部署，把开展“两学一做”学习教育作为推动全面从严治党的重要抓手，制定全区和村（社区）、机关事业单位、教育卫生系统、非公组织“1+4”方案，成立协调小组和4个督导组；明确7个学习专题，全区开展学习讨论9500余次。区委坚持把党风廉政建设和反腐败工作摆在突出位置，与街镇、部门签订责任书86份，认真落实“两个责任”，保持惩治腐败高压态势，加强监督检查，确保党的先进性和纯洁性。

领导以上率下

2016年11月22日，区委书记赵世庆（讲话者）在晏家街道晏家社区调研学习贯彻十八届六中全会精神情况

2016年11月11日，区长巴川江（中）和副区长李松（右）在重点项目现场办公

2016年11月25日，区委召开常委（扩大）会议，研究部署全面从严治党工作

严明党的纪律

持之以恒反“四风”，加强“三公”管理，年内对全区83家单位实施公务车辆改革

2016年1月29日，中共重庆市长寿区纪委十二届五次全会现场听取5个单位党委（党组）书记现场述责述廉。区领导年内约谈党员领导干部1925人次

全年组织党员干部到区预防职务犯罪警示教育基地接受警示教育3000余人次

完善环保基础设施，年内整治大气、废水等方面突出问题100余个

长寿滨江片区如仙境

良好的生态环境引来成群白鹭

实施重点水源工程，2016年城市集中式饮用水源地水质合格率100%，街镇34个集中式饮用水源地水质合格率85%

全年改造农村危房1950户，4个农民新村完工

街镇建起压缩垃圾站，年内全区24座街镇污水处理厂规范运营

全年改造农村公路148千米、村道错车道2300个

改革开放创新

2016年，长寿区引进项目186个，合同引资509.2亿元，实际到位资金260.1亿元；外贸进出口总额实现10.7亿美元，实现离岸服务外包执行额1.2亿美元，实际利用内资242.1亿元、外资2亿美元；制定出台支持企业创新、推动重点区域和重点领域创新等36条措施，依托“一区一园”搭建孵化平台，每万人发明专利拥有量2.2件。

2016年9月8日，已登陆“新三板”的重庆望变电气（集团）股份有限公司投资的10万吨非晶带材及高磁感铁芯材料项目开工。区领导赵世庆（右六）、巴川江（右五）、张明生（右四）、张华（右三）等出席开工仪式

2016年5月16日，长寿区与重庆银行签署“双创”基金战略合作项目框架协议。区领导赵世庆（后右五）、巴川江（后右四）、张明生（后右三）、张华（后右二）等出席签约仪式

大力发展农村电子商务，年内筹建“重庆长寿村村淘电子商务公司”等微信淘宝电商平台和电商便民服务站，打通农产品销售瓶颈

2016年5月19日，长寿工业园区管委会举行上市策划培训暨交流会，为企业挂牌“新四板”“新三板”创造条件，20余家优质企业参会

2016年1月，《长寿日报》、人人长寿APP、长寿手机报、长寿新闻网、长寿日报微信、长寿日报微博六位一体全媒体构架成功

率先在全市出台微型企业工商登记制度和申办流程有关制度，年内成为全市7个行使外商投资企业登记核准权的区县

“两学一做”学习教育

区委中心组全年开展专题学习10次

各基层党组织年内开展专题学习2938次

全区年内讲党课3300余人次

运用重温入党誓词、主题党日活动、知识竞赛、微党课大赛等多种形式开展学习教育

开展大走访、结对帮扶等活动，年内解决群众诉求1.2万件， 助推6000多户贫困户按期脱贫，受到群众称颂

活动中，机关单位党组织深入村（社区）开展民情民意调查

年内，全区263个村（社区）设立党员自愿服务项目536个，开展自愿服务7654人次， 帮扶困难群众3545人

区检察院方便群众服务大局，获得最高人民检察院表彰

区国土房管局为民办实事，获得轻化路社区居民感谢

数字长寿

幅员面积	1421.43平方千米
年末常住人口	82.57万人
地区生产总值	454亿元
人均生产总值	55033元
地方财政收入	91.2亿元
地方财政支出	127.3亿元
农业总产值	66.2亿元
工业增加值	176.8亿元
全社会固定资产投资	589.2亿元
社会消费品零售总额	117.1亿元
旅游收入	47亿元
金融机构存款余额	496.7亿元
金融机构贷款余额	294.2亿元
城镇常住居民人均可支配收入	29915元
农村常住居民人均可支配收入	13252元

（摘自《重庆市长寿区2016年国民经济和社会发展统计公报》）

目 录

特 载

大事记

长寿概况

政 治

经 济

社会事业

镇（街道）

人 物

文 献

统计资料

附 录

索 引

特　载

❖ 在中共重庆市长寿区委十二届八次全会上的讲话

❖ 扎实践行五大发展理念 为决胜全面建成“三地一中心”而努力奋斗

❖ 重庆市长寿区人民代表大会常务委员会工作报告

❖ 重庆市长寿区人民政府工作报告

❖ 中国人民政治协商会议重庆市长寿区委员会常务委员会工作报告

特载

在中共重庆市长寿区委十二届八次全会上的讲话

周　勇

（2016年1月20日）

在具有承前启后重要意义的新一年工作全面展开之际，乘着深入贯彻落实习近平总书记视察重庆重要讲话精神的东风，我们召开区委十二届八次全会，并套开全区经济工作会，主要任务就是全面贯彻党的十八大、十八届三中四中五中全会、习近平总书记系列重要讲话精神和中央经济工作会议精神，认真落实市委四届八次全会部署安排，报告2015年区委常委会工作，部署2016年全区经济社会发展工作，尤其是聚商选资、重大项目建设、效能建设等工作，明确目标任务，提出工作举措，确保长寿“十三五”发展开好局、起好步。下面，我代表区委常委会报告2015年工作，并就2016年经济社会发展工作总体讲几点意见。

一、“四连困四连战”勇获佳绩，确保“十二五”圆满收官

2015年是长寿发展历程中极不平凡的一年。面对艰巨繁重的改革发展稳定任务和主导产业持续低迷困境，区委常委会在市委、市政府的坚强领导下，认真落实中央和市委重大决策部署，统筹推进经济建设、政治建设、文化建设、社会建设、生态文明建设和党的建设各项工作，围绕“科学发展、富民兴区”总任务，加快建设“三地一中心”，当好加快发展主力军，在“四连困”中实现“四连进”，圆满实现“十二五”收官，为“十三五”顺利开局奠定了坚实基础。

（一）认真开展“三严三实”专题教育，形成全面从严治党的良好态势。坚持党要管党、从严治党，不断强化党建主业意识和全面从严治党主体责任，以“三严三实”专题教育为契机，深入实施“五大党建工程”，全面加强党的思想、组织、作风、反腐倡廉和制度建设，为全区经济社会发展提供了坚强政治保证。

聚焦问题扎实抓好“三严三实”专题教育。按照中央和市委统一部署，将开展“三严三实”专题教育作为党的群众路线教育实践活动后续工作抓实抓好，加强组织领导、工作统筹和督导检查，先后4次召开区委常委会议进行研究部署，组建4个巡回督查组不定期开展督导，层层落实责任。突出教育主题，强化问题导向，贯彻从严要求，坚持以上率下，扎实推进专题党课、专题学习研讨、专题民主生活会和专题组织生活会、专项整改等“关键动作”和重点工作。坚持边学边查边改，开展基层干部不作为、乱作为等现象专项整治，整改损害群众利益问题366个，着力解决不严不实突出问题，推动党员干部经常性学习教育认真起来、严肃起来。认真开展机关干部践行“三严三实”集中走访下访回访行动，区委常委及其他区级领导带领组织6000多名党员干部遍访全区城乡家庭一遍以上，解决群众具体诉求14000余件，真正收到了干部受教育、群众得实惠的效果。

切实确保把纪律和规矩真正挺在前面。严格落实中央“五个必须”和市委“八严禁”“十二不准”，教育引导党员干部牢固树立党的意识、纪律意识、规矩意识，始终在思想上政治上行动上同中央和市委保持高度一致。严格执行民主集中制，认真执行“三重一大”“五个不直接分管”制度，切实做到科学、民主、依法决策。不断强化大局意识和全局观念，认真贯彻中央和市委各项决策部署，自觉把各项工作置于全国全市一盘棋中来谋划、部署和推进。将守纪律、讲规矩情况纳入区管班子和干部考核重要内容，加强对不守纪律、不讲规矩行为的教育、审查和监督检查，真正使纪律严起来、规矩立起来。

从严从实加强领导班子和干部队伍建设。认真贯彻“二十字”好干部标准，严格干部选拔条件、程序和纪律，加强对年轻干部和女干部、少数民族干部、党外干部培养选拔，推动干部能上能下，着力规范干部选拔任用。全年提拔的24名处级干部80%具有基层工作经历，其中17名在急难险重任务中表现突出。严格干部档案审核、个人有关事项报告、经济责任审计、任前廉政审查，深入开展“三超两乱”等专项整治，区管干部档案审核完成率达100%；累计消化超配干部270名，实现计划的96.1%。进一步完善差异化考核指标体系，着力促进干部集中精力抓发展、尽心竭力谋民生。扎实推进干部队伍战略性教育培训，累计培训干部2893人次。修订人才引进培养和激励办法，市级“重化工高技能人才开发计划”和10个人才项目有序推进。

大力度全方位推进基层党组织建设。全面加强三级服务中心规范化建设，9000平方米区行政服务中心改建投用，稳步推进电商、超市、金融“三进村”，行政村覆盖率达70%；新建规范化便民服务中心19个；实现行政村全部选派本土大学生挂职；全面落实轮流值班、全员走访、全程代办等工作制度。群工系统整合区长热线等6个诉求平台，受理群众事务办结率达98.8%。常态化整顿提升后进基层党组织，对包括10个贫困村在内的41个重点整顿对象实行区级党员领导包点，下派“第一书记”41名，投入1.63亿元资金用于287个基建和民生项目。区委两新工委更名为区委非公工委，在全市国家级开发区率先组建企业综合党委和党群服务中心，非公经济组织、社会组织党组织覆盖率分别达到85.1%、71.5%。

驰而不息推动党风廉政建设和反腐败斗争。着眼构建不想腐、不能腐、不敢腐的长效机制，制定实施党风廉政建设和反腐败分工责任制，细化明确区委“两个责任”清单，建立并落实党风廉政建设检查考核、责任倒查和“一案双查”制度，逐级签订责任书，层层传导责任和压力。持续深入反“四风”转作风树新风，扎实开展效能建设“作风深化年”活动，集中整治公款大吃大喝违规消费等5个方面不正之风，通报曝光作风方面典型问题17起29人。持续深化纪检部门“三转”，街镇部门纪检组织主要负责人不再分管其他业务。认真学习贯彻党章和新修订的《廉洁自律准则》《纪律处分条例》等党内法规规定。坚持对腐败实行零容忍，新立案46件，结案40件，同比上升21%、5%，党纪政纪处分50人，其中县处级11人，移送司法机关17人。重点查处了区民政局原局长、区旅游局原局长、洪湖镇原党委书记、万顺镇建管领域串案等严重违纪违法案20件26人。

（二）奋力实现稳中求进、难中突进，取得经济社会发展的良好成绩。紧紧扭住发展第一要务，坚持稳中求进工作总基调，主动适应经济发展新常态，以推进“十件急事”为抓手，统筹推进稳增长、调结构、惠民生、防风险等重点工作，经济社会发展克难奋进、攻坚突破。

稳增长见到实效。坚持把稳增长特别是稳定工业经济增长作为发展的头等大事，强化经济运行调度和资源要素保障，出台支持实体经济加快发展若干措施，设立4.8亿元专项发展资金，确保经济平稳较快增长。实现地区生产总值430.1亿元，增长11.8%，在片区排名由第6位上升到第5位；规上工业总产值806亿元，增长15.9%；固定资产投资506.9亿元，增长22.1%；地方财政收入84.1亿元，增长15.4%。MDI一体化项目建成投产，重钢无缝钢管、JFE金属容器、亚太纸业等项目启动建设，FINEX项目和冷轧镀锌板项目加快推进。着力发挥投资对稳增长的关键作用，北城大道实现全线贯通，渝万高铁、渝长高速扩能改造等重大交通基础设施加快推进，新开工项目75个，完成重大项目投资260亿元；完成工业投资274.4亿元，增长44%，居全市第2位、片区第1位。着力激活社会消费，实现社零总额103.3亿元，增长13.6%；商品销售总额220亿元，增长18.7%。着力扩大对外开放，抢抓“一带一路”、长江经济带战略机遇，发挥长寿经开区开放高地聚合效应，引进旗弘商贸、庆庄进出口等外贸物流公司，实现外贸进出口总额12.3亿美元，实现离岸服务外包执行额8563万美元，居片区第1位。坚持产城融合、园城互动，同步推进新型城镇化，中心城区建成区面积达55.77平方千米，城镇化率达61.2%。

调结构见到大效。坚持在做优存量做大总量中优化结构，加快培育新的经济增长点，着力形成经济增长多点支撑格局。围绕打造千亿级MDI配套产业集群，推动产业链聚合发展，引入立邦涂料、宏国聚材等10家聚氨酯上下游企业，落地百亿级福华循环经济产业园。新兴产业集群异军突起，成功引进现代汽车配套项目39家，签约大宗国际短焦投影仪石墨烯项目，世纪之光塑料光纤材料产业园开工建设。全年合同引资542亿元，实际利用外资3.7亿美元，居片区第1位。加快街镇工业走廊开发建设，工业总产值实现翻番、突破100亿元。大力提升现代农业园区建设水平和覆盖面，扎实推进现代农业“新五区”建设，完成1.17万亩高标准农田建设。加快现代物流园、中央商务区、专业市场群、核心商圈“一园一区、一群一圈”规划建设，重庆工贸城正式挂牌，一批重大商贸物流项目稳步推进。提档提速繁荣旅游业，长寿湖新引进云南城投百亿级旅游综合开发项目，滨江长寿谷调节坝完成初设及概算批复，菩提文化廊桥建成投用，菩提山万寿宝典顺利完工，定慧寺修复及青龙嘴片区改造工程开工，全年接待游客700万人次，实现旅游收入42亿元，分别增长20.6%、20%。深入实施创新驱动发展战略，大力推进大众创业、万众创新，实施“互联网+”长寿行动，建成电子商务产业园和保合村电子商务孵化基地，发展微型电商企业150家。大力扶持小微企业发展，新发展微企2768户，微企总量突破万户，达10169户。

惠民生见到真效。认真落实市委“五个坚持”原则，持续构建“六有民生体系”，全年民生领域投入41.1亿元，占一般公共预算支出的69.4%。坚持把脱贫攻坚作为第一号民生工程，限时打赢脱贫攻坚战，实现10个贫困村全部“销号”、6105户贫困户17614人全部“越线”，顺利通过市级扶贫验收。超额完成25件重点民生实事年度任务，完成高山生态扶贫搬迁854人；改造农村危房1331户，累计解决16万人饮水安全问题，撤并村通达率100%；山坪塘整治任务全部提前完工。持续提升公共服务水平，城镇新增就业2.4万人，城镇登记失业率控制在2.08%；北城中学、渡舟中心校建成投用，化工职院迁建主体工程完工；区人民医院成功创建三甲医院，基层医疗机构标准化建设实现全覆盖；全面完成“五险”扩面及基金征缴任务；平稳开展晏家地区定销房分配工作，续建并竣工保障性住房208万平方米。扎实推进全国文明城区创建，长寿博物馆开工建设。大力推进平安长寿建设，全面加强社会治安防控体系建设，群众安全感持续保持在90%以上；深入开展“3+3”信访突出问题专项治理，群众到市进京上访人次分别下降18.04%、42.6%；圆满完成纪念抗战胜利70周年等重大维稳工作；安全生产事故起数和死亡人数分别下降32.1%、20.7%，危化品生产经营储存实现“零死亡”。深入实施“六大环保行动”，扎实推进长化环保整体搬迁，桃花河污染攻坚整治达到“两年明显改观”目标，单位GDP能耗下降1.5%，超额完成总量减排任务，城区环境空气质量优良天数达到340天。

防风险见到长效。切实把防风险作为经济平稳运行的重要保障，进一步强化底线思维，着力防范政府性债务、区域金融、房地产等潜在风险。坚持在加快发展中强化政府性债务管控，完善平台公司债务成本限制、举借审批等制度，全区政府性债务总额较2014年底下降19.2亿元，债务风险总体可控。大力规范金融秩序，加大保险、担保、小贷公司等非银行金融机构监管力度，依法严厉打击非法集资、高利贷、高息揽储等非法金融活动，立案查处9家涉嫌非法集资企业，涉案金额达7400万元，有效防控了区域金融风险。多措并举引导房地产业健康发展，商品房销售面积增长21.2%，房地产风险得到一定遏制。

（三）扎实推进全面深化改革和依法治区，构建“双轮”驱动的良好格局。区委常委会切实加强对改革法治工作的领导，确定年度深化改革22项重点专项、66项重要任务和法治工作8项重点专项、50项重要任务，定期听取进展汇报、研究重大问题，坚持以改革带动和牵引稳增长、调结构、惠民生、防风险等各项工作，在法治框架内、法治轨道上推进经济社会发展，切实发挥改革与法治对经济社会发展的“双轮”驱动效应。

确保深化改革见新效，最大限度激活经济社会发展的内生动力。紧扣制约长寿经济社会发展的全局性深层次矛盾和问题谋划推动改革，健全完善地方金融产品市场和服务体系，积极推进设立农业增信保险专项资金；深化投融资体制改革，成立城市发展股权投资基金管理公司，启动长江二桥等重大基础设施 PPP 项目；深化“三农”领域改革，农村综合产权流转交易中心正式运营，实施 7 笔共 6322 亩土地流转交易。切实以试点带动面上改革工作，积极推进工商登记制度改革试点，率先在全市出台微企工商登记和申办流程相关制度，累计办理“先照后证”市场主体登记 2324 户；有序推进不动产登记改革，成为全国首批颁证区县之一；扎实开展土地收益保证贷款试点，发放农村土地承包经营权抵押贷款 39 笔，涉及金额 5083 万元，走在全市前列。

确保依法治区见成效，为经济社会发展提供可靠法治保障。深入推进依法行政，认真开展行政权力清理规范工作，公布《长寿区行政审批项目目录（2015 年版）》；在全市率先开展农业综合执法体制改革试点，荣获“全国农业综合执法示范窗口”称号。大力推进公正司法，启动人民监督员对指定居所监视居住案件进行监督；在全市率先实行人民监督员全程参与附条件不起诉案件评议；率先探索建立人民法庭主审法官办案责任制，完成首批员额制法官选任，3 个基层法庭审结案件数上升 50.6%。积极推进信访工作法治化，涉法涉诉信访案件全数实现诉访分离。务实抓好全民普法守法，落实“谁执法、谁普法”责任制，建立法官、检察官、行政执法人员、律师等以案释法制度。区法律援助中心被司法部评为“全国法律援助便民服务示范窗口”。

（四）科学谋划“十三五”发展，展现长寿大发展的良好前景。2015 年是收官“十二五”、谋划“十三五”的关键之年。区委常委会坚定地贯彻党的十八届五中全会和市委四届七次全会精神，切实把“十三五”规划编制工作纳入年度重要议事日程，大力加强对“十三五”规划编制工作的领导，科学描绘全区“十三五”经济社会发展新蓝图。

按照科学决策、民主决策的要求凝心聚智谋划发展。区委常委会坚持超前谋划，扎实做好前期资料收集、课题调研、论证咨询、对接衔接等工作，深入领会贯彻党的十八届五中全会和市委四届七次全会提出的新思想新理念新要求，先后召开 2 次常委会议、2 次专题研讨会、3 次征求意见座谈会，并书面征求全区各级各部门各单位意见，最大限度地汇聚各方智慧、形成统一共识，共同谋划好全区“十三五”经济社会发展，起草好区委规划《建议》。

按照五大发展理念切实确立“十三五”发展思路。在精心筹备的基础上，认真组织召开区委十二届七次全会，审议通过了《中共重庆市长寿区委关于制定国民经济和社会发展第十三个五年规划的建议》，提出推进“十三五”发展的指导思想、基本原则、目标要求和重大举措。明确了“适应新常态、当好主力军”的总要求，提出了“十三五”时期长寿要全面建成小康社会、全面建成“三地一中心”、全面建成“三大愿景”框架的“三个全面建成”总目标，确定了经济增长年均 10% 以上、工业总产值翻番、城乡居民收入倍增、产业结构优化升级等四个方面的总指标，并作出深入推动工业聚合、文旅结合、产城融合、城乡统合、社会和合的重大部署。长寿未来发展的方向更加明确，思路更加清晰，重点更加突出。

按照务实求实落实的精神加强对规划编制工作的指导。注重搞好区委规划《建议》与全区“十三五”规划《纲要》的衔接，从编制工作一开始就统筹安排、同步推进，确保区委主张通过法定程序变成全区人民的共同意志和自觉行动。组织成立全区“十三五”规划编制领导小组，加强对“十三五”规划编制工作的组织领导、统筹协调和检查督导，确保规划编制工作有力有序推进。同时，加强与中央和市上在政策、资金、项目等方面的对接衔接，既贯彻和体现上级政策精神，又立足长寿实际，真正使规划编制的过程成为科学民主决策的过程，成为统一思想统一行动的过程，成为提高领导经济社会发展能力的过程。

（五）不断加大“总揽全局、协调各方”力度，巩固风清、气正、心齐、事成的良好局面。区委常委会充分发挥总揽全局、协调各方的领导核心作用，切实调动一切积极因素，努力营造干事创业的良好氛围，凝聚起攻坚克难、推动发展的强大动力合力。

狠抓区委常委会班子自身建设，努力做到作表率、当标杆。带头践行“三严三实”，以学习习近平总书记系列重要讲话精神为重点，突出政治纪律政治规矩，采取“领学＋发言＋交流＋小结”模式，高质量开展4个专题12个主题学习研讨，组织开展区委中心组学习21次，进一步补好精神之“钙”。认真召开常委班子“三严三实”专题民主生活会，深入查找剖析不严不实问题，明确整改努力的方向和重点。严格执行民主集中制，落实“一把手”末位表态发言制度，不断提高决策水平。严格落实党风廉政建设主体责任，敢管敢严、真管真严，为全区各级领导班子和党员干部作出示范。

大力推动基层民主政治建设，努力实现大团结、共奋进。坚持党的领导、人民当家作主、依法治国有机统一，以改革创新精神推进基层民主政治建设。统筹开好区“两会”，支持区人大及其常委会依法履职，大力支持和保障人大就城乡总体规划、行政区划调整等依法行使重大事项决定权、监督权及人事任免权；充分发挥人民政协协商民主重要渠道和专门协商机构作用，加强政协提案、协商报告、调研报告办理采纳工作。出台区委《关于加强社会主义协商民主建设的实施意见》，推进协商民主广泛多层制度化发展。巩固和发展最广泛的爱国统一战线，认真召开区委统战工作会议，出台《中国共产党统一战线工作条例（试行）》贯彻意见，成立区委统战工作领导小组。创新基层社会治理，深入开展基层群众自治，基层民主建设进一步加强。

切实调动各方面的积极性，努力推动善作为、好作为。区委常委会切实发挥好领导和带头作用，充分调动人大、政府、政协和长寿经开区以及各街镇各部门各单位积极性。推动区政府积极转变政府职能，统筹抓好经济社会发展各项工作，强力推动全年目标任务落实，着力建设法治政府、服务政府、廉洁政府。健全完善长寿经开区管理体制机制，切实发挥好支撑全区发展的主平台、全市国家级开发区的排头兵作用。支持区法院、区检察院公正司法，切实为改革发展稳定提供有力法治保障。推动军民融合深度发展，进一步加强国防后备力量建设。认真贯彻中央和市委群团工作会议精神，充分发挥各群团组织桥梁纽带作用，团结带领各自联系社会群体全力推动改革发展。积极引导和促进各街镇部门单位紧密结合自身实际，切实抓好改革发展稳定各项任务落实。以创建全国文明城区为抓手，狠抓宣传思想文化工作，大力弘扬和践行社会主义核心价值观，着力提升市民文明素质，充分激发全区人民建设全面小康的热情和动力，进一步密切党群干群关系，不断巩固和发展风清、气正、心齐、事成的良好局面。

一年来的拼搏和奋进，顺利实现了“四连困四连进”，为“十二五”发展画上了圆满的句号，也为“十三五”顺利开局奠定了坚实的基础，长寿的发展站在了新的历史起点上。盘点五年成绩，实现了地区生产总值（同口径）、工业总产值、社会消费品零售总额、地方财政收入、农村居民人均可支配收入五个翻番，经济社会发展的主要指标都迈上了一个新台阶。回望五年征程，有五个方面的标志性发展成就：一是基本建成“三地一中心”。重庆工业高地强势崛起，长寿经开区开发面积、主要指标、创新能力位居全市国家级开发区前列，街镇工业走廊建成中国家居（木业）产业基地；现代农业基地格局形成，现代农业“三园”建成区面积居全市第一，成为全市首个国家级农业产业化示范基地和国家级农业科技园区，现代农业新“五区”建设启动；休闲旅游胜地初具影响，建成菩提山文化旅游景区，长寿湖、长寿菩提古镇双双获评国家4A级景区，入选全市十大旅游度假区；区域物流中心雏形初显，重庆工贸城建设加快推进。二是基本展开“四宜双百卫星城”骨架。顺利完成城乡总体规划、土地利用总体规划修编，城区面积拓展20平方千米，中心城区建成区面积居重庆主城外区县前列，城区常住人口达到40万，新设立菩提街道，新市、八颗完成撤镇设街道，建成全市领先的数字长寿地理空间框架，城市规划建设管理水平进一步提升。三是基本筑起“三条发展保障线”。坚持不懈抓好生态环保、安全稳定、廉政勤政三条发展保障线，持续推进“六大环保行动”，城区空气环境质量优良天数较2010年增加23天；群众安全感指数连续五年保持在90%以上，连续五年未发生重大群体性事件，安全生产事故起数和死亡人数连续8年“双下降”，实现了“五年安、五年稳”；接续开展“作风改进年”“作风强化年”“作风深化年”等五个效能建设年活动，长寿发展的政务环境进一步优化。四是基本构建“六有民生体系”。坚持每年一般公共预算支出

60%以上用于社会民生事业，城镇新增就业年均保持在3万人左右，成功创建国家义务教育发展基本均衡区，医疗、社会保障体系实现城乡全覆盖，累计建设各类保障性住房667万平方米，按期完成精准扶贫精准脱贫任务。五是基本夯实“五大党建工程”基础。坚持全面从严治党，统筹推进先导、领航、提质、强基、清风“五大党建工程”，认真落实党风廉政建设“两个责任”，扎实开展党的群众路线教育实践活动和“三严三实”专题教育，基层党建的基础不断夯实、科学化水平不断提升，党群干群关系不断改善。

总结五年特别是过去一年的工作，区委常委会更加清醒地认识到自身在思想、能力、工作和作风等方面还存在明显的不足和差距，由此带来全区经济社会发展和党的建设中还存在一系列突出问题。主要表现在十个方面：一是经济总量和发展速度在片区处于中等水平，与当好主力军的要求有一定差距；二是产业结构畸轻畸重的矛盾仍然突出，转方式调结构的压力巨大；三是钢铁化工主导产业持续低迷的状况仍未见好转，缺乏走出困境的有效路径和办法；四是金融、房地产、政府性债务等方面的风险防控任务艰巨，区域性经济运行风险仍然较大；五是生态环保的约束不断加大，生态文明建设有待进一步强化；六是社会事业发展相对滞后，保障和改善民生工作还存在诸多短板；七是安全稳定风险易发多发，提升基层社会治理水平任重道远；八是制约发展的体制机制性障碍仍较多，全面深化改革的效果还需进一步增强；九是作风建设和反腐倡廉长效机制还没有完全形成，腐败现象和作风问题时有发生；十是创业创新的氛围不浓，经济社会快速发展的动力活力不足。这些问题，亟待在新的一年和“十三五”时期切实采取有效措施，不断加以解决。

二、深入实施“五合”，实现“十三五”发展良好开局

2016年是“十三五”规划的开局之年，是推进结构性改革的攻坚之年，也是区县三级换届推进之年，各项工作意义重大、关系深远。做好今年全区经济社会发展工作，必须深入贯彻党的十八大、十八届三中四中五中全会、习近平总书记系列重要讲话精神和中央经济工作会议、市委四届八次全会精神，以邓小平理论、“三个代表”重要思想、科学发展观为指导，认真落实“四个扎实”任务要求，按照“五位一体”总体布局和“四个全面”战略布局，牢固树立和贯彻落实创新、协调、绿色、开放、共享的发展理念，更加主动适应经济发展新常态，坚持稳中求进工作总基调，坚持发展实体经济不动摇，深入推动区域发展战略，着力加强供给侧结构性改革，加快培育新的发展动能，切实增强持续增长动力，全力攻坚克难，合力干事创业，努力实现“十三五”时期经济社会发展良好开局。

当前，长寿的发展仍面临着复杂而严峻的形势，可谓机遇与挑战并存，优势与劣势并存，动力与压力并存。对于各方面形势的分析判断，关于“十三五”经济社会发展的总体思路，前不久召开的区委十二届七次全会已经讲得比较多，比较具体了。综合研判各种有利不利因素，区委提出“十三五”经济增长保持年均10%以上的目标建议。十年看五年，五年看头年，今年的开局和起步十分关键。紧盯全区“十三五”规划总体目标，对照全市今年地区生产总值增长10%左右的安排，区委确定今年全区经济社会发展的主要预期目标是：地区生产总值增长11%左右，地方财政收入增长5%左右，固定资产投资增长5%，规上工业总产值增长12%，城镇居民人均可支配收入增长7%，农村居民人均可支配收入增长9%。应当说，确定这些目标任务，体现了“开好局、起好步”的安排，体现了“适应新常态、当好主力军”的要求，体现了“连困连战、攻坚克难”的劲头，体现了“尊重规律、实事求是”的精神。

指导思想已经明确，发展目标已经确定，关键是要以切实的措施和扎实的工作确保实现。各级各部门必须把思想和行动统一到区委、区政府对发展目标的安排上来，增强信心和定力，增添恒心和动力，真正抓住新机遇、实现新作为、开创新局面，以实施工业聚合、文旅结合、产城融合、城乡统合、社会和合的实实在在的成效，以稳中求进、难中突进的实实在在的成绩，全面完成和超额完成全年目标任务。为此，我们要重点统筹好“五个扎实推进”。

（一）*以调结构为主线扎实推进聚商选资和重大项目建设*。转方式调结构，始终是长寿经济持续健康发展的关键所在。我们要坚持优化存量做大增量同步发力，推动聚商选资和重大项目建设齐头并进，促进产业接续成长和优化升级。

真正把聚商选资作为调结构、保发展的第一抓手。持续用力抓好全产业链招商，着力推动产业集约集聚集群发展。在工业聚合发展上，既要拉伸综合化工、钢铁冶金等支柱产业链条，又要不断壮大装备制造、新材料新能源、电子信息等新兴产业集群。紧紧抓住 MDI 一体化项目运营投产契机，加快聚氨酯全产业链招商步伐；努力突破浦项冷轧镀锌板、贵绳深加工等项目节点瓶颈，引入下游生产项目，促使钢铁产品结构有序调整；承接全市汽车和电子信息产业溢出效应，引进培育一批核心产业项目，尽快形成新的工业支柱。在现代农业发展上，要围绕特色效益农业发展，积极引进农产品深加工项目，不断延长农业价值链条和增强抗风险能力。在旅游和商贸物流业发展上，要注重引进龙头项目和品牌企业，形成产业发展的聚合效应。同时，要高度重视项目落地后续工作，促进项目尽早形成实物投资量和实际产能，切实增强聚商选资实效。今年聚商选资在前几年较高基础上再接再厉，力争完成 500 亿元。

真正把重大项目建设作为调结构、保发展的第一载体。投资是调结构的“助推剂”和稳增长的“压舱石”。要围绕产业结构调整的核心项目、重点工程，科学订立年度重大项目建设计划，确保全年固定资产投资完成 530 亿元，其中工业投资完成 314 亿元。着眼于提升工业集聚度、延长产业链条，积极化解各类要素瓶颈和体制机制约束，加快推进重大工业项目建设，切实稳住工业投资高增长态势。扎实抓好现代农业、旅游和商贸物流业重大项目建设，推动三次产业协调发展。充分发挥市场在资源配置中的决定性作用，以更加务实的举措增强市场投资方信心，采取 PPP 投融资模式或直接引入社会资本参与城乡重大基础设施项目建设，进一步扩大有效投资、放大投资总量。

真正把推进“十大项目”作为调结构、保发展的第一龙头。在去年集中精力抓好“十件急事”的基础上，今年区委、区政府在聚商选资和重大项目中选择确定了对经济社会发展全局具有关键性、节点性和带动性的“十大项目”，仍然采取攻坚机制和倒逼机制予以全力推进。一是重钢产业链延伸及配套工程建设。加快钢构公司、冷轧镀锌板、FINEX 示范钢厂、贵绳深加工等延链项目进程，切实扭转重钢经营困局。二是 MDI 一体化聚氨酯产业链招商。利用纳入全市十大千亿级战略性新兴产业的契机，着力释放 MDI 一体化项目产能，强化与重油深加工、福华等项目的耦合发展，加快聚氨酯全产业链招商。三是现代汽车配套产业集群建设。做好签约项目落地开建和在谈项目后续跟进工作，力争成为全市最具竞争力的汽车配套产业基地。四是长化环保整体搬迁。坚决按时间节点推进，确保年底前搬迁完毕。五是长寿长江二桥建设。加快项目 PPP 融资方案报批，做好策划招标，确保年内开工建设。六是渝长高速扩能改造工程促建。加强与市交委、沿线各区县沟通衔接，确保尽早开工、加快建设。七是桃花河环境综合整治。做好景观打造和长效治理机制构建等工作，确保圆满实现“三年彻底改观”目标。八是古镇尾期及长寿博物馆建设。高质量、高标准推进工程建设，确保国庆前菩提古镇全部建成，实现与菩提山连为一体。九是滨江长寿谷调节坝建设及定慧寺修复。推进调节坝纳入年度三峡后续项目计划，力争定慧寺修复尽早完工。十是重庆工贸城建设。确保工贸城及汽车交易市场、危化品交易中心等项目全面开工，尽早投运。这十大项目由相关区领导和部门牵头负责，全区上下协同配合，区委每季度、区政府每月听取推进情况汇报，务求取得实效。

（二）*以人为核心扎实推进新型城镇化*。新型城镇化是现代化建设的重要引擎，是扩大内需的最大潜力。我们要认真落实中央城市工作会议精神，充分尊重城市发展规律，深入推动产城融合、城乡统合，坚持以人为核心谋划和推进新型城镇化，着力提高城镇发展的持续性和宜居性，稳步推进“四宜双百”卫星城建设，积极推动城乡发展一体化。

提升城市规划、建设、管理水平，优化城市的宜居性。要积极发挥规划统筹协调、综合管控、前瞻引领作用，严格按照新修编的城乡总规、土地利用总规，推进规划更高水平编制、更广范围覆盖、更严约束管控，促进城乡布局优化、功能完善、特色彰显和品质提升。牢牢把住安全关、质量关，高标准推进房屋建筑、道路交通、地下管网、水电气等设施建设，让人民群众在城市生活得更加方便安心。加大城市文脉保护、挖掘、传承和提升力度，不断彰显城市的长寿文化特色。积极推进城市管理创新，认真落实中央《关于深入推进城市执法体制改革改进城市管理工作的指导意见》，推进市政、环保、工商、交通、食品药品等综合执法，构建权责明晰、服务为先、管理优化、执法规范、安全有序的城市管理体制，稳妥处理好城区停车、小区物业、流动摊贩等新问题新情况，提升城市管理科学化、规范化、精细化水平。加快推进菩提街道正常管理运行，做好各方管理衔接磨合工作，防止出现管理上的“盲区”或“空白”。以创建全国文明城区为推动，积极践行社会主义核心价值观，提高市民文明素养，调动群众参与城市管理的积极性、主动性。

提升城市公共服务和保障水平，促进常住人口市民化。要围绕提高户籍人口城镇化率，进一步深化户籍制度改革，促进区内和全市“两翼”地区农村转移进城人口市民化。认真落实居住证暂行条例等改革举措，配套完善教育、就业、医疗等基本公共服务，通过提供良好社会服务和创造公平发展机会，促进在城镇工作打拼的流动人口由“漂”转“稳”，尽快融入本地发展。坚持和完善农村基本经营制度，稳妥做好农村产权交易改革，维护好进城落户农民的土地承包经营权、宅基地使用权、集体收益分配权，将农民的户口变动与“三权”脱钩，让农民群众收获“真金白银”的实惠，消除转户进城的后顾之忧。

提升城镇产业发展水平，增强城镇的承载力。要坚持产城融合、以产兴城、以城促产，促进产业布局、城市发展、人口分布相互协调。根据工业建设、旅游开发、商贸物流等产业发展导向，进一步明确城区四大片区功能，稳步拓展城镇开发布局。着力推进“1+3+9”城镇体系建设，积极发挥中心镇在集聚产业、辐射传递等方面的作用，发挥其他镇在交通联系、服务分担、统筹城乡等方面的效能，进一步推动区域协调发展。大力发展生产生活性服务业，增强城镇产业配套服务能力，推动产城一体、产城互动。

提升统筹城乡发展水平，推动城乡一体化。农业现代化是新型城镇化的基础，构建城乡一体化发展模范区，必须坚持城镇化与农业现代化同步发展，城市工作与“三农”工作一起推动。我们要高度重视城乡关系，发挥大产业、大园区、大景区对农业农村的带动效应，增强城市对农村的反哺能力、带动能力，形成城乡发展一体化新格局。大力促进城乡公共资源均衡配置，推动城镇公共服务向农村延伸。实行城乡基础设施统一布局、统一规划、统一建设，加强客运联接、农田水利、电网升级等农村基础设施建设。着力搞好新农村规划建设管理，处理好改善人居环境与保持历史自然风貌的关系，有序推进农民新村聚居点建设，不断改善农村群众生产生活条件。

（三）以提质增效为出发点扎实推进供给侧结构性改革。供给与需求的动态平衡，是经济持续健康发展的重要保证。长寿经济的“多连困”，既有市场紧缩的需求侧问题，更有生产灵活性不足、适应性不强的供给侧难题，必须大力推进供给侧结构性改革。要紧紧围绕中央提出的去产能、去库存、去杠杆、降成本、补短板五大任务，调整供给结构，增加有效供给，努力向高水平供需平衡跃升，推动经济提质增效升级。

依靠创新驱动提升供给体系的质量和层次，在“增有效供给”上积极作为。以市场需求为导向，围绕产业链部署创新链，推动创新资源向重点区域和重点领域集聚。采取政企合作、政策补贴、技术引进等方式，鼓励引导企业加大研发投入，有效激发企业创新潜力，推动产业技术改造和产品升级。充分发挥国家级长寿经开区、市级街镇工业走廊“一区一廊”创新平台作用，围绕先进制造、“互联网+”、大健康等新领域新业态，孕育一批拥有核心技术的高端产品、顶尖企业，提升企业生产供给质量和层次。积极推动大众创业、万众创新，全面落实小微企业、电子商务等各项扶持政策，搭建完善低成本、便利化、全要素的开放式创新创业服务平台，加强对创业者和小微企业的普惠性政策支持，努力为创新创业营造良好的氛围和条件。

通过化解过剩产能提高资源要素配置效率，在“去无效供给”上积极作为。围绕优化存量、做强增量、调减余量，加强经济运行调度，强化资源要素有效供给，促使有限的资源高效配置到新兴产能、高端产品上。注重运用市场化手段，进一步完善企业退出机制，果断清退长寿经开区、街镇工业走廊内的“僵尸企业”“呆滞项目”，清理套取微企帮扶资金、违规操作经营等“空壳公司”“皮包企业”，拔除市场“毒瘤”，做实土地空间等资源利用效益。大力支持钢铁、化工等传统产业改造升级，坚决淘汰高污染、高能耗、低销路的落后产能和无效产能，引导企业加强产品调整、技术改造和绿色发展，提高产品附加值和市场青睐度。正确认识“去产能”与“强产能”的辩证关系，积极开展夏橙高枝嫁接、特色旅游商品开发等创新提质工作，促进存量产能由低价值向高效益转化。

多措并举减轻实体经济负担，在“降企业成本”上积极作为。持续做好转变政府职能、简政放权工作，落实营改增扩面、调整消费税等结构性减税政策，进一步清理规范中介服务，降低制度性交易成本。着力优化融资方式，促进实体经济去杠杆，支持民企采用知识产权、商铺经营权、信用担保单等质押融资，有效缓解企业融资难、融资贵问题。要用足用好支持实体经济发展专项资金，加大帮扶补贴力度，进一步降低企业在要素保障、劳动用工、物流仓储等方面的成本。积极引导企业苦练内功、加强管理创新，想方设法降本增效，有效释放企业产能。

着眼产业升级和结构优化厚植发展新优势，在“补发展短板”上积极作为。围绕推动生活性服务业向精细化和高品质转变，深挖旅游、商贸等供给潜力，加快培育电子商务、健康养老等新兴消费业态，努力推动第三产业向高端迈进。加大文旅结合植入力度，全方位加强旅游资源宣传推介，健全旅游配套服务，打造旅游精品项目和精品线路，留住更多的“过夜客”和“回头客”，加快建成国家级休闲旅游度假区和国家5A级景区。要针对社会事业发展薄弱环节，扩大教育、卫生、文化等供给，进一步提升基本公共服务水平。坚持从供给侧考虑和谋划农业发展，充分发挥多种形式农业适度规模经营在结构性改革中的引领作用，不断强化“1+5+2”特色效益农业体系，大力推进“互联网+农业”行动，切实提高本土优势农产品的有效供给能力。

积极管控和化解金融、房地产和政府性债务等潜在风险，在“防经济风险”上积极作为。妥善处置信托、小贷、担保等违约坏账，规范民间融资，坚决打击非法集资、非法证券业务等违法违规活动，做好互联网金融监管，严防系统性和区域性金融风险发生。稳步化解房地产库存，根据城区建设拓展实际，科学调控土地出让量和房地产开发量；积极发展住房租赁市场，加强定销房、公租房、廉租房等保障性住房建设管理，增强住房有效供给；引导企业采取多种形式理性促销，结合长寿湖、菩提山等景区开发，积极发展旅游、休闲、养老等跨界地产，促进房地产市场健康发展。加强政府性债务风险防控，强化平台公司债务监测管控，在加快发展中控制债务总量、改善债务结构。

（四）以问题导向扎实推进全面深化改革。针对影响经济社会发展和群众反映强烈的重大问题，扎实做好深化改革的各项工作，努力破解制约长寿经济社会发展的体制机制性障碍，不断为经济社会发展提供持续动力。

坚持从实际出发，统筹确定年度重点改革专项和重要改革任务。持续推进去年22项重点改革专项和66项重要改革任务，积极对接、及时掌握中央和市里改革最新动向，紧密结合长寿实际，理清工作思路，提前进行谋划，切实做好相关改革的前期调研准备工作，尽快明确今年重点改革专项和重要改革任务，找准着力点和突破点，力求在一些标志性、引领性、支柱性的重点改革任务上取得突破。同时，要积极争取和抓住先行先试的改革试点机遇，通过承接改革试点项目把握改革“探路权”，着力破解制约发展的深层次矛盾和问题。全面深化改革千头万绪，决不能“眉毛胡子一把抓”，必须抓住主要矛盾和矛盾的主要方面，突出抓好重点领域和关键环节改革，在攻克重点难点试点中推动改革的全面深化。

坚持见人见物，切实增强改革的实效性和人民群众的获得感。改革工作能不能落实到位，落实责任是关键。各级各部门要把改革责任理解到位、落实到位，切实增强抓改革、谋改革、推改革的自觉性和主动性，真正把改革工作放在心上、抓在手上。要立足长寿实际创造性地落实好上级部署的改革任务，使改革更加精准地对接发展所需、基层所盼、民心所向，突出改革方案的科学性、可操作性和实效性，精准发力，一项一项攻关，确保改一项成一项。要强化对改革的督促检查，对推进改革不力的，该问责的坚决问责，确保改革方案落地生根、见到实效，推出一批叫得响、立得住、群众认可的改革成果。

坚持开放发展，努力推动开放倒逼改革和改革促进开放。要坚持“引进来”和“走出去”协调发展，重点引进高新技术产业和战略性新兴产业，同时大力鼓励和支持优势企业对外投资、扩大出口。着力提升强化长寿经开区对外开放的平台功能，用好用活中央和市里各项优惠政策，更加广泛地集聚吸收高素质人才、先进生产技术等生产要素。抢抓“一带一路”、长江经济带建设机遇，主动对接沿线高铁、码头口岸等重大项目建设，增强长寿与周边地区的互联互通能力。

（五）以保障和改善民生为重点扎实推进社会事业发展。人民群众对美好生活的向往，始终是我们前行的指针和奋斗的方向。要认真落实市委“五个坚持”原则，在整个发展过程中注重民生、保障民生、改善民生，积极倡导“尚和合”的中华优秀传统文化精髓，以“六有民生体系”为载体，统筹推进各项社会事业发展，坚决守住民生底线，不断提升人民群众幸福感和满意度。

持续巩固和深化脱贫攻坚成果。精准扶贫精准脱贫不是轰轰烈烈“一阵风”、更不是“一锤子买卖”，需要的是长效机制和成效巩固。要加强对扶贫产业项目和帮扶举措的后续跟进工作，按照脱贫攻坚领导、帮扶结对、驻村扶贫工作队、扶贫政策资金渠道、扶贫工作督查考核机制“五个不变”要求，构建和完善长效性工作机制，巩固扶贫成果，坚决防止返贫现象，确保困难群众稳步致富。同时，要加强城乡低保、医疗救助、临时救济等工作，切实保障特殊困难群众基本生活需求。

持续办好重点民生实事。加大民生领域投入，认真抓好城乡25件民生实事等后续收尾工作，积极对接落实年度重点民生实事，订立节点台账，做好普惠性、基础性、兜底性民生建设，织就密实的民生保障网。高度重视产业结构调整和供给侧结构性改革“阵痛”中的社会就业问题，着力完善就业服务体系，有针对性地开展职业技能培训，强化对灵活就业、新就业形态的扶持，解决好高校毕业生、农民工和城镇就业困难人员就业问题。积极巩固和扩大基本社会保障，抓好全民参保登记，推动社保由制度全覆盖向人员全覆盖转变。积极应对人口老龄化带来的挑战，大力推进养老服务体系建设，真正使长寿成为宜寿之城。

持续推动城乡基本公共服务均等化。巩固和提升教育均衡发展水平，持续改善农村薄弱学校办学条件，加快城区新增中小学规划建设，加强教师队伍建设，全面提升教育质量。以重庆化工职院迁建入驻为契机，大力发展职业教育，推动产业发展与职业教育深度融合。进一步加强公共卫生服务体系建设，完善城乡医疗服务网络，积极承接医疗服务项目价格调整和药品价格改革，鼓励和规范社会资本办医，多措并举缓解群众看病难、看病贵问题。加快文化强区建设，大力发展和繁荣文化事业。

持续解决环保民生问题。牢牢把握“五个决不能”底线，坚持筑牢生态环保保障线，不断提升城乡生态环境质量。以“六大环保行动”为抓手，切实解决好臭气、噪音、水质、土壤污染等群众普遍关心的突出环境问题。扎实抓好桃花河污染攻坚整治和长化环保整体搬迁，确保取得群众满意的效果。大力发展绿色低碳循环经济，深入推进节能减排，完善经开区公用工程供给系统，抓好排污权交易、生态循环农业等改革试点，推动城乡自然资本加快增值。

持续推进平安建设和社会治理创新。安全稳定工作连着千家万户，要坚持底线思维、问题导向，牢固树立“大平安”理念，切实增强群众安全感和满意度。继续完善预防和化解社会矛盾机制，深化干部下访群众工作，深入推进矛盾纠纷排查和疑难信访案件化解，解决好征地拆迁、社会保障、物业管理等领域的信访稳定问题，维护好人民群众合法权益。深化拓展网格化管理，完善立体化社会治安防控体系建设，发挥好社会安全事件应急联动指挥系统作用，维护良好社会治安秩序。严格落实安全生产责任和管理制度，狠抓危化品储运、道路交通、食品药品等重点领域安全生产监管，切实保障人民群众生命财产安全。积极推进全面依法治区，扎实做好依法行政、公正司法、权力监督、社会治理法治化、全民普法等重点工作，以法治的理念和法治的方式保障经济社会健康发展和人民群众安居乐业。

三、奋战“工作创新年”，为长寿大发展努力拼搏

创新是引领发展的第一动力，创新发展是摆在第一位的发展理念。区委决定在近几年“作风改进年”“作风强化年”“作风深化年”等的基础上，确定今年为“工作创新年”，目的就是要让创新贯穿全区发展的全过程，贯穿全区工作的方方面面，全方位创新工作理念、工作机制、工作流程和工作方法，促进和推动全区各级各部门、广大党员干部扎实践行“三严三实”要求，为开创长寿“十三五”发展新局面而努力拼搏。

一是，解放思想，强化创新理念。要解放思想、与时俱进，主动进行一场思想上的革命，打破一切不合时宜的传统观念、思维定势和路径依赖，不为常规眼光所局限，不为思想窠臼所羁绊，有创见、有创举、敢创新，在开拓创新中不断拓展发展新境界。要牢固树立创新、协调、绿色、开放、共享“五大发展理念”，崇尚创新、注重协调、倡导绿色、厚植开放、推进共享，对不适应、不适合甚至违背新的发展理念的认识要立即调整，对不适应、不适合甚至违背新的发展理念的行为要坚决纠正，对不适应、不适合甚至违背新的发展理念的做法要彻底摒弃，真正使创新理念内化于心、外化于行，成为引领发展的先导力量。

二是，加强学习，增强创新能力。要时刻保持“本领恐慌”“本领不足”的危机感和紧迫感，学习学习再学习，实践实践再实践，切实提高专业能力和专业素养，加强和改进调查研究，增强对区情民意的把握能力，不断提高处理复杂矛盾、驾驭复杂局面、推进工作创新的能力和水平。要学好用好中国特色社会主义政治经济学，保持战略思维、战略远见、战略定力，善于把握规律、遵循规律、运用规律，自觉运用经济规律指导发展实践。要坚持辩证法、两点论，深刻学习领会市委“八个辩证看待”的丰富内涵，善于运用发展的眼光、联系的观点、对立统一的立场，把握主要矛盾和矛盾的主要方面，不断深化对新常态下“怎么看”“怎么办”“怎么干”的认识。

三是，引导舆论，营造创新氛围。要不断提高舆论引导能力，尤其是网络舆情引导和管控能力，大力弘扬以改革创新为核心的时代精神，善于把握本质、主流和趋势，善于把握社会心理，善于把握时、度、效，深入推进全国文明城区创建，提振精气神、凝聚正能量、唱响主旋律，激扬创新的精神气质，营造创新的浓厚氛围。要厚植创新文化，发挥典型示范引领作用，把蕴藏在90万长寿人民中的深厚创新伟力释放出来，把内在求新、求变、求进和向上、向善、向好的精气神激发出来，使创新成为全区人民的自觉行动，让创新在全区上下蔚然成风。

四是，优化环境，激发创新活力。要营造宽松的干事创业环境，完善激励机制和容错纠错机制，优化创新环境，搭建创新平台，鼓励广大干部群众放手放胆去创新创造，使大众创业、万众创新的创新力量不断生长，充分调动起企业家、创新人才、各级干部干事创业、创新创业、攻坚克难的积极性主动性创造性。要着力优化选人用人环境，推动能者上、庸者下、劣者汰，坚决整治为官不为、为官乱为等问题，促进人人善作为、会作为、好作为，真正把想干事、能干事、干成事的干部用起来，持续激发各类人才的创新动力和活力，汇聚起推动长寿“十三五”发展的强大能量。

五是，狠抓落实，推动创新实践。要把狠抓落实、共谋新篇作为一种政治担当，作为检验“工作创新年”是否取得成效的重要标尺，真正立富民兴区之志、兴务实创新之举。要进一步理清发展思路，科学分解经济社会发展年度目标任务，突出抓好供给侧结构性改革等重点工作和“十大项目”，把握工作的关键环节和总体进度，不断以创新的实践推动更大的发展。要强化责任落实，各级各部门“一把手”作为抓落实的第一责任人，要亲自抓部署、抓实施、抓检查、抓督促，一级抓一级，一级督一级，层层压实责任，层层传导压力，层层确保落实。

“十三五”发展的号角已经吹响，我们正走在决胜全面建成小康社会的大路上。让我们高举中国特色社会主义伟大旗帜，在“四个全面”战略布局和“五大发展理念”的光辉指引下，在深入实施区域发展战略的强劲态势中，以“低调务实、少说多干，敢于担当、积极作为”的崭新姿态，持续推进“富民兴区”的强大合力，一路开拓，一路奋进，一路凯歌，奔向“三个全面建成”的壮丽目标，奔向“长寿小康”的美好明天！

扎实践行五大发展理念 为决胜全面建成“三地一中心”而努力奋斗

——在中国共产党重庆市长寿区第十三次代表大会上的报告

赵世庆

（2016 年 12 月 27 日）

中国共产党重庆市长寿区第十三次代表大会，是在长寿胜利走过建区 15 年奋斗历程，向着全面建成“三地一中心”战略目标进军的历史时刻，召开的一次十分重要的大会。大会的主要任务是，深入贯彻落实党的十八大以来中央和市委重大决策部署，全面总结区第十二次党代会以来的工作，科学确定未来五年的奋斗目标和重点任务，动员全区广大党员和干部群众，团结拼搏、开拓进取，为决胜全面建成“三地一中心”而努力奋斗！

克难奋进砥砺前行的五年

区第十二次党代会以来的五年，是向着全面建成“三地一中心”大步迈进的五年，是我们经受经济发展严峻考验、奋力开启长寿发展新征程的五年。五年来，我们认真落实区第十二次党代会决策部署，圆满完成“十二五”规划目标任务，顺利实现“十三五”良好开局，推动长寿各项事业取得了新的显著成绩。

一是加快打造“三地一中心”，经济发展实现难中有进。我们紧紧扭住发展第一要务，主动适应经济发展新常态，积极应对主导产业严重下滑、持续低迷挑战，坚持“三位一体”抓发展，基本建成“三地一中心”。强化工业经济第一支撑，深化产业链集群招商，形成了钢铁冶金、综合化工、新材料新能源、装备制造、电子信息和消费类制造业等“5 +1”产业集群，全区工业总产值达到 1200 亿元，工业投资始终保持片区前列。长寿经开区累计完成规上工业总产值 3200 多亿元，引进项目 235 个，合同引资 1740 亿元，重钢环保搬迁全面完成，巴斯夫 MDI 一体化项目建成投产，现代汽车配套等一批重大项目启动建设；街镇工业走廊升级为市级特色工业园区，并更名为长寿工业园区，工业总产值五年增长 7 倍多。现代农业规划实现全域覆盖，现代农业“三园五区”建设加快推进，形成“1 +5 +2”特色效益农业体系，成为全市唯一集国家农业产业化示范基地、国家农业科技创新与集成示范基地、国家农业科技园区于一体的现代农业示范基地。深入挖掘和弘扬“长寿文化”，文旅结合发展异军突起，菩提山文化旅游景区总体建成，长寿湖、长寿菩提古镇双双获评国家 4A 级景区，入选全市首批十大旅游度假区，“长寿 · 人人向往”品牌效应初步显现。加快补齐商贸物流短板，重庆工贸城挂牌运行，沿江现代物流产业园启动规划建设，电子商务蓬勃兴起。全区综合经济实力迈上了一个新的台阶，预计 2016 年完成地区生产总值 450 亿元，实现一般公共预算收入 37. 4 亿元，外贸进出口和实际利用外资累计额均居片区第一位；产业结构不断优化，钢铁、化工占工业比重由 73. 6% 下降到 50% 左右，经济发展后劲进一步增强。

二是稳步建设“四宜双百”特色卫星城，新型城镇化跃上新台阶。深入推进以人为核心的新型城镇化，有序实施中心城区凤城、晏家、江南和北部新城等片区规划建设，完成土地利用总体规划、城乡总体规划修编，桃花新城建设日趋成熟，北部新城快速崛起，城市综合承载能力不断提高。新设立八颗、新市、菩提三个街道，城市建成区面积扩大到56.86平方千米，居全市主城区外各区县前列，常住人口城镇化率达到62.6%。建成渝利铁路、渝万城际铁路、长寿火车北站、北城大道，启动建设长寿长江二桥、渝长高速扩能改造，与重庆主城“同城效应”日益凸显。智慧城市建设取得重大进展，建成全市领先的数字长寿地理空间框架，城市规划建设管理水平显著提升。深入推进全国文明城区创建，跻身全国文化先进区行列，公共文化服务体系日趋健全。推动小城镇特色发展，加快社会主义新农村建设，长寿湖镇获评“国家园林城镇”，统筹城乡发展迈出新步伐。

三是扎实构建“六有民生体系”，民生保障水平持续提升。按照市委“五个坚持”原则，持续构建“六有民生体系”，民生支出占财政支出比重每年保持在65%左右。教育事业发展取得新突破，成功创建国家义务教育发展基本均衡区，黄桷湾小学等6所城区学校建成投用，长寿第一所大学重庆化工职业学院迁建开学，长寿湖远恒佳国际学校顺利开工。坚持就业优先，大众创业、万众创新蓬勃发展，五年来城镇新增就业13.7万人，新增市场主体3万个，微企总数达1.2万户，城镇登记失业率保持在3%以下。卫生与健康事业扎实推进，区中医院、精神卫生中心建成投用，区人民医院北城分院、中医院扩建项目有序推进，三级医疗服务和公共卫生服务网络实现全覆盖，区人民医院成功创建国家三甲医院，生育政策改革平稳推进，跻身首批国家级餐饮服务食品安全示范区和全市药品安全示范区。覆盖城乡的社会保障体系不断完善，城乡居民养老、医疗保险参保率分别达到95%、100%。累计建设各类保障性住房650余万平方米，为5.5万征地农转非人员和城镇中低收入者解决住房问题，公廉租房保障水平不断提高。坚持把脱贫攻坚作为头号民生工程，按全市统一部署提前完成脱贫攻坚任务，城乡收入比由2.6：1缩小到2.3：1。全面建立以低保制度为核心、专项救助和临时救助为补充的社会救助制度，困难群众基本生活保障水平显著提高。三峡移民工程顺利通过国家终验，三峡后续工作扎实推进。

四是着力推进改革法治“双轮”驱动，发展活力动力不断释放。正确处理改革和法治的关系，坚持在法治下推进改革、在改革中完善法治。结合长寿实际，认真落实中央和市委改革举措，突出经济体制改革重点，全面深化改革的主体框架基本形成。有序推进供给侧结构性改革，支持重钢调减船板钢产能200万吨，全部去除煤炭产能49万吨，有序推进房地产去库存。在全市率先启动不动产统一登记、工商登记等改革试点，成为不动产登记制度改革全国首批颁证区县。投融资体制、农村产权交易、户籍管理、行政审批、司法责任制、群团、生态文明等重点领域改革取得重要进展。大力推进全面依法治区，法治的引领、规范和保障作用逐步凸显。统筹推进严格执法、公正司法、基层社会治理法治化、全民普法守法等关键环节工作，农业综合执法体系成效经验被农业部广泛推介，人民法庭主审法官办案责任制改革试点经验在全市推广，区检察院获评“全国先进基层检察院”。坚持以法治思维法治方式深化改革、推动发展、化解矛盾、维护稳定，经济社会发展各领域的法治化水平不断提升。

五是不断筑牢“三条保障线”，发展环境持续向优向好。从长寿区情实际出发，坚持把生态环保、安全稳定、廉政勤政作为发展的生命线、保障线。深入推进“五大环保行动”，城区空气质量优良天数逐年上升，主要污染物排放总量逐年下降，全区危废处置率和工业废水集中处理率达到100%，建成全市领先的农村垃圾收运处置系统，桃花河整治取得明显成效，长寿湖水质持续稳定向好，长化环保搬迁实现生产性关停，单位地区生产总值能耗累计下降超过20%，长寿发展的绿色本底不断夯实。扎实推进平安建设，加强和创新社会治理，全面推行网格化服务管理，连续五年未发生重大群体性事件。深入开展安全生产突出问题专项整治，安全生产死亡事故起数和人数连续八年实现“双下降”。大力推进效能建设，接续开展“基础夯实年”“作风改进年”“作风强化年”“作风深化年”“工作创新年”主题年，政务环境持续改进和优化。

六是深入实施“五大党建工程”，基层党的建设全面加强。以先导、领航、提质、强基、清风五大工程为抓手，扎实开展党的群众路线教育实践活动、“三严三实”专题教育、“两学一做”学习教育，推动全面从严治党不断向基层延伸、向纵深发展。持续强化思想理论武装，认真落实意识形态工作责任制，深入广泛开展党的十八大、十八届三中四中五中六中全会精神、习近平总书记系列重要讲话和视察重庆重要讲话精神学习宣传贯彻。大力加强各级领导班子和干部队伍建设，认真执行民主集中制，坚持重基层、重实干、重公认的选人用人导向，强化干部日常管理监督考核，以严明的纪律确保三级集中换届风清气正。着力选优配强基层“带头人”，持续开展软弱涣散基层党组织整顿，用好三级服务中心和群工系统服务平台，非公领域实现党的组织和党的工作全覆盖，基层基础不断夯实。深入实施“人才强区”战略，强化人才工作政策导向、问题导向、需求导向。持续深入落实中央八项规定精神，锲而不舍反“四风”转作风树新风，党风政风持续改善。严格落实党风廉政建设“两个责任”，零容忍惩治腐败，共立案 210 件，结案 197 件，处分 251 人，其中处级干部 49 人，不敢腐的震慑作用充分发挥，不能腐、不想腐的效应初步显现。

过去五年，全区民主政治建设扎实推进，各方面团结奋进的力量得到充分调动。区委相继召开区委人大、政协、统战工作会议，研究出台相关意见，全力支持和保证人大、政府、政协依法依章程履行职责，支持法院、检察院公正司法，巩固发展最广泛的爱国统一战线，推进与各民主党派、工商联和无党派人士合作共事，充分发挥各人民团体和社会组织作用，深入开展基层群众自治，民主政治建设在创新中不断加强。同时，认真做好人民武装、群团、离退休干部、民族宗教和残疾人工作，统筹推进地方志、档案、人民防空等各项工作，全区上下风清气正、心齐事成的良好局面得到进一步巩固和发展！

五年来的成绩来之不易，是在复杂严峻的宏观形势和极其困难的条件下取得的。这些成绩的取得，是市委坚强领导的结果，是全区各级各部门和广大干部群众团结拼搏的结果，是各民主党派、工商联、无党派人士和社会各界共同努力的结果。在此，我代表中共重庆市长寿区第十二届委员会，向长期以来关心、支持、参与长寿改革发展各项事业的同志们、朋友们表示衷心的感谢，并致以崇高的敬意！

过去五年的发展成就是在承继建区十年扎实工作的基础上取得的。五年克难奋进，五年砥砺前行，使我们对推动长寿各项事业继往开来、不断发展有着更加深切的体会。

推动长寿发展，必须始终坚定正确政治方向、保持坚强政治定力。切实增强“四个自信”、树立“四个意识”，始终在思想上政治上行动上坚定地同以习近平同志为核心的党中央保持高度一致，坚持在全国全市发展大局中找准长寿定位，全面贯彻落实中央和市委各项决策部署，走对路、扎实干，努力把长寿的事情办得更好。

推动长寿发展，必须始终坚持一张蓝图绘到底、一届接着一届干。把握继承与创新的辩证法，抓住“三地一中心”战略目标这一全区共识，始终保持正确发展航向、增强科学发展信心，并根据新形势新任务不断赋予新内涵、拓展新空间，以“三地一中心”建设为统领和牵引，持之以恒谱写长寿发展新篇章。

推动长寿发展，必须始终坚持一切为了人民群众、一切依靠人民群众。坚持以人民为中心的发展思想，切实带着感情和责任解决好广大人民群众最关心、最期盼、最现实的利益问题，凝聚民心，集中民智，集聚民力，最大程度激发蕴藏在 90 万长寿人民中的智慧和力量。

推动长寿发展，必须注重营造团结和谐的社会氛围、勤政廉洁的政治生态。下大力气守住社会和谐稳定的底线，坚定不移推进党风廉政建设和反腐败斗争，保护和调动广大干部干事创业的积极性主动性，切实为经济社会发展营造风清气正、团结和谐、安定有序的氛围和环境。

推动长寿发展，必须始终坚持党要管党、从严治党。牢固树立党建主业意识，全面落实管党治党主体责任、监督责任，真管真严、敢管敢严、长管长严，切实形成重视党建、大抓党建、抓实党建的行动自觉和良好格局，把党的政治优势和组织优势转化为推动长寿各项事业发展的强大力量。

长寿的发展事业任重道远。在客观总结成绩的同时，我们必须清醒地认识到，长寿的发展和区委的工作还存在一些问题和不足：一是经济总量和发展速度在片区处于中等水平，“三地一中心”还是不全面、不同步和低水平的，产业转型升级压力较大。二是生态环境总体不容乐观，安全稳定形势依然严峻，筑牢发展绿色本底和夯实安稳底线的压力仍然较大。三是民生保障水平还不够高，社会事业短板欠账较多，人民群众获得感幸福感不够强。四是城乡统筹发展水平还不高，城市规划建设管理水平有待进一步提升，农村基础建设比较滞后。五是发展过程中积累的一些矛盾和问题依然存在，尚未得到根本解决。六是部分党组织和党员领导干部管党治党主业意识不强，一些基层党组织软弱涣散，党风廉政建设和反腐败斗争任重道远，等等。

对这些问题和挑战，我们必须敢于直面、沉着应对，牢固树立矢志不渝为长寿的发展事业而奋斗、矢志不渝为长寿人民的美好生活而奋斗的坚定信念，团结带领90万长寿人民把改革发展各项事业继续更好地推向前进！

科学谋划未来五年发展蓝图

今天的长寿，已经站上了一个新的历史起点，展现出更加美好壮阔的发展前景。今后五年，伴随世界经济深度调整，我国经济发展新常态特征更加明显，长寿发展虽然面临诸多困难和挑战，但仍处于可以大有作为的重要战略机遇期，机遇大于挑战，新的增长动力正在加速形成，发展空间进一步优化，发展潜力加速释放，蓄势崛起态势日益增强。对此，我们要坚定信心，保持定力，抢抓机遇，主动作为，努力推动长寿新一轮大发展，以优异成绩迎接中国共产党成立100周年、长寿建区20周年。

今后五年，长寿经济社会发展的指导思想是：高举中国特色社会主义伟大旗帜，以马克思列宁主义、毛泽东思想、邓小平理论、“三个代表”重要思想、科学发展观为指导，深入学习贯彻习近平总书记系列重要讲话和视察重庆重要讲话精神，全面贯彻落实党的十八大以来中央和市委重大决策部署，切实增强政治意识、大局意识、核心意识、看齐意识，统筹推进“五位一体”总体布局，协调推进“四个全面”战略布局，坚持以人民为中心的发展思想，坚持创新、协调、绿色、开放、共享的发展理念，认真落实区域发展战略，如期全面建成小康社会、全面建成“三地一中心”、全面建成“三大愿景”框架，奋力开创“科学发展、富民兴区”新局面。为此，我们必须保持与“十三五”规划相衔接，自觉顺应人民群众新期盼新要求新期待，确保完成以下三个方面的奋斗目标：

——“三地一中心”全面建成。全区综合经济实力和质量效益显著提升，经济结构进一步优化，地区生产总值和一般公共预算收入实现翻番，分别突破1000亿元、75亿元。规上工业总产值翻一番，超过2000亿元，其中战略性新兴制造业占比达30%，建成国家级产业示范基地。在全市率先实现适农区域农业现代化，农村居民人均可支配收入翻一番，建成全市现代农业发展示范区。旅游收入达到80亿元，过夜游客人数翻一番，三大百亿级旅游景区提质提档，创建市级全域旅游示范区和国家级旅游度假区。商品销售总额翻一番，达到600亿元，重庆工贸城全面建成，沿江现代物流园初步成型，成为全市重要物流枢纽。

——城乡整体面貌全域改观。以持续创建和提升全国文明城区为抓手，带动城乡建设提质和整体面貌改观。城区建成面积达70平方千米，常住人口城镇化率达66.8%，城市布局科学合理、交通内畅外联、功能完备升级，建成山水交融、文化彰显的“四宜双百”特色卫星城框架。美丽乡村建设全面推进，农村生产生活条件大大改善，农村基础设施建设实现“三个100%”，初步建成城乡一体化发展模范区。全区森林覆盖率达到46%，单位地区生产总值能耗累计下降15%，主要污染物排放持续下降，绿水青山展现美丽画卷。长寿文脉得到良好挖掘和传承，城乡文明水平和居民文明素养显著提升。

——改革发展成果全民共享。居民收入较快增长，差距逐步缩小，民生投入保持与经济发展同步增长。公共服务体系更加健全，城镇登记失业率低于3%，社会保障进一步扩面提标，教育质量和公平性进一步提升，全方位全周期健康保障体系进一步健全，城乡社会事业发展更加均衡。治理体系和治理能力现代化显著提升，法治建设、平安建设进入全市前列，社会更加和谐稳定，人民群众获得感安全感幸福感持续增强。

蓝图指引方向，实干成就梦想。今后五年，我们要紧紧围绕实现上述三大奋斗目标，凝心聚力，克难攻坚，扎实抓好六大重点战略任务，不断开创经济社会发展新局面。

（一）加快发展动力培育转换，着力激发经济社会发展动力活力

适应和引领经济发展新常态，促进经济社会持续健康发展，必须加快发展动力转换。要在发挥传

统“三驾马车”协调拉动作用的同时，着力强化创新驱动、改革引领、开放支撑，不断增强经济发展的“混合动力”，进一步解放和发展生产力。

加快实施创新驱动发展战略。扎实推进以科技创新为核心的全面创新，着力打造西部创新中心的重要组成部分和重庆创新驱动发展示范区，加快形成以创新为主要引领和支撑的经济体系和发展模式。突出企业创新主体地位，实施科技型企业培育和转型升级工程，强化政策资金、创新金融等要素支撑，大力激发企业创新活力。强化重点区域和重点领域的创新带动作用，加快建设以长寿经开区为主体的创新驱动核心区、以长寿工业园区和现代农业园区为主体的创新驱动示范区，打造引领全区创新驱动发展的战略支点。强化创新平台支撑作用，加快推进科技创新公共服务平台、科技孵化器建设，建立健全众创、众包、众扶、众筹平台支撑体系。大力推进开放式协同创新，健全科技成果转移转化机制，不断释放增强创新创造活力。充分发挥人才在推动创新发展中的重要作用，着力建设高水平创新人才队伍。积极培育创新文化、优化创新生态，大力推进大众创业、万众创新，努力使创业创新成为全社会共同的价值追求和行为习惯。

全面深化重点领域关键环节改革攻坚。坚持以经济体制改革为重点，带动和促进全面深化改革协同推进、形成合力。加快推进投融资体制机制、商事制度、财税金融制度、供给侧结构性改革等一批重大改革事项，切实降低实体经济发展成本，增强发展活力。完善重点项目、重大工作推动经济社会发展机制，坚持每年实施十个具有全局性牵引性的重大工程项目。深化农业农村综合改革，稳妥推进农村产权交易改革。加快公共服务和民生领域改革，着力在“六有民生体系”建设、构建城乡一体化发展机制方面取得新的突破。坚决破除制约民间投资体制机制障碍，落实产权保护制度，支持非公有制经济发展壮大。以经济体制改革为牵引，统筹推进政治体制、文化体制、社会和司法体制改革等各项改革，推动各领域改革全面深化，努力在重要领域和关键环节取得新突破。

大力提升开放型经济水平。抢抓“一带一路”和长江经济带等重大战略机遇，对接重庆自贸区、中新（重庆）战略性互联互通示范项目、渝新欧铁路联运大通道等建设，进一步拓展对外开放的广度和深度。完成渝长高速扩能改造、长寿长江二桥等重大项目建设，积极推动沿江货运铁路、沪渝南线长寿支线、长寿长江三桥等一批重点交通工程项目，大力提升融入全市大开放格局的互联互通能力。打造以长寿经开区为核心的开放平台，加大口岸建设力度，推动设立长寿海关和检验检疫机构。统筹推进一般贸易、内陆型加工贸易和转口贸易发展，优化出口结构，不断提高出口产品技术含量和附加值。大力推动补链招商、以商招商、中介招商、集群招商，不断提高聚商选资的质量和水平。积极推进川渝“两地四方”合作示范区共建、与两江新区产业承接协作、同周边区县区域经济联动发展及龙溪河生态带打造，推动形成区域经济合作发展新格局。

（二）突出抓好产业转型升级，着力增强综合实力和竞争力

推动产业转型升级是构建区域竞争新优势的核心任务。要围绕全面建成“三地一中心”，以供给侧结构性改革为主线，加快产业转型升级，加快形成若干产业链条完善、规模效应明显、核心竞争力突出、支撑作用强大的现代产业集群，不断壮大和提振实体经济。

推动工业经济提质增效。坚持把发展壮大工业经济作为首要任务，以集聚化、集群化、规模化发展为导向，不断夯实长寿经开区和长寿工业园区两大平台，全面建成重庆工业高地。改造提升钢铁、化工传统主导产业，支持现有企业开展技术改造，推进重油深加工、重钢—浦项冷轧薄板、镀锌板等项目建设，加快产品结构调整，大力促进产业链向高附加值延伸。高起点承接国内外综合化工、高端装备制造、新材料新能源、电子信息、生物医药等行业领军企业及关键零部件配套企业，填平补齐产业链短板，培育壮大战略性新兴产业集群，打造重庆最具竞争力的新材料新能源产业基地、特色鲜明的装备制造生产基地和重要的电子信息产业配套基地。进一步完善长寿工业园区功能布局和基础设施体系，以中科未来城建设为依托，加快培育壮大智能家居、健康科技、智能终端等新兴产业，提高消费类产品有效供给能力和水平。开展“互联网+工业”产业提升行动，鼓励企业广泛应用网络信息技术改造提升传统产业，加快智能制造生产模式应用，推进工业化与信息化深度融合。

坚定不移发展现代特色效益农业。坚持以现代农业“三园五区”为引领，以提高质量效益和竞争力为中心，突出抓好现代农业产业体系、生产体系、经营体系建设，加快转变农业发展方式，全面建成现代农业基地。大力发展新型农业经营主体，完善农民与龙头企业、专业合作组织等的利益关系和分配机制，推动形成利益共同体。推进农业标准化建设，发展多种形式的适度规模经营，不断提高机械化水平和生产效率。大力发展观光农业、休闲农业、订单农业和农产品加工业，推进农业与制造业、旅游业、文化产业、健康养老业等深度融合，推动农村一、二、三产业多层次、宽领域融合发展。深入实施“互联网+农业”，大力发展智慧农业、绿色农业、高效农业，推进农业结构调整、农业品牌创建、农产品质量安全提升。

以点带面发展全域旅游。深入实施文旅结合战略，高水平推进全域旅游发展，深度融入全市旅游发展格局，全面建成“长寿·人人向往”休闲旅游胜地。打造长寿湖西岸精品旅游集聚区和东岸生态旅游观光区，完成跨湖大桥、环湖公路、湖岛景观、星级酒店等功能设施建设，大力引进主题游乐项目，提速旅游产品开发，着力打造集休闲养生、户外运动、特色浪漫于一体的长寿湖旅游精品，推进长寿湖梦漫特色小镇建设大见成效。加大菩提山文化旅游景区后续开发力度，加强长寿文化、佛教文化深度挖掘开发，促进文化融入景区、景区承载文化，实现菩提山、菩提古镇一体发展。推进长江两岸风貌改造提升，加快滨江长寿谷高品质开发，完成库岸治理、道路体系、旅游码头、峡谷公园等基础设施建设，修复三倒拐历史文化街区，保护和传承城市文明。积极挖掘自然生态、民俗古迹、历史文化等旅游资源，有序推进大洪湖、五华山、黄草山等其他重点区域旅游开发，大力发展乡村旅游，着力激发全域旅游经济活力。充分利用“旅游+”优势，促进旅游业与品质教育、健康养生、现代工业、生态农业、金融服务等产业融合发展。

培育壮大现代服务业。紧紧围绕制造业升级和人民群众日益增长的物质文化需求，大力发展物流、金融、科技服务等现代服务业。围绕建成重庆工贸城，大力推进钢铁、化工产品等大型专业市场建设，加快完善沿江现代物流园基础设施体系，构建公路、铁路、水运等无缝对接的市级物流枢纽，全面建成区域物流中心。加快构建城乡三级商贸流通体系，推动公共配送中心、农产品交易集散中心和电商末端配送体系建设。加强物联网、云计算、大数据处理等现代信息技术应用，突出打造“互联网+供应链”平台，促进生产性服务业向专业化和价值链高端延伸。大力优化金融生态环境，进一步完善金融市场体系，吸引创新金融和互联网金融落户，促进金融产品结构优化调整。积极发展大健康、智慧教育、文化体育等生活性服务业，推动生活性服务业向精细化和高品质转变。

（三）务实推动城乡建设提质，着力构建城乡一体化发展新格局

城乡一体化提质建设是实现城乡平衡、协调发展的根本途径。要坚持以人为核心，以全国文明城区创建为牵引，以“四宜双百”特色卫星城建设为龙头，科学谋划，一体推动，促进美丽山水园林城区和美丽乡村协调发展。

优化城乡发展布局。强化规划引领，探索推动经济社会发展规划、城乡规划、土地利用规划、生态环境保护规划“多规合一”、深度融合，建立健全统一的空间规划体系。优化“1+3+9”城镇体系，按照“一城一轴两翼”的城乡空间结构，促进中心城区与各镇合理分工、功能互补、协调发展。高水准规划建设中心城区，统筹人口、产业、交通、市政配套和公共服务，突出基础设施、城市社区、产业项目建设重点任务，分类抓好各组团各街道开发建设和功能完善，不断提升中心城区综合承载能力。科学建设葛兰、云台、长寿湖三个中心镇，进一步优化场镇基础设施、服务功能和人居环境，加快产业企业集聚，着力增强中心镇区域经济实力。积极推进其他九个镇建设，因地制宜加快培育一批特色小镇，发展富有特色的“农业+”新业态，有序放开落户限制，切实增强小城镇人口集聚能力。

强化城乡功能建设。实施城市形象提升工程，精心规划建设博物馆、规划展览馆、公交换乘枢纽等标志性建筑，提档建设城市关键节点基础设施、生活配套设施，不断提升城市形象和品位。实施城市环境美化工程，加快厚植美化城市公园绿地、滨江沿河景观、城市景观大道，打造“四横四纵”景观通廊，推进老城区升级改造，有效疏解城市空间。实施城市管理提升工程，完善城市管理体制机

制，推进智慧城市、海绵城市建设，狠抓背街小巷和城乡结合部整治，持续开展市容市貌、违法违规行为治理，规范城市公共环境秩序。实施城乡畅通工程，加快推进园区景区与城区快速景观通道、城市地下综合管廊等重大基础设施建设，推动中心城区形成“两横两纵一联线”快速路网和“五横五纵”主干路网，全面加强农村道路改造提升，提高城乡公共交通覆盖密度，构建便捷畅通的立体交通网络体系。实施小城镇全面提质工程，完善文化体育广场、市民公园、公共停车场等基础配套功能，推进场镇风貌整治、道路硬化美化，实现场镇人居环境显著改善。实施美丽乡村建设工程，集中开展村容村貌整治，全面完成农村 D 级危房改造，促进农村环境洁化、绿化、美化。

丰富城乡文化内涵。注重延续长寿历史文脉，加强对三倒拐、东林寺、天台寺、文峰塔及历史名镇名村等文化资源的保护和开发利用，切实留住长寿文化脉络和历史记忆。加快将长寿文化、红色文化、长寿三贤等文化元素融入城乡规划建设全过程，致力打造中华长寿文化名城，彰显长寿文化特色和魅力。积极培育打造特色文化产业品牌，加快文化创意产业孵化园建设，大力推进文化与旅游、科技、金融等相关产业融合发展。深入推进文化惠民工程，繁荣文化艺术创作，不断提高公共文化产品和服务供给能力。推动文化资源向农村和基层倾斜，深入挖掘和传承乡村优秀民俗文化，引导群众破陋习、树新风，推动乡风民风美起来。

（四）切实改善增进民生福祉，着力推动发展成果全民共享

带领人民群众创造幸福美好生活，是我们矢志不渝的奋斗目标。要按照市委“五个坚持”原则，不断深化“六有民生体系”建设，滚动实施城乡重点民生实事，持之以恒保障和改善民生，不断增强人民群众获得感和幸福感。

着力补齐民生领域短板。大力巩固脱贫攻坚成果，建立健全脱贫帮扶长效机制，持续加大资金、政策、工作等投入力度，确保在全面建成小康社会的进程中不让一个贫困群众掉队。要急群众之所急、想群众之所想，每年谋划实施一批重点民生实事，确保每一件民生实事都让群众得到实惠。坚持把就业作为民生之本，构建政府激励创业、社会支持创业、劳动者勇于创业的新机制，实现比较充分和更高质量的就业。认真做好城乡低保对象、贫困户、残疾人等困难群体的生活保障工作，妥善解决好困难群众在教育、就业、医疗、住房、社会保障等方面的基本需求。加快农村水电气路等基础设施建设和社会事业发展，拓宽农民增收渠道，全面改善农村生产生活条件。建立健全农村“三留守”群体关爱服务体系，切实维护好弱势群体合法权益。

推进基本公共服务均等化。围绕公共教育、医疗卫生、社会保障等基本公共服务领域，创新资源配置体制机制。着力巩固国家义务教育发展基本均衡区创建成果，完善各类教育体系，改善薄弱学校和寄宿制学校办学条件，推进高端民办教育发展，支持化工职业学院做优做强，力争再引进 1—2 所高等院校，深化考试招生制度改革，全面提升教育教学质量。深化医药卫生体制改革，推动医疗、医药、医保“三医联动”，加快完成区人民医院北城分院、区中医院扩建等重点卫生项目建设，推进医疗联合体建设和家庭医生签约服务，加快分级诊疗制度建设，提高城乡医疗卫生服务质量和水平，进一步改革完善计划生育服务管理。健全覆盖城乡的社会保障体系，进一步完善统筹城乡的基本养老保险和基本医疗保险制度，实施全民参保计划，推动社会保障由制度全覆盖到人员全覆盖。

稳步提升民生保障水平。健全财政资金保障机制，根据经济社会发展水平和公共财政承受能力适时加大财政对民生领域投入，确保民生支出占财政支出始终在 60% 以上。积极创新服务供给方式，发展社会中介服务组织，推进政府购买服务，把有限的财政资金用在“刀刃上”。积极应对人口老龄化挑战，鼓励民营资本参与养老事业建设与发展，完成长寿湖医养中心项目建设，加快构建以居家为基础、社区为依托、机构为支撑的养老服务体系，真正使长寿成为老有所养、老有所乐的“长寿”之地。

（五）全面加强生态保护治理，着力筑牢长寿发展绿色本底

建设生态文明，事关长寿可持续发展和人民群众切身利益。要牢牢把握“五个决不能”的底线要求，坚持污染防治和生态保护并重，切实解决好人民群众反映最强烈的突出生态环境问题，努力走出一条具有长寿特色的绿色发展之路。

积极构建绿色发展模式。以节能减排和资源高效利用为重点，推进资源使用节约循环高效化、建设发展低碳化、产业发展循环化。加强土地集约利用，严格控制建设用地增量，积极盘活存量土地，加快批而未供和低效存量土地的处置利用。推进综合化工与新材料产业、钢铁冶金与装备制造产业耦合发展，完善和延伸循环制造工业链，着力打造国家级循环示范园区。深入推进节能减排，大力实施碳交易和排污权交易，积极发展清洁能源，强化副产物资源化利用，鼓励企业实施节能技术改造。加强垃圾处理设施建设，完善垃圾收运系统，推进垃圾分类处置。倡导低碳生活方式，推广绿色建筑、绿色消费、绿色交通。

全面加强生态环境保护治理。深入实施蓝天、碧水、宁静、绿地、田园行动，推进多污染物综合防治和环境治理。加强工业废气污染治理，深化移动源污染整治和城区扬尘综合整治，控制机动车尾气污染，着力巩固无煤区创建成果。推进城镇、园区、农村污水处理设施升级改造，推进工业用水循环利用和污水深度处理技术改造。保护好长江两岸，切实推行河长制，加强对龙溪河、桃花河、御临河、晏家河等次级河流的统一规划和综合整治，深入推进长寿湖国家良好湖泊生态环境保护，积极争取将大洪湖纳入国家良好湖泊生态环境保护。加强饮用水源保护，策划推进城市新饮用水源项目。加强企业生产、道路交通噪声源头控制。实施天然林资源保护、新一轮退耕还林等重点工程，深入推进人工造林、封山育林。

不断健全生态文明制度体系。着力引导、规范和约束各类开发利用保护自然资源的行为，加快构建产权清晰、多元参与、激励约束并重、系统完整的生态文明制度体系。探索以空间规划为基础、用途管制为手段的空间开发保护制度，着力解决空间占用和生态破坏等问题。推广政府和社会资本合作模式，鼓励环境污染第三方治理、合同能源管理和合同节水管理，积极发挥 PPP 模式在环境污染治理中的作用。落实环保管理体制改革，支持环保机构监测监察执法垂直管理。严格环境资源司法保护制度，构建完善资源环境承载力监测预警机制，完善信息公开和公众参与制度，健全考核评价和督察追责制度。加强基层环境监管能力建设。

（六）扎实推进治理能力提升，着力营造和谐有序的发展环境

实现经济社会持续健康发展，离不开和谐有序的发展环境。要不断推进地方国家治理体系和治理能力现代化，切实调动各方面参与管理国家事务、管理全区社会事务和经济文化事业、投身改革发展各项事业的积极性，大力营造和谐有序、安全稳定的发展环境。

全面加强民主政治建设。发挥党委总揽全局、协调各方的作用，支持人大、政府、政协、司法机关依法依章程独立负责、协调一致开展工作。坚持和完善人民代表大会制度，支持和保证人大加强和改进对“一府两院”的监督，依法行使重大事项决定权和人事任免权，努力保持这一根本政治制度的生机和活力。支持和保证人民政协围绕团结民主两大主题履行政治协商、民主监督、参政议政职能，发挥作为协商民主重要渠道和专门协商机构的作用，推进社会主义协商民主广泛多层制度化发展。巩固发展最广泛的爱国统一战线，积极为各民主党派、工商联和无党派人士发挥作用搭建平台、提供保障。认真做好民族宗教工作。加强和改进新形势下党的群团工作，充分发挥工会、共青团、妇联等群团组织的作用。加强国防动员和后备力量建设，全面创建市级双拥模范城，推进军民深度融合发展。

深入推进全面依法治区。加快建设职能科学、权责法定、执法严明、公开公正、廉洁高效、守法诚信的法治政府，推动行政权力在法治轨道上运行。深化行政执法体制改革，全面落实行政执法责任制，推进行政程序法定化，推动严格规范公正文明执法。深化司法体制改革，支持法院、检察院依法独立公正行使审判权、检察权，不断提高司法公信力。全面加强党内监督、人大监督、民主监督、行政监督、司法监督、审计监督、社会监督和舆论监督制度建设，努力形成科学有效的权力运行制约和监督体系。扎实推进“七五”普法，积极创建法治街镇及民主法治村（社区），推动形成办事依法、遇事找法、解决问题用法、化解矛盾靠法的良好法治环境。

切实保障人民群众生产生活安全。贯彻落实总体国家安全观，扎实做好各领域安全工作。健全完善立体化社会治安防控体系，全面推进社会面、重点行业和人员、城乡社区、信息网络等防控网建

设，依法严厉打击黄赌毒、“两抢一盗”、新型网络电信犯罪和非法集资等违法犯罪，严防“三类恶性案事件”发生。加强重点行业和领域安全生产，扎实开展安全生产隐患排查治理，加强交通运输、烟花爆竹、危险化学品等重点行业和领域安全监管，坚决防控各类安全生产事故，全力创建全国安全保障型示范区和全国食品安全示范城市。深入推进应急管理体系建设，强化应急管理基层基础工作，切实提升应急处置水平。强化落实“党政同责、一岗双责、失职追责”和企业安全生产主体责任，不断增强人民群众安全感。

全力维护社会稳定。深化信访工作制度改革，深入推进诉访分离，进一步畅通和规范群众诉求表达渠道，依法保护信访群众合法权益。健全预防和化解社会矛盾体制机制，完善公共决策社会公示、公众听证、专家咨询论证制度，完善和落实重大事项社会稳定风险评估机制，深入开展干部下访接访，着力解决重点领域信访突出问题。大力培育发展各类社会组织，促进社会组织依法规范参与各类社会事务。健全综合服务管理平台，全面推进基层社会治理网格化管理、社会化服务，完善特殊人群教育管理体制机制。积极推动网络社会治理，切实维护网络信息安全。我们要时刻把人民群众的安危冷暖挂在心头，务实做好经济社会发展各项工作，努力让人民群众生活得更加幸福、更有尊严！

不断开创全面从严治党新局面

事业成败，关键在党。全区各级党组织要坚决贯彻落实党中央和市委全面从严治党决策部署，以加强党的执政能力建设和先进性建设为主线，坚持思想建党与制度治党相结合，统筹推进全面从严治党各项工作任务，全面提高党的建设科学化水平，为长寿改革发展提供坚强的政治保证和组织保证。

把思想政治建设摆在首位，切实拧紧思想和行动的“总开关”。坚持不懈强化理论武装，深化党性教育和道德教育，教育引导党员干部深入学习贯彻习近平总书记系列重要讲话精神和治国理政新理念新思想新战略，不断增强“四个意识”特别是核心意识、看齐意识，培育和践行社会主义核心价值观，筑牢信仰之基、补足精神之钙、把稳思想之舵。严格落实意识形态工作责任制，牢牢掌握意识形态工作的领导权管理权话语权，发展壮大主流舆论阵地。加强学习型党组织建设，强化区委常委会、各级党委中心组学习示范带动作用。坚持科学理论与具体实践相结合，将学习成果转化为科学判断形势、驾驭市场经济和应对复杂局面的能力。

加强和规范党内政治生活，切实净化政治生态。认真贯彻《关于新形势下党内政治生活的若干准则》，切实把开展严肃认真的党内政治生活作为党员、干部锤炼党性的“大熔炉”，着力增强党内生活的政治性、时代性、原则性、战斗性。认真贯彻执行民主集中制，严格落实议事规则和决策程序，完善党内情况通报、情况反映和重大决策征求意见等制度，深入推进党务公开，充分发扬党内民主。认真落实“三会一课”、民主生活会、组织生活会、谈心谈话、民主评议党员等制度，创新方式方法，加强经常性教育、管理和监督，切实让组织生活严起来、基层支部活起来、每个党员动起来。建立经常性的提醒批评制度，开展经常性的批评与自我批评，让红脸出汗成为常态。

深化干部人才队伍建设，切实锻造发展中坚力量。坚持党管干部原则，深化干部人事制度改革，严格执行“二十字”好干部标准，加强干部管理监督，坚决防止和纠正选人用人上的不正之风。加强各级领导班子建设，选优配强“一把手”，优化领导班子结构，增强班子整体功能。始终注重在基层一线、急难险重、改革创新实践中培养、发现和选拔干部，加大对年轻干部、女干部、党外干部的战略培养和合理使用，加强干部交流轮岗、实践锻炼和教育培训。不断完善干部考核评价体系和村（社区）干部补贴机制，探索完善容错纠错机制，推动形成能者上、庸者下、劣者汰的机制和氛围，充分调动广大干部干事创业积极性。全面做好离退休干部工作。确立人才优先发展战略，加强各类人才队伍建设，努力形成人才辈出、人尽其才、才尽其用的生动局面。

扎实推进基层组织建设，切实筑牢党的执政根基。认真落实基层党建工作责任制，严格执行党建工作述职评议考核制度和三级联述联评联考机制。强化基层组织政治功能和服务功能，建好建强村（社区）、机关、学校及企事业单位等党组织，进一步提升非公有制经济组织和社会组织党建工作水平。巩固完善三级服务体系，依托便民服务中心、党群服务中心、群工系统、在职党员到社区报到等载体延伸服务触角，推动基层党组织工作重心转到服务改革、服务发展、服务民生、服务群众、服务党员上来。扎实抓好党员发展、教育、管理、服务工作，加大党内关怀帮扶力度，持续开展创先争优活动，不断激发基层干部干事创业活力。

驰而不息正风肃纪，切实把党风廉政建设和反腐败斗争引向深入。坚持纪在法前、纪严于法，严格贯彻落实党章和纪律处分条例、党内监督条例等党内法规，严明党的政治纪律和政治规矩。深入落实中央八项规定精神，巩固拓展党的群众路线教育实践活动、“三严三实”专题教育、“两学一做”学习教育成果，持之以恒反“四风”树新风，始终密切同人民群众的血肉联系，大力改进思想作风、学风、工作作风、领导作风和干部生活作风，促进作风建设规范化常态化长效化。全面落实党风廉政建设党委主体责任和纪委监督责任，充分发挥纪委派驻机构职能，积极实践监督执纪“四种形态”。坚持零容忍惩治腐败，加大对违纪违法案件特别是典型案件查处力度，坚决整治侵害群众利益的不正之风和腐败问题，持续开展党风党纪和廉政警示教育，加快构建不敢腐、不能腐、不想腐的长效机制。

扎紧织密制度笼子，切实提高管党治党科学化规范化水平。持续加强制度建设，推动形成用制度管权、按制度办事、靠制度管人的长效机制。坚持突出问题导向，在党的群众路线教育实践活动、“三严三实”专题教育及“两学一做”学习教育取得制度建设成果的基础上，紧紧围绕完善干部管理、规范权力运行、强化监督问责等方面建好制度、立好规矩，努力形成一批可执行、可监督、可操作、可问责的制度规范。严格落实“三谈两述一审计”、个人有关事项报告等行之有效的制度，强化权力运行制约与监督。健全完善制度执行考评问责机制，强化制度刚性约束和严格执行，着力解决制度执行宽松软等问题。建立和完善制度执行联动督查机制，着力纠正有令不行、有禁不止现象，坚决维护制度的严肃性权威性。

回首过去，我们创造了无愧于历史的发展业绩；面向未来，我们肩负着全面建成“三地一中心”的庄严使命。让我们更加紧密地团结在以习近平同志为核心的党中央周围，在市委的坚强领导下，团结带领全区广大党员干部和人民群众，众志成城，苦干实干，不忘初心，继续前进，为决胜全面建成“三地一中心”而努力奋斗！

重庆市长寿区人民代表大会常务委员会工作报告

——2016年3月14日在重庆市长寿区第十七届人民代表大会第六次会议上

重庆市长寿区人民代表大会常务委员会主任　张明生

过去一年的主要工作

2015年，在区委的正确领导下，区人大常委会紧紧围绕全区工作大局，依法履职，扎实工作，举行常委会会议7次、主任会议16次，听取和审议专项工作报告15项，作出决议决定27项，提出审议意见11项、评议意见6项，组织专题视察5次，开展执法检查1次、专项评议1次、专题询问1次，任免国家机关工作人员55人次，接待处理群众信访185件，全面完成了区十七届人大五次会议确定的各项任务，为实现“十二五”圆满收官、推进“三地一中心”建设作出了积极贡献。

一、做好决定和任免工作，保障区委决策部署

有效落实

（一）依法讨论决定重大事项。常委会围绕全区经济社会发展中的有关重大事项，深入调研，认真审议，依法作出决议决定。为拓展城市发展空间，及时对增设菩提街道、八颗新市撤镇设街道作出决定。根据经济运行情况和地方政府债务管理的有关规定，审查批准了2014年财政决算、2015年区级财政预算调整方案、2015年政府债务限额。为支持经开区和公租房建设，作出了有关资金预算安排的决议。

（二）认真做好任免和选举工作。常委会严格按照任前法律考试、分组审议、电子表决、颁发任命书、任职发言等程序，任命国家机关工作人员。一年来，共组织任前法律考试4次，任命国家机关工作人员38人次，免去国家机关工作人员17人次。任命人民陪审员37人。选举区人大代表4人，接受辞去区人大代表职务4人。

（三）扎实开展部门工作评议。常委会在深入调研、征求意见、评议调查的基础上，对区经信委、区公安局、区人社局、区农委、区商务局贯彻区委区政府工作部署、执行人大决议决定、办理代表建议等方面工作，开展评议调查，收集意见建议204条；开展满意度测评，提出评议意见19条。被评议部门积极配合评议工作，针对评议中提出的建议和反映的问题，边评边改、立行立改，改进了工作作风，提高了工作质量，推动了区委区政府工作部署有效落实。

二、开展法律监督，推动全面依法治区深入实施

（一）推动法治政府建设。按照市人大的统一部署，常委会通过听取报告、座谈调研、文献评估、个案抽查、问卷调查等方式，对区政府规范性文件备案审查工作进行了专项评议。通过此次评议，区政府加强备案审查机构建设，完善备案审查工作机制，建立并公开规范性文件目录库，清理设区以来的规范性文件501件，废止规范性文件66件，向区人大报备规范性文件8件，为推动法治政府建设打下了坚实基础。听取审议了区政府依法行政工作情况报告，督促区政府强化领导干部法治意识，建立行政权力清单，推进行政信息公开，确保行政权力在阳光下运行。为提升整合部门运行效能，主任会议听取了卫生计生、国土房管工作情况报告，提出了改进工作的建议。

（二）推进法律有效实施。常委会首次听取审议了区法院、区检察院公正司法情况报告，督促区法院、区检察院落实司法体制改革要求，完善公正司法工作机制，推进司法信息公开，提高司法公信力，为全区经济社会健康发展提供有力的司法保障。开展《重庆市义务教育条例》执法检查，推动区政府及有关部门加快新城学校建设，优化教育资源布局；改善农村办学条件，缩小城乡教育差距。积极配合全国人大、市人大开展土壤污染防治法、环境保护条例、安全生产条例等立法调研，提出了高质量的立法及修改建议。加强人大信访工作，引导信访群众依法信访，督促化解了一批信访问题。

（三）完善人大监督机制。按照全面深化改革和依法治区的有关要求，常委会在全市率先实行依法行政、公正司法、城乡规划、环境保护、政府债务年度报告制度，实现了对重要专项工作的常态化监督。认真落实宪法实施和监督制度，制定《长寿区宪法宣誓实施办法》，并从今年起开始实施；坚持开展宪法日活动，促进全民学法守法用法。根据全国人大《关于改进完善专题询问工作的若干意见》精神，制定《区人大常委会专题询问办法》，丰富了常委会的监督形式。加大信息公开力度，坚持以公开为常态、不公开为例外，及时通过人大网站、新闻媒体向社会发布常委会履职情况；坚持邀请市民旁听区人民代表大会和常委会会议，自觉把人大工作置于群众的监督之下。在去年的水污染防治工作专题询问中，首次安排长寿电视台全程录像，在长寿日报上公开询问内容，产生了积极的社会反响。

三、强化工作监督，助力经济社会平稳健康发展

（一）强化预算决算审查监督。常委会认真履行预算决算审查监督职能，听取和审议了区政府关于2015年上半年财政预算执行情况、政府债务管控、审计和保险等工作报告，提出了进一步推进预算决算公开，加强政府债务管理和风险防范，强化审计查出问题整改落实，完善全口径预算编制体系等意见。区政府及有关部门对这些意见进行了认真研究和办理。2015年，区政府将预算公开单位从30个政府组成部门扩大到66个单位，公开内容由支出功能科目类级细化至项级；严控债务总量和融资成本，有效防范了债务风险；加大审计问题查处力度，提高了财政资金使用绩效；将公共财政、政府性基金、国有资本经营、社会保障基金纳入预算范围，初步建立了“四本预算”的全口径预算编制体系。

（二）强化经济工作监督。常委会听取审议了区政府关于2015年上半年计划执行情况报告，提出了抓实固定资产投资，扶持中小企业发展，扩大居民消费需求等审议意见。主任会议分别听取了区政府科技工作、专业市场和物流项目建设、农村经济合作组织发展、“十二五”规划完成和“十三五”规划纲要编制等情况报告，提出了完善科技投融资体系，加快推进汽车、农产品、化工、钢铁等专业市场和物流项目建设，加大农村经济合作组织扶持力度，科学确定“十三五”发展目标和战略重点等建议。组织市、区人大代表视察了重大项目建设、街镇工业发展、畜牧类企业发展、农民新村建设情况，开展了村级公共服务专项资金使用、农村资产管理情况专题调研，建议区政府创新重大项目建设和管理机制，以重大项目结构调整推动产业结构转型升级；认真落实区委区政府关于进一步加快街镇工业走廊开发建设的意见，积极创建市级特色园区和“众创空间”；优化畜牧产业结构，培育畜牧产业品牌；完善农民新村配套设施，提高农民新村入住率；继续实施村级公共服务专项资金补助政策，提高资金补助标准，扩大资金覆盖范围；盘活农村集体资产，壮大农村集体经济实力。区政府认真吸纳这些意见建议，及时研究出台相关的政策措施，统筹推进稳增长、调结构、促改革、惠民生、防风险等重点工作，认真编制“十三五”规划纲要，全面完成了“十二五”规划的主要经济发展目标任务，为长寿区“十三五”良好开局奠定了坚实的基础。

（三）强化环境保护监督。为落实水污染防治法和国务院“水十条”，常委会对区政府水污染防治工作进行了专题询问。由常委会副主任带队组成5个调研组，深入全区重要河流、城镇饮水源、园区企业、街镇村组，实地视察，座谈调研，摸清水环境状况，收集询问问题。根据调研情况，常委会围绕城镇饮水源保护、场镇污水处理、工业污水处理、河流综合治理、农业面源污染治理等5个方面的问题，及时向区政府提出了保障饮水源安全、加强场镇集中式供水管理、确保场镇污水处理厂正常运行、持续推进桃花河流域治理、统筹治理农村农业面源污染等7项询问意见。区政府高度重视，认真制定询问意见任务分解表，逐一明确办理牵头领导、责任部门和完成时限，使询问意见落到了实处。认真贯彻环保法，听取审议了区政府环境保护工作情况报告，督促环保部门深入推进“蓝天、碧水、绿地、田园、宁静、清新”六大行动，公开全区环境状况信息，保障社会公众对环境保护的知情权、监督权。持续关注桃花河治理和长化厂环保搬迁，组织市、区人大代表对这两项工作的进展情况进行了专题视察，分别提出了视察意见。经过两年的治理，桃花河流域水质大幅改善，景观打造、生态修复逐步展开，治理工作取得了明显成效。区政府和化医集团积极争取上级政策资金支持，合力推进项目搬迁、人员安置等工作，加快了搬迁进度，整个搬迁工作将在今年年底前全面完成。

四、深化代表工作，促进代表主体作用更好发挥

（一）保障和服务代表履职。加强代表能力建设，常委会围绕宪法、审议工作报告、撰写议案建议、预算决算审查等内容，对代表进行了专题培训。加强代表履职平台建设，在全市率先建立代表履职网络平台，建成代表工作站17个，组织代表324人次旁听108件案件审理，邀请102名基层代表列席常委会会议，参加视察调研、工作评议、执法检查等活动。全面实施“两联一述”，27名常委会组成人员直接联系175名区人大代表，287名区人大代表走访联系3600余户选民，代表向选民述职已形成制度化、常态化。坚持开展主任接待日活动，全年接待、走访74名基层区人大代表，交办代表意见建议30条，有关部门逐一办理回复。继续开展代表履职考核，去年有285名人大代表参加了履职考核，其中履职优秀189名，履职良好93名，履职一般3名。认真做好市代表服务工作，组织视察活动5次，协助市代表在市四届人大三次会议上提出议案建议33件，其中1件被列为大会议案，2件被列为重点建议。

（二）提高议案建议办理实效。积极改进和创新议案建议办理工作，从去年开始，代表议案建议全部实行电子提交，代表议案建议及办理情况在人大网站上公开；去年首次听取审议了区政府关于重点建议办理情况报告，并进行满意度测评。经常委会认真督办和区政府统筹协调，区十七届人大五次会议以来代表提出的302件议案建议，全部在规定的时间内办理并答复代表，常委会领导牵头督办的6件重点建议得到了较好办理。桃花转盘人行天桥建设完成招标工作，今年将建成并投入使用；城区施划临时占道停车泊位3797个，缓解了城区乱停车、停车难问题；北城中学建成并投入使用，古镇小学、临溪小学、临溪中学将在今年建成投入使用；建成二、三级管网38.6千米，提高了场镇污水收集处理能力；整治山坪塘752口，新增蓄水192万立方米，解决了部分地区用水难问题；北城水厂建设已完成可研批复，正在按计划分步推进。

（三）做实代表主题活动。常委会围绕“密切联系群众、推动富民兴区”主题，组织市、区、镇三级人大代表以视察促进、调研献策、监督检查、联系群众、学习培训“五个一”活动为载体，推动解决了渝长高速路扩能项目、农村电网改造、渡舟路改扩建等一批群众普遍关注和代表反映集中的热点难点问题。2015年渝长高速路扩能项目完成投资人招标，今年将开工建设；农村电网新增配电变压器787台，完成了8个村的电网改造升级；渡舟路改扩建工程全面完成，北城大道实现全线通车。长寿区代表主题活动聚焦民生实事的做法，得到了市人大的充分肯定。去年10月，市人大组织重庆日报、重庆电视台、华龙网、法制报、公民报等市级主流媒体对长寿区代表主题活动进行了专题报道和推介宣传。

五、加强自身建设，推动人大工作水平整体提升

（一）始终坚持党的领导。深入学习贯彻党的十八大、十八届三中四中五中全会和习近平总书记系列重要讲话精神，不折不扣地贯彻党的路线方针政策和决策部署，始终在思想上政治上行动上与党中央保持高度一致。严守党的组织纪律和政治规矩，坚决服从区委的领导，对常委会召开的重要会议、开展的重要活动以及履职中的重大问题、重大事项，常委会党组及时向区委请示报告，并按照法定职责和程序做好相关工作。认真组织学习中共中央转发的《中共全国人大常委会党组关于加强县乡人大工作和建设的若干意见》，进一步深化了对人民代表大会制度和人大工作的认识，把牢了政治方向，坚定了制度自信，明确了工作目标。

（二）扎实落实“三严三实”。在“三严三实”专题教育中，常委会领导以身作则、率先垂范，带头学习讲党课，座谈调研听意见，对照检查找问题，逐项整改督落实，牵头走访下访社区，扎实开展精准扶贫，确保专题教育不走过场，作风建设见到实效。常委会组成人员积极出席会议，认真审议发言，带头参加活动，经常深入基层，主动联系群众，较好地发挥了履职表率作用。

（三）推进镇街人大依法履职。加强对街道人大工委的领导，设立新市、八颗街道人大工委，凤城、晏家、渡舟、江南街道人大工委首次在常委会上报告工作。常委会通过上下联动、集中培训、专题调研、座谈交流等方式，指导镇人大规范召开人代会、加强主席团建设、加强监督和代表工作，推动镇人大工作完善发展。各镇街人大紧紧围绕党委中心工作，尽职履责，主动作为，为推动区域经济社会发展贡献了力量。

（四）提升服务保障能力。加强干部能力建设，常委会围绕人大是什么、人大干什么、人大工作怎么干、加强人大信息调研等专题，组织集中学习培训8次。加强制度建设，制定区人大常委会组成人员联系基层区人大代表等工作制度3项。深入调查研究，形成调研报告23篇。主动适应“互联网+”的新要求，全面改版人大网站，同步开设镇街人大网页。紧扣常委会重要履职活动，开展宣传信息工作，全年编发、上报信息300余条，市级媒体刊发和市人大采用100余条，《“小资金”撬动民主治理“大变革”》在市人大《公民报》头版头条刊发，为推动长寿人大工作与时俱进营造了良好的舆论氛围。

常委会工作取得的成绩，是在区委正确领导和市人大精心指导下取得的，是全体区人大代表和常委会组成人员共同努力的结果，是“一府两院”、各镇街、各部门积极支持的结果，也是社会各界热情参与的结果。在此，我代表区人大常委会表示衷心的感谢！

总结过去一年的工作，我们清醒地认识到，常委会的工作与宪法法律赋予的职责相比、与人民群众的期盼相比，还存在一定差距。主要表现在：运用法治思维和方式推动工作的力度需要进一步加大，发挥代表主体作用的渠道需要进一步拓宽，议案建议办理实效需要进一步增强，调查研究和信息宣传工作需要进一步做深做细。这些问题，我们将高度重视，认真研究，切实加以改进。

2016 年的主要工作

2016 年是全面建成小康社会决胜阶段和“十三五”规划的开局之年，是本届常委会任期的最后一年。在新的一年里，区人大常委会将在中共长寿区委的领导下，全面贯彻党的十八大、十八届三中四中五中全会精神，以邓小平理论、“三个代表”重要思想、科学发展观为指导，深入贯彻习近平总书记系列重要讲话精神和视察重庆重要讲话精神，紧紧围绕协调推进“四个全面”战略布局，牢固树立并切实贯彻创新、协调、绿色、开放和共享的发展理念，按照中央和市委关于加强县乡人大工作和建设的新要求，进一步落实区委人大工作会议精神，切实担负起宪法和法律赋予的各项职责，坚定不移地推进依法治区，全力推动长寿“十三五”发展开好局、起好步。

一、依法履行各项职权，在推进全面深化改革依法治区上聚焦发力

紧紧围绕全区工作大局和区委全会精神，依法有效行使决定权、任免权和监督权，推动区委决策部署贯彻落实，保证法律法规正确实施。

（一）*聚焦改革发展大局，依法行使决定权和任免权*。健全人大讨论、决定重大事项制度，进一步明确重大事项范围。聚焦全面建成小康社会、全面深化改革、全面推进依法治区中的重大问题和人民群众普遍关注的民生问题，深入调查研究，依法作出决议决定，推进重大决策科学化、民主化、法治化。按照党管干部原则和人事任免的有关规定，规范和完善人事任免程序。开展对区政府办、区财政局、区监察局、区环保局、区文化委、区卫计委、区审计局、区旅游局工作评议，切实增强人大任命人员的宪法意识、责任意识和公仆意识。

（二）*聚焦五合实施，依法行使监督权*。聚焦工业聚合、文旅结合、产城融合、城乡统合、社会和合，听取和审议区政府计划、预算、决算、审计和政府债务等工作报告，重点加强对“十三五”规划重大项目实施、公共民生资金使用情况、政府性债务管理的监督；综合运用审议报告、执法检查、专项视察、专题询问等监督方式，推动重大工业和移民项目建设、特色农业发展以及聚商选资、创业创新、食品安全、精准扶贫、社会养老等工作。完善专项工作年度报告制度，听取和审议依法行政、公正司法、环境保护、城乡规划、教育督导等工作报告。做好规范性文件备案审查工作，加大主动审查力度，做到应备必备、应审尽审。做好信访工作，督促“一府两院”解决人民群众的合理诉求。

（三）*聚焦全面依法治区，完善监督工作机制*。深入落实区委关于全面深化改革、全面推进依法治区的意见精神，探索增强监督实效的新机制、新方式。加强对“一府两院”和镇人大的指导监督，推动宪法宣誓制度全面实施。健全人大预算审查监督机制，建立审计查出问题整改情况向人大常委会报告制度。探索建立代表和公众参与预算审查、备案审查、执法检查、工作评议等工作机制，选择全区性的重要工作与镇街人大上下联动，形成监督合力。完善监督评估机制，对常委会作出的决议决定、审议意见、评议意见办理情况进行监督检查和跟踪问效。健全监督公开制度，注重通过人大网站和新闻媒体向社会征集监督议题，收集工作建议，公开监督信息，增强人大工作透明度，扩大公民有序政治参与。

二、突出代表主体地位，在激发履职活力增强履职实效上加大力度

进一步突出代表主体地位，积极推进代表工作机制、载体和服务创新，激发代表履职活力，增强代表履职实效，保证代表依法履职。

（一）*做好换届选举工作*。今年，区、镇两级人大将进行换届选举，这是全区人民政治生活中的一件大事，也是常委会一项极其重要的工作。常委会将在区委的领导下，全面贯彻选举法和重庆市实施选举法细则，切实加强对换届选举工作的组织领导和指导监督，认真做好宣传动员、业务培训、选区划分、选民登记、提名推荐和选举代表等各项工作，确保换届选举严格依法按程序进行。利用换届选举契机，严把代表“入口关”，在优化代表结构、提高专职常委会组成人员比例、加强人大组织和工作力量建设等方面取得新进展。

（二）做好履职服务工作。抓好代表学习培训，不断提高代表履职能力。加强代表履职平台建设，引导代表运用信息网络等平台获取信息、开展活动、联系群众。扩大代表对常委会工作的参与，确保基层一线区人大代表在任期内至少列席一次常委会会议、参加一次常委会活动。继续组织开展主任接待日、“两联一述”活动，推动代表工作站面向基层、面向群众，畅通社情民意表达和反映渠道。健全代表履职激励机制，督促代表严格依法执行职务，模范遵守法律法规，自觉遵守社会公德，激发代表履职活力。聚焦民主法治、民生实事等专题，做实代表主题活动，推动区域发展，回应群众关切。认真做好在长市代表履职服务工作。

（三）做好议案建议办理工作。规范代表议案建议提出、交办、督办、反馈等流程，逐步实现代表议案建议网上提交、交办、答复、反馈、查询和公开。加大建议办理的跟踪督办力度，督促承办部门加强同建议代表的沟通协商，对未办结代表建议开展“回头看”，不断提高建议办理的面商率、落实率。

三、夯实依法履职基础，在加强基层国家权力机关建设上积极作为

着眼新常态对人大工作提出的新要求，进一步加强常委会的思想政治、组织机构、履职能力和镇街人大建设，不断夯实依法履职基础，着力提升全区人大工作整体水平。

（一）把牢正确的政治方向。切实增强政治意识、大局意识，认真学习贯彻中央和市委关于加强县乡人大工作和建设的文件精神，结合长寿实际，制定实施意见。坚持重大事项向区委请示报告制度，自觉把党的领导贯穿于人大工作各方面、全过程，确保区委决策部署在人大工作中得到全面贯彻和有效执行。巩固和深化“三严三实”专题教育成果，扎实开展“两学一做”学习教育和“工作创新年”活动，严格执行关于加强作风建设和廉政建设的有关规定，塑造忠诚担当、为民务实的人大干部队伍，树立勤政务实、廉洁高效的国家权力机关形象。

（二）着力提升人大工作水平。健全常委会议事规则和工作程序，加强政治理论学习和业务培训，做好理论研究和宣传信息工作，不断提高常委会工作水平和机关服务保障能力。牢固树立“互联网+”思维，积极推进人大网站、微信公众号等信息平台建设，加强与人大代表、人民群众的交流互动。推进电子政务信息化建设，提高机关运行效能。

（三）全面加强镇街人大建设。加强街道人大工委建设，听取街道人大工委工作报告。开展镇人大建设课题研究，坚持通过出台意见、分片联系、上下联动、集中培训、座谈交流等方式，密切与镇街人大的联系，加强工作的协同和指导，支持镇街人大加强能力建设、完善工作机制、创新履职方式，在基层民主法治建设中发挥更大作用。

“十三五”发展的宏伟蓝图已经绘就，决胜全面建成小康社会的号角已经吹响。让我们在区委的坚强领导下，按照“适应新常态、当好主力军”的总要求，团结和依靠全区人民，把握新常态，践行新理念，实施新战略，开启新征程，为全面建成小康社会、全面建成“三地一中心”、全面建成“三大愿景”框架而奋进前行。

重庆市长寿区人民政府工作报告

——2016年3月13日在重庆市长寿区第十七届人民代表大会第六次会议上

重庆市长寿区人民政府代理区长　巴川江

一、实现“十二五”圆满收官

“十二五”是长寿发展史上极不平凡的五年。面对复杂严峻的国内外形势和艰巨繁重的改革发展稳定任务，我们在区委的领导下，全面贯彻中央和市委、市政府决策部署，围绕“科学发展、富民兴区”总任务，奋力打好“三地一中心”建设总体战，圆满完成了“十二五”各项目标任务。

“十二五”末，全区地区生产总值翻番，达到430.1亿元；地方财政收入翻番，达到84.1亿元；全社会固定资产投资达到506.9亿元，五年累计完成1891.7亿元；社会消费品零售总额接近翻番，达到103.3亿元；规上工业总产值翻番，达到806亿元；外贸进出口总额增长7倍，达到12.3亿美元；城乡常住居民人均可支配收入分别达到27571元、12047元，收入比由2.6:1缩小为2.3:1。经过五年的不懈奋斗，全区综合实力上了一个大台阶，主要取得了五个方面的突出成就：

——*“三地一中心”基本建成，产业布局趋于成熟。*工业总产值突破千亿大关。长寿化工园区升格为国家级长寿经济技术开发区，累计开发面积35平方千米，重钢环保搬迁项目全面建成投产，MDI一体化[1]等一批百亿级产业集群加速崛起，街镇工业走廊产值翻两番突破100亿元。150平方千米的现代农业“三园”[2]基本成型，现代农业“五区”[3]快速投建，建成全市规模最大的晚熟柑橘基地、沙田柚基地及蛋鸡标准化养殖基地，“1+5+2”特色效益农业[4]发展体系初步形成。长寿湖景区和长寿菩提古镇成功创建国家4A级景区，长寿湖——长寿菩提古镇跻身重庆市首批十大旅游度假区，接待游客数、旅游收入均翻两番，“长寿·人人向往”旅游品牌誉享全国。“一圈六市场”[5]商贸物流格局、“一江两岸”现代物流产业带[6]基本形成，商品销售总额翻番，物流量达到6300万吨。

——*发展空间拓展优化，城乡面貌显著改观。*修编城乡总体规划和土地利用总体规划，新增城市规划面积24.5平方千米、城镇工矿用地面积8平方千米。新开发城市面积20余平方千米，城市建成区达55.8平方千米，位居主城区外各区县前列，全区常住人口城镇化率达61.62%。“两横一纵多连线”干线公路网[7]基本形成，渝利铁路、渝怀复线渝涪段建成通车、渝万铁路长寿段完成铺轨。建成市级森林城市，全区森林覆盖率达45.1%。小城镇建设提档升级，场镇主要道路实现“白改黑”，城镇污水处理及垃圾处理设施全覆盖，累计建成农民新村34个，农村环境连片整治全面推进。超额完成“十二五”节能减排任务，环保“六大行动”有效实施，桃花河流域污染、城区臭气扰民等一批环境突出问题得到有效治理，守住了一方绿水青山。

——*社会事业全面进步，人民生活切实改善。*城镇新增就业人口年均达到3万人，城镇登记失业率每年控制在3%以内。城乡居民养老保险参保率达95%，城乡居民合作医疗保险参保率达100%。成功创建全国义务教育发展基本均衡区，主要劳动年龄人口平均受教育年限达11.7年。三级医疗卫生服务体系不断健全，基层医疗卫生机构规范化建设全面完成，建成三甲医院、二甲医院各1所，12类基本公共卫生服务全面开展。继续蝉联“全国文明城区”提名城区，成功创建全国文化先进区。完成整村脱贫20个，累计脱贫4万人。安居、通畅、饮水等民生实事持续推进，累计建设保障性住房667万平方米，优化城乡交通网络，累计改造农村公路1040千米，撤并村通达率达100%，累计解决32.86万人饮水安全问题。

——改革开放纵深推进，创新活力不断释放。户籍制度改革累计转户9万人，加速了城镇化进程。工商登记制度改革激发市场活力，全区微型企业突破1万户，市场主体近5万户，非公经济占比提高到58.4%。优化整合“1+6”政府建设平台[8]，促进了全区产业、城乡开发建设。长寿经开区入驻世界500强企业22家、跨国公司44家、上市公司49家，综合发展实力居西部前列。引进项目678个，合同引资2875亿元，实际利用外资、内资分别增长7倍、3.9倍。区域创新能力增强，建成全市首个化工产业专利查询平台，建成科技创新服务平台25个，培育高新技术企业18家、高新技术产品60个、重点新产品42个。

——社会治理持续加强，平安建设深入推进。安全稳定保障线筑牢筑实，全面实现“六个坚决防止”[9]目标，全区社会政治大局实现了“五连安、五连稳”。社会治安立体化防控体系建立完善，“应指工程”[10]深入推进，“大巡防”体系[11]全面建成，大调解格局基本形成，公众安全感指数连续5年保持在90%以上。全国食品安全示范区成功创建，全国药品安全示范区加快建设，全国安全保障型示范区和示范园区建设持续推进，危化、烟花爆竹、水上交通、特种设备等重点领域多年保持“零死亡”，安全生产事故起数、死亡人数连续八年实现“双下降”。基层政法综治组织建设、城乡网格化服务管理、基层平安创建等一批重点工作取得了重大进展。

此外，政府自身建设加强，监察、编制、司法、审计、统计、民族、宗教、对台、侨务、保密、外事、人防等工作取得新成效，修志、档案、地震、妇女儿童、青年、老龄、残疾人、气象等工作取得新进步，双拥共建、国防教育、国防后备力量建设取得新进展。

作为“十二五”收官的2015年，是止滑促增压力大、转换提升难度大的一年。我们狠抓产业接续成长和新旧动力平稳转换，全力冲刺五年及年度目标任务，统筹推进了稳增长、调结构、促改革、惠民生、防风险各项工作。全区地区生产总值比2014年增长11.8%；地方财政收入增长15.4%，其中一般公共预算收入增长11.9%；全社会固定资产投资增长22.1%；社会消费品零售总额增长13.6%；农村居民人均可支配收入增长10.9%；城镇居民人均可支配收入增长8.6%。全年重点加强了六个方面的工作：

（一）促进经济稳定增长

聚力突进“十件急事”。重钢FINEX项目[12]完成核准及供地，MDI一体化及配套项目成功投产，现代汽车配套集群完成用地平整，亚太高档文化纸项目开工，长化环保整体搬迁有序推进，桃花河污染整治实现明显改观，滨江长寿谷调节坝前期工作完成，菩提山至菩提古镇贯通工程建成投用，渝长高速扩能改造项目完成投资人招标，重庆化工职院迁建主体工程完工，北城大道全线建成。全年实施重大项目207个，完成投资260亿元。支持实体经济发展。设立工业和信息化、农业、旅游文化、商贸流通、房地产、微企六个专项发展资金，出台67条政策措施，为实体经济注入流动资金1.15亿元。加大房地产去库存力度，商品房销售面积增长21.2%。助推企业上市，创业板上市企业2家，新三板挂牌3家，重庆股权转让中心挂牌交易4家。新增市场主体7715户、增长16.6%，新发展微企2768户、增长37.6%。强化保障生产要素。协调落实天然气17.5亿立方米，煤电满负荷保障，用电大户综合用电成本下降6%，天然气化工企业用气成本下降30%。长寿经开区成为全国首批售电侧改革[13]试点单位，合资成立燃气公司探索多元化供气。获批征地228.1公顷，完成土地征收1370亩，供应国有建设用地369.4公顷。银行业金融机构各项存贷款余额分别增长10.1%、9.2%，新投放各类贷款177.3亿元，实现企业直接融资55.5亿元，企业融资成本下降1.35个百分点。防范化解金融风险。新增政府债券20.3亿元，政府性债务余额较上年底减少19.2亿元，融资成本较年初下降1.63个百分点。严厉打击非法金融活动，立案查处非法集资企业10家，有效控制非法集资蔓延。

（二）推动产业优化提升

致力于工业集群集聚发展。延展钢铁产业链条，重钢无缝钢管、日本JFE金属容器项目竣工投产。培育聚氨酯产业，引入宏国聚材等上下游企业10余家。发展精细化工，福华循环经济产业园成功签约，重油深加工一体化项目引进取得重大进展。培育装备制造产业，引进汽车零部件及装备制造企业39家，LG化学等项目开工。集聚电子信息产业，世纪之光塑料光纤产业园签约开工，大宗国际石墨烯、秀博瑞殷液晶面板减薄等龙头项目进展顺利。壮大医药产业，博腾高级医药中间体及原料药项目投产，清华控股创新药物研发生产基地落户。街镇工业走廊获评“全国十大木业产业加工园区”，扩园升格有序推进。致力于农业集约规模发展。现代农业“三园”成功创建国家农业科技园区，畜牧园区温氏40万头生猪项目顺利推进，温氏配套生猪养殖小区项目、标杆60万只蛋鸡项目建成投产。现代粮食园区核心区基本建成，三峡移民生态农业园区500亩蔬菜基地建成投用。龙门桥水库大坝填筑达到设计高程。新认证家庭农场64家、农民合作组织51个。区农产品质量安全中心检测实验室建成投用，农产品质量抽检合格率达100%。三峡移民工程通过国家终验，新获批后续项目26个，资金1.44亿元。致力于文化旅游融合发展。接待游客700万人次、增长20.6%，实现旅游收入42亿元、增长20%。长寿湖景区获评全市平安示范景区，新引进云南城投百亿级旅游综合开发项目、远恒佳国际学校、重医大附三院长寿医养中心。建成全国最长的养生文化长廊——中华长寿宝典[14]，菩提古镇尾期工程开工，“韩国街”[15]入驻，菩提山与菩提古镇进一步融合发展。滨江长寿谷总体策划及概念性规划基本完成，青龙嘴片区开发暨文物保护修复工程顺利开工。乡村旅游规划编制完成。致力于商贸流通创新发展。重庆工贸城成功授牌，工业品市场完成平场，汽车交易市场、10万吨/年粮食储备加工基地开工，城中城商业广场、钢材交易市场一期竣工。提档升级传统商贸，实施会展节庆促销、商旅融合营销，实现商品销售总额263.2亿元，增长18.7%。建成长寿菩提古镇市级夜市街、中华美食街。建成电商产业园和保合电商示范村，培育本土龙头电商10家，发展微型电商150家，实现电商交易额2.8亿元。

（三）统筹城乡建设发展

优化拓展中心城区。推进新版城乡总体规划落地，编制完成控制性详规14项，综合交通、管网等专项规划20余项。八个城市组团[16]加速开发，城建重点项目完成投资106亿元，主城区骨干路网基本成型。优化城市公共空间，新增城市绿地198公顷，竣工商品房45.4万平方米、保障性住房225万平方米，改造棚户区2.1万平方米，桃花河滨河公园对外开放。实施市容环卫综合整治，加强道路扬尘、占道经营管理，完成城镇供水“一户一表”改造1032户。提升镇村建管水平。推进镇村规划全覆盖，完成建制镇总规修编10项，控制性详规修编10项。加快完善城镇基础设施配套，实施小城镇基础设施项目42个，新建市民广场2个、改造集镇人行道2.14万平方米，集镇主要街道路灯、公厕全覆盖。16个小城镇污水处理厂基本建成，改造一级干管7千米，建设二三级管网38.6千米。改善乡村人居环境，建成凤城复元、龙河秀才湾等8个美丽乡村，改造农村危房1663户，完成农村公路改造220千米，建成农村饮水安全项目20个，完成21个行政村农村环境连片整治，垃圾收运系统全覆盖村定点收集率达100%，城乡环卫一体化格局基本形成。加强生态文明建设。城区空气质量优良率达93.2%，臭气扰民投诉率下降7.5%；长江长寿段稳定在Ⅲ类水质，辖区龙溪河和御临河水质均达水域功能要求；城镇集中式饮用水源地水质均实现100%达标；城区实现噪声达标全覆盖；危险废物规范处置率达100%，医疗废物实现规范化处置全覆盖。完成52个年度减排任务，全面开展城市周边永久基本农田划定工作，清理规范城乡“两违”建筑134.9万平方米。

（四）推进改革开放创新

深化改革释放发展活力。完成区政府机构改革，区政府工作部门由30个调整为27个。优化区划设置，新设菩提街道，新市、八颗撤镇设街。实现行政审批清单化管理，精简优化行政审批208项，完成区级行政权力清单、责任清单初轮清理。率先在全国试点不动产统一登记改革。深化工商登记制度改革，发放“一照一码”[17]营业执照6488份，新增“先照后证”[18]市场主体1650户。实施长寿火车北站站前广场PPP[19]运作。着力发展民营经济，非公经济增加值实现251亿元，增长14.5%。稳步推动31户区属国有企业改革重组。稳步推进保险发展示范区建设和资本市场改革发展。有序实施阶梯水价、气价等价格领域改革。完成农村集体资产清理和量化确权试点，成立农村综合产权流转交易中心；开展农业综合执法改革，获评“全国农业综合执法示范窗口”“全国平安渔业示范县”。完成社保经办机构“五险合一”[20]，中小学教师交流轮岗试点、基本药物制度、公共文化服务采购等社会领域改革有序推进。扩大开放蓄积发展动力。推行市场准入负面清单管理，国际贸易实现单一窗口服务，跨境人民币结算超过7亿元，海关办事处、出入境检验检疫机构等口岸建设有序推进。新批外商投资企业10家，实际利用外资3.7亿美元，居片区第一位；实际利用内资218.3亿元，增长17.6%；实现离岸服务外包执行额8563万美元。全年引进项目126个，合同引资542亿元，实际到位资金215亿元。创新驱动增强发展能力。制定实施创新驱动发展战略行动计划。云天化重庆研发中心独立法人化落地，新增高新技术企业7家、高新技术产品20个。培育国家级知识产权优势企业2家，市级知识产权试点企业9家、市级知识产权优势企业3家。申请专利增长145.6%，授权专利增长273.4%。

（五）保障改善社会民生

强化筑牢民生之基。加强“双创”服务体系建设，新增城镇就业24298人，新增创业7499人。推动社会保险扩面征缴，对困难企业、小微企业减缴社保费7317万元，城镇企业退休人员养老金和城乡居民养老保险基础养老金标准稳步提高。住房公积金新增缴存单位33个，发放贷款2.6亿元。健全社会救助体系，发放城乡低保金4871万元、医疗救助金2185.4万元、临时救助金948.9万元。切实改善公共服务。北城中学、渡舟中心校建成投用，古镇小学、临溪中学、临溪小学动工建设。区医院完成“三甲医院”挂牌，区医院北城分院新建、区中医院扩建项目顺利推进。区博物馆开工，区图书馆完成数字化升级，区档案馆建成全市首家国家级数字档案馆，长寿日报全媒体构架形成，区广播电视台创建二级标准电视台通过验收。文化惠民“五大工程”[21]深入开展，长寿湖铁人三项赛升格为洲际赛事。全国文明城区创建持续推进。务实办理民生实事。高山生态扶贫搬迁854人，交付保障房7190套。红层找水打井3000口，整治山坪塘752口。开通重庆至长寿通勤列车，完成国省道改造134千米，完成撤并村通达工程30千米、农村道路安保工程40千米。撤并村卫生室规范化改造、弃管小区电力设施改造、老旧居住建筑消防设施改造等一批民生实事均完成了年度目标。全力推进扶贫攻坚。投资9768万元完成贫困村扶贫项目155个，10个贫困村实现“八有”[22]，悉数完成验收“销号”。6105户、17614名贫困人口成功解决“八难”[23]，全部实现脱贫“越线”。持续深化平安建设。全年接访、下访、约访群众4676件次，矛盾纠纷化解率达97.3%，信访总量下降9%。完善社会治安立体化防控体系，公众安全感指数达93.46%。全国60个危化品重点县安全生产攻坚稳步推进，企业安全生产技术体系建设和安全监管“执法三部曲”[24]在全市率先试点并推广，加强食品药品安全、地灾防范等专项整治，提前完成24处市级挂牌督办的油气输送管道安全隐患整治，安全生产事故起数和死亡人数分别下降32.1%、20.7%。

（六）加强政府自身建设

加强效能政府建设。强化三级联动政务服务平台[25]建设，区行政服务中心改建完成，镇、村（社）服务平台规范化率达100%，群工系统受理群众事项9562项，满意率达99.3%。开展政务专项督查56次，督促整改问题300余个；给予有关单位黄色警告32项、橙色警告4项、红色警告4项，2个单位的相关人员受到效能问责。加强法治政府建设。坚持重大事项决策前向区委请示、向人大报告和与政协协商制度，落实人大常委会决议、决定、意见16件，办理人大代表议案建议295件、政协提案350件，办复率均达100%，满意度分别达97.2%和93.1%。完成设区以来行政规范性文件清理，建立了规范性文件目录库，促进信息公开制度化、规范化管理。加强廉洁政府建设。落实党风廉政建设和反腐败分工责任制，认真开展“三严三实”专题教育，深入开展“作风深化年”5个专项整治。开展明察暗访800余次，查处违反中央八项规定精神问题11起、处理23人，查处群众身边的“四风”和腐败问题32起、处分20人。制定五年轮审规划，推进内部审计全覆盖。

2015年工作目标任务的全面完成，为“十二五”画上了圆满的句号。过去五年，是长寿区发展势头好、城乡面貌变化大、人民群众实惠多的五年。这是上级和区委正确领导的结果，是区人大、区政协关心支持的结果，是全区人民团结奋进、扎实工作的结果。在此，谨代表区人民政府，向全区人民，向各位代表、各位委员，向各民主党派、工商联和人民团体，向人民解放军驻长部队、武警官兵、政法干警，向所有关心支持长寿建设发展的各级领导、各界人士、各位朋友表示衷心的感谢，并致以崇高的敬意！

回顾五年历程，我们深刻体会到：党的领导、人民当家做主和依法行政三者有机统一是推动发展的根本前提，必须坚决落实区委的决策部署，在区人大、区政协的监督支持下开展工作，在法治的框架内履行职责。稳定宏观战略导向是推动发展的根本引领，必须坚持“三地一中心”谋发展，坚持“三位一体”[26]抓发展，不折腾、不懈怠，一张蓝图绘到底，年年跑好接力赛。统筹兼顾是推动发展的根本方法，必须扩优势、补短板，促进投资消费、三次产业、城乡区域、人口资源环境和改革发展稳定全面协调。群众共享发展成果是推动发展的根本出发点和落脚点，必须扭住民生短板，织密织牢“六有”[27]民生保障网，让发展的成果最大程度惠及于民。改革开放创新是推动发展的根本动力，必须以敢为人先的闯劲、逢山开路的勇气，破解制约长寿区发展的一切瓶颈和障碍，在融入全国、全市大开放大发展中汇聚一切有利于发展的资源要素。营造平安稳定的发展环境是推动发展的根本保障，必须强化底线思维，坚决筑牢全区生态环保、安全稳定、廉政勤政“三条保障线”，不断营造良好的生态环境、安定的社会环境和清廉的政务环境。

回顾五年历程，我们也清醒地认识到，长寿区经济社会发展中的短期困难和长期问题交织，政府工作还存在一些矛盾和短板。主要是，经济总量还不够大，产业结构、层次和效益有待提高，自主创新能力亟须增强；城乡区域发展不平衡，农业农村基础薄弱，城市功能仍需完善、品质仍需提升；资源环境约束趋紧，生态环境保护与大发展大建设的矛盾突出；社会民生建设相对薄弱，公共服务和公共产品数量不足和质量不优的问题还比较明显；经济下行引发的社会矛盾增多，快速发展形成的遗留问题累积，给社会维安维稳带来较大压力；发展的要素保障还不宽裕，推动发展的资源要素平衡管控方式还需调整；政府自身建设和民主法制建设有待加强，干部素质和作风有待进一步提高和改进，等等。对此，我们必须增强忧患意识和责任担当，适应新常态、把握新常态、引领新常态，在“十三五”新的征程里书写“科学发展、富民兴区”新的历史篇章。

二、创造“十三五”新的业绩

“十三五”时期，是我国全面建成小康社会、实现第一个百年奋斗目标的决胜阶段，是全市深入推进区域发展战略的重要时期，也是长寿抢抓新机遇、迈出新步伐、实现新跨越、迎来建区二十周年的关键五年。我们必须在区委的坚强领导下，深入贯彻落实中央和市委、市政府的决策部署，奋力开创全区发展新的业绩。

“十三五”发展的指导思想是：高举中国特色社会主义伟大旗帜，全面贯彻党的十八大和十八届三中、四中、五中全会精神，以马克思列宁主义、毛泽东思想、邓小平理论、“三个代表”重要思想、科学发展观为指导，深入贯彻习近平总书记系列重要讲话精神和视察重庆重要讲话精神，认真落实“四个全面”[28]战略布局，坚持创新发展、协调发展、绿色发展、开放发展、共享发展理念，紧紧围绕“适应新常态、当好主力军”的总要求，牢牢把握“科学发展、富民兴区”总任务，全面实施工业聚合、文旅结合、产城融合、城乡统合、社会和合“五合”，同步推进经济建设、政治建设、文化建设、社会建设、生态文明建设和党的建设，不断提升人民生活质量和水平，确保如期全面建成小康社会，全面建成“三地一中心”，全面建成“三大愿景”框架，开创长寿经济社会发展新局面。

“十三五”发展的主要目标是：保持经济社会平稳较快发展，提高发展质量和效益，实现全面建成小康社会的历史性目标，全面建成“三地一中心”的战略性目标，全面建成“三大愿景”框架的开创性目标。

——全面建成小康社会。地区生产总值实现年均10%以上的中高速增长，到2017年，城乡居民收入比2010年翻一番以上；到“十三五”末，地区生产总值超过800亿元，城镇居民年人均可支配收入达到42000元，农村居民年人均可支配收入达到21000元。二、三产业占地区生产总值比重达到95%以上，一般公共预算收入比2015年翻一番。文化、社会民生、生态文明建设水平明显提高。

——全面建成“三地一中心”。建成重庆工业高地，规上工业总产值实现1600亿元，力争突破2000亿元，比2015年翻一番，建成国家级新型工业化示范基地和循环经济示范园区；建成现代农业基地，农业总产值达到75亿元，在全市率先实现农业现代化；建成休闲旅游胜地，三大百亿级旅游景区基本成型，建成国家级旅游度假区；建成区域物流中心，社会消费品零售总额达到180亿元，货物运输量达到1.5亿吨，建成长江上游最大的专业化工物流基地和重庆工贸城。

——全面建成“三大愿景”框架。基本建成国家级综合重化工园区，长寿经开区成为重庆工业和对外开放的重要平台，化工、钢铁、新材料新能源、装备制造、电子信息五大支柱产业占全区工业总产值比重达到85%以上，实际利用外资累计达到25亿美元。全面建设“四宜双百”卫星城，常住人口城镇化率、城市建成规模处于片区领先地位。加快建设城乡一体化发展模范区，城乡居民收入差距缩小到2:1，城乡公共服务更趋均衡发展，城乡基础设施进一步完善。

“十三五”发展的主要任务是：将创新、协调、绿色、开放、共享五大发展理念贯穿于长寿“十三五”发展全过程，统筹推动长寿未来发展。

（一）深入推动工业聚合，全力构筑重庆工业高地和国家级综合重化工园区。完善“一区一廊”工业格局，强化经开区国家级产业开发、内陆开放功能，提升街镇工业走廊发展中小微企业、推动城乡统筹等功能。推动千亿级综合化工产业群优化提升，实施天然气化工、石油化工、化工新材料等补链强链发展。推进千亿级钢铁冶金产业集群转型升级。促进新材料新能源、装备制造、电子信息三大百亿级产业群加快发展。加快500亿级街镇工业走廊提质发展，建成中国西部智能家居产业基地、全市健康科技产业基地。完善工业基础设施配套，加快完善园区水、电、气、通讯、道路、管网等生产生活基础设施配套。推进绿色制造，大力构建园区循环经济体系，建立并完善低碳发展倒逼机制。实施创新驱动发展战略，围绕产业链布局创新链、提升价值链，加快构建区域协同创新体系。全面提升对外开放水平，优化聚商选资环境，扩大企业“走出去”规模，积极推进口岸建设，加强区域经济合作。

（二）深入推动文旅结合，提速打造“人人向往长寿”的休闲旅游胜地。构建“一湖一山一谷”[29]旅游格局，强化长寿湖景区运动浪漫养生度假功能，菩提山城市休闲旅游功能，滨江长寿谷城市文脉传承和展示功能。加快推进菩提山文化旅游区后续项目，推动滨江长寿谷高品质开发，创建长寿湖和长寿菩提山两个国家5A级旅游景区，建成国家级旅游度假区。拓展长寿旅游深度和广度，依托长寿全域的山水旅游资源，开发多样化、综合性旅游产品和服务。推动文化与旅游深度结合，充分挖掘工业文明、红色文化、佛教文化、“长寿三贤”[30]等地域特色文化资源，塑造文化旅游结合典范。开展全方位旅游促销推广，进一步提高“长寿·人人向往”旅游品牌知名度。

（三）深入推动产城融合，稳步推进“四宜双百”卫星城和区域物流中心建设。按照“1+3+9”城镇格局[31]，完善城市四大片区[32]功能体系，推动3个市级中心镇建设，同步加快9个小城镇发展。推进城区四大片区规划建设管理，统筹空间拓展、功能完善、品质提升，打造智慧、生态、平安城市。大力发展生产生活服务业，加快构建金融、研发创新、工业设计等现代生产服务业体系，培育发展健康、养老等生活性服务业。构筑对外大通道网络，加快完善外联内畅的综合交通体系，强化长寿在“一带一路”和长江经济带中的节点性作用。完善城镇基础设施体系，优化城市内部交通，加强城乡供电、市政、通信等基础设施能力。建成长江上游最大的专业化工物流基地，完善现代物流体系，构建市级物流枢纽。立足产业区域优势，加快构筑以化工品、钢材、汽车等专业化市场群为载体的重庆工贸城。

（四）深入推动城乡统合，加快建设现代农业基地和城乡一体化发展模范区。提升现代农业“三园”建设质量和效益水平，有序推进现代农业“五区”建设，在全市率先实现适农区域农业现代化。大力发展城郊型农业，进一步完善特色效益农业体系。全面提升农业社会化服务水平，提升农业农村综合信息化服务水平，大力培育新型农业经营主体，加强农村金融等服务体系建设。推进农村公共服务设施建设，全面加强农村道路、饮水、便民服务设施建设，推进农村养老、医疗服务体系建设。强力推进美丽乡村建设，改善农村生产生活条件，留住长寿乡韵乡愁。构建城乡一体化发展新机制，统筹推进城乡综合配套改革，促进农业转移人口市民化，促进城乡要素自由合理流动。

（五）深入推动社会和合，扎实推进绿色发展共享发展和谐发展。加强生态保护与环境治理，划定生态保护红线，严格控制开发强度，加强水体、大气、噪声、土壤等污染源治理。全面建设资源节约型社会，加强能源、土地、水资源节约集约利用，发展循环、低碳经济，加快发展新能源。推动大众创业就业，发挥政策集成和协同效应，激发全社会创业、就业活力。创建全国文明城区。提升社会事业服务水平，加快推进教育、医疗卫生等基本公共服务均等化，推动传统媒体与新媒体融合发展，提升文化软实力，全面落实生育政策。提高社会保障能力，织密织牢养老、医疗、住房等民生保障网，重视加强特殊困难群体的保障工作。筑牢公共安全网，健全完善立体化社会治安防控体系，创建安全生产示范区，完善信访机制，强化市场经济秩序监管。把扶贫脱困作为全面建成小康社会的底线要求，大力实施产业扶贫和教育智力扶贫。持续推进三峡后续工作，加快推进移民安稳致富，解决移民安置遗留问题。

三、奋力实现“十三五”良好开局

今年是“十三五”的开局之年，也是本届政府任期的最后一年。我们承受着经济下行、结构调整的压力，也承载着收好官、开好局的重要使命，做好新一年的工作至关重要。

2016年，政府工作的总体思路是：全面贯彻中央和市委、市政府的决策部署，认真落实区委十二届七次、八次全委会精神，全面落实“四个全面”战略布局，牢固树立五大发展理念，深入推进区域发展战略，按照“适应新常态、当好主力军”的总要求，坚持“三位一体”推动发展，持续优化“三条保障线”，加速调结构转方式，深化重点领域改革，持续扩大开放，突出创新驱动，加强民生保障，强化风险防控，坚持依法行政，推动经济社会平稳健康发展，实现“十三五”良好开局。

2016年，全区经济社会发展的主要预期目标是：地区生产总值增长11%左右；地方财政收入增长5%，其中，一般公共预算收入增长5%；全社会固定资产投资完成530亿元；商品销售总额增长15%，社会消费品零售总额增长11%；单位地区生产总值能耗下降1.5%；主要污染物减排工作达到约束性目标要求；农村居民人均可支配收入增长9%，城镇居民人均可支配收入增长7%。

围绕实现上述目标，我们将着力做好以下八个方面的工作：

（一）更加突出项目支撑，促进经济稳定增长

强力推进重大项目。统筹推进年度200余个重大项目建设，确保全年完成投资260亿元以上。全力推进重钢产业链延伸及配套工程建设、MDI一体化聚氨酯产业链招商、现代汽车配套产业集群建设、长化环保整体搬迁、长寿长江二桥建设、渝长高速扩能改造工程促建、桃花河环境综合整治、古镇尾期及长寿博物馆建设、滨江长寿谷调节坝建设及定慧寺修复、重庆工贸城建设等“十大项目”。完善重大项目管理机制，优先保障资源要素，重点保证工作力量。

全力推动对外开放。围绕打造内陆开放高地，加大聚商选资和外经外贸力度，力争实现聚商选资500亿元，实际利用内资218亿元，实际利用外资3亿美元，外贸进出口8亿美元，服务外包6000万美元。加快渝万铁路长寿段等对外通道建设，推进长寿海关办事处和检验检疫机构等口岸建设。强化产业链纵向集聚、横向耦合招商，推动工业补链、强链。积极引进畜禽、水产品、柑橘等农产品深加工龙头企业。加快文化旅游和商贸物流产业招商。推进“重庆服务外包示范区”建设，大力发展服务外包产业。支持区内外资、外贸企业发展壮大，稳定存量、扩大增量。

加强各类要素保障。加强财金保障，优化财政支出结构，确保民生及重点支出稳步增长，加强区内各类金融机构组织体系建设和作用发挥，增强金融对实体经济的服务能力。加强用地保障，争取获批建设用地3000亩以上，完成基础设施划拨供地清理，强力推进征地拆迁工作。加强人才保障，扩大人力资源服务联盟。加强能源供应，加快推进天然气直供[33]、电力合约交易[34]，降低企业生产经营成本。

防范化解金融风险。加强政府性债务风险防范，将政府债务纳入预算管理，制定政府债务管理方案。积极争取政府债券，推进存量政府债务置换。完善平台公司债务风险防范机制，围绕资金需求加强运行调度，推动平台融资期限、结构调整和成本控制，制定资金应急预案。推进有条件的平台公司发行企业债和上市直接融资，缓解资金压力。持续开展防范和打击非法集资专项行动，妥善做好相关工作，维护社会稳定和金融秩序。

（二）更加突出转型升级，推动产业提质增效

加快新型工业高地建设。依托“一区一廊”工业平台，发挥龙头企业和关键项目的牵引作用，推动主导产业聚合集群发展，力争完成规上工业总产值903亿元，增长12%；完成工业投资314亿元，增长15%，工业增加值增长10%。提升经开区产业集聚力和园区承载力，全力发展聚氨酯、新能源整车、重油深加工等产业，追踪产业链下游重点项目40余个。新开工移民工业园二期道路及附属工程等重大基础设施项目20个，续建完工化工新材料二区土地平场等项目4个。开工冷轧镀锌、现代汽车配套等重大产业项目35个，续建塑料光纤、亚太高档纸项目11个。利用好晏家工业园区牌子，推动街镇工业走廊升级为市级特色工业园区，有序推进扩园增容，争当统筹城乡发展模范标杆，着力打造出口导向型电子信息产业园、西部智能家居产业基地、重庆健康科技产业基地、通用航空产业基地[35]，推进“重庆长寿·中科未来城”[36]建设。

加快现代农业基地建设。促进农业稳产增效、保供增收，扩大复种指数[37]，狠抓粮油生产，发展特色效益农业，力争全年农业总产值达到60亿元。发挥国家农业科技园区优势，推进农业“三园”提档升级，农业“五区”加快建设。启动农畜产品加工区建设，完成现代粮食生产园核心区二期3000亩高标准农田建设。抓好农产品“三品一标”[38]品牌创建。加强新型农业经营主体和农业社会化服务组织培育，力争新发展区级农业龙头企业20个、家庭农场200家，创办农民合作组织100个，创建农业社会化服务组织5个。进一步夯实农田水利设施基础，完成龙门桥水库主体工程，推动农村饮水安全提档升级。加快三峡后续工作项目进度，精心编报2017年度后续项目。

加快休闲旅游胜地建设。坚持“旅游为体、文化为魂”，文旅结合兴业，深入开发“天赐长寿湖、菩提长寿山、滨江长寿谷”三大旅游项目，力争全年接待游客770万人次，实现旅游收入45亿元。启动长寿湖景区申报国家5A级景区、菩提山文化旅游区创建国家4A级景区工作。加快完善长寿湖基础设施及功能配套，推动远恒佳国际学校、重医大附三院长寿医养中心建设，实现部分星级酒店及商业街建成投用。实施菩提山文化旅游区提升工程，加快推进长寿菩提古镇尾期工程、怀清台复建、还珠楼主纪念园建设。完成滨江长寿谷总体规划设计并启动招商，开工建设滨江长寿谷调节坝，实施青龙嘴片区文物保护修复工程。依托“十里柚香”“万亩橘海”等优质乡村旅游资源，打造现代农业园区美丽乡村旅游基地和长寿湖东岸乡村休闲旅游示范片。建设智慧旅游体系，加强长寿旅游品牌提升推广和宣传营销。

加快区域物流中心建设。继续推进新恒阳码头及罐区、中远物流仓储及配套设施等项目建设。以重庆工贸城为载体打造市级专业市场集群，力争汽车交易市场、城中城商业广场开业，开工建设工业品综合市场，筹建重庆危险化学品交易中心，力争签约农副产品交易市场。加快10万吨/年粮食储备加工基地建设。统筹城乡商贸发展，引导城区商圈差异化定位、错位发展，发展会展经济，打造夜市街区；加大街镇商贸设施投入，建设新市家居产业服务基地综合服务港，推进葛兰、双龙、长寿湖等镇级商贸中心建设，完善社区商业设施，加强城乡菜市场、农贸市场改造和规范管理。加快发展跨境电商和农村电商，完善城乡电子商务服务体系，打造城市公共配送中心，布局建设末端配送网点，打通城乡物流配送“最后一公里”。

（三）更加突出融合协调，加快城乡一体化建设

科学布局城乡空间。推动新版城乡总体规划落地，科学划定生产、生活、生态空间，促进紧凑集约、高效绿色发展。稳妥开展“多规合一”[39]试点，加强城乡规划与经济社会发展规划、土地利用总体规划等协调衔接。优化全区国土空间布局，全面完成城市周边永久基本农田划定。以江南、晏家、凤城、北部新城四大片区为载体，打造形象鲜明的商务集聚区、文化旅游区、宜居住宅区和产业融合发展区。强化城镇互联、产业协作，切实提升新型城镇化水平。

推进中心城区建设。继续推进城市重点区域功能开发，加快各片区道路管网连接建设，新开工南北中路等项目，续建阳鹤南北一路等项目，建成区医院至协信广场三叉路口和东方之骄红绿灯等处人行过街工程。改造棚户区275户、1.1万平方米。推进老城区提质减载，加快道路交通、老旧小区改造等综合环境整治。提升城市管理水平，加强城区

停车空间开发和停车服务管理，持续开展市容环境综合整治。加强物业监管，出台定销房后期物业管理制度，推动小区物业管理健康发展。

加强小城镇建设管理。推进长寿湖、葛兰、云台3个市级中心镇扩容提质，加快双龙、龙河、石堰等9个小城镇建设。发挥小城镇建设专项资金的撬动作用，统筹实施小城镇“561”工程，完善场镇功能配套。稳妥推进城镇建设管理体制改革，有序实施小城镇污水处理设施市场化运作，完善场镇生活垃圾集中收运处置系统。

加快美丽乡村建设。编制农村人居环境改善规划，强化历史文化名村与传统村落保护与利用，整合涉农项目资金，统筹实施村庄环境综合整治，打造美丽宜居村庄。着力推进农村基础设施建设，改造农村公路100千米，完成新一轮农村电网升级改造工程。改造农村危房800户。稳妥推进农民新村建设，加强农房建设质量安全监管和风貌控制。

（四）更加突出改革创新，增添发展内生动力

突出重点改革任务。贯彻落实中央重大改革部署，深入推进市级重点改革任务，将一批阶段性改革成果固化为制度安排。加强金融领域多元化建设，推进保险示范区建设，积极推动企业上市，实现企业多元化融资。创新投融资模式，引入设立产业引导基金，加大PPP项目合作实施力度，推动社会资本参与基础性、公益性项目的建设和营运。推进农业设施用地审批及确权改革，探索土地承包权和经营权分离，引导农村土地经营权适度规模流转。推进农业增信保险和农作物预期收益抵押担保贷款改革。加强企业信用体系建设，建成全区统一信用信息交换平台。完成党政机关公务用车制度改革。统筹推进教育、卫生、文化等社会事业领域改革。

加强供给侧结构性改革[40]。统筹做好去产能、去库存、去杠杆、降成本、补短板工作，促进生产力水平整体改善。发挥支持实体经济发展专项资金的牵引和撬动作用，加强政策实施效果评估和措施跟进。支持企业调整产品结构，推动国家级钢结构建筑示范基地建设，消化过剩产能。引导房地产业去库存，科学把控供地节奏和房地产开发数量，探索“先售后租、售租并举”制度，发展住房租赁市场，促进供需有效对接。推进简政放权，深化商事制度、知识产权保护等微观改革，营造良好的营商环境。大力发展非公经济，从税费减免、资产融资、项目扶持等方面加强对民营企业的帮扶。

实施创新驱动发展战略。继续深化科技体制改革，加快构建以市场为导向的创新体系，完善以企业为主体的产业技术创新机制，推动创新与创业深度融合，激发大众创业、万众创新的热情。启动经开区科技创新园建设，推动研发机构法人化；加快街镇工业走廊众创空间[41]建设。构建完备的创业创新生态链，推进众创空间等孵化平台建设，新培育高新技术企业3家，区级企业创新中心8家，创新服务机构3家以上，新增众创空间3个，科技型“小巨人”企业2家以上，新增创业5000人以上，新发展微企2000户以上。实施科技创新领军人才计划，构建有利于创新驱动的投融资体制机制。

以信息化助推产业发展。深入实施“互联网+”和“+互联网”[42]行动，推动互联网在创业创新、协同制造、商贸物流等领域广泛应用，统筹提升全区产业发展、社会服务和政务管理信息化水平。加大云计算、大数据、电子商务等信息化技术应用的推广力度，助推传统产业升级。做好“三大基础数据库”[43]的二次开发与深度应用，为社会管理提供高效集成的信息化平台。启动智慧城市建设，打通信息孤岛，实现全区信息联合共享、充分运用。新建4G基站100个以上，实现4G信号深度覆盖。实施农业农村信息化进村服务，全面完成行政村通光纤任务。

（五）更加突出普惠共享，扩大公共服务供给

着力促进民生就业。加强民意调查和服务群众工作信息系统应用，切实解决群众关注关心的热点难点问题。认真办理市级重点民生实事，切实解决城乡交通、人畜饮水等领域突出民生问题。扎实巩固脱贫成果，延续精准脱贫帮扶机制，建立扶贫基金，培育致富带头人，促进贫困劳动力充分就业，确保脱贫户致富增收。多渠道促进高校毕业生、失业人员、农民工等重点群体就业，统筹开展职业培训2.2万人，力争全年城镇新增就业2万人，城镇登记失业率控制在3%以内。

增强社会保障能力。推动“五险合一”经办流程优化改革，促进扩面征缴，继续确保城乡居民基本养老保险参保率达95%以上，城乡居民医疗保险参保率保持100%。落实好困难行业企业及小微企业社保缴费政策。推进机关事业单位养老保险

制度改革。进一步深化医保支付方式改革，促进基层首诊和双向转诊制度实施。加大住房公积金对购房的支持力度。完善社会救助和福利体系，推进阳光低保和养老服务。开展双拥模范城创建工作。积极发展残疾人、老龄和慈善事业。

协调发展社会事业。全力推动精神文明建设，加快创建全国文明城区。巩固全国义务教育基本均衡区验收成果，进一步提高义务教育均衡发展水平和教育教学质量，加快城乡学校建设，确保重庆化工职院春季开学，临溪中学、临溪小学和古镇小学秋期投用。推进公共卫生服务均等化，争创全国慢病防控示范区，启动经开区危化应急医疗救援中心建设，推进区医院北城分院建设和区中医院、区妇幼保健计划生育服务中心扩建等公共卫生项目。落实全面两孩政策，加强出生人口性别比治理和出生人口缺陷干预，促进人口均衡发展。加快构建公共文化服务体系，推进区博物馆建设，搬迁区文化馆，启动国家一级档案馆和国家示范数字档案馆创建。启动30个行政村农体工程建设，办好2016年长寿湖铁人三项赛等文体赛事活动。加强国防后备力量建设和全民国防教育。做好关心下一代工作。

（六）更加突出绿色发展，强化生态环境保护

完善生态文明保护机制。加强环境保护能力建设，完善环境监察、监测、应急和街镇环保“四位一体”联动格局，实现环境管理横向到边、纵向到底。落实最严格耕地保护制度，稳定森林面积和覆盖率，坚决守住耕地、林地、森林三条红线。严格执行新环保法，切实维护辖区环境安全，强化生态环境损害责任追究。切实维护好群众的环境权益，着力解决影响群众健康和制约社会发展的突出环境问题。

不断深化环保“六大行动”。重点整治化工臭气和挥发性有机污染。持续开展工业、交通、建筑和生活大气污染综合治理，淘汰黄标车、老旧车、燃煤锅炉，确保城区空气质量优良天数按照新标准达到80%以上。推进辖区龙溪河、桃花河、御临河流域综合整治，维护饮水和库区水环境安全，保持城镇集中式饮用水源地水质达标率100%。综合防治噪声污染，努力消除噪声扰民。继续加大对危险废物、医疗废物和污水处理污泥处置的监管力度，确保全区工业固废综合利用率达98.5%。深入推进农村环境连片整治和畜禽养殖污染防治。

促进资源节约高效利用。全面推进各项结构、工程、管理和农业减排项目。认真落实排污权有偿使用和交易等环境政策，加快淘汰“两高一低”落后产能。推进建筑产业现代化，加大钢结构建筑在桥梁、楼房等领域的推广应用。强化节能目标管理，推广应用节能环保新技术、新工艺，做好工业、交通、建筑等重点领域和国家级重点用能企业的节能降耗和清洁生产工作。

打好重点环保项目攻坚战。实现桃花河整治彻底改观，推进沿河污水处理厂稳定运行，实现流域生活污水全部达标排放；完成流域重点河段清淤，确保水体稳定保持Ⅳ类水质；高标准打造桃花河碧桂园示范段和蓝光示范段；完善流域污染防治长效机制，巩固污染整治成果。全面完成长化环保整体搬迁，实现年内生产性断电断水断气，强化搬迁过渡期间的安全环保监管，启动长化公司老工业用地污染评估工作。

（七）更加突出和谐稳定，改进创新社会治理

加强社会综合治理。深入推进社会治安防控体系“五张网”[44]建设，完善“十一大领域”[45]公共安全体系。持续推进信息化建设和应用，开展“应指工程”二期建设。严厉惩治暴力恐怖、邪教、黄赌毒等各类违法犯罪活动，确保公众安全感指数保持在90%以上。加强对流动人口、吸毒人员、易肇事肇祸精神病人等特殊人群服务管理，做好社区矫正和刑释人员安置帮教工作。加强互联网监督管理。

加强群众权益保障。全面推进“依法治访”，提升办信接访、群众工作、维稳处突水平。进一步推动人民调解、行政调解和司法调解衔接协调的调解体系建设，促进专业性、行业性调解组织发展，完善矛盾纠纷多元化解机制。健全社情民意办理和群众诉求反馈工作机制。强化法律服务惠民力度，推动法律援助规范化、信息化和便利化，提高法律援助办案质量。健全农民工工资支付保障长效机制，认真开展专项整治行动，严厉打击恶意欠薪行为。

加强安全应急管理。完善安全生产“五大责任”体系，加强安全生产“三基”建设，深化“大宣教大排查大整治大执法大督查”五大行动，严控一般事故，坚决遏制较大以上事故，实现主要控制指标总体下降，生产安全事故起数和死亡人数

“双下降”。加强应急处置体系和预案体系建设，提升应急准备和快速反应能力。推进三峡库区应急救援中心长寿综合应急救援大队建设，加强社区微型消防站建设。强化食药品安全监管。

加强社会交互共治。深化社会组织管理制度改革，引导专业协会和志愿者组织等社会机构积极参与社会治理。继续清理规范行业协会，实现行业协会与党政机关全面脱钩。搞好村居换届工作。持续加大村级公共服务和社会管理改革力度，推进基层民主自治，提升农村公共服务和管理水平。完善社区服务体系，推进城乡社区便民服务中心标准化建设。开展市级和谐社区建设示范创建活动，提升社区服务管理整体水平。

（八）更加突出自身建设，提升政府管理水平

依法履行政府职能。坚持法定职责必须为、法无授权不可为，严格依照法定权限和程序行使权力，努力建设法治政府。制定完善行政权力清单、责任清单，理清行政机关职能职责权限，并向社会公布。严格行政规范性文件审查备案，强化行政规范性文件清理、修订、废止工作。深化行政审批制度改革，推进项目投资、创业创新、生产经营、公共服务等领域简政放权。整合执法主体，推进执法重心和保障向基层下移，探索综合执法，规范委托执法。

创新政府服务管理。按照“工作创新年”总体部署，全方位创新工作理念、机制、流程和方法，不断提高政府效能。扩大政府购买公共服务的领域和范围，凡适合由社会组织提供的公共服务和解决的事项，以政府采购方式向社会组织购买；凡属事务性公共管理服务，原则上都引入市场竞争机制。坚持公开为常态、不公开为例外，推进行政决策、执行等各环节政务公开。继续完善区行政服务中心建设，完成网上行政审批改革，让群众办事更加舒适方便。加强电子政务建设，促进信息共享和业务协同办理，进一步优化政府工作流程。

强化权力制约监督。依法接受区人大及其常委会的法律监督和工作监督，自觉接受区人民政协的民主监督，认真听取人大代表、政协委员、民主党派、工商联、无党派人士和各人民团体的意见，推进协商民主。健全依法决策机制，充分发挥政府法律顾问、行业专家、社会智库的辅助决策作用。健全重大决策失误责任倒查机制和追责制度。完善公共资源交易监管机制，加强标前标后监管。强化行政监察、审计监督作用。加强政务督查，狠抓决策追踪问效问责，坚决惩治庸政、懒政、怠政。

推动政风改进常态化。落实党风廉政建设责任制，认真落实“两个责任”，打造忠诚、干净、担当、实干的公务员队伍。建立廉政建设与业务工作融合机制，坚持用制度管权管事管人，保持反腐败高压态势。锲而不舍落实中央八项规定精神，严格执行新修订的《中国共产党廉洁自律准则》和《中国共产党纪律处分条例》。厉行节约，反对浪费，确保“三公”经费只减不增，建设节约政府。拓展党的群众路线教育实践活动和“三严三实”专题教育成果，扎实开展“两学一做”学习教育，进一步形成执政为民、服务发展的良好政风。

“十三五”蓝图壮美，开局之年任务艰巨。处在继往开来的关键时刻，我们必须坚定攻坚克难的信心和勇气，努力以新的理念引领新的实践。让我们更加紧密地团结在以习近平同志为总书记的党中央周围，在市委、市政府和区委的坚强领导下，紧紧团结和依靠全区人民，振奋精神、迎难而上，脚踏实地、奋力前行，为“十三五”开好局，为全面建成小康社会、全面建成“三地一中心”、全面建成“三大愿景”框架而努力奋斗！

重庆市长寿区人民政府工作报告名词解释

1. MDI一体化：以重庆化医控股（集团）公司和德国巴斯夫欧洲公司为投资主体，在长寿经开区建设的以MDI（二苯基甲烷二异氰酸酯）项目为核心的上、中、下游产品链及配套的大型化工一体化工程。

2. 现代农业“三园”：即现代农业种植园区、现代畜牧养殖园区、沙田柚种植园区。

3. 现代农业“五区”：即现代粮食生产区、东山生态农业区、西山生态农业区、果蔬生态种植区、三峡移民生态农业区。

4. “1+5+2”特色效益农业：“1”即粮油产业，“5”即柑橘、蔬菜、渔业、畜牧、林果五大产业，“2”即中药材、花卉苗木产业。

5. “一圈六市场”：“一圈”即包括协信、桃花、古镇、黄桷湾在内的城区商圈，“六市场”即建材市场、汽车市场、农副产品市场、货运市场、钢材市场和化工品市场。

6. “一江两岸”现代物流产业带：以长江长寿段两岸规划建设的港口岸线、物流码头、仓储基地为主要内容，以服务长寿经开区为依托，整体规划、集中打造的沿江现代物流产业带。

7. “两横一纵多连线”干线公路网：“两横”指东西走向的但渡黄草山至晏家沙溪段（国道319高雄至成都）公路和云集拱背桥至洪湖称沱段（国道351台金至小金）公路；“一纵”指南北走向的海棠土桥至江南马桑垭段（国道243开县至凭祥）公路；“多连线”指连接国道的省道公路，包括洪湖称沱至邻水幺滩（省道101渝邻路）、万顺镇至江南扇沱（省道207长万路）、但渡回龙寨至长寿湖镇（省道412汝但路）、云台义和至云集飞龙（省道413蟠云路）、龙河烟坡崖至渡舟街道（省道415沙凤路）、洪湖称沱至渝北大湾（省道436洪金路）。

8. “1+6”政府建设平台：“1”即长寿经开区集团公司，“6”即长寿区街镇工业发展有限公司、长寿区城市开发投资（集团）有限公司、长寿区公共民生工程建设有限公司、长寿生态旅业开发有限公司、长寿区农村投资有限公司、长寿区商贸物流发展有限公司等6个区级平台公司。

9. “六个坚决防止”：即坚决防止发生危害国家安全和社会稳定的重大政治事件，坚决防止发生有重大影响的群体性事件，坚决防止发生重大网络突发事件，坚决防止发生大规模进京到市集访、非正常上访，坚决防止发生重特大刑事案件，坚决防止发生重特大安全事故。

10. “应指工程”：即社会安全事件应急联动指挥系统建设工程。

11. “大巡防”体系：即“特警屯点、交巡警巡线、派出所控面、专业公安守站、武警联勤联动、群防力量补充”的社会面巡防体系。

12. 重钢FINEX项目：由重钢集团与韩国浦项钢铁公司合作，在长寿经开区建设的高效率、低能耗综合示范钢厂项目。

13. 售电侧改革：是中央关于深化电力体制改革的重要内容，即向社会资本开放售电业务，多途径培育售电侧市场竞争主体，提高用户的选择权，提升售电服务质量和用户用能水平。

14. 中华长寿宝典：近年来长寿区打造的以“长寿文化”为核心的文化旅游融合景观，主要包括百寿大道、千寿广场、万寿天梯、菩提桥、长寿湖百寿园、长寿湖百岁园等景点，是迄今为止中国最长的养生长寿文化长廊、最大的养生长寿文化景观集群。

15. “韩国街”：位于长寿菩提古镇D区西片区水岸街核心区，拟建设餐饮、购物、娱乐等综合服务设施，打造境外游客特别是韩国游客游览重庆的集散中心。

16. 八个城市组团：在中心城区和长寿经开区规划的8个组团，中心城区由菩提组团、渡舟组团、桃花组团、阳鹤组团、凤城组团和八颗组团6个组团构成，长寿经开区由晏家组团和江南组团2个组团构成。

17. “一照一码”：指通过“一窗受理、互联互通、信息共享”，将分别由工商部门核发营业执照、质监部门核发组织机构代码证、税务部门核发税务登记证的登记过程，改为一次申请，由工商部门核发一个加载统一社会信用代码的营业执照。

18. “先照后证”：指对依法需要取得前置行政许可的经营项目，除涉及国家安全、公民生命财产安全等外，不再实行先主管部门审批、再工商登记的制度。

19. PPP：即public—private—partnership的缩写，通常译为“公共私营合作制”，指政府通过特许经营权、合理定价、财政补贴等事先公开的收益约定规则，引入社会资本参与城市基础设施等公益性事业投资和运营，以利益共享和风险共担为特征，发挥双方优势，提高公共产品或服务的质量和供给效率。

20. “五险合一”：指城镇职工基本养老、城镇职工医疗、失业、工伤和生育五项社会保险实行统一登记、统一基数、统一征缴和统一稽核。

21. 文化惠民“五大工程”：指“渝州大舞台”长寿配套演出、农村电影放映惠民、文化信息资源共享、农村广播“村村响”、直播卫星“户户通”等五大文化惠民工程。

22. “八有”：每个贫困村有一个特色主导产业，有一条硬（油）化村社公路，有一个便民服务中心，有一套落实社保政策到户的具体措施，有一个整洁的村容村貌，有一个坚强有力的村级班子，有一支稳定的驻村工作队，有一个有效的结对帮扶机制。

23. “八难”：贫困户生产生活面临的突出问题，包括稳定增收难、便捷出行难、安全饮水难、住房改造难、素质提升难、看病就医难、子女上学难、公共服务难。

24. 安全监管“执法三部曲”：安全生产执法检查推行的检查诊断、行政处罚、整改复查“三部曲”工作方法，通过专家查隐患、企业抓整改、政府促落实，形成闭环监管机制。

25. 三级联动政务服务平台：是以区级行政服务中心为核心，以街镇级公共服务中心及村居级便民服务中心为重要组成部分，构建“区行政服务中心——街镇公共服务中心——村居便民服务中心”三级政务服务网络，形成上下联动、层级清晰、覆盖城乡的三级公共服务体系。

26. “三位一体”：以聚商选资、重大项目、效能建设为抓手推进全区经济社会发展的工作机制。

27. “六有”：即学有所教、劳有所得、病有所医、老有所养、住有所居、贫有所扶。

28. “四个全面”：即全面建成小康社会，全面深化改革，全面依法治国，全面从严治党。

29. “一湖一山一谷”：即天赐长寿湖、菩提长寿山和滨江长寿谷。

30. “长寿三贤”：指长寿历史上三位名人，即秦代巴寡妇清、北宋谯定、民国“还珠楼主”李寿民。

31. “1+3+9”城镇格局：以中心城区为核心，长寿湖、葛兰、云台等3个市级中心镇为支撑，其余9个小城镇为基本单元的城镇体系格局。

32. 城市四大片区：是长寿区城市布局的基本划分，包含凤城片区、晏家片区、江南片区、北部新城片区四个部分。

33. 天然气直供：指直接向上游天然气供应商购买天然气用于生产或消费，不再对外转售。

34. 电力合约交易：交易双方根据各自已签订的各类电量合约和实际情况，在平等自愿的原则下，在不影响第三方利益或系统安全性前提下，采取双边协商或者集中交易等方式完成合约电量的转让和置换。

35. 通用航空产业基地：通过发展直升机和旋翼机展销科教中心、无人机研发中心、小型飞机培训中心、下一代巡陆车研发中心、游艇集成中心等项目，建设覆盖“水、陆、空”立体空间的宜创、宜娱、宜居的产业基地。

36. “重庆长寿·中科未来城”：拟由长寿区与中科院重庆绿色智能技术研究院合作开发建设，主要包括“四基地一中心”，即环保与健康科技产业基地、智能制造与新能源产业基地、通用航空产业基地、长江生态环境科创基地和中科院科技成果转化中心。

37. 复种指数：指一定时期内（一般为1年）在同一地块耕地面积上种植农作物的平均次数。

38. “三品一标”：即无公害农产品、绿色食品、有机农产品和农产品地理标志。

39. “多规合一”：指推动国民经济与社会发展规划、城乡规划、土地利用规划、生态环境保护规划以及各类、各专业、各行业规划高度衔接统一，落实到一个共同的空间规划平台上，实现一个区县一本规划、一张蓝图，解决现有各类规划内容冲突、缺乏衔接等问题。

40. 供给侧结构性改革：是相对于过去需求侧改革而提出的新概念和新思路，从过去着重强调投资、消费、出口构成的总需求扩张提供动力，转变到着重提高供给体系质量和效率来提供新动力，从而矫正要素配置扭曲，提高全要素生产率，促进经济社会持续健康发展。其五大重点任务是：去产能、去库存、去杠杆、降成本、补短板。

41. 众创空间：是顺应网络时代创新创业特点和需求，通过市场化机制、专业化服务和资本化途径构建的低成本、便利化、全要素、开放式的新型创业服务平台的统称。

42. “互联网+”和“+互联网”：“互联网+”指一种新的经济形态，即充分发挥互联网在生产要素配置中的优化和集成作用，将互联网的创新成果深度融合于经济社会各领域中，形成更广泛的以互联网为基础设施和实现工具的经济发展新形态。“+互联网”指传统行业以既有业务为基础，利用互联网技术和理念，将原来传统的市场再切割、再分配，进一步提高为用户服务的效率和质量。

43. “三大基础数据库”：即地理空间数据库、自然人数据库、法人数据库。

44. “五张网”：即社会面治安防控网、重点行业和重点人员治安防控网、镇（街道）和村

(社区)治安防控网、机关、企事业单位内部安全防控网、信息网络防控网。

45.“十一大领域”:即金融领域、危化危爆物品领域、流通领域、交通领域、消防领域、食品药品领域、环保领域、治安领域、反恐斗争领域、互联网领域、地质灾害领域。

中国人民政治协商会议重庆市长寿区委员会常务委员会工作报告

——2016年3月12日在政协重庆市长寿区第十四届委员会第五次会议上

重庆市长寿区政协主席 张 华

2015年主要工作回顾

2015年是“十二五”规划的收官之年,也是长寿区政协在继承中创新、在创新中发展的一年。一年来,在区委的领导下,区政协常委会坚持正确政治方向,高举爱国主义、社会主义旗帜,广泛团结政协各参加单位和各族各界人士,紧紧围绕全区中心工作,认真履行政治协商、民主监督、参政议政职能,充分发挥协商民主重要渠道和专门机构作用,齐心协力谋发展,凝心聚智促和谐,广泛传递正能量,为全面建成小康社会、全面建成“三地一中心”、全面建成“三大愿景”框架贡献了智慧和力量。

一年来,我们坚定方向,把握定位,思想政治共识不断增强

始终坚持中国共产党的领导,不断增进政治共识,不断增强中国特色社会主义道路自信、理论自信、制度自信,不断增强纪律意识、规矩意识、大局意识,确保政协正确履职方向。

始终坚持党的领导。积极引导各党派团体、各族各界人士切实增强同以习近平同志为总书记的中共中央保持高度一致的思想自觉、政治自觉和行动自觉。坚持以中国特色社会主义理论引领事业发展、以社会主义核心价值观凝聚各界共识、以党的路线方针政策统一思想行动,组织政协机关干部、政协各参加单位和广大政协委员深入学习领会中共十八大和十八届三中四中五中全会精神以及习近平总书记系列重要讲话精神,学习领会市委四届六次七次八次全会和区委十二届六次七次八次全会精神,不断强化思想理论武装,进一步增强了思想政治共识。

准确把握政协定位。深入学习习近平总书记在庆祝人民政协成立65周年大会上的重要讲话精神和关于“懂政协、会协商、善议政”重要思想的精神实质,认真贯彻中共中央《关于加强社会主义协商民主建设的意见》以及市委、区委实施意见精神,认真落实中共中央办公厅《关于加强人民政协协商民主建设的实施意见》,进一步精准把握人民政协的性质定位、职能作用、重要原则,积极推进协商民主,营造了既畅所欲言、各抒己见,又理性有度、合法依章的良好协商氛围。

严格落实区委决策。紧扣区委、区政府全年工作重点,精心谋划部署年度履职计划,制定了6项调研、16项协商、19项视察、3项民主评议等工作任务,做到了建言建在需要时、议政议到点子上、监督监在关键处。区政协党组切实履行管党治党责任,认真落实《中国共产党党组工作条例(试行)》要求,扎实贯彻《中国共产党廉洁自律准则》和《中国共产党纪律处分条例》,修订完善政协党组工作规则,党组负责人逐一与主席班子成员、委室负责人交心谈心,严肃召开专题民主生活会,政协党组在政协组织中的领导核心作用得到加强。完善区政协党组重大事项向区委请示报告制度，全年向区委报送重要会议、重要活动请示报告10份，报送调研报告3份、视察报告11份、民主评议报告3份、协商报告2份、协商纪要16份。

一年来，我们围绕中心，主动作为，协商民主成效更为显著

不断完善协商议政的形式、内容和程序，构建起全体会议总体协商、常委会议专题协商、主席会议每月协商、提案办理全程协商的“四位一体”协商格局，推动政协协商民主新发展，得到市政协的关注重视，《重庆政协报》以《长寿区政协协商建言力促发展》为题进行专题报道，在全市形成了品牌。

围绕全区中心工作开展全体会议总体协商。区政协十四届四次全体会议上，政协各参加单位和广大政协委员以高度的政治责任感和饱满的参政议政热情，围绕区政府工作报告和计划、财政、法院、检察院报告，进行充分协商，就推动“一区一廊”协同发展、建设现代农业“三园五区”、打造三大百亿级旅游项目、推进产城融合发展、实施商贸物流产业规划、抓好“三条保障线”、构建“六有民生保障体系”、构筑对外大通道等前瞻性、全局性问题积极建言献策，提交大会发言50篇、提案369件、意见建议300余条，得到区委、区政府及相关部门的高度重视，很多建议转化为区委、区政府的工作决策和相关单位的工作举措。

围绕推动经济转型升级开展常委会议专题协商。全年召开常委会议4次，在坚持固定通报区政府、区法院、区检察院工作和提案办理工作等内容基础上，突出转型升级重点，注重将全区重点、热点、难点工作纳入常委会议协商，努力增强建言针对性和献策实效性。比如：召开“全区半年经济社会发展情况”专题议政会，就全区主要经济指标与全年经济增长趋势进行深入协商讨论。常委们针对全区工业形势严峻、重大项目推进乏力、要素保障压力较大、财政收支矛盾突出等问题，重点就加强和改进宏观调控、应对经济下行压力、保持经济平稳运行等提出建议。会后，我们及时向区委、区政府呈送专题协商报告，建议在加快重大项目建设、促进产业结构优化升级、深化重点领域和关键环节改革、推进产业链招商、防范区域性金融风险、持续办好民生实事、营造良好发展环境等方面狠下功夫，区委、区政府十分重视，及时将相关建议吸纳到下半年经济工作的具体部署中。

围绕全区阶段性重点工作开展主席会议每月协商。坚持大视野、小切口，不断健全完善主席会议每月协商机制，全年开展财政预决算、城乡土地利用规划修编、城乡居民医疗保险、科技创新、农村环境连片整治、渝长高速公路扩能、重大项目建设等12个专题的协商。创新每月协商会的召开形式，首次将“司法行政工作服务改革发展民生”协商会议从政协机关搬到凤城街道召开，邀请区委、区政府领导与政协委员、社区居民代表面对面共商基层法律服务和社区依法治理大计，扩大了基层干部群众对政协协商民主的知晓度。积极改进协商成果报送形式，对比较重要的协商意见以专题报告形式向区委报送，对有参考价值的意见建议以协商纪要形式向区委、区政府及有关部门反映。区委、区政府主要领导多次对协商报告和协商纪要作出批示，有力促进了相关协商意见的办理反馈。去年，我们还根据工作需要，增开8次协商会议，就北城中学办学模式、菩提街道设置以及区内重要人事任免等事项进行协商，为区委、区政府科学民主决策献计出力。

围绕保障和改善民生开展提案办理全程协商。把提案办理协商作为全面推进政协协商、做好政协工作的重要抓手。在着力引导委员提高提案撰写质量的基础上，大力推行区委、区政府、区政协领导牵头督办重点提案制度，组织提案者、承办单位开展提案办理联合视察，开展分内容、分重点、分部门提案面商，运用跟踪落实、反馈问效、联合督查等方式促进提案办理落实，推动提案工作向多方协商、开放协商等全程协商转变，提案办理答复率100%，满意和基本满意率100%，落实或采纳率超过66%，特别是35件重点提案得到区领导的高度重视和牵头督办，提案反映的一批重点、难点问题得到有效解决。比如：关于进一步提升区行政服务中心公共服务水平的提案，区委、区政府主要领导多次现场调研督办，区行政服务中心认真办理，经过近一年的努力，服务中心办事大厅扩建工程全面完成，服务窗口从115个增加到193个，日均办件超过1000人次，群众办事更方便、更快捷。

一年来，我们求真求实，多措并举，建言献策实效更加彰显

从全区形势发展的要求和政协担负的职责出

发，充分运用调研视察、民主评议、社情民意等方式，为长寿科学发展和民生改善谋长远之道，建有用之言，献务实之策。

紧扣全局性工作开展专题调研。围绕区委、区政府重大决策部署和社会关注的热点问题，先后开展对菩提长寿山景区文旅深度融合、加快街镇工业走廊开发建设、消防安全管理、社区卫生服务体系建设、重大危险源安全管理等重点课题的专题调研，委员们深入基层、深入群众、深入现场，多层次、多渠道、全方位了解情况，做到反映情况有广度、分析问题有深度、对策措施有力度。针对菩提长寿山景区文旅深度融合发展中存在的问题，组织政协委员到菩提长寿山景区实地考察，邀请区政府领导作专题报告，听取相关政府部门、平台和企业情况介绍，学习借鉴国内著名景区规划建设先进经验，形成了《关于菩提长寿山景区文旅深度融合发展的调研报告》，针对性地提出完善景区总体规划、打造景区独特景观、培育文旅融合新业态、创新宣传营销新模式、优化文旅融合发展环境、深度研究挖掘文化旅游资源等六个方面对策建议，得到区领导和相关部门单位的重视采纳。高度关注街镇工业走廊开发建设，政协常委、委员深入 17 家企业车间，现场了解生产经营状况，与职工代表、基层群众、部门平台、街镇领导座谈讨论，及时梳理归纳各方意见，形成《关于加快街镇工业走廊开发建设的调研报告》，针对性地提出尽快完善街镇工业走廊发展规划、做强优势产业、强化环保监管、提升服务能力、加强人才培养等对策建议，区委、区政府主要领导作出批示，区政府常务会议专题研究，分管区领导及相关部门、平台办理落实。

紧扣全区重点工作开展委员视察。先后就长寿火车北站站前广场建设、长化厂环保搬迁实施、长寿北城大道建设、桃花河治污攻坚等全区“十件急事”开展视察。同时，结合全年工作安排，开展了现代金融服务业与支持长寿区域经济发展、定慧寺保护与利用、凤城监狱工作、不动产登记、文化体育设施建设和街镇敬老院建设管理等专项视察。区委、区政府领导多次对政协视察报告作出批示，促进了相关工作改进落实。比如：委员们在视察长寿火车北站站前广场建设推进情况后，提出加快配套工程建设、严格把控工程质量、科学谋划广场管理模式、加快土地抵押置换等意见，得到区委主要领导批示，区城投公司针对政协建议，及时改进落实相关工作，有力推动了项目如期建成投用。

紧扣群众关切的部门工作开展民主监督。围绕党政关注、群众关切的部门工作，不断探索民主监督的方法途径，进一步推动民主监督的制度化、规范化建设。集中 1 个月时间，组织部分政协常委，分 3 个评议小组分别对区信访办、区规划局、区移民局等 3 个部门履职情况开展民主评议。通过听取介绍、查阅资料、现场考察、座谈讨论等多种形式，开展调查研究，掌握翔实情况，形成评议意见，及时向被评议单位及分管区领导反馈，形成的三个评议报告得到党政主要领导的充分肯定。被评议单位对照政协评议意见，研究制定《整改方案》，逐条落实责任措施，有力促进了相关工作。继续完善和改进委员委派工作，60 多名政协委员担任廉政监督员、人民陪审员，通过参加会议、参与庭审、座谈调研、明察暗访等形式，对相关单位履行职能、勤政廉政、服务质量等工作开展民主监督，为推动部门单位更好改进作风、推动发展、服务群众发挥了积极作用。

紧扣社会热点难点问题反映社情民意。充分发挥政协委员来自基层、联系广泛的资源优势，积极拓宽社情民意反映渠道，及时把广大群众关注的热点难点问题，通过政协渠道反映给区委、区政府和相关部门单位，推动问题有效解决，较好地发挥了汇集民情、反映民意、维护民利的作用。一年来，编报《社情民意》信息专报 54 期，区领导批示和部门回复 13 期；上报市政协 36 篇，采用 14 篇。《关于天然气化工行业用电大户暂缓执行预存电费制度的建议》《关于建立民营企业关停并转协调处理机制的建议》《关于建立长寿湖水位保持协调机制的建议》等反映长寿区政协委员及群众呼声的社情民意，被市政协办公厅编用，报送有关市领导和部门决策参考。针对市民关注的交通问题，迅速整理上报了《关于尽快对卫古路进行改造的建议》《关于加强长寿中学校门附近交通安全管理的建议》和《关于调整公交线路方便川维中学北城校区师生出行的建议》等信息，引起区政府领导高度重视，督促相关职能部门迅速采取措施妥善解决。

一年来，我们立足实际，关注民生，履职创新水平有效提升

立足自身优势和长寿实际，把委员履职创新与全区“作风深化年”活动、扶贫攻坚行动、集中走访下访活动紧密结合起来，努力让政协机关干部和广大政协委员识民情接地气，发出好声音，传递正能量。

扎实开展“五聚焦、五助推”活动。按照“委员传递正能量”履职实践活动要求，围绕“改革、发展、民生”主题，在政协委员中开展“聚焦街镇、助推科学发展”“聚焦界别、助推委员履职”“聚焦村社、助推组织建设”“聚焦企业、助推经济转型”“聚焦学校、助推教育改革”的“五聚焦、五助推”活动，推动政协履职向基层延伸。围绕街镇工业组团开发、乡村休闲观光产业发展、农民新村建设和农村环境连片整治等工作，组织街镇联络组、各界别政协委员150多人次，多批次深入新市、云台、葛兰、石堰、龙河等街镇，多角度、多领域为街镇适应新常态、实现新发展出谋划策。逐一走访各民主党派、工商联、知联会和政协其他界别，开展座谈沟通，听取意见建议，就新常态下进一步加强合作共事进行广泛交流。结合开展“社区工作日”活动、村级党组织提升强化行动和城乡党支部结对共建活动，组织政协机关干部和委员深入基层一线，了解群众诉求，开展扶贫帮困，拓宽直接联系基层和了解群众呼声的渠道，增强履职效果。发挥政协组织智力密集、专家学者众多的优势，组织委员广泛开展“送课、送医、送科技、送文化、送法律”下乡活动。民革界别组织骨干教师委员到双龙、云集、洪湖等农村学校送教；民进界别开展“名师在行动”、城乡学校“同课异构”等特色活动；农工党界别组织律师委员到实验二小为师生作法制报告；九三学社界别组织医卫专家委员到邻封镇、石堰镇为群众现场义诊。

扎实开展精准扶贫攻坚。区政协机关深入云台镇拱桥村组织召开扶贫现场会、院坝会，与干部群众共谋脱贫思路，共商帮扶措施。牵头召开扶贫单位协调会、推进会10余次，政协机关16名处级干部与16户贫困群众开展“一对一”结对帮扶，精准施策，累计投入各类帮扶资金物资10余万元。做好云台镇扶贫攻坚牵头协调工作，联系企业提供项目、资金和技术扶持，开展农村实用技术、创业、务工技能培训，强化贫困村的基础设施建设，因地制宜发展特色产业，帮助新建核桃基地330亩，发展专业合作社2个，家庭农场3个，云台镇扶贫攻坚工作顺利通过市、区检查验收。引导全区政协委员积极投身扶贫攻坚工作，委员们深入贫困村组开展调研视察，通过提案、建议等方式为贫困村组脱贫致富出谋划策，帮助解决实际困难。全区政协组织和委员累计帮扶贫困村10个，帮扶贫困户340户，协调引进项目11个、资金190万元，捐资助学68人3.5万元，帮助劳务输出280余人。

扎实开展社区集中走访下访。坚持领导示范与干部落实相结合、收集意见与宣讲政策相结合、普遍见面与重点走访相结合、收集问题与办理反馈相结合，对凤城街道三峡路社区居民实现100%走访下访回访，收集群众诉求542条，自行交办366条，报送区考核办研判交办176条。加强对群众反映问题的跟踪督促，及时反馈办理落实情况，确保件件得答复、事事有回音。针对黄桷路居民集中反映小区外墙砖脱落、无物业维修基金、安全隐患严重等问题，我们研判后及时报区考核办，相关部门在反复核实的基础上，正在谋划建立“统筹解决老旧居民楼外墙脱落隐患应急抢险专项资金”的制度机制，可望有效解决这一全区性普遍难题。

一年来，我们健全机制，固本强基，政协自身建设切实加强

主动适应新形势下人民政协工作的新要求，以开展“三严三实”专题教育为引领，务实加强自身建设，政协工作科学化水平不断提升。

务实开展“三严三实”专题教育。认真学习贯彻习近平总书记关于“三严三实”专题教育系列重要讲话精神以及中共中央、市委和区委关于全面从严治党的重要部署，不折不扣开展“三严三实”专题教育，真正把“忠诚、干净、担当”要求融入政协工作之中，做到深学、细照、笃行。结合实际制订方案，组建工作机构，开展动员部署，着力推进实施。坚持边学边查边改，统筹区政协党组、机关支部专题学习，把《习近平总书记系列重要讲话读本》《习近平谈治国理政》以及中央、市委、区委专题教育领导讲话作为必学书目和文件，党组班子成员带头讲党课6次，高质量开展4个专题12次学习，挂单整改11个不严不实问题，修订完善机关规章制度13项，巩固和拓展了党的群众路线教育实践活动成果。

务实加强和改进界别工作。改进界别联系方

式，建立由政协委室联系界别、界别联系委员、委员联系界别群众的工作机制，推动界别联系由“松散型”向“紧密型”转变。一年来，23个界别开展各类活动60多次。其中，中共界别聚焦党建，走进农村、社区，为基层党组织强化提升建言献策；无党派界别深入镇级卫生院开展盘活闲置医疗资源专题调研，助力农村卫生事业发展；总工会界别联系实际，开展职工群众服务帮扶工作；共青团界别走进青年电商孵化园，助推青年创新创业和电商发展；妇联界别围绕“农村三留守人员关爱”、妇女创业就业等开展系列调研活动；侨联界别组织侨界委员积极引资引智，汇聚侨界力量服务家乡发展；工商联界别深入企业走访，积极了解企业困难和呼声；农业界别开展“家庭农场与新型农业经营实体”专题调研，助推现代农业发展；民革、民进、农工党、九三学社、特邀、经济、教育、科技等界别结合自身优势，分别围绕打造升级版新农村、发展工业旅游经济、加大农村环境保护、加强职业教育等课题开展调研视察，彰显了界别特色，发出了界别“好声音”，推动和促进了相关工作。

务实推进政协文史和理论研究工作。充分发挥政协文史资政、育人、团结功能，组织力量第一次深度挖掘、全面展示丰富多彩、独具特色的长寿民间文化，编辑出版了《长寿民间文化》文史丛书。大力支持政协书画院开展各类书画摄影创作交流活动，成功举办“重庆市政协书画摄影系列展长寿专场”活动，市政协徐敬业主席给予高度评价，《重庆政协报》用专版宣传报道。积极参与市政协关于“加强和改进人民政协民主监督”主题年度理论研讨，选送的《人民政协民主监督的制度优势及现实困境和对策研究》论文荣获全市二等奖。加大对政协重要例会和重大活动的宣传报道力度，全年在区级以上新闻媒体刊发稿件150余篇，扩大了政协工作的宣传面和影响力，宣传通联工作荣获市政协一等奖。

务实加强政协系统交流联系。先后接待市政协11批次、市内外政协25批次视察调研和考察学习活动，为提高长寿知名度、美誉度发挥了积极作用。市政协委员长寿组认真履职尽责，通过参加市政协全会、常委会、专题协商会以及视察调研、主席接待日等活动，积极向市政协提交提案、反映社情民意，努力营造有利于长寿发展的良好环境。“关于解决三峡库区区县小城镇污水处理设施建设运行的建议”被市政协列为重点提案，由市政协一名副主席牵头督办；“关于加快实施渝长高速公路扩能改造的建议”纳入市政府决策予以推进；“关于将养老经济保障问题引入法治轨道的建议”“关于加大长寿湖生态保护力度的建议”“关于加快农民新村建设的建议”等18件个人提案全部转交市级相关部门办理落实。参加重庆市区县政协东部片区会、区县政协主席研讨班并作交流发言，参与“长江经济带节点基础产业发展”“全市‘十三五’规划编制”“现代农业旅游业融合发展”等市政协重大课题调研，一批调研成果得到市政协和市级相关部门的重视肯定。强化对街镇联络组的联系指导，全区政协工作整体水平明显提升，作用得到更好发挥。

以上成绩的取得，得益于区委的坚强领导，得益于区人大、区政府、长寿经开区的大力支持，得益于历届政协打下的坚实基础，是全区各级各部门积极配合、社会各界广泛参与的结果，更是区政协各参加单位团结协作、广大政协委员共同努力的结果。在此，我代表区政协常委会，向所有关心、支持长寿政协工作的各级领导、部门单位，向努力奉献、倾情履职的广大政协委员、各界人士，致以崇高的敬意和衷心的感谢！

回顾一年的履职实践，我们也清醒看到，与新形势新任务的要求和人民政协肩负的使命相比，区政协工作还存在一些不足。主要是：在规范协商机制和流程，推进协商民主成果转化落实上还需要加大力度；在丰富民主监督形式，提升民主监督实效上还需要不断探索；在密切委员与各界别联系、广泛增进共识、调动委员履职积极性上还需要继续努力。对此，我们将在今后的工作中深入研究，认真加以改进。

2016年主要工作思路

2016年是“十三五”发展开局之年。区政协工作的总体要求是：高举中国特色社会主义伟大旗帜，全面贯彻党的十八大和十八届三中四中五中全会精神，以马克思列宁主义、毛泽东思想、邓小平理论、“三个代表”重要思想、科学发展观为指导，深入学习贯彻习近平总书记系列重要讲话精神，在区委领导下，认真落实中央、市委和区委一系列重大决策部署，按照“适应新常态、当好主力军”的总要求，把服务实现“三个全面建成”总目标作为工作主题，把助推“十三五”良好开局作为工作主线，把促进党政科学民主决策作为工作落脚点，把开展“委员传递正能量”履职实践活动作为工作主抓手，增进思想共识，整合各方资源，凝聚各界智慧，共推长寿经济社会健康快速发展，不断开创长寿政协工作新局面。

一、始终坚持中国共产党对政协工作的领导

毫不动摇地坚持中国共产党的领导，自觉在思想上政治上行动上与以习近平同志为总书记的中共中央保持高度一致。深刻领会和准确把握习近平总书记关于全面从严治党的新要求，严格落实全面从严治党的政治责任，严明党的政治纪律和政治规矩，持之以恒反对“四风”，贯彻落实中央八项规定和市委“八严禁”“十二不准”等要求，深入践行“三严三实”，扎实开展“学党章党规、学系列讲话，做合格党员”学习教育，推进作风建设常态化长效化。充分发挥政协团结统战功能，带领广大政协委员和各族各界人士，深入学习习近平总书记系列重要讲话特别是视察重庆重要讲话精神，引导各界人士正确认识区委对全区“十三五”时期发展形势的科学判断，正确认识发展中的“八个辩证”关系，紧紧围绕“适应新常态、当好主力军”的总要求，紧紧盯住“三个全面建成”的总目标，切实增进政治认同、思想认同，调动一切积极因素，凝聚一切积极力量，为实现区委提出的奋斗目标提供最广泛的力量支持。

二、围绕实现“十三五”良好开局履职尽责

在五大发展理念指引下，以助推“十三五”良好开局作为工作主线，在区委领导下，制定并实施好2016年度协商计划。通过召开常委会议、每月协商会议，就半年经济社会发展、重大项目建设、行政审批体制改革、征地拆迁货币化安置、提案办理落实、质量技术监督、广播电视网络建设、社区养老机构建设、残疾人就业保障金征收等工作开展专题协商，着力体现协商建言水平。坚持问题导向，改进监督方式，就全区财政工作、长寿火车北站综合交通枢纽建设、北城医院建设、化工职大建设、城市小区物业管理服务、煤矿整顿关闭、宗教活动场所安全、长寿博物馆建设等工作开展视察评议，切实帮助部门转变作风改进工作。准确把握经济发展新常态，选择供给侧结构性改革、“大众创业、万众创新”、融入“一带一路”、实施“互联网＋”战略等前瞻性工作开展专题调研，积极为党政科学民主决策建言献策。充分发挥政协联系广泛、智力密集优势，围绕产业结构优化升级、滨江长寿谷景区打造、产城融合发展、义务教育均衡发展、农业“三园五区”建设、精准扶贫攻坚、创新社会治理体制等工作积极撰写政协提案、大会发言，反映社情民意信息，提出针对性、可操作性强的具体建议，为推动“十三五”良好开局做出努力。

三、聚焦实施五合广泛传递正能量

结合新形势新任务需要，不断创新“委员传递正能量”履职实践活动的载体形式，展示委员履职的能力水平，创新开展“五个助力”活动。助力工业聚合，围绕推动综合化工产业集群优化升级、推进钢铁冶金产业集群转型升级、加快街镇工业走廊提质发展、实施创新驱动发展战略等广聚智慧；助力文旅结合，围绕构建“一湖一山一谷”旅游格局、文化与旅游深度结合、推动乡村旅游规模化发展等共谋良计；助力产城融合，围绕加快推进智慧城市建设、化解房地产库存、融入长江经济带发展、打造长江上游最大的专业化工物流基地等力建净言；助力城乡统合，围绕强化特色效益农业体系、推进公共服务设施建设、构建城乡一体化发展新机制等多出主意；助力社会和合，围绕建设美丽长寿、推动大众创业就业、办好民生实事、筑牢公共安全网、巩固提升扶贫攻坚成果等倾情献策。

四、以创新理念推进协商民主制度化建设

按照区委部署认真开展“工作创新年”活动，用新视角看问题，用新观念谋工作，用新思维想办法，积极开创政协协商民主发展新局面。及时跟进全国、全市政协制度建设步伐，切实加强政协履职制度建设，逐步构建科学规范的制度体系。继续完善“四位一体”协商格局，进一步拓展协商内容、搭建协商平台、丰富协商形式、增加协商密度、营造协商氛围、提高协商成效，推动政协协商民主规范有序发展。按照区委《关于加强和改进人民政协工作的意见》，依托区政协网站，积极探索网络议政、远程协商等新的协商方式，不断把协商民主实践引向深入。进一步突出界别特色，健全界别与党政部门沟通交流机制，落实界别活动办法，丰富活动内容，不断增强界别活动的组织性和计划性。更加注重政协协商民主理论研究，切实改进调研工作，努力提高议政建言能力和水平。加强信息化建设，完善“长寿政协”网站的“委员履职平台”。

五、与时俱进推进政协自身建设

坚持把学习摆在突出位置，通过印发《年度协商建言选编》、给委员订阅报刊、寄送学习资料、邀请党政领导通报情况、开展专项业务培训等形式，帮助委员开阔视野、增长见识、知情明政，为更好履职“补钙”“加油”。进一步落实任务、细化措施、明确责任，不断提升政协宣传、信息、文史、书画、理论研讨等经常性工作的整体水平，扩大人民政协的社会影响。健全委员联络机构，坚持走访政协委员和主席接待委员制度，完善委员履职评价和激励约束机制，努力调动委员履职积极性。在市政协指导下，承办好重庆市政协东部片区会，促进兄弟区县政协工作的交流与协作。加强对街镇联络组的联系指导，为街镇政协委员参政议政创造条件。创新政协机关委室工作方式，整合委室整体力量，推动委室工作内容从单一性向综合性、履行职能从阶段性向经常性转变，着力提高政协机关干部的政治把握能力、调查研究能力、联系群众能力、合作共事能力，真正把政协机关建设成为“委员之家”。

今年是本届政协任期的最后一年，区政协常委会将一如既往、毫不松懈地做好各项工作。认真总结本届政协工作的成绩、经验和不足，为今后政协工作和政协事业创新发展提供有益借鉴。按照市委部署，在区委领导下，认真做好区政协换届相关筹备工作，推动长寿政协事业继往开来、向前发展。

历史在时序更替中前行，梦想在砥砺奋进中实现。硕果累累的“十二五”胜利收官，振奋人心的“十三五”号角吹响。站在两个五年规划的交汇点，面向新的更高目标，我们深感使命光荣，更深知责任重大。我们要在中共长寿区委的坚强领导下，紧密团结广大政协委员和社会各界人士，始终恪守围绕中心、服务大局的履职宗旨，始终坚持人民政协的优良传统，始终保持锐意进取的奋斗精神，积极投身“四个全面”战略布局的长寿实践，为实现“十三五”发展良好开局、谱写好中国梦的长寿篇章而不懈努力！

2016年6月27日，长寿区召开庆祝中国共产党成立95周年大会

大事记

❖ 2016年长寿区大事记

2016年长寿区大事记

1　月

8—11日，在第十五届中国西部（重庆）国际农产品交易会上，长寿18家农业企业的30余个特色农产品销售59.8万元，签订农业项目订单1.6亿多元。

11日，区长赵世庆主持召开长寿区政府第一百三十六次常务会。分析2015年经济运行情况及研究2016年经济和社会发展主要预期目标建议方案、批转执行《关于进一步加强村组集体经济组织财务管理工作的意见》、关于黄桷湾小学旁土山堆外弃工程（一期）相关事宜等议题，通报“1·6”全国、全市安全生产工作电视电话会议精神等。

同日，区发改委、区交委召开全区农村客运价格调整工作会。从1月15日起，全区农村客运各线路票价上浮0.5元至2元。

18日，区人大常委会召开与“一府两院”联系会，通报区人大常委会与“一府两院”2015年工作情况。区领导赵世庆、张明生和区人大、“一府两院”的其他领导参加会议。

18日，区长赵世庆主持召开长寿区政府第一百三十七次常务会。研究区政府工作报告、继续实施推进村级公共服务和社会管理专项工作等议题。

20日，中共重庆市长寿区委十二届八次全会暨全区经济工作会议在科技文化中心礼堂举行。区委书记周勇代表区委常委会作工作报告并部署2016年经济社会发展工作，区委副书记、区长赵世庆安排2016年经济工作。区人大常委会主任张明生、区政协主席张华出席会议。区委副书记、副区长巴川江和区委副书记谭庆分别主持会议。

23日，长寿区出现自1992年后的24年最强降雪天气过程。积雪深度3厘米，最低气温为零下1℃。交通部门在八颗至洪湖的西山路段，石堰、云台至五华山路段采取管制措施。

2　月

1日，在全国优秀农民工和农民工工作先进集体表彰大会上，长寿区石堰镇农民工高奎获得“全国优秀农民工”称号。

同日，农业部、国家安监总局公布2014—2015年度“全国平安渔业示范县”名单（农渔发〔2016〕3号），长寿区上榜。

2日，全球最大的辅料生产企业德国瑞登梅尔父子公司（JRS），与长寿经开区药企重庆斯泰克材料技术有限公司签订战略合作协议。区领导周勇、赵世庆、张明生、张华、巴川江、霍家勤、肖庆华等出席签约仪式。

15日，区长赵世庆主持召开长寿区政府第一百三十九次常务会。研究《重庆市长寿区人民政府工作报告（送审稿）》《重庆市长寿区人民政府关于2015年安全生产目标考核结果的通报》等议题，通报2016年全市国资工作会精神。

18日，国家安全监管总局负责人到长寿调研检查，副市长陈绿平，区领导周勇、赵世庆、巴川江、谭庆等参加调研。

22日，长寿区十七届人大常委会第二十九次会议审议决定，授予韩国人金文基、金道炫、金尚炫“长寿区荣誉市民”称号。

23日，区长赵世庆主持召开长寿区政府第一百四十次常务会。研究本年度重大项目计划安排、重庆长寿国家农业科技园区总体规划、全区统计工作考核等议题，通报全市商贸物流工作会议和全市商贸服务业规划工作会议精神。

29日，长寿经开区的重庆康乐制药有限公司投资9800万元的原料药及医药中间体生产线建设项目开工。区领导赵世庆、巴川江、肖庆华、冉洪，北京紫光制药有限公司、重庆康乐制药有限公司董事长张轶出席开工仪式。

同日，中国合成树脂供销协会一届五次理事会暨长寿区新材料产业招商推介会在长寿碧桂园凤凰酒店召开。园内百余名行业专家及企业参加，区领导赵世庆、肖庆华出席会议。

3 月

1 日，长寿菩提山万寿天梯成功申报成为世界上刻最多“寿”字的石梯，获得扛旗世界纪录认证公司认证证书、认证匾额、认证奖牌。这是长寿区第一项世界纪录。

同日，区长赵世庆主持召开长寿区政府第一百四十一次常务会。研究长寿经开区科技创新园一期工程施工招标、融资平台 2016 年融资成本控制线等议题，通报全市干部接访下访群众暨全国“两会”期间安全稳定工作电视电话会议精神等。

同日，重庆云天化瀚恩新材料开发有限公司正式成立。区领导赵世庆、巴川江、霍家勤、肖庆华等出席成立大会。

3 日，长寿区召开全区干部大会，宣布中共重庆市委关于长寿区委、区政府主要领导调整的决定：周勇不再担任长寿区委书记、常委、委员，另有任用；赵世庆任中共长寿区委书记，不再担任区长职务；巴川江提名为长寿区区长候选人，兼任长寿经开区党工委书记、管委会主任。区领导张明生、张华等出席会议。

7 日，长寿区第十七届人大常委会召开第三十次会议，决定接受赵世庆辞去重庆市长寿区人民政府区长职务的请求，决定巴川江为重庆市长寿区人民政府代理区长。

8 日，代理区长巴川江主持召开长寿区政府第一百四十二次常务会。研究行政区划调整后征地补偿安置标准，长寿区与国家开发银行重庆分行签署《共同推进新型城镇化建设开发性金融合作备忘录》等议题；传达全市禁毒、消防、金融等会议精神。

10 日，中央机构编制办公室事业单位改革司司长牛占华到长寿调研行政类事业单位改革和机构编制管理情况。区领导赵世庆、巴川江、王志宏参加调研。

10 日，全市移民信访稳定工作会议在长寿召开。国务院三峡办综合司和市移民局相关领导，长寿区领导汤晓强出席会议。

12 日，政协重庆市长寿区第十四届委员会第五次会议在区科技文化中心开幕。大会应到委员 288 名，实到委员 273 名。区政协主席张华，副主席陈会明、涂奇微、王永全、邓有国、叶金龙、江涛、陈志洪，秘书长蒋锡宽在主席台前排就座；区领导赵世庆、巴川江、张明生等到会并在主席台就座。张华代表区政协十四届常务委员会做工作报告。列席会议的有离退休的历届区（县）政协主席、副主席、秘书长，在长寿的市政协委员，全区部门、街镇、市属企事业单位主要负责人，以及 19 名市民代表。

13 日，重庆市长寿区第十七届人民代表大会第六次会议在科技文化中心开幕。大会应到代表 284 人，实到代表 270 人。大会主席团常务主席赵世庆、张明生、王志宏、潘晓林、李彬旭、郑勇、唐华、李吉华在主席台就座，张明生主持大会。巴川江、张华、游智明、张云平、何以龙、周隆海、左永祥、侯宇生、谭伟、蒋牧宸、陈瑛和大会主席团成员在主席台就座。代理区长巴川江做政府工作报告。区政协十四届五次会议的出席、列席人员，不是十七届区人大代表的中共十二届区委常委、区政府副区长列席大会，10 名市民代表应邀旁听。

14 日，政协重庆市长寿区第十四届委员会第五次会议闭幕。区政协主席张华主持大会，区委书记赵世庆做重要讲话。270 名区政协委员出席会议，全体区领导和其他列席人员参加会议。

16 日，中共重庆市长寿区委员会通知：按照渝委〔2016〕121 号、137 号文件通知精神，经区委常委会议研究决定，赵世庆任中共重庆市长寿区委书记，巴川江任中共重庆市长寿区人民政府党组书记；免去周勇的区委书记、常委、委员职务，赵世庆的区政府党组书记职务，谭庆的区委副书记、常委、委员和兼任的菩提街道党工委书记、区委党校校长、区公共民生工程建管中心党组书记职务。

16 日，区十七届人大六次会议举行第三次全体会议，选举巴川江为重庆市长寿区人民政府区长。巴川江在现场面向国旗庄严进行宪法宣誓。

同日，重庆市长寿区第十七届人民代表大会第六次会议闭幕。大会应到代表 284 人，实到 272 人。区委书记赵世庆发表重要讲话，张明生主持会议。全体区领导和全体列席人员参加会议。

16 日，重庆市农村生活垃圾治理推进会议在长寿区召开。全市 13 个市级部门领导及 37 个区县副职领导和市政局局长参加会议，区领导巴川江到会致欢迎词。

22 日，中国民营企业 500 强之一的攀华集团有限公司董事长李兴华一行，到长寿考察菩提山景区和长寿古镇开发情况，就推动与长寿区及在长寿企业的合作，同长寿区领导赵世庆、巴川江、左永祥等座谈交流。

23 日，中石化集团公司董事长、党组书记王玉普和股份公司总裁李春光一行，到川维厂调研。区领导赵世庆、巴川江、冉洪等参加调研。

24 日，市人大到长寿调研《重庆市宗教事务条例》实施情况。区领导张明生、李彬旭参加调研。

25 日，长寿区公安局获得重庆市总工会颁发的 2015 年重庆市五一劳动奖状。

28 日，区长巴川江主持召开长寿区政府第一百四十四次常务会议。传达国务院第四次廉政工作会议及市政府第四次廉政工作会议精神，通报区政府领导分工，研究全区乡村旅游总规等议题，审议人事任免等。

30—31 日，中共重庆市委常委、统战部部长宋爱荣到长寿，调研民营经济发展。区领导赵世庆、巴川江、何以龙、左永祥、涂山全参加调研。

4 月

1 日，区领导赵世庆、巴川江、张明生与到长寿考察的深圳星美新能源汽车有限公司董事长赵燕君一行，座谈交流共同关心的问题。

同日，重庆医科大学附属长寿人民医院揭牌仪式在区人民医院举行。重庆医科大学校长雷寒和区委书记赵世庆揭牌，区领导左永祥、陈瑛、霍家勤等出席揭牌仪式。

5 日，区长巴川江主持召开长寿区政府第一百四十五次常务会。研究区委十二届八次全会报告及 2016 年区政府工作报告重点工作目标任务分解，2016 年度土地供应计划等 5 个议题。

7 日，区委书记赵世庆就新常态下长寿的发展接受重庆卫视专访。

11 日，区长巴川江主持召开长寿区政府第一百四十六次常务会。研究区政府领导分工、水污染防治行动计划实施方案，防汛抗旱工作等议题，通报全市税收营改增试点工作电视电话会议精神。

同日，荣昌区党政代表团到长寿考察旅游开发和景区管理运营模式。长寿区领导赵世庆、巴川江、张明生、张华等参加调研。

12 日，位于长寿经开区的杰富意金属（重庆）有限公司年产 120 万只高品质钢桶项目竣工投产。区领导赵世庆、巴川江、张华、潘晓林等，日本驻重庆总领事馆总领事星山隆、日本 JFE 容器株式会社社长小野定男等出席投产仪式。

同日，长寿区召开群团改革工作部署会，启动该项工作。

18 日，长寿区荣誉市民、韩国世原集团会长金文基在凤凰大酒店举行投资讲座。讲座之前，区领导赵世庆、巴川江、张明生等会见金文基。

19 日，第三军医大学大坪创伤专科医院与长寿化工园区医院签订技术指导合作协议，长寿化工园区医院正式成为大坪创伤专科医院指导医院。

20 日，韩国世原集团重庆成元汽车部件有限公司项目奠基仪式在长寿经开区八颗组团举行。市政协副主席李钺锋，区领导赵世庆、巴川江、张明生等为项目奠基。

同日，西南最大动力电池生产基地项目落户长寿的签约仪式在重庆雾都宾馆举行。市委常委、常务副市长翁杰明，长寿区领导赵世庆、巴川江、张明生等出席。

21 日，长寿经开区与中国高技术产业发展促进会合作共建重庆高技术创新研究院框架协议书，在第十二届中国重庆高交会暨第八届国际军博会重大项目签约仪式上签署。

22 日，区委书记赵世庆主持召开区委常委会议，学习贯彻全市“两学一做”学习教育工作会议精神，审议通过《关于在全区党员中开展“学党章党规、学系列讲话，做合格党员”学习教育实施方案》。

同日，长寿经开区与旭川化学（苏州）有限公司签约，在长寿经开区建设年产 10 万吨聚氨酯树脂项目。区领导赵世庆、巴川江、张明生等和旭川化学（苏州）有限公司董事长江平、总经理李培见等出席签约仪式。

22 日，长寿区国家税务局发布通告，根据渝国税发〔2016〕44 号文件，从 2016 年 5 月 1 日起调整全区 7 个税务所的名称和管理范围。

28 日，长寿区召开学党章党规、学系列讲话，做合格党员“两学一做”学习教育工作会，动员和启动该项工作。区领导赵世庆、巴川江、张云平、何以龙、周隆海、左永祥、谭伟、王志宏、蒋牧宸等出席会议。区委书记赵世庆讲话，区委常委、组织部部长王志宏具体安排部署，区委副书记、区长巴川江主持。

同日，市政协副主席、民革重庆市委主委杨天怡到长寿调研。区领导赵世庆、巴川江、张华参加。

5 月

4 日，中共重庆市委、重庆市政府主要负责人到长寿，调研港区码头、企业基地、环保一线情况。区领导赵世庆、巴川江、张明生、张华等参加调研。

同日，重庆市政协副主席、民进重庆市委主委陈贵云一行到长寿调研林业产业发展、新教育实施、文旅融合发展等情况。区领导赵世庆、巴川江、张明生、张华等参加相关活动。

5 日，长寿经开区与重庆中安钢结构有限公司战略合作暨重庆安产助钢合作项目签约仪式在长寿经开区举行。区领导赵世庆、巴川江、张明生，中国安全产业协会副理事长刘强，重钢集团公司董事长、党委书记刘加才出席。

同日，区长巴川江主持召开长寿区政府第一百四十七次常务会。研究《重庆市长寿区人民政府与中国科学院重庆绿色智能技术研究院共建“重庆长寿·中科未来城”合作框架协议》的请示，通报全国深化医药卫生体制改革工作电视电话会议精神。

6 日，晚上 8:40 时左右，长寿区境内出现狂风暴雨夹冰雹灾害天气，城乡多处出现不同险情。

9 日，区领导赵世庆、巴川江会见攀钢集团党委书记、董事长张大德一行，就加快推进攀钢重庆钛业项目建设进行交流座谈。

12 日，在长寿区人武部党委第一书记任职大会上，重庆警备区副司令员王美权宣读重庆警备区党委关于赵世庆任长寿区人武部党委委员、第一书记的任职批复。区领导赵世庆、巴川江、张明生、侯宇生、陈会明等出席大会。

12 日，重庆市长寿区人民检察院获得由最高人民检察院授予的第六届全国先进基层检察院荣誉称号。

12—13 日，在武汉举行的 2016 中国化工园区与产业发展论坛上，长寿经开区上榜“2016 中国化工园区 20 强”，连续第四年入列榜单。

13 日，重庆市人大常委会副主任、农工党市委主委杜黎明到长寿，就加快推进龙溪河流域生态经济带开展调研。区领导赵世庆、巴川江、张明生、张云平、何以龙、李彬旭参加调研。

16 日，长寿区政府以长寿府发〔2016〕38 号发出《重庆市长寿区人民政府关于印发〈重庆市长寿区国民经济和社会发展第十三个五年规划纲要〉的通知》。

16 日，长寿区发出《中共重庆市长寿区委办公室、重庆市长寿区人民政府办公室关于印发〈重庆市长寿区党政机关公务用车制度改革实施方案〉的通知》（长寿委办发〔2016〕25 号）。

同日，长寿区与重庆银行举行“重银 · 长寿双创基金战略合作项目框架协议”签约仪式，区领导赵世庆、巴川江、张明生、张华、左永祥，重庆银行股份有限公司董事长甘为民等出席。

17 日，区长巴川江主持召开长寿区政府第一百四十八次常务会。研究关于建立病死畜禽无害化处理机制的实施方案送审稿、关于印发区政府行政规范性文件管理实施办法的通知等议题，传达 2016 年二季度全市工业重点项目调度会议精神、2016 年防灾减灾救灾督查情况等。

18 日，长寿区与中国科学院重庆绿色智能技术研究院举行“重庆长寿 · 中科未来城”项目合作框架协议签署仪式，区领导赵世庆、巴川江、张华，重庆绿色智能技术研究院院长袁家虎等出席签约仪式。

同日，重庆海关党组书记、关长严楠一行到长寿调研，就促进开放型经济发展相关事宜进行交流。区领导赵世庆、巴川江、王身高参加调研。

19 日，四川省达州市开江县党政代表团到长寿，考察长寿经开区、长寿旅游、检察院建设等。区领导张明生、王志宏、冉洪参加有关活动。

20日，区委书记赵世庆主持召开十二届长寿区委第一百三十一次常委（扩大）会。传达“5·13”全市干部大会精神；传达学习全市进一步规范领导干部配偶、子女及其配偶经商办企业行为的相关规定，研究贯彻落实措施；研究审定全区就业奖励政策到期相关后续工作；听取关于市委、市政府防汛地灾工作第六督查组到长寿督查情况的汇报，研究贯彻落实措施；听取全区落实党风廉政建设主体责任情况汇报；研究区管领导班子和领导干部2015年考核结果及2016年度考核方案；研究审定《长寿区科协专项改革实施方案》《长寿区工商联专项改革实施方案》《长寿区残联专项改革实施方案》及其相关事宜；传达全市加强扶贫领域监督执纪问责工作座谈会精神；研究审定设立长寿工业园区管委会相关事宜；传达2016年二季度全市工业重点项目调度会议精神；研究审定《区领导包点联系换届难点村工作方案》；研究创建全国文明城区急需解决的相关事宜；研究人事问题。

同日，长寿区机构编制委员会长编发〔2016〕33号《关于同意设立重庆市长寿工业园区管理委员会的批复》。经十二届区委第131次常委会议审定，重庆市长寿区街镇工业走廊管理委员会更名为重庆市长寿工业园区管理委员会（挂重庆市长寿区街镇工业走廊管理委员会牌）。

26日，四川省广安市委副书记、市长罗增斌等一行到长寿，考察工业高地和旅游胜地建设。区领导赵世庆、巴川江、张明生等参加相关活动。

同日，长寿区在重庆市第二届区县地方志书优秀成果评选中，《长寿三峡移民志》《长寿政协志（1950—2009）》获一等奖，《长寿区档案志（1949—2010）》《晏家街道志（1984—2003）》获二等奖，《长寿侨联志》获三等奖（渝志办发〔2016〕13号）。

6 月

1日，重庆市政府负责人到长寿调研工业经济运行、科技创新及安全生产等情况。区领导赵世庆、巴川江、王身高等参加调研。

同日，区长巴川江主持召开长寿区政府第一百五十次常务会。研究关于报送2016年长寿湖龙舟民俗文化节工作总方案的请示、关于区人民医院北城分院建设项目调整和增加相关功能设施用房面积的请示等议题，通报关于“5·27”重庆防火防灾暨安全生产工作会议精神。

1—2日，重庆市东部片区政协会议在长寿区召开，研讨全市农村环境治理对策。市政协副主席彭永辉，长寿区领导赵世庆、张明生、张华，以及涪陵、梁平、丰都、垫江、忠县、石柱等区县政协领导出席会议或参加调研。

3日，区委书记赵世庆主持召开十二届中共长寿区委第一百三十二次常委会。区委常委会和政府党组“两学一做”学习教育集中学习；研究审定《2016年长寿湖龙舟民俗文化节总方案》《渝东北区域旅游互动营销长寿活动方案》；学习贯彻总书记习近平重要批示精神和市委、市政府主要领导的相关要求；传达全市村干部及直系亲属享受惠农惠民政策“十公开”制度现场推进会议精神；研究审定《关于加强政党协商的实施办法》；听取2016年1—5月区委常委会决定事项落实情况。

6日，全国人大常委会委员，九三学社中央副主席、重庆市委主委，重庆市政协副主席谢小军到长寿调研经济社会发展和基层民主党派建设。区领导赵世庆、张明生、张华、何以龙、左永祥、王志宏、涂奇微参加调研。

同日，由重庆市长寿区地方志编纂委员会整理，长寿区旧志整理编辑部点校注编辑，方志出版社出版的《长寿县志（民国十七年）》上下册，正式出版发行。

7日，中越边境扫雷牺牲的长寿籍战士程俊辉遗体告别仪式在云南省文山州文山殡仪馆举行。

同日，长寿工业园区（原街镇工业走廊）与深圳普创天信科技公司签订投资3亿元建设智能终端产品生产基地，区政协主席张华出席签约仪式。

8—10日，长寿区举行长寿湖龙舟民俗文化节，先后举行圣火传递，环湖彩妆跑、水上飞人表演、水上音乐焰火表演、龙舟竞赛、千人抢鱼、啤酒音乐节等活动，接待游客48.2万人次。

9日，“建旅游城市峰会、建世界旅游名城暨渝东北区域旅游互动营销长寿行”活动在长寿古镇、菩提山和长寿湖举行，来自渝东北的代表团和法国、葡萄牙、西班牙、意大利等外国领事代表参加活动。

10日，2016年长寿湖龙舟赛举行开幕式，区领导左永祥主持，区领导赵世庆、巴川江、张明生、张华、张云平、陈瑛等及市旅游和市体育局领导出席，9支区内代表队和13支区外代表队参加龙舟比赛。

12日，区长巴川江主持召开长寿区政府第一百五十一次常务会。研究整合统一的公共资源交易平台，全区村（社区）“两委”换届选举工作，完善法律援助制度等议题。

13日，《光明日报》、中新社、人民网重庆视窗、《重庆日报》、重庆电视台等14家国家级、市级媒体记者到长寿经开区企业和葛兰镇盐井村等地，采访创新驱动发展和生态文明建设。

14日，扫雷英雄程俊辉烈士忠骨安葬仪式在长寿烈士陵园举行。区领导张云平、侯宇生、唐华、涂奇微等和云南省军区、驻长部队官兵代表、烈士亲属、各界人士等参加仪式。

16日，中国政府奖学金留学生“感知中国”主题社会实践活动走进长寿，重庆大学国际学院的19个国家60余位留学生，到长寿现代农业园区参观。区领导张云平、汤晓强参加活动。

同日，长寿区的龙溪河拖滩号子、江南翻叉腔、长寿花鼓等3个项目，被市政府批准为重庆市第五批非物质文化遗产项目。

17日，长寿区机关公车改革单位，将应停的公车全部交区机关事务局停止运行。

20日，区长巴川江主持召开长寿区政府第一百五十二次常务会。研究关于桃花溪城区段环境综合整治——景观工程比选确定施工图设计单位有关事宜的请示等议题，传达全市战略性新兴服务业推进工作会精神等。

21日，中共重庆市委常委、宣传部部长燕平一行到长寿调研经济社会发展和宣传思想文化工作。区领导赵世庆、巴川江、张明生、张华参加调研。

同日，长寿区首届“最美孝心少年”评选揭晓，10名少年入选。

27日，中国农工民主党重庆市长寿区第四次党员大会选举产生新一届领导班子，李彬旭当选主任委员。区领导赵世庆、巴川江、张明生、张华、何以龙、王志宏等到会祝贺。

同日，区长巴川江主持召开长寿区政府第一百五十三次常务会。研究关于区级公立医院药品零差率改革的通知、关于长寿区城镇人口聚集规划（2016—2020）等议题，传达重庆市“放管服”、计生卫生工作电视电话会议精神等。

同日，长寿区委召开村（社区）“两委”换届选举工作动员培训会。区委书记赵世庆讲话，区委常委、组织部部长王志宏作工作安排部署，唐华、李松、陈会明等区领导出席会议。

28日，中国国民党革命委员会重庆市长寿区第四次党员大会选举产生新一届领导班子，王永全为主任委员。区领导赵世庆、巴川江、张明生、张华、何以龙、王志宏等到会祝贺。

29日，中国民主促进会重庆市长寿区第七次代表大会选举产生新一届领导班子，霍家勤当选主任委员。民进重庆市委副主委刘光才，区领导赵世庆、巴川江、张明生、张华、何以龙、王志宏等到会祝贺。

同日，2016中国化工企业500强发布会暨创新与变革——化工大企业高峰论坛在长寿举行。原化工部副部长李士忠，中国石油和化学工业联合会会长李寿生，重庆市政协副主席杨天怡，长寿区领导赵世庆、巴川江等出席发布会。

7　月

4日，重庆市长寿区党外知识分子联谊会第二次会员大会选举产生新一届领导班子，陈志洪当选会长。区领导赵世庆、巴川江、张明生、张华、何以龙、王志宏等到会祝贺。

同日，区长巴川江主持召开长寿区政府第一百五十四次常务会。研究2015年度科技创新拟奖励项目、组建长寿农富实业有限公司（公司名称暂定）、公（廉）租房配租工作等议题，通报做好高温汛期防灾减灾工作的情况。

5日，九三学社重庆市长寿区第一届委员会第二次社员大会选举陈红为第一届委员会主任委员。区领导赵世庆、巴川江、张明生、何以龙、王志宏等参加会议。

6日，长寿区工商业联合会（总商会）第十次会员代表大会选举产生新一届领导班子，江涛当选主席（会长）。区领导赵世庆、巴川江、张明生、何以龙、王志宏等到会祝贺。

8日，重庆力标汽车部件有限公司年产1200

万件汽车零部件项目在长寿经开区开工。区领导赵世庆、巴川江、张明生等出席开工仪式。

10日，在全国新教育实验第十六届研讨会上，长寿区实验一小获2016年度全国新教育优秀实验学校称号，这是该校第六次获得该项荣誉。

11日，区长巴川江主持召开长寿区政府第一百五十五次常务会。研究人才引进、培养和激励办法（试行）等议题，通报上半年全区安全生产工作等情况。

12日，中共长寿区委召开党的群团工作会议暨群团改革工作动员会。区委书记赵世庆讲话，区委常委、组织部部长王志宏就群团改革工作方案作说明，区委常委、副区长李松主持会议，李吉华、陈会明等区领导参加会议。

13日，长寿区首届“长寿工匠”揭晓。历时2个月，网民投票与专家评审相结合，从103名人选中，评选出10名“长寿工匠”和10名“长寿工匠”入围奖人员。

同日，长寿区召开首届“长寿工匠”表彰大会暨工匠精神座谈会，区领导左永祥、陈瑛、李吉华、陈会明等出席。大会命名首批“长寿工匠”10名。

14日，市委、市政府督查组到长寿，督查政治和平安建设工作。区领导巴川江、周隆海、李建强参加有关活动。

15日，中共重庆市委副书记张国清到长寿调研经济社会发展情况，先后到长寿现代农业园区、长寿经开区调研，区领导赵世庆、巴川江分别作汇报。

同日，区长巴川江主持召开长寿区政府第一百五十六次常务会。研究重大项目征地拆迁攻坚工作方案、深入实施创新驱动发展战略2016年重点任务分工方案等议题，通报2016年十大项目半年进展情况。

25日，长寿区召开2016年半年经济工作会议暨聚商选资、重大项目、效能建设专题会。区领导赵世庆、巴川江、张明生、张华和全体在长寿的区领导，部门、镇街、在长企事业单位的负责人240人参加会议。

同日，区长巴川江主持召开长寿区政府第一百五十七次常务会。研究八颗街道延伸道路命名审核考察的意见、长寿湖迪信通国际露营地合作协议相关请示等议题，通报“7·20”全国安全生产电视电话会议精神等。

26日，重庆长讯科技有限公司、重庆信誉通科技有限公司年产1000万台智能终端产品生产线在长寿工业园区启动投产。区领导赵世庆、巴川江、张明生、张华、蒋牧宸及长讯科技和信誉通科技董事长参加启动仪式。

同日，长寿区引进的第一个创业平台长寿云众创客空间开业，开业仪式暨区级众创空间及创业带动就业孵化基地授牌仪式在长寿工业园区举行。区领导张华、蒋牧宸出席仪式。

8 月

1日，区长巴川江主持召开长寿区政府第一百五十八次常务会。研究印发2016年水污染防治重点工作目标任务分解的通知、全面治理拖欠农民工工资问题的通知等议题。

3日，长寿区召开全区换届工作会议。区委书记赵世庆讲话，区委副书记、区长巴川江主持会议；区人大常委会主任张明生，区政协主席张华，区委常委、统战部部长何以龙，区委常委、纪委书记谭伟，区委常委、组织部部长王志宏分别就换届工作提要求或作部署。

5日，国务院三峡办水库管理司领导到长寿督查桃花溪综合整治情况。区领导赵世庆、巴川江、张华、何以龙、左永祥、唐华、汤晓强参加。

同日，区委书记赵世庆、区长巴川江会见中科招商投资管理集团股份有限公司董事长兼总裁单祥双一行，就战略合作、共谋发展进行座谈。区领导左永祥、肖庆华参加会见。

10日，长寿经开区总工会第一次代表大会选举产生长寿经开区总工会第一届领导班子。区人大常委会副主任、区总工会主席李吉华，经开区副主任宋平到会祝贺长寿经开区总工会成立。

11日，重庆德洋中车汽车零部件有限公司年产90万套汽车零部件项目在长寿经开区开工建设。区领导赵世庆、巴川江、张明生、张华，德洋产业株式会社总社长朴容锡等出席开工仪式。

同日，区长巴川江主持召开长寿区政府第一百五十九次常务会。研究长寿区“十三五”生态文明建设规划、进一步加强控制性详细规划修改管理工作、长寿区中小微企业续贷应急周转资金管理暂行办法等议题，通报 2016 年全市军队转业干部安置工作会议精神、全市审计机关人财物管理改革试点动员电视电话会议精神。

12 日，中共长寿区委第十二届委员会召开常委扩大会议，传达学习全市区县委书记区县长座谈会议精神，以及市委主要负责人在市委常委会上听取上半年全市经济运行情况汇报时的讲话精神；研究部署全区贯彻落实的措施。区委书记赵世庆主持会议并讲话。

15 日，区长巴川江主持召开长寿区政府第一百六十次常务会。研究切实加强预征地管理利用、找钢网与攀华集团在长寿合作建设项目相关优惠政策等议题，通报全市环境保护督察工作会议精神。

17 日，副市长刘强带队到长寿，调研农业发展情况。区领导赵世庆、巴川江等陪同，到长寿现代畜牧养殖区、现代农业种植园区和长寿湖、菩提山森林公园、龙门桥水库进行调研。

22 日，区委办印发区文联、区残联、区侨联、区科协、区总工会、团区委、区妇联、区工商联等群众团体机关主要职责内设机构和人员编制的规定。（长寿委办发〔2016〕48 号、49 号、50 号、51 号、52 号、53 号、54 号、55 号）

23 日，长寿区公路运输管理所发布城市公交线路调整的通告：从 8 月底对城市公交 105 路、106（环 1、环 2）、108 路、201 路、202 路、203 路进行优化调整。

24 日，重庆市政府党组成员、市交通规划建设领导小组组长陈和平到渝万高铁长寿湖站，检查配套工程建设情况。区领导赵世庆、巴川江参加检查。

29 日，区长巴川江主持召开长寿区政府第一百六十一次常务会。研究长寿区专利资助奖励办法（修订）、中心城区慢行系统规划、桃花溪城区段环境综合整治绿化景观工程、行政审批大厅临时停车场工程等议题，通报中央环境保护督察追责情况、2016 年安全生产工作情况等。

同日，青海省环保厅厅长杨汝坤率队到长寿，考察经济社会发展、环境保护、生态建设等。区委书记赵世庆，区委常委、副区长蒋牧宸，经开区管委会副主任涂山全等参加考察活动。

30 日，公安部消防局到长寿，深入企业、商场、街镇、敬老院等督查全区消防安全工作。

同日，长寿城区的晶山小学、长寿中学晶山校区、实验一小古镇校区 3 所学校，迎接第一批学生入学报到。

31 日，位于菩提山下的长寿地区第一所大学——重庆化工职业学院开学，全国 4000 余名学生陆续报到入学。

9　月

2 日，长寿区首届“十大创新人才”“十大创业人物”评选活动启动。

6 日，江苏省张家港市政协副主席张伟一行到长寿，先后到重钢集团、菩提山、长寿菩提古镇等地考察交流经济社会发展经验。

同日，长寿区第一家企业人民调解委员会在重庆煜琨实业有限公司成立。

7 日，区长巴川江主持召开长寿区政府第一百六十二次常务会。研究广西壮族自治区——长寿区对口支援合作规划（2014—2020 送审稿）、协信商业区交通改善等四项工作，长寿湖全国铁人三项锦标赛暨中秋节系列活动工作总方案等议题。

8 日，重庆望变电气（集团）股份有限公司投资的非晶带材及高磁感铁芯材料项目在长寿经开区开工。区领导赵世庆、巴川江、张明生、张华等出席开工仪式。

同日，国务院三峡办副主任雷鸣山一行到长寿，调研三峡后续项目工作情况。区领导赵世庆、张明生参加调研。

9 日，“2016 全国重点网络媒体记者重庆行”42 家全国重点网络媒体记者到长寿采访。

同日，长寿沿江现代物流产业园江海联运重庆粮食物流港项目通过重庆市环境科学院的环评。

12 日，区长巴川江主持召开长寿区政府第一百六十三次常务会。研究关于长寿城区“六线”管控规划编制工作、关于与中科招商投资管理集团股份有限公司签订《战略合作协议》等议题。

19 日，区长巴川江主持召开长寿区政府第一百六十四次常务会。研究环保专项行动政府工程类项目需解决事项汇总表、关于提请审定《重庆市长寿区第九届房交会补贴政策》的请示等议题。

22 日，市人大常委会到长寿督导换届选举工作，区领导赵世庆、王志宏、潘晓林、唐华、李吉华等参加有关活动。

23日，市委政法委到长寿调研政法工作和平安建设，区领导赵世庆、巴川江参加调研。

24—25日，2016年重庆长寿湖全国铁人三项锦标赛举行。区领导巴川江、张明生、张华、左永祥、陈瑛、李雪松、李彬旭、涂奇微等参加开幕式。来自全国40余支运动组织的665名运动员参加比赛。

26日，长寿区政府、攀华集团、找钢网在长寿举行战略合作发布会暨胖胖狗“互联网+供应链”启动仪式。区领导赵世庆、巴川江、张明生、张华、王身高，攀华集团董事长李兴华、找钢网创始人兼CEO王东、找钢网高级副总裁郎永淳等出席。

同日，区长巴川江主持召开长寿区政府第一百六十五次常务会。研究2016年重大项目调整、长寿区殡葬设施规划（2016年修改）等议题，通报前三季度GDP核算预计情况等。

同日，重庆市第五届运动会闭幕。长寿区获得金牌38枚、银牌35枚、铜牌49枚，奖牌数排名全市第三，创历史最好成绩。

27日，长寿区第八届“十大健康寿星”评选揭晓。

10 月

9日，中共长寿区委宣传部、区文明办等10个部门单位在江南街道龙山广场联合举行2016年长寿区“十大健康寿星”（第八届）、“十大孝星”颁奖仪式。区领导张云平、陈瑛、李彬旭、涂奇微出席并为获评者颁发荣誉证书。

10日，区长巴川江主持召开长寿区政府第一百六十六次常务会。研究深化改革扩大开放加快实施创新驱动发展战略的意见（送审稿）及说明（送审稿）、长寿区饮用水源规范化建设和突出环境问题整治方案、2016年秋冬季大气污染防治专项工作方案等议题。

11日，农业部党组成员、人事劳动司司长毕美成，产业政策与法规司司长张天佐率队到长寿调研农业综合执法改革情况，市委农工委副书记郭忠亮，区领导赵世庆、巴川江、张云平、汤晓强参加调研。

12日，长寿工业园区党群服务中心成立。区领导王志宏出席成立大会祝贺。

13日，中国四联仪器仪表集团有限公司党委书记、董事长向晓波一行到长寿考察。区领导赵世庆、巴川江、付恺出席座谈会。

14日，国家中医药管理局党组成员、副局长闫树江到长寿区中医院调研中医药工作。区领导霍家勤参加调研。

17日，区长巴川江主持召开长寿区政府第一百六十七次常务会，研究长寿区“十三五”社会事业发展规划、长寿区“十三五”统筹城乡一体化发展规划等议题，通报前三季度安全生产工作情况等。

19日，环保部副部长翟青率队到长寿调研长江经济带饮用水源地保护工作，区领导赵世庆、巴川江参加调研。

同日，全国政协人口资源环境委员会主任贾治邦到长寿调研，国家林业局副局长刘东生，区领导赵世庆、巴川江、张华等参加调研。

同日，长寿十大最爱农产品和十个珍稀农产品在“发现长寿之美——寻找最爱农产品”活动授牌大会暨农业品牌化建设座谈会上揭晓授牌。区领导张云平、陈瑛、潘晓林、汤晓强、王永全出席活动。

20日，中共重庆市长寿区委十二届九次全会在区科技文化中心礼堂召开。审议通过区委、区政府《关于深化改革扩大开放加快实施创新驱动发展战略的意见》，区委书记赵世庆讲话，区委副书记、区长巴川江就《意见》作说明并总结部署经济工作。全体区级领导，区级部门、街镇、在长寿市属企事业单位的主要负责人322人参加会议。

22日，长寿区第十届村（居）民委员会换届选举日，全区19个街镇244707人参加投票选举，代理投票22784人。

24日，涪陵区委书记李洪义、区长种及灵率党政代表团到长寿，考察换届选举、产业发展、城市建设、旅游开发等情况。区领导赵世庆、巴川江、左永祥、王志宏等参加。

25日，重庆市政协副主席周克勤到长寿调研实施创新驱动战略，区领导赵世庆、张华等参加调研。

26 日，最高人民检察院申诉厅厅长尹伊君，吉林省人大环境与资源保护委员会主任委员、十二届全国人大代表委员会委员金华，率吉林省全国人大代表到长寿视察。区领导赵世庆、巴川江、张明生等参加视察。

同日，重庆市首个深度“体验式”预防职务犯罪警示教育基地——长寿区预防职务犯罪警示教育基地正式对外开放，在全国检察机关中第一个推出 VR 虚拟现实网上展馆。

27 日，民建中央常委、重庆市委主委、市人大常委会副主任沈金强到长寿调研，区领导赵世庆、张明生等参加调研。

27—28 日，台湾南投县副县长陈正升率该县参访团到长寿考察，达成长寿湖与日月潭缔结姐妹湖的共识。长寿区领导赵世庆、何以龙、左永祥、李松和市台办、全国台联的负责人一道参加考察、座谈。

28 日，国家林业局计财司司长闫振到长寿调研，区领导巴川江、霍家勤参加。

11 月

1 日，区长巴川江主持召开长寿区政府第一百六十八次常务会，研究关于永川区金山沟煤矿“10・31”瓦斯爆炸事故后长寿区强化安全生产的报告，关于报批长寿湖镇、葛兰镇、云台镇消防专项规划成果的请示等议题。

2 日，深圳普创天信科技发展有限公司在长寿工业园区投资建设的友为技术有限公司举行投产仪式。区领导张华、蒋牧宸、潘晓林等出席。

8 日，长寿—邻水战略合作框架协议在“邻水渝北长寿垫江四方领导小组首次联席会议”上签订。四川省、重庆市、四川广安市有关领导，邻水、渝北、垫江三区县主要领导，长寿区领导赵世庆、张明生、张华、左永祥、王身高等出席会议。

14 日，重庆长寿远恒佳学校开工建设。区领导巴川江、张明生、张华、左永祥、蒋牧宸、师明萌等参加开工奠基典礼。

15 日，区长巴川江主持召开长寿区政府第一百七十一次常务会。研究全区行政权力清理结果、畜禽养殖区域划分及养殖污染控制方案、长寿湖高铁站换乘中心项目等议题，通报桃花溪污染整治施工放水的情况、全市危险化学品烟花爆竹“打非治违”工作视频会议精神等，通过有关人事任免事项。

16 日，国务院三峡办到长寿调研移民生态农业园工作。区领导汤晓强参加。

17 日，中共长寿区委书记赵世庆、区长巴川江带队到沙坪坝区考察市容环境综合整治工作。

同日，长寿区委以长寿委发〔2016〕32 号发出《中共重庆市长寿区委 重庆市长寿区人民政府关于深化全区供销合作社综合改革的意见》。

23 日，区委书记赵世庆、区长巴川江会见到长寿的中国铁建港航局集团党委书记、董事长许四发一行，达成在十二月开工建设长寿长江二桥的战略合作共识。

27 日，新建的重庆至万州高速铁路通车。在长寿停长寿北站、长寿湖站两个站。长寿北到重庆北二等座票价 26 元，长寿湖到重庆北 33 元。

30 日，区长巴川江主持召开长寿区政府第一百七十三次常务会。研究新市街道生活区修建详细规划、加快发展体育产业促进体育消费的实施意见等议题，通报“11・25”全国及全市安全生产工作紧急视频会议、“11・27”全国及全市安全生产工作电视电话会议精神及全区贯彻落实情况、通过人事任免。

12 月

5 日，区长巴川江主持召开长寿区政府第一百七十四次常务会。研究全区有机肥推广使用办法、新一轮煤矿关闭工作有关事项等议题，通报环保督察工作情况等。

6 日，长寿区与重庆化医集团签订战略合作协议，在长寿新建、改建、扩建医药项目、新材料项目以及大健康和现代服务业。区领导赵世庆、巴川江、张明生、张华等，重庆化医控股（集团）公司董事长王平、总经理曾中全出席签约仪式。

7 日，重庆市政府副市长谭家玲到长寿检查全面从严治党主体责任工作，实地调研旅游产业发展情况。区领导赵世庆、巴川江、张明生、张华、左永祥等参加座谈会或调研。

10 日，全区区、镇两级人大代表换届选举日，全区 70 万选民投票选举产生新一届区级人大代表

293人，镇级人大代表815人。

12日，区长巴川江主持召开长寿区政府第一百七十五次常务会。研究全区社会治理“十三五”规划、安全生产“十三五”规划、永久基本农田规划布局方案等议题。

13日，中共重庆市长寿区委十二届十次全会在区委党校学术报告厅召开。赵世庆、巴川江先后主持会议，赵世庆讲话；区委委员、区委候补委员出席，区人大常委会、区政府、区政协领导，区级各部门领导，各镇街、市属部门等主要负责人269人参加会议。

14日，市人大到长寿调研经济社会发展和人大工作。区领导赵世庆、巴川江、张明生参加调研。

同日，区长巴川江主持召开长寿区政府第一百七十六次常务会。审议《长寿区人民政府工作报告（送审稿）》《关于长寿区2016年国民经济和社会发展执行情况及2017年计划草案的报告（送审稿）》《关于长寿区2016年财政预算执行情况和2017年财政预算草案的报告（送审稿）》等议题。

15日，长寿区政府召开第四次全体（扩大）会议，审议2016年《政府工作报告（送审稿）》。区领导赵世庆、巴川江、张明生和全体区级领导，以及区级部门、镇街、在长寿市属企事业的主要负责人200人参加会议。

16日，重庆金岳实业集团公司（西山煤矿）完成关闭相关工作。至此，长寿区所有煤矿关闭工作全部完成。

19日，区长巴川江主持召开长寿区政府第一百七十七次常务会。审议长寿区2016年“十大创新人才”“十大创业人物”评选情况的通报（送审稿），通报近期消防工作开展情况、全国全市全面推行河长制视频会议精神，研究其他经济工作。

20日，长寿长江二桥动工建设。该桥位于渝怀铁路长江大桥下游1.85千米，长寿长江大桥上游6.4千米处。区领导赵世庆、巴川江、张华等参加开工活动。

22日，最高人民检察院党组书记、检察长曹建明一行到长寿区检察院视察指导。重庆市人民检察院党组书记、检察长余敏，区领导巴川江、左永祥、王身高等参加调研。

26日，长寿区经济工作会在科技文化中心召开。区委书记赵世庆讲话，区长巴川江安排部署2017年经济工作，区人大常委会主任张明生、区政协主席张华出席，区委常委、常务副区长左永祥主持。全体区领导和全区部门、镇街负责人参加会议。

27日，中共重庆市长寿区第十三次代表大会在科技文化中心礼堂开幕。区领导赵世庆、巴川江、张明生、张华、何以龙、左永祥、王身高、侯宇生、谭伟、王志宏、蒋牧宸、师明萌、李雪松在主席台前排就座。全区345名党代表中的339名出席大会，全区部门、镇街负责人98人列席大会。

28日，由中共长寿区委宣传部、区文明办、区国土房管局主办，长寿日报社、长寿区物业管理协会协办的寻找长寿区2016年“最美物业人”揭晓，10人获得荣誉称号。

29日，中国共产党重庆市长寿区第十三次代表大会举行第二次全体会议，选举中国共产党重庆市长寿区第十三届区委委员、候补委员；选举中国共产党重庆市长寿区纪律检查委员会委员；选举长寿区出席重庆市第五次党代会代表。通过关于中国共产党重庆市长寿区第十二届委员会工作报告的决议、关于中国共产党重庆市长寿区纪律检查委员会工作报告的决议。

同日，中国共产党重庆市长寿区十三届委员会召开第一次全体会议，选举产生中共长寿区第十三届委员会常务委员、副书记、书记。

同日，中国共产党重庆市长寿区第十三届纪律检查委员会召开第一次全体会议，选举产生中共长寿区第十三届纪律检查委员会常务委员、副书记、书记。

同日，中国共产党重庆市长寿区第十三次代表大会闭幕。

30日，“中国体育彩票”2017年重庆市“菩提山杯”迎新登高健身大会在长寿举行。区委书记赵世庆、市体育局副局长张欣等为登高比赛鸣枪，区委副书记左永祥致开幕词，区领导师明萌等出席开幕式。全市15个市级机关、28个区县，区内101个机关企事业单位的1332名登山爱好者参加登山。

同日，区长巴川江主持召开长寿区政府第一百七十八次常务会。研究全区区域通信设施及廊道规划、长寿区“十三五”现代商贸服务业发展规划等议题。

长寿概况

- 建置沿革
- 政区
- 人口与民族、宗教
- 自然环境
- 气候
- 自然资源
- 旅游资源
- 长寿地方文化
- 长寿地方特产
- 2016年经济社会发展概况
- 2016年综合经济体制改革概况
- 2016年精神文明建设概况
- 集体荣誉榜

长寿概况

建置沿革

【概况】 长寿是古老的文明之地。约2万年前今长寿地域就有人类活动，4000年前进入渔猎和原始农耕阶段。在《尚书·禹贡》中，长寿属梁州，春秋属巴国枳邑，战国、秦汉至北朝西魏（公元前314—557年）属巴国（郡）枳县（邑）之地，其间蜀汉章武年间（221—223年）首置常安县，在县历史30余年。北周至隋朝时期（557—618年），县地划入巴县。唐武德二年（619年）分巴县地置乐温县，以“县东北有乐温山，其地常温，禾稼早熟，民亦乐之”而名。同时又置永安县、温山县，后永安、温山二县分别于唐开元二十二年（734年）、宋熙宁三年（1070年）撤并入乐温。元至元二十年（1283年），乐温撤县入涪州，置为涪陵巡检司。在县历史永安115年，温山451年，乐温664年。元至正二十三年（1363年），西系红巾军将领明玉珍建大夏国定都重庆，置长寿县，以“县东北有长寿山，居其下者，人多寿考”而名，明、清、民国前期皆属重庆府所辖。民国24年（1935年）划属大竹专区，1950年3月划属涪陵专区。1952年9月长寿县由涪陵专区划属重庆市。1953年1月，长寿县由重庆市划归涪陵专区辖。1959年4月长寿县由涪陵专区划归重庆市辖。2001年12月25日国务院批准，撤销长寿县设置重庆市长寿区，结束了638年（1363—2001年）长寿名县历史，揭开重庆市长寿区历史新篇章。

政　区

【地理位置】 重庆市长寿区地处重庆市中部，主城区东部，属三峡库区生态经济区，距重庆市主城区50千米。东北邻垫江县，东南接涪陵区，西南与渝北区、巴南区接壤，西北毗邻四川省邻水县。在北纬29°43′～30°12′与东经106°49′～107°27′之间。东西宽57.5千米，南北长56.56千米。辖区面积1421.43平方千米（2010年全国土地第二次调查结果）。

【行政区划】 2016年，长寿区下辖7个街道、12个镇，即：菩提街道、凤城街道、晏家街道、江南街道、渡舟街道、新市街道、八颗街道、长寿湖镇、云台镇、葛兰镇、但渡镇、邻封镇、云集镇、双龙镇、龙河镇、海棠镇、石堰镇、洪湖镇、万顺镇。

重庆市长寿区人民政府驻菩提街道桃源大道11号。

2016年全区设221个村、42个社区。

表1　　**2016年重庆市长寿区行政区划一览**

序号	街镇	社区数（个）	居民小组（个）	社　区	村总数（个）	村民小组（个）	村
1	菩提街道	5	57	桃花　古镇　胜天　朝阳　菩提	6	72	东新　红花　阳鹤　松柏　菩提　田坝

续表

序号	街镇	社区数（个）	居民小组（个）	社　区	村总数（个）	村民小组（个）	村
2	凤城街道	13	214	骑鞍　向阳路　凤岭路　望江路　三峡路　轻化路　滨江路　东街　梅村　顺风亭　黄桷湾　凤西　凤家	9	133	复元　永丰　长风　走马　三洞　陵园　过滩　古佛　白庙
3	晏家街道	9	209	中心路　查家湾　朱家岩　晏家　曹家堡　育才路　晏山　牛心山　齐心	8	80	三观　石盘　石门　沙溪　沙塘　金龙　龙门　十字
4	江南街道	2	22	南滨路　龙山	7	49	龙桥湖　扇沱　五堡　大元　锯梁　大堡　天星
5	渡舟街道	3	25	长生桥　渡中路　民兴	13	150	渡舟　堰桥　果园　黄连　三好　新道路　太平　白果　天桥　甘蔗　高峰　保丰　河塘
6	新市街道	1	6	河石桥	8	54	红土地　河石井　新合　新同　新市　东门　堰耳沱　惠民
7	八颗街道	1	5	莲花街	15	126	八颗　丰胜　石马　曙光　武华　幸福　水井　核桃　新桥　高新　美满　付何　鹿坪　梓潼　干滩
8	长寿湖镇	1	6	狮子滩	13	103	响塘　东海　回龙　红光　花山　石岭　大石　石回　龙沟　紫竹　两桂　安顺　玉华
9	云台镇	1	4	云台	13	103	八字　寨口　小岩　安坪　八角　利民　桥坝　拱桥　黄葛　应祝　青云　梅沱　鲤鱼
10	葛兰镇	1	6	葛兰桥	21	162	湾丘　白云　冯庄　罗岩　盐井　天台　天宝　大坝　塘坝　烟坡　潼观　天福　沙河　南中　金山　葛兰　枯井　兰兴　中华　黄家坝　龙井坎

续表

序号	街镇	社区数（个）	居民小组（个）	社　区	村总数（个）	村民小组（个）	村
11	但渡镇	0	0		8	61	楠木院　但渡　升高　双河　兴同　龙寨　未名　曾祠
12	邻封镇	0	0		10	89	邻封　上硐　青观　汪塔　上坪　三化　保家　焦家　庙山　石心
13	云集镇	1	3	华福	11	90	华中　玉龙　雷祖　飞龙　万寿　福胜　大胜　玛瑙　青丰　大同　尖峰
14	双龙镇	1	8	双龙	11	77	龙滩　谷黄　飞石　长寿寨　联合　罗围　尖山　红岩　群力　连丰　天堂
15	龙河镇	1	4	龙兴	17	115	长安　仁和　堰塘　保合　明星　合兴　明丰　骑龙　龙河　金明　四坪　河堰　咸丰　太和　永兴　盐井凼　九龙
16	海棠镇	0	0		9	59	海棠　小河　龙凤　庄严　古林　建生　清泉　土桥　金子
17	石堰镇	1	5	石兴	20	133	大塘　兴隆　石堰　海天　金星　燕耳　麒麟　石坝　普子　狮子　石安　雨台　木耳　义和　干坝　朝阳　高庙　兴庄　新寨　新滩
18	洪湖镇	1	9	沙湾	14	99	凤凰　表耳　永顺　普兴　坪滩　称沱　梯子　草堰　码头　芦池　黑岩　三合　五龙　长生
19	万顺镇	0	0		8	71	万顺　四重　白合　院子　万花　东风　石龙　垭口
合计	19	42	583		221	1826	

（重庆市长寿区民政局提供）

人口与民族、宗教

【人口】 2016年年末，全区常住人口82.57万人，比2015年增加0.14万人。城镇化率63.32%，比2015年提高1.7个百分点，城镇化率比全市平均水平比2015年高0.72个百分点。年末户籍总人口90.3万人，其中农村居民58.0万人。新出生人口8745人，出生率9.64‰，自然增长率2.83‰。

（李永鑫）

【宗教】 2016年，长寿区有4个宗教团体，已批准开放的寺观教堂（含基督教活动点）35个；其中佛教14个、道教4个、天主教2个、基督教15个。宗教会期参加活动人数15.7万人，其中信教群众5.2万人（天主教0.5万人、基督教0.4万人、佛教3.6万人、道教0.7万人）。宗教房产22500平方米，宗教界教职人员23人。

（刘显碧）

【民族】 2016年，长寿区有少数民族32个（另有两个未识别民族），总人数近4000人，占全区总人口的3.5‰，分布在全区19个街镇。于1987年成立长寿区（县）少数民族联谊会。

（刘显碧）

自然环境

【地质】 长寿区地质构造属压应构造形迹，以北北东向梳状褶皱形为主，具有背斜紧闭，向斜开阔和陡倾纵横张裂隙发育的特征。近背斜轴部件有压性逆冲断裂构造。区域地质构造大致分为三部分，一是华蓥山隆褶皱带。东南以明月峡背斜或开江潼梓基底断裂带为界，由平行排列的背斜向斜组成。背斜隆起较高，出现二叠系龙潭组长兴组地层。此背斜位于华蓥山隆起带东部边缘的长寿明月山一带，经东北边境穿越垫江倾优于开县中心场附近的黄家梁子，轴线平直，无大的弯曲。二是长垫梁坳褶皱带。背斜隆起较低，背轴部只露出中山三叠系地层，形成较规则的雁列，向斜轴部零星保存着遂宁组、蓬莱镇组地层，在长寿区境内分为长垫向斜，卧龙河背斜，万县向斜，狮子滩、新市多字形褶曲轴组等四种次级构造。三是南部复合构造。晏家、古佛、但渡（北纬29°50′）一线以南地带，由北东至北东东褶皱轴和南北向褶皱的复合，使北东东至北东向构造痕迹展布和组合形态。因黄草峡背斜位于蔺市盆地北缘，涪陵区、长寿区两地交界部位的崖壁陡坎、黄草山百盛寨一带，全长37千米，北东段轴向为北东35°与苟家场背斜北西翼呈锐角相交，其间形成一系列的向南北倾伏的小褶皱。南西端扬起，呈鼻状反接丰盛场背斜上，地层倾角15°～40°之间，个别达50°以上。北段南东翼稍陡，20°～50°北西两翼较缓，20°～40°背斜轴部北东段及中段各发育有一条断层。一是黄草峡断层，位于背斜中断轴部南东翼的黑山、黄草峡上袁家湾一带，断层面倾向东南，倾角57°，地层断距为165米，属走向逆冲断层。二是太平寨断层。位于黄草峡背斜北东段近轴部的百盛寨至缺头垭一带。北西翼的须家河组逆冲于南东翼侏罗系珍珠地层之上，断层面倾向北西，倾角50°，断层走向随背斜轴后而变化，属走向逆冲断层。

【地貌】 长寿区地域地貌受构造控制明显，山体走向与构造形迹展布方向基本一致。背斜构成条状中低山岭，向斜构成宽缓开阔的槽谷丘陵。岭谷相间，构成平行岭谷地貌景观，为典型的梳状褶皱地貌。长江北岸地势顺大巴山支脉由东北向西南呈阶梯下降，东侧黄草山（亦名东山，海拔600～942米），中偏西侧明月山（亦名西山，海拔500～1034米），西部边缘铜锣山（海拔500～600米）将全境切割为“三山夹两槽”地形。三山之间丘陵波状起伏，梯土层层，冲田密布。东西二山之间沿长垫公路两侧地势平缓，渡舟、双龙为较大平坝。长江南岸范围窄小，南端五堡山耸峙，岗峦起伏，沿江是丘陵台地，黄金水道长江流经凤城、晏家南部、江南北部，境内流长20.9千米。一级支流龙溪河、御临河和二级支流大洪河等河和桃花溪、大石溪、沙溪等13溪纵横全区，境东西分别有长寿湖、大洪湖。长寿湖为西南最大人造湖泊，有“川东明珠”之称。全境山区约占18%，深丘35%，浅丘42%，江湖水面5%；全境海拔高度多在300米以上，最高点是明月山主峰白云山1034米，最低点是长江黄草峡出口黄尾岭江面175.6米（三峡电站175米蓄水后）。

【山脉】 长寿区境山脉为锯齿状。明月山、黄草山、铜锣山和五堡山，是境内主要山脉。以明月山最大，其支脉支峰分布较广。

明月山，又名邻山，亦名西山。位于区境西北，源自川陕间的大巴山脉，向西南绵亘，由垫江县澄溪镇与邻水县石滓乡交界的鸡公岭入区境海棠镇，经云台（含义和）、石堰、葛兰（含大坝、天台）、万顺、洪湖（含永顺、芦池）、八颗（含付何、梓潼）、晏家（含十字、沙溪）等街镇，交渝北区张关界，至洛碛镇境被长江切断，全长约175千米，区境内长80余千米，一般海拔600～700米，区内主峰白云山海拔1034米，是全区海拔最高峰；次主峰五华山海拔1009米，是全区第二高峰。

黄草山，又名东山，古称赤甲山。位于区境东，源自大巴山余脉。山脉由涪陵区永义乡入区境云集镇飞龙，经云集镇、长寿湖镇、但渡镇、凤城街道等地，抵黄草峡被长江切断。一般海拔600～700米，长寿湖镇太平寨最高峰，海拔942米。

铜锣山，位于区境西北边缘，万顺镇、洪湖镇的西侧，与四川邻水县和重庆渝北区以山为界，境内无主峰，一般海拔500～600米。

五堡山，位于区境内的江南街道，距扇沱场南约20千米，是巴南、涪陵、长寿三区交界地，山脉接扇沱的茶叶寨，由西向东与长江平行，主峰老山顶海拔881米，其东向西北行迂回，抵黄草峡。

【河流】 长江，从长寿区晏家街道新沙大石门入境，流经晏家街道、凤城街道、江南街道，至黄草山灰窑沱出境，区境内长20.9千米。主要支流有北岸的御临河、沙溪河、晏家河、古佛河、桃花溪、龙溪河和南岸的步里溪、萝白溪。区境内流域面积1423.62平方千米（2000年5月《长寿县河道普查成果汇编》第十二页为1415.49平方千米）。

龙溪河，又名溶溪，发源于梁平区，经垫江县从长寿东北部云台镇入境，由北向东经海棠、云台（黄葛）、龙河（乐温）、石堰（兴隆）、双龙、云集、长寿湖（石回）、邻封、但渡、凤城（复元）10个街镇后注入长江。总长218千米（2000年5月《长寿县河道普查成果汇编》第十四页为229.8千米），区境内72.8千米；总流域面积3248平方千米（2000年5月《长寿县河道普查成果汇编》第十四页为3280平方千米），区境内653.64平方千米（2000年5月《长寿县河道普查成果汇编》第十五页为580平方千米）。多年平均流量为51.3立方米/秒（2000年5月《长寿县河道普查成果汇编》第十五页为54立方米/秒）。

御临河，发源于四川省大竹县庙坝区，经邻水县、长寿区洪湖镇、渝北区，在渝北统景镇与大洪河合流后汇入长江。全长122.3千米（2000年5月《长寿县河道普查成果汇编》第十三页为218.2千米），区境内长5.3千米；总流域面积1683.3平方千米（2000年5月《长寿县河道普查成果汇编》第十三页为3860.9平方千米），区境内35平方千米；多年平均流量27.02立方米/秒（2000年5月《长寿县河道普查成果汇编》第十三页为50.72立方米/秒）。

大洪河，发源于大竹县，经邻水县，从长寿区万顺镇入境，流经洪湖镇，至渝北区统景镇江口与御临河汇合，至太洪岗入长江。大洪河全长145.7千米（2000年5月《长寿县河道普查成果汇编》第十三页为175千米），区境内长度18.9千米；总流域面积1452.6平方千米（2000年5月《长寿县河道普查成果汇编》第十八页为1356.4平方千米），区境内135平方千米（2000年5月《长寿县河道普查成果汇编》第十八页为135.8平方千米）；多年平均流量22.62立方米/秒（2000年5月《长寿县河道普查成果汇编》第十八页为20.12立方米/秒）。

桃花溪，主源头始于区内五华山东北2.5千米处的石梁子，由北向南流经云台、石堰、葛兰（天台）、新市、八颗（付何）、渡舟、菩提（桃花）、凤城8个街镇后注入长江。全长71.9千米（2000年5月《长寿县河道普查成果汇编》第二十页为63.1千米），总流域面积361.8平方千米，多年平均流量5.43立方米/秒。（重庆市长寿区水务局：2010年《重庆市长寿区水资源利用和保护规划报告》第4、5页）。

打鱼溪，发源于垫江县太平镇龙华村九道拐，从北至南流经长寿区海棠、云台、石堰3镇，在石堰镇木耳村注入龙溪河。总流域面积117.9平方千米，区境内79.9平方千米；全长46.4千米，区境内长36.4千米；多年平均流量1.67立方米/秒，天然落差593.2米，平均比降6.92‰。

晏家河，为长江支流。总流域面积81.65平方千米，长28.23千米（2000年5月《长寿县河道普查成果汇编》第二十三页为21.8千米），多年平均流量1.2立方米/秒，天然落差769米，平均比降19.36‰。

高洞河，发源于涪陵区丛林乡回龙村。总流域面积58.05平方千米，区境内49.67平方千米；全长20千米，区境内17.9千米；多年平均流量0.85立方米/秒，天然落差415米，平均比降14.13‰。

双龙河，龙溪河支流。流域面积57.2平方千米，主河长19.5千米，天然落差282米，平均比降5.95‰。

焦家河，龙溪河支流。流域面积52.75平方千米，河长17.2千米，多年平均流量0.77立方米/秒，天然落差402米，平均比降9.01‰。

干滩河，桃花溪支流。流域面积50.2平方千米，河长14.2千米，平均比降10.75‰，天然落差610米（重庆市长寿区水务局：2011年《重庆市长寿区次级河流及重要水体水功能区划报告》第七至十一页）。　　　　（袁美荧）

【湖泊】　长寿境内无天然湖泊。新中国成立后，兴修龙溪河狮子滩电站拦河坝和大洪河电站拦河坝，形成两大人工淡水湖，长寿湖和大洪湖。

长寿湖，位于区域东北，距主城区凤城22.5千米（长寿湖旅游高速公路里程）。1956年狮子滩电站拦河大坝竣工蓄水形成，是西南第一个大型人工湖。长寿湖控制流域长140千米，受水面积3020平方千米，在设计水位347米时，总库容量10.27亿立方米，调节库容7.5亿立方米。水面积65.5平方千米。湖区平均气温略高，气温变化平缓，冬季升温和夏秋季降温均较慢，加之湖岸为深丘低山相依，形成狭长的、特殊的湖盆半封闭地形谷地气候效应，对柑橘类生长有利，对夏橙生长尤为有利，是优质水果基地。湖区内有大小岛屿200多个，湖水清澈，岛上花果林木茂盛，风景宜人，是重庆市著名的风景名胜旅游胜地，国家AAAA级风景名胜区。

大洪湖，位于区域西北隅，距主城凤城约41千米。1958年动工兴建大洪河电站拦河坝后蓄水形成。湖呈枝叶状，跨越四川省邻水县和重庆市长寿区，水库控制流长90千米，受水面积1326平方千米，入库总水量6.43亿立方米，设计水位297米，水库面积43平方千米，库容量3.68亿立方米。由于淹没田地较多，设计改为近期正常水位294米，沿岸农民亦有意见，后经重庆市（四川省）和有关部门协商，正常水位暂为290.8米，秋后蓄水位可达292米，水库面积26平方千米，库容量1.6亿立方米，有效库容1.19亿立方米，占多年平均入库总水量的18.5%。

气　候

【概况】　2016年，长寿区总体气候特征表现为：冬季降水偏多，春季气温偏高，无春旱，大雨开始期显著偏早，入夏时间偏早，夏季高温日数显著偏多，伏旱不明显，暴雨次数偏多，秋季多阴雨，寡照明显，强降温次数偏多。年平均气温为18.6℃，较多年平均值显著偏高1.1℃；年总降水量为1260.6毫米，较多年平均值正常偏多9%；年总日照时数为1184.8小时，较多年平均值正常偏多4%。

【汛期】　2016年，汛期（5—9月）平均气温为26.0℃，较多年平均值显著偏高1.1℃；总降水量为704.5毫米，较多年平均值正常偏少7%；日照738.2小时，与多年平均值持平。汛期未出现明显伏旱；高温（≥35℃）日数为39天，较常年平均值偏多17天；极端最高气温40.7℃（出现在8月25日）。汛期出现“6·1”“6·19”“6·30”“7·13”等9次区域（局地）暴雨天气过程。

【气象灾害】　2016年，长寿区发生的气象灾害主要有暴雨、高温、雷电、大风、冰雹、大雾、连阴雨、强降温等以及气象衍生灾害。年内出现强降温天气2次（2月13日、10月6日）；特强降温2次（3月7日、11月21日）；出现降雪过程1次（1月26日），积雪3厘米，为1992年至2016年最强降雪；出现4次轻度连阴雨过程（4月20—26日、9月3—9日，10月25—31日）；重度连阴雨2次（1月6—19日，10月7—17日）；区域（局地）暴雨9次，6月19日暴雨是年内最强暴雨过程；5月6日出现大风、冰雹天气。总体而言，2016年长寿区气象灾害表现较2015年偏重。

（贺开利）

表2　　2016年长寿区气温及距多年平均值比较情况

单位:℃

月份	1月	2月	3月	4月	5月	6月	7月	8月	9月	10月	11月	12月	全年
气温（℃）	7.5	9.4	14.9	18.9	22.2	25.5	29.6	29.3	23.3	19.6	13.4	10.0	18.6
气温距平（℃）	+0.6	+0.5	+2.2	+1.3	+0.5	+1.3	+2.0	+1.6	-0.2	+1.7	0.0	+1.8	+1.1

表3　　2016年长寿区降水及距多年平均值比较情况

单位：毫米

月份	1月	2月	3月	4月	5月	6月	7月	8月	9月	10月	11月	12月	全年
降水量（毫米）	56.0	20.7	101.6	116.7	138.5	257.2	152.0	96.8	60.0	97.2	151.4	12.5	1260.6
降水距平（%）	+175	-16	+119	+10	-25	+32	+2	-3	-41	-11	+163	-53	+9

表4　　2016年长寿区日照及距多年平均值比较情况

单位：小时

月份	1月	2月	3月	4月	5月	6月	7月	8月	9月	10月	11月	12月	全年
日照时数（小时）	17.2	94.0	105.0	81.8	125.6	132.0	204.6	202.7	73.3	74.5	46.3	27.8	1184.8
日照距平（%）	-47	+129	+34	-22	+3	+14	+11	+2	-40	+16	-9	+3	+4

（重庆市长寿区气象局提供）

自然资源

【土地资源】　2016年，长寿区土地总面积142143公顷。其中：耕地面积56628公顷，占土地总面积的39.83%；园地面积13128公顷，占9.23%；林地面积28248公顷，占19.87%；草地4249公顷，占2.98%；城镇、村居民及工矿用地面积16256公顷，占11.43%；交通用地面积2785公顷，占1.95%；水域及水利设施面积11236公顷，占7.9%；其他土地面积9609公顷，占6.7%。全区集体土地面积110462公顷，占土地总面积的77.71%；国有土地面积31680公顷，占22.29%。

【矿产资源】　长寿区境内主要矿产资源有天然气、岩盐、煤、石灰岩、页岩、砂岩、白云岩、矿泉水、铁矿、地热等。天然气主要分布在卧龙河气田，黄草峡背斜。岩盐主要分布在双龙构造，已探明资源储量21.4亿吨，已设采矿权2个、探矿权1个。煤炭资源主要分布在明月峡背斜和黄草峡背斜，已探明资源储量2101.0万吨（截至2016年底），全区所有煤矿均按相关规定已关闭。石灰岩主要分布在明月山背斜嘉陵江组一段、三段，飞仙关组三段，已设采矿权31个。白云岩主要分布在葛兰镇大坝，已探明资源储量2160.20万吨，设采矿权1个。铁矿主要分布在江南、葛兰、东山、云台，品位较低，未开发利用。矿泉水主要分布在石堰镇千坝村，已设采矿权1个。页岩矿分布在沙溪庙组、遂宁组，已设采矿权16个。砂岩矿主要分布在沙溪庙组，已设采矿权7个。地热主要分布在长寿湖东岸（云集镇境内）、八颗镇付何，已设探矿权1个，其中长寿湖东岸（云集镇境内）探矿权已完成勘查钻井工作，未利用。

（余　杰　袁国勤）

【水资源】　长寿区有“一江、两湖、三河、十三溪”，均属长江水系。其中，流域面积1000平方千米以上的河流有长江、龙溪河、御临河、大洪河4条；100～1000平方千米的河流有桃花溪、打渔溪2条；50～100平方千米的河流有晏家河、焦家河、高洞河、双龙河、干滩河5条；20～50平方千米的河流有沙溪河、张巴河、但渡河、古佛河、万顺河、龙河6条（《重庆市长寿区防洪规划报告（2015—2025）》，第八页）。多年平均径流量为6.96亿立方米，2015年地表水资源量5.936亿立方米，地下水资源量1.589亿立方米（《2015年重庆市水资源公报》，重庆市水利局，2016年4月，表1《2015年各区县水资源量》）。

（谢　莉）

【生物资源】　2016年，全区林业用地面积66933.33公顷（含可变林地），其中，森林面积64333.33公顷（含可变林地），占96.1%（其中：乔木林32866.67公顷，竹林9800公顷，国家特别规定灌木林地21666.67公顷），其他灌木林地700公顷，疏林地26.67公顷，未成林地1713.33公顷，无立木林地46.67公顷，宜林地33.33公顷，苗圃地80公顷；森林覆盖率45.3%；全区活立木总蓄积178.9万立方米。

全区64333.33公顷森林主要分布：乔木林32866.67公顷，主要分布在东山、西山、五堡山，优势树种主要是马尾松、柏木和杉木；国家特别规定灌木林地21666.67公顷，主要分布在“两山一带”生态屏障、高速公路景观林及凤城、晏家、渡舟、双龙、龙河、长寿湖、邻封等街镇，优势树种主要为银杏、天竺桂、杂柑、血脐、沙田柚等；竹林9800公顷，主要分布在凤城、晏家、江南、但渡、八颗、葛兰等街镇，主要为楠竹、白荚竹、大叶麻竹、慈竹等。

植被分布5个植被型，18个植被群系。主要为：低山带常绿阔叶林、栎类林、马尾松林、杉木林、柏木林、大径竹林、小径竹林、落叶阔叶灌丛和稀疏草丛。植物有182科249属619种148个变种以上，其中绝大多数为乡土物种，保护珍稀树种有水杉、银杏、桢楠等。组成天然林的乔木树种主要为樟属、楠属、青冈属、木荷、栲属、栎属及光皮桦、枫香、樱、马尾松、柏木等。常见下木和地被植物有杜鹃、黄荆、小铁仔、南烛、马桑、蔷薇、悬钩子、凤尾蕨、里白、金粉蕨、紫萁、芒、黄背草、野古草、扭黄茅、知风草、莎草、苔草等。

野生动物资源较丰富，以农区动物和湿地水域鸟类为主。主要野生动物有219种，其中两栖类7种，爬行类13种，鸟类160种，兽类39种；国家级重点保护动物19种，重庆市重点保护动物20种。国家二级保护动物有金钱豹、大鲵，三级保护动物有：红腹锦鸡、水獭、大灵猫、水灵猫、獐子、岩羊等。

（廖　欣）

旅游资源

【概况】　长寿区旅游资源分为两类：一类是自然资源，一类是人文资源。根据2002年完成的“长寿区旅游发展规划”总体布局及旅游市场需求，结合长寿旅游资源特色及分布规律，划分出几个旅游功能区，分别是：长寿湖旅游休闲度假区、菩提山·中国长寿文化产业园、大洪湖生态旅游观光区、楠木院—龙溪河周末度假区、凤城—文峰塔文化旅游区、五华山探险旅游区。有长寿湖风景名胜区、菩提山·中国长寿文化城、滨江长寿谷·悬崖长寿梯三个百亿级旅游项目。2011年评选并经区政府确认的长寿新八景，分别是长湖浪屿、凤山春色、菩提胜景、桃源仙洞、黄峡塔影、罗围寿山、五华云峰、钢城溅花。

【长湖浪屿】　含“东林柚香”“楠木林海”。风景如画的长寿湖，面积65.5平方千米，库容10.27亿立方米，有岛屿200多个，为西南地区最大的人工湖。湖面烟波浩渺，天水一色；湖中岛影成趣，鸟飞鱼翔，被誉为“西南明珠”。党和国家领导人周恩来、朱德、李富春、李先念、胡耀邦、李井泉等曾亲临视察、游览或题词。是著名小说《红岩》的创作地，历史文化厚重。更有长堤抒怀、角亭仰圣、浴滨戏水、高峰日出、湖岛果香、古寨雄姿、湘子遗石、飞瀑流泉、天赐寿岛、领袖群雕等著名景点。近年建成长寿湖广场、湖滨公园等景观。曾先后两次被评为重庆巴渝十二景之一。附近的“东林柚香”，有长寿著名佛教古刹东林寺，有中华名果长寿沙田柚的十里柚林，有绚丽的龙溪河风光。附近的“楠木林海”，有近两万亩森林（主导树种为楠木），附近有丁木沟水库，还有唐代著名寺庙鹿困寺（后为兰木院、楠木院）遗址。曾获省级森林公园称号。为长寿地区著名的风景名胜和避暑纳凉的好地方。长湖浪屿、东林柚香、楠木林海均属长寿湖风景名胜区规划的辖区范围。将三景合一为“长寿浪屿”，更使景区规模宏大、内容浩繁、风景壮观。

【凤山春色】　含“西岩瀑布”、三倒拐古街、“定慧晓钟”。长寿城所在的山岭，古名白虎山、铜鼓山，因“状如飞凤”，又名凤山。因其历史文化厚重，山水风光秀丽，明代和民国时期长寿老“八景”中，有六景均在凤山上。史上有“凤凰展翅落平沙”“飞凤立沙洲”的诗句传颂。凤山历来风光秀丽，满目春色，一派生机。位于凤山前临长江的西岩观，有三级瀑布，有明代古城墙及古城门、丹崖、凤山镵石、史子读书处、社稷坛、白虎头等名胜古迹；还有1964年建成的西南地区最长的缆车道和望江亭、望江桥等。西岩观的东侧，是建于明清时期的长寿城古街——三倒拐。全程2.5千米，山高、坡陡、路弯，沿街房屋鳞次栉比，悬崖古榕参天。曾为旧时长寿河街通往长寿内地和垫江、梁平等地的交通要道，极具川东山地古街特色。至今为长江三峡沿岸保存最为完好的古街。附近还有武庙、文庙等古遗址。与西岩观一桥相对的、建在青龙嘴岩石上的宋代古刹定慧寺，曾为长寿历代礼仪朝圣之地，又是国民政府龙溪河水力发电工程处驻地，还是美国著名高坝专家萨凡奇长江三峡第一个水电工程方案设计地。青龙岭、青龙嘴与凤山、白虎头相对应，使长寿城有“龙凤呈祥”和“青龙、白虎拱卫”的际会传说，“凤山春色”“西岩瀑布”“定慧晓钟”、三倒拐，地近毗邻，历史文化厚重，景色风光奇异。其中，前三景均属明代和民国时期长寿“八景”。将此四景合并为一景，保留“凤山春色”景名，使凤山、凤城更显春意盎然，生机勃发。

【菩提胜景】 含长寿古镇。位于长寿城西菩提街道境内的菩提山，海拔598米。因中国佛教禅宗祖师菩提达摩到此传佛讲法得名。又因突兀而立、气势雄杰、山顶中凹的特殊地貌，史称为“巨镇群山”的长寿“镇山”。明代进士戴锦为使之与皛山相对应，曾改名为“皛山”。原山上建有菩提寨、菩提寺和菩提圣灯。曾以“菩提圣灯”和“菩提山上灯一盏”之名，被列为明代和民国时期长寿“八景”之一。史上留有多位诗人、名家为之传颂的诗篇和民间传说。建于菩提山东麓的长寿古镇，是2010年开工打造“菩提山·中国长寿文化城”风景旅游区的核心景区之一。古镇以巴渝文化、长寿文化为背景，以中国西部古建筑为平台，展示巴渝及长寿人文景观。是长寿地区新近建成的规模宏大的人文建筑景观群。

【桃源仙洞】 位于长寿城东的桃花溪三洞沟，因河床陡然跌落，形成全长2.4千米的河床峡谷。南接长江，北抵桃花街，谷顶与谷底落差160余米。其间，有三座悬崖、三级瀑布、三眼深潭。林木茂密，飞瀑轰鸣，怪石嶙峋，有石笋、石鹅、风月之台、长生洞、桃源寨等名胜古迹或遗址。还有县人王绍级修建的恒星发电厂遗址，以及国民政府修建的第一座水力发电站桃花溪三洞沟电站。曾以“桃源仙洞”和“桃源三洞出仙家”之名，被列为长寿老“八景”之一。史上留有多位诗人、名家为之颂扬的诗篇。因风景独特，文化厚重，实为中国和世界少有的城市大峡谷。

【黄峡塔影】 长江流经长寿与涪陵接壤的黄草山，冲决山体夺路而出，形成江面狭窄、波涛汹涌的高山大河峡谷黄草峡。黄草峡至不语滩一线，为历代兵家必争的古战场：三国蜀汉军师诸葛亮、大将张飞，在此调兵、驻防；东汉赤甲军和明末农民起义军首领张献忠，在此征战、行军。唐代大诗人杜甫在此写下著名诗篇《黄草峡》。还有宋代兴建、明代迁建于此的桓侯宫（张飞庙）；清代修建的文峰塔、不语山寨；唐代设置的永安县治所阳关城（永丰场）遗址；历代修建的不语滩古栈道及石刻、和尚坟等历史文化古迹，成为长寿历史文化富集地区。这些自然风光、名胜古迹和古建筑，大多有遗存或保存完好。不失为长寿境内自然和人文胜景。

【罗围寿山】 含双龙镇罗围场附近的长寿山和大罗山、小罗山及相邻的何石井一带。“人多寿考”，是长寿得名的主要原因，也是长寿地区人健康长寿的代表象征，更是长寿文化孕育形成的发祥之地。这里，山高势雄，山寨巍峨，植被完好，寺庙、题刻、古迹众多。也是长寿名人胡超、廖井丹、王秉楠和革命烈士程让泉、程冰仙、程谦谋、韩子重等人的故乡或革命活动地。以王秉楠为首的中共长寿地下县委，在这里领导长寿人民开展迎接解放的斗争，留有“润之堂”（罗围中心校）等重要革命文物或遗址。

【五华云峰】 明月山义和段的五华山，海拔1009.6米。五华山由大狮山、中狮山、小狮山、腆肚山、凤凰山五座山峰组成，故名“五华”。五峰山态各异，或形似雄狮，或状如凤凰，或宛若腆肚罗汉，形象逼真、有趣。山上植被茂密，保留完好，建有五华寨、五华寺、功德碑等古建筑。还有地缝、地热奇观和“四洞”“三石”“三库”“神仙脚板”等景观或遗址。登上最高峰狮寨嘴，极目远眺，但见群山迎候，阡陌纵横，真有耸入云端、手接云霞之感。山下，还有义和场、三条沟水库和范家桥水库等。五华山全年气温最高30℃左右，是夏日纳凉避暑、冬日赏雪的好去处。

【钢城溅花】 由重庆大渡口环保迁建在长寿江南的重庆钢铁集团重庆钢铁股份有限公司，迁建工程曾是重庆市政府的一号工程，也是国家级长寿经济技术开发区具有代表性的特大型企业之一。这里厂房林立，管网密布，绿树掩映，显现现代化工业的文明气息。特别是夜幕降临，十里钢城霓虹闪烁，钢花飞溅，宛若点点繁星缀满苍穹。这里还是中国第一个女实业家、冶炼始祖、富甲天下的巴寡妇清的故里——龙寨山（原名青台山、贞女山）所在地。有龙山寨、秦始皇女怀清台、巴寡妇清墓、神仙洞、清斋台等古遗址。曾以“龙寨秋容”之名，被列为明代长寿“八景”之一。历代诗人、名家留有多首纪念（感怀）诗篇。汉代《史记》和晋、唐等历代编修的国、州、府、县志均有记载。极具工业旅游和历史文化开发价值。

【核心旅游景区】 长寿湖，系“一五”时期苏联援华156个重点项目之一狮子滩水电站建设截流龙溪河而成，水域面积65平方千米，流域纵横长寿、垫江、梁平3个区县，蓄水量10亿立方米，是西南地区最大的人工湖；1992年获批市级风景名胜区，景区规划面积291平方千米。旅游主题为“运动、浪漫、养生”，规划目标是建成“双区一中心”，即景区山脊线内266平方千米建设国家5A级旅游区，山脊线外25平方千米建设国家级旅游度假区，最终把长寿湖建成长寿的城市副中心。已成功创建国家AAAA级景区，入选重庆十大旅游度假区。

菩提山，长寿文化的圣山，因佛教禅宗祖师菩提达摩到此弘法而得名。山高598米，孤峰耸峙长寿城区，钟鼓之声缭绕闹市；菩提山景区总面积16平方千米。旅游主题是“宗教朝觐、城市休闲、文化体验、养生度假”，以秀拔苍雄的菩提山为依托，以博大精深的佛教文化为核心，以悠远厚重的长寿文化为灵魂，打造集禅修礼佛、祝寿祈寿、休闲度假、健身养生于一体的大型文化旅游景区。景区中，菩提寺庙、菩提圣灯等景点尤为引人入胜。

菩提古镇，位于菩提山下，2010年前后开始建设，占地八百亩，总建筑面积37万平方米，已成功创建国家AAAA级景区，成为市级十大旅游度假区。菩提古镇以中国西部传统建筑艺术为载体，集中展示几千年巴渝人文文化及华夏寿文化。千寿广场、万寿阁、御龙潭公园、万寿公园等巴渝民俗建筑错落有致，特色祝寿仪式、万寿千叟宴、端午长街宴、春节赏花灯等民俗活动异彩纷呈，啤酒节、泼水节、柚子节、长寿火锅节等节庆活动动感时尚，成为集“吃、住、行、游、购、娱”于一体的特色旅游综合体，成为长江黄金旅游带的明星旅游景点。

【乡村旅游资源】 长寿区拥有重庆唯一的国家级农业产业化示范基地，包括现代畜牧园区、现代种植园区、长寿沙田柚种植园区等现代农业园区。观光农园、休闲农场、科技农园，已经成为长寿乡村旅游的特色资源。依托长寿沙田柚种植园区，建成上千亩集中连片的以油菜花为主的“十里柚香·百里花海”乡村生态观光园，建成“柚趣农庄”农家乐一条街，开展“观油菜花”“采摘沙田柚”等活动，每年接待游客近60万人次；围绕“沙田柚延伸产品”做文章，打造柚子糕点、柚子菜、柚子酒等特色旅游产品，沙田柚采摘休闲旅游成为乡村旅游发展的成功示范。

长寿区西部地区，因铜锣山、明月山夹势而成，拥有大洪湖、大洪河、万亩梨花园、西山竹海、巴渝自然村落等多种生态景观，主产洪湖白酒、生态有机鱼、三合大米等优质特产，建成大洪湖原生态湖泊类垂钓区和明月山乡村生态养生区。

东部地区，依托长寿湖、黄草山、龙溪河及其长寿湖鱼面、晚熟柑橘、血豆腐、长寿湖有机鱼、花卉药材等特产，布局民俗民风苑、生态渔场、养老社区等乡村旅游业态，形成长寿湖—沙田柚基地—龙溪河—桃花溪等乡村自驾游的热线，红色文化、水电文化、古村落、民俗风情交织交融。

全区乡村旅游资源总量丰富，类型多样。分为七大类，一是山地生态，主要有明月山、五华山、黄草山、五堡山等；二是水域风光，主要有长寿湖、大洪湖、龙溪河、桃花溪等；三是乡村田园景观，主要有现代农业园区、沙田柚园区、清迈良园、复元移民生态蔬菜园等；四是苗圃园艺景观，主要有紫耘花海、葛兰奇彩生态园、龙河老陈菜生态农庄等；五是乡村遗产与建筑景观，主要有东林寺、葛兰秦家大湾（古寨）、但渡楠木院、五华山石刻等；六是乡村旅游商品丰富，如沙田柚、血橙、有机鱼、长寿湖鱼面、血豆腐、清迈大米、洪湖高粱酒、付河竹席等；七是有一定的民俗文化，主要有海棠唢呐、义和锣鼓等。

表5　　　　**长寿区乡村旅游资源分类**

主类	亚类	基本类型	主要乡村旅游资源点
乡村自然生态景观	山地生态	山丘型旅游地	黄草山；明月山；五堡山；菩提山；寿山；□子山；罗围山；东山；五华山
		奇特与象形山石	五华云峰
		峡谷段落	黄草峡
		岩石洞与岩穴	白龙洞
	水域风光	岛区	大洪湖群岛
		河段	龙溪河；桃花溪；长江
		泉	云集温泉；海棠温泉
乡村田园景观	农业生产景观	农业生产场景	华夏农业观光园；复元移民生态蔬菜园
	田园风光景观	旱地景观	海棠现代粮油核心区（水稻）；清迈良园；邻封万亩油菜花；但渡花椒种植核心基地；华夏农业观光园
		水田景观	海棠现代粮油核心区（水稻）；清迈良园；天池坝
	林区风光景观	森林景观	西山竹海；楠木院森林公园
		种植园景观	东润杨梅基地；绿化长江柑橘示范林；西山梨园；大洪湖柑橘园；葛兰柑橘国家示范园；尚蔬坊甜橙基地、东源现代农业晚熟柑橘基地、云集夏橙（血脐）种植基地；双龙晚熟柑橘基地；沙田柚种植核心区；楠木院梨园；海棠李子园；福村柠檬园；紫耘花海
	渔区风光景观	淡水渔场景观	大洪湖有机鱼养殖基地；长寿湖有机鱼养殖基地
乡村遗产与建筑景观	乡村历史遗迹和遗址	乡村历史遗迹和遗址	文峰塔；天宝寨；楠木院寺；玉溪府石头刻字画；老龙洞石壁刻；八角碑；五华山石刻观音造像；杨克明故居；陈燮烈士纪念碑；润之堂
	乡村建筑与设施	宗教与祭祀活动场所	桓侯宫；东林寺；天台寺；王爷庙；玉溪寺；大雄寺
		居住地与社区	复元移民新村；魏家河坎新村
		游憩场所	长寿快乐谷；清水塘山庄；山水家园；龙栖湖休闲度假村；绿地庄园；鹰冠山庄；东新山庄；瑶意山庄；巴乡谷生态旅游文化中心；老陈菜生态农庄；醉美东山生态农庄；强惠园
		归葬地	八字村石室墓；东汉崖墓群；五云山岩墓群；罗家岩墓群
		交通建筑	王家湾石拱桥
		水工建筑	长寿湖、大洪湖；丁木湖；匡家洞水库；飞龙洞水库；黑水沟水库；三条沟水库；范家桥水库；白杨沟水库

续表

主类	亚类	基本类型	主要乡村旅游资源点
乡村旅游商品	乡村旅游商品	风味食品	长寿湖鱼面；血豆腐、米粉、泡粑；糯米鸭；伏羊肉；太安鱼
		乡村特产	长寿沙田柚；夏橙；塔罗科新系脐血橙；晚熟柑橘；甜橙；长寿湖有机鱼；大洪湖有机鱼；黄葛李子、胭脂红苕；翠冠梨；杨柳窖酒；洪湖白酒；三合大米；“豫薯王”红苕；成栋榨菜
	乡村传统工艺与手工艺品	传统工艺	石狮工艺；付何竹席
		手工艺品	石狮；竹席
乡村人文活动与民俗文化	人物记录	人物	杨克明；谯定；王秉楠；巴寡妇清
	艺术与文化	地方文化	长寿文化
	民间习俗	民间节庆	清明会
		民间演艺	蒿秧歌；海棠唢呐；义和锣鼓；石堰荷叶
	现代节庆	旅游节	长寿大洪湖梨花节
乡村景观意境	乡村景观通道	乡村景观生态廊道	十里柚香乡村旅游景观带
	乡村景观意境	乡村聚落文化意境	张家寨；陈氏古村落；青龙寨

【旅游文化资源】 长寿最具旅游开发价值的文化资源为“一核心、两枢纽、三贤人”。“一核心”，即养生长寿文化。长寿因“人多寿考”而得名，是中国乃至世界唯一一个用“长寿”二字命名的城市，具有独一无二的养生长寿文化。“两枢纽”，一是以佛教禅宗文化为内涵的菩提山，因菩提达摩祖师到此弘法降魔、明代僧人大智菩提圣灯等典故而闻名；二是以湖泊文化为核心内涵的长寿湖。长寿湖源于狮子滩水电站的建设，是西南地区最大的人工湖，自然山水和湖岛风光灵秀动人、不可复制；狮子滩水电站是新中国成立后修建的第一座水电站，周恩来、朱德、李先念等老一辈党和国家领导人多次来此视察；也曾是刘伯承元帅血战丰都负伤后的养伤之地，还是小说《红岩》的原创地。“三贤人”，即长寿三贤：一贤巴寡妇清，是中国最早的女实业家、养生大师，是《史记》记载的唯一今重庆地区人，受到秦始皇的特殊礼遇；二贤谯定，是宋代理学涪州学派创始人，对宋代理学由程颐、程颢最终发展到朱熹，发挥重大传承作用，培养造就一大批著名儒学家，是中国文化史上泰斗式的人物；三贤还珠楼主李寿民，是中国现代武侠小说大宗师，被金庸称为中国历史上最伟大的武侠小说家。（孙　祥）

长寿地方文化

【重庆市第五批非物质文化遗产代表性项目】 2016年6月16日，重庆市人民政府同意将“钟云舫民间故事”等123项非物质文化遗产列入重庆市第五批非物质文化遗产代表性项目名录予以公布。长寿区的“翻叉号子”“龙溪河拖滩号子”名列其中。

表6　**重庆市第五批非物质文化遗产代表性项目（摘录）**

序号	编号	项目名称	项目类别	申报地区或单位
10	Ⅱ—82	翻叉号子	传统音乐	长寿区
11	Ⅱ—83	龙溪河拖滩号子		

（摘自渝府发〔2016〕24号《重庆市人民政府关于公布重庆市第五批非物质文化遗产代表性项目名录的通知》）

【长寿区第八批区级文物保护单位】 重庆市人民政府招待所旧址：位于重庆市长寿区长寿湖镇，占地面积 11573.4 平方米，北靠长寿湖广场，东临长寿湖。1954 年 8 月与狮子滩发电站同时兴建，是为接待前来援助电站建设的前苏联专家修建的涉外招待所，1956 年建成完工，当时称之为外宾寓所。招待所为中西式建筑风格相结合的二层楼房，设有客房、会议室、舞厅、大小餐厅、厨房等。狮子滩发电站建成，苏联专家撤走后，改为重庆市人民政府招待所，后又改名为狮子山庄。1958 年 3 月 5 日，周恩来总理和李富春、李先念副总理等一行国家领导人视察长寿湖时，曾在该处接待外宾，出席宴会。这一天，周总理在该处度过 60 岁生日。1963 年 4 月 23 日至 25 日，朱德委员长在视察长寿湖时，也在招待所住宿，听取狮子滩水电工程局、长寿湖渔场和重庆市、长寿县负责人的工作汇报等。由于其功能齐全，中共中央西南局，中共四川省委，中共重庆市委、市政府的一些重要会议，也多次在该处召开。1958 年到 2002 年狮子山庄先后经历长寿湖农场、渔场、联合企业公司管理。2002 年 7 月，重庆市长寿湖旅游开发有限公司成立，招待所划归旅游公司，为提档升级并和当时的浴滨岛度假村呼应经营，旅游公司对招待所进行拆除施工，仅遗存当年的围墙、警卫室以及主建筑遗迹。

重庆市人民政府招待所旧址是新中国水电事业发展的摇篮，培养、造就和输送一大批水电事业建设人才和管理人才，为新中国进行大型水电工程建设作技术上的准备。党和国家领导人的多次视察，表现国家领导人对新中国水电事业的高度重视。其附近还有周恩来题词纪念亭、长寿湖拦河大坝、领袖群雕等市、区级文物保护单位，具有较高的文物价值。

（摘自长寿府发〔2016〕56 号《重庆市长寿区人民政府关于公布第八批区级文物保护单位的通知》）

长寿地方特产

【长寿大米】 长寿大米历史悠久，闻名巴渝一百余年。是长寿区 14 个镇、7 个街道辖区内种植的水稻加工的大米。长寿稻谷加工的精米精而不碎，米粒均匀饱满，品质上等；长寿大米所煮的米饭，纯白而散酥，口感爽香，软硬适度，营养丰富而名扬各地。其中尤以洪湖米、万顺米、三合米、云台米、义和米、葛兰米、新市米、渡舟米、长寿湖米、云集雷祖米等，更受市民欢迎和市场青睐，长期供应周边区、县、市及市（省）内外，市场经年不衰。

因适宜的地理环境和高山低谷、阴河低流，以及冬暖多雾的山林气候等因素影响，各地区水稻的收割期不一致；亩产量 500~700 公斤。2016 年全区水稻播种面积 2.37 万公顷，产量 18.52 万吨。主要品种有：冈优 881、中优 1 号、太空 1 号、沈优 1 号、贵朝 2 号、南优 2 号等。长寿大米是辖区内粮食加工厂进行加工，葛兰税花米业加工厂日加工量 500 吨，国友大米加工厂日加工量 150 吨，云台大田粮油有限公司日加工量 150 吨，凤山精米加工厂日加工量 30 吨。2016 年长寿区销售稻谷 10.25 万吨、大米 7.18 万吨。

长寿区粮食保供体系健全，全区应急大米储备规模达到 500 吨；有 3 家应急加工企业，2 家粮食配送中心，设置 33 个应急保供网点。全区有街镇粮食供应网点 40 个，城区粮食供应网点 24 个，实现粮食配送中心街镇粮食超市或便民店全覆盖；实现每个粮食生产镇都有粮食交易市场。长寿粮食监管主要是确保四无（无害虫、无霉变、无鼠害、无事故）。

【长寿蜂蜜】 长寿蜂蜜的生产起源于清朝光绪末年（1908），已有百余年的历史。刚摇下时的长寿蜂蜜颜色黄褐透亮，口感纯甜，营养丰富，有滋补、清热、解酒、排毒等功效；放置一定时间后，如果温度低，会逐渐结晶（是小结晶，就像沙粒，而不是大块），颜色也随之变化。长寿蜂也称野蜂，即中华蜂。中华蜂性情温和，分工有序，其蜜源是单花（在春天和秋天）和零星花（夏天和冬天）。长寿蜂全身是宝，蜂毒、蜂蜡、蜂王幼虫、蜂尸、蜂蜜全是中药上品。养蜜蜂有益于环保，还有助于农业生产高产丰收。

长寿位于北纬 29°43′~30°12′，东经 106°49′~107°27′之间。属于三峡库区生态经济区，地跨长江南北，气候温和，青山绿水四季可见，果树绿茵；十万亩沙田柚基地，六万亩夏橙基地，二十万亩水果基地和十万亩蔬菜基地等都是长寿蜂的花源。走进山林，零星花到处可见。如12—4月的野油菜花、枇杷花、金银花、羊食子花、杨槐花、柑橘花、梨花、李花、柚子花、桃花等相继开放，4—8月的荆条花、南瓜花、苦瓜花、冬瓜花、稻花等，8—12月的五倍子花、野苏麻花等，周年花源不断，使得长寿蜂采蜜时间长，蜂蜜多而精致。

在春末和秋末都可取长寿蜂储存的蜜。一群蜂喂养到4~10张脾蜂，大流蜜期时可取其2~5张蜜脾，一张蜜脾一次可收1~2公斤蜜，一群蜂可收2~10公斤蜜，每户可取100~1000公斤蜜。长寿区5个街道、14个镇中已有养蜂专业合作社10余个、微型企业8个、养蜂大户10个、养殖户500余户，养殖人员2000余人，销售人员1000余人。每个合作社可生产蜂蜜7~10吨。长寿蜂蜜按每500克100元左右计算，每个养蜂人一年可收入1万元~10万元人民币。整个长寿地区年产蜂蜜400余吨，产值8000余万元人民币。

（重庆市长寿区农产品商贸流通协会提供）

2016年经济社会发展概况

【综合经济】 2016年，长寿区实现地区生产总值450亿元，比2015年同期增长（以下简称“增长”）10.8%。全区实现规模以上工业总产值900亿元，增长12%；实现工业增加值160亿元，增长10.7%。实现农业总产值63亿元，增长10.3%；实现农业增加值40.8亿元，增长4.6%。实现旅游收入47亿元，增长14%。实现社会消费品零售总额117亿元，增长13%；实现商品销售总额310亿元，增长18%。全年实现地方财政收入91.2亿元，同口径增长10%，其中一般公共预算收入完成37.4亿元，同口径增长10.1%。实现城镇居民人均可支配收入29859元，增长8.3%；实现农村居民人均可支配收入13336元，增长10.7%。全区实现不利环境下的经济平稳增长、社会健康发展。

【工业经济】 主动适应新常态，优化工业结构，提升工业产值与效益。2016年全区实现规模以上工业总产值、工业增加值分别同比增长12.5%、10.7%。工业转型升级初见成效，钢铁冶金、综合化工、装备制造、新材料新能源、电子信息五大主导产业实现产值720亿元，占全区规模以上工业总产值的80%；落实国家去产能政策，重工业比重持续下降，五大产业结构比调整为18:34:22:18:8，工业结构更加合理。要素保障进一步夯实，深入落实售电侧改革，全年新增27家工业企业获得电力直接交易试点准入资格，直接交易企业达到36家；涪陵至长寿页岩气专线工程建设顺利完工，中石化川维配气站至卡贝乐天然气专线建成，多气源供气格局逐步形成。工业发展后劲进一步增强，全年完成工业投资314亿元，继续位居全市前列；汽车零部件项目群进展顺利，塑料光纤项目加快建设，废氯化氢回收项目主体完工。

【农业农村】 一、三产业融合发展，现代农业规模进一步壮大，农民收入稳步增长。完成二百亩蔬菜育苗基地和二百亩优质蔬菜种植基地改扩建项目建设，完成三千亩优质柑橘良种基地改扩建项目。主要农副产品稳中有升，全区粮食产量37万吨、柑橘22.7万吨、蔬菜36.2万吨、伏淡季水果4.3万吨、水产3.5万吨，均同比略有增长。农业农村改革进一步深化，开展农村集体资产量化确权工作，成立全区首个农村集体经济股份合作社，全区已发展家庭农场548家、农民合作社423家、农业龙头企业103家；继续开展农业政策性保险工作，投保面积达到9600公顷。依托三级电商服务体系，完善农产品物流体系，建设农产品产地集配中心，农副产品网上交易额突破1亿元；现代农业园区旅游配套设施进一步完善，紫耘花海等一批农旅融合项目提速推进，完成凤城复元、龙河秀才湾等4个农民新村建设。全年实现农业总产值63亿元，增长10.3%；实现农业增加值40.8亿元，增长4.6%；实现农村居民人均可支配收入增长10.7%。

【休闲旅游】 旅游业持续繁荣，收入持续增长，旅游规划更加完善。完成长寿区乡村旅游总体规划，开展长寿区旅游发展总体规划编制工作，启动五华山片区乡村旅游控制性详细规划编制工作。长寿湖景区功能进一步完善，东岸环湖路加快建设，长寿湖高铁站及站前广场建成投用，长寿湖寿岛、水上通道绿化生态修复工程加快建设，远恒佳国际学校开工建设，重医大附三院长寿医养中心项目顺利推进。菩提山景区更趋成熟，菩提长寿古镇尾期工程完工，菩提山文化旅游区商业配套工程开工，“长寿三贤”纪念园加快推进前期工作。滨江长寿谷规划建设有序推进，长寿青龙嘴片区文物保护修复项目加快推进，三洞沟避险搬迁工程按计划进行，长化公司搬迁进入尾声。旅游营销宣传成效显著，成功举办长寿湖龙舟民俗文化节、第七届长寿湖铁人三项赛等旅游活动，搭建旅游宣传平台，利用市级主流媒体整体营销长寿旅游，“长寿·人人向往”享誉市内外。全年实现旅游收入47亿元，增长14%；接待过夜游客127万人次，增长12%。

【商贸物流】 城市商圈水平进一步提升，引导时代中心、古镇商圈发展多元化、多业态消费，推动中心城区四大商圈开展“互联网+”服务，提速建设智慧商圈。大力发展新兴服务业，以电子商务为代表的新兴业态快速发展，全年电商交易额实现5亿元；开展13场特色会展活动，实现会展直接收入2.1亿元。物流业加快发展，完成沿江物流产业带规划，工业品综合市场进展顺利，汽车交易市场正在开展前期工作，渝东农副产品交易市场完成征迁工作，10万吨现代化粮食储备仓库项目开工建设，油库及配送中心建成，城市公共配送中心项目进展顺利。全年实现社会消费品零售总额117亿元，增长13%；实现商品销售总额310亿元，增长18%。

【财税金融】 财税金融稳健运行。全年实现地方财政收入91.2亿元，同口径增长10%，其中一般公共预算收入完成37.4亿元，同口径增长10.1%；全辖区税收总额达到29亿元，增长20%，其中国税收入增长64%，地税收入增长6.5%。金融业发展良好，全区金融机构本外币年末存款余额分别增长6%、7.5%，新发放贷款179.6亿元；成功引进大连银行入驻长寿。创新开展农业征信保证保险工作，破解农村新型经营主体有效担保抵押物缺乏的难题。严格政府债务管控，实行债务余额限额管理，强化债务风险预警机制，融资成本较年初下降2.6个百分点，发放小微企业财政扶持补助1817万元。

【城乡建设】 新型城镇化步伐加快。常住人口城镇化率62.6%，城区建成面积56.9平方千米，城镇常住人口近52万人；中心城区建成区面积增加1.1平方千米。长江二桥开工建设，渝万高铁建成通车，启动渝长高速扩能改造项目，竣工投用古桃路、阳鹤四路等7条城市道路，新增通车里程13千米，城市路网更趋密集完善；长寿火车北站综合交通枢纽及商业配套项目加快推进前期工作，古镇小学、晶山小学建成投用，新建人行天桥2座，全年拆迁改造城市棚户区275户、2.2万平方米，城市功能更加完善。全年实施小城镇基础设施项目64个，全区小城镇“561”工程达到85%以上，长寿湖、葛兰、云台3个建制镇升格为全国重点镇。

【社会民生】 社会民生协同发展。全年财政投向民生领域41.7亿元，占一般公共预算支出的64.7%。教育事业稳步发展，新改扩建校舍2.6万平方米，落实助学政策受惠学生33万人次。医疗卫生事业健康发展，区医院北城分院、区中医院和区妇幼保健计划生育服务中心扩建项目全面开工，晏家街道社区卫生服务中心项目顺利推进，区域医疗联合体加快推进，江南街道成功创建国家卫生镇。科技工作成效显著，新培育高新技术企业14家，新增国家级知识产权优势企业3家、高新技术产品20个；全年申请专利4946件、增长145.6%，专利授权1501件、增长273.4%。文体事业繁荣发展，举办各类文体活动150余场次，深入基层开展文化活动3000余场次；区博物馆前期工作进展顺利，长寿区非物质文化遗产数字化建档工作启动。就业和社会保障体系不断完善，全年城镇新增就业23000人，城镇登记失业人员再就业6494人，帮助城镇就业困难人员就业2556人，城镇登记失业率控制在2.2%以内；城乡居民养老保险和医疗保险参保率分别达到95%和100%。

【改革开放】 改革开放有序推进。实际利用内资240亿元，增长10.1%；实际利用外资2亿美元，总量列片区第二位；实现外贸进出口总额10亿美元，总量列片区第一位；实现离岸服务外包1.2亿美元，总量列片区第二位。全年引进项目200个，合同引资500亿元，实际到位资金260亿元。着力于产业补链延链聚商选资。成功引进现代EP等12家聚氨酯上下游产业项目，总投资57亿元；成功签约34家汽车零部件及装备制造企业，总投资50亿元。推动落实与渝北、垫江、邻水两地四方合作事宜，共同策划双方区域合作项目；开展对口帮扶垫江工作，全面完成对口帮扶垫江项目策划与验收工作。推进供给侧结构性改革，积极化解过剩产能，全面去除煤炭产能，减免企业税金

4.1 亿元，基础设施和社会民生短板强化巩固。全面完成党政机关公务用车改革工作。（焦 旺）

2016 年综合经济体制改革概况

【重点改革专项】 贯彻落实区域发展战略。一是积极谋划方案分解任务，印发《贯彻落实深化区域发展战略意见的通知》《贯彻落实深化拓展区域发展战略的实施意见责任分工方案》；提出培育壮大优势主导产业、统筹优化城市空间布局等 7 大主要任务，细化分解为年度 42 个专项 98 个子项目，年底已全面完成任务。二是加大招商引资力度、全年合同引资 300 亿元以上，装备制造、新材料、电子信息、医药等支柱产业协议引资额占比超过 75%。化工、钢铁、装备、新材料、电子信息五大产业的产值占比由 2015 年的为 31∶31∶18∶12∶8 调整为 34∶14∶23∶16∶8；推动 2 个中新示范项目落地：恒阳石化物流有限公司新恒阳物流项目已完成化工码头一期工程，已建好 2 个化工液体泊位，亚太资源国际控股有限公司高档纸项目正进行土地平场。三是实施区域畅通工程，渝长高速扩能项目前置要件报审已全面完成；组建指挥部，划拨征地款，市国土房管局下达用地计划，正式启动征地工作。

发展战略性新兴产业增加有效供给。申报中央专项建设基金项目 15 个（其中长化公司等 5 家企业已获 5.47 亿元的资金支持）；申报 2016 年战略产业资金储备项目 5 个。将发展战略性新兴产业纳入《长寿区工业和信息化发展“十三五”规划》，坚持规划引领，推动产业集群式发展。

健全企业减负担降成本的政策机制。一是严格清理涉企收费，对涉企行政事业性收费和实行政府定价的经营服务性收费项目清单实行动态管理，推动涉企收费定期清理公布常态化；开展全区涉企收费政策落实情况督查，调研全区天然气输配价格，做好输配价格监管工作；开展中介服务事项清理并进行规范。二是拓宽企业融资渠道，建立区级应急转贷周转资金，为中小微企业获得银行续贷提供搭桥贷款；印发《关于 2016 年度金融机构考核奖励的通知》（长寿府办发〔2016〕49 号），引导银行加大对中小微企业信贷支持力度；当年新发放各类直接贷款 152.65 亿元，其中中小企业贷款近 50 亿元。三是落实社保调减政策，为 501 户困难企业、122 户小微企业、1 户笔电企业调整社会保险缴费基数或缴费比例，减负 14375 万元。

推动重点领域去杠杆并建立风险管控负面清单机制。一是严厉打击非法集资活动，查处涉嫌非法集资企业 18 户，涉及金额 1.02 亿元，参与群众 1378 人次，清退（含冻结）资金 2143 万元；立案查处 14 件，已送审 5 件，起诉 4 件，公开审理 3 件，判决生效 2 件，结案 1 件。二是组织开展互联网金融风险专项整治活动，对辖区 3 家 P2P 网络借贷企业、6 家私募股权企业、2 家交易市场类企业、互联网金融领域广告及投资理财企业开展全面风险排查及专项整治行动，督促企业合法合规经营。三是置换政府债务 39 亿元。四是全面清理拖欠农民工工资问题，出台相关配套文件，成立协调领导小组，明确各单位工作职责，完善监管体系；将保障农民工工资支付工作纳入对街镇经济社会发展实绩和部门职能目标考核指标；建立企业拖欠农民工工资“黑名单”制度；加强政策宣传培训；建立民工工资（劳务费）专用账户，全面启动民工实名制管理和银行代发民工工资制管理。

推进去产能、去库存、降成本、补短板。一是推进去产能工作，关停全区煤矿，去除产能 49 万吨，全区进入无煤矿时代；去除 100 万吨水泥粉末、60 万吨水泥矿粉产能；去除 7.5 万载重吨船舶产能；德雅化工等企业通过兼并重组、来料加工、厂房回购等各种途径实现闲置产能或资产有效利用。梳理出空壳公司 131 户，营业执照吊销工作正在进行。二是加快房地产去库存，暂缓普通商品房土地出让，完成远恒佳长寿湖国际学校项目、重庆医科大学附属第三医院长寿中心项目供地；成功举办区第九届房地产交易会，贯彻执行房屋交易优惠政策，减免契税、房屋登记费和转让手续费；全区商品房去化周期 10 个月，处于合理区间。三是加大实体经济扶持力度，执行关于支持实体经济相关政策，加强工业和信息化、商贸物流等六大版块扶持力度，完成 2015 年度资金兑现，兑现扶持资金超过 1 亿元；贯彻执行市级涉企减负 30 条政策，推动实体经济更好更快发展。四是千方百计补短板，按照产城融合路径，新建菩提小学、临溪小学、晶山中学竣工投用，推进区医院北城分院主体施工，中医院扩建项目启动建设；完成沿江物流产业带发展规划、乡村旅游发展规划，申报福村乡村旅游项目，将会同邻水县共同开发五华山旅游资源。

【重要改革任务】 坚持和完善基本经济制度。严格执行《重庆市网络预约出租汽车经营服务管理暂行办法》，打破出租汽车行业垄断，明确网约预约出租汽车与巡游出租汽车实行“错位发展、高品质服务、差异化经营”，构建“既相互独立、又相互补充”的新型市场体系。

加快完善现代市场体系。一是严格执行重庆市政府产业投资禁投清单。二是信用体系建设取得突破性的进展，依托企业联合征信系统、个人金融数据库、市网上行政审批平台等构建全区统一的信用信息归集体系，全年归集各类信用信息90000余条；建立联席会议制度，将信用体系建设纳入对部门、街镇的实绩考核内容；强化信用体系宣传工作，悬挂横幅100余条，发放宣传单10000余份，在社会上营造“讲诚信、守信用”的氛围；在政府采购、工程招投标、荣誉称号评定、物业管理、安全监管、环保等领域探索建立红黑名单制度。三是成功将长寿经开区纳入全市五大配售电改革专项试点区域之一，全年获得参与电力直接交易试点准入的工业企业35家，有效降低企业用电成本。

深化财税体制改革。完成全区区属国有企业分类改革，建立完善矿产资源有偿出让制度，严格按照市级步骤，有序推进市政公共资源、区属国有企业资产等重要公共资源有偿出让和使用经营收益管理等多项工作。

加快推进投融资体制改革。一是完善投资项目在线服务平台，及时将固定资产投资项目备案、核准及审批纳入重庆市网上行政审批大厅事项网上统一申报办理，实现常态化工作推进。二是积极稳妥推进PPP融资模式，长江二桥PPP项目已获得市发改委批准；区级完成财政可承受能力测试，该项目于2016年10月13日结束招标，11月25日签订框架协议，正在组建项目公司。

健全实施创新驱动发展战略的机制。一是搭建创新体系，出台《重庆市长寿区创新驱动发展战略专项资金管理办法（试行）》，建立长寿区创新驱动发展战略工作联席会议制度，引导企业申报科技型企业。二是推动创新落地，云天化研发中心成功实现研发机构独立法人化，在长寿正式注册为重庆云天化瀚恩新材料开发有限公司。三是营造创新氛围，举办科技小巨人、十大双创人物评选等多项活动，利用新兴媒体，加大创新理念宣传。四是加强创新服务，设立知识产权服务工作站，为园区内企业提供专利检索、专利信息分析、专利申请等服务；选派多名专利特派员重点围绕全区知识产权优势、试点企业培育，指导企事业单位开展专利工作；开展规模以上工业企业专利提升培训。

完善统筹城乡发展一体化体制机制。积极向上争取资金和项目，推进海绵城市、智慧城市和城市综合管廊建设；年内海绵城市建设实施意见已形成初稿。

加快转变政府职能。一是推进党政机关公务用车制度改革，完成全区党政机关公务用车封存工作，全区保留车辆496辆；发放公务交通补贴；建立车改后车辆监管机制，出台《关于印发〈重庆市长寿区跨部门公务用车服务平台车辆管理办法（试行）〉的通知》《关于加强党政机关公务用车制度改革定向化保障车辆使用管理的通知》等文件，完成全区定向化保障车辆标识化，规范车改后车辆使用。二是推进审计机关人财物管理改革，按照市级相关要求，严格执行人财物管理改革相关制度和要求，人员编制已上划市级主管部门，部门预算划归市审计局统一安排。（文佳刚）

2016年精神文明建设概况

【全国文明城区创建】 健全组织领导机构，调整区创建全国文明城区领导小组成员。形成由区委书记任组长，区长任常务副组长，20名区级领导任副组长，31个重点部门街镇负责人为成员的高规格领导小组。各部门、街镇认真落实“一把手负责制”，明确分管领导和具体工作人员抓本单位（辖区）的创建工作。从部分重点部门街镇抽调5人到区创建办负责协调处理创建日常工作，保障创建工作人力需要。

完善创建工作机制，建立健全区领导分片联系制度、责任分解制度、工作例会制度、巡查通报制度等系列工作制度。36名区级领导以上率下，带领103个共建单位深入社区开展创建工作，发挥强力示范带动作用。印发《长寿区创建全国文明城区测评体系任务分解表》《长寿区创建全国文明城区未成年人思想道德建设工作测评体系任务分解表》，明确创建责任。年内召开区委常委会、区政府常务会、全区推进大会、领导小组会、专题会商会20余次，研究部署解决创建工作重难点问题。区委巡察组和区委、区政府两办督查室开展文明城区创建工作专项巡（督）查，及时发现并交办问题。全年印发工作通报35期，推动创建工作。

长寿区创建全国文明城区志愿服务文艺演出

营造创建工作氛围，依托《长寿日报》新闻APP“两微一端”、新闻网站等网络平台，创新开展“争做文明人·共建文明城”随手拍和创建全国文明城区微信有奖问答活动，参与群众数万人次。《长寿日报》、长寿电视台、长寿新闻网、《长寿文化》报等媒体开设专题专栏，每天刊播创建全国文明城区工作相关报道。制作发放宣传围裙、倡议书、调查问卷等宣传资料80万份。通过室内室外、空中地面、动态静态、线上线下等“4个结合”，实现创建全国文明城区公益广告宣传媒体刊播率100%、点位覆盖率100%、市民知晓率100%，真正做到“驻足可观、抬头可见”。

开展专项整治行动。根据中央文明办测评结果反馈，印发《关于开展全国文明城区创建突出问题专项整改的通知》，明确各单位的专项整改责任及整改时限。于7月份启动“整容、正风、良序、家园、提素、造势”六大专项整治行动，重拳整治占道经营、乱停乱放、乱搭乱建、乱吐乱扔等不文明行为，城市面貌得到较大改观。在创建冲刺阶段，各部门、街镇鼓足干劲，齐心合力，主动认领工作任务，形成齐抓共管的强大合力，顺利迎接中央测评组的年度测评。2016年，长寿区的年度测评结果实现分数和名次双提升；创建全国文明城区工作年度测评总成绩86.66分，较2015年提高8.39分，在14个提名城区中排名第七，较2015年上升5名；未成年思想道德建设工作年度测评总成绩91.48分，较2015年提高8.04分，在14个提名城区中排名第七，较2015年提升4个名次。

【群众性精神文明活动】 文明细胞创建常抓不懈。加强对文明单位、文明村镇、文明家庭等文明细胞创建工作的指导，年内新命名区级文明单位26个、文明社区1个、文明村2个，撤销40个单位（村、社区、小区）荣誉称号。年底前全区有区级文明单位310个、文明社区5个、文明村24个。对市级以上文明单位、文明村镇开展复查，将符合条件的80个市级以上文明单位、17个文明村镇报送市文明委。区委宣传部、区文明办、区妇联联合开展区级文明家庭评选，评出区级文明家庭60户，由区文明委命名。

创建活动走进群众生活。“我们的节日”系列主题活动丰富多彩，利用春节、元宵、清明、端午、七夕、中秋、重阳等传统节日开展区级示范活动12场，各街镇开展主题活动40余场，广泛传播节日文化，丰富节日内涵。“创文明城·做文明人”文艺汇演深入城乡，区委宣传部、区文明办组织各街道社区主题文艺演出60余场，吸引10余万群众参与。文明旅游联动开展，重要节日前均召开文明旅游联席会议，部署文明旅游工作；加强景区文明氛围营造，开展文明旅游劝导，市民积极支持配合，旅游中的不文明行为明显减少；菩提山文化旅游景区被评为重庆市文明旅游风景区，2名导游获得重庆市文明导游称号。

【公民道德建设】 2016年，开展长寿区“十大乡贤”“十大孝星”“最美工匠”评选活动，评选出长寿区“十大乡贤”、长寿区第二届“十大孝星”“最美工匠”各10名，评出提名奖各10名。深化“我推荐我评议身边好人”活动，利用报纸电视、微博微信、QQ群、宣传栏等及时发布“身边好人”信息，利用《长寿日报》、长寿电视台、《长寿文化》报等媒体进行宣传报道。全年有7人登上“重庆好人榜”；涌现出“感动重庆”月度人物罗新、重庆市“岗位学雷锋”标兵罗长华、重庆市“榜样慈父慈母”张玉芬等典型。通过媒体系列报道、微访谈、善行义举榜等加强典型学习宣传，在中秋、春节等传统节日对各类典型进行走访慰问，营造“见贤思齐、崇德向善”的良好氛围。

2016年10月9日，长寿区举办“十大健康寿星”“十大孝星”颁奖仪式。区领导李彬旭、涂奇微等出席

利用各类媒体媒介广泛刊播“讲文明树新风”“图说我们的价值观”公益广告传播文明，全年刊播100余万条次，实现公益广告宣传立体化、全覆盖。依托长寿新闻网建成长寿文明网，开通“文明长寿”微信公众号，常态展示全区精神文明建设成果。加强网络文明传播工作，参与中国文明网“春日读好书”“长征中的那些人”“妈妈，宝贝为您唱首歌”等网传活动。开展精神文明建设信息撰写报送工作，30余条信息被重庆文明网采用，6条信息被《重庆精神文明建设》简报采用，10余条信息被中国文明网选用。

【志愿服务活动】 统筹管理志愿服务，全面推进全区志愿服务工作。印发《关于深入推进志愿服务工作的通知》《关于推广和使用“志愿云”系统的通知》等，明确各街镇、各部门的志愿服务工作任务，对各级志愿者招募注册、采集需求、组织培训、开展活动、活动记录等内容作出具体规定。年底前，全区有注册志愿服务组织597个，注册志愿者8.2万余人，服务群众逾80万人次，志愿服务实现“增量”。

加强“志愿云”系统的推广和指导工作，实现对全区志愿服务工作情况的线上管理。继续为凤城街道桃花社区、东街社区，晏家街道龙山社区，菩提街道朝阳社区4个区级志愿服务示范站提供资金支持，示范站建设实现提档升级；在全区各社区推广建设志愿服务站。以综治岗亭为依托，建设10个志愿服务岗亭。全国文明单位国网长寿供电公司继续支持“桃花大道——桃源大道”交通文明劝导示范街建设，为示范街运行提供资金支持；示范街上的10个交通文明劝导示范岗常年开展文明劝导，成为城市的一道靓丽风景线。桃花社区获市级“最佳志愿服务社区”，市委宣传部副部长、市文明办主任万相兰到长寿考察时给予高度肯定。

志愿服务品牌培育坚持打造本土精品志愿服务组织，江南街道敬老爱老志愿者服务队、长寿心灵家园、重棉老年帮帮团、“故事妈妈团”等品牌逐渐为人们熟知。江南街道敬老爱老志愿者服务队开展的“临终关怀”志愿服务，体现人间大爱；长寿心灵家园开展公益沙龙、邀请教育专家开办公益讲座、开展“与留守儿童过周末”等活动，长期关注家庭教育、关爱儿童成长；重棉老年帮帮团由低龄老人服务高龄老人，开启“以老帮老”模式，得到媒体广泛关注，2016年11月26日，人民网以《长寿：“老年帮帮团”帮老人代购、交水电费》为题进行报道，该项目获得重庆市志愿服务项目银奖，项目发起人孙滨获得重庆市最美志愿者称号；“故事妈妈”在城区社区广泛开办公益故事会300余场，受到家长和孩子们的热烈欢迎，项目获得重庆市志愿服务项目金奖。

2016年8月5日，长寿区启动好体育人志愿服务活动

常态开展志愿服务活动。每月第一个周六坚持开展“礼让斑马线·文明我点赞”志愿服务行动，安排机关干部、社区志愿者开展交通安全和文明礼仪劝导。围绕“创文明城·做文明人”主题，安排部署“3·5”学雷锋主题志愿服务活动、“七一”党员志愿服务活动、“德耀巴渝·志愿重庆”好体育人志愿服务活动、“12·5”国际志愿者日、创建全国文明城区文明劝导等大型活动，创新开展系列志愿服务活动。各社区每月开展邻里守望、治

安巡逻、文明礼仪宣传、帮助空巢老人、关爱留守儿童等主题志愿服务活动2场以上。全区全年开展各类活动上千场次，参与志愿者近十万人次，服务群众数十万人。

【未成年人思想道德建设】 持续搞好阵地建设，区文明办会同区教委、区财政局到各项目建设学校，加强乡村学校少年宫建管用指导。乡村学校少年宫建设水平稳步提升，完成乡村少年宫的信息统计和备案；组织全区9所学校参加全市考评，4所获二等，5所获三等。会同区教委、团区委依托区青少年活动中心建成长寿区校外心理辅导站，整合区内心理辅导教师资源，开展心理辅导和心理健康讲座40余场次，促进未成年人健康成长。

开展系列主题活动，组织全区中小学生参加“寻根乡愁·记住年味——九童圆梦猴年春节行动”，获全市11个优秀组织奖之一；以第四届中小学生艺术节为契机，举办“童心向党”合唱比赛、“童讲中国梦”“童秀中国梦”等主题活动，深化“九童圆梦”行动；区文明办会同区教委、农商行长寿支行参加全市“寻找最美家书”活动，择优向市文明办报送50份作品；开展“我爱家乡·童画文明”活动，评出一等奖15名、二等奖30名、三等奖56名，优秀辅导奖30名。

选树榜样，开展“最美学生”评选。经过组织发动、学校推荐、网络投票、评委审定等环节，评选出汪千力等10名最美学生；在全市“寻找重庆慈孝榜样”公益活动中，张叶语被评为“重庆市十佳慈孝孝心少年”；在“百名重庆美德少年”展示活动中，黄嘉俞等2人被评为“百名重庆美德少年”，周柯伊等7人获得“重庆美德少年提名奖”。

开展困难帮扶活动，区文明办联合区教委、区卫计委开展关爱困境儿童志愿行动，通过“六个一”行动，对留守儿童、困难儿童进行心理疏导、功课辅导、扶贫济困、人格培育。联合全区11个部门开展开展“金秋助学·圆梦行动”筹资54.6万元，帮助182名学生上大学。

（王小强　吕　峰）

集体荣誉榜

表7　　**2016年长寿区获市级以上表彰先进集体**

获奖项目	获奖单位	授奖单位	授奖时间
全国义务教育发展基本均衡区	长寿区	国务院教育督导委员会	2016年3月
全国安全生产月和安全生产万里行活动先进单位	长寿区安监局	国务院安委会办公室	2016年9月
第三届中国青年志愿服务项目大赛银奖	长寿区“小种子”故事妈妈团志愿服务项目	共青团中央 中央文明办等六部门	2016年12月
中国林业产业突出贡献奖	长寿工业园区管理委员会	国家林业局 中国农林水利气象工会全国委员会	2016年12月
国家知识产权优势企业	鼎盛印务有限公司 瑞霆塑胶有限公司	国家知识产权局	2016年12月
2014－2015年度全国青少年维权岗	长寿区人民检察院 “莎姐”青少年维权岗	全国青少年维权岗创建活动领导小组办公室	2016年10月
第六届全国先进基层检察院	长寿区人民检察院	最高人民检察院	2016年5月
全国检察宣传先进单位	长寿区人民检察院	最高人民检察院	2016年9月

续表

获奖项目	获奖单位	授奖单位	授奖时间
2016 年度九三学社组织建设先进集体	九三学社重庆市长寿区委	九三学社中央组织部	2016 年 12 月
2016 年中国化工园区 20 强	长寿经开区	中国石油化学工业联合会	2016 年 5 月
重庆市先进基层党组织	江南街道龙山社区党委	中共重庆市委	2016 年 7 月
	葛兰镇盐井村党支部		
	江南工商所党支部		
重庆五一劳动奖状	长寿区公安局	重庆市总工会	2016 年 3 月
	重庆华硕建设有限公司		2016 年 12 月
重庆市工人先锋号	重庆博腾制药科技股份有限公司 110 车间	重庆市总工会	2016 年 12 月

（中共重庆市长寿区委组织部、重庆市长寿区总工会及有关单位提供）

长寿城桃花骑鞍片区

政 治

- 中共重庆市长寿区委员会
- 重庆市长寿区人民代表大会
- 重庆市长寿区人民政府
- 政协重庆市长寿区委员会
- 中共重庆市长寿区纪律检查委员会（区监察局）
- 民主党派　工商联
- 群众团体
- 法治
- 武装

中共重庆市长寿区委员会

重要会议

【中共重庆市长寿区委十二届八次全会暨全区经济工作会】 2016年1月20日，中共重庆市长寿区委员会（简称区委）在科技文化中心召开十二届八次全会暨全区经济工作会。区委委员、区委候补委员46人出席会议，原担任实职的县（区）级离退休党员干部、区纪委委员等264人列席会议。上午，区委书记周勇代表区委常委会向大会做报告，总结2015年主要工作，肯定2015年长寿区在“四连困”的严峻形势下，在落实中央“四个全面”和市委区域发展战略、促进全区经济社会全面发展方面取得的成绩。报告认为，2015年区委认真开展“三严三实”专题教育，形成全面从严治党的良好态势；奋力实现稳中求进、难中突进，取得经济社会发展的良好业绩；扎实推进全面深化改革和依法治区，构建改革法治“双轮”驱动的良好格局；科学谋划“十三五”发展，展现长寿大发展的良好前景；不断加大“总揽全局、协调各方”力度，巩固风清、气正、心齐、事成的良好局面，圆满实现“十二五”收官，为“十三五”顺利开局奠定坚实基础。报告同时对2016年贯彻党的十八大、十八届三中四中五中全会和总书记习近平系列重要讲话精神，实现“十三五”时期经济社会发展良好开局进行安排部署，要求各级各部门必须把思想和行动统一到区委、区政府对发展目标的安排上来，增强信心和定力，增添恒心和动力，真正抓住新机遇、实现新作为、开创新局面，以实施工业聚合、文旅结合、产城融合、城乡统合、社会和合实实在在的成效，以稳中求进、难中突进实实在在的成绩，重点统筹好“五个扎实推进”，全面完成或超额完成全年目标任务。会上，区委副书记、区长赵世庆总结2015年经济工作并安排部署2016年经济工作。区委副书记谭庆主持上午大会。

下午，各小组对周勇的报告和赵世庆的讲话进行认真细致的讨论，提出意见和建议。区委副书记谭庆在大会上做总结讲话，要求全区各级各部门要迅速行动、精心部署，增强推动长寿大发展的信心和决心，及早谋划全年工作，努力保持干事创业、创新发展的良好局面。长寿经开区党工委书记、管委会主任，区委副书记、副区长巴川江主持下午大会。

【中共重庆市长寿区委十二届九次全会暨全区第三季度经济工作会】 2016年10月20日，区委在科技文化中心召开十二届九次全会暨全区第三季度经济工作会。区委委员、区委候补委员44人出席会议，原担任实职的县（区）级离退休党员干部、区纪委委员等278人列席会议。上午，区委书记赵世庆代表区委常委会就加快实施创新驱动发展战略，加快建设创新驱动发展示范区做报告。报告指出，全区上下要牢固树立创新发展理念，坚定不移把创新摆在发展全局核心位置，切实增强创新驱动发展的思想自觉行动自觉；牢牢把握创新驱动发展的目标任务，努力开辟长寿特色创新驱动发展的新路子新空间；加强组织领导和工作统筹，切实营造良好的创新生态创新环境，为全力建设创新型长寿，努力争当创新发展的排头兵，实现“三个全面建成”的宏伟蓝图努力奋斗。区委副书记、区长巴川江对《中共重庆市长寿区委 重庆市长寿区人民政府关于深化改革扩大开放加快实施创新驱动发展战略的意见（讨论稿）》作说明，并就前三季度经济工作进行总结、第四季度经济工作进行安排部署。区委常委、区委组织部部长王志宏对《关于召开中国共产党重庆市长寿区第十三次代表大会的决议（草案）（讨论稿）》作说明。区委常委、区政府常务副区长左永祥主持上午大会。

下午，会议审议通过《关于召开中国共产党重庆市长寿区第十三次代表大会的决议（草案）》；追认十二届区委第一百四十二次常委会会议关于终止韩树明等7人区第十二次党代会代表资格的决定；审议通过《中共重庆市长寿区委十二届九次全会决议（草案）》；区委书记赵世庆在会议结束时作总结讲话。区委副书记、区长巴川江主持下午会议。

【中共重庆市长寿区委十二届十次全会】 2016年12月13日，区委在区委党校学术报告厅召开十二届十次全会。区委委员、区委候补委员40人出席会议，原担任实职的县（区）级离退休党员干部、区纪委委员等269人列席会议。会议分为两个阶段，第一阶段，区委书记赵世庆就坚决贯彻落实中央和市委全面从严治党的新部署新要求，全面贯彻落实《关于新形势下党内政治生活的若干准则》和《中国共产党党内监督条例》（以下称《准则》和《条例》），推动全面从严治党向纵深发展的讲话。指出全区党员干部要切实增强“四个意识”特别是核心意识、看齐意识，坚决拥护、坚决维护、坚决服从以习近平同志为核心的党中央；严格执行《准则》和《条例》，大力推动全面从严治党向基层延伸、向纵深发展；以党的十八届六中全会和市委四届十次全会精神为指引，全力以赴抓好当前各项工作，走对路、扎实干，扬鞭奋蹄、创新实干，不断推动全面从严治党取得新成效。书面报告2016年区委常委会工作情况（详见《工作综述》）。区委副书记、区长巴川江主持第一阶段会议。

第二阶段，听取区第十三次党代会筹备工作情况报告；审议通过区委工作报告（草案），决定提交区第十三次党代会审议；审议通过区纪委工作报告（草案），决定书面提交区第十三次党代会审议；审议通过区第十三次党代会议程（草案），决定提交大会预备会议表决通过；通过区第十三次党代会主席团建议名单，决定提交大会预备会议表决通过；通过区第十三次党代会秘书长建议名单，决定提交大会预备会议表决通过；通过区第十三次党代会主席团常务委员会委员建议名单，决定提交大会主席团第一次会议表决通过；通过区第十三次党代会执行主席分组建议名单，决定提交大会主席团第一次会议表决通过；通过区第十三次党代会副秘书长建议名单，决定提交大会主席团第一次会议表决通过；通过区第十三次党代会代表资格审查委员会成员建议名单，决定提交大会预备会议表决通过；审议通过区第十三次党代会代表团划分及召集人建议名单；审议通过区第十三次党代会各代表团团长、副团长建议名单，决定提交各代表团第一次代表会议表决通过；提出区第十三次党代会列席人员建议名单，决定提交主席团第一次会议表决通过；提出区第十三次党代会邀请在主席台就座人员建议名单，决定提交大会主席团第一次会议通过；讨论决定长寿区提名的重庆市出席党的十九大代表推荐人选；投票确定长寿区出席中国共产党重庆市第五次代表大会代表候选人预备人选。区委书记赵世庆主持第二阶段会议。

【中国共产党重庆市长寿区第十三次代表大会】 2016年12月26日下午14：00，长寿区第十三次党代会预备会议在科技文化中心主会场举行。区委书记赵世庆主持会议。会议应到代表345人，实到代表338人，列席98人。会议审查通过中国共产党重庆市长寿区第十三次代表大会主席团名单、大会秘书长名单、代表资格审查委员会名单和大会议程。区委书记赵世庆就开好党代会提出三点意见：要始终保持饱满的政治热情，要倾心建言献策未来大发展，要营造风清气正的大会氛围。

2016年12月27日上午10:00，长寿区第十三次党代会在科技文化中心主会场开幕。大会应到代表345人，实到代表339人，列席98人。会上，区委书记赵世庆代表中共重庆市长寿区第十二届委员会向大会做报告。报告总结回顾区第十二次党代会召开后的工作，科学确定未来五年的奋斗目标和重点任务。报告指出，过去五年是克难奋进砥砺前行的五年，圆满完成“十二五”规划目标任务，顺利实现“十三五”良好开局，全区加快打造“三地一中心”，经济发展实现难中有进；稳步建设“四宜双百”（即宜居、宜业、宜游、宜寿，百万人口、百平方千米。下同）特色卫星城，新型城镇化跃上新台阶；扎实构建“六有民生体系”（学有所教、劳有所得、病有所医、老有所养、住有所居、贫有所扶。下同），民生保障水平持续提升；着力推进改革法治“双轮”驱动，发展活力不断释放；不断筑牢生态环保、安全稳定、廉政勤政“三条保障线”，发展环境持续向优向好；深入实施“五大党建工程”（先导、领航、提质、强基、清风五大工程。下同），基层党的建设全面加强，五年的发展成就是在承继建区十年扎实工作上取得的。提出从2017年开始的五年，长寿经济社会发展的指导思想是：高举中国特色社会主义伟大旗帜，以马克思列宁主义、毛泽东思想、邓小平理论、“三个代表”重要思想、科学发展观为指导，深入学习贯彻总书记习近平系列重要讲话和视察重庆重要讲话精神，全面贯彻落实党的十八大以后中央和市委重大决策部署，切实增强政治意识、大局意识、核心意识、看齐意识，统筹推进经济、政治、文化、社会、生态文明“五位一体”建设总体布局，协调推进“四个全面”战略布局，坚持以人民为中心的发展思想，坚持创新、协调、绿色、开放、共享的发展理念，如期全面建成小康社会、全面建成“三地一中心”、全面建成“三大愿景”框架，奋力开创“科学发展、富民兴区”新局面。报告提出三大奋斗目标：一是“三地一中心全面建成”。全区综合经济实力和质量效益显著提升，经济结构进一步优化，地区生产总值和一般公共预算收入实现翻番，分别突破1000亿元、75亿元；规上工业总产值翻一番，超过2000亿元，其中战略性新兴制造业占比达30%，建成国家级产业示范基地；在全市率先实现适农区域农业现代化，农村居民人均可支配收入翻一番，建成全市现代农业发展示范区；旅游收入达到80亿元，过夜游客人数翻一番，三大百亿级旅游景区（天赐长寿湖、菩提长寿山、滨江长寿谷。下同）提质提档，创建市级全域旅游示范区和国家级旅游度假区；商品销售总额翻一番，达到600亿元，重庆工贸城全面建成，沿江现代物流园初步成型，成为全市重要物流枢纽。二是城乡整体面貌全域改观。以持续创建和提升全国文明城区为抓手，带动城乡建设提质和整体面貌改观；城区建成面积达到70平方千米，常住人口城镇化率达到66.8%，城市布局科学合理、交通内畅外联、功能完备升级，建成山水交融、文化彰显的“四宜双百”特色卫星城框架；美丽乡村建设全面推进，农村生产生活条件大大改善，农村基础设施建设实现“三个百分之百”（行政村道路通畅率和通客车率，农村移动4G网络覆盖率，农民新村天然气覆盖率为百分之百），初步建成城乡一体化发展模范区；全区森林覆盖率达到46%，单位地区生产总值能耗累计下降15%，主要污染物排放持续下降，绿水青山展现美丽画卷；长寿文脉得到良好挖掘和传承，城乡文明水平和居民文明素养显著提升。三是改革发展成果全民共享。居民收入较快增长，差距逐步缩小，民生投入保持与经济发展同步增长；公共服务体系更加健全，城镇登记失业率低于3%，社会保障进一步扩面提标，教育质量和公平性进一步提升，全方位全周期健康保障体系进一步健全，城乡社会事业发展更加均衡；治理体系和治理能力现代化显著提升，法治建设、平安建设进入全市前列，社会更加和谐稳定，人民群众获得感安全感幸福感持续增强。

2016年12月29日上午10:30，区第十三次党代会第二次全体会议在区科技文化中心主会场召开。区委书记赵世庆主持会议。会议选举出第十三届区委委员、候补委员、区纪委委员和长寿区出席重庆市第五次党代会代表；通过关于十二届区委工作报告的决议、关于十二届区纪委工作报告的决议。至此，为期四天的中国共产党重庆市长寿区第十三次代表大会，圆满完成各项议程，胜利闭幕。

【中共重庆市长寿区委十三届一次全会】 2016年12月29日下午16：00，区委十三届一次全会在行政中心9楼C1会议室召开。会议以无记名投票方式，选出新一届区委领导班子。赵世庆、巴川江、左永祥、何以龙、王身高、谭伟、王志宏、蒋牧宸、李松、师明萌当选为中共长寿区第十三届委员会常务委员会委员。赵世庆当选为中共长寿区委书记，巴川江、左永祥当选为区委副书记。通过《中国共产党重庆市长寿区第十三届纪律检查委员会第一次全体会议选举结果的报告》。区委书记赵世庆代表新一届区委常委会，发表题为“不忘初心、不辱使命”的讲话，强调要做对党忠诚的表率，要做为民服务的表率，要做担当实干的表率，要做廉洁自律的表率。（陈跃勇）

工作综述

【概况】 2016年是实施“十三五”规划开局之年。面对复杂多变的宏观环境和艰巨繁重的改革发展稳定任务，长寿区统筹推进“五位一体”总体布局和协调推进“四个全面”战略布局，扎实践行五大发展理念，各项事业取得新成效。全年实现地区生产总值454亿元，比2015年增长10.7%；地方财政收入91.2亿元，增长10%；完成规上工业总产值900亿元，增长12.5%；完成固定资产投资580亿元，增长15%；社会消费品零售总额117.1亿元，增长13.4%；城乡居民人均可支配收入分别为29915元和13252元，分别增长8.5%和10%。

【创新驱动发展】　推动以科技创新为核心的全面创新，强化产业创新支撑作用，依托五大主导产业，大力引导和推动创新资源向长寿经开区、长寿工业园区、现代农业园区聚集。运用“互联网+物流”开展业态和模式创新，与攀华集团和找钢网合作打造“胖胖狗”钢材产品零售网，建设化工品交易网，电商产业园实现交易额2.3亿元。强化企业创新主角作用，新培育市级知识产权优势企业7家、市级知识产权试点企业21家。推动企业研发机构法人化，云天化重庆研发中心实现研发机构独立法人化。全面落实支持企业创新政策措施，设立每年不低于1.5亿元的创新驱动发展战略专项资金和20亿元股权引导基金政策。强化平台创新基础作用，建成院士工作站、博士后科研工作站等各级各类创新研发平台25个。成功打造市级“众创空间”2家，建成市级科技企业孵化园1家、区级科技孵化器1家，培育市级微企孵化园3个、区级微企孵化园4个。长寿经开区成功升创国家知识产权试点园区，长寿工业园区建成市级知识产权试点园区，现代农业“三园”成功申报国家农业科技园区。强化制度创新保障作用，制定实施《关于深化改革扩大开放加快实施创新驱动发展战略的意见》及系列配套文件，建立创新驱动发展战略工作联席会议制度，完善化工产业专利信息查询平台服务功能。强化人才创新关键作用，先后与清华大学、重庆大学等20余所知名高校、院所建立技术依托和协作关系，与中科院重庆绿色智能技术研究院签订合作框架协议。

【稳定增长】　坚持把稳增长作为头等大事，充分发挥投资对稳增长的关键作用，完成重大项目投资260亿元，新开工项目115个，完工66个。扩大对外开放促进外贸出口，引进秀顺贸易、金绮贸易等外贸公司，壮大博腾制药、环松科技等发展服务贸易，实现外贸进出口总额12亿美元、离岸服务外包执行额1.12亿美元。全面提升基础设施互联互通建设水平，渝长高速扩能、长寿长江二桥项目开工，沪渝南线长寿支线二期工程和沿江高速北线纳入全市高速公路规划，城市建成区面积达到56.86平方千米，居主城区外各区县前列，城镇化率63.32%，加快推进特色村镇建设，持续改善小城镇人居环境，从2014到2016年实施小城镇基础设施项目64个。

【调整结构】　加大转方式调结构力度，围绕“三去一降一补”任务加快调整供给结构、增加有效供给，支持重钢调减船板钢产能200万吨，去除煤炭产能49万吨，有序推进房地产去库存。装备制造、新材料、电子信息三大新兴产业产值分别增长26.7%、30.3%、12%。成功引进深圳比克电池新能源、国乾手机等项目，实现新能源汽车、信息通讯终端产业零突破。提升特色效益农业发展水平，农畜产品加工业、乡村旅游、“互联网+农业”等一、二、三产融合发展进程加快，全年实现农林牧渔业及其服务业增加值44.9亿元，比2015年增长5.0%；实现农业总产值66.2亿元，增长15.4%。持续繁荣发展旅游业，将长寿文化融入“一湖一山一谷”旅游核心景区开发，全年实现旅游收入47亿元，增长11.9%；旅游人数770万人次，增长10%。

【民生工作】　全年民生领域投入34.93亿元，占一般公共预算支出62.48%。滚动实施22件重点民生实事，整治山坪塘719口，完成孕妇产前出生缺陷筛查3479人、育龄妇女“两癌”筛查2.4万人，解决714人饮水安全问题，新建80千米村社便道，5490人接受就业技能培训，新增8个通光纤行政村。坚持把脱贫攻坚作为第一民生工程，实施扶贫工程和扶贫行动，完成3445户4416名贫困患者调查工作，落实产业扶持补助专项资金600余万元，资助贫困大学新生109人。持续抓好社会事业发展，发放创业担保贷款1.1亿元，城镇新增就业21971人，城镇登记失业率低于3%。城乡社保稳步扩面提标，城乡养老、医疗保险参保率分别达到95%、100%。成功创建国家义务教育发展基本均衡区，新改扩建校舍2.6万平方米，晶山小学等3所城区学校建成投用，长寿第一所大学重庆化工职业学院正式迁建投用，长寿湖远恒佳国际学校年内开工。区人民医院北城分院、区中医院和区妇幼保健计划生育服务中心等建设项目有序推进。注重老城区升级改造开发，拆迁改造城市棚户区277户、2.17万平方米。实物配租公（廉）租房1349套，发放城乡低保金6000余万元，城乡医疗救助14.7万人次、资金2700万元，临时救助5200户7000人、资金1100万元。深入实施蓝天、碧水、宁静、绿地、田园“五大环保行动”，完成集中式饮用水水源地规范化建设，城区集中式饮用水源地水质合格率100%。持续推进桃花溪河外截污、河道清淤、景观打造工程，噪声达标区实现建城区全覆盖；完成3.8万头存栏生猪当量污染治理设施工程整改，依法关闭或搬迁禁养区养殖场268家，完成12家畜禽养殖污染整治；危险废物和医疗废物规范处置率100%；长化公司环保搬迁年内实现生产性关停；深入开展节能减排，完成5家化工企业臭气污染源专项整治，钢铁、水泥等重点燃煤企业实现在线监测和污染物达标排放，完成年度减排项目39个，化学需氧量、氨氮、二氧化硫、氮氧化物4项减排指标比2015年分别下降5.7%、4.2%、3.8%、3.1%；加大环境监管执法力度，行政处罚81件，罚款1470万元；设立街镇环保所19个，配备专职环保人员95名。实施4个农民新村建设；深入推进全国文明城区创建，发放宣传资料80万份，制作公益广告宣传牌5万份，启动并推进“整容、正风、良序、家园、提素、造势”六大专项整治行动，对重点领域重点问题有针对性进行整改。

【风险防范】 积极防范和化解经济运行风险，强化政府性债务管控，完善政府融资平台公司债务成本限制、举借审批等制度，2016年，全区政府性债务余额121亿元，较2015年末减少6.83亿元，债务风险总体可控。在全市率先建立非法集资举报奖励制度及多部门联动综合执法机制，全年查处涉嫌非法集资企业18户，涉及金额1.02亿元。

【改革深化】 坚持突出问题导向、突出精准发力、突出完善制度，推动年度13项重点改革专项和60项重要改革任务落实；深化投融资体制改革，长寿长江二桥PPP投融资项目获批，成功开标并确定合作人。积极稳妥推进供给侧结构性改革，重钢产品结构逐步优化，辖区煤矿全部关停，下调工业用天然气销售价格0.7元/立方米，天然气用户每年至少节约成本15亿元，长寿经开区成为国家首批售电侧改革试点区域之一，商品住房去库周期处于10个月合理区间。深化“三农领域”改革，农村综合产权流转交易中心运行顺畅，实施56笔866.67公顷土地流转交易；推动土地经营权和林木所有权“两权分离”改革，颁发涉及266.67公顷土地上的42万余株林木权属证明。有序推进不动产登记制度改革，2015—2016年颁发不动产权证书59183本、不动产登记证明42297份。深化医药卫生体制综合改革，区人民医院等3家区级公立医院稳妥实施药品零差率改革。认真实施全面两孩政策。推动群团工作改革创新，全区263个村（社区）建立基层群团服务站。党政机关公务用车制度改革稳妥有序推进。

【平安建设】 牢固树立“大平安”意识，持之以恒筑牢安全稳定保障线。全力抓好安全生产工作，安全生产事故起数和死亡人数实现连续8年“双下降”。确保社会政治大局稳定，加强重点部位和场所巡逻防控，抓好各类敏感问题重点人员管控，圆满完成杭州G20峰会等重要敏感节点安保维稳任务。加强网络安全监管和舆情应对，严防境外非政府组织、境外敌对势力的渗透破坏活动，全年未发生暴力恐怖犯罪、极端恶性事件、重大政治事件“三类恶性案事件”。有效预防化解社会矛盾纠纷，开展矛盾纠纷三级定期联排联调，全年调解矛盾纠纷1.46万件。打造“阳光信访”“责任信访”“法治信访”，统筹推进“3+4”信访突出问题专项治理，引导信访人依法逐级信访，群众“到市进京”上访人次分别下降51.79%、44.4%。推进社会治安综合治理，完善立体化社会治安防控体系，保持对违法犯罪严打高压态势，全区侵财案件、“八类案件”（杀人、纵火、投毒、抢劫、强奸、绑架、爆炸、故意伤害）、可防性案件立案分别下降15.3%、13.7%、12.9%。

【依法治区】 落实全面依法治区实施意见，统筹推进全面依法治区各项重点工作。制定实施《长寿区宪法宣誓实施办法》，加强党内规范性文件和政府规范性文件备案审查。推行行政权力清单和责任清单制度，完成区级部门和街镇行政权力清理，严格落实重大行政决策公众参与、专家论证、风险评估、合法性审查等法定程序，建立起重大执法决定法制审核制度，修订完善《行政机关负责人出庭应诉的考核细则》，公安改革全面深化。推进司法责任制改革，区法院选任首批员额法官55名、区检察院选任首批员额检察官29名，建立人民陪审员退出机制，推进人民监督员改革试点，区检察院获评“全国先进基层检察院”。建立领导干部干预、插手、过问案件记录追责制度。发布并实施“七五”普法规划，建立法官、检察官、行政执法人员、律师等以案释法制度和区级单位年度普法工作目标任务责任制。

【“两学一做”学习教育】　（详见本类目《组织工作》分目）。

【三级集中换届】　坚持把区、镇（街）、村（社区）三级集中换届工作作为2016年重大政治任务来抓。着眼选出好班子，严格按照“二十字”好干部标准选拔任用干部，263个村（社区）党组织、村（居）委会全部完成换届选举；19个街镇领导班子成员全部调整到位，调整后镇级领导班子本科以上学历占90.23%，每个班子均配备一名以上35岁左右年轻干部，女干部配备率100%。着眼锻造好作风，各级党组织召开党委（党组）会，传达学习、贯彻落实中央、市委和区委有关换届工作会议精神，严明换届纪律，严格执行中央“九严禁”和市委“六不准”换届纪律要求，严肃换届风气监督，确保换届环境风清气正。

【全面从严治党】　坚持党要管党、从严治党，强化党建主业意识和全面从严治党主体责任，不断提高党的建设科学化水平。党的十八届六中全会和市委四届十次全会召开后，全区认真组织开展学习宣传贯彻总书记习近平讲话精神和《准则》《条例》活动，通过层层示范、层层带动，促使各级党组织、广大党员干部把思想行动统一到全会精神上来，把力量凝聚到全会提出的各项任务上来；严明党的纪律，特别是政治纪律和政治规矩，组织全区党员干部深入学习党章党规、总书记习近平系列重要讲话和视察重庆重要讲话精神，切实增强政治意识、大局意识、核心意识、看齐意识，坚决拥护、坚决维护、坚决服从以习近平同志为核心的党中央。加强领导班子和干部队伍建设，严格档案审核、个人有关事项报告、经济责任审计、任前廉政审查，对11名干部启动经济责任审计，34名党政主要领导干部进行离任经济责任事项交接；强化干部队伍战略化培训，培训干部2300人次；加强年轻干部和女干部、少数民族干部、党外干部培养选拔。全面加强区、镇（街）、村（社区）三级服务中心规范化建设，实现三级服务中心全覆盖；电商、超市、金融“三进村”覆盖率83.9%，贫困村实现全覆盖；深化群工系统功能推广应用，解决群众反映突出事项18159件；常态化整顿提升后进基层党组织，完成18个换届选举重点难点村和5个非公组织后进党组织整顿转化。非公党建工作进一步加强。党风廉政建设和反腐败斗争全面落实“两个”责任，细化责任清单，逐级签订责任书，层层传导压力；持之以恒反“四风”转作风树新风，查处违反中央八项规定精神问题17起，处理并通报曝光30人；持续深化纪检组织转职能、转方式、转作风“三转”，稳步推进区纪委派驻机构建设，派驻纪检组22个；坚持零容忍惩治腐败，立案62件，结案52件，党纪政纪处分60人，其中县处级干部13人，移送司法机关处理12人。持续深化市委巡视反馈意见整改落实。（陈跃勇）

组织工作

【概况】　截至2016年年底，全区有基层党组织1215个，其中党委71个，党总支29个，党支部1115个。有区级部门党组44个，市委派出工委1个，区委派出工委13个。有党员40761名，其中，正式党员40415名，预备党员346名；35岁以下党员6079名，占14.9%；36岁至60岁党员16183名，占39.7%；60岁及以上党员18499名，占45.4%。具有大专及以上文化程度的党员11798名，占28.9%；具有中专（高中）文化程度的党员8506名，占20.9%；初中及以下文化程度的党员20457名，占50.2%。2016年新发展党员237名（符合市委组织部下达的控制在240名以内的计划），其中女性100名，占42.2%；35岁以下182名，占76.8%；大专以上学历189名，占79.7%。

截至年底，全区有干部14188名，其中党政干部3275名，占23.08%；各类事业干部10913名，占76.92%；女干部6782名，占47.80%。从年龄结构上看，35岁及以下4923名，占34.70%；36～40岁1471名，占10.37%；41～45岁2302名，占16.22%；46～50岁2628名，占18.52%；51～

54岁2219名，占15.64%；55岁及以上645名，占4.55%。从文化程度上看，研究生学历661名，占4.66%；本科学历9044名，占63.74%；大专学历3766名，占26.55%；中专（高中）及以下学历717名，占5.05%。在党政干部中，女干部1003名，占30.63%；厅级干部35名，占1.07%；处级干部867名，占26.47%；科级及以下干部2289名，占69.90%。入额法官、检察官84名，占2.56%。

截至年底，全区有各类人才101381人，其中，党政人才3275人，企业经营管理人才18653人，专业技术人才30641万人，高技能人才23260万人，优秀农村实用人才19200人，社会工作人才3685人。引进院士2人。有享受国务院政府特殊津贴专家13人，“百人计划”人选1人，重庆市直接联系专家3人，省部级有突出贡献中青年专家4人，省部级优秀专业技术人才21人，省部级学术学科带头人（含后备人选）12人，全国技术能手4人，重庆市杰出技能人才3人，高职称人才（副高以上）2604人。

2016年5月，煜琨企业党组织书记讲党课

【“两学一做”学习教育】 根据中央和市委《关于在全体党员中开展“学党章党规、学系列讲话，做合格党员”学习教育方案》要求，制定全区和村（社区）、机关事业单位、教育卫生系统、非公组织“1+4”方案，成立协调小组和4个督导组，全覆盖督导各级党组织。扎实打牢学习这个基础，把学习党章党规和总书记习近平系列重要讲话精神统一起来、贯彻始终，明确7个学习专题，区委中心组开展专题学习10次，各基层党组织开展专题学习2938次；全区开展学习讨论9500余次，讲党课3300余人次，党员干部政治意识、大局意识、核心意识、看齐意识“四个意识”明显增强，维护党中央权威和总书记习近平领导核心地位的自觉性更加坚定。坚持问题导向，围绕党员队伍、基层党建和形式主义、官僚主义、享乐主义、奢靡之风“四风”方面的问题，严格落实基层党建7项重点任务，深入开展党组织关系集中排查、党费收缴工作专项检查、基层党组织按期换届排查、党员违纪违法排查等工作，基层党建突出问题得到有效解决。突出“做”这个关键，全区263个村（社区）设立党员志愿服务项目536个，3924名无职党员参加设岗定责并作出公开承诺10891个，开展志愿服务7654人次，帮扶困难群众3545人；坚持以学促做、以知促行，引导组织党员干部践行“四讲四有”（即讲政治、有信念，讲规矩、有纪律，讲道德、有品行，讲奉献、有作为）标准和“四个合格”（即政治合格、执行纪律合格、品德合格、发挥作用合格）要求。开展大走访、在职党员社区报到、结对帮扶、扶贫工作等活动，解决群众诉求1.2万件，助推6000多户贫困户按期脱贫，基层党组织战斗堡垒作用、党员先锋模范作用充分发挥；落实党员组织关系、党费收缴排查清理等基层党建7项重点任务，查找梳理问题1316条，完成整改885条。

【区、镇、村（社区）三级换届】 根据市委统一部署，配合市委干部考察组做好区级领导班子换届考察工作；做好区人大代表候选人建议人选、政协委员建议人选的相关提名、审查、考察等工作，为召开两会做好准备，确保组织意图圆满实现。完成镇级领导班子换届工作，开展区管领导班子回访调研工作，进行优秀年轻干部推荐，组建10个区委干部考察组对镇级领导班子换届进行考察；综合班子及成员民主测评、民主评议以及全额定向推荐和差额考察情况，制定镇级领导班子换届人事安排方案，全区19个街镇领导班子配备区管领导干部215名，新提拔61人，交流137人，改非13人；调整后的街镇领导班子平均年龄45.58岁（较调整前降低2岁），本科及以上学历194人（占90.23%，较调整前提高5个百分点）。开展村（社区）换届工作，制定“1+4”工作方案，成立村（社区）“两委”换届选举工作领导小组和19

个指导组，全程进行督查指导；坚持“四选八不选”选人用人导向，严格实行村（社区）“两委”候选人资格审查；严格依法进行选举，全区263个村（社区）党组织选举全部一次性成功，村（居）委会换届选举一次性成功率99.6%。

2016年6月27日，召开全区村、社区换届选举工作动员会。区领导赵世庆、王志宏、唐华、李松、陈会明出席

2016年9月6日，中共长寿区委党校第三期主体班开学典礼。区领导王志宏出席

【干部选拔任用】　认真贯彻《干部任用条例》，严格按“二十字”好干部标准选任干部，坚持从贯彻决策部署、履行岗位职责、关键时刻表现、完成攻坚任务等方面鉴别干部，新提拔64名处级领导干部，对14名在安全维稳、征地拆迁、城建规划等工作中表现突出的干部予以提拔重用。着力推动领导干部“能上能下”，对19名领导干部进行调整或免职，严格执行干部任期交流、回避交流等相关规定，对163名处级干部进行交流。有序开展处级非领导职务晋升工作，按照“退多进少”原则，晋升处级非领导职务干部22名。实施职务与职级并行工作，按照单位初审、组织人事部门复审、相关部门联合会审的方式严把关口，对83名干部进行职级晋升。

【干部教育培训】　推进党性教育系统化，开展理论教育、传统教育、典型教育、实岗锻炼和党性分析“五大模块”教学，举办主体班3期，培训干部355名。干部专业化能力培训，紧扣全区中心工作，举办总书记习近平系列讲话精神和党的十八届五中、六中全会专题培训班3期、中青年干部培训班2期、重庆周末讲堂8期，培训各类干部2300人次，组织全区2328名干部参加重庆干部网络学院在线学习。

【干部管理监督】　强化干部日常监督管理，对11名干部启动经济责任审计，督促34名党政主要领导干部开展离任经济责任事项交接；对216名科级干部选任实行全过程监督；对681名干部个人事项进行抽查核实，对漏报和瞒报干部分别进行批评教育和诫勉谈话。深化“专项整治”，全区消化超配干部268名，消化总幅度95%；对区管干部、正科级领导干部和涉密等岗位人员进行严格出国（境）管理，定期变更备案信息、撤销备案人员，实现动态化管理。全面完成区管领导干部档案审核，开展档案专审“回头看”工作，按照中组部、公安部等部门要求，做好干部出生日期更正工作。妥善处理信访和网络舆情，畅通电话、来信、来访等渠道，直接受理、督办查核群众信访举报77件；加强网络舆情监测处置工作，妥善处理舆情40余起。

【干部考核】　优化考核指标和分值，把“桃花溪污染整治”“精准扶贫精准脱贫工作”等重点工作增加进对街镇和区级部门的实绩考核体系，将街镇、区级部门领导班子实绩考核权重由50%分别提高到55%和70%，为承担市级考核任务的班子和干部量身制定考核办法，加大奖惩力度，激发干部干事创业热情。开展民意调查工作，完成电话调查4200份、现场调查2800份，推动办好一大批群众看得见、感受得到的民生实事，切实提升群众的幸福感和满意度。

【人才队伍建设】　出台创新驱动发展战略专项资金管理办法和社工人才队伍建设激励政策等机制，强化人才工作机制保障。大力实施市级重点人才项目“重化工高技能人才开发计划”和MDI上下游产业集群招才引智专项计划等10个区级人才项目。优化人才服务，兴建人才公寓200余套。

【基层党组织建设】 巩固完善三级服务体系，完成10个办公用房面积不达标的老旧社区的整改销号。严格落实村（社区）干部轮流值班、民事代办等制度，便民服务中心运行更加高效规范。推进“电商、超市、金融”三进村，覆盖率83.9%。规范群工系统使用，受理群众反映事项18011件，办结事项17891件，办结率99.3%。推进后进整顿，通过派驻工作队、落实“一支一策”等方式，完成18个换届选举重点难点村的整顿转化。抓好非公党建工作，推进党组织组建工作，年内新成立15个非公组织党组织和5个联合党支部，覆盖率近88%；成立古镇商圈非公党委、党群服务中心和工业园区党群服务中心，实现全区非公组织聚集地党群服务中心全覆盖。推广使用“群工系统（园区版）”，已办结群众反映事项43件，满意率100%。加强党内民主建设，开展党的十九大代表推荐提名和出席市第五次党代会代表选举工作。规范基层党组织生活，推动党员领导干部参与“双重”组织生活。做好建党95周年庆祝表彰，评选表彰49个先进基层党组织，100名优秀共产党员和49名优秀党务工作者。

【党员队伍建设】 严格执行党员发展预审制，将街镇党员发展权限全部收归区委，发展党员191名。着力加强党员教育，全年组织党员群众参加远程教育互动教学培训106期，培训各类人员12万人次，各站点使用率和达标率均为100%，排名并列全市第一。拍摄制作“社区好书记”“心路”“换届工作流程”等声像课件109部。加大党员帮扶力度，全年走访慰问党员1000余名，发放慰问金78.6万元。党内互助帮扶一次性临时救助贫困党员51名，发放救助金29.4万元；提高40年以上党龄老党员生活补贴标准，新增发生活补贴138.2万元。（袁时雨）

宣传思想文化工作

【理论武装】 一是加强中心组学习引领带动作用，印发《2016年度全区党委（党组）中心组学习意见》，区委中心组年内组织22次专题学习，全区各党委（党组）中心组专题学习1150余次。区检察院等市、区级学习型党组织建设示范点积极开展系列活动，发挥示范带动作用。二是落实意识形态工作责任制，全年召开3次全区意识形态工作座谈会、培训会，印发《全区党委（党组）意识形态工作责任制实施细则》和《党委（党组）意识形态工作责任追究处分暂行规定》等三项制度，制定全区论坛、讲座、课堂管理办法，全区党组织把意识形态工作纳入党建工作责任制，纳入领导班子、领导干部目标管理，落实主体责任。三是抓好理论宣传普及，全年组织中央、市委、区委全会和总书记习近平系列重要讲话精神宣讲720余场，面向机关、企业、学校、农村、社区开展各类主题宣讲1050场次，发放宣传资料18000余份。开展理论龙门阵“五提升”活动（即学习型党组织建设提升活动、面对面基层宣讲提升活动、新媒体传播理论提升活动、基层理论名嘴培育提升活动、学研用转化提升活动），开展微宣讲活动1150场次，培育优秀基层宣讲典型20名。四是深化理论学习成果转化，全区领导干部撰写调研、理论文章256篇，开展“长寿湖杯”文旅结合主题征文，收集文章122篇；编印《长寿（理论专刊）》3期3000册，编印理论文集《长寿发展探索（2015年卷）》2000册；组织开展社科规划调研课题25项。

2016年12月24日，长寿区委中心组学习，重庆市委党校教授张健宣讲十八届六中全会精神。区委书记赵世庆主持

【舆论引导】 注重扬正抑负，凝心聚力主旋律更加响亮。一是抓好主题宣传，提升长寿影响力。学习贯彻总书记习近平在党的新闻舆论工作座谈会上的重要讲话精神，围绕贯彻党的十八届五中、六中全会精神，“五位一体”总体布局和“四

个全面”战略布局，社会主义核心价值观，实施创新驱动发展战略等重大主题开展宣传；区内主要媒体开设专题专栏，刊播新闻稿件8100条次，专题3200期；依托中央媒体策划长寿区完成扶贫攻坚、推进创新驱动战略及长江生态文明建设采访报道，2016年《人民日报》《光明日报》《经济日报》等中央媒体刊发长寿区经济社会发展新闻报道10余篇次；邀请中央、市属主流媒体对长寿湖铁人三项赛、龙舟民俗文化节、沙田柚擂台赛等重大活动宣传报道，提升长寿的美誉度。二是打好网上舆论战，掌握网上舆论主动权。涉长寿舆情监测实现时间全覆盖、空间无盲区，确保第一时间发现、第一时间报送、第一时间处置，舆情综合监测能力不断提升；建立涉长寿舆情月度研判例会制度、舆情处置回复制度，实现涉长寿舆情“发现即处置”；面上坚持内容为王、形式创新、效果至上，点上建立起突发事件、热点新闻新闻发布制度，舆论引导形式不断创新。三是增强安全防护能力，筑牢网络空间安全屏障。高标准开展网络安全宣传周、网络安全进校园、网络安全知识竞赛等形式多样的活动；开展关键信息基础设施网络安全检查，及时梳理上报属地关键信息基础设施数据；加快整改属地网站的网络安全问题，及时指导修复网络安全漏洞，健全网络安全问题应急处置机制，网络安全防护能力稳步提高。四是媒体融合发展，构建全媒体工作格局。“人人长寿”APP下载量10万次，长寿日报政务微信公众号群关注者近30万人，手机报用户17.7万户；坚持“内容为王”，推进采编结构和流程改革，再造内容生产流程体系，新闻生产内容上推陈出新；利用新媒体技术手段，探索全新的新闻叙事方式和表现形式。

【精神文明建设】　一是以创建全国文明城区为抓手推动精神文明建设，建立健全创建工作领导体制和通报督查机制，对创建工作推进情况实行日检查、周通报、月小结、专项问题专项督办，顺利通过2016年度中央文明委年度测评；开展“整容、正风、良序、家园、提素、造势”六大专项整治行动，形成全域参与、全员参与创建的生动局面；以创建工作为引领，志愿服务、未成年人思想道德建设和农村精神文明建设等各项工作全面推进。二是宣传和践行社会主义核心价值观，利用报纸、广播电视、新闻网站、户外LED屏、T型牌、公园、广场、车站等刊播“讲文明树新风”“图说我们的价值观”公益广告，建筑围挡刊播和安装覆盖率90%以上，各类媒体媒介全年刊播20万条次。创新培育、选树先进典型，上报“感动重庆”月度人物13名，盲人罗新获评7月“感动重庆”月度人物；申报“岗位学雷锋”标兵2个、示范点1个，其中罗长华被命名为全市“岗位学雷锋”标兵；继续深化“我推荐我评议身边好人”活动，年内有7位好人荣登“重庆好人榜”。三是持续深化群众性精神文明创建活动，利用传统节日开展“送春联、迎新春”“元宵共叙邻里情”“清明祭英烈”“龙舟民俗文化节”“我们的节日·重阳十大孝星、十大健康寿星颁奖仪式文艺演出”“创文明城 做文明人文艺汇演”等区级示范活动，发动各街镇开展主题活动60余场次，参与群众20万人次。

2016年5月5日，长寿区创建全国文明城区推进会。区领导赵世庆、巴川江、陈瑛等出席

2016年长寿区科技、文化、卫生“三下乡”活动启动仪式

（其余详见《长寿概况》类目《2016年精神文明建设概况》分目）

【文化建设】　一是文体阵地建设惠及大众，文化“两馆一站一室”和体育场馆设施全面免费开放，区博物馆建设和文化馆搬迁有序推进。二是群众文体活动丰富多彩，在元旦、春节、端午等节日，组织开展“中国梦·巴渝风”系列群众文化活动40余场，通过物联网配送文化服务下乡200多场。三是文学艺术创作成绩斐然，制定《长寿区优秀文艺作品奖励办法》，组织创作优秀文艺作品400余件；参加市级以上各类展赛，获市级以上表彰（入展）30余件。四是文化产业发展提质增速，出台《小微企业扶持办法实施细则》和《古镇文化产业核心区企业扶持办法实施细则》，年内新增文体经营单位300余家；扶持文化微企30余家。长寿菩提古镇长寿文化创意产业孵化园全面建成，入驻文化企业20余家。

（其余详见《文化·体育》类目）

（董金津）

统一战线工作

【政治引导】　2016年，长寿区统战工作紧扣贯彻落实中央、市委和区委关于统一战线一系列重大决策部署总体要求，引导广大统战成员始终与中国共产党在思想上同心同德、目标上同心同向、行动上同心同行。继续贯彻落实《中国共产党统一战线工作条例（试行）》精神和中央、市委统战工作会议精神，召开全区统战工作会、暑期谈心会、政党协商会等，将精神实质再学习、再强调、再部署、再落实。开展“两学一做”学习教育实践工作、坚持和发展中国特色社会主义学习实践活动，学习贯彻中共十八届六中全会精神，净化党内政治生活，强化党内监督和“四个意识”树立。

【党外代表人士培养】　截至年底前，全区有副处级以上党外领导干部31人。其中，市管党外领导干部6人，区管正处级领导干部2名、副处级领导干部23名。各民主党派区委主委、区工商联主席、区知识分子联谊会会长分别进入区人大、区政府、区政协领导班子。区委按不低于50%的比例规定在区政府工作部门中配备党外领导干部。

支持各民主党派加强自身建设，引导他们强化制度建设、参政议政队伍和水平建设。2016年，全区各民主党派发展新成员53名。选派11名党外后备干部到市、区两级实践锻炼基地挂职锻炼，培训党外干部500余人次。解决区人大常委会、区政协不驻会党外副职享受同等经济待遇问题。参与2016年度全市统一战线教学竞赛，区社会主义学院教师赵新雅获第四片区一等奖、全市总决赛特等奖（第一名）。

2016年8月4日，长寿区党外人士暑期谈心会暨双月座谈会。区领导赵世庆、巴川江、张明生、张华、何以龙、王志宏参加

【政治协商】　中共长寿区委重视政党协商工作，研究出台加强政党协商的实施办法。结合区委年度工作重点，经十二届区委第126次常委会审定，确定年度政党协商计划。年内开展政党协商11次，分别就区委全会报告、“十三五”规划纲要、政府工作报告，以及人大、政府、政协三大家领导班子候选人等内容进行协商，收集意见建议87条，由区委督查室、区政府督查室逐项分解落实和办理。

【非公经济工作】　2016年，全区非公经济单位5.3万个，比2015年增长9.9%；非公经济增加值248.8亿元，增长13.3%；非公经济增加值占全区GDP54.8%，增长3.75%。

学习贯彻总书记习近平在参加全国政协十二届四次会议民建、工商联界别委员联组会时的重要讲话精神，以及市工商联经济工作会议精神，开展非公有制经济“两个健康”促进工作。出台长寿区中小微企业转贷应急周转资金管理暂行办法，引导各方共同支持非公经济发展。开展理想信念教育实践活动，着力构建“亲”“清”政商关系。搭建年轻一代非公经济人士发展平台，成立工商联青年商会。加强商会基层组织建设，成立乌鲁木齐长寿商会。强化非公经济人士教育培训，年内组织部分企业家到外地考察培训 4 次。引导民营企业转型升级，召开非公经济联席会议和促进民营经济转型升级发展专题座谈会，收到意见建议 40 余条，分解到相关部门办理落实。开展非公经济人士综合评价。开展区工商联换届工作，完成政治交接。

2016 年 8 月 16 日，长寿区统战主题教育活动。区领导何以龙出席

【民族宗教侨台工作】　开展民族政策法规宣传，发放《民族理论政策法规知识手册》300 余册。开展民族团结进步模范村创建，将新市街道新合村列为 2016 年民族团结进步模范创建村；将黄桷湾小学作为民族文化进校园创建单位，已通过验收。完善 2015 年试行的宗教活动场所管理三个等级评比办法，开展和谐寺观教堂创建活动。加强制度建设，出台长寿区港澳侨台海外统战工作联席会议制度。健全基层组织，成立侨界青年联谊会。抓住群团改革机遇，开展摄影培训班等活动，创新开展侨联工作。搭建网络平台，通过网站、微信、侨联通等渠道向海外人士传递家乡资讯。争取市级扶贫创业资金 5.7 万元，扶持创业、救助贫困的侨界人士。做好对台专项工作，开展“长台同名乡镇基层联谊交流”活动，承办“台湾周”和南投县日月潭到长寿结姊妹湖活动等，增强海外人士的认同感和归属感。招商引资引智，主动为在长寿侨台企业排忧解难。

【换届工作】　制定协助各民主党派区委、区工商联、区知识分子联谊会换届工作的意见。长寿区各民主党派、工商联、知识分子联谊会换届工作圆满完成，做到加强领导、沟通协商、程序规范、严肃纪律、平稳交接和增进共识。

2016 年 10 月 19 日，重庆台湾周活动在长寿。区领导何以龙等参加

贯彻落实全市各区县换届工作统战分线会议精神，制定区政协换届委员协商提名工作和党外人士在区人大的安排工作的意见。区委统战部紧扣“大团结大联合”主题，将严格程序、标准和纪律贯穿始终，注意推荐各行业各领域的优秀人才，做到行业、界别、部门全覆盖。其中，提名党外区人大代表正式候选人 104 人，占总数的 35%；选举产生党外区人大代表 93 人，占总数的 31.7%；协商确定党外区政协委员 171 人，占区政协委员总人数 284 人的 60.2%。　　（张成文）

机构编制工作

【概况】　长寿区机构编制委员会办公室（简称区编办）设主任 1 名、副主任 1 名，内设综合科、机构编制科（挂督查科牌子）和行政管理体制改革科，下属参公事业单位事业单位登记管理局。2016 年，区编办结合机构编制工作新形势和新要求，深化重点领域体制改革、行政审批制度改革、事业单位分类改革，抓好机构编制日常管理工作。在全国五年一次机构编制先进集体评选中，区编办作为全市唯一的机构编制部门被中央编办、国家人社部联合授予“全国机构编制工作先进集体”称号；获市编办考核第一名；2 名同志获区委、区政府表彰。

【重点领域体制改革】 2016年，长寿区进行群团机构改革，制定群团机构编制方案，圆满完成10个区级群团机构改革任务。

表8　**长寿区群团改革后机构编制情况**

单　位	人员编制		部门领导	内设机构		下属事业单位情况	
	行政编制	事业编制	职　数	个数	领导职数	名　称	编制
总工会	—	9	3（1正2副）	3	3	困难职工帮扶中心	5
团区委	—	7	3（1正2副）	3	3	青少年活动中心	3
妇　联	—	9	3（1正2副）	3	3	—	—
工商联	4	—	3（1正2副）	1	1	民营企业维权投诉中心	3
社科联	1	—	—	—	—	—	—
科　协	—	6	3（1正2副）	2	2	—	—
残　联	—	7	3（1正2副）	2	3	残疾人综合服务中心	6
侨　联	—	5	2（1正1副）	1	1	—	—
文　联	—	3	2（1正1副）	—	—	—	—
计划生育协会	—	3	—	—	1	—	—

纪检派驻机构改革。制定纪委派驻纪检组的机构编制方案，实现区一级党和国家机关纪检派驻机构全覆盖。全区设置纪委派驻纪检组22个，即：区委办公室纪检组、区政府办公室纪检组、区委组织部纪检组、区委宣传部纪检组、区委统战部纪检组、区委政法委纪检组、区发展和改革委员会纪检组、区财政局纪检组、区经济和信息化委员会纪检组、区教育委员会纪检组、区城乡建设委员会纪检组、区交通委员会纪检组、区农业委员会纪检组、区公安局纪检组、区民政局纪检组、区人力资源和社会保障局纪检组、区国土资源和房屋管理局纪检组、区环境保护局纪检组、区水务局纪检组、区卫生和计划生育委员会纪检组、区林业局纪检组、长寿经济技术开发区纪检组；核定纪委派驻纪检组行政编制67名。

【行政审批制度改革】 简政放权。区政府印发公布《关于衔接落实重庆市2016年行政审批制度改革事项目录（第二批）有关工作的通知》。取消行政许可终审项目4项、行政许可初审项目3项。对全区169项非行政许可进行调整，取消非行政许可审批事项67项，将非行政许可审批调整为政府内部审批事项5项，变更为其他类别的行政权力97项，通过区政府发文、区政府门户网站公布。形成《重庆市长寿区行政许可（初审）项目目录（2016版）》（45项）和《重庆市长寿区行政许可（终审）项目目录（2016版）》（263项）。

行政审批中介服务清理。代区政府办公室拟发《关于清理规范区级行政审批中介服务的通知》，制定印发《关于贯彻落实重庆市清理规范行政审批中介服务事项工作的通知》。清理中介服务事项59项，形成《区政府决定清理规范的59项区级行政审批中介服务事项目录》，区政府发文公布。

【事业单位分类改革】 事业单位职能职责清理。编印《重庆市长寿区事业单位宗旨和“三定”规定汇编》，《汇编》明确全区各级各类事业单位的宗旨、职责任务、机构设置、人员编制、领导职数等具体内容，全面理顺事业单位职能职责边界。

行政类事业单位改革按照“部门清理—编办审核—反馈意见—部门报审”的方式，对行政类事业单位的职能进行全面清理。按照不纳入改革范围、没有法定依据、依法承担行政职能、行政执法机构的类别对行政权力进行划分。确定依法承担行政职能的事业单位改革名单，报市编办备案。

事业单位法人治理结构试点和经营类事业单位改革，完成区图书馆和区中医院两个试点单位的理事会章程、理事会成员招募方案、理事会选举办法等方案的初步设计。研究制定区文化委所属电影公司和区建委所属建筑设计院转企改制方案。

【机构编制管理】　控编减编，印发《重庆市长寿区党政机关和事业单位控编减编实施方案》，明确“确保长寿区行政编制（含政法专项编制）不突破市编办核定的总额，事业编制控制在市编办认可的2012年底的总量之内，2017年底前只减不增”的工作目标。全年批复使用行政编制93名（政法部门26名、区级部门67名），批复使用事业编制700余名（教育事业单位300余名、卫生事业单位250余名、其他事业单位150名）；否决增编50余名和用编70余名的事宜。严格核定教育系统编制，按照“不得突破上一轮核定编制总额，城乡中小学编制实行统一核定标准，向农村边远地区学校作适当倾斜”的原则，重新核定教育事业编制7149名，与上一轮持平。推进后勤服务社会化，截至2016年底，核销60名后勤服务事业编制。完成事业编制消化任务，已逐步消化2013年1—4月新增的178名事业编制。

机构编制实名制管理，严格上下编管理制度，凡机关事业单位人员有进出变化情况必须到机构编制部门办理上编下编手续；加强机构编制月报、年报工作，及时更新各单位机构编制人员信息。全年，办理上编手续500余人次，下编手续540余人次，变更、完善人员信息600余人次。

统一社会信用代码，年初对全区342个事业单位开展年度报告公示和换证赋码工作。印发《关于开展机关、编办直接管理机构编制的群众团体统一社会信用代码赋码工作的通知》，全区81家机关、群团部门完成统一社会信用代码证书申领工作。

网上名称注册管理，全区中文域名注册380余个，注册率96%；党政机关和事业单位网站申请挂标55个，保障党政机关、事业单位网络信息安全。　（周　游）

区直机关党建

【概况】　长寿区直机关工委全称为中国共产党重庆市长寿区直属机关工作委员会，成立于1989年，是负责区直属机关党的建设和思想政治工作的区委派出机构。区直机关工委下设办公室、组织科；截至2016年底，有在职在编公务员6人、工勤人员1人、外聘人员1人。2016年，以“服务中心、建设队伍”为核心任务，以开展“两学一做”学习教育为抓手，全面加强机关党的思想、组织、作风、制度和反腐倡廉建设，提高区直机关党的建设科学化水平。

【思想建设】　坚持思想先行，开展“两学一做”学习教育。一是及时印发《关于扎实开展“两学一做”学习教育工作的通知》和《关于督导工作有关问题的通知》，细化要求，突出机关特点，确保学习教育工作取得实效。二是把学习党章党规、学习系列讲话作为支部组织生活的重要内容，152个机关党支部既安排集中学习、党课教育、专题辅导、讨论交流，又统筹安排多种形式的自学，不断把学习引向深入。组织开展演讲比赛、微党课大赛、知识竞赛等丰富学习方式，增强学习效果。三是针对基层党建工作中存在的基层党组织未按期换届、党内组织生活不严肃、组织关系接转不规范、党费收缴管理不严格、党员档案管理不到位、党组织覆盖不全面、基层党建工作不务实等七个方面问题，在机关各部门党组织中开展全面深入排查，查找出相关问题120个。核准查实、确定重点难点后，机关各党组织建立问题明细台账，制定整改方案并确定整改完成时限，在学习教育工作推进过程中逐项整改落实。年底前区直机关已整改完成七个方面问题110个，其余的正在抓紧落实中。四是区直机关工委督促区直各机关，全面细化落实单位岗位职责和党员联系服务群众各项制度，开展党员进社区、城乡基层党组织结对共建等活动，引导党员干部在实践中学习党章和系列讲话重要内涵，立足岗位履职尽责，以实际行动发挥先锋模范作用。区直机关工委将76个区级和在长市属部门分成3个片区，先后多次有针对性地开展分类督导，实地了解45个部门工作开展情况，确保学习教育工作有序进行、取得成效。

【组织建设】　一是做好新党员培训与发展工作。按照“控制总量、优化结构、提高质量、发挥作用”的要求，严把质量关，在新党员培训教育上狠下功夫，做好新党员谈话教育，开展有针对性的党内教育活动，办好年度党员发展对象、预备党员培训班。2016年举办发展对象培训班3期、预备党员培训班2期，培训全区党员发展对象256名、预备党员154名；区直机关发展新党员23名，预备党员转正10名。二是开展区直机关党费收缴工作专项检查。在全区152个机关党支部中开展2008年至2016年党费收缴工作专项自查整改，发放党费证300个，健全专人管、足额收、及时缴、定期查的党费收缴工作机制，推动党费工作制度严格执行到位。三是探索机关党支部开放式组织生活。区直机关各党组织以机关党建协作组、城乡支部结对共建、党员进社区等形式开展组织生活，支部之间学习互动、适度邀请非党群众参与，实现党组织工作交流、党群工作互促、城乡支部共通共赢，适应新时期机关党员管理变化，增强党组织生活的吸引力、凝聚力作出有益尝试。全年召开机关党建协作组交流会6次，开展城乡基层党组织结对共建活动80余次，有15个机关部门党组织与结对共建村（社区）联上党课。机关各党组织将军事训练、案例教学、警示教育、实地参观等融入党内教育。四是抓好机关党建理论调研。以“机关党组织关于以五大发展理念引领机关党的建设研究”和“加强机关党员干部队伍建设的研究”为主题，动员机关党员干部参与理论调研，区直机关有43个单位进行调研课题申报，完成理论调研论文48篇。区直机关工委参加市直机关工委党建研究会召开的党建专题研讨会作交流发言。五是继续开展党内特色争创活动。深化“五好”机关党支部创建活动，拓展“四型”机关党组织建设，打造9个各具特色的机关党建示范单位，机关各党组织的争创活动纳入《机关党建工作目标管理考核》内容。六是组织开展纪念建党95周年系列活动。配合筹备区委庆“七一”纪念表彰大会，牵头组织、培训区直机关95名党员合唱表演；组织30名预备党员入党宣誓仪式；做好市、区先进集体、优秀党员和党务工作者的推荐工作，区直机关有1个先进集体、1个优秀党员获市级表彰，5个先进集体、12个优秀党员、7个优秀党务工作者获区级表彰；区直机关工委对区直机关23个先进基层党组织、36名先进党员、26名先进党务工作者进行表彰；邀请区党课讲师团对机关党务干部及各支部党员代表开展党课培训。七是做好日常基础工作。抓好机关基层党组织的撤、并、建工作，全年新建机关党总支1个、党支部4个，撤销党支部4个，更名11个；对36个到届的机关党委、机关党支部完成换届工作，严格把关，确保机关党委、机关党支部书记由单位分管领导干部兼任。规范党的组织生活安排，建立机关党组织台账，做好年报统计、组织关系接转、党刊订阅等日常基础工作。全年收缴党费120余万元，接转组织关系448人（次）。完成区直机关党报党刊征订任务。

【作风建设】 做好机关干部直接联系服务群众工作，牵头全区机关在职党员到社区报到并参加社区服务、慰问帮扶等活动，牵头152个机关党支部与联系村开展城乡“结对共建”和精准扶贫工作；深入社区、镇村开展调研走访，了解第一手情况，与社区、镇村领导共商发展大计，携手解决问题。做好创建全国文明城区工作，在区直机关中开展中国道路宣传教育和“四个意识”教育，组织机关各部门在社区、镇村中举行法治教育、社会责任意识宣传教育和党课宣讲，增强党员群众的法治意识、国家意识、社会责任意识和家庭意识。牵头联系朱家岩社区开展共驻共建，与区投资促进局、区食药监分局多次到社区实地走访调研，划拨工作经费9.6万元用于文明城区创建工作。完善机关志愿服务工作制度，向规范化、常态化、制度化发展。

【制度建设】 贯彻区委《关于进一步加强和改进全区机关党的建设的实施意见》精神，明确部门党组（党委）和党组（党委）书记履行党建工作责任主体和第一责任人的职责，形成部门党组（党委）负总责，部门党组（党委）书记负第一责任，分管领导和机关党委书记负具体责任，党支部书记负直接责任，一级抓一级，层层抓落实的机关党建工作责任机制。推进机关党建工作规范化、制度化管理，充实完善《机关党建工作目标管理考核内容》，把机关党建工作纳入单位的重要工作内容；贯彻执行《机关党支部工作规范化制度化建设制度》《机关基层党支部组织生活制度》，加强对机关基层党组织“三会一课”的检查督促力度；适时修订、完善《区直机关发展党员工作规程》等3个机关党建工作制度，使机关基层党支部工作更加适应新时期机关党建工作的需要；与部门党组（党委）建立固定的联系制度，形成长效机制；完善《工委班子工作制度》，坚持周一工作例会制度，不定期召开书记办公会，研究、部署、检查机关党建工作。深入贯彻《中国共产党党员权利保障条例》和《关于党的基层组织实行党务公开的意见》等规定，规范党务公开内容、程序和方式，完善党内情况通报、党内选举、党员定期评议基层党组织领导班子成员等制度，保障广大党员的知情权、参与权、选举权和监督权。

【廉政建设】 落实党风廉政建设党委主体责任和纪委监督责任。机关工委书记定期听取党风廉政建设工作汇报，及时召开书记会议研究重大问题；区直机关纪工委围绕反腐倡廉教育、执纪监督和惩处等各项工作，正确履行职能职责。推进区直机关党风廉政建设日常工作机制的具体化、程序化、制度化，制订区直机关《关于2016年党风廉政建设和反腐败分工责任制的实施意见》，建立健全区直机关党风廉政建设和反腐败工作的协调机制，切实保证对查办违纪违法案件的有力领导和纪工委正确行使权力。坚持党要管党、从严治党的方针，做好纪检监察信访举报工作。全年查处机关党员9人，其中开除党籍5人、严重警告4人，约谈83人次，开展作风督查4次。　（彭　润）

信访工作

【概况】 2016年，中共重庆市长寿区委、重庆市长寿区人民政府信访办公室（简称区信访办）受理群众来信来访1965件次、8355人次，分别比2015年上升20.18%、11.40%；群众到市集访13批次、98人次，分别下降40.91%、53.11%；群众进京非访18人次，下降33.33%；到市越级上访批次、人次分别下降79.71%、75.57%。

【干部下访工作】 2016年，长寿区继续坚持领导开门接访，全区各级领导干部接访、下访、约访群众3984次、4213件次，涉及群众19108人，投入资金4235万元，解决群众诉求3975件次，全化解率94.4%。坚持开展“群众工作日”活动，全年29名区级领导到29个社区开展“社区工作日”活动341次，帮助解决实际困难和问题473件。

【突出问题和矛盾纠纷化解】 2016年，区级领导批阅群众来信799件，化解率95.4%。其中，区党政主要领导批阅群众来信248件，化解率100%。区党政主要领导阅批交办重点信访问题32件，全部得以化解。

2016年，排查交办重点矛盾纠纷53件，已化解50件，化解率94.34%。加强社会稳定风险隐患排查，排查影响社会稳定的风险隐患30件次，全部落实牵头区领导和具体责任单位。

【信访制度改革】 2016年，长寿区信访制度改革重点推进阳光信访、责任信访、法治信访“三个信访”。“阳光信访”全面运行网上信访信息系统，实现街镇、部门全覆盖，信访业务全入网，推动信访事项“应录尽录”和“规范录入”；群众信访事项及时受理率、按期办结率均达100%；加强网上信访代理工作，在每个村（居）委会设立一个代理点和一名代理员，年内全区受理网上投诉864件次，其中信访代理466件次，网上信访已逐渐成为群众反映诉求的重要渠道。“责任信访”坚持“属地管理、分级负责”“谁主管、谁负责”的工作原则，严格落实“一把手”负总责、分管领导具体负责和其他领导“一岗双责”的组织领导责任体系；加大对重大信访事项的督导力度，将久拖不决、涉及面广、社会关注度高的信访事项纳入区委督查室、区政府督查室的督查范围；由区级领导带队，适时深入街镇、部门开展督导，压实属地属事责任。“法治信访”通过法定途径分类处理信访问题，严把入口关，规范办理流程，强化信访事项复查复核案件办理和审核认定办结工作；全年受理复查案件35件，立案受理19件，未进入复查程序16件；市政府受理经区级复查的信访复核案件10件，全部维持复查意见，到期维持率100%；推行联合接访，按照“统一领导、集中办公、分组接待、重点督办、定期分析”的工作模式，由土地和房屋征收类、社会保障与救济类、社会事务综合类、涉法涉诉类等四大类七个联合接访组实行动态联合接访，分类处理群众诉求，将涉法涉诉信访问题引入法定渠道解决；全年开展联合接访359件次，实现诉访分离，有效化解大量矛盾纠纷；常态化开展“违法上访、非法维权”专项治理，加强对违法信访行为的收集固证，依法打击违法犯罪典型，树立正确法治导向。

【社会稳定维护】 完善重大事项社会稳定风险评估机制，做到应评尽评、当缓则缓、该否则否；2016年对就业奖励政策到期后续工作开展等15个涉及群众切身利益的重大事项和重大决策进行风险评估，从源头上预防和减少社会矛盾。做好敏感节点安保维稳工作，全区上下超前谋划、务实工作、协同攻坚，在全国“两会”、G20杭州峰会、中国共产党与世界对话等重要、特殊敏感时期，实现信访工作目标，支撑和维护社会大局稳定。

【信访宣传】 加大对《信访条例》和信访工作制度改革的宣传力度。制作宣传品、印发宣传资料、设立咨询服务站（点）等，多角度地宣传《信访条例》和依法逐级走访的相关规定，营造良好的法治环境。

【信访基础工作】 2016 年，长寿区在区信访办下设区重大矛盾纠纷综合调处中心，新增事业编制 3 个。对区群众接待中心进行升级改造，使接访功能更加完备、更具人性化，接访环境得到改善。在街镇部门设立信访助理员制度，全区街镇及部门设信访助理员 58 名，专职从事信访工作。

（陆　钰）

老干部工作

【概况】 中共重庆市长寿区委老干部局（简称区委老干部局）是隶属于长寿区委的正处级行政机构。机关编制 9 名，其中行政编制 4 名，参公事业编制 5 名；2016 年在编人员 8 名，其中行政人员 4 人，参公人员 4 人；下设办公室、离退休干部管理科、老干部活动中心。截至 2016 年 12 月，纳入区委老干局服务管理的离退休干部 1059 人，其中离休干部 26 人，市管退休干部 50 人，区管退休干部 784 人，原县管实职科级退休干部 199 人；离退休干部党支部 52 个。

【离休干部服务】 确保离休干部离休费按时足额发放；协调落实资金，确保离休干部医药费按规定据实报销，全年为企业离休干部报销医药费 20 余万元；做好企业离休干部生活补贴代发及调整基本养老金工作。完善离休干部政治理论学习、组织生活制度，按照身体条件、个人特点、家庭居住地等实施分类管理，指派专人与离休干部对接服务，及时了解、掌握思想动态、身体状况、家庭情况。解决离休干部燃眉之急和后顾之忧，加大对离休干部和离休干部遗孀的帮扶力度，对身体和家庭条件相对较差的开展定期走访慰问及实施帮扶，建立离休干部联系协调机制，解决离休干部实际困难，全年解决离休干部实际困难 21 件。关注离休干部晚年生活质量，成立离休干部家事协调工作组，帮助离休干部化解家庭矛盾和纠纷；坚持冬送温暖、夏送清凉制度；提高慰问标准，在重大节日对离休干部开展普遍慰问；离休干部生病住院第一时间派专人进行一对一服务，提供就医帮助；协调有关单位共同做好异地安置离休干部的服务工作。

【老干部思想政治建设】 坚持每月 15 日离休干部组、20 日市管退休干部组定期集中学习制度，学习重大时事政治和总书记习近平系列重要讲话和视察重庆重要讲话精神，学习党章、党规，重温党的传统，追忆党的历史。重点抓好中央办公厅、国务院办公厅《关于进一步加强和改进离退休干部工作的实施意见》的学习、贯彻，出台长寿委办发〔2016〕70 号文件，加强和改进全区离退休干部工作。抓好离退休干部的理想信念、政治理论、政治纪律和形势政策教育工作，督促全区各单位按规定一年召开 2 次情况通报会，开展走访慰问和为离退休干部按规定征订党报、党刊以及老年报刊。

加强离退休党支部建设，选举产生 2 名离休干部出席区第十三次党代会；组织 10 名离退休党支部书记、委员和 2 名老干部代表参加市老干部党校培训班学习；完善“三会一课”组织生活制度，开展党员互访、互助活动，定期向无法参加组织生活的老党员开展送学帮学活动；有序开展离退休支部党费清理收缴工作。

【老干部政治待遇】 坚持参会阅文制度，年内组织离退休干部参加区委全委会、经济工作会、创建全国文明城区工作会、区第十三次党代会等重要会议 12 次；参加区党代会工作报告和区政府工作报告征求意见等座谈会 6 次；组织市管退休干部阅读文件 15 份。坚持情况通报制度，组织和承办向老干部通报全区经济社会发展情况会议 2 次，将情况通报、走访慰问纳入各单位老干部工作考核内容。坚持参观考察制度，3 月，组织离退休干部 50 余人，参观考察“十里柚乡，百里花海”生态观光园，老干部为长寿区乡村旅游发展提出建议；5 月，协助做好省部级老干部到长寿视察工作；11 月，组织离退休干部到涪陵 816 地下核工程参观考察，扩大知识面。

【老干部生活待遇】 坚持关心帮扶制度，完善老干部生病住院和去世报告、关怀、慰问制度，对去世的老干部配合原单位及家人做好后事的相关事宜；对生病的老干部到病床前了解病情帮助解决困难，2016年春节、“七一”期间，区四大家主要领导带队看望慰问老干部；重大节日普遍慰问离退休干部，发放慰问金和慰问品，全年慰问离退休干部3200余人次，发放慰问金120余万元。由区委老干部局牵头，会同帮扶工作领导小组成员单位到老同志家中和病床前了解情况，加强对身患癌症等重大疾病、生病住院自费金额较高、无固定收入遗孀等老同志的帮扶力度，全年帮扶88人，帮扶资金24.2万元。落实建国初期参加革命工作退休干部的走访、关心、慰问、帮扶，完成生活补贴调标工作。

坚持健康休养制度，实行现金补贴方式，由离退休干部根据自己的身体状况和意愿，适时安排健康休养。区委老干部局将健康休养费发放到位，全年发放77.75万元。

坚持健康体检制度，4月，组织1038位离退休干部进行健康检查，对异地居住的老同志通过购买体检卡的方式安排就近健康体检，及时掌握他们的身体健康状况。

【老干部活动】　3月，区委老干部局组织召开离退休干部工作联络员、指导员、服务员、业务员会议，完善“四员网格化”模式、发挥“四员”的作用，提出行之有效的办法。实现离退休干部信息网络化管理，完成1059人基础信息录入离退休干部信息库网络版工作，做好中组部离休信息库、市委老干局退休信息库日常管理维护，及时更新离退休干部的基本资料。

针对部分离退休干部出现思想心理、角色转变、周边环境转换等的不适应，给老干部工作带来难度，区委老干部局开展离退休干部思想疏导和交心谈心，引导老干部把思想和行动放在支持区委、区政府工作上；密切关注生活状况，适时关心看望，排忧解难。继续开办老干部音乐、太极兴趣班，划拨专项经费用于兴趣班的日常运行。组织老干部参加市、区的各种文体比赛，组织4名老同志参加全市老干部“展示阳光心态”棋牌比赛，获三等奖；组织3名老同志参加全市老干部“金秋敬老”钓鱼比赛，获三等奖；在市老体协第三届老年人运动会中，长寿的2名老同志获得太极拳竞赛铜牌；在区第二届“开心木门杯”传统武术锦标赛中，老干局代表队获得大赛集体项目第一名、健身气功三等奖。

发挥区老干部活动中心阵地作用，常年开放图书室、舞蹈室、健身房、书画室、培训室。年内整治活动中心场馆300余平方米，维修、更换健身室器材，保障老同志的活动需要。在春节、“五一”、国庆等重大节日开展老同志游园活动，设置套圈、摸球、掷骰子、棋牌等多个游戏项目。弘扬敬老爱老传统美德，在重阳节，区委老干局联合区委组织部举办老干部集体生日祝寿活动，联合凤岭路社区举办庆祝重阳暨创建全国文明城区文艺演出。结合庆祝中国共产党成立95周年暨纪念红军长征胜利80周年，组织开展“讲述我的入党故事”“发现我身边的共产党员”“讲述我所经历的中国社会变迁”“丰富退休生活”等系列主题活动，并进行宣传报道；在市委老干局举办的“庆祝中国共产党成立95周年暨纪念红军长征胜利80周年”离退休干部书画、摄影大赛中，长寿区获得绘画组一等奖1名、优秀奖1名，摄影组一等奖1名、三等奖1名的成绩。

【老干部作用发挥】　发挥离退休干部的政治优势、经验优势和威望优势，组织老干部凝聚和释放正能量。6月，举办长寿区老干部为党和人民的事业增添正能量培训活动，市委老干局宣教处、区委党校派专人做专题培训，全区27个单位50余名老干部网络宣传员参加培训；选送2名老同志参加市委老干部局第三期网络宣传员骨干培训班学习。区委老干部局划拨资金新建老干部电脑室，组织和帮助老同志通过微信、QQ搭建互联互通平台，利用区内网络媒体组织老同志在区政府门户网站、凤山论坛等网络媒体上发帖、跟帖、评论等传递正能量。

区委关心下一代工作委员会打造的“五好基层关工委”“五老志愿者队伍”“月月红活动”“中华魂读书活动”等得到社会肯定。新市街道5位退休老教师，自1992年创办老年学校，25年宣传党和政府的方针政策，与留守儿童结对帮扶。区委老干部局、区关工委在《长寿文化》报开设专栏，年底前报道22位先进“五老”事迹。

【自身建设】　开展“两学一做”学习教育，强化党章、党规学习，将学习范围拓展到社会主义经典著作，全年开展集中学习14次；发扬理论联系实际之风，教育引导党员干部挖掘自身存在的问题，落实在为离退休干部服务之中；发扬艰苦奋斗之风，在全局形成良好的党风、政风、行风。

加强业务能力建设，组织干部职工学习党的方针政策、老干部工作政策业务知识，搞好调查研究，提高老干部工作者的政策执行能力、服务管理能力和开拓创新能力。建立和实施干部考核评价制度、述职述责制度。

落实党风廉政建设责任制，规范财务管理，严格管理公务用车、公务出差和公务接待活动。全年没有发生违反中央八项规定精神和市委“八严禁”“十二不准”的情况。（刘星星）

党校
广播电视大学分校
行政学校
社会主义学院

【概况】 2009年12月，长寿区社会主义学院挂牌，长寿区委党校成为党校、行政学校、电大分校、社会主义学院四校合一的学校（本分目简称学校）。学校领导班子为常务副校（院）长1名、副校（院）长2名、校务委员2名，设8个内设科室。学校2016年有教职工27人，其中高级职称5人、中级职称13人，博士研究生1人、硕士研究生4人、在职研究生6人、本科16人。

【干部培训】 2016年，学校承办各类培训班159期，培训干部18069人次，较2015年增长17.33%；其中主体班24期，培训干部2465人次；与其他单位合作培训110期，培训干部13240人次。学校教师在主体班和涪陵区委党校、菩提街道等40个单位授课89场次，受众3572人次；其中送党课到基层40场次，受训基层干部3070人次。学校在“两学一做”学习教育微党课大赛中获“优秀组织奖”，2名教师主讲的课程分获微党课大赛第一、二名；1名教师主讲的《新三种人统战工作》获全市统战系统第四届教学比赛第一名；1名教师主讲的《坚定党员干部的马克思主义信仰》获全市党校系统第三片区精品课比赛第一名。

【学历教育】 2016年，长寿电大为地方经济社会发展服务培养实用型人才914人，较2015年增长12.97%；全期完成各类招生785人，学历教育在籍人数1884人；组织考试29次，611场次，17435科次；成功申报国家开放大学课题1个、重庆电大校级课题2个，教学管理信息简报被重庆电大采用17篇。在重庆电大第三届微课比赛中，学校教师报送的六节微课全部获奖，其中一等奖、二等奖各1节，三等奖4节；长寿电大3名学员获2016春期重庆广播电视大学优秀毕业学员称号。

【科研资政】 2016年，学校教师公开发表论文25篇；成功申报课题13个，其中国家开放大学课题1个（即《“互联网+”模式下多元融合人才培养路径研究》），市委党校课题5个，市社会主义学院课题2个；成功结项课题12个，其中市科委课题2个，市社会主义学院课题2个，市电大课题1个；学校教师指导修改主体班资政报告352篇，举行主体班资政报告评阅会5次，评选优秀资政报告36篇，通过《领导参阅》上报资政报告25篇（其中15篇获区领导肯定性批示）。

【后勤服务】 2016年，学校与区委、区人大、区政府等单位联合培训（含会议）135期，培训干部15604人次；协助区委办、区政府办、组织部、宣传部等部门做好区委全委会、全区经济工作会、创建全国文明城区工作推进会等重大会务服务；完成会务培训相关技术支持202次，电大教学、答辩技术支持工作175次。服务接待市委党校常务副校长谢金峰一行到学校考察调研。全年收取、办理区委、区政府和相关部门文件1304件，学校印发55份文件。打造完成校园文化识别系统，编纂党校校史和学校历史回眸（2009—2014）图册。完成学术报告厅装修并投入使用，可供接待各类会议、培训、考试及面试。（侯俊成）

党史研究与地方志工作

【党史研究】 编辑整理2本党史著作。一是开展《中共长寿历史大事记（1925—2006）》初稿编辑工作，总计17万字，已上报市委党研室审核；二是开展《党史人物传（续编）》资料收集，年内收集长寿籍或在长寿工作过的党史人物资料35余万字。

完成7篇党史专题研究文章。一是围绕改革开放30多年的重大事件和重要成就开展党史专题研究，完成专题研究文章《长寿区生态文明建设实践历程与启示》；二是以纪念中国工农红军长征胜利80周年为契机，挖掘长寿籍或长寿生活过的红军英雄人物资源，完成长征路上的长寿人《红军西征英烈杨克明》《走完长征全程的袁崑》《掩护贺龙红军的杨其昌》等3篇专题研究文章；三是完成区社科联重点研究课题《开展志愿服务推进精神文明创建研究》；四是参加区委宣传部、区文化委、区旅游局举办的文旅征文活动，建言献策完成《长寿区文旅融合发展研究》《长寿旅游融入重庆都市旅游圈研究》等社科理论文章，其中《长寿区文旅融合发展研究》获得全区征文比赛二等奖，《长寿旅游融入重庆都市旅游圈研究》获得全区征文比赛三等奖。

2016年长寿区出版的第二轮街镇部门志

【地方志工作】　按照国务院《全国地方志事业发展规划纲（2015—2020年）》推进第二轮修志、年鉴编纂和旧志整理等工作。

对街镇、部门的修志工作进行督促指导、审核修改，指导街镇（部门）完成《万顺镇志》《龙河志》《石堰志》《法院志》《教育志》《科技志》《人社志》《妇联志》等8部第二轮街镇部门志的印刷出版任务，以及《云集镇志》等6部街镇部门志的审核任务。

印刷出版2本书。一是完成《长寿年鉴（2015）》的印刷公开出版发行；二是完成《长寿县志（民国十七年）》的印刷出版任务，该书是区委党研室（区志办）完成点、校、注的第三部旧志，较为完整地反映民国初年长寿的历史面貌和风土人情。

推进2本书的编纂整理工作。一是完成《长寿年鉴（2016）》的改编、总纂和录入工作，年底前初稿已经区地方志编纂委员会、市志办审核，经方志出版社审稿，交付印务公司待印；二是启动《长寿县志（民国三十三年）》点、校、注工作。

完成《重庆市长寿区建置沿革》初稿。

开展《长寿党史地方志》资料收集、文字编稿工作，收集史志资料20余万字。

2016年，区方志编修提前实现“两全目标”，综合志书编撰出版、综合年鉴一年一鉴公开出版、旧志点校出版成绩突出，获市志办通报表彰。

【史志基础工作】　围绕经济社会发展历史，开展长寿三线建设企业遗址普查工作，走访部门、街镇、厂矿，实地调查长虹机械厂、卫东机械厂、川染厂、陵江机械厂等三线建设企业遗址遗迹，收集历史档案资料15万字，拍摄图片、影像50余张。

推进史志资料数字化，开展重要图片、重要资料数字化，录入12部著作、7篇文章350余万字；完成原长寿县乡镇志25本的数字化。

加强史志网站管理，构建党史与方志相结合的宣传平台，打造服务经济社会建设的常规窗口。定期做好长寿概况、史志编研、编修指导、人物春秋、文物古迹、图片珍藏等16个栏目的内容更新。

长寿区委党研室到实验一小宣讲长征故事

【资政育人】　参与红军长征胜利80周年纪念活动，开展党史宣传教育。围绕红军长征的原因、红军队伍、长征的时间等基本历史讲述长征故事，安排党史专家深入长寿实验一小开展梦想课堂专题讲座，向师生宣传介绍长征精神及长寿人的长征故事，参与人数2000余人；在《党史与方志》内部刊物上发表长征途中长寿人专题研究文章3篇；在《长寿日报》开辟党史宣传专栏登载长寿籍长征英雄人物。

搭建公共宣传平台，拓宽宣传渠道。与长寿报社、史志网站等新闻媒体合作，采取开辟专栏、专版的方式，宣传长寿地方史、红军长征史。在《长寿日报》宣传长寿历史和长征路上长寿英雄3次；在《党史与方志》刊物上开展5期党史工作动态宣传。通过长寿史志网宣传介绍长寿党史及党史事件、党史人物和其他长寿历史文化。

抓好革命传统教育基地建设。走访调研红军将领杨克明故居、刘伯承养伤地，挖掘革命传统教育基地的建设；配合市委党史研究室、市文物局开展长寿革命遗址普查，实地查看林庄学堂、罗围润之堂、长寿革命陵园、陈燮烈士纪念碑、刘伯承养伤地、杨克明故居等革命遗迹遗址，推进革命遗址保护修复工作。

长寿区委党研室干部实地查看陈燮烈士纪念碑

【队伍建设】 开展“两学一做”学习教育，聚焦“四个意识”，坚定党员干部的理想信念，在政治方向、政治立场、政治言论、政治行为方面强化刚性约束，全面落实从严治党要求，严守政治纪律和政治规矩。严格执行中央八项规定，杜绝“四风”，严格执行“三公”经费及津贴补贴福利发放规定；推进公务用车改革，规范使用、管理、监督流程，严格遵守廉洁从政有关规定。落实党风廉政主体责任，加强宣传教育，强化重要节庆、重点岗位风险排查和监督执纪，持之以恒推进作风建设。

组织党员干部到晏家街道曹家堡社区开展支部结对共建，7名在职党员深入社区开展共建活动14人次。组织党员春节、“七一”、中秋等节日到双龙镇红岩村开展慰问老党员和困难群众活动。组织干部到双龙镇天堂村进行一对一的精准扶贫，全年党员干部下乡110余人次，与扶贫户沟通交流，详细调查走访，制定帮扶措施，8个扶贫户脱贫后实现增收。

加强史志队伍业务建设，年初邀请中国地方志学会理事、中国年鉴研究会常务理事夏小平副教授，对全区200余名年鉴撰稿人员进行年鉴写作专题培训。年内2次派员参加重庆市社会科学理论学习培训；推荐年轻干部到区信访办、区群团改革办多岗锻炼，1人获得先进共产党员称号，1人被区委选拔为副处级领导干部。（何　章）

保密工作

【保密责任落实】 区委、区政府和区委保密委加强对保密工作的领导。区委书记、区委保密委主任赵世庆在区委常委会上组织传达学习保密工作相关文件精神，听取保密工作汇报，并就抓好保密工作提出明确要求。区委副书记、区长巴川江要求各机关单位严格落实责任，强化具体措施，扎实做好保密工作。区委副书记、区委保密委副主任左永祥组织召开区委保密委成员单位负责人会议和保密工作专题会议，研究解决保密工作中的实际问题，对保密工作作出安排。区国家保密局理清思路，完善措施，积极推进全区保密工作深入开展。各机关单位结合实际制订和实施年度保密工作计划。全区上下层层落实保密工作责任，形成齐抓共管的工作局面。

【保密宣传教育】 加强统筹，认真组织，有的放矢开展相关法律法规及党内法规关于保守党和国家秘密的规定、保密工作形势与任务、保密知识技能等方面的保密宣传教育。一是抓好领导干部的保密学习教育。发挥区委党校的保密教育阵地作用，抓好对主体班处科级干部的保密培训教育。6月中旬，区国家保密局组织各机关单位保密工作分管负责人和办公室主任170余人学习党政领导干部保密工作责任制有关规定和相关保密管理知识。10月中旬，区委办公室、区政府办公室会同区国家保密局对参加全区党政办公室工作会议的250余名处科级干部进行保密“两识”教育。二是开展对保密干部和涉密人员的业务培训。6月上旬，区国家保密局组织召开保密业务工作会，对80余名保密干部开展保密相关政策、法律法规和防护知识培训。7月中旬，区国家保密局召集重点涉密机关单位保密干部40余人举行座谈会，总结交流工作经验，集中指导业务工作。各机关单位、重点是涉密机关单位采取业务培训、研讨会和座谈会等方式，加强对涉密人员的保密意识教育和防护技能培训。三是在全区范围掀起热潮，抓好对保密法律法规和保密基本知识的学习宣传，各机关单位通过中心组学习和干部职工集中学习、专题讲座等方式，组织干部职工学习保密法等法律法规以及日常防护知识；各机关单位采取办板报墙报、悬挂和张贴标语、散发宣传资料等形式，向广大群众开展保密知识宣传教育；各机关单位全年组织集中学习和专题讲座190余场次，办板报墙报90余期，悬挂和张贴标语80余幅，散发宣传资料3500余份；发挥《长寿日报》、长寿区广播电视台等主流媒体的主导作用和新媒体的重要作用，组织开展多层次、宽领域、立体化的保密宣传教育。7月下旬，区国家保密局召集各机关单位保密工作分管负责人和保密干部170余人举行保密警示教育专题会，对全国范围发生的相关失泄密案例进行通报，要求各机关单位从中吸取教训，严格落实责任，强化管理措施，消除各种失泄密隐患；各机关单位结合政治和业务学习组织开展系列保密警示教育活动。做好保密杂志征订工作，组织机关单位订阅《保密工作》杂志超过100份，引导和促使机关单位结合实际开展保密刊物学用活动，提高学刊用刊实效。

【保密管理】　规范定密管理，组织有定密权以及获得定密授权的机关单位相关负责人认真学习《国家秘密定密管理暂行规定》和定密管理相关知识，指导和督促有定密权以及获得定密授权的机关单位逐步制定和完善国家秘密事项一览表，严格执行定密管理各项规定，增强定密的规范性和精准性。加大对机关单位派生定密工作的监督管理力度，防止发生越权定密和违规定密现象。各机关单位落实定密责任人，加强对定密责任人的培训和管理；定密责任人的机关单位及时将变更定密责任人的情况以书面形式报送区国家保密局备案。8月中下旬，区国家保密局组织力量对部分重点涉密机关单位的定密工作进行检查，及时发现和纠正定密工作中存在的突出问题，总结推广好的经验和做法，促使相关机关单位提高定密工作质量。

有针对性地抓好对涉密网络和非涉密网络的保密管理，提高网络保密管理的实效性。相关机关单位严格执行涉密网络保密管理制度，完善运维保障、信息管控、安全保密测评及风险评估机制，强化涉密网络分级保护和全过程保密管理；加强对涉密网络“三员”及相关负责人的指导和管理，增强保密防护的意识和能力。机关单位加强对非涉密网络的保密管理，完善使用和维护非涉密网络的保密监督机制，抓好通过非涉密网络发布信息的保密审查工作，严防运用非涉密网络系统存储、处理、传输、发布涉密信息的现象发生。按照上级保密主管部门和区委保密委的安排，区国家保密局会同相关部门组织精干力量，对有关机关单位使用维护互联网门户网站、连接运用重点骨干网络、参与实施信息化系统集约化建设的保密管理情况进行检查，消除网络保密管理中的突出隐患。

加强涉密人员管理，区国家保密局会同区委组织部、区人社局等部门组织和指导各机关单位开展对涉密人员的保密审查，对符合任用条件的涉密人员进行岗位安排、涉密等级确定和登记建档。各机关单位与涉密人员签订保密承诺书，促使涉密人员严格落实保密管理要求和保密工作责任；严格执行涉密人员重大事项报告、出国（境）审批、离岗离职脱密期管理等规定，细化和落实具体措施，加强对涉密人员的培训、教育、管理和考核，提升涉密人员的保密管理水平。

强化对各类载体的保密管理。一是加强对电子设备的保密管理。各机关单位将计算机、电话机、传真机等电子设备分为涉密和非涉密两类，在电子设备醒目位置粘贴保密提醒标识签；落实保密管理措施，严禁将涉密电子设备连接非涉密信息系统，防止将非涉密电子设备连接涉密信息系统，严防运用非涉密电子设备存储、处理涉密信息。二是抓好对移动存储介质的保密管理。各机关单位将优盘、移动硬盘等移动存储介质实行分类管理，落实管理和使用责任，禁止将同一移动存储介质在涉密信息系统和非涉密信息系统之间交叉使用。强化对涉密移动存储介质的管理，防止违规使用、随意丢弃涉密移动存储介质。三是加大对纸质文件资料的保密管理力度。各机关单位严格落实纸质文件资料管理有关规定，从制作、递送、办理、清退、保存、销毁等环节加强对纸质文件资料的保密管理，进行定期清理，切实堵塞保密管理漏洞。

重要部位和场所的保密管理。各机关单位完善措施、强化责任，抓好机要功能室、办公室、文印室、档案室、公文收发室及转换站等重要部位和场所的保密防护工作，防止发生窃密泄密事件。改善保密防护设施设备，加强安保具体措施。完善管理制度，加大对制度执行的监督力度。强化对进出人员的监督管理，防止无关人员随意出入。根据保密管理需要和实际情况制定切实有效的保密应急处置预案，确保及时有效处置突发情况。11 月上中旬，区国家保密局对部分机关单位加强重要部位和场所保密管理的情况进行抽查，督促相关要求落到实处。

【专项保密】 开展机关单位保密自查自评工作。6 月，区国家保密局组织检查组，通过听取汇报、查阅资料、现场检测等方式对各机关单位特别是重点涉密机关单位开展自查自评的情况进行检查。着重检查自查自评工作落实情况，报送自查自评报告和完善相关资料情况，以及在涉密人员教育管理、定密管理、网络和信息设备保密管理、信息公开保密审查等方面开展自查自评的具体情况；指导和督促各机关单位总结经验，查找不足，剖析根源，结合实际制定和落实改进措施，提升保密工作的水平和实效。

做好正规考试的保密工作。区国家保密局主动与有关机关单位协作，做好区内高考、中考、成人高考、公务员招录考试等正规考试的保密工作。在组织高考过程中，区国家保密局与区教委、区公安局等部门共同制定和落实保密工作方案，督促相关人员严格按照保密要求管理和使用试卷，为高考顺利举行提供重要保障。全年全区组织的各类正规考试均无失泄密问题。

加大节假日期间的保密管理力度。在元旦、春节、“五一”、中秋、国庆等节假日到来之前，区委保密委均安排区国家保密局发出通知，对机关单位做好节假日期间的保密工作提出明确要求。各机关单位自觉按照通知要求作出安排、落实责任，完善措施、加强管理，做好节假日期间的各项保密工作。

【保障能力建设】 各机关单位从人力物力财力等方面加大对保密工作的投入，为保密工作的开展提供支撑。各机关单位把保密工作经费列入年初预算或安排，年内逐步投入资金购买一批涉密载体和保密防护设施设备，改善保密物防技防条件。相关机关单位调整充实保密领导小组成员，将综合素质较强的党员同志安排到保密管理岗位，为深入推进保密工作提供人力保障。区国家保密局组织保密检查人员储备库成员参加学习培训和实岗锻炼，提高其检查取证和业务指导能力。（韩　黎）

2016 年中共重庆市长寿区委员会书记、副书记、常委、委员、候补委员名录

书　记：周　勇（2016 年 2 月离任）
　　　　赵世庆（2016 年 2 月任）
副书记：赵世庆（2016 年 2 月离任）
　　　　巴川江（蒙古族）
　　　　谭　庆（2016 年 2 月离任）
　　　　左永祥（2016 年 12 月任）
常　委：周　勇（2016 年 2 月离任）　赵世庆
　　　　巴川江（蒙古族）
　　　　张云平（苗族，2016 年 10 月离任）
　　　　谭　庆（2016 年 2 月离任）　左永祥
　　　　何以龙　周隆海（2016 年 10 月离任）
　　　　王身高　侯宇生（2016 年 12 月离任）
　　　　谭　伟　王志宏　蒋牧宸
　　　　陈　瑛（女，2016 年 10 月离任）
　　　　李　松（2016 年 12 月任）
　　　　师明萌（女，2016 年 11 月任）
　　　　李雪松（挂职，2016 年 3 月任）
区委委员（以姓氏笔画为序）：王志宏　王身高
　　　　孔祥文（2016 年 6 月离任）
　　　　巴川江（蒙古族）
　　　　邓永春（2016 年 12 月任）　左永祥
　　　　冉　洪　付　恺（2016 年 12 月离任）
　　　　师明萌（女，2016 年 11 月任）
　　　　汤晓强　孙　建　李　松　李长春
　　　　李兴建（2016 年 12 月任）

李国辉（2016年12月离任）
李建强（2016年12月离任）
李雪松（挂职，2016年3月任）
杨华林（2016年12月离任）
杨岸鸿（2016年12月任）
杨通胜（土家族，2016年11月离任）
肖庆华　何一波（2016年12月任）
何以龙　宋　平　张　华
张云平（苗族，2016年10月离任）
张国轩（2016年12月离任）　张明万
张明生　张新明（2016年12月任）
陈　勇（2016年12月任）
陈　瑛（女，2016年10月离任）
卓大林（2016年12月任）
周　勇（2016年2月离任）
周志荣（2016年12月离任）
周隆海（2016年10月离任）　赵世庆
柳德新　侯宇生（2016年12月离任）
洪其昌　唐贤明　涂山全
黄广荣（2016年12月任）
黄　伟（2016年12月任）　黄　亮
龚小平　梁经顺
梁德志（2016年12月任）
蒋发平（2016年12月任）　蒋牧宸
程学明（2016年12月任）
游智明（2016年12月离任）
廖智辉（女，2016年12月任）　谭　伟
谭　庆（2016年2月离任）
蹇世儒（2016年12月任）

区委候补委员（以得票多少为序）：
罗小玲（女，2016年12月任）　聂华甫
殷　铭（2016年12月任）　刘　刚
陈显明（2016年12月任）
王琼英（女，2016年10月离任）
黄　伟（2016年12月离任）
周　剑（2016年12月任）
张常宝（2016年12月任）　殷湖北
梁德志（2016年12月离任）

2016年中共重庆市长寿区委员会工作部门领导人名录

区委办公室

主　　任：叶金龙（兼，2016年3月离任）
李　顺(2016年3月任，10月离任)
李兴建（2016年10月任）
常务副主任：但小平
副 主 任：邓　军　贺　楠　殷　铭（兼）
樊　飞
区纪委驻区委办公室纪检组组长：
刘　彦（2016年11月任）
区委机要局（密码管理局）局长：贺　楠（兼）
区国家保密局局长：但小平（兼）
区委政策研究室主任：邓　军（兼）
区委督查室主任：鲁　巧（女）

区委组织部

部　　长：王志宏
常务副部长：杨通胜(土家族，2016年3月离任)
副 部 长：李国辉（兼）　陈　睿（女，兼）
杨岸鸿（兼）　刘亚敏（女，兼）
罗建平　张安才
区考核办主任：罗建平
区考核办副主任：张　灿（兼）
区委非公工委书记：杨通胜(土家族，2016年3月离任)
区委人才办主任：张安才
区委非公工委副书记：朱　浩
区纪委驻区委组织部纪检组组长：
江　彤（2016年11月任）

区委宣传部

部　　长：陈　瑛（女，2016年10月离任）
师明萌（女，2016年11月任）
副 部 长：文平林　叶绍举　林家义（兼）
游　江（兼）
纪检组长：樊晓君（2016年11月离任）
区纪委驻区委宣传部纪检组组长：
殷嘉寿（2016年11月任）
区精神文明办公室主　任：文平林
区精神文明办公室副主任：张　莲（女）
区委网络安全和信息化领导小组办公室主　任：
文平林
区委网络安全和信息化领导小组办公室副主任：
王　舰
区委对外宣传办公室（区政府新闻办公室、区

互联网信息办公室）主　任：王　舰

区委统战部

部　长：何以龙

副部长：王　强　韩建宏　张真明　樊广义　宦仕发

区纪委驻区委统战部纪检组组长：喻　璐（女，2016年11月任）

区台办主任：王　强（兼）

区台办副主任：宦仕发（兼）

区侨办主任：樊广义（兼）

区侨办副主任：喻　璐（女，2016年11月离任）

区委政法委

书　　记：周隆海（2016年11月离任）

王身高（2016年11月任）

常务副书记：张　兵

副 书 记：李建强（兼，2016年11月离任）

李　松（兼）　周怀念

余　伟（2016年11月离任兼任的纪检组长）

周　锋

政治处主任：王利飞（2016年10月任）

区纪委驻区委政法委纪检组组长：

刘宗亮（2016年11月任）

副组长：

韦爱国（2016年11月任）

区综合治理办公室主任：张　兵

区综合治理办公室副主任：刘　洪（女）

区委（区政府）防范和处理邪教问题办公室主任：周怀念

区国家安全办公室主任：周　锋（兼）

区机构编制委员会办公室

主　任：陈　睿（女）

副主任：邓建国（2016年10月离任）

区直机关工委

书　　记：孙　建

副 书 记：董瑞芳（女）

李　蓉（女，2016年10月任）

纪工委书记：张俊逸

区信访办

主　　任：殷　铭

副 主 任：项利君（女）

杨春蓉（女，2016年11月离任）

周　伟（2016年11月任）

区维稳办副主任：熊　浩

纪检组长：周　伟（2016年11月离任）

区信访督查专员：余　豹（女）

区委老干部局

局　长：刘亚敏（女）

副局长：向　林

区委党校

党校校长：谭　庆（兼，2016年2月离任）

左永祥（兼，2016年11月任）

区行政学校校长和重庆广播电视大学长寿分校校长：左永祥（兼，2016年11月离任）

蒋牧宸（兼，2016年11月任）

区社会主义学院院长：何以龙（兼）

常务副校长：李国辉（兼行政学校常务副校长、广播电视大学长寿分校常务副校长、区社会主义学院常务副院长）

副 校 长：喻　科（兼区行政学校副校长、广播电视大学长寿分校副校长、区社会主义学院副院长）

张容华（女，兼区行政学校副校长、广播电视大学长寿分校副校长、区社会主义学院副院长）

区社会主义学院副院长：宦仕发（兼）

校务委员：黄游芳（女）　陈国富

区委党研室（区地方志办公室）

主　　任：游　江

副 主 任：杨　耀（2016年11月任）

区委农村工作委员会

书　　记：黄广荣

副 书 记：张　剑（兼）　罗盛昌

纪工委书记：罗素琼（女，2016年11月离任）

区委教育工作委员会

书　　记：李长春

纪工委书记：杨胜英（女，2016年11月离任）

长寿日报社

社长、总编辑：蒙　明（女）

副社长、副总编辑：陈小平

区广播电视台

台　　长：杨　渝

副 台 长：叶明昌　廖诗平　汤鸿静（女）　　　　纪检组长：宋　燚（2016 年 11 月离任）

表 9　　　　　　**2016 年中共重庆市长寿区委员会重要文件目录**

文件名称	文号
区委、区政府关于给予杜光礼等 21 名同志记三等功的决定	长寿委发〔2016〕2 号
区委、区政府关于印发《长寿区 2016 年“三农”工作要点》的通知	长寿委发〔2016〕3 号
区委印发《2016 年度政党协商计划》的通知	长寿委发〔2016〕4 号
区委、区政府关于 2015 年度工业企业年度考评情况的通报	长寿委发〔2016〕5 号
区委关于先进集体和优秀个人的通报	长寿委发〔2016〕8 号
区委、区政府关于给予钟金杭等 79 名同志记三等功和黄述明等 516 名同志嘉奖的决定	长寿委发〔2016〕9 号
区委、区政府关于印发《重庆市长寿区推进供给侧结构性改革实施方案》的通知	长寿委发〔2016〕15 号
区委、区政府关于深化改革扩大开放加快实施创新驱动发展战略的意见	长寿委发〔2016〕28 号
区委关于印发《区第十三次党代会筹备工作领导小组机构设置及主要任务》的通知	长寿委发〔2016〕29 号
区委、区政府转发《中共重庆市长寿区委宣传部重庆市长寿区司法局关于在全区公民中开展法治宣传教育的第七个五年规划（2016－2020 年）的通知》	长寿委发〔2016〕31 号
区委、区政府关于深化全区供销合作社综合改革的意见	长寿委发〔2016〕32 号
区委、区政府关于长寿区 2016 年度“十大创新人才”“十大创业人物”评选情况的通报	长寿委发〔2016〕35 号
区委关于印发《中国共产党重庆市长寿区第十三次代表大会筹备工作报告》的通知	长寿委发〔2016〕36 号
区委、区政府关于印发《重庆市长寿区国有林场改革实施方案》的通知	长寿委发〔2016〕37 号
区委、区政府关于给予李晓裕等记三等功的决定	长寿委发〔2016〕39 号
中共重庆市长寿区委十二届十次全会关于中国共产党重庆市长寿区第十三次代表大会有关事项的决议	长寿委发〔2016〕40 号
区委、区政府关于印发《重庆市长寿区人才引进培养和激励办法（试行）》的通知	长寿委发〔2016〕41 号

重庆市长寿区人民代表大会

人民代表大会

【区十七届人大六次会议】 重庆市长寿区第十七届人民代表大会第六次会议于2016年3月13日至3月16日召开。会议应到代表284人。邀请不是区人大代表的区委常委，区政府副区长，区政协副主席、巡视员，长寿经开区管委会副主任，享受区级待遇的在职领导，区法院副院长、区检察院副检察长，区委巡查组组长，区委各部委、区政府各部门及直属事业单位、经开区各部门、各人民团体行政负责人，不是区人大代表的镇人大主席，部分在长市属以上单位主要行政负责人，区内重点工业企业负责人，历届区（县）人大常委会主任、副主任和在长寿市四届人大代表等178人列席会议。安排10名市民代表旁听第一、二次全体大会。

会议听取和审议代理区长巴川江所作的区政府工作报告，区人大常委会主任张明生所作的区人大常委会工作报告，区人民法院院长柳德新所作的区法院工作报告，区人民检察院检察长梁经顺所作的区检察院工作报告；审查“十三五”规划纲要（草案）、计划、财政预算（草案）报告，依法作出决议；批准区政府、区人大常委会、区法院、区检察院的工作报告和“十三五”规划纲要、计划报告、财政报告，批准2015年国民经济和社会发展计划执行情况及2016年国民经济和社会发展计划，批准2016年国民经济和社会发展计划和区级财政预算，及时将区委十二届七次、八次全会提出目标任务转化为全区人民的共同意志。会议选举巴川江为重庆市长寿区人民政府区长。

会议收到代表议案3件、建议246件，经大会主席团审定，1件议案被确定为议案，其余2件议案转为建议。 （谢廷冰）

人大常委会会议

【重大事项决定】 2016年，区十七届人大常委会召开8次常委会会议。作出关于批准2015年区级财政决算的决议，关于批准2016年区级财政预算调整方案的决议，关于授予金文基、金道炫、金尚炫“长寿区荣誉市民”称号的决定，关于批准《重庆长寿国家农业科技园区总体规划》的决议，关于批准2016年长寿区政府性债务限额的决议，关于批准2016年度长寿区新增政府债务分配情况的决定，关于重庆市长寿区第十八届人民代表大会换届选举的决定。

【重要事项审议】 2016年，区人大常委会审议区政府提出的14项专项工作报告。包括关于2016年上半年国民经济和社会发展计划执行情况的报告、关于2016年上半年财政预算执行情况的报告、关于区十七届人大六次会议以来代表建议办理情况报告、关于2015年财政决算草案的报告、关于2015年财政预算执行和其他财政收支的审计工作报告、关于2016年财政预算调整情况的报告、关于2015年度城乡规划及执行情况的报告、关于2015年财政预算执行情况和2016年财政预算草案初步方案的报告、关于2015年依法行政工作情况的报告、关于2015年政府债务限额的报告、关于2015年度环境保护工作及水污染防治工作专题询问意见办理落实情况的报告、关于义务教育督导工作情况的报告、关于审计查出问题整改情况的报告。 （谢廷冰）

重要工作与活动

【人大监督工作】 法律监督。落实重要工作年度报告制度，年内常委会听取和审议2015年度城乡规划执行情况、依法行政、公正司法、环境保护、政府性债务等情况报告；根据重庆市义务教育条例规定，将义务教育督导工作纳入年度报告事项。加强法律实施情况的监督，配合市人大开展食品安全法、《重庆市森林防火条例》《重庆市信访条例》贯彻实施情况执法检查和专题调研，提出立法修改意见和工作建议。加强规范性文件备案审查工作，对区政府提请的5件规范性文件进行合法性审查。做好人大信访工作，受理群众信访164件，回应和解决一批群众反映的突出问题。

2016年4月19日，长寿区人大常委会组织部分市区人大代表视察特色效益农业。区领导赵世庆、巴川江、张明生、汤晓强等参加

经济工作监督。区人大常委会关注经济运行情况，听取和审议区政府上半年计划执行情况报告；主任会议听取招商工作、小微企业和工商企业市场监管、质监工作情况，针对经济发展面临的严峻形势，提出持续优化产业结构、改善投资环境、扶持中小企业发展、加强品牌培育等意见建议。重视重大项目建设，先后组织市区人大代表视察全区重大项目、经开区重点工业项目、移民重点项目建设情况，从项目的策划包装、要素保障、建设进度和质量等方面提出意见建议，助力稳增长、调结构。聚焦现代农业发展，区人大常委会批准长寿国家农业科技园区总体规划，组织市区人大代表专题视察特色效益农业发展情况，主任会议听取气象工作服务农业生产情况汇报，支持区政府高标准、高水平建设现代农业科技园区，发展特色农业。

预算决算审查监督。区人大常委会认真履行预算决算审查监督职能，听取和审议区政府财政预算执行情况、审计工作情况、政府债务和2015年财政决算等报告，提出加强收入征管、盘活财政存量资金、强化政府债务管理等审议意见，批准政府债务限额、新增债务分配方案和区级财政决算。按照区委全面深化改革精神，首次听取区政府审计查出问题整改落实情况报告，督促政府加大审计结果运用力度，推动审计查出问题整改落实。

民生工作监督。为打赢扶贫攻坚战，区人大常委会主任会议听取精准扶贫、精准脱贫工作情况汇报，督促区政府及有关部门建立“扶真贫、真扶贫、脱真贫”的长效机制。为解决农村公路错车难断头路问题，区人大常委会组成6个调研组到全区19个镇街，开展农村公路专题调研，形成翔实的调研报告，为全区“十三五”农村公路规划建设提供重要参考。为创建全国文明城区，区人大常委会专题视察全国文明城区创建工作，主任会议听取城市管理情况报告，针对创建工作和城市管理中存在的问题，提出层层压实创建责任，营造创建氛围，完善城市功能，提高城市管理的规范化、精细化、智能化水平等建议。应对日益严重的老龄化趋势，区人大常委会主任会议听取养老工作情况报告，开展养老服务业发展情况的专题调研，提出办好政府养老机构、落实老年人福利政策、培育和发展新型养老服务业、完善社区养老服务设施等政策建议。持续关注环境保护工作，区人大常委会听取审议区政府环境保护工作情况报告，对水污染防治专题询问审议意见办理落实情况进行“回头看”。

【决定和任免工作】　行使决定权。2016年，区人大常委会先后就财政决算、财政预算调整、政府债务限额、新增债务分配方案、长寿国家农业科技园区总体规划、撤镇设街道等重大事项，作出决议决定11项，支持相关工作的开展。首次作出决定，授予外籍人士“长寿区荣誉市民”称号，加强对外交流合作。

人事任免。按照重庆市人事任免条例的规定，2016年首次安排拟任命人员在表决前与常委会组成人员见面并作表态发言。全面落实宪法宣誓制度，组织选举和任命国家机关工作人员就职时向宪法宣誓，督促和指导“一府两院”和镇人大建立宪法宣誓制度。全年区人大常委会组织法律知识考试5次，任免国家机关工作人员70人次，区人大拟任命人员35人做任前表态发言，组织宪法宣誓仪式6次，选举和任命人员40人就职时向宪法宣誓。补选市人大代表1名。

干部任后监督。2016年，区人大常委会对区政府办、区监察局、区财政局、区环保局、区审计局、区文化委、区卫计委、区旅游局8个部门工作进行评议，完成对所有人大决定任命干部所在单位的工作评议。在评议期间，常委会组成6个组，到19个镇街和被评议部门开展评议调查，书面征求全体区人大代表对部门工作的意见；将收集到的202条意见建议，原原本本向被评议部门作反馈，要求其认真吸纳和研究处理，夯实评议工作的民意基础。在评议调查后，区人大常委会组织组成人员按照满意、基本满意、不满意三个等次对被评议部门进行民主测评，提出评议意见。区委、区政府主要领导要求被评议部门认真落实评议意见，切实改进工作。通过开展部门工作评议，增强部门的法治意识、群众意识，解决一批群众反映的突出问题，促进部门工作的改进，推动区委区政府工作部署的有效落实。

2016年11月17日，长寿区人大常委会调研晏家街道换届选举工作。区领导张明生、卓大林、李吉华等参加

【代表工作】 换届选举工作。依法成立区镇两级选举委员会，加强对人大换届选举工作组织领导。区选委会先后组织召开4次工作部署会、4次业务培训会，下发17个指导性文件，编印4本资料汇编和选举工作手册，指导全区人大换届选举工作；成立6个督导组，对各镇街、直属选区换届选举工作进行巡回督查指导，确保换届选举工作顺利推进、风清气正；在代表选举前，全区121个区人大代表选区和311个镇人大代表选区举行选民见面会，53名派选正式代表候选人到选区与选民见面，接受选民询问，听取选民意见，10家市级媒体对见面会进行报道，国内多家网站进行转载。12月10日，全区举行区镇人大代表选举，选出新一届区人大代表293名、镇人大代表815名，顺利完成人大代表选举任务。指导12个镇召开新一届人民代表大会第一次会议，选举产生新一届镇国家机关领导成员。

落实“两联一述”制度。2016年，区人大常委会举行主任接待日活动6次，接待人大代表69人次，收集代表建议71件，全部交有关部门研究处理。做好市人大代表服务工作，组织4次市代表活动，协助市代表提出议案建议33件，其中1件被列为大会议案。扩大代表对常委会工作的参与，邀请区人大代表18人次列席常委会议，86人次参加视察、执法检查、工作评议等重要活动。

办理代表议案建议。区十七届人大六次会议及其以后的250件代表议案建议全部按时办结回复，常委会领导牵头督办农村公路错车难断头路、五华山旅游开发等6件重点建议得到落实。250件代表议案建议及办理回复全部在人大网站上公开。开展B类建议办理“回头看”，人大会议建议办理落实率从2015年的64.3%提高到2016年的70.8%。

2016年11月22日，长寿区人大常委会主任张明生调研渝长高速扩能改造项目。区领导王身高、李松等参加

代表主题活动。2016年，区人大常委会重点围绕渝长高速路扩能项目、农村电网改造、桃花溪流域综合治理、长化厂环保搬迁、农村自来水厂运行管理、北城医院建设、长寿古镇及博物馆建设等

7 项重点工作，组织市区镇三级人大代表开展视察促进、调研献策、监督检查等活动。各项工作取得积极成效，渝长路扩能项目、古镇尾期及长寿博物馆已正式开工建设，桃花溪沿岸景观工程已全面启动，北城医院建设有明显改进，长化厂搬迁项目实现生产性关停，农网电网改造项目范围扩大，区政府出台农村自来水厂运行管理办法加强对农村自来水厂运行管理。

【常委会及机关建设】 开展“两学一做”学习教育，组织集中学习 7 次，完成各项学习教育任务，进一步增强政治意识、大局意识、核心意识和看齐意识。落实向区委请示报告制度，及时就贯彻落实市委 4 号文件精神、区镇人大换届选举、人事任免、部门工作评议、补选市人大代表等重大事项和重大问题，向区委做请示报告，按照区委批示精神抓好落实。加强人大组织机构建设，经区委批准，区人大常委会设立法制、财政经济、教科文卫专门委员会办公室和信息中心，3 个专门委员会办公室以及人事代表工委、城环工委、财政预算工委新增 1 名副主任，充实常委会工作力量。开展调查研究，完成市人大课题 1 个，形成调研报告 12 篇，上报市人大信息稿件 164 篇（其中市人大采用 65 篇）。加强对人大街道工委的领导，听取 7 个人大街道工委工作报告。召开镇街人大工作座谈会、培训会，指导镇人大依法加强主席团建设和开展代表主题活动。争取区委在 3 个镇配备专职人大副主席，加强镇人大组织建设。（谢廷冰）

2016 年重庆市长寿区人大常委会主任、副主任名录

主　任：张明生

副主任：潘晓林　李彬旭　郑　勇　唐　华　李吉华

2016 年重庆市长寿区人大常委会机关办事机构和工作机构领导人名录

办公室

主　任：程　茂

副主任：郑　勇　黄　磊　付永兴（兼）

法工委

主　任：湛秀英（女，2016 年 11 月离任）

副主任：董祥凯（2016 年 11 月离任）

法制委办公室

主　任：湛秀英（女，2016 年 11 月任）

副主任：韩志书（2016 年 11 月任）

董祥凯（2016 年 11 月任）

财经工委

主　任：向长生（2016 年 11 月离任）

财经委办公室

主　任：黄正桥（2016 年 11 月任）

副主任：王小玉（女，2016 年 11 月任）

郝　赟（2016 年 11 月任）

教科文卫工委

主　任：徐向荣（2016 年 11 月离任）

副主任：项　晓（女，2016 年 11 月离任）

教科文卫委办公室

主　任：徐向荣（2016 年 11 月任）

副主任：韦学明（2016 年 11 月任）

项　晓（女，2016 年 11 月任）

人事代表工委

主　任：黄正桥（2016 年 11 月离任）

张玉涛（女，2016 年 11 月任）

副主任：张兰平（2016 年 11 月任）　向中明

城环工委

主　任：孔庆明

副主任：向瑞芳（女，2016 年 11 月任）

鲁　斌

财政预算工委

主　任：王泽林

副主任：唐志鹏（2016 年 11 月任）

但玉榕（女）

信访办

主　任：付永兴

表 10　　2016 年重庆市长寿区人大常委会重要文件目录

文件名称	文号
关于印发《重庆市长寿区宪法宣誓实施办法》的通知	长人发〔2016〕4 号

重庆市长寿区人民政府

重要会议

【区政府常务会议】 全年召开政府常务会议43次（第一百三十六次至第一百七十八次），492个议题。会议审议2015年经济运行情况及2016年计划安排、重庆市长寿区党政机关公务用车制度改革实施方案（送审稿）、关于提名杜彬瑜免职的通知、《区委区政府关于给予杜光礼等21名同志记三等功的决定》的请示、重庆市长寿区人民政府工作报告（送审稿）、关于印发《落实区政协专题调研街镇工业走廊意见建议工作任务分解表》的通知、重庆市长寿区人民政府工作报告（送审稿）、关于重庆市长寿区2015年国民经济和社会发展计划执行情况及2016年计划草案的报告（送审稿）、重庆市长寿区国民经济和社会发展第十三个五年规划纲要（送审稿）、关于重庆市长寿区2015年财政预算执行情况和2016年财政预算草案的报告（送审稿）、长寿区2016年重大项目计划（送审稿）、长寿国家农业科技园区规划、关于落实市交办上访老户责任的建议方案、关于集中交办2016年信访积案的通知、长寿区2015年执政为民服务发展评议结果及效能建设工作经费分配方案、关于2015年度平安建设暨社会治安综合治理工作考核结果的通报（送审稿）、关于2015年度防范和处理邪教工作考核结果的通报（送审稿）、关于2015年度精神文明建设工作考核结果的通报、关于2015年信访稳定工作考核结果的通报（送审稿）、关于2015年度党风廉政建设和反腐败工作考核结果的通报（送审稿）、关于2015年度环境保护工作先进集体和先进个人的通报（送审稿）、关于提名杨通胜李顺职务任免的通知、关于全面深化公安改革的实施意见（送审稿）、关于审议2015年度长寿区工业企业评奖情况的请示、区委十二届八次全会报告及2016年区政府工作报告重点工作目标任务分解、关于审议2016年度土地供应计划的请示、关于提名李雪松任职的通知、关于成立渝长高速扩能改造项目建设指挥部的请示、关于印发《长寿区2016年“3+4”信访突出问题专项治理总体方案》的通知、关于就业奖励政策到期相关后续工作的请示、关于提请审议孔祥文免职的请示、关于重庆长寿“橘香悦动村”产业融合发展项目资本金承诺担保的请示、关于报送2016年长寿湖龙舟民俗文化节工作总方案的请示、渝东北区域旅游互动营销长寿行活动工作方案、关于区人民医院北城分院建设项目调整和增加相关功能设施用房面积的请示、关于确定新市中科未来城工程测量单位及费用的请示、关于长寿区北城大道新市连接段道路工程等六个项目勘察设计招标发包的请示、关于非公开发行公司债券的请示、关于龙河镇部分道路命名审核考察的意见、关于提请审议给予黄述明等595名同志嘉奖和孔庆春等79名同志记三等功的决定、关于提请审议蹇世儒龚小平职务任免的请示、关于印发《重庆市长寿区人才引进培养和激励办法（试行）》的通知、长寿区重大项目征地拆迁攻坚工作方案、关于印发《重庆市长寿区“十三五”生态文明建设规划》的通知、关于印发《重庆市长寿区推进供给侧结构性改革实施方案》的通知（送审稿）、关于分解下达长寿区推进供给侧结构性改革2016年重点工作目标任务的通知（送审稿）、关于贯彻落实深化拓展区域发展战略的实施意见（送审稿）、关于印发《贯彻落实深化拓展区域发展战略的实施意见责任分工方案》的通知（送审稿）、2016年重庆长寿湖全国铁人三项锦标赛暨中秋节系列活动工作总方案、重庆市长寿区国有林场改革实施方案（送审稿）、关于2016年重大项目调整有关事项的请示、关于印发《长寿区迎接中央环境保护督察筹备工作方案》的通知、关于深化改革扩大开放加快实施创新驱动发展战略的意见（征求意见稿）及说明（送审稿）、关于调整2016年度财政预算的报告、关于提请区政府常务会议审议杨岸鸿等职务任免的请示、关于深化全区供销合作社综合改革的意见（送审稿）、关于提请审议何一波李建强职务任免的请示、关于提请审议长寿区行政权力清理结果的请示、关于审议《渝长高速扩能改造项目投资合作协议》的请示、关于审议《渝长高速扩能改造项目征地拆迁协议》的请示、关于长寿区阳鹤山片区、北部片区道路及地下综合管网建设项目（投建一体化）项目招标文件评标办法相关问题的请示、关于提请审议《关于给予李晓裕等记三等功的决定》和《关于就业奖励到期后续工作情况的通报》、重庆市长寿区人民政府工作报告（送审稿）、关于重庆市长寿区2016年国民经济和社会发展执行情况及2017年计划草案的报告（送审稿）、关于重庆市长寿区2016年财政预算执行情况和2017年财政预算草案的报告（送审稿）、关于长寿区2016年度“十大创新人才”“十大创业人物”评选情况的通报（送审稿）；会议审定关于批转执行《关于进一步加强村组集体经济组织财务管理工作的意见》的请示、关于重庆紫耘花海农旅结合项目资本金承诺担保的请示、关于黄桷湾小学旁土山堆外弃工程（一期）相关事宜的请示、关于继续实施推进村级公共服务和社会管理专项工作的请示、关于关闭云台煤矿和大沟煤矿有关问题的请示、关于经开区武警营房建设需占用原朱家镇中学部分土地及建筑物的请示、关于调整八颗组团部分地块控制性详细规划的请示、关于审定年产80万套汽车零部件项目等8宗土地招拍挂事宜的请示、关于重钢股份有限公司向经开区短期借款有关问题的请示、关于调整长寿区人防易地建设费征收标准的请示、重庆市长寿区人民政府关于2015年安全生产目标考核结果的通报、长寿区统计局关于2015年统计工作考核结果的请示、关于长寿经开区科技创新园一期工程施工招标的请示、关于融资平台2016年融资成本控制线的请示、关于与中国农业发展银行重庆分行签署《农业政策性金融支持经济社会发展的战略合作协议》的请示、关于三峡库区地灾治理项目质量监督的请示、重庆市长寿区人民政府关于2015年度国土房管工作考核结果的通报、关于调整胜天社区桃花社区管辖范围审核考察的意见、重庆市长寿区人民政府办公室关于行政区划调整后征地补偿安置标准的通知、关于与国家开发银行股份有限公司重庆分行签署《共同推进新型城镇化建设开发性金融合作备忘录》的请示、关于恳请减免资产交易过户费用的请示、关于为重庆世纪之光科技实业有限公司提供担保的请示、关于划转重庆市晏家表面处理工业园生产废水治理项目资产的请示、关于向重庆长寿古镇文化旅游开发有限公司参股等事项的请示、重庆市长寿区人民政府关于废止和继续施行部分规范性文件的决定、关于印发《关于2016年度金融机构考核奖励有关事宜的通知》、关于《重庆市长寿区国民经济和社会发展第十三个五年规划纲要（草案）》修改建议的请示、关于2015年重大项目考核结果及奖励方案的报告、中共重庆市长寿区委关于提名张可文免职的通知、关于重钢股份有限公司债务豁免有关问题的请示、关于报批长寿区乡村旅游总体规划成果的请示、关于局部调整经开区范围内相关地块控制性详细规划的请示、关于报批长寿区云台镇区生活组团控制性详细规划的请示、关于报批重庆市长寿街镇工业走廊云台工业组团控制性详细规划的请示、关于停止经开区安监局行使区级行政管理权限的请示、关于2015年度三峡移民后续工作考核结果的通报、关于处置国有房屋的请示、关于长乐门业年产20万套套装门项目土地招拍挂的请示、关于在晏家壹号商务楼配套修建公共人防工程的请示、关于将区属平台公司10万元以下的工程设计项目直接委托给长寿建筑设计院的请示、《重庆市长寿区公务员平时考核实施办法》、关于印发《重庆市长寿区水污染防治行动计划实施方案》的通知、关于实施长寿区石堰镇石沙路及兴隆场镇段改建项目的请示、关于与重庆建工集团签订总承包项目补充协议的请示、关于兴办菩提小学和临溪中小学的请示、关于确定长寿菩提山危岩带应急排危抢险项目勘察、设计以及施工单位的请示、关于与厦门欣六安贸易有限公司进行定慧寺恢复新增佛教设施及用品合作的请示、关于提请审定政府平台公司2015年薪酬绩效考核结果的请示、2016年财政预算情况表、关于提名徐征周于祥任职的通知、关于提名邓小龙免职的通知、关于提请审定《重庆市长寿区人民政府与中国科学院重庆绿色智能技术研究院共建“重庆长寿·中科未来城”合作框架协议》的请示、关于提请审定2015年度聚商选资专项考核结果的请示、关于报审《重庆市长寿区外经贸发展周转资金管理暂行办法》的请示、关于印发《重庆市长寿区大中型水库移民避险解困试点工作实施办法》的通知、关于聘任保安公司高管的请示、关于与重庆银行签署《重银－长寿双创基金战略合作项目框架协议》的请示、关于调整（确定）公租房租金标准的请示、关于长寿区2015年度企业统计基层基础工作奖补结果的请示、关于城中城商业广场相关问题的请示、关于建立病死畜禽无害化处理机制的实施方案（送审稿）、关于在全区新建和改建道路中推广铺设废旧轮胎高性能橡胶改性沥青路面的请示、长寿区渡南路东段建设项目集体土地房屋征收补偿实施方案、《长寿区阳鹤山片区、北部片区道路及地下综合管网建设项目投建一体化实施方案》（送审稿）、关于将全区定向销售房物业管理交由区保安服务有限公司规范管理有关事项的再次请示、关于新市一期标准厂房房屋产权过户的请示、关于发行企业债券相关事项的请示、关于撤销晏家街道白石村村民委员会建制审核考察的意见、关于撤销晏家街道晏中路社区居民委员会建制审核考察的意见、关于撤销晏家街道晏兴社区居民委员会建制审核考察的意见、关于报送长寿菩提古镇文化旅游区三期项目PPP实施方案的请示、关于印发重庆市长寿区人民政府行政规范性文件管理实施办法的通知、关于提名蒲实等职务任免的通知、关于报请审批《长寿区烟花爆竹仓库及主要民爆仓库布点规划（2016—2025）》的请示、关于拟购买长寿湖场镇商品住房作安置房的请示、关于报送2016年小城镇基础设施建设项目实施方案的请示、关于晏家街道设立齐心社区审核考察的意见、关于晏家街道设立牛心山社区审核考察的意见、关于贯彻落实2016年重庆市违法建筑整治工作电视电话会议精神的实施意见、关于整合建立统一的公共资源交易平台的请示、关于龙河镇部分道路命名审核考察的意见、关于提名孙廷胜等任职的通知、关于结合菩提大道绿化工程新建城区殡仪服务站（安乐堂）的请示、关于重庆市长寿区桃花溪城区段环境综合整治—景观工程比选确定施工图设计单位有关事宜的请示、关于长寿经开区科技创新园一期项目工程总承包招标的请示、关于解除《重庆长寿长江二桥施工图设计审查技术咨询合同》并重新委托审查事宜的请示、关于解除重庆长寿长江二桥“BT”投资建设合同相关事宜的请示、关于确定重庆长寿长江二桥PPP投融资采购招标代理及商务法律咨询服务相关事宜的请示、关于给予深圳市恩瑞实业有限公司相关优惠政策的请示、关于给予上海数图健康医药科技有限公司服务费的请示、重庆市长寿区人民政府工作规则（送审稿）、关于申请批准绍兴市园林建设有限公司为青龙嘴片区王爷庙和殷氏民居修复施工单位的请示、关于重医附三院长寿医养中心项目用地需解决的主要问题的请示、关于提请审批《重庆市长寿区城镇人口聚集规划（2016—2020年）》的请示、关于长寿区桃花新城北部新区污水收集系统（古佛立交段污水干管）WG－67－WC－88段污水管网交由区商贸物流公司实施的请示、关于区级公立医院执行药品零差率改革的通知、关于2015年度长寿区科技创新拟奖项目的请示、关于组建重庆市长寿农富实业有限公司的请示、关于提名蹇世儒任职的说明、关于南城U街项目规费缓缴有关事项的请示、关于重庆长寿长江二桥PPP模式招标方案的请示、关于印发长寿区深入实施创新驱动发展战略2016年重点任务分工方案的通知（送审稿）、关于给予黄成军开除公职处分的请示、关于给予郭金城开除公职处分的请示、关于给予杨荣开除公职处分的请示、关于八颗街道延伸道路命名审核考察的意见、关于《长寿湖迪信通国际露营地合作协议》和《解除〈重庆市长寿湖风景名胜区婚庆文化博览园投资协议〉协议书》的请示、关于贯通菩提大道相关事宜的请示、关于印发2016年水污染防治重点工作目标任务分解的通知、关于长寿区菩提组团A、B标准分区（原北部片区）控制性详细规划菩B5－2/02菩B12－1/02地块控规修改相关事宜的请示、关于提请审定《关于全面治理拖欠农民工工资问题的通知》的请示、关于提请审定《长寿区创业孵化基地补贴管理办法》（试行）的请示、关于报批《长寿区行政中心片区停车管理实施方案补充方案》的请示、关于为重庆九橡化大公司废旧轮胎（橡胶）及高效再生利用全产业链项目提供回购承诺的请示、关于使用环境保护专项资金补助的请示、关于提名李仕国免职的通知、关于给予樊小盈开除公职处分的请示、关于八颗组团控制性详细规划 B07－4/01 地块和晏家组团 BEFG 标准分区控制性详细规划 B15－2/02 地块控规修改方案相关事宜的请示、关于进一步加强控制性详细规划修改管理工作的通知、关于印发《重庆市长寿区中小微企业续贷应急周转资金管理暂行办法》的请示、关于开展长寿区巨灾保险试点的请示、关于调整政府平台公司薪酬绩效考核办法的请示、关于挂牌出售长寿经开区蒸汽管道资产的请示、关于发行中期票据的请示、研究审定关于孔祥文等 9 人的纪律处分相关事宜、关于切实加强预征地管理利用的通知、晏家街道原高桥村四组新村居民点征迁遗留问题攻坚工作方案、关于给予找钢网与攀华集团合作在长寿投资建设胖胖狗物流项目相关优惠政策的请示、关于为商贸物流开发投资有限公司融资回购的请示、关于非公开发行 2016 年公司债券的请示、关于申请发行中期票据的请示、关于提名张丽娜任职的通知、关于修订《重庆市长寿区专利资助奖励办法》的通知、关于提请审定《长寿区落实重庆市 2016 年行政审批制度改革取消的事项目录》的请示、关于报批长寿区中心城区慢行系统规划的请示、关于长寿区桃花溪城区段环境综合整治绿化景观工程—北部新城段及桃花新城段景观相关事宜的请示、关于长寿区行政审批大厅临时停车场工程（一期）施工单位确定及结算原则的请示、关于长寿区行政审批大厅临时停车场工程（二期）施工及长寿区行政审批大厅临时停车场工程（一期）配套完善招标相关事宜的请示、关于调整《长寿区阳鹤山片区、北部片区道路及地下综合管网建设项目一体化实施方案（送审稿）》相关内容的请示、关于重庆长寿长江二桥 PPP 融资建设招标方案的补充请示、关于向重庆农商行长寿支行申请融资的请示、关于审定《长寿区“十三五”公（廉）租房实物配租计划（2016—2020）》的请示、关于调整长寿区工业品交易市场项目的请示、关于洪湖镇福利院改扩建消防工程项目发包方式及发包最高限价的请示、《广西壮族自治区—重庆市长寿区对口支援合作实施规划（2014—2020）（送审稿）》、关于《长寿区晏家组团 D 标准分区（晏家生活服务区）控制性详细规划》晏 D59－1/01 地块控规修改相关事宜的请示、关于长寿区协信商业区交通路网研究等四项工作成果报批的请示、关于变更长寿区桃花溪西岸城区段截污干管工程项目业主的请示、关于重庆市长寿区化工品交易市场有限公司软件集成商招标的请示、关于巨灾保险调整为共保模式的请示、关于提名陈红任职的通知、关于开展长寿城区“六线”管控规划编制工作的请示、关于核销应收重庆骅蕾商贸有限公司代偿款的请示、关于与中科招商投资管理集团股份有限公司签订《战略合作协议》的请示、关于确定城市园林绿化信息平台建设单位的请示、关于晏家壹号商务楼配套人防工程设计单位竞争性比选的请示、关于重庆长寿长江二桥招标方案调整的请示、长寿区污水处理厂移交方案（送审稿）、环保专项行动政府工程类项目需解决事项汇总表、关于长寿湖污水主干管（回龙场至东海码头段）维修工程采用下浮比例进行邀请招标的请示、关于给予重庆北新天晟贸易有限公司相关扶持政策的请示、关于报请确定汽车维修经营点选址用地相关事宜的请示、关于被征地农转非人员参加城乡居民医保实行资助有关问题的请示、关于提请审定《重庆市长寿区第九届房交会购房补贴政策》的请示、关于与重庆西证渝富股权投资基金管理有限公司合作发起设立重庆长寿双创股权投资基金的请示、关于向重庆农商行长寿支行申请融资的请示、关于《重庆市长寿区殡葬设施规划（2016 年修改）》审批的请示、关于公开出让重庆西山蔚林苑公墓一期国有土地使用权和出租城区殡仪服务站、区殡仪治丧守灵区经营权的请示、关于农行长寿支行委托资产处置的请示、关于重庆长寿区钢材物流仓储中心项目电力线路改迁建工程费用的请示、关于吉尼斯丹资产收购事宜的请示、关于印发《长寿区 2016 年秋冬季大气污染防治专项工作方案的通知》、关于《晏家组团 A 标准分区（原川维川染片区）控制性详细规划》A59－5/01 和晏 A59－6/01 地块控规修改相关事宜的请示、关于报请确定汽车维修经营点选址用地相关事宜的请示、关于市级重大项目储备用地的请示、关于直接确定川维厂供水分离移交项目社区供水管网部分设计编制单位及编制费用的请示、关于给予陈伦彪行政撤职处分的请示、关于提请审定《长寿区取消非行政许可审批事项目录》的请示、关于提请审定《重庆市长寿区“十三五”社会事业发展规划（2016—2020 年）》的请示、关于提请审定《重庆市长寿区“十三五”统筹城乡一体化发展规划（送审稿）》的请示、关于八颗组团 1 个地块及晏家组团A标准分区1个地块和晏家组团BEFG标准分区2个地块控规修改方案相关事宜的请示、关于退还重庆万象房地产开发有限公司河街A2地块保证金的请示、关于非公开发行公司债券需区政府出具相关文件的请示、关于变更长寿区船舶废弃物接收处置工程项目业主的请示、关于给予重庆市品培网络科技有限公司等三家电商公司相关政策扶持的请示、关于回购长寿区新市镇新A27－3－01号地块国有建设用地使用权的请示、关于回购长寿区新市镇A17－1－01号地块国有建设用地使用权的请示、关于审定长寿区国有建设用地使用权基准地价标准（2016年8月调整）的请示、关于直管公房C级D级危房租赁户避险搬迁有关问题的请示、关于报批长寿湖镇葛兰镇云台镇消防专项规划成果的请示、关于提请区政府常务会议审定况敬蓉等职务任免的请示、关于提请审定给予攀华集团优惠政策的请示、关于葛兰镇旧城改造（葛兰A14－1/01地块）一期项目规划条件的请示、关于重庆长寿化工有限责任公司环保搬迁资金筹措有关问题的请示、关于长寿区2号商务楼设计有关事宜的请示、关于提请审定《区政府决定清理规范的59项区级行政审批中介服务事项目录》的请示、关于双龙镇新建道路命名审核考察的意见、关于被借用廉租住房占补平衡的请示、关于提请审定何一波等职务任免的请示、关于提请审定蒋牧宸左永祥职务任免的请示、关于印发《重庆市长寿区畜禽养殖区域划分及养殖污染控制方案》的通知（初稿）、关于印发《重庆市长寿区畜禽养殖污染防治规划(2014—2020年） （修编)》的通知、关于印发《重庆市长寿区畜禽养殖及屠宰场污染综合整治实施方案》的通知、关于印发《长寿区调整机关事业单位工作人员基本工资标准和增加机关事业单位离休人员离休费三个实施办法（送审稿)》的通知、《长寿区2017年城乡居民合作医疗保险参保缴费工作实施方案（送审稿)》、关于二三级污水管网改造工程招投标等有关问题的请示、关于确定长寿湖高铁站换乘中心项目规划条件的请示、关于向区财政借款用于支付第四批煤矿关闭资金的请示、长寿区“渝长高速扩能改造项目”征地拆迁工作方案、关于报批长寿区保护性建筑保护规划成果的请示、关于加快推进残疾人小康进程的实施意见、关于渝万铁路开通工作有关问题的请示、关于长寿菩提山文化配套设施服务项目（综合楼及商业门市）改变结算计价计量方式的请示、关于和四川美术学院对三倒拐等四个项目进行文化创意合作的请示、关于开展经开区快速连接道升级改造工程前期工作的请示、关于长寿区凤西片区南北通道和古桃路道路工程（边坡处理工程）—南北通道2号挡墙K20＋199.000～K20＋314.000段原设计为重力式挡墙改为桩板挡墙设计变更增加投资事宜的请示、关于长寿区阳鹤山片区、北部片区道路及地下综合管网建设项目（投建一体化）调整招标评标办法相关事宜的请示、关于审定年产2万吨汽车涂料项目等24宗土地招拍挂事宜的请示、关于同意《重庆市长寿区人民政府、重庆化医控股（集团）公司战略合作框架协议》的请示、关于安排2015年度新办鼓励类中小企业财政扶持资金的请示、关于转发长寿区农村畅通工程及街镇工业走廊农村公路建设项目实施方案的通知、关于转发长寿区改善农村人居环境建设项目实施方案的通知、关于农发行战略合作农村基础设施建设项目2016年年度计划的请示、关于参股投资重庆千业国贸有限公司（暂定名）的请示、长寿区有机肥推广使用办法（送审稿）、关于重庆长寿湖远恒佳国际学校配备100名教师编制的请示、关于对中国石油天然气股份有限公司重庆销售分公司申请退还垫付相关费用情况的请示、关于长寿北部新区北城大道（桃新段）工程回购有关事宜的请示、关于重庆市长寿区商贸物流中心开发投资有限责任公司向兴业银行重庆分行贷款的请示、关于长寿区街镇工业走廊新市及云台片区土地整治项目贷款的请示、关于新市及葛兰组团基础设施建设项目（三期）贷款的请示、关于长寿区改善农村人居环境建设项目（一期）贷款的请示、关于长寿区街镇工业走廊农村公路建设项目贷款的请示、关于新一轮煤矿关闭工作有关事项的请示、关于向区财政借款用作支付新一轮煤矿关闭资金的请示、关于开展长寿区综合铁路相关规划编制工作的请示、关于提请审定《重庆市长寿区社会治理“十三五”规划（送审稿)》的请示、关于设立重庆至万州高速铁路线路（长寿段）安全保护区的通告、关于提请审定《长寿区安全生产“十三五”规划》的请示、关于审定全区永久基本农田划定布局方案（送审稿）的请示、关于给予长寿化工品交易市场入驻企业扶持政策的请示、关于向浦发银行长寿支行申请融资的请示、关于黄桷湾移民综合市场（综合休闲广场）项目土地挂牌价的请示、关于晏家壹号商务楼项目土地挂牌价的请示、关于参股投资重庆千信国际贸易有限公司相关事宜的请示、关于报批《长寿区2017年春节灯饰工程建设方案》的请示、关于安排重庆钢铁股份有限公司财政补助资金的请示、关于向兴业银行重庆江北支行贷款的请示、关于向农行长寿支行申请融资的请示、关于向中行长寿支行申请融资的请示、关于向重庆长寿化工有限责任公司委托贷款有关事宜的请示、关于长寿区2号商务楼设计有关事宜的请示、关于借款给长寿经开区管委会的请示、关于发行2017年度非公开定向债务融资工具的请示、关于区保安公司租赁管理全区定销房小区地下停车库的请示、关于报批长寿区区域通信设施及廊道规划（2016—2025）结题备案的请示、关于申报2017年市级重点项目有关事项的请示、《重庆市长寿区社会审计机构审计报告核查办法（试行）》、关于时代国际商住楼项目商住比例调整的请示、关于蓝光·幸福满庭小区采光井处违法建筑相关事宜的请示、关于转发《重庆市国土房管局关于城乡统一户口登记后涉及征地安置有关问题的处理意见》的通知、关于印发《长寿工业项目建设审批服务事项所需要件的通知》的请示、关于向光大银行重庆分行融资事宜的请示、关于购买长寿湖场镇商品房作定销房的请示、关于35KV长寿东海变电站搬迁工程包干费用的请示、关于新（还）建35千伏长寿东海变电站项目土地划拨的请示、关于提请审定长寿区“十三五”现代商贸服务业发展规划的请示、关于中央公园项目城市建设配套费征收有关事项的请示、关于华科融资租赁有限公司签订《战略合作协议》的请示；会议通报关于全市会展工作电视电话会议有关情况的报告、关于“1·6”全国、全市安全生产工作电视电话会议主要精神及长寿区贯彻落实情况的报告、关于全区安全生产2015年工作情况及2016年工作思路的报告、2016年全国计划生育工作电视电话会议精神传达提纲、传达习近平总书记视察重庆重要讲话精神、关于全市科技工作会会议精神传达提纲、关于全市工商质监食药监工作会议精神传达提纲、全市改善农村人居环境工作电视电话会议精神传达及长寿区贯彻落实意见汇报提纲、2016年全市规划建设管理及民防园林工作会议精神汇报提纲及长寿区贯彻落实建议、2016年全市财税工作会议精神汇报提纲、关于2016年全市审计工作会议精神的情况汇报、关于市政府2015年度消防重点工作检查情况的报告、通报全区习近平总书记视察重庆重要讲话精神传达学习情况、2016年全市国资工作会会议精神汇报提纲、全市干部接访下访群众暨全国“两会”期间安全稳定工作电视电话会议精神汇报提纲、关于2016年全市农村工作会议精神汇报提纲、全市林业工作会议精神传达及长寿区贯彻落实意见汇报提纲、关于传达全面深化公安改革相关文件精神及贯彻落实情况的汇报材料、全市民族宗教工作会议汇报提纲、全国全市安全生产工作电视电话会议精神汇报提纲、区政府常务会和区长办公会决定事项落实情况（二十）、区政府常务会和区长办公会决定事项跟踪督办情况（二十）、关于传达全市禁毒工作会议精神和长寿区禁毒工作情况的汇报材料、关于2016年全市消防工作电视电话会议贯彻落实情况的汇报、关于2016年全市金融工作会议精神的汇报提纲、关于2016年全市教育工作会议精神的汇报提纲、关于2016年全市文化、体育工作会议精神的汇报提纲、关于2016年全市环境保护工作会议精神的汇报提纲、全市政府法制工作会议精神传达提纲、关于2016年全市应急管理工作会议精神传达、关于2016年全国、全市打击侵权假冒工作电视电话会议精神传达提纲、关于贯彻落实全市预防道路交通事故紧急电视电话会议精神的汇报材料、关于全市反恐工作电视电话会议精神汇报、关于全国“两会”期间安保维稳工作总结电视电话会议主要精神汇报、关于全市烟草工作座谈会精神传达提纲、区政府常务会和区长办公会决定事项落实情况（二十一）、区政府常务会和区长办公会决定事项跟踪督办情况（二十一）、关于国务院第四次廉政工作会议暨市政府第四次廉政工作会议精神传达、关于2016年全市移民工作会议有关情况的汇报、全市营改增试点工作电视电话会议精神传达提纲、2016年长江防汛抗旱总指挥部指挥长视频会议和全市防汛抗旱工作电视电话会议精神、2016年全国深化医药卫生体制改革工作电视电话会议精神传达提纲、关于2016年二季度全市工业重点项目调度会议主要精神汇报、市委市政府防汛防地灾工作第六督查组对长寿区督查情况及长寿区贯彻落实情况汇报材料、关于市政府夏季消防检查动员部署电视电话会议精神传达及贯彻落实情况的汇报、关于2016年防灾减灾救灾工作督查情况传达、关于长寿区服务群众工作信息系统运行情况的报告、区政府常务会和区长办公会决定事项跟踪督办情况（二十三）、区政府常务会和区长办公会决定事项落实情况（二十三）、关于认真贯彻习近平总书记重要批示精神坚决防范统计造假弄虚作假行为的通知、全市农产品电子商务推进会精神汇报、关于“5·27”防灾减灾暨安全生产工作会议精神传达及长寿区贯彻落实情况的汇报材料、全市战略性新兴服务业推进工作会议传达提纲、贯彻落实全市超龄退役军人参加城镇企业职工基本养老保险工作视频会议精神的汇报提纲、区政府常务会和办公会决定事项落实情况（二十四）、区政府常务会和办公会决定事项跟踪督办情况（二十四）、近期危险化学品安全监管情况报告、全市推进简政放权结合优化服务改革工作电视电话会议情况汇报、2016年全市计划生育工作会议精神传达提纲、关于高温期间消防安全工作情况的汇报、关于寿城水岸一期公（廉）租房配租工作有关情况的报告、关于做好高温汛期防灾减灾工作汇报、全区2016年上半年习近平总书记视察重庆重要讲话精神贯彻落实情况、关于上半年全区安全生产工作情况的报告、全国健康扶贫工作电视电话会议精神传达提纲、关于长寿区服务群众工作信息系统运行情况的报告、关于2016年十大项目6月份进展情况的报告、全市社会信用体系建设电视电话会议精神传达提纲、重庆市深化地票改革工作会议精神汇报提纲、关于做好高温期间森林防火工作的情况汇报、全国对口支援三峡库区工作暨移民小区综合帮扶建设推进会会议精神汇报、关于全市上半年消防安全形势分析电视电话会议精神传达及2016年重点工作推进情况的汇报、全市文物工作会议精神汇报提纲、全市国企改革工作推进会精神传达提纲、2016年上半年水上交通安全工作汇报、2016年全市军队转业干部安置工作会议精神传达提纲、全市审计机关人财物管理改革试点动员电视电话会议精神传达提纲、关于道路交通安全工作的报告、全市环境保护督察工作会议精神、关于2016年十大项目7月份进展情况的报告、关于2016年应急管理工作情况的报告、中央环境保护督察追责情况传达提纲、重庆市卷烟市场打假打私打非“利剑”专项行动电视电话会议精神传达提纲、关于2016年安全生产工作情况的汇报材料、区政府常务会和区长办公会决定事项跟踪督办情况（二十六）、区政府常务会和区长办公会决定事项落实情况（二十六）、全市迎接国务院第三次大督查动员部署会议精神、国务院关于加快内贸流通创新推动供给侧结构性改革电视电话会的情况通报、关于特种设备安全监管工作情况的汇报、关于长寿区油气输送管道安全生产工作的报告、关于2016年十大项目8月份进展情况的报告、关于2016年前三季度交通运输企业安全工作情况的汇报、关于今年前三季度GDP核算预计情况的报告、关于贯彻执行《重庆市户口迁移登记实施办法》的情况报告、关于传达国务院及全市打击治理电信网络新型违法犯罪工作会议精神及长寿区贯彻落实情况的汇报材料、关于2016年调整企业退休人员基本养老金政策执行情况的报告、关于全国推行“双随机、一公开”监管工作电视电话会议精神汇报提纲、关于旅游安全工作情况的报告、区政府常务会议和区长办公会议决定事项跟踪督办情况（二十七）、区政府常务会议和区长办公会议决定事项落实情况（二十七）、关于长寿区群众工作信息系统运行情况的报告、关于安全生产工作情况的汇报、关于土储债务结构调整工作推进情况的报告、关于前三季度全区安全生产工作情况的报告、关于2016年十大项目9月份进展情况的报告、关于全市“十二五”水利暨2016年防汛抗旱工作总结视频会议精神的汇报、关于永川区金山沟煤矿“10·31”瓦斯爆炸事故后长寿区强化安全生产工作的报告、关于全市冬春火灾防控工作动员部署电视电话会议精神传达的汇报、关于长寿湖生态环境保护实施方案调整情况的报告、关于传达陈芃副主任调研长寿区交通安全工作座谈会议精神和长寿区道路交通安全工作情况的汇报材料、关于就业奖励政策到期后续工作情况的报告、关于全区建筑施工安全工作情况的报告、区政府常务会和区长办公会决定事项跟踪督办情况（二十八）、区政府常务会和区长办公会决定事项落实情况（二十八）、全市区县（自治县）政府分管领导食品安全监管会议精神传达提纲、长寿经开区前三季度危险化学品安全生产工作情况汇报、关于全市煤矿关闭工作新要求及长寿区煤矿关闭工作情况的报告、关于桃花溪污染整治施工放水相关事宜的情况汇报、关于全市危险化学品烟花爆竹“打非治违”工作视频会议精神的报告、关于传达全市公安机关冬春安全隐患大排查大整治工作部署会精神及长寿区贯彻落实情况的汇报材料、关于传达全市健康扶贫工作电视电话会议精神及长寿区贯彻落实情况的汇报材料、关于传达2016年全市违法建筑整治工作电视电话会议精神及长寿区违建整治工作情况的汇报材料、关于2016年水上交通安全工作的汇报材料、关于传达农村留守儿童关爱保护工作部际联席会议第二次全体会议暨“合力监护、相伴成长”关爱保护专项行动视频会议有关情况的汇报材料、关于校车安全管理工作情况的汇报材料、关于长寿区服务群众工作信息系统运行情况的汇报材料、关于传达《重庆市生态环境损害赔偿制度改革试点实施方案》等3个文件精神及长寿区贯彻落实情况的汇报材料、国务院第三次全国农业普查电视电话会议精神传达提纲、关于全市清理拖欠农民工工资工作电视电话会议精神传达提纲、关于经济社会发展实绩考核工作有关情况的汇报材料、关于传达第七次全国人民防空会议和全市人民防空工作会议精神及长寿区贯彻落实意见的汇报材料、关于传达全国非正规垃圾堆放点排查整治工作电视电话会议精神及长寿区贯彻落实意见的汇报材料、关于近期消防工作开展情况的汇报材料、关于全国全市全面推行河长制视频会议精神的汇报材料、全市加快剥离国有企业办社会职能和解决历史遗留问题工作部署会会议精神传达提纲、关于传达全市2017年春节期间燃放烟花爆竹安全管理工作电视电话会议精神及长寿区贯彻落实情况的汇报材料、关于传达全国改善农村人居环境工作电视电话会议精神及长寿区贯彻落实意见的汇报材料、关于长寿区服务群众工作信息运行情况的报告、重庆市政府安委会第16综合督查组对长寿区安全生产综合督查反馈意见及长寿区贯彻落实情况的报告、关于传达离岗乡村医生养老和医疗补助政策工作部署电视电话会议精神及长寿区贯彻落实情况的汇报材料、区政府常务会议和区长办公会决定事项跟踪督办情况（三十）、区政府常务会议和区长办公会决定事项落实情况（三十）。

【区长办公会】　全年召开区长办公会议6次（第五十八次至第六十三次），研究45个议题。会议研究关于重庆钢铁股份有限公司有关问题的请示、长寿区推进网上行政审批改革工作方案、关于完善长寿区云峰阁1号2号楼及商业工程补充协议的请示、关于驾驶培训考试中心项目土地招拍挂事宜的请示、关于重庆世纪之光塑料光纤等3个项目资本金承诺担保的请示、关于购买长寿区文化馆用房的请示、关于筹建重庆市化工产品交易中心的请示、关于报批《区行政中心片区停车管理方案》的请示、关于长寿火车北站站前广场地面浮雕采取文化艺术创作与实施合作方式的请示、关于报送第一批农村土地整治项目补充“全域整治”工程追加资金的请示、关于给小康公司屋顶美化工程给予包干补助的请示、关于将全区定向销售房物业管理交由区保安服务有限责任公司规范管理的请示、关于安排重庆钢铁股份有限公司财政补助资金的请示、关于渝长高速公路扩能改造项目初步设计路线方案的意见建议的函、关于长寿渝东农副产品交易中心项目选址情况说明的报告、关于推进实施长寿区阳鹤山片区、北部片区道路及地下综合管网建设项目投建一体化建设的请示、关于进一步落实土储贷款还款责任的请示、长寿区2016年脱贫攻坚D级危房改造、金融、医疗、教育、就业、产业扶贫实施方案（送审稿）、关于经开区市政环卫园林移交区市政局进行管护的请示、关于农业园区（龙河镇）秀才湾新农村建设示范点景观工程（艺术雕塑部分）建设方式的请示、关于审定《大洪湖流域生态环境保护方案实施项目表（送审稿）》的请示、关于开展长寿区海绵城市建设基本资料调查及规划编制工作的请示、关于委托技术单位开展长寿区土地利用总体规划调整完善有关事宜的请示、关于重庆市医药学校扩建工程所需土地权属变更的请示、重庆市长寿区三洞沟片区175米试验性蓄水避险搬迁实施方案、关于印发《重庆市长寿区化解钢铁、煤炭行业过剩产能企业职工安置工作方案》的通知。会议通报关于部分入园企业办理建设工程质量安全技术指导的报告、关于传达全市2016年春节期间燃放烟花爆竹安全管理工作电视电话会议精神及长寿区贯彻落实情况的汇报材料、关于2016年全市工业和信息化工作会议主要精神汇报、2016年全市国土资源和房屋管理工作会议主要精神、关于葛兰污水提升泵站工程有关情况的报告、区政府常务会和区长办公会决定事项跟踪督办情况（十九）、区政府常务会和区长办公会决定事项落实情况（十九）、关于长寿区服务群众工作信息系统运行情况的报告、关于国家土地督察成都局到长寿督导长寿区城市周边永久基本农田划定有关情况的报告、关于一季度全区安全生产工作情况的报告、重庆市政府安委会2016年第二次全体成员单位（扩大）视频会议精神传达提纲、关于迎接国务院2015年度消防工作考核动员部署电视电话会议精神传达的汇报、关于2016年全市高考招生工作会议精神的汇报提纲、全国外贸工作电视电话会议精神传达提纲、全市2016年汛期地质灾害防治工作电视电话会议精神传达提纲、2016年全市重大项目第二次调度会议精神传达提纲、全市网上行政审批改革工作验收会议传达提纲、区政府常务会和区长办公会决定事项落实情况（二十二）、区政府常务会和区长办公会决定事项跟踪督办情况（二十二）。（雷　达）

工作综述

【概况】 2016年，长寿区坚持稳中求进工作总基调，努力适应经济发展新常态，深入落实重庆市区域发展战略，推进"三地一中心"建设，圆满完成年度主要目标任务，实现"十三五"良好开局。全区地区生产总值454亿元，比2015年增长10.7%；地方财政收入91.2亿元，增长10%，其中一般公共预算收入增长10.1%；全社会固定资产投资589.2亿元，增长16.2%；社会消费品零售总额117.1亿元，增长13.4%；农村居民人均可支配收入13252元，增长10%；城镇居民人均可支配收入29915元，增长8.5%。

【经济运行调度】 新增国家专项建设基金项目16个，完成区级重大项目投资265亿元。年度"十大项目"顺利推进，重钢产业链延伸及配套工程完成钢结构公司组建，聚氨酯产业链新引进项目12个，现代汽车配套产业集群引进项目34个、开工14个，长化环保搬迁实现生产性关停，桃花溪水体明显改善，渝长高速扩能改造、长寿长江二桥开工，青龙嘴片区文物保护修复项目完成主体结构，博物馆前期工作完成、古镇尾期项目有序推进，重庆工贸城加快招商整合力度。加强金融支持力度，银行业金融机构存贷款余额分别增长9.2%、4.3%，出台"转贷应急周转资金"政策缓解企业续贷难。加强金融风险管控，成功争取政府债券30.2亿元，融资成本下降2.6个百分点。立案查处非法集资企业14家，此项工作走在全市前列。供应国有建设用地68宗，面积345公顷。涪陵至长寿页岩气专线工程完工，多气源供气格局初步形成。

【工业集群发展】 实现工业增加值176.8亿元，比2015年增长10.7%，占全区地区生产总值的38.9%。规模以上工业总产值900亿元，增长12.5%。钢铁行业加快产品结构调整，助推重钢与攀华集团开展热轧卷板生产合作，推进冷轧镀锌等重点项目。化工行业产值增长5.1%，实现满负荷生产，医药化工产值增长34.2%，MDI一体化实现产值74亿元。装备制造行业产值增长24.6%，加快以现代汽车配套项目为主导的产业集聚，发动机、变压器产量分别增长20.7%、30.4%。新材料新能源行业产值增长29.2%，成功引进深圳比克电池全产业链项目，实现新能源汽车及配套动力电池产业零的突破。电子信息行业产值增长10.3%，在高端移动智能产品项目上取得新进展，入驻企业17家，其中4G/5G无线路由器、CPE等高端移动智能产品正式投产。街镇工业走廊更名为长寿工业园区，升格为市级特色工业园区，成功打造"长寿家居"品牌，加快推进智能家居、大健康产业集聚和中科未来城建设。

【农业稳产增效】 实现农业总产值66.2亿元，比2015年增长15.4%。完善现代农业基地建设，温氏5000头种猪、源创2万头生猪、标杆60万只蛋鸡项目建成投产，现代粮食生产园核心区二期完工，移民生态农业区建成，果蔬生态种植区加快发展，建成中国无公害果蔬示范区。蛋鸡存栏量和有机水产品产量保持全市第一、奶牛存栏和饲料产能居全市第二。建成全市首个综合性畜牧信息平台——长寿畜牧云信息服务平台。现代农业园"互联网+"晚熟柑橘气象为农服务平台建成投用。开展新型农业经营主体发展试点，新发展区级以上农业产业化龙头企业9家、农民合作组织129个，认证家庭农场130家。推进农业政策性保险，试点血橙价格指数保险，水稻、玉米、油菜、柑橘、渔业投保面积9600公顷。

【旅游持续升温】　全年接待游客770万人次，比2015年增长10%；实现旅游收入47亿元，增长11.9%。完成《长寿区乡村旅游总体规划》编制。长寿湖加快聚集旅游和大健康、新金融产业，新引进长寿湖迪信通国际房车营地、长商悦湖荟项目。菩提山文化旅游区综合楼及商业配套设施开工，长寿文化创意产业孵化园开园，“韩国街”开街；菩提古镇获评“全国优质旅游项目”。开展旅游营销，成功举办长寿湖龙舟民俗文化节、长寿湖全国铁人三项锦标赛等系列活动。全区首部旅游微电影《长寿湖之恋》上线全国各大网站。

【商贸转型升级】　推动商圈业态融合发展，开展四季消费促进月活动，促进城乡居民消费持续活跃，城镇、乡村社会消费品零售总额分别比2015年增长13.2%、13.7%。以重庆工贸城为载体打造市级专业市场群，完成中远物流仓储项目，加快重庆粮食物流港、新恒阳码头、渝东农副产品交易市场等项目建设。电商产业快速发展，化工品交易市场实现线上交易，引进胖胖狗“互联网+供应链”项目，搭建“幸福长寿”农产品电商平台，建成“村村淘”等电商平台12个、村级电商服务站35个，电商交易额实现5亿元，农副产品网上交易额突破1亿元。探索城市共同配送体系建设，打造区级综合公共配送中心，降低批发商约50%的物流成本。

【城乡协调发展】　启动“多规合一”（即城乡建设等九个方面的各类规划与国民经济和社会发展相衔接统一）、智慧城市等重点工作，推进海绵城市、城市地下综合管廊规划编制。快速推进菩提、渡舟、凤西、阳鹤等重点区域综合开发，新增城市建成区面积1.1平方千米、达到56.9平方千米，常住人口城镇化率63.32%。实施城区道路互联互通工程，完成阳鹤四路等7条市政道路建设，新增通车里程13千米，新增停车泊位5002个，竣工投用人行天桥2座；渝万铁路长寿段通车、长寿湖站投用。改造老旧城区“一户一表”468户，改造城市棚户区277户、2.17万平方米，拆违治乱5.1万平方米。实施小城镇基础设施项目64个，竣工36个。协调农发行政策性信贷资金24.1亿元，专项用于农村公路建设改造及人居环境改善。开展农村危房改造1950户，凤城复元等4个农民新村完工。改造农村公路148千米、安保设施46千米、村道错车道2300个。

【供给体系提质】　精准发力去产能，调减船板钢产能200万吨，整体去除煤炭产能，清理僵尸企业5家，支持海洲化学、德雅化工等兼并重组，完成吉尼斯丹闲置土地及房屋资产收购。多措并举去库存，新增商品房市场供应建筑面积比2015年下降30.9%，社会商品房销售建筑面积增长20.5%，可售商品住房去库存周期处于合理区间。坚守底线去杠杆，置换和调整政府融资平台公司高成本债务38.3亿元。综合施策降成本，全面完成“营改增”，企业税负下降27.6%；完成社保经办机构“五险整合”，社保降费为企业减负1.5亿元；推进售电侧改革，新增电力直接交易企业27家，减收企业电费支出近亿元；调低工业用气0.7元/立方米，为企业节约成本15亿元以上；落实支持实体经济发展六大政策，兑付贷款贴息等各类资金1.12亿元。深化工商登记制度改革，新增各类市场主体8284户。继续削减行政审批事项，全面推行网上审批，完成全区行政权力清理，形成“两单一表一图”。

【扩大对外开放】　聚商选资成效显著，全年引进项目186个，合同引资509.2亿元，实际到位资金260.1亿元，推动产业转型升级。以开放添动力，大力发展转口贸易、服务贸易、跨境电商，外贸进出口总额实现10.7亿美元，总量居重庆市片区首位；实现离岸服务外包执行额1.2亿美元，总量居片区第二位；实际利用内资242.1亿元、外资2亿美元。

【实施创新驱动】　制定出台支持企业创新、推进重点区域和重点领域创新等36条措施。培育科技型企业和高新技术企业，建成科技型企业82家、国家知识产权优势企业6家、市级知识产权优势企业13家、市级知识产权试点企业56家。依托“一区一园”（经开区、工业园区）搭建孵化平台，为创新创业提供全链条服务；成功孵化创客公司19家，入驻企业34家；成功打造市级“众创空间”3家；建成长寿经开区市级科技企业孵化园、长寿工业园区区级科技孵化器，发展市级微企孵化园3个、区级微企孵化园4个。加强专利研发服务，每万人发明专利拥有量2.2件。推动开放式创新，长寿经开区成功引进华控创新（重庆）药物研究院等一批研发型企业和机构。

【生态文明建设】 以环保蓝天、碧水、宁静、绿地、田园“五大行动”为统揽，开展环保专项行动；加快完善环保基础设施，下大力气解决群众关心的突出环境问题，整治大气、废水等方面突出问题100余个，区域生态环境持续改善。督促经开区10余家废气扰民企业及川染片区企业开展深度治理，开展城区及周边扬尘污染和挥发性有机物污染专项整治。完成城市集中式饮用水源地及保护区防护工程、城市备用水源及龙溪河大桥应急防护工程建设，城区集中式饮用水源地水质合格率100%，街镇34个集中式饮用水源地水质合格率85%。严格实施禽畜养殖“三区”（禁养区、限养区、适养区）划分，全面启动畜禽养殖污染治理，关闭污染严重的畜禽养殖场150户、屠宰场19个。24座街镇污水处理厂移交市环投公司规范运营。推进节能降耗工作，完成万元GDP下降1.5%的目标任务。全区森林覆盖率45.3%。

【文明城区创建】 明确“以创建全国文明城区为抓手、带动城乡建设提质和整体面貌改观”的思路，建立多方联动、紧密配合的工作机制。34个牵头部门、19个街镇分别制定专项工作方案，按照“每周通报、每月小结、专项督办”方式强力推进，效果明显。坚持问题导向抓重点、关键突破带全局，“整容、正风、良序、家园、提素、造势”六大专项行动扎实开展，投入资金近亿元，推动一批重难点问题的解决，城市面貌、交通秩序、社会治安、社区服务等明显改善，带动各项创建任务落实。

【改善社会民生】 全面开展五大扶贫工程（危房改造、金融扶贫、医疗扶贫、就业扶贫、产业扶贫）和六大扶贫行动（教育帮扶、兜底保障、交通扶贫、饮水安全扶贫、农村环境整治扶贫、电商扶贫）。落实农村低保标准和扶贫标准“两线合一”，超额完成低保兜底任务。城镇新增就业2.3万人，城镇登记失业率控制在2.2%内。率先在全市开展巨灾保险试点，保障群众安全。优化教育资源供给，新改扩建校舍2.6万平方米，晶山小学、长寿中学晶山校区、实验一小古镇校区建成投用，重庆化工职业学院迁建开学，长寿湖远恒佳学校顺利开工。全面两孩政策平稳实施，公立医院实行药品价格零差率销售，区人民医院北城分院主体完工，区中医院、区残疾人康复中心和区妇幼计生服务中心扩建有序推进，重医大附三院长寿康养中心启动建设，区医疗集团和公共卫生服务联合体加快组建，江南街道成功创建国家卫生镇。实施“两馆一站”、体育场馆免费低收费开放。矛盾纠纷有效化解，调解1.8万件，成功率99.2%。持续开展以打击盗抢骗为重点的“百日会战”专项行动，公众安全感指数保持在90%以上。生产安全事故防控有力，全域建成重庆市安全社区，安全生产事故起数、死亡人数连续九年“双下降”。顺利完成全区第十届村居换届，基层治理能力进一步提升。

【困难和问题】 主要是：经济总量不够大，传统产业升级、新兴产业培育任重道远；改革开放力度还不够强，思想解放程度、创新驱动能力亟待增强；城乡区域发展不平衡，城市功能和品质仍需提升，农业农村基础需要更加夯实；社会事业还存在短板，保障和改善民生仍需持续用力；资源环境约束趋紧，生态环保突出问题还未彻底解决；社会矛盾和各类风险交织，社会治理需要进一步创新；政府工作与发展所需、群众所盼还有差距，自身建设有待进一步加强。对此，引起区领导班子的高度重视，认真对待，努力解决中。（叶　蒙）

人事人才工作

【概况】 2016年，重庆市长寿区人力资源和社会保障局简称（区人力社保局）机关和8个下属单位编制总数147名，在编职工133人。其中：区人力社保局25人，社保局52人，就业人才服务局26人，劳动保障监察大队10人，军转干部服务管理中心3人，劳动人事争议仲裁院12人，人力资源培训考评中心（含技能鉴定所）3人，公共人事服务中心1人，档案信息管理中心1人。全年工作围绕区“三地一中心”发展战略，以“民生为本、人才优先”为工作主线，全面贯彻落实人力社保方针政策，圆满完成各项目标任务。

【人才队伍建设】 做好人才招录选聘工作。严格程序，严肃纪律，做到信息公开、过程公开、结果公开，确保人事考试的权威性和公平性。全年招录（聘、募）机关事业单位工作人员378人，其中，遴选公务员6名，招募“三支一扶”大学生14人，考核招聘紧缺高层次人才37人，为区教委、区卫生局、区畜牧兽医局、区交委等部门招聘专业技术人员321人。

高层次人才引进工作。采取公开招聘、考核招聘和赴西南大学、重庆医科大学开展现场招聘等多种形式，为区教委、区卫生局等部门考核招聘硕士研究生45名。做好清华大学研究生社会实践长寿基地的服务和管理工作，经过辖区机关事业单位和清华大学双向选择，确定12名清华大学博士研究生到长寿开展社会实践；在40天的社会实践中，清华学子完成《长寿区建筑业中长期发展规划》《如何实现城乡统筹发展可持续性》《长寿区乡村旅游发展如何破题》等12个课题项目研究；清华大学研究生先后到区财政局、区规划局、经开区、工业园区以及邻封镇、石堰镇、龙河镇等单位，分别开展《中国城市规划体系的构成及其主要的思想和方法》《从供应链管理到供给侧改革》《室内空气品质简述》《水环境污染现状与新型监测技术的发展》《智能网联汽车的发展展望》等知识讲座，受到广大干部职工好评。修改完善并出台《长寿区人才引进激励和培养办法》，为吸引更多高层次人才长干事创业提供政策支持。

技能人才选拔培养。开展民办职业培训学校年检工作，对各民办职业培训机构的办学规模、培训质量、信息发布、财务管理、安全等情况进行检查评估。开展2016年度全区机关事业单位工勤人员技术等级（职务）晋升考评工作，5名机关事业单位高级工通过技师任职资格考试，4名机关事业单位工勤人员通过技师任职资格综合评审，全年新培养高级技师120人、技师380人、高级工3200人。区人力社保局协助区畜牧兽医局举办2016年长寿区动物检疫技能竞赛，为全区动物检疫人员提供学习交流平台，通过学理论、练技能提升操作技能和综合素质，为保障动物卫生公共安全和人民群众“舌尖上的安全”奠定技术基础。指导小康动力公司等重点企业开展职工岗位练兵技术比武活动，企业参赛职工3900余人，实现技能提升1300余人，高技能人才新增480余人。

实施专业技术人才知识更新工程。组织230名新取得高级职称专业技术人员和372名新取得中初级职称专业技术人员参加岗前培训。区人力社保局联合行业部门组织专业技术人员继续教育学习培训，选送农业、畜牧、金融、化工等行业专业技术人员参加市级高级研修班项目培训。落实专业技术人员援藏选派工作，区卫生系统4名专业技术人员入选（其中2名由市卫计系统统一组团选派），于7月上旬进藏开展为期一年半的对口支援工作。

推进专业技术人才创新平台建设。加强博士后科研工作站的日常管理工作，协同长寿经开区完成区博士后科研工作站和博士后创新实践基地综合评估工作。利用博士后科研工作站工作平台，发挥人力社保部门的管理、指导、协调作用，提升区科技创新水平。

【人事服务管理】 加强公务员招录管理服务。2016年公开招录公务员（参公管理人员）47人，其中，面向社会公开考录公务员31人，录用人民警察5人，录用大学生村官9人，从优秀村（社区）干部中考录公务员2人。及时审批办理88名公务员登记，为53名新录用公务员及时办理转正定级手续。按程序办理科级非领导职务晋升14人（晋升主任科员7人，副主任科员7人）。

开展2015年非领导成员公务员年度考核工作，参加考核2716人，被评为优秀等次457人。从2016年起组织开展公务员平时考核工作，召开动员部署会议，解读相关文件和政策精神，进行相关业务培训，各相关单位有序、规范地开展本单位公务员平时考核工作。年内区委区政府给予连续三年年度考核优秀的公务员79人记三等功，给予2015年公务员年度考核优秀的516人（含领导成员59人）嘉奖，推荐至市级相关部门表彰9人。2016年确认科级及以下公务员学历学位52人次。

深化职称制度改革，稳妥推进职称评审工作。启动中小学教师职称制度改革工作，及时开展调研，征求意见，研究制定全区中小学教师职称改革工作实施方案，组织召开全区深化中小学教师职称制度改革工作部署会议，完成教育系统764人岗位正常晋升，统一办理5800名中小学教师专业技术职务过渡手续。办理初级专业技术职务确定182人，中级专业技术职务确定9人；确认专业技术职务7人（初级4人，中级2人，高级1人）；评审通过正高级专业技术职务11人，副高级专业技术职务251人，中级专业技术技术职务315人，初级专业技术职务57人；认定正高级特殊人才专业技术职务2人。组织开展乡村学校教师荣誉证书颁发工作，审核教育系统8016名乡村从教人员相关材料（其中，乡村从教三十年的教师3681人，二十年的2205人，十年的2130人），按规定程序完善报批手续。办理全国卫生职称资格证书288个、会计职称资格证书70个，全国及重庆市职称外语考试合格证书306个。

规范事业单位人事管理。一是促进事业单位岗位设置、竞聘上岗和聘用管理日常化。完成全区事业单位工作人员统计工作，2015年全区有事业单位266个，在册正式工作人员10677人，其中：管理人员930人，专业技术人员9175人（高级926人，中级4268人，初级3981人），工勤人员572人；参公单位51个，配备工勤人员的机关单位36个。完成事业单位工作人员（含机关工勤人员）年度考核工作，确定优秀人员1591人。全面清理事业单位岗位聘用情况，根据核准的空余岗位，开展2016年岗位正常晋升，办理岗位聘用鉴证306件1637人。优化岗位结构比例，指导192个事业单位完成岗位设置方案，区人力社保局会同有关单位完善岗位设置实施方案，组织竞聘上岗，完善聘用手续，加强人员聘后管理。完成261个事业单位岗位聘用认定备案工作；完成事业单位特设岗位核销工作，核销专技特设岗位906个，保留专技特设岗位5个，保留工勤特设岗位210个。做好事业单位工勤技能人员转岗工作，加强事业单位用人转换机制，全区11名工勤技能人员转岗考试、培训合格。二是做好专家服务工作，组织开展2016年春节专家慰问活动，慰问各级各类专家57名，发放慰问金57000元。组织全区36名在职正高级职称专业技术人员参加健康体检。推荐2名专业技术人员参加2016年重庆市杰出人才突出贡献奖和享受政府特殊津贴人员评选。三是加强事业单位信息化建设，推进事业单位人事精细化管理。开展事业单位（机关工勤）工作人员人事管理信息系统推广应用，指导各单位完成事业单位机构、人员、岗位等基础数据的录入和维护。

【工资和福利管理】 一是贯彻落实机关事业单位收入分配制度改革政策，完成2016年全区机关事业单位工作人员调整基本养老金的审批备案，1至9月补发兑现工作由各单位组织实施到位，从10月起纳入工资统发按月发放，涉及0.9万人，人均增加养老金243元/月；完成全区1.4万余名机关事业单位在职人员调整基本工资标准和18名机关事业单位离休人员增加离休费审批工作，补发兑现工作由各单位组织实施，从12月起纳入工资统发按月发放，在职人员人均增资350元/月，离休人员人均增资522元/月；及时调整部分特殊岗位津贴标准，警衔津贴和农业、林业、环保、畜牧有毒有害津贴调整工作有序推进；兑现2014年10月起退休的人员（即“中人”）增加基本退休费，涉及661人，月人均增加退休待遇384元。二是及时审批机关事业单位工资。落实机关事业单位工作人员工资政策，无突破政策情况，无未按时兑现情况。及时重新确定兑现因工作调整、职务变动等各类人员的工资。办理按年度考核结果晋升级别和级别工资晋档3549人次、晋升薪级工资10920人次，及时办理工资关系转移612人次，办理重新认定工龄、职务变动、学历变动等重新确定工资1564人次。三是执行公务员规范津补贴政策，及时审批各类规范津补贴和退休人员生活补贴变动293人次，审批兑现各类特殊岗位津贴2000余人次，审批兑现警衔津贴调标800余人次。四是继续推进其他事业单位绩效工资实施工作。完成事业单位绩效工资总量2014年二次终核（基础性绩效固定减少）、2015年终核工作和2016年初核工作。办理义务教育学校因工作调动、岗位变动等原因基础性绩效工资变动700余人次。开展事业单位绩效工资政策研究，区人力社保局到区卫生局、区教委、区司法局等重点部门调研，指导其完善调整绩效工资实施方案，不断完善事业单位收入分配激励约束机制。五是规范退休审批和退休人员管理服务工作，年内办理271名到龄人员退休审批工作，确保退休人员按时足额享受退休待遇。春节期间组织慰问生病住院的机关事业单位退休干部70余人，慰问特殊困难离退休人员21人。六是落实兑现机关事业单位人员福利。按时足额兑现2015年退休人员健康休养费和在职人员目标管理绩效考核奖金。根据市政府最低生活保障线标准2次调整，调整遗属生活困难定期补助标准1437人，调整遗属生活困难定期补助标准1469人；为机关事业单位病故职工办理丧葬抚恤188人。

【人力资源管理】 一是加强人事考试管理，加强人事考试队伍政治思想和业务素质建设，细化人事考试考务操作流程，强化内部风险防控，加大考试监督力度，增强考试考务透明度，确保各项人事考试考务工作规范、安全、高效运行。全年组织各项人事招录（招聘）考试15次，招录（招聘）641人，其中：公务员45人、事业单位工作人员579人、“三支一扶”大学生17人。全部考试安全顺利，无违规违纪和事故发生。二是强化人力资源培训管理，依托市培训中心和区行政学校资源，坚持横向联合、上下联动，拓展培训项目，坚持规范管理，热情服务、确保培训品质。全年开展各类培训8项，培训14000余人次，其中，公务员公需科目培训2870人、专业技术人员继续教育公需科目培训10093人、公务员初任培训40人、新提任科级干部任职培训213人、事业单位人员初聘培训246人、专业技术人员中级职称岗前培训196人、企业人力资源干部业务培训280余人次。各项培训工作有序开展，取得较好的社会效益和培训效果。做好职业技能鉴定工作，规范职业技能鉴定申报审核程序，加大财政和监察单位监督力度，促进鉴定考试考务规范化运作，为全区经济发展提供合格的技能人才，圆满完成市局下达的鉴定考核任务。全年组织国家职业技能鉴定考试和农民工专项能力考核111次，组织职业技能培训鉴定考核4864人，颁发国家职业资格证书4768个，其中初级职业资格证书3631个，中级职业资格证书1137个；组织农民工专项能力考核鉴定569人，颁发农民工专项职业能力证书549个；向市鉴定指导中心直属鉴定所和涪陵分中心输送47名高技能人才；组织82名乡村农家乐厨师开展长寿区乡村特色旅游柚子菜厨艺大比拼。

【劳动人事信访】　落实“一把手”负总责，分管领导负直接责任，其他领导“一岗双责”的领导责任体系，确保各项工作落到实处。2016年受理各种信访432件，比2015年上升30.1%。其中市政府公开信箱123件，市人力社保局11件，区领导交办17件，区信访办转办256件（包含全国信访系统转来75件），来信25件。全部在规定时间内办结，办结率100%。年内召开12次群众工作例会，收集社情民意98条，解决问题96个。人力社保局领导班子成员下访51次，接访78批次，接待群众3496人次。实现初信初访按期办结率100%，网上信访按期办结回复率100%，上级机关及领导阅批交办案件按期办结率100%，群众合理诉求100%及时有效解决；重要节点和特殊敏感时期值班工作到位，没有出现一起被通报事件，没有发生一起媒体炒作事件，没有发生上市进京非法集访和重大群体性事件。着力化解信访积案，原铁合金厂职工黄某某多年信访问题，区人力社保局和区信访办领导与黄某某再次对话，了解其真实诉求，努力化解矛盾；4月份相关工作人员多次拨打其电话未能联系上，5月19日人力社保局与巴南区社保局取得联系，请协助了解黄某某现居住地和联系方式；6月14日巴南区社保局反馈黄某某之妻胡某联系方式，区信访办主任直接与其沟通后，约定于6月16日到长寿区面谈；6月16日上午，区信访办主任、纪检组长和区社保局局长、副局长、退养科科长与黄某某在区信访办面谈，详细解释政策，梳理信访历程，劝黄某某接受化解方案，息诉息访；7月19日信访人要求通过法律程序解决其诉求，由重庆衡智律师事务所为其提供法律援助，信访人承诺放弃信访并签署息诉息访承诺书不再上访。妥善解决农村超龄退伍军人参加养老保险诉求，2016年3月底市政府办公厅下发《关于超龄退役军人参加城镇企业职工基本养老保险有关问题的通知》文件后，市信访办、市人社局、市财政局、市民政局、市社保局先后明确政策、实施意见、业务操作流程和更新软件操作系统；6月中旬开始，市人社局、市社保局相继召开专题视频动员会议和业务操作培训会议，区人力社保局及时在区政府常务会专题汇报，召开部门协调会议和审核小组筹备会议，在7月开始受理参保申报和业务经办工作。经相关部门共同努力，农村超龄退伍军人参保问题得到妥善解决。　（雷福中）

聚商选资工作

【概况】　重庆市长寿区投资促进局（简称区投资促进局）2016年有职工20人，其中正式在编职工15人，聘用职工5人。领导班子设一正四副。区投资促进局合并区对外贸易经济委员会职能。局内设有综合科、外经外贸科、招商一科、招商二科、招商三科等5个科室，在青岛、苏州、深圳设有招商办事处。

【全区聚商选资】　2016年，全区引进项目186个，合同引资509亿元，实际到位资金260亿元（含以前年度引进今年继续实施的项目），实现物流贸易额163亿元，分别完成全年目标任务的

101.8%、118.2%、125.8%。实际利用内资242亿元，比2015年同期增长10.9%，总量列重庆片区第八位，增长率列第十位；实际利用外资2亿美元，下降45.6%，总量列片区第三位，增长率列第十二位；实现外贸进出口总额10.7亿美元，下降12.2%，总量列片区第一位，增长率列第九位；实现离岸服务外包执行额1.3亿美元，增长43.6%，总量列片区第二位。

2016年新引进一批重、特大项目。主要是：重庆化医控股（集团）公司投资50亿元的医药及医药中间体项目、新材料项目、精细化工品等综合化工项目，深圳市比克电池有限公司投资23.5亿元的10万套/年PACK工厂项目和4亿颗电芯工厂项目，重庆小康工业集团股份有限公司投资21亿元的发动机、变速器及汽车改装项目，重庆望变电气（集团）股份有限公司投资21亿元的非晶合金及高磁感硅钢片产业化项目，重庆市长商旅游地产开发投资有限公司投资20亿元的长寿湖·悦湖荟综合开发项目，北京紫光制药有限公司投资10亿元的集研发、产业化和人才基地建设项目，深圳市星美新能源汽车有限公司投资10亿元的5亿安时电芯及PACK、电机、电控一体化生产项目，以及一批以深圳市盛泰联科技有限公司为龙头投资5.5亿元的智能终端产品生产项目。

【融资平台聚商选资】 长寿经开区引进新项目90个，合同引资342.7元；实际到位163.3亿元；实际利用内资185.1亿元；实际利用外资2亿美元。区旅游发展管理服务中心引进新项目2个，合同引资20.5亿元；实际到位资金10亿元；实际利用内资1亿元。区工业园区管委会引进新项目33个，合同引资55.7亿元；实际到位资金23亿元；实际利用内资14亿元。区城市开发管理服务中心引进新项目3个，合同引资16亿元；实际到位25亿元；实际利用内资7亿元。区商贸物流管理中心引进新项目25个，合同引资47.6亿元；实际到位资金23.4亿元；实际利用内资6亿元；实现物流贸易额163亿元。区城乡统筹发展管理服务中心引进新项目4个，合同引资5.6亿元；实际到位7.4亿元；实际利用内资2亿元。区商务局引进新项目29个，合同引资21.12亿元；实际到位资金7亿元；实际利用内资2亿元。其他融资平台实际利用内资25亿元。

【驻外招商】 全区驻外招商机构3个（青岛办事处、深圳办事处、苏州办事处），全年联系达成签约项目33个，合同引资155亿元。年内新增在谈项目88个，项目投资总额376亿元；拜访企业186户，请回73户企业到长寿考察，提供有效信息700余条。（胡小敏）

表11　　2016年长寿区聚商选资分行业汇总

单位：亿元

行业	引进项目个数					合同引资					到位资金				
	合计	境外	市外境内	区外市内	区内镇外	合计	境外	市外境内	区外市内	区内镇外	合计	境外	市外境内	区外市内	区内镇外
总计	186	2	46	122	16	509.2	1.24	186	296.1	25.9	260.1	11.95	60.8	185.78	1.57
1、农业	4	0	0	4	0	5.6	0	0	5.6	0	7.38	0	0.53	6.85	0
2、工业	123	2	33	79	9	398.4	1.24	174.28	217.5	5.38	187.3	11.95	42.72	131.1	1.5
3、房地产	3	0	0	3	0	16	0	0	16	0	25.04	0	12.02	13.02	0
4、旅游业	2	0	1	0	1	20.5	0	0.5	0	20	10	0	4.15	5.85	0
5、商业	54	0	12	36	6	68.7	0	11.22	57	0.52	30.41	0	1.38	28.96	0.07

注：到位资金包括以前年度引进2016年继续实施项目

（重庆市长寿区投资促进局提供）

效能建设

【工作创新年活动】　抓好“两学一做”学习教育，强化创新理念、增强创新能力、营造创新氛围、激发创新活力、推动创新实践，推动全区各级各部门、广大党员干部践行“三严三实”要求和工作创新年各项活动。2016年，紧扣全区中心工作，深入学习贯彻党的十八届六中全会和市委四届十次全会精神，培训区管领导干部588名，组织全区2389名干部参加重庆干部网络学院在线学习，轮岗交流干部161名。区4个巡察组对全区3个街镇14个村（社区）财务管理、“三资”管理进行专项巡察，督促整改问题80个，清退违规使用农村危房改造资金159万元，追缴违规享受征地拆迁安置补偿费130.86万元。区纪委（区监察局）年内查处大操大办、违规发放补助、违规收受礼金、公车私用等违反中央八项规定精神问题17个，组织处理21人，给予党纪政纪处分9人，全部通报曝光。区委督查室、区政府督查室开展对重大决策部署推进情况的监督检查，建立“黄、橙、红”督查机制，组织开展29次综合督查和51次专项督查，督办区政府常务会、区长办公会等会议决定事项340项；编写《督查通报》52期、《督查专报》54期；督促整改问题275个，给予有关单位黄色警告26项、橙色警告8项、红色警告4项。

【执政为民服务发展评议】　根据《重庆市长寿区执政为民服务发展评议办法》（长寿委办发〔2012〕68号）规定，各方面代表2347人次从服务意识、依法履职、办事公开、办事效率、改革创新、清正廉洁6个方面对全区93个单位进行评议。统计结果通过长寿区政府网站和《长寿日报》向社会公布。　（周　一）

行政审批服务

【概况】　重庆市长寿区行政服务中心管理办公室，属区政府派出机构。设3个内设科室，包括综合科、信息督查科、基层指导科，有参公事业编制8名。2016年，管委会主任由区委常委、常务副区长左永祥兼任。区行政服务中心总面积为8650平方米，入驻22个单位，设置办事窗口193个，入驻工作人员240余人。

【规范服务】　2016年，区行政服务中心不断促进服务水平提升，为办事企业和群众提供良好的办事环境。加强办事大厅各类政策宣传，编制办事指南，强化咨询人员业务培训，增加查询机，添置2块拼接墙，方便办事企业和群众对办事流程、政策的了解。强化窗口工作人员管理，实行《重庆市长寿区行政服务中心管理制度》，制定《关于印发〈长寿区行政服务中心入驻窗口工作人员目标责任制管理实施办法（试行）〉的通知》（长行管办发〔2016〕3号），对所有窗口工作人员在工作纪律、服务质量、业务能力、制度执行等方面实施目标责任制管理，以打分量化的方式每月进行考核，根据考核结果进行奖励。坚持日常巡查，会同纪检监察、督查室等部门不定期地对办事大厅各入驻单位的工作纪律、服务态度、服务规范、窗口管理等进行巡查，对发现的问题进行通报并要求及时整改。设置投诉电话和举报信箱，对投诉举报问题一旦查实，按照实事求是、有错必究，惩处与责任相适应，教育与惩处相结合的原则进行处理。年内完成社保医保窗口整合，工商“五证合一”工作。

2016年，区内37个行政审批部门、439项行政审批项目完成事项录入工作，明确165项行政许可（终审）项目为“单轨运行”项目。截至2016年12月31日全区37个行政审批职能部门受理审批事项64329件，办结64125件，办结率为99.68%。

【行政审批服务改革】　2016年，区政府法制办、区编办、区行政服务中心管理办、区司法局等部门对区级部门及镇街行政权力、责任清单全面开展清理工作。清理出行政权力4561项（不包含行政审批），其中区政府部门行政权力4415项，镇人民政府行政权力146项，街道办事处行政权力85项（镇街共有的行政权力85项，镇人民政府独有的行政权力61项），形成“两单一表一图”（行政权力清单、责任清单、行政权力登记表及其流程图）。

2016年，全面梳理各镇（街）、区级各部门、国有企事业单位、中介服务机构正在实施的12类公共服务事项，对各单位上报的公共服务事项进行逐项审核，编制公共服务事项办事指南，列明办理依据、受理单位、基本流程、申请材料、示范文本及常见错误示例、收费依据及标准、办理时限、咨询方式等内容，细化到每个环节。

2016年，区政府法制办、区编办、区行政服务中心管理办等部门对全区行政审批项目按照“全面清理、依法行政、减少简化”的原则进行清理和规范，结合新修订的《重庆市市级行政审批项目目录》及国务院、市政府公布取消、调整、下放的行政审批事项，对各部门上报的行政许可、非许可审批、行政服务事项的项目名称、实施机关、设立依据、收费标准、收费依据等逐一进行合法性审查。

【群工系统服务】 2016年，群工系统自开通以后，全区通过各级群工系统办理群众反映事项19623项。反映事项主要涉及小区环境卫生、市政设施设备、供水供电供气、环境污染、困难帮扶、农村道路修复等群众非常关心、反映强烈的民生问题。其中，村（社区）、镇街办理19241项，区群工系统指挥中心办理382项，事项办结率99.5%，评价率98.4%，满意度99.6%，均排名全市前列。在办理过程中严格时限要求，实行全程电话倒计时提醒，无一办理事项因为延迟、超期而亮黄灯或红灯。实行“一通报两报告”制度，全年向区委常委会、区政府常务会报告运行情况12次；2016年下半年实行周报制度，向各街镇、各部门通报办理群众反映问题情况29次。（张晓强）

区直机关事务管理

【概况】 重庆市长寿区机关事务管理局（简称区机关事务局）成立于2006年3月（挂长寿区接待办公室牌子），原属区政府直属参公事业单位，2009年底机构改革调整为区政府办公室下属事业单位，2014年12月又调整为区政府直属事业单位。核定全额拨款参公事业人员编制18名，领导职数1正3副，内设办公室、公务接待科、公务车辆管理科、办公用房管理科、公共机构节能管理科4科1室。

区机关事务局职能职责：负责区行政中心的行政事务、环境秩序管理、会议服务及生活服务等工作；负责区行政中心房屋、设备、设施的维修维护、日常运行管理，停车场库的管理；负责区行政中心环境卫生、绿化工作，安保维稳和消防工作；负责全区行政事业单位公务车辆管理，包括公务车辆编制、配置标准、处置、维修管理等工作；协调、协助区委办公室、区人大常委会办公室、区政府办公室、区政协办公室搞好公务接待；协调、推进区级公共机构节能及指导、监督下级公共机构节能工作；负责全区区级部门办公用房的建设统筹及调配管理工作；负责机关食堂等后勤服务实体的综合管理；完成区政府交办的其他事项。

【行政中心管理】 加大后勤服务社会化程度。一是引入物业管理公司将环境卫生管理、会议服务全部社会化，区机关事务局负责日常工作的监督管理。2016年物业公司较好完成行政中心、科技文化中心、联建楼等各个区域清洁卫生工作，确保办公场所整洁美观。公共会议室由物管公司统一管理、预约登记、免费使用，实现资源合理使用，科学调剂，节约成本。二是安保维稳工作与保安公司签订安保维稳协议，引入社会化管理。构建保安、值班、监控三重防护体系，视频监控室、消防监控室、值班室、车库实行24小时值班制度；与区公安局、区信访办建立行政中心处置非正常上访联动机制，做到有交接、有记录，责任分明，化解及时；年内协同区公安局、信访办妥善处置天工睿城居民上访和长化职工上访两起群访集访事件，确保机关工作环境秩序正常。

后勤维修维护精细化不断加深。对行政中心办公大楼、联建楼、科技文化中心由物业管理公司统一登记维修维护制度，精细日常维护，定期对大型设施设备进行检查检修。2016年开展2570余次维修维护，服务到位率和维修完好率均达到100%。

提高后勤管理科学化程度。食堂管理与社会餐饮公司合作，引进科学的食堂管理模式，注重食品安全管理和成本管控。实行物资管理软件化，对维修物资进出库采取现代化软件管理。

【公务接待】 区机关事务局承担单独及配合有关部门接待国家部委、省（市）、区（县）领导及检查、来访、参观学习团（组），在食宿、会议等方面服务。2016年，按照中央八项规定和市委、区委有关要求，严格执行《党政机关国内公务接待管理规定》，按照中央、市委及市机关事务局有关规定制定的《长寿区党政机关国内公务接待管理实施细则》指导接待工作实践。立足服务，着眼保障，坚持热情周到、厉行节俭、规范有序的工作宗旨，精心做好每一次政务接待。

【公车管理】　一是制定和完善公车管理制度。重新制定完善《长寿区公务车辆定点维修管理办法》，出台《长寿区公务用车跨部门综合服务平台车辆运行管理办法》，规范公务车辆的购置、处置、维修、日常运行管理。二是全力助推全区车改工作，协同区车改办对长寿区83家涉改单位732辆公务车辆重新核定编制，对保留车辆496辆进行信息收集汇总，形成数据网；集中回收封存涉改车辆215辆；从车改封存车辆中划拨27辆组建长寿区公务用车跨部门综合服务平台及长寿区过渡性车辆服务中心两个平台，集中调度，统一管理，严格执行公务用车统一派车管理制度、定点维修、定期保险和维修申报制度，保障两个平台顺利运行，为使用单位提供机要与应急保障。三是配合区纪委督查公车，协助区纪委开展节假日期间全区公务用车违规使用情况的明察暗访。

【公房管理】　一是开展公房排查，不断完善数据库。对全区区级机关办公用房使用情况全面摸底，适时更新办公用房最新数据；有序推进协会办公用房清理腾退工作。二是统筹公房需求，科学合理调剂。2016年，完成区委宣传部、区林业局森林公安、区交委渝长高速复线指挥部、区畜牧局菩提街道畜牧站等办公用房的调剂工作；完成区民政局、渡舟街道、区人社局人才交流中心、区残联、区交易中心等办公用房装修审核工作。三是严把质量审核关，督促推进行政中心办公大楼中央空调整改工程。

【节能管理】　围绕“节能有道、节俭有德”和“低碳城市、宜居可持续”宣传主题，持续深入开展节能宣传周活动和低碳日活动。贯彻落实《公共机构能源资源消费统计制度》，开展能耗计量统计，狠抓节能考核工作，将街镇、区级各部门节能目标完成情况纳入全区年度综合目标进行考核，总分值为1分，严格按照节能目标考核制度进行考核评分。推进合同能源管理，用好用活节能改造40万元专项资金，组织实施区行政中心办公楼7万平方米、区人民医院5万平方米、区残联1145.54平方米综合节能改造项目，该三个项目已进入市建委评审阶段；组织储备并拟申报区行政中心，区人民院、区中医院三家单位为下一期创建节约型公共机构示范单位。　（李唐贤）

法治政府建设工作

【依法行政研究】　区政府法制工作围绕全区中心工作，服务全区新常态，把握推进依法行政、建设法治政府这一主线，出台《2016年政府法制工作要点》，统筹安排全区法制工作，布局八大板块、19项重点任务，全力推进建设法治政府。

【依法行政制度体系】　先后制定完善《2016年政府法制工作要点》《重庆市长寿区重大行政决策实施办法》《重庆市长寿区人民政府工作规则》《重庆市长寿区行政规范性文件管理实施办法》《重庆市长寿区行政规范性文件合法性审查机制工作实施方案》等文件，建立行政执法工作联席会议、执法证件动态管理、依法行政工作考核等制度，为区政府决策的科学性、执法的规范性、监督的有效性提供制度保障。

【规范行政权力】　开展全区行政审批改革，行政许可审批事项在网上或办公区域进行公示和对外公布，行政许可事项均制定行政审批事项服务指南、审查工作细则、受理单样表。出台《关于加强行政审批事中事后监管的实施意见》，加强行政审批事中事后监管，一般性行政审批在法定时限内承诺提速1/3以上。抓好重点领域的监管，建立完善保障机制，确保行政审批制度改革工作实现横向全覆盖，纵向管到底。

【行政权力清理】　全年清理出37个区级部门、19个街镇行政权力4869项，最终形成《重庆市长寿区行政权力清单与责任清单（2016年版）》，13174页，39册。清理结果在政府门户网站长期公布，实行动态管理，接受社会查阅和监督。

【规范性文件管理】　年内开展规范性文件清理工作2次，对区政府部门、街镇制定的规范性文件进行清理，全面完成从建区到2016年政府规范性文件清理工作，废止规范性文件135件，全区继续执行有效的政府规范性文件70件。各部门全年送审行政规范性文件63件，比2015年增长16.7%，经审查准予备案63件。创建区级行政规范性文件库，同时上报市级行政规范性文件库向社会公开，进一步明确行政管理依据。

【行政执法监督】　强化对行政执法人员的业务培训，全面推广“双随机一公开”制度，强化事中事后监管，规范行政行为，提升执法水平。解决行政执法中的不作为、乱作为和执法扰民等“任性检查”问题，杜绝和减少执法缺位、多头执法、重复执法、执法推诿等现象。维护人民群众利益，保障全区经济市场正常秩序。

【综合执法改革】 加快部门内综合执法改革，探索推进部门间综合执法改革，建立联合执法机制，统一执法标准，提高执法效率。按照“整合职能、明晰权责、提高效能”的要求，进行机构调整和职能整合，有效提升行政执法效能，形成较为成熟的综合执法改革成果。

【矛盾化解机制】 全程参与，统筹指导区政府被诉行政案件，严把证据收集关，强化与行政司法机关沟通，统一认识，全年区政府作为被告行政诉讼、行政复议案件91件，无一败诉。加强行政复议规范化建设工作，在案件审理中采取调解等多种方式化解矛盾。全年审查行政复议案件13件，做到案结事了，未发生复议后改判的情况。

（洪　啸）

行政督查

【督查工作基础】 一是健全督查制度，对督查范围、时限要求、适用对象、考核奖惩等明确细化，增强督查结果运用的操作性，提高督查工作的权威性。二是健全充实以区政府督查室为“核心层”，区级部门单位为“紧密层”，街镇及社会相关单位为“外围层”的三级政务督查网络。督查“核心层”有效运转，区政府督查室升格为正处级，下设2个科室；会同区政府办班子成员、有关工作人员持续追踪区领导交办事项的落实。督查“紧密层”和“外围层”得到加强，全区各单位继续由被动应对督查向主动自我督查转变，建立健全督查制度和督查台账，配齐配强专兼职督查人员，督查合力作用进一步发挥。三是加强学习培训，主动与市政府督查室等上级部门对接联系，请教督查过程中遇到的疑难困惑，汲取项目督查、实绩考核等方面的先进经验；利用全区办公室会议、现场督查、考核测评等时机，开展督查工作交流培训，提高督查队伍的综合素质和业务能力。

【围绕中心督查】 始终坚持以督辅政，围绕全区中心工作，发挥督促检查职能，促进经济社会发展。一是组织推动区委十二届八次全会报告及2016年政府工作报告重点工作的落实。对相关目标任务进行细化分解，确定8项共同目标和252项具体目标任务并及时督查督办，督查结果按季通报，纳入部门和街镇的经济社会发展实绩考核内容，以考核倒逼各单位的工作开展。二是组织督促政府重要会议议定事项的落实，建立当月事项及时报告、以往事项持续追踪的工作机制，每月定期以督查专报的形式向区政府常务会反馈进展情况，提出意见建议，为领导了解情况、再决策提供准确依据。三是组织开展政府单项重大决策和重要工作督查，针对全区性的大事要事和难事急事，召集相关单位召开督办会，落实时间节点、责任单位和责任人，对进展情况不定期通报。全年组织开展29次综合督查和51次专项督查，督办区政府常务会、区长办公会等会议决定事项340项；编写《督查通报》52期、《督查专报》54期；督促整改问题275个，提出意见建议302条。

【领导批示交办事项督办】 坚持“交必办、办必果、果必报”的原则，强化领导批示交办事项督办工作。建立健全领导批示交办事项工作台账、限时办结和逾期警示、办理效果评价等机制，规范领导批示交办事项的督办程序和办理要求，采取电话催办、现场查办和会议督办等多种方式督促检查，对办理结果做到全面认真核查，做到件件有着落，事事有回音。全年督办市、区领导批示及交办事项353件，市长信箱、市长公开电话交办事项128件，按时办结率100%，办理结果均达到满意或基本满意。

【建议提案办理督查】 狠抓交办、督办两个关键环节，推动市、区两级代表议案、建议和政协提案的办理和落实。一是召开全区人大代表建议政协提案办理工作推进会，区政府主要领导对部分代表建议、政协提案进行现场交办。二是将代表建议政协提案办理工作纳入政务督查重点，要求各承办单位把解决问题作为建议提案办理工作的出发点和落脚点，严格办理程序、严格答复时限、严格复函质量，做好“办前拜访、办中走访、办后回访”。全年办理人大代表建议245件，办复率100%，满意率达98.4%；办理政协提案310件，办复率100%，满意率达96.3%。

【群众关心问题督查】 始终坚持以高效的督

查工作推动为民服务、便民服务、利民服务。针对涉及群众切身利益的道路交通、医疗教育、饮水安全等“民生实事”，以及保障房建设、环境保护、创业就业等热点难点问题，抓住“落实”这一关键环节，找问题、挖根源、思良策，推动各项惠民、利民工作，确保实事办好、好事办实。

【多措并举督查】　一是强化组织领导。区政府主要领导多次在政府常务会等重要会议上研究部署督查工作，区政府常务副区长具体分管督查；各街镇、各部门的主要负责人作为本单位、本部门督查落实工作第一责任人，亲自组织协调督导落实；区政府督查室的地位进一步提升，权威性进一步强化。二是注重督查联动。区政府督查室主动与区委督查室、区监察局联手开展重大工作督查，与人大代表调研、政协委员视察联手开展督查，形成督查合力，提高督查效率。三是增强督查效果。将督查工作与效能建设工作相结合，互相推动，形成一体化工作体系。将督查工作与调研相结合，通过调研提出高质量、高层次的建议，为领导再次决策提供参考。将督查与协调相结合，寓协调于督查之中，主动召集街镇部门协调或会商，明确职责分工，强调协同配合，切实解决决策落实中出现的掣肘问题。坚持督查与考核相结合，将督办事项纳入经济社会发展实绩考核，以考核的影响力保证督查工作的约束力。将考核内容纳入督查范围，以督查工作保证考核事项的有效实施。四是严格责任追究。对督查单位有令不行、有禁不止，拖拉推诿、敷衍塞责，导致督查事项不能落实，贻误工作进展的，进行通报批评；对因人为原因造成工作损失和严重不良影响的，按有关规定给予行政处理，维护政府决策的严肃性和权威性。全年给予有关单位黄色警告26项、橙色警告8项、红色警告4项。

（周　一）

2016年重庆市长寿区人民政府区长、副区长名录

区　长：赵世庆（2016年3月离任）
　　　　巴川江（蒙古族，2016年3月任）
副区长：巴川江（蒙古族，兼，2016年3月离任）
　　　　左永祥（常务副区长，2016年11月离任）
　　　　蒋牧宸　李　松
　　　　李雪松（挂职，2016年5月任）
　　　　杜彬瑜（挂职，2016年1月离任）
　　　　付　恺　霍家勤（女）　李建强
　　　　汤晓强

2016年重庆市长寿区人民政府工作部门及直属事业单位领导人名录

区政府办公室

主　任：李　顺（2016年5月离任）
　　　　杨通胜（土家族，2016年5月任，11月离任）
　　　　杨岸鸿（2016年11月任）
副主任：蒋中尧（兼区政府研究室主任）
　　　　傅显城（兼区行政服务中心管理办公室主任，2016年11月离任）
　　　　代　勇（兼区应急办主任）
　　　　张　涛（兼区电子政务办主任，2016年11月离任）
　　　　罗　立（兼区政府法制办主任）
　　　　殷　铭（兼）
　　　　张常宝（2016年11月离任）　余　波
纪检组长：罗小玲（女，2016年10月离任）
区纪委驻区政府办公室纪检组组长：郑可萍（女，2016年11月任）
区政府督查室主任：孔　奎
区政府督查室副主任：况敬蓉（女，2016年11月任）
区公共资源交易中心主任：陈　路

区发改委

主　　任：张明万
副 主 任：杨福仁（2016年11月离任）
　　　　　孔　涛　彭长龙
纪检组长：郑可萍（女，2016年11月离任）
区纪委驻区发改委纪检组组长：李　川（女，2016年11月任）
区纪委驻区发改委纪检组副组长：程小莉（女，2016年11月任）

区教育委员会

主　　任：李长春
副 主 任：夏郡伯　张茂荣　黄广泉　杨胜中
区纪委驻区教育委员会纪检组组长：杨胜英（女，2016年11月任）

区科学技术委员会

主　　任：梁　健
副 主 任：任世于　孙艳艳（女）
纪检组长：刘宗亮（2016 年 11 月离任）

区经济和信息化委员会

主　　任：谭福明
副 主 任：徐宗诚　黄诗明　向剑平
纪检组长：李思军（女，2016 年 11 月离任）
区纪委驻区经济和信息化委员会纪检组组长：罗素琼（女，2016 年 11 月任）
区纪委驻区经济和信息化委员会纪检组副组长：李思军（女，2016 年 11 月任）

区公安局

局　　长：李建强（2016 年 11 月离任）
　　　　　何一波（2016 年 11 月任）
政　　委：肖　黄（2016 年 8 月离任）
　　　　　徐鲜华（2016 年 11 月任）
副 局 长：徐鲜华（2016 年 11 月离任）
　　　　　罗玉平　文应船（挂职）　袁小平
交巡警支队支队长：张　力
纪委书记：程　斌（2016 年 11 月离任）
区纪委驻区公安局纪检组组长：程　斌（2016 年 11 月任）
交巡警支队政委：张　彪
治安支队支队长：唐　峰
治安支队政委：阳荣亮
校园安保支队支队长：文应船
校园安保支队政委：李益辉
警卫处政委：包云兵
刑警支队支队长：梁　军
刑警支队政委：罗渝梅（女）

区监察局

局　　长：黄述明
副 局 长：唐红伟
　　　　　傅家成（2016 年 12 月离任）

区民政局

局　　长：张国轩
副 局 长：叶　静（女）
　　　　　胡建允（2016 年 11 月任）
　　　　　郭　蓉（女）　邓商国
纪委书记：李　平（2016 年 11 月离任）
区纪委驻区民政局纪检组组长：
　　　　　宋　淼（2016 年 11 月任）
区纪委驻区民政局纪检组副组长：
　　　　　李　平（2016 年 11 月任）
区老龄委办公室副主任：周茂怀

区司法局

局　　长：戴家强
副 局 长：黄云奎　骆　莉（女）　余上云
　　　　　姚　立（2016 年 11 月任）
政治处主任：姚　立（2016 年 10 月离任）
　　　　　彭庆良（2016 年 10 月任）
纪检组长：韦爱国（2016 年 11 月离任）

区财政局

局长（国资金融办主任）：程学明
副 局 长：席　琼（女）
　　　　　黄　勇（兼区政府投资项目评审中心主任）
　　　　　陈春云（2016 年 11 月任）
纪检组长：陈春云（2016 年 11 月离任）
区纪委驻区财政局纪检组组长：程诗凯（2016 年 11 月任）
区纪委驻区财政局纪检组副组长：孟　霞（女，2016 年 11 月任）
国资金融办副主任：税诗凯（2016 年 11 月离任）

区人力资源和社会保障局

局　　长：杨岸鸿（2016 年 11 月离任）
　　　　　傅显城（2016 年 11 月任）
副 局 长：李晓裕（女）
　　　　　蒲　实（兼，2016 年 5 月离任）
　　　　　唐　克　黎　韬
纪检组长：殷嘉寿（2016 年 11 月离任）
区纪委驻区人力资源和社会保障局纪检组组长：
　　　　　左晓红（女，2016 年 11 月任）

区社会保险局

副 局 长：蒲　实（2016 年 5 月任）
　　　　　邓念龙（2016 年 5 月任）
　　　　　廖传荣（女，2016 年 5 月任）

区国土资源和房屋管理局

党委书记：洪其昌
局　　长：詹　勇（2016 年 4 月离任）
　　　　　洪其昌（2016 年 4 月任）
副 局 长：罗盛贤　宣　念（女）　舒建平
　　　　　车文利

纪委书记：杨　权（2016年12月离任）

区纪委驻区国土房管局纪检组组长：

杨　权（2016年12月任）

区农村土地整治中心主任：顾艳春（蒙古族，2016年11月任）

区环境保护局

局　　长：刘　刚

副 局 长：尤明刚　陈　波　任　虹（女）

纪检组长：李　川（女，2016年11月离任）

区纪委驻区环境保护局纪检组组长：陶小琴（女，2016年11月任）

环境监察支队支队长：王世平

环境监察支队教导员：杜全超

区交通委员会

主　　任：周志荣

党委书记：周志荣（2016年10月离任）

黄　亮（2016年10月任）

副 主 任：熊道富　袁建军　袁　翔

纪委书记：卢　莉（女，2016年11月离任）

区纪委驻区交通委员会纪检组组长：

卢　莉（女，2016年11月任）

区城乡建设委员会

主　　任：孔祥文（兼区民防办主任，2016年5月离任）

蹇世儒（兼区民防办主任，2016年7月任）

副 主 任：李川龙　徐晓核　彭　涛

纪委书记：黄胜蓉（女，2016年11月离任）

区纪委驻区城乡建设委员会纪检组组长：

黄胜蓉（女，2016年11月任）

区纪委驻区城乡建设委员会纪检组副组长：

李　伟（2016年11月任）

区规划局

局　　长：殷湖北

副 局 长：吴从波　戚谊熙　何　扬

纪检组长：李　伟（2016年11月离任）

区市政园林管理局

局　　长：蹇世儒（2016年7月离任）

龚小平（2016年7月任）

副 局 长：任小平（2016年11月任）

彭朝辉　韩忠东　黎　勇

纪检组长：任小平（2016年11月离任）

区水务局（区水务投资建管中心）

局长（主任）：李元凯

副局长：胡　勇（副主任）　陈松涛

纪委书记：杨俊淑（女，2016年11月离任，同时任区第三巡察组组长）

区纪委驻区水务局纪检组组长：

邓　文（女，2016年11月任）

区水务投资建管中心副主任：左　虹（女）

区农业委员会

主　　任：黄广荣

副主任：伍光文　王永全

湛广兵（挂职，2016年11月离任）

余福龙　黄道平（2016年11月任）

樊学武（2016年11月任）

区纪委驻区农业委员会纪检组组长：姚　君（女，2016年11月任）

区商务局

局　　长：刘兴波

副 局 长：黄茂盛　余云清

邓小龙（2016年5月离任）

纪检组长：胡志淑（女，2016年11月离任，同时任区第一巡察组成员）

区文化委员会（区体育局）

主任、局长：林家义

副主任、副局长：袁国宁　高智伟　程凤光

纪委书记：江翊萍（女，2016年11月离任）

文化市场行政执法大队大队长：李　勇

区卫生和计划生育委员会

主　　任：黄　伟

副 主 任：何斗锡　罗　强　谭静波

冯胜梅（女）

区爱国卫生运动委员会办公室主任：刘江鹏

纪委书记：姚雪玲（女，2016年11月离任）

区纪委驻区卫生和计划生育委员会纪检组组长：

姚雪玲（女，2016年11月任）

区审计局

局　　长：聂华甫

副 局 长：黄忠勇　李　敏（女）

陈小钢（2016年11月离任）

舒　畅（女，2016年11月任）

纪检组长：陈湧健

区移民局

局　　长：杨华林（2016年11月离任）

刘祥云（2016 年 11 月任）
副 局 长：陈志刚　冉华山
张　余（女，2016 年 11 月任）
纪检组长：张满丽（女，2016 年 11 月离任）

区安全生产监督管理局
局　　长：蒋发平
副 局 长：王廷勇　余晓明
王小玉（女，2016 年 11 月离任）
程洪平（2016 年 11 月任）
王　旭（女，2016 年 11 月任）
纪检组长：王　旭（女，2016 年 11 月离任）

区统计局
局　长：张　灿
副局长：余光表　杨洪梅（女）　徐胜利
正处级领导干部：刘世林（补遗：2010 年 5 月任区第四巡察组组长）

区旅游局
局　　长：张春兰（女）
副 局 长：陶　颖（女）　高小平
纪检组长：吕广文（2016 年 11 月离任，同时任区第二巡察组组长）

区林业局
局　　长：赵永旗
副 局 长：陈大强　张恩勤
李仕国（2016 年 8 月离任）
纪检组长：邓　文（女，2016 年 11 月离任）
区纪委驻区林业局纪检组组长：
杨春蓉（女，2016 年 11 月任）

区档案局
局　　长：周泽辉
党组书记：操中亚（2016 年 5 月任）
副 局 长：邓　健（女）
纪检组长：张国慧（女，2016 年 11 月离任，同时任区第三巡察组成员）

区供销合作社联合社
主　　任：余　旭
党委书记：余　旭（2016 年 10 月离任）
温永熙（2016 年 10 月任）
副 主 任：向　军　陈治全
纪委书记：姚　君（女，2016 年 11 月离任）
正处级领导干部：王　彬（补遗：2012 年 3 月任区第一巡察组组长）

区民族宗教事务局
局　长：张真明（兼）
副局长：黄晓庆

区投资发展促进局
局　　长：华一兵
副 局 长：陈志洪　黄广木　张溪桥（女）
熊中志
纪检组长：张轶彭（2016 年 11 月离任，同时任区第二巡察组成员）

区行政服务中心管理办公室
主　任：傅显城（兼）
副主任：张江海
刘维红（女，2016 年 11 月任）

区机关事务管理局
局　　长：邓永春（2016 年 11 月离任）
副 局 长：江小平（2016 年 11 月任）
邓雪峰　雷斯雅（女）
江翊萍（女，2016 年 11 月任）
纪检组长：江小平（2016 年 11 月离任）

区畜牧兽医局
局　　长：张　剑
党组书记：张　剑（2016 年 10 月离任）
陈代禹（2016 年 10 月任）
副 局 长：胡　平　陈小洪　刘盛春
纪检组长：罗长久（2016 年 11 月离任，同时任区第四巡察组成员）

区医疗保险管理中心
主　任：操中亚（2016 年 5 月离任）
副主任：邓念龙（2016 年 5 月离任）
廖传荣（女，2016 年 5 月离任）

区工业园区管委会（街镇工业走廊管委会、街镇工业发展有限公司）
党工委书记：张　华（兼，2016 年 6 月任，同时离任区街镇工业走廊管委会党工委书记）
党工委常务副书记：蒋牧宸（兼，2016 年 6 月任，同时离任区街镇工业走廊管委会党工委副书记）
主任（董事长）：孙廷胜（2016 年 6 月任）
副主任（总经理）：伍文波（2016 年 6 月任）
副主任（副总经理）：汪　涛（2016 年 6 月任）
刘　瑛（女，2016 年 6 月任）
张古灵（2016 年 6 月任）

纪工委书记：夏　阳（2016年6月任，同时离任区街镇工业走廊管委会纪工委书记；2016年10月离任）

区城乡统筹发展中心（区农投公司）

党组书记：张云平（苗族，兼，2016年11月离任）

党组常务副书记：汤晓强（兼）

主任（董事长）：王　涛

副主任（总经理）：

高生洪（2016年11月离任）

监 事 长：王义平（2016年11月任）

副主任（副总经理）：韩勤刚　阳　兰（女）

刘海平

张　斌（2016年11月任）

纪检组长：樊学武（2016年11月离任）

区城市开发管理服务中心（城市开发投资集团公司）

党组书记：付　恺（兼）

主任（董事长）：蔡书明

监 事 长：荣志宏

副主任（副总经理）：

杨俊勇（2016年11月离任）

张富强　李西彬　陈碧容（女）

纪检组长：杨俊勇（2016年11月离任，同时任区第二巡察组成员）

长寿湖风景名胜区管委会（区旅游发展管理服务中心、长寿生态旅业公司）

党工委书记：左永祥（兼）

主任（董事长）：唐贤明

副主任（总经理）：张　勇（兼，苗族）

副主任（副总经理）：刘　明（兼）　周志全

陈　渝（土家族）

周昊杰（女，2016年11月任）

副主任（副总经理、执法大队大队长）：周　建

纪工委书记（纪检组长）：

孟　霞（女，2016年11月离任）

区公共民生工程建设管理服务中心（公共民生工程公司）

党组书记：谭　庆（兼，2016年2月离任）

主任（董事长）：廖智辉（女）

监 事 长：阳　建

副主任（常务副总经理）：龚　均

副主任（副总经理）：

余振勇（2016年11月离任）

黄亚微（女）　陈忠平

纪检组长：沈开智（2016年11月离任，同时任区第三巡察组成员）

区商贸物流建设管理中心（区商贸物流开发公司）

党组书记：王身高（兼）

主任（董事长）：高文缔

监 事 长：黄茂生（2016年11月任）

副主任（副总经理）：陆传彪　但唐勇

区土地房屋征收安置办公室

党组书记：王身高（兼）

主　　任：王如雪

副 主 任：余夕成　张建中　陈代学

区土地储备中心

主　　任：王国清

副 主 任：吕　云

表12　　2016年重庆市长寿区人民政府重要文件目录

文件名称	文号
关于确定2016年度国有土地上房屋征收项目的批复	长寿府发〔2016〕3号
关于重庆长寿渝东农副产品仓储物流中心建设项目实施政府购买服务的批复	长寿府发〔2016〕4号
关于加强2016年春节期间城区燃放烟花爆竹管理的通告	长寿府发〔2016〕5号
关于工业品市场路桥建设涉及国有土地上房屋拆迁有关事宜的批复	长寿府发〔2016〕6号
关于同意《长寿区城乡消防规划》的批复	长寿府发〔2016〕7号
关于《长寿区综合交通规划（修改）》的批复	长寿府发〔2016〕8号

文件名称	文号
关于贯彻落实市政府282号令的实施意见	长寿府发〔2016〕9号
关于调整八颗组团部分地块控制性详细规划的批复	长寿府发〔2016〕10号
关于《长寿区物流系统优化规划》的批复	长寿府发〔2016〕11号
关于印发2016年全区安全生产工作要点的通知	长寿府发〔2016〕12号
关于重庆市晏家工业园区土地储备中心收购重庆长寿经济技术开发区开发投资集团有限公司八A1－01地块等5宗土地的批复	长寿府发〔2016〕13号
关于2015年安全生产目标考核结果的通报	长寿府发〔2016〕14号
关于2015年度统计工作考核结果的通报	长寿府发〔2016〕15号
关于印发《长寿区加快推进户籍制度改革实施方案》的通知	长寿府发〔2016〕17号
关于2015年度国土房管工作考核结果的通报	长寿府发〔2016〕19号
关于长寿区新市生活区控制性详细规划的批复	长寿府发〔2016〕20号
关于2016年重大项目工作目标任务分解的通知	长寿府发〔2016〕21号
关于贯彻落实粮食安全行政首长责任制的实施意见	长寿府发〔2016〕22号
关于调整胜天社区桃花社区管辖范围的批复	长寿府发〔2016〕23号
关于同意实施晏家河流域水污染防控工程项目的批复	长寿府发〔2016〕24号
关于废止和继续施行部分规范性文件的决定	长寿府发〔2016〕25号
关于2015年度三峡后续工作考核结果的通报	长寿府发〔2016〕26号
关于长寿区新市工业区控制性详细规划的批复	长寿府发〔2016〕27号
关于2015年度重大项目工作考核结果的通报	长寿府发〔2016〕28号
关于2016年整顿关闭刘家沟煤矿的通告	长寿府发〔2016〕29号
关于《重庆市长寿区乡村旅游总体规划》的批复	长寿府发〔2016〕31号
关于同意晏家河流域水污染防控工程实施方案的批复	长寿府发〔2016〕32号
关于张可文免职的通知	长寿府发〔2016〕33号
关于印发《重庆市长寿区水污染防治行动计划实施方案》的通知	长寿府发〔2016〕34号
关于同意《长寿区云台镇区生活组团控制性详细规划》的批复	长寿府发〔2016〕35号
关于同意《重庆长寿街镇工业走廊云台工业组团控制性详细规划》的批复	长寿府发〔2016〕36号
关于公布区政府部门和有关单位行政权力清单和责任清单的通告	长寿府发〔2016〕37号
关于印发《重庆市长寿区国民经济和社会发展第十三个五年规划纲要》的通知	长寿府发〔2016〕38号
关于进一步明确长寿经开区安全生产监督管理职能职责的通知	长寿府发〔2016〕39号
关于人民防空警报试鸣放的通告	长寿府发〔2016〕40号
关于撤销晏家街道晏兴社区居民委员会建制的批复	长寿府发〔2016〕41号
关于撤销晏家街道白石村村民委员会建制的批复	长寿府发〔2016〕42号

文件名称	文号
关于撤销晏家街道晏中路社区居民委员会建制的批复	长寿府发〔2016〕43号
关于蒲实等职务任免的通知	长寿府发〔2016〕44号
关于徐征等职务任免的通知	长寿府发〔2016〕45号
关于成立长寿区违法建筑整治工作指挥部的通知	长寿府发〔2016〕46号
关于大中型水库移民后期扶持规划2016年度实施计划的批复	长寿府发〔2016〕47号
关于龙河镇新建道路命名的批复	长寿府发〔2016〕48号
关于同意《长寿区烟花爆竹仓库及主要民爆仓库布点规划（2016－2025）》的批复	长寿府发〔2016〕49号
关于设立牛心山社区的批复	长寿府发〔2016〕50号
关于设立齐心社区的批复	长寿府发〔2016〕51号
关于孙廷胜等任职的通知	长寿府发〔2016〕52号
关于印发重庆市长寿区人民政府工作规则的通知	长寿府发〔2016〕53号
关于应付重庆盈地实业有限公司款项形成的原因和还款计划的通知	长寿府发〔2016〕54号
关于蹇世儒任职的通知	长寿府发〔2016〕55号
关于公布第八批区级文物保护单位的通知	长寿府发〔2016〕56号
关于给予杨荣开除公职处分的批复	长寿府发〔2016〕57号
关于给予郭金城开除公职处分的批复	长寿府发〔2016〕58号
关于给予黄成军开除公职处分的批复	长寿府发〔2016〕59号
关于八颗街道延伸道路命名的批复	长寿府发〔2016〕60号
关于李仕国免职的通知	长寿府发〔2016〕61号
关于给予樊小盈开除公职处分的批复	长寿府发〔2016〕62号
关于按开除处分处理秦霞退休待遇的批复	长寿府发〔2016〕63号
关于给予周家琪开除公职处分的批复	长寿府发〔2016〕64号
关于按开除处分处理张志林退休待遇的批复	长寿府发〔2016〕65号
关于按开除处分处理谢意碧退休待遇的批复	长寿府发〔2016〕66号
关于给予詹勇开除公职处分的批复	长寿府发〔2016〕67号
关于给予唐远志开除公职处分的批复	长寿府发〔2016〕68号
关于给予李仕国开除公职处分的批复	长寿府发〔2016〕69号
关于给予孔祥文开除公职处分的批复	长寿府发〔2016〕70号
关于给予曾涛开除公职处分的批复	长寿府发〔2016〕71号
关于进一步加强控制性详细规划修改管理工作的通知	长寿府发〔2016〕72号
关于张丽娜任职的通知	长寿府发〔2016〕73号

文件名称	文号
关于同意八颗组团控制性详细规划地块和晏家组团 BEFG 标准分区控制性详细规划地块控规修改方案的批复	长寿府发〔2016〕74 号
关于同意长寿区菩提组团标准分区控制性详细规划菩提地块控规修改方案的批复	长寿府发〔2016〕75 号
关于同意晏家组团 D 标准分区晏家生活服务区控制性详细规划晏地块控规修改方案的批复	长寿府发〔2016〕77 号
关于陈红任职的通知	长寿府发〔2016〕78 号
关于公布长寿区 2016 年行政审批制度改革事项目录的决定	长寿府发〔2016〕79 号
关于划定 2016 年高污染燃料禁燃区的通告	长寿府发〔2016〕80 号
关于 2016 年整顿关闭大沟煤矿的通告	长寿府发〔2016〕81 号
关于长寿湖高铁站换乘中心项目规划条件的批复	长寿府发〔2016〕82 号
关于落实地方金融监管职责和风险处置责任的通知	长寿府发〔2016〕83 号
关于区城乡统筹开发集团有限公司签订债务豁免协议请示的批复	长寿府发〔2016〕84 号
关于 2016 年整顿关闭龙须沟等四家煤矿的通告	长寿府发〔2016〕86 号
关于印发重庆市长寿区“十三五”生态文明建设规划的通知	长寿府发〔2016〕87 号
关于《长寿区龙河镇农村产业融合发展试点示范工程实施方案》的批复	长寿府发〔2016〕88 号
关于《长寿区中心城区慢行系统规划》（2015—2025）的批复	长寿府发〔2016〕89 号
关于印发重庆市长寿区气象事业发展“十三五”规划的通知	长寿府发〔2016〕90 号
关于创新重点领域投融资机制鼓励社会投资的实施意见	长寿府发〔2016〕91 号
关于加快发展节能环保产业的通知	长寿府发〔2016〕93 号
关于重庆市第五届运动会长寿区体育代表团参赛成绩的通报	长寿府发〔2016〕94 号
关于给予陈伦彪行政撤职处分的批复	长寿府发〔2016〕95 号
关于大中型水库移民后期扶持规划 2016 年度第二批市级切块资金项目实施计划的批复	长寿府发〔2016〕96 号
关于公布长寿区国有建设用地使用权土地级别和基准地价的通知	长寿府发〔2016〕97 号
关于况敬蓉等职务任免的通知	长寿府发〔2016〕98 号
关于何一波等职务任免的通知	长寿府发〔2016〕99 号
关于被借用廉租住房占补平衡的批复	长寿府发〔2016〕100 号
关于蒋牧宸左永祥职务任免的通知	长寿府发〔2016〕101 号
关于取消非行政许可审批事项的决定	长寿府发〔2016〕102 号
关于清理规范 59 项区级行政审批中介服务事项的决定	长寿府发〔2016〕103 号
关于长寿区新市生活区修建性详细规划的审定意见	长寿府发〔2016〕104 号
关于双龙镇新建道路命名的批复	长寿府发〔2016〕105 号

文件名称	文号
关于《晏家组团A标准分区（原川维川染片）区控制性详细规划》晏A59－501、晏A59－601地块控规修改方案的批复	长寿府发〔2016〕106号
关于印发《重庆市长寿区畜禽养殖污染防治规划（2014—2020年）》（修编）的通知	长寿府发〔2016〕107号
关于陈春云等职务任免的通知	长寿府发〔2016〕108号
关于印发《全民健身实施计划（2016—2020年）》的通知	长寿府发〔2016〕109号
关于建立完善守信联合激励和失信联合惩戒制度加快推进社会诚信建设的意见	长寿府发〔2016〕110号
关于加快推进残疾人小康进程的实施意见	长寿府发〔2016〕111号
关于加快发展体育产业促进体育消费的实施意见	长寿府发〔2016〕112号
关于2016年关闭重庆金岳实业集团有限公司等两家煤矿的通告	长寿府发〔2016〕113号
关于同意《长寿区保护性建筑保护规划》的批复	长寿府发〔2016〕114号
关于印发重庆市长寿区安全生产"十三五"规划的通知	长寿府发〔2016〕115号
关于印发广西壮族自治区－重庆市长寿区对口支援合作实施规划（2014—2020年）的通知	长寿府发〔2016〕117号

政协重庆市长寿区委员会

政协全体委员会议

【区政协十四届五次全体委员会议】 2016年3月12日至3月17日，政协重庆市长寿区第十四届委员会第五次会议在长寿区科技文化中心召开。会议应到委员288人，实到273人。应邀参加大会的有区委常委，区人大常委会副主任，区政府副区长，长寿经开区管委会副主任，享受区级待遇的在职领导。邀请离、退休的区政协历届主席、副主席、秘书长，在长寿地区的市政协委员，区属单位部门、经开区内设机构、在长市属部门、部分事业单位、在长金融保险部门班子成员中无政协委员的单位负责人，区政协机关各委室负责人，区委统战部相关领导列席会议。19名市民代表应邀旁听大会。

区政协副主席邓有国主持大会开幕式。区政协主席张华代表十四届区政协常委会向大会作工作报告。报告从“坚定方向，把握定位，思想政治共识不断增强；围绕中心，主动作为，协商民主成效更加显著；求真务实，多措并举，建言献策实效更加彰显；立足实际，关注民生，履职创新水平有效提升；健全机制，固本强基，政协自身建设切实加强”五个方面对2015年政协工作进行全面客观总结，对2016年工作做出安排部署。

区政协副主席陈会明受十四届区政协常委会委托，向大会报告提案工作情况。回顾区政协十四届四次会议一年的提案工作情况：区政协十四届四次会议后，征集提案369件，经审查立案359件；介绍提案办理的落实效果，总结提案工作的主要特点，指出，新的一年，将努力提高提案质量，努力促进办理落实，努力推进协商评议，努力改进服务工作，推动提案工作整体水平不断提升。

会议期间，与会人员列席区人大十七届六次会议，听取区政府工作报告；分组讨论政协常委会工作报告、提案工作情况报告，区政府工作报告，计划、财政、法院、检察院工作报告。会议对以上报告表示赞同。会议充分肯定区政协2015年的工作，研究部署2016年的工作。

区委书记赵世庆在闭幕会上做重要讲话。讲话要求：区政协和广大政协委员，要紧紧围绕“适应新常态、当好主力军”，深入实施“五合”，充分发挥协调关系、汇聚力量、建言献策、服务大局的重要作用，积极开展政治协商、民主监督、参政议政，始终与党委、政府同心同德、同心同向、同心同行，努力为“十三五”开好局起好步、加快实现区委提出的总要求总目标总指标凝聚共识、凝聚智慧、凝聚力量。

张华在闭幕会寄语全体政协委员，要牢固树立看齐意识，切实把“讲规矩守纪律”挺在前面，坚定跟党走的信心和信念；要牢固树立担当意识，切实把建设长寿的重任扛在肩上；要牢固树立共享意识，切实把履职为民的情怀烙在心中；要切实加强团结，广泛凝聚推动长寿科学发展和谐发展的正能量。

（韩　静　张　伟）

政协常务委员会议

【区政协十四届二十八次常务委员会议】 2016年4月7日，区政协召开十四届二十八次常委会议。书面传达全国政协十二届四次会议和市政协二十二次常委会精神。听取、讨论并通过《长寿区政协2016年工作要点和工作安排》。

【区政协十四届二十九次常务委员会议】 2016年7月21日，区政协召开十四届二十九次常委会议。听取区政府关于2016年上半年全区经济社会发展情况通报。

【区政协十四届三十次常务委员会议】 2016

年10月13日，区政协召开十四届第三十次常委会议。听取区政府关于2016年提案办理情况的通报；审议通过《关于“大众创业、万众创新”工作推进情况的调研报告》《关于城市住宅小区物业管理情况的调研报告》《关于民主评议区财政局工作情况的报告》《关于民主评议区卫计委工作情况的报告》。

2016年11月22日，长寿区政协主席张华到社区调研，听取群众意见

【区政协十四届三十一次常务委员会议】2016年11月10日，区政协召开十四届三十一次常委会议。学习中共第十八届六中全会、中共重庆市委四届九次全会和中共长寿区委十二届九次全会精神；听取区政协各委室十四届工作情况汇报；审议通过设置区政协委员联络委员会有关事项；审议通过区政协副秘书长和相关委室负责人任免事项；审议通过《关于召开政协重庆市长寿区第十五届委员会第一次会议的决定（草案）》。

【区政协十四届三十二次常务委员会议】2016年12月14日，区政协召开十四届三十二次常委会议。听取区政府2016年全区经济社会发展情况，区人民法院、区人民检察院2016年工作情况通报；协商决定政协重庆市长寿区第十五届委员会委员名单；听取政协重庆市长寿区第十五届委员会第一次会议筹备情况汇报；审议通过《政协重庆市长寿区第十四届委员会常务委员会工作报告（草案）》，决定报告人；审议通过《政协重庆市长寿区第十四届委员会常务委员会提案工作情况的报告（草案）》，决定报告人；审议通过政协重庆市长寿区第十五届委员会第一次会议相关事项。

（韩　静　张　伟）

重要工作与活动

【协商民主】　全体会议总体协商。区政协十四届五次全体会议上，围绕区政府工作报告、《长寿区“十三五”规划纲要（草案）》、区法院、区检察院工作报告及相关报告，进行充分协商讨论，提交大会发言42篇、提案326件、意见建议300余条，得到区委、区政府及相关部门的重视、采纳。

常委会议专题协商。通过政协常委会议搭建议政平台，固定通报区政府、区法院、区检察院工作和提案办理工作；召开“全区半年经济社会发展情况”专题议政会，就全区主要经济指标与全年经济增长趋势进行深入协商讨论。

主席会议每月协商。坚持主席会议每月协商制度，开展定销房建设管理情况，全区电梯等特种设备监管及质量技术监督工作，全区行政审批制度改革推进情况，长寿全媒体发展情况，全区煤矿关闭工作情况，区民政局、区卫计委提案办理情况，区城乡建设情况等12次专题协商。

2016年8月24日，长寿区政协全区工业结构调整情况专题协商中，组织政协委员视察博腾制药公司

提案办理全程协商。区委、区政府、区政协领导牵头督办重点提案，组织提案者、承办单位开展提案办理联合考察，开展分内容、分重点、分部门提案面商，运用跟踪落实、反馈问效、联合督查等方式促进提案办理落实，推动提案工作向多方协商、开放协商等全程协商转变，提案办理答复率100%，满意和基本满意率100%。

【履职活动】 专题调研。围绕区委、区政府重大决策部署和社会关注的热点问题，先后开展长寿区“大众创业、万众创新”工作推进情况，长寿区城市住宅小区物业管理情况的专题调研。

委员视察。就长寿区创建全国文明城区，区人民法院工作，2016年全区重大项目建设推进及长寿经开区开发建设情况等10余项全区重点工作开展视察；各专委会结合各自联系工作，组织围绕宗教活动场所安全管理、化工职大办学情况、北城医院建设、桃花溪攻坚整治目标完成情况等课题开展视察活动10余次，提出意见建议200余条，为推进相关工作建言献策。

民主监督。组织部分政协常委和委员，对区卫计委、区财政局的履职情况开展民主评议。继续完善和改进委员委派工作，60多名政协委员担任廉政监督员、人民陪审员，通过参加会议、参与庭审、座谈调研、明察暗访等形式，对相关单位履行职能、勤政廉政、服务质量等工作开展民主监督。

反映社情民意。把反映社情民意作为政协履行参政议政职能的一项经常性、基础性工作来抓，健全完善组织领导、考核通报和特约信息员制度。2016年编报《社情民意》信息专报41期，区领导批示和部门回复34期，市政协采用12篇，促使一批群众广泛关注、社会反映强烈的问题得到重视或解决。

【委员履职】 深化“委员传递正能量”履职实践活动。根据市政协办公厅《关于印发〈2016年开展“委员传递正能量”履职实践活动方案〉的通知》要求，与市政协总体部署，与区委、区政府特色活动，与区政协全年总体工作安排结合，制定长寿区政协《2016年开展“委员传递正能量”履职实践活动方案》，推动活动持续深入开展。引导委员创新开展“五个助力”活动。即：助力“工业聚合”，围绕推动综合化工产业集群优化升级、推进钢铁冶金产业集群转型升级、加快街镇工业走廊提质发展、实施创新驱动发展战略等广聚智慧；助力“文旅结合”，围绕构建“一湖一山一谷”旅游格局、文化与旅游深度结合、推动乡村旅游提档升级发展等共谋良计；助力“产城融合”，围绕加快推进智慧城市建设、化解房地产库存、融入长江经济带发展、打造长江上游最大的专业化工物流基地等力建诤言；助力“城乡统合”，围绕强化特色效益农业体系、推进公共服务设施建设、构建城乡一体化发展新机制等多出主意；助力“社会和合”，围绕建设美丽长寿、推动大众创业就业、办好民生实事、筑牢公共安全网、巩固提升扶贫攻坚成果等倾情献策。

2016年6月22日，长寿区政协组织区政协委员现场视察定销房管理情况。区领导张华、陈会明、涂奇微、邓有国等参加

【自身建设】 开展“两学一做”学习教育活动。开展“学党章党规、学系列讲话，做合格党员”学习教育，巩固拓展党的群众路线教育实践活动和“三严三实”专题教育成果，进一步解决党员队伍在思想、组织、作风、纪律等方面存在的问题。深入贯彻中央“八项规定”、市委《实施意见》和区委《贯彻实施意见》精神，严格执行重庆市党员干部政治纪律“八严禁”和生活作风“十二不准”，持续用力抓好党风廉政建设和反腐败工作。

做好文史编撰和理论宣传工作。发挥政协文史资政、育人、团结功能，收集编撰文史资料。组织力量编写出版长寿政协文史丛书之四——《长寿果业》，使其成为社会各界了解长寿果业历史与现实的重要参考读物。参与市政协年度理论研讨，选送的《充分发挥界别作用体现政协特色研究》被收入《重庆市政协2016年度理论研究论文集》并获二等奖，《基层政协信息化建设的现实困境与对策思考》被收入《重庆市政协2016年度理论研究论文集》。加大对政协重要例会和重大活动的宣传报道力度，全年在区级以上新闻媒体刊发稿件150余篇。

做好政协系统的交流联络工作。牵头承办2016年上半年重庆市区县政协东部片区会，市政协领导、市政协区县联络委和7个区县政协汇聚长寿，围绕“乡镇生态环境保护与建设”进行交流讨论，最终形成的“加强乡镇生态环保建设，夯实三峡库区绿色发展基础”调研报告上报市政协，得到市政协领导肯定。先后接待市内外政协20批次到长寿开展视察调研和考察学习。2次参加区县政协主席研讨班，以“加强委员联络服务管理，充分发挥委员主体作用”“调动各方积极性，激活委员原动力，创新开展‘委员传递正能量’履职实践活动”为题作交流发言。强化对街镇联络组的联系指导，全年组织开展街镇联络组会议4次，开展调研视察活动10余次，为街镇经济社会发展贡献力量。

做好市政协委员长寿组的履职服务工作。为市政协委员长寿组的履职创造条件，全年组织开展各种履职活动6次。在市政协四届四次会议上，市政协委员长寿组撰写的“关于规划建设我市家居木业产业园的建议”“关于在渝汉沿江铁路规划建设长寿货运站的建议”“关于加强我市危险化学品安全管理工作的建议”3件集体提案纳入市政府决策予以推进；“关于整合资源培育数字智慧城市的建议”“关于加大渝东北地区危废物品处置利用能力的建议”等21件个人提案全部转交市级相关部门办理落实。

做好区政协换届筹备工作。组织对政协委员履职情况的量化考核，最终对考评结果为“较好”和“一般”的59名政协委员建议不再提名；加强与区委组织部、区委统战部的沟通协商力度，对新一届委员产生的条件、程序和机制提出相关建议，把好委员“入口关”。　　　　（韩　静　张　伟）

2016年政协重庆市长寿区委员会主席、副主席、秘书长名录

主　　席：张　华

副 主 席：陈会明　涂奇微（兼）　王永全（兼）
　　　　　邓有国　叶金龙（2016年10月离任）
　　　　　江　涛（兼）　陈志洪（兼）

秘 书 长：蒋锡宽

2016年政协重庆市长寿区委员会副秘书长、机关办事机构和工作机构领导人名录

副秘书长：杨华林（2016年11月任）

副秘书长（兼）：吕兴建　罗德明
　　　　　赵霜眉（女）　周俊屏

办公室

主　任：向　表（2016年11月离任）
　　　　孔庆春（2016年11月任）

副主任：许孟雯（女）
　　　　孔庆春（2016年11月离任）
　　　　韩　峰（2016年11月任）

学习文史委员会

主　任：张炳炎

副主任：张秀兰（女）　韩　静（女，2016年11月任）

副主任（兼）：文平林　孟　翱（女）
　　　　蒙　明（女）　陈小平
　　　　高小平

提案委员会

主　任：龚成才

副主任：石　静（女）

副主任（兼）：蒋中尧

经济委员会

主　任：郑美中

副主任：张腊全（2016年11月任）　谢　强
　　　　罗雪松（2016年11月任）

副主任（兼）：祖能武　张古灵　刘　晗
　　　　王小瑜

社会法制委员会

主　任：邹楚蕾（女）

副主任：罗雪松（2016年11月离任）
　　　　舒　鸿（2016年11月任）

副主任（兼）：王义尧　徐鲜华　王　强

社会事务委员会

主　任：李健康

副主任：张长轩

副主任（兼）：张茂荣　冯胜梅（女）　袁国宁
　　　　陈显明　黄国文

城建环保委员会

主　任：张国清

副主任：韩　峰（2016年11月离任）

张　伟（2016年11月任）

副主任（兼）：唐雅江　樊　彦

委员联络委员会

主　任：向　表（2016年11月任）

副主任：李华锋（2016年11月任）

2016年政协重庆市长寿区委员会委员联络组领导人名录

凤城片区联络组

组　长：高能会（女）

副组长：操良超

晏家片区联络组

组　长：郭水英（女）

副组长：唐顺礼　余培英（女）

渡舟片区联络组

组　长：廖　勇

副组长：周昊杰（女）　李文宪（女）

葛兰片区联络组

组　长：韩　静（女）

副组长：徐　斌　祝明合

石堰片区联络组

组　长：唐慧芳（女）

副组长：黄油华（女）　黎　勇

长寿湖片区联络组

组　长：勾洪文

副组长：石坤君　熊芫艺（女）

表13　　2016年政协重庆市长寿区委员会重要文件目录

文件名称	文号
关于政协重庆市长寿区第十四届委员会第五次会议情况的报告	长协党组〔2016〕3号
关于报送长寿区政协2016年协商计划的请示	长协党组〔2016〕4号
关于专题协商长寿区质量技术监督工作情况的报告	长协党组〔2016〕5号
关于印发《关于在区政协机关党员中开展“学党章党规、学系列讲话，做合格党员”学习教育实施方案》的通知	长协党组〔2016〕6号
关于专题协商定销房建设管理情况的报告	长协党组〔2016〕7号
关于协商讨论全区2016年上半年经济社会发展情况的报告	长协党组〔2016〕8号
关于专题协商区人民法院工作情况的报告	长协党组〔2016〕9号
关于协商全区工业结构调整情况的报告	长协党组〔2016〕10号
关于专题视察创建全国文明城区工作的报告	长协党组〔2016〕11号
关于报送《“大众创业、万众创新”工作推进情况的调研报告》的报告	长协党组〔2016〕12号
关于区政协民主评议区卫计委工作情况的报告	长协党组〔2016〕13号
关于报送《城市住宅小区物业管理情况的调研报告》的报告	长协党组〔2016〕14号
关于报送民主评议区财政局工作情况的报告	长协党组〔2016〕15号
关于召开政协重庆市长寿区第十五届委员会第一次会议的请示	长协党组〔2016〕16号
关于履行党风廉政建设主体责任情况的报告	长协党组〔2016〕17号
关于同意胡莉、程海源辞去十四届区政协委员的决定	长协〔2016〕2号
关于撤销彭彦铭十四届区政协委员资格的决定	长协〔2016〕3号
关于表彰2015年度优秀政协委员和优秀提案的通报	长协〔2016〕4号
2016年度工作要点	长协〔2016〕8号
关于设置政协重庆市长寿区委员会委员联络委员会的决定	长协〔2016〕12号

文件名称	文号
关于副秘书长及办公室、专门委员会主任、副主任调整的决定	长协〔2016〕13 号
关于选举产生区政协机关党支部出席中国共产党重庆市长寿区第十三次代表大会代表的情况报告	长协〔2016〕16 号
关于 2016 年度优秀政协委员和优秀提案的通报	长协〔2016〕17 号

长寿菩提山圣灯塔与北部新城

中共重庆市长寿区纪律检查委员会（区监察局）

重 要 会 议

【区纪委十三届一次全会】 2016年12月29日上午，中国共产党重庆市长寿区第十三次代表大会选举产生中国共产党重庆市长寿区第十三届纪律检查委员会。中国共产党重庆市长寿区第十三届纪律检查委员会委员21名，分别为（以姓氏笔画为序）：王康、冯渝、牟伟（土家族）、李蓉（女）、李泽碧（女）、杨刚、但晓琴（女）、余建、张刚、张安才、罗旋、周勇、周应林、姚雪玲（女）、唐红伟、黄述明、彭继坎、程斌、舒畅（女）、谭伟、樊晓君。

2016年12月29日下午，中国共产党重庆市长寿区第十三届纪律检查委员会召开第一次全体会议，选举并经区委十三届一次全会通过，产生新一届区纪委常委、书记、副书记。谭伟当选为区纪委书记，黄述明、但晓琴（女）、余建当选为区纪委副书记，唐红伟、周应林、冯渝、樊晓君、杨刚当选为区纪委常委。（吴　洪）

2016年12月29日，选举产生的中共重庆市长寿区第十三届纪律检查委员会常务委员会委员

纪 律 检 查

【政治责任落实】 保持坚定的政治定力。深入开展“两学一做”学习教育，学习党章党规，学习总书记习近平系列重要讲话精神，牢固树立“四个意识”重点是核心意识、看齐意识，严守党的政治纪律和政治规矩，增强政治敏锐性和政治鉴别力，自觉在思想上政治上行动上同以习近平同志为核心的党中央保持高度一致。加强对中央、市委和区委重大决策部署贯彻落实情况的监督检查，确保政令畅通。

推动“两个责任”全面落实。区委坚持把党风廉政建设和反腐败工作摆在突出位置，制定年度任务分工责任制，与街镇、部门签订责任书86份。区委常委会专题听取落实党风廉政建设主体责任情况报告，区委常委带队检查“两个责任”落实情况。区纪委认真贯彻区委关于落实“两个责任”的意见及相关配套制度，推行处级以上领导干部履行党风廉政建设主体责任全程纪实。区纪委全会听取晏家街道、葛兰镇、区交委、区国土房管局、区

2016年1月29日，中共重庆市长寿区纪委十二届五次全会现场听取葛兰镇党委书记罗方全述责述廉报告。区领导谭伟出席

市政局5个单位党委（党组）书记现场述责述廉，进行质询和评议。年内区委书记、区长、区纪委书记就落实“两个责任”分别约谈党员领导干部179人次、117人次、584人次，全区市管党政领导干部约谈党员领导干部1746人次。对落实“两个责任”不到位的但渡镇、云台镇、龙河镇、云集镇、万顺镇、区规划局6个单位、7名领导干部进行严肃问责并点名通报曝光；1名镇纪委书记因履责不力受到党内警告处分，调离纪检工作岗位。

【纪律检查体制改革】 强化上级纪委对下级纪委的领导。严格执行问题线索管理办法，规范全区纪检组织向上级纪委报告问题线索处置和执纪审查工作。贯彻落实镇街纪（工）委书记、副书记和区纪委派驻纪检组组长、副组长提名考察办法和任免操作办法，完善提名原则、条件和工作流程，规范任免程序。坚持党管干部原则，把纪检干部放在党的干部队伍中统筹使用、选拔交流，全区纪检干部提拔为正处级领导干部8人、副处级领导干部13人，拓宽选人视野和渠道，从纪检系统外选拔优秀干部担任镇街纪（工）委书记、派驻纪检组组长22人，优化队伍结构。召开镇街纪（工）委书记座谈会，明确责任，传导压力。

实现区纪委派驻监督全覆盖。区委办印发《关于加强区纪委派驻机构建设的意见》和《关于全面落实区纪委向区一级党和国家机关派驻纪检机构的方案》，撤销原区一级党和国家机关46个内设纪检机构和15个挂牌监察机构，设置区纪委派驻纪检组22个，其中对教委、公安、环保、卫计委、经开区5个单位实行单独派驻，其他17个派驻纪检组实行综合派驻，每个综合派驻纪检组监督单位2至7家，实现对69个区一级党和国家机关及区级事业单位全覆盖。召开区纪委派驻纪检组组长座谈会，明确职责任务，推动工作落实。

持续深化“三转”聚焦主业。区委办下发《关于纪检机构进一步深化“三转”聚焦主业的通知》，明确全区纪检机构“10个必须做什么”和“5个不得做什么”，防止越位、缺位、错位和责任空虚化。清理区纪委牵头或参与的议事协调机构，坚持不该参与的不参与，不该管的不管，坚守监督执纪问责的职能定位。加强巡察工作，结合区纪委派驻机构建设，调整9名部门纪检组织负责人充实巡察队伍，为提高巡察工作能力和水平打下基础。

【遏制腐败】 运用“四种形态”有成效。转变惯性思维和执纪理念，把握运用监督执纪“四种形态”，注重用好第一种形态，强化日常监督。澄清了结反映不实问题93件（次）。通过函询、诫勉谈话、批评教育等方式处理49人，占40%；给予党纪轻处分32人，占26%；给予党纪重处分30人，占24%；严重违纪涉嫌违法立案审查12人，占10%。坚持“纪在法前、纪法分开”，对3名严重违纪涉嫌违法的党员干部，移送司法处理前先行给予党纪政纪处分。

保持惩治腐败高压态势。全年接受群众信访举报463件，处置问题线索183件，立案65件，结案65件（含2015年未结案件6件）；给予党纪政纪处分73人，其中县处级干部13人，乡科级干部12人；立案数、结案数、处分人数比2015年分别上升41%、63%、46%。严肃查处区城乡建委原党委书记、主任孔某某，区国土房管局原局长詹某，但渡镇原党委书记程某某，但渡镇原党委副书记、镇长陈某某，区林业局原党组成员、副局长李某某等典型案件8件。加强反腐败组织协调，纪检监察、审判、检察、公安、审计等单位相互移送问题线索54件，向市司法局和北碚区、合川区、垫江县移送问题线索4件。

规范纪律审查工作。突出纪律审查工作的政治性，把违反政治纪律和政治规矩、组织纪律作为纪律审查的重点，严肃查处程某某和陈某某对抗组织审查、违反中央八项规定精神和区教委电教教仪中心主任牟某某不如实向组织说明问题等违纪行为。严格遵守纪律审查工作纪律和规矩，开展纪律审查工作自查自纠，对十八大至2016年全区纪检组织执纪审查、涉案款物管理、案件监督管理工作规则执行情况等进行全面清理，发现并整改问题106个，建立完善问题线索集体排查、谈话室出入管理等制度4个。集中回访受处分人员115人，促进思想转化。严格执行执纪审查安全责任制度，全年无执纪审查安全事故发生。

加强换届风气监督检查。按照中央“九个严禁”和市委“四严”要求，制定印发长寿区监督工作方案，加强换届风气监督检查。严把干部选拔任用“党风廉洁意见回复”关。2016年，区纪委回复党风廉政意见征求函涉及拟提拔任用的领导干部人选、拟提名的“两代表一委员”人选、纪委委员换届人选、村和社区换届人选等1612人次，取消区级部门领导班子换届考察人选1名、“两代表一委员”候选人3名、村和社区换届人选1名，否决街道纪工委委员人选2名。加大对换届期间信访问题的核查力度，快查快结信访举报问题9起，确保换届工作有序进行。

2016年6月12日，中共长寿区委常委、纪委书记谭伟调研云集镇党风廉政建设“两个责任”落实情况

【作风建设】 持之以恒纠正“四风”。坚持每个重要时间节点，提前下发通知严明纪律要求，畅通信访举报渠道，通过区内媒体公开发布。建立区纪委牵头，区财政局、区机关事务局各负其责，5个纪检监察联组互动的“1+2+5”监督检查机制，紧盯年节假期、重点人员和突出问题，一个节点一个节点坚守，抓早抓小，动则咎，推动中央八项规定精神落地生根。开展“三公”经费和津贴补贴福利专项治理，集中开展明察暗访26次，检查酒店、餐饮、娱乐场所等700余家次，比对车辆3000余台次；查处大操大办、违规收受礼金、公车私用等违反中央八项规定精神问题17个，组织处理21人，给予党纪政纪处分9人，全部予以通报曝光，持续释放“越往后执纪越严”的强烈信号。

查处侵害群众利益的不正之风和腐败问题。推进扶贫等相关民生领域监督执纪问责专项行动，集中开展侵害群众利益的不正之风和腐败问题专项治理，全面推行村干部及其直系亲属享受惠农惠民政策“十公开”制度，推动全面从严治党向基层延伸。组织各街镇和农委、水务局等资金监管部门开展相关问题线索大排查，组织区巡察组对3个街镇、14个村“三资”管理使用情况进行专项巡察，督促整改问题80个，清退违规使用农村危房改造资金159万元，追缴违规享受征地拆迁安置补偿费130.86万元。实行问题线索“建账、交账、查账、对账、销账”制度，分5批交办问题线索47件，办理市纪委交办问题线索41件，立案查处云台镇利民村原党支部书记刘某某、原主任阳某某等人合伙侵占农民新村建设资金，龙河镇四坪村原党支部书记刘某某等人骗取私分国家征地补偿款，万顺镇原村建办干部易某某利用职务便利收受危房改造承建人好处费等侵害群众利益的不正之风和腐败案件29件37人，全部点名通报曝光。

【党风廉政教育监督】 加强对权力运行的监督制约。严格执行《关于党政机关领导班子主要负责人不直接分管人财物等工作的暂行规定》《重庆市领导干部招标投标工作纪律“三要十不准”》等制度，规范权力运行。按照市纪委统一部署，撤销“581”廉政账户，促进党员领导干部廉洁自律。加强对“三公”经费管理、公车改革“六个不得”等制度规定执行情况的监督检查，开展《关于党政机关领导班子主要负责人不直接分管人财物等工作的暂行规定》执行效果的评估，确保制度规定硬约束、执行到位。

学习贯彻党内法规。组织全区党员干部重点是领导干部深入学习党内政治生活若干准则、廉洁自律准则、党内监督条例、纪律处分条例、问责条例等党内法规；举办全区性专题讲座3次，组织5个宣讲团到19个街镇、82个部门专题宣讲；发放纪律处分条例释义、“有关规定”速查等知识读本2万余册；举办图说廉洁自律准则、纪律处分条例漫画展30余场。开展党内法规贯彻执行情况监督检查，维护党规党纪的严肃性。

开展廉政教育宣传。组织观看中央纪委拍摄的《永远在路上》以及长寿区拍摄的《2015年长寿区违纪违法典型案件透视》等警示教育片，组织400余人次参加现场庭审旁听活动、3000余人次到廉政教育基地接受警示教育，收录整理十八大以后长寿区查处的典型违纪人员的悔过书，编印《忏悔录》发给全区副处级以上领导干部，用身边事教育身边人。开展清廉家规、家风故事征集活动，征集家规、家风故事30余篇。

【自身建设】 区纪委常委会认真落实“打铁还需自身硬”的要求，带头落实中央八项规定精神，带头坚持民主集中制，带头严肃党内政治生活；常委会成员带头讲党课，积极参加机关支部组织生活。加强组织建设，配合区委圆满完成区、镇两级纪委换届工作，选优配强纪委领导班子。加强能力建设，集中举办纪检监察业务专题培训，组织干部参加中央纪委和市纪委调训 30 人次，抽调基层纪检干部参与办信办案 25 人次。持续强化机关作风建设，制定区纪委机关落实内部“两个责任”实施意见，开展纪检系统遵守六大纪律情况专项检查，深化廉政风险防控工作，严格执行重大事项报告和回避、保密等制度，完善干部考核评价机制，落实干部平时考核制度。区纪委信访室获全市纪检监察系统先进集体推荐，1 名纪检干部获重庆市“人民好公仆”称号，1 人获全国纪检监察系统嘉奖推荐，1 人获全市纪检监察系统先进工作者推荐、2 人获嘉奖推荐。（吴 洪）

2016 年中共重庆市长寿区纪律检查委员会书记、副书记、常委名录

书 记：谭 伟

副书记：黄述明 但晓琴（女） 余 建

常 委：唐红伟 傅家成（2016 年 12 月离任）

周应林 余 勇（2016 年 12 月离任）

冯 渝

张安才（兼，2016 年 12 月离任）

袁 刚（兼，2016 年 12 月离任）

樊晓君（2016 年 12 月任）

杨 刚（2016 年 12 月任）

2016 年中共重庆市长寿区纪检监察机关办事机构和工作机构领导人名录

办公室主任：周应林

组织部部长：程 莉（女，2016 年 4 月任）

宣传部部长：冯 渝

党风政风监督室（区政府纠正部门行业不正之风办公室）主任：牟 伟（土家族）

信访室主任：余 勇

案件监督管理室主任：张 林

第一纪检监察室主任：杨 刚

第二纪检监察室主任：

李泉勇（2016 年 10 月离任）

案件审理室主任：张 刚

表 14 2016 年中共重庆市长寿区纪律检查委员会重要文件目录

文件名称	文号
关于在全区纪检监察系统开展遵守六大纪律情况检查的通知	长寿纪办发〔2016〕1 号
关于区纪委机关落实党风廉政建设主体责任和监督责任的实施意见	长寿纪办发〔2016〕2 号
关于开展全区加强扶贫等相关民生领域监督执纪问责工作座谈会精神贯彻落实情况专项督查的通知	长寿纪办发〔2016〕5 号
关于加强扶贫领域信访举报件办理的通知	长寿纪办发〔2016〕7 号
关于集中开展对受处分人员回访工作的通知	长寿纪办发〔2016〕8 号
关于区纪委派驻纪检组行文有关事项的通知	长寿纪办发〔2016〕9 号
关于加强五一、端午期间作风建设监督执纪问责的通知	长寿纪发〔2016〕17 号
关于集中开展治理重复举报专项工作的通知	长寿纪发〔2016〕23 号
关于调整问题线索处置报送时间的通知	长寿纪发〔2016〕29 号
关于区级部门落实从严治党责任加强二级单位监管的通知	长寿纪发〔2016〕52 号
关于撤销廉政账户有关事宜的通知	长寿纪发〔2016〕53 号
关于加强中秋国庆期间作风建设监督执纪问责的通知	长寿纪发〔2016〕54 号
关于开展“三公”经费及津贴补贴福利专项治理的通知	长寿纪发〔2016〕57 号

续表

文件名称	文号
关于认真做好2016年度落实全面从严治党责任有关工作的通知	长寿纪发〔2016〕85号
关于强化监督执纪问责确保2017年元旦春节风清气正的通知	长寿纪发〔2016〕89号
转发市纪委《关于4起违反中央八项规定精神问题的通报》的通知	长寿纪发〔2016〕96号
关于四起违反中央八项规定精神问题的通报	长寿纪通〔2016〕1号
关于一起违反中央八项规定精神问题的通报	长寿纪通〔2016〕2号
关于但渡镇原党政主要领导违纪违法案件的通报	长寿纪通〔2016〕3号
关于七起侵害群众利益的不正之风和腐败问题典型案例的通报	长寿纪通〔2016〕4号
关于一起党风廉政责任建设责任追究典型案例的通报	长寿纪通〔2016〕5号
关于开展村（居）财务专项巡察的通知	长寿巡发〔2016〕1号

2016年12月16日，但渡镇举行新任人大代表宪法宣誓仪式

民主党派 工商联

中国国民党革命委员会重庆市长寿区委员会

【概况】 中国国民党革命委员会重庆市长寿区委员会（简称民革长寿区委）下设8个支部，党员163人；党员中有民革重庆市委副主委1人，重庆市黄埔军校同学会会长1人，重庆市第四届人大代表2人（其中常委会委员1人）、重庆市第四届政协委员1人，长寿区第十八届人大代表3人、第十五届政协委员24人。2016年1人被评为民革全国机关工作先进个人，民革长寿区委被评为民革重庆市委社情民意信息工作先进集体、宣传思想工作先进集体，1人被评为民革重庆市委社情民意信息工作先进个人。

【思想建设】 2016年，民革长寿区委利用主委会、区委扩大会和专题学习会，各支部利用党员会，学习中共十八届五中、六中全会精神，学习总书记习近平系列重要讲话精神和中共重庆市委、长寿区委重要会议精神，及时下发通知部署各基层支部学习，各级领导带头发言、撰写心得体会。组织党员前往凤城监狱开展警示教育活动；开展区委委员、支部委员及专干的述职述廉和民主测评工作。

把“观故居、走多党合作之路”活动作为民革组织开展坚持和发展中国特色社会主义学习实践活动的重要载体，民革长寿区委会组织主委、副主委和专干参加市委组织的观故居活动，各支部组织广大党员到市内外开展观故居活动，增强广大党员对中国特色社会主义的道路自信、理论自信、制度自信和文化自信。

2016年，民革长寿区委会开展系列纪念孙中山先生诞辰150周年活动。组织党员参加民革重庆市委主办的以“我的中国我的梦”为主题的征文活动，2名党员分别撰写《执着和灵活》《继承先生遗志，维护祖国统一》的纪念文章；召开纪念孙中山诞辰150周年座谈会，学习总书记习近平在纪念孙中山诞辰150周年大会上的重要讲话；各支部组织开展多种形式的纪念活动，弘扬孙中山先生爱国、革命和不断进步精神。

推进宣传工作，年内向民革重庆市委和区政协、中共长寿区委统战部报送活动简报60余篇，编印《长寿民革》简报29期，其中《重庆民革》采用4篇，重庆民革网站采用8篇，民革重庆市委会简报采用30篇，长寿政协网站采用16篇；征订《团结报》164份。民革长寿区委被评为民革重庆市委宣传思想工作先进集体、《团结报》通联工作先进集体，1人被评为民革重庆市委优秀通讯员。成立《民革长寿区志》编纂工作委员会，启动《民革长寿区志》编纂工作。

【组织建设】 民革长寿区委颁发文件和召开会议部署换届工作。在换届过程中加强与党员的沟通协商，自觉接受党员的监督，把监督工作贯穿于委员人选提名推荐、考察和换届选举等各个环节，听取党员同志通过正常渠道表达的诉求，及时解决换届工作中的出现的问题，保证换届工作圆满完成。于2016年6月28日，召开民革长寿区委第四次党员大会，选举产生出席民革重庆市第五次党代会代表7人，选举产生民革长寿区第四届委员会，

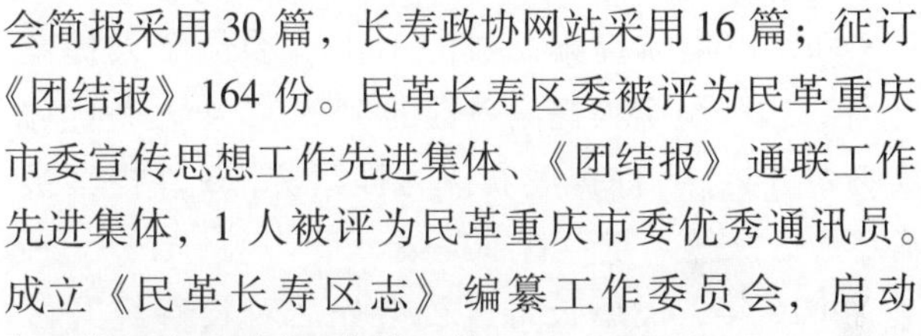

2016年6月28日，中国国民党革命委员会重庆市长寿区第四次党员大会。区领导赵世庆、巴川江、张明生、何以龙、王志宏、陈会明、霍家勤、李彬旭、涂奇微、陈志洪等到会

15 名区委委员候选人均以高票当选。新一届民革长寿区委委员中，女委员 8 人，占 53.3%；委员平均年龄 42.6 岁。

2016 年，民革长寿区委发展新党员 5 名，党员总数达到 163 名。换届后，分别组织主委、副主委、新党员参加中共重庆市委统战部组织的培训。年内，1 名区委委员当选为双龙镇副镇长，推荐 2 名党员参加长寿区党外干部挂职锻炼。

继续开展创先争优活动，综合三支部、综合二支部、教育支部被民革长寿区委评为先进支部，20 名党员被评为优秀党员，12 名党员被评为参政议政工作先进个人。

【参政议政】 民革长寿区委通过各类协商、提案建议、大会发言和反映社情民意等多种形式，就重庆和长寿经济社会发展提出意见建议。2016 年 3 月，在长寿区人大、政协“两会”上，民革长寿区委提交人大建议 1 件、政协大会发言 1 篇、政协提案 56 件（占提案总数的 15%；其中集体提案 9 件，占集体提案总数的 18%，委员个人提案 47 件，占委员个人提案总数的 15%）；4 人获优秀政协委员奖，8 件提案获优秀提案奖，6 件提案被确定为区级领导重点督办提案。

2016 年，民革长寿区委会先后对长寿经开区生物制药产业发展情况，长寿区安全生产防控体系建设情况，长寿经开区生物制药产业链工作，长寿区防范和处置非法集资工作，长寿区天然气管道运行安全管理工作等开展调研，提出意见和建议。

截至 2016 年年底，民革长寿区委向民革重庆市委提交社情民意 40 篇，其中《关于关于加强我

2016 年 11 月 4 日，民革长寿区委送医下乡到但渡镇，民革重庆市委副主委杨明、民革长寿区委主委王永全参加

市油气管道运行安全管理的建议》等 5 篇社情民意被市政协采用；向区政协提交社情民意 15 篇，7 篇被采用。

【社会服务】 民革长寿区委坚持开展公益性法律服务，年内先后在云台镇开展送安全知识下基层宣传活动，在龙河镇实验小学开展以“法制伴我成长，共建平安校园”为主题的“法律暨安全知识进校园”宣传活动，在菩提街道开展普法进社区活动。3 次活动接受现场咨询 200 余人次，发放材料 1000 余份。

11 月 4 日，民革长寿区委组织 10 余名党员中的医卫专家到但渡镇，看望慰问敬老院五保老人，送去猪肉、苹果、食用油等物品。

11 月 16 日，民革长寿区委组织党员中的骨干教师到长寿湖中学开展“送教下乡”活动，与长寿湖中学领导与教师代表就如何提高农村中学教育教学水平进行探讨。

开展博爱牵手活动，民革长寿区委会和各支部对有困难的党员、黄埔老兵、贫困学生进行帮扶慰问，重点解决帮扶对象生活中的一些实际困难。全年捐助慰问金 13000 余元。

【促进祖国和平统一工作】 民革长寿区委派代表参与涉台部门的各项活动，出席市政协、中共重庆市委统战部、市台办举办的迎春团拜会、端午诗会、中秋茶话会、台胞联谊会等交流活动；参加重庆市统战系统港澳台外海统战工作联席会，代表重庆民革市委作会议发言。加强对台湾、港、澳及海外黄埔组织和个人的联系，春节期间发贺卡信函一百余件，向台、港、澳黄埔同学以及世界各地爱国友好人士宣传党的方针政策。有海外关系的吴星、郑启仁、陈亮、陈富黔等民革党员通过多种方式向海外亲属进行宣传，了解和反映港澳台侨人士对祖国建设和祖国和平统一的看法和意见。年内，民革长寿区委促进祖国统一工作获得民革重庆市委表彰，2 名党员被评为民革重庆市委祖国统一工作先进个人。

【岗位贡献】 民革党员在各自的工作岗位上，为长寿“三地一中心”建设做出贡献。傅显芬被作为援藏干部派往西藏自治区昌都市类乌齐县人民医院担任副院长；朱玲被市司法局评为重庆市人民调解能手；王巨林获重庆市人力资源和社会保障局及重庆市林业局联合表彰的“重庆市林业系

统先进个人”；李志林获重庆市2016年度“最美法律志愿者”提名；王建国被重庆市体育局和长寿区政府评为优秀教练员；廖涛摄影作品获得2016年全国摄影拉力赛2个三等奖；刘镇撰写的2篇论文分别在国家级杂志《工程技术》和《建筑工程技术与设计》上发表；余剑萍的1篇论文在国家级期刊《教育科学》上发表；李达的1篇论文获第十届全国教育科研优秀论文一等奖，1篇论文获第十一届中华教育科研优秀论文一等奖，个人获重庆市“一师一优课、一课一名师”工作先进个人，微课《因式分解》获长寿区中小学教师微课大赛二等奖；周剑的微课《枚举的优化》获重庆市信息技术微课大赛一等奖；明建平的1篇论文在2016年重庆市第九届中学语文教师论文大赛中获二等奖，1篇论文在长寿区中学高效课堂教学实践征文大赛活动中获一等奖；梅晓红指导的学校合唱队获得重庆市一等奖，个人获得市教委颁发的优秀指导奖；廖晓莉的1篇论文在重庆市教育学会论文评选中获二等奖，1篇论文获市级基础教育论文大赛一等奖，1篇论文被《课程教育研究》杂志刊用；陈俐憓的1篇论文发表在《新教育时代》杂志上，个人在重庆市第七届中学生艺术节班级合唱展评中获优秀教师指导奖，在长寿区第三届中小学生校园班级合唱比赛中获辅导一等奖；胡晓霞指导学生在重庆市高中化学竞赛中3人获一等奖，4人获二等奖；王义良被长寿区政府评为2016年出席重庆市第五届运动会优秀教练员；杨介民在长寿区高中“高效课堂”教学优质课大赛现场比赛中获英语教学指导教师一等奖；全巍获“长寿区中小学教师专业技能大赛”英语评课比赛一等奖；高莉的1篇论文获区级一等奖、市级二等奖；叶俊辉在长寿区初中教师高效课堂教学技能比赛中获二等奖；张吉获得长寿区科技进步二等奖；邓承东辅导学生在青少年“中华魂”的演讲比赛中获区级一等奖；陈焕被评为长寿区“健康校园”中小学生运动会优秀教练；刘银路、赖秋江被评为区优秀足球教练员、裁判员，2016年分别带领长寿中学足球队获得长寿区校园足球初中组和高中组比赛冠军；王小玉被评为全区宣传思想工作先进个人；王小玉、黄洪清、何时中被评为2015年度全区优秀公务员；蔡锡友获2016年长寿区校园安全稳定先进个人、长寿区教育教学质量先进个人；重钢支部党员积极为公司的生产发展建言献策建功立业，获得公司肯定。　　（罗德明）

2016年中国国民党革命委员会重庆市长寿区委员会领导人名录

主　　委：王永全

副 主 委：罗德明　谭静波（兼）

　　　　　郭　蓉（女，兼）

　　　　　朱　玲（女，2016年6月任）

　　　　　黄晓静（兼，2016年6月离任）

中国民主促进会重庆市长寿区委员会

【概况】　2016年，中国民主促进会重庆市长寿区委员会（简称民进长寿区委会）坚持“有思有行、集智聚力、顺势而为、开拓创新”的工作思路，围绕中心、服务大局，以民进长寿区委换届为契机，加强党派自身建设，加强参政议政能力建设和社会服务工作，增强基层组织活力，助推长寿区政治、经济、文化、社会、生态建设事业上台阶。2016年在参政议政、社情民意信息等方面工作获得民进重庆市委表彰。

【思想建设】　2016年，民进长寿区委会先后召开四次区委扩大会和中心组学习会，学习贯彻落实中共十八届五中、六中全会精神；民进长寿区委会印发专门文件，对各支部学习贯彻十八届六中全会精神提出具体要求；11月24日在全体基层干部和部分骨干会员中开展《中央统战工作条例（试行）》及党的统战政策的专题讲座；结合党派工作的特点和实际，开展学习文件和论著、培训会、座谈会、辅导报告、民进会史宣讲等丰富多彩、富有寓意的政治思想教育。

继续开展“坚持和发展中国特色社会主义”学习实践活动，先后在新会员、骨干会员中多次开展会章会史教育，加强民进优良传统学习，组织干部会员学习领会总书记习近平系列讲话和视察重庆讲话精神，使广大会员自觉坚持中国共产党领导的多党合作和政治协商制度，走中国特色社会主义道路。

【组织建设】　2016年，民进长寿区委会有会员364名，下设一个总支委员会、13个支部、4个专委会。会员界别涵盖教育、文化艺术、医卫、法律、公有制经济、新的社会阶层人士、政府机关等，教育文化主界别占会员总数的77%；会员平均年龄54岁，离退休成员124人。2016年新发展11名会员，平均年龄34岁。

2016年6月28日当选的新一届民进长寿区委委员与代表见面

2016年6月，筹备换届工作。发扬民主，广泛征求意见，把一批政治素质较高、业务能力强，又有一定领导能力、协调能力的会员，推荐到民进长寿区委会领导班子中。2016年6月28日高票选举产生以霍家勤为主委，鲁自力、吕兴建、邓雪峰、李佳为副主委，15人为委员的中国民主促进会重庆市长寿区第七届委员会领导集体。

组织有序，建章立制，专委会、支部建设规范化。新一届区委会建立后，民进长寿区委会对专委会及组成人员进行调整；各专委会、支部活动正常化、制度化；每次组织活动有计划、有主题、有记录；所收取的会费专人管，公开合理开支。年内各支部活动均在6次以上，丰富多彩富有特色。

【参政议政】 2016年，市区两级人大代表、政协委员的民进会员提交提案、建议52件，《关于加快推进健康服务业发展，打造宜寿宜居长寿的建议》等3件被确定为重点督办提案，在区政协十三届五次大会上表扬的30余件优秀提案中，民进会员撰写的有8件。2016年，承担民进重庆市委会参政议政课题2个，承担区科委社会科学课题1个，自定课题2个，所有课题均结题。《公民个人信息侵害现状和保护建议》获长寿区主要领导批示，全部成果已报送民进重庆市委或民进中央。

积极收集社情民意，及时整理上报。民进长寿区委会组织各支部的通讯员、参政议政的骨干会员参加培训，提高撰写社情民意的能力和积极性。截至年底，向民进重庆市委会报送社情民意17条，市委会采用9条，市政协采用3条。其中《农村基层换届需防腐，也需防庸》《“魏则西事件”暴露我国医疗资源推介领域三大问题亟待规制》等2篇被民进中央采用，《关于加快构建对低龄未成年人“犯罪行为”惩处体系的几点建议》等3条被重庆市政协采用。

【社会服务】 持续开展“教育扶贫，智力支教”活动，推进城乡学校“同课异构”特色活动。活动由民进长寿区委会主导变为各支部主动参与；新开展两个及以上支部联合行动，发挥各自优势，扩大活动影响力和带动力；优秀教师积极参与，“同课异构”和“名师下乡”相互促进；影响进一步扩大，民进长寿区委会组织区作家协会、音乐家协会、诗词学会等文学艺术团体走进邻封中心校，帮助打造特色学校。

参与精准扶贫扶，帮助解决群众生活中的实际困难。坚持开展“春蕾行动”，2016年对长寿中学、实验中学、八颗中心校的多名贫困女童每人每年资助1000元人民币，解决学习和生活中的困难；长寿中学支部开展关注并资助贫困学生活动；小教支部定期组织会员到长寿幸福院慰问孤寡老人；进修校支部到海棠中心校开展“关心下一代健康成长”的支部主题活动。（吕兴建）

2016年中国民主促进会重庆市长寿区委员会领导人名录

主　　委：霍家勤（女）
副 主 委：吕兴建　鲁自力（兼）
　　　　　邓雪峰（兼）
　　　　　李　佳（女，兼，2016年6月任）
　　　　　陈　建（兼，2016年6月离任）
　　　　　张荷英（女，兼，2016年6月离任）

中国农工民主党重庆市长寿区委员会

【思想建设】 2016年，中国农工民主党重庆市长寿区委员会（简称农工党长寿区委）先后组织学习中共十八届六中全会精神、总书记习近平视察重庆和“七一”重要讲话精神等，提升农工党员的政治素质和理论水平。开展坚持和发展中国特色社会主义学习实践活动，组织党员参加农工党市委在涪陵举办“社会主义核心价值观”渝东片区宣讲活动；5月25日，农工党中央宣传部宣讲团团长刘保民一行到长寿调研学习实践活动情况，对农工党长寿区委工作给予高度肯定。庆祝中国共产党成立95周年之际，农工党长寿区委制作《希望的长寿农工》光盘、《农工党长寿区委参政议政成果汇编》和展板，举办《继往开来 共谋美丽长寿新诗篇》汇报演出。2016年先后开展“三八”节登菩提山活动，农工党建党85周年座谈会，以及思想建设、组织建设、参政议政和社情民意专题培训会等活动；3月24日，农工党重庆市委主委杜黎明到长寿开展“主委接待日”活动。

搭建宣传平台，2016年6月，《长寿农工》季刊正式创刊出版。《长寿农工》主要内容有前沿探索、党务动态、自身建设、参政议政、社会服务、党员之声、长寿发展、农工沿革、农工人物、趣味视野等板块。农工党长寿区委全年报送简报32期，其中被农工党中央采用信息4条、农工党市委采用信息30条、政协长寿网站采用信息17条，农工党长寿区委主委李彬旭撰写的《脱贫攻坚应注意的几个关系》被《重庆政协》和《前进论坛》刊登。

组织廉洁教育活动，11月23日，在区国土局会议室组织骨干党员60余人专题学习中共十八届六中全会的有关精神，从严治党；3月27日，组织骨干党员20余人参加区委统战部在凤城监狱举办的警示教育活动；各支部将廉洁教育纳入组织活动中，教育支部、长寿湖支部组织党员参观长寿区预防职务犯罪警示教育基地。

【组织建设】　农工党长寿区委换届工作经反复酝酿、民主推荐、组织考察、投票选举等一系列程序，圆满完成换届任务。选举农工党长寿区第四届委员会主任委员、副主任委员、委员以及出席农工党重庆市第五次代表大会代表。选举委员17名，平均年龄45岁，女委员8名，占47%；本科以上文化程度17名（其中研究生学历4名），占100%；高级职称7人，占41%；医卫、教育、生态等主界别8人，其他界别9人；新提名委员7名，保持农工党长寿区委员会稳定和连续性。换届结束后，及时对区委领导班子成员进行分工，对专委会主任、副主任及成员进行调整，对支部人员进行微调；推进委员负责制，各基层支部至少配备一名区委委员。各分管副主委及时召集分管支部和专委会领导班子工作推进会；修订制度，及时印发农工党员学习落实。

3月，新组建农工党长寿区委文化工作委员会，搭建新的履职平台。全年发展农工党员20名。注重对后备干部的动态管理、跟踪考察和重点培养管理、推荐骨干农工党员。4月，向中共长寿区委组织部和统战部推荐1人到区工业园区管委会挂职锻炼；新一届人大代表、政协委员中，长寿农工党有6名人大代表，28名政协委员。

10月18日和11月23日，农工党长寿区委分别举行骨干党员组织建设社会服务和思想建设参政议政骨干党员专题培训会。年内农工党员参加上级组织的新党员培训、民主党派主委培训班等30余人次。

2016年，农工党长寿区委主委李彬旭被农工党中央评为2014—2015年全党反映社情民意工作先进个人和2013—2014年社会服务工作先进个人，被市政协评为第四届优秀政协委员；农工党长寿区委被农工党重庆市委评为“参政议政工作先进集体”“宣传思想先进集体”和“组织工作先进集体”；长寿湖支部被农工党重庆市委评为先进支部；4名党员被农工党重庆市委评为党务工作先进个人。农工党长寿区委对8个先进集体、42名先进个人进行表彰。

【参政议政】　2016年市区人大、政协“两会”期间，提交市人大代表建议6件，市政协提案6件、社情民意2条，区人大代表建议2件，区政协提案36件（其中集体提案5件），区政协大会发言7件；2件建议被列为市人大重点建议，3件提案被确定为区领导督办重点提案。闭会期间，向区政协报送15条、农工党市委8条、市政协7条社情民意信息，其中区政协采用2条、农工党市委采用3条、市政协采用3条、农工党中央采用并转报全国政协1条。

年内组织到区第三人民医院葛兰病区调研医院搬迁整合情况，到葛兰镇调研城镇垃圾设施管理情况，到区中医院调研中医事业发展情况等活动。5

月，农工党重庆市委主委杜黎明带领农工党市委调研课题组，到梁平、垫江、长寿调研龙溪河流域生态经济带建设情况，农工党长寿区委主委李彬旭等3人全程参与调研活动。完成《建设龙溪河生态经济带对策研究》《降低实体经济融资成本研究》等10个调研课题，其中《建设龙溪河生态经济带对策研究》获区长巴川江批示。利用对口联系单位这一平台，开展对口联系、信息互通、资源共享，收集大量基础性信息。

农工党长寿区委参加区级部门换届领导人选协商会、党外人士暑期谈心会暨双月座谈会、人大代表政协委员协商会、区党代会报告和政府工作报告征求意见会等专题会议，坦言提出意见建议。

【社会服务】 医疗卫生作为农工党的传统主界别，在“中国环境与健康宣传周”和“国际科学与和平周”组织医卫界骨干党员开展义务诊疗活动。6月8日，组织区人民医院、区中医院、江南卫生服务中心、川东医院等单位的农工党党员医生，在凤城街道三峡路社区开展第九届“中国环境与健康宣传周”活动，为200多名社区居民测血压，进行外科、内科等方面检查及现场咨询，发放健康宣传资料500余份。11月12日，在凤城街道三峡路社区举行以推动“共创文明城区建设美好家园”为主题的第二十八届“国际科学与和平周”活动，向社区居民传授养生、健康及医疗卫生防护知识，免费为500余名居民提供医疗和健康咨询服务，发放宣传手册1000余份、环保袋500余个。凤城街道三峡路社区和葛兰镇葛兰村是农工党中央在长寿设立的两个“和谐社会联系点”。农工党长寿区委除在三峡路社区开展上述两次活动外，还在葛兰村开展专题调研及联系大地财产保险公司捐赠小学体育器材等活动。

开展援藏、助教、助学等个性化服务，区医院重症急救部副主任杨义琴、儿科主任袁梅芳分别参加为期三年和一年的援藏专家队伍，2016年7月返回长寿，圆满完成援藏任务；长二中支部主委、骨干教师谢小勇身患重病坚持下乡支教；区委委员、金融委主任、重庆绿投集团董事长邱本良带领公司给予在市农校学习和生活的兰州43名贫困学生资助；农工党长寿区委委员、卫生支部主委、江南街道社区卫生服务中心主任李红波带领卫生支部农工党员和单位骨干医生，参加“健康中国行、幸福长寿人”主题结核病防治日活动。

（刘小波）

2016年中国农工民主党重庆市长寿区委员会领导人名录

主　　委：李彬旭

副 主 委：赵霜眉（女）　孔庆明（兼）

　　　　　徐　冰（女，兼）

　　　　　周　兵（2016年6月任）

　　　　　黄忠勇（兼，2016年6月离任）

九三学社重庆市长寿区委员会

【概况】 九三学社重庆市长寿区委员会（本分目简称社区委）成立于2015年12月16日，有主委1名，副主委4名，委员10名；下设长寿化工总厂支社、医卫科技支社、四川维尼纶厂支社、综合支社、教育支社、长寿经开区支社6个基层组织；有社员147人，社员平均年龄49.6岁，其中中高级职称131人，社员中担任重庆市人大代表1人、重庆市政协委员2人、长寿区人大代表6人、长寿区政协委员19人。

2016年，社区委获得社中央组织工作先进集体，社市委“九三青年论坛”优秀组织奖、社会服务工作先进集体、宣传报道工作先进集体。在九三学社成立70周年之际，社员涂奇微、孟信春被社中央评为先进社员；2人获社市委参政议政工作先进个人，3人获社市委2012—2016年先进个人，3人获社市委社会服务工作先进个人，1人获社市委反映社情民意信息工作先进个人。社员向勤援藏，赴西藏昌都市人民医院作医疗技术支援期间，受到全国政协主席俞正声接见。

【思想建设】 组织社员开展政治交接学习教育活动，建立健全社区委、支社、社员三级学习机制。学习总书记习近平的系列重要讲话精神和视察重庆重要讲话精神，学习中共十八届六中全会精神，增强“核心意识、看齐意识”等四个意识。坚持中国共产党领导的多党合作和政治协商制度，围绕中共长寿区委的中心工作，学习贯彻中共长寿区委十二届九次、十次全会精神，提高社员政治思想素质。社区委全年组织社员参加各层级培训讲座

30余次，培训400余人次；注重培训形式，组织社员到凤城监狱参加党外干部警示教育大会，安排基层组织负责人和部分社员参加社市委在重庆社会主义学院的各类培训。报送“第三届重庆九三青年论坛”论文8篇，其中5篇论文获奖。借力区级媒体平台，及时报道社区委参政议政和重大社务活动信息。报送九三学社中央信息13条，被采用9条，创采用信息数量历年之最；报社市委等相关部门信息30余条。

【组织建设】 2016年发展新社员19人。截至2016年12月底，有社员147人，其中博士生2人、研究生15人，高级职称41人。

2016年7月5日召开会议选举产生社区委会，陈红当选社区委主任委员，实现新老交替和政治交接。

2016年，推荐1名社员到区旅游管理中心参加区内党外人士挂职锻炼，2名社员分别挂职长寿区城乡统筹发展管理服务中心、长寿区商贸物流中心。5名社员被区委统战部列为个性化培养对象，5名社员被列为区管后备领导干部，25名社员被列为2014—2016年社区委领导班子后备干部。

【参政议政】 在2016年市“两会”上，社员中的市人大代表、市政协委员提交议案1件、建议4件、提案4件（其中《关于加强我市零售药店管理的建议》被列为市人大重点督办建议）。在区政协大会上提交大会发言材料2件、集体提案13件、委员提案45件，有6件集体提案被区领导重点督办，委员提案中有2篇被区领导重点督办。

实施重点课题班子成员负责制，全年召开班子成员调研工作会议多次，完成社市委常委课题《妥善解决中小学生放学后看护》及市卫计委课题1项。

【社会服务】 “九地合作”取得新成效。推进长寿湖镇卫生院精准帮扶工作，对长寿湖镇卫生院多名医护人员开展医护专业培训4次，培训200余人；1名社区委委员定期结对诊治糖尿病患者。开展知识讲座12次，听众2500余人，在晏家中学为300余名学生举办“中学生安全知识教育”讲座，在江南九年制义务学校为200余名学生举办“急救知识”讲座；以“国际科学与和平周”活动为契机，到街镇卫生院、敬老院开展义诊活动2次，服务300余人，发放宣传资料200余份。开展“送温暖，献爱心”活动，慰问特殊困难家庭20余人次，送出慰问金、慰问品1万余元；为江南九年制义务学校捐赠1000余册关于长寿的人文、地理、历史系列丛书。（程　庸）

2016年九三学社重庆市长寿区委员会领导人名录

主　　委：涂奇微（2016年7月离任）
　　　　　陈　红（女，2016年7月任）
副 主 委：程　庸　陈正江（兼）
　　　　　董长明（兼）　李春华（兼）
　　　　　詹　勇（兼，2016年6月离任）

重庆市长寿区工商业联合会（总商会）

【概况】 重庆市长寿区工商业联合会（总商会），简称区工商联（总商会），2016年有机关工作人员9名，其中行政编制5名、事业编制1名、聘用人员3名；内设办公室、民营企业维权投诉中心。

2016年，区工商联（总商会）有基层商会19个、行业商会6个，异地商会昆明、成都、乌鲁木齐3个及女企业家联谊会1个。18个街镇都设立一个分会（菩提商会正在筹建），会长由区域内有影响力的民营企业家担任，常务副会长由街镇统战委员担任，秘书长由街镇公职人员担任。行业商会有餐饮商会、建筑房地产商会、饰材商会、家具商会、美容美发洗浴商会、混凝土商会。各个商会均按选举程序按时换届，选举会长、副会长、理事、秘书长。

区总商会会员由成立初期的278名，发展到2016年的2481名，其中企业会员979个、个人会员1475个、团体会员29个。从长寿县第一届政协成立起，区（县）工商联（总商会）即为政协组成单位，当时有政协委员6名；2016年有区政协委员34名、市政协委员1名。

2016年7月6日，召开长寿区工商业联合会（总商会）第十次会员代表大会，选举产生执行委员127名、常务委员61名、副主席（副会长）41名、主席（会长）1名，主席（会长）和多数副主席（副会长）由非公经济人士担任。

截至2016年12月底，全区民营市场主体总量为53157户，当年实缴税金24.8亿元，实现增加值248.8亿元，占全区GDP比重的54.8%。

【非公经济服务】 区工商联（总商会）领导班子分组走进企业一线，向民营企业家学习、讨论交流情况，了解企业发展所需、所急、所难，探索解决困难方法，针对非公经济发展的共性和个性问题，分类形成资料，有针对性地向区委、区政府提出意见建议。全年向区委、区政府提交建议材料4篇，专题汇报10余次；召开民营经济转型升级发展专题会议，区委书记赵世庆亲临会场听取10余位民营经济代表人士发言，做重要讲话，提振民营经济发展信心及投资热情。

2016年3月，区工商联（总商会）组织一批企业家到垫江县工商联学习，与垫江企业家开展交流活动；3月28日在政协主席张华和区委统战部部长何以龙带领下，到海南省万宁市开展交流学习，进行新时期工商联工作思路的讨论和走访交流。推进非公经济人士的教育培训，着力培养优秀民营企业家队伍。2016年10月组织40余名非公经济代表人士到上海复旦大学学习。

区工商联（总商会）深入开展调查研究，归纳出民营企业发展存在六个问题。一是优惠政策需进一步推动落地。要把中央、市以及区委、区政府出台的一系列的优惠政策，《国务院办公厅关于进一步做好民间投资有关工作的通知》（国办发明电〔2016〕12号）、《重庆市人民政府办公厅关于进一步落实涉企政策促进经济平稳发展的意见》（渝府办发〔2016〕8号）、《重庆市长寿区人民政府关于印发支持实体经济加快发展若干措施的通知》（长寿府发〔2015〕112号）、《关于印发支持实体经济加快发展若干措施的通知》（长寿府发〔2015〕112号）、《重庆市长寿区中小微企业转贷应急周转资金管理暂行办法的通知》（长府办发〔2016〕175号）等，加大落实见效力度。二是办事环境有待进一步改善。三是融资环境需要进一步改善。四是用工成本只上不下。用人成本不断攀高，通常一个技工的工资是公务员科处级干部的几倍，社保及其他费用居高不下，在企业效益下降甚至亏损的情况下企业用人压力越来越大。五是税费环境需要进一步改善。中央出台一系列减轻企业税负的政策，主要是在微型企业上得到体现，中小企业并没有多大改善，营改增过后部分企业税务还有所增加。六是转型升级涉及技术、产业工人、资金、市场等多重问题，传统产业要转型升级发展，企业有很大的困难。区工商联（总商会）针对民营企业发展存在的诸多问题，一是不断向政府和政府职能部门呼吁；二是建议政府给企业转型升级空间时间，让企业作好充分准备再转型发展；三是建议政府扶持政策要充分落地见效；四是建议有关部门包容性对待企业发展，灵活施策推动非公经济发展。

【组织建设】 区工商联（总商会）就基层（行业）商会建设，保障基层（行业）商会组织机构健全，活动正常开展，轮流到各基层（行业）商会了解情况，提出建议意见，促进各级商会发展会员和会员间互动交流，在增强商会活力上下功夫。2016年下半年配合区委统战部完成区工商联（总商会）换届工作，组建区工商联青年委员会（青商会）、长寿乌鲁木齐商会，实现建筑房地产商会以及部分基层（行业）商会换届。工商联（总商会）发挥“娘家”的作用，紧密团结会员，共商发展、抱团取暖、共度时艰。

【政治引导】 区工商联（总商会）利用和发挥平台作用，利用各种机会组织非公经济人士学习中共十八大和十八届三中、四中、五中、六中全会精神，学习总书记习近平在2016年全国“两会”民建、工商界委员联组会上的讲话精神，不断提高非公经济人士的核心意识、看齐意识，始终与习近平同志为核心的党中央保持高度一致。全面执行党的各项路线方针、政策和发展战略，把企业发展与区委、区政府目标紧密结合，与区经济社会进步繁荣相结合，科学发展，推动企业做强做大，用发展行动，发展成果和企业法人的政治觉悟体现非公经济人士的政治素养和先进思想。

【参政议政】 全区非公经济领域有16名区人大代表和34名区政协委员。2016年“两会”期间工商联组向人大、政协提出议案、提案30余件，其中《关于深化长寿文化涵养发展养老产业的建议》集体提案和2件个人提案获评优秀提案，《关于由财政出资设立民营企业银行贷款到期续贷周转（冲贷）基金的建议》的集体提案，促成《重庆市长寿区中小微企业转贷应急周转资金管理暂行办法的通知》（长府办发〔2016〕175号）出台，兑付支持实体经济发展专项资金 1.1 亿元。区工商联（总商会）在年度“两会”前专门组织非公经济领域人大代表、政协委员召开会议，讨论提案议案；利用专题会、学习会、培训会经常交流参政议政经验；鼓励非公经济领域人大代表、政协委员积极发言，提高建言献策质量。

【公益事业】 区工商联（总商会）引导非公经济人士不断贡献爱心，回报社会。非公经济人士自觉履行社会责任，力所能及以各种方式向社会捐款捐物和开展公益公建活动。2016 年，在扶贫帮困、捐资助学、修路筑桥、慰问弱势群体等公益慈善活动中，捐款捐物折合人民币 500 余万元。其中企业家参与区委组织的“金秋助学”活动捐赠 10 万元；润麒投资、望变电气 2 家企业为区内 2 所贫困小学捐款捐物折合人民币近 30 万元。

【自身建设】 2016 年，区工商联（总商会）按照新时期工作的新特点和新时期党对工商联工作的要求，强化自身建设，以制度为保障，强化工作纪律，明确责任担当，规范工作流程，促进各项工作规范化。开展“两学一做”学习教育活动，组织机关干部参加有关教育培训，开展与友邻工商联（总商会）的学习交流；期间协调银企合作，“牵线搭桥”促成农商行、邮政储蓄银行等金融机构为总商会及各基层（行业）、异地商会会员新增融资 1000 余万元。主动开展法律维权服务，协调解决各类企业纠纷 30 余起，有效化解企业矛盾。

（黄家菊）

2016 年重庆市长寿区工商业联合会（总商会）领导人名录

主席（会长）：江　涛（兼）

党组书记：韩建宏

副主席（副会长）：韩建宏　蒋　玲（女）

秘 书 长：蒋　玲（女）

渡舟街道表彰道德模范

群众团体

重庆市长寿区总工会

【概况】 2016年，重庆市长寿区总工会（简称区总工会）有在职参照公务员管理人员8名（其中：正处级1名，副处级2名，副调研员1名，正科级3名，机关工人1名），有内设机构3个（办公室、基层工作科、服务发展科）；下设有公益一类自收自支事业单位1个（职工服务中心），有在职工作人员8名（其中含事业编制5名），其办公经费和工资由工会经费负担。

2016年年底前，全区工会组织有园区总工会2个，局工委21个，直属工会3个，街镇工会联合会19个。工委主任、工会联合会主席和直属工会主席由同级党组织副职担任。

2016年，区总工会以群团改革工作为重点，积极谋划、务实创新，着力在服务发展、构建和谐、保障权益、固本强基等方面下功夫，推进重点特色亮点工作，全区工会工作取得较大进展。

【工会组织建设】 2016年，区总工会在长寿经开区和长寿工业园区建立总工会，19个街镇工会改建为联合会。出台《关于工会改革基层组织体系建设的实施意见》；依托商会规范建立行业工会；推进新经济组织建立工会，在云台清迈家园建立工会，指导巴斯夫等外资企业建会。安排改革组织体系专项经费11万元对园区、街镇、行业工会建设给予补助，解决基层工会缺乏工作经费的问题。借助职工互助保障业务培训会，以及园区及街镇建立总工会、工会联合会的时机培训各级工会干部近500人。2016年，新建各级工会组织112个，发展会员6449名，职工入会率98%。

【送温暖工作】 2016年，区总工会紧扣“春送岗位”“夏送清凉”“秋送助学”“冬送温暖”主题，与区人社局联合开展“春风行动”“就业援助月”等大型招聘活动，动员工会干部结对开展“牵手行动”，在重大节日对建档困难职工开展节日慰问；坚持开展农民工及其子女慰问活动、女职工健康知识讲座和两癌筛查活动。全年为413名困难职工、37名低收入党员劳模、10位重庆直辖前劳模、15位“五老人员”、35名大病困难职工、38名农民工及子女送去关爱，解决50人次建档困难职工子女读大学困难问题。全年慰问4564人次，发放帮扶资金87.54万元。

【互助保障】 2016年，区总工会把职工互助保障工作纳入对各基层工会工作考核和目标管理，从强化责任、创新方法、制订方案、细化任务等方面下功夫，形成“党政支持、工会主办、各方参与”的工作局面。全区有154家单位，36210人次参加互助保障，参保经费163万余元。全年区总工会理赔342人次，理赔总金额77.82万元，理赔率52%。其中重大疾病13人次，赔付52.8万元；住院津贴310人次，赔付23.04万元；住院意外19人次，赔付1.99万元。2016年11月市总工会互助会划拨4.5万元开展困难会员公益健康体检活动，惠及斯泰克公司、区电影公司的144名互助会员。邀请中国职工保险互助会重庆办事处在行政中心开展职工互助培训，在区国土房管局和第三人民医院召开现场会，在党校学术报告厅举办300余人的互助保障业务培训。

【劳模服务管理】 区总工会在2016年“五一”前夕，区四大家和经开区主要领导、分管联系工会领导，分别带队开展老劳模慰问活动，发放慰问金6万余元。组织劳模参观长寿工业园区企业生产线和畜牧园区，组织农民工劳模和一线职工劳模参观，组织每两年一次的劳模体检。在《长寿日报》开辟“劳动者颂”专栏，宣传全区劳模、先进人物、一线工人在工作岗位、经济社会生活中的“领头羊”作用。坚持对80岁以上老劳模上门看望慰问。开展五一劳动奖章、先进工作者等评选，营造“劳动伟大、劳动光荣”的社会氛围。2016年，提名劳模出席市第五次党代会代表候选人4人，提名劳模工委主任或工会主席出席区十八届人代会代表14人，推荐区政协十五届委员12人。

2016年6月28日，中共长寿区委书记赵世庆率队走访慰问党员劳模

【职工技能提升】 2016年，区总工会开展以“当好主力军、建功发展新区”活动为主题的各种劳动竞赛。年度表彰10个优胜班组、5个优秀工会主席、20个技术能手。选派技术人才参加重庆市片区及市总工会举办的各项技能大赛，取得好成绩。

2016年7月13日，长寿区总工会召开首届“长寿工匠”表彰大会暨工匠精神座谈会

区总工会着力打造“长寿工匠”品牌，年内开展第一届“长寿工匠”评选工作。运用网络投票，评选出10名“长寿工匠”和10名“长寿工匠”入围奖。召开表彰会和“工匠精神”座谈会，在《长寿日报》开辟专栏报道“10大工匠”事迹，在长寿电视台开设“讲好工匠故事”专题节目。

【服务阵地建设】 2016年，区总工会整合原工人俱乐部资源，完善服务功能，打造职工来访接待、就业创业技能培训、困难帮扶、法律援助、互助保障、综合服务“六位一体”的服务阵地。在经开区党群服务中心，派驻工会干部，开设便民服务窗口。在长寿工业园区、长寿菩提古镇建设党群服务中心，发挥党建带群建作用，努力服务职工。在桃花体育中心建立职工健身活动中心；在桃源小学依托区书法家协会建立职工书法活动中心；依托区留学生家长联谊会的太极拳培训班成立区太极拳职工活动中心；依托区音乐家协会成立包括设立管乐、弦乐、合唱在内的职工音乐活动中心；依托摄影家协会成立职工摄影家活动中心。区总工会对上述五大活动中心每年支持一定活动经费，为职工提供更多更实惠的普惠化服务。同时，划拨经费，在菩提街道、万顺镇、八颗街道等地开展职工之家提档升级工作。

【职工维权】 区总工会督促企业与职工签订集体合同和个人合同。全区已建会企业集体合同、工资专项集体合同续签率98%，聘请3名专职工资集体协商指导员具体指导企业工资集体协商工作。厂务公开民主管理不断推进，全区国有企业和国有控股企业及事业单位厂务公开、职代会建制率实现全覆盖，已建会非公有制企业职代会建制率96%。完善“职工法律援助中心”工作，完善

2016年，长寿区总工会补助10万元经费给五环健身俱乐部建立职工健身中心

《工会干部联系基层和工会领导班子成员接访制度》，有效维护职工合法权益。开展“千名律师进企业活动”，聘用10名律师入驻35家经开区企业、10个街镇开展法律咨询服务。

【宣传文化工作】 2016年，区总工会联合区体育局，与区直机关工委共同举办“新年登高”比赛；举办长寿区职工篮球、业余足球、羽毛球、乒乓球四大联赛活动；组织职工参与“健康中国行、快乐长寿人”登山活动。联合区安监局开展“安全伴我行”职业健康文艺创作比赛。鼓励和支持行业组织开展喜闻乐见的文体活动，出资支持开展职工户外摄影展等系列活动。

区总工会构建“职工群众提出—工会组织主导—社会力量承办—职工群众参与”的活动机制。以季度为单位，依托映天辉公司工会开展“订单式”培训，提供相应的资金支持。2016年5月30日、31日，举办为期两天的“致胜执行力”培训，将培训对象扩大到长寿经开区、长寿工业园区有培训需求的企业及职工。

区总工会购买服务，先后于2016年5月20日、7月8日，委托大巨典公司的职工健身活动中心承办“美国对立陶宛俱乐部篮球对抗赛”和“足球巅峰之夜”决赛活动，以赛事为依托，用免费赠票和低价售票的方式吸引广大职工群众参与。8月下旬，委托长寿电影公司，开展“送电影到企业、进工地、入广场”活动。12月18日，联合重庆博腾制药科技股份有限公司、重庆市春瑞医药化工股份有限公司，在长寿湖太极岛主办主题为“健康每一天，再活一百年”的2017第三届长寿湖马拉松比赛，有15个企业，560余人参加。

（邓明成）

2016年重庆市长寿区总工会领导人名录

主　　席：李吉华（兼）
常务副主席：陈显明
副 主 席：邓明成
　　　　　廖　霞（女，2016年11月离任兼职纪检组长）
　　　　　李发平（兼，2016年12月离任）
　　　　　罗　琳（女，兼，2016年12月离任）
　　　　　刘　毅（兼，2016年12月离任）

共青团重庆市长寿区委员会

【概况】 截至2016年12月，长寿区有共青团基层组织801个，团员46153名。其中，团（工）委68个，团总支23个，团支部710个；农村团员18741名，机关企事业单位团员715名，学生团员24890名。共青团重庆市长寿区委员会（简称团区委）有干部9名（包含下设青少年活动中心人员），其中团委书记1名、副书记1名、挂职副书记1名、兼职副书记2名；团区委干部平均年龄31岁，研究生学历3名、大学本科学历6人。

2016年，团区委的工作继续保持良好势头，圆满完成各项目标任务，获得团市委书记周波实地调研指导和肯定性批示，在中国青年报、重庆新闻联播、重庆日报及区内媒体宣传报道200余次。全区团组织、团干部和团员青年获得“全国青少年维权岗”“全国法治宣传教育先进工作者”“重庆市优秀共产党员”等市级及以上荣誉36项。

【组织建设】 健全组织体系，理顺和规范镇街、机关事业单位、学校、村（居）、非公经济组织和社会组织基层团组织设置，梳理明确各类团组织职能职责范围；建成市民学校278所，实现镇街公共服务中心、村（社区）便民服务中心全覆盖；倡导入团先当志愿者，新发展团员基本信息录入率82.56%，开展标准化入团离团、入队离队仪式90余场。建立710个网上团支部，覆盖率100%，团支部书记测评满意率97.7%；团员网上注册、支部上网行动、团支部书记年度满意度测评等工作被团市委通报表扬。

打造由专职干部、挂职干部、兼职干部、社工、志愿者组成的共青团工作队伍，团区委有专职干部6人、挂职1人、兼职2人、志愿者4人；完善团干部管理和培养制度，组织镇街团（工）委书记培训2次，机关事业单位团委书记培训1次，对80多名中小学大队辅导员和校团委书记进行年度培训；建立联系青年长效机制，健全共青团机关干部基层联系点制度，团区委机关每名干部分别联系1个非公社会组织、1名困难青少年或不良行为青少年，完善常态化下沉基层“4+1”“1+100”

工作制度。

【工作创新】 组织300多名青少年参加军事夏令营、“内蒙古研学”“走进亲亲世界”“重走长征路”等夏令营活动，举办2016青少年书·画·文·影大赛，组织3000多名青少年参加《信仰的力量》主题宣讲活动，开展各种青少年公益活动30余场次，组织200名青年志愿者服务长寿湖铁人三项赛；承办团市委“奔跑吧，志愿者！让有爱心的人在一起”——重庆首届“团聚爱”活动；推动“互联网+共青团”网络体系建设，通过微信群、QQ群等联系青年14000多名，建立青年网络斗争突击队；团区委微博和微信账号吸引关注者3.2万人，在微信、微博发表原创文章540余篇；在青年之声、网上共青团与网友互动2500余次，全年阅读229万余人次。举办以“支持城乡青年电商创业”为主题的“共青团与人大代表、政协委员面对面”“大手牵小手·相伴共成长”进城务工青年亲子运动会3次，建立9个“12355”青少年服务台工作站（室），组建禁毒、防艾滋病、莎姐、“12355”、适合成年人社会化维权5支队伍。

【青少年权益维护】 团区委联合其他群团组织开展“金秋助学·圆梦行动”筹资54.6万元，帮助182名学生上大学。联合区综治办、区法院、区检察院等部门，完善合适成年人库、建立涉罪未成年人专门档案、推行“圆桌式”审判模式、出台多方联动维护青少年权益制度等，开展“青少年权益工作创新”全国性试点改革工作，取得成效。

【市民学校品牌建设】 团区委与机关事业单位、企业及高校结对共建，把城乡社区市民学校办成全区党团员开展志愿服务的平台；通过政府购买服务等方式，引入乐善社工、故事妈妈志愿服务队等社会组织进驻市民学习，开展“三下乡”50余场次、“七彩假期”100余场次、故事会500余场次，吸引近5000个家庭参与，故事妈妈志愿服务项目在全国志愿服务项目大赛中获得重庆赛区金奖、全国赛区银奖；推行“志愿者+市民学校”服务模式，开展“孝心佳节”“小牛顿科学之旅”“暑期嘉年华”“四点半课堂”等活动500余场，参与群众7万多人次，利用“益心益易”闲置物品循环使用公益活动项目安放200个旧衣回收箱。

【青年创新创业创优服务】 团区委与绿安集团在长寿古镇打造众创空间和创业沙龙；承办渝苏两地80余名青年企业家到长寿参观交流；举办青年创业沙龙5场、青年创业培训“新芽计划”2场、青年电商培训3场，培训500余人次；组织区内16名青少年参加“中国梦，少年强”重庆市首届青少年体育大赛，获得5金4银4铜，包揽十一岁组、十五岁组2个团体第一名。 （谭　睿）

2016年共青团重庆市长寿区委员会领导人名录

书　　记：邹翔名（2016年10月离任）
　　　　　周　剑（2016年10月任）
副 书 记：熊芫艺（女，2016年10月任）
　　　　　胡　军（挂职，2016年10月为兼职）

重庆市长寿区妇女联合会

【概况】 重庆市长寿区妇女联合会（简称区妇联）是中共重庆市长寿区委直属的正处级群团单位。2016年群团改革之后机关编制由原来行政编制6名调整为机关事业编制9名，年末实有人数5人；改革后设领导职数3名：主席1名、副主席2名（其中挂职1名，另有兼职副主席2名），实有领导2名；内设机构3个：办公室、维权科、妇女儿童发展科。

主要职能：贯彻党的意志和主张，坚定不移走中国特色社会主义妇联发展道路，引领妇女听党话、跟党走，增强妇联工作的政治性；坚持代表和维护妇女权益的基本职能，推进男女平等基本国策的贯彻落实，帮助妇女群众通过合法渠道、正常途径，合理伸张利益诉求，促进社会公平正义；以妇女为主要工作对象，以农村、社区、家庭为主阵地，扩大妇联组织对新领域新阶层的有效覆盖；重点加强对街镇、村（社区）等妇女群众集中区域的组织覆盖；探索开展网上妇联工作，创新活动开展和工作评价机制，接长手臂、形成链条、扩大影响；把适合妇联组织承担的一些社会管理服务职能按照法定程序交由区妇联行使；建立健全妇联组织参与社会事务、维护妇女合法权益等的机制和制度化渠道。

2016年年末，长寿区人口总数90.3万人，其中女性44.37万人，育龄妇女人口（15～49岁）

22.11 万人。全区市属部门妇女组织 7 个，区级部门机关妇委会（妇工委）60 个，事业单位妇委会 5 个，民主党派妇委会 3 个，7 个街道妇联，12 个镇妇联，221 个村妇联，40 个社区妇联。

【宣传教育】 一是建立区、镇街、村（社区）妇联组织三级联动宣传机制，依托“妇女之家”、网络媒体上党课、搞知识竞赛、看宣传片等，开展“我与中国梦”、纪念长征胜利 80 周年等宣传教育活动。二是开展“两学一做”学习教育，在各级妇联党员干部中开展集中学习 200 余次、专题党课 53 次、专题讨论 68 次和知识竞赛 1 次；组织广大妇女群众学习十八届六中全会精神。三是培育践行社会主义核心价值观，区妇联向全区妇女发出倡议，做创建文明城区的主人、做创建文明城区的志愿者、做文明行为的践行者和做文明行为的传播者；到村社院坝、学校、公租房小区，举办家庭美德大家谈、家教流动学校百场讲座进万家等主题活动。全区妇女工作在中国妇女网、重庆妇女网、重庆女性微信公众号、华龙网、《长寿日报》、长寿群团等媒体上稿 112 条，其中《重庆市长寿区妇联积极打造家教服务新品牌》被中国妇女网采用，《故事妈妈将故事送“下乡”》被华龙网报道。

【巾帼创业创新】 一是深化“巾帼建功”行动，2 人被评为“重庆市三八红旗手”。二是深化“巾帼兴业”行动，年内妇女获小额担保贷款 654 人（其中女大学生 22 人），6433.4 万元（其中女大学生 82 万元），贷款回收 100%；“春风行动”发放宣传资料 10 万余份；组织专场招聘会 22 场，为 20896 名求职者提供免费的就业服务，帮助 2213 名求职妇女成功就业；组织 113 名女性参加职业技能培训，50 名女性参加创业培训（其中，26 名女性成功创业），全部享受政府培训补贴；向 304 名女性劳动者提供劳动维权服务及法律援助；向求职人员推荐用工规范企业、诚信企业 25 个，诚信服务机构 10 个；组织 1 人参加全国新型职业女农民培训，开展留守妇女家政服务培训 4 期，培训 163 人，帮助 85 人实现就业；3 人被评为“重庆市巾帼微企创业先锋”。三是深化“巾帼促农”行动，创建培育区级巾帼家庭农场 27 个，其中 1 个被命名为市级“巾帼家庭农场示范点”；联合区科委开展巾帼科技特派员培育工作，4 名家庭农场负责人被认定为“重庆市巾帼科技特派员”，重庆秀丰农业开发有限公司被认定为市级“巾帼科技特派员创业示范基地”；评选推荐 5 个专业社获得市级“巾帼农民合作社示范社”称号。

【家庭建设】 一是开展寻找“最美家庭”活动，区妇联、区文明办授予 20 个家庭为 2015 年度长寿区“最美家庭”称号；选送 5 个最美家庭参评重庆市“最美家庭”，2 个家庭被市委宣传部、市文明办、市妇联通报表扬为重庆市“最美家庭”。二是深化家庭文明建设，与区委宣传部、区教委等部门联动开展“好家风好家训”征集展示活动，征集到好家风好家训 80 余个，评选出十佳好家风、十佳好家训；开展“平安家庭”创建活动，评选表彰 20 个区级“平安家庭”；村（社区）创建的“平安家庭”为 90%，街镇、区级“平安家庭”示范户为 15%；开展“最美家庭阳台（庭院）”征集活动，1 个家庭获得重庆市“最美家庭阳台”称号，1 个家庭获得重庆市“最美家庭庭院”称号。三是优化家庭教育指导服务，在全区中小学、幼儿园、村（社区）成立家长学校，各镇街成立家教讲师团，每月定期到各村（社区）家长学校开展活动；与团区委联手打造“心灵家园”“故事妈妈”公益活动，开展公益家教讲座 240 余场次，故事会 400 余场次，亲子活动 150 余场次，吸引近 8000 个家庭；云台镇中心小学家长学校、长寿第一中学家长学校、长寿川维中学家长学校被命名为第九批“重庆市家长学校示范校”；选派 3 人参加市妇联与市教委联合举办的第一期“家庭教育指导者专业能力”培训。

【维权服务】 一是推进妇女儿童发展纲要（规划）实施，完成纲要（规划）中期监测评估，区妇女儿童工委和各责任单位针对妇女儿童发展重点难点问题分别开展自查，找到差距、补齐短板、追赶进度，有序推进目标任务完成。二是推进民主协商，加强与区人大的联系沟通，主动参与执法检查、专项视察等活动，提高女性在村居的人民代表和两委委员中的比例和人数，强化妇联干部担任或推荐人民陪审员、人民监督员工作；普遍建立和落实“妇女议事会”制度，引导妇女依法有序广泛参与基层公共事务管理；发现女干部、推荐女干部走上领导岗位，明确区人大代表、区政协委员、区党代表中女性比例。三是提升女性素质，在“宪法日”和元旦春节等节庆假期，开展“巾帼在行动——送法到家”活动和《反家暴法》宣传活动；区妇联与区就业局、区农委、区商务局等单位联办家政服务、餐饮服务、电子商务、种植业、养殖业等技能培训35期，受训留守妇女5000人次；组织街镇妇联主席、专兼职副主席以及区妇联执委委员53人到市妇联巾帼园参加为期两天的“女性素质提升培训班”；开展心理健康讲座22场次，受益留守妇女3500余人次。四是推进信访代理工作，全年代理信访案件312件，办结率98%；区妇联接待群众信访71件，其中婚姻家庭权益类47件、占66%，人身权益类9件、占13%，劳动和社会保障类4件、占6%，其他类11、占15%；年内协助公安机关办案4次，协助检察院办案2次，到法院陪审案件16件。五是开展婚姻家庭纠纷调解，全年调解婚姻家庭纠纷53件，组织镇街妇联主席参加重庆市婚姻家庭纠纷人民调解专题培训，对婚姻家庭调解室成员和街镇妇联主席定期开展调解培训10余场。六是在“三八”维权周，会同综治、公安、法院、司法等部门在各街镇组织开展《反家暴法》宣传；在《长寿日报》开设妇女儿童维权窗口，宣传防儿童性侵、妇女维权、反家暴、禁毒、防邪、维护妇女土地权益等知识；各级妇联组织发放宣传资料3200余份，接受妇女群众咨询1400余人次。

【重点工作】 一是健全困境儿童关爱机制，完成97名困境儿童心理帮扶和监护人培训，实施“1+1”爱心妈妈结对帮扶，明确爱心妈妈“六个一”职责，为困境儿童提供亲情关爱；全区各级妇联组织召开关爱保护困境儿童专题会25场，开展大型亲子活动4场，个案心理辅导11个。二是各级妇联组织开展“两癌”免费筛查及救助工作宣传活动25次，发放宣传资料2万余份；联合区卫计委开展农村妇女“两癌”免费检查和数据采集工作，19个镇街免费检查宫颈癌14000余人，免费乳腺癌检查12000余人，采集到47名“两癌”贫困农村妇女，将数据输入全国妇联农村妇女“两癌”免费检查项目数据采集系统；救助贫困“两癌”妇女43名，发放救助金43万元。三是购买社会服务，与乐善社会工作服务中心联手开展“情暖童心·相伴成长”关爱留守儿童共建幸福家园活动24场次；组建农村留守妇女互助组800个，组织农技专家送技术到互助组；继续深化“双学双比”技能大赛，组织邻封村10名留守互助组组长参加重庆市2016年农村留守妇女互助组组长专题培训班；在邻封镇汪塔村设立留守妇女互助基金，对困难妇女提供救助；举办留守妇女互助组组长素质提升培训班，培训120余人；建立巾帼志愿者招募注册制度，壮大规范志愿服务队伍，新招募志愿者200余名；开展巾帼志愿者培训，持续为留守老人提供关爱服务；关注留守老人“爱心呼唤器”使用情况。四是节日走访慰问，元旦春节期间，区领导带队到街镇，看望慰问贫困妇女19名、“两癌”妇女7名、留守儿童8名；“三八”节期间，巾帼志愿者与留守儿童结对踏青野炊，为留守儿童送去课外书和学习用品；“六一”儿童节期间，区领导带队到4所学校慰问儿童333名，各级妇联组织开展送节日礼物、慰问留守儿童、表彰优秀儿童等系列活动34场；端午节期间，开展“关爱妇女儿童，共度粽香端午”系列活动，到江南街道大元村、云集镇福胜村，看望慰问贫困妇女和留守儿童；中秋国庆期间，走访慰问江南龙山社区、凤城骑鞍社区150名贫困妇女儿童。五是“一户一策”精准扶贫，区妇联干部到云集镇青丰村精准扶贫6户，与村四职干部和精准扶贫户召开座谈会，精确诊断贫困村、贫困户致贫原因，逐户分类制定生活帮扶、产业帮扶、技能帮扶等个性化、差异化的帮扶措施。六是与宣传部、区总工会等联合开展“金秋助学·圆梦行动”，筹资54.6万元，资助182名学生上大学；继续实施“春蕾圆梦行动”项目，帮助25名贫困女高中生、4名贫困女大学生申报“春蕾圆梦行动”助学金，发放资助金4.1万元。

【妇联改革】 2016年4月开始的群团改革，全区妇联专项改革推进顺利，已见成效。一是全区221个村建立妇联，40个社区妇联完成换届，选出妇女代表8630人、执委2878人、妇联主席261人（其中专职5人，兼职256人）、副主席331人（其中专职121人，兼职209人）、妇女小组长2161人［其中专职1904人，兼职257人。兼职中村（居）民小组长155人，占兼职人数的60.3%；村（社区）干部95人，占兼职人数的37%；楼栋长7人，占兼职人数的2.7%］；全区19个街镇建立区域性妇联，选出妇女代表1108人、执委493

人，其中一线370人，妇联主席19人，妇联副主席49人，兼职副主席中，有20名村（社区）妇联主席；完成区妇联机关机构编制“三定”方案，调整职能职责。二是阵地建设依托村（社区）便民服务中心建立群团服务站，打造4个社区群团服务站示范点，以点带面推动全区277个群团服务站建设；规范各功能室建设，设置“群团工作服务站”窗口、妇女儿童之家、家长学校、室外活动场所；按照“1+X”的工作模式，以家庭服务为“1”，以社区为半径，试点推进公益服务项目，以问需模式开展家庭教育培训、法律维权服务、心理咨询疏导、实用技能指导、困难帮扶服务、家庭文明建设等服务；开展宣传活动300场次、培训活动350场次、关爱活动420场次、志愿服务活动500场次、文化活动800场次、创评活动258场次。三是建立活动开展和评价机制，依托社会组织，购买社会服务，以参与群众反馈的意见作为评价服务质量的依据，建立健全妇女需求调查制度，开展“妇女需求调研月”活动，征求妇联基层组织和基层妇女群众意见、建议，了解掌握基层妇女群众实际情况；建立区、镇（街）、村（社区）三级落实区妇联和镇街妇联干部43名定点联系1个村（社区）、1名留守妇女、1名困境儿童；创新网上工作方式，开通“长寿群团”官方微信公众号和建“长寿群团”官方网站，加入市妇联宣传矩阵；按“大群团，大联动”的工作思路，联合区总工会、团区委、区残联、区工商联、区社科联、区计生协会等群团组织，打造服务品牌、建好基层群团服务站、进驻公共服务中心和便民服务中心、引导和进入各类社会组织。四是承接市妇联实施困境儿童关爱项目、农村留守妇女关爱项目、寻找“最美家庭”等活动品牌，打造“幸福家园”服务自主品牌；以“妇联组织+公益性服务+市场化运行”等方式，探索家庭教育的新方式，依托“心灵家园”“故事妈妈”、乐善社会工作服务中心等家庭教育社会组织，创新载体，服务妇女儿童。

（叶云芬）

2016年重庆市长寿区妇女联合会领导人名录

党组书记：张玉涛（女，2016年10月离任）
　　　　　罗小玲（女，2016年10月任）
主　　席：张玉涛（女）
党组成员：陶小琴（女，2016年11月离任）
　　　　　张满丽（女，2016年11月任）
副 主 席：陶小琴（女）

重庆市长寿区科学技术协会

【概况】 重庆市长寿区科学技术协会（简称区科协）机关2016年有在职参公人员5人，其中正处级2人、副处级1人、正科级1人、副科级1人。全区有园区（经开区）科协1个；科普示范社区7个，其中市级科普示范社区3个、区级科普示范社区4个；农村科普示范基地20个，其中国家级科普示范基地4个、市级科普示范基地3个、区级科普示范基地12个；区级农村专业技术协会14个。

【科协系统专项改革】 根据《重庆市群团改革试点方案》《科协系统深化改革实施方案》和《长寿区群团改革实施方案》，制定《长寿区科协专项改革实施方案》，经区委第131次常委（扩大）会研究审议通过。区科协机关增设机构和增加人员编制，充实科协机关工作力量，科普专项经费由以前的区域内人口人均1元增加到人均2元标准并纳入财政预算，保障科普工作经费。

【全民科普工作】 区科协起草《2016年—2020年全民科学素质行动计划纲要实施方案》初稿，明确创建全国科普示范区和推进全民科学素质工作任务，落实责任单位。

区科协联合区教委开展三项青少年科技活动。一是组织全区中小学生和辅导员参加重庆市第31届科技创新大赛，征集长寿区凤城一小、实验二小、八颗中心校、葛兰中心校等12所学校师生的创造发明、科技实践活动、科学幻想绘画等作品，前期征集到500余件作品，经过筛选确定36件作品参加重庆市第31届科技创新大赛。全区有34件作品在该届科技创新大赛中获奖，其中，一等奖5件、二等奖8件、三等奖21件。二是组织全区中小学校参加由市科协主办、重庆科技馆承办的2016年“参观科技展览有奖征文暨科技夏令营”活动，长寿区获市一等奖作品2篇、二等奖作品2篇、三等奖作品38篇，其中桃源小学学生常一诺作品《游在其中、乐在其中、学在其中——科技馆之行》、区实验一小学生樊夕闻作品《奇妙的科技之旅》两篇作品入选活动组委会出版的作品集，区科协获得优秀组织奖。三是举办区青少年科技创新作品展评活动，全区有52个中小学校参与，征集参赛作品1200余件。川维中学、海棠镇教管中心、长寿湖九年制学校等16个单位获团体一等奖；长寿二中、黄桷湾小学、江南九年制学校等10个单位获团体二等奖；555名学生获等级奖，257名老师获优秀指导奖。

区科协联合区级相关部门和单位，先后组织开展科技下乡、科技活动周、世界环境日、防震减灾日、全国低碳日、食品安全宣传周等特色大型科普宣传活动，发放科普宣传资料总计5万余份（册），科普文艺演出30余场（次），近10万群众受益。

加强对基层科协组织的指导，组织镇街科协、农村专业技术协会、科普惠农先进单位、企业科协组织等开展形式多样的宣传活动。全区科普宣传工作形成“党委领导、政府推动、相关部门和社会各界支持、广大群众积极参与”的大科普工作格局。

【基层科普行动计划】 调动全区深入基层、贴近实际、贴近生活、贴近群众开展科普工作的积极性和主动性，促进科普资源向农村和社区倾斜。区科协与区财政局联合开展基层科普行动计划。2016年新创建区级农村科普示范基地3个、农村专业技术协会4个、科普示范社区2个、社区科普大学教学点2个。

【科技平台搭建】 加强与市科学院联系，支持企业培育，创建以培育创新医药化工和创新药业为主的院士专家工作站。2016年5月，重庆市科协党组书记王合清一行到长视察指导长寿区科协工作，对重庆康乐制药有限公司院士专家工作站的创建、申报工作进行指导；10月27日重庆康乐制药有限公司院士专家工作站通过重庆院士专家工作站评审，获得奖补资金70万元。

做好长寿农业科技博览馆规划建设的指导工作，协助解决建设过程中的相关问题，把长寿农业科技博览馆打造成为重庆农业科技普及推广、科技培训、转型升级、产业链延伸、附加值提升的科普示范基地和重要场所。协助长寿经开区做好现代工业科技博览馆的前期工作，打造集科普教育、科技展览、产品展示、技术交流、众创空间和工业旅游一体的新型科技平台。

配合长寿经开区科协共同推进重庆高新技术创新研究院的建设管理工作，协助相关企业推进“长寿晚熟柑橘产业技术研究中心”的建设，解决晚熟柑橘生产经营中的相关技术问题。

【科普阵地建设】 区科协坚持以人为本，贴近实际、贴近生活、贴近群众，实施社区科普益民计划，面向社区各类人群广泛开展科学教育及科普宣传，建立长寿区社区科普大学分校。年内成功创建渡舟街道民兴社区、晏家街道育才路社区两个社区科普大学教学点。教学点固定教学地点、教学时间每周开展教学活动。

区科协加强与有关单位和部门沟通，协调社会科普资源向公众开放。与区市政局签订合作协议，利用全区公共大型LED广告宣传平台，免费向公众开展科普宣传，每天滚动播放科普知识1小时以上。（高小鸿）

2016年重庆市长寿区科学技术协会领导人名录

主　　席：周俊屏

副 主 席：黄国文　余国斌

重庆市长寿区社会科学界联合会

【概况】 2016年4月26日，重庆市长寿区社会科学界联合会（简称区社科联）承办市社科联群团改革座谈会。主动开展社科工作和社团调研，上报区社科联改革方案，获批行政编制1名，实现区社科联行政编制零的突破。健全社科组织机构，严格内部管理。

【落实责任】 2016年，区社科联一是认真贯彻中央《党委（党组）意识形态工作责任制实施办法》和市委、区委《实施细则》。月 日召开区社科联一届八次、九次常委会暨全区社科组织专题培训会，专题传达总书记习近平在哲学社会科学座谈会上的讲话和《党委（党组）意识形态工作责任制实施细则》《党委（党组）意识形态工作责任追究处分暂行规定》等三个文件精神，针对区社科联直属社团开展意识形态工作专题培训，做好社科知识界的思想政治教育引导工作，实现责任落实全覆盖。二是开展意识形态基本情况和重大问题分析研判，推动形成横向到边、纵向到底的管控体系；加强区内举办的各种社科类报告会、研讨会和论坛讲座等相关活动的管理，严格执行审批备案制；全年收到申报3件次，按照规定审批3次，强化活动全过程监管。

【学术活动】 开展事关长寿经济社会发展的重大理论和现实问题研究。聚焦事关长寿“十三五”发展的系列难点问题，有针对性地加强理论研究。及时为区委、区政府领导提供决策参考。做好年度全区哲学社会科学规划课题研究工作。组织实施年度项目申报工作，“长寿区创新驱动发展战略”“降低实体经济成本对策研究”“长寿工业经济发展”“大众创业”“农村电商品牌化”等24个重大问题获准立项，相继召开年度立项、开题工作会，加强对规划课题的中期管理，做好鉴定结项工作。健全课题申报、评价体系，规范课题管理体系，落实课题中期评估淘汰制度，有3个课题因研究力度不够在中期评估中淘汰。

加强全区社科阵地建设，办好《长寿（理论专刊）》《长寿发展探索》，发挥社科刊物交流经验、展示成果、活跃学术气氛的载体作用。2016年《长寿（理论专刊）》刊印4期，围绕长寿经济、政治、文化、社会管理、生态文明等热点理论问题，采稿、刊登各类理论文章140余篇60万余字；刊印4000余册，在市级有关机关、各区（县）委宣传部、党校、社科联交流。编印长寿区哲学社会科学课题汇编《长寿发展探索（2015年卷）》1000册。

【社科知识普及】 开展特色社科普及活动，区社科联与区委宣传部、区文明办联合评选长寿区2016年度“十大孝星”“十大提名孝星”，传播孝道文化；举办文明城区创建工作画展。与区科委、区科协联合举办科普活动，开展社科知识“进机关、进农村、进企业、进学校、进社区”“五进”活动，提高人民群众社科人文素养。

加强对社科普及基地的管理服务，推进基地开展公益性、普及性讲座，使社科普及基地成为社科知识传播基地、人才培养基地。2016年，区检察院检史展览馆组织开展社科普及咨询活动17次，开展社科普及讲座15次，受众1800余人次，赠送科普读物5000余册。江南街道孝道文化教育体验基地投入24万元完成孝道文化长廊建设，投入30万元打造孝道文化展厅，举办2场孝文化科普讲座，发放孝文化读本2000余册。投入10万元拍摄宣传教育微电影《背夫出嫁》，区级媒体专题报道10余次。区图书馆举办26场大型主题读书活动，投入社科普及经费69万元建成班级图书角686个、读书走廊60个。

【社团建设】 一是加强对区社科联直属社科社团的管理和指导，促进区社科社团健康发展。会同区民政局，就社团注册、年检、日常管理进行专项培训；加强对社科社团的指导、建设和管理，推动社科社团工作有序进行。二是加强与市社科联联络，促成区检察院检史展览馆、江南街道孝道文化教育体验基地、区图书馆参加全市科普工作会、科普工作理论研讨会。三是指导社团开展各类活动，以活动提升活力。区税务学会围绕税务业务工作举办高水平调研、学术研讨会；其他社科社团围绕社团业务工作开展活动，服务社会。 （袁　准）

2016重庆市长寿区社会科学界联合会领导人名录

主　　席：文平林

副 主 席：李国辉　邓　军　蒋中尧　游　江

重庆市长寿区文学艺术界联合会

【概况】 2016年，重庆市长寿区文学艺术界联合会（简称区文联）完善组织领导班子，文联主席由区文化委主任兼任，设专职副主席1名；编制由原来的2名增加至3名。坚持低调务实、少说多干，敢于担当、积极作为，列出问题清单、逐项认真整改，提高联系服务广大会员及人民群众的能力。

【文艺创作】 2016年，区文联继续开展“深入生活，扎根人民”主题实践活动和“中国梦·巴渝风”系列文化活动，创作各类文艺作品6000多件，其中有400多件文学作品在区级以上刊物发表，近100件美术、书法、摄影作品在区级以上展览展出。音乐舞蹈曲艺创作实力有明显提升，新创作的数十件作品，深受群众欢迎。微电影创作持续升温，其中《墙外风铃》《长寿湖之恋》《遇见》等在市级同类作品中起标杆作用。

2016年，区文联会员在市级以上展演中取得优异成绩：邓刚雕塑作品《抗战之路》入选中国共产党成立95周年全国美术作品展，王光正版画获中国石化集团第三届版画展览银奖，梁亚力、王光正、郭立平作品入选第二届中国工业版画新秀展，梁亚力国画《张家院子》入选“记忆，重庆民居中国画展”，梁亚力、车灵泽作品入选“巴渝山水情—重庆市中国画作品展”，王朝应邀出展首届《IWS国际水彩青年名家》邀请展、《自西向东中俄国际水彩画展》等；陈亨伟等6人作品入展重庆市首届“桃花源杯”书法篆刻作品展，黄韩英等8人作品入展“意与古会——重庆市首届临帖书法展”，在“墨妙流声——重庆市首届青年书法篆刻作品展”中，胡征军、黄韩英获奖，陈燕萍等12位青年书法爱好者作品入展。

【文艺活动】 区文联承办的由重庆市文学艺术界联合会、重庆市长寿区人民政府联合主办的“重庆市首届青年书法篆刻作品展”于7月筹备，8月2日面向全市征稿，11月10日截稿，12月8日评审，收到作品600余件，12月23日在长寿区文化体育中心成功展出。该展是市文联重点打造的市级专业品牌展赛，也是全市最高规格的书法活动之一，收到传播长寿文化，提升长寿品牌形象的良好效果。

2016年，举办“长寿区首届公务员书法作品邀请展暨新人新作展”、长寿区作家协会成立10周年座谈会暨原创诗歌朗诵会、古代书画及巴蜀名家书画展、古玩藏品交流会，出版诗词作品集《长寿诗词》两期，评出“双驰杯”年度文学奖，参观学习三峡博物馆江友樵书画展和吴昌硕书画大展。

【协会活动】 区摄影家协会发挥摄影作品主题鲜明、时代性强的特点，举办以长寿新景、龙舟民俗文化节、“聚焦三农”、热辣巴渝·美丽重庆“长寿湖葵花开了”、长寿湖铁人三项活动、最美乡村公路、三倒拐古街等为主题的摄影大赛，活动密集，佳作频出。区音乐家协会主办“吉他之夜音乐赏析会”。区国标舞协会多名会员参加“中国明日之星”大型晚会，分别在重庆人民大礼堂和施光南大剧院展演，30余名选手参加重庆市第五届舞动山城体育舞蹈大赛及全国邀请赛。

为提高各艺术门类的创作水准，各协会举行大量的培训和送文化活动。区作家协会邀请红学专家杨贤水举行专题讲座，到实验二小为小作家班进行写作指导。区书法家协会邀请“山城七友”到长寿进行指导，另自办讲座5场，开展沙龙活动48次。区诗词学会先后在葛兰镇、邻封中心校、渡舟甘蔗村进行诗词培训，启动诗词沙龙，举办纪念中国工农红军长征胜利80周年大型诵诗会。区音乐家协会“举办陶笛夜校培训班”。区摄影家协会邀请名家解海龙进行摄影讲座等。舞蹈、曲艺等门类的小规模培训数量大，参与人数众多，得到社会各界的好评。（罗小松）

附2015年重庆市长寿区文学艺术界联合会领导人名录

主　　席：林家义（兼）

专职副主席：雷丽群（女）

附1：

重庆市长寿区诗词学会

2016年举行重庆市长寿区（凤鸣）诗词学会（本条目简称区诗词学会）第四届理事会会议（含年会）2次、常务理事会2次、主席会议3次。在第四届理事会第三次会议上，重庆市长寿区凤鸣诗词学会更名为重庆市长寿区诗词学会，对街镇基层诗词小组更名为诗会（年底前能正常开展活动的街镇诗会有渡舟诗会、葛兰诗会、万顺诗会等）；通过对重庆市长寿区诗词学会章程的修改；增补1名副主席（兼任秘书长）。年内新发展会员20名。

2016年，区诗词学会开展学习党和国家关于文化建设的重要文件和总书记习近平有关社会主义文化建设的重要讲话。举行纪念中国共产党诞生95周活动和纪念中国工农红军长征胜利80周年活动。编发2期会刊《长寿诗词》都设置纪念这两个重大事件题材的栏目，刊载会员撰写的纪念诗词；举办纪念中国工农红军长征胜利80周年诵诗会，有70余名会员参加，34人登台诵诗，长寿电视台、长寿日报、长寿文化报均做报道。

开展“深入生活，扎根人民，奉献人民，放歌巴渝”活动，举行菩提山文化旅游景区采风活动，40名会员参加；在座谈会上有10余名会员激情朗诵赞颂菩提山美景的诗词和诗歌。葛兰、渡舟等诗会开展自由组合采风、参观、诗词唱和交流活动，创作一批新作品。8月15日葛兰诗会举行纪念中国共产党诞生95周年暨中国工农红军长征胜利80周年诗词朗诵会；渡舟诗会全年举办4次诗会活动，开展诗词交流和培训，尝试诗词活动为社会服务，用诗词和新诗记录和讴歌渡舟场至太平场的农家乐，推动渡太农家乐一条路的命名；三好诗村在一些老先生的推动下，继续对村民进行诗词培训。

创新开展培训活动，2016年10月23日，区诗词学会新组建诗词沙龙正式启动。到年底，诗词沙龙举行5次活动，平均每次有37人参加，发放培训参考教材《格律诗写作自学教程》；其中3次是培训加诵诗活动，先后有会员60余人次登台朗诵自己创作的诗作。区文化馆关注和支持诗词沙龙活动，纳入文化馆正式培训班，提供教室和设备设施。

11月20日，区诗词学会与区老年书画研究会共同接待四川省自贡市老年诗词研究会一行19人，进行交流和诵诗。

2016年，区诗词学会为会员提供的诗词发表平台包括3种：编发《长寿诗词》2期；在巴渝文化网开辟诗词学会专版；开辟“长寿诗词学会微信群”4个（分别是诗词论坛、作品群、编辑群、理事会群），已成为会员发表作品、进行诗词创作和交流的理想平台。（周家修）

2016年重庆市长寿区（凤鸣）诗词学会领导人名录

主　　席：周家修
常务副主席：罗　天
副　主　席：朱炳超　余明文　史来胜
　　　　　　袁文斌　龚敏维　张　强
　　　　　　但伯清

附2：

重庆市长寿区摄影家协会

重庆市长寿区摄影家协会（本条目简称区摄协）2016年新发展会员16人，协会有注册会员164人，其中中国摄影家协会会员9人，重庆市摄影家协会会员28人。全年有88件（次）作品获得市摄影家协会、中国摄影家协会（文化部）奖项或发表（入展），其中黄磊的《古镇闹春》入展北京国际摄影周，叶春燕的《为民医疗队》和樊冬的《父与子》入展第六届全国农民摄影大赛。

2016年，区摄协开展活动多，成果丰硕。3月19日，区摄协2015年年会在邻封镇召开，会后，由邻封镇政府主办，区摄协、区政协书画院承办的“十里柚香·百里花海”摄影创作周在邻封镇汪塔村举行。5月，由长寿区人民政府、区旅游局主办，区摄协承办的“长寿新景”摄影大赛启动。把长寿的地理优势、文化旅游优势结合起来，让人们通过镜头领略到长寿丰富的文化旅游资源，大赛吸引市内外的120余名摄影家参加，截至年底，收到作品1000余幅。6月1日，由区委宣传部、区文明办、区文化委主办的长寿区“摄影年”系列活动开幕式暨区摄协成立10周年庆典在长寿菩提古镇千寿广场举行，中国著名摄影家解海龙为全区摄协会员和摄影爱好者200余人举办专题讲座。6月，区委与区摄协联合举办的“决胜全面小康·聚焦‘三农’发展”摄影比赛启动。活动以“美丽·健康·生态·和谐”的新农村为主题，经过半年的创作和征集，收到100多名摄影家和摄影爱好者的800余幅（组）作品。6月8日—10日，长寿湖龙舟民俗文化节系列摄影活动，以“光影美丽长寿·旅游文化盛宴”为主题，半个月收到来自全国各地的参赛作品1000余幅（组）。6月25日，由中国摄影报社、重庆市摄影家协会主办，长寿区委宣传部、区文化委、区旅游局、区文联、区摄协承办的“美丽重庆·热辣巴渝”2016重庆摄影拉力赛启动仪式暨长寿区分站赛启动。区摄协多次组织专题摄影创作，到乡村院坝、工厂社区，拍摄数千幅佳作；区摄协组织佳作参加各区县分站擂台赛，长寿区获66个奖项，其中张明生的《劳动创造美》、王永红的《雪映圣灯》等5幅作品获一等奖，张勇的《乘风破浪》、冬冬的《希望》等16幅作品获二等奖，卓建林的《拓展》、刘福英的《乡村之夜》等45幅作品获三等奖，获奖作品超全市奖项的四分之一，位居全市之首；摄影拉力赛评选3个“最佳优秀队员”均为长寿区摄协会员；李炎的《穿越》、姜礼维的《抢险》分别获总决赛的亚军、季军，向明的《迎亲》、冬冬的《希望》、黄璜的《乡村婚事》获总决赛佳作奖。7月22日，由区文化委、区旅游局、长寿湖管委会主办，区摄协等承办的“浪漫长寿湖”摄影大赛在长寿湖景区启动。大赛以“人与自然”为主题，10名中外名模和20名本土美少女，以及100余名市内外摄影家参加。收到来自全国各地摄影作品900余幅。8月，由东海假日花园主办，区摄协协办的第二届“醉美假日”摄影大赛，吸引100余名摄影爱好者参赛，收到作品800余幅。5月和8月，两次组织摄影家及摄影爱好者80余人，开展以“深入生活，扎根人民”为主题的三倒拐采风活动，创作作品近百幅。9月15日，由中国摄影报社与长寿区人民政府共同主办，市摄影家协会、区委宣传部、区旅游局、重庆长文传媒有限公司承办，区文化委员会、长寿湖风景名胜区管委会、区摄协协办的“天赐长寿·人人向往”全国摄影大展启动仪式在长寿湖铁人广场举行。9月28—29日，2016长寿湖国际铁人三项赛摄影大赛在长寿湖举行，分铁人三项赛、红裙彩跑、亲子泡泡跑、音乐啤酒节4大主题，收到参赛作品1200余幅。2016年国庆期间，区摄协组织50余名会员到边远乡村龙河镇乐温场、大洪湖等地拍摄创作，围绕“最美乡村公路”主题，创作作品120余幅。2016年，区摄协组织专家为区老年摄影班、新市街道教管中心等举办摄影知识讲座，普及摄影知识，得到社会好评。（王亚东）

2016年重庆市长寿区摄影家协会领导人名录

主　席：樊　强

副主席：黄　磊　秦启胜　向　明　卓建林　阳树忠　余　玲（女）　卓长斌

附3：

重庆市长寿区作家协会

重庆市长寿区作家协会（简称区作协）2016年主要工作有：一是采风活动，4月，组织大洪湖采风活动；11月，配合滨江长寿谷旅游建设，组织会员到三洞沟、三倒拐、桃花发电站采风。二是召开纪念区作家协会成立十周年座谈会。三是对外交流有开端，8月，受涪陵区作家协会邀请，组织部分区作协会员参加涪陵区作协、长寿区作协两地作家武陵山交流采风活动。四是开展作家为企业服务活动。10月，与重庆双驰门业联合举办歌咏比赛、双驰杯文学作品大赛。五是开展作家艺术家走进校园活动。4月，区作协主席到区第二实验小学小作家班举办讲座；6月，区作协主席到邻封中心校与师生进行面对面交流。六是举办图书捐赠活动。8月，响应重庆市慈善总会、重庆市作家协会号召，给贫困区县捐赠图书，8名会员参加捐书。七是推选长寿区4名代表出席重庆市作家协会第四次代表大会。八是组织发展工作有新成绩，2016年区作协吸收6名新会员，区作协3名会员被吸收为重庆市作家协会会员。

区作协2016年主要创作成绩。一是区作协会员在全国省（直辖市）级以上公开报刊上发表小说、散文、诗歌、童话计130余篇。会员黄华明退休之后在全国著名杂志《故事会》《今古传奇》发表《六分解》《聚心门》《出师》等现代题材故事；多名区作协会员在《重庆晚报》副刊上发表作品，如焦芬的《激动在重晚副刊公众号里》，郑洪的《24节气歌》《题西湖》《六月清唱》，张涛的《我的外婆》《巫溪的文化密码》，身残志坚的残疾人作家任小兰的《迎风走向冬》，何从花的《聆听一场大雪》等等；发表在《重庆法制报》上的有焦芬的散文《漫步柚乡》、张文龙的新诗《与海有关》等；张文龙在《人民艺术家》杂志发表诗歌《等待》；王维浩在《重庆文学》杂志发表小说《百岁和他的老水牛》等。二是年内区作家协会会员公开出版发行图书21本。其中，苏如军利用打工空闲时间，创作以打工为主题的长篇小说《泪涟涟》由团结出版社出版；八旬高龄的会员张家兴的诗歌集《翁海心潮》由团结出版社出版；区作协主席王维浩的作品《十二生肖成语》4册和《知我长寿》已由重庆出版社出版发行，《亲子科学填色童话》6册已由江西教育出版社出版发行，《宝宝几何创意画》6册和《我的第一本涂色书》2册已由金盾出版社出版发行等。三是区作协会员获奖多。郑洪的《24节气歌》获首届重庆晚报文学奖；张文龙的《会议室》组诗获第八届作家报杯优秀作品征文大赛一等奖；牛枰的《相遇大洪湖畔》获第三届中外诗歌散文邀请赛二等奖，《印象武陵大裂谷》获首届“诗与远方”海上邮轮诗歌大赛三等奖；任小兰的《温馨的拖累》获第三届中外诗歌散文赛一等奖；张涛的《我的外婆》获《重庆晚报》好稿奖；《巫溪的文化密码》获得“美丽巫溪”有奖征文大赛优秀作品奖；王维浩的《洋葱头神奇外衣》获重庆市文艺创作资助签约作

品。四是16名区作协会员的大量小说、诗歌、散文等，发表在《长寿文艺》这一区内文学艺术家作品展示平台。（罗明江）

2016年重庆市长寿区作家协会领导人名录

主　席：王维浩

副主席：张文龙　焦　芬（女）　罗明江
　　　　龚　会（女）

附4：

长寿区曲艺家协会

长寿区曲艺家协会（简称区曲协）是由长寿地区部分巴渝文化传承艺术家和曲艺爱好者共同组建的文学艺术类群众团体。区曲协的主要职责是联络、传承、演艺服务，通过各种艺术活动，广泛团结长寿地区的曲艺工作者和曲艺爱好者。区曲协2013年5月成立，恢复和传承巴渝文化传统经典曲艺形式，如车灯、盘子、清音、金钱板、荷叶、花鼓、谐剧、相声等。在弘扬曲艺艺术，保护、传承及发展国家非物质文化，弘扬社会正气，受到观众的喜爱，为长寿地区繁荣曲艺创作，发现和培养曲艺人才，促进地方曲艺艺术的交流和传承做出贡献。区曲协成立至2016年，获得重庆市戏剧曲艺大赛第四届、第五届奖项11个（优秀团体奖1个，优秀组织奖1个，演出特等奖1个、三等奖6个、入围奖2个；为"创建文明城区""送欢笑""戏曲进校园"等公益活动，参加演出100余场次，收集、创作、整理、编排曲艺节目40多个）。区曲协2016年有会员108人，其中3人是中国曲艺家协会会员，20人是重庆市曲艺家协会会员。

2016年春节，区曲协在长寿古镇举办新春文艺演出曲艺专场，雅俗共赏；6月29日，配合区检察院庆祝中国共产党成立95周年专场曲艺演出，清音、盘子、谐剧、小品、金钱板、花鼓、民乐合奏及男女独唱等节目，受到一致好评；7月17日—12月27日期间，区曲协参加区委宣传部、区文明办"创建全国文明城区"宣传活动，先后在江南、凤城、渡舟等5个街道及其部分社区演出曲艺12场，长寿电视台、长寿日报、长寿文化报等媒体做专题报道；12月7日，受凤城街道和云集镇邀请，在区体育馆广场参加乡镇文艺调演，区曲协选送的两个小品《局长的秘密》《桂花相亲》获三等奖；12月28日在实验中学礼堂举办"长寿区春节电视曲艺专场"演出，受到全体师生欢迎。

（李源江）

附5：

长寿区老年书画研究会

长寿区老年书画研究会发展会员117名，其中女性12名。自然减员11名，长期失联12名，因健康原因不能参加活动会员12名，新增会员2名，2016年实有会员82名。其中有中共党员32员，其他党派3名；大专以上22名，高中及相等学历55名。

2016年活动情况。1月24日，在晏家召开一年一度年会。4月1日，参加区老年大学祭扫烈士墓活动。4月20日，邀请西南大学教授在区老年大学现场教授速写技巧，对会员进行培训。5月5日，20余名会员到桃花学校举办书画展，为师生送上200余幅书画作品。7月1日，为庆祝建党95周年在寿星广场举办书画展，迎来近2000名市民观看，展出100余幅书画作品。时任区长赵世庆参观该展览。10月19日，组织部分会员参观长寿湖菊花展，采风学习。10月26日，举办会员作品朗诵会，纪念红军长征胜利80周年，30余名会员参加。11月2日，与来自四川省自贡市诗友们举行联欢活动。12月11日，30名会员们到北城中学举办书画展，展出作品90余件，现场赠送师生书画作品200余件。

全年举办业务培训20次，总计235人次参加。年内召开3次年会。

为庆祝中国共产党成立95周年和纪念红军长征胜利80周年出版主题《长寿湖》2期，收录诗稿232首、散文7篇、书画稿51幅、照片20张；各发行500本。年内有5人出版个人诗集。

（项淮垣）

2016年长寿区老年书画研究会领导人名录

会　长：黄伟明

副会长：钟志远　胡志政　车灵泽

秘书长：项淮垣

重庆市长寿区归侨侨眷联合会

【概况】 1984年10月，长寿县归侨侨眷联合会成立。2002年4月，更名为“重庆市长寿区归侨侨眷联合会”（简称区侨联）。2013年12月27日，区侨联召开七届四次全委会，涂奇微当选为长寿区侨联第七届委员会主席，委员会有委员29名，其中副主席7名、秘书长1名。2016年，区侨联机关设党组副书记1人，有在职干部4人。

2016年6月15日，长寿区侨界青年联谊会成立

区侨联率先在全市成立党组、工会等党群组织、内设机构和分会。2003年2月，成立长寿区侨联联合工会；同年10月，成立区侨联党组；同年12月，成立区侨联机关党支部；2004年5月，成立区侨联妇委会；2007年8月，区侨联机关设立内设机构办公室；2014年2月，成立区侨界妇女工作委员会；2015年7月，成立长寿区留学生家长联谊会；同年11月，成立长寿区广播电视台侨联分会；2016年6月，成立长寿区侨界青年联谊会。

2016年年底前，长寿区有海外华人华侨1600多人、侨眷12000多人、海外留学生200人、有涉侨企业38个。长寿的海外华人华侨主要分布在美国、加拿大、澳大利亚、新加坡、日本、德国、法国、新西兰、英国等46个国家和地区。

【侨联建设】 2016年，区侨联坚持党建带侨建，始终把政治学习，思想建设放在重要位置。结合“两学一做”学习教育活动，组织集中学习15次，开展专题讨论2次，撰写心得体会3篇，组织党课学习5次。在侨联班子中、侨界党员干部中宣传和开展“两学一做”学习教育活动，每季度召开主席办公会，讨论研究侨联工作，学习党章及习近平重要讲话精神。安排侨联干部到广东参加中国侨联举办的侨联干部培训，系统学习侨务工作知识；组织侨联干部到凤城监狱参加全区统战系统警示教育。年内，区侨联编发《长寿侨讯》52期，获全市侨联系统信息工作先进集体；《长寿侨联志》获市志办表彰的重庆市第二届区县地方志优秀成果三等奖。

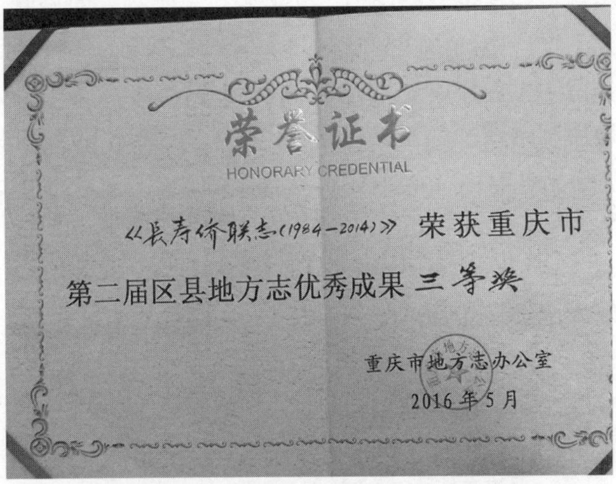

《长寿区侨联志》被重庆市地方志办公室评为三等奖

开展群团改革工作，编制《区侨联改革实施方案》，创新工作手段和工作方法，做好新形势下侨联工作。以群团改革为契机，争取区委支持，增加人员编制1名。

【联络联谊】 召开长寿区侨界人士迎新春座谈会，近百名侨界人士参加会议；开展“三八”节趣味运动会，侨眷代表、留学生家长代表、归国留学生代表以及侨联委员70余人参加活动；开办留学生家长英语培训班，完成74个学时；开办留学生家长太极培训班，完成150个学时；组织侨界人士参加摄影培训。组织长寿区侨界青年开展“五四”青年节座谈会、暑期留学生座谈会以及圣诞节向海外留学生送祝福等活动。组织区内部分学校学生参加第十八届世界华人学生作文大赛，征稿166篇，在第十七届世界华人学生作文大赛中，长寿区11篇作文获奖，区侨联获优秀组织奖。在法制宣传月开展归侨侨眷权益保护法及相关涉侨法律法规宣传，引导侨界群众通过正当合法的途径表达自己的诉求。在公证处、骑鞍社区设立侨法宣传角，推进侨法宣传进社区。

不断加强海外联谊，通过QQ、微信、电话和邮件等向海外华人华侨、海外侨团发送祝福，宣传长寿经济发展情况，传达乡音乡情；侨青会会长代表侨联看望美国达拉斯市华侨、抗战英雄李滨老先生；侨眷去世，侨联派专人前往吊唁；联系海外侨胞宋永端、向兰英、孙浪、李新忠等回国参加中国侨联成立60周年海外侨胞故乡行活动；接待海外华侨李新忠、博士傅小宇、博士胥激扬，留学生熊黎颖、骆梓豪、陈菡萏、陈思盟、王黎等。向侨联人士推广中国侨联开发的“侨联通”APP，便于海外留学生需要时，通过“侨联通”查询和使用当地使馆电话。创建长寿侨联、留学生家长、长寿侨青会等QQ、微信工作群7个，加入的侨界人士500人。通过微信群向海外华人华侨和留学生发送《长寿日报》、长寿电视台微信公众号，每天向海外人士发送“新闻早班车”。

2016年7月，长寿区侨联拜访美国华侨、百岁老人李滨先生

密切与其他侨联组织的联系。区侨联与重庆渝北、涪陵、九龙坡、垫江、璧山、渝中、沙坪坝等区县侨办、侨联保持友好往来，相互寄送侨讯资料，交流侨务工作；与福建省泉州市侨联、晋安区侨联等沿海侨联保持友好关系；参加黔江区侨联换届大会并发送贺信，参加重庆市主城及渝南片区侨联工作座谈会，参加在永川区举办的重庆市一小时经济圈侨联工作座谈会，参加在涪陵区召开的侨联工作片区座谈会。

【为侨服务】 引进“上海华桥基金会·莲花助学金”项目，全年申请助学金6万元，资助区内贫困高中生60人。联系爱心人士许敏女士对口资助6名贫困学生，每人每月在校期间400元的生活费。争取市侨办扶贫资金3.8万元，帮扶留学生创业和困难侨眷。争取市侨联“侨爱心光明行”项目，联系重庆爱尔眼科医院到长寿开展白内障筛查，向白内障患者宣传免费术。到市侨联领取助听器，向区内听力障碍患者免费发放。

“六一”节前，走访海棠镇明金希望小学，为67名学生送去节日关怀与祝福，捐赠乒乓球拍67副。“七一”前夕，区侨联紫荆花艺术团走进但渡镇养老服务中心，为养老院100多位老人送去文艺演出。全年利用元旦、春节、端午、中秋等传统节日，走访慰问重点侨眷、困难侨眷、困难党员等100余人次。

【参政议政】 2016年，区侨联成功推荐侨界政协委员7名、人大代表1名、党代表1名。召开委员提案征集会、参政议政工作会，广泛征集提案素材。鼓励委员、代表深入基层，开展调研活动，撰写好提案议案。区政协十四届五次会议期间，区侨界委员提交提案16件、大会发言材料2篇，其中《关于加强对侨心学校的保护和利用的建议》提案被列为区级领导督办提案。区侨联《党的生态文明建设思想视角下重庆市生态工业园区建设研究》的论文，年内通过区科委评审。（王元梅）

2016年重庆市长寿区归侨侨眷联合会领导人名录

主　　席：涂奇微
党组副书记：黄小明
副 主 席：顾　敏（兼）　余　舸（兼）
陶晓钟（女，兼）　熊　群（兼）
黎光宏（兼）　李晓明（兼）
徐开泰（兼）

重庆市长寿区残疾人联合会

【概况】 重庆市长寿区残疾人联合会（简称区残联）机关有编制7人，实有7人；内设科室办公室、信访维权科、教育就业科（挂办公室）；有直属事业单位1个即长寿区残疾人综合服务中心，为公益一类，全额拨款事业单位，编制6人，实有5人。2016年全区残疾人专门协会有5个，分别为肢残人协会、聋哑人协会、盲人协会、智力残疾人亲友协会、精神残疾人亲友会。截至2016年12月31日，全区有持证残疾人28440名。

2016年，区残联推动《重庆市长寿区人民政府关于加快推进残疾人小康进程的实施意见》出台。在征求相关单位意见，多次修改后，11月21日，长寿区政府十七届第一百七十二次常务会正式通过《重庆市长寿区人民政府关于加快推进残疾人小康进程的实施意见》；2016年12月5日正式出台。

【群团改革】 2016年，区残联以加强组织体系、合作体系、服务体系的建设为目标，推进残联群团改革各项工作。一是“大网络、全覆盖”组织体系构建完成，区残联机关增加内设机构、编制和内设机构领导职数，下属机构公益类别得到提升；全区19个街镇、265个村（社区）均设立残联、残协，配齐专兼职工作人员；成立经开区残疾人专门协会，由经开区党群办负责，全区残联组织体系实现全覆盖。二是“大群团、心服务”的合作体系建成，同区总工会、团区委、区妇联等群团

2016年6月，长寿区开展残疾人基础信息和需求动态更新培训

联系，把残疾人工匠、残疾儿童、残疾妇女等残疾群体融入各个群团组织工作范围。三是“以需为导”的服务体系逐渐形成，利用区内群团服务示范站（点），问卷调查了解残疾群众需求后，提供精准服务。自群团改革工作开展到年底，全区各个群团服务示范站（点）收集到残疾群众意见、建议、需求、愿望720余条，经过归纳、整理后，已为残疾群众提供精准服务9次。

2016年9月20日，重庆市残联党组成员、副理事长张青莉调研长寿区残疾人工作。区领导张云平参加

【残疾人信息管理】 从培训、入户调查、质量抽查各个环节，推动残疾人基本服务状况和需求信息数据动态更新工作。一是及时出台“实施”“质量控制”“督查”等方案，指导工作顺利开展。二是逐层落实区政府残工委、区残联、街镇残联的多层次签字责任制，从工作开始前就把好数据信息质量关。三是开展全区19个街镇残联工作人员、262个村社区（动态更新前长寿区村和社区数）动态更新调查人员的培训工作，结合实际对调查方式、调查表选项进行详细解释。四是加强质量督查，提高见面率、电话接通率，保证录入数据和调查数据的一致性，真实、合理、有效地掌握全区25444名残疾人的基本信息和服务需求。

【残疾人民生实事】 2016年，区残联实施“残疾儿童康复救助”和“贫困残疾人家庭无障碍改造”两项民生实事。一是全年定点机构训练残疾儿童48名，居家康复和社区康复训练残疾儿童150名，肢体残疾儿童矫治手术11名；全年适配儿童矫形器14例，捐赠儿童轮椅15辆，为250余名残疾儿童提供康复救助，超目标任务200余名。

二是按照街镇申报数据逐一对203户残疾人家庭进行入户调查，根据调查结果，对符合无障碍改造条件的177户贫困残疾人家庭，按残疾等级和类型分别订制改造方案和改造施工。（文　瑶）

2016年重庆市长寿区残疾人联合会领导人名录

理 事 长：孟　翱（女）

副理事长：张中华

纪检组长：周武一（2016年11月离任，同时任区第一巡察组成员）

卫生计生为民服务

法 治

政法委及综治工作

【概况】 2016年，中共重庆市长寿区委政法委员会（简称区委政法委）全面推进全区政法综治维稳暨平安建设工作，全区社会政治大局稳定，群众安全感继续保持在90%以上，政法队伍满意度、司法公信力继续保持90分以上。

【维稳工作】 把“坚守底线、维护稳定”作为基本任务，全力维护全区社会政治大局持续稳定。一是强化反恐防暴工作。严格落实关注人员规范流程和背景核查机制，加强对区内涉疆关注人员的常态化管控；加大社会面武装巡防，在城区科学划分警务片区，形成5分钟反恐巡防控制圈。二是加强邪教防范处理工作。建立邪教人员动态数据库，掌握全区各类邪教人员基本情况；开展防控打击“法轮功”邪教组织人员诬告滥诉、教育转化、无邪教创建等工作。三是做好涉稳信息收集研判。强化部门联动、专群结合，以网格化服务管理为依托，实现对重点人员动向的多点把控；强化信息研判，建立涉稳信息收集、报告、处理、反馈“闭环”处置机制，确保群体性事件闹事苗头及时预警和处置；全年收集各类重大涉稳信息405条。

【风险防控】 坚持把“防控风险、服务发展”作为基本导向，有力有效助推经济社会持续健康发展。一是突出隐患排查。全年牵头组织3次细致排查，排查风险隐患“六大类”88项。印发《安全稳定风险隐患防控责任清单》《新增公共安全风险隐患防控化解分解方案》，将风险隐患逐项分解到16名区级领导、36个牵头单位和75个协作单位，明确防控目标和防控措施。建立风险隐患动态排查、动态报告、动态交办督办制度，确保当前风险有效管控、新增风险及时化解。二是突出源头治理。坚持领导干部公开接访、阅批群众来信、定期开展“群众工作日”等制度，开展重大事项社会稳定风险评估，稳步推动矛盾纠纷多元化解。全区各级领导干部全接访、下访、约访群众3647次、3856件次，涉及群众17516人，解决群众诉求3628件次，化解率94.1%。三是突出服务发展。全面落实法律顾问制度，在全区50余个区级部门、19个街镇、263个村（社区）、68家企业配备法律顾问。区法院、检察院成立破产案件审判工作领导小组，摸排并清理出涉嫌“僵尸企业”95个；开展“审务检务进园区”等活动，对涉及重点企业诉讼案件实行快立、快诉、快审、快执；着力保护市场主体权益，对法律规定不明确或法律未规定的经营行为，慎用查封、扣押、变卖等措施；开展“反规避、反消极、反干预”执行专项行动，将2158名拒执人员纳入失信惩戒名单，保障胜诉企业合法权益。

【平安长寿建设】 把“打防并举、重点整治”作为基本遵循，持续构筑社会公共安全网络体系。一是依法惩治各类违法犯罪。深入开展“渝安1号”、打击治理电信网络新型违法犯罪、“百日会战”等专项行动，全力维护社会治安稳定、提升群众安全感。持续开展社会治安重点地区挂牌整治，全区3个A类地区、4个B类地区刑事案件发案比2015年分别下降54.1%、53.5%，经市、区两级“整治办”检查验收，全区3个A类、4个B类地区全部摘牌。二是推进社会治安防控体系建设。探索建立社会治安防控体系建设项目化推进模式，将“五张网”“四项机制”重点任务纳入全区经济社会发展“十三五”规划。截至2016年底，已完成“应指工程”1505个公共视频监控安装及后台联网应用；渝万铁路长寿境内沿线视频监控已完成招投标，正在实施建设中。三是做好流动人口及特殊人群服务管理。发挥124名社区民警、185名流动人口协管员、90名禁毒专职社工、1098

名村居干部和17662名网格员作用，加强流动人口及特殊人群的服务管理，全区流动人口全部稳定在控。四是构筑重点领域公共安全体系。出台《关于加强公共安全风险防控工作的意见》，以金融、危化危爆物品、互联网、地质灾害等11个领域为重点，构筑体制健全、机制完善、基础扎实、保障有力的公共安全网络。

【基层基础建设】 一是加强制度机制建设。以综治为平台，构建起大政法、大综治、大安全、大维稳、大调解一体化工作格局及矛盾联调、治安联防、工作联动、问题联治、平安联创的"五联"工作机制；建立社会治安形势定期分析研判机制，解决动态化条件下社会治安出现的新问题；建立健全平安建设领导责任体系，解决任务空转、责任虚置问题。二是加强经费保障。区委、区政府把"三基"建设、社会治安防控体系建设、公共安全体系建设重点项目纳入全区"十三五"经济发展总体规划和各领域专门规划，同规划、同部署、同落实。三是夯实基层基础。年内完成政法委志的编撰工作，区综治办牵头编制"社会治理十三五规划"，经区政府常务会审议通过，印发全区贯彻执行。推进网格化服务管理，将网格化服务管理与村（社区）日常工作深度整合，做到一套班子、一套制度、一套表格、一体考核、一体保障。

【依法治区】 一是有序推进司法体制改革。推进法官、检察官员额制改革工作，区法院、区检察院员额制改革工作进展顺利；开展人民监督员改革试点，率先在全市启动人民监督员参与监督指定居所监视居住案件执行；出台并落实《长寿区全面深化公安改革实施意见》；实行诉访分离，建立涉法涉诉信访事项导入司法程序机制，推进律师参与化解和代理涉法涉诉信访案件工作；实施信访事项网上办理，网上信访信息系统实现全覆盖，信访业务实现全入网。二是推进公正司法。执行市委政法委关于贯彻落实《领导干部干预司法活动、插手具体案件处理的记录、通报和责任追究的规定》《司法机关内部人员过问案件的记录和责任追究规定》通知精神，建立领导干部干预、插手、过问案件记录追责制度，启用《过问案件全程留痕登记卡》。规范取证程序和方法，落实讯问全过程录音录像制度。严格落实检察机关提前介入侦查引导取证。修订《人民陪审员管理办法》，建立人民陪审员退出机制。全面落实警务公开，对包括出入境、户政、特种行业等26项行政审批事项进行清理，将所有相关信息向社会进行公开。三是推进全民普法守法。全面完成"七五"普法调研，"七五"普法规划正在有序推进。制订并落实《关于构建"谁执法谁普法"普法格局的实施方案》，建立区级单位年度普法工作目标任务责任制。落实领导干部尊法学法守法用法各项制度。加强法治文化传播体系建设，构建普法微博、微信、微电影的"三微"宣传网络。组织开展三月法治、综治宣传月等主题宣传活动，增强全民法治意识。

【执法监督】 一是协调政法各部门的执法活动。全年召开案件协调会20余次，对重大复杂疑难案件统一执法思想，明确办案的原则和方向。召开"渝安1号"公诉打击工作推进会12次，协调、督促相关部门圆满完成考核任务。二是开展案件评查和执法检查工作。评查政法各部门案件60件，均无重大执法问题。按照《执法督查实施办法》对政法各部门的窗口单位和派出机构进行明察暗访，促进依法履职和执法规范化建设。三是落实司法救助工作。协助、配合区法院、区检察院和区公安局办理司法救助案件14件，救助申请执行人和刑事案件受害人或近亲属14人，救助金额39.16万元。

【政法队伍建设】 一是履行党风廉政"一岗双责"。坚持党风廉政建设"一把手"负总责，分管领导具体抓，委领导班子分工明确、责任具体。坚持党风廉政建设工作领导班子负主体责任，纪检组负监督责任。制定《2016年全区政法系统党风廉政建设和反腐败分工责任制实施方案》，将党风廉政建设工作纳入全年工作计划，与各项工作同部署、同落实。二是强化作风建设专项治理。将党风廉政建设履职情况纳入政法委明察暗访重点内容，开展"三公"经费及津补贴福利专项治理、问题线索管理、节日期间明察暗访等各类作风建设专项活动。三是加强廉政教育。全区政法各部门党委（党组）认真学习贯彻党中央八项规定、十八大精神及十八届历次中央全会精神、《中国共产党党内监督条例》《关于新形势下党内政治生活的若干准则》等，促进政法干警廉洁自律、拒腐防变能力增强。四是全区政法系统开展"两学一做"学习教育，深化政法系统政治轮训工作，2016年全区政法队伍建设满意度 93.64 分，司法公信力 93.97 分，均保持在 90 分以上。五是按照干部管理权限，对政法各部门的领导班子成员和科级干部任免实施监督和管理，落实区政法各部门领导班子对新提拔的中层干部进行廉政谈话，有效杜绝在干部任用方面的不正之风。六是定期不定期对政法各部门的政法综治工作、落实廉政纪律要求等情况进行督促检查，随时关注可能出现的苗头性、倾向性和疑难棘手问题，采取适时约谈相关单位主要领导、分管领导的方式来推动工作开展。区委政法委全年对政法各部门开展执法检查 7 次，发现问题 10 余起，全部督促整改落实。（黄南天）

法治长寿建设

【“七五”普法规划】 2016 年，重庆市长寿区普法工作办公室（简称区普法办）制定《中共重庆市长寿区委宣传部、重庆市长寿区司法局关于在全区公民中开展法治宣传教育的第七个五年规划（2016—2020 年）》，通过区政府电子公文网广泛征求各街镇、区级各部门、各人民团体、在长市属部门和有关企事业单位的党组织的意见。区委、区府下发《中共重庆市长寿区委，重庆市长寿区人民政府转发〈中共重庆市长寿区委宣传部、重庆市长寿区司法局关于在全区公民中开展法治宣传教育的第七个五年规划（2016—2020 年）〉的通知》（长寿委发〔2016〕31 号），召开“长寿区开展法治宣传教育的第七个五年规划（2016—2020 年）动员大会”，启动长寿区“七五”普法。

【责任制落实】 长寿区以建设“法治长寿”为目标，以服务民生、服务经济为重点，深化“谁执法谁普法”责任制落实。一是组织实施区级单位年度普法计划。开展 2016 年区级单位普法计划申报，完成对区级各单位 2016 年度普法工作目标任务申报的审批；加强对区级有关单位的指导、监督，将“谁执法谁普法”工作纳入对各部门普法工作考核的重点。二是加强法官、检察官、行政执法人员、律师的以案释法工作。统筹协调召开“以案释法”联席会议；落实司法机关、行政执法部门、法律服务机构以案释法的主体责任；区法院、区检察院、区政府办、区司法局制订工作方案和工作制度，组织开展典型案例编辑和发布、以案释法宣讲等活动，实行办案过程法律告知制度，推动以案释法的制度化、规范化和常态化。三是加强对“谁执法谁普法”工作的指导督查，确保责任落实、措施到位。对措施不力、工作不到位、任务未完成的单位予以通报，督促限期整改。四是加强普法讲师团和普法志愿者队伍建设。长寿区建立普法讲师团专家库，包括公安局、检察院、法院、司法局的退休政法干警和教师等一批理论和实践经验丰富的成员，确定 128 名区级普法讲师，面向全区各机关、单位、学校和企业，按照行业、单位制定具体讲课时间安排表。普法讲师团全年在全区宣讲 3892 场。由区委宣传部、团区委、区普法办联合行文组建的由法律执业者、在校师生、大学生村官及各行各业团员青年组成的上百人的普法志愿者，开班培训，提升志愿者队伍的服务意识和服务水平。2016 年，普法志愿者到社区和村为群众提供法律咨询和法治宣传 3400 余场。

2016 年 3 月 20 日，长寿区普法办召开以案释法工作联席会

【全民法律素质提升】 根据不同普法对象分解任务和责任，创新普法方式，做到月月有宣传重点、有普法亮点。一是区工商分局、公安局、司法局等 42 个单位结合 3 月法制宣传月、“4·26”世界知识产权日、“5·15”打击经济违法犯罪日、“6·26”禁毒日等主题活动，举办法制宣传咨询活动，接受咨询 24000 余人次，印发宣传资料 29 万余份，制作法制宣传栏 135 块。二是安监局、林业局、文化委等 45 个区级单位以执法培训、安全培训、周例会、党委（组）中心组学习等方式开展领导干部和执法人法律法规培训。三是团区委、区检察院、区法院等 20 余家单位分别抽选 140 余人组成志愿者队伍，开展“送法进校园”“巡回法

庭”等系列活动120场次。四是区委组织部、发改委、国税局等44个单位，在电视台、广播电台、政府门户网站、报刊、微博、微信等媒体开展法治宣传。五是团区委、检察院联合开展“冬日阳光·温暖你我——莎姐与你手拉手”主题活动，加强青少年普法教育。六是区检察院建设“检察简史展览馆”“长寿预防职务犯罪警示教育基地”等普法教育展馆，发挥辐射效应，普及法律知识。

【领导干部普法】 一是坚持领导干部带头学法、模范守法。制订《长寿区领导干部学法用法制度》，领导干部每年集中学法不少于2次。把宪法、法律作为党委（党组）中心组学习内容。二是组织完成2016年春季、秋季全区领导干部和新提任领导干部法制理论考试，参加现场考试143人，网考10473人；组织133名领导干部旁听区法院庭审。三是建立学法轮训制度，将宪法、法律法规等方面知识，依托区委党校每期科干班、处干班开设法制课程培训。

2016年8月24日，长寿区普法办组织领导干部旁听庭审

【法治文化建设】 一是深化媒体宣传。将《长寿法治》专刊升级为《长寿普法》栏目设置，更加新颖、更加贴近百姓。有以案说法、法治动态、律师释法、法律常识、法律援助热线等老百姓喜闻乐见的内容，以剖析法律问题，讲解法律条文和提供法律援助咨询等形式，为群众开辟新的学法阵地和窗口；持续利用微博、微信，及时与网民互动交流，解答网民疑惑；加强“长寿普法网”建设，扩大法制宣传教育覆盖面和影响力。截至年底前，播放法治微电影50场，出版《长寿法治》10期33万余份，广播宣传160余期，专题访谈3期。二是加强法治文化阵地建设。在车站、高速路口和各镇（街道）政府大院等人群集中的地方，制作投放法治动漫户外公益广告220余幅；在桃花体育广场和协信广场LED大型显示屏每天滚动播放动态法制宣传公益广告；为各街镇统一制作法制宣传专栏，在全区开展“一镇（街道）一品”建设，打造一批普法示范小区和村居，制作一大批固定法治宣传专栏和楼宇法治宣传广告。

2016年1月9日，长寿区普法办组织单位向学校捐赠普法书籍

【“法治长寿”创建】 长寿区以建设“法治长寿”为目标，以“民主法治示范村（社区）”“诚信守法示范企业”“依法行政示范单位”等创建活动为载体，完善基层民主管理制度，全面推行“四民主两公开”（即民主选举、民主决策、民主管理、民主监督，公共事务公开、财务公开）。2016年龙河镇明丰村等6村1社区成功创建重庆市“民主法治示范村（社区）”。（倪春红）

公 安

【概况】 重庆市长寿区公安局（本分目简称区局）2016年有警力757人，其中男民警661人、女民警96，民警数与户籍人口万分比为8.26。其中机关警力50人，占区局总警力的6.6%；业务部门警力285人，占区局总警力的37.6%；交巡警警力110人，占区局总警力的14.5%；派出所警力312人，占区局总警力的41.3%；全局有警

务文职147人，治安协勤254人。区局有内设机构27个，其中机关单位5个、业务部门22个，派出所21个。

2016年以信息化建设为牵引，以队伍规范化建设为保障，提高维护稳定、打击防控、服务发展能力，助推平安长寿建设，实现队伍建设、业务工作的持续发展和进步，为全区经济发展创造良好的治安环境。

【维稳处突】 强化情报信息收集研判。围绕确保政治安全、政权安全，以重大节假日及敏感节点安保工作为主线，打主动仗，健全完善情报信息三级定期研判和重要敏感节点每日会商机制，提高情报信息研判的精准性。全年搜集上报各类情报信息5805条，采集上报市局涉稳信息127条，撰写境外舆情和预警线索350余篇（其中被公安部情报中心采用106篇，采用量排片区第三位）。及时准确上报区委、区政府及市局“重大信息快报”1385期，确保信息流转及时畅通。加强情报协作，全年向北京、四川、湖北等地发起情报协作69起；在侦办的苗某传销案中，通过与四川省警方开展情报协作共享，有效提升办案效率。

强化维稳处突工作。建立健全情报信息会商研判、重点人员分类稳控、网络舆情导控等一系列维稳机制，落实24小时网上巡查机制，落地稳控74人次，导控突发舆情291次，发布正面贴文13万余条，在处置菩提街道安乐堂选址、长化环保搬迁等涉稳事件中，实时掌控相关群体串联及关注人员动向，及时处置应对。提前介入，配合相关部门，清理整顿建筑领域拖欠农民工工资问题，全年为9640名农民工讨回工资1.8亿元，杜绝因讨薪引发的不稳定因素。妥善处置近200起非正常死亡事件和130余起较大涉稳闹事苗头，圆满完成“两会两节”“6·4”“7·5”、长寿湖龙舟赛、长寿湖铁人三项赛、G20峰会、中高考等重大敏感日安保维稳工作，实现工作总目标。

【平安长寿建设】 全年立刑事案件3408件，比2015年下降16.7%；破案1146件，上升4.2%；逮捕犯罪嫌疑人226人，批捕率97%；起诉犯罪嫌疑人598人，起诉率99.35%；受理治安案件12042件，下降6.1%，治安处罚7698人，打击任务全面完成。

保持严打高压态势。将专项行动与日常打击紧密结合，精心组织，全警动员，稳步推进以“打盗骗、挖团伙、强治安”为重点的“渝安1号”打击整治专项行动，取得全市第十名的成绩，实现行动总体目标。其中，破获入室盗窃、扒窃、通讯网络诈骗等刑事案件412起，起诉120人，分别比2015年上升72.38%、144.9%。开展冬春反扒专项行动，组建30名专业反扒队员，抓获扒窃违法犯罪人员76名（其中移送起诉54人，行政拘留22名），上升138%；带破扒窃案74件，上升118%，打掉扒窃团伙6个。严厉打击毒品违法犯罪，破获毒品刑事案件112起，起诉115人，缴获毒品5.86千克，禁种铲毒持续保持“零产量”目标。提高追逃工作的信息化水平，抓获在逃人员113人。开展非法集资清理整治，全年实现立案、涉案金额、参与人员“三下降”，策动区政府出台《长寿区非法集资举报奖励实施细则》，得到国务院处非联办肯定并向全国推广。

狠抓大案要案攻坚。强化主责意识，坚持大要案件领导包案，合成作战，先后侦破“4·7命案”“2005年红满园赖某某故意伤害致人死亡案件”“傅某某故意杀人案”等一批影响恶劣、危害较大的命积案，取得良好的法律效果和社会效果。查处各类涉枪线索210余条，全面完成公安部“7·10”“8·16”网络贩枪案的配侦工作。创新侦查技战法，三级联动、上下协同打击，成功打掉“江苏购房退税诈骗团伙”及“四川泸州跨省盗窃保险柜团伙”，抓获犯罪嫌疑人29名；深挖审查破案140余件，涉案金额200余万元，受到市局通报表扬。成功收网公安部第E04号集群战役，抓获犯罪嫌疑人11名，捣毁制假销售窝点7个，涉案金额5000万元。相继侦破公安部督办案件或省级目标案件5件，抓获毒品犯罪嫌疑人64人；成功破获“夜时尚”网络视频吸贩毒案，成为全国首例通过网络服务器而破获的毒品案件，为打击网络涉毒犯罪积累重要经验，受到公安部肯定。

【警务改革】 夯实基础设施建设。完成指挥中心涉密机房建设、桃源派出所及交巡警四大队业务用房建设工程、晏家派出所及交巡警二大队业务用房建设工程等重点任务；车辆管理工作，圆满完成公务车辆改革工作，全局保留公务车辆200台（其中，一线执法执勤用车151台，执法执勤特种专业技术用车49台）。

强化装备管理。加大对装备采购工作的投入力度，对监控系统进行高清数字升级改造，增加防护隔离网和光纤震动报警设施。对农村道路劝导站安装视频监控，建设电子围栏系统，采购网侦无线定位系统、移动终端位置搜索系统，对区局档案管理系统进行升级改造。

【社会治安防控】 健全完善治安防控体系。完善以基础网格为载体，以派出所民警、特警专职巡逻队、义务巡逻队、楼栋长队伍为主体的“大包围、小分割”网格化巡逻防控网络，突出强化社会治安防控体系建设，定期研判治安形势，提高巡逻工作针对性实效性，全年八类案件、可防性案件、侵财案件比2015年分别下降17.6%、14.5%、16.4%，通过巡逻防控抓获犯罪嫌疑人46名。强化校园安全管理，继续推进“护学岗”建设，开展校园及周边治安综合整治，切实维护校园稳定。强化对127家区级重点单位、35家加油点、39辆校车开展专项督检，逐一签订安全责任书，全年未发生企业内部安全责任事故。新的指挥中心依托应急指挥工程正式投入实战应用，年底前已建成视频应用、指挥调度、数据资源共享三大应用平台，接入城市监控视频1505个，实现业务网、语音网、视频网三网融合，车载定位、PDT、图上指挥相结合的扁平化指挥调度体系。

强化社会治安管理。加强对旅馆业、网吧、棋牌室等公共娱乐场所专项整治，依托旅馆业治安管理信息系统抓获上网逃犯26名，超额完成市局下达任务。推进社会治安重点地区排查整治工作，3个A类地区、4个B类地区刑事发案下降54%、53%，全部顺利摘牌。开展环保整治专项行动，严厉打击污染、破坏环境违法行为，全年破获环境违法案件14件，抓获嫌疑人25人，起诉5人。完善“警民联系点”工作机制，把全区222个警民联系点工作纳入社区警务绩效考核，发挥化解矛盾纠纷、维护辖区稳定、服务案侦工作的作用，全年协助破获刑事案件15件，有效化解较大矛盾纠纷45起；云台派出所发挥警民联系点人熟地熟的优势，使“4·7刘某某故意杀人案”得以迅速侦破。

【公共安全管理】 一是加强交通安全管控。发挥道路交通安全工作联席会、交安办每月联席会两个平台作用，开展交安系列整治行动12次，助推“文明城区”建设。利用电子警察、电子卡口全年查处重点交通违法行为2.98万起、纠违21万余起，罚款2550万元，规范道路交通秩序，全年交通死亡人数、受伤人数、直接经济损失比2015年分别下降43.2%、19.3%、48.8%，全区道路交通形势平稳可控。二是强化消防安全监督。加大对公共娱乐场所、公众聚集场所和高层建筑的消防监督、检查，全年发生火灾事故146起，直接经济损失61.2万元，分别下降18.9%、14.2%，保持连续三年下降趋势。三是扎实推进缉枪治爆。强化民爆危化品、物流寄递等重点领域和行业监管，确保全年未发生因民爆危化品漏管失控引发的案（事）件。强化安全保卫，确保大型活动无事故发生。四是加强监所管理。深入推进公安部“五化建设”，完成看守所女子监区及未成年人集中关押工作；拘戒所积极开展入所人员矛盾纠纷排查化解

2016年2月1日，长寿区公安消防支队入户开展消防安全宣传

2016年6月17日，长寿区公安局车管民警及交巡警，到凤城监狱为89名正在服刑的人员提供车管业务一站式服务

工作，被市局评为“全市拘留所社会矛盾化解工作成绩突出集体”。

【户籍制度改革】　稳步推进户籍制度改革，实行城乡统一的户口登记制度，实现居民身份证市内异地办证；强化实有人口管理，坚持人房关联基础信息采集，录入出租房屋3.1万余户、流动人口在库22.5万余人；完成人口信息无相片人员集中清理工作，清理完成率100%。出入境管理各项工作有序开展，全年受理因私出国（境）人员2万余人次，制作各类签注1853份，推出微信预约办理、延时服务、急事急办等便民利民措施。

2016年4月20日，河街派出所社区民警到居民家中进行流动人口登记

【队伍建设】　一是打造忠诚公安队伍。立足“两学一做”学习教育专题实践活动，学习总书记习近平系列重要讲话精神，区局党委组织开展22次集中学习讨论，中心组发言20次，交流发言159次；局属各党支部组织全体民警和文职协勤开展集中学习讨论331次、自学3250次。召开征求意见建议座谈会、个别访谈、发放征求意见表等，帮助查找区公安局党委和班子成员存在的突出问题，制定整改措施、明确整改时限和整改目标。二是强化廉政及效能建设。完成区纪委驻区公安局纪检组派驻工作，履行纪委督察职能职责。落实廉政谈话制度，开展廉政任前谈话36人次，廉政例行谈话、诫勉谈话110余人次，把倾向性和苗头性的问题解决在萌芽状态。以治庸提能力、治懒增效率、治散正风气，强化民警的会风会纪等日常养成和八小时外的管理。从严执行“三项纪律”和中央“八项规定”，增强民警的组织纪律观念和服从意识，健全绩效考核评价体系并强化结果运用，一批优秀民警走上领导岗位。三是强化执法规范化建设。强化学习培训，组织22期500人次参加人民法院旁听庭审。研究制订《长寿区公安局执法监督管理委员会工作细则》，发挥执法监督管理委员会职能作用，针对执法突出问题和急需解决的执法难点，找准症结，制定对策。举办各类法制讲座13次，深入基层所队开展法制帮扶6次，提升规范执法能力。2016年，区局法制支队荣获集体三等功。四是公安宣传有新气象。坚持“宣传公安工作先进典型，塑造公安队伍良好形象”，提升宣传水平。依托电视台、报刊、公安门户网站、网络微博等现代传播媒介，宣传公安工作和队伍建设。2016年在中央级媒体刊发新闻稿件10篇、市级媒体刊发稿件336篇、在中央电视台播放专题节目2次，出刊《长寿公安》29期。2016年7月开通“平安长寿官方微信公众号”，到年底发布宣传文稿71篇，被转发30余万次。结合“禁毒日”“交通安全日”“110宣传日”，策划主体宣传活动12次，提升长寿公安的影响力和正面形象。

（高丽岚）

检　察

【综述】　2016年，重庆市长寿区人民检察院（简称区检察院）坚持“廉洁从检树形象，坚定信念争一流”的发展方向，忠实履行宪法和法律赋予的职责，各项检察工作有长足发展，办案力度大大增强，案件质量稳步提升，工作效率显著提高，群众满意度和司法公信力再创新高。获得区级以上表彰奖励30项，获得“全国先进基层检察院”“全国宣传工作先进集体”“全国青少年维权岗”3项国家级荣誉，获得8项市级荣誉；干警中，1人入选首批全国检察机关职务犯罪预防人才库，1人的论文获全国检察机关征文二等奖，1人获得全国“六五”普法先进工作者，22人次获得市检察系统表彰。

【刑事检察】　依法履行批捕和起诉职能，全年审查提请批准逮捕各类刑事犯罪案件151件230人，批准和决定逮捕145件223人；审查移送起诉犯罪案件513件694人，提起公诉416件572人。参与“渝安1号”专项整治行动，起诉故意杀人、故意伤害、强奸、聚众斗殴等严重暴力犯罪以及“盗扒骗”“黄赌毒”等多发性侵财和破坏社会管理秩序犯罪案件247件369人。依法打击涉众型经济犯罪及破坏市场经济秩序犯罪，办理非法吸收公众存款，生产、销售伪劣产品，非法经营，信用卡诈骗等案件18件32人。

【宽严相济】 严把法律政策界限，对犯罪情节轻微的，依法作出微罪不起诉决定38件42人，对构成犯罪但法定刑较轻、具有认罪悔罪表现等无逮捕必要的，不予批准逮捕4人。贯彻落实轻微刑事案件快速办理机制，全年启动快速办理机制32件37人。

【涉检信访】 开展涉检信访案件定期排查和专项化解，全年受理首次信访59件，重复信访11件；受理刑事申诉案件4件，司法救助案件2件，均得到妥善处理，做到“案结事了”。依法受理群众诉求，通过“定点+巡回”的工作模式，接待群众来信来访424人次。认真落实“检察长接待日”制度，检察长全年接访9次19人次，批阅群众来信27件次。

【社会治安综合治理】 探索建立以诉讼权利保障、案后跟踪帮教为特色的未成年人刑事检察工作机制，办理未成年人刑事犯罪案件24件33人，其中起诉23件30人，附条件不起诉1件3人。开展“莎姐百校行”活动，为全区多所中小学校8000余名在校师生讲授法制课。落实合适成年人到场、社会调查、附条件不起诉、犯罪记录封存工作，加强对涉罪未成年人行为帮扶和心理矫正，开展一对一帮教2人。落实“谁执法谁普法”责任制，面向社会开展各类法制宣传56场次，发放宣传资料2.3万余册。

【职务犯罪预防和查办】 构建“党校、警示教育基地、基层中心检察室”三位一体大预防格局，与区委党校构建常态化预防机制，开展预防职务犯罪专题讲座5次，受教育的科、处级干部460余人；打造“长寿区预防职务犯罪警示教育基地”，现场参观、虚拟场馆体验和网络点播，向600余万人次开展廉政警示教育，该基地被重庆市委组织部、重庆市委党校、重庆市行政学院命名为“重庆市干部教育培训现场教学基地”；以检察室、检务联络室为平台，开展基层预防职务犯罪专题讲座7次，受教育基层干部1800余人次。深化行贿犯罪档案查询工作，受理行贿犯罪档案查询799个次，对其中被查询到具有行贿犯罪记录的1个单位、15人次进行相应处理。

坚持党委统一领导下的反腐工作格局，立案查办职务犯罪案件22件25人，其中大案20件23人，查处处级以上要案7人，要案率28%；查处滥用职权、受贿双罪名案件2件2人。为国家挽回直接经济损失75.67万元。重点查处与群众切身利益密切相关的行业领域职务犯罪，突出“系统抓、抓系统”，立案查办全市及永川区水利工程建设领域窝案、串案5件5人；查处长寿区征地拆迁建设领域受贿、滥用职权职务犯罪窝案、串案9件9人；查处街镇荒山造林项目建设领域职务犯罪窝案、串案4件5人。

【诉讼监督】 加强刑事诉讼监督，对审查逮捕、审查起诉中发现事实不清、证据不足的，不予批捕7人；成功追捕漏犯6人，追诉漏犯2人；督促行政执法机关移送案件线索4件7人，提前介入侦查案件26件次，参与重大案件讨论46件次。加强刑事执行监督，查办刑事执行领域职务犯罪1件，办理羁押必要性审查案件15人，提出变更强制措施建议并得到采纳12人次；开展“审前未羁押交付执行专项检察和财产刑执行专项检察工作”，核查审前未羁押判处实刑案件792件976人，对发现的问题依法作出相应处理。加强民事行政诉讼监督，受理申请监督案件和上级院交办案件106件，已审结98件，其中提请上级院抗诉6件，获法院再审改判1件；成功办理2件虚假诉讼监督案件。

【规范化建设】 强化基层执法监督，定期到公安派出所开展入所检察，收集、调阅、审查接报警记录24472条，对发现的问题及时进行口头或书面纠正；按照上级检察院的统一部署，对辖区派出所刑事立案后未捕未诉情况开展专项检察。加强社区矫正监督，按照“一人一档”要求，对辖区400余名社区矫正人员建立矫正监督档案，通过专题法制讲座、“家属法制课堂”、组织观摩庭等方式，加强矫正人员改造和教育。完善信息数据库建设，将自主设计的“辖区基础信息数据库”与市检察院“重庆市惠农扶贫项目资金数据共享信息系统”相结合，收集各类信息630万余条，涉及惠农扶贫资金3.5亿元。服务全区街镇换届工作，通过现场监督投票、对村居干部进行廉政教育等举措，保障基层换届风清气正，开展专题廉政警示教育20余次。为辖区党委、政府分忧，运用“多方联动化解矛盾机制”，整合辖区力量共同化解基层重大疑难复杂矛盾纠纷。

采用定期培训、庭审观摩、重点课题研究部署、实战案例演练等措施，提升干警执法规范化水平。年内开展检务督察25次，通报问题2个。坚持办案痕迹化管理，继续推行检委会同步录音录像制度，提升检委会决策权威性，召开检委会23次，审议议案57件。借助统一案管系统，加强案件流程管理，开展网上流程管理600余件。深化终结性法律文书公开工作，公开案件程序性信息709份，公开法律文书356份。打造检务公开新平台，正式开通“长寿检察”微信公众号、新浪官方微博和“长寿检察在线”今日头条，发布各类信息203条，在中央、市等各级媒体播发检察工作信息50余条，面向全国网络直播宣传展示预防职务犯罪警示教育基地。

推进司法责任制改革，按照《重庆市检察机关首次选任员额制检察官工作实施方案》规定，稳妥推进检察官员额制改革。深入解读改革政策，广泛收集意见建议，有针对性地开展队伍思想政治工作，抓好各个环节组织工作，确保改革过程中人心不散、队伍不乱、工作不拖。选任首批员额检察官29名。

区检察院自觉接受人大及其常委会的监督，采取报告工作、通报情况、邀请视察、参与执法检查等多种形式，主动向区人大常委会专题报告公正司法情况1次；邀请全国各级人大代表团125名人大代表到区检察院开展专题视察，其中，由最高人民检察院、重庆市人民检察院联合组织的全国人大代表吉林团在视察过程中，对区检察院预防职务犯罪工作给予高度肯定。主动接受政协民主监督和社会监督，邀请各级政协领导、委员视察该院，市政协副主席姜平对区检察院预防职务犯罪工作给予高度评价。落实人民监督员接待日制度，开展“接待岗+3个基层中心检察室”的“1+3”接待日活动；提请人民监督员评议监督案件3件，邀请人大代表、政协委员、人民监督员等对2件审查逮捕案件开展公开审查。（周　丹）

2016年重庆市长寿区人民检察院领导人名录

检　察　长：梁经顺
副检察长：王义尧（2016年12月离任）
　　　　　余正华（2016年12月离任）
　　　　　周　红（2016年12月任）
　　　　　袁　刚　王　康（兼）
　　　　　但　愉（女，2016年12月任）
政治处主任：周　剑（2016年10月离任）
　　　　　　江　瑛（女，2016年10月任）
纪检组长：祖小彬（2016年9月离任）
　　　　　丁　涛（2016年10月任）
职侦局局长：王　康
职侦局政委：龚文彬
检委会专职委员：韩为民　代　鹏　陈万堂
　　　　　　　　祖小彬（2016年9月任）

法　院

【概况】 2016年，重庆市长寿区人民法院（简称长寿区法院）有内设部门19个，其中人民法庭3个。有编制内干警162人，其中员额法官55人。全年受理各类案件15505件，审执结14305件，审执结率92.26%。被市高院评为“调研工作先进法院”。

【刑事审判】 受理刑事案件487件，审结464件，审结率95.28%，判处罪犯594人。严惩严重危害人民群众生命财产安全犯罪，审结故意杀人、抢劫强奸等案件39件50人。依法惩处盗窃、诈骗等侵财类案件，审结该类案件151件229人。严厉打击毒品犯罪，审结涉毒犯罪案件78件88人。有效遏制涉交通安全犯罪案件高发态势，快速审结危险驾驶、交通肇事案件84件84人。准确把握办理贪贿案件的新精神、新政策，审结贪污贿赂等职务犯罪案件23件25人。加强司法人权保障，依法审结未成年人犯罪案件38件38人，依法对167名犯罪人员适用缓刑，依法为34名被告人指定辩护律师。

【民商事审判】 受理民商事案件10601件，审结9798件，审结率92.43%。助力推进供给侧结构改革，妥善审理重庆东茂房地产公司等破产案件4件。及时维护入驻企业合法正当权益，依法审理重庆化工园区招商引资等纠纷36件。促进家庭和谐，依法审结离婚继承、赡养抚养等婚姻家庭纠纷案件1382件。妥善化解涉民生案件，审结人身、财产损害赔偿等侵权案件1181件。促进劳动关系规范，快速审结追索劳动报酬、社会保险赔偿等劳动争议案件1158件。促进“三农”发展，审慎处理土地承包经营权流转、土地租赁合同等涉农案件341件。促进诚信守法经营，高效审结建设工程施工、加工承揽等合同纠纷案件1900件。应对经济下行压力带来的风险，成功化解借贷纠纷案件1412件。应对物业纠纷案件比2015年同期增加120%的爆发态势，成功化解该类案件2379件。

【行政审判】 受理行政案件208件，审结187件，审结率89.90%。支持行政机关依法行政，受理行政非诉审查案件201件，审结201件，裁定准予执行129件。推进行政首长出庭应诉制度，行政机关负责人出庭66件，出庭应诉率75.86%。护航经开区“生态防护屏障建设”项目，妥善处理行政争议42件。促进行政机关完善管理，向有关部门提出建议意见20余条。

【执行工作】 受理执行案件4006件，执结3654件，执结率91.21%，兑现标的2.52亿元。强化执行强制措施运用，采取搜查208人次，拘留15人，罚款1人，1名被执行人移送公安机关启动刑事责任追究程序。创新执行工作机制，集约化查控被执行人财产，查询银行3865次，查询车辆2537次，查询工商1539次，查询房产3323次。加大失信惩戒力度，纳入失信被执行人名单库2404人次，限制高消费17人次，限制出入境2人次。127名失信被执行人主动到法院履行给付义务。开展执行专项活动，执结涉民生案件841件1120.64万元。依法保障重点项目建设，执结强搬强迁案件23件，消除困扰长洪公路扩建工程5年之久的障碍和助推物流园区建设。

【司法为民】 整合诉讼服务平台，强化长寿区法院诉讼网站建设，加强与银行、邮政等部门的沟通联系，为当事人提供POS刷卡等诉讼服务。成立民事财产保全中心，发出首个“行为保全”禁令，完成财产保全案件246件，涉案标的2.74亿元。设置律师快速通道，建立律师工作室，健全与区司法局、律协三方联席会议制度。完善基层便民网络，延伸人民法庭便民服务，三个人民法庭巡回审判72次。打造巡回审判固定场所，在云台镇建成固定巡回审判庭。加强与便民服务点联系，定点收案137件，培训人员280余人次，协助送达401次，参与调解507次。提升诉讼服务品质，加强诉讼引导，提供咨询导诉服务8972人次。规范立案登记，登记立案13798件，当场立案率99.55%。设立速裁速调工作室，快审案件425件。广泛适用简易程序审结案件7957件，适用率71.57%。开展法律进社区、进学校等活动，到行知学校、双龙中学等法制宣讲18场次。深化司法公开机制，建成审判流程、裁判文书和执行信息公开三大平台，上网公布裁判文书6957份。及时回应社会关注，更新发布工作信息380余条。主动接受媒体社会监督，召开“基本解决执行难”“两抢一盗”等3场新闻发布会。打造阳光司法，微博直播案件庭审9次。举行法院“开放日”活动，邀请60余名市委党校厅级干部培训班旁听庭审。

2016年3月3日，长寿区法院在邻封镇庙山村巡回审理案件

【改革创新】 顺利完成员额法官遴选任务，确定61名人选报市法官遴选委员会，由市高院党组批准确定55名员额法官。首批入额法官平均年龄43.6岁，平均担任法官职务14.5年。落实司法责任制，制定《关于完善司法责任制的实施办法》等10个规范性文件，自4月起取消院庭长案件审批权，法官依法独立签署文书，实现“审理者裁判”。严格执行领导干部和法院内部人员干预司法活动、插手具体案件处理的记录、通报和责任追究制度，出台《瑕疵行为责任追究办法》，落实“裁判者负责”。优化审判管理，规范监督管理职责，出台《关于院庭长审判监督和审判管理职责的指

导意见》。修订《审判委员会议事规则》，研究范围由10项减为6项，研究案件47件，比2015年同期下降44.05%。成立刑事、民事等5个专业法官会议，提供咨询服务20余次。全面开展审判监督，受理再审案件2件，审结1件。深入开展案件质量管理，评查案件1190件次，回访案件1506件。

【自身建设】　坚持重教严管，开展“两学一做”学习教育，深入学习党的路线方针政策和总书记习近平重要讲话精神。认真落实“两个责任”，开展任前廉政谈话6次97人，层层签订党风廉政建设责任书163份，设立专职廉政监察员，开展廉政审查85人次。严格执行中央八项规定，全年公务接待费7.33万元，比2015年同期下降15.36%。坚持厚爱善待，继续开办“青年业校”，组织各类培训17场610人次，2名干警考取硕士研究生，1名干警考取博士研究生。制定一线磨砺计划，选派6名青年干警到人民法庭锻炼成长。坚持内涵发展，编撰完成52万字的《长寿法院志》，1篇信息被中办、市委办采用，1名女法警参与并获得全国司法警察技能赛团体第二名，2篇论文获全国法院系统学术讨论会三等奖。审判大楼主体工程已经封顶，新旧大楼地下通道项目即将进入招标施工阶段；三个人民法庭新建项目成功纳入政法基础设施建设“十三五”规划，已完成项目选址。

2016年3月29日，中共长寿区委书记赵世庆率区四大班子领导视察法院审判大楼建设情况

【接受监督】　自觉在人大、政协及社会各界的监督下开展工作，向区委作《关于2015年行政机关负责人出庭情况的报告》，区委书记赵世庆作出批示；向区人大常委会专题报告2015年公正司法开展情况，受到肯定。向每位人大代表、政协委员赠送《寿乡法苑》文集，发放监督联系卡700余张。及时办结代表、委员关注案件3件、意见建议18条，代表对《关于恢复洪湖片区法庭的建议》回复表示满意。持续开展“邀请代表委员旁听案件”活动，邀请代表、委员旁听庭审、见证执行16场96人次。加强与检察机关沟通交流，支持配合履行法律监督职责。强化人民陪审员参审、监督力度，参审案件2136件。　（王利利）

2016年重庆市长寿区人民法院领导人名录

院　　长：柳德新
副 院 长：周　红（2016年12月离任）
　　　　　但　愉（女，2016年12月离任）
　　　　　王义尧（2016年12月任）
　　　　　殷俊勇
　　　　　余正华（2016年12月任）
政治处主任：余声文
纪检组长：殷　俊
执行局局长：王俊义
执行局政委：谢　葵（2016年12月任）
审委会专职委员：徐　静（女）
　　　　　赵　蓉（女）　罗淑芳（女）

司法行政

【概况】　2016年，重庆市长寿区司法局（简称区司法局）在市委政法委开展的政法系统业务工作和队伍建设民意调查中连续6年综合满意度得分在全区政法各家排名第一，在全市区县司法局执法执业综合管理目标考评中获得“优秀”等次，在推进基层基础建设工作中被评为“优秀单位”；但渡司法所所长王秀蓉、双龙司法所所长代善银被评为重庆市优秀司法所长，王秀蓉、朱江两人被区委记三等功。

【人民调解工作】　2016年，全区调解各类矛盾纠纷18020件，调解成功17882件，比2015年同期上升1.1%；调解成功率99.23%；协议金额12672.45万元，上升2.1%。

调处重大矛盾纠纷，全年参加信访接待、案件联席会39次；法律宣传、政策解释300余人次；调处区级重大矛盾纠纷51件，调解成功51件，比

2015年同期下降14.9%，调解成功率100%，协议兑现金额1156.25万元。人民调解组织向基层延伸，印发《关于建立企业人民调解组织实施方案的通知》（长司发〔2016〕50号），在重庆煜焜、重庆斯泰克2家企业成立企业人民调解委员会。长寿经开区司法行政工作室调处重大矛盾纠纷14件，协议兑现金额311.75余万元，配合经开区处置突发事件26件，涉及300余人。创新人民调解工作手段，微信公众号、官方微博、官网，长寿普法网、《长寿日报》《长寿文化》等媒体推广“巴渝和事佬”APP，提供二维码方便群众扫描下载；年底前全区有效注册人数331人，全市排名第三。

【法律服务】 2016年，全区有律师事务所6家、基层法律服务所9家，律师33名、基层法律服务工作者37名。法律服务执业人员代理经济、民事、行政案件1570件，比2015年上升7%；刑事案件59件，上升7.3%；非诉讼法律事务126件，上升72.6%；解答法律咨询6773人次，代写各类法律文书607份，上升10.8%；为群众挽回经济损失5000余万元，上升11.2%；司法鉴定机构办理鉴定业务258件；受理公职律师申请33人。

建成以区青少年维权（咨询）中心为主体，73个工作站（学校51个）为枢纽的青少年维权（咨询）体系，实现与团区委“12355”青少年服务台无缝对接。律师提供免费咨询700余人次，免费为残疾人代写文书23份；司法鉴定机构免费咨询200余人次。搭建法律服务平台，年内全区政府部门法律顾问开展法治讲座10场，参与重大事项研判26次，提供法律意见80条，出具法律意见书37份，审查规范性文件43件，草拟合同30份，代理案件57件。全区法律服务团走访企业36次，出具法律意见书9份，提出合理化建议66条；为平台单位审查合同20份，提供法律咨询15次，挽回直接经济损失3016万元。主动参与矛盾化解，全区律师参与区领导信访接待9次，参与重大矛盾纠纷化解15次。推进律师参与化解和代理涉法涉诉信访案件，多次组织市律协长寿分会、律师事务所主任专题会，建立由20人组成的律师参与化解和代理涉法涉诉信访案件人才库，制定出台《关于律师参与化解和代理涉法涉诉信访案件的工作意见（试行）》。年内全区律师参与涉法涉诉信访接待咨询22次，办理涉法涉诉信访案件2件。加强律师执业权利保障，区司法局、市律协长寿分会先后与区法院、区检察院、区公安局研究制定出台保障律师执业权利三方联席会议制度。针对2014—2016年司法鉴定机构培训情况、鉴定机构和人员遵守职业道德、执业规范情况和司法鉴定机构规范化建设等开展司法鉴定专项检查。对设定的行政权力事项进行全面清理，确认行政审批6个大项、14个小项，行政处罚14项，行政给付3项，行政检查4项，行政奖励2项。

【社区矫正和安置帮教】 2016年，全区接收社区矫正人员284人，比2015年上升3.27%；解除社区矫正人员338人，降低21.58%；提出警告26人次；表扬16人次，上升433.3%；提请居住地变更16人（已完成手续办理8人），外出请假58人次，对社区矫正人员提出收监执行8人，下降11.11%，已裁定7人；社区矫正人员重新犯罪1人，下降66.67%；入矫谈话笔录240份，开展初始教育10次230人次，完成社会调查报告73份，进行心理测试238人次，开展团体心理辅导9次，进行就业咨询90人次。2012年至2016年，接收矫正人员1922人，解除矫正1629人，在册293人。刑满释放人员回归971人，上升1.68%，安置951人，安置率98%；帮教971人，帮教率100%。安置帮教期内刑满释放人员在册人员5219人，安置率98%，帮教率100%。

由区委常委、区委政法委书记牵头组成长寿区矫正工作领导小组，不定期召开联席会议。制定出台长寿区《社区矫正工作流程》等规范性文件35份、台账档案48种，在全市率先制定出台矫正人员首次报到、期满解矫统一移交档案、刑满释放人员衔接、排查走访等10项制度。改进管理，调整完善领导机构、指导管理机构、日常监管机构、专职工作机构。多措并举加强防范，对每一名社区矫正人员建立“公安派出所、镇街、村居”三方共同监管小组。通过移动互联网的区域监管、信息交互、警示告知、信息发布等功能，实行“全日制、全方位、全内容”监管模式，手机定位随时监控社区矫正人员的方位。针对社区服刑人员的犯罪原因、心理类型、现实表现等因人而异制定矫正个案，按现实危险程度和再犯罪可能性大小，实行重点对象严格监控、一般对象普通监管。实行专题化分类教育，年内全区组织集中教育3083人次、社区服务3061人次、个别谈话2352人次、走访教育2003人次。协助生活困难的刑满释放人员及家庭提出申请，协调民政、人力社保等部门给予救助。

【法律援助】　2016年，全区受理法律援助案件1601件（民事案件1458件、刑事案件138件、行政案件5件），比2015年增长31%；办结1745件（民事案件1522件、刑事案件219件、行政案件4件），增长16%；为受援人挽回经济损失2317.78万元（其中挽回农民工经济损失880.58万元），增长2%，实现“应援尽援、应援速援、应援优援”。

出台《长寿区关于完善法律援助制度的实施意见》（长寿委办发〔2016〕38号）；协调增加法律援助中心编制2名，与财政局共同出台《重庆市长寿区法律援助办案经费管理办法》。推进便民措施，率先在全市实行“点援制”工作模式，从值班队伍中挑选三年无投诉、办案质量高的30名优秀律师和基层法律服务工作者组建“点援”队伍。全年办理“点援”案件1035件，为受援人挽回经济损失1360.72万元；优化特殊人群法律援助服务，为113名老年人提供法律援助取得利益303.99万元，被全国老龄办评为“全国老年法律维权工作先进集体”。规范监督管理，对受理的案件均使用“法律援助办案监督卡”，实现办案过程可监控；加强旁听、回访工作，对民事案件中办结的153件和381件分别进行旁听和回访，旁听率和回访率分别达到10.05%、25.03%；建立案卷整改一次性告知制度。

【公证工作】　2016年办结各类公证4315件，比2015年增加30.3%；收费217万元，增加26.1%；出具的公证书使用范围覆盖全国各地以及40多个国家和地区。全年接待、解答当事人法律咨询5000余人次，为当事人起草、修改各类法律文书2000余份，为企业提供公证服务500余件。

围绕重点工作做好公证服务，多次参加凤城街道、渡舟街道、晏家街道等的违章建筑拆除，沙井农贸市场秩序整顿，“渡舟·民生佳苑”2057户、“八颗·森香蓝庭”672户拆迁安置抽签选房等工作。开拓银行金融信贷公证业务，全年为三峡银行、重庆银行、工商银行、建设银行等金融机构办结债权文书赋予强制执行效力公证80余件。为重庆农村商业银行A股上市提供公证服务，10天时间为150名股东办理现场签名（印鉴）公证，确权比率100%，长寿支行的股东确权工作走在全市40个支行的前列。强化服务意识，年内为五保户、残疾人、孤寡老人等贫弱群众申办公证且符合法律援助条件的，减、免公证费用3.5万元，为年老、残疾、危重病人等特殊群体申办公证的预约或上门服务63次；为年满80周岁的老年人免费办理遗嘱公证21件，主动为扫雷英雄程俊辉烈士的家属提供公证法律援助。整合办证材料，简化办证程序，对通常办理委托、继承权、遗嘱、财产约定协议、保全证据、债权文书赋予强制执行、涉处等七大类公证进行流程简化。

【队伍建设】　区司法局坚持把思想政治建设摆在第一位，加强正规化、专业化、职业化建设，建设信念坚定、执法为民、敢于担当、清正廉洁的司法行政队伍。

利用新媒体开展“两学一做”学习教育活动；在全区范围内开展群众满意度民意测评2次，发放调查问卷1100余份，主动了解、帮助解决群众最关心、最直接、最现实的问题。绩效考核加大平时考核工作力度，加强考核内容实地检查。落实进度督查，建立完善重点工作推进制度。强化业务培训，制定出台《重庆市长寿区司法局2016年培训工作暨司法行政大讲堂实施方案》。多举措落实基层党建工作，规范组织建设，成立长寿区司法局联合党支部，将全区各司法所党员纳入联合党支部；指导重庆市律师协会长寿分会联合党支部党建工作，开展以“坚守信念 不忘初心 明确方向 继续向前”为主题的微党课活动。加强党风廉政领导，狠抓主体责任落实；落实党内监督各项制度和监督责任。规范选人用人，完成2名正科级领导干部、5名副科级领导干部的选拔任用和任前廉政谈话。

【外宣工作】　2016年，长寿区司法行政外宣工作取得历史性突破。有9条稿件被人民网、新华网及司法部网站等国家级媒体采用，148条稿件被《重庆日报》、《重庆政法》杂志、《重庆法制报》、华龙网、《重庆司法行政》杂志、重庆司法行政网等市级媒体采用。以《长寿日报》、长寿新闻网、长寿手机报、长寿日报微信、人人长寿APP、《长寿文化·长寿普法》及长寿司法行政网等媒体平台为载体，刊发各类稿件400余条。其中，整版专刊2个，头条、专题、专栏等深度稿件20余条。

区内宣传在“全媒体”的媒介资源下，呈现出“全面、全部、全程、全方位”的特点。新闻宣传做到新闻性、宣传性、服务性的统一，稿件较好地做到大小结合、图文结合、长短结合“三个结合”。

【机关工作】 2016年，区司法局立足创新，机关工作取得新成效。精准扶贫卓有成效，确保2016年底江南街道龙桥湖村2015年已脱贫6户农村贫困户不再返贫，新增2户对象全部越过扶贫标准线目标。实行“一户一领导，一户一部门”对接贫困对象，完善“区局—街道—村”三级联动工作制度。承担创建文明城区牵头负责的任务有4项，协助办理的任务有6项，每一项均设立牵头领导和牵头单位，到年底，各项指标均已达到要求，资料报送和实地考察均已达标。年内区司法局主办人大建议1件，政协提案5件（主办2件，协办3件）、意见建议1件，落实工作责任制，办理工作规范化、制度化，均在规定时间内全部办理回复完毕，委员满意率100%。（陈跃勇）

【监狱管理】 重庆市凤城监狱（简称凤城监狱）位于长寿区北城大道101号。凤城监狱前身为1952年成立的菩提山劳动改造大队，对外称长寿县国营地方农场。监狱体制几经变革，1996年从原四川省第二监狱划分出来成立四川省凤城监狱；重庆直辖后，更名为“重庆市凤城监狱”。监狱占地12.33公顷，内设科室15个、监区9个。是重庆市定点关押男性艾滋病犯的唯一监狱。

凤城监狱坚持“严格、依法、科学、文明”的治监理念，贯彻执行“惩罚与改造相结合、以改造人为宗旨”的监狱工作方针，运用狱政管理、教育矫治、劳动改造三大改造手段改造罪犯，维护监管场所的安全稳定，维护社会的和谐。在改造艾滋病罪犯的工作中，创造性提出“严格管理与人文关怀，心理矫治与疾病治疗相结合”的教育改造方式，将“回归、守法、无害”作为教育改造这类特殊罪犯的目标。凤城监狱连续10年实现“无罪犯脱逃、无狱内安全事故、无传染病疫情事故”的“三无”目标。成功改造包含职务犯罪、涉黑犯罪、暴力刑事犯罪、普通刑事犯罪等各类型的一大批罪犯，为维护社会秩序，构建和谐社会做出应有的成绩。凤城监狱2009年获重庆市“青年文明号”称号，2010年获“园林式监狱”称号，2011年获重庆市“十佳政法单位”和“优秀基层领导班子”称号，2014年度被评为全市监狱系统安全生产工作先进单位；涌现出全国监狱劳教工作先进个人、全国政法系统优秀党务工作者、第八届人民满意公务员邹长铭、陈益平等先进典型。

2016年，凤城监狱加快硬件设施的改造，实现管理环境的提档升级。二期工程建设稳步有序推进，完成监管区大门改造、配套设施建设及烟感报警系统的安装和消防管网的改造，完善监狱监管区大门功能建设，更新升级掌静脉识别系统，为基层监区配发执法记录仪，继续深入推进“四防一体化”建设，提升安全保障水平。监狱购置消防车，成立监狱消防队，联合长寿区消防支队对监狱义务消防队员进行业务培训。整改安全生产重点隐患，成功通过国家安全生产二级达标验收，建设全市监狱系统第一个标准、规范的危险化学品库房并完善相关设施，促进劳动现场管理规范化。

落实各项制度，坚持落实罪犯板块位移、监区半小时清人点名、安全生产责任制管理等规章制度。先后开展“监管安全排查整治暨规范执法司法行为”“六查六纠”“四查四改四专项”等专项活动，以大动作换来大转变，使民警执法观念、执法能力得到明显提高，安全首位意识增强。推进“三共”活动，完善与武警部队共建、共管、共保安全联席会议、联检联评、相互监督等联防协作制度，建立与驻地公安机关的协同追逃、支援平暴等突发事件处置机制。

遵循教育规律，教育改造着重于罪犯的思想信念的转变，对罪犯进行守法教育和公民教育。坚持因人施教，突出抓好危顽罪犯的教育转化，着力提升教育的针对性、实效性。劳动改造重在改造罪犯好逸恶劳的不良品行，重塑劳动人格，培养劳动技能，着力发挥劳动改造的矫正习艺作用，完善“训考一体”的职业技能培训鉴定体系，建立“订单式职业技能培训基地”，组织罪犯参加国家职业技能培训，职业技能培训获证率达到95%以上，为刑释顺利就业奠定基础。不断强化心理矫治和精神类罪犯改造，全年开展各类心理辅导16场，接受辅导360余人。全狱完成罪犯心理健康档案，建档率100%。为艾滋病犯量身定制改造方案，坚持治疗与改造相结合。整合社会帮教力量，促进罪犯积极改造，全年有针对性地开展10余起社会亲情进围墙活动，邀请菩提寺高僧到监狱为罪犯专题开展“请佛菩提寺 问道促改造”等社会帮教活动，在社会及服刑人员当中传播正能量。

公正文明执法，深化狱务公开，加强宣传力度，落实狱务公开内容，发放《狱务公开守则》，狱务公开的内容更加规范，形式更加多样，查询更加便利，群众更加满意，执法公信力显著增强。加强罪犯劳动岗位调整、计分考核、减刑假释等重点环节的监督检查，确保执法公正。依法做好收押和释放工作，未发生一例违规和错误释放。推行执法全程留痕机制，确保执法各环节都有规可依、有章可循、有据可查。保障罪犯合法权益，加强与社会医院的合作共建，完成罪犯医疗保险和无卡结算协调工作。加强罪犯伙食管理，在罪犯食堂推行天天处理、整合、清扫、规范、检查、改进的“6T”管理法，强化食品安全管理，确保食品药品绝对安全。完成罪犯入监“零带入”的被服保障工作和罪犯热水开水供应。三级诊疗制度和罪犯外诊管理有效落实，疫情病情防控有力。

从严治警，推进“两学一做”学习教育常态化，选树先进典型，增强广大监狱民警对党的监狱事业的政治认同、理论认同、感情认同。坚持素质强警，按照“缺什么、补什么”的原则，开展岗位技能培训，提高民警队伍业务素质；坚持文化育警、从优待警；把“忠诚奉献、惩教育人”作为警营文化的主旋律，提振队伍的精气神；加强民警队伍平时工作考核，综合运用批评教育、组织处理等措施从严教育管理队伍，确保队伍风清气正。

（王智航）

2016年重庆市凤城监狱领导人名录

党委书记、监狱长：罗　成

党委副书记、政委：杨光权

纪委书记：吴志勇

副监狱长（长宁工贸有限公司总经理）：李泽明

副监狱长：李永贵　张祥彬（2016年4月任）唐洪毅

政治处主任：刘　洋

长宁工贸有限公司副总经理：雷　伟　罗明松（2016年6月任）

森林公安

【概况】　重庆市长寿区森林公安局为区林业局直属正科级行政机构。其职责为：负责侦破查处破坏森林和野生动物植物资源、湿地资源等涉林案件；指导林区社会治安治理工作；负责林业系统安全工作；具体承担组织、协调、指导、监督全区森林防火工作和区森林防火指挥部的日常工作；负责森林防火安全监督管理工作，制定防范森林火灾的措施和对策；承办上级机关交办的其他任务。

【森林防火】　全年接火警47起（其中非林地45起），均及时处置，实现森林火灾零发生。区防火办、区林业局常年组成4个督导组，区领导带队明察暗访，全面督查督办，确保工作落到实处。在火灾易发部位路口设立防火检查站（点）57个，475名检查站和护林人员在防火期全部上岗，严格管控火源。防火警戒期间，《长寿日报》每天刊登防火宣传标语，长寿电视台制作播放3期防火专题宣传片。在高温火险期，利用预警信息平台与气象局联合发布森林火险预警信息15000余条。

【林业执法】　抓好队伍建设，与民警签订枪支使用“九不准”、贯彻公安部“五条禁令”“三项纪律”责任书；形成单周自学、双周开会的学习纪律。全年编发工作信息50篇，开展各种宣传教育活动6次，发放宣传资料4万余份，接待咨询群众280余人次，走访群众120余人次。

组织开展“严厉打击非法占用林地等涉林违法犯罪专项行动”“2016天网行动”“查处违规野外用火”等严打专项行动，全年林区无重特大案（事）件发生。依法查处各类森林资源及野生动物案件100起（其中刑事案件4起、治安案件1起、林业行政案件95起），依法打击处理各类违法人员102人（其中移送起诉6人、治安拘留1人、行政处罚95人），收缴木材63.17立方米，收缴涉案野生动物154条（只），为国家挽回经济损失90余万元。联合地方行政公安出动民警20人次，发放禁毒宣传单900余份，踏查可疑地块18块，林区禁毒持续保持“零种植、零产量”。组织开展安全生产督促检查，全年无涉林安全事故发生。

（廖　欣）

武 装

重庆市长寿区人民武装部

【思想政治建设】 2016年，重庆市长寿区人民武装部（简称区人武部）深入开展“两学一做”学习教育，狠抓“改革强军”主题教育。一是部党委成立活动领导小组，制定“两学一做”学习教育实施方案，着力搞好思想发动；开展“三会一课”整训，解决程序不清、标准不明、内容不全、质量不高等问题；机关党支部坚持每月一次党课教育，课后组织专题讨论交流；配合活动形式多样、内容丰富，组织参观区廉政教育基地、凤城监狱等单位，参加区党校专家辅导课。结合学习教育，开展承诺、践诺、评诺活动，推进党员组织关系、党费收缴排查重点任务，促进学习教育融入日常、抓出实效。6月20日，高质量召开党委民主生活会，聚焦主题、集中开展批评与自我批评。二是围绕“改革强军”教育主题，紧扣“学、查、辨、破、立”五个环节，通过理论讲解、疑难剖析、讨论交流等方式，解决官兵对改革强军的重大意义、丰富内涵和战略意图缺乏清晰认知的问题，把官兵职工的心思凝聚在履职尽责、创业干事上。开展党委中心组理论学习，以刊授教育为主阵地开展民兵思想政治教育，发展专武干部和基层民兵成为教育的授课人，教育的契合度、针对性有较大提高。三是开展全面彻底肃清郭徐流毒影响专题教育。教育前，部党委召开党委会、深入分析深化肃清工作、推进正风反腐形势，查找差距不足，拉出问题清单，剖析思想根源。以军委政治工作部下发的专题教育材料为主要学习内容，辅以参观廉政教育基地、案例分析等警示教育，组织党员结合个人思想和工作实际，逐条反思辨析，校正是非观念，制定整改措施。

【军事斗争准备】 以“能打仗、打胜仗”要求为统揽，牢固确立战斗力这个唯一标准，狠抓军事训练落实。一是战备工作持续推进战备标准化建设，继续强化应急指挥和应急力量体系建设。修订完善战备应急预案，组织应急分队点验，开展实战条件下的拉动演练，补充完善民兵应急力量专用装备器材。二是军事训练在部机关重点开展共同课目、实弹射击、公文写作、参谋业务等训练，提高现役人员基础军事技能和组织指挥能力。年初，组织“开训周”活动，掀起军事训练热潮。1月至2月，选派人员参加警备区参谋集训。4月份，组织步手枪分解结合训练和实弹射击考核。5月，选送民兵骨干参加工兵防化专业集训，1名同志被评为优秀学员。5月至6月，选派专武部长参加警备区专武部长轮训。高效整合军地资源，开展针对性实战化训练演练，在长寿湖组织水上救援分队训练。分两批组织民兵骨干集训，参训民兵的军事素质、应急救援指挥能力得到有效增强。三是应急队伍建设按照“够用、管用、实用”的原则，结合社、民、灾情特点，各街镇重点抓好应急救援分队建设，依托长寿湖镇地缘优势重点建设水上救援分队。年内分别组织以反恐维稳和水上救援为内容的两期应急分队集训。四是国防动员工作完成国防潜力调查任务，辖区国防潜力数据得到更新完善，为战时动员任务提供精准的数据保障。围绕确保新兵质量，减少身体退兵，杜绝政治性问题退兵这个重点，严格按标准做好体检和政考工作，圆满完成2016年度新兵征集任务，体检合格率、大学生士兵比例较之2015年有大幅提升。认真落实廉洁征兵制度，接受群众监督，全区无一例违规违纪事件，无一起责任退兵。

【党管武装工作】 坚持以上率下、以身作则、廉洁自律、树好形象，发挥党委班子的核心领导作用。一是坚持依法从严抓班子建设。把纪律和规矩立在前面，组织班子成员深入学习党章党规和军委主席习近平系列重要讲话，严格落实民主集中制，过好双重组织生活，党委一班人言行不逾矩，做事不出格，为人有底线，党委班子的“四个意识”和驾驭全局、集体决策、凝聚人心的能力得到有效增强。全面落实党风廉政建设主体责任和监督责任，细化责任清单，逐级签订责任书，持之以恒反“四风”转作风，年内班子中没有发现任何违纪违规现象。二是突出以学促训、以工带训，提高干部队伍的综合素质。坚持依法管理，对各类秩序进行规范，敢于在责任追究上较真斗硬。针对面临改革人员思想活跃的现实，开展思想调查和大谈心活动，帮助大家吃透政策、分析形势，注重正面教育，强化政治意识、大局意识和号令意识，干部队伍始终保持良好平稳的心态和积极主动的工作热情。三是真心实意创双拥共建。坚持党管武装原则，认真落实双重领导、双向兼职、党委议军、第一书记现场办公等各项工作制度，坚持每年一次区委武委会、区国防动员委员会，研究解决武装工作遇到的重要问题。干部队伍继续开展“一对一”对口贫困户脱贫项目建设，截至年底，8户贫困户均已完成脱贫目标。主动参与城乡建设、全年义务植树1900余棵，出动260人次开展义务宣传。发挥人武部在化解矛盾中的作用，为涉军人员提供法律咨询44次，接访28件，调解纠纷9起。

【后勤保障】　一是开展财务大清查“回头看”。清理2014年、2015年超标准支出，追退不合理开支；持续整改集中办公和财务专项检查中存在的问题，加大差旅费、伙食费等票据报销审核力度；严格落实党委理财制度，坚持大项开支党委决策、纪委监管、过程公开。二是规范后勤日常管理。加强人武部机关营区管理，规范营区流动人员和车辆管控，实现营院社会化保障目标；开展有偿服务清理和收尾工作，改善营区基础设施条件。三是贯彻落实《厉行节约严格经费管理的规定》，开展节约“一粒粮、一升油、一度电、一滴水”活动，创建节约型人武部。

【安全稳定】　不断总结在依法从严治军和安全管理上存在的疏漏和不足，着眼建立从严管理的长效机制，将工作分工进一步细化，落实到人头，确保每一项工作都有专人负责办理，有专人检查督促。把贯彻安全工作条例与安全常识教育、节日战备教育结合起来，抓好每月一堂安全教育课、每季度一次安全形势分析会等工作。开展“条令条例学习月”活动，增强人员纪律意识、安全意识和责任意识。开展驾驶员教育整顿，组织观看交通事故警示教育片，学习交规，强化驾乘人员文明安全行车意识。对营区施行全时段、无死角视频监控，组织营院隐患排查整治，对水电气和办公楼、公寓楼、食堂等场所进行拉网式检查，科学设置消防器材。开展“食品安全宣传月”活动，严把食品的采购、制作和存放关，确保饮食安全。

（马　岱　梁勤勇）

2016年重庆市长寿区人民武装部领导人名录

部　长：田仁和（大校）

政　委：侯宇生（大校）

副部长、纪委书记：鲜铁军（上校，2016年3月离任）

中国人民武装警察部队重庆市长寿区消防支队

【概况】　2016年，中国人民武装警察部队重庆市长寿区消防支队（本分目简称区支队）围绕年度工作目标和重点任务，强化社会面火灾防控和灭火救援实战能力，全力维护优良的消防安全环境。全年接出警1207起，其中火灾419起、抢险救援182起、社会救助606起，抢救疏散被困群众200余人，挽回经济财产损失1500余万元，未发生较大以上和有社会影响的火灾事故。继续保持行政执法“零投诉”、部队管理“零事故”、官兵遵规“零违纪”的良好态势，社会消防安全形势持

长寿区消防支队党委班子集体议事

续平稳。

【政治工作】 一是创建务实型党委班子，完善党委议事决策机制，落实党内组织生活七项制度，开展党委成员基层调研帮扶活动，围绕重点工作科学谋划、认真部署，切实“舞好龙头、领好方向”。二是增强官兵理想信念，抓好总书记习近平系列重要讲话和党的十八大和十八届五中、六中全会精神学习贯彻，开展“争做‘四有’军人，迈步强军征程”主题系列活动和“两项重大教育”，制订思想政治教育计划，以主官授课、座谈讨论、组织生活等形式，让教育学习入脑入心。加强红门影院建设，培育文艺骨干，不断浓厚部队文化育警氛围。三是抓好人才队伍建设，坚持用人唯贤的选人用人原则，注重干部考核培养，制定出台《多岗位锻炼实施办法》，促进干部能力素质提高。四是营造风清气正环境，以突出抓好“责任落实、廉政教育、监督制约、执纪问责”四项举措，推进党风廉政建设工作，区支队连续两年获评“执法为民、服务发展”在长寿市直机关第一名，得到辖区各级领导和人民群众的赞扬。制订出台《党风廉政建设责任清单》，组织官兵参观涪陵廉政教育基地和观看廉政教育纪录片《永远在路上》。发放廉政监督卡，填写问卷调查，在辖区日报、电视台等主要媒体公布廉政公开“七不”承诺，畅通监督渠道。加强对领导干部、监督执法和人财物管理等岗位人员的监督制约，逐级签订《党风廉政建设责任书》和《党员领导干部廉洁自律承诺书》。落实审计联席会议制度规定，落实《基本建设审计工作规定》和《物资采购审计工作规定》，强化审计整改责任追究和结果运用，助推“廉政消防”纵深发展。

长寿区消防支队官兵慰问驻地孤寡老人

【监督执法】 一是推动各级各部门依法履行消防工作职责，健全“属地监管、行业监管、单位自管”的责任体系，全区19个街镇消防安全“网格化”达标率100%。二是协调财政资金260余万元，用于52栋老旧居住建筑消防设施改造；推动将火灾惠民保险和独立式感烟火灾探测报警器纳入民生实事工程予以重点保障；推广40余栋建筑安装消防水压实时监测系统，提前完成7个街道所辖32个社区微型消防站建设。三是排查火灾隐患，全时段开展冬春火灾防控、劳动密集型企业治理、夏季消防检查等专项行动，推进重大及区域性火灾隐患整治。截至年底，检查社会单位4575家，督促整改火灾隐患6089处，查封50家，责令“三停”41家，罚款114.12万元，保持消防安全防控整治的高压态势。四是丰富宣传载体，利用户外大型LED屏幕、楼宇视频等媒介，开展消防宣传“七进”工作；创新宣传形式，在《长寿日报》、长寿电视台开设消防专栏，制作消防公益广告。全年组织各类消防宣传活动40余次，发放消防传单、手册4万余张（册），张贴、悬挂消防宣传海报、横幅4000余张（幅），推送消防安全手机报10万余条，宣教培训受益人群20余万。

【队伍管理】 一是加强硬件设施建设，对照攻坚专业队伍建设标准，摸底人员装备现状，统筹内部资源，及时调整思路，集中力量优先打造特勤中队石油化工攻坚专业轻型队。争取国家危化品应急救援（重庆）基地项目落户晏家中队，整合全区消防资源组建石油化工攻坚专业重型队。二是完善训练设施，针对辖区危化品灾害事故主要特点，完善训练器材装备，增设危化品运输槽车、立（卧）式罐体、SAS通道等专业模拟训练设备，提升专业训练的针对性和实景性。三是扩充执勤队伍，严格把关士官队伍选取环节，依托士兵职业技能鉴定导向，最大限度保留攻坚骨干力量；完成30名政府专职消防队员招录工作，补充补齐一线执勤力量。四是深化岗位练兵，举办夏秋业务比武竞赛，组织开展干部指挥能力考评；选派战训业务骨干赴上海化工支队学习交流，选拔士官骨干参加部局无人机驾驶培训，提升官兵能力素质。五是推动正规化建设，以规范执勤、训练、工作、生活秩序为基本内容，对试点单位特勤中队硬件设施进行升级改造，利用声光报警装置、CK 报警器、电子围栏、一体化门禁系统、移动通讯工具柜等高新设备，强化部队内部安全管理；规范和完善训管机制，严格落实一日生活制度，制定训练和器材装备管理机制，实现执勤安全规范、训练科学有序的目标。

长寿区消防支队特勤中队配备的特种灭火救援消防车

【后勤保障】 一是抓好经费保障标准化建设，全年争取业务经费 1786 万元，落实专项资金 855 万元，为部队跨越式建设发展提供后勤保障。二是推进重点项目建设，加快石油化工攻坚专业轻型队装备采购进度，完成自装卸式消防车、供气消防车等 5 辆消防车新购计划，投入 580 万元更新升级专业器材装备；改造老旧中队营房环境，启动凤城中队外立面改造项目；推进三峡库区综合应急救援中心长寿应急救援大队建设，力争 2017 年建成使用。三是提升装备建设水平，加大器材装备维护管理力度，定期与车辆器材装备厂家开展车辆装备联合巡检，有效提升装备管用能力。四是强化战勤联动保障能力，启动战勤保障库房建设，采购战勤保障物资，组织开展全区综合应急救援队伍实战拉动训练，提高战勤保障水平。　　　（汪　维）

2016 年武警重庆市长寿区消防支队领导人名录

政治委员、党委书记：杨　猛（上校）

支 队 长：吴忠刚（上校）

副支队长：王　刚（中校）

参 谋 长：陈绍荣（中校）

政治处主任：伍易安（中校）

后勤处处长：徐金国（中校）

防火监督处处长：郑　植（中校）

中国人民武装警察部队长寿区中队

【政治工作】 中国人民武装警察部队长寿区中队（本分目简称区中队）突出加强党的建设。一是针对班子成员比较年轻、工作经验欠缺的实际情况，严格落实周三干部理论学习制度，坚持结合岗位学、带着问题学、弥补短板学，突出抓好“红本本”、三级党委扩大会议精神等内容学习。二是坚持每月征求战士对中队管理的意见建议，将矛盾化解于萌芽状态。开展密切内部关系“六防”活动，在涉及官兵切身利益的成长进步问题上，贯彻民主集中制原则，加强作风建设，确保风清气正。全年接受官兵意见建议 20 多条，选送技术学兵 7 人，培养入党积极分子 15 人，推荐参加院校招生考试 3 人。三是开展“两学一做”学习教育活动，利用周五党团活动时间组织好各类学习，加强对自我要求不严、能力素质欠佳的党员监督、管理和教育，增强他们事业心和责任感；针对两个群众性组织作用发挥不明显，主动作为，积极帮带，定期对组织机构进行培训，合力推进，取得明显成效。

加强政治教育。一是突出忠诚抓教育，开展思想调查、召开专题会议、定实计划方案、丰富教育资料、搞好理论铺垫、营造教育氛围六步法，开展改革强军主题教育活动；参加支队专题教育，中队组织小课辅导、班级讨论，确保教育活动扎实有效；始终叫响“忠诚精武、开拓奋进”的中队队魂，筑牢官兵爱岗奉献的使命担当和责任意识。二是围绕和谐抓氛围，深入开展密切内部关系教育，把抓好学习教育、讨论辨析与深入查摆问题、搞好整改提高结合起来，开展谈心交心活动，有效做好官兵思想稳定工作。三是加强文化建设，开展“强军风采”系列文化活动，讲述强军故事、唱响强军战歌、展现强军风采，引导和激励广大官兵积极投身强军兴军实践。年内中队为支队输送主力篮球队员和乒乓球队员各 1 名。与地方联合开展文化活动，8 月，中国农业银行长寿分行到区中队进行理财讲座；同月，长寿区阳光幼幼幼儿园到中队联谊活动。

【军事训练】 一是强化“能打仗打胜仗”要求，贯彻落实“9·28”合川会议精神，协调专项经费138万元用于执勤设施升级改造，年底前“五防一体化”已完成；扎实开展“抓规范、打基础、治隐患、保安全”执勤专项安全教育活动，着力纠治执勤常见病的“八种表现”，对执勤工作实行“一票否决”，解决执勤安全方面存在的突出问题，确保中心任务圆满完成。二是贯彻落实总部“千人大集训”和总队教练员集训精神，以“练兵先练官”思想，重点抓好干部骨干队伍军事技能提升。开展研究训法、战法、技法“三研”活动，打破在操场“跑一跑”、在单杠“吊一吊”、在草地“撑一撑”的简单枯燥训练模式，坚持每周2次到区体育馆训练五千米，提升训练效果；参加总队应急班比武，成绩突出，获团体第三名，2人获得个人名次。三是落实奖励，按照《军事训练大纲》要求，严格制度落实，坚持日讲评、周会操、月考核制度，建立个人军事训练档案，落实干部列队站排头、训前点人头、训中当教头，切实提升训练效益；建立健全奖惩制度，营造大抓军事训练有为的氛围。组织“班级对抗”，激发官兵争当尖兵的训练激情，对于会操成绩突出的班级和进步明显的个人，由中队统一购买笔记本等文化用品，利用晚点名和军人大会进行奖励表扬，调动官兵积极性。

【规范管理】 一是以学习贯彻新《纲要》为契机，持续开展“学法规、用法规、守法规”活动，增强官兵对“法”“令”的敬畏之心。在条令学习周，采取教育前提问、点名时抽查，坚持每天熟记、定期考核，开展法规知识竞赛和“条令在我心中”演讲活动，依据条令条例规范部队一日生活秩序和言行举止。二是贯彻落实依法从严治警集训精神，重点对照《基层正规化管理精细图册》的相关标准，对物品摆放、标签设置等内容进行规范，提高精细化水平。组织“我为中队献一计”为主要内容的群众性活动，发动官兵出主意、想办法、谏良策，增强参与建队的热情。坚持做到“三个一”，即：每日巡查一次，利用晚点名前的时间收集工作开展情况；每周评比一次，在队务会上讲评；每月分析一次，在按纲建队形势分析会上进行深入剖析，确保人人有责、各尽其责。三是守牢安全底线，贯彻落实“安全工作八个规范”、扎实推进“四无”安全月活动，健全安全组织，优化安全环境；把“安全大检查、执勤隐患排查”等大项活动统筹谋划，把工作时间节点、方法步骤逐项明确细化，制定工作推进落实安排表，指定具体负责人，使大项活动开展从计划、部署、实施、检查到整改落实形成系统运转，确保工作有效落实。

【后勤保障】 一是严格落实制度，推进“伙食精细管理年”活动，坚持重大经费必经党支部先研究再使用，定期公开财务收支情况，接受官兵监督；严把食品配送关、验收关、留验关，每日讲评厨房值班员，每周征集伙食意见，每月召开民主会议；每周组织官兵自己动手包一次水饺，坚持做到早餐七天不重样，午餐和晚餐六菜一汤不反复，最大程度满足官兵需求。二是加强人员培训，以“后勤岗位大练兵”为契机，加大后勤人员岗位培训力度，采取以老带新、岗位锻炼方式，提高后勤人员业务技能。制定《后勤人员岗位培训计划》，购买烹饪书籍，到地方餐馆学习，伙食保障有所提升。三是注重管理维护，枪弹管理坚持每日进行检查、每周擦拭保养、每月开展教育，加强装备教育管理，增强官兵爱装管装的意识；隐患治理认真汲取近年部队发生的涉枪涉弹问题的深刻教训，开展枪支弹药大清查和枪弹管理专项整顿活动，切实盘清底数，堵塞漏洞，消除涉枪涉弹安全隐患，确保枪弹管控万无一失；中队成立以司务长为组长的营产营具维修小组，搞好培训帮带，实现对墙面、桌椅板凳、管道等易损物品的自主维修，全年节约维护经费6000余元。

【执行任务】 2016年，区中队出动100余人次，完成20余次在押人员投监、看病等临时勤务；出动20余人次，完成春节等重大节日期间车站执勤任务。3月，参加驻地组织的植树活动；5月，完成长寿区领导就职礼宾勤务；7月，参加程俊辉烈士骨灰安葬仪式；8月，帮助驻地居民收割稻谷。

（沈亮亮）

2016年中国人民武装警察部队长寿区中队领导人名录

中 队 长：李 银（上尉）

指 导 员：沈亮亮（上尉）

副中队长：李　星（上尉，2016 年 5 月任）

人民防空

【民防应急】　加强人民防空指挥平台维护管理，确保正常运行、信息传输通畅。实现与区民防指挥平台、市民防办、区应急办、区电子政务办的互联互通，能够与市民防办基层指挥所、应急指挥所、各区县指挥所以及区内机动指挥车之间的音、视频信号的对接。完成人民防空联合指挥部组织指挥机构方案调整工作。加强信息保障体系建设，加大通信警报建设力度，增强防空警报统控，新增 4 台电声警报器，加强城区的警报防御能力。推进疏散基地建设，因地制宜采取措施，促进新农村建设和民防疏散基地建设的结合；年内完成长寿湖安顺村民防疏散基地建设，有 650 户疏散安置户接收挂牌，平均每户可接纳 15 人，可安置 9750 人。

【民防工程建设和管理】　开展《重庆市长寿区公共人防工程近期项目建设规划》编制工作，对全区公共人防工程建设精准布局，提高人防工程体量。加大公共人防工程的建设力度，改造完成桃花转盘人防工程，推进胜天人防工程，正在办理渡舟街道三好人防工程、齐心公共人防工程前期建设手续。加大“结建”工作审批力度，严格执行应建必建和易地建设费征收的法规政策；全年征收易地建设费 1306.95 万元；批建攀钢南山嘉园防空地下室；全年结建审批率 100%。加大工程质量监督和维护管理，对全区防空洞开展测量工作，建立电子档案数据库，对个别防空洞进行安全鉴定，确保全区民防工程无重大质量和安全事故发生。加大行政执法工作力度，严肃查处不按规定修建防空地下室、拖欠易地建设费、擅自毁损拆除民防工程和警报器等行为；年内开展执法检查 3 次，开展法律法规宣传活动 3 次，无行政执法不作为、错案或执法过错责任。

【民防训练与教育】　严格执行应急指挥通信年度训练计划，完成应急指挥通信保障分组月训、全网周训等训练、演练活动；组织应急预案桌面推演活动，现场展示处理公共突发事件的机动应急能力和预案的实践性。巩固完善 2 个“两防一体化”市级示范社区，新建江南街道龙山和南滨路 2 个“两防一体化”社区。开展群众防空组织第八周期人防专业队伍组建工作，组建 320 人，包括抢险抢修（工程、水务、电力、燃气）、医疗救护、防化防疫、通信、运输、信息防护和心理防护 7 支专业队伍。结合“6·5”防空警报统一试鸣放活动开展以“防灾减灾”为主题的民防宣传教育活动。加强在校学生民防知识教育，9 月 12 日区民防办和区教委组织召开民防知识教育工作会，在城区 30 所初级中学对 7000 名初一新生开展 2016 下学期防空知识教育课程。

【平战结合工作】　严格按民防工程安全管理要求，落实人员和专项资金维护管理公共人防工程，及时整改存在隐患的民防工程，维护管理全区现有公共工程。加强平战结合开发利用，改造完成桃花转盘人防工程，方便市民通行；对已完工的展示区人防工程开展平战利用，收入 24.9 万元。

（何建彬　邱　宇）

长寿工业园区消防演练

经济

- 农业和农村经济
- 工业
- 工业园区建设
- 中央市属在长寿企业
- 商贸服务业
- 交通　邮政业
- 信息业
- 城乡建设与管理
- 建筑　房地产业
- 环境保护与管理
- 旅游业
- 库区移民
- 财政　税务
- 金融　保险业
- 非公有制经济
- 经济管理与监督

农业和农村经济

概　述

【概况】　重庆市长寿区农业委员会（简称区农委）办公地点位于凤城街道青龙岭7号。2016年有在职干部职工167人，退休干部129人；有厅级干部1人，处级干部16人，科级干部45人，农业技术干部85人（其中农技推广研究员2人，高级职称13人，中级职称42人）；全委设有6个党支部，有中共党员108人（其中在职47人）。机关内设办公室（挂政策法规科）、计划财务科、特色产业和招商科、粮油和农机管理科（区农机管理办公室）、农业综合开发科（区农业综合开发办公室）、科教信息和扶贫科（区扶贫开发办公室）、行政许可管理科、内部审计科8个科室；下属事业单位有长寿区农业技术科研服务中心、长寿区农业执法队、长寿区农村经营管理站（农村合作经济组织审计站）、长寿区农产品质量安全中心、重庆市农业广播电视学校长寿分校、长寿区水产技术推广站、长寿区农业综合开发服务中心7个单位。

2016年，按照保供与增收并重、改革与民生同步、生产与市场衔接的发展思路，狠抓改革创新农业发展模式、狠抓产业提高农业特色效益、狠抓投入汇聚要素资源、狠抓统筹推动均衡协调发展，实现农业农村经济社会又好又快发展。全区实现农业总产值66.3亿元，比2015年增长15.3%；农村居民人均可支配收入13252元，增长10%，均超额完成区政府工作报告确定的年度任务目标。

2016年4月19日，长寿区市区两级人大代表考察特色效益农业发展情况。区领导赵世庆、巴川江、张明生等参加

【农业综合执法】　开展农资市场安全检查，按照“绿剑护农行动”总体部署，在全区范围开展“春季农资打假”“秋冬季农资打假”等专项整治行动，出动执法人员1480余人次，执法车辆340余辆次，以种子、农药、肥料质量，产品标签标识、假冒伪造登记证号等违法行为为重点的农业投入品经营市场专项执法检查整治。检查场镇51个次，种子批发商22家，水稻品种104个，玉米品种118个，油菜品种10余个，榨菜品种9个；检查农药品种520余个、肥料品种58个等农业投入品；全年抽样送检农资产品92个，其中种子12个（市抽检）、农药30个、肥料20个，监督抽样30个，对违法行为依法进行严厉查处。

加强植物检疫执法检查，开展种子、苗木市场检疫检查。对调入长寿区的“两杂”种子56批次3.73万余公斤进行复检；检查水果育苗单位4个、个体育苗户9户、苗木10万株，果品市场执法检查50次，检查内容包括是否有植物检疫证书，是否货证相符，销售的果品是否带有检疫性有害生物等。

强化农产品质量专项检查巡查，开展农药及农药使用、水产品禁用药物和有毒有害物质专项整治行动、农资打假专项治理行动三大行动。以蔬菜、水果、水产品为重点农产品，加强重点行业、重点区域巡查抽检。严厉打击使用甲胺磷等禁用农药的行为，违法使用硝基呋喃类代谢物、孔雀石绿等违禁物质及有毒有害物质的行为，违规使用氧乐果、水胺硫磷等限用农药超范围使用的行为，及时查处不专柜储存做法，实名购买登记、进销台账等制度的建立执行情况。加强农产品质量监督抽检。

2016 年 10 月 11 日，农业部人事劳动司、产业政策与法规司，到长寿区调研农业综合执法体制改革工作

2016 年开展执法检查抽样各类蔬菜品种 52 个，水产品 5 个种类（鲫鱼、鲤鱼、花鲢、白鲢、草鱼）抽样 28 个，所抽样品送检检测和产地、市场检查均未发现相关问题；检查蔬菜基地 68 家、水果生产基地 42 家、水产品基地 51 家，未发现违法行为。全年无农产品质量安全事故发生。坚持源头控制，继续完善和落实高毒农药定点经营和实名购买制度，对辖区 19 个街镇的高毒农药定点经营单位进行拉网式检查，重点检查违规经营行为、实名制购买和档案登记情况；督促生产经营主体按标生产、合理用药、科学施肥，开展经常性的生产规范性督导巡查，落实休药间隔期、生产档案记录等制度。

【农业民生】 历时 10 个月的时间，分 3 批为 525 名原农技（农机）人员办理养老保险补助和医疗补贴，涵盖农技、农机、果技、蚕桑、蔬菜、农经、沼气、制种、植保、水产 10 类人员，缓解原农技（农机）群体的上访趋势。牵头“村社便道改造”，完成 80 千米，超额完成任务目标。新创建“重庆市平安渔业示范区”“平安农机”示范村 10 个（已创建重庆市“平安农机”示范镇 18 个，“平安农机”示范村 120 个），全年未发生农机渔船安全事故。未发生因农业执法行为引起的涉访涉诉事件。开展冬春农业科技大培训、扶贫实用技术培训、2016 年新型职业农民培训、田间学校培训和农业系统技术人员知识更新及能力提升培训等工作。完善农民利益联结机制。

2016 年，全区新增 466 户贫困户，每户资助 2000 元产业扶持资金；针对 2015 年脱贫户，每户资助 1000 元产业扶持资金。全区 5720 户申请给予产业扶持补助，安排资金 616.9 万元。在 10 个脱贫村每个村扶持多名“致富带头人”，全区扶持 48 名致富带头人，每位“致富带头人”给予财政补贴 3 万元，带动当地贫困户和农业产业的发展。科技扶贫下达江南街道贫困户电信扶贫项目资金 4.84 万元，用于 121 户贫困户安装 400 元/户的在线教育学习系统，专家在线答疑，及时帮助其解决生产中存在的问题。推进医疗扶贫，全面完成 2015 年建卡脱贫户中 3630 名患病人员病情调查专项工作和 2016 年 315 户、786 名建档立卡农村贫困人口“因病致贫、因病返贫”调查工作。继续实施大病医疗补充保险，为年满 18 周岁以上的贫困人口购买每户 18 元的保险，为每户购买 30 元的小额意外保险。2016 年建档立卡贫困大学新生入学路费资助 8 人 4000 元；2016“泛海助学行动”资助 11 人 55000 元；“金秋圆梦”资助 1 人 3000 元；“重庆渝联商贸助学基金”资助 1 人 10000 元；利用“雨露计划”继续对贫困子女考上大学予以每人 5000 元支持，总计 39.5 万元。

【国家认证产品】 2016 年，全区“三品一标”产品总计有 46 个，其中无公害农产品 25 个，绿色食品 8 个，有机食品 10 个，地理标志商标 3 个。

（唐　榕）

表 15　　2016 年长寿区国家认证的“三品一标”产品统计表

类别	单位	证书编号	品种	产量（吨）	注册地
无公害	重庆市长寿区精英渔业股份合作社	WGH－16－10920	草鱼	150	长寿区葛兰镇工业组团 B12 吴实有
		WGH－16－10921	白鲢	75	
		WGH－16－10922	花鲢	75	
		WGH－16－10923	鲫鱼	150	
		WGH－16－10924	黄颡鱼	450	
		WGH－16－10925	鲈（淡水养殖）	95	
		WGH－16－10926	鮰	150	
		WGH－16－10927	翘嘴红鲌	300	
		WGH－16－10928	鲤	75	
	重庆市长寿区浩湖渔业有限公司	WGH－14－01000	草鱼	20	长寿湖镇 叶成伟
		WGH－14－01001	白鲢	10	
		WGH－14－01002	花鲢	10	
		WGH－14－01003	鲫鱼	1100	
		WGH－14－01004	翘嘴红鲌	1500	
	重庆市长寿区标杆养鸡股份合作社	WGH－07－09609	鸡蛋	500	葛兰镇 左洪杰
	重庆市地嘉水产养殖场	WGH－14－03323	泥鳅	210	葛兰镇 陈学进
		WGH－14－03325	白乌鱼	100	
	重庆信友水产养殖有限公司	WGH－14－00991	翘嘴红鲌	30	葛兰镇 韩成友
		WGH－14－00992	先科巨鲫	40	
		WGH－14－00993	白鲢	80	
		WGH－14－00994	鲤鱼	53	
		WGH－14－00995	武昌鱼	31	
		WGH－14－00996	花鲢	25	
		WGH－14－00997	胭脂鱼	10	
		WGH－14－00998	岩原鲤	7	

续表

<table>
<tr><th>类别</th><th>单位</th><th>证书编号</th><th>品种</th><th>产量（吨）</th><th>注册地</th></tr>
<tr><td rowspan="8">绿色食品</td><td>重庆清迈农业有限公司</td><td>LB－03－1604341812A</td><td>大米</td><td>260</td><td>云台镇
李宁</td></tr>
<tr><td>重庆市全年蔬菜种植家庭农场</td><td>LB－15－1605342373A</td><td>青菜头</td><td>300</td><td>云集镇
彭长春</td></tr>
<tr><td>重庆市长寿区秀德蔬菜种植家庭农场</td><td>LB－15－1608343993A</td><td>南瓜</td><td>300</td><td>秦明</td></tr>
<tr><td>长寿包家寨沙田柚种植股份合作社</td><td>LB－18－1311347544A</td><td>沙田柚</td><td>100</td><td>长寿邻封
傅家国</td></tr>
<tr><td>长寿区葛藤湾沙田柚种植股份合作社</td><td>LB－18－131147539A</td><td>沙田柚</td><td>60</td><td>长寿邻封
张达明</td></tr>
<tr><td>重庆市庄橘柠檬专业合作社</td><td>LB－18－1410344083A</td><td>柠檬</td><td></td><td>石堰镇
陶剑宏</td></tr>
<tr><td>重庆市长寿区树茂果树种植场</td><td>LB－18－1407342392A</td><td>梨</td><td></td><td>渡舟街道
覃树茂</td></tr>
<tr><td>重庆市美高农业投资有限公司长寿分公司</td><td>LB－18－1407342081A</td><td>葡萄</td><td></td><td>云台镇
谭建华</td></tr>
<tr><td rowspan="10">有机食品</td><td rowspan="2">重庆市长寿区浩湖渔业有限公司</td><td rowspan="2">1000GA1300233</td><td>鲢鱼</td><td>500</td><td rowspan="2">长寿湖镇
叶成伟</td></tr>
<tr><td>鳙鱼</td><td>500</td></tr>
<tr><td rowspan="8">重庆市大洪湖水产有限公司</td><td rowspan="8">1000GA1300165</td><td>白鲢</td><td>350</td><td rowspan="8">万顺、洪湖辖区内
田兵</td></tr>
<tr><td>花鲢</td><td>150</td></tr>
<tr><td>翘嘴红鲌</td><td>10</td></tr>
<tr><td>甲鱼</td><td>0.8</td></tr>
<tr><td>鲫鱼</td><td>25</td></tr>
<tr><td>鲤鱼</td><td>50</td></tr>
<tr><td>鲶鱼</td><td>10</td></tr>
<tr><td>鳊鱼</td><td>10</td></tr>
<tr><td rowspan="3">地理标志商标</td><td rowspan="3">长寿沙田柚行业协会</td><td rowspan="3">1000GA1300233</td><td>长寿沙田柚</td><td></td><td rowspan="3">邻封（沙田柚）云集（夏橙）
渡舟（血豆腐）
余志鹏</td></tr>
<tr><td>长寿夏橙</td><td></td></tr>
<tr><td>长寿血豆腐</td><td></td></tr>
</table>

附：

表16　　2016年长寿区区级以上农业产业化龙头企业

序号	主营所属街镇	企业名称	注册地	备注
1	双龙镇	重庆海倩农业开发有限公司	重庆市长寿区双龙镇长寿寨村7组	区级
2		重庆农正农业开发有限公司	长寿区双龙镇	市级
3		重庆泰业农业开发有限公司	长寿区双龙镇连丰村	区级
4		重庆市长寿区联恒农业开发有限公司	长寿区桃花西路1－5	区级
5		重庆旭鹏生态农业开发有限公司	双龙镇飞石村	区级
6		重庆环汇水产养殖股份合作社	长寿区双龙镇	区级
7		重庆杰冠生态农业开发有限公司	长寿区双龙镇飞石村3组	区级
8		重庆市长寿区多美吉农业有限公司	重庆市长寿区双龙镇飞石村4组	区级
9		重庆市长寿区鱼宝水产养殖有限责任公司	重庆市长寿区双龙镇长寿寨村4组	区级
10		重庆昊泓水产养殖股份合作社	重庆市长寿区双龙镇双龙居3组	区级
11		重庆果然好农业开发有限公司	长寿区龙河镇保合村五组	区级
12		重庆海倩农业开发有限公司	重庆市长寿区双龙镇长寿寨村7组	区级
13	石堰镇	重庆宏奥农业开发有限公司	石堰镇兴庄村	区级
14		重庆长寿兴隆华柑橘专业合作社	石堰镇兴隆村	区级
15		重庆一牛农业发展有限公司	长寿区石堰镇石坝村	市级
16		重庆市长寿区俊超家禽养殖专业合作社	长寿区石堰镇麒麟村	市级
17		重庆市长寿区强惠种养殖专业合作社	石堰镇兴庄村5组	区级
18		重庆蒙揽农业开发有限责任公司	长寿区石堰镇大塘村	区级
19		重庆澳凯农业开发有限公司	石堰镇石安村7组	区级
20		重庆市草根农业发展有限公司	石堰镇干坝村5组38号	区级
21		重庆市长寿区智保农业开发有限公司	石堰镇干坝村2组	区级
22	葛兰镇	重庆市恒河农业科技有限公司	长寿区葛兰镇	市级
23		重庆市长寿区富茜农业开发有限公司	长寿区葛兰镇	区级
24		重庆民生农业开发有限公司	长寿区葛兰镇天台村	市级
25		重庆荣达建设（集团）有限公司	长寿区葛兰，八颗镇	国家级
26		重庆市长源饲料有限公司	长寿区葛兰镇	市级
27		重庆达沃斯食品有限公司	长寿区葛兰镇清风桥	区级
28		重庆梦怡食品有限公司	重庆市长寿区葛兰镇	区级
29		重庆市顶尖食品有限公司	长寿区葛兰镇	区级
30		重庆隆羚花木有限责任公司	长寿区葛兰镇葛兰村8组	区级

续表

序号	主营所属街镇	企业名称	注册地	备注
31	葛兰镇	重庆信友水产养殖有限公司	长寿区葛兰镇沙河村	区级
32		重庆市益丰生物肥有限公司	长寿区葛兰镇兰兴村	区级
33		重庆维得鲜农业发展有限公司	长寿区葛兰镇	区级
34		重庆市长寿区进冠果蔬有限公司	葛兰镇沙河村 7 组	区级
35		重庆市长寿区标杆养鸡股份合作社	重庆市长寿区葛兰镇天台中心场	市级
36		重庆市长寿区鳅之源水产养殖有限公司	重庆市长寿区葛兰镇枯井村	区级
37		重庆彭戚水产品有限公司	重庆市长寿区葛兰镇葛兰村 14 组	区级
38		重庆穗花食为天粮油有限公司	长寿区葛兰镇富康路 8 号	市级
39		重庆市亚泉食品有限公司	长寿区街镇工业走廊健康科技产业基地	区级
40		重庆美道食品有限公司	长寿区葛兰镇	区级
41		重庆天可农业开发有限公司	葛兰盐井 6 组	区级
42		重庆腾安农业发展有限公司	重庆市长寿区葛兰镇工业组团 B12 – e	区级
43	龙河镇	重庆秀才湾果蔬专业合作社	长寿区龙河镇保和村	区级
44		重庆东源农业开发有限公司	长寿区龙河镇保和村	市级
45		重庆冬润果蔬产业发展有限公司	长寿区龙河镇保合村 7 组	市级
46		重庆秀丰农业开发有限公司	长寿区龙河镇四坪村 9 组	区级
48		重庆哈韦斯特现代农业发展有限公司	长寿区龙河镇龙河村	区级
49		重庆市正品农业发展有限公司	长寿区龙河镇贯岭村 4 组	市级
50		重庆长水禽业发展有限责任公司	长寿区龙河镇保合村一组	市级
51		重庆海川园林景观有限公司	长寿区龙河镇明丰村 2 组	区级
52		重庆市慧沣农业开发有限公司	龙河镇咸丰村 2 组	区级
53		重庆市禾丰生态园林有限公司	长寿区渡舟街道菩提村江南镇龙河镇	市级
54		重庆市巽泰农业开发有限公司	龙河镇永兴村 4 组	区级
55	云集镇	重庆市长寿区福胜夏橙专业合作社	长寿区云集镇福胜村	区级
56		重庆市长寿区成栋食品有限公司	长寿区云集镇大同村	区级
57		重庆长龙实业（集团）有限公司	重庆市渝北区农业园区石盘河片区 B09 – 1/02	国家级
58		重庆友曼农业开发有限公司	云集镇玛瑙村 7 组	区级
59		重庆彦季农业开发有限公司	云集镇飞龙村一组	区级
60		重庆鸥能农业开发有限公司	云集镇尖峰村九组	区级
61		重庆豪顺生态农业发展有限公司	长寿区云集镇大同村 7 组	区级

续表

序号	主营所属街镇	企业名称	注册地	备注
62	邻封镇	重庆华浦农林发展有限公司	重庆市南川区大观镇，长寿邻封镇	区级
63		重庆舟乘波农业发展有限公司	长寿区邻封镇焦家	区级
64		重庆市业驰农业开发有限责任公司	长寿区邻封镇石心村	区级
65		重庆同恳农业开发有限公司	长寿区邻封镇	区级
66		重庆立润生态农业有限公司	长寿区邻封镇焦家村1组	区级
67	凤城街道	重庆市长寿区城郊农贸有限公司	长寿区凤城镇三峡路25号	区级
68		重庆市友谊畜产品有限公司	凤城街道桂花村2号	区级
69		重庆市长寿区丰慧生态农业开发有限公司	长寿区凤城街道（海棠镇）	区级
70	洪湖镇	重庆平伟朝阳农业发展有限公司	长寿区洪湖镇称沱村	市级
71		重庆市大洪湖水产有限公司	长寿区洪湖镇	市级
72		重庆协琢农业发展有限公司	长寿区骑鞍街7号附2号	区级
73	云台镇	重庆市美高农业投资有限公司长寿分公司	长寿区云台镇锅厂村4组	区级
74		重庆军牧农业开发有限公司	长寿云台镇桥坝村	区级
75	云台镇	重庆清迈农业有限公司	长寿区云台镇八字村五组	区级
76		重庆大田粮油有限公司	云台镇150号	区级
77		重庆皿皿农业发展有限公司	长寿区云台镇黄葛乡双土村三组	区级
78	新市镇	重庆市长寿区源创畜牧发展有限责任公司	长寿区新市镇新合村6.7组	区级
79		重庆市长太生猪养殖有限公司	长寿区新市镇何石井村	市级
80		重庆拓阳科技有限公司	重庆市长寿区新市镇新市村	区级
81		重庆市红红饲料有限公司	长寿区新市镇河石井粮站内	区级
82	晏家街道	重庆尚蔬坊饮料食品股份有限公司	重庆市长寿区晏家工业园区	市级
83		重庆兴发新实业有限公司	晏家开发区	市级
84		重庆紫耘实业发展有限公司	长寿区渡舟镇	市级
85		重庆长龙园林工程有限公司	重庆市长寿区渡舟开发区	区级
86		重庆名华园林工程有限公司	长寿区渡舟镇	区级
87		重庆长相忆农业开发有限公司	长寿区渡舟镇	市级
88		重庆市金洲泉农业开发有限公司	长寿区渡舟街道黄连村	区级
89	八颗镇	重庆启红生态农业开发有限公司	重庆市长寿区八颗镇干滩村	区级
90		重庆缘梦农业发展有限公司	八颗镇核桃村	区级

序号	主营所属街镇	企业名称	注册地	备注
91	但渡镇	重庆亿茂农业有限公司	长寿区但渡镇	区级
92		重庆金地农业开发有限公司	长寿区但渡镇	市级
93	长寿湖镇	重庆市长寿区桃李农业开发有限公司	长寿区长寿湖镇大石村6组	区级
94		重庆市长寿区安驰农业综合开发有限公司	长寿湖镇	区级
95		重庆市翔鹏农业开发有限责任公司	长寿湖镇云集红光村	区级
96		重庆熙润生态农业发展有限公司	长寿湖镇红光村十组	区级
97	江南街道	重庆市长寿区英英蔬菜种植场	长寿区江南天星村6组	区级
98		重庆中欧农业发展有限公司	江南街道锯梁村5组	区级
99		重庆市长寿区五宝农业开发有限公司	长寿区江南街道	区级
100	万顺镇	重庆市诚善农业发展有限公司	重庆市长寿区	区级
101	海棠镇	重庆市长寿区聚祥蔬菜专业合作社	海棠镇海棠村9组	区级
102		重庆市长寿区七连山农业发展有限公司	海棠镇龙凤村	区级
102	凤城	重庆市长寿区同安农业开发有限公司	凤城长寿路85号	区级

（重庆市长寿区农业委员会提供）

现代农业产业基地建设

【特色产业体系完善】 加大对“1+5+2”特色效益农业产业的扶持力度。全区粮食获得丰收，超额完成市农委下达的目标任务；蔬菜、柑橘、渔业、林果四大主导产业发展成效逐步显现，产量比2015年同期大幅增长；蔬菜播种面积15093.33公顷，产量36.4万吨，增长3.20%和13.75%；水果产量30.18万吨，增长9.46%；水产品产量3.25万吨，增长7.3%，全区已发展有机水产品10个，占全市12个有机水产品的大半，优质水产品率84%。以粮油产业为基础，柑橘、蔬菜、畜禽、渔业、林果五大主导产业为支撑，中药材、花卉苗木产业为增长点的“1+5+2”特色效益农业产业体系建成。（唐　榕）

【园区建设】 2016年，长寿现代农业、畜牧业、沙田柚产业三园出产晚熟柑橘4.2万余吨、蔬菜1.5万余吨、沙田柚特级和甲级果5500万余个、花卉苗木约60万株，出栏生猪25万头、仔猪15万头，产牛奶3000吨、禽蛋3万吨，出产饲料16万吨、有机肥6万吨。

园区科技围绕现代农业生态循环示范区、现代农业科技驱动示范区，推进长寿国家农业科技园区建设。建成种养循环产学研协同创新服务中心，聘请西南大学教授指导开展沼液、土壤和果实检测工作，实现种养循环面积1000公顷。组织柑橘协会技术组开展园区生产管理技术服务，高换春见、不知火、爱媛38等柑橘品种334公顷，实现一定规模的品种差异化发展。“寿乡牧场”电商平台上线运行，长寿疫病防控信息化管理平台在养殖企业全面应用；“互联网+晚熟柑橘气象为农服务”示范项目在东源公司投入运行，长寿废弃物资源化综合利用示范基地项目启动规划编制。

园区招商以现代农业三园规划和《长寿农畜产品加工区总体规划》引领招商工作，梳理完善《园区招商目录》，重点围绕农畜产品精深加工、种养循环产业、农旅结合特色项目等开展招商工作。全年接待企业40余家，接待60余次；外出走访20余次，考察企业20余家。新签订天恒成华60万只标准化商品蛋鸡场、玉桦洋养殖污染综合治理、永沃“不语花谷”及平伟朝阳“橘香悦动村”等项目。

委托清华大学开展的西部一、二、三产业融合发展（长寿）模式研究工作有序推进，集中研究该模式的具体设计、问题诊治、经验总结和示范推广等工作。完成沙田柚园区休闲旅游概念性规划，园区道路、停车场等旅游基础设施建设快速推进，菜花节、葵花节、沙田柚节等节会不断；龙河镇纳入一、二、三产融合发展示范镇；紫耘花海和橘香悦动村农旅结合项目顺利进行。（杨　明）

美丽乡村建设

【概况】　夯实基础，加快城乡一体化发展进程。一是特色村镇建设，完成2015年小城镇建设项目36个（其中路灯项目6个，新改建公厕5个，场镇综合整治类项目22个，市民广场新改建3个）；完成云集、冯庄污水处理厂整治并成功运行。利用农发行改善农村人居环境战略合作项目专项资金，实施2016年改善农村人居环境项目38个，全区小城镇“561”工程达到90%以上。围绕长寿工业园区发展、长寿湖和大洪湖旅游发展，打造一批特色工业小镇、商贸小镇、生态旅游小镇和现代农业小镇，加快形成“一镇一产业”“一镇一特色”的产业发展格局，年内成功申报市级特色旅游小镇1个。二是改善农村人居环境，完成农村人居环境总体规划，年内争取到位农发行政策性信贷资金4.5亿元，专项用于农村人居环境改善；2016年全面开工实施危房改造1950户，其中C级803户、D级1147户；完成凤城街道复元村、云集镇大胜村和青丰村、邻封镇焦家村等4个农民新村建设；对龙河镇永兴村23户帮扶对象开展扶贫帮扶，优先解决贫困户住房困难问题，持续巩固精准扶贫成果。实施葛兰镇大坝村秦家大湾、双龙镇罗围村等具有历史传统特色的村落保护，已开展相关专项规划编制，正争创市级传统村落保护示范点。（黄隆平　张忠荣）

农村经济管理

【农村集体资产管理】　2016年，开展村干部任期和调任审计257个换届村（居），审计村（居）委干部1149人，审计资产总额37726.25万元（其中，固定资产15277.58万元）。审计出违纪违法单位23个，违纪违法人员26人，违纪违法金额30.11万元，已退还23.20万元。违纪违法案件主要反映在违反八项规定精神、村（居）干部自订考核项目发放资金、自行发放误工补助、收入未及时入账、多报销、重复支出等方面。

2016年在江南街道锯梁村及5个村民小组开展量化确权，整合经营性资产组建村集体经济股份合作社试点，成立锯梁村集体经济股份合作社，是长寿区首个农村集体经济股份合作社。实行“二固二予促三化”（成员固化、股权固化，确予股份、赋予权能，农民股民化、集体经济组织实体化、成员权益具体化）和“政经分开”改革模式。该次试点涉及农户385户，确股人口1406人，确权股份1169.5股。

【农业新型经营主体培育】　按照区政府以长寿府发〔2013〕115号出台《重庆市长寿人民政府关于鼓励家庭农场发展的实施意见》要求，落实优惠政策和项目支持，经过区农委认证的家庭农场达到528家，年内增加130家，增长32.67%；经工商登记的农民合作社已有476个（其中专业合作社378个、股份合作社89个、专业社联合社9个），增加103个，增长27.26%。入社成员12.23万户，带动农户9.34万户，农民组织化程度66.38%。

【农村土地管理】　做好农村土地纠纷调解和仲裁，培训街镇负责农村土地纠纷调解工作的人员，明确农村土地纠纷需要街镇先行调解，把小纠纷控制在村内和街镇内。全年农村土地纠纷发生314起，已调处314起；仲裁农村土地承包经营纠纷3件，其中仲裁石堰镇游某上访10年存案。

2016年流转耕地27340公顷，占全区家庭承包面积的47.65%（其中，转包方式流转3926.67公顷，出租方式流转13606.67公顷，股份合作流转3213.33公顷，代耕等形式流转6540公顷，互换、转让等方式流转50公顷，分别占流转面积的14.36%、49.77%、14.19%、23.92%和0.18%）。按去向分，农户14253.33公顷、专业合作社3273.33公顷，企业8513.33公顷，城镇居民等其他主体1293.33公顷，分别占流转总面积的52.13%、11.97%、31.13%和4.73%。开展对街镇负责农村土地流转工作人员的培训，街镇加强对流转过程的指导，农村土地流转合同备案和农村土地流入户的监管，农村土地流转有序推进。

【农业统计】 区农委配合区统计局开展农村居民可支配收入调查指导，开展农产品产量统计。统计数据科学准确反映全区的农业生产情况和农村居民可支配收入水平。开展农经工作业务统计，及时准确反映全区农经工作成绩和农村改革成果。

【政策性农业保险】 明确专人负责对农业政策性保险联系和监管，2016 年政策承保水稻 3866.67 公顷、玉米 866.67 公顷、油菜 440 公顷、渔业 180 公顷、柑橘 2520 公顷，总计承保 7673.33 公顷；理赔水稻 55.34 万元、玉米 17.92 万元、油菜 7.07 万元、渔业 76.24 万元、柑橘 106.34 万元，总计理赔 262.91 万元。（唐 榕）

种 植 业

【粮油生产】 2016 年，全区粮食播种面积 70640 公顷，产量 37.33 万吨，超额完成 36 万吨的粮食生产任务。其中，中稻 23733.33 公顷，产量 18.52 万吨，平均亩产 520 公斤；玉米 12746.67 公顷，产量 8.97 万吨，平均亩产 469 公斤；红薯 12346.67 公顷，折粮产量 4.50 万吨，平均折粮亩产 243 公斤；马铃薯 4906.67 公顷，折粮产量 1.76 万吨，平均折粮亩产 239 公斤；大豆 7566.67 公顷，产量 1.24 万吨，平均亩产 109 公斤。油料播种面积 5866.67 公顷，比 2015 年增长 8.5%，产量 1.22 万吨，增长 11.93%。其中，油菜播种 5260 公顷，产量 1.07 万吨，平均亩产 136 公斤；花生播种 593.33 公顷，产量 0.15 万吨，平均亩产 169 公斤。全年推广主栽水稻品种 5 个，分别为 Q 优、渝优、2 优、T 优及宜香优品种。

推进项目工作。一是实施水稻全程社会化服务项目，重点在云台、石堰、海棠、双龙、龙河、洪湖、万顺、八颗 8 个街镇实施水稻机耕、施底肥、机收等服务，全程服务面积 246.67 公顷，部分社会化服务面积 633.33 公顷。二是在云台镇建立水稻万亩高产示范片 1 个，全面完成项目实施任务；田间测产统计水稻示范区中稻平均亩产 603 公斤，较全区中稻平均亩产 520 公斤增产近 16%。

【水果生产】 2016 年，全区果树种植面积为 25133.33 公顷，产量达 26.98 万吨（其中，柑橘 20566.67 公顷，产量 22.7 万吨；伏淡季水果 4566.67 公顷，产量 4.28 万吨）；瓜果 933.33 公顷，产量 3.2 万吨。

2016 年 3 月，市农委种子站农药检测科到长寿进行柑橘用药抽样调查

新建柑橘基地一千亩，实施柑橘基地高换五千亩，实施柑橘配方施肥技术五千亩。果然好公司、联恒公司分别引进沃柑和大雅杂柑等优质新品种进行高换示范，高换面积二千亩，丰富区内品种资源。在同悬公司建成水肥药一体化系统一套，通过液、气动力系统完成抗旱灌溉、施肥、喷农药、根外追肥、修剪枝芽等工作。

全年实施 2015—2016 柑橘类项目 63 个，财政补助资金 2020 万元。柑橘技术试验示范推广应用以虫治虫“捕食螨”生物防治技术和杀虫灯、悬挂色板等绿色防控技术，防治面积 4000 公顷；推广绿金生物农药防控技术，防治面积 2333.33 公顷。

【蔬菜生产】 全区蔬菜播种面积 15000 公顷，总产量 36.4 万吨，较 2015 年增长 13.75%。全年开展蔬菜类项目 13 个，财政补助资金 180 万元。通过蔬菜项目实施，全区新建蔬菜基地 80 公顷。开展无公害蔬菜实用技术宣传培训，印发技术资料 2000 份。

【能源建设】 2016 年全区农村能源建设工作，以开展大中型沼气工程和村级服务网点管护运行工作指导为依托，以推广太阳能热水器建设为重点。将户用沼气等作为新型能源引入普通农户家，利用“沼气—沼液—沼渣”，走出“猪—沼—果”模式。全年新建户用沼气 830 户，安装太阳能热水器 3000 台。

【农业工程】 2015—2016 年基本口粮田项目

完成430.67公顷，改建排灌沟渠2719.7米、灌溉管道8648米，整治山坪塘9座，新建蓄水池16座，新建屯水田3块、生产便道8141米。

【土肥工作】 2016年推广测土配方施肥技术面积96533.33公顷，推广有机肥面积2333.33公顷；秸秆还田面积22533.33公顷，农作物秸秆还田率43.5%；开展水稻、柑橘和蔬菜等粮经作物各类田间肥效试验12个；在云台、邻封、双龙、葛兰、云集等5个镇建成示范片5个，采集送检土壤及农产品样品350个；完成2015年耕地质量保护与质量提升项目绿肥1020公顷，酸化土壤改良2000公顷。

校地结合，加强农户培训。2016年举办测土配方施肥技术培训班（现场）32次，培训2.23万人次，发放宣传资料2.3万份。2月26日，在东源公司召开全区配方施肥现场会，中国农业大学教授李晓林、西南大学教授石孝均、市农技总站书记李伟等到现场指导。7月19日，长寿区有机肥替代化肥使用效果现场观摩会在但渡镇楠木院村举行，重庆电视台农村公共频道、华龙网、大渝网等作专题报道。8月3日，“2016年中国作物锌碘田间日”科普活动在长寿区云台镇清迈良园举行，世界著名植物营养学家土耳其萨班哲大学教授Ismail Cakmak、中国农业大学教授邹春琴、西南大学资源环境学院书记李雪梅、兰州大学教授王玉、安徽农科院研究员孙义祥等到现场指导。9月13日，2016年全国园艺作物循环农业现场观摩会在长寿区现代农业种植园区重庆农正农业发展有限公司基地举行，全国农技推广中心党委书记航天鹏等一行到场指导，区委常委张云平到会并就全区循环农业发展总体情况、政府的鼓励措施等做介绍。

【农业环境保护】 加强对农产品产地土壤重金属污染进行治理与修复，因地制宜强化种植业结构调整，完成农产品产地土壤重金属普查5个大气尘降监测点监测工作；完成2016年野生植物资源调查、外来生物防除、三峡子系统等三大项目调查统计工作；完成2015年渡舟街道甘蔗村试点村项目建设工作。

【植物保护】 做好全区主要农作物病虫害的预测预报与防治工作，主要以稻瘟病、纹枯病、螟虫、稻飞虱、稻纵卷叶螟、柑橘红黄蜘蛛、介壳虫、蓟马、黑星病等病虫害为主，全年各类病虫害防治面积73786.67公顷，通过有效防治挽回粮食损失1.98万吨，挽回柑橘损失2000吨。

做好农作物检疫性病虫害的监测工作，包括柑橘实蝇、柑橘溃疡病、稻水象甲及红火蚁的监测和普查工作。全年发放宣传画5000份，在全区5个监测点实施红火蚁监测；柑橘实蝇监测工作全区设监测点125个，收集宽带实蝇、黑颜实蝇及南亚实蝇等4600多头。全年监测及普查结果，云集镇、石堰镇与垫江接壤的地区小面积发现柑橘大实蝇。

（唐　榕）

林　业

【概况】 2016年，重庆市长寿区林业局（简称区林业局）机关内设科室有5个，分别是：办公室，计划财务科，森林资源保护管理科、造林绿化科、内部审计科；有直属行政机构1个，即重庆市长寿区森林公安局，机构规格为正科级；有下属参公事业单位2个，重庆市长寿区森林病虫防治检疫站、重庆市长寿区林木种苗站，机构规格为正科级；有下属事业单位2个，重庆市长寿区林业服务中心、重庆市长寿区国有林场，机构规格为正科级；下属企业单位2个，重庆市长寿区木材公司、重庆市长寿区森发木材有限公司。

2016年，长寿区林业用地面积稳定在66666.67公顷（一百万亩）以上，森林覆盖率45.3%，比2015年增长0.2%；全区森林活立木蓄积180万立方米，增长9.3%。全年无森林火灾发生，涉林案件综合查处率保持100%。推进一、二、三产业融合发展，林业总产值29.6亿元，增长32.7%，超过预期目标22.7%。狠抓二、三产业提质增效，重庆市长寿区工业园区管理委员会获第三届“中国林业产业突出贡献奖”；培育和打造全区供给侧结构性改革重点项目“紫耘花海”森林旅游项目；楠木院森林公园获评全市“最美森林氧吧”。强化区域合作，与渝北区、垫江县和四川省邻水县签订合作协议，建立共建长江生态屏障互助合作机制。

【林业生产】 年内，全区45万人全民义务植树135万株，建成1个面积五十亩的区级义务植树示范基地。完成6666.67公顷（十万亩）营造林任务和2015年1200公顷退耕还林。完成2016

年度退耕还林区级自查工作，及时兑现退耕农户直补资金。桃花溪三号桥东侧绿化项目及附属设施建设通过竣工验收并移交。三峡水库生态屏障区及重要支流植被恢复项目7202.67公顷通过国家级专业核查验收。加强1293.33公顷木本油料基地抚育管护和补植，完成2013年油茶新造林项目333.33公顷和2014年油茶新造林项目200公顷区级验收；通过精细化管理和实用林业科技的应用，巩固提升麻竹基地1433.33公顷，核桃基地420公顷，板栗基地160公顷，花椒基地1880公顷，花卉苗木基地3573.33公顷，中药材基地146.67公顷。

【资源保护】 资源管理配合开展渝万铁路500千伏迁改建、渝长高速扩能改造项目、南北中路工程等重大项目征占用林地工作。完成2015年天然林保护工程森林生态效益补偿基金发放，落实管护责任。参与推进社会信用信息体系建设，编制完成信息目录清单122条，公开行政许可信息69条、行政处罚信息8条。24项行政审批许可已全面实施网上行政审批，全年办理行政许可487项。按要求归集2013年至2015年的行政审批事项和报送2016年行政审批事项，行政许可类53项，行政处罚类1项。

32800公顷公益林保险全覆盖，完成商品林投保7213.33公顷，比2015年增长28.8%；理赔森林保险4起，赔付金额16.05万元，增长46%。落实长寿区“1·23”雪灾赔付面积合计26.74公顷，赔偿金额20.05万元。

天然林保护与各责任单位签订森林资源目标管理责任书19份，天然林保护工程目标责任书19份；天保工程直补涉及公益林管护面积29066.67公顷，落实护林人员475名，发放天保直补资金535.13万元。

年内开展2次清理整治非法占有林地专项行动。配合完成重庆北新渝长高速公路建设有限公司重庆渝长高速公路扩能改造工程等14个重大项目征占用林地申报，已获市林业局批复，面积53.75公顷。

野生动物保护办理野生动物驯养养殖证12家（其中：新办证6家，换证6家），经营加工换证1家。开展野生动物驯养繁殖展演安全隐患大排查、大整改，加强疫源疫病防控。完成第二次野生动物普查。

名木古树保护开展219株古树名木的登记、鉴定、建档，挂牌前公示工作。完成珍稀植物调查。

做好森林病虫害防治，林业有害生物成灾率控制在3‰以下，无公害防治率85%以上，种苗产地检疫率100%，林业检疫性有害生物灾害得到有效控制。一是加强监测预报，建立单独考核和经费补助机制，定期进行林分巡查监测预报。二是提升防治手段，布设900套诱捕器全方位覆盖区内发生松材线虫病重点区域，在明月山脉开展两次1666.67公顷飞机施药防治松墨天牛。全面完成2015年度松材线虫集中除治任务，顺利通过市森防站的山场除治质量集中抽查，秋季普查结果全部除治单位均合格，松材线虫病枯死株树比2015年下降55.7%。三是加强检疫执法，开展为期一个月的“林业检疫宣传月”活动，发放宣传单5000份，宣传袋2000份。开展专项行动打击检疫违法犯罪行为，查处案件3件（其中1起为全市年内首例农户藏匿疫木案），就地烧毁疫木9立方米，查处率为100%。

（森林防火详见《法治》类目《森林公安》分目）

【林业改革】 一是完成国有林场改革，盘活国有林场资源。二是深化集体林权制度改革，推进林权有序流转，为266.67公顷42万株租地造林的林木发放《林木权属证明》。三是推进林木采伐管理改革，发放林木采伐许可证590份，采伐林木蓄积5512立方米。四是深化森林公安改革，构建现代警务运行机制。

【林业执法】 （详见《法治》类目《森林公安》分目）

【林业民生】 重庆墨锦沐熙生态农业发展有限公司实施林业特色产业项目，辐射带动周边100多户农户发展花卉苗木，年产值20万元以上。新发展家庭农场8家，新增育苗面积13.33公顷，培育各类种苗45万株。办理野生动物驯养养殖证12家，经营加工换证1家。壮大家居（木业）产业基地，延伸产业链条，提升林木加工产业市场竞争力。“紫耘花海”森林旅游项目按供给侧改革要求创新驱动，带动周边200余农户参与景区建设与开发。加大林木良种推广，健全良种生产和交易体系。立足林业探索精准扶贫精准脱贫新路径。

【林业文化】 发掘紫薇、江南锯梁、云台五华山、江南五堡山、但渡楠木院等生态文化。改善农村人居环境，打造美丽乡村建设试点村2个（云集镇大胜村、青丰村），休闲农业与乡村旅游示范点1个（云台镇八字村）。参与市级绿色示范村、生态文化村、“最美森林氧吧”等生态文明创建活动，楠木院森林公园创建成功。

【林业服务】　申报2016年重庆市“互联网+”试点示范项目、长寿区科技创新类众创空间建设项目；申报中国林学会第七届梁希林业科学技术奖、科技创新专项资金。加大林木良种推广。参与推进社会信用信息体系建设。全面实施网上行政审批，指定专人配置专机专线履行24项网上行政审批事项。开展楠木院森林公园“国际森林日”森林游览体验活动。定期监测空气负氧离子。

（廖　欣）

畜牧业

【概况】　重庆市长寿区畜牧兽医局（简称区畜牧兽医局）是区政府直属正处级事业单位，加挂“重庆市长寿区防治动物重大疫病指挥部办公室”牌子。内设3科1室，即办公室（财务科）、人事法规科（畜牧兽医综合执法大队）、畜牧发展科、防疫检疫科（医政药政科）；直属事业单位5个，即动物卫生监督所、动物疫病预防控制中心、畜禽品种改良站、饲料监测管理站、畜牧信息中心；下属事业单位19个，即19个街镇畜牧兽医站。2016年，有职工389人，其中在编人员246人，临聘人员9人，退休人员134人；有研究生11人，本科68人，专科142人，中专及以下25人；35岁及以下43人，36～45岁76人，46～55岁109人，55岁以上18人；高级职称31人，中级职称110人。

2016年，长寿区畜牧系统以“保供给、保安全、保生态”为主线，保障人民群众“舌尖上的安全”，抓畜牧产业发展、疫病防控、畜产品质量安全等工作，坚持绿色发展、攻坚克难、开拓创新，确保全区畜牧业健康发展，实现“十三五”良好开局。全年实现畜牧业总产值35.4亿元（其中牧业产值26.9亿元），比2015年增长23.4%，占农业生产总值的40.7%。全年未发生重大动物疫情和重大畜产品安全事故。

【畜牧产业发展】　全年生猪出栏65.8万头、蛋鸡存栏602万羽、奶牛存栏2236头，分别比2015年增长－3.2%、9.5%、9.8%；肉类产量6.8万吨、禽蛋产量5.3万吨、奶产量5520吨、饲料15万吨，分别增长－1.3%、6%、25%、7.1%。蛋鸡存栏继续保持全市第一，奶牛存栏和饲料产能居全市第二。一是标准化规模养殖比重稳步提高，新（改、扩）建标准化规模场30个。全区年出栏500头以上的猪场205个，养殖比重49.6%；存栏2000只以上蛋鸡场350个（其中万只以上176个），养殖比重97.4%；存栏500头以上奶牛场2个，养殖比重99%。有国家级标准化示范场6个，重庆市长寿区标杆养鸡股份合作社中华蛋鸡养殖示范场通过农业部标准化示范场验收。二是新型经营主体发展快速。全区有龙头企业22家，微型企业509个，家庭农场90个，专业合作社28个，温氏养户87个。全年新发展微型企业59个、温氏养户50户、家庭农场49个、专业合作社8个，较上年有明显提高。三是畜产品品牌创建成效显著。力推“三品一标”工作，年内组织养殖企业申报无公害农产品企业或合作社14个，申报无公害农产品15个；通过无公害农产品产地认证14个。四是科技创新与推广扎实开展。与重庆大学、台湾中央研究院、重庆玉桦洋公司等合作，研发畜禽粪污肥料化、能源化利用技术，探索养殖废水深度处理、安全回用技术和泥鳅、微藻处置技术；推广现代设施设备使用、规模养殖粪污处理及循环利用、牛羊全混合日粮饲喂、疫病诊断等先进的实用技术，提高畜禽养殖水平。3名技术人员参与的《畜禽五种疫病诊断技术研究及推广应用》项目获得2014年—2016年度全国农牧渔业丰收奖——农业技术推广成果奖一等奖。五是畜牧信息化建设初见成效。建成长寿区畜牧业信息化管理系统，率先在全市范围内实现互联网+现代畜牧业，成为全市首个综合性畜牧信息化管理平台，成功获得2016年重庆市“互联网+”试点项目授牌；以信息中心为平台，开展对外活动，全面建成区内首个畜牧电商平台——“寿乡牧场”；与中银富登村镇银行、安城保险和中国人民财产保险建立合作机制，为金融机构与养殖企业搭建服务平台，提供网上融资、投保等便利。六是惠农政策稳步实施。申报2016年中央财政促进金融支持畜牧业试点项目、2016年重庆市畜禽标准化养殖项目、2016年畜牧业综合信息化系统试点建设项目、病死畜禽无害化处理收储体系项目、桃花溪流域畜禽养殖废弃物综合处理项目等6个，争取项目资金7485万元；验收特色效益农业等项目10个，兑现项目资金500万元；开展能繁母猪及生猪保险，补助金额213万元，保险赔付额283万元；实施屠宰环节和养殖环节病死猪无害化处理补贴、重大动物疫病强制免疫副反应补偿、有机肥生产使用扶持等政策，补助资金743.5万元。七是绿色发展示范县创建进展顺利。长寿区获得全国首批畜牧业绿色发展示范县创建资格，已报送农业部备案；全区逐步形成“种养循环发展，粮饲统筹、农牧结合、养防并重、种养一体”的绿色畜牧业发展模式，构建起病死畜禽集中收储和无害化处理的长效机制。

【重大动物疫病防控】 继续开展动物防疫检疫工作，继续保持重大动物疫病清静无疫的成果。一是落实防疫责任，明确街镇政府的动物防疫主体责任，实行领导与科室包片联系街镇制度、规模场挂牌兽医责任制、散养户兽医包片责任制等，落实重大动物疫病防控的行政责任、技术责任、监管责任、企业法人责任，做到纵向到底、横向到边。二是强化基础免疫，严格执行畜禽规模养殖场程序化防疫、散养畜禽春秋集中免疫和三旬分类免疫制度，动物防疫“应免尽免”。全年免疫生猪110.2万头、牛2万头、羊1.2万只、家禽2014.1万羽。猪瘟、牲畜口蹄疫、高致病性猪蓝耳病、鸡新城疫、高致病性禽流感防疫密度均为100%，猪、牛、羊免疫标识佩戴率100%，圈舍消毒率100%。三是确保动物疫情监测预警及时高效，全年监（检）测畜禽规模场538场次和包片兽医责任单元76个次，畜禽血清样品33986份，重大动物疫病免疫抗体平均合格率均达到农业部规定要求（70%），实现全区所有畜禽规模场和包片兽医责任单元全覆盖，完成年初预定监督监测和委托检测的总量；检测病原学样品1250份，开展流调108个次，形成分析评估报告4期，准确掌握重点动物疫病病原分布和流行态势。四是人畜共患病防控有力，全年监测奶牛场4场次、肉牛场60场次、羊场178场次，布病监测牛4258头次、羊5899头次，结核监测奶牛3193头次；免疫犬只3.1万只、羊小反刍兽疫1.4万只。五是推进应急管理，修订《长寿区突发动物疫情应急预案》，建立上下联动、横向合作、跨区协作的应急处置机制，实施风险动态管理，配备足量应急物资，强化应急处置能力，全年未发生重大动物疫情。

【畜产品质量监管】 一是检疫监管全面执行基于检（监）测报告或风险评估报告出具产地检疫证明制度，实行动物检疫电子出证，全年产地检疫面100%，电子出证率100%。规范生猪屠宰监督检查行为，完善屠宰8项制度，全年屠宰检疫生猪43.8万头，确保屠宰动物持证率100%、产品上市合格率100%。严格执行动物调运“事前备案审批、事中道口准入、事后落地监管”制度；屠宰动物调运备案836批次，备案审核率和检疫审批率100%。二是专项整治，深化“动物卫生法规制度全面执行年”主题活动，开展“绿剑护农·动监卫士”Ⅰ、Ⅱ、Ⅲ、Ⅳ、Ⅴ号行动和“瘦肉精”、生鲜乳违禁物质、兽用抗菌药、注水牛肉等专项整治，加大关键环节日常巡查和样品抽检力度，对养殖场、饲料生产经营企业、兽药生产经营企业、屠宰场、动物门诊等的监管实现全覆盖。全年监督病死猪无害化处理16772头（其中屠宰环节109头），有效杜绝病死猪肉上市销售；抽取生猪尿样1562份进行“瘦肉精”检测，检查结果全部阴性；检查奶牛养殖户26个次，抽取36个生鲜乳样品进行“三聚氰胺”等违禁添加物监测，抽检合格率100%。三是案件查办力度加大。全年办理一般程序案件32件，处罚金6.2万元，规范全区畜禽养殖、动物防疫、饲料兽药市场行业秩序，保障畜禽养殖、动物产品、公共卫生、生态环境“四个安全”。四是举办长寿区首届检疫技能大比武活动；在市总工会、市人社局和市农委共同举办的全市动物检疫技能竞赛中，长寿区获团体二等奖和优秀组织奖，个人荣获全能、单项奖5项。

【畜禽养殖污染防治】 （详见《环境保护与管理》类目《垃圾污水处理》分目）（杨　梅）

渔　业

【概况】 2016年，全区水产养殖面积12495公顷，其中池塘1819公顷（山塘532公顷、精养池1287公顷），水库面积8536公顷（其中长寿湖、大洪湖水面7800公顷，区内其他水库580公顷），河堰养殖面积2088公顷；稻田养鱼面积310公顷，其他养殖面积52公顷。全区水产品产量32475吨（市核定数据），比2015年30320吨（市核定数据）增加2155吨，增幅7.10%。生产草鱼、鲢鱼、鳙鱼、鲫鱼、鳊鱼等水花33030万尾，比2015年34750万尾减少1720万尾；生产草鱼、鲢鱼、鳙鱼、鲫鱼等大规格鱼种7020吨，比2015年6710吨增加310吨。

2016年4月，广安市投资促进委、武胜县投资促进局和武胜县现代农业园区负责人到长寿区大洪湖水产有限公司考察生态鱼产业项目

【渔业生产】 开展水产养殖实用新技术推广及培训工作。分别在双龙、葛兰、云台、石堰、龙河等镇举办各类养殖技校培训班，发放《春季鱼病防治方法》《泥鳅养殖技术》《鱼菜共生技术要点》等技术资料2000份。

调优养殖结构，发展特色渔业养殖。长寿区重点引进推广黄颡鱼、泥鳅、白乌鱼等名特优新品种进行养殖。以葛兰、云台、云集等镇泥鳅示范养殖为重点，抓好种苗投放工作，确保全年增产增收。

推广和鼓励发展池塘内循环流水养殖模式，符合“资源节约、环境友好、食品安全”的现代水产养殖业的发展方向。该技术易推广，推动池塘养殖转型和升级，实现传统池塘养殖的不可控养殖到可控养殖到智能养殖，最后实现精准养殖。2016年在万顺镇、八颗街道、石堰镇、龙河镇、葛兰镇推广池塘内循环流水养殖模式，新建36个标准槽（22×5×3米），池塘面积23.33公顷。

实施市级特色效益农业（渔业）项目。全区20余家水产企业、家庭农场和渔业专业合作社，参加该项目的实施，实施面积315.33公顷，投入资金770万元（其中财政资金500万元）。利用项目资金，加强池塘基础设施建设，加强水产良种引进投入和新技术推广，提高项目池塘养殖水平和产品质量。

做好水生动物病害测报和防治工作，在全区建立水产养殖动物病害测报点5个，测报面积86.67公顷。确定测报人员5人，负责对养殖鱼类的病毒、细菌、寄生虫等病害进行测报。全年为养殖户提供鱼病预测预报和鱼病防治措施8期。

渔业资源增殖放流工作。2016年度长寿区境内天然水域增殖放流总量913万尾（其中，长江长寿段及支流水域放流73万尾、长寿湖水域放流680万尾，大洪湖水域放流160万尾）；全年放流资金775万元（其中，中央农业部增殖放流项目资金30万元，企业自筹745万元）。

加强水产养殖投入物管理，推行和强化水产养殖、用药和销售等“三项记录”制度，开展水产品产地检疫工作，建立健全渔业档案，采取不定期的水产品例行抽检，确保全区水产品质量安全。发放渔业“三项记录”1800本。做好农业部、市农委对水产苗种、水产品药残安全抽检，全年水产苗种、水产品药残产地抽检样品36个，全部合格。

继续开展渔业养殖保险工作。广泛宣传、多方发动，长寿区由中财保险和安诚保险两家公司分片受理全区的渔业保险工作。年内全区参保业主57户，保险面积167.13公顷。全年发生渔业保险案件166起，理赔166起，为业主挽回损失83.8万元。

【渔业安全】 开展安全生产大检查，深化“打非治违”和专项整治行动。全年检查渔船安全125次（其中：区领导带队检查2次，农委领导带队16次，联合检查16次，日常督查检查91次），查出安全隐患3起，已整改3起，实现隐患排查整改闭环运行。查处违反安全规定案件3起4人。全年未发生渔船安全生产事故和死亡事故。

严格实行禁渔制度，保护渔业资源安全。全年查处渔业案件22件，涉案55人。其中，区农业执法队调查处理12件（电捕鱼案7起，非法网捕案5起），罚款金额41500元；公安机关立案查处10件（电捕鱼案9起，非法网捕案1起）。收缴电捕鱼工具17套，没收渔获物46公斤，集中销毁各类非法捕捞网具54张。

成功调解渔业纠纷4起，为渔业养殖户挽回经

济损失13万余元。 （唐 榕）

水 利

【概况】 2010年，原长寿区水利农机局划出农机管理、农机推广培训、农机监理职能，划入原属区市政园林管理局的城市供（排）水行业管理及节水管理职能，组建重庆市长寿区水务局（简称区水务局）。该局位于长寿区凤城街道陈家坡13号。主要职责是：贯彻执行党和国家水务工作法律法规、方针、政策；拟定并组织实施全区水务工作的法规、政策、发展战略和中长期规划；负责全区城乡防汛抗旱、水资源开发利用保护、供水、用水、节水、排水、污水处理及回用、水利工程建设与安全运行监管、水土保持、灌区建设、水库移民后期扶持等；管理、调配水资源，依法征收水利规费；组织全区水行政执法，协调并仲裁水事纠纷。

区水务局设1室4科（办公室、财务科、水建科、水政科、移民科），机关人员编制18名，机关工勤人员2名；局属事业单位6个（区水务投资建设管理服务中心、区水务执法大队、区防汛抗旱指挥部办公室、区水土保持监督所、区移民后期扶持工作站、区水资源和河道管理站），均为财政全额拨款。全局定编170人；2016年在职150人，其中公务员17人、机关工勤人员2人、参公人员21人、事业编制人员110人。

2016年长寿区水务工作围绕“创新、协调、绿色、开放、共享”五大发展理念，深化水利改革。重点突出“抓发展、惠民生、保安全、治污染、查违法、维稳定、强队伍”七方面内容，完成各类水利建设投资3.27亿元，超额完成市级下达年度计划投资任务。

【水源工程建设】 2016年，长寿区实施水源工程建设，进一步加快解决制约经济社会发展的工程性缺水问题。一是中型龙门桥水库主体工程完工。年内完成水库枢纽工程、管理房、导流洞工程、进场道路工程的建设；完成征地移民；完成投资6773万元，是年度投资计划的1.4倍。二是八颗水厂一期建设2万吨/天水厂，年底前完成总投资6140万元，完成厂区排水管网、道路、污泥池、干化池、回收水池建设等土建工程，完成八颗水厂至晏家主管网5.1千米，完成经开区八颗配水管网3.7千米。三是完成东山中型灌区节水项目投资1480万元，整治改造干渠9条，渠道清淤22.57千米，渠道整治35.49千米，渠系建筑物136处。

【民生水利工程】 一是继续抓好山坪塘整治。完成山坪塘整治719口，投资3684.79万元，新增蓄水能力102万方，改善273.33公顷灌溉面积，新增灌面93.33公顷，解决0.81万人生活用水问题。二是开展高效节水灌溉工作。成立高效节灌推进领导小组，抓住冬春农田水利建设机遇，推动高效节灌工程建设完成133.33公顷，提前完成市水利局年度目标任务。三是解决农村饮水不安全问题。年内实施云台镇拱桥村、洪湖镇五龙村、葛兰镇塘坝村（先建后补）、长寿湖镇龙沟村4个扫尾工程，完成投资38万元，解决714人饮水不安全问题。四是强化农村饮水安全运行管理。开展4次技术培训，为全区24座500吨/天及以上自来水厂全部配备日检9项常规指标的水质自检设备。

【防汛抗旱】 一是抓好防汛监测预警体系建设。建成水文气象监测站点234站，形成水雨情应用系统、山洪灾害监测预警系统和水库防汛安全管理系统等防汛监测预警系统。二是深化河道治理。投资6446万元，完成御临河和桃花溪新市段、葛兰段防洪整治工程，整治河段8.17千米。三是强化防汛抗旱责任落实。签订责任书，明确“三个责任人”363名，建立防汛抗旱抢险队伍22支1560人，投入44万元补充防汛抗旱物资，强化防汛抗旱物资储备管理，确保及时调得出、用得上、数量足。四是严格安全督查。制定《2016年水利安全生产监督检查工作计划》，对区管水库、水厂、龙门桥水库等重点在建水利工程以及水碾电厂等开展专项检查。全年开展安全生产检查80次，检查100余处，排查出一般安全隐患112项，已整改112项。五是加强水利工程建设质量管理。全面落实水利工程“项目法人负责制、招标投标制、工程建设监理制和合同管理制”，全区水利建设工程未发生一起质量事故，水利建设质量总体较好。2016年9月，市水利局考核组对长寿区2015—2016年度水利建设质量工作进行考核，长寿获得考核等级A级。

【水资源管理】 一是建立起与用水总量控制相适应的重要取水户监控体系，促进水资源优化配置，年内完成水资源费征收227.8万元；完善水功能区划，加强水质监测和水资源保护，严格控制入河排污总量，对15个取水单位开展水资源论证，完善18个水资源论证审批；投资80万元完成葛兰镇新民水库水生态修复项目；对流域内地表水、地下水及饮用水进行实时监测，监测指标能力达到74项，具备地表水26项、饮用水28项、地下水20项检测指标的能力。二是加强水生态建设。围绕“碧水、蓝天、绿地”目标，落实水土保持“三同时”制度，加强水土流失预防监督管理，完成水土保持方案审批29个，征收水土保持补偿费198.74万元。三是加强入河排污口审批和巡查。完成16个街镇污水处理厂入河排污口设置审批；制定巡查制度，开展入河排污口巡查20余次，开展河道采砂巡查检查60余次。四是推进水质检测。水质监测站顺利通过市水利局、市质量技术评审和认证中心的实验室复评审和搬迁评审，具备地表水26项、饮用水28项、地下水20项检测指标的能力。全年完成监测报告58份（地表水37份，饮用水13份，其他8份）。

【水政执法】 一是加强法治宣传。以“3·22”世界水日和“中国水周”活动为契机，开展以“落实五大发展理念，推进最严格水资源管理”为主题的水法规宣传专题活动，提高全社会珍惜水资源、爱护水资源、节约水资源的意识。二是严格水行政执法。对长江、龙溪河、桃花溪等重要江河湖泊的涉河建设、采砂管理巡查，加强涉河项目、水资源和水土保持等执法监督检查，依法查处区境内的各类水事违法行为。全年开展执法检查50次，发现和处理各类水事违法行为9起，查处率100%。三是强化事中事后监管。全面开展水土保持检查，整顿未办理水土保持行政审批、未缴纳补偿费的非煤矿山企业。

【水利队伍建设】 一是强化干部职工思想教育。开展“两学一做”学习教育，党委书记带头讲党课和带头自学，开展学习教育9次，专题讲座3次，将学习教育与推进水利改革发展、解决群众关心关注的民生水利相结合，党员干部思想认识、宗旨意识、工作作风、精神面貌明显改善，建立局系统制度规范长效机制。二是加强机关行政效能建设。清理规范水务局行政权力152项，其中，行政审批19项、行政处罚101项、行政征收3项、行政强制16项、行政检查9项和其他行政权力4项，将涉水行政审批纳入重庆市网上行政审批平台，实现行政审批网上全流程“单轨运行”。制订《重庆市长寿区水务局“双随机一公开”工作实施细则》等。三是开展党风廉政建设。全年局党委专题研究讨论党风廉政建设和反腐败工作12次，党委书记约谈班子成员及科级干部63人次，签订党风廉政建设责任书18份，分管领导约谈126人次，把工程项目资金分配、施工招标、工程预算、工程验收作为最大廉政风险点进行重点监督防控，年内没有发现违纪违规行为。四是认真办理人大、政协建议提案。2016年，区水务局承接区第十七届人大第六次会议建议21件。其中：主办17件（含区领导督办重点建议2件）、协办4件，建议内容主要涉及饮水安全、水源保护、水利设施投入、水利工程管护等方面，建议办结率100%，代表对办理结果满意率100%。（谢　莉）

农　机

【农机推广】 推广和引进农机新机具、新技术，推进农业全程机械化，继续抓好农机购置补贴、机插、机耕、机收工作。2016年全区推广补贴农机具1683台，其中，耕整机1510台、拖拉机15台、插秧机11台（其中乘坐式插秧机1台）、联合收割机8台、粮食烘干机5台、其他农机新机具134台；补贴资金3124550元，其中中央补贴资金2199180元，区级补贴资金925370元。

2016年完成机耕面积71350公顷，水稻机插

2016年7月27日，市农委农机监管处、市农机监理所及市安监局到长寿检查验收创建全国“平安农机”示范区工作

秧面积 10610 公顷，完成机收面积 18600 公顷；完成深松整地作业面积 9682 公顷。

【农机执法】 加强农机安全管理，开展“平安农机”示范区创建。全年开展农机安全检查 183 次，其中开展拖拉机道路交通安全检查 103 次，对街镇农机安全工作督查检查 32 次，进村入户、田间院坝开展农机检查 51 次；出动检查人员 892 人次，检查拖拉机 224 辆次，劝导教育 756 人次。

加强源头管理，完善农机监管基础台账。截至 2016 年底，全区登记注册拖拉机 517 台、拖拉机驾驶员 168 人，备案登记管理微耕机 19715 台、插秧机 648 台、收割机 267 台；全区清理统计外籍拖拉机 265 台；建立完善外籍拖拉机“二级三方”台账（二级：区、街镇；三方：农业、公安、安监部门），将外籍拖拉机纳入日常安全监管工作范围。（唐　榕）

城乡统筹发展

【概况】 重庆市长寿区城乡统筹发展管理服务中心（简称城乡统筹中心）和重庆市长寿区农村投资有限公司（简称农投公司）合并运行。截至 2016 年 12 月 31 日，有工作人员 76 人，其中在编事业干部 23 人（研究生学历 5 人，大学本科学历 15 人，大学专科学历 3 人），聘用人员 53 人。2016 年，城乡统筹中心（农投公司）全面贯彻落实区委、区政府关于全区城乡统筹工作和“三农”工作的决策部署，围绕中心工作，狠抓各项工作计划与配套措施的组织、落实，全面完成年度基础设施建设与现代农业园区管理服务等任务。负责的政府类、市场类建设项目 36 个，其中项目前期 1 个，续建 13 个（含重大项目 3 个），新建 22 个（含重大项目 8 个），年度计划总投资 54903 万元，实际完成投资 59354 万元，占计划任务的 108.1%。

【工程建设】 2016 年，政府类、市场类建设项目 36 个，其中，重大前期工作项目 1 个，新开工项目 22 个，续建项目 13 个。

2016 年，承担的政府类重大项目 11 个，其中，续建项目 3 个，新开工项目 8 个（经区政府收文办字〔2016〕3434 号同意，菩提山森林公园增绿添加工程及城区净化总厂南侧绿化工程调整至 2017 年政府类重大项目，实际开工项目 7 个），年度计划投资 20800 万元，实际完成投资 22926 万元，完成计划任务的 110.2%。一是续建项目，洪称路大修改造工程完工验收并投入运营，年度完成投资 2200 万元；云大路云台至干坝段改造工程全面完工，年度完成投资 2800 万元；现代粮食生产园核心区二期建设项目通过市级验收并交付使用，年度完成投资 300 万元。二是新开工项目，S413 全家垭口至云集段改造工程路基工程已完成，年度完成投资 2104 万元；G351 付何至新市段改造工程路基工程已完成，年度完成投资 2120 万元；李长路（涪陵李渡到长寿凤城）走马岭至卫东段改造工程路基工程全面完成，年度完成投资 3150 万元；长寿区江南街道移民对外交通一碗水至马桑垭段公路改建工程主体工程初步完成，年度完成投资 2610 万元；长大路（葛兰镇响水凼至大坝村段）改造工程完成路基工程年度目标任务，年度完成投资 1650 万元；长寿区国道 G351 长寿湖三角碑至拱背桥段改建工程完成施工、监理招标，施工放线等工作，年度完成投资 800 万元；长寿区农村旅游基础设施建设项目初步完成年度建设任务，年度完成投资 3848 万元；菩提山森林公园增绿添加工程及城区净化总厂南侧绿化工程已完成挂网招标等工作，年度完成投资 100 万元。

2016 年，市场类重大项目 6 个，其中，续建项目 2 个，新开工项目 4 个，年度计划投资 30600 万元，实际完成投资 32925 万元，完成计划任务的 107.6%。一是续建项目，全面完成云集青丰、云集大胜、邻封焦家、凤城复元 4 个农民新村环境工程及配套设施建设，年度完成投资 1175 万元；温氏中华村 5000 头种猪项目全面完工并实现养殖，年度完成投资 1100 万元。二是新开工项目，温氏 15 万吨饲料厂项目开工建设，年度完成投资 500 万元；复元生态蔬菜园有机蔬果生态农业示范项目全面建设，年度完成投资 2150 万元；重庆紫耘花海农旅结合项目完成“春花园”土地整治、路网规划设计等工作，年度完成投资 23000 万元；“橘香悦动村”项目（经区政府同意，该项目置换温氏天台种猪场项目）已全面建成三千亩晚熟柑橘基地、晚熟柑橘商品化处理中心、乡村旅游接待中心，年度完成投资 5000 万元。

重大前期工作项目长寿区农畜产品加工区建设项目，该项目计划总投资为 280000 万元，2016 年工作目标是完成一期项目 24.84 公顷（372.66 亩）土地征地报件工作。年底前，一期4个项目征地报件已全部上报市国土局，已取得市政府征地批文1个，剩余3个等待批复。项目已启动征地拆迁、配套基础设施与设计等工作，年度完成投资 1244 万元。

一般类项目完成长寿区烟坡饮水源隔离网建设项目、长寿区烟坡大桥防污工程建设项目、邻东路水毁修复工程建设项目、现代畜牧园区专用自来水厂修复工程建设项目、长寿区拓阳有机肥厂环保应急道路工程以及复元蔬菜基地观景平台建设项目等18个项目建设任务，年度完成投资 3503 万元。

【园区建设】 （详见本类目《现代农业产业基地建设》分目）

【园区管理】 推动长寿区晚熟柑橘协会组建成立，形成园区主导、协会主推、企业主体的园区管理联动机制。运用园区企业“颜色管理”，建立完善园区安全稳定预警机制与二次招商机制，做好资金断链企业二次招商工作。主动做好企业贷前、贷中、贷后沟通、协调，完善园区企业融资联系机制，协调农正、东源等5家柑橘企业担保融资2500万元。建立和完善畜禽废弃物资源化利用机制，促进有机肥收集、生产和使用，园区企业环保意识不断提高，环保工艺得到改进，环保工作顺利通过中央环保督查。部门协调机制更加顺畅，园区永久性基本农田和设施农用地调规工作顺利实现，调增设施农用地 300 公顷，休闲农业用地 134 公顷。

【农村综合产权流转】 全年交易量较 2015 年同期翻一番。完成覆盖全区 19 个街镇、222 个行政村的农村产权交易政策宣传与业务培训，参培人数600余人，拓展、夯实农村产权交易基础。推进农村各类产权进场交易，全年收集流转交易意向信息 109 笔、挂牌信息 56 笔、撮合流转交易 52 笔，成功流转土地 467 公顷、四荒地 11.5 公顷。联合金融机构探索形成“进场交易—交易鉴证—贷款申请—资产评估—三方协议—抵押登记—发放贷款”的农村产权直接抵押融资模式，推动园区优质企业开展抵押融资试点，全年实现农村承包土地经营权直接抵押融资 520 万元。

【资产运营】 一是完善现代畜牧园区配套提灌站、变压器等基础设施的日常管护工作机制以及未售农民新村等房屋资产的综合利用机制；真正实现对公司林业、道路、水利设施、电力设施、户外广告牌、新村房屋等资产的管护全覆盖。二是以“三防”管理为重点，强化森林资源管护外包及林区安全管理的检查与综合考评；完成“两山”“一带”森林资源管护工作的季度、年度考评，启动农胜公司接管森林资产的筹备方案。完成林区1529 座坟墓点建档立案、204 口山坪塘确权划分，处理林区各类占地纠纷 12 余起，追得苗木赔偿款9万元。三是围绕创新思路，盘活森林资产及生态项目建设工作目标，完成速生桉采伐更新作业第二轮两次采伐工作，全年采伐林木 189.67 公顷，收取收益款 134.82 万元；为支持长寿区城市绿化建设需要，全年移植林木 11364 株，实现资产划拨524 万元。完成长寿区三峡水库库周生态保护带建设项目（132.07 公顷）、长寿区三峡水库库周龙溪河流域沙田柚产业发展项目（100.47 公顷）区级预验收，完成长寿区三峡后续生态项目 2011 年—2013 年四个项目的区级综合验收，顺利通过国家三峡办对 7202.67 公顷造林面积的国家级成效核查。完成长寿区新一轮退耕还林项目 2015 年度1200 公顷规划面积的实施以及 2016 年度 619.91 公顷规划面积的前期申报工作。

【项目融资】 按照“保还本付息、保民工工资、保重大项目、保正常运转”原则，结合区国资办对平台公司绩效薪酬考核相关要求，完成2016 年度账务融资计划和财务工作目标。一是采取政府购买服务方式，实现长寿区普通国省道及县道公路改造项目在兴业银行的50000万元贷款，完成全年 50000 万元的融资计划，达到区国资金融办对融资成本、融资结构的相关要求。二是实现长寿区农村畅通工程一期项目在农发行的98000万元贷款，按照《长寿区畅通工程及街镇工业走廊农村公路建设项目资金管理实施细则》的相关要求管理和使用该笔贷款资金。三是搞好资金平衡调度工作，确保全年银行还本付息 22366 万元、工程款项33368 万元等的支出。

【队伍建设】 强化党建，结合“两学一做”学习教育，全年开展书记上党课3次、创新微党课2次、专题学习研讨 18 次，发展入党积极分子 2名、转正党员2名，城乡统筹发展中心党支部获评区直机关先进基层党组织，1名党员获评区直机关优秀党务工作者。党风廉政建设和反腐败工作按照“一岗双责”的要求，加强对员工的监督、管理与教育，全年签订党风廉政建设责任书16份、承诺书75份，开展廉政谈话132次、廉政考察6次，报批婚丧喜庆事宜5起、签订廉政合同5份。修改完善《公司绩效考核办法》《公司督查督办管理办法》等制度，强化制度硬约束。

工、青、妇组织全年开展职工拉练1场、演讲比赛1场、专业技能与公务礼仪培训12场；开展创建文明城区结对共建工作，帮扶葛兰镇20户贫困户持续脱贫；信息宣传工作全年出版《农投动态》16期，登载理论文章9篇，报送舆情信息192条，报送重大新闻选题11条，区委宣传部采用综合信息21条；档案管理配套完善公司标准化综合档案室1处，规范部室周转档案室3处，完成机构整合后工程类、产业类项目资料的收集、归档、移交、存储工作，完成2015年度1264件文书档案资料归档、存储。

围绕内务安全、林业资产安全、产业发展安全以及工程建设安全监管工作，坚持每月安全检查制度，做到定期检查，定期通报、整改，全年开展安全检查120余人次，确保全年无安全事故发生。

（杨　明）

长寿血橙挂满枝头

工业

概述

【概况】 2016年，长寿区以长寿经开区和长寿工业园区为工业经济的主要发展平台，加大对新兴产业的政策和资金扶持力度，加强企业管理和结构调整，保障企业的生产要素，克服全区工业面临的主要是钢铁、化工等行业的周期性调整寻底、经济效益持续低位下行等困难，推动工业经济的发展。

【工业经济指标】 2016年实现工业增加值176.8亿元，比2015年增长10.7%，占全区地区生产总值的38.9%，绝对额在重庆片区排第八位。全地区完成规模以上工业总产值900亿元，增长12.5%［其中，经开区、长寿工业园区（即街镇工业走廊）规模以上工业总产值分别完成780亿元、96.7亿元，分别增长11.9%、108.4%］。规模以上工业产品销售收入883.1亿元，增长13.1%；实现工业税金及附加20.2亿元，增长39.2%；利润总额-41.2亿元，除重钢股份和中石化川维厂外，全区实现规模以上工业利润总额10亿元（2015年同期为6.1亿元）。

全区有规模以上工业企业229家，新升规工业企业50家（其中新建企业升规20家，存量企业升规30家，年度升规企业数量达到历年之最）。全年完成规模以上工业产品产销率98.12%，上升0.52个百分点。

【主要产品产量】 2016年，全区工业实现钢材产量387万吨，比2015年下降28.8%；粗钢290.5万吨，下降21.9%；精甲醇产量180.6万吨，增长16.5%；醋酸产量35.7万吨，下降4.6%；合成氨产量16.3万吨，增长50.9%；发动机产量1643.4万千瓦，增长20.6%；橡胶轮胎外胎产量1147万条，增长6.5%。

【工业投资和重大项目】 全区完成工业投资319.5亿元，完成计划的101.8%，比2015年增长16.4%。工业企业计划利用外资2亿美元，占计划的64.5%。全区引进项目186个，合同引资509.2亿元，其中协议引进工业项目123个，协议引资额398.4亿元。

【能源保障】 全年工业用电47.6亿千瓦时（含企业自发自用电），比2015年增长7.1%，占全社会用电的90%。工业用气22.5亿立方米，增长19.3%，占全社会用气的97%。工业用煤410万吨，工业用蒸汽80万吨。2家售电公司应运而生，售电侧改革深入推进，全年新增28家工业企业获得电力直接交易试点准入资格，参与直接交易企业37家，企业用电结构进一步优化。涪陵至长寿页岩气专线工程建设顺利完工，中石化川维厂配气站至卡贝乐天然气专线建成，多气源供气格局逐步形成。

【供给侧结构性改革】 一是去过剩产能和处置僵尸企业取得实效。调减重钢船板钢产能200万吨；整体去除煤炭产能；部分企业通过兼并重组、来料加工、厂房回购等各种途径实现闲置产能或资产有效利用。二是降成本减负担。落实用电优惠政策，实施电力直接交易，全年降低企业用电成本1.24亿元；落实天然气价格政策，对具有调峰能力、日用气量1万立方米以上的工业企业按月用气量实行阶梯价格结算。工业用天然气价格下调降低企业成本15亿元以上。三是2016年将长化公司整体搬迁工作纳入长寿区“十大项目”进行管理，通过多方努力已于年底实现生产性停产。长化公司整体环保搬迁主要涉及的搬迁项目正稳步推进，长化公司环保搬迁资金缺口12.5亿元得以解决，已通过职工安置分流方案，2016年12月中旬长化公司三大产品均处于停产、停车状态，清理和除毒处理工作继续进行中，部分残余尾料还在逐步处理，

"三废"治理及部分公用系统正在配合运行。

【项目申报和资金扶持】 年内申报第一批中央专项建设基金项目4个，其中世纪之光获1.45亿元的资金支持，其他项目为企业争取项目资金753.75万元。有12家企业申报2016年度重庆市企业技术中心，7家企业技术中心已获认定。申报中小企业科技成果转化项目11个，产业创新国际合作项目1个，全市技术创新指导性项目推荐目录6个，5家企业申报重庆市重点鼓励采购产品指导目录，申报"重庆市楼宇产业园"1个。获得民营专项资金区县切块资金1515万元，其他奖励资金1836.57万元。

【主要产业发展】 钢铁、化工、装备制造、新材料、电子信息等五大产业工业产值占全区工业总产值的比重超过80%，结构比由2015年的36:27:19:12:6调整为18:34:22:18:8，重工业比重持续下降，工业结构更加优化。新兴产业加快发展，MDI及化工新材料、新能源、生物医药等新兴产业对全区工业经济的贡献率超过70%。新能源汽车、信息通讯终端等产业实现零的突破。工业产品产销率维持在97%的较高水平，工业企业库存压力减小。26家企业88种产品成功进入重庆市重点鼓励采购产品指导目录。重钢股份、中石化川维厂等重点企业降本扭亏效果明显，全区规模以上工业利润较上年减亏8.4亿元。 （熊 伟）

表17 **2016年长寿区规模以上工业企业经济效益**

指标名称	单位	2016年	2015年	2016年比2015年±%
规上工业产品销售收入	万元	8331816	7478215	11.4
其中：长寿经开区	万元	7188025	6502648	10.5
街镇工业走廊	万元	919916	445589	106.4
规上工业利润总额	万元	-401288	-403838	
其中：长寿经开区	万元	-458761	-450883	
街镇工业走廊	万元	47346	34941	35.5
规上工业税金及附加	万元	202059	145143	39.2
其中：长寿经开区	万元	165565	117161	41.3
街镇工业走廊	万元	28572	17798	60.5

表18 **2016年长寿区规模以上工业主要产品产量**

指标名称	单位	2016年	2015年	2016年比2015年±%
生铁	吨	2877320	3664298	-21.5
粗钢	吨	2905097	3718240	-21.9
钢材	吨	3870454	5434948	-28.8
精甲醇	吨	1806340	1550014	16.5
醋酸乙烯	吨	477425	468957	1.8
冰醋酸	吨	373945	393367	-4.9
合成氨	吨	162576	107326	51.5
烧碱（折100%）	吨	190778	148980	28.1
合成橡胶	吨	20002	23070	-13.3
化学纤维	吨	18304	13429	36.3
合成纤维聚合物	吨	141313	123659	14.3
发动机	千瓦	163074	29383	455.0

续表

指标名称	单位	2016 年	2015 年	2016 年比 2015 年 ±%
橡胶轮胎外胎	条	2506	2428	3. 2
玻璃纤维纱	吨	17066863	15906289	7. 3
水泥	吨	185650	215066	-13. 7
化学药品原药	吨	1298829	1406257	-7. 6
原煤	吨	16434054	13629667	20. 6
焦炭	吨	1197049	1739122	-31. 2
发电量	万千瓦时	257928	307829	-16. 2

注：1. 工业经济综合效益指数已经取消；2. 计算 2016 年增速的 2015 年数据中包括了工业企业退出进入的数据，与 2015 年的数据不一致

（以上统计资料由重庆市长寿区统计局提供）

钢铁冶金工业

【概况】 2016 年，长寿区钢铁行业完成规模以上工业产值 124. 1 亿元，比 2015 年下降 41%。除冶金机械和航铸钢构 2 家企业产值实现同比增长外，其余 9 家企业均不同程度下滑，其中重钢股份下降 31. 5%，永航钢铁下降 61%。主要工业品中，热轧钢带产量 255. 1 万吨，增长 32. 2%；中厚板产量 29. 7 万吨（9—12 月无产量），下降 81. 4%；造船板产量 3. 3 万吨（9—12 月无产量），下降 62. 1%；螺纹钢产量 58 万吨、下降 63. 8%，均价 2694 元/吨、下降 0. 63%。（熊　伟）

化学工业

【概况】 2016 年，长寿区化工行业完成规模以上工业产值 230. 6 亿元，比 2015 年增长 6. 5%，其中，医药化工完成规上工业产值 46. 4 亿元，增长 31. 9%。产值增幅前 5 位的企业依次为：莱美药业（净增 42865 万元）、紫光川庆（净增 13896 万元）、长风福来德（231. 8%）、林德化医（143. 4%）、太子化工（108. 8%）。主要工业品中，精甲醇产量 178. 8 万吨，增长 16. 6%，均价 1549 元/吨，下降 7. 2%；合成氨产量 16. 3 万吨，增长 50. 9%，均价 1684 元/吨，增长 1. 2%；冰醋酸产量 35. 7 万吨、下降 4. 6%，均价 1799 元/吨、下降 13. 2%；离子膜法烧碱产量 16. 4 万吨、增长 35. 5%，均价 2338 元/吨、增长 19. 9%。

（熊　伟）

新材料工业

【概况】 2016 年，新材料行业完成规模以上工业产值 127. 6 亿元，比 2015 年增长 30. 4%。产值增幅前 5 位的企业依次为：九橡化大（净增 5384 万元）、瀚恩新材料（净增 4099 万元）、巴斯夫（686. 2%）、祥道建材（486. 8%）、盛百利建材（171. 3%）。主要工业品中，子午线轮胎产量 1147 万条，增长 6. 5%；均价 235 元/条，下降 2. 7%。（熊　伟）

装备制造业

【概况】 2016 年，长寿区装备制造业完成规模以上工业产值 158. 6 亿元，比 2015 年增长 25. 9%。产值增幅前 5 位的企业依次为：杰富意（净增 4713 万元）、弘猫机械（606. 6%）、众瞻机械（361. 3%）、拓菱汽车（242. 7%）、南雄机械（111. 1%）。主要工业品中，发动机产量 1643. 4 万千瓦、增长 20. 57%，均价 9203 元/台、增长 1. 6%；变压器产量 877. 2 万千伏安、增长 32. 95%，均价 11551 元/千伏安、下降 3. 6%。

（熊　伟）

电子信息工业

【概况】　2016 年，长寿区电子信息行业完成规模以上工业产值 60.2 亿元，比 2015 年增长 10.9%。产值增幅前 5 位的企业依次为：友为技术（净增 30280 万元）、缘得科技（192%）、秀博瑞殷（净增 4865 万元）、长讯科技（净增 4656 万元）、信誉通科技（净增 4181 万元）。主要工业品中，无碱玻璃纤维布产量 6833.4 万米、下降 13.1%，均价 4 元/米、同比持平。（熊　伟）

智能家居和食品工业

【概况】　2016 年，长寿区消费品行业（智能家居和食品）完成规模以上工业产值 84.9 亿元，比 2015 年增长 95.3%。产值增幅前 5 位的企业依次为：旭松家具（净增 4388 万元）、家由来（净增 4040 万元）、洋洋行家具（净增 3572 万元）、凯年食品（净增 3509 万元）、松森门业（净增 3376 万元）。主要工业品中，家具产量 88 万套，增长 145.1%；各类食品产量 8.5 万吨，增长 111.6%。（熊　伟）

煤炭工业

【概况】　2016 年，长寿区煤矿实现安全生产“零死亡”目标。按照全市新一轮煤矿整顿关闭工作的统一部署要求，在 2016 年长寿区整体退出煤炭行业，关闭 9 家煤矿企业，淘汰落后产能 49 万吨/年。于 2016 年 12 月 15 日全部通过市政府复查验收。

全区煤矿企业自 2008 年历年年产量为：2008 年 54 万吨，2009 年 76.5 万吨，2010 年 54.6 万吨，2011 年 75.8 万吨，2012 年 50 万吨，2013 年 52.2 万吨，2014 年 26.3 万吨，2015 年 27.5 万吨，2016 年 8.3 万吨。（张福江）

表 19　长寿区关闭煤矿基本情况

序号	关闭煤矿名称	关闭时间	年生产能力（万吨）	备注
1	重庆市恒发煤炭有限公司洪湖镇寨湾煤矿	2014 年 2 月 20 日	4	自愿申请关闭
2	重庆市长寿区凤城街道复元黄山煤矿	2014 年 7 月 15 日	4	自愿申请关闭
3	重庆市长寿区昇坪煤炭有限公司滴水岩煤矿	2014 年 12 月 15 日	4	自愿申请关闭
4	重庆金坛煤业有限公司金佛煤矿	2014 年 12 月 15 日	4	自愿申请关闭
5	重庆怀丰煤业有限公司	2015 年 7 月 22 日	6	自愿申请关闭
6	重庆金坛煤业有限公司长寿区但渡镇桐木煤矿	2015 年 7 月 22 日	4	自愿申请关闭
7	重庆中强煤业有限责任公司葛兰镇老龙洞煤矿	2015 年 2 月 2 日	4	自愿申请关闭
8	重庆源顺煤业有限公司	2015 年 5 月 7 日	4	自愿申请关闭
9	重庆恒发煤业有限公司王家沟凤凰煤矿	2015 年 8 月 28 日	4	自愿申请关闭
10	重庆市长寿区金龙煤矿	2015 年 12 月 31 日	6	自愿申请关闭
11	重庆恒发煤业有限公司刘家沟煤矿	2016 年 3 月 30 日	6	自愿申请关闭
12	重庆恒发煤业有限公司云台煤矿	2016 年 9 月 30 日	6	自愿申请关闭
13	重庆市长寿区昇坪煤炭有限公司云台镇大沟煤矿	2016 年 9 月 23 日	4	自愿申请关闭
14	重庆中强煤业有限公司葛兰镇水槽口煤矿	2016 年 9 月 30 日	4	自愿申请关闭
15	重庆中强煤业有限公司葛兰镇龙须沟煤矿	2016 年 9 月 30 日	4	自愿申请关闭
16	重庆中强煤业有限公司葛兰镇石马门煤矿	2016 年 9 月 30 日	4	自愿申请关闭
17	重庆金岳实业集团有限公司	2016 年 12 月 5 日	9	自愿申请关闭

续表

序号	关闭煤矿名称	关闭时间	年生产能力（万吨）	备注
18	重庆市长寿区渝庆矿业有限公司	2016 年 12 月 5 日	6	自愿申请关闭

（重庆市长寿区煤炭工业管理局提供）

长寿经开区云天化研发中心致力于新材料研发

工业园区建设

长寿经济技术开发区

【概况】 长寿经济技术开发区（简称长寿经开区）是2010年经国务院批准由重庆（长寿）化工园区升级的国家级经济技术开发区；2011年4月11日，长寿经济技术开发区管理委员会正式挂牌运行，与重庆重化工园区管理委员会实行一套班子、两块牌子合署办公。是全国循环经济试点园区、国家新型工业化产业示范基地、国家知识产权试点园区、国家化工新材料高新技术产业化示范基地，国家级产业废物综合利用项目示范基地、中国钢产业示范基地、中国十大最佳投资环境园区，连续4年获“中国化工园区20强”称号。

长寿经开区规划管理面积80平方千米（其中国务院批准面积10平方千米，长寿区委托代管70平方千米），地处长江经济带核心地带，距重庆江北国际机场50千米，毗邻重庆两江新区。长寿经开区重点发展综合化工、新材料新能源、冶金钢铁、装备制造、电子信息五大产业，由晏家、江南、八颗三个组团组成。渝怀铁路、渝利铁路、渝万城际铁路3条铁路及渝长、渝涪、渝万3条高速公路穿境而过；拥有长江岸线21千米，规划泊位47个，设计吞吐能力3288万吨/年。

到2016年年底，长寿经开区已开发面积35平方千米，引进德国巴斯夫、韩国浦项、英国BP等国内外知名企业317户（其中世界500强22户，跨国公司44户，上市公司49户），合同引资超3000亿元，完成固定资产投资1735亿元（其中基础设施投资222亿元），建成投产企业247户（其中规上企业136户）。全年实现规模以上工业产值780亿元，比2015年增长12%；新增规模以上企业20户，达到154户。完成工业投资280亿元，增长23%；到位内资185亿元，增长51.6%；实际利用外资1.1亿美元；外贸进出口总额10亿美元；实现税收25亿元；引进项目94个，合同引资342亿元。

2016年，面对国际经济疲软持续性影响及部分产业转型升级过渡性减速的双重压力，长寿经开区致力于抓调度，强管理，提质量，经济运行稳中有进，综合实力持续增强。

2016年8月11日，重庆德洋中车汽车零部件有限公司生产90万套汽车零部件项目开工。区领导赵世庆、巴川江、张明生、张华等出席开工仪式

【结构调整】 开放发展，开拓经济发展新格局。围绕五大产业集群，在产业链上寻求优势环节，以国内外500强企业为重点，筛选高新技术产业和新兴产业，坚持驻点和依托行业协会招商模式，开拓经济发展新路径。一是新能源产业取得新突破，深圳比克电池投资23.5亿元的新能源项目成功入驻，计划实现产值50亿元。二是装备制造产业再壮大，新引进现代汽车配套项目4个，引进签约项目31家，总投资额79亿元，计划产值150亿元。三是新材料产业难中求进，新引进聚氨酯上下游项目4个，签约项目10家，总投资额30亿元，计划产值100亿元。四是综合化工产业转型取得新进展，重庆博腾制药再投资20.5亿元建设医

药项目。五是钢铁冶金产业调结构取得新进展，新签约下游项目4家，投资总额37亿元，计划产值80亿元。六是电子信息产业再添新军，深圳国乾科技投资1亿元手机项目成功入驻，将实现高端手机长寿造。

产业集群发展，实现转型升级新突破。综合化工、钢铁冶金、装备制造、新材料新能源、电子信息五大产业全年分别实现产值255亿元、143亿元、172亿元、120亿元、60亿元，五大产业产值占比由2015年同期的30:29:19:14:8调整为2016年的34:19:23:16:8；钢铁产业“去产能”“提档升级”深入推进，产值同比下降31.4%；装备制造产业、新材料新能源产业持续壮大，成为经开区重要的经济增长极，产值同比增长34.8%；电子信息产业作为重点打造的新兴产业，发展迅速。

【搭建平台】 围绕晏家、江南、八颗三大组团发展建设，推动三区统筹、五产同进、协同发展，项目承载能力大幅提升。一是规划管理进一步完善，先后完成三大组团16个控规调整，保障规划的整体性、协调性；完成三大组团公用工程规划7个，保障公用工程规划科学实用；帮助企业规划用地红线40余个，方案预审查50余家，保障企业依法依规快速建设。二是功能型基础设施进一步完善，完成基础设施投资26.7亿元，新建道路8.6千米、电缆沟5000米、企业临时用电设施4座，长江二桥开工建设，开创PPP项目建设先河；科技创新园一期项目完成前期工作，正在进行建筑设计和研发楼工艺设计，八颗组团招商形象进一步凸显，为重大项目入驻建设创造条件。三是推进供给侧改革搭建能源保障平台，全年对外投资7.25亿元，投资8.06亿元，组建售电公司、天然气公司、生态公司、物流贸易公司，成立合资公司8家，为企业提供量足价优的能源保障。

2016年2月2日，重庆斯泰克材料技术有限公司与德国瑞登梅尔父子公司合资公司项目签约仪式。区领导周勇、赵世庆、张明生、张华、巴川江、霍家勤出席

【服务企业】 围绕项目加快建设和企业突围解困，优化企业服务，帮助企业发展壮大，经济效益有新提升。一是企业建设服务按照实事求是、守住安全环保底线、支持企业发展的原则，推行企业建设行政审批手续并行办理，优化审批工作流程，提高审批效率；年内新注册企业36家，新开工项目72个（其中重大项目51个），开工面积198万平方米，新投产项目40个；现代汽车配套项目建设加速推进，建成投产企业7家，新增产值20亿元，开工建设25家，2017年7月将全面建成投产。二是企业运行服务进一步优质高效，全年供电、供煤、供气、供水、蒸汽都能保障企业生产需要；上报征地件项目14个，报件面积275.27公顷，获得用地批复10个，批复面积175.07公顷；供地30宗，面积164.63公顷，解押14个土地证，解押面积105.6公顷，有效满足项目建设用地需要；通过招工政策补贴、大专院校招聘等形式，帮助企业新聘员工1280人，发放招工补贴122万元；帮助企业协调处理工资、经济补偿金、工伤等劳动纠纷63件，维护企业正常生产经营秩序；拨付支持企业产业发展资金2.69亿元，帮助企业融资16.8亿元，解决企业资金困难问题。三是帮扶企业改革突围解困，千方百计协调重钢股份与攀华集团成功合作，首创国企与民企合作，成为供给侧改革的典范项目，新增工业产值66.7亿元，稳定就业10119人；采取增资扩股、“腾笼换鸟”、收购兼并、合作经营等二次招商模式，盘活企业5家，利用闲置土地33.65公顷，发挥土地资源效益。

【安全环保稳定】 开展安全环保提升年活动，严防责任松懈、严防监管缺失、严防事故反弹，全年没有发生较大以上安全环保事故，到市进京信访为零。

全方位进行安全生产监管整治，全年开展建筑安全检查136次，查处安全隐患217起，约谈企业6家，隐患整改率100%，建设项目质量合格率100%。开展企业生产安全检查691家次，邀请专家383人次，查出问题1670条，下发整改指令书83份，实施生产经营性行政罚款43.6万元，整改率100%。

加强环境保护工作，全年检查企业350余次，查出隐患400余条，下发隐患整改通知书19份，隐患整改率98%；约谈企业主要负责人1人；查处环保违法企业37家，罚款1810余万元。清新行动成效显著，紫光国际、佐能化工2家企业完成有机废气深度治理试点，启动九龙橡胶、天志环保、博腾制药、小康动力、农化集团等11家企业有机废气深度治理试点工作，全年环保投诉95起，比2015年下降26.36%。蓝天行动扎实深入，联合交通、公安、市政等部门开展清洁运输整治，纠正不规范运输150余起，处罚违规车辆700余台，督促5家产尘企业开展粉尘整治20余次，扬尘粉尘污染得到整治。碧水行动持续推进，完成电镀园污水管网可视化改造，化工区污水管网可视化工作正在进行。

健全应急管理，开展经开区级、企业级应急演练51次，完成企业应急预案编制备案26家。建立应急资源库，补充应急物资5台套，建成投用环境应急监测站。成功举办全市安全生产应急管理工作会暨“三支队伍”建设现场会、长江经济带饮用水水源地环保执法专项行动现场会。数字园区持续推进，安监、环保、应急管理系统、档案管理系统等已上线运行。

责任关怀行动持续开展。已发展会员单位59家，形成园区主导、协会主推、企业主体的工作模式。全年开展活动36次，筹集资金43万余元，解决周边村民的难事，共享经济发展成果。开展进学校、进社区、进企业活动4次，促进群众认知化工、企业反哺社会的意识，增强企业主体责任意识，形成企业反哺社会、社区群众支持企业发展的局面。

【创新驱动发展】 围绕企业创新主体，推进政策引导和科技创新平台建设，为实施创新驱动发展提供保障，增强创新驱动发展的活力。全年新引进企业研发中心5个，新增市级研发平台8个，培育区级企业研发创新中心10个，R&D经费支出比2015年增长11%，占销售收入的1.6%。一是科技创新政策体系进一步完善，根据区委、区政府《关于深化改革扩大开放加快实施创新驱动发展战略的意见》和《重庆市长寿区创新驱动发展战略专项资金管理办法（试行）》，设立2.5亿元的科技创新产业发展资金，鼓励企业加强企业研发机构建设、科技成果转化等科技创新工作；建成高层次人才公寓75套，为科技创新人才引进、培养奠定基础。二是企业研发机构进一步壮大，第一个专业化、独立法人化的高端研发机构云天化瀚恩新材料入驻运作，与中国高技术产业发展促进会成功合作；科技创新园一期工程相关前期工作完成，正在开展建筑设计和研发楼工艺设计，届时将为企业提供全要素、低成本的科技创新创业服务。

长寿经开区科技创新园效果图

【作风建设】 法治园区、廉洁园区和服务型园区，不断提升施政能力和服务水平，进而提升企业的获得感。一是“两学一做”学习教育活动推向深入，坚持把严明党的政治纪律和政治规矩摆在首要位置，教育引导广大党员干部牢固树立“四个意识”，认真贯彻“准则”“条例”，强化党内监督，推进责任落实，弘扬主旋律，传播正能量，提振精气神，工作作风进一步改进。二是圆满完成“两代表一委员”换届选举工作，选出5名区党代表、3名区人大代表，酝酿提名4名区政协委员，畅通企业参与地方建设、建言献策渠道。三是落实基层党建工作责任制，增强非公有经济党组织的整体功能，新建非公党组织3个，整顿软弱涣散基层党组织，推动基层组织建设全面进步、全面过硬，更好地凝聚起加快经开区发展的强大合力。

（杨永超）

2016 年长寿经济技术开发区管理委员会主任、副主任名录

主　任：巴川江（蒙古族）
副主任：宋　平　肖庆华　冉　洪　涂山全

2016 年长寿经济技术开发区管委会内设机构领导人名录

办公室
主　任：张小明
副主任：李发平
经济发展局
局　长：余河海
副局长：周莉萍（女）
建设管理局
局　长：代柏林
副局长：王益兵
经济运行局
局　长：陈　列
副局长：程　康
环境保护局
局　长：唐雅江
副局长：熊　彬
安全生产监督管理局
局　长：杨　勇
应急管理中心
主　任：徐鲜华（兼，2016 年 12 月离任）
副主任：何世林　肖书东
财务局
局　长：程学明（兼）
副局长：舒　畅（女，2016 年 12 月离任）
　　　　陈小钢（2016 年 12 月任）
土地储备中心
主　任：叶　毅
副主任：陈　跃
团工委
书　记：程　康
集团公司
董事长：董泽明
总经理：董泽明（2016 年 6 月离任）
　　　　郑　策（2016 年 6 月任）
副总经理：向红深　张玉书　陶伯林　胡　军

附：

长寿经济技术开发区部分规模以上企业简介

杰富意金属容器（重庆）有限公司

杰富意金属容器（重庆）有限公司，是长寿经开区钢铁冶金和化工产业耦合发展的典范。

杰富意金属容器（重庆）有限公司是由世界 500 强企业 JFE 容器株式会社（75.08%）、伊藤忠丸红铁钢株式会社（19.92%）和高化学株式会社（5%）共同投资建设的日资独资企业。最大股东日本 JFE 容器株式会社是日本 JFE 集团全资子公司，JFE 集团是日本第二大钢铁集团，世界 500 强企业。JFE 容器株式会社钢桶销售份额位居日本第一，也是截至 2016 年唯一在华投资的日本钢桶生产企业，在中国的主要配套商有：埃克森美孚、陶氏化工、拜耳、壳牌石油、阿克苏诺贝尔等。

杰富意金属容器（重庆）有限公司于 2014 年 9 月成立，是继上海、浙江、江苏之后在中国建成的第四家高品质钢桶制造工厂，主要为化工企业提供高品质钢桶。项目总投资 3.5 亿元，占地 4 公顷，设计产能年产 120 万只高品质钢桶，是在华工厂最大单条生产线，于 2014 年 10 月开工建设，2015 年 11 月建成投产，推动长寿经开区钢铁冶金和综合化工产业耦合发展，填补内陆地区钢桶生产企业的空白。

公司拥有新加坡 OSWELL、日本 YAMAHA、以及华信一和华嘉丽等国内外先进的钢桶生产线设备，进口设备 14 台套（占比 50%）。采用日本专利技术焊缝平坦化工艺以及世界同行领先水平的磷酸铁表面处理工艺和氦气试漏工艺（可检出 30 微米大小的针孔），生产工艺在上海、浙江、江苏工厂的技术上进行优化升级，形成短流程、高效率的工艺路线，实现每秒生产 6 只钢桶的速率。率先在生产现场每个工位安装摄像头、广播系统，实现产品质量全方位把控，该系统的应用开创全世界钢桶制造行业的先河。

公司 2016 年底前每月生产钢桶 10 万只，消耗冷轧薄板 2000 吨（均价 3800 元/吨），每只桶（售价 130 元）的附加值 54 元，主要给广通化工、长兴化学、关西涂料等重庆及西南地区大型化工企业配套，在西南地区市场占有率将达 15%。年底前用工 60 人，其中技术人员 15 人、日本员工 4

人，全年实现销售收入5000万元。

秀博瑞殷（重庆）电子材料有限公司

秀博瑞殷（重庆）电子材料有限公司，是长寿经开区电子信息产业的龙头企业。是韩国高科技企业Soulbrain（秀博）株式会社（韩国上市企业）在长寿经开区投资建设的企业，是秀博株式会社更好配套北京京东方、合肥京东方、成都京东方、重庆京东方的战略投资企业，于2014年11月成立。该公司利用总公司的技术资源，投资2900万美元建设年产3万吨蚀刻液、年72万张平板显示玻璃的薄化及ITO镀膜项目，占地3.47公顷，于2014年11月开工建设，2015年11月建成投产。拥有持续增长的显示屏产业的高科技材料无机电子材料生产技术，拥有玻璃减薄机等设备133台（套），蚀刻液和玻璃减薄机镀膜生产线2条，年产铝蚀刻液2080吨、年产铜蚀刻液18000吨，PIXEL（像素）蚀刻液6000吨，TM ITO蚀刻液6000吨，年处理玻璃减薄72万张的生产能力。产品应用于电子等领域，主要给京东方、厦门天马微电集团等配套。年底前用工85人，2016年1—8月实现销售收入3400万元。为抢占优质工程材料市场，拟在长寿经开区设立秀博瑞殷株式会社研究院附属研究所，突破更加轻薄、高质量的基板减薄技术，研发显示屏领域（TFT—LCD，OLED）里用作蚀刻金属布线中铝、铜、铟锡氧化物等蚀刻液，使显示面板更加轻薄的蚀刻技术（基板减薄）及蚀刻液。作为秀博瑞殷株式会社在中国的第一家研究院，计划总投资2481万元，正在开展前期相关工作，将于2017年初与二期项目一起建设，研发人员将由韩国秀博瑞殷株式会社研究派驻所拥有多年经验的高级研发人员担任。该研究院将依托总部“铜蚀刻液第一家量产企业”“第一家开发多合金背板蚀刻液“OLED面板薄化唯一一家具有量产实绩的企业”“超纯氢氟酸提纯世界前三强”的研发优势，进一步研究开发电子材料新技术。

重庆世纪之光科技实业有限公司

重庆世纪之光科技实业有限公司是践行重庆市十大新兴产业规划，依托中国科学院理化技术研究所，联合北京中科海通科技有限公司、爱尔兰Firecomms、长城宽带网络服务有限公司建设塑料光纤材料产业基地及光纤通信基地，成立于2014年8月，注册资金3.2亿元，占地70.33公顷，建设年产光纤材料（PMMA）24000吨、光缆300万千米、光收发器件及光模块15000万套、塑料光纤通信设备6000万（台）套、车用信息点连接器5万个等项目，计划总投资103亿元，产值300亿元。是重庆市新材料产业“十三五”规划重点项目、2015年重庆市重点项目新材料类首位项目、2015年重庆市发改委战略性新兴产业储备项目、2015年度重庆市技术创新项目。一期项目已于2015年底开工建设，2016年年底前成功申报中央建设专项资金1.45亿元，正在开展场内附属设施、基础开挖工程，计划2017年9月一期工程建成投产。

巴斯夫聚氨酯（重庆）有限公司

巴斯夫聚氨酯（重庆）有限公司是世界化工巨头巴斯夫欧洲公司在长寿区注册成立的新公司，项目总占地面积约为4公顷，总投资约78.58亿元，建设年产40万吨聚氨酯（MDI）项目。主要产品有聚合MDI 26万吨/年，单体MDI（MMDI）12万吨/年，MDI预聚体2万吨/年；中间产品有硝基苯40万吨/年，苯胺30万吨/年，粗MDI 40万吨/年；副产品有HCl气体18.2吨/年，盐酸（36.5%）13.27万吨/年，精制盐水34.48万吨/年。项目于2011年4月奠基开工，2015年9实现商业运行，2016年生产MDI系列产品17万吨，产值18亿元，实现销售收入18.85亿元。

（以上企业资料由长寿经济技术开发区管理委员会提供）

重庆市长寿工业园区

【概况】 2016年5月20日，中共长寿区十二届委员会第一百三十一次常委会审定，重庆市长寿区编制委员会办公室印发《关于同意设立重庆市长寿工业园区管理委员会的批复》（长编发〔2016〕33号）文件，同意将重庆市长寿区街镇工业走廊管理委员会更名为重庆市长寿工业园区管理委员会（挂重庆市长寿区街镇工业走廊管理委员会牌子）。重庆市长寿工业园区管理委员会（简称工业园区）为区政府办管理的公益一类事业单位，机构规格正处级，经费形式为财政全额拨款。宗旨是服务园区工业，促进经济发展。主要职责5项：1. 负责编制实施和管理工业园区各项规划；协助做好工业园区及沿线街镇的征地拆迁和补偿安置工作。2. 负责工业园区各项基础设施、公共设施开发建设，同步推进沿线街镇工业化、城镇化和新农村建设，统筹城乡发展。3. 负责工业园区资金的筹集、资产的经营管理工作。4. 负责工业园区的聚商选资、企业运行及服务管理工作。5. 完成区委、区政府交办的其他工作。设置5个内设机构：综合科、规划建设科、投资促进科、资产运营科、经济运行科（挂安全环保科牌子）。重庆市长寿工业园区管理委员会核定全额拨款事业编制20名，其中主任1名，副主任3名，纪工委书记按有关规定配备，内设机构领导职数10名（5正5副）。

2016年，工业园区在聚商选资、项目建设、科技创新、效能服务、要素保障等方面取得新突破。全年完成固定资产投资47.3亿元，比2015年增长15.2%；其中工业投资32.7亿元，完成全年目标的148.5%。完成重大项目投资8.8亿元，完成全年目标任务的100%。新建成企业13家。完成工业总产值150亿元（其中规模以上产值90亿元），增长45.8%；完成利税总额25.6亿元，增长2.2倍；新增用工人数6616人，总计用工超过25000人。

【聚商选资】 面对宏观经济下行、企业投资意愿下降的严峻形势，围绕“提档升级，增加产业厚度；瞄准新兴产业、夯实发展后劲”的招商工作思路，通过重点项目招商、行业招商、以商招商等方式，打造聚商选资“洼地”、服务客商“高地”。全年接待到长寿考察的企业72家，实地拜访企业53家，在谈项目56个，投资额130亿元；引进华圳电子、普创天信、汇马科技、晶宇星科技等35个项目，合同引资55亿元，到位资金20亿元。逐步实现从“引资”向“选资”的转变，从“片面追求数量”向“质量和数量并举”的转变，项目规模效应和带动作用明显增强。

【项目建设】 工业园区把项目建设作为聚集各种生产要素、促进结构调整、转变经济增长方式的重要抓手，全力以赴抓好项目建设，呈现良好发展态势。一是做好基础工作，建立项目储备制。推进项目梳理，梳理储备在库项目57个，实行动态管理，做到开发一批，储备一批，推出一批，实施一批，对重点项目和投资企业实行全方位服务。二是抓好基础设施建设，提升承载能力。全面建成葛兰大水渠一期路网、盈地新科园配套路网、双龙定销房一期路网、葛兰二期平场、葛兰污水处理厂标准厂房预处理和新市众创空间工程，完成新市四期平场、葛兰一期标准厂房扩建工程，新市三期路网及五期平场、葛兰三期路网、北城大道新市园区段人行道改造工程正在推进，全年建成道路3.5千米，建成各类管网9千米，建成标准厂房9500平方米，完成平场53.33公顷。三是抓好企业项目建设，促进产能释放。年内新开工邱裕粮油、奥鑫等4家企业，汇升等13家企业建成投产，其中长信、信誉通实现当年引进、落地建设、当年建成；顺帆田园、海棠花园2个安置房项目建设进展顺利；企业产能进一步释放。

【创新驱动】 围绕供给侧改革，将创新驱动作为转型升级主线，搭建有效载体，集聚创新资源、创新要素，释放技术、人才、资金聚合裂变“溢出效应”，稳增长、补短板、调结构、促转型，推进企业增效提质升级。一是实现园区升格。调动各方资源，创造性地开展市级特色工业园区申报工作，拓展园区发展空间，年底前园区扩区和更名已通过市政府审批。二是推进家居产业向智能化发展。引导家由莱、名风、双驰、双羽、佳禾等5家企业成立智能家居研发中心，推进园区企业提质增效。三是引导新的产业进驻。已成功签约华圳、普创天信、汇马科技等9个电子信息产业项目，合同引资37.8亿元，助推产业结构调整和提档升级。四是加强科技创新。家由莱开展家具全流程信息共享系统开发，洋迪机电成功研发工业机器人，佳禾自主研发UV喷涂设备生产线，双驰新上重庆首条木门智能生产线，恒固研发智能复合系统门窗，双羽打造“圣玛诺”整木定制品牌，名风研发别墅家装定制产品，为企业转型升级提供条件。五是与大型科研机构合作推进产业整体升级。与中科院重庆绿色智能技术研究院签订“重庆长寿·中科未来城”项目合作框架协议，推进中科未来城建设，打造环保与健康科技产业基地、智能制造与新能源产业基地、通用航空产业基地、长江生态环境科创基地和中科院科技成果转化中心“四基地一中心”，加速中科院系统科技产业转化进程。六是着力打造众创空间。引进云芝众成控股集团在新市组团打造云众创客基地，年底前已完成众创空间项目建设，成功孵化创客公司19家，吸引创客36人，入驻企业34家。

【用地融资】 工业园区抓紧开展项目用地工作，已完成新市110千伏变电站、杨家湾（地票）符合性审查方案编制，确定园区城市开发边界线和生态保护线，将中科未来城、云台工业大道、石堰工业大道、石堰立交等重点项目纳入调整范围；获取新市、云台两镇85.33公顷用地计划指标；完成葛兰工业二期、新市工业五期、海棠燃气管线、葛兰和新市电力线路迁移用地交付；完成新市工业六期、云台工业二期拆迁房屋清理丈量210户，签订补偿安置协议196户；完成全区拆迁攻坚中7户协议签订和房屋拆除，启动葛兰朱家湾预征迁；正在开展云台川东钻探公司资产清理。加强与农发行等金融机构合作，通过与经开区、开投集团、长寿湖旅业达成四家平台互保意向推进融资、依托发债资金托管条件低成本融资、提前谋划2016年之后三年项目建设融资等方式，拓展融资渠道，用活用足银行政策，努力降低融资成本，延长融资期限，确保发展资金需求，全年融资到位资金12.5亿元（其中华夏银行1.8亿元项目贷款是工业园区除政策性银行之外的首笔基准利率贷款；农发行农村公路项目贷款成本低至4.1%，14.3亿元项目贷款的贷款年限达到18年）；盈地公司整合及财务、投资项目包装已完成，企业债券发行已报送国家发改委审核。

【服务企业】 工业园区以开展“两学一做”学习教育为契机，提升服务质量和服务内涵。一是坚持“一站式”服务，围绕企业“办证难”问题，与区级职能部门协调30余场次，在入驻企业行政许可手续补办方面取得重大进展，总计办结企业行政许可手续309件，其中最终取得房屋产权证33个。二是打造“长寿家居”品牌，引导家居企业抱团发展。已向国家商标总局申报“长寿家居”商标，正在制定产业联盟标准。三是加强生产型企业服务，为企业排忧解难。引进上丞科技开展VR技术对接家居企业，拓宽企业销售渠道；引进重钢运输公司对接家居企业物流，降低物流成本；引导企业开展项目申报，帮助37家企业获得专项资金456万元。四是提供高效优质金融服务，解决企业融资难。推进银企对接，组织银企对接会3次，举办企业新四板上市培训2次，帮助年润食品在重庆新四板成功上市；协助企业融资80次，融资到位资金3.9亿元。

【安全环保监管】 以安全环保标准化创建、安全环保评价、职业卫生评价等工作为载体，推进安全环保、职业卫生、企业管理规范化建设。18家企业开展安全标准化创建，完成安全验收评价10家，开展职业卫生评价3家，完成环境影响评价7家、环保竣工验收12家，落实企业主体责任；对20家企业开展职业卫生基础建设和重点行业专项整治，对23家企业开展安全生产执法联合检查，对21家企业开展职业卫生执法联合检查，顺利通过中央环境保护督查；完成家具制造业及印刷业基本情况调查统计，与70余家投产企业签订安全环保生产责任书；开展谈心对话活动18次，对话企业负责人43人；对120余名企业安全管理人员进行安全培训，把安全管理、安全责任、安全任务落实到人头；开展大型消防应急演练2次，参与人数超过500人，各企业也开展形式多样的培训、演练，提高职工应急处理能力；将日常检查、月度检查、季度检查与区级职能部门专项检查相结合，开展日常安全环保检查167次，月、季度检查16次，专项检查6次，多部门联合检查4次，发现一般安全环保隐患341处，整改到位340处。

（鲜亚中）

附：

重庆市长寿工业园区部分已投产规模以上企业简介

友为技术有限公司

友为技术有限公司位于重庆长寿工业园区新市工业组团，致力于移动数据终端、智能家居、智慧社区、物联网、低功耗广域物联网及EV行业的发展，其研发团队拥有十年以上的研发经验，管理层均有通信行业世界500强企业的工作经验。

主要研发及生产蜂窝数据类产品、智能家居产品、NB—Iot通信类产品、LoRa通信类产品、智能充电桩、新能源消费类产品、智能传感器等产品，公司严格按照ISO9001—2015标准建立健全质量管理体系，使产品质量和安全得到保障，市场占有率逐步扩大，公司的声誉和效益稳步提高。

该公司在2016年完成产值3亿元，产量168万台，截至2016年12月缴纳税金390万元。在2016年完成发明专利2个、实用新型专利5个、外观专利1个及14个软件著作权的提交。

该公司未来三年的三大计划：

（一）研发领航计划。组建行业领先的研发团队及实验室，以下为部分研发方向：1、智能家居、智能农业及智慧医院等的应用解决方案；2、Link OS系统及iCRM大数据平台的开发；3、基于WIFI、ZigBee、BLE及PLC的无线组网方案；4、基于虹膜识别技术的行业应用解决方案；5、关于CPE、车载智能、智能穿戴及智能传感等的解决方案。

（二）产业转移计划。1、自有MBB生产及销售业务转移；2、华为MBB销售业务转移；3、自有智能手机/PAD生产及销售业务转移；4、互联网+业务转移；5、智能家居产品生产及销售业务转移；6、数据流量经营业务转移。

（三）生产供应保障计划。1、建立六条完整的SMT自动化生产线；2、建立四条全面的综合测试线；3、建立八条组装流水线；4、建立ISO9000质量管理体系；5、建立ISO14000环境管理体系；6、逐步导入六西格玛技术。

地址：重庆长寿工业园区新市工业组团

重庆长讯科技有限公司

重庆长讯科技有限公司是一家从事手机及智能终端设备的研发、生产、销售及进出口商贸于一体的电子企业。作为重庆市长寿区政府重点招商引资项目，于2016年入驻重庆长寿工业园区新市工业组团，项目总投资8000万元人民币，建设年产100万台智能终端产品生产线，是深圳市华圳电子有限公司在长寿工业园区投资建设的企业。深圳市华圳电子有限公司成立于2008年8月，在2015年营业额18亿元，主营CSR系列蓝牙模块、模组以及车载蓝牙免提系统产品PCBA、蓝牙音响PCBA、蓝牙耳机PCBA、蓝牙数据传输产品PCBA、智能手机等，是一家集研发、生产和销售为一体的高科技企业，产品在印度、巴基斯坦、尼日利亚、刚果、泰国、菲律宾、尼泊尔、伊朗、智利、印尼等国家也占有较高的市场份额。

该公司拥有高级管理人员和经验丰富的各类技工及员工160多人，已建成标准化电子产品生产车间4000平方米，设有无尘车间、实验室、包装车间及各类检查室，拥有自动化流水作业线、包装线等多条专业电子产品生产线和现代化仪器设备设施。按照ISO9001—2008标准建立健全质量管理体系，产品质量和安全得到保障，市场占有率逐步扩大，公司的声誉和效益稳步提高。以质量求生存，以效益求发展，持续不断地为顾客服务的宗旨，把公司发展成为重庆市优质电子企业。

地址：重庆长寿工业园区新市工业组团

重庆信誉通科技有限公司

重庆信誉通科技有限公司主营项目是手机及智能终端设备的研发、生产、销售及进出口商贸。于2016年5月作为重庆市长寿区政府重点招商引资项目，入驻重庆长寿工业园区，项目总投资8000元万人民币，建设年产100万台智能终端产品生产线，是深圳市盛泰联科技有限公司投资建设的企业。深圳市盛泰联科技有限公司成立于2011年1月，2015年营业额15亿元，拥有10条高标准产线的多家组装厂，产品也以手机为主辐射到平板电脑、穿戴设备、充电宝、蓝牙等一系列电子通讯设备，有产品畅销全球各地；拥有工程师30多人，专业研发团队40多人，员工500多人，产品在印度、巴基斯坦、尼日利亚、刚果、泰国、菲律宾、尼泊尔、伊朗、智利、印尼等国家已占有较高的市场份额。

该公司一期项目已于2016年7月建成投产，拥有高级管理人员和经验丰富的各类技工及员工150多人，已建成标准化电子产品生产车间4000平方米，设有无尘车间、实验室、包装车间及各类检查室，拥有自动化流水作业线、包装线等多条专业电子产品生产线和现代化仪器设备设施。

该公司坚持“以人为本 以客为尊 卓越服务”的宗旨，不断推行高标准的服务和运营管理，以更好的产品质量，更优质的服务来回馈广大客户，把公司建设成一流电子企业。

地址：重庆长寿工业园区新市工业组团

重庆航诺科技有限公司

重庆航诺科技有限公司成立于2012年10月，

注册资金1000万元，占地面积30000余平方米，员工200余人，其中中高级技术人员40余人。拥有一定的家居制品配套生产能力和研发能力，是一家以节能环保建材开发、节能减排技术推广、工厂自动化设备研发应用为一体的高新技术企业。

该公司从创立伊始，一直遵循以科技为第一生产力的发展理念，率先从德国引进多条自动化生产线并成立技术科研团队，以开放的心态博采众长，同国际上多家知名企业在技术、设备、原材料供应等领域深入交流合作，将产品品质与国际接轨，引领时尚与世界同步。

“领航未来、一诺千金”，该公司秉承以市场需求为导向，依托先进的技术装备，深厚的文化底蕴、科学的管理系统、积极进取、开拓创新、以高标准的产品和服务来回馈新老客户。

地址：重庆长寿工业园区新市工业组团

重庆皖渝纸制品有限公司

重庆皖渝纸制品有限公司成立于2014年5月，注册资本300万元，2016年有各类人才30名，其中高级技术人员7人，专业从事各类瓦楞纸箱和蜂窝纸芯生产和销售。建有厂房2000平方米，年设计生产纸箱500万平方米，蜂窝芯200吨，可实现年产值2500万元。

该公司成立之初就立足高端产品进行市场定位，为确保品质，在硬件及配套软件方面进行大量投入和全面改造：2016年年底前已购买一台三色印刷机、一台四色高速圆模印刷开槽机、高速分割机、蜂窝纸芯层叠机、切刀机等先进设备，与之相匹配的是引进东莞振远电脑科技有限公司的“ERP”（企业资源管理系统），把来料、开单、生产进度管制和发货整个流程有机地结合在一起，使开单正确率，生产、发货及时性以及原材料库存准确性更进一步提高。

该公司已通过ISO9001质量体系认证，始终坚持“以顾客为中心，实行全面质量管理”的质量方针。公司注重规模和客户业务的发展，为重庆德庄火锅、重庆豪威尔科技有限公司、歌德陶瓷、涪陵榨菜等重庆知名企业配套生产包装纸箱和蜂窝产品。

地址：重庆长寿工业园区新市工业组团

重庆市金利药包材料有限公司

重庆市金利药包材料有限公司占地10公顷，其中C级净化车间建筑面积1.3万平方米。公司原名“重庆市北恩医药包装材料有限公司”，是一家集生产、销售为一体的医药包装材料专业化企业，专业致力于药用复合膜、袋，药用铝箔（PTP）系列产品的生产、研发，主要从事药品用包装复合膜、袋以及药用铝箔复合膜、袋等的生产以及销售。

该公司的设计和建设完全按照国家GMP标准规范设计厂房，拥有药用复合膜、袋彩印、复合、分切、制袋、聚乙烯吹膜、药用铝箔等生产流水线，生产设备先进、工艺水平领先、技术力量雄厚、检测设备、仪器齐全、产品质量稳定可靠，盛销西南诸省以及全国多个城市。

该公司坚持“科技进步促发展，以人为本严管理，品质优良高效益，开拓创新大发展”的战略方针，严格依照药包材生产质量管理以及药品生产质量管理的要组织生产和营销，不断追求新的发展。先后通过重庆药监局的验收和国家药监局的批准，是重庆地区唯一一家、率先获得药品包装PTP和复合膜、袋双重许可证的企业，技术领先质量稳定在全国名列前茅；所生产的药品包装材料多数供应上市医药公司，例如：哈药集团、石药集团、汇仁制药集团、两面针集团、北京御生堂集团、百花医药集团、百灵医药集团、科瑞医药集团、桐君阁、西南药业等，多次获得优秀供应商称号，随着医药行业的发展近几年药品包装的美好前景逐渐显现，该公司占据西南地区的重要位置，已解决供货周期长交货不及时等困难，及时为客户做到优质服务，业务量不断扩大。

该公司拥有国内铝箔PTP和涂布、复合、印刷、分切机制袋机等设备，是西南地区第一家获得国家药监局批准从事药品包装PTP和复合膜的企业。

地址：重庆长寿工业园区葛兰工业组团

重庆双渝工业陶瓷有限公司

重庆双渝工业陶瓷有限公司是一家集工业固废治理、城市生活污泥利用、节能环保建材研发和生产销售为一体的高新科技型陶瓷制造企业。“双渝陶瓷”公司成立初期主要以着力打造市场，积极占有市场份额为主。该公司通过大量的市场调研分析，结合自身前企业技术、人才、市场等资源，从单一的陶瓷销售转移到国家大力倡导的新型节能环保建材（泡沫保温陶瓷、陶瓷透水砖）的研发。2009年通过政府招商引资自购地3.33公顷，新建标准厂房约15000平方米，引进国内最先进的宽体隧道窑一条，总投资4000余万元。该公司与世界三大专业陶瓷学院之一的景德镇陶瓷学院合作，建立产学研究基地，签订技术合作协议，已成功开发出泡沫保温陶瓷和陶瓷透水砖等产品。

泡沫保温陶瓷采用多种尾矿等工业固废结合城市生活污泥为主要原材料发泡高温烧成，产品具有轻质、规范、环保、隔音、易于安装一体化优势。创新思路结合成熟的生产技术，有效地消除工业固废和城市生活污泥，美化人类环境的同时促使行业的产业升级。

陶瓷透水砖采用矿渣废料、陶瓷废渣为原料，经二次布料成型、高温烧成，产品具有透水性好、贮水性高、抗压、防滑、高强度、抗寒、可重复使用等特点，广泛应用于公共建筑广场、城市道路艺术景观、高速公路隔离带等，也是国家“十三五”规划“海绵城市”的建设指定的新型环保建材。

“双渝陶瓷”秉承“致力改善、优良传承、美化家园、长青未来”的企业核心理念，化腐朽为神奇，践行循环经济、资源共享发展模式，实现人与自然的共赢。

地址：重庆长寿工业园区云台工业组团

在长寿工业园区就近就业的农民

中央市属在长寿企业

重庆钢铁股份有限公司

【概况】 重庆钢铁股份有限公司（本分目简称公司）成立于1997年8月11日；同年10月17日在香港联合交易所有限公司上市发行H股41394.4万股；1998年12月7日经中华人民共和国对外贸易经济合作部批准，成为外商投资企业；2007年2月28日在上海证券交易所上市发行A股35000万股；公司注册资本为人民币173312.72万元，注册地址为重庆长寿经开区钢城大道1号。2013年11月，公司向重庆钢铁（集团）有限责任公司非公开发行人民币普通股票199618.16万股，2013年12月公司向深圳市平安创新资本投资有限公司等特定对象非公开发行人民币普通股股票706713780股，公司总股本增至4436022580股。

2011年9月21日，公司全面关停大渡口老区生产设施，长寿新区600万吨钢/年的生产系统投产。主要生产和销售板材、型材、线材、钢坯、钢铁副产品及焦炭煤化工制品。截至2016年12月，公司主要生产设备有：6座60孔6米焦炉、3座360平方米烧结机、1座链篦机－回转窑，3座2500立方米高炉、1座1750立方米高炉、3座210吨转炉、3座80吨转炉、2座210吨和2座80吨LF钢包精炼炉、1座210吨RH真空精炼炉和1座80吨VD真空循环脱气装置、2台2流板坯连铸机、2台1流板坯连铸机、3台方坯连铸机，有4100毫米宽厚板、2700毫米中厚板、1780毫米热连轧薄板带、棒材、高速线材、大型等生产线各1条。

公司按ISO9001—2008、GB/T24001—2004、GB/T28001：2011标准建立的质量、环境及职业健康安全管理体系获中国船级社（CCS）的认证，16MnR、20g、20R钢板首家获得国家质量监督检验检疫总局锅炉压力容器安全监察局安全质量免检认证；船板、锅炉和压力容器用钢板等产品曾多次获国家质量金奖、国家冶金产品实物质量“金杯奖”；船体结构用钢板和低合金结构钢热轧厚钢还获得冶金行业品质卓越产品称号；六种产品曾获得重庆名牌产品称号。普通、高强度船板及超高强度船体结构用钢板获中、美、英、德、法、挪、日、韩、意等九国船级社的认证，按欧标开发的10～40号船用球扁钢系列产品填补国内空白。2016年8月19日，公司“两化融合”（即工业企业信息化和工业化融合。下同）管理体系贯标通过国家工信部评定委员会核复，获得“两化融合”管理体系认证证书。

截至2016年12月，重庆钢铁股份有限公司设办公室、党群工作部（董事会办公室）、监察部、人力资源部、财务绩效部、风险管控部、安全环保部等6个职能部门；有运行中心、技术中心、商贸公司等3个运营中心；有焦化厂、烧结厂、炼铁厂、一炼钢厂、二炼钢厂、中厚板厂、热轧薄板厂、型线厂、物运部、维检部、能控中心等11个生产单位（厂）及保障中心。公司拥有靖江华东商贸有限公司、西安重钢销售有限责任公司、贵州重钢钢铁销售有限责任公司、重庆市重钢建材销售有限责任公司等4家全资子公司；靖江三峰钢材加工配送有限公司为公司的控股子公司；公司在北京、上海、广东、厦门、武汉、四川、重庆等地设置7个区域销售分公司。

2016年，是“十三五”规划开局之年，也是公司搬迁投产以后经营发展极其严峻和复杂的一年。面对资金极度紧张、原料保供极其艰难、维稳压力巨大、外部诉讼风险加剧等诸多困难，公司上下认真贯彻落实党中央、国务院推进供给侧结构性改革及“三去一降一补”决策部署精神，推进公司经营方式调整、企业各项改革和公司各项重点工作。公司上下面对困局，以安全生产为前提，成本管控为核心，资金为纽带，竭力保持企业“生产不停摆，资金不断链，稳定不失控，转型不停步”的总体运行态势。全年公司产焦120.3万吨、铁238.7万吨、钢235.5万吨，钢材233万吨，分别比2015年下降32.47%、32.16%、34.37%、29.36%，实现销售收入45亿元。

【生产经营】 妥善调整方案，维系保安生产。一是根据资金状况压缩生产规模，高炉采取“两开两修”以安全生产为前提的生产运行模式，确保生产稳定顺行。二是在市政府及市国资委的支持协调下，引进攀华集团开展来料加工合作，双方于2016年4月18日签订合作协议，6月1日开始投料运行，一段时间内缓解公司资金压力；公司上下克服原燃料供应不足、结构失衡、质量剧烈波动等诸多不利因素，维系基本的安全生产；来料加工期间，交付热卷125万吨，平均月产18万吨，实现加工费收入11亿元（含税）。三是在无法实现规模化生产的情况下，通过改进工艺、组织攻关、系统平衡等措施，避免生产停摆的风险。四是为改变与攀华集团合作被动局面，公司已于2016年12月31日终止与攀华集团的来料加工合作。

推进自主修配，降低维修费用。采取各种措施，激发各单位和维检部自主检修和修复活力，确保设备系统运转。各单位大幅减少外委外包，全年外委维护费降低7112万元，吨钢维检费得到一定程度的控制。通过盘活库存备品备件，加大闲置备件修配力度、实施定额及计算机控制管理，大幅减少新增备件积压，全年备品备件利库总额4525.56万元，备件资金占用降至2.93亿元，完成2016年初确定的资金占用目标。

优化能源调配，确保系统平衡。优化能源平衡模型，强化能源集中管控力度，确保能源介质均衡使用。努力提高煤气回收量，有效利用富余煤气、蒸汽发电，全年自发电率47.76%。针对高炉运行模式，将保安电源纳入电力运行调度，减少电力系统220千伏电站主变基本电费312万元/月．台运行成本的支出。争取政策支持，在8月份与重庆大唐国际石柱发电公司、重庆市电力公司三方协商并达成8000万度/月的购电协议，4个月节约电费5400万元。

加强资金筹措，保障基本运行。2016年，鉴于当期经营性资金缺口22亿元和沉重的债务负担偿还压力，公司千方百计多渠道、多方式筹集资金，保障基本运转。争取金融机构支持，银行贷款、融资租赁、银行承兑汇票、信用证、贷款展期等方式筹集资金97.17亿元。获得集团及关联公司财务资助7.92亿元。清理“两金”占用，盘活变现存量或闲置资产，筹集资金3.67亿元。争取政府支持，筹集资金13480万元，获得贷款贴息、人员分流、环保补助、直购电等资金2.17亿元。向重庆市战略性新兴产业投资基金筹集冷轧、镀锌项目资本金7.52亿元。

【深化改革】 优化组织机构，压缩管理层级。整合管理资源，提升管理效率，在2016年三季度实施管理部门机构改革，将原有经理办公室、财会处等13个职能管理部门整合成6个（其中新设立风险管控部、纪委/监察部），强化职能部门的监管职能和对各类经营风险的管控力度。整合原生产指挥中心、机动处、品质部、钢研所、总师室等单位，新设立运行中心、技术中心，突出专业集中管理，体现设备围绕生产、技术支撑生产的管理特点。将原材料处、销售处、装备处整合成商贸公司，集中力量做好保产保供，做大社会贸易。将原保卫处、后勤处整合成保障中心，按照市场化原则，推进后勤保障系统改革，提升保障能力。

推进维护检修改革，实现责权统一。整合公司设备管理、维护人员力量，有效利用现有设备维检人力资源，降低设备维检成本。2016年12月27日，公司将维检部各维护站745名职工成建制划拨到各生产单位，给予一系列配套政策，确保平稳过渡。制定下发《关于相关单位职能职责调整的通知》《设备维检职能职责调整人员划拨实施方案》，于2017年1月1日开始实施。将各生产单位设备维护管理责权统一，负责本单位设备维护检修管理职能，承担各自单位生产设备的全部责任。

调整用工结构，优化人力资源。在推进减员分流的过程中，调整用工结构，适应生产经营需要。优化人力资源配置，通过内部分流、内部退养、促进转岗就业、补偿解除劳动合同、收回外包、外委业务及清退在线劳务工由职工顶替等渠道实现精简用工，全年已完成精简用工2500人目标。盘活人力资源存量，开展停产单位转岗499人。通过岗位适应、技能提升、技术交流、专家讲座、师带徒等多种培训形式，依托专家工作室、创新工作室等平台提高职工技术技能水平，全年新增中级工450人、高级工206人、技师16人、高级技师5人，工程系列中级职称42人、高级职称15人。整合一般管理性、辅助性、看护性岗位，管理技术与生产操作岗位比例、辅助性与生产一线岗位比例得到优化。

提升保障质量，实施后勤改革。按照市场化、企业降费、职工获利的原则，公司推进后勤保障系统货币化改革，将住宿、就餐、乘车以货币资金方式发给职工，相继出台一系列具体的实施办法。上述改革工作得到广大职工的理解和支持，职工按需消费，使原来的浪费转化成为职工的实惠。

【企业管理】 完善制度，夯实基础管理。年内公司实施理顺管理权责、强化决策执行、优化绩效考核与政务信息报送、内外协调联络以及管理制度修订等基础工作。在机构调整后全面启动清理管理制度和考核办法，各职能部门、运行部门已修订制度210个，起草、修订考核细则1523条，各专业管理办法及考核细则已陆续颁布执行。根据经营发展需要，对合同管理、招投标管理、财务管理等模式进行调整，明确责任主体，相关管理制度正在加快完善。

增加控制措施，降低经营风险。对有可能存在损害公司利益的潜在风险环节进行排查治理。完善风险防控体系，建立重大决策、重要制度合法合规性审查制度，从源头完善风险防控机制。对有重大诉讼风险的法律纠纷进行协调处理，积极与案件当事人、相关法院协商沟通，争取当事人的谅解和法院的支持，避免公司财产被大面积查封、冻结、扣划。年内形成重大案件法律风险提示26件，从法律角度审核各项规章制度101项，完成合同审查926份。

严控安全环保，确保事故受控。开展新安全生产法和环境保护法宣传贯彻活动，重点开展重大危险源隐患排查和综合应急预案复评，督促煤气及其他有毒有害气体隐患整改和钢结构重度锈蚀整改。公司全年轻（微）伤事故7起，轻（微）伤7人，千人负伤率0.801‰，与2015年相比下降37.96%；全年无工亡事故、食品安全事故。严格控制主要污染物排放，强化危险废弃物处置，全年无重大环境污染事故发生，污染物综合排放合格率95%；获得市环保专项资金补贴835万元；环保运行体系顺利通过中央环保督察组检查。

强化过程控制，稳定产品质量。健全质量主体责任追责制，完善质量工作绩效考核评价体系，通过推动三体系内审管理获取持续改进能力。强化质量攻关，狠抓关键工序质量控制，适时开展质量缺陷分析和提出改进措施，确保全年产品质量稳定受控，已获1个品质卓越奖、2个冶金行业实物质量金杯奖。以国家实验室为纽带，完善质量检测和判定模式，强化国家实验室监督评审，公司13项主要质量指标目标完成率100%。

【降本增效】 推进两级核算，强化预算管理。实施两级核算制度和公司内部价格结算体系，更加明确各环节、各工序经济关系和责权利关系；各单位认真开展成本核算，树立成本意识，明确成本主体责任。实施目标成本管理预算制度，制定目标成本费用指标，各单位层层分解落实，制定措施，检查分析，严格考核，使成本得到有效控制。实施资金预算管理制度，实行资金集中管理，按月预算、统筹平衡、精细安排，在资金极度紧张和债务负担沉重的情况下，维持公司基本运转。

实施对标挖潜，开展技术攻关。在与国内同行业同机型具有可比性的25项技术经济指标中，公司M40、冶金焦率、高炉平均风温和铸机溢漏率等4项指标达到行业先进水平，炼钢钢铁料消耗、1780毫米热轧成材率等10项指标达到国内平均水平。克服攀华集团所购原（燃）料质量波动和结构不合理的严重影响，通过技术攻关，确保1号、3号高炉长期低强度冶炼下的主要指标基本受控。全年开展技术攻关4项，其中10个攻关指标中有7个完成目标，有1个完成计划指标，产生经济效益3294万元。

落实降本措施，增效成果明显。落实十大降本增效举措，全年完成再降本10亿元目标。通过调整品种结构，降低船板产销量实现销售增效2.32亿元。通过从发电厂直购部分用电，加大近距离煤炭采购等措施，实现采购降本2.79亿元。提高炼成率、轧成率，减少外委外包业务等，实现工序降本1.69亿元。通过减少存货资金占用及票据贴现降低资金成本2.11亿元。通过争取市区两级财税各种补贴，实现政策降本1.13亿元。

【重点项目】 启动资产重组，缓解发展压力。为保留上市公司壳资源，公司于2016年6月2日A股正式停牌，启动渝富集团与公司之间的重大资产重组。由于该次重组属重大无先例，且受现行制度影响，交易方案制定难度极大，在证监会的支持下，公司已延长停牌期限。停牌期间，公司进行债务分类清理、与债权人沟通、前期审计评估等大量重组基础性工作，年底前正加紧完善重组方案，推进重组工作。

着眼企业长远，稳步推进项目。公司与韩国浦项合资的冷轧和镀锌项目已于2016年4月正式签约，冷轧、镀锌合资公司已注册成立，双方首期注资本金已到位，年底前正筹划引进其他战略投资者，冷轧公司和镀锌公司已完成项目初步设计，酸洗与镀锌主机设备已完成国际招标。为降低废水处理成本，缓解环保压力，在资金极度紧张局面下仍大力实施“利用转炉高温烟气催化热解蒸氨废水”项目，焦化部分主体工程已经完成。围绕系统降本、提质降耗广泛开展与高校院所的合作，全年实施科技项目17项，投入资金770.1万元。

【强化保障】 保护职工利益，解决后顾之忧。2016年，公司在改革创新的同时，千方百计做好职工后勤保障，采取多种措施确保了食堂、澡堂、住宿、通勤车辆的正常运转，千方百计筹措资金确保职工工资按时发放。各级工会开展“庆谈访”活动8580人次，慰问金额79.96万元；办理职工特殊困难补助108人次，补助金额22.72万元；解决156名新区职工子女在长寿区入学问题；组织职工体检6350人；帮扶112名困难职工，筹集资金41万元送温暖。

掌控动态信息，维护企业稳定。做好稳定事件处置和信访矛盾化解，未发生因涉稳引发的重大恶性事件。加强与供应商、外委方、劳务单位、长寿区维稳办、驻地司法机关沟通协调，维护公司正常生产与管理秩序。全年在涉枪、涉爆、涉毒等重大恶性案件、“三类事故”、重特大火灾事故、重特大交通事故等均为零。

兑现社会承诺，塑造国企形象。作为长寿区最大的国有企业，高效完成长寿区十八届人大和十五届政协换届改选、创建全国文明城区系列活动，参与长寿区形象宣传，配合长寿区、经开区、江南街道落实安全环保、情况报送、信访稳定若干要求，维护重钢大型国有企业的社会形象。

加强巡视整改，实现从严治企。贯彻落实上级党委、纪委对于党风廉政建设和反腐败系列会议精神，加强检企合作和廉政制度建设，加强监督执纪问责。落实巡视整改方案，公司对涉及民主评议、机构设置、人员任免、职工分流、廉洁分工责任制等55项（次）工作进行布置和落实。公司及各单位已完善“三重一大”事项集体决策实施办法，对129个涉及“三重一大”的事项进行集体决策。对职工反映的问题提出37项解决措施，确立效能监察立项22项。

（李　伟）

2016年重庆钢铁股份有限公司领导人名录

董 事 长：刘大卫（补遗：2015年12月任）
党委书记：夏　彤（补遗：2013年6月任）
总 经 理：李仁生（补遗：2009年6月任）
副董事长：涂德令（补遗：2015年12月任）
副总经理：张理全（补遗：2014年5月任）
　　　　　曾　兢（补遗：2014年3月任）
　　　　　姚小虎（补遗：2014年12月任）

中国石化集团四川维尼纶厂

【概况】 中国石化集团四川维尼纶厂（简称四川维尼纶厂），位于重庆市长寿区境内的长寿经济技术开发区，占地3.31平方千米。于1973年由国家计委下达项目计划，1974年破土动工，1979年投料试生产，1983年经国家验收委员会验收竣工投产，同年整体进入中国石化。主要生产装置分别从英、法、德、日等国引进。

四川维尼纶厂是截至2016年底国内最大的以天然气为主要原料，生产精细化工、特色化工及化纤产品的大型联合企业，是中国石化集团公司唯一的天然气化工企业；年可加工天然气15.5亿立方米；主要产品产能为乙炔16.75万吨、甲醇87万吨、醋酸乙烯（VAM）50万吨、聚乙烯醇（PVA）16万吨、醋酸乙烯—乙烯共聚乳液（VAE）6万吨、液氨20万吨、维纶3.5万吨；企业资产总值69.11亿元，拥有扬子江乙酰化工有限公司、新疆维美化工有限公司、重庆川维林德气体有限责任公司3家合资企业，在岗合同制员工3016人。

2015年12月17日，国务院国资委授予四川维尼纶厂“2011—2015年中央企业法治宣传教育先进单位”称号。2016年2月4日，该厂获得中国石化集团公司授予的“2011—2015年中国石化法治宣传教育先进单位”称号。

【生产管理】 四川维尼纶厂2016年加工天然气10.40亿立方米，合资企业加工天然气2.58亿立方米，全年总计加工12.98亿立方米，比2015年增长4.49%，创历史新高；产能释放增效7667万元。

表20 **2016年四川维尼纶厂主要生产经营指标完成情况**

名　　称	2016年完成	完成年计划（%）	与上年同比±（%）
乙炔（吨）	153999.86	101.99	1.24
甲醇（吨）	688420.64	101.16	-0.38
醋酸乙烯（吨）	477425.52	102.28	1.81
聚乙烯醇（吨）	141312.55	99.17	14.28
醋酸甲酯（吨）	153649.93	119.85	32.79
VAE（吨）	56004.68	100.01	-5.61
液氨（吨）	115787.42	79.85	73.55
维纶纤维（吨）	18303.54	91.52	36.30
营业收入（万元）	456304.65	—	-7.30
利润总额（万元）	-75099.01	—	18.23
利税总额（万元）	-56544.82	—	20.89

2016年10月10日，四川维尼纶厂首次实现新区老区全停检修，各装置正式停车；11月9日，乙炔车间顺利产出乙炔，标志着2016年全停大修完满完成。完成1184项检修项目，解决了关键生产瓶颈，实现“30天两头见乙炔”和“一修保3年”的目标。

【机构适应性调整】 2016年1月，四川维尼纶厂将厂部办公室、党委办公室合并为办公室（党委办公室）；2016年10月，四川维尼纶厂外事办公室并入办公室（党委办公室），实行一套机构、三套牌子的管理模式，发挥整体优势和工作效率。2016年6月，四川维尼纶厂成立热电运行部，撤销锅炉车间和发电车间，实现企业热电一体化管理，提升热电运行经济技术水平。

【出口创汇】 四川维尼纶厂狠抓主要产品国际市场开拓，2016年出口产品13.91万吨，创汇1.26亿美元。其中，醋酸乙烯出口6.50万吨，占国内出口份额的32.50%，创汇4107万美元；聚乙烯醇出口5.02万吨，占国内出口份额的50.00%，创汇6757万美元；醋酸甲酯出口1.86万吨，占国内出口份额的32.00%，创汇632万美元；维纶出口0.53万吨，创汇1112万美元。

【企业发展】 获准制定《工业用乙酸甲酯》行业标准。2016年10月，国家工信部发布《关于印发2016年第三批行业标准制修订计划的通知》，四川维尼纶厂作为第一起草单位，牵头制定《工业用乙酸甲酯》行业标准。《工业用乙酸甲酯》标准的制定将结束国内无乙酸甲酯产品相关国家标准、行业标准的局面。

“三供一业”（即供水、供电、供气，物业）移交取得重大突破。2016年8月，四川维尼纶厂与国网重庆市电力公司长寿供电分公司等6家单位分别签订“三供一业”分离移交框架协议。2016年12月29日，川维社区气源安全转换到凯源公司供应，川维社区天然气移交实现顺利驳接。

【党建工作】 2016年，四川维尼纶厂围绕打造“四讲四有”党员队伍，开展“两学一做”学习教育，树立党员标准，争做合格党员，发挥广大党员在生产经营中的先锋模范作用。开展“转变观念求生存，落实责任见行动”大讨论，强化思想政治引领，把全厂干部职工的思想统一到“求活、求效”的中心任务上，统一到减亏止亏的思想共识上。根据集团公司“1+7”党建制度，修订形成“1+5”党建工作制度体系，编制完成党建工作手册和党建制度汇编，细化标准、明确要求、落实责任，把全面从严治党向基层延伸，推动党建和企业中心工作深度融合。实施EAP心理帮扶计划，开展“走访寻”活动，做好困难职工精准帮扶工作。企业总体保持和谐稳定。

（邵　鹏）

2016年中国石化集团四川维尼纶厂领导人名录

厂长、党委副书记：许　毅

党委副书记、纪委书记、工会主席：

袁代红（2016年12月离任）

赵　寰（2016年12月任，同时离任副厂长）

副 厂 长：严　红

袁代红（2016年12月任）

刘隆平（2016年12月离任）

扬子江乙酰化工有限公司

【概况】　扬子江乙酰化工有限公司（简称扬子乙酰）成立于1995年，注册资本104751万元，由英国BP化工投资有限公司、中国石化集团四川维尼纶厂和重庆市能源投资集团有限公司合资组建，三家股东股权比例分别为51%、44%和5%。扬子乙酰位于重庆市长寿经济技术开发区，经营范围为“购置并营运合营公司的醋酸装置、一氧化碳装置、醋酸酯装置及其他醋酸衍生物装置和场外设施，销售上述装置设施生产的产品和副产品”，是一家主要以天然气为原料的化工企业。经过三期建设，建成年产醋酸42万吨和醋酸酯8万吨生产装置。

【生产运行】　2016年，是扬子乙酰面临恶劣经营形势、挑战巨大的一年。扬子乙酰扎实开展各项工作，锐意进取，全力提升企业生存发展能力。2016年的HSE工作稳中有进，实现“无事故、无人员伤害、无环境破坏”，所有的安全、环保、职业健康KPI指标都完成董事会制定的奋斗目标。

2016年，扬子乙酰维持平稳生产，大修工作实现费用、进度和质量目标，成为实现扬子乙酰成立以后最短的两头见醋酸的大修，圆满完成各项任务。全年装置可靠性97.3%，生产醋酸35.7万吨、醋酸酯2.6万吨。自投产至2016年底，已生产醋酸522万吨、醋酸酯78万吨。

【经营管理】　2016年，宏观经济仍然处于L型筑底过程中，化工行业的挑战依然艰巨，扬子乙酰成功重启醋酸丁酯业务，开拓氢气第三方销售市场，带来新的利润增长点。醋酸变动成本改善取得成绩，增强扬子乙酰在醋酸行业领先的竞争力。

扬子乙酰注重人才累积，各类变革与拓展工作行之有效，始终以HSSE生产为基本保障，以装置高可靠性运行为支撑，在扎实有效的管理与长足进步的CI工作推动下，致力于追求降本增效，扭亏脱困。扬子乙酰在行业整体低迷的情况下，实现全年销售收入9亿元。自投产至2016年底，已实现销售收入207亿元，税前利润30亿元。

（唐嘉佩）

2016年扬子江乙酰化工有限公司领导人名录

总 经 理：黄　远

副总经理：许成羽（2016年4月离任）

罗海宁（2016年6月任）

重庆长寿化工有限责任公司
重庆长寿捷圆化工有限公司
重庆化医长寿化工集团有限公司

【概况】　根据重庆市和长寿区两级政府的要求，重庆长寿化工有限责任公司、重庆长寿捷圆化工有限公司（统一简称长化公司）将于2016年12月31日实现整体搬迁。为切实做好长寿化工的整体搬迁，深入贯彻落实党的十八届三中全会关于深化国有企业改革的精神和重庆市政府关于深化全市国有企业改革的意见，重庆化医控股（集团）公司（简称化医集团）根据产业结构调整的改革部署和组建“11+3”产业集团的发展要求，结合长寿化工整体搬迁、改革发展的实际要求，经化医集团第三届董事会第四次会议同意组建成立重庆化医长寿化工集团有限公司（简称长化集团）。长化集团是重庆化医控股（集团）公司的控股子公司，成立于2015年7月29日，注册资本7400万元人民币，其中化医集团5000万元，占67.57%；国开发展基金有限公司2400万元，占32.43%（长化集团于2015年10月30日争取到国开发展基金3.17亿元，实收资本为0.24亿元，资本公积为2.93亿元）。

长化集团为有限责任公司，住所在重庆市长寿区化工村1号A区4幢。经营范围是：生产、销售氯丁橡胶、氨苯磺胺、对甲基苯酚、医药中间体等化工产品。

长化集团组建因工商登记注册需要，拥有重庆长化捷恩精细化工有限公司（简称捷恩公司）、重庆长化捷丰机械安装有限公司（简称捷丰公司）、重庆长化捷润进出口贸易有限公司（简称捷润公司）、重庆市长寿区长化气瓶检验有限责任公司（简称气瓶检验公司）、重庆金锐化工有限公司（简称金锐公司）等5家子公司。

长化集团正在组建合资公司，分别承担长化公司整体搬迁和发展项目的实施以及生产经营管理，围绕合成橡胶及特种弹性体材料、医药中间体及原料药、精细化学品三大主业进行"结构调整、转型升级"发展，力争在2020年实现营业收入超100亿元，利润4亿元的目标。

长化集团是重庆化医（控股）集团公司的二级产业集团，主要职责是代表重庆化医（控股）集团公司进行国有资产的管理，积极推进下属合资公司的可持续健康发展，实现做优、做强、做大的目标。长化集团公司具有完善的企业法人治理结构，将继续使用"长寿牌"注册商标（该商标是"中国驰名商标""中国化工十大最具国际竞争力品牌""中国品牌500强"和重庆市著名商标）。长化集团将集长寿化工77年管理发展之大成，建立"履行责任、不断创新"为内核的企业核心价值观和"长化精神"及企业共同愿景的引领，传承长寿化工的企业文化和企业形象设计VIC，以及"长寿牌"产品行业领先追求卓越的发展理念，最终将长化集团建设成为"资源节约型、环境友好型、健康安全型和开放、创新、充满活力"的产业集团。

2016年，重庆长寿化工有限责任公司、重庆长寿捷圆化工有限公司、重庆化医长寿化工集团有限公司（本分目简称公司）面临氯丁橡胶市场持续低迷、搬迁发展任务艰巨繁重、极端天气影响、临近搬迁员工思想波动、经济下行压力和安全环保压力大等诸多困难，肩负整体环保搬迁、改革发展的历史使命，党员干部员工牢记使命，正视困难、保持定力，勇于担当、积极作为，按照年初公司提出的突出"两手抓，紧紧围绕六大目标任务，落实好八个方面"的重点工作（两手抓即一手抓整体搬迁，一手抓创新发展；六大目标任务即实现稳定搬迁，推进项目发展，确保安全环保，提高经济效益，妥善人员安置，优化处置MDI配套项目；八个方面的重点工作即整体搬迁过渡期的安全环保工作，经济运行管理，氯丁单体技术及橡胶质量提升，加快合资合作及搬迁发展项目的推进落实，整体搬迁人员分流安置和改革改制工作，搬迁发展相关政策的争取和落实，合法合规做好MDI配套项目优化处置工作，加强党建工作、干部职工队伍建设和执纪问责工作），取得一定的成效。但出现较大的亏损，长化公司全年实现合并营业收入5.83亿元，亏损8219万元；长化集团全年实现合并营业收入8799万元，亏损553万元。

【整体环保搬迁】 长化公司已于2016年12月31日前，完成重庆市政府交办的整体环保搬迁任务。根据市政府对《关于协调推进长寿化工公司整体环保搬迁有关问题的报告》批示精神，以及长寿区政府和化医集团的决定，长化公司已于2016年12月1日起各系统逐步有序停车，12月31日前按工艺及安全规范要求完成除毒处理。

【搬迁及发展】 重庆化医长寿化工集团有限公司（成立于2015年9月29日，详见附件）承担长化公司搬迁和发展项目的实施。

搬迁项目进展。长化公司整体环保搬迁项目主要有3个：4万吨/年氯丁橡胶项目、1万吨/年氨苯磺胺项目和重庆长寿经开区化学原料药基地项目。（1）4万吨/年氯丁橡胶项目。氯丁橡胶项目的搬迁原依托MDI一体化项目中的4万吨/年氯丁橡胶项目，但随着MDI一体化项目的调整，4万吨/年的氯丁橡胶项目暂缓建设。年底前公司已与山西长治霍家工业有限公司及李柏春先期组建合资公司，后由合资公司收购霍家工业在建的4万吨/年氯丁橡胶装置，负责氯丁橡胶的生产和经营，以此完成氯丁橡胶产业重组，实现氯丁橡胶装置的搬迁。双方已对收购的资产总额及原料、能源供应等达成一致意见，合资各方已共同完成合资章程并签署合资协议。长化集团、霍家工业有限公司、自然人李柏春共同组建成立的山西霍家长化合成橡胶有限公司已于2016年12月12日完成工商注册，取得营业执照。（2）1万吨/年氨苯磺胺项目。项目选址在重庆市长寿经济技术开发区。项目建设年底前已完成项目建议书编制及评审、工艺包的编制，安全评价、环境评价、职评等已与编制单位签订合同，正在进行编制。可行性研究已完成编制及内部评审，已完成化医专家评审及专项评审。行政审批方面已与经开区签订入园投资协议，完成项目备案立项手续及土地证办理，用地规划正在办理中。职业卫生评价、安全预评价已完成专家评审，环境评价12月底完成初稿。（3）重庆长寿经开区化学原料药基地项目。2016年12月10日项目可行性研究、初设及初设审查、施工图设计及审查均已完成，工程建设承包合同已签订，场地平整已全部完成。行政审批的安全评价、环境评价、国土、规划等已完成并获得批复，施工许可证已获得。8月份开始土建施工，年底前厂房已完成。

发展项目进展。长化公司整体搬迁发展项目包括2万吨/年DCPD项目、1万吨/年生物质磺酸酯中试示范项目、1万吨/年氯丁胶乳项目。（1）2万吨/年DCPD项目。项目选址重庆长寿经济技术开发区，年底前项目可行性研究完成企业内部专家评审，已按意见修改完成。项目初步设计在2016年底全部完成。各类评估评价编制单位已确定。用地申请资料已提交重庆化医集团审批。（2）1万吨/年生物质磺酸酯中试示范项目。由重庆化医长寿化工集团、北京紫光英力化工技术有限公司和内蒙古铭泽生物科技有限公司等共同出资建设。年底前已完成项目可行性研究报告及设备选型，施工图设计正在进行。部分长周期设备已开始采购。（3）1万吨/年氯丁胶乳项目。项目选址山西长治霍家沟，由霍家长化公司与山西美涂士水胶科技公司合作，租用霍家工业公司厂房及部分设备进行氯丁胶乳项目建设及生产。已完成工艺方案确定，正在进行工艺包编制。

【人员分流安置】 公司人员分流安置在维稳压力巨大的情况下向前推进，2013年12月31日的在册人员3909人，2014年至2016年底已分流安置2139人。还有1800人需要分流安置，已于2016年12月30日召开职工代表大会通过《重庆长寿化工有限责任公司整体环保搬迁人员分流实施办法》，组建员工分流实施工作组，按照七个分流渠道分流安置。即重庆化医长寿化工集团公司搬迁、发展项目分流一批；现有建成区生产装置关停留守分流一批；整合、整体转移分流一批；化医集团所属企业招聘分流一批；居家待岗等待分流一批；内部退养和离岗退养分流一批；公司与员工协商解除劳动关系分流一批。

【改革改制】 按照重庆化医集团和长化公司整体搬迁、创新发展的总体要求，适应经济发展的新常态，努力拓展各方面要素，按照供给侧结构性改革思路推进公司改革改制工作，已完成长化集团股权及注册资本的变更工作，《长寿化工企业管理层级压缩工作方案》《长寿化工供给侧结构性改革实施方案》《长寿化工总厂（含综合化工厂）、长化公司关闭的阶段性目标计划》的起草报送工作，以及重庆医药集团颐合健康产业有限公司协议收购长化医院等工作。

【安全环保】 公司重视并抓好整体搬迁过渡期的安全环保工作。2016年公司着重从夯实“三基”管理，落实安全环保生产主体责任和“一岗双责”，以及加大安全环保管理奖惩考核力度加大安全环保工作力度。加大生产现场的隐患排查和整治力度，加强对生产、施工现场的安全管理和环保装置正常运行管理、员工安全环保教育培训、员工职业健康、危化品和重大危险源管理、应急管理和应急救援等工作，公司先后组织开展危化品储存场所安全专项整治、“安全生产月”、迎接中央环保督查专项工作、“百日安全环保专项行动”、安全生产大排查大整治等一系列专项安全活动。公司圆满实现化医集团下达的年度安全环保工作目标。

【土地收储融资】 市区相关领导和部门以及化医集团就长寿化工土地收储融资工作多次召开协调会或专题会研究，公司配合做大量工作。2016年12月底已到账3亿元。公司将继续协调长寿区相关部门、化医集团和重庆农商行落实土地收储融资到位，以确保公司搬迁人员安置、搬迁项目建设平稳有序推进。

【党建和职工思想政治工作】 公司党委围绕公司中心工作，开展党内“创先争优”活动和在全体党员中开展“两学一做”学习教育等，认真落实党风廉政建设的主体责任、监督责任和“一岗双责”，持续深入推进党的思想建设和作风建

设，做好员工思想政治工作，发挥党委政治核心作用，基层党组织战斗堡垒作用，共产党员的先锋模范作用。 （张正东）

2016年重庆长寿化工有限责任公司领导人名录

董事长、总经理：徐亚平（2016年2月离任总经理）

党委书记：贾　华

总 经 理：余晓林（2016年2月任）

副总经理：李文成

党委副书记、工会主席、纪委书记、监事会主席：冯述全

2016年重庆长寿捷圆化工有限公司领导人名录

董事长、总经理：徐亚平（2016年2月离任总经理）

党委书记、副总经理：贾　华

总 经 理：余晓林（2016年2月任）

副总经理、总工程师：张阜东

副总经理、财务总监：余晓林（2016年2月离任）

副总经理：徐秋平

党委副书记、工会主席、纪委书记、监事会主席：冯述全

2016年重庆化医长寿化工集团有限公司领导人名录

董 事 长：徐亚平（2016年1月任）

总 经 理：黄自力（2016年1月任）

副总经理：余晓林（2016年1月任）

张阜东（2016年1月任）

徐秋平（2016年1月任）

监事会主席：冯述全（2016年1月任）

国网重庆市电力公司长寿供电分公司

【概况】 国网重庆长寿供电分公司（简称长寿供电分公司）是重庆市电力公司下属的大型区域供电企业，电网覆盖涪陵、秀山等10个区县2.99万平方千米。2016年完成固定资产投资4.33亿元，其中大中型基建投资3.9亿元；完成售电量104.03亿千瓦时，同口径增长7.65%，其中长寿地区完成电量43.31亿千瓦时，增长11.83%。截至2016年12月31日，连续安全生产4609天，总体保持安全稳定良好局面。

2016年是“十三五”开局之年，长寿供电分公司以执行力建设年为抓手，树正风正气促管理提升，建坚强电网保安全生产，砥砺拼搏、严格落实，圆满完成既定的各项目标任务。

2016年5月23日，长寿区政府区长巴川江等调研110千伏三坪变电站施工现场

【服务水平提升】 开展“供电服务百日整治”行动，严格执行服务态度“五不准·五主动”，杜绝恶性服务态度事件，实现营销服务态度投诉比2015年下降50%。拓展片区经理服务项目，在划分的11个服务区域，聘请29名片区服务经理，通过现场、电话、短信、微信公众号等多种方式，建立与社区、小区、村社的常态沟通机制。现场宣传办理业务16次，发布微信公众信息50余条，做到服务“零距离”，提升客户感知度。创新服务举措，加快推广“互联网+供电服务”，实施掌上电力、“95598”网站、支付宝等互联网服务。

及时向长寿经开区客户发布重要调度信息，发布率100%。实施业扩报装精益化管理，压缩供电方案答复等各环节工作时间、对普通客户取消设计审查和中间检查，低压居民、非居民报装时限分别压缩为2个、4个工作日，高压重要客户业扩平均接电时间缩短6%，普通客户业扩平均接电时间缩短34%。对接经开区发展，保障园区工业企业可靠用电，投资1354万元，完成10千伏经开区棉纺厂片区开闭所和10千伏经开区一般工业园片区2

座开闭所投运。支持工业企业降低成本，为89家大客户降低用电成本7205万元；减收城市公用事业附加费300多万元，获得财政奖励300多万元。

【安全供电】 圆满完成迎峰度夏（冬）和重大节日保电任务，在最高负荷达到254万千瓦的情况下，确保电网安全稳定和电力有序供应。投资11970.52万元，实施城区内中低压项目32个，农网升级项目81个；新建及改造10千伏线路197.49千米；新增配变177台，容量2.1万千伏安；完成59个潜在低电压台区的治理。在迎峰度夏前，新建10千伏江安线与江镇线形成环网，解决江南城镇度夏期间负荷过重问题；改接10千伏桃松线至桃乌线转移负荷，解决桃西路片区京华小区、财富广场片区的负荷过重问题；利用渝长燃气公司西门泵站增容改造机会，延伸10千伏新林线新建第二电源，形成双电源供电，确保西门水厂在出现单电源故障时能可靠供水。

2016年完成的焦家35千伏输变电工程

【电网建设】 紧密对接地方经济和社会发展布局，结合“连续高温”和“一区一园产业发展”等特殊情况，滚动修编“十三五”规划，科学制定电网发展目标。2016年投资5569.2万元，完成长寿新市35千伏变电站主变增容工程（线路部分）、长寿八颗220千伏变电站110千伏送出工程、长寿洪湖110千伏变电站35千伏送出工程、长寿徐家坪110千伏变电站主变增容工程和长寿焦家35千伏输变电工程等5个工程竣工投运，长寿三坪110千伏输变电工程顺利推进。

【践行央企责任】 深化共产党员服务队内涵，打造以服务政府、服务园区、服务社区为重点的社会责任实践融合体系，增强员工履责意识，深化共产党员服务队内涵。年内开展节假日保电5次，供电抢修25次，到园区隐患排查82次，开展应急演练4次，服务2万余户客户，圆满完成区“两会”、龙舟赛、2016年中高考等重大保电任务；在2016年5月，冒雨抢修成功战胜“5·6”特大雷雨灾害，保障长寿区内的电网持续稳定运行。加大城市配网建设力度，处理树线矛盾，配套旅游开发电力建设，踊跃参与环保公益事业。

（吴健雄）

2016年国网重庆市电力公司长寿供电分公司领导人名录

总经理、党委副书记：丰 强
党委书记、副总经理：李洪扬
纪委书记、工会主席：谢崇权（2016年11月离任）
李卫平（2016年11月任）
副总经理：陈 鹏（2016年11月离任）
田 勇 杨文蓉（女）
杨雪松（2016年11月任）
总工程师：肖 辉

中国石油西南油气田分公司重庆天然气净化总厂

【概况】 重庆天然气净化总厂（本分目简称总厂）隶属于中国石油西南油气田分公司，是综合配套齐全、技术先进的大型天然气净化厂。下辖9个分厂，分布在川渝两地9个区县，具有年处理原料天然气200亿立方米的生产能力；担负着土库曼斯坦阿姆河A区天然气处理厂、B区天然气处理厂和机修厂的生产运行管理。总厂下设12个职能科室、6个机关直属机构、5个直属单位、14个基层单位。截至2016年年底，有员工2381人，其中高级技术职称68人，集团公司、分公司技能专家13人，高级技师和技师186人。拥有固定资产原值18.01亿元，净值5.77亿元；天然气净化装置19套，机械设备3304台，电气设备1573台，仪器仪表7448台（套）。

【生产管理】 全年处理原料天然气111.33亿立方米，净化产量首次突破百亿大关，创历史新高。面对龙王庙净化厂高负荷、川东地区净化厂低负荷“一高一低”运行的新常态，重视龙王庙净化厂生产管理，总厂领导进驻现场，靠前指挥生产，加强业务指导，强化生产管控，采取优化巡检制度、创新交接班管理模式、完善生产管理考核等诸多措施，提升龙王庙厂精细化管理水平。应对川东地区净化厂装置低负荷运行，适时停运部分装置、实施降压操作、精细运行管控、优化原料气调配，千方百计提升处理量，全厂净化装置长周期安全平稳运行。2016年总厂装置大修历时330余天，检修项目3850余项，是总厂检修项目历史最多、时间跨度最长、区域范围最广、参与人员最多的一次检修任务。总厂克服边生产边检修、安全风险高、持续时间长、劳动强度大等困难，实现所有检修装置提前恢复生产，有效缩短检修时间。

【安全环保】　推进QHSE体系建设，编制完成《总厂2016—2018年QHSE管理改进与提升三年规划》，改进管理短板，促进体系建设与生产深度融合。完善全厂37个单位、988个岗位QHSE职责，加大管理重点和短板的考核力度，推动安全环保职责层层落实。持续完善应急管理体系建设，优化“一案一卡”，应急演练常态化开展，参与龙王庙气藏开发多方联动应急演练，全年开展应急演练XXX场，有效提升全员应急处置能力和上下游应急联动能力。强化废水、废气在线监测设施建设，实现与集团公司在线监控中心联网试运，推进尾气治理，环保合规管理不断深入。推行“排查专业化、职责衔接无缝化、治理渠道多样化、过程管理精细化”隐患管理模式，推进工具方法应用，狠抓大修安全管理，加强承包商现场监管，风险管控能力增强，安全环保态势稳中向好。大众质量活动QC成果在公司取得佳绩，获得分公司HSE先进单位、质量技术监督先进单位称号。

【员工培训】　研究形成培训师轮训方案，启动数字化虚拟培训系统研发，实现远程视频教学，培训软硬件设施不断完善。推行轮岗轮训机制，强化多岗位历练，促进管理、技术人才全面发展。在全厂范围内首次开展机、电、仪专业技术干部比武，首次开展科研所建立专业技术岗位序列工作，为技术人员成长成才搭建新平台。组织开展仪表维修工、计量检定工、机泵维修钳工、变电站值班员技能竞赛，分层次、分岗位安排岗位练兵，发挥“师带徒”作用，指导青年员工在干中学、学中干，全面提升技能水平。2016年，聘任35人到管理、专业技术岗位；推荐考评技师5名、高级技师5名；全年完成总厂级培训26期，培训员工1200余人次；完成分厂级培训478期，培训员工6500余人次。

【技术创新】　在龙王庙净化厂应用新型溶液和催化剂，脱硫效率高、催化剂转化效果良好；在忠县分厂应用超优克劳斯催化剂，尾气SO2降低6000毫克/立方米，回收效果明显提升；在长寿分厂应用循环水旁流电解水处理技术，有效节省化工材料消耗；在万州分厂解决处理能力受限问题，取得天然气日处理量提升20万~60万立方米的良好效果；在阿姆河A区处理厂、B区处理厂，着力强化技术支撑，及时解决生产技术难题，确保装置长周期安全平稳运行，全年处理天然气137.46亿立方米，再创历史新高，增强总厂在国内外行业的影响力。着力技术经验有形化，编制完成《天然气净化操作工》《天然气净化分析工》职业技能等级鉴定标准，已上报集团公司、待发布；编制完成《天然气净化工程劳动定额》，已获国家能源局正式批准发布；编制完成《天然气净化工艺技术手册》和《天然气净化HSE管理手册》第二版，已正式出版；系列标准、手册的发布和出版，增强总厂在行业内的话语权。

【企业管理】　试点应用物联网系统和电子巡检系统，提升生产管理精细化、自动化、科学化水平及工作效率；根据关键岗位工作需求，配置VPN使用权限，实现部分远程办公功能；运用视频会议系统等网络信息技术，实现远程指令、互动、交流，工作效率和管理水平显著提升；修订完善全厂岗位职责；根据生产和管理实际，优化、整合、精简全厂基础台账和各类报表；强化造价管理，细化投资控制，投资规模完成率100%；完成的节能项目每年可节约生产成本150万元；推动司库2.0系统顺利上线，实现总厂资金统一支付，减少资金沉淀；实现物资集中采购度100%、自采物资招标率100%、入库检验率100%；全年销售硫黄10.06万吨，实现“零欠款、零纠纷、低库存”目标；推进法律风险防控体系建设，确保依法经营、合规管理，全年未发生较大负面影响的法律事件。

【党政群团工作】 深入开展“两学一做”学习教育，强化党员干部教育，开展党组织书记述职评议活动，引领全员认真践行“石油精神”。开展副科级岗位竞聘上岗，结合组织机构调整和“三超”治理工作，调整领导干部71人次。建立党风廉政建设情况季度报告和定期考核机制，开展反腐倡廉教育和党内巡视监督，注重联合监督结果的应用，做到抓早、抓小、抓预防，筑牢拒腐防变思想防线。以“重塑良好形象”为契机，进行新媒体作品创作、演讲比赛，总厂在集团公司“重塑形象”新媒体创作大赛中获得微电影二等奖、摄影二等奖、漫画三等奖，总厂员工在公司“重塑形象”演讲比赛和“保安全 提素质 塑形象”青工讲述活动中均获得一等奖。 （徐尊萍）

2016年中国石油西南油气田分公司重庆天然气净化总厂领导人名录

厂长、党委副书记：傅敬强（2016年4月离任）
喻泽汉（2016年4月任）
党委书记、副厂长：陈胜永
副 厂 长：喻泽汉（2016年4月离任）
余 建 杨培昌 唐荣武 王晓东 王鸿宇
HSE总监：余 建（2016年5月任）
杨培昌（2016年5月离任）
总会计师、党委委员：赵小波
副厂长、总工程师、党委委员：岑 嶺
党委副书记、纪委书记、工会主席：罗 斌

重庆长风化学工业有限公司

【概况】 2016年，重庆长风化学工业有限公司（简称长风化学）以“十三五”规划为指引，按照“1+1+N”（一基一园多点线）的战略思路，抓好整体搬迁项目启动，研发基地建设，生产运行保障，产品结构调整，MDI配套项目优化等工作，全年实现营业收入3.84亿元。

【生产经营】 优化经营模式，积极控亏扭亏。一是抓好苯胺产品销售，控制最大亏损点。2016年，主导产品苯胺市场进一步萎缩，产品销量和价格双降，装置长期处于低负荷运行状态，生产运行异常艰难。长风化学利用天然气锅炉的建成，以及第三季度外围苯胺厂家因国家环保监督检查导致的停产减产这一机遇，及时与下游客户进行议价，有效抑制亏损的进一步加大。二是加强光衍产品销售，控制亏损幅度。2016年，光衍产品二苯甲酮行业总体产能严重过剩，市场竞争愈发激烈，长风化学从7月开始主动实行限产调价；对碳酸二苯酯、四丁基脲、碳酸二乙酯、中定剂等光衍产品根据市场需求调整价格，把握市场开拓节奏。三是加强资源采购控制，控制生产成本。加强纯苯、硝酸等大宗原料采购渠道建设，优化产品定价模式和付款模式；密切关注资源市场变化，准确了解供货商实际情况，保证资源的稳定供给；抓住时机实施战略采购，控制采购物流成本；加大备品备件直供商比例，有效降低采购成本。

【技术创新】 一是组织柔性生产，合理利用装置。做好柔性生产运行模式调整，及时组织装置对不同产品进行生产切换；利用老装置进行新产品中试，实现闲置装置的有效利用。二是抓好技术革新，降低生产成本。继续完善生产工艺技术，在生产工艺末端回收原料，减少废物产生量，有效降低生产成本。三是优化资源配置，实现低耗运行。强化蒸汽、热水、液态联苯、氮气、压缩空气等紧缺资源调配，执行资源向优势产品倾斜，保证资源的充分利用；根据实际情况、生产需要适时调整各机泵的开停组合，实现节约用电。

【安全环保】 一是落实主体责任，抓好标准化建设。按照“管理台账化、装备现代化、指令书面化、操作程序化、行为规范化”要求，开展安全环保标准化建设。2016年6月7日，重庆市登记办组织专家检查，认为长风化学安全标准化体系运行良好，符合安全标准化二级企业标准。二是加强现场管理，规范危废处置。以生产现场为安全工作的重点，加强现场人、物、环境的管理，落实危险作业管理制度，保证危险作业安全可控。严格执行危险废物申请转移审批程序，投入专项资金对历史遗留的危险废物进行处置。三是强化日常检查，排查治理隐患。认真组织日常安全环保检查，开展隐患排查整治，消除事故隐患，提高本质安全水平和环境安全水平，全年安全生产平稳运行。四是开展应急演练，提升响应能力。开展应急预案“三化一卡”试点工作，提高预案的针对性和有效性；开展应急装备使用培训和技能比赛活动，组织空气呼吸器穿戴竞赛活动和管道泄漏模拟演练活动，全年针对关键装置重点部位进行演练28次，提升对重大事故的应急处置能力。

【产品研发】 一是加大新产品研发力度，推动产品结构调整。利用光气资源，开发光气衍生物产品，对已小试成功的新产品进行中试，进一步完善新产品工艺技术，为产品结构调整打下基础。二是清理“僵尸、空壳”企业。完成重庆长风化学工业品供销有限公司、重庆长风本同化工有限公司两个全资子公司注销。三是狠抓降本增效，去杠杆、补短板。长风化学制定降本增效目标措施，加大企业管理力度，狠抓内部挖潜，全力开展节能降耗、增产节约、增收节支等工作；形成制度，明确指标，责任到人；加大生产运行调整，优化产品运行方式，关闭亏损或减少低效益产品生产；投资建设天然气锅炉，有效弥补苯胺低负荷运行造成热量供给不足的制约。

【基础管理】 一是完成管理体系换版及再认证。修订长风化学《质量手册》和《程序文件》，组织完成新版管理体系宣传贯彻、培训（含内审员外培）、实施等相关工作；2016年9月一次性通过中国质量监督协会对三个体系的换版再认证审核，成为重庆地区首家通过中国质量监督协会2016版国际质量、环境体系认证通过企业。二是强化标准化管理工作。定期收集最新有效的国家标准，宣传贯彻、严格实施；参加标准的制定、修订工作，组织修订国家军用规范1个，9月已完成报批稿；完成二苯甲酮等8个企业产品标准修订、发布实施并上报备案。三是加大内部机制改革。适时调整部门和机构设置，将纪监处和审计室合并，成立纪检监察审计部；将原保卫处职能并入安全环保处；将党委工作处、工会办公室和团委合并，成立党群工作部；将原技术中心知识产权、科研项目管理等工作职能并入规划发展部。

【MDI相关工作】 一是甲醛装置运行。甲醛装置年内运行255天，圆满完成供basf公司50%甲醛需求目标，供basf公司50%甲醛3.5万吨；通过锅炉给水系统、热水伴热系统、氮气保护系统和装卸站等改造后，装置运行调整更加平稳可靠，公用工程费用大幅降低。二是缓建项目盘活调研。组织对多地区实地考察和交流，完成报告（含投资机会报告、项目规划、考察报告等）30余份，为项目决策提供支撑。 （杨 颖 邓银婕）

2016年重庆长风化学工业有限公司领导人名录

董事长、党委书记、总经理：李定山（2016年10月离任）
周卫平（2016年10月任）
副总经理、总工程师：周树新
监事会主席、党委副书记、纪委书记、工会主席：张贵谦
副总经理：王 征（补遗：2013年5月任）
张光兵（补遗：2013年5月任）
唐 勇（2016年3月任）

国家电投集团重庆狮子滩发电有限公司

【概况】 国家电投集团重庆狮子滩发电有限公司（本分目简称公司）前身为始建于20世纪40年代（完工于50年代）的龙溪河水电工程，之后的狮子滩水力发电总厂，是我国自行设计、自行开发的第一座大型梯级水力发电厂和新中国“一五”计划国家重点工程项目之一，敬爱的周恩来、朱德、李富春、李先念、刘澜波等老一辈无产阶级革命家曾先后到厂视察并亲笔题词，对在龙溪河流域水力资源的综合利用中所取得的成绩给予高度评价。2015年7月，中国电力投资集团公司和国家核电技术公司重组，组建成国家电力投资集团公司。根据集团公司统一要求，公司于2016年10月由原“重庆中电狮子滩发电有限公司”更名为“国家电投集团重庆狮子滩发电有限公司”，仍为国家电力投资集团公司全资子公司，由国家电投集团重庆电力有限公司代管。

2016年，国家电力投资集团公司党组成员、副总经理马璐，总法律顾问吴姜红，总经理助理王树东，副总工程师胡建东、原钢，国家电投集团重庆电力有限公司董事长刘渭清、党组书记李国峰等，国家防汛办督察专员王翔、调研员马涛，以及重庆市地勘局、重庆市能源工会，长寿区委、区政府的领导等先后到公司检查指导工作。公司按照“抓安全、重管理、强党建、创价值”的工作思路，实现连续安全生产343天，完成发电量4.67

亿千瓦时，完成营业收入15746万元，完成利润129万元，连续三年保持盈利，未发生影响党风廉政建设和稳定工作目标事件，获得“2015年度优秀诚信企业”“重庆市AAA劳动和谐企业”“重庆市信访稳定工作先进集体”等荣誉称号。

【安全生产】 一是开展安全生产大检查、隐患排查治理、“两票三制”专项整治和效能监察，推行工作任务单制度，强化制度执行刚性，梳理各部门（单位）职责及工作流程，厘清各级人员的岗位职责和安全责任，形成责任清单并对照落实。二是抓安全生产责任落实，公司党委多次召开安全生产专题会，研究部署安全生产工作，落实“党政同责、一岗双责、齐抓共管”要求；开展生产现场职业病危害因素检测和员工健康检查，配备防护用品。三是抓安全监督管理，加强安全监督工作领导，主要负责人直接管理HSE部，设立安全总监；调整充实安监队伍，重大、重要工作实行旁站式安全监督；各级管理人员按规定对生产、施工现场进行巡视检查，按时参加班组安全活动。四是抓安全意识教育，组织安全知识培训和考试，参加集团公司2016年事故快报、事故汇编学习等安全培训，主要负责人进行安全管理知识授课。五是抓激励机制建设，完善《安全生产奖惩细则》等制度，建立安全基金，设立总经理安全特别奖，强化正向激励。六是抓引领示范，在重要会议及重要活动中，组织学习核安全文化原则，进行安全风险提示；公司决策层在布置工作时坚持“安全第一”原则，落实安全措施，带头践行核安全文化原则。七是推进HSE管理体系建设，建立安全观察卡、安全警戒卡、培训授权帽贴、“安全红线十条”卡片、黑名单制度、安全投入模型等。八是组织开展季节性安全生产大检查、“安全生产月”“小水电安全生产专项整治”、安全生产专项检查等活动，并对检查发现的问题进行整改。九是组织开展13台机组大小修，14项技术改造，处理缺陷668项。十是建立应急工作的区域协作与联动响应和水电产业区域应急联动机制，参加长寿区防汛抗旱指挥部举办的狮子滩水库防洪防汛应急联合演练。十一是加强对交通、消防、治安保卫、船只、食品、反恐及电力设施等的安全管理。年内公司完成与长寿区相关部门签订的消防、治安等目标任务，为建设平安长寿做出应有贡献。

【生产经营】 一是加强电力市场营销，及时优化水库调度方案，合理安排机组检修，解决好发电与旅游、发电与城区供水之间的矛盾，做到发电生产与履行社会责任两不误，在全年来水比多年平均偏少28.4%的情况下，完成发电量4.67亿千瓦时。二是紧跟电力体制改革，开展综合智慧能源业务调查和园区配售电相关工作，完成与紫光新科《战略合作协议书》草签，与其他一些工业园区达成合作意向。三是检修承运成效稳固，全年签订14项对外检修合同，实现对外检修创收898万元，对外运行创收1505万元。四是拓展培训（旅游）业务，完成培训班37期，与长寿湖管委会合作接待“铁人三项赛”等社会团体，扩大公司培训中心知名度，实现创收542万元。五是开展提质增效，盘活闲置资产。全年可控成本比2015年减少311万元，节约财务费用49万元，实现租赁收入111万元，获得保险赔款28万元，获得稳岗补贴64万元。

【企业管理】 一是强化依法治企，开展各部门（单位）事权界面划分，完成公司更名，股东、董事及监事变更，章程修改等工作，坚持合法性审查机制，重大经营事项决策咨询法律机构意见，全年未发生违规经营事件。二是梳理完善公司标准、制度体系，将标准、制度有效结合，形成更加规范、实用的管理体系，全年制定、修订标准制度分别为32个、78个。三是开展税收大检查自查工作，完成“三证合一”“营改增”及税务变更登记等工作，开展“两金清理”和应收款项回收工作。四是开展物资管理专项内控评价，以公司原总经理离任审计为契机，规范公司经营管理，强化风险内控。五是加强合同、招标采购和物资管理，完善合同管理台账，及时跟踪合同执行情况，优化招标采购管理流程及权限，规范物资管理，压降库存物资。六是加强人力资源管理，将原政治工作部与工会办公室合署办公，提拔任用7名中层干部，新设置副总工程师和安全总监岗位；组织修订《月度业绩及奖金管理标准》《年度综合绩效及奖金管理标准》，发挥激励约束功能；注重员工培养，举办专项培训班38次、集中培训1486人次，签订师徒合同、互学合同32对，送外培训40余次、培训104人次，帮助员工取得本科学历3人、参加会计继续教育8人。

【党群工作】 一是加强班子作风建设，坚持召开领导班子民主生活会；领导班子成员全年下基层调研指导工作20余人次；领导班子成员对“四风”问题进行自查和书面回答。全年企业负责人履职待遇业务支出费用为预算的78.05%。二是开展“两学一做”学习教育活动，班子成员、党支部书记分别讲专题党课7人次和15人次，197名在岗党员认真回答“三个一”（一点学习体会、一个对公司发展的建议、一个做合格党员的行动项）；实行“两学一做”学习教育积分管理，建立党员“积分考评档案”“积分管理档案”及“建议落实清单”“行动项具体措施清单”，强化闭环管理。三是召开公司一届一次党代会，完成公司党委、纪委和13个党支部换届选举工作；转正党员4名、发展党员1名；深化标准化党支部建设，强化党支部“三会一课”管理，规范并固化党支部基础工作，12个党支部均保持“标准化党支部”称号。四是抓好党风廉政建设，分解落实目标任务，层层签订责任书，签订个人廉洁从业承诺书98份、家庭廉洁承诺书42份；开展关爱提醒谈心210余人次，召开中层干部集体廉政谈话会议，建立中层干部年度廉政档案；开展“四风”问题整治情况“回头看”自查整改工作；加强“三重一大”决策事项与重点领域监督，全年未发生任何违规违纪案件。五是开展员工文化行动、创新行动、安全行动、关爱行动“四大行动”，获得集团公司新锐训练营优秀组织奖和“秀出我安全”微作品大赛金奖、宣传语类三等奖。六是打造狮电新形象，举办“和文化”全员培训4期，420余名员工参加；完成办公楼大厅企业文化展示和狮子滩大坝水电文化长廊建设，弘扬、传承老狮电精神。七是维护企业和谐稳定，做好退休教师、幼教待遇问题和江口项目部劳务纠纷、大站建站民工集访等的协调解决。 （陶　超）

2016年国家电投集团重庆狮子滩发电有限公司领导人名录

副总经理兼党委副书记（主持工作）：岳宗科（2016年2月离任兼任的党委副书记）

党委书记兼纪委书记、工会主席（代）：张君生（2016年2月任党委书记，8月兼任纪委书记和代理工会主席）

纪委书记、工会代主席：彭　涛（2016年8月离任）

副总经理：邱存兵　邢建模

重庆长航川江船厂

【概况】 2015年12月28日，经国务院批准，招商局集团与中国外运长航集团实施战略重组，中国外运长航集团以无偿划转方式整体并入招商局集团，成为其全资子企业；重庆长航川江船厂隶属关系也同时变更于招商局集团中外运长航集团重庆长江轮船公司。重庆长航川江船厂（简称川江船厂）始建于1970年7月18日，1980年12月竣工投产，注册资金2371万元，营业范围包括“在港区内提供货物装卸、仓储；普通货运；设计、建造、修理各类客船、货（驳）船和推、拖船及各类特种船舶；船舶停靠。”位于长寿区长江北岸的周家沱，拥有岸线1500米，是天然的深水港区，有可供常年使用的深水泊位码头3个，川江船厂陆域占地面积22公顷，各类房屋总建筑面积2.97万平方米。

【企业发展】 2016年是“十三五”规划开局之年，也是重庆长江轮船公司推进“五个转变”（即由单一服务向综合一体化服务转变，由参与低端市场向控制中端、主导高端市场转变，由实物资产经营向资本、资质和品牌经营转变，由重资产向轻资产转变，由生产型向平台型转变）之年，也是川江船厂布局“三大产业”（即修船、物流、环境监测）的关键之年。川江船厂干部职工围绕重庆公司“五个转变”总体部署和“做强修船、做好物流、做实环保监测”工作主线，团结带领干部职工奋勇拼搏，攻坚克难，各项工作取得新的进展，实现全年奋斗目标，保持企业的职工队伍和安全状况稳定，摆脱长达七年的亏损局面，实现扭亏为盈。

【生产经营】 面对依然严峻的经济形势和激烈的市场竞争，川江船厂强化经营，深化改革，规范管理，迎难而上，外拓市场，内强管理，扎实推进各项工作。利用重庆公司调拨的1200吨浮船坞不受库区水位消退影响，可常年进行船舶水线下修理作业的优势，与斜架车上下排作业形成互补，全年完成修船119艘次（其中坞修船舶27艘次），创历史新高。抓好生产组织，全面推行项目承包制，按《重庆公司修船产业协同联动管理办法（试行）》规定的目标市场、业务协同、联动机制及价格规定开展修船经营活动。全面实施《单船（单项目）成本核算管理办法》，重点抓精细化管理，更加注重细节和过程的管理，取得预期效果。为川江船厂全面扭亏为盈打下坚实的基础。

【物流转型】 在长寿区相关部门支持下，川江船厂按照港口经营许可的相关要求落实整改软硬件设备设施，于2016年2月取得港口经营许可证，为依法合规开展港口装卸创造条件。与中储油重庆长寿四三五油库建设公司签订《钢材转运接卸合同》，全面完成7000余吨钢材的装卸、转运、仓储；与南通华粮集团签订《码头接卸及中转服务合同》，为其提供卸船、转运入库、打包装车出库一揽子中转服务。

【环境监测】 重庆公司将所属交通运输部环保中心下设的三峡流动污染源重庆监测站整体搬迁至川江船厂，委托川江船厂管理。搬迁工作完成后陆续通过重庆市质监局专家组对监测站搬迁评审和准则评审。通过准则审核，监测站有2名授权签字人，可开展检测项目19项。监测站在完成交通运输部环保中心下达的监测任务的同时对外开展监测业务，先后与重庆海事局、大型船务公司开展合作，为客户提供油污水、生活污水、噪声等监测服务。

【安全管理】 落实招商局集团和重庆公司安全生产管控要求和安全工作部署，坚持日常巡查、领导带队检查和职工代表安全巡查，坚决处罚违章指挥、违章操作、违反劳动纪律“三违”行为，严格落实隐患整治，保持连续19年无工亡事故，安全局面保持稳定。

【企业文化建设】 抓好“两学一做”学习教育，组织专题党课、专题学习讨论、专题民主生活会等，查摆班子及个人不严不实的问题，开展批评和自我批评；针对查摆出的问题，狠抓整改落实。开展主题劳动竞赛、职工技能展示活动和“安康杯”竞赛活动，组织发动职工，立足岗位，增收创效。继续为在岗职工参加重庆市总工会“医疗互助保障”和“大病医疗互助保障”，全力服务职工。

（刘　权）

2016年重庆长航川江船厂领导人名录

厂长、党支部书记：杨　强
副　厂　长：向先彬　刘志凯
工会主席：张德明

西南油气田分公司重庆气矿长寿天然气运销部

【概况】 中国石油西南油气田分公司重庆气矿长寿天然气运销部（简称长寿运销部）是集天然气生产、集输、增压、气田水处理、销售为一体的综合性生产单位。2016年内部管理机构有党政办公室、生产技术办公室、计划财务办公室、油气销售办公室、HSE办公室、维修站；在岗员工259人；管理范围在重庆市长寿区、渝北区、涪陵区、垫江县境内的铜罗峡、苟西、黄草峡、双龙、新市、明月场、卧龙河7个气田及含气构造，面积2000平方千米，管理气井61口，集配气站11座，增压站3座，污水处理站1座。管理卧渝线A段、申倒线等天然气集输干线286千米。全年生产天然气3404.6万立方米，销售天然气16.19亿立方米。

2016年，长寿运销部顶住“三个压力”（安全环保的压力、降本增效的压力、员工管理的压力），坚守“三条底线”（政治纪律、安全生产、和谐稳定），持续推进“三化管理”（生产运行管理“信息化”、班组管理“规范化”、生产现场管理“标准化”），全面推动运销部和谐、均衡发展，为重庆气矿实现“二次创业”既定目标贡献力量。

【生产运行】 落实精细管理，确保生产过程平稳受控。一是效益开采老气田，实现“颗粒归仓”。针对气井生产变化特点建立气井生产管理卡片，注重效益开采，优化开关井时间、五剂制度，落实一井一策举措。2016年7月24日，提前160天完成年度生产任务。二是抓好过程受控，确保生产过程更加平稳。以受控管理系统平台为依托，对生产现场1418张岗位操作卡、90余起施工作业进行受控管理，实现对关键环节的过程控制。三是实施站场前期分析，确保大修项目执行到位。先后完成“双5井环境隐患整改大修”“集气总站适应性大修”“集气总站消防系统大修”等大修项目，及时消除隐患，保障站场安全运行。四是落实基础管理，做好计量与自控管理工作。通过前期信息化气田建设，运销部实现31座井站和2座阀室生产数据自动采集远传，安装摄像机40台，硬盘录像机、视频服务器21台，覆盖运销部20座井站，覆盖率70%。五是加强管道保护，确保管线“安稳长满优”运行。对所辖管线的三桩、警示牌进行全面清查整改，完善各类警示标识标牌181处，建设标准化阀室2座。

【营销工作】 一是开展市场调研。面对涪陵和长寿两个区日趋严峻的天然气销售竞争压力，运销部做好市场摸排，了解客户基本情况，深入客户生产现场，针对性进行生产运营情况调研，掌握客户产品市场的销售状况和利润空间；向上级职能部门建言献策，采取有效措施应对严峻的销售形势。二是抓好淡季促销。持续优化天然气管网集输流程，做好重点客户监控，了解并跟进重点客户用气波动的原因及影响，协助用户解决生产难题。在中石化普光气田净化厂停产检修期间，长寿运销部积极协调，提前7天完成倒水桥配气站适应性大修，确保向川维厂提前供气。三是强化服务管理。认真做好气量的日常调配和季节性调峰工作，加强调度、营销及输配气站人员考核，提升员工队伍的基本素质和服务质量，组织开展企地联合应急演练，精心维修调压阀等设备设施，加强对用户的技术支持和维修保障，确保用户用好气、用足气。

【安全管理】 一是开展现场隐患治理。成立“拉网式”排查领导小组，组织对各井站“低老坏”问题，集中梳理排查问题297个，完成整改254个；对所辖范围内的井口隐患积极整改，完成井口全部二、三类隐患整改，井口一类隐患整改有序进行，先后配合气矿对新13井、新15井封井作业，持续开展生产现场隐患排查，排查隐患239个，制定管控措施和治理措施。二是抓好事故事件管理。加强审核，及时跟踪问题，强化原因分析，找出事故事件发生的根源，提出有效控制措施，确保事故事件管理工作稳步推进。全年上报事件497起，上报事故0起，奖励252人次，奖励金额16980元。三是抓好环境危害治理与风险评估。长寿运销部对35个生产井站和288千米管道进行逐一排查，绘制井站环境突发事件风险评估图，制定对应控制措施110条，克服施工区域周边环境复杂、村民无理取闹等种种困难，精心组织、大力协调，顺利完成双5井环境隐患治改项目的施工作业，彻底消除双5井环境污染隐患。四是持续加强交通安全管理。开展“交通安全里程碑”活动，“驾驶技术双过硬”、交通事故应急预案演练等。全年开展交通安全学习48次，专项交通检查41次，车辆自检2016台次，车辆回场检查450台次，安全行车30.57万千米。

【员工培训】 全年举办员工培训班16期；组织员工送外各种培训245人次，5079天；利用各种会议、竞赛、专题学习、视频会议培训员工110人次。全年员工培训38465课时，达到气矿提出的员工人均每年参加培训时间的目标。

（杨 琪）

2016年西南油气田分公司重庆气矿长寿天然气运销部领导人名录

经理、党委副书记：马代强

党委书记：何长平（2016年5月离任）

李　润（2016年5月任，2016年12月离任）

副经理、副书记：李建川

副　经　理：朱厚明（2016年5月任）

主任工程师：曾幼林（2016年5月离任）

重庆凯源石油天然气有限责任公司长寿分公司

【概况】 重庆凯源石油天然气有限责任公司长寿分公司（简称长寿分公司）位于长寿湖镇。截至2016年底，有员工113人，其中，合同制员工59人，市场化员工8人，业务外包46人；大学本科（含成人本科）及以上学历22人，大学专科（含成人专科）25人；高级技术职称1人，中级技术职称11人；党员28人。长寿分公司下设综合、生产技术、财务、安全和营销5个办公室，1个营业所、1个管网所。

【生产经营】 2016年，长寿分公司销售天然气23743455立方米，市场开发17896户。一是把长寿区发展的重点即长寿中心城区的菩提组团、阳鹤组团和渡舟组团，作为长寿分公司燃气管网专项规划的重点，与长寿区城投集团沟通，了解到市政道路的建设计划及进度，保证燃气管网同市政道路同步建设。二是坚持“拥有管线才占有市场”的理念，紧跟地方市政规划，推进重点区域重要燃气设施建设，在菩提组团、阳鹤组团和渡舟组团市场区域内，做到市政道路建设到哪里，管线就延伸到哪里。三是坚持“守土有责、寸土必争”的市场竞争理念，打破传统思维，变“坐商”为“行商”，主动出击，加强市场调查，开展市场巡查，加强与政府、开发商的联系沟通，安排专人每周巡查周边楼市动态，主动上门服务。年底前，长寿分公司管理用户9万余户。

天然气合同管理：严格执行重庆凯源公司《合同管理办法》，规范合同的申报、审查、审批、签订流程。

天然气用户管理，一是做好收费管理和通气维修工作，通过现场监督、用户回访、随机抽查、考核评价等方式严格规范操作流程；二是狠抓用气安全宣传，入户安检和在人口密集区域组织开展集中安全用气宣传活动，发放各类安全宣传单和安全手册5.7万余份。

生产运行的主要气源是西南油气田公司重庆气矿、重庆公管中心；设施设备保养工作截至2016年底，巡查管网52187千米、阀井维护巡查201座次、调压箱保养1676台次，确保各类生产设施设备的安全平稳运行。生产组织，一是建立完善生产运行应急机构，明确管理职责和相关人员的应急职责、工作范围、操作程序等；二是建立各种应急物资台账，应急消耗材料齐全、完好，储备到位；三是实行24小时应急值班，应急处置及时，应急通讯畅通，人员到位及时，应急抢险（修）记录、台账完善；四是严格停气、通气作业程序，按规定及时上报生产运行信息，强化节假日值班制度，及时组织队伍处理管线泄漏故障；五是强化施工单位责任主体意识，落实工程开工前技术交底、安全交底工作，落实关键环节、重要工序的质量控制点，严格要求现场管理人员及监理单位现场监理履行职责，加大检查力度，对重点工程、重点部位进行监督；六是加强对施工单位的技术指导，全年组织施工单位及生产管理人员召开施工单位座谈会12次，及时向施工单位传达公司工程管理相关制度，向施工单位推行QHSE管理工具，重点是工作前安全分析。全年各类工程建设58项，完工验收工程13项。

【安全生产】 2016年，长寿分公司完善作业许可管理程序，强化源头控制，狠抓受控管理，突出对重点区域、关键环节、要害部位和承包商的监管，将安全管理重心下移，力保公司平稳供气。一是强化安全基础管理，全年定期召开QHSE委员会议20次，利用各种会议、培训班等开展安全经验分享活动；组织开展“春节前安全大检查”“天然气终端销售业务安全隐患排查”“夏季安全环保大检查”“工程质量专项检查”“冬季安全环保工作”及“安全生产月”“百日交通安全专项整治”等活动。二是落实安全生产责任，组织全体员工签订《QHSE责任书》，调整建立领导干部安全联系点7个、安全监督小组5个；全年领导干部开展安全联系检查56次，行为安全观察与沟通73次、安全监督小组检查50次；要求全体员工进行岗位危害因素辨识，编制完成长寿分公司及各办公室、配气站危害因素清单；组织全员制定“个人安全行动计划”并按计划实施，年终时对完成情况进行审查。三是加大隐患整治力度，采取安全专项检查、安全日常巡查、安全监督检查等方式，全面排查并及时上报安全隐患；着力隐患整治，落实责任人、验收人和完成时间，实行督办销项，严格执行闭环管理。四是加强交通、消防安全管理，严格执行驾驶员“十不准”、车辆回场检验、定点停放和派车有据等交通管理制度，利用GPS监控系统，强化车辆运行监控，全年车辆安全行驶12.66万千米。五是加强应急管理，年内修订、完善长寿分公司突发事件应急总预案及6个专项应急预案；应急物资及机具储备齐全、有效；年内开展分公司级应急演练4次，各配气站每月至少开展1次应急演练；年内修订完善长寿分公司《工程项目管理实施细则》《员工奖罚规定》和《车辆运行管理实施细则》等工作制度，修订完善长寿分公司《生产突发事故（事件）应急总预案》及6个专项应急预案，调整《安全生产监管小组》等27个领导小组成员。

【党建与企业文化建设】 打造廉洁从业员工队伍，从多个方面加强党风廉政建设，筑牢反腐倡廉“防腐网”，净化廉洁从业风气。落实廉政责任制，从书记、经理到主任、所长，都层层签订廉政建设责任书和廉洁从业承诺书。开展廉洁谈话，采取集体谈话与个别谈话相结合的方法，与员工交心谈心，了解和收集班子成员和干部员工在思想作风、工作作风、廉洁自律等方面的情况，做到解决问题、防微杜渐。宣传廉洁文化，利用办公楼橱窗制作“廉洁文化园地”宣传专刊，宣传廉洁规定、廉洁故事和廉洁警句，营造廉洁氛围。关心员工身心健康，8 月份组织全体员工的健康体检工作，体检率 100%。（张茜评）

2016 年重庆凯源石油天然气有限责任公司长寿分公司领导人名录

经理、副书记：马世权

书记、副经理、工会主席：张 伟

副 经 理：张 彬 冉 林 吴德才

中国化学工程第七建设有限公司重庆分公司

【概况】 2016 年，中国化学工程第七建设有限公司重庆分公司（本分目简称分公司）的各项工作，着眼于发展，着眼于长远，企业转型升级（分公司改造）勇于探索，改革改制勇当排头兵。优化分公司的各种资源配置（人力资源、地方社会资源、地理区位优势、市场优势、经营优势、体制优势等），大胆推行并实践内部的一系列改革措施，在十三五计划里，分公司力争实现 12345 的发展战略（2016 年至 2020 年，从第 1 年实现 1 个亿，到第 5 年实现 5 个亿，5 年共实现 15 个亿的主营业务收入目标）。做到“以市场为导向，以经营为中心”，摒弃等、靠、要的思想，加强市场的拓展力度，开展大经营，打开经营工作局面。立足长寿经开区、重庆两江新区，向西南和西北市场辐射，开拓地方市政项目市场、垄断与资源型行业（如石油与天然气）市场，重点拓展西南与西北的一些地方市政项目市场，中石油、中石化、能源投资集团等的工程建设市场。重点关注与国家“一带一路”战略相关的重点、大型项目，老少边穷地区国家政策扶持的项目。

【生产经营】 打造分公司经营部门的商务职能、结算职能，培养一支能打硬仗的经营队伍。积累实战经验，杜绝错漏，提高中标率，切实把员工的经营积极性调动起来。

加强与地方政府的基础建设投资部门，化工与石油、医药、新兴能源、市政与环保等行业的设计院等单位的合作，从源头上找项目。年内分公司在重庆市政府招标平台入网后，正在办理重庆市两江新区市场准入手续；年底前一直与长寿区城投集团就有关地方市政项目的保持紧密联系与合作，为进入重庆市和长寿区地方市政项目市场做前期准备工作。

年底前，分公司重点跟踪的项目有：中石油长庆油田市场、中石油西南油气田市场、中石油西北管道市场、中石油西北市场、中石化西安公司相关项目、中石化洛阳炼油厂相关项目、西安城市客运集散中心项目、陕西危化品物流港项目、重庆燃气集团的 2 个 LNG 项目、宜都兴发化工 300 万吨/年低品位胶磷矿选矿及深加工二期磷酸项目、江西省天然气管网一期工程乐平分输站项目、广东茂名环星炭黑有限公司发电系统节能环保设备升级技术改造项目等，重点跟踪中石油长庆油田市场，先后参与该油田 12 分厂 71 个项目的投标；年底前中标 8 个，合同额突破 1 亿元。分公司还在积极跟踪重庆建峰合成氨装置换热器更换工作、重庆东银天润团山堡油库项目、重庆新恒阳物流一天化项目、重庆川庆厂搬迁工作、安琪酵母云南分公司二期工程、巴基斯坦 500 万吨/年原油加工项目及 200 万吨/年重油裂解项目、福建古雷石化基地的海水淡化项目和污水处理等项目，配合七化建公司跟踪落实其他项目等。

年内，分公司先后参与重庆科顺防水卷材项目、泸州城东污水处理厂、泸州城南污水处理厂、韩国 LG 工程塑料项目、青海格尔木后勤 62201 部队输油管线项目、重庆江津几江污水处理厂二期扩建、巫溪污水处理厂、重庆飞华环保公司的氯化氢回收项目、重庆净化总厂遂宁磨溪分厂脱硫塔检修项目、中国军工 59 研究所江津环保涂料项目等项目的投标报价工作；分公司组织重庆化医 MDI 乙炔项目的清算、MDI 恩力吉项目的合同调整谈判，最大限度维护、争取项目的利益和公司的利益。

年底前，分公司在实施的项目有贵州（六盘水）武警反恐训练营地项目；实施完毕的项目有重庆净化总厂渠县分厂、垫江分厂检修项目合同；长庆油田第三采油厂 2016 年联合站维修、改造工程已经开工。

分公司通过努力，完成为七化建公司办理重庆两江新区入园施工企业准入，加入重庆公共资源交易网电子招投标系统，办理中石油长庆油田的市场准入等工作。

2016年，分公司所属项目完成主营业务收入5838万元（其中六盘水项目2000万元，长庆项目3000万元），年初七化建公司下达任务指标为5000万元，实际完成收入占比为117%。主营业务成本5660万元（其中六盘水项目和长庆项目主营业务收入的97%成本），实现净利润178万元（年初七化建公司下达任务指标为250万元，实际完成利润占比为72%）。七化建公司年初下达新签合同任务指标为1.5亿元，年内新签合同3份，其中六盘水项目合同价为4000万元，贵州贵安新区截污工程合同价为4712.21万元，长庆油田项目合同价为9060.86万元，完成合同价占任务指标的比例为119%。

【人力资源建设】　分公司安排新进的年轻经营人员到公司总部商务中心学习，一起编制商务报价，以及分公司举办一系列的专业技术培训和讲座、投标专题分析会等，经营人员的专业技术能力与业务水平得到提高。通过2016年的努力，分公司各专业的经营队伍建立健全，能够独立参与中小型项目的投标。

【国有资产管理】　管理好公司的国有资产，杜绝一切不合理、不必要的开支。年底前，分公司代管的国有资产中，长寿古佛土地的置换工作顺利推进，分公司与地方政府及有关方正在进行土地交接、产权完善等工作。原重庆办事处的房产的产权完善工作将通过法律程序解决，已经开始诉讼准备。重庆钮米电池项目的工程款已收回，长寿经开区清理收回重庆巴斯夫的保证金；恩力吉的保证金和乙炔项目的清算和恩力吉项目的结算工作还需要继续紧跟；分公司管理几个分包项目的工程款，根据资产和债务管理的相关要求，争取灵活的方式追偿，防止国有资产流失。

【党建工作】　分公司党委2016年下辖党支部3个；有党员131名（其中，在职党员49名，离退休党员82名）。年底前，分公司有11人申请入党，培养3名入党积极分子。分公司按照党建工作要求，建立健全基层党员管理系统，顺利完成党委和纪委的换届工作，对3个党支部委员进行调整。分公司各党支部做到每月开展1次组织生活。

2016年3月开展党组织与党员个人双“承诺”活动，把落实“八项规定”、纠正“四风”问题作为一项政治任务。5月开始“两学一做”学习教育活动，将“两学一做”学习教育要求落实到各支部、每个党员中；每位在岗党员根据学习内容，结合自身工作情况上交“两学一做”学习教育心得体会。组织开展党费清理工作，于11月收齐全额上缴七化建公司党委。

分公司落实“一岗双责”和“两个责任”，切实把党风廉政建设、干部的廉洁自律落到实处；严格执行对各部门负责人与新任项目经理的廉政谈话，以分公司近年发生的个别班子成员与管理人员涉嫌经济犯罪问题的案件为反面典型，开展专题教育；加强对管人管钱管物的部门和人员的日常教育，加强对项目管理和资金的管控，防止腐败与不正之风的发生。　（付新轶）

2016年中国化学工程第七建设有限公司重庆分公司领导人名录

党委书记、经理：袁向东

副经理、工会主席、纪委书记：段　波（女）

副 经 理：韩明旭　何小兵

重庆化工码头有限公司

【概况】　重庆化工码头有限公司（简称化工码头公司）成立于2006年5月31日，是长寿三峡库区淹没复建货运码头。其前身是重庆港口管理局长寿中心港务站，1996年4月兼并长寿县第一搬装公司成立长寿港埠公司，2009年3月长寿港埠公司整体转移到重庆化工码头有限公司。化工码头公司码头（重庆主城港区长寿朱家坝化工码头一期工程）于2007年3月开工建设，2009年3月26日投产试运行，是重庆主城枢纽港区的重要组成部分，辐射重庆中部及川东地区，是中国西部第一座专业公共化工码头。截至2016年底，化工码头公司有在册职工149人，下设11个部门，有专业技术人员21人，特殊工种人员130人，大专以上文化程度52人。全年完成装卸自然吨126.5万吨，吞吐量完成131.54万吨，内外贸集装箱完成2.5万TEU。

【业务发展】　液体化工坚持多品种经营，燃料油业务开发成绩明显。液体化工在香港建滔甲醇停产，原主打货源甲醇全部流失的情况下开发新货源。走出去引进来，使液体化工货源量不减反增，收入大幅提高，品牌效应逐步凸显。2016 年中转液体化工货物 17.58 万吨，比 2015 年同期增长 188.71%；确保原有客户不流失，重点开发柴油和燃料油项目。利用码头储罐优势，对新引进项目制定完整服务计划。

积极协调，提升服务质量，集装箱实现稳步增长。在大环境的影响下，化工码头公司普通箱、危险品集装箱、港装箱都受到不同程度的减量影响。化工码头公司加强货源信息跟踪、强化内部管理，提高服务质量，确保集装箱箱量的稳步增长，较 2015 年同期增长 11.96%。继续坚持打造树立危化品集装箱中转运输品牌。

稳定老客户，引进新客户，大宗散货稳定发展。化工码头公司坚持从源头做起，进行有针对性的差异化服务，开展“服务提升年”活动，确保以叶蜡石粉为代表的原有客户群的稳定。引进石油焦客户，年内完成石油焦作业 6.3 万吨。逐步掌握船舶和车辆运行的基本情况，为以后综合物流的开展打下基础。在新货源开发过程中在水泥熟料、大件设备、工业盐、硫磺、钢材等货源方面均有所突破。年底通过装卸工艺改进，成功引进远嘉叶蜡石原石。

【工程建设】 推进危险品集装箱泊位及堆场改扩建工程建设相关工作。市委、市政府决定和集团安排将重庆市危化品集装箱集中转移到化工码头公司中转。经过一年的推进，与区交委、环保局、港航处、海事处等相关职能部门进行反复沟通协调，年底前已完成该项目地勘、地形测量、规划、国土手续，通航影响评价、安全预评价、安全条件评价审查批复；完成海事的通航安全审查、长江委的行洪论证审查。环评工作经多次与市环保局、区环保局沟通协调，区环保局受理后，进入安全评估中心组织专家评审。10 月 19 日，经开区环保局组织专家咨询会，经过和市海关、市交委、市港航局、区政府沟通协调，达成可以先期启动外贸危化品集装箱堆场改造方案，以解决恢复海关监管场所资质的问题。

【生产管理】 加强生产组织，保证生产有序进行。2016 年，化工码头公司利用码头作业线，优化生产工艺，最大限度挖掘码头潜能，双浮吊采用单船双机作业模式，提高作业效率。规范集装箱现场堆存管理，满足危品集装箱作业要求。针对液体危化品经营品种呈多元化趋势，燃料油品大量集中的情况，认真组织、合理安排、周密部署，坚持做好作业前的培训工作，及时将机关持有危化品作业资质的人员抽调到液化品区协助燃料油作业，既缓解生产压力，满足客户需求，又确保安全生产。

【人力资源管理】 化工码头公司重新修订和完善《部门职责》和《员工岗位说明书》，将部门和员工的职能、职责和权限进行精细分解，使公司部门之间、员工之间开展工作更加流畅，配合更为密切。

在薪酬分配方面，一是对员工工龄津贴、中夜班津贴标准进行上调。二是针对公司货源结构变化，及时对部分计件单价进行调整，保证公司效益增长，稳步提高职工收入水平。

全年完成教育培训 396 人次，其中法律法规、操作手册、应急与危险源辨析等各类业务知识培训 238 人次；各类资质证照新训及复训 130 人次；以师徒形式开展岗位技能培训 17 人次；员工自费参加学历和职称培训 11 人次。

【设备管理】 全年完成大修 5 台次、项目维修 10 台次、定期保修 35 项次，计划兑现率 100%。完成特种设备设施检验 12 台次，强检计量器具 3 台次、船舶检验 6 艄次，防雷、防静电定期检验 2 次，高压配电操作器具定检，计划兑现率 100%。

液化品区新增装卸车平台技改工作，完成装载机新购，老旧闲置设备及船舶的处置，船舶系缆设备设施的除锈打漆，配电室 10 千伏高压设备保养，10 千伏专项巡线，三艘浮吊生活污水直排改为进入污水处理装置的改造工作，液化码头及罐区 11 个可燃气探头更新工作。

【安全环保管理】 年内圆满完成接待重庆市委领导视察长江经济带重庆长寿段二级加强安保接待工作，是化工码头开港以后接待规格最高的一次安保任务。

贯彻“安全第一，预防为主”的方针，一是贯彻上级会议精神，落实到公司领导、中干及班组每一名职工。二是抓好节日期间的安全生产稳定工作，重点是节日期间的消防、反恐防恐、防火防盗、安全稳定、值班到位和巡查工作。三是开展以“强化安全发展观念，提升全民安全素质”为主题的 6 月全国“安全生产月”活动。四是加强目标管理和考核，出台《安全生产目标责任考评奖励（暂行）办法》，落实安全生产主体责任，与公司11个部门、15个班组、125名职工签订安全目标责任书。五是加强重点部位的管控，确定9个安全重点部位，制作公示牌，建立安全管理制度、应急预案、台账记录，明确责任和措施。六是完成《突发环境事件和环境应急预案风险评估》工作，完善风险单元的信息资料和备案工作；开展储罐充装介质调整的风险评估工作。七是抓好98+的防洪度汛、防暑降温和防雷防风防大雨恶劣天气的预防预控工作，制定《高温天气作业暂行规定》。八是开展危险化学品港口安全专项整治和长江干线危险品安全专项整治。九是加强对现场的安全巡查，重点做好危险品作业的安全监管。十是加强应急管理，完善应急预案并组织演练，提高应急处置能力。年内开展意外伤害桌面演练、防汛应急演练、消防应急演练和突发环境事故综合应急演练。十一是开展《危险源辨析手册》《集团安全制度汇编》《消防安全知识》的培训，邀请后勤工程学院教授进行危险化学品安全管理培训，分期组织职工收看安全生产警示教育片，强化职工安全责任意识、法律意识。十二是加强质量、消防以及第三方的安全管理。

加强港区环境整治，完善环保工作，迎接中央环保督察组的检查。一是多次召开环保专题会议，及时传达上级会议精神。二是加大环保隐患整治，完成环保整改63项，投入整改资金20多万元。三是完善液化作业品种的环评资质，确保公司合法合规经营。四是加强“三废”管理，完善“三废”处理台账，严禁偷排、乱排、超标排放，送中法水务处理污水600多吨。五是完善各类记录、健全公司安全环保制度，制定《危险品集装箱泄漏等事故应急预案》《突发环境事件应急预案》《柴油安全管理规章制度》《生产作业现场劳保安全防护用品佩戴管理规定》《液化雨污水管网、事故应急收集池的暂行管理办法》《环境风险排查和隐患整改制度》《安全隐患日周月排查制度》《生活污水处理站运行管理规定》《环保管理制度汇编》。

（黄　井）

附2017年重庆化工码头有限公司领导人名录

执行董事、总经理：郑明江（2016年11月离任）

党委书记、执行董事、总经理：孙　勇（2016年7月任党委书记，2016年11月任执行董事、总经理）

党委书记、纪委书记、工会主席、监事：田国强（2016年2月离任）

党委副书记、纪委书记、工会主席：宋　伟（2016年2月任）

副 经 理：詹冠寿　吴立方　霍彰忠　秦　宇（2016年9月任，同时离任总经理助理）

重庆渝长燃气自来水有限责任公司

【概况】 重庆渝长燃气自来水有限责任公司（本分目简称渝长公司）是重庆燃气集团股份有限公司全资子公司，2016年有在册在岗职工178人，退休职工97人。其中各类专业技术人员23人（中级职称4人，初级职称19人）；高级工85人，中级工8人，初级工12人，普工4人；大专以上学历114人。党员83人，其中在职党员59人，退休党员24人。下设3室6科1厂（即：办公室、规划设计室、二次供水办公室、工程科、经营管理科、抢险调度科、市场科、财务科、技术安全科、水厂）。另下设一控股公司，即葛兰供用有限责任公司（简称葛兰水厂）。各职能部门主要负责燃气工程和自来水安装工程及自来水生产的业务操作和标准的制定、指导和监督执行。

渝长公司专业从事城市供气、供水及设计安装等，承担长寿城区天然气、自来水的供应。服务范围主要覆盖长寿主城区及晏家、渡舟、江南等地区。拥有处理能力10万吨/日水厂1座，供水量最高7万吨/日；有自来水加压泵站3个，输水管网达283千米；自来水用户18万户；有天然气配气站1座以及新六中站、倒水桥站、渡舟站、晏家首站、江南循环经济区站等5个气源下载点，供气量最高可达30万立方米/日，供气量为15万立方米/日，输气管网330余千米，天然气用户12万户。年底前自来水、天然气管理总户数为30万户。

【基础建设】 工程建设按照质量好、安全生产好、费用控制好、工期保证好、廉洁形象好的标准执行。全年各项工作重生产，抓进度，重点工程有序推进，庙山坡DN800主水管迁建工程竣工投产，实现复线供水，为城区平稳供水提供双重保障；全面完成北城大道渝利铁路以北自来水管道形成环网供水，水质安全；完成北城大道供水管道安装工程，供区市场向北延伸；纳旺天然气管道安装工程、长寿区水厂扩建项目至水东门泵站、西门泵站扩建工程已竣工投产。渡南路西段至火车北站站前大道自来水管道安装工程、机电园区至殡仪馆燃气管线、水厂节能改造工程、LNG调峰储备加注站建设工程、长寿区水厂庙山坡至过滩主水管工程、长寿区水厂扩建项目有序推进。15项重点工程，已投建11项（完工5项，在建6项），未开工4项。

【市场发展】 渝长公司把握新形势、适应新常态，利用自身供水优势，开拓供气市场和二次供水市场。全年接管凯源长寿公司供气区域京华小区天然气商业用户18户、民用户432户；与重庆公共事务管理中心就桃花石油小区天然气、自来水剥离达成一致，整体接收石油小区用户1400户；受理新建二次供水客户安装用户2150户。市场科成立市场开拓小组，“以水带气、以气带水”，“早规划，早实施”，抢占市场先机。继续推行延伸服务，发展表后燃气自来水设施安装、表后隐患整改、燃气设施设备代维护等相关业务。建立调峰气源，推进新能源建设投资项目，LNG站场建设已进场施工。

【基础管理】 加强内部风险管控，提高治理水平，“三重一大”事项依规决策、民主决策，全年审定议题65项；优化信息披露机制，做到“应批尽批、内外一致”；修编工作流程的工程、安全、材料管理等系列制度53个；合同网签实现公司全覆盖，建立健全合同管理台账，全年签订合同212份。

加强工程建设监管，制订《招投标管理办法》，成立技术质量管理小组和监督部门（纪委），全年完成江南临时应急LNG加注站工程、香堤澜湾二次供水设备等项目的招投标工作；完成库存物资专项盘存工作，实地清点天然气、自来水库存物资1086种，申请报废物资44种；强化审计工作，向区审计局送审3个项目工程，向集团公司送审16个项目工程。

对标管理持续深化，将对标管理与年度目标、业绩考核等融合，助推企业精细化管理。

推进信息化管理，利用SCADA、GIS等系统大数据优势，建立规范生产运行调度信息，提升智能管理水平，组织实施电子标定管理系统建设，对调压箱、水厂等进行电子标定1521处；生产运行数据采用信息化管理，供水调度系统已进行试运行阶段。三是OA综合办公系统实现公司全覆盖。

【安全生产】 践行“0234N”安全管控体系和“01310”安全管理模式，强化安全生产“12345”管控、预防、监控措施，构筑起燃气集团行之有效的安全管理体系，建立健全“党政同责，一岗双责，齐抓共管”的安全责任体系，逐级签订“安全生产管理”和“一岗双责”目标责任书28份。

持续开展隐患排查整治，强化管控防控机制，多措并举，水气抢险量大幅度下降（比2015年自来水抢险报修电话下降21%，DN100及以上爆管下降35%；天然气抢险报修电话下降29%，抢修中压气管下降22%。）。强化安全检查，以非居客户为切入点，对天然气、自来水主管线及非民客户进行拉网式安全检查22次，参加人数204人次，抽查阀井152座次，调压箱（柜）480台次；查处安全隐患59处，签发《隐患整改通知书》59份，整改59处，整改率为100%；推进入户安检信息系统上线工作，2015年至2016年入户安检实际进户11万户，入户率100%。加强隐患整治，隐患管线、阀井整改投入150万元，更换60台DN200池底阀；抽检辖区内水、气表使用情况，更换超过使用年限、锈蚀严重、穿孔漏气及黑屏的水、气表，更换表箱2250只，更换气表3300块，更换水表1700块；联合区经信委和相关职能部门，“双管齐下”，反复督改，建立完善的隐患立、销案台账，提升隐患整改的配合度和整改率。

提升人员安全意识和技能，建立健全应急抢险机制，组织开展办公大楼应急疏散演练、反恐防恐及重要危险源等应急抢险安全演练；组织特殊岗位人员安全培训、职工安全专项培训和“入户安检”技能竞赛等活动，全年组织演练9次；各科、室、厂每月定期组织科员培训安全知识，组织工商客户、重点客户和特殊用气场所客户培训安全知识，针对性强化培训，打造专业化管理团队。

强化安全宣传教育，联合区经信委开展以“强化安全发展观念、提升全民安全素质”为主题的燃气、饮水安全知识宣传活动。开展“大手牵小手 安全带回家”燃气安全小知识宣传活动，把燃气安全知识送进学校。在部分社区、农村发放安全资料，接受客户安全用气咨询，宣传燃气安全使用常识，提升客户安全自管水平，尽可能将安全事故消灭在萌芽状态。全年投入安全宣传经费38万元。

【党群工作】 一是开展“两学一做”学习教育，召开专题学习、党风廉政专题会、上专题党课等，营造学习教育氛围。二是组织建设在2016年4月完成第一届党委、纪委以及直属党支部选举工作，对新当选的支部书记、委员、纪检人员开展业务能力提升培训，开展党员民主评议活动。三是完善机构设置，重新理顺部门工作职责，科学管理干部；建立完善后备人才库，发挥党员模范带头作用，对通过试用期考核的5名科级干部正式聘任。四是强化企业文化建设，参加燃气集团“走进十三五，建全国一流燃气企业，我该怎么办”大讨论，延伸开展“两学一做 凝心聚力”主题大讨论活动，分阶段开展宣传学习、主题征文、演讲比赛等，把“做合格共产党人”延伸到“做合格燃气人”，开展征文评选活动，评选出优秀征文30篇。五是组织承办“三八节”活动、职工礼仪培训、职工体检、迎新年欢以及集团乒乓球巡回赛等活动，参加集团乒乓球比赛，获女单二等奖、男单三等奖；参加“燃气好声音比赛”获二等奖等荣誉；慰问职工和困难党员25人，发放慰问金12000元；创新团支部工作，开展“大手拉小手、燃气安全带回家”的活动和“五四”青年节“呵护生命之源、渝长青工在行动”主题团日活动，组织拍摄微团课《渝长团支部的那些事》，获能源集团2016年微团课评比二等奖。（戴 璐）

2016年重庆渝长燃气自来水有限责任公司领导人名录

执行董事、党委书记：李 明（2016年4月离任党总支书记，同时任党委书记）

总经理、党委副书记：廖 平（2016年2月离任）

彭定川（2016年2月任总经理，4月任党委副书记）

副总经理：陈德全 廖 强（2015年3月离任） 李 平（2016年4月离任）

副总经理、安全总监：李兆吉（2016年4月任副总经理，6月任安全总监）

党委副书记、纪委书记、工会主席：宣 见（2016年4月任）

商贸服务业

概　　述

【产业规划修订】　2016年，长寿区围绕区域商贸物流中心总目标，做好《长寿区“十三五”商贸服务业发展规划》等6个规划编制工作，将其作为区域商贸物流中心的战略性平台，确保顶层设计科学。完成调整后的二手车交易、汽车维修、汽配交易市场项目规划，正在进行设计招标、围墙等附属设施建设。沿江现代物流园规划和粮食物流港专业规划在实施中。

【重大项目推进】　一是江南南城U街商业综合体项目，主体结构已封顶，正在完成各项配套和景观工程，招商工作在进行之中；意向入驻的商家主要有仁华堂药房、绝味鸭脖、你我他超市、焙里思等7家，预约租赁面积6092.23平方米。二是全力推进美食、会展、购物“三都”建设，重庆市工业品贸易城各项目取得明显进展。化工品交易市场落户东方水岸，于2016年12月上线运行；长寿钢材交易市场项目占地面积近6万平方米，即将进场建设；汽车交易市场一期项目的汽车超市已开业；中再生重庆长寿再生资源基地项目已竣工投入使用。

【聚商选资】　全年实现合同引资21.12亿元，完成目标任务20亿元的105.6%；到位资金7.06亿元，完成目标任务7亿元的100.8%（其中到位内资2亿元，完成目标任务2亿元的100%）。

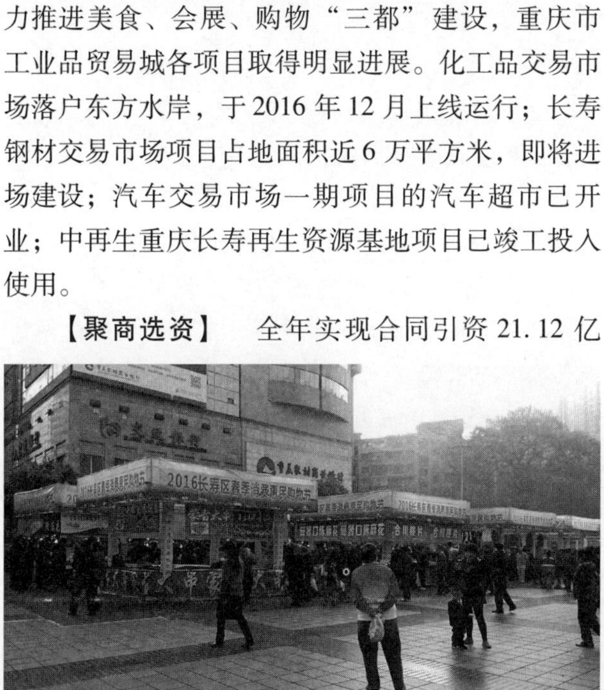

2016长寿区春季消费惠民购物节

【市场保供】　一是强化应急保供网络建设，新增应急大米储备200吨，确定3家粮食应急加工企业、2家粮食配送中心，以万村千乡工程示范店、大型超市、放心粮油示范店等为基础，设置33个应急保供网点，确保重要生活必需品不断档脱销。二是开展应急保供演练，提高全区应急物资保供实战能力，提高应急人员的熟练程度和技术水平，确保物资保障安全。（其余详见本类目《粮油购销》分目）

【行业管理】　一是加强食品安全管理，严厉打击酒类违法行为，抓好酒类流通备案登记和菜肉酒三类商品溯源管理，酒类流通备案登记率100%。二是打击侵犯知识产权和制售假冒伪劣商品专项行动，开展行业诚信经营创建活动，推进行业诚信体系建设。三是加大对2个液化石油气充装站及50家经营点、38座加油站、3家典当行、3家报废汽车回收企业等特种商品监管，对2家民营加油站进行罚款处罚，规范市场秩序。三是以发展限额以上企业为重点，推进限上企业培育。部门联动，信息共享，深入企业，全面摸排，年内新发展限上企业22家，限上企业总量为168家。继续做好企业统计服务、培训及激励机制等工作，确保全年各月数据实现相对稳定增长。

【商贸安全】　加强安全生产组织领导，成立安全生产领导小组，制订完善系列制度规范。加强行业安全监管，加强节假日和危化品安全检查，实现商贸系统安全生产“零事故”。制订《2016年信访稳定工作要点》《关于做好党的十八届六中全会、市第四届十次全会、区第十三次党代会、人代会、政协会，以及做好维护当前社会稳定工作预案》；健全信访稳定工作机制，措施有力，效果明显。办理“保防人员”享受特殊工种提前5年退休工作，协调处理洋世达世纪广场租赁纠纷，菜香源拖欠职工工资9.9万元劳资纠纷，汪××、杨××、王××、席××等来信来访，万友汽车矛盾纠纷，城中城部分业主反映问题，原改制企业肉联厂、渝东冷食品厂遗留问题，“冲击波”健身房会员要求退费问题。做好防邪、禁毒、社会治安防控体系建设和“平安商圈”创建等多项工作，实现信访稳定“零失控”。

【文明城区创建】 一是大力营造氛围，在各大商圈、超市、商铺张贴9480张、117块“图说我们的价值观”和“讲文明树新风”公益广告；分发到各大商场、超市、商业大街220套“志愿者劝导服”，要求工作人员着装上岗；领取130套“志愿者劝导服”和140条绶带，送到13个集贸市场，安排市场工作人员佩戴，引导经营户和顾客有序经营；在凯谊世纪广场、时代中心和重百电器电子画面显示屏播放文明城区公益宣传广告。二是集贸市场整治，采取划片包干、划区定人分3个小组，落实13人牵头组织各街道和相关部门对全区13个集贸市场开展市场环境卫生、经营秩序和市场设施等方面的集中整治，改善市场脏乱差现象，查处出售假冒伪劣食品行为。（程　哲）

附：

重庆市长寿区农产品商贸流通协会

长寿区农产品商贸流通协会（本条目简称协会）原名重庆市长寿区果品商贸流通协会，于2010年9月成立，2012年3月更名。是经长寿区民政局注册的，由长寿区的农产品种养殖企业、农产品批发企业、商品流通企业、农产品加工企业、农资企业、专业大户、专业合作社、微型企业、行业协会和行业经纪人自愿加入成立的法人社会组织。协会主要任务是：宣传政策法规、推广先进技术、组织经验交流、提供咨询服务、反映会员合理合法意见和要求，维护会员合法利益。是政府联系农、林、牧、渔商业的桥梁纽带。协会实行理事会下的会长办公室负责制，下设一室（会长办公室）、四部（会员发展部、技术开发咨询部、商贸流通部、市场网络部）。2016年，协会有会员2000余人，分布全区14个镇、4个街道、20余个相关企业、10余个专业合作社、10余个微型企业、5个行业协会，有200余名农村经纪人。截至年底，协会申请，成功注册长寿地区中国地理标志商标3个（长寿沙田柚、长寿夏橙、长寿血豆腐），长寿薄脆、长寿鱼面正在申报中；成功注册国际马德里商标1件（长寿血豆腐）；成功注册重庆市著名商标2个（长寿沙田柚、长寿夏橙），重庆巴渝老字号1个（长寿沙田柚）。

2016年11月，长寿农特优产品参加重庆悦来会展中心渝交会

2016年，协会破解发展难题，促转方式调结构，促民生改善。利用网站建设平台与重庆易网有限公司签订建设具有重庆特色的农产品网站协议，发放全区农产品供求信息（包括产品简介、协会简况、会员情况），为会员搭建销售信息平台。组织区内农产品参加重庆市政府、市商委组织的网商采购会，把长寿区农产品及其品牌推向全国。协会直接与农资厂家联系农业物资（肥料、农膜、农药、种子等）厂价直供会员及有关单位，帮助会员降低企业成本，提高收入。全年协会上门走访会员20余次，接洽咨询110次1000余人；收集会员建议4件，采纳2件，上报2件。

加大品牌保护力度，协会同区工商分局每年3月至5月对长寿夏橙，10月至12月对长寿沙田柚，11月至次年3月对长寿血豆腐，开展专项整治和市场行动，加强监管。重点打击四类不法行为：即未经协会同意，擅自印制地理标志、包装箱和商标标识行为（长寿沙田柚、长寿夏橙、长寿血豆腐）；擅自挂有长寿沙田柚、长寿夏橙、长寿血豆腐牌子误导消费者的行为；利用外地产品冒充长寿特产长寿沙田柚、长寿血豆腐的假冒行为；查处不具有商标印制资格印刷单位。截至2016年底，协会同区商务局、区工商分局开展地理标志保护为主题的专项整治10余次，配合执法60余次，实地核查走访经营户和农户800余户，查处销售假冒产品50人次，收缴冒牌包装箱1000余个，打击假冒侵权行为。

长寿区农产品协会在寿星广场参加2016年“3·15”宣传活动

协会配合区工商分局，采取多种形式普及地理标志知识，在全区营造了解地理标志就是了解地方品牌，重视地理标志就是重视地方品牌，保护地理标志就是保护地方品牌，运用地理标志商标就是占领市场品牌的氛围。先后在街镇张贴宣传标语和横幅100余条，制作光盘200余张，“3·15”期间发放宣传资料10000余份、商标5000余枚、包装箱200余个。在长寿晏家快速通道设立长15米、宽8米的T型户外广告展示牌2块，重点展示“长寿沙田柚”“长寿血豆腐”地理标志产品的人文内涵和独特品质。长寿地标产品还多次在《长寿日报》、长寿电视台、《重庆商报》《当代中国报》、重庆电视台、中央电视台七频道（农业、军事频道）、重庆特色农产品网、中国特色农产品网宣传。2016年11月至12月参加重庆商委组织的冬季农产品巡回展销，分别在重庆南坪、垫江、合川、武隆、梁平和四川省展示。2016年协会组织经纪人200余人、经纪公司10余家，在水果、水产、血豆腐上市期间召开产品营销工作会、销售培训会、产品订货会10余次（如邻封镇长寿沙田柚订购会，市商委网上订购会等），组织销售长寿夏种2.5万吨、长寿沙田柚4000余万个、血脐甜橙3000吨，杂柑3000吨、水产品6000吨、鱼面20000余袋、长寿血豆腐20000袋，果树肥200吨，销往新疆、吉林、北京、上海、福建、四川、广州等省市，农民直接创收12920万元。2016年，协会促成长寿沙田柚、长寿夏种、长寿血豆腐顺利进入重庆盘溪农贸市场、菜园坝水果批发市场、重百集团商场等100余个市场（超市），长寿卖果难问题得到解决。年内北京、上海、福建、四川邮购长寿沙田柚、长寿血豆腐数量倍增。原长寿区委书记周勇离任前在《工商要情简报》上批示：“沙田柚是长寿的品牌，是果农的摇钱树，区工商分局助推沙田柚发展有力有效。着力‘影响力、竞争力、内动力’三力共振共升，成效显著，功不可没。”是对协会工作的认可和肯定。（余志鹏）

2016年重庆市长寿区农产品商贸流通协会领导人名录

会　　长：余志鹏
副 会 长：王友明　石桂霜
秘 书 长：余志鹏（兼）
监　　事：胡建国
常务理事：余志鹏　王友明　石桂霜　罗淑明　蒲德宪　胡建国　车臣飞　余永舟　包明书
地址：重庆市长寿区金山街11号附1号三栋
电话：023—85325823

批发及零售业

【概况】 2016年，长寿区社会零售总额实现117.1亿元，增幅13.4%，增幅位居重庆市同一考核组第六位，全市第二十位。批发零售额实现313.1亿元，增幅19%。住宿餐饮额实现33.5亿元，增幅17.5%。

2016年全区有限额以上批发及零售企业134家。其中，全年增幅超过50%的6家，占总量的4.5%；增幅在30%～50%区间的17家，占总量的12.7%；增幅在20%～30%区间的95家，占总量的70.1%；增幅在20%以下的16家，占总量的11.9%。

大力发展限上企业，加快市场主体培育，激发市场主体活力，促进企业发展壮大。通过大力开展“两转一改”工作，即限额以上个体单位转为限额以上企业、限额以下企业转为限额以上企业、改变商品市场结算方式等手段，截至2016年12月，全区商贸限额以上企业新增22家，总量为168家。

长寿组织车商参加2016年重庆国际车展

【会展活动】 各级各部门和行业协会、商贸企业、商圈等单位协作联动，开展春季消费促进月、夏季夜市文化节、秋季消费促销月等活动，成功举办迎春购物、服装服饰、汽车、奇石、火锅啤酒节等各类特色会展。一是2015年12月31日至2016年1月6日，2016年迎春商品会展活动在体育中心、东方水岸举行，销售额500余万元。二是开展2016年春季消费促进月活动，活动时间是2016年4月1日至5月4日，参加活动的企业1500家、门店2500个，投入促销经费258万元，实现零售额8.5亿元。三是成功举办迎春、购物、服装服饰、汽车等特色会展，打造当地会展品牌。4—5月期间开展的特色会展活动，实现会展直接收入5600万元，拉动经济3600万元；第五届汽车展期间接待消费者3万余人，3天销售各型汽车316台，销售额4800万元。四是成功开展2016年重庆夜市文化节活动。7月—8月开展以“长寿菩提古镇清凉一夏——品尝长街火锅盛宴、体验重庆啤酒狂欢”为主题的2016年重庆夜市文化节活动，参与商家1500户，参与的消费者41万余人，投入促销经费268万元，活动期间实现销售收入7.5亿元，拉动夜市商家收入同比增长16.58%。

（张　闯　柯长林　程　哲）

电子商务

【概况】 一是建成龙河镇保合村农村电子商务示范基地，带动基地及周边的农业升级和乡村旅游业发展。该基地培训17名村级代购员，16种农副产品上线销售，注册“八世同堂”等20个网货品牌商标，基地企业网上销售额超过3000万元。二是在长寿东方水岸建成5000平方米的电商产业园区，引进长城宽带、湖山在线、巨时科技、品培网络、乐谷乐享等电商企业27家，年内实现网上交易额2.3亿元。三是促成攀华集团与找钢网合作落地长寿，共同创立重庆胖胖狗供应链管理有限公司，打造“互联网+供应链”平台，项目总投资5亿元。四是碧桂园、金凤山等餐饮住宿企业，利用携程网、艺龙网、去哪网等电商平台，把推广营销做到重庆市外，把韩国和市外各地旅行团吸引到长寿消费，实现餐饮、住宿收入“双增长”。五是品培网络借助“互联网+购房置业”，建成线上线下一站式生态链服务体系，自主开发移动端营销软件“房小保”，实现全民营销，培养1500余名房产经纪人团队，全年卖出房产5200余套，实现销售额约15亿元。

（程　哲）

物流业

【概况】 2016年，长寿区商贸物流业围绕打造区域性商贸物流中心为目标，按照以产业聚集为基础，以商贸交易为主体，以物流配送为依托，以信息平台为手段的“四位一体”发展模式，推进聚商选资、企业服务、项目推动等各项工作，助推商品市场及物流基础设施建设。全区物流总量6493.7万吨，其中，公路物流量2908.7，占物流总量44.8%；铁路物流量1340万吨，占20.6%；水路物流量2245万吨，占34.6%。

【重点项目建设】 （详见本类目《商贸物流建设》分目）

【电子物流】 加快信息化、数字化和智能化建设，继续坚持政府推动与市场导向相结合，支持企业通过电子商务开展网上采购、销售、支付结算等业务，推进电子商务与现代贸易、现代物流的融合；带动商贸物流产业的技术进步和功能创新，将物流、商流、信息流和资金流有机结合，实现网上交易、支付系统和物流配送系统各环节的全程管理，促进全区商贸物流业的信息化、数字化和智能化建设。（程　哲）

商贸物流建设

【概况】　2012年1月5日，重庆市长寿区商贸物流中心成立，机构性质为事业单位，机构规格为正处级，经费形式为财政全额拨款［《关于同意设立重庆市长寿区商贸物流中心的批复》（长编发〔2012〕1号）］。2013年，根据《重庆市长寿区机构编制委员会关于重庆市长寿区商贸物流建设管理服务中心主要职责内设机构和人员编制的批复》（长编发〔2013〕158号），更名为重庆市长寿区商贸物流建设管理服务中心（简称区商贸物流中心），其职能、内设机构及人员编制等发生相应调整。承担建设物流园区和专业市场，完善物流设施和信息平台，培育和壮大商贸物流企业，把长寿打造为长江上游的区域物流中心的任务，使商贸物流成为为长寿大工业、大城市服务的大枢纽、大市场，成为长寿经济的又一增长极。

【聚商选资】　2016年，区商贸物流中心引进商贸物流企业26家，完成目标任务的130%；合同引资额52.56亿元，完成目标任务的131%；入驻企业完成商贸物流额163.56亿元，完成目标任务的126%；实现到位资金23.38亿元，完成目标任务的117%；利用内资8.2亿元，完成目标任务的100%；完成固定资产投资11.6亿元，完成目标任务的116%；实现进出口总额4.3亿美元，完成目标任务的215%。25家限额以上企业2016年度实现销售额120亿元，约占全区限上企业商品销售统计总额的70%。

【企业服务】　完成新入驻企业登记设立手续的办理，协助企业解决在经营发展中遇到的问题和困难，确保企业经营顺畅。协助企业申报各类政策性资金和补贴，落实兑现入驻企业2015年度财政奖励政策，40家企业享受2015年度财政奖励资金626.43万元，5家企业享受中小企业财政扶持资金81.79万元。区商贸物流中心领导定期带队走访各重大建设项目及化危品运输企业，详细了解其在安全生产管理和农民工工资支付方面情况，传达相关法律规章、会议精神、政策文件，督促企业加强管理，狠抓落实，确保全年无安全事故及拖欠农民工工资情况发生。配合相关部门做好信用体系建设及防范和打击非法金融活动，规范入驻企业经营行为。

【重点物流项目建设】　2016年，新恒阳码头项目完成4号、5号泊位建设并投运，完成罐区征地拆迁、管廊走向、前期土石方处理以及外部道路的图纸设计规划；中再生长寿再生资源项目完成绿化工作、竣工验收，投入运营；中远物流化工品仓储项目完成节能、防雷、环保验收；亚太纸业完成水上运输临时替代方案；重庆长航（长寿）化工物流基地完成1个临时泊位建设。

2016年，以重庆工贸城挂牌为契机，推进项目建设。二手车及汽修汽配市场、渝东农副产品交易市场、汽车交易市场、新恒阳码头等商贸物流项目有序推进。新恒阳码头及罐区项目完成5号泊位建设并投运，罐区征地拆迁、管廊走向及外部道路规划等建设前期工作稳步推进；新崛钢材市场一期、中远物流仓储项目、中再生再生资源项目全面建成；根据全区产业布局和物流需求，拟对长江长寿段两岸物流资源进行改造整合，形成《沿江现代物流园规划方案》，被《重庆市现代物流创新城市试点实施方案》列为全市创新物流空间布局中的重点物流节点。（何小松　程　哲）

【专业市场建设】　完成工业品综合交易市场（后经区政府同意调整为二手车及汽修汽配市场）国有土地房屋的征地拆迁及各类管线调整搬迁，1月启动路桥建设，年底已完成路桥工程进度的60%。汽车交易市场一期项目建设已完成2000平方米汽车超市及部分道路等基础设施建设。取得渝东农副产品交易市场项目征地批文，完成项目征地拆迁的80%；就该项目建设与重庆商投集团、中农联、中农批等投资者进行投资条件、方案等的招商洽谈。10月完成长寿古镇电商街装修投入营运。12月完成重庆化工品交易市场平台搭建及软件系统开发，实现线上交易。12月完成胖胖狗物流项目平台搭建及软件系统开发，实现线上交易。全面做好东方水岸电商产业园企业招商、储备、清退工作。

【综合管理】 一是加强制度建设，建立零星工程项目招投标小组，规范零星工程项目招投标行为，根据新情况、新问题、新要求，适时对相关制度进行修订和完善。二是完善组织结构及人才队伍，按工作需要对部分工作人员岗位进行调整，调动员工积极性，人尽其才。三是开展“两学一做”学习教育，宣传十八届六中全会精神，增强党员党性修养和“四个意识”。四是与望江路社区结成文明城区共建单位，组织职工到社区开展文明宣传和文明劝导活动，优化社区环境。五是抓好工会、共青团、妇委会等群团工作，开展对外宣传、政务公开、信访、综合治理、精神文明建设、节能减排、效能监察、法制宣传等打基础、利长远的工作，2016年被评为区级文明单位。（何小松）

粮油购销

【概况】 强化粮食流通管理监督检查，促进粮食市场有序流通，重点把好收购资格准入关，严格按照《粮食收购资格审查管理暂行办法》的有关规定，办理符合条件的企业和个体粮食收购许可证；年内新办理3家粮食收购资格许可证，纳入国家粮食统计系统开展粮食统计，及时做好收购资格的年审工作。会同区工商分局、区公安局、区食药监分局等部门开展粮食收购“打非治违”专项行动，重点打击无证收购违法行为，有效维护全区正常的粮食流通秩序。督促粮食经营企业和经营者严格按照收购政策积极入市收购。2016年，长寿区购入粮食186036.6吨，其中，小麦1570.8吨、面粉1099.6吨、稻谷96350.7吨、大米67445.6吨、玉米67414吨、大豆3466吨、豆饼豆粕17235吨；食油购入1254.1吨，其中，菜籽油294吨、大豆油957吨、调和油3.1吨。粮食支出191814.2吨，其中，小麦3002.3吨、面粉2101.6吨、稻谷102532.7吨、大米71773吨、玉米65507吨、大豆3737吨、豆饼豆粕17035吨；食油支出16100.5吨，其中，菜籽油225.2吨、大豆油801吨、调和油3.1吨、其他油1吨。年底前库存小麦147.1吨、面粉103吨、稻谷4586.6吨、大米3210.7吨、玉米4712吨、豆饼豆粕697吨，菜籽油72吨、大豆油166吨。

【粮食仓储设施】 2016年，长寿区粮食仓储设施建设规模实现历史性突破。国有粮食企业长寿粮食公司占地约7.33公顷的10万吨粮食仓库及150吨粮食加工厂项目，于2016年12月开工。重粮集团长寿公司投资110多万元对危仓老库进行维修，在推进新建仓库项目的同时，老旧仓库的仓储条件也得到大幅改善。

【应急保供网络建设】 一是制定长寿区粮食安全应急预案，成为指导粮食应急保供工作的纲领性文件。二是新增应急大米储备200吨，全区应急大米储备规模达到500吨，其中国有企业200吨、民营企业300吨，应急大米储存和管理规范程度在全市领先。三是确定3家粮食应急加工企业、2家粮食配送中心，以万村千乡工程示范店、大型超市、放心粮油示范店等为基础，设置33个应急保供网点。全区已建成粮食应急保供体系。

【粮食安全监管】 为确保全区粮食存储安全、数量真实、质量良好，结合清仓查库、夏秋粮收购、粉尘防爆、消防安全、“四无”普查等专项检查任务，对辖区内粮食企业开展每个季度不低于1次的监督检查。区级储备粮和应急大米储备检查，做到每月1次的监督检查，将检查过程中发现的问题和潜在的隐患建立档案，实行销号整改。

（艾长明）

供销商业

【概况】 重庆市长寿区供销合作社联合社（简称区供销社）系政府其他机构，编制19人，内设办公室、财务资产科、合作指导科、业务发展科。2016年末机关在职人员20人，退休人员38人。服务管理城北、葛联、葛兰、云台、沙石、石堰、云集、双龙、狮龙、长寿湖、邻封、但渡、龙河、朱家、城西、洪利、东山、洪湖、万顺、凤城20个基层供销社有限公司，鑫智农资、人人向往农业、村村淘电子商务、物汇回收、恒源农资、渝长烟花爆竹、渝长棉麻、城郊农贸8个专业公司，亿茂花椒、顶尖食品、恒昌回收、成栋食品4个成员社。

2016年，区供销社以供销社综合改革、农民合作经济组织发展、“新网工程”建设、农村电子商务为重点，推进各项工作。全年实现销售17.18亿元，农产品经营额9.26亿元，再生资源销售9707万元，连锁经营额1.48亿元，汇总利润921万元，分别比2015年增长18.66%、36.29%、26.15%、49.00%、21.83%。

【供销社综合改革】 2016年，区供销社代拟，区委、区政府印发《中共重庆市长寿区委重庆市长寿区人民政府关于深化全区供销合作社综合改革的意见》（长寿委发〔2016〕32号）正式出台实施。

【合作经济组织发展】 （详见《非公有制经济》类目《农村合作经济组织》分目）

【农村现代流通网络】 2016年新建14个重庆农资连锁店、5个庄稼医院、6个“绿优鲜”社区便民超市。烟花爆竹专营管理有序，保持购销调存零事故。恒昌报废汽车回收公司持续居业界龙头。区供销社所属村村淘电商、城郊农贸、顶尖食品及成栋食品、亿茂农业、长寿湖镇供销社、标杆合作社等农产品生产经营企业，购销柑橘、榨菜、花椒、粮油、鸡蛋等农产品3万余吨。

【农业社会化服务】 区供销社所属鑫智农资公司、石堰供销社等农资经营企业，开展农资科技宣传、农资新产品推介、看病问诊、测土配方、精准配送、指导施肥施药等跟进农业生产服务，发送资料2000余份，销售各类化肥等农资近3万吨。在长寿及市内碳铵生产厂家8月初就停产的紧急情况下，鑫智农资公司寻找货源，获得成都“裕农”牌碳铵和阆中“阆丰”牌碳铵长寿总经销权，化肥淡季储备及冬春碳铵化肥供应得到有效保障。汇鲜联合社承接的长寿区柑橘产后环节全程社会化服务试点项目全面完成。金功及正砷合作社物流运输、急宅快递农产品等4000吨以上。凤城供销社上联供应其蔬菜的合作社23家，为近30家学校、机关、企事业单位配送蔬菜；月配送蔬菜200余吨，2016年销售蔬菜1000万元左右。长寿湖镇供销社在邻封镇为农户及合作社代耕代种油菜、红高粱等面积86.67公顷，向全国供销合作总社申报中央财政资金“重庆市长寿区邻封镇土地流转及后续农业社会化服务项目”，打造基层供销社为农服务中心。

【农村电子商务】 区供销社所属村村淘电商公司履行农村电子商务公共服务和运营服务两大职能，发展农村电商服务站点50余个，全区10个贫困村全覆盖。农村电商服务站点实现四大功能：一是商品代购中心，帮助农民群众在网上购买生产生活用品；二是业务代办中心，办理农行、电信、移动、金融保险等业务；三是物流集散中心，服务站点成为农村物质供应点，为农民群众提供物质配送和送货上门等服务；四是综合信息服务中心，能够发布求购、供应、招聘、广告、政策等各种信息。全年培训农村电商从业人员620人次；注册打造“长寿菜园”“八世同堂”“保合农场”3大品牌，运营淘宝“供销e家长寿馆”和微信“保合农场”2个销售平台。全区涉农微型电商有200余家，长寿沙田柚、血脐等60多个本土农产品上线销售，发布农产品供求信息15000余条。2016年实现农村电商销售1亿余元。村村淘150万元农村电商社会化服务项目正有序推进实施中，向全国供销合作总社申报中央财政资金“重庆长寿村村淘电子商务有限公司县域电子商务运营中心建设项目”。推进农业物联网技术应用，重庆市长寿区标杆养鸡股份合作社“中华蛋鸡养殖标准示范场的物联网项目”建成投用。

【长寿沙田柚销售】 2016年，区供销社牵头全区沙田柚销售工作成绩较好。一是及时跟踪各部门工作，向相关部门反馈收集到的各类信息，确保宣传工作的针对性和实效性。二是和区内物流公司衔接，确保销售高峰的运力充分。三是组织区内外营销经纪人联系老客户精准销售。四是通过淘宝、微信电商平台推介长寿沙田柚，带动线上线下销售，组织本地电商企业参与销售。2016年全区沙田柚产销平衡，价格上扬，大部分果农比2015年增收10%以上。

【安全维稳】 2016年，区供销社组织安全检查190余次，参加检查人员230余人次，检查300余个部位，查出隐患9起，整改9起；配合公安、安监部门开展烟花爆竹专项打非。全年受理信访16件，其中市信访办交办2件，回复16件，信访人满意度在95%以上。

【党建工作】 2016年，区供销社组织全系统党员干部学党章党规、学系列讲话、做合格党员，从严治党向基层延伸，党内教育从“关键少数”向广大党员拓展、从集中性教育向经常性教育延伸，解决党员队伍在思想、组织、作风、纪律等方面存在的问题，改变少数机关党员干部庸懒散拖和企业党员业务不精局面。严格落实中央“八项规定”和市委“八严禁”“十二不准”，认真执行主要领导不直接分管人财物制度。开展党风廉政工作，自觉将供销社工作置于全区一盘棋中来谋划和推进。加强基层党组织建设，在所辖各支部全面开展党员组织关系排查，克服所辖非公党支部退休失业党员占9成以上的困难，查找失联党员，全系统党员复联率100%；9个支部按程序换届，选举产生新一届支部委员会；完成党费收缴专项检查工作。（周建村）

烟草商业

【概况】 面对区域经济下行压力增大、卷烟社会库存较大、辖区零售客户经营积极性降低、卷烟销售严重下滑的不利局面，长寿烟草专卖局（烟草分公司）创新推行“211工作法”和“543营销新措施”（详见《经济管理与监督》类目《烟草专卖管理》分目），明确目标任务，坚定员工信心，加强营销人员激励约束，激发员工积极性和主动性。拓展城乡卷烟群体性消费需求和农村市场消费潜力，引导零售客户通过朋友圈、微信群、QQ群等多种方式，为卷烟群体性消费供应点提升更多的卷烟购进信息，最大限度满足辖区卷烟消费需求，进一步促进卷烟销量回升。开展“消费者在哪里，我们就到哪里”主题营销活动，深化客户服务，优化营销策略，强化客户帮扶，提振客户经营信心和经营能力，成功促进卷烟税利有效提升，达到预期目标。2016年，全区卷烟销售总量25441.11箱，比2015年下降9.64%；年销售收入（含税）76169.68万元，比2015年下降0.87%；单箱销售收入（含税）2.99万元，比2015年上升9.7%；实现税利12178.42万元，比2015年上升5.55%。（张洪维）

盐商业

【概况】 长寿盐业分公司食盐产品主要涵盖绿色加碘盐、腌制盐、低钠盐、加碘钙盐、泡菜盐、调味盐等几大系列，还有果蔬、足浴盐等日化盐产品，为消费者提供多种选择。

2016年，长寿盐业分公司实现销售总收入2733万元，较2015年同期减少144万元；实现盐销售总量8613吨，下降1.7%。其中：口盐销量3693吨，上升38.94%；非口盐销量4920吨，减少19.41%。（刘　睿）

药品商业

【概况】 2016年，全区有药品生产企业13家（其中，原料药生产企业10家，制剂1家，医用氧1家，药包材1家，上市公司3家）；有药品生产线40条，药品包装生产线2条；有药品批准文号87个，已通过新版GMP认证44个，出口欧盟原料药证明文件10个，境外药品GMP认证8个。药品经营企业有378家（其中药品批发企业7家、药品零售企业371家）；医疗器械经营企业有272家（其中医疗器械批发企业14家、医疗器械零售企业258家）。药品及医疗器械使用单位有502家，其中区级医疗机构5家、镇（社区）卫生院22家、民营医院13家、村（社）卫生室（站）333家、个体诊所及门诊129家。

【药械安全监管】 （详见《经济管理与监督》类目《食品药品监督管理》分目）

（杨　娜）

住宿、餐饮业

【概况】 2016年，长寿区住宿餐饮业快速发展，营业额33.5亿元，增幅17.5%。已建成五星级酒店、四星级酒店、三星级酒店各1家，四钻级酒店、绿色酒店各1家，成功创建中华美食街1条、市级美食街2条、中华名店1个，规模以上酒店16家，正在建设的五星级酒店3家。陶然居、渝禾庄等一批名餐饮品牌先已入驻长寿，城区有餐饮企业（店）1398家，营业面积15万平方米，从业人员2万余人，年营业收入5.5亿元。2016年成功开展重庆夜市文化节活动。

【农家乐】 农家乐的大力发展，让城市人远离城市的喧嚣，以住农户房屋、吃农家饭菜、赏农村风情的方式与大自然亲密接触。年底前，全区有农家乐70家，其中星级农家乐15家；从业人员逾千人。

邻封镇利用邻封、汪塔、三化等村的闲置农田成片种植油菜，打造“十里柚乡·百里花海”乡村生态观光园；在短短20多天的时间里，接待游客11.5万余人，自驾游车辆3万辆。位于渡舟街道黄连村的巴乡谷生态园，占地面积133.33公顷，集农业观光、生态旅游、休闲度假、商务会议等为一体，成功创建全国农业旅游示范点。位于龙河镇明星村的老陈菜生态农庄集餐饮、钓鱼、游玩、爬山、住宿、会议培训于一体，让游客置身于乡间田野之间，感受自然祥和与宁静之美。位于云台镇八字村的清迈良园，将现代农业与乡村旅游业融合，打造山水相融的诗意田园，形成独具特色的乡村旅游景点。（柯长林）

【食品餐饮业】 年底前全区有食品生产单位166家，其中食品生产企业62家，食品添加剂生产企业2家，食品生产加工小作坊102家。有食品流通经营单位2278家，其中企业312家，个体1966家，分布在区内19个街镇。有餐饮服务单位2718家，其中大型以上餐馆94家，中型餐馆438家，小型餐馆1918家，学校食堂155家，机关企事业单位、建筑工地食堂113家。有保健食品经营企业376家，化妆品经营企业945家。

【餐饮、食品安全监管】 （详见《经济管理与监督》类目《食品药品监督管理》分目）

（杨　娜）

广告业

【概况】 全年监测报媒广告1369条次，报媒轻微违法率控制在1%内，开展清理整治含有“特供”“专供”“国家机关”等内容广告专项行动，开展重点区域重点类别广告监管专项清理整治活动；行政指导广告企业和广告主156户次，全年办结广告案件11件；全年新增广告主体65户，广告经营额6758万元，税收677万元。（黄瀚霖）

中介业

【概况】 2016年，全区新发展中介组织526户，与2015年同期相比增幅达160.3%，全区中介组织达到3919户。（黄瀚霖）

外经外贸

【概况】 2016年，全区实现外贸进出口总额10.7亿美元，比2015年同期下降12.2%，总量位列重庆片区第一位。其中，出口9.3亿美元，增长0.3%；进口1.4亿美元，下降54.2%。全年有56家企业有外贸进出口实绩。

2016年，全区实现离岸服务外包执行额1.3亿美元，完成目标任务1.1亿美元的111.7%，比2015年同期增长43.6%，总量列片区第二位。截至年底前，全区服务外包企业有24家。年内新发展重庆日发汽车零部件有限公司、重庆嘉银机电设备有限公司、重庆万斯金属特种成形有限公司、重庆长讯科技有限公司、重庆信誉通科技有限公司5家服务外包型企业。（胡小敏）

表21　　2016年长寿区进出口成交及完成情况

单位：万美元

序号	单　位	进出口实绩		出口实绩		进口实绩	
		2016年	比2015年±%	2016年	比2015年±%	2016年	比2015年±%
1	重庆润凡贸易有限公司	15465.59	—	15454.88	—	10.71	—
2	重庆博腾制药科技股份有限公司	12625.55	35.48	12346.74	35.81	278.81	22.38
3	重庆亨灿贸易有限公司	12403.60	—	12403.60	—	0.00	—

续表

序号	单　位	进出口实绩		出口实绩		进口实绩	
		2016 年	比 2015 年±%	2016 年	比 2015 年±%	2016 年	比 2015 年±%
4	重庆市中投实业有限公司	11426.33	—	11426.33	—	0.00	—
5	重庆环松工业集团进出口贸易有限公司	5859.29	-6.87	5859.29	-6.87	0.00	—
6	重庆秀顺进出口贸易有限公司	5220.00	—	5220.00	—	0.00	—
7	重庆金绮丝绸有限公司	4999.20	—	4999.20	—	0.00	—
8	重庆日发汽车零部件有限公司	3922.42	14.94	2428.88	21.67	1493.55	5.44
9	重庆凯林制药有限公司	3275.29	50.54	3265.36	50.80	9.93	-3.77
10	重庆韩节商贸有限公司	3116.71	—	3116.71	—	0.00	—
11	重庆丽珍进出口贸易有限公司	3005.73	—	3005.73	—	0.00	—
12	重庆莫米贸易有限公司	2654.24	—	2654.24	—	0.00	—
13	中石化国际事业重庆有限公司	2591.72	-66.73	647.98	-41.87	1943.74	-70.89
14	重庆钢铁股份有限公司	2229.77	-85.18	0.00	—	2229.77	-85.18
15	中国石化集团四川维尼纶厂	2103.02	0.51	2102.81	0.50	0.20	—
16	正新橡胶(重庆)有限公司	2014.65	44.99	0.00	—	2014.65	44.99
17	重庆欣欣向荣精细化工有限公司	1555.46	8.59	1552.64	21.64	2.82	-98.19
18	重庆成元汽车部件有限公司	1493.31	—	0.00	—	1493.31	—
19	LG 化学(重庆)工程塑料有限公司	1429.43	—	0.17	—	1429.25	—
20	重庆环松科技工业有限公司	1415.73	135.87	1415.73	135.87	0.00	—
21	重庆天勤材料有限公司	924.07	-10.13	707.74	-20.55	216.33	57.44
22	重庆康普化学工业股份有限公司	904.24	14.19	902.71	13.99	1.54	—
23	重庆长风化学工业有限公司	823.03	—	0.00	—	823.03	—
24	巴斯夫聚氨酯(重庆)有限公司	727.34	-29.24	332.30	—	395.04	-61.57
25	重庆长讯科技有限公司	668.21	—	668.21	—	0.00	—
26	重庆帝尔鄂世稳汽车部件有限公司	638.24	—	0.00	—	638.24	—
27	重庆信誉通科技有限公司	514.03	—	514.03	—	0.00	—
28	重庆星宇海特克汽车部件有限公司	431.01	—	0.00	—	431.01	—
29	重庆卡贝乐化工有限责任公司	292.30	—	0.00	—	292.30	—
30	重庆嘉银机电设备有限公司	273.63	—	273.63	—	0.00	—
31	重庆信炫进出口贸易有限公司	258.28	—	258.28	—	0.00	—
32	重庆英斯凯化工有限公司	249.97	-21.07	240.72	-18.88	9.24	-53.61
33	福安药业(集团)股份有限公司	237.26	181.68	237.26	181.68	0.00	—
34	重庆思兰芙进出口有限公司	234.53	-71.52	234.53	-71.03	0.00	-100.00
35	重庆万斯金属特种成形有限公司	228.32	3.59	228.32	3.70	0.00	-100.00
36	重庆云天化纽米科技股份有限公司	210.14	-9.42	207.99	-9.84	2.15	64.14
37	重庆康乐制药有限公司	163.52	21.59	163.52	21.59	0.00	—
38	重庆漱心斋商贸有限公司	153.53	207.19	153.53	207.19	0.00	—

续表

序号	单　位	进出口实绩		出口实绩		进口实绩	
		2016 年	比 2015 年 ±%	2016 年	比 2015 年 ±%	2016 年	比 2015 年 ±%
39	重庆朗天制药有限公司	115.10	58.27	115.10	90.47	0.00	-100.00
40	重庆华彩化工有限责任公司	114.79	3726.19	114.79	3726.19	0.00	—
41	重庆巍然矿业有限公司	75.28	—	75.28	—	0.00	—
42	扬子江乙酰化工有限公司	67.01	-69.66	0.06	—	66.96	-69.68
43	重庆斯泰克材料技术有限公司	40.47	33.25	40.47	33.25	0.00	—
44	重庆市泓淋科技有限公司	20.37	-66.22	0.00	—	20.37	-66.22
45	未知 50219604A7	10.27	—	10.27	—	0.00	—
46	重庆康美无纺布有限公司	9.40	241.39	1.34	—	8.06	192.62
47	未知 50219604A3	8.22	—	8.22	—	0.00	—
48	秀博瑞殷(重庆)电子材料有限公司	7.08	-99.49	0.00	—	7.08	-99.49
49	重庆市腾龙磨料磨具有限公司	2.65	-55.20	2.65	-55.20	0.00	—
50	重庆鼎圣金机械设备有限公司	2.09	-93.43	0.00	—	2.09	-93.43
51	中橡(重庆)炭黑有限公司	1.62	—	1.62	—	0.00	—
52	重庆望变电气(集团)股份有限公司	0.71	—	0.00	—	0.71	—
53	未知 50219604AK	0.26	—	0.00	—	0.26	—
54	杰富意金属容器(重庆)有限公司	0.21	-99.93	0.00	—	0.21	-99.93
55	重庆瀚海机械制造有限公司	0.11	-99.27	0.00	—	0.11	-99.27
56	重庆金与云电子商务有限公司	0.03	—	0.03	—	0.00	—
	合　计	107214.36	-12.27	93392.89	0.37	13821.47	-52.6

（重庆市长寿区投资促进局提供）

集市贸易

【概况】 截至 2016 年底，全区有集贸市场 50 个（其中城区菜市场 13 个、镇级农贸市场 37 个），面积 20 公顷，从业人员 8660 人，全年销售额 12 亿元。主要经营品种有：各种粮油、肉、禽、蛋、蔬菜、水果，以及各类副食品，各类型生产生活用具，各类服装等工业品。

2016 年，晏家农贸市场新建项目投资 8800 万元，建设规模 25000 平方米。长寿湖镇云集农贸市场、石回农贸市场进行标准化改造，投资金额 50 万元，改造面积 3100 平方米。农贸市场和菜市场的改造升级，全面提升市场的硬件设施，改善购物环境。

【城区菜市场整治】 （详见本类目《概述》分目）

【亿元市场】 长寿区年交易额上亿元的市场有凤城市场、沙井市场、葛兰市场、双龙市场。

（艾长明　柯长林）

大型商场和商贸公司

【重庆百货大楼长寿商场】 重百长寿商场是重庆百货大楼股份有限公司于 2000 年 10 月独资创建的综合性百货商场，是重百向区县连锁发展的第一家分店。开业初期，2800 平方米涵盖百货、电器、超市。2013 年该商场百货整体搬迁到桃花新城洋世达世纪广场，营业面积 21000 多平方米。长寿老城协信广场超市门店营业面积 7610 平方米，因为租赁合同到期，于2016年10月21日21：30关门停止营业；老城继续保留电器门店，营业面积4098平方米。2016年底，重百长寿商场营业总面积近24000平方米，有员工780余人，年创销售额1.98亿元。

2016年，重百长寿商场桃花洋士达世纪广场的百货商场，经营品种万余个，有四个经营楼面。一楼经营化妆品、名表珠宝、饰品、男女鞋品、箱包手袋、手机数码、生活家电；二楼经营少女淑女装、文胸睡衣、流行饰品、童装童玩；三楼经营精品女装、成熟女装、精品饰品、针织床用、羊毛羊绒制品；四楼经营精品男装、时尚男装、青年休闲、运动户外用品。重百长寿商场自开业至2016年，曾先后荣获山城百店无假货市级示范店、长寿区文明单位、保护消费者合法权益先进单位、价格计量信得过企业荣誉称号；重百商标被认定为中国驰名商标。重百长寿商场将永远秉承“顺应市场，优异服务，达成满意”的核心价格观和“顾客至尊，满意至上”的服务理念，竭诚为消费者服务。

重百长寿商场经过调整，在品种、品质上狠下功夫，使商场荟萃众多知名品牌、时尚品牌，满足长寿市场各个消费层次的需求。年底前，商场经营的知名品牌有雷达、英纳格、周大福、六福、欧珀莱、欧莱雅、理肤泉、薇姿、自然堂、汤普葛罗、百丽、他她、百思图、天美意、FED、富贵鸟、Kasscat、卡迪娜、欧时力、ONLY、MODA、IM27、圣迪奥、艾托奥、百家好、堂皇、梦洁、罗莱家纺、渔牌、玖迪诗、华菲型格、杰克琼斯、ALT等。 （喻 莛）

2016年重百长寿商场领导人名录

经 理：傅 勇

副经理：陈 竹 王秋兰（女）

【新世纪百货长寿商都】 2016年，面对日趋严峻的市场形势，新世纪百货长寿商都（简称长寿商都）围绕整体部署及2016年工作计划开展工作。实现销售18098.66万元，比2015年下降9.94%；上缴利税952.03万元，提供632人的就业岗位。

调整商品结构，突出品牌效应。针对品牌结构情况，结合市场竞争趋势，在品牌结构调整上，引进美加蜜、韩束、热橙、朗文斯汀、墨蒂珂、玛塞莉、I，M David、安踏等24个品牌，淘汰品牌34个，对27个品牌进行重装升级。在品类结构调整上，负一楼将销售较差的酒类和茶类柜台淘汰，在酒茶区域配置儿童游乐设施，提升负一楼人气；一楼将钟表区域与部分淑女装品牌位置调换；二楼对熟女装及老年装区域动线进行调整，将文胸区调整至后侧门处，提升文胸区客流量；品牌、品类布局更为合理，以适应消费者需求，与重百长寿商场形成特色错位经营，发挥自身优势促进市场良性竞争。

2016年3月，新世纪百货长寿商都、长寿湖景区、焙里思联合开展户外美拍活动，传播长寿商都的品牌文化

重点品牌管理，提升重点品牌业绩，加强品牌优化管理，根据品牌情况量身制定员工激励方案，2016年员工的流失率大大降低，各品牌的人员趋于稳定，部分品牌还增加促销人员。重点品牌取得较好业绩，2016年，长寿商都销售上500万元品牌1个，上300万元品牌6个，上200万元品牌5个。

积极促销，稳固客群，长寿商都根据市场情况与自身分析，年初制定全年促销计划框架。在促增长、提效益的前提下开展重点品类及单品的促销活动。年内开展各类促销活动52次。其中，4月22日的“感恩员工内购会”，当天销售341.29万元，比2015年同期增长77.07%，客流量增长90.33%，创长寿商都单日销售新高。除建立VIP顾客档案做好日常维护外，还通过“春游美拍，闺蜜同行”活动，邀请高端VIP顾客到长寿湖开展户外美拍活动。年内新办世纪卡1805张，达到9万余张；上10000分以上高端顾客1342人；年内举办卡友维护及回馈活动15次。

狠抓内部管理，提升全面工作。一是认真贯彻执行《重庆百货大楼股份百货事业部商品质量管理细则》，按照2016年商品检查计划，全年抽查商品标识、品质、外观等4596个单品，发现问题商品并处罚132个，向厂商索赔5次，索赔金额2700元；有效地降低因商品质量引发的顾客投诉。二是年内开展各类销售与管理培训活动33次，参训员工687人次，提升基层管理人员的综合能力和员工的整体服务水平。三是开展特色服务，在细节上下功夫，以顾客需求为出发点，开展多项特色增值服务项目。如，皮鞋护理、凉席织补、特色修眉、生日美妆、配饰加油站、礼品包装等。

加强安全管理，年内签订《安全责任书》26份；开展各类安全教育培训48次，参训人员1097人次；开展消防应急疏散演练5次，协同配合区消防队和物业方开展疏散演练1次；对商都和监管场店进行安全检查120次，查安全隐患23处，整改率100%。

狠抓骨干和重要岗位人员廉洁自律教育，签订《廉洁自律承诺书》28份。（赵　勇）

2016年新世纪百货长寿商都领导人名录

总 经 理：傅　勇

副总经理：王秋兰（女）　陈　竹

外销待运的长寿柑橘

交通 邮政业

交通概述

【概况】 重庆市长寿区交通委员会（简称区交委）是长寿区人民政府主管全区公路、铁路、水路、民航、邮政等交通行业的职能部门。内设办公室（信访科）、安全法制科、财务科、建设管理科、运输管理科、铁路民航科、内部审计科7个科室，下属区交通行政执法大队、区公路运输管理所、区港航管理处、区公路局、区交通工程质量监督站、区交通运行监测与应急调度中心6个直属事业单位。全系统2016年有在职职工209人。

2016年，区交委按照“拓宽出口、畅通网络、关注民生、规范管理”工作思路，完成推进重点项目建设，完善交通规划，推进重点项目建设，优化交通运输组织，加大村道改造力度，强化公路养护水平，加强行业监管力度，规范交通执法管理，夯实安全基础工作，狠抓行业信访稳定，加强自身建设为抓手，优化道路运输组织，提高道路运输服务水平十大任务，解决一批群众关心的交通热点、难点问题，受到市交委和区委、区政府赞扬。

（邱　林）

公路建设与养护管理

【公路建设】 推进渝长高速扩能改造项目，协助市交委、投资人推进项目前期工作。完成项目的分段施工许可核准批复、分段初设批复、分段用地规划许可证、使用林地审核同意书等前置要件；完成项目红线范围内的勘界报告并提交各街镇，征地工作已正式启动，完成先期开工节点的临时用地勘界报告；开展征地批文报件的组件工作，年底前取得征地批文；完成项目的投资协议及土地征迁协议，经区政府常务会及区委常委会审议通过并正式签订；建设指挥部正式组建，组织召开项目征地拆迁动员会并及时划拨征地款，项目顺利推进；12月9日渝长扩能项目动员大会宣告渝长扩能项目正式启动。

快速推进国省道路网改造项目。全年新开工国省道改造及大中修项目6个、50千米，项目总投资3.238亿元，其中2016年度总投资1.66亿元。截至年底前已完工项目2个，在建项目4个；完成2016年建设任务，完成项目总投资1.7亿元。

落实民生实事，全面实施农村公路改造工程。2016年市级下达农村公路建设计划67个、126千米，总投资7200万元。截至2016年底，各项目主体工程已完工，完成投资7200万元。完成安保设施建设46千米，实施村道错车道2300余个，完成投资690万元。

【公路养护】 日常养护工作。投入资金533万元，完成国省县道清理路肩堆积物7000立方米，清除水毁坍方11800立方米，恢复水毁路面20100平方米，清理行道枯、断树（枝）约8550棵，翻修涵洞9道，清理涵洞215道，填补渝丰路（长风厂至卫东）、G351（江南至马桑垭）坑槽15300平方米；对G243（八颗场口至土桥）37.35千米推行市场化养护。

小修养护工作。投入资金1142万元，完成渡三路、三芦路、云芦路等路面整治12650平方米，沥青灌缝21700延米；G351（梓潼至核桃村委段）新建边沟5880米，修复边沟3285米，加宽混凝土路面4500平方米；完成渝丰路运输新桥边坡治理，G351（原长习路K14+900）、G319（原长东路长化大营门）、S436（原称大路K3+500、K4+100）已完成工程量60%；完成3个道班房（回龙寨、兰星、石堰）维修装饰及1个道班房（万顺）外观改造整治；招标采购轮式铣刨机、护栏板修复矫正机各1台。

预防性养护。投入资金434万元，完成G319（沙溪至晏家、东新村至长化大营门）、G243（土桥至晏家）、G351（梓潼至洪湖、河石井至双龙）、S207（洪湖至万顺）、S412（回龙寨至狮子滩）、S415（合兴至龙河老街）等路面沥青灌缝124031延米，沥青混凝土挖补1740平方米；S415（葛兰至双龙）路面挖补1814平方米，精表处13000平方米，微表处61010平方米。

桥隧养护工作。投入资金460万元，完成79座公路桥梁、1座隧道定检和石塔坡大桥、称沱大桥2座公路桥梁特检。完成G243毛家桥、S101上河坝桥、渝丰路运输新桥危桥加固改造，石滚桥完成工程量20%；G319连二桥完成工量50%。

【路政管理】　全年巡查4.1万千米，出动执法车辆397车次，执法人员1389人次。清理路肩堆积物1315立方米、路肩农作物1030平方米、路肩电杆268根、非公路标志3起。处理交通事故损坏公路路产及附属设施45起，已赔偿45起，收取赔偿费110322元，赔偿率100%；督促公路建控区农房改造进行整改和完善手续12起，整改率100%。审批路政行政许可5件，超限运输许可1件，结案率100%。固定治超站（点）检测车辆334408台，收取公路补偿费车辆177903台，查处超限运输车辆348台（其中未采取密闭运输12台），卸货404.5吨，收取公路补偿费9736250元；超限率为0.1%，车辆超限率控制在国家规定的5%以内。

【安保工程】　全年路检、路查250余次，出动检查人员500余人次、检查车辆250余台次，发现安全隐患251处，整改251处。投入整治资金163万元，完成国省县道波形防护栏新增与损毁维修更换安装4959米，安全警示标志标牌损毁、缺失、增设安装141套，增设震荡标线290平方米，道路整治施工现场安全警示提示标志116套；设置校车停靠点（乡镇段）建设站点标志68个，预告标志144个，路面标线2088平方米。（邱　林）

道路运输行业管理

【公路运输】　2016年，全区有公路货运企业3953户，客运企业11户（包含5户公路客运企业、6户出租车企业和2户公交公司，其中有2户兼营户），客运车辆430辆，货运车辆17351辆。全年完成货运量4545万吨，货运周转量517925吨千米，货运周转量比2015年同期增长9.4%。完成客运量1463万人次，客运周转97150万人次千米。

【运力完善】　优化和调整公交营运网络。2016年9月，长寿桃花的重庆化工职业学院等多家学校新投入使用并正式招生，为确保新生便捷入学，调研城区公交运营线路，优化和调整公交线路6条，解决化工职院等校师生的出行问题。

提升对内对外客运能力。开行长寿至大足班线客运，开行长寿古镇至龙头寺的旅游直通车。完成道路旅客运输区内、区（县）际班线延续经营审批许可22条线路。实地查看并制定长寿湖高铁站至长寿湖景区运营方案，确保渝万高铁开通后，能够满足往返高铁站至长寿湖游客的出行需求。

规范普通货物运输管理。按照区交委《关于进一步规范长寿区道路普通货物运输行业管理的通知》（长交委〔2016〕14号）文件要求，严格新办及到期年审换证经营业户许可，对企业办公场所、安全管理制度、安全管理人员严格要求，未达到条件的一律不予许可。清理未按期参加年度审验的货运车辆并登报，责令经营业户限期整改，对在规定时间内未完成整改的，依法注销货运车辆“道路运输证”1310个。对“未按期年审并超期90天未投入与经营业务相适应的道路货物运输车辆的业户”，登报并注销1407户。全年注销营运黄标车辆402辆。

【驾培监管】　强化对驾校教练员、教练车的检查，重点检查教练员是否认真落实《教学大纲》，教练车是否在履行教学任务等。监督各驾校的结业考核情况，确保课时，提升机动车驾驶培训质量。

【维修企业管理】　组织维修企业认真学习《交通部1号令》及新的《机动车维修服务规范》，规范管理、提升服务。主动与全国汽车救援联盟协会联系协调，择优选拔，加入全国汽车救援联盟协会的维修企业增加11家，有效提升长寿区维修企业优质诚信服务水平。针对城区轻化路及桃东路涉及的搬迁维修企业实际现状，对桃东路及轻化路维修业户进行重新审核，为59家维修业户发放“临时维修经营许可证”。

【驾驶员从业管理】 严格按照《重庆市道路运输驾驶员管理办法》《道路运输从业人员管理规定》，强化对从业人员管理。全年核发从业资格证716个，换发从业资格证843个，吊销、注销从业资格证117个，完成道路运输驾驶员诚信考核8600余人。（黄金花）

汽车运输

【概况】 2016年，重庆市汽车运输（集团）有限责任公司六分公司（本分目简称六分公司），建有总支委员会，下设3个支部，即机关支部、车站支部和退休支部。设有团支部，有团支部书记1人，团支部委员2人。内设1室4科3站2队1厂：办公室、经营科、安全科、财务科、设备技术科、长寿汽车客运总站、凤城车站、长寿西站、公营车队、商务车队、汽车修理厂。有在册职工170人（其中女职工65人）。有中高档车辆、出租车298辆，经营线路64条。2013年12月成立的渝运长寿公交公司，有营运线路3条，公交车38辆，有职工91人。

六分公司2013年获得重庆市国资委“委级文明单位”称号，2014年获得重庆市运管局“春运工作先进单位”、渝运集团党委“四强党组织”、渝运集团“先进单位”称号，2015年获得渝运集团“情满旅途．平安春运”竞赛活动“先进集体”，2016年获渝运集团“先进单位”表彰。

【生产经营】 六分公司是以公路客运、站场经营为主营业务的客运企业。2016年，该司各项工作做到早部署，明确十项措施早落实，发挥群团力量为企业增添凝聚力和活力，营造安全生产、文明运输的良好氛围。科学调配，合理安排，克服旅客运营高峰压力，确保安全，完成各项运输工作任务。年内新增车辆13辆，依托长寿经开区新兴企业的市场需求，发展职工通勤车；依靠客运班线，发展节日加班车、强保日顶班车等业务，抓住公务车改革机遇，发展政府包车业务，商务客运发展好。及时排查经营不稳定因素，解决多条营运线路的经营纠纷问题。由于受整个物业租赁市场影响，该司物业经营难度大。

【安全管理】 2016年，六分公司做好日常安全教育培训，修订安全体系文件，加强驾驶人员管理，强化路检路查、车站源头管理、消防培训、反恐演练及“保安全 维稳定 促效益 奋战100天”安全专项活动，有效减少安全事故。事故垫支额大幅下降，未发生重特大事故、重大事故、责任死亡交通事故，各项安全生产指标均控制在集团公司下达的目标范围内。

【企业文化建设】 六分公司丰富干部职工的业余文化生活，围绕企业安全生产经营和精神文明建设的主旋律，开展系列活动。2016年，开展“两学一做”学习教育培训、党员参观廉政教育基地受教育、财务自查、职工厨艺大比拼活、女职工健步行、先进评比表彰、入户慰问、春运志愿者等活动，增强党员党性修养，各部门财务自查自清自廉，关注职工健康，引导职工爱岗敬业，促进职工间的沟通。（刘学瑜）

2016年重庆市汽车运输（集团）有限责任公司六分公司领导人名录

经理（兼党总支书记）：周　陵

副经理：叶　云　聂　凤（女）　苏健伟

公共交通

【凤城公交公司】 重庆市长寿区凤城公共交通有限公司（简称凤城公交公司）成立于2006年11月15日，原由重庆汽车运输（集团）有限责任公司、重庆亿思达实业公司、重庆顺庆集团有限责任公司共同出资组建。2012年8月，重庆亿思达实业公司和重庆汽车运输集团有限责任公司经过重组后，由重庆汽车运输集团有限责任公司控股经营。在成功收购109线路后，企业注册资本已增至1000万元，拥有公交车辆158台，投入运行公交线路9条，分布在北部新区、长寿城区以及晏家经开区；市场占有率为82.2%，经营模式为全公司化经营。2016年年底前在职员工336人，其中管理人员30人；后勤和一线生产人员306人均属合同制用工。2016年是形势严峻的一年，凤城公交公司在城市客运市场竞争激烈的环境下，安全生产、经营管理、党建工作等方面仍取得进展，安全生产和运行工作持续稳定。

加强安全工作，一是开展多样化安全教育，按照年初制订的安全培训计划，结合上级文件精神、交通法律法规、行车操作规程、季节特点、事故案例等进行专项培训24次，8月26日和9月9日两次特邀区公安局防暴队特警到公司进行反恐防暴应急处置专项培训。二是加强车辆及运行排查力度，每日由驾驶人对车辆状况进行自身排查，每周由部门负责对驾驶人及车辆进行排查，每月由领导带队对线路、车辆及治安、消防等进行全面排查，使全年驾驶人违章减少、事故减少。三是坚持“科技兴安”战略，2016年GPS完成由索美向交运成卡转换工作，加大GPS监控力度。通过GPS短信平台发送安全提示信息和气象信息9480余条，查处超速43人次，全部按公司GPS管理办法和驾驶员管理制度进行处理。四是继续开展“道路运输平安年”“安全生产月”“安全生产大排查、大整治”等专项活动。全年主管领导带队48次，分管领导带队63次，综合检查12次，路检路查2757台次，现场纠违10人次，发现一般安全隐患27台次，整改隐患27台次，整改率和处理率均为100%；签订目标责任书322份，书写《春运安全行车保证书》和《国庆安全行车保证书》470份，举行消防演练3次。这些工作的开展，有效地控制事故、违章违纪及交通违法行为的发生，在安全生产月实现“零事故”。

抓好生产经营，2016年完成营业收入3680万元，比2015年减少520万元，下降12.4%；运送客运量为2497万人次，减少313万人次，下降11.14%；营运里程959万千米，持平；服务质量投诉4件，减少5件，下降55.5%。2016年继续开展以“反违章，除陋习”为主题的经营秩序专项整治活动，主管领导和分管领导定期或不定期上线检查各线路早晚班车的收发班情况、夜间值班人员的在岗情况、火车北站的客流量调查等等。狠抓超速、越限、乱停乱靠等违章行为。全年开展巡查80余次，拍照600余张，现场纠违10余次；召开经营分析会12次，驾驶员服务培训24次，现场调度员业务培训12期，全面推动线路秩序化、正常化运行。

注重社会公益，打造公交形象，2016年新办老年卡4705张，优惠卡433张，免费卡211张；全年优惠卡、免费卡刷卡4055487人次，刷卡金额551万元；开展为民服务活动，1月24日和9月22日，由工会牵头，安全经营部门配合在火车北站开展“情满旅途，满意在公交”和“优选公交，绿色出行”宣传活动，发放公交出行宣传单500余份。配合长寿区文明城市建设，抓好车辆整洁度，将所有中级车的座套进行更换，发放清洁工具200余套，所有驾驶员做好公交车的保洁工作；车载视频增加公益广告和倡导文明乘车等宣传内容，树立公交良好的窗口形象；配合行业主管部门完成指令性任务3次。好人好事层出不穷，2016年涌现好人好事20余件，收到锦旗2幅，《长寿日报》登报表扬1次。

制订党建工作计划，开展“两学一做”学习教育主题活动。定期或不定期地对党员干部落实党风廉政建设责任制情况进行检查，使党风廉政责任制落实到人，责任到人。在年初完成支部改选工作和对党员进行全面清理，完善12371平台整理工作。年内转出党员2名，召开党支部工作会议及党课学习8次，开展“两学一做”学习教育专题党课3次，编发简报18期，培养入党积极分子2名，待转预备党员2名。

送温暖献爱心活动，凤城公交公司领导于8月、9月两次带领工会主席及各科室负责人到现场，向一线从业人员发放防暑降温药品364套。党支部和工会两次向全体职工发起“授人玫瑰，手留余香”爱心募捐活动，为身患疾病的2位职工爱心捐款20000余元。（戚晓容）

2016年重庆市长寿区凤城公共交通有限公司领导人名录

董 事 长：叶 云
副董事长：曾维国
总 经 理：叶 云
副总经理：陈 鸣（2016年5月离任）
杨贵兵（2016年7月任）
阳建平（2016年7月任）

附：

2016年长寿凤城公交公司各条线路运行线路

101路：（渡舟）火车北站—黄桷湾—重钢二号门

102路：圣天湖—凤岭路—古佛

103路：菩提古镇—牛心山—（晏家）长寿火车站

104路：桃源小学—长寿路—长化大营门

105 路：重钢朵力七号—长寿路—江南

106 环 1：圣天湖—长寿中学—凤岭路—长一中—桃西路—圣天湖

106 环 2：圣天湖—桃西路—长一中—凤岭路—长寿中学—圣天湖

107 路：黄桷雅居—快速通道—经开区—晏家西站

108 路：瀚林港湾—缆车站—校骑路—长寿中学—圣天湖—菩提山

109 路 B 线：（渡舟）火车北站—黄桷湾—牛心山—川维车站—川江船厂

109 路 A 线：（渡舟）火车北站—长寿路—牛心山—川维车站—川江船厂

【渝运长寿公交】 重庆市汽车运输集团长寿公共交通有限公司（简称渝运长寿公交）系重庆市汽车运输（集团）有限责任公司投资 500 万元，于 2013 年 8 月 27 日在长寿区注册成立的法人独资公司，2013 年 12 月正式营运。经营范围为长寿区公共汽车客运；设置 1 室 4 科：办公室、财务科、安全科、经营科、设备科；2016 年有员工 91 人，其中驾驶人员 66 人；已开行公交线路 3 条，投入高级公交车 38 辆。

自开业至 2016 年，渝运长寿公交以优质、舒适的车辆，文明、安全的服务，获得全区人民群众的好评与赞许。2016 年 1 月 26 日，在区交委组织对公交车 2015 年度服务质量考核中获得 95.67 分；2016 年 8 月 2 日对公交车 2016 年上半年服务质量考核中获得 94.91 分。两次服务质量考核成绩均为优秀。

渝运长寿公交于 2013 年 12 月 10 日正式投入车辆运行，服务范围覆盖长寿老城、桃花新城、渡舟街道、长寿古镇及菩提山片区。到 2016 年底，已开行 201 路以“火车北站”为起点的“桃花新城顺时针环线”，202 路以“化工职院”为起点的“桃花新城逆时针环线”，203 路“长寿古镇—在水一方”等公交线路，陆续投入公交车辆 38 台。

渝运长寿公交发挥国有大型客运企业的优势，运用“渝运”品牌成熟丰富的客运管理经验、标准化的安全管理措施、规范化的优质服务模式，为长寿市民提供“文明、便捷、安全、舒适”的乘车环境。2016 年有安全管理人员 6 人，坚持“安全第一，预防为主，综合治理”的方针，成立以经理为主任，副经理为副主任，各科室负责人为成员的安全生产委员会。注重制度建设，重视检查考核，落实主体责任，层层签订《安全生产责任书》《驾驶员安全生产服务承诺书》安全责任落实到每一驾驶人。每月召开安委会会议 1 次，每月召集驾驶员参加安全生产会议 2 次，将安全生产动态和要求传达到每一个驾驶员。

渝运长寿公交以“文明生产、安全运输、优质服务、礼貌待人”为宗旨，打造“公益公交、安全公交、便捷公交、智能公交”为目的，每年都开展“公交出行宣传周”活动，大力宣传“绿色出行、优选公交”，创造“文明、和谐、绿色、环保”的交通出行环境。2016 年，推出“渝运长寿公交”微信公众服务号，利用该平台为市民出行提供智能化的互动交流服务；组织员工参加征文、演讲等比赛活动，全方位加强企业文化建设。

（余勇士）

2016 年重庆市汽车运输集团长寿公共交通有限公司领导人名录

执行董事：周　陵

经　　理：周　陵

副 经 理：范绍华（2016 年 7 月离任）

　　　　　高万辉（2016 年 7 月任）

附 1

2016 年渝运长寿公交线路站点站名

公交 201 路：（桃花新城环线顺时针方向）

火车北站—幸福站—民生佳园—阳光小镇—菩提山—菩提小学—菩提山—阳光小镇—民生佳园—北城中学—天工睿城—桃源小学—南桥圣天—阳光世纪城—碧水天城—丽水菁华—永辉路口—长寿中学—体育中心—东方之骄—桃花市场—骑鞍车站—西门—工商局—黄桷雅居—实验中学—寿城水岸—长寿古镇—金科世界城—御临城—桃西三路—菩提小学—菩提山—小康工业—化工学院—小康工业—菩提山—阳光小镇—幸福站—火车北站

公交 202 路：（桃花新城环线逆时针方向）

化工学院—小康工业—菩提小学—菩提山—阳光小镇—晶山新城际—御临城—金科世界城—长寿古镇—寿城水岸—实验中学—黄桷雅居—工商局—

西门—骑鞍车站—桃花市场—东方之骄—体育中心—长寿中学—沁园坊西—永辉路口—丽水菁华—碧水天城—阳光世纪城—南桥圣天—桃源小学—天工睿城—北城中学—幸福站—火车北站—幸福站—民生佳园—阳光小镇—菩提小学—菩提山—小康工业—化工学院

公交203路：往返

长寿古镇—寿城水岸—实验中学—黄桷雅居—实验二小—公园后门—凤城车站—向阳路—协信广场—区医院—水务局—西门—骑鞍车站—桃花市场—东方之骄—体育中心—区党校—水墨林溪—清明上河坊—外婆桥—晶山小学—碧桂园—沁园坊北—冉师桥—中医院—时代国际—交警支队—在水一方

附2

2016年渝运长寿公交发车时刻

201路：

桃花新城环线（顺时针方向），起止点“火车北站”

（7：30—21：18）

根据客流时段8—15分钟发1班

202路：

桃花新城环线（逆时针方向），起止点“化工职院”

（7：30—21：15）

根据客流时段8—15分钟发1班

203路：

长寿古镇—在水一方

（5：40—21：30）

根据客流时段6—15分钟发1班

在水一方—长寿古镇

（6：20—21：20）

根据客流时段8—15分钟发1班

（重庆市汽车运输集团长寿公共交通有限公司提供）

港口建设与水路运输

【港口建设】　重庆市长寿区公安局消防支队水上应急救援中心扇背沱码头项目。项目位于长寿长江右岸长寿区扇背沱江段，拟建设1000吨级应急救援专用泊位1个，使用岸线长110米。配套建设执勤及训练设施，建筑面积5000平方米，包括执勤楼4155平方米，训练塔845平方米。主要为船舶、码头等提供水上消防安全保障。2016年已投资1500万元，完成陆域部分房建工程5000平方米和水下部分地勘工作。年底前该项目正在开展水下部分初步设计工作。

重庆主城港区朱家坝作业区冯家湾化工码头危险品集装箱泊位及堆场改扩建工程。年底前正在开展前期报建手续。2016年完成投资150万元，已取得国土预审、规划选址、通航论证、航道影响评价、安全预评价、安全技术条件审查、行洪论证审批手续和施工许可报告。年底前，环评报告正在修订完善中。

重庆长寿开发投资（集团）有限公司船舶废弃物接收处置工程。位于长寿区凤城街道复元村17组（长江左岸詹家沱河段），选址岸线长150米，拟建设船舶废弃物接收处置码头100吨级污水泊位1个。2016年已投资1100万元，完成项目立项、可行性研究、初设、地质勘探、水保、环评、规划选址、国土预审、林地使用、地灾评估、施工图审查、用地批文、征地批文、预算编制及施工招投标等前期准备工作。

【水路运输】　2016年，长寿辖区内有水路运输经营者44家，其中水路运输企业4家、个体工商户40家。水路运输企业包括普通货物运输企业2家，危险化学品运输企业1家，旅客运输企业1家。年底前有营运船舶111艘，载重吨149280吨，总吨82212吨，载客人数1868人。2016年水路货运量170.25万吨，货运周转量326348万吨千米；客运量4.3万人，客运周转量44.1万人千米。

（洪永良）

铁路建设

【概况】　2016年11月28日，渝万城际铁路开通运营，长寿区铁路建设圆满结束。

【铁路扫尾工程】　2016年，由中铁建工集团续建并完成长寿湖站和长寿北站3个站台施工任务。施工单位克服时间紧、任务重等困难，采取轮班作业等措施抢进度，按时、保质、安全完成建设任务。长寿湖风景区管委会克服重重困难，高标准建成长寿湖站站前广场。广场宽阔，设施齐全，绿化漂亮，彰显旅游车站形象。

铁路电力设施建设，新建长寿湖站变电牵引站1座，用于渝万铁路供电；建成从八颗500千伏变电站至长寿湖站的220千伏双回高压输电线路，双回长度25千米；搬迁高压电线路11处，对跨越铁路的高压线路采取升高铁塔或电缆埋入地下等安全措施，保障铁路运行安全。

新建铁路岗亭40个，为铁路巡查人员观察铁路安全提供场所。

对铁路附近有较多居民房屋的地段，在铁路边安装声屏障；对铁路附近零星居民房屋，安装隔音窗户。隔音设施有效降低火车运行时对居民区的噪声污染。

整治涵洞8处，长寿区铁建办联系业主优化设计，按照优化后的设计方案进行整治，实现涵洞顺利过水和行人、车辆畅通的功能。

铁路桥下天然气管网保护工作，为确保铁路和天然气管网都安全，年内对渝万铁路3处大桥下的天然气管网采取工程保护措施。

长寿区人民政府发布《关于设立渝万铁路长寿段铁路线路安全保护区的通告》，确定铁路保护区，在保护区边界线上埋设界桩。

砍伐危及铁路安全的树竹，按照成都铁路局的现场察看后标的危树、危竹范围，先后2次组织施工单位对23个地段的危树、危竹进行除根式砍伐，保障火车行驶安全。

【后续问题解决】 解决渝利铁路大临用地复垦遗留问题。渝利铁路在长寿区有17个弃土场，总面积36.25公顷。铁路施工单位对弃土场进行初步复垦，但未达到标准。经协商，施工单位支付一笔经费，由所在街镇负责完善复垦工作。

恢复一批水系路系。渝万铁路施工损坏的水利设施和乡村道路、人行道，给当地村民生产、生活带来不更。长寿区铁建办会同有关街镇，对损坏的水系、路系现场踏勘后，联系业主和施工单位实施恢复。新建38处宽80厘米、厚10厘米的砼路面人行道。采取新建塘、堰等方式，对损毁的水利设施实施功能恢复。

合理解决和兴源公司用地补偿问题。渝万铁路建设征用和兴源农业开发有限公司部分果园土地，果园种植的晚熟柑橘处于产果期。从2013年至2016年，区国土房管局、区土地房屋征收办、区铁路建设指挥部、双龙镇人民政府、区农委、区农投公司等单位共同与和兴源公司负责人进行十余次协商，均未达成征地拆迁补偿方案。按照实事求是，扶持龙头企业，不与民争利的原则，在邀请专业人员多次现场踏勘，反复论证后，研究确定和兴源公司补偿方案，报经区政府办公会议研究决定，给予和兴源公司以合理补偿。

渝万铁路大临用地复垦工作。按照区政府办《关于做好渝万铁路大临用地工作的通知》，施工单位对弃土场进行复垦后，区铁建办、区国土房管局组织区环保局、区农委、区林业局及所属街道、镇，对复垦情况进行逐一检查。检查情况表明，复垦质量参差不齐，均未达到要求。针对这一情况，区铁建办和区国土房管局对复垦情况进行通报，发出整改通知，各施工单位根据通知要求进行整改。

完成其他工作任务。办理铁路后续补征地；拆除部分红线外房屋；办理由区信访办转来的群众信访18件，接待群众来访58件次，解决大部分信访问题，对不符合政策解决的信访问题给予耐心、细致的政策解释。（袁志龙）

邮　政

【概况】 2015年5月1日，中国邮政集团公司“子改分”改革，取消重庆市邮政公司第二级法人资格后，由重庆市邮政公司长寿区邮政局更名为中国邮政集团重庆市长寿区分公司（本分目简称长寿分公司），接受重庆分公司、渝北片区分公司两级领导管理。长寿分公司2016年年底前下设4个部室：综合办公室（含纪检监察、人力资源、计划财务、基建采购、安全保卫）、市场经营部（含网络技术）、代理金融部（含中邮保险局、金融转型办、金融检查室）、渠道平台中心（含快递包裹、农村电商、批销分销专业）、文化传媒部（含报刊发行、函件、集邮专业），设6个中心支局（凤城、晏家、洪湖、双龙、云台、狮子滩）；支局所辖42个金融网点、6个纯邮政自办所；设6个班组（含邮件处理中心、资金解缴组、金库值守、集中监控、凤城投递、晏家投递）。

【人力资源】 一是深化用工体制改革，优化用工结构。将29名代理金融岗位非全日制用工定向推荐为劳务用工，年末代理金融岗位非全日制用工占比比2015年下降36%。二是加强重点岗位人力资源配置，42个网点全部达到合规配员要求。三是坚持逢十培训日制度，鼓励员工参加各种培训学习，员工素质持续提升。员工本科及以上学历占比达31.6%；高级技能人才持证率14.24%，比2015年提升3.36个百分点，高于全市平均水平；金融相关资格持证人数持续上升，其中银行从业增加7人，证券、基金增加5人，AFP增加2人。四是落实人才队伍建设工作，有8人被评为初级人才；劳务用工择优转聘新B类合同用工18人。

【代理金融】　2016年，长寿分公司新增总资产6.76亿元，创历史新高。新增储蓄余额4.54亿元，比2015年多增2.8亿元。金融收入6709万元，增幅17.74%。作为代理金融的6个重点KPI指标实现全面提升，金融发展质量显著提高。其中，新增储蓄余额占比1.92%，期末余额活期占比20.12%，金融VIP客户占比4.57%，寿险手续费率3.82%，期交保费占比12.22%，电子银行交易替代率60.35%，分别提升0.8%、1.13%、0.63%、1.66%、8.76%、15.59%。2016年，代理寿险保费规模2.23亿元，增长16%；代理车险收入102.64万元，增长13倍；代办车险市场占有率1.9%，比全市平均水平高0.68%，提升1.7%。

【包裹快递】　2016年，实现包裹收入339万元，比2015年增长64.56%，高于全市平均增幅53个百分点，收入排名由20位提升到19位。与重庆市春亚同电商公司缔结成为战略合作伙伴关系，春节前收寄长寿湖血脐包裹3.17万件，实现收入38.55万元，成为快包增值服务链开发电商寄递市场的成功典型案例。

【农村电商】　2016年，主动衔接区商务局得到政策支持，融入地方农村电商服务体系建设，建成邮乐网长寿馆和邮政电商运营中心，建成乡镇服务中心5个、村级服务站193个，提供进销存、商品批发代购、便民缴费、助农取款等服务，得到政府和老百姓好评。全年邮掌柜代收费61.41万笔，收费总额5311.39万元；邮乐网长寿馆交易1749笔，交易金额1.78万元。

【邮务业务】　在全市率先完成邮政大楼墙体广告媒体改造建设项目，实现两年合作期的广告位招商工作，创收76万元。超额完成2017年报刊大收订工作，以规模发展的《长寿日报》《当代党员》等代投报刊，解决多年形成的区域报刊等虚数问题，业务结构更加合理。集邮业务发展强劲，2016年实现收入243.8万元，比2015年增长94.3%，增幅排名全市第一。有21个网点开办双税双代便民服务，实现收入12.85万元。在2016年四季度新开办的香烟销售业务，实现销售额121.25万元。

【党建工作】　一是长寿分公司组织学习《党章》《条例》《准则》《十八届六中全会公报》及总书记习近平系列重要讲话精神等，全年组织中心组学习12次。二是突出工作重点，务实创新抓党建。做好基层党组织变更、换届及党费清缴工作；开展先进典型示范教育及典型选树活动，机关党支部获得市分公司优秀党支部荣誉称号，1人获得市分公司优秀党员称号；开展“挂包帮”和“双亮”活动，长寿分公司开展活动8次，参与人数225人次，帮助解决问题15个。三是抓党风廉政建设，出台文件规范会议管理、加强业务发展费管理等重大决策制度，从源头上筑牢拒腐防变的思想道德防线。四是落实巡视、整改工作要求，制定巡视整改方案及巡视整改工作推进表，梳理主要问题12个，细化整改措施26条，已全部完成限时整改。

（陈　维）

2016年中国邮政集团公司重庆市长寿区分公司领导人名录

党总支书记、总经理：韦先兵

副总经理、工会主席：张　强

信 息 业

概 述

【概况】 2016年，长寿区信息基础设施建设和升级步伐加快，全面完成市政府下达的光纤通达8个行政村的目标任务，全面实现光纤全部覆盖223个行政村。全区已建成互联网覆盖规模79万户，实际开通用户15.7万户，年内新增2.02万户。已建成光纤网络覆盖规模66万户，实际开通用户12.7万户，年内新增用户3.5万户，完成目标任务的3.4倍。完成老旧住宅光纤网络改造3.7万户。建设光纤通达行政村8个，完成计划的100%。全区已建成4G基站1443个，年内计划新增400个，实际建成544个，完成计划的136%。已建成4G基站中，农村698个，年内计划新增300个，实际建成406个，完成计划的135%。全区手机用户68.1万户，其中，4G手机用户20.6万户，占全部手机用户的30.2%。 （熊 伟）

中国电信股份有限公司长寿分公司

【概况】 截至2016年12月底，中国电信股份有限公司长寿分公司（简称长寿电信）固定资产达到4.5亿元，全年经营业务收入1.39亿元；有电信固话用户11.59万户，移动用户14.42万户，宽带用户8.75万户（其中：FTTH光宽带用户7.81万户，光宽带用户占比达到89%），电信电视用户6.99万户。

【通信能力建设】 2016年底，长寿电信程控交换机语音端口为0（2016年全面退网），EPON语音端口达到95380线（逐步退网），数据端口28754线，有FTTH端口194478线。实现全区所有街镇SDH 2.5G环行保护网络接入，10G城域网环行网络或1+1链路汇聚保护接入。建有376个3G基站，新建510个4G基站。建成光缆线路10174皮长千米，428个光分线设施，形成四通八达的光纤通信网络，为满足用户多业务、多种保护方式接入提供有效保障。

长寿电信在PTN传输网、SDH传输网、IP-RAN传输网、城域网等网络核心层、汇聚层局站之间实现光缆多路由保护接入，通过网络优化组网，打造长寿高质量和高效率的安全通信网络，多次经受住自然灾害和网络安全问题造成的考验。

【服务质量提升】 长寿电信坚持推行全面质量管理作为企业管理的核心工作，将改善服务作为企业发展永恒的主题。坚持“用户至上，用心服务”的服务理念，提高通信服务意识和服务质量，较好地完成中国电信重庆公司下达的各项通信质量指标任务。长寿电信下设4个服务管控部门、14个支局（城区8个，农村6个）、2个政企服务团队，88个电信营业厅，覆盖长寿区各大商圈、街（镇），为客户提供方便、快捷、全方位的服务。

（黄 伟）

2016年中国电信股份有限公司长寿分公司领导人名录

总 经 理：孙伟山
副总经理：敬 钰 张中萍
总经理助理：龚 璞

中国移动通信集团重庆有限公司长寿分公司

【概况】 中国移动通信集团重庆有限公司长寿分公司（本分目简称长寿分公司）成立于1999年，2016年有在职员工110人，下设4个部门2

个片区营销中心。2016 年，围绕“发展”与“管理”两条主线，强化 4G 领先优势，提升家庭、行业信息化份额，实现收入稳定增长；打造“新增客户”“流量客户”“宽带客户”和“终端客户”四大关怀体系，着力解决客户反映强烈的热点问题，为客户提供更便捷和优质的服务。在网络建设、用户发展、客户服务、集团信息化发展等方面取得新进展。截至年末，分公司用户整体规模近 39 万户，全年实现总收入 2.26 亿元。

【网络建设】 2016 年建成 4G 基站 490 余个，达到 960 余个。实现凤城、渡舟、晏家、江南等 14 个主要街镇及经开区、重钢、川维等大型企业的有效覆盖，实现行政村全覆盖，实现长寿境内高速公路、高铁的连续覆盖。2016 年，长寿分公司有线光纤宽带新覆盖 8.8 万户家庭，家庭宽带覆盖达到 27 万户，有线光纤宽带服务能力快速提升。

【4G 发展】 2016 年，发展移动 4G 用户达到 20 余万户；移动公司推出行业领先的 4G +（volte—voice over LTE），将语音业务承载于 4G 网络之上，实现更快的接通速度、更清晰的语音交流，为大众打造更快捷、更智能、更人性化的移动互联网生活。（舒　莉）

2016 年中国移动通信集团重庆有限公司长寿分公司领导人名录

总 经 理：郭朝斌

副总经理：马　林

中国联合网络通信有限公司重庆市长寿区分公司

【概况】 中国联合网络通信有限公司重庆市长寿区分公司（简称长寿联通），属国有中央企业。2016 年有 3 个部门、9 个营销中心，员工 80 人。长寿联通坚持用心服务，已发展用户 12 万户。

【网络建设】 2016 年，长寿联通建成 4G 宏基站 320 个，实现长寿主城区、江南、川晏片区和长寿湖景区等聚焦区域的 4G 网络覆盖；全面完成长寿主城区、江南、川晏片区的光纤改造及 30 多个驻地网小区的建设，改善网络质量，提高用户满意度。

【服务质量】 长寿联通认真落实国家实名制政策，配合防范打击电信诈骗专项行动，提升老用户的服务感知，推出免费换卡普惠活动。不断优化用户服务质量，全面提升联通企业品牌形象，2016 年 3 月 15 日，再次获“年度消费者信得过企业”称号，已连续 10 年获得此项荣誉。（胡　杨）

2016 年中国联合网络通信有限公司重庆市长寿区分公司领导人名录

总 经 理：苏　航

副总经理：周　伟　郑光云

重庆市长寿区人民政府网站

【概况】 重庆市长寿区人民政府网站（简称区政府网站）属重庆市长寿区人民政府电子政务办公室管理。重庆市长寿区人民政府电子政务办公室（挂重庆市长寿区人民政府公众信息网管理中心牌子）为区政府办公室管理的正处级全额拨款事业单位，编制 9 人。其职能职责有：一是承担全区政府系统有关电子政务和公众信息网建设的组织、规划、指导协调以及区政府应急平台的建设、管理和维护等工作；二是贯彻执行信息化建设和计算机网络与信息安全管理工作的法律、法规和规章，并监督实施；三是组织实施区政府电子政务办公业务网和区政府公众信息网的建设维护和管理；四是指导街道、镇和有关单位的电子政务建设，配合协调促进跨行业、跨部门面向公众服务网络的互联互通和信息资源共享；五是完成区政府和主管部门交办的其他事项。

【网站信息公开】 一是各街镇和区级各部门通过本地数据库服务器 CMS 管理平台发布系统及时上传各类公开信息，由区政府电子政务办负责信息二次审核发布。二是继续整合推进区政府网站集群集约化建设，逐步将区内自建网站整合到区政府网站上来，定期修订安全防护设备策略，扩大政府网站信息容量；依托区政府网站服务器、安防设备、电信和联通独享链路等资源完成 17 个单位 23 个网站，节约年租赁维护费用约 55 万元。2016 年区政府网站发布“长寿区坚持以科技创新驱动工业转型升级”等头条信息 126 条；发布信息 6094 条，总点击量 169 万次；发布政务公开信息 2313

条，共享到市政府网站政务公开目录2067条，收到政府信息依申请公开20件，均严格按照《重庆市人民政府办公厅关于进一步规范政府信息依申请公开工作程序的通知》（渝府办发〔2016〕238号）进行办理。

【网站管理】 强化信息公开。按照《重庆市长寿区人民政府办公室关于印发〈长寿区政府信息公开制度（试行）〉的通知》（长寿府办发〔2015〕82号）要求，督促各街镇、部门高度重视信息公开工作，提高工作人员业务水平和工作责任心，落实各部门相关责任领导和责任人，强化信息安全审核。

网站安全措施。继续使用用户登录短信二次网关验证系统杜绝账号被盗用的情况发生，定期对区政府网站系统安全防护设备（包括天融信网络卫士千兆防火墙系统、入侵防御系统、应用流量管理系统、网络审计系统、WEB防火墙、漏洞扫描系统、日志收集审计系统）和数据存储一体设备（数据安全管理系统）进行升级，定期观察设备和分析数据，及时修订各项设备的相关保护策略，做到实时监管。2016年12月通过重要信息系统等级保护三级测评。

网站值班巡检制度落实7×24小时读网制度，继续完善政府公开信息审核发布机制，随时监测页面信息，做到网站信息防篡改、防泄漏，定期巡检服务器、网络设备、链路等，完善网站安全事故应急预案，网站故障点发生机率小、故障排查效率高。（王国兵）

长寿日报新媒体

【概况】 一是强化全媒体资源整合，提升内容生产力。树立“用户思维”和“产品思维”，以用户需求为先导，构建全媒体“中央厨房”，负责新闻信息的整合集成、加工生产，每天编前会商定全媒体报道思路。分设报纸、客户端、微信、手机报的编辑，根据平台定位和目标用户，差异化处理、立体化呈现。把传统媒体的“稳”与“准”和新媒体的“快”与“活”结合起来，在多元中立主导，让公众在主流渠道中获得自己的信息来源，在主流声音中找到自己的文化归属。二是强化全媒体报道创新，提升宣传影响力。“中国梦·巴渝风”2016年“星耀长寿”才艺大赛、2016年长寿湖龙舟民俗文化节等活动，实现人人长寿APP和长寿新闻网上图文直播，长寿日报微信全程跟踪报道。增加视频、航拍、H5场景应用等报道手段，丰富读者体验。长寿湖龙舟民俗文化节音乐焰火视频新闻阅读量达到16万人次，腾讯视频收视量43万人次，新媒体宣传曝光量70万余人次。2016年“两会”期间，制作《当好主力军实现新跨越》图片展，数说成就、图说变化。设计制作“两会”指南、《新起点新跨越》等H5场景应用，让“两会”日程、五年发展成就一目了然。《长寿日报》推出系列图说新闻，让报告数字化、成绩可视化。长寿日报微信推出“读两会报告，写精彩点评，赢万元话费”互动活动，吸引代表委员和市民积极参与。“乡约新媒体，发现美丽乡村”栏目稿件图文呈现，加上航拍视频，日平均阅读量2万余人次。三是强化全媒体服务功能，提升平台粘连度。人人长寿客户端完成改版上线，新闻版块包括图文、视频、广播、专题等新闻内容；政务版块包括政情、旅游、重庆群工等内容；生活版块包括水电气、有线电视、电话的缴费和票务、违章查询，酒店、美食等信息服务；互动版块包括在线问政、调查问卷、推广活动。人人长寿客户端、《长寿日报》、长寿新闻网、长寿日报微信互联互通，让广大读者用户足不出户了解长寿事，满足用户多元化需求。加强与街镇、部门和企业的合作，先后与区委宣传部、区文明办、区创建办、区教委、区总工会、区农委联合开展“长寿工匠”“最爱农产品”“最美孝星少年”等评选活动。（汪月琴）

城乡建设与管理

城乡规划

【概况】 重庆市长寿区规划局（简称区规划局）为区人民政府主管全区城乡规划及测绘管理的组成部门。局机关有核定行政编制12人，2016年在职11人，退休2人；区规划监察执法大队核定事业参公编制18人，在职15人，退休1人；区城乡规划服务中心核定事业编制17人，在职12人；长寿勘测规划院核定事业编制20人，在编在职11人、聘用55人，退休5人。区规划局内设4个科室（办公室、编制用地科、建设规划管理科、测绘管理科）；下辖3个直属事业单位：区规划监察执法大队、区城乡规划服务中心、重庆市长寿勘测规划院。

【城乡规划编制】 2016年，《长寿中心城区慢行系统规划》获重庆市优秀城乡规划设计三等奖，《洪湖镇称沱场乡村整治规划》获重庆市优秀城乡规划设计二等奖，《石堰镇干坝村现状分析及规划指引》获市规划局优秀规划设计项目二等奖，富盈长寿湖商业广场项目获市规划局优秀项目评选一等奖；区规划局机关2名干部分别获得国土资源部科学技术二等奖、重庆市地理国情普查先进个人。

实现城乡规划编制全覆盖。完成城乡总规2015年修改涉及八颗街道控规，实现城区控规全覆盖；完成专业专项规划6项、规划研究3项、镇规划16项、村规划75项。截至2016年底，全区启动规划编制及研究项目462项，已结题396项、正在编制66项，编制的数量和覆盖率位居全市第一。其中，纳入规划全覆盖计划项目346项，已完成314项，完成率90.8%。完成专项专业规划成果纳入、规划研究成果纳入、重大市政基础设施项目落地等各类型控规维护总计87项，促进城市用地结构更加合理。

围绕重点规划编制，完善城市功能配套。围绕重大基础设施、教育设施、卫生计生设施、历史文化遗产保护等重点领域组织专业专项规划项目编制。针对城区交通改善，解决“断头路”“丁字路”、绿地广场建设等开展专项研究，形成项目库纳入全区国民经济发展“十三五”规划及重大建设项目库中统筹，推进城市功能配套不断完善。

服务城市开发建设，提升城市基础设施水平。核发用地规划许可总用地面积378.4公顷；核发工程规划许可证总建筑面积153.44万平方米；核发规划竣工核实确认书总建筑面积266.86万平方米。许可城市道路总长61.12千米，其中城市主干道24.36千米，城市次干路17千米，城市支路19.76千米；许可公园绿地总用地面积41.88公顷；许可各类市政管线31.75千米、架空电力线12.95千米。截至2016年年底，长寿区城市建成区面积56.86平方千米，位于全市远郊区县前列。

【城乡测绘】 测绘地理信息工作进一步加强，基础测绘成果不断夯实。完成全区地下管线普查与更新工作，普查城市干道两侧各类市政管线1492.52千米，建成全区地下管线数据库、地下管线综合管理信息系统及各类专业管线信息系统。完成中心城区48平方千米倾斜摄影三维实景建模。完成城区36.91平方千米1：500地形图更新。完成城区21465栋、地上总建筑面积3303万平方米建筑物信息调查。2016年向区级各部门和单位提供各类地理信息24次、6223.67平方千米。完成城区标准地图、“每月一图”公益地图编制。

【规划管理】 探索规划新方向新领域，创新驱动规划水平。在全市区县率先开展“多规合一”试点、智慧城市顶层设计、海绵城市基础资料调查及规划编制、地下综合管廊规划编制等，强化规划引领作用，解决城市规划建设面临的各种问题。其中，海绵城市基础资料调查工作得到市城乡建委通报表扬。

“严控增量、消化存量”，整治违法建筑。2016年，区规划局与经开区和相关街镇、部门，完成全区存量违法建筑整治917件、建筑面积13.68万平方米，占全区存量违法建筑总量的14.67%，为2016年计划任务量的104%。其中，城市建成区存量违法建筑整治766件、建筑面积约5.12万平方米，占城市建成区存量违法建筑总量的13.7%，为2016年计划任务量的118.98%。巡查发现在建违法建筑147件、建筑面积14380平方米，均进行现场制止，制止率100%；年底前已拆除88件、建筑面积12319平方米，按建筑面积计算，拆除率85.6%。（罗昌友）

城乡建设

【概况】 2016年，重庆市长寿区城乡建设委员会（简称区城乡建委）领导班子成员1正4副；机关行政编制18人；内设办公室（计财科）、法制科（区建筑执法支队）、建管科、勘察设计科、城乡建设科、民防科等6个职能科室；下属区建设工程质监站、区建筑施工安全站、区民防信息保障中心、区城建档案室（区招标办）、区村镇建设服务中心、建筑设计院等6个事业单位；直属企业长寿建筑安装有限公司。

2016年，长寿区城乡建设紧跟区委、区政府决策部署，坚持“统筹城乡、服务发展”工作理念，推进新型城镇化建设和城乡统筹发展，圆满完成各项目标任务，“四宜双百”特色卫星城建设稳步推进。

【城市建设】 一是城市空间不断拓展。不断完善形成中心城区、3个中心镇、9个重点镇“1+3+9”三级城镇体系，城市建成区年内新增面积1.09平方千米，达到56.86平方千米，城市建成区面积位列重庆主城区外前列。城镇常住人口新增1.2万人，达到53万人，城镇化率63.62%。菩提、渡舟、凤西、阳鹤等重点区域综合开发快速推进，新市、八颗撤镇设街道融城发展，“四宜双百”特色卫星城初具雏形。稳步推进旧城改造，完成定慧寺片区、晏家石盘村片区、葛兰叶家湾片区棚户区改造275户、2万平方米。二是完善城市功能设施布局，高标准推进城市基础设施建设。渝万高铁长寿段、长寿湖高铁站前广场及道路工程、长洪路前段、古桃路、东方之骄人行天桥、黄桷湾移民综合广场等市政基础设施竣工投入使用；化工职院、菩提小学、晶山中小学等教育服务设施建成投用，长寿菩提山、长寿菩提古镇旅游项目和青龙嘴片区文物保护修复项目等旅游项目不断完善。统筹推进长江二桥、火车北站站前广场综合交通枢纽、城市停车场、地下综合管网等城市基础设施建设，推进博物馆、北城医院、城中城商业综合体等功能服务设施建设，提升城市功能。

【镇村建设】 （详见《农业和农村经济》类目《美丽乡村建设》分目）

【城建经济发展】 2016年，长寿区坚持稳中求进，城建经济平稳运行。完成注册地建筑业总产值192.28亿元，比2015年增长20.6%；增加值65.9亿元，增长15.1%。征收城市建设配套费1.26亿元，收取农民工工资保障金1443万元。2016年全区有房地产开发建设项目40个，其中在建项目37个。全区完成房地产开发投资99.02亿元，增长23.88%，占全区社会固定资产投资16.80%。坚持创新驱动，加快行业转型升级。推进建筑产业现代化，加大钢结构建筑在桥梁、楼房等领域的推广应用；推进建筑节能与绿色建筑工作，实施公共建筑节能改造14.5万平方米，全区有27个项目、120.4万平方米建筑通过能效测评（Ⅲ级）。落实全区支持房地产实体经济发展的政策措施，调整项目资本金及预售资金监管方式，为12家企业解控监管资金5407万元。

【城乡建设管理】 一是严格规范权力运行，清理规范行政权力212项，修订完善区城乡建设权力清单、责任清单和权力运行流程图。推进网上行政审批制度改革，办理网上行政审批事项354件次。二是抓好行业宣传教育，结合“安全生产月”“农民工日”“防灾减灾日”等活动，专题培训、现场宣讲、城区建筑工地围挡公益广告刊播、挂横幅、发传单等，弘扬社会主义核心价值观，强化行业安全生产知识的宣传和教育。三是依法强化建筑工程质量安全监管，严格执行施工现场简易执法规范和程序，发出执法文书43份，罚款3.1万元。加大建设施工行政执法力度，办理一般程序行政执法案件立案7件，罚款金额24.3万元，全区房屋建筑和市政工程领域安全生产形势持续稳定。狠抓中央环保大督查迎检和全国文明城区创建等全区重点工作，严格安全文明施工行为，杜绝带泥上路、施工扬尘等违规行为，创建扬尘示范工地10个、市级文明工地1个。四是依法解决群众诉求，开展房地产领域突出问题专项整治和清欠维稳工作。推进中钢·桃花源、金科·世界城、时代国际等3个项目房地产领域突出问题专项治理，落实“五定”“五包”措施。妥善处置金科·世界城、御府华庭等房地产项目矛盾纠纷，受理各类欠薪投诉200余起，处理各类欠薪集访、突发事件70余次，协调兑现农民工工资9170万元，未发生一起恶性讨薪事件。受理群众来信来访244件，已办结232件，按期办结率100%，处置网络舆情6件。开展农村危房改造资金使用专项治理，及时整改问题农户34户，清退资金35.8万元，确保惠农政策得到落实。（黄隆平　张忠荣）

城市基础设施建设管理

【概况】 重庆市长寿区城市开发管理服务中心与重庆市长寿区城市开发投资（集团）有限公司合并运行。2016年有员工93人，其中事业人员15人、聘用人员78人；专业技术人员中拥有高级职称3名、中级职称36名、初级职称11名。内设机构有办公室、财务和资产经营部、合同和投资管理部、用地事务部、规划发展部、工程管理部、总工办、市政园林部6部2室。

2016年，围绕区委、区政府的中心工作和项目建设目标任务，全体干部职工齐心协力，创新实干，各方面都取得成绩。全年筹集到位资金889475.09万元。新开工项目4个，续建项目9个，建成阳鹤四路、支四路、渡南三路、凤西南北一路、凤西南北二路等12条道路6.9千米，铺设综合管网15.9千米，迁建各类管线29.5千米，新建、续建绿化12万平方米，安装路灯680盏。全年完成投资9.82亿元。全年实现合同引资16亿元，到位资金25亿元，内资7亿元。

【财务和资产管理】 加强对融资工作的领导，推进融资工作。全年筹集到位资金889475.09万元。其中：融资到位资金697900万元（不含向长浦市场管理服务中心融资72300万元，其中长寿乐至公司使用42700万元、长寿生态旅业公司使用29600万元），财政拨付土地出让收入成本及税收返还等146467.49万元，桃花溪中游重点河段综合治理工程、三峡后续工程、地方政府新增专项债券等项目专项补助资金44910.60万元，资产经营收入197万元。

全年实现各项支出816936.97万元，其中：还本付息533814.27万元，规划设计、土地征收房屋拆迁、项目建设及运行管理等费用支出283122.70万元。

【征地拆迁】 征地报件工作，取得南北中路林地使用许可证，取得渡南路西延伸段等4个项目的调规批复，办理已修建的14条道路和三坪变电站的供地资料和不动产权证，取得东新村污水收集管网和渡舟组团（站北片区）截污水干管等8个项目用地预审，办理公司预征地15个征地报件，办理南北中路、渡南路西延伸段道路和绿屏东路的征地报件。

征地拆迁完成长邬路西延伸段白庙村十二组、菩提东路景区段绿化用地等5个项目的清表工作，已交地施工；完成清除化工职大旁地块、云峰寺公园、站南片区和展示区的乱搭棚户以及垃圾清运工作；拆除果园八组违法建筑，2次拆除渡舟农场处已征地内的乱建鱼塘；完成已征未用土地规范管理委托代管协议；完成渡南路展示区段、渡舟粮站及卫古路剩余段房屋拆除工作。

【建设前期工作】 路网设计，完成站南片区滨河南路、滨河北路选址、用地及方案审批；完成站北片区横一路等3条道路初步设计，站北片区污水管网及纵次路二线北段等6条道路施工图设计工作；完成阳鹤山片区阳鹤山排洪渠（鹅子沟）初设审批，阳鹤南北一路（二期）、南北中路施工图设计；完成经开区快速连接道升级改造工程概念方案设计，城市公共停车场新改建工程初步设计，城市干道畅通工程、桃花溪西岸城区段截污干管工程等施工图设计。

绿化景观设计，完成云峰寺公园立项，完成渝利铁路和渝万铁路长寿城区段沿线绿化隔音带东段工程初步设计，完成桃花至古佛高速路沿线带状休闲绿地立项及选址，完成桃花溪城区段环境综合整治绿化景观工程北部新城段及桃花新城段施工图设计。

【招投标及结算工作】 预算、评审工作按计划推进，完成长寿区桃花溪西岸城区段截污干管工程等56个项目的预算及评审。招投标工作依法办理，完成100万元以上的有桃花溪西岸城区段截污干管工程等38个公开招标项目，完成100万元以内的三坪变电站清淤换填工程等6个邀请招标项目。做好工程结算、送审工作，完成25个。完成阳鹤山片区、北部片区道路及地下综合管网项目投建一体化方案编制、资格预审。

【工程建设】 2016年新开工项目4个。菩提南路开工建设，已完成；桃花溪西岸城区段截污干管开工建设，完成管网安装2.2千米；桃花溪景观示范段（蓝光段、豪园段）开工建设，完成总工程量的70%；城市干道畅通工程南北通道桥梁建成，渡南路、重钢大道与卫古路、AH7线、渡南一路等断头路相继开工建设。

2016年续建重大项目9个。完成阳鹤四路道路建设；完成阳鹤南北一路（一期）除受拆迁影响以外的全部工程；长邬路西延伸段完成土石方70%，水稳层10%；支三路完成除开裂段以外的全部道路，支四路道路已达到通行条件，人行道在古镇完成挡墙施工后15天内完成；渡南三路已通车；完成凤西长平北路，长平路除顺风庭安置房段外已完工；凤西南北二路已交工验收并通车，凤西南北一路完工；长洪路中段完成高压天然气管影响及但德美拆迁处道路施工；站南片区截污干管完成80%。

管网迁建工程，完成长输天然气管道保护和迁建2.3千米，民用燃气管道迁建2.6千米，电力线路迁改6.6千米，通信线路迁改18千米，保证在建工程的顺利施工和出让地块的顺利建设。

园林绿化工作，完成高速公路沿线路线项目，增加绿化苗木3000余株；完成渡舟路改扩建工程绿化，全年新增绿化面积16.4万平方米；搬迁各类苗木1000余株，确保道路工程建设顺利开展。

【城市基础设施管理】 加大对施工单位管理力度，制止乱搭工棚、占道堆放建筑材料等违规施工行为7件，制止碧桂园私自开槽接入污水管网等行为5件；强化市政巡查管理，制止车辆带泥上路行为2件，清理辖区内建筑垃圾8件，清理2000余立方米建筑垃圾。

开展市政建设、维修工程，完成福泰小区、邬家冲、区政府广场等多项污水管网维修工程，更换市政盖板180块，完成市政建设、维修工程额度近260万元。

对突出环境问题进行专项整治，顺利通过中央环保督查工作。一是完成双龙、洪湖、龙河、葛兰、新市、八颗、邻封、万顺、海棠等街镇的污水管网出现的塌陷、堵塞、渗漏等问题全面整改。二是完成火车北站站南片区污水管网工程进度95%。三是推进高速公路长寿段隔音屏障项目，年底前已完成设计图，正在进行招投标工作。

开展全国文明城区创建相关工作。一是投入资金4000万元，安排给区市政局、菩提街道、凤城街道各1000万元，区商务局、渡舟街道各500万元，用于全国文明城区创建工作。二是完成15条人行道路的维修。三是营造宣传氛围，在火车北站站前广场、站前大道、北城大道、长洪路、渡南路新增路灯公益广告牌128块，14个灯箱公益广告牌；在建工程全部围挡施工，张贴文明标语。四是完成火车北站站前大道附近白色垃圾的清理。五是对辖区道路的人行道安装果皮箱1273个，新增道路U型桩4000米，达到8000米。六是对辖区内9700米道路隔离护栏进行清洗维护。（高　勇）

公共民生工程建设管理

【概况】 2016年，重庆市长寿区公共民生工程建设管理服务中心（简称区公共民生工程中心）推进项目建设工作，每周一次工程例会和总经理办公会，每月一次项目工作推进督查会，及时研究解决项目推进中的问题，推进前期手续办理进度，加强现场质量、工期、安全管理。全年无质量安全事故和其他不稳定事件发生。所属公司全面完成建设项目58个，其中重大项目17个（保障性住房项目6个，总投资12.07亿元；公益类项目11个，总投资13.5亿元），全面完成年内项目建设任务。全年完成固定资产投资33亿元，筹措各类资金34亿元。

【保障性住房建设和安置】 （详见《民生》类目《住房保障》分目）

【公益类项目建设】 （详见《建筑 房地产业》类目《公共民生工程开发建设》分目）

【资金筹集】 2016年，区公共民生工程中心所属公司资金需求28.2亿元。全年筹集资金34亿元，确保重大项目建设、银行还本付息以及日常运行的需要。

【困难和问题】 一是定销房去库存难度较大。年底前，区公共民生工程中心建设的定销房58021套，已分配、销售和拟分配33264套，剩余房屋24757套。定销房剩余房屋多。二是后期物业管理难度大。定销房建成投用以后，由于区政府无专门管理资金投入，也无专门的管理方案，在管理过程中存在管理费用高、难度大等问题。三是公司负债过高。年底前，区公共民生工程中心所属公司账面总资产125亿元，负债79亿元（直接负责58亿元，间接负债21亿元），负债率约为63%。

（付妮娜）

市政园林

【环境卫生管理】 2016年，重庆市长寿区市政园林管理局（简称区市政园林管理局）接管长寿经开区片区，代管长寿菩提古镇片区，统一纳入环卫清扫保洁范围。探索环卫作业新机制，做到“时间、任务、质量、地段”四落实，通过日常巡查、定期考核、重点督办和突击性任务跟踪督查等多种形式，细化网格化管理模式，实现“全方位、无盲区”管理，确保道路清扫保洁“全覆盖、无间隙”。按照“白天降尘、夜间冲洗”的模式实施道路冲洗，道路扬尘明显降低，道路冲洗见本色。按照“一人一厕、一人一站”的管理模式，明确管理制度，设置标志牌，公厕、垃圾站设施完善，定时清扫保洁，厕站干净卫生。全年洒水3.18万车次14.88万吨，清洗人行护栏22次，擦洗道路隔离栏杆11次；清理城乡接合部及城区背街小巷暴露垃圾981吨；征收垃圾处置费500万元。有序推进船舶废弃物接收处置工程项目建设，完成招标工作。

【市政设施】 落实《市政设施维护管理考核办法》《市政设施巡查管理制度》，借力“12319”城市服务热线和数字化城管，落实巡查监管机制，确保市政设施巡查、监管、维护工作高效运行。完善城市道路开挖、占道审批管理，加强后续监管，做到文明施工、及时恢复、保障质量。全面实施城镇照明设施建设改造，实现城市照明设施全覆盖；照明设施统一编号管理，落实专人巡查、维护。强化城市桥隧管护，及时处置安全隐患。开展汛期前城区排涝设施整治，及时清理暴雨后边坡滑坡、疏通边沟和下水道，确保道路畅通。2016年，办理占道审批9件、道路挖掘12件；修补城区道路路面坑凼1310平方米，维修公路2853平方米、人行道1660平方米、路沿70米；更换水篦子304套、窨井盖268套；维修人行护栏200米、更换人行护栏738米，维修隔离护栏1212米；维修路灯3272盏，新安线路10345米，更换线路12516米，排除路灯线路故障184次，维修路灯控制变压器35台。

【市容管理】 坚持“主干道严禁、次干道严控、背街小巷规范”原则，采取疏堵结合、管罚并重的方式管理流动商贩，引导商贩退路进店、归市；妥善处置外来人员在长寿占道经营，不断巩固规范管理街区创建成果。加大巡查力度，规范城区户外广告设置，及时清除违规设置的大型户外广告、灯箱广告等，全年办理占道宣传备案331件，户外广告备案77件，户外广告、招牌设置规范、布局合理、整洁美观。实行“三定”模式，即定机构、定人员、定职能，开展清洁运输整治，全年查处未密闭、未覆盖运输车辆62台次，车身不洁车辆36台次，冲洗设施不完善工地10个，罚款50000元。疏堵结合整治城区“牛皮癣”，在城区新设及维修张贴栏100块，查处违规乱张贴80件，罚款6250元；清除牛皮癣281875张，喷涂23371处。开展城区违章横幅、骑门摊、外来人员违规搭棚、世纪广场游摊、建筑装修垃圾乱堆乱放、江南综合环境、沙井市场、凤城市场、新城农贸市场、江南农贸市场、育才路、协信广场等专项整治工作，市容秩序明显改善。

【停车管理】 利用《长寿日报》、长寿电视台、户外LED显示屏等媒介，宣传停车收费管理相关政策，扩大市民知晓度。强化道路临时停车服务管理，加强收费员的培训和教育，采用PAD收费终端收费，精准停放时间，减少矛盾纠纷，提高服务质量水平。在老城区的次干道及背街小巷，尽可能地施划道路临时停车泊位，完善停车标志牌、标线，全年规范城区停车泊位114个。会同区公安局交巡警支队开展人行道整治行动，对人行道违法停车进行集中整治，劝离2300余辆，处罚734辆；在禁止人行道停车路段安装U形隔离桩1849米、隔离桩52根、大理石柱165根、大理石球35个，城区人行道停车现象明显减少。

【公共行业监管】 加强对供水行业的监管，定期开展供水生产安全检查，在《长寿日报》及长寿区政府门户网上公示水质检测报告，饮用水水质综合合格率100%。加强二次供水管理，年内完成老旧城区一户一表改造468户。加强城镇污水处理厂运营监管，加大污水管网、污水处理厂的改建力度，推进桃花溪西岸截污干管建设前期工作；严格接沟审批制度，全年接沟审批14件，征收污水处置费2177万元。建立下水道、化粪池基础信息系统，实行隐患追踪、限时督办制度，做好排水疏浚和窨井盖整治工作，未发生安全事故。

长寿城区绿化带一瞥

【园林养护】 及时植株补苗、修枝整形、除草施药等，确保园林绿化长势良好。年内修剪行道树1174株，补植行道树280棵。实施凤山公园、三洞桥等9个游园的花台改造，改造面积1905平方米，铺装树池63个。加大园林执法力度，及时有效处置城区毁绿、占绿等违法行为，有效保护城市园林绿化建设成果。发展鲜花产业，丰富鲜花品种，完成100万盆鲜花生产及布置工作。加强园林绿化的行业指导，严格审查小区配套绿化初设方案，确保园林绿化景观效果，全年办理城市园林树木修剪、移植、砍伐的审批9件，城市建设项目配套绿化审批44件。

【市政民生】 以办好民生实事为出发点，高效办理回复市民投诉。有效整合“12319”城市管理热线、政府信箱、阳光114、群工信息系统等平台，落实专人管理，及时将投诉交办到责任单位，限时办理。开展“我为停车献一计”有奖征集活动，市民热情参与城市管理。2016年办理各类信访投诉案件1600余件，均限时规范办理并回复，市民满意度明显提高。（邹　红）

勘察设计

【勘察设计监管】 长寿区全面加强勘察设计市场准入和施工图审查质量管理，加强勘察设计人员从业资格管理，从设计源头把好建设工程质量关。一是严格勘察外业见证管理，重点对工程勘察单位钻探劳务业务承揽和开展情况、现场钻探工作质量情况、勘察外业见证情况、工程勘察“四员”（外业见证员、现场司钻员、描述员、土工试验员）培训合格上岗情况进行监督管理；2016年系统统计项目143个，已抽查14个，抽查比例为9.8%，抽查未发现外业见证人员或技术人员不到场的违规行为。二是强化初步设计审批管理，建立初步设计审查结果通报、初步设计行政审查与专家技术审查并重、专家意见限期回复及审查不通过书面退件等制度，将工程勘察、高边坡支护设计、结构超限抗震、建筑节能等纳入初步设计审查范围。全年办理初步设计审批60件，总投资87.63亿元（其中房屋建筑22件，总规模100.62万平方米，投资33.07亿元；市政项目22件，投资21.76亿元；工业项目16件，投资32.8亿元）；审查的初步设计项目违反工程建设强制性标准条文23条、一般性条文2138条。三是加强施工图审查备案管理，严格市外审查机构入渝备案管理，每季度组织专家对备案项目进行抽查；在施工图备案时收取建设、勘察、设计单位的法人授权书和质量承诺书，严格落实各方主体设计质量责任。2016年，办理施工图审查备案173件，总投资31.96亿元（其中房屋建筑24件，140.29万平方米，总投资29亿元；市政项目52件，投资56.94亿元）；加强施工图抽查工作，全年抽查项目9个。四是加强检查严格执法，将勘察设计质量监管与区质监站现场监督相结合，定期开展质量监督检查，严肃查处勘察设计质量违法违规行为，保障建筑质量安全。2016年，检查发现违规审查行为1起；针对该违规审查行为，及时约谈审图机构负责人，对相关单位进行全区通报。（黄隆平　张忠荣）

建筑 房地产业

概　述

【建筑业】　2016年，长寿区新办建筑业企业资质6家，全区有建筑业企业171家（其中，总承包一级8家、总承包二级17家），资质结构更趋合理。2016年完成注册地建筑业总产值192.28亿元，比2015年增长20.6%；增加值65.9亿元，增长15.1%。征收城市建设配套费1.26亿元，收取农民工工资保障金1443万元。从严从实加强行业管理，全年依法办理初设审批62件、施工图审查备案173件、工程发包241件、工程质量安全报监159件、施工许可76件、施工和监理合同备案各76件、建筑能效测评161件、建设工程档案验收26件件、竣工验收备案72件。推进社会信用体系建设，归集报送企业信用信息1192条，实施建筑施工企业质量安全及诚信评价机制，先后6轮对全区建筑施工项目开展诚信体系评价400余次，在125个项目招投标中应用诚信评价分数。开展“工程质量治理两年行动”，建筑施工深化防高空坠落事故、防群死群伤事故“两防”专项整治，全区房屋建筑施工监督面积566.6万平方米，全年开展建筑工地一线检查800余次，下发隐患整改通知书130份、局部停工通知24份，及时消除事故隐患。加强农民工考勤记实、工资发放、技能培训和安全考核一体化管理，全面推行农民工“平安卡”管理，发卡3.16万张。加强建筑工人基础培训工作，通过建筑业协会、农民工业余学校等平台完成建筑工人培训与鉴定3200人次。

【房地产业】　2016年核发开发企业资质1家，区内注册企业达到52家（其中二级资质13家，三级资质15家，暂定资质24家）。全区有房地产开发建设项目40个，其中在建项目37个。全区完成房地产开发投资99.02亿元，比2015年增长23.88%，占全区社会固定资产投资16.80%（其中住宅投资68.24亿元，增长0.04%）。商品房在建面积298.36万平方米，新开工商品房面积40万平方米，竣工商品房面积137万平方米。商品房销售面积117.04万平方米，增长20.54%。加强项目建设方案备案、配套设施建设承诺公示等新制度的执行，对在建开发项目预售资金和项目资本金实施动态监管，动态使用6401.7万元，监管金额分别是7709万元、12957万元。落实全区支持房地产实体经济发展的政策措施，调整项目资本金及预售资金监管方式，为12家企业解控监管资金5407万元。科学把控供地节奏和房地产开发数量，举办房交会、加快房地产业转型升级发展等方式多措并举去库存，全区可售商品住房去库存周期约为8个月的合理区间。

【建筑节能】　加强新建建筑节能审查，按照《长寿区建筑节能初步设计专项审查制度》的要求，开展建筑节能初步设计专项审查，实行建筑节能初步设计审查“一票否决”制；全年完成建筑节能专项审查27件，面积91.88万平方米。抓好建筑节能重大设计变更，全年完成6个项目的节能设计变更。把建筑能效测评作为竣工验收的必要程序，凡经测评达不到建筑节能强制标准要求的，不得组织竣工验收。加强全区的能效测评工作，确保节能率达到50%以上，严格落实节能标识管理；全年完成建筑能效测评项目27个、157栋、120.37万平方米。以合同能源管理模式推动以商场、酒店和医院等节能改造潜力巨大的项目为重点的既有公共建筑节能改造，完善节能改造项目管理制度，规范项目业主和节能服务公司行为。全年实施区中医院、区行政中心、区人民医院等公共建筑节能改造示范项目3个，改造面积14.5万平方米。提高建筑节能专项宣传教育水平，强化建筑节能培训，组织2016年度长寿区建筑领域施工现场管理及技术培训，增强广大群众的建筑节能意识。加大建筑节能监督检查力度，每季度对在建项目的节能进行检查，要求开发单位及时进行整改发现问题，对整改不力的进行通报。2016 年，全区未发现重大建筑节能问题。（黄隆平　张忠荣）

房屋管理

【物业管理】　开展 3 +4 物业小区矛盾纠纷专项治理，建立“部门、街镇、社区三级共管，物业行政管理、行业协会自律并重”的管理服务机制。开展属地街镇设立物业管理机构试点工作，年底前在菩提街道办事处设物业管理科，借调事业编制工作人员 3 名，专职组织调处住宅小区矛盾纠纷，逐步形成以属地街镇召集联席会议调处物业矛盾重大纠纷的长效机制。全年归集物业专项维修资金 1.07 亿元，比 2015 年增长 16%；受理使用申请 185 件，使用资金 384 万元，增长 58%。严格物业专项维修资金使用监管，建立工程造价第三方评审机制。举办全区“最美物业人”评选活动。完成区物业管理协会脱钩试点工作。开展物业行业信用体系建设，推行负面信息量化考评制度。配合区政协对全区住宅小区物业管理情况的专题调研。

【住房安全管理】　完成全区经鉴定确认的城镇 C、D 级危房 67 栋、2.44 万平方米（其中直管公房 62 栋、1.94 万平方米，社会公房 5 栋、5000 平方米）。按照“产权人承担主体责任、属地街镇具体监管、检测单位技术支撑、主管部门业务指导”的管理体制，有序开展城镇危房安全鉴定、直管公房解危帮扶、垮塌事故应急管理等工作。完成定慧寺周边 12 栋、7628 平方米危旧直管公房解危拆除，搬离租赁对象 183 户；启动实施三倒拐、和平街等区域的 62 栋、240 户直管公房 C、D 级危房避险搬迁工作，已搬离租赁对象 150 户。

【不动产管理】　全面开展不动产统一登记工作，优化登记流程、完善登记规则、改进登记系统，建立起城乡统一的不动产登记体系，不动产统一登记工作受到市国土房管局的通报表扬。全年办理各类不动产登记 8.3 万件。完成 2015 年度土地变更调查工作，已通过部、市验收，外业调查和内业变更质量名列全市前五位。启动 2016 年度土地变更调查。开展灾毁地调查工作，上报灾毁地面积 22 公顷。完成 2015 年度城镇地籍调查更新汇总。完成村庄补充调查专项工作，上报村庄补充调查图斑 2486 个，面积 67.85 公顷。

（余　杰　袁国勤）

房地产市场

【概况】　推进供给侧结构性改革，贯彻落实国家和市、区出台的房地产去库存和支持房地产实体经济加快发展的配套政策。控制土地供应规模和节奏，全面实施征地住房货币化安置，举办房交会搭建房地产促销平台，扩大商品房有效需求，有效化解全区房地产库存。全年商品房销售面积 117.04 万平方米，比 2015 年增长 20.54%（其中，成套住宅交易 106.19 万平方米，增长 21.08%）。住宅交易均价约 3608 元/平方米，下降 8.88%；非住宅交易建筑面积 10.85 万平方米，增长 15.43%。二手房交易建筑面积 56.82 万平方米，增长 56.53%。商品住房去库存净减 42.47 万平方米。全区可售商品住房存量约 71.85 万平方米，可售商品住房去化周期约为 8 个月，处于合理健康区间。

【房地产市场监管】　全面开展房地产中介专项整治工作，制定《长寿区房地产中介专项整治实施方案》，联合区发改委、区工商分局等部门对全区 113 家中介机构和从业人员情况进行全面调查摸底，建立信息台账。设立房地产市场举报投诉电话。完成 72 家房地产经纪机构登记备案工作。加大行政执法检查力度，重点加强远郊街镇商品房销售情况检查，严格查处各类违法违规销售行为，维护良好的市场交易秩序。（余　杰　袁国勤）

住房公积金管理

【概况】　重庆市住房公积金管理中心长寿区分中心（本分目简称区分中心）2008 年 8 月上划至重庆市住房公积金管理中心管理，是不以营利为目的的直属事业单位（其中：党组织关系挂靠在区国土房管局党委，群团组织均由长寿区群团部门直属管理）。内设有综合管理科、财务管理科、归集提取管理科、住房信贷管理科。主要职责：负责宣传贯彻住房公积金政策、法规和管理制度，并加强扩面增缴工作；负责长寿区范围内的住房公积金日常管理、归集、使用、保值增值与归还；负责记载长寿区范围内的职工住房公积金的缴存、提取、使用等情况；负责长寿地区住房公积金的核算；审批长寿区范围内的住房公积金的提取；负责长寿区范围内住房公积金贷款项目的立项申报；负责长寿区范围内住房公积金个贷审批及资金划拨；负责长寿区内住房公积金行政执法及职工维权工作；承办重庆市住房公积金管理中心决定的其他事项。

截至2016年12月31日，全区有535个单位、53462名职工建立住房公积金，缴存45.04亿元，缴存余额15.81亿元。全年新增归集6.41亿元，完成年度计划的114.87%，较2015年同期增长7.37%；新增缴存职工5099名，净增缴存职工2753名，分别完成年度计划134%和116%。

2016年全年使用住房公积金8.96亿元，较2015年同期增加25.84%，资金使用率达到139%。截至12月31日，提取住房公积金29.32亿元，提取人数158973人。其中：2016年提取住房公积金4.76亿元，提取人数19320人。截至12月31日，实现放贷22.29亿元，发放户数11455户，支持职工购房面积113.28万平方米，支持项目（楼盘）103个。其中，2016年发放贷款4.20亿元，增长62%，完成年度目标计划的166%；发放户数1772户，增长70.71%；个人贷款比率93%；支持项目（楼盘）20个，支持职工购房面积16.28万平方米；回收贷款本金1.38亿元，贷款余额14.70亿元。2016年实现增值收益0.21亿元，提供廉租住房补充资金0.14亿元，交地方财政廉租住房补充资金0.95亿元，资金运作安全。

区分中心在长寿区委、区政府开展的2015年“执政为民、服务发展”评议工作中获第五名的好成绩，财务科获得2015年度区级“巾帼文明岗”荣誉称号。

【规范缴存业务】 扩面宣传，协调5家归集银行及社保部门，筛查长寿区单位建缴制情况，对筛查出的应缴未缴重点单位进行宣传走访。通过分期分批开展经办人员业务培训、对缴存单位开展维护性服务、房交会宣传以及区政府门户网、《长寿日报》、手机报等，多渠道宣传住房公积金政策，全年新增建缴住房公积金缴存单位36个，新增缴存职工4840名。

严格排查，对区内已建缴单位缴存基数及比例进行严格排查，清理出28家缴存比例超12%的单位及20家缴存基数不合规的单位。其中，17家单位为住房公积金超基数缴存，3家单位为缴存基数低于本地区月最低工资标准。通过上门宣讲政策，提出限期整改要求，已落实到位。

全面清理，清理出空壳账户59个，经办公会研究决定由归集科进行集中销户处理。规范职工账户管理，对机构上收前，市中心及其他区县分中心缴存职工因在长寿申请公积金贷款而在分中心业务系统托管户内增设的119个零账户，及时上报市中心法规处进行集中处理。

【提取审核】 建立联动机制，加强提取要件核查。针对职工购房、租住房屋等不同的提取类别，与市区内的国土房管、税务、医保、社区及市外的相关部门协调配合进行联动协查，确保提取资料的真实性。全年审核出提供虚假资料骗提住房公积金的职工7名，涉及资金106万元。通过约谈职工，强化法纪意识，向其所在单位通报情况共同商定处理意见的方式进行正面宣传引导，处以2年内不予办理住房公积金提取及贷款，列入分中心“黑名单”的处罚。

优化提取流程，从2016年5月起，区分中心简化提取业务办理中单位盖章的程序，改由提取职工本人签名按手印，方便职工办理。

【信贷服务】 立足支持地方房地产业，区分中心领导带队，对全区楼盘进行逐一走访调研，详细掌握全区2016年房地产市场供需及公积金贷款资金需求状况，及时调整信贷工作思路；协同合作银行、产权登记部门等机构制定方案，支持引导开发企业利用住房公积金贷款促进销售去库存。组织协调区内10余家银行集体参展区秋季房交会，向购房职工提供住房贷款咨询、发放宣传资料、现场办件等服务。年内住房公积金贷款发放量创历史同期新高。

加强沟通协调，在登记中心设立住房公积金贷款抵押办理专门窗口，专人专柜负责办理住房公积金贷款抵押登记；加强对银行的考核监督，重新签订合作银行的《金融业务委托协议》，派专人定期检查银行办理住房公积金贷款情况；利用QQ群等信息工具建立与开发企业的直接沟通渠道，及时了解掌握开发企业需求，解决办件过程中的疑难问题。

适时启动贴息贷款，化解资金流动性风险。9月，分中心个贷比率已接近95%，而第四季度贷款资金需求近1.3亿元，自有资金已不能满足市场需求。分中心及时与承办银行和楼盘联系，协调市中心信贷处，将贷款资金需求量较大的11个楼盘项目转为办理贴息贷款，跟踪办理进度，保障贷款资金的回款速度，化解资金流动性风险。

【内外审计】 完成对2013—2015年度住房公积金审计情况书面报告，提出整改意见，逐一落实到位。对国有资产进行全面清查，保证账实相符、账账相符，摸清家底，真实完整反映单位资产和财务状况，保证财务、资产的真实准确性。配合市中心接受市财政局对2015年管理费用账套及住房公积金业务账套的审计工作，对审计中提出的问题查补漏洞，及时整改，完善内控制度。对住房公积金廉政风险防控中存在的问题进行梳理整改，构建适应新形势新任务要求的住房公积金廉政风险防控模式，在住建部抽查中获好评。

【信访及柔性执法】 及时处理群众信访、化解矛盾纠纷，从社会稳定及便民服务出发，以问题为导向，全年协调处理信访近200件，有效维护职工权益。

全面总结2015—2016年分中心处理职工骗提套取住房公积金方面采取的柔性执法具体做法，提请区住房公积金协调领导小组组织市中心相关处室、区公安局、区国土房管局等单位、部门，召开住房公积金行政执法工作座谈会，对处置不为职工建缴、违规建缴、骗提套取、骗贷等情况作通报，行政执法工作得到参会领导的肯定。

【文明创建】 形式多样开展“两学一做”学习教育，党支部采取专题学习讨论、上党课、主题党日活动以及分别与南川区分中心党支部、葛兰镇龙井坎村党支部开展开放式组织生活等多种方式，学习党章、党纪规定及总书记习近平系列重要讲话精神，开展研讨及评比活动，促进广大党员干部以创新理念和务实作风推进各项工作落实。

“七一”期间，与结对共建支部，葛兰镇龙井坎村党支部开展“共同庆祝建党95周年大会暨‘两学一做’同学同做学习会”，市中心、区“两学一做”学习教育督导二组、葛兰镇党委、政府有关领导以及两个支部党员70余人参加会议。分中心党支部为龙井坎村党支部送去结对共建费5000元，走访慰问龙井坎村的贫困党员及困难群众15名。区委组织部将活动情况作为全区亮点工作进行上报和推广。

巩固“五好党支部”创建成果，加强党支部建设，提升党员干部的先锋模范带头作用和党支部的战斗堡垒作用，在区直机关工委推荐的九个党支部作为“基层示范支部”中，区分中心党支部上榜。

区分中心加强对工会、团支部、妇委会的工作指导，探索群团建设的新思路、新方法，年内先后开展“温暖别人、温暖自己、温暖社会—当雷锋传人·做长寿好人”主题志愿服务活动，“金秋助学.圆梦行动”“民主管理大家谈”“争当学习型职工读书行动”等活动。　（傅歆芯）

2016年重庆市住房公积金管理中心长寿区分中心领导人名录

主　任：徐国宣

副主任：敬　行（女）

表22

2016 年长寿区住房公积金缴存情况

项目	单位个数(个)			职工人数(人)			缴存金额(万元)					
							上年止累计		本年度实际数		本年止累计	
	应缴数	实际数	实际数占计划数的比例(%)	计划数	实际数	实际数占计划数的比例(%)	合计	其中:结转利息	合计	其中:结转利息	合计	其中:结转利息
甲	1	2	3 =2/1	4	5	6 =5/4	7	8	9	10	11 =7 +9	12 =8 +10
合计	591	535	90. 52%	109628	53462	48. 77%	388399. 42	12034. 58	62015. 30	2067. 73	450414. 72	14102. 31

说明:1. “应缴数”是统计局公布的社会单位数和社会在岗职工人数;

2. 长寿区行政事业单位、国有企业住房归集覆盖率 100%

表23

2016 年长寿区住房公积金使用情况

单位:万元

项目	贷款合计				个人购建住房贷款								单位贷款				个人提取额
	发放额	回收额	贷款余额	逾期贷款额	贷款户数(户)	建筑面积(万平方米)	购建房总价款	发放额	回收额	贷款余额	逾期贷款额	逾期户数(户)	发放额	回收额	贷款余额	逾期贷款额	
甲	1 =8 +13	2 =9 +14	3 =10 +15	4 =11 +16	5	6	7	8	9	10 =8 -9	11	12	13	14	15 =13 -14	16	17
上年止累计	180873. 60	62169. 38	118704. 22	1. 5	9683	97. 00	297981. 22	180873. 60	62169. 38	118704. 22	1. 5	4	-	-	-	-	245642. 88
本年数	41993. 10	13821. 55	/	0	1772	16. 28	61836. 82	41993. 10	13821. 55	/	0	0	-	-	-	-	47623. 69
本年止累计	222866. 70	75990. 93	146875. 77	74. 20	11455	113. 28	359818. 04	222866. 70	75990. 93	146875. 77	74. 20	14	-	-	-	-	293266. 57

(重庆市住房公积金管理中心长寿区分中心提供)

公共民生工程开发建设

【概况】 2016年，菩提小学、晶山小学、晶山中学、区医院至协信广场和东方之骄人行天桥、江南新城龙山社区环境综合整治工程等项目完工投用；完成区学术报告厅装饰工程、晏家垃圾处理厂、晏中路、晏家南一、二、三路、长寿中学整改、晏家中学整改、消防逃生体验室、区交易中心装饰、桃源派出所等32个项目。区医院北城分院、区中医院扩建工程、区法院审判法庭等重大项目及长二中学生公寓、黄桷九年制学校、云台中心校、葛兰幼儿园等项目均按计划正在推进。黄桷湾移民综合市场（市场类项目）施工单位已进场施工，到年底已完成基础的50%。 （付妮娜）

桃花溪水映新城

环境保护与管理

概　述

【概况】　长寿于1979年设立长寿县环境保护办公室，隶属县科委；1983年成立长寿县环境保护局；2002年长寿撤县设区成立重庆市长寿区环境保护局（简称区环保局），为区政府组成部门；主要职责有13项。全局内设1室3科，即办公室、规划与建管科、污染防治与总量控制科（固废管理科）、农村环境保护与宣教科（法制科）；下辖环境监察支队（副处级，参公管理）、环境监测站2个事业单位。2016年有编制87名（实有在编71人，临聘21人），其中行政编制9名，实有9人；参公事业编制40名，实有35人；事业编制37名，实有27人。

【环境质量】　2016年1—6月城区环境空气质量优良天数为173天，比2015年增加19天；按照全市统一部署，长寿区空气质量自动监测站于7—8月升级改造，无数据；自9月1日起，全面执行空气质量新标准；截至12月15日，空气环境质量优良天数为79天。长江长寿段水体稳定在Ⅲ类水质，龙溪河长寿段、御临河长寿段水质达到水域功能要求；桃花溪水质表观持续改善；城区集中式饮用水源地水质合格率100%，乡镇34个集中式饮用水源地水质合格率85%以上。城区区域环境噪声、道路交通噪声平均值分别为52.4分贝和65.4分贝，噪声达标区实现城市建成区100%全覆盖。危险废物和医疗废物规范处置率100%。在经济社会快速发展的同时，区域环境质量稳中有进。

【环境法治建设】　一是不断加大环境执法力度。严格贯彻落实新《环保法》，实施环境行政执法与刑事司法联动，区环保局和公、检、法等部门密切配合、无缝对接，出台协同打击环境违法犯罪联动办法、环境违法行为曝光办法、违法企业约谈办法等制度，保持高压监管态势。全年立案查处各类环境违法案件80件，罚款1504万元，移交公安追究刑责7人，刑事判刑3人。二是加强区域环境风险防控。建成“政府—部门—园区—企业”四级应急管理和污染事故联防联控体系，修订区级重大环境污染和生态破坏事故灾难应急预案，年内开展1次重点危化企业和饮用水源地事故污染应急演练；投入1.8亿元，建成“装置级、工厂级、片区级、经开区级、流域级”五级经开区水污染风险防控体系；督促码头以及从事船舶水上修造、水上拆解、打捞等作业单位按要求配备使用污染防治设施、设备，制定码头污染事故应急处置预案，建立船舶污染接收、转运、处置监管联单制度和海事、港航、环保、城建等部门联合监管制度。全年未发生重特大环境事故，辖区环境安全形势稳定。

（张　群）

环境保护

【环保“五大行动”】　蓝天行动。完成6家化工臭气污染源专项整治，完成长寿化工公司生产性关停，化工臭气投诉率持续下降；火电、水泥、钢铁等重点燃煤企业实现在线监测全覆盖和污染物达标排放；完成川维厂挥发性有机物治理和防泄漏装置安装任务。持续巩固13条扬尘控制示范道路和5个扬尘控制示范工地创建成果，新创建5个扬尘控制示范工地；督促辖区内4家混凝土搅拌站严格执行扬尘控制“十项要求”，完成3家混凝土搅拌站24小时扬尘噪声在线监测监控系统；完成1家砖瓦窑废气治理升级改造和西南水泥企业从矿山开采、原料输送、产品生产、成品运输等环节扬尘深度治理，启动23家砖瓦窑企业大气污染专项整治。开展加油站车用油品质量抽查检验，于12月完成“国四”升“国五”标准汽柴油置换，加强油气回收装置运行情况日常检查，35 家加油站油气回收装置运行稳定。整治餐饮油烟污染 9 家；淘汰燃煤锅炉 2 台，完成 2 家企业燃煤锅炉“煤改清”工程；淘汰黄标车和老旧汽车 4000 余辆；持续巩固无煤区创建成果，完成 17.92 平方千米高污染燃料禁燃区划定；推进秋冬季大气污染专项行动，全面杜绝露天焚烧现象，空气环境质量持续改善；开展 PM2.5 污染来源解析研究和空气质量达标规划编制工作；与涪陵区、南川区、垫江县、丰都县建立大气污染联防联控机制，有效防治和应对区域性大气污染。

碧水行动。24 座乡镇污水处理厂全部移交至市环投公司统一规范化运行；全面完成街镇污水管网修复，不断提高乡镇污水处理厂污水收集率；经开区、表面处理园区、城市生活集中式污水处理厂排水稳定达标；推进长寿城市污水处理厂和长寿湖污水处理厂一级 A 标提标改造。完成城市集中式饮用水源地保护区隔离网工程和龙溪河大桥风险防范工程；制定《饮用水源规范化建设和突出环境问题整治方案》，投入 450 万元，实施 242 项工程项目，全面完成集中式饮用水水源地规范化建设，确保全区水源地建设规范、水质改善、管理顺畅；完成《龙溪河良好水体保护方案》和《御临河良好水体保护方案》编制，与垫江、梁平、邻水等区县建立龙溪河（包括打渔溪）、御临河跨区域污染联合治理体制机制；完成《长寿区桃花溪水体达标方案》和《桃花溪黑臭水体整治方案》编制，开展桃花溪全流域清淤、景观打造、延时曝气、人工鱼礁工程，彻底消除桃花溪黑臭水体，水环境质量持续改善。强化次级河流日常巡查、监测工作，加大河流水面漂浮物清理，河流水面无浮萍、水藻聚集现象；云台镇地下水质量考核点位水质级别保持稳定。完成“十一小”企业清理、“十一大”企业污染整治任务，完成 8 家工业企业强制性清洁生产审核；开展各类环境风险隐患排查整治和环境监察“双随机”制度，重点工业企业实现水污染物稳定达标排放；完成辖区内 60% 以上的一般环境风险源企业的突发环境事件风险评估，消除环境污染事故隐患；督促各重金属企业污染治理设施稳定、正常运行，严防发生重金属污染事故。

宁静行动。开展噪声污染专项整治，在高考、中考期间实现噪声污染“零投诉”；建成 3 个市级安静居住小区；投资 1000 万元，启动全长 3 千米的高速路长寿段隔音墙建设；完成 3 家社会源企业噪声污染达标整治；建成 47.2 平方千米的噪声达标区，覆盖率 100%。

绿地行动。启动生态保护红线划定工作；加强长寿湖风景名胜区、楠木院森林公园和牛心山生态隔离带等重点生态功能区保护与建设，巩固和提升重点生态功能区主要生态服务功能；配合启动长寿经开区土壤和地下水污染预警防控试点工作。建成一座全自动化高温蒸煮、消毒、破碎的医疗废物无害化处置场，实现全区医疗废物的“应收尽收”和全覆盖；城镇污水处理厂污泥和工业危险废物转移制度执行率、处置利用率均达 100%。

田园行动。科学制定农村环境连片整治长效运行管理办法和考核机制，区级财政每年拨付 440 余万元垃圾清运专项资金，保障 72 个村整治项目的长期环境效益。按照“四清四治”要求，完成 3.8 万头存栏生猪当量污染治理设施工程整改；制定出台《重庆市长寿区畜禽养殖污染防治规划（2014—2020 年）》和《重庆市长寿区畜禽养殖及屠宰场污染综合整治实施方案》，合理优化全区畜禽养殖“三区”划分，投入 1.07 亿元，实施禁养区和限养区内 268 家养殖场关闭或搬迁，开展 500 余家养殖场达标整治，全面整治畜禽养殖面源污染。

【污染减排】 一是严格执行环境准入政策，全面执行排污权有偿使用和交易制度，从源头上预防环境污染和生态破坏。全区 360 家排污单位实现持证排污，完成 190 余家工业企业排污权交易，涉及交易金额 3500 余万元，工业企业排污权交易实现全覆盖，环境资源市场活力得以充分释放。二是强化污染减排统计、监测、考核“三大体系”的建设、运行，狠抓各项减排工作措施的落实。推进重点减排项目建设，完善城镇环境基础设施，整改完成乡镇污水处理厂管网修复，污水收集率大幅提升，将 24 座已建成投运乡镇污水处理厂全部移交至市环投公司统一规范化运行。川维厂、达尔凯、西南水泥等燃煤大户脱硫、脱硝设施全面建成投运并稳定运行，脱硫效率 90% 以上，脱硝效率分别达 80%、60% 和 50% 以上；持续推进畜禽养殖减排项目，完成 10 家规模化畜禽养殖场污染整治项目，全面关闭 268 家养殖场，减排和环境效益明显；引导和鼓励辖区内重点工业企业推进清洁生产，督促川维厂完成污水处理深度治理和回用工程，实现废水排放量大幅减少，污染物排放浓度进一步降低；突出供给侧结构性改革主线，关闭最后2家煤矿西山煤矿和窝凼煤矿，全面淘汰全区煤矿开采企业；按照市政府统一部署，长寿化工公司实现生产性关停。全年完成40个年度减排任务，化学需氧量、氨氮、二氧化硫、氮氧化物四项污染物排放量分别较2015年下降5.7%、4.2%、13.2%和6.6%，区域环境容量进一步提升。

【解决突出环境问题】　一是推动长化公司整体搬迁，全面实现生产性停产，不再恢复生产，困扰长寿城区多年的臭气污染大户已成为历史。二是推动经开区10余家企业开展深度治理，投入7.79亿元用于经开区卫生防护距离内居民搬迁；投入1.07亿元用于养殖场关闭、搬迁及整治，臭气扰民和养殖污染得到缓解。三是持续开展桃花溪攻坚整治，启动全流域河道清淤、延时曝气和城区段截污干管建设等工程，彻底消除黑臭水体，水质表观持续改善。四是受理各类污染信访投诉及污染事故纠纷调处1071件，处理率和办结率均实现百分之百，回访满意率99.3%，群众环境权益得到有效保障。（张　群）

环境监测

【环境质量常规监测】　一是科学、规范地完成“十三五”环境监测点位的布设工作。为如实反映区域环境质量现状，提高环境质量监测点位的代表性、可比性，根据《重庆市环境保护局关于组织开展“十三五”环境质量监测点位布设工作的通知》（渝环〔2015〕272号）及相关监测规范要求，区环境监测站对现场逐一踏勘、卫星定位，确定全区河流水质监测断面15个、大中型水库水质监测断面5个、城区集中式饮用水源地2个、乡镇集中式饮用水源地35个，城区环境空气质量监测点位2个、市级中心镇空气质量监测点位2个、降水降尘监测点位1个、区域环境噪声监测点位109个、交通干线噪声监测点位21个、功能区噪声监测点位7个，会同邻水县环境监测站共同确定跨省界水质联合监测断面2个。二是按时、保质保量完成环境质量常规监测任务。全年完成对全区的“一江三河”河流水质监测12次、城区集中式饮用水源地水质监测12次、乡镇集中式饮用水源地水质监测2次、大中型水库水质监测2次、桃花溪“河长制”水质考核监测12次、市级中心镇空气质量监测12次、区域环境噪声监测4次、功能区和交通噪声监测1次，城区2个环境空气质量监测点实现24小时连续监测，城区酸雨监测点实现逢雨必测。全年获取有效监测数据8.8万余个，如实反映区域环境质量。

【污染源监督性监测】　根据环境管理的需要，对15家国控以及21家市控重点污染源开展每季度一次的监督性监测，对涉重金属企业开展每两个月一次的监督性监测，对区控重点污染源开展每年至少一次的全项目监测，开展验收、限期治理、环评及其他委托性监测。全年完成污染源监督性监测530余次、排污申报监测90余次、污染源限期治理或建设项目竣工环境保护验收监测130余次、环境影响评价监测近百次以及其他服务性委托监测260余次，全年获得有效监测数据5.2万余个，收取环境监测服务费220万余元，为及时了解和掌握重点污染源污染物排放情况，为污染源监管、总量减排、环境统计、排污申报、环境执法、排污收费等环境管理工作提供数据支持。

【自动监测平台建设】　在综合考虑城区人口分布、地形地貌、气候气象等因素的前提下，结合《环境空气质量标准》（GB 3095—2012）的全面实施，对城区环境空气自动监测站进行调整，将原长寿中学的环境空气自动监测站迁至桃花公园处；完成对2个环境空气自动监测站的升级改造，在原有可吸入颗粒物（即PM10）、二氧化硫、二氧化氮3项监测指标的基础上增加细颗粒物（即PM2.5）、臭氧和一氧化碳，更好地表征环境空气质量状况，随时反映复合型大气污染形势。为实时掌握长寿湖水质情况，为科学保护长寿湖提供数据支持，完成长寿湖水质自动监测站建设，水质监测内容包括水质五参数（pH、浊度、水温、溶解氧、电导率）、总氮、总磷、氨氮、高锰酸盐指数、化学需氧量、叶绿素a和蓝绿藻等。

【环境信息公开】　一是及时、准确公布国控、市控重点污染源监测信息，公开信息内容包括污染源名称、所在地、监测点位名称、监测日期、监测指标名称、监测指标浓度、排放标准限值、按监测指标评价结论等，在重庆市环境保护局信息公开平台和区环保局网站上公布，全年重点污染源监督性监测公布率100%。二是督促、指导国控重点污染源企业公开自行监测结果。全区15家国控重点污染源企业均按照环保法律法规要求开展自行监测，将监测结果在重庆市国控污染源企业自行监测信息公开平台公示；区环境监测站每月对企业自行监测信息公开情况进行网络抽查，对公开不及时、执行标准错误、监测污染因子不全的企业，督促其限期完成整改。全年企业自行监测信息公布率80%。三是依法、全面公开全区环境质量监测数据。按照《中华人民共和国环境保护法》要求，每日在区环保局网站公布城区环境空气质量达标状况和空气污染指数，每月在区环保局网站公开对辖区内地表水的水质监测数据。按照《全国集中式生活饮用水水源水质监测信息公开方案》要求，每季度在区环保局网站公开对城区集中式饮用水源地的水质监测数据。

【应急监测能力建设】 针对长寿企业点多面广，环境风险等级高的现状，专门制定应急监测操作流程和规范，落实责任到人，坚持24小时巡查值班制度。定期开展业务学习培训，提高每位监测人员的应急反应和处置能力；参加“2016年重庆博腾制药科技股份公司高浓度废水泄露突发环境应急演练”“2016年长寿区危险化学品事故演练”等演练，锻炼队伍，提升能力。为服务长寿经开区环境管理，提高对突发环境事故的响应速度，2016年6月长寿经开区环境应急监测站建成投运，年底前该站实验室面积1000平方米，设置有21个分析实验室，配备实验仪器设施110余台（套），满足经开区水、气、声环境应急监测的基本需求；该站自6月运行到年底，先后开展云天化甲醇罐车泄漏事故、南岸区中石化输油管道油料泄漏事故、园区污水管网渗漏事故等10余起环境应急监测，获取应急监测数据近500个，为突发环境事件现场处置提供数据支持。

【监测质量管理体系建设】 为确保向社会出具的数据和结果具有证明作用，区环境监测站对监测方案、采样方法、样品处理和保存、分析测定方法选择等每一个步骤、每一个环节进行“事无巨细、精益求精”的全过程质量管理，坚持环境监测人员持证上岗、环境监测技术和质量管理人员培训等质量管理制度，对环境监测工作实施全程序质量管理和质量控制，将质量管理和控制工作贯彻到日常监测工作中，提高监测机构和监测人员的监测能力和技术水平对监测分析、数据处理实行严格的管理制度。在监测数据核对、监测报告审核方面，实行逐级审核签字和重点报告联审、会签三级把关等制度。全年新购置仪器设备63台套，更换老旧设备20余台套，对所有仪器设备均按照规定进行溯源、检定、校准，确保所有仪器设备量值传递统一、可靠，始终处于有效受控状态。区环境监测站于8月顺利通过市监测中心的环境监测质量督查和饮用水源地水质比对抽测；9月12日，国家环境监测总站会同市监测中心还对区内4家国控污染源企业进行比对监测，区环境监测站比对结果均为合格。

【环境科研监测】 一是率先在全市区县中启动实施颗粒物污染来源解析研究项目，对全区PM10、PM2.5颗粒中主要成分进行分析，研究其主要来源。年底前已完成夏秋两个季度的大气颗粒物采集，获得样品360组，相关样品前处理条件、分析方法已探索建立完毕。二是配合市环境监测中心、市环境科学院开展经开区环境与健康专项调查。年底前已完成污染源废水30组、废气183组，地表水34组、环境空气381组的样品采集，并顺利通过国家环保部和卫生计生委督导组现场评估，取得阶段性调查成果。三是会同市环科院联合开展“SPIMS DEMO项目”源谱采集工作。已形成经开区大气污染源质谱标本，可为区域挥发性有机污染防治提供又一技术支持。协助中科院、上海交大、复旦大学等10余科研院所深入企业一线，完成“大气污染多平台一体化实时监测技术应用示范项目（长寿化工园区）”前期考察调研，该项目拟于2018年启动实施。

【人才队伍建设】 紧抓环境应急监测站建设机遇，新招聘环境监测人员10名，公开招录研究生2名，建立专门的应急监测队伍。着力开展新人培训工作，采取集体学习与自学相结合、外派学习和集中培训相结合等多种方式，提升人员业务技能和水平，新进人员全部通过持证上岗考试。全年参加国家、市、区各类业务培训达30余人次，顺利通过4项质量考核、2项检测能力验证。建立两周一次的环境监测理论知识学习和两月一次的环境监测技能竞赛制度，人员的综合素质得到大幅提升。

（张　群）

污水垃圾处理

【生活污水处理】　落实责任，抓好污水处理费征管工作。加强城市污水处理费征收工作的领导，成立专门的工作领导小组，将市政府下达的征收目标任务逐级分解，层层落实，明确责任。加大宣传力度，采取多种形式广泛宣传城镇污水处理费征收的必要性和重要性，提高市民自觉缴纳城市污水处理费的主动性和积极性。督促城镇污水处理费代征单位重庆渝长燃气自来水有限责任公司等供水公司严格执行新的征收标准和政策，做到应收尽收、不留死角，征收的污水处理费做到全额及时上缴，无截留、挪用、擅自减免等违规现象。全区城镇生活污水处理费征收已实现全覆盖，全年征收城市污水处理费2357.68万元，超额完成目标任务。

细化措施，推进雨污管网建设。加强市政行业主管部门的监管力度，配合和协调各建设单位的管网建设各项工作。在管网建设施工过程中，进行全方位监管，保证管网的建设质量和安全。严格管网建成后的竣工验收，由相关部门专技人员组建验收组，实地查勘合格后才移交给相关单位使用和维护。2016年投入资金1.87亿元，新建和改造污水管网27.06千米，办理接沟行政审批14件。

强化监管，确保污水处理达标排放。随着城市规模的扩展，结合城市道路的新建和改造以及园区建设的实际，实施桃花新城、凤西片区、晏家及双龙等区域污水管网建设。强化各个污水处理厂的运行监管力度，严格实行雨污分流和接沟许可制度，保证各个街镇的污水全部接入市政污水管网，确保污水处理达标排放。全年处理城镇生活污水6833.67万吨，城镇污水集中处理率92%。

葛兰压缩垃圾站

【生活垃圾处理】　日产日清，垃圾收运模式全市推广。经过四年的摸索和运行，长寿区农村生活垃圾集中收运处置系统进一步完善。2016年3月16日，全市农村生活垃圾治理工作推进会在长寿区召开，《重庆日报》用半版进行宣传报道，近20个区县到长寿区考察学习，“户集、村收、镇归、区运输、区处理”的垃圾收运处置模式在全市推广。全区城镇生活垃圾集中收集率99%以上。

常态管理，辖区水域干净整洁。按照“江面清、江岸洁”和“以清为主，清捞结合”的水域环境综合治理要求，定点、定船、定人、定岗开展水域清漂工作，及时清理打捞长江、龙溪河、桃花溪水面漂浮物及沿江两岸垃圾。按照“属地管理、分级负责”的原则，区市政园林局统筹，各街镇实施，配齐清漂设备和人员，建立水域清漂保洁长效工作机制，有效保障辖区内水域环境干净整洁、航道畅通。全年清理打捞水域及岸坡垃圾5598吨。

严格操作，垃圾处理场规范运行。加强对垃圾场操作人员的专业技术培训和安全教育，规范生活垃圾填埋处理工序，确保处置规范、运行安全。整治垃圾裸露覆盖，探索场内填埋方式，着力减少运行成本。使用片石、碎石等对垃圾场内道路进行加固、铺实，加强对污水排污管线、防洪沟、涵洞、污水调节池的巡查，及时整改安全隐患。2016年，晏家马家沟垃圾处理场安全检测合格，垃圾处理场无重大安全责任和污染事故发生。全区年内无害化卫生填埋垃圾19.87万吨，处理污泥1.55万吨，灭蝇施药4353.6公斤，进场垃圾无害化处理率100%。

（邹　红）

【畜禽养殖污染防治】　一是加强畜禽养殖粪污生产有机肥管理。推行畜禽养殖粪污商品化的模式，引导企业利用畜禽粪便生产有机肥，2016年收运粪污4.9万吨，生产有机肥2.8万吨，销售额1820万元，实现商品化增效。二是聘请重庆大学、西南大学专家完成《重庆市长寿区畜禽养殖污染防治规划（2014—2020年）》（长寿府发〔2016〕107号）、《重庆市长寿区畜禽养殖区域划分及养殖污染控制实施方案》（长寿府办发〔2016〕214号）的修编工作，指导19个街镇完成辖区禁养区、限养区、适养区“三区”划分。三是开展畜禽养殖场环保督查。以环保督查为契机，对全区畜禽养殖场、屠宰场养殖污染集中督查2037场次，对不符合环保要求的养殖场及屠宰场下达限时整改通知书628份。四是全面开展畜禽养殖及屠宰场污染综合整治。全区对畜禽养殖污染进行综合整治，成立以区长巴川江为组长，副区长蒋牧宸、汤晓强为副组长，各相关单位为成员单位的长寿区畜禽养殖及屠宰场污染综合整治工作领导小组，区畜牧兽医局牵头制定《重庆市长寿区畜禽养殖及屠宰场污染综合整治实施方案》，抽调业务骨干开展畜禽养殖及屠宰场污染综合整治工作。截至2016年底，禁养区内养殖场关闭、搬迁、转产379家，限养区和适养区内养殖场达标整治428户，消除养殖污染环境隐患。（杨　梅）

邻封镇沙田柚园美如画

旅游业

概述

【概况】 重庆市长寿区旅游局（简称区旅游局）是长寿区政府组成部门，财政全额拨款，肩负13项职能职责。有综合科、行业管理科2个内设机构，有区旅游宣传营销中心1个下属事业单位，2016年4月区编委同意设立重庆市长寿区旅游质量监督中心。区编办核定编制人数15名（正处级1名、副处级2名、处级以下3名、事业8名、工勤1名），2016年实有人员15人（正处级2人、副处级员2人、处级以下3人、事业编6人、工勤编1人、临聘1人）。

2016年，全区旅游工作围绕“三地一中心”战略部署，推进景区建设，培育旅游行业，创新筹办节庆活动，精准开展宣传营销，狠抓旅游安全生产，旅游各项工作目标均按计划顺利实施，各项指标保持健康快速的发展态势。全年实现旅游接待人次770万，比2015年增长10%；完成旅游收入47亿元，增长11.9%。

【2016年旅游十大亮点】 一是长寿湖郁金香展菊花展。2016年3月19日，长寿湖首届“郁金香展”暨第四届风车节开幕，千亩郁金香和十万只各色风车，将长寿湖装扮成花海风车梦幻乐园；2016年10月16日，长寿湖首届菊花展开幕，20余万盆、100多种名贵菊花争奇斗艳，千姿百态，吸引来自全国各地的游客和菊花爱好者前来观赏。二是长寿湖首届龙舟民俗文化节。2016年端午节期间，长寿湖首届龙舟民俗文化节成功举行；圣火传递、环湖彩跑、水上飞人、音乐焰火、龙舟竞渡、啤酒音乐节、抢鱼比赛等主题活动花样翻新，精彩纷呈，魅力尽显，吸引各地游客蜂拥而至，观光游览。端午节三天，长寿湖接待游客23.6万人次。三是“渝东北旅游互动营销长寿行”活动。2016年6月8日，渝东北区域旅游互动营销长寿行活动在长寿菩提古镇开幕。活动以“迎世界旅游峰会，建世界旅游名城”为主题，集中展现巴渝风土人情，广泛宣传渝东北各区县的旅游资源优势和民俗文化特色；参加活动的30多位外国友人，体验包粽子等中国传统民俗文化，成为该次活动的亮点。四是长寿区首部旅游微电影《长寿湖之恋》上映。2016年6月27日，《长寿湖之恋》举行首映仪式。该片通过讲述长寿两代人的爱情故事，将长寿湖、长寿菩提山、长寿菩提古镇等区内各大旅游景点集中嵌入展示，成为旅游宣传营销的一种有效形式。五是重庆首家国际露营地落户长寿湖。2016年7月28日，重庆首家特色鲜明的国际露营地——长寿湖迪信通国际露营地项目举行签约仪式。该项目总投资5000万元，是一个集房车营地、特色木屋营地、露营基地、儿童游乐等为一体的综合性营地；于2016年10月12日开工建设。六是长寿区文化创意产业孵化园开园。2016年9月28日，位于长寿菩提古镇D区水岸街的长寿区文化创意产业孵化园开园。20多家理念先进、实力雄厚的文化创意企业签约入驻，形成文化产业一条街。该园是长寿区文化旅游实体经济发展政策扶持项目，入驻企业可享受房屋租金及装修补贴。文化创意产业园是“大众创业，万众创新”的积极探索，是传承和弘扬长寿文化的重要载体。七是长寿湖全国铁人三项锦标赛。2016年10月24—25日，长寿湖国际铁人三项锦标赛在长寿湖铁人广场举行。全国各地的665名“铁人”齐聚长寿湖，在山水画境中展现毅力、技能的运动之美，为运动长寿湖增添亮丽色彩；红裙彩跑、亲子泡泡跑等系列形式新颖、群众广泛参与的预热活动，将传统民族文化与品牌体育赛事有机融合，丰富广大游客的体验感。八是长寿湖旅游正式进入高铁时代。备受关注的渝万高铁于2016年11月28日开通，长寿湖

高铁站正式运营，投资超3亿元的长寿湖高铁站站前广场及南北支路同期竣工投入使用，每天80班次旅游快巴往返于高铁站与长寿湖之间，确保长寿湖旅游通达的便捷性。自此，游客从重庆主城前往长寿湖旅游，只需30分钟安全舒适的旅程即可抵达。九是长寿湖远恒佳国际学校开工建设。2016年11月14日，长寿湖远恒佳国际学校举行开工典礼。该校是一所从幼儿园、小学、初中、高中、国际大学预科的十五年一贯制国际学校；将实行全寄宿封闭式管理，办学特色国际化；学校建筑融汇欧美风格，典雅别致；总投资8亿元，占地面积20公顷，建筑规模19万平方米，总规模200个规模，5500名学生。将于2018年9月建成开学。十是长寿定慧寺文物保护修复项目完工。2016年12月，总用地面积3.15万平方米、总投资2.45亿元的滨江长寿谷标志性建筑——长寿定慧寺文物保护修复项目完工。定慧寺、青龙阁、王爷庙、江西庙、天风海涛题词等重要文物已经修葺一新，并增添配套景点和旅游设施。承载八百年历史文脉、被誉为“长寿八景”之一的“定慧晓钟”，将再次敲响于凤山长江之间。

【旅游发展规划】　按照“总体规划、分步实施、政府主导与市场主体相结合”的原则，以“天赐长寿湖”“菩提长寿山”“滨江长寿谷”三个百亿级旅游项目为引领，着力打造“长寿·人人向往”的休闲旅游胜地。2016年，完成《长寿区乡村旅游总体规划（2016—2025年）》编制工作；组织编制《长寿区旅游发展总体规划》，年底前进入征求意见阶段；启动五华山片区乡村旅游控制性详细规划编制工作。

【重大项目推进】　长寿湖高铁站前广场及道路工程竣工投用；长寿湖东岸环湖路、远恒佳项目道路、长寿菩提山文化公园配套设施项目开工建设；长寿青龙嘴片区青龙阁、听江楼以及定慧寺年底前建成；长寿湖寿岛绿化生态修复工程（二、三期）、长寿湖水上通廊绿化生态修复工程（一、二期）开工建设；菩提三园前期工作有序推进。

推进市场类重大项目9个，完成投资6.9亿元。香江·泰晤士小镇B1—2、富盈湾商业广场南区交房；康普·山水茗家一期主体完工；金鹏五星级酒店外装完成65%；长寿菩提古镇文化旅游区项目EF区1~5幢主体完工、6~33幢顺利建设；长商·悦湖荟（一期）2.8万平方米封顶；深圳远恒佳国际学校开工建设；重医附三院长寿康养中心、云南城投启动项目方案设计。

以休闲旅游、大健康、新金融为主导产业，开展聚商选资工作，与北京迪信通签订国际露营地项目投资协议，总投资0.5亿元；与长商签订悦湖荟项目投资协议，总投资15亿元。与中科招商、华融资产、水木资本、母基金联盟等洽谈战略合作。

【旅游行业管理】　一是成立执法机构。2016年4月，成立长寿区旅游质量监督中心，受区旅游局委托履行旅游执法、旅游质量监督及受理旅游投诉等职责。二是加强行业监管。全年组织行业检查30余次，开展旅游安全大排查，开展旅游市场大整治，开展涉旅企业安全生产交叉检查，完成全市汛期安全专项督查及整改工作；开展整治“不合理低价游”行动。开展全区旅行社、星级饭店、A级景区、旅游教育培训情况统计调查；开展A级景区最大承载量核定；协助开展游客满意度调查。完成2016年6座旅游厕所建设目标任务。三是开展行业培训。2016年12月，组织辖区内A级景区、星级酒店、旅行社及门店经营管理者130人举行旅游投诉处理工作专题培训会，邀请市旅游局相关专家授课。

【乡村旅游发展】　年内完成乡村旅游总体规划编制，组织召开全区乡村旅游发展大会，组织开展乡村旅游专题培训。制定《“长寿人家”乡村旅游标准化规范》，推广“长寿人家”乡村旅游品牌。支持引导重点农业企业发展休闲农业乡村旅游项目，清迈良园、平伟朝阳农业、紫耘花海已完成乡村旅游项目规划，邻封油菜花观光生态园、龙河秀才湾等乡村旅游项目正在有序推进。落实《支持旅游文化实体经济加快发展实施细则》，给予邻封镇乡村旅游补助经费30万元。

【旅游宣传营销】　一是实施整体形象、渠道营销。通过重庆卫视新闻联播前10秒广告、重庆轻轨3600个显示屏15秒广告、《重庆日报》电子阅览屏800个点位15秒广告、重庆商圈商场及写字楼车库广告、重庆商圈灯箱广告、《重庆四季旅游指南》《今日重庆》《长寿游》杂志重点深度宣传长寿旅游；通过江北机场84块LED显示屏、长寿城区180辆公交车内看板和26个公交站点、渝长高速桃花转盘户外T型牌等投放景点宣传画面。

二是旅游节庆活动提档升级。成功举办2016年长寿湖“郁金香花展暨第四届风车节”“2016年长寿湖龙舟民俗文化节”“迎世界旅游峰会、建世界旅游名城暨渝东北旅游互动营销长寿行”“长寿湖2016首届菊花展”“第七届长寿湖铁人三项赛”等活动，吸引大量散客、自驾游客走进长寿。开展“天赐长寿·人人向往”全国摄影大赛、长寿新景摄影比赛。组织参加“2016重庆国际旅游狂欢节”，在精心设计的N2馆200平方米的展区推介长寿旅游，接受现场咨询9600人次，发放资料2.1万份，上演具有长寿特色的文艺节目4场，开展抽奖活动等。通过参加市旅游局组织的广州、沈阳、唐山、厦门旅游博览会大力推介长寿区旅游资源；参加渝东北联盟互助营销走进垫江县、丰都县、云阳县、石柱县、巫溪县、开州区活动，成功将长寿旅游文化演出带到当地。三是加强宣传品覆盖。长寿区首部旅游微电影《长寿湖之恋》拍摄成功并在全国各大网站正式上线；出版第十六、十七、十八期《长寿游》；新编制长寿区2016春季旅游攻略手绘地图及长寿区2016长寿旅游攻略手册。

【机关建设】 树立“四个意识”，开展“两学一做”学习教育。制订局党组“两学一做”学习教育方案和学习计划，组织召开“两学一做”学习教育动员会并上党课，组织党员集中学习19次，专题讨论3次，撰写简报21期；围绕基层党建工作的“七个问题”对照检查，持续有序整改到位。强化内部管理，建立完善《重大事项决策议事办法》《财务管理制度》《项目采购管理办法》《对外签订合同及合同价款支付管理办法》《固定资产管理办法》《车辆及驾驶员管理办法》等，用制度管人、管事，规范从政行为，做到阳光透明，规范局机关办公秩序。

强化干部廉政教育，利用职工大会“三会一课”等会议，学习从严治党及“两个责任”等相关要求；通过组织观看《永远在路上》《镜鉴》等专题廉政警示教育片，用区内外查处的贪腐案件进行正反典型案例教育，引导大家加强自我学习教育、培养廉洁从业道德操守，筑牢拒腐防变的思想防线。在元旦、春节、五一、中秋、国庆节等容易出现违反廉洁自律的特殊时机，召开职工大会，及时传达上级的文件精神，及时提醒领导干部以身作则，提醒干部职工自觉抵制和反对违规接待、公款吃喝送礼等行为，防止节日腐败。继续落实好中央八项规定精神，强力反“四风”，着重对公车私用、公款吃喝、“三公”经费使用和工作纪律等违纪问题进行监督。 （孙 祥）

附：

长寿区旅游特色商品

长寿沙田柚。长寿沙田柚形似葫芦，橙黄色艳，单果一般重800~1500克，立冬时节成熟。果肉醇甜如蜜、汁多味浓，脆嫩化渣，极耐储存，素有“天然罐头”的称号。2006年长寿沙田柚获得“中华名果”荣誉称号。2009年“长寿沙田柚”地理标志集体商标注册成功。

长寿血豆腐。“长寿血豆腐 佐酒思故友”血豆腐是长寿独具特色的民间食品。以豆腐为主，加上猪肉、花椒、盐等调料，手工捏成球状后烟熏而成，香麻爽口、余味悠长、营养丰富。

长寿湖血橙。“洁园春”有机塔罗科血橙新系是根据有机农业原则和有机农产品生产方式及标准生产出来的，是通过有机食品认证机构认证的农产品。塔罗科血橙新系果皮与果肉紫红色，质地细嫩化渣、多汁，风味浓郁、酸甜适口。果实12月下旬——1月中旬成熟，品质上等。

长寿鱼面。长寿鱼面采用长寿湖生态鱼，经过多道传统工艺精制而成，口感鲜滑柔韧，营养丰富，老少皆宜。

长寿薄脆。“长寿薄脆”兴于清朝，制作考究，选用特级面粉，配以白糖、香料后，加水调和，分为大小均匀的小面团，压成薄饼，用微火翻来覆去烘焙而成，口感甜香脆。

尚蔬坊。尚蔬坊的100%蔬果汁，以10种根茎叶类蔬菜和4种水果搭配而成，不含任何添加成分，100%原汁，是中国第一也是唯一一款真正的健康、天然、时尚的高端蔬果汁，富含的维生素丰富、均衡的营养。尚蔬坊的建设，填补中国真正意义100%果蔬汁饮料的空白。 （孙 祥）

重庆市长寿湖风景名胜区

【概况】 2016年，长寿湖风景名胜区统筹推进重大项目建设、配套保障、旅游服务、宣传营销等多项工作，在各类管理上坚持思路创新、制度创新、工作创新，圆满完成各类目标任务。旅游发展呈现既快又好的良好态势，铁人三项赛、龙舟民俗文化节、郁金香展、葵花展、菊花展等活动吸引游客，景区知名度和市场影响力明显提升。2016 年接待游客228 万人次，实现旅游收入 13.9 亿元。

【景区建设】 全年推进政府类重大项目 5 个，完成投资4.5 亿元。长寿湖高铁站站前广场及道路工程竣工投用，长寿湖高铁站顺利通车；长寿湖东岸环湖路（人头山至官栈河）、远恒佳项目道路开工建设；长寿湖寿岛绿化生态修复工程（二、三期）、长寿湖水上通廊绿化生态修复工程（一、二期）开工建设。启动西岸环湖公路（老槽口段）、东岸环湖公路（官栈河段）及景区至高铁站专用道路改建等项目前期工作。

推进市场类重大项目9 个，完成投资 10.25 亿元。远恒佳国际学校、迪信通国际房车营地、长商悦湖荟度假村开工建设；重医附三院长寿康养中心启动方案设计、办公楼启动装修；富盈湾商业广场南区、香江泰晤士小镇 B1—2 交房；金鹏五星级酒店外装完工；康普山水茗家一期主体完工；与中科招商、华融资产、水木资本、母基金联盟等招商取得阶段性进展。

全年贷款到位资金 13 亿元，支付各类款项17.5 亿元。用地保障能满足建设需要，取得长寿湖远恒佳学校征地批文；取得罗山半岛、回龙 2、3、8 队土地征用批文；完成重医附三院长寿康养中心、深圳远恒佳学校等项目土地招拍挂；完成东岸环湖路项目用地补偿拆迁工作；快速推进高铁站至景区专用道路、回龙 2、3、8 队、罗山半岛等项目用地的拆迁补偿工作。启动西岸污水主干管网和连接管网全面整治工程。完成龙湖大道弱电、供水等综合管网铺设。

2016 年重庆长寿湖全国铁人三项锦标赛

【文旅融合】 年内举办“长寿湖首届郁金香展暨第四届风车节”“龙舟民俗文化节”“首届葵花展”“首届菊花展”和啤酒音乐节、彩妆跑、红裙彩跑、亲子泡泡跑、抢鱼大赛、水上飞人表演、全国铁人三项锦标赛等活动 50 余次，得到社会各界一致好评，长寿湖和菩提山景区的知名度和美誉度提升。全年投入宣传营销活动经费约 2000 万元，相继在重庆电视台、《重庆日报》、龙头寺火车站、江北机场、渝长高速 T 型牌和地铁灯箱等以多种方式各种主题进行广告投放、新闻报道、软文刊登；在大渝网、华龙网及其他各大网站论坛通过主题页面、视频发布、论坛发帖等方式宣传；邀请全国 40 余家主流媒体考察长寿旅游，新媒体宣传效果明显。

【平安景区建设】 认真开展各项旅游安全工作，抓好旅游旺季和汛期安全生产，组织景区日常安全检查 219 次，排查安全隐患并督促整改 28 起，建设领域无大小安全事故，实现“零事故、零死亡”工作目标。全年调查处理执法案件 13 件，拆除违章建筑 5 起。开展长寿湖生态环境保护，岛屿果园收回工作进展良好。绿化生态修复工程加快实施，污水处理厂正在提标升级，长寿湖漂浮物清理工作扎实。化解民工工资纠纷、施工纠纷、万鸡山三岛信访积案等信访稳定问题。稳妥应对程×农业公司诉讼案等涉诉案件。认真开展“两学一做”学习教育活动，持续抓好党风廉政建设。顺利完成文明城区创建和环保督查迎检。 （*左　娟*）

菩提山文化旅游开发

【概况】 2016 年，按照“总体规划、分步实施”原则，菩提山文化旅游区顺利开工菩提山景区综合楼、茶室等配套工程，不断提升旅游品质。全年菩提山景区接待游客 121 万人次，旅游收入 7.3 亿元。

【景区建设】 2016 年 11 月，菩提山文化旅游区开工综合楼、茶室配套工程建设。该工程位于菩提山景区菩提寺旁，单体建筑 2 栋，占地面积 1897 平方米，总建筑面积 2610 平方米（综合楼 2030 平方米，商业门面 580 平方米），工程造价

681万元。年底前，完成土石方、地坪、梁柱等基础工程。

巴寡妇清、还珠楼主、谯定统称长寿文化三贤。为纪念他们，在菩提山北部片区，修建以怀清台、还珠楼主纪念园、谯定风雨廊为主要建筑的三贤园。三贤园占地8.8万平方米，其中怀清台5466平方米，还珠楼主纪念园5935平方米，谯定风雨廊260平方米。年底前，工程已经完成施工图设计。

菩提山环山公路工程，位于菩提山北部片区，是景区连接菩提山三贤园的唯一路线。起点为菩提山景区道路2号门岗处，终点接菩提北路；公路等级为四级公路，全长3.7千米。年底前，工程已经完成施工图设计。（左　娟）

滨江长寿谷景区建设

【青龙嘴文物保护修复】 2015年12月21日，长寿区启动青龙嘴片区文物保护修复工程，以传承城市文明，延续长寿文脉。按照文物保护条例，工程对不同的建筑类别进行修缮、修复、整治、改建、拆除、重建。营造历史氛围，再现百年商埠，展示老长寿县城的历史风貌。青龙嘴片区改造工程（一期）占地面积2公顷，建筑总面积4000平方米。修复定慧寺、青龙阁、江西庙、王爷庙等古建筑。2016年，所有建筑主体结构已经完工，启动后期装饰工程、环境美化及氛围营造。

定慧寺复建主体工程已完工

【三倒拐古街区修缮】 三倒拐是长寿区城区连接望江路和河街的步行通道，已有600多年历史，反映数百年长寿城市和百姓生活的变迁，是长寿老城的文化符号之一。

为浓缩长寿历史，留住长寿记忆。2016年10月，启动三倒拐古街区修缮工程。年底前，正在进行历史文化资源普查，编制保护修复方案。初步方案是保留部分原住民民宅，恢复部分民间作坊和商铺，营造码头街巷的商业氛围，整体复建部分古老的宅院，设置民宿客栈，完善街区旅游功能。

（左　娟）

大洪湖生态旅游开发

【概况】 明月山、铜锣山、华蓥山将万顺与工业城长寿、大都市重庆、能源重镇广安隔离，使万顺成为“三城”近郊的天然宝地，山、水、林场、温泉构成大洪湖独特的自然景观。大洪湖岛屿密布，湖湾港汊迷离，素有“千岛洪湖”之称，景色十分迷人。凭高远望，烟波浩渺的湖面上，点缀着星星点点的岛屿，与炊烟袅袅的农舍构成一幅令人神往的水墨画卷，恍惚进入江南水乡。放舟其间，万顷波光熠熠生辉，青山湖水交相辉映，双桨扬起粼粼的涟漪划破远去的倒影，让人不忍打破这份珍藏的宁静。日出日落，满天云霞映入湖中，天地浑然一体，如入仙境。微雨之中，烟霞氤氲于湖面，低飞的水鸟、萋萋的芳草以及凝影的碧水，俱幻化成无边无际的空蒙，湖边斑驳犹在的无粮寺、玉溪寺，无声地诉说着大洪湖古老而凝重的历史。湖内盛产的鲤鱼、鲫鱼、鳙鱼、鳊鱼、鲶鱼、甲鱼等20余种鱼类，既满足人们泛舟垂钓的闲情逸致，也能饱食客们尽享舌尖上美味的口福。坐落在万顺镇的明朝建文皇帝避难邻水时特封的“无粮寺”，后改名玉溪寺的玉溪府，雕刻精美的摩崖造像及成

位于长寿区大洪湖畔万顺镇东风村的东篱田园综合旅游度假区一角

群汉墓成为承载厚重历史的人文景观；玉溪里儒学文化、猴儿石传说、杜天官与建文帝传说、无粮寺传说等文化传说为万顺的大洪湖旅游注入灵魂，铸就大洪湖旅游的独一特质和不可替代性。

2016年，大洪湖景区27家农家乐，接待游客和垂钓爱好者近6万人次，实现经济收入1000余万元。

【旅游资源开发】 万顺镇从五方面夯实大洪湖旅游发展基础，着力将万顺建成农业文化旅游“三位一体”、生产生活生态同步改善、一产二产三产深度融合的特色镇。一是大力发展生态农业，为游客提供纯天然安全的食品；二是建立体验式农业生产旅游基地，吸引游客体验农业生产过程，感受农业生产文化；三是打造养老休闲产业，把大洪湖打造成重庆和长寿的养老疗养基地；四是加快发展休闲渔业旅游产业，建成生态鱼养殖基地，打造大洪湖节假日休闲“垂钓天堂”品牌；五是丰富水上旅游项目，为“蒸笼里的”重庆人提供清凉旅游的好去处。

重庆洲晟农业综合开发有限公司自2012年起开始投资东篱田园综合旅游度假区，用时4年时间对该区域的道路修建、边坡护理、绿化种植、水体改良等进行综合治理。园区内的土壤和水域环境改善，灌溉和饮用水源皆为百米深井地下水，达到直接饮用标准。2015年开始正式启动东篱田园综合旅游度假区项目，该项目是以现代休闲农业为依托，集旅游观光、种植、餐饮、农副产品销售、休闲、养生、度假、娱乐等多功能为一体的乡村田园综合体。2016年底，项目成型，准备投入试运行。

东篱田园综合旅游度假区位于长寿区大洪湖畔万顺镇东风村，包含石碾盘水库、绿苑塘、东小湾等区域，占地一千三百余亩，其形态蜿蜒犹如一只巨大的铁锚且形成一个中心环抱半岛。东篱田园综合旅游度假区不仅有大自然的自然美景，提供园区内种植的环保绿色蔬菜、散放自养的土鸡土鸭、自熏腊肉香肠，体验田园牧歌般的乡村生活；景区内还将种植大面积的浪漫花田、为小朋友们准备沙滩戏水和儿童泳池，儿童游乐木廊桥、儿童游乐挑战游戏区等等，将建成一百余亩的大草坪、风格各异的古朴民宿、浪漫的露天餐厅、露天烧烤、跑步道、篮球网球场、休闲垂钓等。（陶　亮）

库区移民

三峡库区移民

【概况】 2016年，重庆市长寿区移民局（简称区移民局）围绕“库区产业发展及移民安稳致富、生态环境建设与保护、地质灾害防治”三大目标任务，各项工作取得新发展，成效显著、亮点突出。国务院三峡办副主任雷鸣山，市移民局局长蒋又一等均到长寿视察指导，对长寿三峡后续工作给予高度评价和充分肯定；区人大代表对全区移民重点项目进行专题视察，给予较高评价和肯定。

【三峡后续工作】 一是编报年度项目方案，申报2017年度后续项目31个，总投资19.34亿元，申请专项补助资金8.12亿元；已通过三峡办审查项目24个，总投资12.77亿元，申请专项补助资金5.97亿元；抓好二期项目库动态优化管理，把桃花溪流域环境综合整治等项目纳入申报范围。二是实施批复项目，采取未开工项目倒计时节点控制、在建项目质量进度合同制管理、进度滞后项目区领导约谈等综合措施，推进三峡后续项目提质提速；截至2016年12月，已批复78个项目中，完工49个、在建26个、待建3个，完成投资22.59亿元（其中专项补助资金6.57亿元）。三是优化后续工作管理，加强项目建设管理，工程监理率、招投标率、竣工项目建设质量合格率均为100%；继续完善监管体系，建立专业审计、专项督查和专项检查“三位一体”的监督模式和多部门联合检查与职能部门监督检查相结合的通报备案机制；全年开展监督检查8次，提出整改建议4条。

【库区移民安稳致富】 一是政策扶持，兑付农村移民后期扶持补助、解决移民遗留问题补助等资金1000余万元，涉及1.1万余人；资助高职学历教育70人。二是项目支持，实施库区基金、“两项结余”资金等后扶项目63个，投入资金2156万元，完善库区基础设施、改善移民生产生活条件；对精准扶贫脱贫、特殊困难群体安排专项资金27万元，实施项目4个。三是培训帮扶，推行培训就业一体化模式，完成各类移民培训3213人次，训后就业率94%以上，训后学员在重庆库区第四届职业技能大赛中成功获得10个单项奖，成绩名列库区前三名。四是对援补给，广西长寿《对援规划》逐年落实，年内争取到位无偿援助资金350万元。综合施策使移民收入水平明显提高，增速高于三峡库区其他居民。

【水库综合管理】 一是三峡库区生态环境建设和保护坚持“面上保护、点上开发、绿色发展”原则，2016年投入7400万元，实施生态类建设项目6个，解决长江支流桃花溪污染治理问题；推进生态屏障区建设，新增绿化面积93.33公顷；开展库区水污染防治，出动船舶1776艘次，打捞长江干支流江面漂浮垃圾3576吨；继续强化消落区保护与综合治理，开展联合检查10次，处置违法违规行为3起；长江干流及主要支流两岸植被恢复初见成效，库区水质稳定在Ⅱ类。二是库区地质灾害防治把好巡查排查、监测预警、专家驻守、应急处置、督查督办“五道防线”，推进日常巡库检查及蓄退水期间安全监测与防范工作，完成专业监测和群防群测体系建设，强化长江库岸治理监管；完成滨江路大码头排污管基础垮塌等3个险情点治理；全年巡库检查50余次，开展重点隐患排查24次、处置险情5起，持续实现“无重大地质灾害发生、无重大疫情、无人员伤亡”目标。

【库区维稳】 一是抓好信访稳定工作，全年受理移民来信来访20次、183人次，信访处置回复率均为100%；下访移民群众128人次、解决实际问题15个；完善移民信访稳定工作督查督办等工作制度4项；移民群众反映问题得到较好解决，未发生到市进京集访和非法上访事件，全区移民信访稳定形势总体可控。二是做好避险搬迁工作，三洞沟片区175米试验性蓄水避险搬迁工作有序推进，凤城街道复元村38户135人的蓄水影响搬迁全面完成，移民群众的生命财产得到有效保障。

【工作队伍建设】 从严从实开展“两学一做”学习教育活动，区移民局党员干部讲政治、讲规矩、讲道德、讲奉献得到加强。注重干部教育培训，全年参加各类调训培训16人次。抓好干部培养，遴选充实优秀年轻干部2名，选任年轻中层干部2名，培养副处级干部1名。强化机关内部管理，抓好党建、宣传、统战、精神文明、计生卫生、公共节能等相关工作。落实党风廉政建设责任制，加强惩防体系建设，筑牢反腐思想防线。

（赵玮炜）

大中型水库移民后期扶持

【移民安置】 长寿区龙门桥水库工程于2012年12月经重庆市水利局、市发改委批准建设。委托重庆市水利电力建筑勘测设计研究院编制水库征地移民安置规划大纲和规划；2012年3月，经重庆市人民政府批复实施。截至年底前，龙门桥水库征地移民搬迁安置工作已全面实施完成，但因概算调整尚未验收。

【直补资金发放】 长寿区发放2015年第四季度至2016年第三季度直补资金2779.40万元（其中2015年第四季度697.32万元，2016年第一季度695.31万元，2016年第二季度695.13万元，2016年第三季度691.64万元）。直补金发放期间同步开展移民扶持人口动态清理，全年核减扶持人口355人，补登记人口26人。截至2016年第三季度，直补资金在册移民有46097人。

【后扶项目实施】 2016年实施2015年度项目计划，全面启动推进2016年度项目计划。

2015年项目实施情况。下达后期扶持年度计划项目1批42个，后扶投资2692.92万元。下达市级结余资金项目3批26个，市级结余资金投资3201万元。截至年底前，2015年度计划项目在建工程1个，完工未验收19个，完工验收22个，完成后扶资金投资2602.67万元。市级结余资金项目未开工6个，在建工程7个，完工未验收2个，完工验收11个，完成后扶资金投资2149.10万元。2015年项目完成后扶资金投资4751.77万元，后扶资金投资完成率80.62%，后扶资金投资完成率95%。

2016年项目实施情况。2016年6月，下达后期扶持年度计划项目1批34个，后扶投资2792.34万元；下达市级结余资金项目2批6个，市级结余资金投资1211万元。截至年底前，2016年度计划项目未开工25个，在建工程6个，完工未验收2个，完工验收1个，完成后扶资金投资205.97万元。市级结余资金项目未开工4个，在建工程2个，完成后扶资金投资2.5万元。2016年项目完成后扶资金投资208.47万元，后扶资金投资完成率30%。

市级立项的100万元以上项目实施与验收情况。长寿区组织实施的万顺镇石龙村沿湖公路路面改造工程、云集镇狮子滩水库玛瑙村硬化公路工程、石堰镇红义公路路面改造工程和龙河镇河堰、明丰、仁和村村级道路硬化工程等4个大中型水库移民后期扶持项目，已按照设计标准和规程规范全面完成建设任务。工程质量合格，运行情况良好，资料归档齐全，已按程序组织竣工验收。

【移民后扶规划】 2016年，长寿区编制《“十三五”大中型水库移民后期扶持规划》，以移民脱贫致富奔小康为核心目标，集中力量致力于贫困移民脱贫解困，建设移民美丽家园，全面实施移民增收；总指标92974人，规划直补项目总投资13929.9万元；规划工程项目186个，总投资34923.8万元。年内顺利通过市级审查审批。

【移民信访维稳】 2016年，长寿区完善移民信访维稳应急处置指挥体系和行动预案，成立专门班子包干负责重点群体、区域的风险防控，建立稳定信息渠道，形成有访必接、有信必回、有案必查、积极帮扶的工作机制。2016年接待来访移民125人次，办理、回复信访件和交办件20件次，调处政府信息公开案1件次。承担并完成“两会”、中共十八届六中全会和重大节假日期间移民维稳安保任务。

【移民后扶政策测评】 2016年迎接并配合市水利局开展监测评估1次，完成各阶段的工作任务。通过收集资料、与村社代表座谈、入户访谈、实地查勘和抽样调查的监测方法，采取统计分析、对比分析和综合评价的评估方法，科学评价2011

年至2015年移民后扶政策实施期间，库区和移民安置区所产生的经济效益和社会效益及移民生产生活水平的变化。2016年移民户人均可支配收入较2011年增长110.98%。

【移民避险解困试点】 2015年11月20日，重庆市发展和改革委联合市水利局、市财政局对长寿区大中型水库移民避险解困试点方案给予批复，有6267户12439人纳入移民避险解困试点，中央补助资金24878万元，市级补助资金1500万元。长寿区多次摸底调查和研判，出台《重庆市长寿区大中型水库移民避险解困试点工作实施办法》（长寿府发〔2016〕98号），动员相关部门和各街镇落实责任分工。年底前，按照《实施办法》规定的流程和要求，完成456户1063名帮扶对象的申报核定，下达各街镇避险解困补助资金投资计划2426万元，已拨付各街镇避险解困补助资金1275.60万元。各街镇按已下达的投资计划开展第一阶段避险解困搬迁安置工作。

【信息系统管理】 移民后扶管理信息系统重庆分系统投入使用后，长寿区按要求进行数据对接和更新录入，配合开发公司进行系统调试、优化，反馈许多有价值的建议。管理信息系统集成水库工程、人口核定登记、后扶规划、年度计划和资金管理等主要模块，实现存储备案、同步查询、统计分析和数据可视化等管理功能。年底前，长寿区主要模块数据已完成更新，开始服务辖区移民后扶信息管理工作，工作效能得到重大提升。

【项目和资金管理】 抓好项目前期、项目建设、项目验收、交付使用和运行管护等各阶段的关键环节；严格执行项目法人制、招投标制、合同制、监理制等管理制度和项目投资区级报账资金管理制度，落实开工公示、完工公示、违纪违规公示等公示制度；严把咨询评估、设计变更、项目调整等审查审批或备案程序，落实项目运行管护责任。责任包片督导，深入工程现场，推进项目实施进度、确保工程质量、提高资金使用效率。

资金管理一是按季做好移民直补资金的发放兑现工作，按季做好扶持人口死亡、农转非等动态清理工作。二是后扶项目资金拨付实行区级报账制，项目资金按工程进度和工程质量评定情况进行审核支付。

【移民培训】 2016年，长寿区开展移民农业生产技能，二、三产业创业技能，职业就业技能等方面的培训；打造一支懂政策、有能力、肯奉献的移民干部队伍，开展移民干部业务培训。全年移民培训1期60人次，移民干部业务培训5期220人次。加强技能培训，提高移民生存和发展能力，达到每户有1个以上劳动力接受劳务输出技能培训或农业生产技术培训，使每户具有1项以上稳定增收渠道。

（谢　莉）

财政 税务

财 政

【概况】 截至2016年12月31日，重庆市长寿区财政局（区国资金融办）简称区财政局（区金融办）下设办公室、预算科、国库科、行政事业科、社会保障科、经济发展科、会管采购科、农业科、监督科、国资管理科和金融管理科11个科室。下属2个参照公务员管理事业单位：重庆市长寿区国库集中支付中心、重庆市长寿区街镇财政管理办公室，规格为正科级；下属1个事业单位：长寿区政府投资项目评审中心，为副处级全额拨款事业单位，其内设机构有综合科、项目优化科和预算审核科。

根据《关于调整区财政局机关及下属事业单位编制的通知》（长编发〔2016〕92号），区财政局行政编制核减为33名，区街镇财政管理办公室（正科级）编制增加至153名，核准领导职数1正1副。截至2016年12月31日，区财政局机关实有行政编制人员31人，参公事业单位街镇财政管理办公室人员145人，国库集中支付中心人员8人，机关后勤编制人员2人，政府投资项目评审中心实有在编人员8人。

2016年，长寿区完成地方财政收入91.24亿元，比2015年同口径增长10%。其中，一般公共预算收入完成37.37亿元，增长10.1%；税收收入完成28.13亿元，增长13.7%；圆满完成全年财政收入目标。辖区税收收入完成47.85亿元，增长10.2%；辖区工商税收考核在重庆片区排第六位。2016年地方财政支出实现127.30亿元，增长1.2%（增幅较低的主要原因是2015年有上级到位的经开区集团公司资本金13亿元）。其中一般公共预算支出64.47亿元，增长8.2%。全年财政民生支出41.7亿元，占一般公共预算支出的64.7%，较好地服务全区经济社会持续协调发展。

【财政保障能力提升】 2016年，面对宏观经济下行压力以及政策结构性减税影响，全区财税干部攻坚克难，圆满完成人代会和区委、区政府确定的目标。

加强收入征管，强化重点税源监控和风险管理，加大纳税评估力度，细化落实堵漏增收措施，做到依法征收。开展政府性投资项目税收专项清理检查，加大税收、非税收入追收力度，做到应收尽收。国税部门加大非居民企业税收的跟踪管理力度，增加税收7700万元；财政部门调整财政存款计息方式，增加财政收入4929万元。

各方联动，发挥收入征管联席会议作用，分析经济发展态势及收入征管最新情况，完善征管工作措施，挖掘增收潜力。完成联合办税服务大厅标准化建设，建立联合办税新模式，增加税收1772万元。

主动争取支持，立足发展重点和目标任务，向上级争取政策、资金支持。2016年，获得上级一般公共预算补助和新增地方政府债券资金34.98亿元，较2015年增加8.4亿元。

【财政助推经济发展】 继续实施积极的财政政策，推动供给侧结构性改革，加快重点领域和关键环节财税改革，支持实体经济发展。

营造企业发展良好环境。全面完成“营改增”改革，5月1日开始新增试点的建筑业、房地产业、金融业和生活服务业4大行业全年减税2亿元，社保降费为企业减负1.5亿元。落实煤矿关闭补偿资金19370万元，安排房交会补贴资金3000万元，支持去产能、去库存，推进供给侧结构性改革。落实资金18408万元，支持长化公司搬迁，中小企业技术改造、扭亏脱困和传统产业转型升级，扶持新兴产业发展，持续激发经济活力。其中发放微型企业补助1846万元，新补助小型微型企业

691户，带动就业3260人；安排资金4262万元，重点发展扶持商贸物流、金融业等服务业；安排资金4873万元，支持企业开拓国际市场，承接加工贸易梯度转移、培育发展外向型经济。

创新财政金融扶持政策。安排200万元创新开展巨灾保险试点，助推保险发展示范区建设。启动转贷应急周转资金，有效预防资金链断链风险，支持中小微企业发展。筹集2000万元设立“农业增信保证保险专项资金”，以贷款保险作为增信手段，建立政、银、保风险共担机制，破解农村新型经营主体融资难、融资贵的问题。

加强调度保障政府平台公司平稳运行。争取置换及新增地方债券资金30.2亿元，缓解平台公司还本付息压力；及时拨付土地成本等财政补助资金64.7亿元，推进重大项目建设，防范支付风险。保障平台公司平稳有序运行。

【财政保障民生】 围绕“学有所教、劳有所得、病有所医、老有所养、住有所居”，调整财政支出结构，加大财政投入，完善体制机制，加强民生保障。全年财政民生支出41.7亿元，占一般公共预算支出的64.7%。

助推教育事业均衡发展。全年全区教育相关支出160114万元，占一般公共预算支出的24.8%。主要是：落实各阶段教育生均拨款经费和家庭经济困难学生财政资助政策；实施中小学生营养改善计划和乡村教师补贴政策；支持新改扩建校舍2.6万平方米，晶山小学、长寿中学晶山校区、实验一小古镇校区建成投用，重庆化工职业学院迁建开学，长寿湖远恒佳学校开工建设，支持成功创建全国义务教育发展基本均衡区。

完善社会保障体系建设。全年全区社会保障支出89868万元。主要是：安排再就业资金6082万元，落实就业困难人员社会保险、职业培训、就业奖励等政策；发放创业担保贷款11408万元，全年城镇新增创业6588人；拨付社会救助资金26229万元，用于城乡低保、重点优抚、城市“三无”人员、农村五保、城乡残疾人、城乡低收入老年人等困难人员社会救助；安排900万元，支持殡仪馆迁建及殡仪服务站建设。

提升医疗卫生服务能力。全年全区医疗卫生支出77373万元。主要是：安排城乡居民合作医疗参保补贴32518万元，惠及78.28万参保人员；安排3111万元，对困难群众开展医疗救助；安排3473万元，免费向城乡居民提供慢性病管理等基本公共卫生服务；安排3201万元，落实计划生育奖励扶持政策；安排8696万元，保障基层医疗卫生机构基本药物零差率补助、撤并村卫生室等基层医疗卫生建设；筹集资金5600万元，支持公立医院建设；安排960万元，支持区级公立医院药品零差率改革。

改善城乡公共服务设施。安排5270万元用于棚户区、农村危旧房改造和农民新村建设；多渠道筹措14383万元支持全国文明城区创建工作；安排6600万元用于场镇及城区公共功能基础设施建设；安排16107万元用于公路建设、养护以及水毁道路恢复；安排16833万元用于长寿湖湖泊治理与保护；安排1934万元用于河流污染综合治理及其他环保整治项目。

丰富城乡群众文体活动。安排1668万元支持文化馆、图书馆、文化站和农家书屋免费开放；安排481万元面向全区免费赠阅《长寿日报》和长寿手机报，支持《长寿日报》微信公众平台、长寿新闻APP、人人长寿等系统建设及维护，打造《长寿日报》全媒体构架；安排1047万元维持体育场馆运行和完善体育公共服务功能、支持办好长寿湖铁人三项赛和参加市运会等文体赛事活动。

【财政支持“三农”】 围绕全区城乡一体化的发展目标，加大“三农”支持力度，及时兑现各种强农惠农政策，支持精准脱贫攻坚，推进水利设施建设，促进城乡统筹协调发展。

落实惠农补贴政策，拨付16917万元，发放农业支持保护补贴、农机购置、农业保险、退耕还林和移民直补等，全面落实各项惠农政策，各类惠农补贴资金及时兑现。

现代农业产业发展壮大。安排1967万元，用于农业综合开发。安排365万元，用于畜禽养殖及屠宰场污染综合整治。安排5366万元，用于技术推广和柑橘、蔬菜等特色效益农业及基础设施建设。

农业基础设施建设加快。安排水利基础设施建设资金7108万元，推进渠道整治、山坪塘修复等水利项目。拨付三峡后续资金20054万元，发挥三峡后续资金的引导带动作用。安排林业项目资金1243万元，支持天然林资源保护、松材线虫防治、植树造林等林业重点工程建设。安排2819万元，实施村级公益事业建设“一事一议”财政奖补以及美丽乡村建设，推进村级公共服务和社会管理专项工作，支持农村公益事业发展，促进村民自治。

精准扶贫攻坚。整合各类资金3962万元，继续支持10个脱贫村基础设施建设和产业发展；落实各项到户政策资金4175万元，解决贫困户、脱贫户家庭住房、医疗、教育、就业、产业发展等方面问题，巩固扶贫攻坚成果。

【财政改革】 贯彻落实新预算法，不断完善预算管理制度，稳步推进财政各项改革，改进和规范财政管理，提高依法理财、科学理财能力。

深化部门预算改革。强化预算单位作为部门预算编制及执行的主体责任，提高预算科学化精细化。完善资金统筹机制，盘活财政存量资金1.6亿元用于急需支付的刚性支出，缓解当前财政收支矛盾，提高财政资金使用效益。依法完成财政预决算、部门预决算和“三公”经费信息公开，自觉接受社会监督，增强预算管理透明度。

落实厉行节约工作。圆满完成党政机关公务用车制度改革。2016年，全区“三公”经费支出比2015年减少325.3万元，下降6%。

财政监督管理力度加大。全面推行政府采购业务管理系统，规范采购行为，全年组织实施集中采购1901件次，节约财政资金7207万元，节约率15.2%。发挥投资评审作用，全年完成评审工程项目394个，送审金额19.32亿元，审减资金0.95亿元，审减率4.92%。强化国有资产监管，启动区属国有重点企业改革。扩大财政监督检查范围，开展强农惠农资金管理使用专项治理和财政资金安全检查，组织清理行政事业单位往来款项。丰富绩效评价组织形式，强化评价结果运用；推进会计从业资格整改工作，组织2期、260名行政事业单位财会人员到市财政校参加业务培训。

推进财政法治建设。持续开展财政普法，采取多种形式宣传预算法、《政府采购法实施条例》，在长寿会计之家网站宣传会计法律法规，配合区人大预算工委开展部门预算执行情况专题调研；结合财政实际开展社会信用体系建设。依法及时公开预决算、政府采购等财政信息，依托有关信息管理系统，录入全区会计从业人员、农村财会人员、代理记账机构等基本信息，广泛接受监督；认真开展“双随机一公开”工作，建立随机抽查事项清单，完善执法检查人员名录库，加大随机抽查力度，强化事中事后监管。

【财政运行风险防控】 强化措施、严格执行市政府对系统性、区域性金融风险防范要求，确保全区政府性债务和非法集资风险合理可控。

深化政府性债务管控。认真贯彻落实《预算法》和国务院、财政部强化债务管控的相关规定，加强政府性债务风险防范。严格实行债务余额限额管理，截至2016年末，全区政府债务余额76.3亿元，控制在市政府核定的长寿区78.5亿元政府债务限额之内。申报政府债券资金，推进存量政府债务置换，加强新增债券使用监管。

加强政府平台公司风险防范。完善政府平台公司的资金预判机制，按周、月、季、年分析资金供需，确保资金平衡，防止出现资金流动性风险；完善融资审批程序，适时调整制定政府平台公司融资成本控制线；细化考核指标，加强对融资成本、融资期限的考核力度。三年期以上融资占当年融资到位资金的比重达到98%，较2015年提高21个百分点，全年融资平均成本较年初下降2.6个百分点，融资结构得以优化，融资成本逐步下降。

（叶亚琴）

国　税

【概况】 1994年长寿县国家税务局成立，2002年更名为重庆市长寿区国家税务局（简称区国税局）。2016年，区国税局内设行政机构10个，辖事业单位2个、直属机构1个、下属机构8个；有在职干部162人、离退休干部58人。区国税局肩负着辖区内工商企业的增值税、消费税、内外资企业所得税、储蓄存款利息个人所得税以及车辆购置税的征收管理工作。年底前有征管户31799户，较“营改增”之前增加9325户；其中一般纳税人2110户，小规模纳税人8350户，定期定额双定户21339户。

【国税收入】 在经济下行压力大，税源形势严峻的不利形势下，区国税局坚持抓早抓实、挖潜增效、应收尽收、堵塞漏洞，量化分解组织收入绩效考核指标，充分发挥绩效考核激励惩戒作用，确保全年税收任务圆满完成。2016年，区国税局完成税收216883万元，比2015年同期增长36.35%，增收57815万元。组织区级财政收入70499万元，增长68.3%，增收28622万元。

表24　　2016年重庆市长寿区国家税务局税收收入情况

单位：万元

税种	税收收入	同比增减	增（减）收
增值税	165146	37.3%	44862
消费税	7812	37.1%	2114
企业所得税	36185	52.69%	12486
个人所得税	0	100%	1
车辆购置税	7740	-17.54%	1646
合计	216883	36.35	57815

【税收改革】　深化国地税征管体制改革。全面承接《深化国税、地税征管体制改革方案》各项改革事项，制定区国税局承接落地的改革事项69项，国地税联合完成的改革事项72项。贯彻落实《国家税务局、地方税务局合作工作规范（2.0版）》，加强国地税合作。区国税局、区地税局共建实体办税服务厅，实现服务的深度融合，实现"一人一窗一机"和"一窗通办"，节约征纳成本，减少办税程序，实现税企双赢。加强同工商、邮政等各部门之间的合作，共建涉税信息共享机制和平台。2016年7月1日开始，委托邮政代开增值税普票工作已在全区21个网点全面开展。

2016年4月30日，长寿区国税局"营改增"誓师仪式

落实税制改革各项任务。推进"营改增"工作，做好数据迁移，成功迁移7214户（含国地共管户3429户），其中一般纳税人194户，小规模纳税人7020户。开展纳税人在增值税发票开具、电子申报、税库银缴税、税收政策等方面的培训，参训人数3845人，确保税制转换后纳税人能够适应新税制、遵从新税制、受益新税制。强化宣传引导，通过报刊、短信、QQ群等平台，在《长寿日报》、长寿电视台、长寿政府网站开设"营改增"税收专栏，定期解读税收政策。

【税收征管】　努力提升征管质量。加强欠税管理，完善欠税清缴工作台账，全年清理陈欠20万元，新欠475万元。全面落实西部大开发、资源综合利用、车辆购置税等税收优惠政策，减免退税4.3亿元，其中为小微企业减免1.2亿元。强化税收风险管理，成立2个全职能风险应对所，负责市国税局风险控制中心推送的风险控制项目应对和区国税局重大风险应对工作。全年开展纳税评估210户，税务核查1327户，评估入库税款850万元，调减留抵税金661万元，调增未弥补亏损额4454万元。加强非居民税收合同备案及合同审核管理，开展反避税工作，实现税收入库10900万元，较2015年增长163.97%。加强管理，堵漏增收，完成代征地方税收2700万元。

【依法治税】　有序推进规范和改进税务行政审批工作，完善行政许可事项服务指南，实行办理时限承诺制度，全年办理行政审批620件。开展税收执法督察，降低税收执法风险。落实税收行政处罚裁量权清单制度，全年对税收违法行为行政处罚120件，罚款10.37万元。

在全区范围内部署开展税收专项检查和专项整治工作，严厉打击发票违法犯罪，建立完善综合整治发票违法犯罪活动长效机制。全年检查各类企业85户，查补税款2140万元，已入库1211万元，较2015年查补入库税款增长55%。加强部门合作，建立区公安局驻区国税局联络机制办公室。加强出口退税管理，落实国家出口退税政策，有效防范出口骗税行为发生。

加强税收宣传，组织开展"税收宣传月""法制宣传月"和"12·4"法治宣传日活动，借助网络、报刊等宣传媒介，加强税收政策和税收法律法规的宣传普及。推进纳税信用管理，与区地税局联合开展2015年纳税信用评价工作，成立纳税信用联合评价机构，评出A级纳税人20户，D级纳税人23户。守信激励和失信惩戒，增强纳税人的税法遵从度。

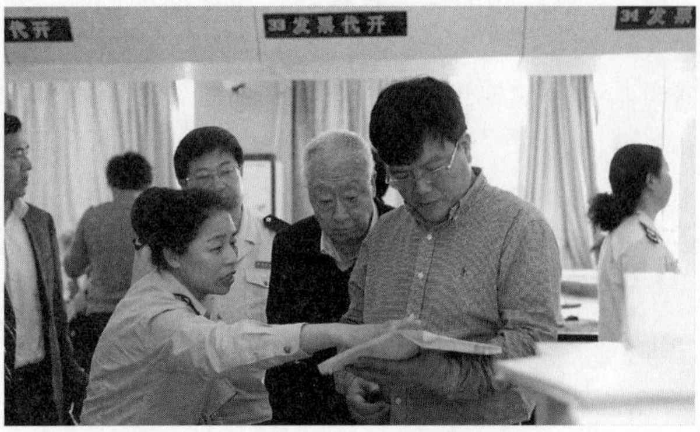

2016年4月28日，长寿区委常委、常务副区长左永祥调研区国税局办税服务厅工作

【纳税服务】 持续开展“便民办税春风行动”，推进市国税局“互联网+纳税服务”实施规划，全面推行同城通办、首问责任、限时办结、预约办税、延时服务、24小时自助办税、“二维码”一次性告知，通过纳税人学堂、QQ、短信等渠道向纳税人广泛宣传。推进金税三期升级版和电子税务局上线，为纳税人带来更加便利的办税体验；推进“三证合一”工作，在“营改增”期间开通纳税人“三证合一”绿色通道。与区地税局联合设立纳税人学堂，使纳税人进一家门，听两家课。

【队伍建设】 抓好党建和思想政治工作，建立机关党委委员联系基层党支部制度，全面开展“两学一做”学习教育，打造“四型党组织”和基层党支部“五好党支部”，争做合格党员。年内支部学习开展专题学习讨论30余次，党员撰写心得体会90余篇。吸收预备党员2人，培养入党积极分子2人。

加强干部能力建设，做好干部选拔任用工作，全年选拔任用正科级干部3人、副科级干部4人。与区地税局联合互派干部挂职锻炼，全年交流轮岗40人，其中科所长7人、一般职工33人。开展“业务能手”竞赛活动，经考试考核合格，10人获区国税局“行政管理”“纳税服务”“征管评估”能手称号，其中3人获得市国税局“税收业务能手”称号，1人获市国税局“业务骨干”称号。

开展考评管理，推进绩效管理4.0版承接。制定各项绩效配套制度，注重考评结果运用，发挥绩效管理的“紧箍咒”和“指挥棒”作用，区国税局绩效管理工作在全市国税系统中排名较2015年提升20位。及时完成数字人事系统上线准备，对每日填报全程跟踪提醒，确保系统的正常运转。

加强党风廉政建设和反腐败工作，落实“两个责任”，制定分工责任制。全局干部层层签订党风廉政建设责任书，明确主体责任、监督责任和共同责任。强化“三个一”监督模式，即每个月开展1次正风肃纪专项行动，每季度开展1次行政效能监察，每半年开展1次执法监察。落实中央八项规定精神，全年实现落实中央八项规定精神每月“零报告”。加强内控机制信息化建设，成立领导小组，明确专职机构专人负责内控工作责任体系。季度廉政学习、观看警示教育片、更新党风廉政教育网页内容等，集中学习与网上自学相结合，丰富完善“廉政之窗”网页，推进网络廉政教育平台建设；坚持每月“互动式”廉政学习，加强警示教育，筑牢思想防线。（杨　妍）

2016年重庆市长寿区国家税务局领导人名录

局　　长：王廷奎（苗族）
副 局 长：郭　健（女，2016年12月离任）
　　　　　刘德荣　熊　群　刘　澜
纪检组长：杨　彦（女）
总会计师：骆志高（2016年1月任）

地　税

【概况】 2016年，重庆市长寿区地方税务局（简称区地税局）在职干部职工126人，设9个科室、1个稽查局、7个税务所、1个办税服务厅。在2016年全市地税系统绩效考评中，以片区第二名的好成绩获得“优秀”等次，实现绩效考核先进“四连胜”；同时获得“先进领导班子”称号。

【税费收入】 全口径完成情况。2016年，组织各项收入449910万元，比2015年下降2.51%，减收11592万元。组织税收收入261578万元，下降4.93%，减收13562万元（其中，中央级税收21185万元，增长10.8%，增收2065万元；市级税收23055万元，下降40.36%，减收15599万元；区级税收217338万元，下降0.01%，减收28万元）。非税收入188332万元，增长1.06%，增收1970万元（其中，社保费完成172702万元，下降

0.31%，减收544万元；教育费附加7195万元，增长7.71%，增收515万元；地方教育费附加4797万元，比上年增长7.77%，增收346万元）

剔除营业税后完成情况。“营改增”剔除营业税后，2016年各项收入399755万元，比2015年增长7.38%，增收27470万元。组织税收收入211423万元，比上年增长13.72%，增收25500万元。

加大社会保险费征收力度和欠费追缴力度。密切监控企业的缴费情况，加大信息管费力度，与社保部门共同清理社会保险费欠费数据，及时催报催缴，征缴率达到98%以上。

2016年，税收收入的特点及有关情况是：“营改增”减收效应巨大，拉低税收增幅14.2个百分点；存量税源稳中有升，有力保障地方财力增长；加大稽查力度，开展四大专项行动，全面监控外来税源，有效防范税款流失；供给侧改革效应逐步凸显，区内制造业税收结构趋于合理，房地产业税收止跌回升；分税种情况是，主体税种贡献互补互促，企业所得税有所下滑，个税支撑作用逐步提升，财行税贡献率明显提高。

长寿区地税局召开深化国地税征管体制改革工作推进会

【税制改革】　根据《深化国税 地税征管体制改革方案》，大胆创新，在协同治税上取得显著成效。区地税局与区国税局共同制定实施方案，明确合作的28项具体任务，建立组织保障、沟通交流和后勤保障等3项机制。在外来建筑业管理、欠税管理、注销登记、税务稽查等15个方面，实现信息共享、执法统一、各税协同控管。

“营改增”按照上级部署，设立8个专项工作组，开展政策宣传、基础数据清理、代征准备、政策培训等，提前做好准备。4月30日举办“告别营业税、踏上新征程”纪念仪式；5月1日凌晨，25项业务事项已全部成功办理，顺利完成“营改增零点行动”。加强“营改增”后续管理，开展行业税负分析和政策效应分析，密切跟踪改革运行动态。

【税收征管】　应用大数据进行税收征管，加大数据“外调内比”工作力度，强化信息管税，利用涉税信息压实税基。比对区国土房管局传递的房产、土地信息开展房产税、土地使用税税源，开展专项挖潜行动，堵漏增收。全面开展清理欠税专项行动，对欠税户联系国税停止供应发票，采取税收保全等强制措施，圆满完成清欠任务。开展土地增值税专项挖潜行动，建立地税局、发改委、建委、规划、国土房管、财政6部门联合控管土地增值税机制，提升土地增值税清算质量。

长寿区召开区国税、地税、工商、邮政联系会，研究国地税合作、邮政代征、“三证合一”等合作事项

【依法治税】　开展税收行政权力事项清理，建立起涵盖行政征收、行政许可、行政处罚等8大类114项税收行政权责清单体系。强化风险管理，对政府性投资项目开展税收专项检查，加大纳税评估力度。发挥稽查最后一道关口的作用，先后开展重点税源轮查、专项检查、随机抽查。区地税局与国税联合开展发票检查，联合开展打击发票违法犯罪活动，联合发布税收违法“黑名单”，打击税收违法行为。

【税收政策落实】　坚持组织收入原则，落实各项税收优惠政策。小微企业享受税收政策优惠面100%，落实西部大开发税收优惠政策减免税446

万元，落实高新技术加计扣除减税90万元，支持地方经济发展。

【纳税服务】 区地税局与区国税局联合建设“长寿区办税服务厅”，在设置业务窗口、规划功能区时，打破国地税界限，按业务类型进行岗位和职责重组，设置5类34个窗口，统一导税、叫号、统一前台征收，实现“一窗一人一机一屏一POS”通办国地税涉税业务，办税效率大幅提升。建立首问责任、延时服务、一次性告知等纳税服务制度，方便纳税人，深受社会好评。“重庆新闻联播”、华龙网、长寿电视台等媒体对国地税融合办税服务进行专题报道。

2016年12月2日，长寿区公安局派驻区国税、地税联络机制办公室成立

【税收宣传】 多种形式开展税收宣传，依托AIS行政内网、长寿区政府门户网，用好电子显示屏，发放纸质宣传册，设立导税台，以电子、纸媒和人工方式开展形式多样的税法宣传活动，满足各类人群的需求。第二十五个税收宣传月着力开展国地税“联办学堂”“税企恳谈”“指尖上的税收”等重点项目，宣传效果显著，得到赞誉。

【税收科研】 制定税收课题调研管理办法，统筹开展税收调研工作。组成20个课题组，申报群众性课题20个，重点课题3个。在长寿区税务学会、国际税收研究会论文交流评审中，5人次获奖；在全市地税系统重点课题评审中，1个重点课题获奖。

【内部管理】 严格绩效管理，重新修订考核办法，制定5套考核指标，建立季度绩效分析和讲评制度、健全督考合一机制。增加配套措施，成立绩效考评委员会，出台加强机关管理的意见，定期对机关科室、基层单位进行检查，开展月度流动红旗评比，实现内务管理规范化、常态化。组织开展执法督察和执法监察，加强自我检查，及时纠正和规范税收执法行为。出台财务管理办法和固定资产管理办法，规范采购，严肃财经纪律，严格执行经费预算，开展财务风险自查整改，规范资金支出程序，营造厉行节约、严控支出的氛围。

狠抓思想建设，开展“两学一做”学习教育，获得全市地税系统第八轮“党建工作先进单位”称号。在“三会一课”增加15个学习专题、3个讨论专题、5类专题会议，丰富学习内容；微党课竞赛1个优秀作品在全区“两学一做”学习教育微党课评选中获奖。有序完成组织关系清理、党员档案管理、党费清缴等工作，做出实效。加强干部管理，对25名科级干部进行交流，占全局中层干部的71%；4名干部竞争走上副科级领导岗位，1名干部到涪陵区地税局挂任局长助理。

分层级开展业务培训，建设“一网两校”（即自主在线学习培训网，业余党校和业余干校）。区地税局取得会计从业资格证人数81人，取得初级会计职称45人，中级会计职称15人，高级会计师1人；注册税务师5人；律师执业资格3人；研究生7人。“三师人员”（即注册会计师、税务师、律师）合计10人，提前超额完成市地税局下达的任务。

党风廉政建设认真落实“两个责任”，出台科所一级“两个责任”清单。加强教育提醒，开展廉政党课、廉政讲座、廉政摄影、以考促廉等活动，组织干部职工到廉政教育基地参观学习，分层次分步骤对27名中层干部、20名一般干部进行廉政集体谈话，防范廉政风险。组成作风建设督察组，按月到基层单位开展监督检查，不断改进政风行风，获得“长寿区党风廉政先进单位”称号。在长寿区委区政府开展的2016年“执政为民、服务发展”评议中，取得市属管理类单位第二名的好成绩。（朱天一）

2016年重庆市长寿区地方税务局领导人名录

局　　长：胡成国

副 局 长：田　奇（女）　张小文　罗　旋

纪检组长：黄荣明

局长助理：曾　晶（女，2016年12月任）

表 25

2016 年长寿区地方税务局税费收入完成情况

单位：万元

序号	项目名称	12 月情况				全年累计				计划执行	
		当月收入	2015 年同期	同比增减%	增减金额	当年累计	2015 年同期	同比增减%	增减金额	当年计划	计划完成率
1	总收入	31381	50883	-38.33	-19502	449910	461502	-2.51	-11592	—	—
2	一、税收收入	19736	41592	-52.55	-21856	261578	275140	-4.93	-13562	248952	105.07%
3	中央级	1408	904	55.75	504	21185	19120	10.80	2065	—	—
4	地方级	18328	40689	-54.96	-22361	240393	256019	-6.10	-15626	227426	105.70%
5	市级	428	10432	-95.90	-10004	23055	38654	-40.36	-15599	—	—
6	区级	17900	30257	-40.84	-12357	217338	217366	-0.01	-28	—	—
7	1. 营业税	259	25511	-98.98	-25252	50155	89217	-43.78	-39062	—	—
8	2. 企业所得税	-172	127	-235.43	-299	11587	13582	-14.69	-1995	—	—
9	3. 个人所得税	2105	1379	52.65	726	19710	18285	7.79	1425	—	—
10	4. 资源税	110	211	-47.87	-101	1343	1568	-14.35	-225	—	—
11	5. 城镇土地使用税	10371	2730	279.89	7641	95517	62899	51.86	32618	—	—
12	6. 城市建设维护税	1223	2971	-58.84	-1748	16779	15866	5.75	913	—	—
13	7. 印花税	742	403	84.12	339	5129	4840	5.97	289	—	—
14	8. 土地增值税	350	483	-27.54	-133	7260	8648	-16.05	-1388	—	—
15	9. 房产税	525	2127	-75.32	-1602	15566	14889	4.55	677	—	—
16	10. 车船使用税	4	7	-42.86	-3	76	41	85.37	35	—	—
17	11. 耕地占用税	3380	2274	—	1106	13131	14685	-10.58	-1554	—	—
18	12. 契税	602	3371	-82.14	-2769	23420	30620	-23.51	-7200	—	—
19	13. 增值税	238	0	—	—	1906	0	—	—	—	—
20	二、非税收入	11645	9291	25.34	2354	188332	186362	1.06	1970	—	—
21	1. 教育费附加	516	1169	-55.86	-653	7195	6680	7.71	515	—	—
22	2. 文化建设费	0	1	-100.00	-1	3	8	-62.50	-5	—	—
23	3. 罚没收入	0	0	—	—	1	7	—	—	—	—
24	4. 社会保险费	10537	7303	44.28	3234	172702	173246	-0.31	-544	—	—
25	5. 地方教育附加	344	779	-55.84	-435	4797	4451	7.77	346	—	—
26	6. 其他代征	247	40	517.50	207	3633	1970	84.42	1663	—	—
27	其中：残疾人保障金	179	7	2457.14	172	2245	653	243.80	1592	—	—
28	工会经费	60	16	275.00	44	1142	1024	11.52	118	—	—
29	水库库区基金	7	16	-56.25	-9	246	293	-16.04	-47	—	—

（重庆市长寿区地方税务局提供）

金融 保险业

概 述

【银行金融业】 截至2016年12月31日，全区有金融机构48家，银行业金融机构14家，其中：1家管理机构（人行长寿中心支行），1家政策性银行（农发行），4家国有银行（工行、农业银行、中国银行、建设银行），3家全国性股份制商业银行（交通银行、招商银行、浦发银行），3家地方性商业银行（农商行、重庆银行、三峡银行），1家邮政储蓄银行，1家中外合资银行（中银富登村镇银行），全区设有银行网点143个，从业人员1285人，形成种类齐全的银行业服务体系。有保险业金融机构24家（财险公司12家，寿险公司10家，保险代理公司2家），保险网点24个，从业人员1294人。有证券公司1家；融资性担保公司1家；小额贷款公司3家；股权投资企业2家；典当行3家。全区形成以四大国有商业银行分支机构为主导，全国性、地方性商业银行、政策性银行和合资银行为主体，保险、证券、地方性非银行金融机构为补充的金融服务体系。2016年，长寿区银行业金融机构利润下降，实现净利润4.85亿元，比2015年同期减少3.6亿元。

截至2016年12月31日，全区金融机构各项本外币存款余额496.69亿元，比年初增加41.99亿元，增长9.23%；存款总量在重庆片区居第五位、增幅居第十位。2016年，长寿区金融机构投放贷款185.37亿元，增加29.79亿元，增长19.15%；贷款余额在重庆片区居第五位、增幅居第十三位。

存贷款结构持续得到优化。个人存款增长稳定，全区个人存款余额323.87亿元，比年初增加27.2亿元，增长9.17%；单位存款增长加速，全区单位存款余额166.32亿元，比年初增加10.6亿元，增长6.81%。短期贷款略有减少，中长期贷款稳定增长；全区短期贷款余额57.75亿元，比年初减少3.74亿元；中长期贷款余额232.55亿元，较年初增加19.56亿元，增长9.18%。

【证券金融业】 2016年，长寿区有证券业金融机构1家（西南证券公司长寿营业部）。截至2016年12月31日，证券交易量232.18亿元，比2015年同期减少128.85亿元，下降35.69%；全区开户2.62万户，活跃账户1.96万户；营业利润1719万元，减少2251万元，下降56.70%；纳税163万元，减少234万元，下降58.94%。

【保险金融业概述】 2016年，长寿区有保险业金融机构21家，其中，财险机构11家（中国人民财产保险长寿支公司、太平洋财险长寿支公司、太平洋财险长寿园区支公司、平安财险长寿支公司、天安保险长寿支公司、大地财险长寿支公司、安邦财险长寿支公司、安诚财险长寿支公司、富邦财险长寿支公司、中华联合财险长寿支公司、中国人寿财险长寿区支公司），寿险机构10家（中国人民人寿保险长寿支公司、中国人寿长寿支公司、太平洋寿险长寿支公司、平安寿险长寿支公司、新华保险长寿支公司、泰康人寿长寿支公司、生命人寿长寿支公司、中新大东方寿险长寿支公司、幸福人寿长寿支公司、阳光人寿长寿支公司）。全年全区保险业金融机构保费收入10.11亿元，比2015年同期增加1.52亿元；赔付支出2.44亿元，增加7542万元，增长44.74%。 （赖 婧）

【保险金融业】 截至2016年12月31日，全区保险业保费收入实现持续增长，24家保险公司实现保费收入12.09亿元。其中寿险保费收入8.05亿元，财险实现保费收入4.04亿元；全年受理理赔案件3.56万件，理赔支出2.86亿元，保险市场呈现出全面协调发展的良好态势。

（叶亚琴）

表26

2016年长寿区金融机构本外币信贷收支统计

（2016年12月31日）

单位：万元

项目名称 \ 栏目	本期余额	比上月增减额		比年初增减额		项目名称 \ 栏目	本期余额	比上月增减额		比年初增减额	
		2016年	2015年	2016年	2015年			2016年	2015年	2016年	2015年
一、各项存款	4952026	65240	-233329	421491	426093	一、各项贷款	2940863	-38725	3804	128964	233272
(一)境内存款	4951293	65243	-233183	421539	426611	(一)境内贷款	2940812	-38725	3804	128948	233275
1. 住户存款	3233711	73951	41191	270148	240458	1. 住户贷款	1245200	8231	3374	130414	84822
(1)活期存款	915002	37746	53100	56043	62710	(1)短期贷款	177716	4971	-3929	19799	21977
(2)定期及其他存款	2318709	36205	-11909	214105	177748	消费贷款1	33971	783	-1563	12380	-4199
2. 非金融企业存款	1125428	102075	-185798	86148	191164	经营贷款1	143744	4189	-2367	7419	26176
(1)活期存款2	658077	67109	-156528	39688	155705	(2)中长期贷款1	1067485	3260	7303	110615	62845
(2)定期及其他存款2	467351	34966	-29270	46460	35459	消费贷款	965786	4796	7793	114634	79630
3. 广义政府存款	589793	-111019	-88829	66238	-7420	经营贷款	101699	-1536	-490	-4019	-16785
(1)财政性存款	61964	-89525	-38199	42912	7575	2. 非金融企业及机关团体贷款	1695612	-46956	430	-1466	148453
(2)机关团体存款	527829	-21494	-50630	23325	-14995	(1)短期贷款	398548	-30258	27329	-49224	6527
4. 非银行业金融机构存款	2361	236	253	-994	2409	(2)中长期贷款	1258014	6238	-33695	85061	91596
(二)境外存款	733	-3	-146	-48	-518	(3)票据融资	39049	-22936	6796	-37303	50330
二、金融债券				9		(4)融资租赁				12	
其中：境外发行						(5)各项垫款					
三、卖出回购资产						3. 非银行业金融机构贷款					
四、借款及非银行业金融机构拆入						(二)境外贷款	51	0	0	16	-3
五、联行往来(净)						二、债券投资	-161		5	193	16
六、应付及暂收款	78938	4214	2822	-8017	10668	其中：境外债券					
七、各项准备	16568	-1570	285	4042	970	三、股权及其他投资				-31050	31050

续表

栏目 项目名称	本期余额	比上月增减额		比年初增减额		栏目 项目名称	本期余额	比上月增减额		比年初增减额	
		2016 年	2015 年	2016 年	2015 年			2016 年	2015 年	2016 年	2015 年
八、所有者权益	45785	-15607	7580	957	26540	四、买入返售资产					
其中:实收资本	6000					五、存放非银行业金融机构款项					
九、其他	-175648	119402	25973	-78288	-52565	六、联行往来(净)	1930011	205920	-207586	232928	144067
						其中:境内存放二级准备金	172202	15292	-1751	20021	-21670
						七、金银占款					
						八、中央银行外汇占款					
						九、应收及预付款	14373	2776	4521	7100	2221
						十、投资性房地产					
						十一、固定资产	32583	1709	2590	2052	1079
资金来源总计	4917668	171680	-196668	340186	411705	资金运用总计	4917668	171680	-196668	340186	411705

（中国人民银行长寿中心支行提供）

中国人民银行长寿中心支行

【概况】 中国人民银行长寿中心支行（简称“人行长寿中心支行”，挂“国家外汇管理局长寿中心支局”及“中华人民共和国国家金库长寿区中心支库”两块牌子并履行相应法定职责），2010年7月由原分管长寿、渝北两区的片区支行升格为管辖长寿区和垫江县两个行政区的地市级中心支行，内设货币信贷管理科、调查统计科、货币金银科、国库科、外汇管理科等14个科室，机关正式职工60人，行级领导6人（其中处级非领导职务2人）。2016年，人行长寿中心支行主动适应新常态下履职新变化，突出“规范、务实、高效、有力”，全面落实法治央行建设新要求，力求实现传导执行货币政策与支持地方经济社会发展的协调统一，经济金融共生共荣，良性互动发展。

【货币信贷政策传导】 利用金融形势分析会、信贷工作座谈会等多种渠道，主动向地方党政领导、相关经济主管部门、银行业金融机构解读货币信贷政策背景、内涵及目的，增进理解、争取共识。及时编发《信息参考》《金融专报》，为地方党政领导提供经济发展决策参考。印发辖区信贷投向指引，开展信贷政策导向效果评估，有效引导银行业金融机构优化信贷结构，加大对实体经济和民生领域的金融支持力度。截至2016年12月末，长寿辖区（含垫江县，本分目内下同）银行业金融机构各项存款余额800.44亿元，比年初增加83.21亿元，增长11.60%；各项贷款余额459.39亿元，比年初增44.69亿元，增长10.78%。

推进利率市场化改革，组织辖区2家法人银行业金融机构（本分目简称“法人机构”）配合市场利率定价自律机制，开展合格审慎评估。鼓励法人机构按照财务约束、风险定价等原则，合理确定存款利率水平，提高自主定价能力。加强法人机构日常利率监测，规范定价行为。根据定价行业自律要求及宏观调控方向，及时发出定价行为提示函，维护辖区金融市场公平竞争秩序。

增强薄弱环节金融支持，坚持公平、共享理念，引导辖区金融机构加大对“三农”、民生及中小微企业等经济薄弱环节金融支持力度。截至2016年12月末，长寿区涉农贷款余额188.37亿元，比年初增长11.11%。

跨境人民币结算工作实现突破。到长寿经开区涉外企业现场宣传跨境人民币结算政策及便利，推动跨境人民币业务活动。2016年1—12月份，办理跨境人民币实际收付金额2270.34万元。其中货物贸易人民币结算总量为1935.44万元，占跨境人民币收支总量的85.2%，比2015年同期增加1935.44万元。

【金融稳定维护】 做好存款保险相关工作。结合非现场评级和现场核查方式，组织开展法人机构存款保险风险评级工作。认真提取、核对存款保险基础数据，全年征收保费6.9万元，如期汇划至中国存款保险业务中心账户。引导辖区法人及中小银行机构加强流动性管理，确保机构流动性充足。

密切关注金融运行风险状况，结合辖区经济结构变化态势，加强金融风险预警信息报告，及时了解、掌握影响辖区金融稳定的苗头。密切关注“三去一降一补”（即去产能、去库存、去杠杆，降成本，补短板）政策可能导致企业发生信贷违约的风险，发出《银行业金融机构信贷风险提示函》18份，提醒商业银行及早采取防范化解措施，确保信贷资金安全。加强对实体经济、地方政府融资平台、房地产、产能过剩行业等信用风险监测。严格执行金融机构重大事项报告制度，年内收到辖区金融机构报告重大事项52次项。

加强稳定协调机制建设，主动联系地方政府相关部门与银监部门，建立金融稳定沟通联系长效机制和畅通信息共享机制，定期交流共享监测统计数据及动态情况。主动加强汇报协调，推动建立防范和打击非法金融活动长效机制，协助开展非法集资风险专项排查工作。

【金融服务】 调增ACS工作人员，加强业务培训，开展模拟测试，反馈测试意见，顺利完成中心支行ACS机构变更工作，成功升格为独立的会计核算主体。升格以后，市级运管中心、业务监督中心、营业网点3个机构运行正常。运管中心正常开展参数设置和维护的审批，监测辖区内系统运行情况。事后监督有序开展，确保账务准确无误。营业网点的会计核算“零差错”，为辖区银行业金融机构提供优质的金融服务。

现金服务工作规范高效，严格规范操作程序，保证辖区合理现金需求。对10元及以下小面额人民币原封新券实行差异化投放，推动硬币自循环工作，改善流通中人民币券别结构和整洁度。继续完善辖区反假货币工作机制，建立以银行业金融机构支行对接区公安局为主干、以银行业金融机构网点对接地方派出所为支线的银警联系网络，设立银警联络重点站，提高反假货币工作联动性。截至2016年12月末，收缴假币53.80万元。严格执行纪念币发行纪律，圆满完成2016年普通纪念币发行兑换工作。开展“以赛促学”知识活动，提高辖区银行业金融机构现金业务人员素养。

国库工作实现提质增效。围绕财税金融改革的总体目标，及时维护税制“营改增”所涉及的相关预算科目及体制分成参数，配合税务部门完成“营改增”税收收入收纳及后续调库工作。主动协助区财政局，实现长寿区预算单位国库集中支付全覆盖。探索开展“负面清单”事中监督模式，规范集中支付拨款21笔1236.47万元。建立集中支付、财政专户数据库，加强国库监督作用，保障国库资金安全。

推进外汇重点领域改革，完善个人结售汇“关注名单”管理，有效加强境内机构和个人外汇现钞管理。宣传和推广全口径外债宏观审慎管理政策，有序推动资本项目开放。为3家企业开具外汇无违规证明，支持企业顺利上市。帮助1家境外投资企业解决境外投资项目转股和资金回流难题。完成辖区首笔全口径跨境融资管理模式下外债签约登记，支持辖区1家中资企业获得境外金融机构贷款1500万美元，帮助企业节约利息支出400万元人民币。

发挥信用体系建设牵头作用，推动区委、区政府出台《长寿区社会信用体系建设工作考核办法》。建立健全长寿区“信用村”“信用镇（街）”评价机制，评选出守信中小企业、“信用村（镇）”19个。应收账款融资服务平台交易量取得实质性突破，新增用户16家，总计达成融资交易16笔，融资金额51.35亿元。购买征信自助查询机，方便群众办事。截至2016年12月末，全辖区个人信用查询21213笔，比2015年增长53.58%；企业查询589笔。

【普惠金融】 开展金融助推脱贫攻坚工作，深入实地调研走访金融扶贫示范点，建立1133户建档贫困户金融服务档案，占比18.56%。确定5家涉农机构为长寿区金融扶贫主办行，建立金融扶贫示范企业14个、金融扶贫示范点1个，可接纳2185户贫困户就业，人均增收0.8万元至1万元。截至2016年12月末，辖区金融机构向9家金融扶贫示范企业发放贷款3613万元，向1户金融扶贫示范点发放贷款10万元。

推进城乡支付环境建设，批复同意辖区村镇银行开展银行卡助农取款服务收单业务，丰富农村支付服务参与主体。指导村镇银行建立银行卡助农取款服务点3家，发生交易218笔，交易金额60万元；发展手机银行贴膜卡用户178户，交易374笔，交易金额419.04万元。推动移动金融应用，全辖区布放自动售货机8台。推广金融IC卡项目及其应用。

主动做好金融消费者宣传教育及保护工作。丰富载体，拓宽渠道，在中秋节，组织辖区48家金融机构开展金融知识宣传走进长寿湖全国铁人三项锦标赛预热现场活动，开展《反洗钱法》颁布实施十周年宣传活动；在营业管理部全辖率先利用《长寿日报》和《长寿文化报》微信公众号平台，开展14期金融知识宣传；以加注题花方式，在《长寿文化报》微信公众号平台，持续6个月发布“普及金融知识 共建和谐社会”宣传LOGO。截至2016年12月末，人行长寿中心支行受理并办结辖区金融消费者投诉10余起，消费者满意率100%。

【金融秩序维护】 推进“两管理两综合”工作，办结1家新设村镇银行进入人民银行综合服务体系。严格考核并加强对综合评价结果运用，将最终评价结果同时向被评价机构及其上级管辖机构反馈。人行长寿中心支行领导班子集体约见上年度综合评价排名靠后的2家银行及2家保险机构领导班子，引起辖区金融机构重视。

依法开展行政执法检查，制定随机抽查机制工作方案，组织9个执法职能部门，依法梳理出13项具有执法权限的检查业务事项。采取抽签方式确定综合执法检查人员及人民币反假业务专项检查人员与检查对象，确保人员机构实现双随机。全年开展反洗钱、征信管理各项执法检查12次，发现并指出不规范问题10余个。

切实加强外汇监督管理，狠抓事中事后监管，

"控流出"成效显著。每月对辖区1家村镇银行开展对外金融资产负债及交易统计核查。按月筛查服务贸易预警企业，全年核查153笔，总金额2027.74万美元。重点排查个人主体购付汇真实性和合规性。开展大额购付汇监测和异常购付汇约谈工作，全年筛查88条大额购付汇线索，发放12份《风险提示函》，约谈企业1家。（赖　婧）

2016年中国人民银行长寿中心支行领导人名录

行　　长：郭　力

副 行 长：方国臣（2016年11月离任）

　　　　　左　鹏

　　　　　黄　煌（2016年2月离任）

　　　　　何先哺（2016年12月任）

纪委书记：黄宪荣

工会主任：吕　军

中国农业发展银行重庆市长寿区支行

【概况】　中国农业发展银行重庆市长寿区支行（本分目简称支行）属国家政策性银行，主要职责是按照国家的法律、法规和方针、政策，以国家信用为基础，筹集资金，承担国家规定的农业政策性金融业务，代理财政支农资金的拨付，为农业和农村经济发展服务。支行成立于1996年12月，为重庆市分行直管支行。2016年有在职职工23人，内设机构为办公室、信贷业务部、会计结算部。2016年，支行发放贷款10笔，金额4.92亿元，比2015年同期少投放5.04亿元；年末各项贷款余额19.31亿元，比年初减少1.65亿元，减少9%（其中支持的政府主导类贷款余额18.89亿元，比年初减少1.65亿元，降低9%）；融资平台贷款在长寿当地银行机构中余额及占比位居前列。不良贷款余额与不良贷款比例保持为零，各项经营指标完成良好，各类安全事故为零。

【业务管理】　支行认真执行国家粮改政策，做好全区粮食生产预测和粮食收购资金供应准备工作，支持企业进行储备粮轮换，强化库存监管，维护种粮农民利益，确保粮油市场稳定和国家粮食安全。坚持以政府主导的非经营性贷款为重点，支持新农村建设和水利设施建设。以服务地方经济为己任，在审批及已经发放的贷款种类上，涉及土地整治贷款4亿元，发放改善农村人居环境建设中长期贷款7700万元，用于支持长寿区改善农村人居环境建设一期项目。完成新投资基金项目5个、金额25900万元，累计投资基金项目7个、金额45200万元。发挥在"稳增长、调结构、惠民生"中的重要作用，扶持产业化龙头企业做大做强，促进农民增收致富。

【综合管理】　增强服务理念，创新金融服务手段，提高服务水平，信贷业务部1人被评为优秀共产党员，会计结算部1人被评为先进工作者；细化考核内容，强化内控管理，夯实管理基础，加强监督检查，防范操作风险；开展反洗钱、反假币宣传工作；立足已有支付结算平台，推进支付结算产品创新，加强与商业银行在网上银行、联名卡等方面的深度合作；强化安防工作，推进纪检、安全保卫、贷款三包、廉政建设等工作，确保安全案件事故为零目标的实现。

【队伍建设】　秉承以人为本的理念，提高职工综合素质，倡导员工外塑形象、内强素质，着力提高自身综合能力。组织学习政治理论和党的方针、政策，打造"政治引领力强、推动发展力强、改革创新力强、凝聚保障力强"的党组织和"政治素质优、岗位技能优、工作业绩优、群众评价优"的共产党员队伍。深化创建"学习型银行"活动，制订培训计划，有序开展培训工作，利用卫星远程教育网络系统，内部交流与外聘授课相结合，定期安排内容丰富的职工培训，对员工分层次、抓重点进行培训；各部室每月定期开展专项学习，加强专业技能的培训，提高员工履职能力。推进内部综合改革工作，顺利完成业务空岗竞聘和市场化用工转聘工作。

【企业文化建设】　一是召开2016年职代会，倾听员工意见建议，上下联动，共谋发展；二是继续做好文明单位和职工之家的创建工作；三是扩建图书室，完善活动室设施，开展经常性的文娱活动，丰富员工业余生活，陶冶员工情操；四是开展"送温暖"活动，加强退休员工的走访慰问，走访关心特殊教育学校儿童、爱心帮助孤寡老人，完成对口精准扶贫工作任务，全年捐款捐物35000元。

（项　川）

2016 年中国农业发展银行重庆市长寿区支行领导人名录

行　长：游　云

副行长：陈　磊　陈国权

中国工商银行股份有限公司重庆长寿支行

【概况】　中国工商银行股份有限公司重庆长寿支行（简称工行长寿支行）成立于 1984 年。2016 年末，有在岗员工 143 人，有办公室、公司金融业务部、个人金融业务部、业务运行管理部、信贷管理部等 5 个内设部室，有营业部、凤城支行、黄桷湾支行、桃花支行、文苑支行、川维支行、晏家支行、洛碛支行 8 个营业网点。

2016 年，工行长寿支行加快经营转型步伐，加大改革创新力度，加强风险防控水平，调动员工工作激情，推进各项工作顺利开展，取得较好经营业绩，实现拨备前利润 13179 万元，增幅 1.98%。

【负债业务】　2016 年，工行长寿支行坚持抓好重点客户资金落地、无贷户存款提升、有贷客户存款回报、对公客户精准营销、低效账户存款提升、拆迁赔付资金代发、代发工资业务发展等多项负债业务；完善客户维护管理机制，有效促进各项存款的增长，年末本外币各项日均存款较年初增加 7515 万元。

【资产业务】　贯彻落实国家产业政策和信贷政策，支持地方经济发展和人民群众个人消费需求。一是全力推动政府购买服务项目，成功获批一个政府购买服务项目，实现投放 75000 万元；完成一个基础设施建设项目贷款的上报，切实支持地方重大项目发展。二是加快存量客户周转，提高办理效率，全年投放贷款 157640 万元，有效支持地方客户流动资金需求。三是创新金融产品，办理“医保刷卡通”客户 2 户、结算信用贷客户 8 户、担保贷款小企业客户 2 户，支持地区优质小企业发展。四是优质服务提高工作效率，发展个人贷款业务，全年投放个人住房贷款 5.7 亿元、个人二手房按揭贷款 0.23 亿元，支持地区群众个人购房及其他信贷需求。

【中间业务】　工行长寿支行坚持抓信用卡分期业务发展，抓公、私产品销售，结算业务推动和业务发展创新，推动中间业务收入的增长。全年实现中间业务收入 5165 万元，比 2015 年增加 860 万元，

【结构调整】　2016 年继续坚持转型发展的方针，着力发展中间业务收入，以优化收益结构；着力发展贸易融资、小企业、票据贴现、个人贷款等业务，优化信贷结构；拓展产业类客户、中小企业客户、个人经营性客户，优化客户结构取得较好效果，经营结构调整持续向好。

【综合管理】　机构管理继续加快自助服务渠道建设，新建成骑鞍车站自助银行，方便周边客户；完成全部网点的智能化改造，较好地分流柜面业务；全年新投放自助存取款设备、消费 POS 机、中小商户消费转账终端等 50 余台，方便客户，增强自身服务能力；完成凤城支行装修改造，美化网点环境。

2016 年，工行长寿支行开展“两学一做”学习教育，各支部每月定期组织学习，收到教育成果；各支部组织开展“创先进支部，做合格党员”活动，党委书记带头讲党课，其他班子成员、各支部书记结合自身工作讲党课，把活动与业务工作结合落到实处；做好党建基础工作，坚持中心组学习，改选党支部，做好新党员发展，开展节日慰问困难党员活动。坚持标本兼治、综合治理、惩防并举、注重预防的方针，加强反腐倡廉建设；加强教育监督，培育廉洁从业文化，增强各级管理人员廉洁从业的自觉性；落实党风廉政建设责任制，签订《责任书》，制定《分工包项责任制》，推动各网点、部门履行党风廉政建设和案件防范工作职责；完善制度加强制约，确保重大事项规范运行。

人员管理。加强支行班子自身建设，班子成员带头深入一线、网点、市场和客户开展调查研究，切实转变工作作风；加强中层干部队伍建设，抓好中层干部转变工作作风教育、执行力考核和业绩考核，促进作风转变和营销、管理能力提升；加强员工队伍素质建设，按计划外培与内培、在岗与脱产、重点与整体、常规与适应培训相结合的、多种形式的手段和方法开展员工岗位技能培训，提高员工素质。

民主管理。工行长寿支行通过召开职代会、设立行务公开栏、建设职工之家、领导深入调研、召

开党团组织生活会、组织工会活动等工作，传递温暖、关怀和爱心，提高凝聚力，激励员工参与到支行改革发展当中。

服务管理。2016 年，工行长寿支行加大对服务工作的检查频率和考核力度，全行柜面“五声”服务执行情况大幅度提升；推行部室服务承诺制度，做好《二线为一线服务标准》的落实，为网点服务客户提供支持和保障；开展“服务面貌专项整治季”活动，成立整治工作领导小组和整治团队，明确责任人和工作职责，对全行所有网点和离行式自助银行进行多次全面检查，发现的问题得到较好解决，专项整治季活动取得阶段性成果。

案防管理。工行长寿支行签订《案件防范责任书》，落实案件防范责任；强化规章制度的学习，解决有章不知的问题；推进自查自纠和检查考核，解决有章不循的问题；抓重点人员、重点业务、重点环节的监控，有效防范内外案件风险。全行上下做到警钟长鸣、扎实防范，确保内控案防“零案件事故”目标的实现，全年没有发生重大差错事故和案件，持续安全营运。

文明建设。2016 年，工行长寿支行持续着力文明单位建设，加强文明单位动态管理，支行继续保持重庆市文明单位称号，辖属营业网点都继续保持区级文明单位称号。抓好“模范职工之家”建设，支行“职工之家”继续保持重庆市“模范职工之家”称号。（王维安）

2016 年中国工商银行股份有限公司重庆长寿支行领导人名录

行　　长：胡显明
纪委书记：罗兴国
副 行 长：杨　斌
　　　　　严子清（2016 年 11 月任，同时离任行长助理）

中国农业银行股份有限公司重庆长寿支行

【概况】　中国农业银行股份有限公司重庆长寿支行（简称农行长寿支行）成立于 1979 年 8 月 22 日。2016 年末有在岗员工 203 人，其中大学本科及以上学历 103 人，党员 88 人；内设机构个人金融部、公司业务部、运营财会部、风险与信贷管理部、综合管理部 5 个部门，下设营业机构 13 个，分别为支行营业部、凤城支行、黄桷湾支行、桃花支行、晏家园区支行、文苑支行、渡舟支行、葛兰支行、洪湖支行、石堰支行、云台支行、双龙支行、新市分理处。2016 年，继续保持“市级文明单位”称号，13 个营业机构分别保持“区级文明单位标兵”和“区级文明单位”称号。

【业务发展】　2016 年，是农行长寿支行转型发展、深化改革的关键年。农行长寿支行围绕建设“同业领先、系统靠前”的一流支行目标，深化改革，强根固基，转型发展，加大信贷投放力度，用心服务民生，配合地方相关部门各项工作，各项事业平稳发展。截至年末，各项存款余额 54.36 亿元，比年初增加 2.84 亿元；各项贷款余额 33.75 亿元，比年初提升 0.16 个百分点；实现中间业务收入 2828 万元，拨备后利润为 8315 万元，不良贷款率 0.49%。

【“三农”服务】　农行长寿支行围绕“惠农、富农、强农”三条主线，“用心、用力、用情”不折不扣贯彻执行区政府的工作部署。在加大“三农”信贷资金投放、惠农通等电子银行的布局和投放方面开展大量工作，惠农通和智付通全区覆盖率 90% 以上，全年交易金额 18160 万元。截至 2016 年末，发放有效惠农卡 6615 张，发放社保 IC 卡 16 万张，覆盖洪湖镇、石堰镇和双龙镇，为推动农村金融现代化建设进程做出努力。

2016 年末，农行长寿支行涉农贷款余额 6.08 亿元，支持农业企业 5 家，扶持农户 138 户，投放

2016 年 4 月，农行长寿支行与长寿人行、区教委到石堰中学开展反假货币知识宣传

涉农企业贷款4.24亿元，支持地方农业生产。

【综合管理】 2016年，农行长寿支行认真落实全面从严治党责任，以巡视整改为契机，开展“两学一做”学习教育专题，发挥党建工作在各项工作中的统领保障作用。农行长寿支行做好年度“两优一先”推荐工作，表彰3个先进基层党支部、11名优秀党员、4名优秀党务工作者；组织开展建党95周年活动，全行党员重温入党誓词，回顾民族复兴和党建的历程。

金融服务提质。在全国税制“营改增”上线后，农行长寿支行集中学习、演练系统操作及增值税管理办法。组织业务技能测试、比赛，提升员工综合技能，有效降低潜在操作风险，提升金融服务质量。

企业文化建设。组织“三八节”健步活动、读书活动、篮球比赛、演讲比赛、技能比赛等系列职工活动，丰富员工工作与生活，激发员工干事创业的热情。完成葛兰支行、石堰支行、机关本部等6个单位职工之家建设，新建成职工之家8套，帮助30余名职工解决住宿困难。完成支行本部职工食堂改造，后勤保障提升。

【社会公益】 农行长寿支行“贴心”开展金融宣传，设立营业部、望江路社区两个金融知识宣传站，多次开展金融知识宣传活动，得到人行长寿中心支行的肯定；组织党员和青年员工在凤岭路社区、东海假日小区开展“3·5学雷锋”金融服务活动，在协信广场开展“消费者权益”金融知识宣传，在长寿湖铁人广场开展金融知识普及宣传，深入各小区开展“治理电信网络违法犯罪”

2016年5月8日，农行长寿支行青年员工自发为长寿区红十字会募捐善款

知识普及宣传等，公益金融知识宣传活动有效提升民众维权意识和防范电信网络诈骗的能力。宣传人民币知识和“反洗钱”等知识，为地区金融稳定贡献“农行力量”。“暖心”开展精准扶贫，支行班子多次带队走访慰问对口联系的云集镇玉龙村、玛瑙村15家贫困户，主动与他们沟通联系，送去棉被、大米、食用油等年货，年内先后捐赠现金和实物近5万元。

农行长寿支行“热心”支持公益，先后组织员工为区红十字会募捐善款，向区慈善总会“双日捐”。相继在双龙、云台、新市、葛兰、洪湖5个场镇开展“关爱留守儿童”活动，为留守儿童送去笔记本、书包等学习用具。对接区团委“青年圆梦”活动，资助贫困学生上大学。全年向各类社会公益活动无偿支出17.24万元。

（李代威）

2016年中国农业银行股份有限公司重庆长寿支行领导人名录

行　长：谭晓东

副行长、纪委书记：罗　军

副行长：舒光明　覃　波　廖　骏

中国建设银行股份有限公司重庆长寿支行

【概况】 中国建设银行股份有限公司重庆长寿支行（简称建行长寿支行）成立于1972年。2016年有内设部门7个，营业网点7个，离行式自助银行1个；在岗员工114人（大学本科以上文化程度60人，员工占比52%；大学专科46人，员工占比40.3%；35岁以下青年员工39人；员工平均年龄38岁）。

【业务发展】 2016年，建行长寿支行以价值创造为中心，拓市场，促转型，调结构，夯基础，抓执行，强内控，推进各项业务发展工作，实现稳中求进的经营目标。全年一般性存款日均余额45.08亿元，比年初减少1.69亿元（其中企业存款日均余额16.79亿元，比年初减少2.06亿元；储蓄存款日均余额28.29亿元，比年初增长3664万元）。全行一般性存款时点余额51.54亿元，比年初增长10.75亿元（其中企业存款时点余额

23.71 亿元，比年初增长 9.79 亿元；储蓄存款时点余额 27.83 亿元，比年初增长 9575 万元）。各项贷款余额 40.66 亿元，比年初增长 8257 万元（其中对公贷款余额 1.66 亿元，较年初减少 2.21 亿元；个人贷款余额 23 亿元，较年初增长 3.03 亿元；当年投行理财等表外融资额 6.5 亿元）。各项贷款余额、个人贷款余额、表外融资额均位列长寿区四行第一。实现中间业务收入 5590 万元，保持四行第一；拨备前利润 1.55 亿元，比 2015 年下降 7.8%；贷款不良率 0.17%，下降 0.03 个百分点，与其不良控制在分行下达计划内，资产质量保持良好，价值创造能力同业领先。

【支持地方经济】　建行长寿支行积极介入长寿区重大建设项目，配合区域经济建设，加大贷款投放力度，克服政策障碍和存贷比过高等不利因素，主动适应消化地方财政收入减缓、财政账户清理等不利因素，梳理资金路径，加大政府高层及重点机构客户维护，突出大资产业务的带动作用。强化项目储备，重点做实抓好政府平台公司、学校事业单位、工业企业项目储备投放。加大对招商引资客户资金营销。对四三五油库、金刚化工等重点招商引资企业资金的挖掘，以“两大”业务转型引领，多维度提高对资产客户的综合服务水平，全年实现大中型项目投放 11.8 亿元。

【内控管理】　一是不断完善强化风险条线团队建设。授信评价团队适应授信体制改革，主动参与授信设计；设立贷后管理团队，加强合同审查、逾期管理和问题督促整改；优化明确内控检查团队职责，分管行领导牵头、高级风险经理定期组织实施，每月检查所有部门网点。二是优化风险防控机制。持续完善风险条线对业务条线的检查考核机制；推进单位账户集中管理和反洗钱业务集中处理，重塑业务流程；针对在押品管理、重要单证代保管等易发风险部位出台制度规定，做到关键风险操作制度全覆盖。三是强化风险监控检查。加强对区域、行业分析研判，明确风险控制重点领域，重点做好平台公司、房地产类客户以及小企业的风险监测和排查。四是坚持将内控案防管理作为保障业务发展的重点工作，制定风险内控与安全案防绩效考核办法，完善中干积分考核和重点关注人员管理办法；建立风险内控分析例会制度，扎实开展风险排查、员工行为排查、警示教育、反腐倡廉教育、“两学一做”学习教育活动；进行防抢、防火、防诈骗的模拟演练，员工风险防范意识和应变处理能力得到全面提高；风险内控团队有效开展工作，发挥监督职能，促进内控案防基础得到夯实，实现全年“三无”目标。

【企业文化建设】　一是持续严格落实《干部培养责任状》，建立优化中干管理办法、员工培养方案、核心人才奖励办法、后备人才管理细则、中干培训计划等制度办法；优化中干结构、充实客户经理和专业技术人才队伍、建立后备人才库、推进青年员工培养工作，为员工提供更多发展空间，提拔 80 后部门负责人，聘任专务、公司客户经理、储备后备客户经理、后备营运主管。二是创造环境促进全员素质大提升，选派员工外出培训，定期不定期组织技能、产品知识、营销能力等培训，有效提升员工业务水平；鼓励员工参加各种资格认证考试，促进综合素质的提升。三是落实关爱全面提升员工满意度。制订优化关爱员工若干措施，先后开展员工联谊活动、员工读书活动、健步走和登山等活动；关心员工健康，提高体检标准，购买商业保险；完成局部办公环境改造，提高用餐标准，为远郊网点配送午餐；建立员工生日、结婚送祝福，员工生病送慰问，对困难员工送帮扶等制度；全面落实营业网点员工一线岗位补贴实施细则。一系列的员工关爱举措激发员工的工作热情，构建起和谐稳定、奋发向上的发展环境。　（黄　婕）

2016 年中国建设银行股份有限公司重庆长寿支行领导人名录

行　　长：杨　东（2016 年 2 月任）
副 行 长：杨　东（2016 年 2 月离任）
　　　　　何　峰　舒潆葶（女）
行长助理：王小波　黄　昊
高级风险经理：王强升

中国银行股份有限公司重庆长寿支行

【概况】　中国银行重庆长寿支行成立于 1992 年 11 月 28 日，是中国银行重庆市分行下辖一级支行。2016 年有在岗员工 95 人，退休 14 人，党员 34 人。内设机构为综合管理部、公司业务部、个人金融部、营业部4个部门；下设凤城支行、晏家支行、桃花新城支行、川维支行4个经营性支行；分布有关口、区医院、中医院3个离行式自助服务点。

2016年末，各项人民币存款时点余额28.55亿元，较年初新增2.17亿元，增幅为8.23%；年日均存款余额28.12亿元，较上年日均增加1.69亿元，增幅为6.4%。其中储蓄存款时点余额16.06亿元，较年初新增1.08亿元，年日均余额15.63亿元，较上年日均新增0.98亿元；公司存款时点余额12.49亿元，较年初增加1.08亿元，年日均余额12.5亿元，较年初增加0.72亿元，增幅为0.62%，日均存款呈稳步增长态势。

年末各类贷款余额15.49亿元，较年初减少4.02亿元，降幅为20.6%。其中个人贷款（含信用卡）余额11.03亿元，较年初增加0.62亿元，增幅为5.96%；公司贷款为4.47亿元，较年初下降4.63亿元，降幅为50.88%。

年末不良贷款余额为1059万元，较年初增加70万元；不良率0.68%，较年初上升0.17个百分点。

全年完成营业收入7692.87万元，较2015年同期减少2048.35万元，增幅－21.03%；实现净利润3302.12万元，增幅－14.92%，人均净利润34.76万元。

【支持地方经济发展】 促进房地产行业发展，支持供给侧结构性改革，去库存，为房地产行业发放委托贷款7000万元；与17个优质房地产开发商保持紧密联系，全年发放个人购房按揭贷款22153万元。支持中小企业发展，为中小企业发放各类授信70910万元，其中提供贷款支持7300万元，贴现交易量63325万元，贸易融资投放285万元。刺激地方消费市场，2016年为消费客户成功办理信用卡6411张，为信用卡刷卡消费提供授信金额43559万元。关注民生经济发展，2016年涉农贷款投放3003.97万元，为小微企业贷款投放2254.9万。依法诚信纳税，2016年上缴各类税金517.78万元。

【优质服务】 发挥国际结算和熟悉本地的优势，为招商引资企业优化综合服务，为企业的顺利进驻提供员工租房、招聘服务；为有需求的企业推荐海外直贷、利率掉期等融资产品，以降低其融资成本；为企业的日常经营决策提供外汇汇率分析与预测咨询服务，获得客户高度评价。新增营业部为智能化网点，配置自助发卡机、智能叫号机、自助填单机、用户体验PAD等智能化设备，解决客户排队时间较长，办理业务流程复杂等问题，为客户提供便捷、高效、科学的服务。2016年在全辖所有营业网点均实现理财产品和代销保险产品的录音录像“双录”，加大消费者权益保护力度。

【党建工作】 落实考核机制，制定党建工作考核方案，纳入各部门和网点的年度绩效考核，确保工作扎实有序开展。完善基层党组织建设，在4个网点建立独立党支部；开展“党员结对子”活动，为党员队伍的扩大奠定基础；班子成员直接联系群众，每月到网点调研，了解员工情况，帮助基层组织解决实际困难。加强教育学习，采用专题学习讨论、中心组学习、组织生活学习、“敬抄党章学思践悟”活动等形式开展“两学一做”学习教育。结合业务实际开展党建工作，与所在地社区老党员共庆建党95周年，在学习老党员优良作风的同时，为其提供零钞兑换服务、介绍低风险理财等金融产品；利用微信平台宣传支行业务先锋，树立身边典型。

【企业文化建设】 开展内部各项业务培训、外购专业化外拓提升培训、中层干部核心管理技能培训等，增强队伍的专业素质和综合能力。关爱员工生活，增强员工归属感，制订班子成员接待日制度，开展退伍军人座谈会，为加班员工准备食物，每月为员工举办集体生日会等。开展“三八”妇女节趣味活动、中秋节文艺晚会等活动，加强员工间的交流，增强集体荣誉感。新创立支行简报、期刊，广泛征集各类型的稿件，为员工提供展示自我的平台；注重正面宣传，传播正能量。

【社会责任】 多种形式开展金融知识宣传活动，如到八颗中心校、江南九年制学校，开展反假货币知识进校园活动；到协信商圈、世纪广场商圈、凤城街道向阳路社区、晏家街道等，开展宣传开展金融知识进万家活动等，在桃花新城支行和宝润国际社区建立金融知识和金融法治知识宣传站，促进金融知识宣传的日常化。开展“担当社会责任 关爱残疾儿童”公益活动，组织部分员工到长寿区特殊教育学校看望残疾儿童，向15名贫困学生送去书包、文具盒、水彩笔、牛奶和慰问金，与

孩子们一起开展文娱活动。　（徐美峰）

2016年中国银行股份有限公司重庆长寿支行领导人名录

行　长：黎　历

副行长：廖志勇

交通银行股份有限公司重庆长寿支行

【概况】　交通银行股份有限公司重庆长寿支行（本分目简称支行）法定成立日是1994年3月7日；注册地址在重庆市长寿区凤城街道向阳路9号；经营范围包括办理人民币存款、贷款、结算、票据贴现，办理外汇存款、外汇贷款、外币兑换业务，其分行在中国人民银行批准的业务范围内转授权的业务，经中国人民银行批准的其他业务（按许可证核定的事项从事经营）。2016年末有2个营业网点、5个自助银行，有正式员工32人。

【综合管理】　一是强化内控管理。重点加大“一线”业务的风险控制力度；加强授信业务管理，严格实行贷款三查制度和贷审分离制度；制定和完善各种规章制度和考核办法，规范内部管理。二是落实案防、安保工作。按季开展员工行为专项排查和五大领域专项整治工作，以“员工行为管理深化年”活动为主线，进行“两个加强、两个遏制”回头看自查，开展案件防控“长剑行动”。加强安全保卫工作的软、硬件建设，定期与不定期进行各类安全检查；补充和完善安全保卫工作的各项制度。全年案件、安全事故为零。三是加强党建及党风廉政建设。推进支行党建工作，开展“两学一做”学习教育活动，坚持学习党章、党规，学习《习近平总书记系列重要讲话读本》。严格执行中央八项规定和总行25条意见；严格执行“四个严禁”，全面加强管控，开展党风廉政建设各项工作。全年没有发生顶风违纪的行为。

【业务发展】　2016年支行主要业务，继2015年后再次取得快速发展，在交行系统内，实现从小型支行向中型支行的跨越。年末各项存款余额186766万元，比年初增长74568万元，增幅66.46%；各项贷款余额219762万元，比年初增长58243万元，增幅36.06%；不良贷款率控制在0.12%以内；实现表内利润5884万元，上缴各类税金593万元。　（程帮全）

2016年交通银行股份有限公司重庆长寿支行领导人名录

行　长：蒋跃亮

副行长：石　榴（女）　袁　波

重庆农村商业银行长寿支行

【概况】　2016年，重庆农村商业银行长寿支行（本分目简称长寿支行）坚持“根植地方、服务大众”的信念，以服务“三农”、服务“中小企业”为工作重点，为长寿区经济平稳发展提供金融支撑。截至12月末，长寿支行各项存款余额136.14亿元，比年初净增10.34亿元。其中：储蓄存款余额为103.05亿元，比较年初增加8.77亿元；对公存款余额为33.08亿元，比年初净增1.56亿元。各项贷款余额58.58亿元，比年初增长9.48亿元。全年贷款54.44亿元，其中：小微企业贷款33.17元。不良贷款率为0.38%。实现账面利润2.17亿元。全年缴纳税收7120万元。

2016年12月21日，重庆农商行长寿支行菩提古镇分理处开业

【支持地方经济】　2016年，长寿支行重点为经开区集团公司和城市开发投资公司发放采购项目贷款18.6亿元，为大型A股上市企业福安药业（集团）股份有限公司发放并购贷款3.74亿元。组织召开韩资企业金融产品推荐会，搜集有融资需

求企业信息13家，现场确定有合作意向企业5家；成立韩资企业服务团队，派专人在经开区招商科驻点办公。为新入驻现代汽车配套企业重庆德洋中车汽车零部件有限公司、重庆市智友汽车部件有限公司提供结算服务。

2016年，长寿支行积极服务小微企业，打开与医药行业合作新局面，向区医院、区中医院、泓原医院、海华医药公司、华欣俊宇医药公司进行授信总计41.35亿元，其中使用新产品“医保贷”2笔。为长寿区内最大的民营医药公司重庆海华医药有限公司提供流动资金贷款2000万元。2016年，小微企业贷款余额为30.14亿元，促使更多的小微企业获得金融支持。

开展“三农”信贷服务，截至12月末，长寿支行涉农贷款余额为38.93亿元，净增3.62亿元，增幅10.24%。涉农贷款占比为66.51%。

【金融宣传】 继续开展“金融知识进万家”活动，推进“普惠金融、扎根行动”专项活动；对宣传盲区全覆盖，对以往宣传的重点乡镇、市场再次地毯式地进行补漏。在全辖区开展主题为“农商个贷，贷你腾飞”的个人贷款产品推介会，年内全辖区开展个贷产品宣传活动154场。其中：进行政企事业单位118场、进个协商会13场、进农村客户23场。受惠群众3500余人。

【服务提升】 优化网点布局，2016年搬迁低效网点朱家和古佛2个分理处，改设阳光时代、菩提古镇2个分理处。网点装修改造双龙、石堰2个分理处；截至年末，需装修网点改造率完成100%。出台《员工综合服务能力测评方案（试行）》，重点就员工业务办理效率、营销业绩、工作主动性、柜面服务表现等方面进行考评。引入“神秘人”机制对网点服务和消费者权益保护工作进行现场体验和监督，规范员工行为、提高工作效率，提升服务形象。

【公益事业】 开展“服务众乡亲 情暖回乡路”春运公益活动，在春节前夕农民工返乡大潮期间，组织10名青年志愿者顶风冒雨到重庆红旗河沟车站，迎接长寿区返乡农民工。为每一位长寿籍的农民工送上一瓶矿泉水，为他们讲解金融知识，宣讲家乡的美好，送去家乡人民的热情和温暖。组织员工慈善双日捐，筹集捐款4137.29元。“六一”期间，长寿支行团委到长寿区云集镇石塔小学开展留守儿童慰问活动，为26名留守儿童送去学习用品和体育用品。

【安保案防】 开展内控排查，通过案件风险排查，“加强内控管理、防范操作风险”专项检查，“两加强、两遏制”回头看专项审计，“农村便民金融自助服务业务”专项检查，特别检查等多项工作，加强员工思想教育，严格执行规章制度，防范操作风险，为各项业务平稳运行扫除风险隐患。

抓好五个方面案件防范工作。一是加强员工行为管理。将2016年定为“员工行为管理深化年”，通过“学一遍办法”“开展一次大讨论”“写一篇体会”“进行一次警示教育”“作一次承诺”等活动形式，提高全员“学规”“知规”意识。二是开展警示教育活动。组织全支行100余名党员干部听取区纪委副书记、监察局局长题为《深入学习一准则两条例，自觉把纪律和规矩挺在前面》的党风廉政教育专题课；组织260余名非党员干部员工听取西南政法大学国际法学院教师、博士题为《认真履行职责，远离职务犯罪》的预防银行干部员工职务犯罪的专题讲座。三是认真执行关键岗位人员轮岗制度。一方面及时维护制度台账，及时掌握全行关键岗位人员在岗年限；另一方面对达到轮岗年限的人员及时轮岗。2016年，实现管理人员交流35人次，一般员工轮岗420人次。四是以“平安建设”为主线，深入基层强化安全教育培训和消防安全培训，落实安全生产责任制，培育全员安全文化，防范各类重大刑事案件、风险事件和安全事故的发生。全年安防设施投入30万元，提高安防技防能力。五是强化奖惩机制，提高全员建设内控的积极性。加大内控考核力度，2016年人均配置考核绩效4000元；将内控考核在KPI指标考核中的计分权重提高到25%，促进全员参与内控管理。

（张铭文）

2016年重庆农村商业银行长寿支行领导人名录

行　　长：高　嵩（2016年5月离任）
　　　　　赵国忠（2016年6月任）
副 行 长：聂建文（2016年8月离任）
　　　　　陈　可（2016年6月离任）
　　　　　唐　平（2016年6月任）
　　　　　阳登照（2016年4月任）

行长助理：阳登照（2016 年 4 月离任）

重庆银行长寿支行

【概况】　重庆银行长寿支行（本分目简称支行）2016 年有支行营业部、凤城支行、晏家支行 3 个营业网点，内设综合部/保卫部、公司业务一/二部、零售业务一/二部、计划财务部、风险管理部等部门。截至年末，有员工 75 人，其中男员工 27 人，女员工 48 人，平均年龄 34 岁；18 人拥有中级以上职称，59 人拥有大学本科以上学历，多人拥有丰富的银行从业经验。支行党、团、工会等组织健全，党支部有中共党员 16 人。

【业务发展】　2016 年，支行多项业务指标创历史最高纪录，再次实现支行规模、质量、效益的良性发展。截至 12 月 31 日，存款余额为 44.25 亿元，贷款余额 31.76 亿元，分别比 2015 年增长 16%和 3%，存贷比为 71%；当地纳税 2683 万元，增长 4%。支行不良贷款余额 30.15 万元，不良率为 0.0098%。实现规模、效益提升，资产质量稳定的“十三五”良好开局。

【企业文化建设】　2016 年，支行开展党员“两学一做”学习教育，让内控管理出效益，以党建促进支行发展。以文化引领，增强发展的凝聚力、向心力。支行已形成以党支部为龙头，团支部和工会并驾齐驱的三驾马车，开展“五有”文化核心价值观主题实践，推动支行企业文化建设。

【经营管理】　依托“幸福存”“梦想存”、个人理财等美誉度高的产品，支行储蓄存款增势历史最好。支行继续把公营存款营销的重心放在政府融资平台公司、园区、管理中心等以及暂未实行财政集中支付管理的事业单位上。依靠与政府相关部门的持续跟踪营销，运用创新业务品种作为切入点，以及发债资金监管专户的开立，公营存款市场份额迅速提升，成为辖区内银行机构公营存款逆势增长的银行，公营存款增量排第一，增量占比 45.81%。

重庆银行长寿支行全体员工

坚持利润兴行，向资产业务要效益。支行适时做好项目储备，拓展大公司业务，开展通道业务，向资产规模要效益。2016 年支行受政府平台公司地方债置换、平台公司正常分期还款集中、土储机构改革等因素影响，资产业务压力巨大。支行积极向总行争取政策并得到区政府支持，实现长寿区城投公司等单位中长期流动资金放款 11 亿元。在总行推出“双创”基金之初，支行配合总行公司部、金融市场部落实“双创基金”在长寿区落地前期工作，实现 9 亿元全总行首笔审批通过。

【社会责任】　2016 年，支行继续响应区委区府号召开展精准扶贫，践行重庆银行“五有”文化核心价值中有爱心、有担当的社会责任。扶贫小组多次到偏远贫困村，走访慰问，扶智、送资、赠物对口帮扶。以户建档立卡，心中有数，工作有方，从解决贫困家庭关心的热点、难点问题着手，取得好成效。　（陈　侃）

2016 年重庆银行长寿支行领导人名录

行　　长：张　鹰（女，2016 年 1 月离任）
　　　　　殷　斌（女，2016 年 1 月任）
副 行 长：刘锦波（兼任支行党支部书记）
　　　　　颜小川（2016 年 1 月任）
　　　　　罗　展　杨升达（2016 年 8 月任）

中国邮政储蓄银行重庆长寿区支行

【概况】　中国邮政储蓄银行重庆长寿区支行于 2007 年 12 月 28 日正式挂牌成立。2013 年 10 月，机构改革后，由原 6 个部门（综合管理部、公司业务部、个人业务部、信贷业务部、会计核算部和审计组）合并为 3 个部门，分别为：综合管理部、个人金融业务部和公司业务部。中国邮政储蓄银行重庆长寿区支行（本分目简称长寿区支行）营业部及办公场地于 2013 年 9 月 26 日搬至桃花新城桃源西路15号，毗邻区行政中心。2016年底前，长寿区支行有97名员工，5个自营网点（支行营业部、平湖路支行、渡舟支行、葛兰支行、向阳支行），42个邮政代理金融储蓄网点。长寿区支行已开办各类个人贷款、小企业贷款、公司贷款、供应链融资、银团贷款、票据融资等贷款业务，理财、托管、贵金属等中间业务，绿卡（绿卡通）、信用卡以及IC卡等卡类业务，手机银行、微信银行、网上银行等电子渠道类业务，国际结售汇和国际贸易融资等新业务。中国邮储银行已从邮政储汇业务拓展到银行多元化业务和服务领域，具备全功能商业银行的综合业务体系，于2016年9月28日成功上市。

2016年，长寿区支行完成收入5725.64万元，实现利润1811万元。自营网点存款余额达到11.96亿元，公司存款余额2.87亿元，贷款结余10.94亿元。

【综合管理】 坚持“效率优先、兼顾公平”的原则，优化人力资源配置。对支行岗位人员进行岗位轮换，2016年安排岗位轮换37人次，完成率100%。开展领导人员薪酬管理合规检查工作，按照检查内容逐项开展自查自纠，做到全覆盖、责任清、情况明、数字准。为客观公正评价员工年度工作表现，激励员工不断改进工作绩效和提高员工素质，精心组织，确保评价工作和职级晋升工作的公平、公正、公开。按照年度培训计划开展培训工作，组织员工参加总行、分行及外部机构培训，以及上岗资格证考试。制定绩效考评办法及相关重点业务考评办法，强化员工绩效考核。

抓好党建工作，年内召开中心组学习15次，其中反腐倡廉专题学习3次；开展“两学一做”学习教育活动，制定学习教育实施方案，个人自学、专题学习研讨、支部书记讲党课等，把开展“两学一做”学习教育作为一项重大政治任务，尽好责、抓到位、见实效；按季度开展党员“政治生日”活动，多形式抓好基层党员、干部的学习教育工作，全方位提高全体党员的党性修养。推进作风建设，支行领导班子成员经常深入基层调查研究，现场走访、召开座谈会，搜集基层网点经营管理工作中存在的问题和困难，对反映的情况落实对应的部室和人员限期解决。持续深化党风廉政建设和反腐倡廉建设，把党风廉政建设和反腐败工作作为加强和改进领导班子建设、促进依法合规开展支行各项工作的大事摆上重要议事日程；支行领导班子及其他成员在党风廉政建设中的责任分工进行重新明确，层层签订党风廉政建设责任书，明确工作职责。

抓好工会组织建设，组织全行女员工在“三八”节当天开展“爱在春天 乐于自然”为主题的系列趣味活动；利用五四青年节，组织员工开展登山比赛；在元旦节前开展职工慰问活动；根据员工慰问办法，开展职工生日、生病住院、高温慰问活动以及职工直属亲戚去世慰问活动；建立职工食堂，安排专人负责，解决员工工作用餐的后顾之忧。

【内控案防】 一是案防安保工作总体成效好，全年保持零人员/车辆安全事故以及零案件的发生。二是安全防范能力得到提高，制定切实可行的安全预警方案，通过警示教育、学习讨论、宣传提醒、应急演练，提高全员安全意识；加强对安全防范设备和设施的投入和维护，加大安全隐患整改督促和责任追究的措施；加大安防设施、设备的投入，更换5台ATM防护舱投入资金12万元，更换灭火器等消防设施投入资金2.5万元。桃花新城支行搬迁装修完毕且正常开业。支行所辖网点全部实现监控报警声光联动升级，提升物防、技防水平；每月对110报警器进行系统测试演练，提高员工安全防范意识和人防水平；网点配置24小时保安值守，提高安防能力。三是组织开展“员工行为深化年”“内控达标年”活动，组织员工学习《内控达标手册》、本岗位相关制度以及“十个严禁”、《员工违规行为处理办法》等，增强员工合规经营意识。

【金融服务】 定期组织培训，提升服务工作能力。制定并下发实施管理考评办法，定期开展检查、通报及考评工作。参加分行组织的服务风采大赛，在两江片区中排名第二。

长寿支行支持地方政府及经济发展，解决534人就业；支持政府项目贷款，渝长项目贷款总行批15亿元，银团配6.73亿元（该项目是长寿所有银行中唯一一家落地开户到长寿）。支持三农和小微企业创业发展贷款，全年发放2.3亿贷款。实行全区便民普遍结算服务，为全区社保、财政代收代发资金16.3亿元，180万户。建立村村邮掌柜，让

村民足不出村享受金融服务。 （付 玉）

2016年中国邮政储蓄银行重庆长寿区支行领导人名录

行 长：齐天星（2016年7月离任）
黄淑娟（女，2016年7月任）

副 行 长：马旭升

招商银行股份有限公司重庆长寿支行

【概况】 招商银行股份有限公司重庆长寿支行（简称招行长寿支行）于2008年12月25日成立，位于重庆市长寿区桃源大道6号。2016年有1家营业网点，有员工20人，全部为大学本科以上学历，平均年龄33岁。

招行长寿支行秉承总分行“因势而变、因您而变”的经营理念，推行“二次转型”“轻型银行”“一体两翼”战略，得到稳健发展。获得招商银行重庆分行2016年度“投资银行业务先进单位”“公司金融交叉销售先进单位”，获得招商银行重庆分行第七届春季运动会“团体第三名”；1名员工获评分行2016年度“服务明星”。

【业务发展】 招行长寿支行致力于为长寿地区的个人和企事业单位客户提供最新最好最贴心的金融服务，支持当地经济发展。业务范围涵盖零售银行业务、公司银行业务、国际业务、同业业务、投资银行业务、中间业务等各方面的众多金融产品和服务：“一卡通”“一网通”“金葵花”财富管理、私人银行业务、个人消费贷款、个人住房贷款、信用卡、集团企业现金管理、手机银行、三方存管、保险、理财、养老金金融、跨境金融、离岸业务、融资租赁、资产托管、开立保函、黄金交易等，在金融市场上享有较高声誉，树立卓越的品牌。

截至2016年12月末，招行长寿支行存款余额为67546万元；支行FPA融资总量余额106700万元。

【综合管理】 坚持稳健经营与加快发展相结合的指导思想，招行长寿支行注重合规管理和服务提升，将防范案件风险、打造优质服务品牌放在日常工作重要位置，强化队伍建设、创建学习型银行，遵循“服务、创新、稳健”的价值观，从成立至2016年底未发生案件。多项内部管理工作受到上级行好评。 （陶世英）

2016年招商银行股份有限公司重庆长寿支行领导人名录

行 长：王维嘉

副行长：吴小敏（女）

上海浦东发展银行股份有限公司重庆长寿支行

【概况】 上海浦东发展银行股份有限公司重庆长寿支行（简称浦发银行长寿支行）位于桃源大道10号，地处桃花新城核心地段，内设办公室、营业部、公司部、零售部等部室，设立营业大厅、贵宾厅，自助银行有自助存取款机2台。2016年，坚持以“建设具有核心竞争优势的现代金融服务企业”的企业愿景和“笃守诚信 创造卓越”的企业价值观，继续秉承和发扬“新思维、心服务”的企业理念，助推长寿经济社会发展，不断为广大客户创造价值，为长寿经济社会发展做出应有贡献。被中国银监会重庆两江银监分局评为“2016年度行政办公先进单位”，多名员工在重庆市金融工会和总、分行组织的专业技能大赛中获得表彰。

【金融服务】 2016年，浦发银行长寿支行以服务地方经济实现“银企双赢”和“政企双赢”为发展思路，继续加大营销力度和市场拓展力度，圆满完成重庆分行下达的经营任务。一是加强对区政府平台公司信贷支持和金融服务力度，先后与区内多家平台公司，行政单位、事业单位建立良好合作关系，为相关单位排忧解难，成效显著，全年投放贷款、承销债券18亿元。二是加强对各型实体经济的信贷和金融服务支持，有效解决企业资金问题，全年为区内外15家各型企业发放各类贷款5.1亿元。三是创新性开展投资银行业务和金融市场业务，创新开展股权基金业务；代理承销区内政府平台公司发债业务，两项业务在区内金融机构均处于领先地位。

浦发银行长寿支行为客户提供安全、快捷的个人业务。一是优秀的服务团队和一流的经营环境为消费者提供新的服务体验。二是优质多样的资产保值、增值产品供消费者公开透明选择。三是结算方式安全，结算渠道通畅，可以选择网上银行、手机银行、微信银行、ATM 自助银行、营业网点办理，财务核算和支付动作合二为一，资金实时到账。四是加强对个人经营性贷款和个人消费贷款的支持，及时满足市民生活、生产经营需求。全年销售零售业务产品 17 亿元，未发生风险，有效保障市民资产保值增值。（陈俊材）

2016 年上海浦东发展银行股份有限公司重庆长寿支行领导人名录

行　长：李康明

副行长：刘小军

中国人民财产保险股份有限公司重庆市长寿支公司

【概况】　2016 年，中国人民财产保险股份有限公司重庆市长寿支公司（本分目简称支公司）保费收入 9210 万元，各类赔款 6736 万元，上缴各种税金 462.88 万元。支公司承担风险保障金额 18066351.38 万元，处理各种自然灾害和意外事故赔案 16308 件，承担“三农”风险保障 52487.91 万元，为逾 10000 户农民提供过保险服务。

【保险服务】　围绕《重庆市长寿区人民政府办公室关于加快发展现代保险服务业重点任务分解的通知》精神，以“人民保险、服务人民”为宗旨，以“做人民的保险公司”为使命，恪守“诚信服务、客户至上”的经营理念，履行优秀企业公民责任，发挥人保财险的网络、人才、实力等众多优势，为广大客户提供专业、高效、诚信、便捷、优质的保险服务。为长寿辖区内各企事业单位和人民群众提供风险保障，承办财产保险、责任保险、意外伤害保险、货物运输保险、船舶保险，信用保证保险等业务。开展“三农”保险工作，全年承担“三农”风险保障 52487.91 亿元，为逾 10000 户农民提供过保险服务，支付农险赔款 453 万元。做好城乡居民大病保险工作，为全区近 79 万城乡居民提供大病补充保险，为近 3 万人次城乡居民提供大病保险补偿，全年支付大病保险赔款约 1600 万元。

落实精准扶贫精准脱贫工作，承办长寿区贫困人员小额意外保险和贫困户大病保险项目，为全区建卡贫困户提供保险保障，全年支付赔款约 50 万元。

全面提升客户服务水平，继续贯彻落实《重庆市机动车辆保险理赔服务标准（试行）》，理赔从业人员严格按照“五个一”服务标准开展理赔服务工作；贯彻落实人伤案件提前介入、全程跟踪，加强对死亡、伤残等重大或疑难人伤案件的前期介入和过程管控，规范人伤案件专业化服务；持续推进微信理赔、免费救援、代办年审、代缴路桥费等增值服务。

履行反洗钱义务，做好防范非法集资和消费者权益保护宣传引导，维护金融秩序稳定和消费者合法权益。做好税制改革“营改增”的培训和宣传工作，确保“营改增”工作平稳过渡。参与长寿区国资金融办组织开展的保险宣传周暨慰问孤寡老人、失独家庭、留守儿童和困难学生的爱心公益活动。

协助筹建重庆市长寿区保险行业协会，2016 年 12 月协会正式成立，公司负责人李林任首届会长。（文　燕）

2016 年中国人民财产保险股份有限公司重庆市长寿支公司领导人名录

总经理：李　林

天安财产保险股份有限公司重庆市长寿支公司

【概况】　天安财险是中国首家按照现代企业制度和国际标准组建的股份制商业保险公司。主要经营车辆保险、财产保险、船舶保险、货物运输保险、责任险、意外健康险等非寿险业务。2016 年，天安财产保险股份有限公司重庆市长寿支公司（本分目简称长寿支公司）全年实现区内保费收入 784 万元，支付各类赔款 1102 余万元，已决案件 937 件；上缴税金 47.32 余万元。

【保险业务经营】　按照区《加快发展现代保险服务业的若干意见》推进重点领域的发展和市卫计委对医疗责任险的承办要求，长寿支公司采用新型农村医疗责任保险纠纷处置模式，及时有效解决医患纠纷、促进社会和谐的爱心奉献、分担社会风险、承担社会责任、为政府分忧、落实保险《国十条》《渝十条》中惠民富民政策，得到各镇街医院的普遍接受。

在区财政局和金融办的支持下，2016 年 10 月，长寿支公司参与与同业公司共保长寿区巨灾保险工作。

为扭亏、止亏、减亏，2016 年，组织开展调结构、增效益、促发展的转型发展工作。摒弃高赔付率业务，重点抓优质车险和非车险业务发展，抓好新保、续保、转保业务等。

3 月 14 日至 18 日，开展保险消费者权益保护系列活动，切实保护消费者合法权益，“3·15”期间零投诉。公司将“7·8”保险公众宣传日与第十四届客户服务节活动结合起来，于 7 月 8 日至 8 月 8 日，开展为期一个月的宣传活动。

【党风廉政建设】 2016 年 5 月开始，开展“学党规、学系列讲话、做合格党员”学习教育活动。7 月组织全体员工参加分公司“我身边的党员”主题征文活动。开展反腐倡廉学习，2016 年 11—12 月，集中组织员工观看专题片《永远在路上》，提高全系统党员、干部员工对党风廉政建设和反腐败工作的思想认识，以及拒腐防变的能力。

【合规风险防控】 开展反洗钱专项工作，2016 年 3 月，长寿支公司组织反洗钱专项检查，在年底开展“反洗钱专项检查回头看”问题复查；10 月 11 日至 12 月 14 日，组织各类人员参加人民银行反洗钱在线培训并顺利通过考试。2016 年 6 月—11 月，在辖内开展丰富多彩的《反洗钱法》颁布 10 周年的大型宣传活动。

2016 年 8 月起，根据《中国保监会关于开展保险机构“两个加强、两个遏制”回头看工作的通知》及总、分公司相关文件要求，长寿支公司开展“两两回头看”工作。8 月 19 日，组织全体员工参加“两两回头看”专项检查应知应会测试；8 月 26 日，开展“两两回头看”专项检查自评工作。

2016 年 1 月 4 日起，启动防范和处置非法集资工作，贯穿全年始终。2016 年 5 月开展主题为“慧眼、守信、明责”的防范非法集资专题宣传月活动，将防范和处置非法集资纳入合规经营考核。

创建合规文化氛围，提升全员依法合规经营的自觉意识，在 7—8 月份组织开展以“讲合规、重责任、防风险、促发展”为主题的合规宣传月活动。

（余剑梅）

2016 年度天安财产保险股份有限公司重庆市长寿支公司领导人名录

总 经 理：李　琳（女，2016 年 9 月离任）

副总经理（主持工作）：袁美容（女，2016 年 9 月任）

公司地址：长寿区凤城街道桃花大道一号长兴综合楼 3 楼

客服电话：95505 023—40467733

中国平安财产保险股份有限公司重庆市长寿支公司

【概况】 中国平安财产保险股份有限公司重庆市长寿支公司（本分目简称长寿支公司）是中国平安财产保险股份有限公司下属三级机构，1997 年 10 月成立。公司职责：对客户负责，服务至上，诚信保障；对员工负责，生涯规划，安居乐业；对股东负责，资产增值，稳定回报；对社会负责，回馈社会，建设国家。

2016 年，长寿支公司保费规模达到 9068 万元。经营业务范围涵盖企业财产损失保险、家庭财产损失保险、机动车辆保险、建筑工程保险、安装工程保险、货物运输保险、短期健康保险、意外伤害保险、船舶保险、能源保险、法定责任保险、信用保险、种养殖保险等传统险种，适时推出环境污染责任险、食品安全责任险、安全支付责任险、董事及高级职员责任险、光伏组件能效损失补偿责任险、诉讼财产保全责任险、国内贸易信用保险、移动通信费用信用险、运动员失能保险、境外旅行意外伤害保险、个人账户资金损失险、非机动车综合险、宠物保险、装修类保险、租房类保险、奶粉保险等符合市场需求的新险种，满足多样化的社会保险需求。推出移动互联平台“平安好车主”APP，围绕车主出行生活，打造从“车保险”到“车服务、车生活、车娱乐”的全方位生态圈，为车主提供一站式金融生活消费服务。

【承保创新】 长寿支公司 2016 年独家创新承保长寿区血橙价格指数保险，解决投保农业企业增产不增收的问题（经营利润不受价格低于预期目标的影响），为金融行业服务“三农”先行先试、大胆创新。首席承保长寿区巨灾保险，分担巨灾发生后政府救助责任，减轻政府救灾压力，老百姓也可以更快地得到保障，增强群众幸福感；巨灾保障范围涵盖长寿区所辖行政区域范围内的所有自然人，包括常住人口以及临时到长寿出差、旅游、务工、途经等流动人员，为长寿作为重庆市唯一的“保险示范区”助力添彩。

【保险理赔】 理赔服务推出“全国通赔”“查勘可视化”“电话直赔”“简单快赔”“口袋理赔”“新高铁理赔”“人伤陪同调解”等便捷理赔服务，深受客户赞誉。“快、易、免”理赔服务年年升级服务标准，通过大数据挖掘客户需求，在业内首次推出赔款即时到账、零查勘简易理赔、微信理赔等服务举措，推行“线上＋线下”的理赔服务模式，为客户打造最便捷、最透明、最贴心、最放心的理赔服务模式。

【保险服务】 作为“中国平安”集团（国内金融牌照最齐全、业务范围最广泛、控股关系最紧密的金融生活服务集团）的分支机构，长寿支公司引进平安创展等子公司分支机构入驻长寿，引进平安证券、平安租赁、平安银行、平安资产、平安信托、平安不动产、平安好房、平安普惠、平安陆金所等渠道资金、项目来对接政府平台公司和工农业重点项目、道路交通建设等需求，尽力支持长寿地区经济发展。（刘　竹）

2016年中国平安财产保险股份有限公司重庆市长寿支公司领导人名录

总 经 理：许大军

副总经理：袁　平　郭登智

中国太平洋财产保险股份有限公司重庆市长寿支公司

【概况】 中国太平洋财产保险股份有限公司重庆市长寿支公司（简称太保财险长寿支公司），于1996年9月经人民银行批准正式成立。原名为中国太平洋保险公司重庆分公司长寿办事处，按照《保险法》关于产、寿险分业经营的规定，于2001年11月更名为中国太平洋财产保险股份有限公司重庆市长寿支公司。公司有自有房屋产权的营业网点1家，营业地址位于重庆市长寿区长寿路81号，营业场所面积780平方米。2016年有从业人员25名，设立总经理室及其下属的承保、理赔、财务、综合、市场等部门，总经理室领导及多名员工拥有中、高级保险师或经济师职称，从事保险行业多年，管理水平及服务水平均在行业内名列前茅。经营范围包括机动车辆保险、财产保险、责任保险、信用保险、短期健康保险和意外伤害保险等百余种保险业务。成立20年，坚持规范经营，坚持创新发展，按照现代企业制度要求规范运作，扎根基层，服务地方，对长寿的经济建设和人民生活发挥积极的保障作用。在经营理念、管理思想、企业文化建设、干部员工素质、业务质量、服务水平等诸方面受到保险监管机关的肯定和广大企事业单位、客户的好评，赢得良好的业界形象和社会信誉。

【经营业绩】 2016年，太保财险长寿支公司业务发展是经营效益最好的一年。全年实现利润229万元，完成保费收入6512万元。发生各类赔案5484件，结案5067件，结案率92.4%；全年赔款金额3659万元，综合赔付率56.2%；全年上交各种税金366万元；各项风险指标均控制在重庆分公司规定的范围内，呈现出业务增长、效益提升、管理进步、服务优化、队伍稳定的局面。

【基础管理】 2016年，太保财险长寿支公司认真落实市委四届三次四次五次全会和区委十二届四次会议精神，坚持“求真务实、加快发展”的经营指导思想，全面落实重庆分公司“三动”“打基础”等各项要求，围绕长寿建设“三地一中心”工作大局，打造“三大愿景”的总体目标，奋力拼搏，狠抓“二三六”工作的落实，即“两个务必”（务必坚持求真务实、加快发展，务必保持敢于竞争、奋发有为），“三个保障”（政策保障、后援保障、激励保障），“六个着力”（着力抓好一季度和上半年、车险业务、非车险渠道业务、远郊业务、理赔服务、合规管理）。开展“三动”（行动更积极、推动更有力、互动更频繁）等主题流动，立足中心任务，突出发展主线推进工作，年度各项工作顺利推进和落实。

【风险管控】 2016年，太保财险长寿支公司继续强化“发展必须合规，合规促进发展”的合规观、发展观，以重庆保监局《规范财产保险市场秩序工作方案》为指引，遵守分公司《合规政策实施细则》《风险管理政策实施细则》等制度，夯实合规经营的基础，规范经营成为全司上下的自觉行动。2016年，完成内部审计等基础性审计工作，组织稽核监察室对内部管理进行全程监督、检查，确保各项制度有效落实，确保合规建设得到加强，体现出“突出合规、力求卓越”的合规意识，在见费出单、业务核保、投保资料管理、印章管理、应收保费、单证管理、立案管理、安全管理、结案管理等一系列工作中，经营风险得到有效防范。

【理赔服务】　2016年，太保财险长寿支公司赔付案件5067件，现场赔付1100余件，快捷赔付900余件。理赔服务围绕快捷服务、加强管理等关键点狠下功夫，理赔服务工作得到加强。通过3G移动视频查勘新技术，实现查勘、定损、报价、核损一次性完成，最大限度缩短理赔时限，提高理赔效率；深化“一诺千金、超时补偿”服务举措，以业务序列员工为对象，推出“齐心做服务，品牌大家塑”业务人员结案率争先十佳评选活动；开展“我的速度，你的满意度”“5S”主题服务竞赛活动，连续多年开展“快递送清”等，在行业树立良好服务形象，理赔服务水平、理赔服务质量取得双丰收。在重庆保监局车险理赔服务质量测评中获得A类第一名。

【企业文化建设】　2016年，太保财险长寿支公司加强企业文化建设，践行“诚信天下、稳健一生、追求卓越”的企业核心价值观，弘扬“求真务实、团结协作、开拓进取、爱司敬业”的“太保精神”，发挥全体员工团结奋进的“太保力量”，坚持走可持续发展的“太保道路”。发挥党、政、工、团合力，营造和谐氛围，致力于各类公益活动，履行企业公民职责，开展关爱孤残、捐资助学、扶贫赈灾等公益活动；参与并圆满完成长寿区委、区政府和金融办布置的各项工作任务，在综合治理、精神文明、扶贫帮困、计划生育等方面取得显著成绩。　（文宇洁）

2016年中国太平洋财产保险股份有限公司重庆市长寿支公司领导人名录

总经理：彭志刚

中国人寿保险股份有限公司重庆市长寿区支公司

【概况】　中国人寿保险股份有限公司重庆市长寿支公司（简称中国人寿长寿支公司）2016年实现保费收入16121.91万元（其中首年保费7305.29万元，首年期交保费1888.79万元），支付各类赔款2513件725.64万元，满期及年金给付12422.15万元，向地方缴纳各种税金170.41万元，发挥保险业“经济安全阀”和“社会稳定器”的作用。

【经营管理】　中国人寿长寿支公司严格履行保险合同，承担社会和企业责任，诚信服务，切实保护客户合法权益。秉承“成己为人、成人达己”的理念，力求通过“热诚、规范、准确、便捷”的服务，回报广大客户支持与信赖，持续开展“诚信我为先”活动，严格规范销售行为，防范销售误导，以优质高效的服务赢得广大客户的信赖和社会的认同。坚持依法合规经营，恪守“诚信为本、稳健经营”企业宗旨，坚持“重价值、强队伍、优结构、稳增长、防风险”经营思路，加快业务发展，强化基础管理，全面提升公司核心竞争力。

【专业领先】　中国人寿在寿险行业始终保持专业领先的竞争优势，拥有强大的产品研发与创新团队，不断丰富保险产品和服务内涵，增强风险管控能力和客户服务能力。依托覆盖城乡的服务网络，致力于为社会最广泛的大众提供优质的保险产品和服务，向个人及团体提供人寿、意外和健康保险产品，涵盖生存、养老、疾病、医疗、身故、残疾等多种保障范围，全面满足客户在人身保险领域的保险保障和投资理财需求。

【回馈社会】　秉承“以人为本、关爱生命、创造价值、服务社会”的公司使命，中国人寿长寿支公司把承担社会责任作为自己的核心价值观，追求企业与社会共生共荣，和谐发展，通过各种方式回馈社会，坚持不懈地参与助学、扶贫、急难救助、环境保护等公益事业。推进服务民生的保险保障服务，向区内低保户、残疾人、低收入家庭提供保费低廉、保障适度的意外伤害保险，使他们在遭受意外伤害后获得保障。2016年，继续开办政策性保险业务，为7.45万人次提供保险保障近24亿元，赔款支出203.65万元，让发生意外灾害群众获得赔付。（杨家全）

2016年中国人寿保险股份有限公司重庆市长寿支公司领导人名录

总 经 理：郑海毅（2016年4月离任）
　　　　　霍　春（2016年4月任）
副总经理：余中文　龙　宇（2016年1月任）
总经理助理：龙　宇（2016年1月离任）
　　　　　　程睿祥（2016年8月任）

2016年12月9日投用的长寿东方之骄人行天桥

非公有制经济

概　述

【概况】 2016年全区非公经济市场主体5.3万户，完成增加值342亿元，比2015年增长13.3%；上缴税金28.1亿元，增长15%；从业人员38.5万人，增长3.4%；劳动者报酬125.4亿元，增长10.4%；完成固定资产投资307亿元，增长16%。　（熊　伟）

作坊生产长寿血豆腐

表 27

2016 年长寿区非公有制经济主要指标

单位：个、人、万元

甲	企业个数	从业人员年末数	增加值	总产值	营业收入	利润总额	净利润	上交税金	劳动者报酬	其中：工资总额	资产总额	固定资产原值	固定资产净值	负债总额	资本金	出口产品交货值	固定资产投资完成额
	1	2	3	4	5	6	7	8	9	10	11	12	13	14	15	16	17
总　计	46448	427371.02	3385929.12	9547545.51	9261119.15	746358.86	672750.19	292963.2	1363610.4	1276336.41	5425324.93	3551121.77	2722526.69	3329025.99	1109712.31	73987.5	3184014
一、按注册类型分组	2113	240295.35	2277806.84	7635853.81	7425895.11	369482.49	312259.64	244800.55	801074.25	760959.51	5080366.88	3325331.05	2549420.47	3302238.47	878215.81	73987.5	2897452.74
1. 内资企业	2097	235671.52	2046653	6997121.51	6812712.1	282646.11	249963.97	180136.68	781700.57	745040.27	4559027.38	2828138.42	2168239.46	2963367.8	657965.99	44392.5	2520783.88
2. 港澳台商投资企业	3	1533	118300	383463.36	376726.08	53350.35	38273.08	39728.05	6998.4	5645.38	155498.2	186915.29	143301.72	101073.83	82733.75	11098.13	366081.26
3. 外商投资企业	13	4160	112853.84	255268.95	236456.93	33486.03	24022.59	24935.82	12375.27	10273.87	365841.3	310277.34	237879.29	237796.85	137516.07	18496.88	10587.6
二、按国民经济行业分组	2113	240295.35	2277806.84	7635853.81	7425895.11	369482.49	312259.64	244800.55	801074.25	760959.51	5080366.88	3325331.05	2549420.47	3302238.47	878215.81	73987.5	2897452.74
1. 第一产业	232	2320	9156.63	25301.92	24289.85	3896.95	2795.64	2901.91	4343.04	3941.31	38280	25056	19209.6	24882	5104	0	6570
2. 第二产业	1489	231864.32	2177372.81	7459219.37	7256326.05	343209.95	293411.94	225236.35	786570.57	747790.47	4454870	2915914.91	2235534.77	2895665.5	846209.09	73987.5	2884024.74
其中：工业	1276	198696.32	1926204	5124253.52	4919283.38	181837.8	130448.85	135407.94	715306.76	613077.5	3599822.34	2552601.3	1712370.04	2339884.52	725159.58	73987.5	2480261.28
3. 第三产业	392	4704	91277.4	151332.52	145279.22	22375.59	16052.06	16662.28	10160.64	9227.73	237160	384360.14	294676.11	381690.97	26902.73	0	6858
三、个体工商户	44335	187075.67	1108122.28	1911691.7	1835224.03	376876.36	360490.55	48162.65	562536.15	515376.9	344958.04	225790.72	173106.22	26787.52	231496.5	0	286561.26
其中：工业	3571	18746.48	39735.36	113528.8	108987.65	12452.53	11315.56	477.62	40492.40	36746.85	27784.94	22733.13	17428.73	3195.5	13892.47	0	63828

（重庆市长寿区经济和信息化委员会提供）

民营经济

【概况】 截至2016年12月底，全区民营市场主体总量为53157户，当年实缴税金24.8亿元，实现增加值248.8亿元，占全区GDP比重的54.8%。（黄家菊）

农村合作经济组织

【农民合作社】 2016年完成5年的工作，长寿区政府将农民合作社发展纳入目标考核并写入区政府工作报告；区供销社举全社之力，分为四个工作组，由领导带队分片包干，对18个镇街进行全程指导和服务；区财政拿出100余万元，专项用于农民合作社发展补助；组建长寿区农民合作社服务中心，服务全区农民合作社等新型农业经营主体。2016年长寿区的果蔬、渔业、粮油、畜禽等产业，发展农民合作社129个［其中参（控）股合作社5个］，全区农民合作社总计523个。

标杆合作社中华蛋鸡养殖示范场年内建成投用，其鸡蛋分拣中心、检测实验室、加工车间同时配套建成投用。投入800万元，循环利用鸡粪年产2万吨有机肥项目启动。该合作社采用全自动蛋鸡养殖和全封闭式管理。年底前，存栏蛋鸡60万只，日产蛋29吨，产蛋高峰期比传统养殖延长4个月以上，鸡蛋质量显著提高，养殖成本明显下降，综合效益提升1倍，走在全区乃至全市蛋鸡养殖行业前列。（周建村）

中小企业

【概况】 2016年，全区中小企业完成增加值241亿元，比2015年增长13.8%；实现工业产值700亿元，增长14.5%；上缴税金26亿元，增长16%；从业人员21.2万人，增长3%；劳动者报酬68.6亿元，增长11.5%；完成固定资产投资293亿元，增长17%。年内申报中小企业科技成果转化项目11个。（熊　伟）

江南街道枇杷协会成立

表 28

2016 年长寿区中小企业主要指标

单位：个、人、万元

代码	指标名称	2016 年 12 月止累计						代码	主要产品产量	计量单位	2015 年 12 月止累计
		合计	其中：工业	其中：规模以上工业	其中：农产品加工业	其中：食品加工业	第三产业				
1	企业个数	2000	1213	212	22	18	300	23	发电量	万千瓦时	21195
2	企业从业人员	192102	110253	20000	3520	1190		24	锰矿石	吨	—
3	企业增加值（现价）	2599457.1	1368400	1068400	55900.8	49139.2	80763.2	25	碳酸锶	吨	—
4	企业总产值（现价）	7427018.64	6814675.33	1183314.06	194099	155012	258031.95	26	原煤	万吨	20
5	其中：私营、个体	6315345.91	5723512.79	993842.38	194099	155012	258031.95	27	农用氮、磷、钾化学肥料总计	吨	11818
6	总产值中：农业产值	220253.75	—	—	—	—	—	28	水泥	吨	1506257
7	工业中：（1）机械制造业	870442	870442	—	—	—	—	29	砖	万块	201945
8	（2）建材业	238256	238256	—	—	—	—	30	布总计	万米	80
9	（3）采矿业	165520	165520	—	—	—	—	31	生丝	吨	—
10	建筑业	801525		—	—	—	—	32	机制纸及纸板	吨	121616
11	工业企业销售产值	7271258.97	7271258.97	—	—	—	—	33	皮鞋	万双	68
12	出口产品交货值	238052	238052	—	—	—	—	34	饮料酒	吨	8088
13	固定资产投资完成额	27610000	27610000	—	—	—	—	35	配（混）合饲料	吨	201000
14	营业收入	8169720	7601771	—	—	—	—	36	食用植物油	吨	3352
15	利润总额	345462	252067	—	—	—	—	37	茶叶	吨	132
16	劳动者报酬	536690	348209	—	—	—	—	38	罐头	吨	—
17	其中：工资总额	507160	323098	—	—	—	—	39	汽车配件	万元	241255
18	实交税金	218354	174683	—	—	—	—	40	摩托车配件	万元	70352
19	资本金	1162655.37	993387.08	—	—	—	—	41	摩托车发动机	台	—
20	金融机构贷款	324649.68	274657.37	—	—	—	—	42	摩托车（成车）	辆	—
21	亏损企业数	152	110	53	—	—	—	43	铝合金压铸件	吨	—
22	亏损企业亏损额	70247.88	64537	49841	—	—	—				

（重庆市长寿区经济和信息化委员会提供）

微型企业

【概况】 2016年，全区新发展微企2057户，带动就业13931人，发放创业补助1624.67万元，后续扶持补助419.26万元。创业培训微企数量、评审数量、发放财政补助资金额均居全市前列，微企总量居片区第四位。全区已发展微企1.22万户，带动就业8.71万余人；全区已发展微企孵化平台15个，其中孵化园7个，微企村8个（其中市级微企孵化园3个，市级微企特色村4个）。成功举办长寿区微企发展5周年成果展暨微企产品交易展示洽谈会，集中展示全区五年的微企发展成果。开展“以大带小”帮扶活动，《中国工商报》进行专题报道。完善政策措施，修订区微企重点产业目录、微型企业孵化园扶持管理办法和微企特色村扶持管理办法3个配套文件，支持重点鼓励产业和微企孵化平台发展。加强监管，全面实施微企评审抽查、回访核查，取消或暂停64户微企补助申请，将1400余户经营异常的微企纳入重点监管，责令974户限期整改。2016年11月，《中国工商报》以《“以大带小”帮到点上了——记重庆市长寿区创新扶持微型企业发展推动创业创新》作专题报道。

（黄瀚霖）

外资企业

【概况】 2016年，长寿区坚持把发展开放型经济作为推动区域经济发展的重大战略举措，创新理念、完善思路、搭建平台、强化措施、优化环境，全年实际利用外资2亿美元，比2015年同期下降45.5%，总量列重庆片区第三位。截至年底前全区外资企业49家，年内新引进重庆斯泰克瑞登梅尔材料技术有限公司、重庆浦项重钢汽车板有限公司、重庆重钢高强冷轧板材有限公司、重庆三盛工业设备安装工程有限公司、重庆市寅帛商贸合伙企业（有限合伙）5家外资企业。（胡小敏）

长寿桃花溪畔

表 29

2016 年长寿区利用外资情况

单位：万美元

序号	项目名称	投资外方企业名称	投资中方企业名称	长寿注册企业名称	合同外资	2016 年度实到位外资	累计实到位外资
一、以前年度外资项目							
1	初级形态的塑料及合成树脂制造	巴斯夫欧洲公司		巴斯夫聚氨酯（重庆）有限公司	39858	3250	98105
2	石油管道、设备服务、维修、保养项目	美国贝克修斯亚太有限公司		美国贝克修斯亚太有限公司	695	10	1445
3	研究、开发、生产和销售汽车零部件以及售后服务；汽车零部件相关材料的研究开发；设计、制造和销售机械和加工设备以及售后服务。	株式会社 DR AXION	北京海纳川汽车部件股份有限公司	重庆帝尔鄂世稳汽车部件有限公司	1020	660	1020
4	生产汽车零部件、模具；研发汽车零部件及模具；销售自产产品；汽车零部件制造技术咨询、技术服务、技术培训；货物进出口、技术进出口。	（株）金昌		重庆金昌汽车部件有限公司	1000	400	400
5	生产销售轮胎模具、机械设备、五金	林锡东		重庆鼎圣金机械设备有限公司	140	40	140
6	生产、加工汽车车身覆盖零部件；销售自产产品；提供设计汽车夹具、模具、容器技术的咨询服务；汽车车身覆盖零部件、生产汽车车身覆盖零部件用设备的批发、进出口、零售。	爱尊科技株式会社等 23 个股东		重庆爱尊汽车部件有限公司	500	500	500

续表

序号	项目名称	投资外方企业名称	投资中方企业名称	长寿注册企业名称	合同外资	2016 年度实到位外资	累计实到位外资
7	生产、加工汽车车身覆盖零部件；销售自产产品；制造汽车夹具、模具、容器并提供技术咨询服务；汽车车身覆盖零部件、生产汽车车身覆盖零部件用设备的批发、进出口、零售	星宇科技株式会社、爱尊科技株式会社		重庆星宇海特克汽车部件有限公司	3500	1500	3500
8	研究、开发、制造汽车零配件、塑料制品、电器、普通机械设备；汽车零配件模具设计和制造；从事上述产品及相关原料的进出口业务、技术进出口、代理进出口、提供技术服务和技术咨询；自有房屋租赁；销售自产产品。	韩国利富高株式会社、利富高（香港）有限公司		利富高（重庆）精密树脂制品有限公司	1189	850. 61	1144. 51
9	汽车零部件的制造、销售；汽车夹具、金属制品的制造、销售；汽车零部件模具的设计、开发、销售；普通机械设备以及部件的制造、销售；电气电子产品以及部件的制造、销售；以上各项产品销售、售后服务以及技术服务；上述各项产品的进出口；自有房屋的出租	金道炫、金世训、李芝银、SNI CO. , LTD.、SMT CO. , LTD.、SE-WON CORPORATION CO. , LTD.		重庆成元汽车部件有限公司	2310	1338. 645	2310
10				重庆小康动力有限公司		1490	
11	炭黑生产	中橡（新加坡）有限责任公司		中橡（重庆）炭黑有限公司	3150	710	6010
12				重庆博腾制药科技股份有限公司		848. 8709339	

续表

序号	项目名称	投资外方企业名称	投资中方企业名称	长寿注册企业名称	合同外资	2016年度实到位外资	累计实到位外资
13				重庆日发汽车零部件		217.886208	
14				国浩永固		19.54095694	
15				万斯金属		16.9837938	
16				正新橡胶（重庆）有限公司		4507.143228	
小　计（16个）					53362	16359.68012	114574.51

二、本年度外资项目

序号	项目名称	投资外方企业名称	投资中方企业名称	长寿注册企业名称	合同外资	本年度实到外资	累计实到外资
1	研发、生产、销售药用辅料、精细化工产品及相关技术转让；货物进出口；企业管理咨询。	Rettenmaier Asia Holding Gmbh	重庆斯泰克技术材料有限公司	重庆斯泰克瑞登梅尔材料技术有限公司	2672.025万元人民币	532.07	532.07
2			重庆浦项重钢汽车板有限公司	重庆浦项重钢汽车板有限公司		2031.4135	2031.4135
3			重庆重钢高强冷轧板材有限公司	重庆重钢高强冷轧板材有限公司		1100.1721	1100.1721
4	自动化设备的制造、安装、维修；普通机械设备及特种设备安装、维修；机械零部件销售；机械设备制造	SMI ENG CORPORATION		重庆三盛工业设备安装工程有限公司	3.5	1.0021	1.0021
5	电子元器件、电子材料、橡塑制品及金属制品研发、销售	10个台湾自然人	22个中国自然人	重庆市寅帛商贸合伙企业（有限合伙）		8.13	8.13
小　计（5个）					2672.025万元人民币	3672.7877	3672.7877
总　计（21个）					44402	20032.46782	118247.2977

（重庆市长寿区投资促进局提供）

经济管理与监督

发展管理

【宏观经济运行监测】 完成2016年国民经济和社会发展计划执行情况和2017年计划草案，会同区统计局、经信委等部门广泛开展调研，科学设定经济指标，重点抓好GDP目标任务分解落实工作，对完成全年目标任务制定措施，保证经济平稳增长，为调结构提供基础。加强经济形势监测分析，坚持每月对全区经济运行态势进行监测，根据每季度各项主要经济社会指标完成情况精心撰写分析报告，分析经济运行中存在的问题，提出解决问题的建议措施，供区委、区政府决策参考。

【重大项目管理】 2016年，全区安排重大建设项目215个，年度计划投资263亿元，其中政府类项目110个，年度计划投资60亿元；市场类项目105个，年度计划投资203亿元。加强重大项目管理制度建设，继续深化和完善重大项目前期工作、征地拆迁、资金筹集"三线一体"的推进机制，"分片包干"的责任机制，"节点管理"的目标管理机制，"动态管理"的项目管理机制，有效提高重大项目管理科学化、规范化水平。建立责任单位周协调、区重大项目办月度协调、区政府季度研究三级问题协调机制，分阶段、有重点、集中有效地解决项目推进中的难题，强化重大项目检查、督查、稽查、考核工作。认真做好项目储备，坚持按照"储备一批、推进一批、开工一批、建成一批"滚动实施的工作思路，围绕全区经济社会发展大局，结合十三五规划、三峡库区后续工作规划等着力抓好重大项目储备工作，规划储备一大批提升城市基础设施功能项目、提升长寿产业发展集聚能力的工业平台项目及产业项目、促进城乡一体化发展的农业产业化园区项目、推进社会发展的社会事业项目，提出分年建设目标，努力为经济的持续发展提供强力支撑。2016年，重大项目实际完成投资265亿元，有效支撑全区固定资产投资完成589亿元，新开工重大项目115个，完工66个。实施工业项目44个，完成投资109亿元；社会民生项目24个，完成投资32亿元；城市开发项目55个，完成投资81亿元；农林水及产业化项目16个，完成投资13亿元；旅游项目12个，完成投资23亿元；商贸物流项目2个，完成投资7亿元。全年筹备重大项目专题会14次，召开月度协调会7次，到施工现场18次，检查督促项目103个，配合区人大代表、区政协委员调研视察2次。

【投资管理监督】 贯彻落实国家及市级下放部分审批权限精神，承接上级政府下放行政审批事项45项，清理取消区级审批事项24项、下放10项，进一步简化审批程序，提高审批效率。发挥市场主体作用，引导社会资本参与政府类项目建设，实施长寿第一个PPP项目——长寿长江二桥，有效缓解政府投资压力。严格招投标管理，2016年全年完成工程建设招投标174个，节约资金0.32亿元，节资率2.6%。依托区政府公共资源交易中心，对全区招投标、政府采购、土地招牌挂等按照统一进场、集中交易、按责监管、行政监察的工作目标，全年实现交易776件次，节约财政资金1.73亿元。强化政府投资项目稽查工作，全年以保障性住房、水利设施、农村公路、教育卫生等为重点，配合国家、市级稽查3次，开展区级稽查15次，涉及项目31个，针对稽查中发现的问题均形成稽查报告，提出整改意见；责任项目业主采取有效措施，限期完成整改，提高政府投资效能。

【农林水项目管理】 全面深化行政审批制度改革，严格执行网上行政审批制度，2016年审批农林水项目47个，总投资32亿元。包装策划一批农业重大项目，争取上级资金和专项建设基金1.05亿元，推动农村基础设施、农村一、二、三产业融合等重点工程建设。促成政府投资项目与农发行信贷资金合作，争取贷款资金24亿元，用于支持农村人居环境改造项目、农村公路项目建设，其中2016年度实施项目161个，争取贷款资金5.7亿元。争取龙溪河流域生态经济发展亚洲开发银行贷款0.5亿美元，用于龙溪河流域防洪治理、生态修复等项目建设。全面完成2015年度854人高山生态扶贫搬迁任务；新建及改造10千伏及低压线路800余千米，新增容量17635千伏安，有效解决5万余群众用电问题。统筹推进农村一二三产业融合发展，龙河镇纳入市级农村产业融合发展试点示范镇，启动试点示范工作；推进现代农业综合示范工程、巩固退耕还林基本口粮田、后续产业、太阳能热水器等专项工程建设。编制统筹城乡一体化发展"十三五"专项规划；推进农村改革和试点工作，开展部分农林水利中央预算内投资和市级投资项目股权化改革试点研究，促进农民增收，开展农林水利PPP项目、利用两行（国开行、农发行）优惠贷款林业项目策划和储备工作。

（曾晓东　焦　旺　刘　梅　李雪源）

审　计

【概况】　2016年，重庆市长寿区审计局（简称区审计局）根据中办发〔2015〕58号和国发〔2014〕48号及市委办公厅、市政府办公厅《关于印发重庆市审计机关人财物管理改革试点实施方案的通知》（渝委办发〔2016〕35号）完成审计机关人财物统一管理改革。根据《重庆市区县审计机关领导干部任免工作办法（试行）》（渝委组〔2016〕157号）规定，区县审计局局长由市委（市委组织部）管理任免，区县审计局其他班子成员由市委委托区县党委管理，其他班子成员（不含纪检组组长）由区县党委提名，区县政府按有关规定任免。结果抄送市审计局党组。纪检组组长由区县纪委会同区县党委组织部、市审计局人事处提名和考察，由区县党委任免，结果抄送市审计局党组。区县审计局党组书记，由区县党委征得市委组织部同意后任免；其他党组成员，由区县党委征得市审计局党组同意后任免。市机构编制管理部门统一管理全市审计机关及其所属事业单位机构编制，市审计局协助开展相关工作。市和区县审计机关经费预算和资产由市级有关部门统一管理，实行预算统管、分级核算，市审计局统一向市财政局编报全市审计机关年度经费预算和决算，区县审计机关为市审计局二级预算单位。

2016年，区审计局设有5科2室1中心，即办公室、财政审计科、行政事业审计科、固定资产投资审计科、经济责任审计及内部审计管理科、审计信息化科、区经济责任审计部门联席会议办公室，审计中心；人员编制44人，在编38人。

2016年，长寿区政府办印发《关于进一步加强内部审计工作的实施意见》（长寿府办发〔2016〕171号）。2016年10月在区水务局、区民政局、区林业局等3个部门设立内部审计科，2015年底新成立的菩提街道设立内部审计办公室。加上2015年7月区委常委会和区政府常务会专题研究，区编委批复同意在区公安局、区财政局、区人力社保局、区农委、区交委、区教委、区卫生计生委等7个区级部门设立内部审计科，18个街镇设立内审办公室；截至年底，全区19个街镇、10个重点部门设立内部审计机构，配备专兼职内部审计工作人员133名。区政府办《关于进一步加强内部审计工作的实施意见》中明确规定：区政府部门、事业单位未设立内审机构的在相关内设科室赋予内审工作职责。

2016年，区审计局完成各类审计项目139个，其中全面完成市局统一组织的审计项目10个；查出主要问题金额397866万元，其中违规金额35344万元，发现非金额计量问题102个；处理处罚资金52053万元，其中上缴财政9867万元，应归还原渠道资金17020万元；审计促进整改落实资金51909万元，其中增收节支26607万元；全年向纪检监察和有关部门移送案件线索10件，涉案金额979万元。向区政府和区人大常委会报告审计工作各5次。审计报告、要情、信息获区领导肯定性批示21篇。在重庆市审计系统2016年区（县）审计工作考核中，长寿区连续第九年保持年度"先进集体"等荣誉；实施的2016年重大政策措施落实情况跟踪审计、2015年保障性安居工程跟踪审计和国外贷援款（渝北区人民医院）审计获得市审计局行业优秀项目表彰，发挥审计"免疫系统"功能。

【重大政策落实跟踪审计】　全年组织实施12

次重大政策措施落实情况跟踪审计。抓住“积极财政政策”“三去一降一补”等国家重大政策措施和市委、市政府重大决策部署等重点，围绕“贯彻、落实、见效”三个关键，重点关注政策贯彻、任务分解、资金拨付、项目推进、实际效果、保障措施等环节开展跟踪审计。采取“资料审核+现场勘测+数据比对分析”等方法，审计16项政策措施，抽查34个部门、14个单位、43个项目，涉及财政资金53.62亿元。出具审计报告4篇，揭示7大类8个领域的问题，涉及问题资金6.62亿元。全部获区委、区政府领导肯定性批示，责成相关单位镇街整改落实，有效地促进重大政策措施在长寿的落地生根。

【财政审计】　全年对区级财政预算管理、税收征管以及11个区级部门预算执行及决算情况开展审计。揭示区级预撤销财政专户不到位，违规将财政资金存入财政专户，违规办理定期存款，违规出借财政资金，财政代编预算额度大、占比高，违规向非本级预算单位、银行或非银行金融机构安排工作经费或奖励，非税收入未及时缴入国库，虚列财政支出等9个问题。部门预算执行审计中揭示预算编制、预算执行、资产及往来款项管理、决算草案编制等5个方面11个问题。创新审计方式方法：一是首次运用大数据审计分析方法开展区级预算与部门预算执行情况联动审计，发现11个部门项目支出预算执行与区级预算批复项目内容不一致，部门存在基本支出预算项目化等问题；二是改进部门预算执行审计组织方式，采用统一制定实施方案和审计内容、统一审计通知书和进点会，统一数据采集分析，分部门核查取证和出具审计结果通知书，统一审计结果集中汇总向区政府报告的“四统两分”审计组织方式，节省时间、提高效率，利于领导决策，提升审计结果运用水平；三是首次探索区级预算绩效评价审计监督，尝试对街镇污水处理厂项目、部分农业建设项目进行跟踪调查，揭示部分项目效果差、损失浪费严重等问题，上报的审计方法得到市审计局转发，撰写的要情、提出的整改意见得到区政府主要领导肯定性批示和区人大常委会的高度评价。代区政府向区人大作的《重庆市长寿区2015年度区级预算执行和其他财政收支审计情况报告》和《重庆市长寿区2014年度区级预算执行和其他财政收支审计查出问题整改情况报告》得到区人大常委会肯定。

【固定资产投资审计】　全年审计政府投资项目118个，比82个计划目标多完成36个。118个项目的结算送审金额为155917.78万元，审定金额为139128.43万元，审减投资16789.35万元，审减率为10.77%，比2015年提升3.44个百分点。严格运用2012—2015年度中介机构考核结果，邀请前15名甲级资质造价咨询单位参加长寿湖西岸二期基础设施建设工程（亲水步道及沿湖公园）等6个项目委托审计招投标，通过招标节约审计基本费22.24万元，审减效益费率由5%降低为3.38%。转变审计思路，将历年只对项目造价真实性合法性进行审计改变为以关注项目造价真实性合法性审计为核心，将项目立项、预算评审、招投标、合同管理、设计更改、工程质量、业主内审结果等项目管理重要环节纳入审计监督范围，有效拓展投资审计内容和视野，收到很好成效。揭示一批违规招投标、违规更改设计、虚假签证、内审结果不真实等违规违纪问题。创新审计组织方式和投资审计质量风险控制机制，实行政府购买社会服务，采取“国家审计+社会审计”的组织模式。

【经济责任审计】　结合《长寿区五年轮审规划》，一是增强统筹协调，增强和发挥区经济责任审计联席会议的统筹协调作用，科学实施领导干部经济责任分类、离任事项交接办法，提高审计的针对性和整体成效；二是细化审计重点，按照街镇（部门）职能和区考核办考核指标数据情况，把审计内容分为必审事项、重点事项、关注事项，提高审计方案的针对性；三是细化评价体系，以区考核办考核指标数据为依据，将审计结果与审计对象的工作职责进行比对，如实向区委、区政府和干部管理部门提供审计报告；四是运用计算机审计技术开展审计，参与部门预算审计、政府投资项目审计和专项审计以及任期内其他审计成果，提高审计效率。全年完成领导干部经济责任审计项目6个、被审计领导7人，揭示问题37项，移送区编办处理事项2件。

【专项资金审计】　2016年区审计局承担市审计局统一组织审计项目10个，参与审计署重庆特派办审计项目1个。针对上述审计任务时间紧，质量要求高的特点，区审计局党组召开专题会议研究决定，成立局署市统一组织项目审计工作协调小组，服从全国全市审计“一盘棋”的安排部署，实行两个优先（即优先选派经验丰富的同志任组长，业务骨干组成审计组；优先实施署市项目）。各审计组严格执行署市《审计实施方案》，查阅文件资料、采集相关数据，认真分析比对，进行现场踏勘，严谨查证取证，揭示一批问题，按时上报审计结果。

【企业审计】 2016 年，区审计局承担 2 个企业财务收支审计项目（即：重庆宏昌融资担保有限公司 2013—2014 年度财务收支情况审计，重庆市长寿区商贸物流中心开发投资有限责任公司 2014—2015 年财务收支情况审计），揭示评审委员会决策机制不健全、违规购买理财产品等 8 项问题，向区纪委监察局、区国资金融办移送问题线索 2 件，促进企业制度完善和落实，有效维护国有资金保值增值。

【信息化建设】 完善硬件设施，投资 18 万元建设 30 平方米数据分析室，采购高清投影仪、7 台数据采集专用计算机设备和大容量数据存储装置；30 万元采购数据分析系统。重视软件投入，与北京数起科技有限公司签订协议，就平台建设、归档整理、人员培训、后期运营管理等达成一致意见。2016 年已建设数据分析室。（何　颖）

统　计

【概况】 2016 年，重庆市长寿区统计局（简称区统计局）设 5 个内设机构（办公室、综合科、工业投资科、服务业科、农经科），1 个参公事业单位（长寿区社会经济调查队），1 个事业单位（长寿区统计执法队）。有人员编制 30 名，在职 26 人。

【重点街镇统计工作】 一是明确机构编制，强化工作保障。在菩提街道、凤城街道设立独立的统计办公室，明确统计人员编制各 4 名。在统计人员的配备上，街道充分听取区统计局的意见。区财政对重点镇街统计工作经费给予支持，2 个重点街道均配置独立办公场所，保证统计人员人手 1 台电脑，配备必要的电话、传真、打印复印设备以及办公桌椅、文件柜等办公设备，开通统计信息专网，给予工作经费保障。全额划拨市统计局重点镇街工作经费，按 1∶1 比例配套工作经费。二是加强业务培训。每年年报会议要求重点镇街统计人员全程参加，每年组织若干次内部培训，由区统计局对统计方法制度改革的动向、报表中易出现的问题等内容进行详细讲解。组织重点镇街统计人员参加全市重点镇街统计人员业务培训班，强化依法统计意识，提高统计知识和技能。三是营造统计氛围。区统计局探索与重点镇街统计检查和执法检查联动机制，定期或不定期对重点镇街统计基础建设情况进行督导和检查，发现问题及时整改，确保重点镇街统计工作制度化、规范化。

【行业统计】 行业统计是统计方法制度的重构，是已有统计力量的重整，是统计对外形象的重塑。行业统计打破专业统计的限制，由多个专业人员负责不同的报表转变为一个统计人员负责行业所有报表，数据的匹配性得到显著提高。行业统计在不增加新的编制和人员的情况下，调剂出新的统计力量从事新的统计任务。由一个行业统计人员负责对一个企业统计人员，改变以往多个专业人员对同一个企业统计人员，对于统计对外形象的提升具有重大意义。一是统一思想，提高认识。2016 年 8 月万盛会议后，区统计局就行业统计向区政府汇报，随即召开全区统计系统行业统计工作推进会，对行业统计改革的重要意义进行强调，对下一步行业统计改革做出部署。全区对行业统计改革形成共识，为下一步工作开展打下良好基础。二是加强培训，提升能力。每周五，区统计局组织专业培训，专业统计人员对自己负责的报表在全局进行系统讲解，尽快实现专业统计人员向行业统计人员转变。三是调整分工，全面推行。区统计局在不打破科室划分的基础上，成立工业、建筑房地产业、商贸业、服务业 4 个行业统计组，局长负总责，副局长负责督促、落实、考核，将责任落实到具体人员。长寿区已实现专业统计向行业统计的转变。各行业统计人员按管理范围对企业报表进行催报、业务解释、数据查询、数据审核、数据验收和数据汇总工作，专业业务人员对全区各专业数据进行审核汇总，实现行业统计人员对同一调查对象所有报表的催收、答疑、审核和查询工作，实现统计数据的“一体化”采集和评估。

【企业统计】 一是狠抓工业统计。工业数据质量对于全区经济数据至关重要。为全面掌握全区工业发展情况，促存量、挖增量，区统计局到经开区、工业园区以及重钢、川维、长化等企业调研，指导企业建立健全原始记录、统计台账和统计制度，要求企业严格执行统计报表制度，做到“颗粒归仓”。利用统计专网对工业企业主要指标进行适时在线监控，及时与部门及企业进行沟通协调，强化企业指标动态管理。二是狠抓投资业、建筑业和房地产业统计。2016 年，区统计局到建设项目施工现场，对所有在长寿项目施工现场进行拍照核查；继续对全区固定资产投资项目进行拉网式排查，督促项目单位、平台公司在搞好发展的同时坚持应统尽统，将发展成果客观真实地反映出来。全力抓好外地到长寿的建筑企业、在长寿施工房地产企业统计工作，及时将其纳入建筑业及房地产业统计。三是抓好服务业统计。随着长寿区工业化和城镇化加快推进，服务业已成为全区经济发展的新引擎。区统计局强补交通运输业、批零住餐业与新型金融业等服务业统计短板，多次召开专题会议研究，深入到企业调研，推动服务业企业入库申报。结合国家及市统计局制定的一系列服务业统计的工作方案和报表制度，全面准确及时地做好服务业企业统计工作。

【党建工作】 一是加强领导，全面落实党风廉政责任制。始终把党风廉政建设工作列入党组班子重要议事日程，结合当年度工作实际制订工作计划，及时召开党风廉政建设专题会议，传达学习有关领导讲话和上级文件精神，对党风廉政建设工作进行全面安排部署。签订 2016 年党风廉政建设目标责任书，做到任务明确，责任到人，形成主要领导亲自抓、上下合力共同抓，一级抓一级、层层抓落实的工作格局；把目标责任书的考核结果与年终评优评先挂钩，健全和完善党风廉政建设工作责任机制。二是强化学习，开展“两学一做”学习教育。以党组专题学习、上党课学习和自学为主要学习手段，学习总书记习近平视察重庆重要讲话、五大发展理念、党章党规等政治理论和党的各项纪律规定，全年开展党组专题学习 7 次、上党课 6 次。强化党员干部党风廉政思想防线，牢固树立党员干部带头遵守纪律、带头接受监督的意识，自觉接受干部群众和社会各界的监督，依纪依法履行职责。三是廉洁自律，加强作风建设。区统计局党组坚持把执行党的政治纪律、政治规矩放在首位，加强作风建设。进一步反“四风”、改作风、树新风，明要求、严纪律、强约束，干部职工的组织性、纪律性明显提高。贯彻落实中央八项规定、市委七条实施意见、“八严禁”“十二不准”，严格按规定组织公务接待、公务车运行维护、因公出差等活动。在元旦、春节、中秋、国庆等重大节假日组织专题学习教育，要求全局干部职工严格遵守相关规定。加强监督、管理、教育。全年无违法违纪案件发生。

（李永鑫）

国资金融管理

【金融工作】 调集相关部门、街道人员成立打击非法集资专项小组，强化宣传教育，落实举报奖励制度，严控非法集资风险增量，强化案件分类处置，全区非法集资风险总体可控，保持长寿区防范和打击非法集资工作在全市领先水平。截至年底前，全区在侦在办案件 12 件，涉及金额 7704 万元，参与群众 1247 人次，均远低于全市平均水平。长寿区打击非法集资工作得到市委全面深化改革领导小组的肯定，举报奖励工作及建立综合联动执法机制得到市打击非法集资办公室的肯定，非法集资举报奖励工作得到国务院处置非法集资联合办公室的肯定，转批各省市参阅。

拓展融资渠道。截至 2016 年底，长寿区创业板上市 2 家企业，市值 199.69 亿元，实现再融资 12.8 亿元；新三板挂牌 3 家，市值 15.1 亿元；OTC 挂牌交易 4 家，市值 1.13 亿元。

2016 年，全区金融业实现增加值 33.19 亿元，比 2015 年同期增长 165.52%，占 GDP7.38%；金融业税收收入 1.35 亿元，增长 57.15%，占地方税收收入的 4.87%。

【金融建设创新】 健全资本市场体系。加强与重庆证监局战略合作，聘请深交所创业企业培训中心总监担任长寿区上市企业政府顾问，推动区内资本市场发展。开展企业挂牌上市推介会，与重庆创投基金开展企业对接会，推动有条件的企业 IPO 上市。年内新增安仁工业、浩湖渔业、鑫源农业、九龙橡胶、泓淋科技 5 家企业进入重庆市拟上市企业储备库培育。

探索新型融资模式。为支持和鼓励“大众创业、万众创新”的政策支持，探索创新地方建设投融资模式，更好地发挥政府对支柱产业和创新型产业的引导和支持作用。年底前长寿区与重庆银行正在推进“重银—长寿”城镇化基金和“重银—长寿”产业引导基金战略合作项目，增强地方重点项目和重点企业的投融资能力。

加快保险创新步伐。加强与市保监局的合作，推动保险示范区建设。一是创新巨灾保险，开展巨灾保险试点，安排200万元财政资金为全区群众买上巨灾保险，尝试商业保险与政府职能相结合的新的管理模式。二是探索保险公司参与政府主导保险产品多元化模式，对政府主导的涉及民生的各保险公司无差别化的保险产品，采取在长寿所有保险公司按照业绩和贡献等指标分别比例共同承保的模式；对于创新性的保险、采取政府和保险公司共同宣传，保险公司自行推进的模式。三是探索开展血橙价格指数保险，对血橙销售价格进行“兜底”，确保农户增收不受影响；做好血橙价格指数保险试点工作，区政府补贴50%的保费，调动农户发展种植特色农产品的积极性。四是推进农业征信保证保险贷款，筹集2000万元设立“农业增信保证保险专项资金”用于农业增信保证保险项目保费补助，以贷款保险作为增信手段，建立政、银、保风险共担机制，破解农村新型经营主体有效担保抵押物缺乏的问题。

启动转贷应急周转资金。长寿区设立3亿元规模的“区中小微企业转贷应急周转资金”。一是扩大使用对象范围，区级转贷应急周转资金在中小微企业的基础上新增专业合作社、个体工商户。二是降低资金占用费率，由原来的3个工作日以内，每天0.2‰；超过3个工作日的，余下按实际超出天数，每天0.4‰计算资金占用费，下降为每天均以0.2‰收取占用费。三是提高转贷资金单笔申请额度，在合作银行承诺续贷额度内，由市级单笔最高2000万元额度提升3000万元。四是取消申请转贷资金企业自筹资金不得低于10%的申请条件，截至年底前8家银行完成转贷协议签约成为转贷应急周转资金合作银行，成功运作转贷应急周转资金2笔，金额730万元。

对外合作实现新突破。与中科招商签订战略合作协议，发挥中科招商在投资市场、融资市场及产业市场领航优势，筛选、推荐新型金融服务机构在长寿设立；合作成立产业转移升级基金，重点支持长寿区新材料、大健康等产业升级发展，打造产业集群。

推进“三权”抵押贷款。截至2016年12月31日，长寿区历年投放农村产权抵押贷款4252笔，发放贷款31438万元。其中：土地承包经营权65笔，7608万元；林权11笔，3189.07万元；农村房屋抵押717笔，5546.03万元；农户小额贷款1452笔，5431.7万元；其他创新型贷款2007笔，9663.2万元。

【国有资产管理】 完善区属国有企业监管制度。针对原有区属政府平台公司薪酬绩效考核不足，修改完善平台公司薪酬考核管理制度。在2013年、2014年和2015年区属政府平台公司薪酬绩效考核办法之后，2016年8月《关于印发〈2016年政府平台公司薪酬绩效考核办法〉的通知》（长国金办〔2016〕31号）文件下发实施，重点从融资规模、融资成本控制、资金平衡调度、管理费用控制等方面加强对平台公司监管。

启动区属国有重点企业改革工作。完善长寿区国有资产监管体制机制，以深化区属国有重点企业改革为突破口，将10户规模较大的区属国有企业纳入长寿区区属国有重点企业管理。多次召开由区政府办、区委组织部、区编办、区财政局（区国资金融办）、区人社局等部门参加的专题会讨论改革事项，启动包括总体实施意见、国企管理、干部管理、工作人员管理、负责人薪酬管理、工资总额管理、国企绩效考核等系列改革工作，年底前正按计划推进。

推进国有企业改制上市。2016年聘请深交所的专家担任长寿区的企业上市顾问，对符合条件的国有企业进行上市培育。截至年底前，已有浩湖渔业、经开区集团公司、生态旅业进入拟上市企业库培育。相关的证券公司已对浩湖渔业公司进行实地调研，就其规模、行业、上市可行性进行分析，为其上市进行前期准备。

探索同非公资本合资合作。推动发展混合所有制经济，以存量国有资本吸附、撬动社会资本，促进国资民资相互持股、融合发展，经过努力，已经引进成立1家基金投资管理公司，对区内有条件的企业进行股权投资。年底前，正在对接资金方，推动各种资本交叉持股，促进各类资本以多种形式参与区属国有企业改制重组。

启动空壳企业、僵尸企业关闭注销工作。从

2016年起，长寿区启动空壳国有企业企业、僵尸企业关闭注销工作。年底前，4家空壳企业已有3家完成关闭注销，1家已进入工商注销程序。

（叶亚琴）

国土资源管理

【概况】 重庆市长寿区国土资源和房屋管理局（简称区国土房管局）系长寿区政府的工作部门，内设14科1室，下辖直属事业单位13个和片区国土管理所11个。2016年年末职工人数303人，其中机关22人、直属事业单位149人、街镇管理所43人、招聘人员89人。

2016年，区国土房管局以提高资源配置质量和效益为中心，深化国土房管领域改革，加强依法行政，维护群众合法权益，攻坚克难，主动作为，开拓创新服务，依法规范管理，为全区经济社会发展提供有力支撑和保障。

【耕地保护】 落实最严格的耕地保护制度。全面完成市政府下达的2016年耕地目标责任，已通过市政府的检查验收。层层签订耕地保护目标责任书，对各街镇耕地保护目标任务实行综合目标考核。争取核减全区耕地和基本农田保有任务工作取得重大突破，市政府重新核定下达长寿区的耕地和基本农田保有任务分别为47973公顷、37653公顷，分别减少8177公顷、4347公顷。按照国家“占优补优、占水田补水田”的新要求，严格耕地质量等级管理制度，全面完成建设项目耕地占补平衡任务，建成高标准基本农田1733.33公顷。保障建设项目用地需求，全年报批土地征收项目95宗，用地总面积2885公顷；市政府已批准项目52宗，用地总面积1235公顷。征地报批宗数和面积均为历年最多，获批土地面积在全市39个区县中名列第三位。实施城乡建设用地增减挂钩项目保障用地，获批增减挂钩项目变更方案2个，使用农村建新周转指标25公顷。完成预审建设用地项目26宗，面积556公顷；审批临时用地3宗，面积2公顷；审批农村村民建房237户，面积2公顷；审批设施农用地4宗，面积12公顷。

完成城市周边永久基本农田划定工作，划定3527公顷，划定比例48%，是全市划定最少的区县之一，为全区重大产业项目发展预留足够空间。作为全市首批全域永久基本农田划定接受市级会审的5个区县之一，全域永久基本农田划定方案已通过市级会审。划定之后，全区基本农田实际保有面积38026公顷，调出基本农田面积8120公顷，新划入基本农田3528公顷，实现“目标不减少、质量有提高、布局更优化”的划定目标。

【土地房屋征收】 履行征地行政管理职能，严格执行征地拆迁“两公告一公示”制度和信息公开制度，全年发布43个项目土地征收公告和补偿安置方案公告，涉及集体土地1400公顷，拆除农房34万平方米，住房安置5298人，支付各类补偿资金11.78亿元。承办土地房屋征收信息公开30件。参与土地房屋征收行政诉讼应诉89件（含区政府为被告的47件）、行政复议4件（含区政府为被申请人的3件）。完成全区污水处理项目、渡舟农副产品交易市场等重大项目征收拆迁攻坚工作。

开展“预征地”清理工作。提请区政府出台《关于切实加强“预征地”和已征未供土地管理利用的通知》，组织开展未取得征地批文、但已实施具体征地行为的“预征地”清理工作，确定“预征地”项目82个，面积2839公顷，已全部完成勘界、组件。完成“预征地”征地报批项目59个，面积2305公顷，其中只征不转项目49个、面积2119公顷，市政府已批复11宗、面积544公顷。

【土地供应】 全年供应国有建设用地68宗，面积345公顷，实现土地合同价金25亿元。办理国有土地储备16宗，面积34公顷。办理超容积率补缴出让金11宗，实现收入459万元。办理土地划拨转出让补缴出让金6宗，实现收入256万元。全年实现土地财政入库收入54亿元（含往年出让当年到账价款）。实施长寿区土地利用动态巡查方案，落实工业用地“三方”监管制度，加强土地供后监管。开展闲置土地清理工作，对攀钢集团重庆钛业有限公司、重庆国际复合材料有限公司、重庆易纬环保技术有限公司等企业的闲置土地进行调查处理。完成全区国有建设用地使用权土地定级和基准地价标准更新工作，完成全区土地储备机构清理整合，推进“全国节约集约用地模范区”创建活动。

【土地整治】 抓农村土地整治，按照“立项一批、实施一批、验收一批”工作思路，推动土地开发整理项目与现代农业园区建设相结合，与规模化特色农业发展相结合。全年立项入库土地开发整理项目9个，实施规模1550公顷，计划投资3323万元，新增耕地171公顷；续建和新开工土地整治项目11个，总规模4166公顷，已完工项目10个（其中通过验收项目6个），总规模1385公顷，取得整理合格证170公顷，实现补充耕地170公顷。完成中德合作·梓潼项目市级配套土地整理工程和3个贫困村精准扶贫项目。

合理有序推动农村建设用地复垦工作，完成验收合格20公顷，确保按期归还借用的增减挂钩周转指标。完成全区建卡贫困户1.6万人入户调查，对满足条件自愿复垦的90户贫困户进行项目包装，可为贫困户创收300万元，新增耕地2.67公顷。启动地灾搬迁避让复垦工作，消除地灾点30个，搬迁224户，新增耕地5.33公顷。多方筹措复垦资金7000万元，完成与各街镇复垦资金结算，确保已复垦农户权益。完成56个复垦项目工程审计及财务决算工作。办理户改退地21批次，涉及农户2188户，3729人。

【基础管理】 建立和完善国土资源30个基础和业务数据库，全部正式上线运行，实现国土资源全业务数据电子化，征供用审批环节数据的宗地溯源关联，图形、业务、档案的单业务关联。将“一张图”系统延伸至各街镇，实现“一张图”工程在长寿区的全覆盖。探索试验“一张图”工程移动终端使用，搭建移动终端专用网络。建立城乡一体的不动产登记档案管理系统和国土资源业务档案管理系统。国土资源管理“一张图”工程基础框架全面建成，形成国土资源业务数据全方位、多层次的管理应用体系，国土资源管理信息化水平排在全市前列。

提升勘测规划技术水平，完成不动产测绘资质申请和土地规划资质晋升乙级申报工作。探索派驻基层国土房管所测绘员“双重管理”模式。全年完成地形测绘项目11个，面积16公顷；完成522个用地项目土地勘界及报告编制，面积2452公顷；完成地籍测绘260宗，面积450公顷；完成房屋测绘976幢，面积510万平方米，新建不动产登记附图2.7万幅，二手房配图8642幅，建楼盘表806幢；完成土地规划和调查类项目12个。

【地灾防治】 强化地质灾害防治共同责任机制，坚持每天24小时应急值守和群测群防预警工作制度，建立健全地质灾害防治“四重”网格化管理体制机制。完成全区“十三五”地质灾害防治规划和年度地质灾害防治工作方案编制。完成251个面上群测群防监测预警规范化建点工作。实施地质灾害治理工程38个，完成投资700余万元（其中通过初步验收并开展效果监测7个，完成阶段性施工11个，实现结合实施2个，完成施工图设计3个，完成勘察设计8个，完成前期勘查工作7个）。在全市率先出台小微地灾治理项目管理办法，完成小微地质灾害治理项目4个，下达小微地灾治理项目计划15个。完成全区地质灾害应急指挥中心建设，修订全区突发性地质灾害应急预案，强化应急物资的储存及管理工作。建立区镇两级地质灾害应急救援队伍。全区地灾隐患点由2012年的547处，减少到2016年的305处。下达地质灾害“金土工程”搬迁避让项目计划30个，计划搬迁198户607人。

【矿产管理】 依法履行矿产资源监管责任，细化落实矿产资源开发监管“八项制度”，矿产资源管理秩序继续好转。落实“四山”管制令和《重庆市主城及周边地区碎石资源规划》规定，完成54宗采矿许可证延续登记工作。依法征收矿产资源补偿费137万元、矿产资源价款401万元、采矿权使用费1.6万元，缴存矿山地质环境治理和生态恢复保证金3300万元。开展矿业权实地核查和矿山储量动态监测工作，及时掌握矿山动用资源储量及占用储量增减变化情况，严厉打击越层越界开采行为。加强矿产资源执法监管，开展矿产资源“打非治违”专项行动，查处各类违反矿产资源勘查开采行为6起。严格矿产开发准入制度，关闭煤矿企业2家。截至年底前，全区煤矿企业已全部依法关闭，非煤矿山企业从2012年的78家关闭整合减少为62家。

【国土执法】 强化依法行政工作，完成非行政许可审批事项分类处置和规范性文件自查清理工作。推进简政放权，取消非行政许可22项，清理确认行政权力事项180项。推进网上行政审批各项改革工作。完成国土房管领域行政审批中介服务清理规范工作。推进政务信息公开，及时准确发布，主动接受社会监督。做好国土房管行政复议和行政应诉工作，全年应诉行政诉讼案件76件、行政复议案件1件。

开展2015年度土地矿产卫片执法检查，依法查处整改违法违规行为。2015年度变更调查监测图斑566宗、新增建设占地耕地181.2公顷。经核查认定，违法用地图斑56宗，占用耕地8公顷。经立案查处，整改到位32宗，面积5公顷，已通过年度卫片执法检查部、市验收。矿产卫片疑似违法图斑8宗，经核查认定合法开采5宗，违法无证开采3宗（无证开采2宗，越界开采1宗），已全部查处整改完毕。

做好违法用地日常监管巡查工作，全年巡查400余次。立案查处土地违法案件83件，结案57件。持续开展“两违”集中查处整治行动，全年完成“两违”整治5412宗，整治违法占地91公顷，整治违法建筑140万平方米。协助区违建整治办整治存量违法建筑917处，建筑面积13.68万平方米；消除在建违法建筑88处、建筑面积12319平方米。（余　杰　袁国勤）

土地储备管理

【概况】 根据2016年7月《关于调整长寿区土地储备机构的通知》（长编发〔2016〕35号），整合原重庆市长寿区土地储备中心和长寿经济技术开发区土地储备中心，设立重庆市长寿区土地储备中心（简称区土地储备中心），为区国土房管局管理的公益一类事业单位，机构规格为正处级，经费形式为财政全额拨款。主要职责：负责编制全区土地储备计划；负责全区土地储备及储备土地前期开发管理、管护及临时利用；负责土地储备资金的监督管理；负责土地储备相关工作；完成区委、区政府交办的其他工作。

区土地储备中心核定编制23人，其中：主任1名，副主任3名，内设机构领导职数8名。内设机构分别为：办公室、财务科、土地储备科、工程管理科。2016年，实有在编人员14人，其中：主任1名、副主任1名，科级及以下人员12人。

2016年，完成储备土地25宗，面积79.06公顷，到位资金3750万元，提供资金89750万元。

【土地储备】 早计划、早安排、早落实，编制土地储备计划，有序开展土地储备；加强对土地储备监管系统的维护，对储备土地的日常巡查和管护；及时解押已出让的3宗6.6公顷建设用地，保证建设用地需要；参加重大项目建设，配合有关单位解决长洪路城市房屋拆迁遗留问题。

【土地储备资金管理】 财政部等四部委财综〔2016〕4号文件规定，从2016年开始土地储备机构不得再向银行业金融机构举借土地储备贷款，区土地储备中心把土地储备资金管理作为工作重点来抓。一是合理安排、科学调度，发挥土储资金使用经济效益。促成2015年重庆银行融资授信17000万元余下资金的上账，实现到位资金3750万元；全年向各平台公司和部门提供资金89750万元，全部用作重大项目建设和债务偿还，发挥土储资金的使用效益。二是明确债务偿还责任，对土地储备中心成立后的土储资金借用情况进行清理，对未明确还款责任的借款按照“谁使用 谁偿还”的原则，落实还款责任主体，保证偿债资金来源。2016年，收回借款本息416321.55万元，其中：本金385547.16万元，利息30774.39万元；偿还贷款本息410608.52万元，其中：本金378920万元，利息31688.52万元。三是调整债务结构，开展减债降息工作。土地储备债务从年初的451950万元减至76780万元，其中提前偿还贷款227258万元，减少利息支出22656.33万元；对108980万元贷款年利率从原来9%左右降到6.5%以内，完成区政府减债降息目标任务。四是加强土储资金风险管控，加强信息收集、政策研判，坚持每月、每季度编写资金平衡报告报区政府和相关部门，提前掌握资金来源及偿债风险，提前落实化解债务风险措施，确保政府融资信誉。

【土地储备改革】 根据财政部财综〔2016〕4号文件要求，市、区编委决定撤销经开区土地储备中心、晏家园区土地储备中心，长寿区设立一个土地储备机构——长寿区土地储备中心。一是加强与区编办、经开区管委会、区国土房管局、区财政局、经开区土地储备中心等部门的工作协作，理清工作职能。配合原经开区土地储备中心完成资产、债权债务清算，按区政府决定顺利开展移交工作。二是创新融资方式，采取购买储备土地整治服务的方式，配合长寿工业园区成功实现融资44000万元。

【党群工作】 加强党风廉政建设。一是制定土储中心《2016年党风廉政建设和反腐败分工责任制》，将党风廉政建设责任层层分解，确定区土地储备中心党组书记作为党风廉政建设第一责任人。二是加强廉政警示教育，组织党员干部观看警示教育片《2015 长寿区违纪违法典型案件透视》《永远在路上》；到区检察院预防职务犯罪廉政警示教育基地接受教育；订阅《中国纪检监察报》《中国纪检监察》等专业报刊，要求党员干部传阅，加强廉政建设工作的借鉴和学习。三是加大督查，适时对班子成员、科室主要负责人进行约谈，对党员干部进行廉政教育，对有苗头性、倾向性问题的及时提醒和批评，对问题严重的及时向党组主要负责人报告。四是主动接受派驻纪检组监督，在重大资金、人事、采购等事项上，主动邀请派驻纪检组参会，接受纪检监督。

把“两学一做”学习教育作为全年重大的政治任务来抓，结合建党 95 周年活动，把学习教育作为提升基层党建和队伍素质的重要手段。组织党员干部集中学习 21 次，报送简报 19 篇，制作宣传展板 1 块。2016 年召开党员大会 22 次、支委会 14 次，上党课 6 次。把“两学一做”学习教育与支部活动、工会活动、妇女活动、进社区活动以及扶贫工作有机结合，全年开展各类活动 10 次，其中包括 4 次党员进社区活动和 2 次扶贫慰问活动。加强对基层党建重点问题的排查整改；进行党员干部党费清理，按照规定及时补缴。

落实文明城区创建相关工作，干部职工同街道和社区一道在古镇社区开展文明城区宣传活动；资助社区文明城区创建工作经费 5.5 万元。围绕“工作创新年”主题，营造“鼓励创新、宽容失败”“创新引领、条件保障”的良好环境。加强意识形态工作，落实责任制。完善保密工作的相关组织、制度、工作责任，提高机关人员保密意识。结合区“七五”普法工作，开展法制教育。

（韩　林）

土地房屋征收安置

【概况】　2016 年，重庆市长寿区土地房屋征收安置办公室（简称区土地房屋征收办）实施征收项目 49 个（其中新实施项目 25 个），征收土地 1727 公顷、拆迁农房 2083 户、办理农转非社保 3593 人、住房安置 5298 人、足额兑付各类补偿资金 11.78 亿元。确保项目用地的同时，足额支付被征收群众的各项补偿资金，保障被征收群众的合法权益不受损害。

【重大地房征收】　渝长高速扩能项目，是事关长寿疏通交通瓶颈的重大项目。涉及长寿区晏家、八颗、新市、渡舟 4 个街道、17 个村、90 个组、260.47 公顷土地，462 户农房。区土地房屋征收办采取“三落实”的工作方式（即落实责任领导、责任科室、责任人三落实），责任科室各司其职，干部职工深入一线；通过每周研判会，及时收集汇总征收工作情况，为领导决策提供依据，在两个月内完成该项目征迁目标工作任务，确保渝长高速扩能项目顺利开工建设。

全区重大项目征收攻坚工作，是化解大批征收遗留问题，以保证全区经济发展的用地需求。从 2016 年 9 月启动到 10 月结束，责任单位在 21 位区级领导的牵头组织下，包案到户、责任到人，迅速推进 100 户未拆迁对象的征收工作。截至年底，签约 73 户，拆房 59 户。

长江二桥建设工程，是长寿区完善城市交通助推南北两岸经济发展的重点工程。该工程项目涉及长寿区晏家、江南两个街道，总计征收土地 57.33 公顷、拆迁农房 200 余户，通过街道、区征收办有关人员一个月的努力工作，全面完成房屋签约拆除工作。

渝东南农副产品交易中心是长寿区“三地一中心”建设区域物流中心的重要组成部分，对规范农副产品交易、提升农副产品交易市场档次，缓解交通堵塞具有重要意义。该项目征收土地面积 39.13 公顷，补偿安置 700 余人。经过耐心细致的工作，按照时间节点推进征收工作。

渝万高铁顺利通车。渝万高铁征地历经三年，贯穿长寿区 9 个镇街，矛盾大、纠纷多、情况复杂。后期扫尾工作中各种难点凸显，区土地房屋征收办明确责任领导、责任人员，强力推进“和兴源”种养殖大户的征迁，有效化解邻封易某积案，确保渝万高铁的顺利投入使用。

【督办项目地房征收】　2016 年重点开展影响基础设施建设方面的征收督办工作。一是渡南路东段建设项目集体土地房屋征收（站东路贯通北城大道工程），经过区政府反复商讨、论证，制定切实可行的实施方案，在一个月内完成全部 17 户征迁工作；二是城中城A8地块猪场拆迁，该户一直漫天要价，经责任领导和工作人员多次入户协商谈判，最终取得突破性进展签约拆房；三是粮库搬迁事关菩提大道贯通，未签约的2户经过工作人员的多次努力已完成签约；四是长邬路西延伸段和长寿菩提古镇片区支三路、支四路，以及渡南三路的“断头路”征迁，是重点解决的问题，干部职工全力以赴，全面完成拆迁目标任务。

【其他项目地房征收】 2016年的土地房屋征收工作繁重，征收项目涉及道路、桥梁、学校、电力、企业等多方面，区土地房屋征收办有序推进这些项目征收工作。这些项目看似难度小，却都是时间紧、任务急的民生工程，如渡舟南北中路、南北一路、长寿湖远恒佳学校、长邬路西延伸段、但渡养老服务中心、焦家变电站等。经过领导统筹安排，各科室科学分工，完成各类项目征迁工作。

【信访维稳】 2016年，区土地房屋征收办细化来访接访制度，坚持领导带班接访，第一时间掌握来访人诉求，及时沟通协调化解矛盾。全年办结来信来访案件93个，回复信箱信访件51个，处理重庆市信访信息系统信访件27个，接待群众来访110次、350余人。经过政策解释和疏导，无闹访和大规模群访发生 。

【党风廉政建设】 区土地房屋征收办成立党风廉政建设领导小组，党组领导班子成员认真履行“一岗双责”制度，党组始终把党风廉政建设作为党的建设和治理体系建设的重要内容。1月14日，党组召开会议，重点研究部署党风廉政建设和反腐败工作；12月22日，党组召开落实“两个责任”党风廉政建设专题会议；年内专题研究学习《关于新形势下党内政治生活的若干准则》《中共共产党党内监督条例》《中国共产党问责条例》等文件精神，安排落实各项工作，及时解决反腐倡廉建设中的重点、难点问题。党组与区纪委签订《党风廉政建设责任书》，及时将廉政建设任务细化分解到党组领导班子4个成员责任、6个科室负责人责任，形成一级抓一级、层层抓落实的工作格局。加强对党风廉政建设责任制落实情况的督查，改进作风与党员干部交心谈心，年内约谈班子成员、科室负责人等20人次。

以“两学一做”学习教育和党组中心组学习为载体，年内集中学习29次，涵盖党组意识形态工作、“四个全面”战略、党章党规、“两会”精神等各个方面。开展警示教育，组织观看《永远在路上》《贪欲之害》等反腐倡廉警示片，对涉及征地拆迁领域的贪腐进行重点剖析。

开展“走基层”活动，多次到菩提街道东新村、渡舟街道胜天社区、菩提街道凤西社区走访慰问，落实精准扶贫工作和创建全国文明城区活动。帮扶凤西社区资金5万元，改善被征迁群众生活环境。

（简　勇）

公共资源交易管理

【概况】 重庆市长寿区公共资源交易中心（本分目简称区交易中心）2016年10月有参照公务员法管理人员编制18名，实际在岗14名；设主任1名、副主任2名；有正科级内设机构6个，分别是综合科、监察科、政府采购中心、政府采购服务科、工程交易服务科、产权交易科，设科级领导职数6正4副。

2016年，政府采购完成280宗，成交金额3.94亿元，节约资金0.66亿元，节资率14.4%；工程建设项目招投标完成456宗，成交金额41.56亿元，节约资金11.07亿元，节资率21.03%；国有建设用地使用权出让完成40宗，成交总价5.18亿元，溢价0.15亿元。全年增收节资11.73亿元。

【交易管理】 完善诚信体系，交易中心自2011年6月成立以后，秉承公开、公平、公正、高效、廉洁、诚信的交易准则，推动建立健全全区统一的公共资源交易诚信体系，打造一流的交易服务平台。2016年在工程招标、政府采购和土地招拍挂等交易活动中引入信用记录查询和使用，推动信用信息在社会公共领域的应用。工程建设招投标查询投标单位3700余家，在11个项目中有13家投标单位因不诚信记录被判为无效投标。

按照《国务院办公厅关于印发整合建立统一的公共资源交易平台工作方案的通知》（国办发〔2015〕63号）和《重庆市人民政府办公厅关于印发重庆市整建立统一的公共资源交易平台实施方案的通知》（渝府办发〔2015〕35号）文件要求，长寿区公共资源交易平台整合完成，长寿区政府采购中心及重庆联合产权交易所长寿支所的服务职能调整到区公共资源交易中心；区机关事务局和区公共资源交易中心已完成移交，重庆联合产权交易所长寿支所的移交正在进行中。区交易中心新交易场地正在装修中；规范交易中心服务流程和服务标准；完善公共资源交易行业监管细则。

优化交易服务，区交易中心继续坚持制度为先，以制度管人，以制度管事，实行一次性告知制、首问责任制、服务承诺制、限时办结制、责任追究制等日常管理制度。加大评标过程的管理，实行“评审与计算相分离，代理机构不进评标室”的独立评标制度；逐步推行“经评审的最低投标价法”等。

【队伍建设】 随着业务范围不断拓展和交易额日益增大，区交易中心更加强化党风廉政建设工作，把党风廉政建设作为第一要务来抓。定期进行廉政学习，加大从源头上预防和治理腐败的力度；继续推进惩防体系建设，加强党风廉政建设和反腐败工作，开展廉政风险排查，逐一落实预警防控措施。

推进“两学一做”学习教育，一是组织有序，制定《“两学一做”学习计划表》，学习内容包括《党章》《准则》《条例》《习近平总书记系列重要讲话读本（2016年版）》、上级重要会议精神、区领导重要讲话等；二是方式灵活，集中学习、自学、听党课、学习讨论会等多种学习方式，要求党员干部在学习的同时认真做好学习笔记；三是以学促干，将“两学一做”学习教育活动与公共资源交易工作有机结合，学以致用，推动公共资源交易工作再上新台阶。 （雷庆君）

工商行政管理

【概况】 重庆市工商行政管理局长寿区分局（本分目简称区分局）是主管长寿区市场监管和行政执法工作的市工商局垂直管理的行政机构，其主要职责有15项。

2016年，区分局有内设机构12个：有直属行政单位1个，社团组织1个，有派出机构11个。截至年底，全分局有人员207人，其中在职人员115人（专科学历19人，本科学历94人，研究生学历2人），退休干部92人。

2016年，区分局以“牢记三大使命、紧盯一流目标、突出五项重点”的“三一五”总体要求为纲领，服务“三地一中心”建设，落实商事制度改革，履行工商管理职能职责，取得明显成效。微企发展、企业年报、合同监管、执法办案、信用体系建设、政务信息等工作受到市局督查通报6次点名表扬；江南工商所党支部获全市先进基层党组织，江南工商所获全市工商系统“人民满意的公务员示范单位”；在2016年度全市工商系统年度考核中，区分局获得片区第二、全市第五的成绩；全年各级新闻媒体报道全区工商工作627条次，其中被市级以上媒体报道40余条次，获得社会各界好评。

【商事制度改革】 2016年，全区新设立内资市场主体8258户，比2015年增长16.72%，其中新增内资企业2800户，增长22%，超出内资市场主体近5.2个百分点，企业增长明显跑赢个体工商户增长，全区市场主体结构逐步优化；总量达到5.4万户。2016年，全区新设立外资市场主体10户，总量达到89户，注册资本总额达到58.55亿美元。工商登记和审批监管有序衔接，持续深化“先照后证”改革。严格贯彻落实《工商登记后置审批事项目录》，全年向行业主管部门抄送“先照后证”信息5194条，抄送率100%。全面实施“五证合一”改革，由“三证合一”平稳过渡为“五证合一”登记，有序实施个体工商户“两证整合”。全年办理企业“三证合一”“五证合一”营业执照1.12万份，占全区企业总数78%。将部分内资企业名称核准权限下放至所有基层工商所。持续推进网上行政审批改革，完善网上行政审批系统，所有行政许可事项在全市统一的网上行政审批系统运行，企业注册登记占全区网上行政审批业务总量的74%。贯彻落实《个体工商户简易注销登记管理暂行办法》，推行个体工商户简易注销和强制注销制度，畅通市场退出渠道，完善市场主体退出机制。

【事中事后监管】 推进年报公示工作，2016年引导帮助4.38万户市场主体报送2015年度年报，其中企业年报率为96.78%。全面加强企业经营异常名录管理，123户企业、2215户个体工商户依法列入经营异常名录和经营异常状态。开展2015年度市场主体年报公示信息“双随机”抽查，对1406户市场主体开展检查核查，依法将10户企业列入经营异常名录。开展“空壳”企业清理吊销工作，对16户投资咨询企业依法进行营业执照吊销处理；对连续两年以上未年报公示的130户企业进行第一轮现场核查，发出年报催报公告。落实市场主体开业回访制度，对2015年7月成立的企业主体，进行开业回访监督检查，检查回访率98%以上。

加强企业信用体系建设，争取区委区政府将社会信用体系建设工作纳入对区级部门的实绩考核内容，信息归集总量120万条。全年归集信息1.22万条，较2015年增长364%，呈量多面广的优良发展态势。

加大执法办案力度，全年立案查处54件，公用企业限制竞争和垄断行为专项整治成效和“双打”“打传”工作成效明显。（其余详见本分目【法治工商建设】　条目）

【注册登记】　实施商标品牌战略，全年新增注册商标350件，新申请注册商标508件。新申报重庆市著名商标5件，续展重庆市著名商标10件，新申报长寿区知名商标5件。全区有效注册商标达到3440件，其中中国驰名商标3件、中国地理标志商标3件、重庆市著名商标25件、长寿区知名商标20件，涉外商标9件。积极与国家工商总局协调，帮助指导“长寿家居”集体商标注册。

大力发展广告主体。（详见《商贸服务业》类目《广告业》分目）

建立“守合同重信用”企业两次公示机制，分两批公示区级“守重”企业14户，推荐市级“守重”企业32户，国家级“守重”企业4户，市级“守重”微型企业6户。办理动产抵押登记122件，债权数额15.7亿元。

推进“小个专”（小微企业、个体工商户、专业市场。下同）非公党建工作，开展“百堂党课进企业”，为900余名“小个专”非公组织党员上党课57堂。完成5035户个体工商户信息调查摸底及录入工作，增加14个指导的非公经济党组织，党员“三亮”85名，培育打造示范点1个。

【消费者权益保护】　加强流通领域商品质量监管，抽检商品100组，检出不合格商品33组，不合格检出率超市局要求23%，对不合格商品均做下架退市和移送查处的处理。规范处理“12315”投诉举报339件，及时分流、初查反馈、办结率均为100%。组织开展“红盾护农”、烟花爆竹、汽柴油等专项整治工作，有效规范重点领域市场秩序。加大消费维权力度，成功举办“新消费我做主”3·15系列宣传活动，发布消费警示4期，上报典型案例12件，其中1件入选为市级典型案例，消费教育引导工作受到广泛好评。与区人民法院建立联系制度，加强和巩固诉调对接工作机制。全年受理消费投诉677件，为消费者挽回经济损失472.5万元。

【微型企业发展】　（详见《非公有制经济》类目《微型企业》分目）

【法治工商建设】　落实行政执法程序，2016年核审完毕44件不正当竞争、商标侵权、产品质量、广告等行政处罚案件，提出核审意见184条；推进行政指导工作，全年开展行政指导1582次，开展行政调解168次，调解率100%；开展2016年度案件质量评查，查找问题与不足，及时反馈评查意见；组织开展行政权力清单、非行政许可的清理、填报，清理区分局2012—2016年规范性文件的实施情况以及依法行政工作情况。

强化重点领域整治。严格网络市场监管，完成建库建档网站日常检查，重点开展交易平台及团购网站格式合同条款整治、互联网金融类广告清理、2016网络市场监管等专项行动；开展供气、供水、供电、美容、网络交易平台格式条款规范整治工作，发出责令改正通知书2份，督促修改不平等条款2条；强化中介组织监督管理。继续对房地产中介组织和行政审批中介组织分别开展专项整治，与区人社局开展人力资源市场秩序整治，得到市人社局和市工商局联合表彰。

【党建和队伍建设】　“两学一做”学习教育突出学做统一、知行合一，开展市局统一部署的十个专项活动，创新开展主题论坛、行知沙龙、廉政教育、述职评议四个特色活动。编发简报45期，撰写心得体会150余篇，市局办公政务信息工作网、“两学一做”学习教育网及长寿组工、长寿区“两学一做”学习教育协调小组采用相关信息60余条。制定“责任清单”“任务清单”和“整改清单”，各级党组织对照清单真抓实抓。全分局建立完善制度6个，领导班子查找问题3个，基层党组织、党员查找问题58个，已全部整改完毕。

区分局党组认真履行从严治党主体责任，将党风廉政建设工作要求、会议精神和领导讲话纳入党组中心组学习内容专题学习，安排中心组专题学习上级党风廉政会议精神、纪律规定5次。组织全局干部职工赴长寿区警示教育基地接受警示教育，利用长寿工商微信群、长寿工商微信公众号等新载体，定期发送廉政建设相关知识、廉政信息20余条。参加市局组织的专题活动，获得党规知识竞赛优秀个人、监管岗位技能竞赛业务能手、微企发展岗位技能竞赛业务能手等奖项，其中在监管岗位技能竞赛中，区分局参赛选手获得全系统第一名。全年向市局纪检组、分局党组专题汇报党风廉政建设相关工作9次，查办违纪案件2件，组织开展各类督察24次，印发通报8期。

制订《分局2016年度干部培训计划》，开展全局干部职工信息化培训，全员通过考核。实行干部任前廉政考试制度和季度集中述职述廉制度，纪检组、监察室全程参与。2016年新提拔科级领导干部3名，晋升主任科员4名、副主任科员3名；交流调整中层干部14名，一般干部11名。完成区分局机关党委委员改选和13个支部换届工作，完成党组织关系集中排查、党内统计年报、党费补交等相关工作，完成区、市党代表等提名推荐、区人大代表换届选举工作。

【基层基础建设】 制定保密管理暂行办法，强化涉密人员和载体管理。制定公务车辆暂行管理办法，规范车改后公务车辆管理。制定企业档案管理制度，修订完善局机关档案管理制度。健全政务值班管理制度，加强区分局政务值班规范化建设。健全财务管理制度，科学预算管理、细化收支预算，提高资金使用的合理性和绩效水平。年内完成4个工商所维修及附属设施建设和分局机关外墙排危工程，完成分局系统部分房屋资产处置前的评估和渡舟工商所办公用房购置，启动办公用房装修。成功创建1个AA级、2个AAA级，4个AAAA级工商所。

（黄瀚霖）

2016年重庆市工商行政管理局长寿区分局领导人名录

局　　长：杨蕤华（女，2016年8月离任）
　　　　　黄金平（2016年8月任）
党组书记：黄金平
党组副书记：杨蕤华（女，2016年8月离任）
副 局 长：祖能武　王　平　毛大金
纪检组长：刘文革

表30　　2016年长寿区商标发展情况统计

	项　目	新增	总量	增长率
2016年	注册商标	767	3893	25.5%
	驰名商标	0	3	0
	地理标志	0	3	0
	著名商标	2	25	8%
	知名商标	6	26	25%

表31　　2016年长寿区市场主体发展情况统计

项目	市场主体总数	内资企业	外资企业	个体工商户	农民专业合作社
户数	54357	15005	89	38776	487
户数净增长率	6.08%	-12.24%	-0.25%	16.06%	117.5%
注册资本金	5437331.4782 不含外资 136623578.113256 含外资	5168750.6432 5345504.8899	4972100.980318万美元 6903260.507275万美元 （投资总额） 注册资本折万美元： 4218064.892081	198815.485 278828.62	69765.35 83627.55

续表

项目	市场主体总数	内资企业	外资企业	个体工商户	农民专业合作社
资本净增长率	102.31%	3.41%	38.8%	40.24%	19.86%

（重庆市工商行政管理局长寿区分局提供）

长寿菩提古镇游人如潮

表 32

2016 年长寿区获新认定的著名、知名商标

企业名称	商标名称	商品或服务类型	认定级别	认定机关	批准文号	认定时间
重庆坤秀门窗有限公司	坤秀	非金属门;非金属门框	重庆市著名商标	重庆市工商行政管理局	渝工商〔2017〕3 号	2017 年 1 月 26 日
重庆市佳禾家具制造有限公司	喜之缘	非金属门;非金属窗;非金属门框	重庆市著名商标	重庆市工商行政管理局	渝工商〔2017〕3 号	2017 年 1 月 26 日
重庆佐恩家具有限公司	可居佐恩	家具、办公家具	长寿区知名商标	重庆市长寿区人民政府	长寿府发〔2017〕24 号	2017 年 3 月 31 日
重庆渝发建设有限公司	渝发及图	工程、室内装饰设计、建设项目的开发	长寿区知名商标	重庆市长寿区人民政府	长寿府发〔2017〕24 号	2017 年 3 月 31 日
重庆长寿古镇文化旅游开发有限公司		商品房销售、办公室(不动产)出租、代管产业	长寿区知名商标	重庆市长寿区人民政府	长寿府发〔2017〕24 号	2017 年 3 月 31 日
重庆市盛百利防水建材有限公司	袖风及图	白色(染料或涂料),防水粉.	长寿区知名商标	重庆市长寿区人民政府	长寿府发〔2017〕24 号	2017 年 3 月 31 日
重庆久华汽车销售有限公司	久华	汽车保养和修理	长寿区知名商标	重庆市长寿区人民政府	长寿府发〔2017〕24 号	2017 年 3 月 31 日
重庆市长寿区你我他商贸有限公司		商业区迁移{提供信息}	长寿区知名商标	重庆市长寿区人民政府	长寿府发〔2017〕24 号	2017 年 3 月 31 日

安全生产监督管理

【概况】 重庆市长寿区安全生产监督管理局（重庆市长寿区煤炭工业管理局）下设6个内设机构：办公室（安全生产信息调度科）、综合安全监督管理科（工贸科、职业安全健康监督管理科）、危险化学品安全监督科、矿山安全监督科、煤矿行业管理科（宣传培训科）、煤矿安全监督科（信息调度科），核定行政编制11名，后勤服务人员事业编制1名。局属参公事业单位重庆市长寿区安全生产监察执法大队（长寿区职业卫生监督所）核定参公事业编制12名；局属全额拨款事业单位重庆市长寿区安全生产应急救援指挥中心（长寿区安全技术考试中心）核定全额拨款事业编制11名。

2016年，全区生产安全事故起数、死亡人数连续9年实现“双下降”，亿元GDP死亡率、工矿商贸企业从业人员十万人死亡率、道路交通事故万车死亡率等主要控制指标总体下降。区政府连续9年获评市政府安全生产目标考核一等奖，区安监局在2015年获评全国安全监管监察系统先进单位之后，2016年获全国安全生产月和安全生产万里行活动先进单位、全市“六五”普法先进集体及“2011—2015”年度全市安监系统先进集体。2016年，全区发生各类安全生产死亡事故27起27人，占市下达指标42人的64.3%，比2015年同期28起34人分别下降3.6%、20.6%；其中道路交通13起13人、建设施工5起5人、冶金机械等八大行业2起2人、工商贸其他7起7人。全年未发生较大及以上事故，煤矿、危险化学品、烟花爆竹、水上交通、特种设备、农机渔船等重点行业领域实现“零死亡”，安全生产形势总体平稳可控。

【机制完善】 区委、区政府将安全稳定作为经济发展基本保障线，分别部署在“两会”“两节”“五一”、汛期高温、中秋国庆、“10·31”永川事故等特殊敏感时段开展安全生产集中大检查，区委书记、区长和各分管区领导带队检查安全生产工作；区安委会每季度召开安委会例会，通报全区安全生产情况，研究安全生产工作，安排布置下阶段安全生产工作；在“10·31”永川事故后，区委区政府召开全区安全生产大排查大整治再动员再部署会议。全区各街镇、各部门按照安全生产“党政同责、一岗双责、齐抓共管、失职追责”机制要求，做到“五有”（即年初有文件、有指标和责任书、有工作行动记录、有考核办法、有奖惩并逗硬）；区级五部门（区委督查室、区政府督查室、区综治办、区监察局、区安监局）每季度对全区各街镇及行业主管部门进行督查检查，及时通报督查情况，对重大隐患，按项目管理模式实行闭环销号。2016年，区委、区政府主要领导带队检查35家生产经营单位，其余区领导带队检查250余家生产经营单位。

全区继续建立健全和施行《长寿区安全生产“党政同责、一岗双责”实施办法》等制度，落实重点企业监管，坚持施行“五查并举”（企业自查、街镇普查、行业复查、专家协查、区政府督查）等机制；形成“区级专家月排查、市级专家季排查”及“专家查隐患、企业抓整改、政府促落实”等隐患查治工作制度和推行企业“日周月”排查制度。2016年，全区有8家企业被纳入安全生产“黄名单”管理，抄送区发改委、区工商分局、区内各金融和保险机构，并在媒体予以曝光。

全区成立5个常态督查组，由区委督查室、区政府督查室、区综治办、区监察局、区安监局牵头，每季度一个督查方案和一次督查通报，区级层面不定期组织专项督查检查，规范开展明察暗访，查看安全管理制度和台账，查阅各单位“一把手”和分管业务副职的工作笔记本，抽查企业落实情况。构建区级督查—安监局综合督办—行业部门促落实—相关单位协同—隐患单位负责到底的五级责任体系，确保隐患按期整改闭环销号。

【隐患整治】 2016年，全区排查生产经营单位8300余家次，发现安全隐患23400余项，完成隐患整改23287项，责令限期整改113项；责令停产停业整顿38家，暂扣或者吊销许可证82个，提请关闭23家，约谈责任人员200余人次，拘留61人，移送司法机关15人，实施行政罚款3000余万元（含道路交通罚款2336.72万元）。

【专项整治】 道路交通，新安装防护栏47千米，整治危桥3座，整修路面20余千米；全区5789辆半牵引车全部安装并使用GPS装置，全部接入道路货运车辆公共平台；持续深化农村道路交通安全“三化六体系”建设。

水上交通，强化长江、长寿湖、大洪湖（农家乐船舶夜间行船等）水上交通安全隐患排查整治，加大执法检查力度；通航水域机动渔业船舶GPS系统安装率100%，对237台在册渔业船舶的“三证合一”全覆盖。

建筑施工，坚持以建筑施工“两防”和防坍塌为重点，集中整治各类高处施工平台、起重机械、脚手架、模板支撑体系等各环节存在的安全隐患和违规作业行为，严厉查处工程项目违法分包、转包和以包代管等违法违规行为，效果显著。持续开展建筑施工安全生产标准化考评，对全区范围内的建筑施工项目100%进行安全生产标准化考评。

消防，全区新建市政消火栓250处，重大火灾隐患挂牌督办率、按期整改率100%，区域性火灾隐患整治顺利完成，消防“四个能力”建设不断提升，完成53栋老旧居住建筑消防设施改造。

煤矿和非煤矿山，全区所有煤矿已全部安全关闭、封闭井口并通过市级验收。全区非煤矿山企业安全生产基础信息和监管监察执法信息的采集、录入、更新、维护工作规范合格率100%。

危险化学品和烟花爆竹，持续全面开展危化品和烟花爆竹打非治违工作，完成危险化学品安全生产重点县的各项安全生产攻坚工作，保持危险化学品行业安全生产8年“零死亡”的成绩，全区民爆销售企业年检率、标准化达标巩固率、安全监控率三项指标均为100%。

其他重点行业领域，全区39台校车均安装GPS，安装率100%；创建完成“平安农机”示范镇街2个、示范村（居）10个；对挂外省籍拖拉机牌照的车辆统计清查率90%；完成城镇燃气管道安全隐患挂牌整治7处；辖区旅行社全部投保责任险；持续开展“打非治违”专项行动，严防各类事故发生。

【安全标准化建设】 2016年，全区工贸企业标准化创建及复评34家，工贸行业安全技术服务体系示范样板企业建成12家；完成危险化学品从业单位标准化复评13家，危化品从业单位标准化“回头看”任务抽查率和整改率均达到100%，完成重庆市烟花爆竹集团渝长有限公司标准化复审工作；特种设备领域，全区30台以上电梯使用单位特种设备安全标准化管理全部达到B级以上；建筑施工项目安全生产标准化考评率100%，重大项目建设现场实现视频监控全过程全覆盖。

【执法标准化建设】 全面开展安全生产执法“三部曲”工作，做到“三有”：检查有专家、执法有处罚、整改有结果；全区安全生产事前预防行政执法处罚额占处罚总数比例在50%以上，安全生产专项资金较2015年同期增长10%以上，全区安全监管能力建设年度任务完成，推动凤城街道、长寿湖镇安监办监管能力建设创建并达标；编制发布全区安全生产“十三五”规划，调查处理安全生产事故18起，部分已结案，未出现行政复议或行政诉讼情况；应急管理、应急指挥、战斗救援“三支队伍”建设任务完成。

【宣传教育】 在区内主流媒体常态开设专版、专栏，及时宣传报道安全生产专项整治进展情况及曝光安全生产违法行为。成功举办第八届安全生产“渝州行”走进长寿活动；组建区安全生产宣讲队，在部门、镇街开展专题宣讲31次，受众10万余人次；开通区安全知识网络竞赛平台，按季度评奖，每次上千人参与答题，印制安全生产宣传年历3万余份，发放街镇群众。

2016年，长寿区健全完善安全技术考试理论考点和实操场地建设。组织16名安全监管执法人员赴市培训中心参加安全监管执法资格培训；请市、区专家为区安委会重点成员单位分管领导、科室负责人，镇街分管领导和安监办全体人员，全区危化品企业、工贸企业、非煤矿山等企业主要负责人400余人，开展《重庆市安全生产条例》、行政执法规范和企业落实安全主体责任宣传教育；组织安全培训考试，培训非煤矿山、危险化学品、烟花爆竹企业主要负责人850人次，安全管理人员1599人次，特种作业人员765人次。全区规模以上生产经营单位主要经营管理者、特种作业人员的培训率、持证率100%。

【应急值守】 全区建立危险化学品事故、矿山抢险等10支专业应急救援队伍，成立医疗、通信、电力等11支应急保障队，开通安全生产手机短信平台，每逢重要时段及恶劣天气前，及时发布安全生产预警信息，提醒各生产经营建设单位做好防范。全区所有镇街完成综合应急预案编制，陆续编制各个单项应急预案，健全应急预案体系。在重要时段，各镇街和行业主管部门坚持领导在岗带班，保证三分之二以上的值守人员参与现场安全执

法检查，确保全区安全稳定。　（敖　伟）

表33　2016年长寿区安全事故统计

事故类型	起数（起）	死亡（人）	其中：较大事故	
			起数（起）	死亡（人）
总　计	27	27	–	–
煤矿	–	–	–	–
非煤矿山	–	–	–	–
建筑施工	5	5	–	–
危险化学品	–	–	–	–
烟花爆竹	–	–	–	–
工商贸其他	7	7	–	–
火　灾	–	–	–	–
道路交通	13	13	–	–
水上交通	–	–	–	–
铁路运输	–	–	–	–
农业机械	–	–	–	–
渔业船舶	–	–	–	–
冶金机械等八大行业	2	2	–	–

（重庆市长寿区安全生产监督管理局提供）

价格管理

【概况】　全区价格管理工作由区发改委负责，由成本调查科、价格收费科、物价检查所、价格认证中心4个科室负责。主要职责11项：贯彻执行国家、市价格法律、法规和方针、政策；按照价格管理权限，制定政府定价和政府指导价；引导、协调已放开商品和服务价格；管理全区行政事业性收费，开展行政事业性收费年审工作；组织实施商品明码标价和收费公示制度；负责全区价格监测及价格信息发布；受理价格咨询、价格举报投诉，处理价格争议，协调解决价格、收费矛盾纠纷；负责全区价格监督检查工作，依法查处价格、收费违法行为；负责对价格认证机构的监督管理及本行政区域内刑事犯罪、行政处罚、行政诉讼、国家赔偿和法律援助案件的涉案物品的价格认证工作；组织开展价格成本监审、调查工作；组织、指导社会监督、舆论监督，指导行业组织的价格工作。

【价格监测】　完成全区居民消费价格常规采价工作，搞好月度市场价格动态及居民消费价格动态分析，地产工业品出厂价格监测、药品价格监测、煤炭价格监测、旅馆客房价格信息采集发布等工作常态化。开展劳动力价格监测培训工作会，完成全区劳动力市场价格及食盐价格监测布点。启动价格监测应急预案，密切关注年内异常气候条件下居民消费品市场价格变动情况。

【价格改革】　贯彻实施《重庆市定价目录》，牵头拟定全区阶梯水气价实施细则，发布居民生活阶梯水价气价制度、城区自来水价格调整及建立特种行业用水价格制度、农村客运价格调整通报、完成全区公共租赁住房租金标准调整，做好政策宣传引导工作。配合做好价格市场化程度调查测算及国家发改委实地调研一季度价格形势座谈会。开展景区门票价格行为专项清理，完成景区门票价格行为专项整治情况上报。印发《长寿经济技术开发区煤汽联动价格机制管理办法的通知》，协调经开区蒸汽价格矛盾。调研天然气输配价格情况，上报全区天然气输配价格监管工作情况报告。拟草上报《长寿区贯彻落实推进价格机制改革意见》《关于转发停止执行居民住宅小区供配电设施建设管理办法的通知》。核定长寿湖西岸景区观光车单程票价及长寿湖高铁站至长寿湖汽车客运票价。

【收费管理】　按照全市统一部署，公告发布《重庆市2015年行政事业性收费目录清单》《重庆市2015年涉企行政事业性收费目录清单》《重庆市政府定价的涉企经营服务收费目录清单》《重庆市物价局关于公布〈重庆市政府定价的涉企行政审批前置服务收费目录清单〉的通知》等，及时转发全市取消、减免、降低、暂停行政事业性收费文件。开展2015年度行政事业性收费清理自查，完成2015年度行政事业性收费报告工作。会同区教委开展全区部分幼儿园等级评定工作。参加八颗片区工业污水处理费征收协调会，完成城区供水企业水资源费征收信访咨询件回复。配合协助做好涉企收费专项检查相关数据统计、人大代表渝长高速降费建议办理意见等工作。完成全区工业用电大户基本电价执行情况调查上报和全区涉企收费政策落实情况督查上报工作。

【价格监督检查】　开展农村客运票价收费专项检查，对农村营运客车进行突击现场检查，发现存在价格违法行为11起，其中作出警告的行政处罚6起，作出罚款的行政处罚5起，罚款14000元。开展酒店价格行为专项检查，对区内各经营酒店宾馆进行拉网式检查，发放《长寿区发改委关于规范酒店业价格行为提醒书》，进行指导和政策提醒。开展药品零售终端价格行为专项检查，对新取得营业执照的药品零售终端，逐一检查，对申请或已取得医保结算资格的药品零售终端，严格把关，实地抽检。开展公共事业费代收站点价格行为的专项检查，重点检查是否以提供公共事业代收费服务为由向消费者收取手续费、实施价格欺诈等价格违法行为。开展景区门票价格收费专项检查，对全区景区门票价格行为进行专项检查，检查发现部分景区价格公示牌不规范、优惠政策公示内容不全、本地与外地游客设置不同门票价格等情况，责令相关管理单位按照规定立即进行整改。开展食盐价格行为的专项检查，对城区、乡镇的多家超市、食盐经营户进行检查；检查人员向超市及食盐经营户解释食盐专卖的相关政策，给商户下发《关于严格执行食盐价格政策的提醒告诫书》，要求各经营户必须按照政府规定价格销售食盐。开展涉企收费专项检查工作，对区人力社保局、区国资委、区质监局、区气象局及其部分下属单位、相关协会和关联性中介机构的价格行为进行专项检查；各被检单位较好地执行涉企收费的停征、免征、取消相关政策，但还存在收费公示不全或未进行收费公示等行为，检查人员及时进行告诫，责令限期整改，规范收费公示行为。开展涉农收费专项检查工作，对区农委、区城乡建委、区水务局、重庆广电长寿分公司及其部分下属单位、相关协会和关联性中介机构的价格行为进行专项检查；全区各涉农收费部门涉农收费政策执行情况总体较好，但也存在不执行收费公示制度、收费票据使用不规范等问题；检查人员及时提出进行告诫，责令限期整改，规范收费行为。开展世界旅游城市联合大会暨2016重庆香山旅游峰会期间市场价格监管工作，对各景区的门票、停车场及景区周边旅游相关行业进行了全覆盖检查。开展药事服务费收取专项检查，先后对长寿区中医院、长寿区第三人民医院（晏家）、长寿区人民医院药事服务费收取执行情况进行专项检查。开展药品价格专项检查，主动帮助各被查单位正确理解现有的药品价格政策，引导经营者自觉维护药品价格秩序。开展教育收费专项检查，对全区范围内的高中、中小学校自2015年秋季至2016年的教育收费情况进行专项检查。开展天然气输配企业收费专项检查，有效整顿天然气输配企业收费不规范和乱收费行为。开展机动车停放和物业收费专项检查工作，解决群众关注的停车、物业乱收费问题。开展商品房销售明码标价专项检查，联合区国土房管局召集区内在建在售26家房地产企业召开商品房销售明码标价提醒告诫会有效地指导、规范全区房地产开发销售企业的明码标价行为，提高商品房交易价格透明度。在“春节”“清明”“五一”“端午”“中秋”“国庆”等节假日期间，到城区超市商场、农贸市场和长寿湖风景旅游区、古镇、车站等群众集中消费的地方现场检查，向经营业主者及行业组织发放《关于严格遵守价格法律法规和政策的提醒告诫函》600余份，提醒告诫经营者要严格遵守价格及收费的法律法规和政策，自觉加强价格自律，规范其自身的价格行为。开展“315”消费者权益日价格宣传活动，以“新消费，我做主”为主题的消费者权益保护宣传活动；接受广大消费者的价格咨询和举报，活动中工作人员现场讲解水、电、气及农村客运等价格政策，介绍价格欺诈现象以及消费者如何维权等常识，在现场向消费者发放《零售商业价格行为规范手册》《价格违法行为行政处罚规定》等相关价格法律法规政策宣传资料300余份，接待群众价格咨询20余人次。2016年全年受理价格举报、投诉、咨询件192件（其中12358价格举报管理信息系统139件，群众来电来人投诉29件，市政府信箱交办件、区政府信箱交办件、阳光重庆交办件24件），办结率100%，做到“事事有着落，件件有回音”。

【价格服务】 2016年完成刑事案件涉案物品价格鉴证155件，标的金额392.21万元；完成道路交通事故车物损失价值鉴证1件，标的金额5万元；完成有价格争议的存量房应税价格认定9件，标的金额2932.52万元；实地核查方式直接解决的价格争议7件；完成二手房交易涉税价格认证5554件，增加契税收入2019万元。

【成本监审及调查】 全年完成农业成本调查任务13项，其中直报调查任务3项，常规调查任务4项，预测分析任务2项，专项调查任务3项，特色农产品调查任务1项。涉及2大类9种农产品，上报农业成本及效益调查报告8篇，预测分析报告2篇，专项调查报告3篇。完成葛兰、长寿湖等2座自来水厂的成本监审。完成全区8家物业单位的物业服务成本调查工作，调查物业面积119万平方米，调查成本1600余万元。开展“小水电成本调查”和“无偿移交电力资产情况调查”工作，其中清理电力移交资产4.4亿元，涉及单位26家。

以公用事业价格、公益性服务价格和自然垄断经营的商品价格为重点，开展城区及部分街镇自来水价格、二次供水安装收费、城区城镇居民阶梯水价、居民阶梯气价、公共交通客运价格、物业服务收费等成本监审调查工作，较好地理顺部分行业的价费矛盾。保质保量开展农产品成本调查工作，全年完成农产品成本调查任务15项（其中专项调查3项、预测调查2项、直报调查3项、常规调查6项、特色农产品调查1项），开展农产品收购价格调查12次，完成调查分析材料15篇，为政府价格决策提供依据。（王瀚立）

附：

2016年长寿区物价运行情况

2016年，长寿区居民消费品市场总体回暖，大部分消费品价格温和上涨，整个居民消费品市场呈稳中向好态势。

一、居民消费品运行情况

（一）粮油类价格小幅下降

1. 粮食类综合销售均价3.15元/500克，比2015年下降1.2%。其中绿豆、东北大米、标准面粉全年销售均价分别为6.24元/500克、2.65元/500克、2.04元/500克，分别下降2.3%、1.4%、4.3%。

2. 散装食用油类综合销售均价为5.55元/500克，同比持平；桶装食用油综合销售均价为78.3元/5升，下降0.3%。其中大豆调和油本年销售均价为60元/5升，下降4.6%。

（二）肉禽蛋类价格以涨为主

1. 肉类综合销售均价为26.1元/500克，比2015年上涨4.8%。其中猪肉综合销售均价别为15.1元/500克，上涨13.4%；牛羊肉综合销售均价为35元/500克，下降6.7%。

2. 禽类综合销售均价为15.6元/500克，上涨8.2%。其中鸡场白条鸡、活土鸡综合销售均价分别为11.9元/500克、19.2元/500克，分别上涨9%、7.7%。

3. 鸡蛋综合销售均价为8.83元/500克，下降3.5%。其中土鸡蛋、鸡场蛋综合销售均价分别为13.3元/500克、4.4元/500克，分别下降2.6%、6.2%。

（三）水产类价格总体上扬

全年水产品综合销售均价为19.2元/500克，比2015年上涨2.8%。其中海鲜类综合销售均价为34.6元/500克，上涨3.7%；淡水产品综合销售均价为7.7元/500克，同比持平。海产品中基围虾、大黄鱼、带鱼综合销售均价分别为62.2元/500克、22.6元/500克、18.9元/500克，分别上涨1.1%、1.4%、16.9%；淡水产品中白鲢、鲫鱼、草鱼分别上涨2.8%、0.4%、2.2%，花鲢下降3.6%。

（四）蔬菜类价格持续上涨

纳入监测的21种蔬菜价格比2015年18升3降，综合销售均价为3.4元/500克，上涨15.1%。其中芹菜、白菜、大蒜、洋葱、莴笋、萝卜等价格涨幅较为明显。

（五）水果价格明显下跌

主要水果综合销售均价为3.3元/500克，比2015年下降15.5%。其中苹果、香蕉、梨子销售均价分别为5.7元/500克、2.95元/500克、2.9元/500克，分别下降18.2%、6.8%、26.9%；西瓜销售均价为1.71元/500克，上涨6.9%。

（六）农副产品收购价格以降为主

粮食综合收购均价为2.5元/公斤，比2015年下降4.4%。其中玉米、小麦收购均价分别为2.2元/公斤、2.5元/公斤，分别下降11.8%、3.5%；水稻收购均价为2.75元/公斤，上涨1.5%。生猪收购均价为18.8元/公斤，上涨24.9%；仔猪收购均价为32.7元/公斤，上涨71.9%。鸡蛋收购均价为6.6元/公斤，下降11.1%。

（七）农资类价格整体下滑

饲料综合销售均价为2.3元/公斤，比2015年下降4%。其中豆粕上涨2%，麦麸下降14.6%。化肥综合销售均价为1.49/公斤，下降1.9%。其中低浓度复合肥、高浓度复合肥、过磷酸钙价格分别下降2.1%、1.1%、0.6%。

（八）日用品价格回暖

黄金销售均价为336.7元/克，比2015年上涨12.2%。高档白酒销售均价为885.2元/瓶，上涨3.3%。其中茅台、五粮液价格分别上涨3.5%、3.1%。奶粉综合销售均价为71.3元/盒，上涨0.8%。其中国产奶粉价格下降2.7%，进口奶粉价格下降0.6%。（王瀚立）

表34　　2016年长寿区主要产品市场价格监测情况

名称	规格等级	单位	2016年均价（元）	2015年均价（元）	同比
1. 粮油、副食品类					
黄豆	标准品（三等）	元/500克	3.87	3.90	-0.8%
绿豆	一级	元/500克	6.24	6.39	-2.3%
大米	地产大米	元/500克	2.09	2.00	4.5%
大米	东北大米	元/500克	2.65	2.69	-1.5%
面粉	特一级	元/500克	2.18	2.22	-1.8%
面粉	标准粉	元/500克	2.04	2.13	-4.2%
玉米粉	精制玉米粉	元/500克	2.98	2.98	0.0%
菜籽油	一级散装（红蜻蜓）	元/500克	6.50	6.50	0.0%
大豆油	一级散装（红蜻蜓）	元/500克	4.60	4.60	0.0%
菜籽油	一级桶装（AE金龙鱼）	元/5升	69.85	69.81	0.1%
大豆油	桶装一级压榨	元/5升	51.55	51.90	-0.7%
食用调和油	一级桶装（金龙鱼）	元/5升	72.54	72.89	-0.5%
花生油	一级桶装（压榨鲁花）	元/5升	149.68	147.12	1.7%
菜籽色拉油	一级桶装（红蜻蜓）	元/5升	66.42	66.60	-0.3%
大豆调和油	一级桶装（红蜻蜓）	元/5升	59.99	62.90	-4.6%
2. 肉禽蛋类					
鲜猪肉	精瘦肉	元/500克	16.10	14.33	12.4%
鲜猪肉	三线肉	元/500克	14.11	12.05	17.1%
鲜猪肉	去骨后腿	元/500克	12.68	10.75	18.0%
鲜猪肉	纤排骨	元/500克	17.31	15.94	8.6%
鲜牛肉	腱子肉	元/500克	45.80	52.47	-12.7%
鲜牛肉	牛腩	元/500克	34.11	32.72	4.2%
鲜牛肉	新鲜去骨	元/500克	35.80	33.80	5.9%
鲜羊肉	新鲜带骨（10-4）	元/500克	30.88	34.80	-11.3%
鲜羊肉	新鲜去骨	元/500克	28.36	33.80	-16.1%
鸡场鸡鸡肉	白条鸡上等	元/500克	11.86	10.88	9.0%
鸡	活土鸡	元/500克	19.23	17.86	7.7%
鸡蛋	新鲜完整、土鸡蛋	元/500克	13.26	13.61	-2.6%
鸡蛋	新鲜完整、鸡场蛋	元/500克	4.40	4.69	-6.2%

续表

名称	规格等级	单位	2016 年均价（元）	2015 年均价（元）	同比
3. 水产品					
大黄鱼	冻 500 克左右一条	元/500 克	22.61	22.30	1.4%
海虾（基围虾）	冻体长 10cm 左右	元/500 克	62.24	61.58	1.1%
带鱼	冻 250 克左右	元/500 克	18.86	16.14	16.9%
白鲢	活体 1500 克左右	元/500 克	4.45	4.33	2.8%
草鱼	活 750 克左右	元/500 克	8.34	8.16	2.2%
鲫鱼	活 750 克左右	元/500 克	9.10	9.06	0.4%
花鲢鱼	活 750 克左右	元/500 克	8.73	9.06	-3.6%
4. 蔬菜类、水果					
芹菜	新鲜一级	元/500 克	4.24	3.60	17.8%
大白菜	新鲜一级	元/500 克	1.94	1.64	18.3%
瓢儿白	新鲜一级	元/500 克	3.11	2.57	21.0%
黄瓜	新鲜一级	元/500 克	2.91	2.88	1.0%
白萝卜	新鲜一级	元/500 克	1.35	1.09	23.9%
茄子	新鲜一级	元/500 克	3.44	3.02	13.9%
西红柿	新鲜一级	元/500 克	2.92	2.96	-1.4%
四季豆	新鲜一级	元/500 克	4.19	3.94	6.3%
土豆	新鲜一级	元/500 克	2.21	2.01	10.0%
胡萝卜	新鲜一级	元/500 克	2.83	2.33	21.5%
青椒	新鲜一级	元/500 克	3.26	3.08	5.8%
尖椒	新鲜一级	元/500 克	3.93	4.10	-4.1%
莲白	新鲜一级	元/500 克	1.70	1.30	30.8%
蒜薹	新鲜一级	元/500 克	5.42	4.69	15.6%
韭菜	新鲜一级	元/500 克	3.97	3.47	14.4%
莴笋	新鲜一级	元/500 克	3.46	2.64	31.1%
冬瓜	新鲜一级	元/500 克	1.90	1.67	13.8%
花菜	新鲜一级	元/500 克	3.32	2.69	23.4%
洋葱	新鲜一级	元/500 克	2.68	2.06	30.1%
大蒜	新鲜一级	元/500 克	7.64	4.26	79.3%
生姜	新鲜一级	元/500 克	5.18	6.19	-16.3%
苹果	新鲜一级	元/500 克	5.71	6.98	-18.2%
香蕉	国产一级	元/500 克	2.95	3.17	-6.9%
梨	新鲜一级	元/500 克	2.87	3.93	-27.0%
西瓜	国产一级	元/500 克	1.71	1.60	6.9%
5. 农副产品收购类					
玉米		元/公斤	2.16	2.45	-11.8%
稻谷		元/公斤	2.75	2.71	1.5%

续表

名称	规格等级	单位	2016 年均价（元）	2015 年均价（元）	同比
小麦		元/公斤	2.53	2.62	-3.4%
生猪	中等	元/50 公斤	942.20	754.42	24.9%
鸡蛋	新鲜完整	元/50 公斤	330.42	371.50	-11.1%
6. 农资类					
仔猪	20-30 公斤左右	元/500 克	16.33	9.50	71.9%
豆粕	国产	元/公斤	3.12	3.06	2.0%
麦麸	国产	元/公斤	1.53	1.79	-14.5%
尿素		元/公斤	1.98	2.06	-3.9%
碳铵		元/公斤	0.79	0.78	1.3%
低浓度复合肥		元/公斤	1.37	1.40	-2.1%
高浓度复合肥		元/公斤	2.77	2.80	-1.1%
过磷酸钙		元/公斤	0.57	0.57	0.0%
7. 日用品					
黄金饰品	纯金 24K	元/克	336.69	300.17	12.2%
白酒	飞天茅台（53 度 500ml）	元/瓶	1020.78	986.44	3.5%
白酒	五粮液（52 度 500ml）	元/瓶	749.64	727.28	3.1%
高档白酒			885.21	856.86	3.3%
奶粉	国产三段幼儿配方牛奶粉盒装 400 克	元/盒	68.56	66.77	2.7%
奶粉	进口三段幼儿配方牛奶粉盒装 401 克	元/盒	74.08	74.54	-0.6%

说明：近年来随着工业品价格低位下行，及重钢、长化、三灵化肥等地产工业品企业转型调整，长寿区工业品监测品种大幅减少，缺少分析对比数据。2016 年末，长寿区发改委进行工业品价格监测品种调整，从新选择工业品，故 2016 年度工业品价格未写入当年年鉴

（重庆市长寿区发展和改革委员会提供）

劳动管理

【劳动关系规范】 一是开展区国有企业负责人薪酬制度改革工作，成立区国企薪改工作领导小组，办公室设在区人力社保局。2016 年 2 月至 4 月先后三次摸底，进行两地调研，第一时间完成薪酬数据的全部测算，形成改革实施意见送审稿；历经与区管国有企业、区改革工作领导小组、市国企薪改办近 20 次会议，反复修改、数易其稿，形成正式实施意见，7 月 20 日正式报送市国企薪改办；9 月根据市国企薪改办的修改意见，将修改稿再次报送市国企薪改办；12 月 20 日经市国企薪改领导小组的批复，《实施意见》正式通过审核同意印发实施。二是开展国有企业工资总额宏观调控。以工资总额宏观调控和企业负责人薪酬制度为重点，区人力社保局完成起草《长寿区区属国有重点企业薪酬管理办法（讨论稿）》并报送至区国资委，促进区属国有重点企业薪酬制度的完善。三是完成 2015 年企业薪酬调查，从企业规模、企业从业人员平均人数、企业职工工资总额、人均工资、企业负责人薪酬等方面对全年薪酬进行全面调查统计。

2016年全区有52家企业被确定为抽样样本，区人力社保局提前保质保量地完成薪酬调查工作。四是指导企业完善用工备案制度，以“舆论先行、政策引导、管理推动”为工作思路，以规范劳动关系为重点，不断完善劳动用工备案制度。全区有449户企业订立集体合同和工资集体协商合同；对10家企业报送的集体合同和工资集体协商合同进行审查备案登记，指导和督促200余家企业完善用工备案，涉及职工30000余人。五是开展劳务派遣行政许可审批工作。从2016年起，对劳务派遣行政许可全面实行网上审批，做到公平公正，保证行政许可的公信力及透明度。全区有19家企业经营劳务派遣业务，对到期的6家企业办理劳务派遣行政许可延续。六是严格特殊工时制度审批，经过严格审查、网上审批，2016年有76家企业通过特殊工时制审批，审批通过率为85%；对未按劳动保障法律法规严格执行工作时间以及相关制度的企业提出整改意见，保障劳动者的合法权益。七是加强劳动保障法制宣传，“三月普法月”活动在广场、商圈、车站等人流聚集地，发放普法卡片、设置法治宣传台，普及劳动合同法、就业促进法、劳动争议调解仲裁法、社会保险法等法律法规。开展“四法两条例”集中宣传日活动，以“深化法治宣传教育，全面推进法治人社建设”为主题，向群众深入宣讲“四法两条例”（社会保险法、就业促进法、劳动争议调解仲裁法、劳动合同法，劳动合同法实施条例、工伤保险条例）等相关知识；到80家企业开展“法律进企业”活动。八是开展和谐劳动关系企业创建工作，2016年，长寿区有小康动力、环松科技等4家企业成功申报重庆市AAA级劳动关系和谐企业，重庆长寿西南水泥有限公司等6家企业被评定为和谐劳动关系AA级企业。九是加强行政复议及行政应诉工作，严格规范依法受理行政复议案件，履行行政应诉职责，行政负责人出庭应诉，组织庭审旁听，提升依法行政能力。推进重庆市人力资源社会保障行政复议和应诉信息管理系统应用，加强行政复议应诉信息化管理，提高行政复议应诉工作效率。2016年区人力社保局行政应诉36件，其中35件维持，1件撤销；行政复议6件，均为维持。十是规范行政执法，强化法治监督。开展“双随机一公开”工作，准确及时梳理随机抽查事项清单，建立检查对象名录，及时更新完善执法检查人员名录库；制定出台《长寿区人力资源和社会保障局“双随机一公开”实施细则（暂行）》，确保工作落到实处。在区人力社保局全局范围内开展行政执法专项排查整治工作，梳理建立问题清单，逐一分析原因，研究制定行政执法专项排查整治的整改工作方案，提高行政执法人员法治意识和依法行政能力。

【劳动保障监察】 2016年以保障农民工工资支付为重点，开展专项检查，落实“两金三制”（民工工资保证金、应急周转金，民工实名制管理制度、银行代发民工工资制度、民工工资专用账户管理制度），强化日常监管，及时处置各类投诉案件，规范用人单位用工行为，实现民工工资无拖欠的目标任务。全年受理各类案件（含交办件）34件，比2015年下降73.85%，结案率100%。加大巡查力度，重点开展清理整顿人力资源秩序、遵守劳动用工和社会保险法律法规、民工工资支付情况等专项检查，巡查检查企业548户，涉及劳动者5.9266万人。其中，区人力社保局联合区城乡建委、公安、总工会等部门开展3次工资支付专项检查，检查在建项目企业410户（次），督促兑现民工工资18430万元万元（比2015年下降39.79%），涉及民工9720人（下降15.92%）。及时处置突发情况，协调相关单位处理因拖欠工程款、民工工资纠纷引发的群体事件32件62批次，督促兑现民工工资5634万元，涉及民工2784人，全年未发生因工资拖欠引发的重大群体性事件。加强劳动保障“两网化”建设，建立健全网络化、网格化工作制度，完善劳动监察机构信息和人员信息。以“金保工程”二期为依托，将全区划分为7个三级网格，录入企业信息，接通网络，实现网上办案。加强制度建设，健全清欠长效机制，区政府办印发《关于全面治理拖欠民工工资问题的通知》《长寿区治理拖欠民工工资问题工作联席会议制度》《关于进一步做好保障农民工工资支付工作的通知》《长寿区治理拖欠民工工资问题工作方案》等文件，明确各街镇、行业主管部门（含经开区）以及政府各投资平台公司的工作职责、工作要求，细化民工工资支付管理工作流程，健全工资拖欠治理工作长效机制。为全面落实“两金三制”，组织4期民工工资支付管理培训，全区19个街镇、18个行业主管部门、8个政府投资平台公司分管领导及经办负责人和建筑、市政、交通、水利、国土等135个建设领域在建项目建设单位、施工单位负责人及劳资管理人员500余人参加培训。

【劳动人事仲裁】 全年收到劳动人事争议仲裁申请1482件，其中立案受理1250件，不予受理232件。立案受理案件中结案1219件，结案率96.44%；调解结案628件，企业调解组织调解430件，调解率64.16%；裁决结案443件，其中终局裁决153件，终局裁决率34.54%，维护群众利益2575万余元。创新调解方法，将调解贯穿办案件的全过程，利用多种调解方法，平稳化解矛盾，全年无一件因仲裁引发的信访案件。加强交流互鉴，提高办案水平，与市仲裁处、市仲裁院及其他区县沟通交流，共同探讨劳动争议疑难问题，建立劳动争议处理调裁审衔接机制，由专人负责与法院对接，定期开展交流讨论会，就法律分歧达成一致，共建调裁诉“三位一体”的劳动争议处理工作机制，力促劳动争议的快调、快裁、快结，为多元化解决劳动纠纷提供新思路。完善仲裁制度，规范仲裁工作，制定突访、急访等事件应急预案，建立重点案件、典型案件跟踪制度、完善新进工作人员业务培训考核办法、义务监督员管理办法、执业纪律规定等，确保仲裁工作制度化规范化，实现“人管人向制度管人、制度管人向自我约束”的转变。加强队伍建设，区仲裁院院有2人参加人社部组织的培训，由市人社局组织到深圳市仲裁院、浙江大学交流学习，加深对仲裁知识的理解。结合“两学一做”学习教育开展警示教育，强化监督，借助调解仲裁管理信息系统，深化仲裁公开，打造阳光仲裁工程。受市人力社保局委托，区劳动人事仲裁院代为起草全市劳动人事争议仲裁立案工作规则，受到好评。加强仲裁院标准化建设，仲裁院由石佛寺搬迁到望江路57号原社保局办公楼办公，按照标准化仲裁庭标准设置仲裁庭和办公场所。推动示范调解组织建设，为实现案前调解案后分流，形成“预防为主、基层为主、调解为主”的劳动争议处理格局，在长寿经开区建立示范性基层调解委员会，选择三家大中型企业劳动争议调解委员会作为示范调解组织，以点带面推进调解专业化、规范化，发挥调解组织作用，把矛盾化解在基层，将纠纷消灭在萌芽状态。 （雷福中）

质量技术监督管理

【概况】 2016年，重庆市长寿区质量技术监督局（简称区质监局）有人员编制23个，班子成员4人，临聘人员5人。下设5个职能科室，分别为办公室（法制科）、质量科（标准化管理科）、计量科（认证认可监督管理科）、执法大队、特监科。承担长寿辖区产品质量、计量、标准化、认证认可、特种设备和食品相关产品安全监管职能。

【质监服务】 一是助推供给侧改革，服务区域经济发展，主动对接区级相关部门，联合区经信委、统计局等部门召开重点工业产品质量提升会议，选定建筑装饰材料、家具等6类产品开展消费品质量提升行动，全程跟踪质量；按照创新驱动要求，献计献策，推动长寿家居门业由传统产品向个性化、智能化转变，年底前已成立“长寿家居门业”行业协会，正策划研究制定联盟标准。二是帮助企业提质，深入实施质量强区和标准化战略，加强品牌培育。2016年21个产品申报重庆名牌、1家企业申报市长质量管理奖，年底前获评重庆名牌产品9个；继续开展企业产品标准备案自我声明公开，已公开声明57项产品标准，备案企业产品标准19项，指导企业制（修）订国家标准1项；协调长寿经开区质监服务站完善功能，服务站自运行开始已检测安全阀15100多只，增加服务站接件、报告领取功能；及时协调市考试中心到长寿举办各类特种设备培训班7期，全年培训发证311人，帮助企业节省成本34万元。三是推进“放、管、服”工作，严格网络审批，优化程序，提高效率。2016年新办理移动式压力容器充装单位资格许可1个、受理资格换证许可4个；受理食品相关产品新办、变更、换证申请7个产品。

【质量安全监管】 一是深化产品质量分类监管，依据企业产品质量风险等级和履行主体责任能力情况对获证企业进行分类监管，年底前长寿有A类企业17家、B类企业21家。二是推行特种设备标准化管理，在拥有30台及以上在用特种设备或重点监控设备使用单位，进行安全生产主体责任标准化管理，评定A类企业15家、B类企业42家、C类企业1家；实施网格化和专业化相结合监管方式，将特种设备安全责任落实到每个科室，全年排查整改一般安全隐患155个、重大安全隐患51个，没有发生一起特种设备安全责任事故。强化部门联动，定期召开特种设备联席会议，集体研究解决问题，联合区安监局等部门多次开展特种设备安全检查。三是落实煤矿强检计量器具安全主体责任，对区内2家煤矿在用强检计量器具进行检查。四是强化机动车安检机构安全监管，定期和不定期抽查，督促安检机构规范检验。五是加强食品相关产品监管，严格现场巡查，责令4家企业整改相关问题。六是开展“三大战役”和“三大专项整治”，开展油气输送管道隐患整治，督促区内6家油气输送管道使用单位完善台账，494.6千米管道完成定期检验；开展燃煤锅炉节能减排攻坚战，完成全区10吨以上燃煤锅炉能耗测试；开展电梯安全监管攻坚战“回头看”工作，严厉打击电梯违法违规行为，破解安置房电梯监管难题；2016年排查整改电梯隐患74个，立案查处16件；开展特种设备“三大专项整治”行动，整改起重机安全隐患20个、危化品特种设备安全隐患13个。

【技术提升】 实施技术指导服务，帮扶川维等7家企业建立能源计量管理制度。强化应急救援体系建设，修订完善《长寿区特种设备事故灾难应急救援预案》，区质监局联合区安监局等部门开展电梯应急救援演练，提供应急救援指导服务和技术支持，提升应急救援管理水平。完善特种设备风险信息管理和信息化管理平台建设，清理飘红数据2701条，录入特种设备风险信息182条。开展专家技术支持活动，邀请市质监局专家到环松公司等企业帮助导入卓越绩效模式，指导完善市长质量管理奖申报资料；针对家居门业质量突出问题，邀请技术专家问诊把脉，召开质量分析会议，提出整改措施。

【质监民生】 继续实施“基层医用计量器具免费检定”民生实事项目，全年检定医用计量器具988件，引导基层医疗机构诚信计量。贯彻落实民生计量“双十工程”，严厉打击计量欺诈行为，督促检定576台件计价秤、170台加油（气）机、362台出租车计价器，查处计量案件13个。开展认证“双提升”行动，落实认证主体责任。加强法治质监建设，开展法治宣传，制定落实执法打假责任制，严格执法打假，2016年立案70件，未发生一起行政复议或诉讼案件。

【队伍建设】 完善管理制度，对制度进行修订归类，提升制度操作性和实用性。巩固精益管理成果，严格落实四个规范，定期对精益管理进行督查，开展精益管理培训，确保精益管理各项要求落实到人、到岗。完善财务制度，规范财务管理，坚持分管领导一支笔审签、大额经费集体研究制度，每季度向职工定期通报财务运行情况，确保财务收支公开透明；推进公车改革，建立公车使用台账，杜绝公车私用。开展“两学一做”学习教育，集中学习16次、讲党课4次、专题讨论3次；强化示范领学，把认真学习党章党规等专题和习总书记重要讲话纳入每周政治理论学习；联合区内相关单位，邀请区委党校老师到企业讲党课；以“争做党旗下的质监人”为主题开展演讲活动；强化以行促学，结合“精准扶贫”工作走访贫困户、慰问困难党员，开展“进社区、进机关、进企业”活动，宣讲质量、计量、特种设备安全知识；强化以学促做，在菩提街道朝阳社区开展“两学一做”学习教育进社区，组织社区党员学习、解读党章，以“电梯使用安全”为主题为社区举办讲座；开展“电梯知识进校园活动”。落实从严治党，多次在党组会议上组织学习《中共重庆市委落实全面从严治党责任实施办法（试行）》文件精神，开展党建工作分析，抓好思想政治工作，加强主流思想宣传，对支部进行改选；落实党组主体责任和纪检监督责任，将党风廉政工作与业务工作同研究、同部署，定期开展党风廉政建设形势分析，班子成员定期汇报分管领域党风廉政建设情况，梳理12个廉政风险点；组织开展《廉政准则》和《条例》知识竞赛，开展廉政警示教育，赴长寿湖警示教育基地学习。

（刘良安）

2016年重庆市长寿区质量技术监督局领导人名录

局　长：刘德明

副局长：张轩明　高　忠

副局长、纪检组长：雷现用

表35

2016年长寿区获重庆名牌产品名录

序号	所属区县	企业名称	申报产品名称	申报产品规格型号	注册商标
213	长寿区	重庆新川塔实业股份有限公司	燃气用埋地聚乙烯(PE)管材	Φ20～Φ450	
214	长寿区	重庆永航钢铁集团有限公司	钢筋混凝土用热轧钢筋	HRB400(盘卷)Φ6～10mm,HRB400、HRB400E、HRB500(直条)Φ10～25mm,HPB300(盘卷)Φ6.5～10mm,HPB300(直条)Φ10～18mm	永航
215	长寿区	重庆鸽牌电工材料有限公司	冷热水用PP－R管材(件)	Φ20～Φ63mm	
216	长寿区	重庆鸽牌电工材料有限公司	建筑用绝缘电工(PVC)套管及配件	Φ16～Φ63mm	
217	长寿区	重庆鸽牌电工材料有限公司	建筑排水用硬聚氯乙烯(PVC－U)管材(件)	Φ50～Φ200mm	
218	长寿区	重庆望变电气(集团)股份有限公司	10KVS11油浸式全密封配电变压器	S11－M－30－1600	
219	长寿区	重庆望变电气(集团)股份有限公司	10KVSC(B)10干式电力变压器	SC(B)10－30－2500	
220	长寿区	重庆市映天辉氯碱化工有限公司	工业用氢氧化钠	液体:IL－IT(Ⅰ、Ⅱ型、优等品)	
221	长寿区	中国石油西南油气田公司重庆天然气净化总厂	工业硫磺		

表 36　　**2016 年长寿区获重庆知名产品名录**

序号	所属区县	企业名称	申报产品名称	申报产品规格型号	注册商标
28	长寿区	重庆鼎盛印务股份有限公司	耐蒸煮铝箔复合膜、袋	0.025mm～0.25mm	顶盛
29	长寿区	重庆沈通变压器有限公司	电力变压器	S11、S13 系列 35KV 级及以下	沈通变压器
30	长寿区	重庆市映天辉氯碱化工有限公司	工业用液氯	≥99.8%	映天辉

（重庆市长寿区质量技术监督局提供）

食品药品监督管理

【概况】 重庆市食品药品监督管理局长寿区分局（简称区食药监分局）主要职能有9项。1. 负责贯彻实施食品（含食品添加剂、保健食品，下同）安全、药品（含中药、民族药，下同）、医疗器械、化妆品监督管理的法律、法规、规章和方针政策。推动落实食品药品安全地方党委、政府“党政同责”、企业主体责任的机制，落实食品药品重大信息直报制度，着力防范区域性、系统性食品药品安全风险。2. 依法承担食品生产企业、食品流通企业、餐饮服务单位的行政许可事项。建立食品安全隐患排查治理机制，落实食品安全检查年度计划、重大整顿治理方案。依法授权开展食品安全风险监测，收集上报食品安全信息。3. 实施药品和医疗器械标准、分类管理制度。负责授权范围内药品、医疗器械经营企业许可，负责药品生产许可资料初审，负责麻醉药品、第一类精神药品邮寄、运输证明核发，负责辖区内医疗机构制剂（除化学药外）调剂使用的审批。组织实施药品经营质量管理规范（零售）。建立药品、化妆品不良反应和医疗器械不良事件监测体系，并开展监测和处置工作。4. 组织实施食品、药品、医疗器械、化妆品监督管理稽查制度，依法查处辖区内食品药品违法违规行为。规范行政执法行为，完善行政执法与刑事司法衔接机制。监督食品药品问题产品召回。5. 负责辖区食品药品安全事故应急体系建设，组织实施食品药品安全事故应急处置和调查处理工作。6. 负责开展辖区食品药品安全宣传，承担辖区食品药品监管电子监管追溯体系和信息化建设。7. 承担区食品安全委员会日常工作。负责食品安全监督管理综合协调，推动健全协调联动机制。督促检查乡镇（街道）履行食品药品安全监督管理职责并按规定考核评价。8. 负责管理辖区内食品药品监督管理所。9. 承担重庆市食品药品监督管理局和区食品安全委员会交办的其他工作。

2016年，区食药监分局内设办公室、综合科、法制监督科、行政审批科和食品生产监管科、食品流通监管科、餐饮服务监管科、药械监管科、保化品监管科8科1室。有编制56人，其中行政编制53人、机关工勤人员3人；年底前实有53人，其中公务员50人、工勤人员3人。

（药品、食品监管对象概况详见《商贸服务业》类目《药品商业》《食品餐饮业》分目）

【责任落实】 一是落实地方党委、政府“党政同责”责任体系，主动沟通、积极协调，将食品药品监督管理工作写入党代会报告、政府工作报告和区财政预算报告，将食品药品安全工作纳入全区经济社会发展实绩和区政府综合目标考核。3月2日，长寿区召开工商质监食药监工作会，会议通报2015年食品药品安全工作考核结果。二是加强基层食品药品监管机构规范化建设，完善区—镇（街）—村（社区）—村（居）民小组四级联动的纵向到底的监管网络；为19个街镇配备网上行政审批高拍仪、打印机，全面实施所（办）打证工作；新成立菩提街道食药监所（直属所）。三是推进基层食品安全网格化管理模式，统一制作镇街食品网格化监管示意图展板、监管人员公示栏9000余张，将责任上墙、上证，实现“定格、定岗、定员、定责”的格局。

【宣传培训】 一是对食品药品从业人员5870余人进行系统培训。二是开展食品药品执法人员业务培训26次，培训街镇食品药品执法人员403人次、村社食品药品安全协管员259人次。三是开展“12331”主题宣传日活动、“3·15国际消费者权益日”宣传、食品安全宣传周、知识产权保护等各类主题宣传教育活动，食品安全知识大讲堂走进企业、校园、社区5期；区食药监分局及镇街联动开展食品安全集中宣传11次，发放《食品安全法》《中小学生食品安全手册》《家庭食品安全指南》、全国医药报食品安全宣传周特刊等资料4万余份，制作文明餐桌提示张贴纸5万余张。四是利用报纸、电视、网络宣传等多种形式宣传经验做法；年底前市、区级媒体采用信息稿件共223件，长寿电视台报道食品药品工作12次，中央电视台中文国际频道报道长寿区食品药品工作1次，中央电视台发现之旅频道播出长寿区食品药品工作1次。

【餐饮、食品安全监管】 严把农田到餐桌每一道防线，开展食品生产、流通、餐饮服务环节监督管理工作。一是继续巩固餐饮服务食品安全示范区成果，推进餐饮单位监督公示和量化分级管理，年底前完成2674家餐饮服务单位的量化分级动态评定工作，A级203户、B级1123户、C级1348户；对全区180余所学校和托幼机构食堂进行了全覆盖监督检查。二是开展食品生产企业现场核查9次，检查食品生产企业及小作坊360家次，实现监督检查全覆盖。三是以商场超市、集贸市场等食品销售主体为重点区域和场所，严厉打击无证经营、销售过期食品、标签标识不符合规定等违法行为，督促集贸市场的开办者建立落实食品安全管理制度。四是加强重大活动、节日餐饮保障工作，完成2016年“两节”“两会”、国际篮球对抗赛、长寿湖龙舟民俗文化节、中（高）考、“铁人三项赛”等重大活动和节日期间的食品药品安全保障工作50余次。五是开展监督抽验工作，抽验1995批次，其中食品生产环节372批次（含快速检测46批次）、食品流通环节1432批次（含快速检测1082批次）、餐饮服务环节353批次（含快速检测172批次），收到不合格检验报告16份，处置16件。

【药械安全监管】 一是开展GMP认证5家，药品注册现场检查7家次。年底前区内通过新版GMP的生产线有44条，位居全市首位。二是开展零售药店飞行检查及GSP跟踪检查工作，全年完成药品零售企业GSP认证102家次。三是推进药品、医疗器械不良反应（事件）监测工作，上报药品不良反应报告1019例、医疗器械不良事件报告308例、药物滥用报告519例。四是开展监督抽验工作，药品抽验162批次（生产环节42批次、流通环节120批次），不合格3批次；医疗器械抽验10批次，合格率100%。

逐步建立完善保健食品、化妆品安全监管信息系统，截至年底前已通过审核注册的保健食品经营企业92户、化妆品经营企业74户，开展化妆品不良反应监测，上报化妆品不良反应监测报告35例。开展美容美发场所综合整治，出动执法人员2105人次，对全区各镇街整治工作开展督查14次。保健食品抽验76批次（含快检30批次），合格率100%。

【专项整治】 在元旦春节期间，开展食品生产、食用植物油及白酒塑化剂、肉类制品兽药残留、乳制品、食品生产、生湿面制品、明胶制品、食盐安全、病死猪肉、农村食品、冻肉、旅游景区餐饮单位及农家乐、建筑工地食堂、幼儿园食堂、疫苗、药品流通领域违法经营行为、避孕套质量安全管理、医疗器械冷链管理、无菌和植入性医疗器械、美容美发市场专项行动等专项整治40余次，出动执法人员2万余人次，车辆5531台次，检查食品药品经营企业11666家次，保健化妆品经营企业1541家次，立案446件、结案438件，罚没金额230.4万元（其中食品生产环节立案22件、结案22件，罚没金额48.52万元；食品流通环节立案143件、结案140件，罚没金额47.94万元；餐饮服务环节立案145件、结案140件，罚没金额59.19万元；药品立案60件、结案60件，罚没金额29.13万元；医疗器械立案61件、结案61件，罚没金额39.04万元；保健食品共立案5件、结案5件，罚没金额3.10万元；化妆品共立案10件、结案10件，罚没金额3.48万元）。受理食品药品投诉举报件224件，办结209件，规定时限内办结率100%。

【内部监管】 加强党风廉政建设。一是开展“两学一做”学习教育，制定活动方案，召开动员部署会，上专题党课2次，开展集中学习16次。二是实行党组中心组学习制度，年内组织党组中心组理论学习扩大会议8次，提升干部职工理论水平和思想素质。三是重点治理滥用职权、吃拿卡要、超标准接待、公车私用、服务效能低下等问题，推进单位作风建设。四是将党风廉政建设责任层层分解，主要领导和分管领导、党组和各科所层层签订责任书，督促班子其他成员严格履行“一岗双责”。五是落实党风监督执纪，年内开展谈话54人次，干部职工作出廉政承诺书54份。六是严格实行财务收支两条线，做到专款专用，大额开支必须上党组会研究决定。

规范内部管理。一是确定工作重点，明确领导分工职责，印发实施食品药品、医疗器械、保健食品、化妆品监管年度方案。二是强化制度建设，修订完善《财务管理制度》《政务值班制度》等内部管理制度，强化应急值守，严格值班带班，加强风险管控。三是强化职工管理，制定公务员平时考核工作方案，完成每个季度的平时考核。四是全面完成政协提案办理工作，办理区政协提案9件，其中主办8件均得到委员满意答复。五是开展结对共建活动，机关支部与渡舟街道果园村、凤城街道梅村社区开展结对帮扶活动，全局30名党员结对帮扶贫困户、贫困党员30户，开展节日慰问2次，送去慰问品价值1万余元。六是深入推进精神文明建设，开展诚信体系建设、餐桌文明等活动。

【食药产业发展】 一是创新审批模式，优化审批流程，2016年5月启动网上行政审批工作，将食品流通许可、餐饮服务许可、药品经营许可、第三类医疗器械经营许可纳入网上审批范畴，年底前办理行政审批及备案2508件（其中，食品流通584件、餐饮591件、食品经营许可事项834件、药品118件、医疗器械16件），完成“三小”食品及家宴服务者备案和第二类医疗器械备案管理365件。二是加大指导力度，支持鼓励长寿经开区福安药业、康乐制药、莱美制药、凯林制药、睿哲制药等药品企业和尚蔬坊、恒河果业、伟达食品等食品企业的发展壮大；长寿区被列为转型升级国家级原料药示范基地（重庆唯一一个），全区药品生产企业的44条生产线通过新版GMP认证，全区药品生产企业固定资产总额24.23亿元，年销售收入32.05亿元，利税近5.63亿元。三是健康产业基地发展迅速，入驻企业41家，投入生产企业35家，年产值56亿元。（杨　娜）

2016年重庆市食品药品监督管理局长寿区分局领导人名录

局　　长：戴俊明

副 局 长：谭啓覃　杨　涛

纪检组组长：余　科

烟草专卖管理

【概况】 重庆市长寿区烟草专卖局、中国烟草总公司重庆市公司长寿分公司，本分目简称局（分公司）组建于1984年12月，实行“统一领导、垂直管理、专卖专营”的专卖体制和“两块牌子、一套班子”的管理模式。局（分公司）内设机构设置“一室五科一部两单位”，即办公室、政工科、综合科、专卖监督管理科、财务审计科、客户服务部、专卖内管与法制监督科、城网基层单位、农网基层单位，2016年有在岗职工96人。

【专卖管理】 围绕“卷烟上水平”的基本方针和战略任务，立足本地市场，始终保持卷烟打假打私高压态势，大力整治真烟非法流通，持续加强终端市场监管力度，切实提升辖区市场净化率。加强日常监管，严格推行专卖检查“日计划、日督查”，全年查处各类涉烟违法案件469起，查获各类违法卷烟4433.3条、实物案值126.5万元，其中假烟实物案值100万元，全年辖区市场净化提升到99.8%。把握售假动向，全力查堵物流货运渠道非法卷烟。全年查处物流货运渠道非法运输卷烟案件205起，其中1万元以上大要假烟案件14起，查获各类假烟2499.9条、实物案值75.17万元。完善卷烟打假长效协作机制，支持配合市烟草局“天网一号”专案办理，成功协办“5·17”“4·11”“11·27”“1·11”等4个网络案件。强化部门协作，牵头联合辖区公安局、工商分局、交通委等职能部门，推进卷烟市场打假打私打非“利剑”专项行动。查处各类违法案件236起，查获各类违法卷烟2553.3条、案值77.22万元。

【党建工作】 搞好国家烟草局巡视整改，成立组织机构，明确责任分工，细化学习内容，确定方法步骤。采取中心组学习、党小组学习、党员自学、知识答题活动、网上专题学习、集中讨论等方式，开展“两学一做”学习教育。按时完成局（分公司）党员补交党费专项整治工作。完善党组月度例会议事规则，每月定期常态化研究上月党建工作开展情况，讨论研究当月党建工作主要计划和措施，各项党建工作得以扎实推进。深化党风廉政建设，完善责任体系，加强廉政文化宣传贯彻，明确“一岗双责”主体责任。组织党员干部学习贯彻党章和《准则》《条例》等党内法规，继续推进廉政文化建设，开展廉政文化征文比赛，邀请长寿区纪委干部做廉政警示教育专题讲座，教育全体党员干部守住底线、红线，营造“崇廉尚洁，风清气正”的廉洁从业氛围。

【公益事业】 2016年，局（分公司）坚持对贫困零售客户、社会弱势群体予以经济扶持，向困难卷烟零售客户捐赠10000元；捐赠长寿区民兴社区10000元改善居民公共绿化设施。八一建军节捐赠长寿区武警三中队3000元、长寿区武警中队3000元。开展“慈善双日捐”活动，捐赠3440元用于长寿区赈灾、安老、抚孤、济困、助学、助医等群众性应急救助。

【企业管理】 局（分公司）利用精益管理的思想，探索创新形成“211工作法”和“543831专销新措施”［“5”是营销工作的销售年计划、月计划、周计划、日计划和客户计划；“4”指抓住订单生成的一个轮次（周）、订单生成前48小时、订单生成前24小时和追订单的8个小时4个销售关键时段；“3”是营销工作方面“三个追”，即在4个时段，特别在8小时时段追订单、追存款和追团队；“8”是营销工作方面实行每位营销人员每周的工作时间分为10个半天，客户经理要保证有8个半天到市场拜访客户，另外2个半天进行业务培训和完成其他事务工作，专卖工作方面在8小时工作的基础上实行“5加2”“白加黑”的错时检查，加大市场检查频次；“31”指专销督导组要落实营销工作和专卖工作应知应会三十一问三十一答]，所有工作实现条理化、痕迹化、量化，有目标、有评估、有痕迹、有考核。自主研发“211工作管理平台”，提升企业管理水平。制订精益管理降本增效工作实施方案，分解责任，明确责任部门和人员，加强沟通宣传，按“211工作法”持续推进，适时开展检查评估。“211”是两化（基础工作标准化、重难点工作流程化）、一法（五步工作法）和一档（一档式绩效管理）的简称。配合市局工会开展“我为降本增效献一策”合理化建议征集活动，精益管理降本增效得到积极推动。强化督查，完善绩效管理体系，加强责任划分和考核力度，发挥绩效目标引领作用。开展精益督查，监督并公示各督查督导小组运行结果，月度绩效管理质量得到提高。

【队伍建设】 注重教育培训，员工素质持续提升。全面开展各岗位人员业务技能培训和素质教育，组织员工参加全市行业同工种竞赛活动和职业技能鉴定送培工作。以工会为平台，开展营销、专卖服务明星评比活动，鼓励员工通过学习和工作实践提升自身业务素质，营造比学赶超的创先争优氛围。强化绩效考核，加大绩效考核力度，通过方案制、专项奖、全员营销等方式，强化激励约束措施，发挥考核的导向作用，确保年度目标任务顺利完成。局（分公司）2位同志学术论文均获市局学术论文三等奖荣誉称号。（张洪维）

2016年重庆市长寿区烟草专卖局、中国烟草总公司重庆市公司长寿分公司领导人名录

局长（经理）、党组书记：刘　晗

副经理、纪检组长：窦远奎

副局长：李宏岩

盐务管理

【概况】 重庆市盐务管理局长寿区分局（简称长寿区盐务分局）与重庆市盐业（集团）有限公司长寿分公司（简称长寿盐业分公司）是两块牌子一套人员、合署办公。2016年有干部职工11人（盐政执法人员3名），下设三科一室（即：财务科、市场营销科、盐政科、办公室），是长寿区唯一一家拥有食盐批发资质的A级国有企业，承担着全区90多万人口的食盐安全供应和储备任务。

【盐政管理】 2016年，是盐业专营的最后一年。随着盐业改革的深入推进，从10月起，市外食盐生产和批发企业就开始进入长寿区域进行销售联系活动，但资质不齐、违规联系销售情况较为突出。面对复杂的盐业新形势，长寿区盐务分局始终坚持宣传、稽查、访问、打击相结合的原则进行食盐市场整治。首先，在人口密集的场镇、集市等地方张贴市盐务局、发改委、经信委、工商局、食药监局联合下发的《关于加强全市食盐管理的通告》，宣传解读《重庆市盐业管理条例》《重庆市盐业改革方案》，方便消费者学习、了解；对用盐企业和食盐零售经营户，则每户一张，下发到位。二是每周一召开盐政、销售业务联席会，加强信息交流，对可疑情况互通信息，做好稽查计划。三是与食药监分局、区发改委等有关职能部门配合，加强对食盐市场的检查和涉盐违法行为的打击。四是建立行业用盐客户档案，实行定期年检制度，加强售前审核和售后监督，做到专盐专用，确保行业用盐不流入食盐市场。五是以“3·15”维护消费者权益日、“5·15”防治碘缺乏病日为契机开展宣传活动，散发宣传资料，现场比对真假小包食用盐实物，让消费者认识到食用劣质盐的危害性，增强市民的防范意识。（刘　睿）

2016年重庆市盐务管理局长寿区分局［重庆市盐业（集团）有限公司长寿分公司］领导人名录

局　长（经理）：何明富

副局长（副经理）：李朝康

2016年4月26日，长寿区税务营改增纳税人政策培训

社会事业

- ❖ 文化　体育
- ❖ 教育　科技
- ❖ 医疗卫生　计划生育
- ❖ 社会事务
- ❖ 民生

文化 体育

概 述

【文旅结合】 2016年，长寿区致力于利用文化体育资源，丰富旅游内涵，围绕长寿湖、菩提山等旅游景区，成功举办长寿湖龙舟民俗文化节、长寿湖全国铁人三项锦标赛系列活动、重庆市迎新年登高大会三大活动，出版《长寿区碑刻拓片选》，完成三倒拐历史人文资料收集整理，协助做好"滨江长寿谷"青龙嘴片区古建筑群的维修和保护。加强文旅结合全方位多角度对外宣传，外界对长寿旅游、文化的关注度提高。

【文艺创作】 坚持以人民为中心的创作导向，繁荣群众文艺创作。开展"深入生活、扎根人民"主题实践活动，建立文艺创作基地4个，年内开展文艺交流活动10余次，组织专题采风3次，创作文艺作品500余件，获市级以上奖项40余件次；承办首届重庆市书法篆刻作品展等活动6场次；评选2015年度优秀文艺作品110件，兑现奖金34.39万元；组织参加市第七届文艺奖评选和市"五个一工程"评比。

【公共文化服务】 以"便民、利民、惠民"为原则，加快区、镇（街道）、村（社区）三级文体设施网点建设，提升开放绩效。推进《长寿区公共文体设施空间布局规划》编制工作。完成区博物馆建筑设计、区文化馆新馆房产的购买工作。完成五环健身中心环境美化、瑜伽馆建设、老体协门球场改造、菩提街道健身器材维修和体育馆加装活动座位等工程建设。启动石堰镇、江南街道龙山社区文体设施一体化示范点建设，完成27个农村社区示范村文体设施建设摸底调查；新建文体广场1个（洪湖镇）、农体工程25个、社区健身点6个、健身路径5条。开展区图书馆带街镇站、公共文化物联网建设，校园图书角实现全区中小学全覆盖。完成流动文化服务进村3564场次。提升"两馆一站"免费开放和体育场馆免费或低收费开放质量，区文化馆常年免费培训人数8万余人次，区图书馆接待读者20余万人次，图书流通16万册次，免费为社区、企业送图书2万余册，"一卡通"实现街镇站、挂牌分馆通借通还；区五环健身中心"公建民营"，全年免费或低收费开放接待187万人次；24小时全面开放体育中心室外场地；五环健身中心每天4小时免费对外开放，其余时段实行低收费开放。区文化馆、区图书馆免费开放绩效评价成绩优良，江南街道等11个街镇为一等，渡舟街道等7个街镇为二等，菩提街道为三等。

【群众文体活动】 全年举办"三下乡"文艺演出、"星耀长寿"才艺展示、"炫动新长寿 百姓大舞台"、广场舞大赛、"4·23世界读书日"全民阅读系列活动、纪念文化遗产日暨端午节文艺演出、建党95周年文艺演出、"睛彩重庆"走进长寿、长寿足球之夜和四大球业余联赛等文体活动150余场次，参与人次超过100万。参加全市群众广场舞展演、第三届"美丽乡村"原创歌曲大赛、第五届戏剧曲艺大赛等7次市级群文展演活动，获优秀团队奖1个、二等奖1个、三等奖1个。启动全国武术之乡建设，新培训太极拳辅导员60余名。

【文化遗产保护】 坚持"保护为主、抢救第一、合理利用、加强管理"原则，加强文物和非物质文化遗产保护。推进《长寿区历史文化遗产保护规划》编制工作，完成晏家街道何家大塆石朝门异地保护性拆迁、晏家街道晏家村聂氏宗祠抢险保护、凤城街道石佛寺石刻维修工程的石刻造像修复和环境整治，其中配合市文化遗产研究院对龙门桥水库淹没范围内地下文物进行挖掘，发掘4处宋代墓葬，总发掘面积300平方米，出土文物16件（套）；举办第十一个国家文化遗产日的宣传活动，向社会展览展示长寿区文化遗产保护成果。强化历史文化名村与传统村落保护与利用，石堰镇狮子村代家祠堂、双龙镇红岩村张家祠堂、海棠镇张家寨、葛兰镇邵家桥和狮子滩水电站大坝5处历史建筑入选为重庆市首批优秀历史建筑名录，三倒拐、罗围老街、邻封老街、云集老街4处入选为区级历史文化街区，邻封镇为重庆市历史文化名镇，双龙镇罗围老街、葛兰镇大坝村秦家大塆为重庆市历史文化名村。推进长寿区非物质文化遗产数字化建档工作，收集整理非遗项目60余种（个），市级、区级非遗项目分别为10个、31个，6人成为市级非物质文化代表性传承人，2016年对龙溪河拖滩号子、花鼓、长寿薄脆的传承人进行申报；依托第十一个“中国文化遗产日”，营造传统节日文化氛围，在端午节之际，特邀“晴彩重庆”栏目走进长寿，举办“中国梦·巴渝风”长寿区2016年文化遗产宣传月展演暨庆端午节文艺演出活动。多个非遗项目的文艺编排创作，根据非遗项目的独特文化元素符号，依托舞蹈造型形象生动地向全区人民展演非遗项目，如：薅秧歌、抛沙画、海棠唢呐、龙溪河拖滩号子、四川盘子、连箫等非遗项目的展演，通过《长寿日报》、长寿电视台、《长寿文化》报等媒体广泛宣传文化遗产保护的法律法规和长寿文化遗产；组织开展首届长寿文化惠民消费季之非遗系列活动，进行“礼貌、礼节、礼信”非遗年礼消费大派送活动，长寿薄脆、长寿血豆腐、长寿湖鱼面、长寿米粉等非遗美食大派送及非遗项目海棠唢呐、花鼓等进入菩提古镇、各街镇展演，进而让市民加深对非遗的了解。

长寿区以第三次全国不可移动文物普查登录文物数据为基础，确定建筑类未定级不可移动文物138处并进行挂牌保护，投入保护经费17600元；将重庆市人民政府（长寿湖）招待所旧址公布为第八批区级文物保护单位，全区区级文物保护单位达到32处，市级文物保护单位3处。查明并登录保护的抗战遗址有7处，其中6处为市文物委员会授牌的市级抗战遗址；完成全区碑刻文物拓片保护工作，于6月编辑出版《长寿区碑刻拓片选》；完成《长寿区历史文化遗产保护规划》编制工作；全面完成可移动文物普查数据采集登录工作，清理登录国有可移动文物483件（套）。推荐长寿血豆腐、长寿湖鱼面、长寿薄脆等3个项目参加首届中国（重庆）老字号暨非物质文化遗产博览会。

【文体产业发展】　坚持市场培育与规范并举，加快发展文化体育产业。严格执行简政放权的有关规定，全面深化行政审批制度改革，推行“先照后证”“非禁即许，宽进严管”，放宽文化企业准入门槛，鼓励引导民间资本参与兴办文化产业。完成文化市场行政审批项目清理工作，区文化委承担审批项目35项，制定审批项目流程。建立文化市场经营主体黑名单制度和与工商部门互通信息机制。2016年，完成文化市场审批152件，其中新闻出版6件、文化市场146件；新发展文体市场企业（个体）120余家，其中文化企业58家、体育企业62家；培育文化微型企业24家，投资总额5200余万元。体彩销售实现9464万元；成功建成长寿菩提古镇文化创业产业孵化园，入驻文化企业20家。加强文化市场综合执法和“扫黄打非”工作，开展“清源”“净网”“秋风”“固边”“护苗”五大专项行动，全年出动执法人员2000余人次，检查场所700余家次，收缴非法出版物2000余册，取缔“黑网吧”7家，办结案件17件。

【广播电视传媒管理】　（详见本类目《广播电视》分目）

（谭其军）

表37　**2016年长寿区文化工作获市级以上集体奖励情况**

获奖单位（项目）	颁奖（主办）单位	奖　　项
长寿区图书馆	中国图书馆学会	全国“亲子绘本阅读推广月”活动三等奖
长寿区图书馆	中国图书馆学会	“寻找最美读书人”全国摄影大赛优秀组织奖
长寿区青少年业余体校	重庆市人民政府	重庆市第五届运动会体育道德风尚奖
长寿区文化馆	重庆市文化委、市艺术馆	重庆市第七届乡村文艺会演《醉美菩提》歌伴舞获二等奖

续表

获奖单位（项目）	颁奖（主办）单位	奖　　项
长寿区文化馆	重庆市文化委、市艺术馆	“中国梦·巴渝风”2016 重庆市群众广场舞展演《踩寿·长寿》获二等奖
长寿区文化馆	重庆市文化委、市艺术馆	第三届重庆市原创歌曲大赛《福寿故里》获三等奖
长寿区文化馆	重庆市文化委、市艺术馆	第五届重庆市戏剧曲艺大赛《局长的秘密》小品获三等奖

（重庆市长寿区文化委员会提供）

广播电视

【概况】 2016 年 5 月 16 日，重庆市长寿区机构编制委员会长编发〔2016〕18 号，同意重庆市长寿区广播电视台（简称区广播电视台）增设 2 个内设机构，即转播部和新媒体部；内设机构领导职数由 16 名增至 20 名，事业编制由 54 名增至 56 名。2016 年 11 月 22 日，重庆市长寿区机构编制委员会关于调整区广播电视台事业编制的通知（长编发〔2016〕85 号）核减 1 名事业编制，实有事业编制 55 名。年底前区广播电视台有内设机构 9 个［即办公室、总编室（挂社教部牌子）、新闻部、专题部（挂文艺部牌子）、广告部、技术播出部、广播电台部］；有在编职工 51 人（其中领导班子 4 人），聘用人员 24 人，退休职工 28 人。

主要职责有 8 项：1. 贯彻执行党的路线、方针、政策，落实广播电视宣传方针、政策，围绕区委区政府中心工作抓好“两台”宣传，对广播电视节目审查把关。2. 负责广播电视台节目制作和播出，确保广播电视节目的安全播出，积极推动广播电视事业发展，发挥广播电视在公共安全方面的特殊作用。3. 面向市场、服务社会，充分发挥公共文化服务平台的作用，搭建好党和政府与人民群众联系沟通平台。4. 负责广播电视的对外交流与合作；按照有关规定协助管理境外来长影视摄制和合作拍摄等事项。5. 配合区广播电视行政管理部门实施广播电视行业的社会管理、指导，推动全区广播电视事业的发展。6. 参加全区宣传、文化等重大活动，完成区委、区政府交办的其他工作。7. 负责西山、罗围、城关三个差转台日常的广播电视转播值班、设备维护、安全保卫等工作。8. 负责新媒体平台的采集、制作、播出和运营。

（何光明）

坚持管理与发展并重，促进广电事业稳步发展。深入推进区广播电视台二级台标准化后续建设。加强农村广播系统运行维护管理工作，完成 12585 套直播卫星“户户通”接收设备安装任务，完成西山、罗围差转台中央广播电视节目无线数字化覆盖工程建设。全面完成街镇有线电视网络整合，建成长寿区广播电视监管平台，完成重要保障期安全播出保障任务，全年未发生安全播出责任事故。兑现全市原乡镇老放映员养老和医疗补助；32 名广电网络改制回流员工得到妥善安置。

（谭其军）

【对内宣传】 广播电视新闻节目做好日常常规宣传，围绕经济建设、政治建设、文化建设、社会建设、生态文明建设和党的建设等重点工作和主题实践活动，深入采访、策划制作《“十二五”回眸》《盘点 2015》《来自“两会”的报道》《代表委员在基层》《十大民生实事》《首季开门红》《新年新气象》《学习贯彻总书记讲话精神》《精准扶贫在行动》《两学一做》《做文明人，建文明城》《美德少年》《大众创业，万众创新》《堡垒赞先锋颂》《劳动者颂》《长寿工匠》《师德师风标兵》《十大健康寿星》《十大孝星》《关注民生实事》《回顾发展路，展望新航程》《党代表风采》等 20 多组系列报道、连续报道和重点报道。全年制作播出电视和广播新闻 520 期、新闻周报 104 期、播出新闻稿件 8900 多条。

广播电视专题节目围绕党的建设、法制建设、绿色健康生活、美丽乡村建设、文化旅游发展、环保生态建设等专项工作，开设《党建大联播》《法治长寿》《健康长寿》《长寿新农村》《环保在线》等新闻类专题节目，制作播出生活娱乐类专题节目《长寿大舞台》《长寿旅食汇》《故事人事》《911听天下》《音乐榜》《人车路》《安全知识进农村》等十余个。其中专门制作20多期反映人文长寿、名胜古迹的专题片，系统展现长寿的历史脉搏、人文典故，有6期列入重庆电视台国际频道素材库对外播出。全年制作完成广播电视专题节目1300余期，19500多分钟。

广播电视大型活动宣传报道，先后全程报道《星耀长寿暨百姓春晚》《来自“两会”的报道》《邻封首届菜花节及美丽乡村建设》《2016长寿湖龙舟民俗文化节》《渝东北区域互动营销长寿行活动》《庆祝建党95周年庆祝活动及文艺演出》《长寿湖铁人三项锦标赛》《中秋国庆系列活动》《长寿沙田柚节》《渝万高铁开通》《长寿区十三次党代会》《重庆市“菩提山杯”迎新年健身大会》等活动。在广播电视、新媒体上制作播出宣传片、形象片、新闻节目、专题节目、新媒体快讯，先后全程录制精编播出《百姓春晚》90分钟、《中国梦·巴渝风》30分钟、《精编长寿湖龙舟民俗文化节水上音乐焰火表演》6分钟、《庆祝建党95周年文艺演出》82分钟、《西部农博会长寿展区宣传片》2分钟等。7月24日，与区国土房管局联合对寿城水岸一期公租房摇号配租仪式进行电视和手机同步直播并取得圆满成功。这是全市区县台首次的这类电视直播。

【对外宣传】 2016年，区广播电视台通过建立健全外宣考核机制、制定目标任务、加强内外通联、外派到重庆电视台学习等，加强外宣工作。协助重庆卫视完成《区县书记访谈录——长寿区委书记赵世庆专访》《学习贯彻习近平总书记视察重庆重要讲话——长寿经开区创新发展》等重大宣传任务。《创新驱动促发展 渝企获首份欧盟全地形车新法规认证书》《最薄锂离子电池隔离膜在渝量产》等新闻先后上《重庆新闻联播》提要，全年上《重庆新闻联播》提要8条，是上《重庆新闻联播》提要最多的年份；渝万高铁开通策划报道得到重庆电视台肯定。年内在市级以上媒体播出稿件265条，其中在央视播出新闻稿件4条。

【频道频率设置】 结合频道频率定位和区域特色，区广播电视台做好节目设置和包装，大频率高强度播出反映长寿经济社会发展的形象片、专题片。适时引进和编辑制作《中华德育故事》《中国旅游》《农业科技》《时尚汇》等14个专题节目；安排建党95周年、抗战系列电视剧播出季和广播剧等，丰富频道频率。全年播出影视剧5475集，编辑性专题片1095集，播出公益广告10950条（次）、时长5293分钟。

【新型媒体建设】 2016年4月14日，区广播电视台在全市率先开通“长寿手机台”体验版，5月正式开通。至此，该台建成以“长寿区广播电视台微信公众号”“掌上长寿”APP客户端和“视界网——长寿”网、长寿手机台4个平台的新媒体系统。形成FM91.1“长寿之声”调频广播，301长寿频道、302文化·旅游频道、303影视频道，“掌上长寿”APP、“长寿区广播电视台官方微信公众号”“视界网——长寿网站”“长寿手机台”全媒体矩阵。

新媒体系统建立后，重视新媒体的建设和发展，与市网络电视台合作开通手机台；制定新媒体的发展规划和实现路径，出台新媒体稿费管理制度等，建立健全管理考核办法。

开展系列贴近活动，占领新媒体主阵地。年内先后策划一系列互动活动，利用“‘星耀长寿’才艺大赛暨百姓春晚”“妈妈咪呀”“第四届长寿金秋美食节”“我最喜爱的街舞小明星”“长寿湖铁人锦标赛”等活动，在新媒体平台适时推出“星耀长寿才艺大赛最佳人气奖”“我最喜欢的百姓春晚节目”“最美教练评选”“尽享长寿美食”“我心中的铁人”等投票活动；策划“晒晒我家的年味”“海外游子思乡情”“妈妈咪呀最美辣妈”等互动活动；开展“周末宝贝”“最美油菜花 邻封等你来”“全民大冲关”“海外游子思乡情”“长寿湖龙舟民俗文化节”“度中秋庆国庆”“长寿湖铁人锦标赛”等宣传活动；与传统媒体广播电视同步开展大型活动宣传，发挥手机台新闻快讯的作用，为市民第一时间发回新闻报道。在12月区十三次党代会期间，长寿手机台开设“关注党代会”专栏，设有“图文快讯、视频新闻、代表风采、大会日程”等，对每一项议程都在当天的新媒体中做相关报道。6月，长寿湖龙舟民俗文化节，通过手机台，让市民第一时间了解活动的每项进程。

6月，通过手机台报道云南扫雷英雄程俊辉烈士的英雄事迹和忠骨回乡安葬情况，在区内引起强烈反响，得到各级政府和龙河镇群众的好评。开展惠民活动，帮助市民寻找失踪人员，长寿手机台先后发布《但俊母女失踪，家人急切寻找》和《长寿两10岁女孩一同失踪，好心人帮忙寻找》的消息，迅速在朋友圈里转发，最终很快找到失踪人员。到12月底，微信公众号关注者351000个、发布消息1422条、平均点击量1200个，最高点击量达到32000个；长寿手机台发布快讯1389条、平均浏览量531个，最高单条达到56035个、总浏览量达到2045100个，列全市第四名。自办电视节目全部上线，有整档新闻、专题，也有碎片化的单条信息。

首开新媒体直播活动，手机台创全市3个第一。9月24日，报道2016年重庆长寿湖全国铁人三项锦标赛，手机台首先对开幕式当天的各项赛事进行直播，时长2个多小时，吸引10万在线网民的观看。之后，连续举行《寿城水岸摇号配租》《长寿区第六届房交会》《国庆节安阳带你逛古镇》《长寿区微党课大赛》《长寿三倒拐老居民回家看看》《长寿沙田柚擂台赛》《长寿沙田柚抢吃大赛》等手机直播，受到网民的关注。长寿手机台争创全市第一个上线、第一次直播、第一次实现电视手机联合直播3个全市第一。

【开门办台】 2016年，区广播电视台成功引进东方卫视大型歌唱真人秀节目《妈妈咪呀》节目9期、央视娱乐节目《星光大道》1期，进入央视节目库1期；开设《全民大冲关》6场比赛；与重庆云众创客投资管理公司和长寿工业园区联办“重庆市青年创业大赛”，开辟电视专栏，对每一次大赛盛况和背后的创业创新故事进行跟踪宣传报道。

【基础建设】 2016年5月，启动西山、罗围差转台的无线数字化覆盖工程建设。西山差转台投资126万元，由地面数字发射机备机、自台监控系统、精密空调、电视墙（含播控台）、柴油发电机、低压配电屏、铁塔防腐维护、防雷接地改造等多个设备组成。于2016年9月完成相关设备采购、安装调试工作，通过CH17、CH19两个频道转播中央电视台12套电视节目；10月通过区文化委组织的自查验收，11月通过市文化委员会组织的专家组验收。罗围台的建设从8月开始进行，年底前完成机房环境改造、铁塔防腐维护、防雷接地改造、天馈系统、地面数字发射机（主机）、精密空调、供配电改造等多个项目建设，已能够正常发射无线数字电视信号并经过空收测试。

2016年3月，启动全媒体演播室改造工程，投入193万元，集成新闻出像、虚拟蓝箱、触摸大屏、实景区等多个节目出像功能区域，能实现与场外实时连线、虚拟场景跟踪拍摄、大屏幕触摸等全新功能。于7月建成投入使用，9月通过市电视台专家的验收，是全市区县广播电视台设备最先进、功能最齐全、媒体融合度最高的全媒体演播室。11月，投入30万元，购买2台广播级航拍飞行器、1台专业照相机和3台摄像机。

【内部管理】 新制订《大型活动管理办法》《项目工作管理办法》，修订《外宣考核管理办法》《节目评审管理办法》等一批规章制度。开展“两学一做”学习教育活动和纪念建党95周年活动，加强党务群团工作，严肃政治纪律，开展警示教育和党风廉政教育。落实文明城区创建各项工作，参加区里组织的“冬日阳光温暖你我”、青年志愿者服务、创业梦想等活动。对14名在网络公司因文化体制改革回到台里工作的人员，做好思想政治工作，妥善安排工作岗位，回台人员思想稳定、工作愉快。年内公招录取4人、调动1人、招聘7人。

（何光明）

报　刊

【长寿日报】 长寿日报社为中共长寿区委直属正处级财政全额拨款事业单位，核定事业编制30人。2016年底实有在岗职工37人，其中在编在岗职工24人，社聘职工13人；退休职工2人。内设机构为8个，即办公室、总编室、新闻采编部、副刊采编部、网络部、质评通联部、经宣部、新媒体部。其宗旨和业务范围为：及时准确地宣传党的路线、方针、政策和区委、区政府的重大政治经济活动，宣传全区三个文明建设的成就、经验和先进典型。长寿日报社拥有7大媒体平台及1公司，即《长寿日报》、人人长寿APP、长寿新闻网、长寿手机报、长寿日报微信、长寿日报微博、长寿日报头条号和重庆今日广告有限责任公司。

2016年，长寿日报社坚持正确政治方向，围绕中心服务大局，凝聚正能量，发出好声音，营造好氛围，推动新闻宣传工作和媒体融合发展上台阶。长寿日报全媒体品牌影响力不断提升，《长寿日报》再次获评重庆市优秀区县报称号，长寿新闻网日均访问量达到15万人次，人人长寿APP下载安装量10万+，长寿日报微信关注者28万+，第二次进入全国时事类报纸微信前百强，在重庆政务微信排名稳居前十。

内宣工作一是坚持正面宣传，讲好长寿故事。长寿日报社围绕五大发展理念、创新驱动发展、生态文明建设、决战扶贫攻坚、供给侧结构性改革、社会主义核心价值观等加强主题策划，开设栏目，组织报道。先后推出“迎接新挑战当好主力军”“创新驱动科学发展”“民生实事看得见”“抓改革调结构促转型”“聚焦两学一做”“培育和践行社会主义核心价值观”　“文明创建让生活更美好”“环保整治长寿在行动”等30多个栏目。二是创新传播方式，扩大宣传效果。整合媒体资源，创新传播方式，利用全媒体平台开展互动活动，在全区开展寻找“十大创新人才和创业人物”　“长寿工匠”“最美孝星少年”“最爱农产品”等评选活动，推动大众创业万人创新，弘扬工匠精神，浓厚尊师重教、敬老孝亲氛围，增强农产品品牌意识，助力长寿区全面建成“三地一中心”、实现“三大愿景”框架。三是改革报道风格，提升媒体质量。各平台根据平台定位，确定报道内容，差异化呈现。报纸从稿件的写作到版面的设计等进行大胆改革，做深主题报道、做活新闻摄影、增加图说新闻，适应媒体读题、读图时代需要，增强《长寿日报》可读性和吸引力，实现报纸质量稳步提高。人人长寿APP和长寿日报微信遵循新媒体规律，从用户需求出发，确定选题和表达形式，改革话语体系，长寿日报的新媒体得到用户高度认可，长寿日报微信头条日平均阅读量过万，人人长寿APP平均阅读量过3000人次/日。

外宣工作加强与中央、市级媒体的沟通协调，完善外宣奖惩制度，加强外宣报道策划。全年报社记者在《农民日报》《重庆日报》《中国化工报》、人民网重庆视窗、新华网重庆频道、当代党员等媒体发表外宣稿件100余篇。

2016年，经宣工作面对全国传统媒体经营收入出现断崖式下滑的不利形势，长寿日报社锐意改革，加强活动策划和品牌营销，不断提升长寿日报全媒体影响力和吸引力，经宣工作难中有进。

（新媒体建设详见《信息业》类目《长寿日报新媒体》分目）

队伍建设一是强化能力培训，培养全媒型的采编队伍。分期分批组织编辑记者参加采编业务创新与大数据新闻、全媒体时代编采策划与版式设计创新、加快传统媒体与新媒体转型融合发展、媒体经济整合营销、用视觉传递新闻、微信公众号推广营销等专题培训，拓宽媒体融合发展思路，提升采编业务创新能力。坚持每周五集中业务学习，记者谈采访心得、写作体会，编辑讲评编辑思路、存在问题，面对面“问诊把脉”，提高业务学习的针对性和有效性。二是深化“走转改”，培养接地气的采编队伍。以栏目为导向，以制度为保证，深化“走基层、转作风、改文风”活动。引导编辑记者深入基层、深入一线、深入群众，接通地气，贯通正气。加强新闻策划、跟踪落实指导，在打好宣传总体仗、攻坚仗、常规仗中锻炼队伍。大胆起用新人，充实到编辑和新媒体岗位，为媒体融合发展带来生机与活力。（汪月琴）

【长寿文化】　经四川省文化厅批准，内部资料《长寿文化》于1979年1月创刊，连续出版免费发行；2008年1月，《长寿文化》改版为周刊；2010年1月，再次改版为周二刊，即每周周二、周五出版发行；2015年8月，改版为周刊，每周四出版发行。重庆直辖后，《长寿文化》由市文化委批准，由重庆市长寿区文化委员会主办，区文化馆主管。截至2016年12月底，《长寿文化》编辑部（含影视部）有工作人员29名，其中采编人员均为大学学历，有5名具有10年以上的新闻工作经历。

《长寿文化》是以文化、旅游为主的连续性内部资料。设置栏目有：综合新闻、长寿·城事、人物、特别报道、长寿·文化（含体育）、长寿·旅游、长寿·影像、影视·娱乐、专刊（有《文化动态》《健康·养生》《长寿法制》《长寿交通》《长寿工业》《长寿食药监》《长寿规划》《长寿医疗》等）。

2016年，《长寿文化》出版50期，428个版面，刊载图片近900帧，发表文字60余万字；每期发行12000份。一是开设“长寿·旅游”专栏，刊载40余个版面。较为详细地介绍长寿旅游状况和景点，深度挖掘并推介长寿旅游亮点；详细报道长寿旅游的重大举措和活动，主要有端午节长寿湖龙舟民俗文化节（长寿文化参与策划和实施）、第七届长寿湖国际铁人三项赛、中秋节长寿湖文化大型活动，以及长寿沙田柚文化节、邻封镇百里花海文化节等。二是“影视·娱乐”栏目又上新台阶，重点介绍长寿文化影视部拍摄的微电影。其中包括广为播放宣传长寿湖风景区的推介影片《长寿湖之恋》，以及年内新拍的微电影《春暖花开》《阵痛》《不死城的传说》《年关》等，成为微电影等新媒体的推手。年内推出长寿文化微信公众号，受到网民的欢迎。三是开设“长寿·人物”栏目，主要报道五方面的人物：长寿区第八届十大健康寿星（包括获得十大健康寿星提名奖的寿星，和没有获得称号的20余名寿星），长寿区十大乡贤，长寿区十大孝星，关心下一代成长的“五老风采”先进人物，文化人物。四是结合长寿区文化工作进行宣传报道，重点是区文联及其下属的区摄影家协会、区书法家协会、区美术家协会、区诗词学会等的工作和主要活动。五是结合区委、区政府的中心工作进行宣传报道，围绕长寿区创建全国文明城区这一全区重点工作，报道在创建工作中涌现出的大量好人好事和模范事迹；围绕建设“三地一中心”战略部署和攻坚战，重点报道工业、农业、旅游、物流等建设成果。（周家修）

图书

【概况】 长寿区图书馆始建于1931年，有85年历史。初名为民国县立图书馆，解放后更名为长寿县图书馆，2002年再次更名为长寿区图书馆。1987年长寿县图书馆在望江路独立建馆，面积3200平方米。2007年8月，位于桃花新城长寿中学旁的长寿区图书馆新馆建成开放，占地面积2667平方米，建筑面积6400平方米，有读者座席1500席、计算机154台，全馆无线网络全覆盖。2016年有职工19人，其中副研究馆员2人、馆员8人，工作人员都具有大专以上学历。2016年12月，长寿区图书馆江南分馆建成并投入使用，分馆新设移民文化展厅和孝文化展厅，向群众免费开放，展示长寿区移民精神及孝道文化。2010年、2013年连续两次被文化部评为“国家一级图书馆”。

2016年，长寿区图书馆科学制定发展规划，以绩效考核为杠杆，评职评优为动力，调动全馆职工的积极性，年内调入5名广电网络人员，打造愿做事、能做事的图书馆工作队伍，制定实施各项规章管理制度，实行双向选择、竞争上岗，不断提高区图书馆的办馆水平、服务质量。

【业务建设】 截至2016年底，长寿区图书馆总藏量798630册，其中纸质图书354742册（含盲文图书2622册），古籍3300册，报刊526种，视听文献3600件（套），电子文献435039种，特色馆藏1500册《四库全书》、1800册《续修四库全书》1套。全年文献购置费92万余元，地方文献入藏29种60册，采用金盘集成管理系统。

【读者服务】 2016年，长寿区图书馆读者量成倍增长，在节假日经常出现爆满。馆内坚持全年365天开放，每周开放时间70小时，开放服务窗口12个，实行免证阅览，凭证外借。馆内办证读者1197人，年接待读者30余万人次，年文献借阅35万余册次，年均举办全民阅读暨“4·23世界读书日”活动、“你看书，我买单”文化惠民活动、“走进图书馆 共建书香校园”“国防知识进校园”、全民阅读新风行动之“中外经典故事展演周”“中外经典朗诵比赛”“知我长寿”知识竞赛、“阅读达人家庭”竞赛、“名家进校园”“阅读大讲堂”等品牌系列读书活动26场次，参与活动30余万人。

【社会服务】 长寿区图书馆开展体制机制创新，探索推进校园图书角建设、“一卡通”延伸基层和“总分馆”建设项目。其中，校园图书角已建成班级图书角452个、读书走廊33个并投入使用，配置图书18832种37731册，完善社会力量捐书和图书流动机制，丰富学校师生课外阅读生活。分馆及“一卡通”建设延伸基层，已实现19个街镇综合文化站图书室、247个村（社区）文化室图书资源通借通还，年均图书流通8万余册次。2016年举办街、镇（村）图书管理员及共享工程技术员业务培训9场次，开展图书分类、上架、“一卡通”业务辅导，受训人数396人次。（胡晓强）

电　影

【概况】　2002年4月9日重庆市长寿区成立，长寿县电影发行放映公司更名为“长寿区电影发行放映公司”（本分目简称公司），是丰富全区文化电影事业的服务单位和市惠民农村数字电影院线有限公司成员单位。核定人员编制20名，2016年有在编在职职工16人，内设经理室、书记室、行财办公室、电影综合服务部、长寿保利万和影城。

重庆长寿金逸影城建筑面积3500余平方米，设有5个放映厅，902座，于2007年2月正式开业。影城从规模到配套设施的完善，均严格按照五星级影城标准建设。坚持客户至上的服务理念，营造出长寿首家豪华的国际影城。

重庆长寿横店影城是由横店影视股份有限公司全额投资的多厅影城，有7个数字影厅（其中5个偏振3D厅）、917个座位。于2012年12月28日正式开业。

万和、金逸、横店3个影城是区内精神文明建设宣传途径和传播阵地，丰富全区群众精神文明需求和文化生活，承担全区农村惠民电影工程、三下乡等公益性电影放映工作，负责全区农村电影放映员的业务指导和培训工作，承担城市影院经营性电影放映工作。

【公益电影放映】　坚持“企业经营、市场运作、政府购买、群众受惠”的农村电影改革发展新思路，把优秀的电影送到农村、社区、校园和广场。2016年放映惠民工程电影3174场，观众100万余人次。开展2016年“金猴迎春闹新年·光影共筑中国梦”元旦、春节“双送活动”送电影下乡放映150场，“重温光辉岁月·展辉煌成就”系列放映活动，纪念中国共产党建党95周年、纪念中国人民解放军建军89周年、纪念中华人民共和国成立67周年暨红军长征胜利80周年放映500场，“幸福夕阳红·光影敬老情”放映50场。

【经营性电影放映】　各影城坚持以“传播文化、分享快乐、服务群众”为宗旨，为长寿人民提供舒适的电影文化消费场所。2016年影城经营性电影安全放映24648场，观影市民43.42万人次，票房总收入1312万元。　（罗洪波）

群众文化

【文化活动】　长寿区文化馆以“文化为民、文化惠民、文化乐民、文化育民”为主线，开展丰富多彩的群众文化活动。全馆上下齐心努力扎实工作，致力于巩固公共文化服务体系建设、组织大型群众文化活动等方面，开展各类贴近基层百姓生活、群众喜闻乐见的全区性群众文化活动，引导和带动基层群众文化活动蓬勃开展，取得良好效果。全年策划、组织、承办“百姓舞台走进长寿湖”等大中型群众文化活动40余次，创作、辅导作品在各类比赛中获得20个奖项，辅导业余文艺团队13个，培训业余文艺爱好者1500人次，服务市民群众8万余人次。

【文艺创作】　区文化馆排演节目结合地方特色旅游资源，排演《梦里古镇》《醉美菩提》《人到长寿人长寿》等节目参加菩提古镇“万寿天梯”世界纪录认证仪式、渝东北区域旅游互动营销活动、“十里柚乡·百里花海乡村生态观光园”开园仪式等大型活动。文化馆创作、排演的《踩寿·长寿》《醉美菩提》《长寿古镇福寿乡》《局长的秘密》等作品在各类比赛活动中获奖20余次。组织参加重庆市群众广场舞展演、重庆市第七届乡村文化文艺会演、重庆市第三届美丽乡村原创歌曲大赛等大型比赛和活动，以独特的地方特色文化吸引广大媒体和群众的关注。　（肖　举）

地方文化研究

【挖掘历史文化】　重庆市长寿文化研究会一直致力于利用多学科综合研究，探索长寿文化的历史特点、发展规律、主要经验和科学方法等。继召开全国首次“还珠楼主研讨会”和“谯定学术研讨会”之后，2016年区文联将重点放在挖掘定慧寺历史和三倒拐文化积淀上，为定慧寺和三倒拐的开发提供参考。

【编发《长寿文艺》】　区文联主办的《长寿文艺》，编辑流程进一步规范，稿件质量有大幅提升，增加大量更具亲和力和时代感的内容，发行范围扩大，全年顺利出版6期。2016年，根据《长寿区文艺作品奖励办法》，由各文艺协会和个人申报，经区文化委、区文联初审，报区政府审核同意，对《一起来探案》《欲罢不能》《向阳花》等110件2015年度优秀文艺作品进行奖励。由于种种原因长寿区各协会以往很少有固定的场地，区文联积极奔走，为各协会寻找活动的场地，争取到所有协会可以免费使用多处活动场地，解决协会的后顾之忧。（罗小松）

档案

【概况】 长寿区档案馆原名长寿县档案馆，成立于1959年11月24日；长寿县档案局成立于1980年9月13日，与长寿县档案馆合署办公。2002年长寿撤县设区，长寿县档案馆更名为重庆市长寿区档案馆（简称区档案馆），2003年区人事局批准区档案局为参公管理单位。2010年区委办、区府办再次批准设立局馆合一机构，为区政府直属正处级单位，设定编制15人。2015年6月增设档案信息技术科，增加内设机构领导职数1名，内设机构为3科1室。2016年11月，撤销纪检组，事业编制由15名核减为14名。

该馆于1997年晋升为重庆市二级档案馆，2009年晋升为重庆市一级档案馆，2012年晋升国家二级综合档案馆；2014年入选全国最美档案馆；2015年成功创建国家级数字档案馆。馆内使用面积3442平方米，馆藏文书档案、婚姻档案、农房档案、林权档案、历史档案、照片档案、音视频档案等载体的档案220163卷、61005件，其中列为数字化范围的141538卷、61005件。连续7年获得市级档案工作目标考核先进单位。

【“两创”工作】 “创建国家一级综合档案馆、创建国家级示范数字档案馆”列入长寿区“十三五”规划，按照早规划、早部署、早启动原则，2016年启动创建工作。对照测试指标，制订《创建国家一级综合档案馆工作方案》和《创建国家级示范数字档案馆工作方案》，细化分解目标任务，明确责任科室和责任人。提档升级数字档案馆查阅系统，整合莘默达、科怡、西信天元等3家档案数据，完成1万卷5万余件次数据抽检工作。破除档案馆建设面积不达标瓶颈，及时主动向区政府领导汇报，提出用地申请，在区规划局的协调下，年内完成档案馆新建和扩建项目论证工作。

【畅通服务通道】 盘活数字档案馆资源，依托云计算，自行研制集群系统，将婚姻档案作为试点资源与主城9区实现馆际之间无差别查阅。自主研发婚姻档案自助查阅系统，实现婚姻档案的查阅、打印、自动盖章功能。利用区电子政务网通道，向邻封镇、新市街道、八颗街道、区交委等18个单位提供政务网查阅服务，实现就地查询。落实档案开放鉴定工作制度，对清代知县衙门、民国长寿县政府等5个全宗20906件档案进行逐卷逐件逐页鉴定，将20901件符合开放条件的文件条目向社会公众开放。

【档案信息化】 完成区直机关工委、区科委、区国土房管局、区安监局、区林业局、江南街道、海棠镇、石堰镇、洪湖镇、万顺镇等10余个单位档案数字化验收工作。2016年区档案馆接收5家单位档案进馆，全部按《重庆市长寿区档案局关于向区档案馆移交档案有关工作的通知》要求进行数字化，纸质档案和电子化副本经验收合格后同步移交；接收数字化案卷级目录1071条，文件级目录46128条，283989画幅，新增进馆档案电子化副本移交率100%。

【档案专项督查】 10月底，区档案局与区政府督查室联合组建专项督查组，采取单位自查与抽查相结合的方式对全区档案工作情况进行专项督查，对8个街镇、4个平台公司、8个部门进行重点督查。检查内容包含档案法律法规贯彻执行、档案工作组织保障、档案体制机制建设、档案收集整理、档案保管利用、档案信息化建设等方面。督查结果以督查专报向区领导报告，以《督查通报》在全区通报，对档案工作做得不好的单位在年终考核中实行倒扣分。

【档案利用】 继续执行“一次性”告知制度，坚持下班时间延时查档、节假日值班查档等制度，开通网络预约、电话预约查档服务，最大限度满足不同层次、不同地域查档者的需求；对委托代查、特殊利用等情况，提供优质高效服务。开设档案查阅大厅，设置自助查阅电脑9台，免费提供政府公开信息查阅服务。完善数字档案馆查阅系统整体功能，全面取消手工查阅登记，采用数字档案馆自动登记功能，软件后台及时记录利用人次、卷（件）次、利用内容等数据。全年接待机关、企事业单位和群众查阅档案8666人次，其中文书档案单位查询1138人次，个人查询6631人次；提供文书档案利用9496卷，职工档案利用查询897人次，为群众养老保险、医疗保险、婚姻登记、房产、土地等问题提供凭证。撰写利用效果典型事例6篇。

【档案业务】 与市档案局、市移民局、区移民局一起，开展三峡后续工作档案专题调研，完成长寿移民生态工业园东西大道工程、长寿凤城街道复元生态蔬菜园、长寿三峡库区生态屏障区2012年度生态林低效林改造项目、长寿江南绿化工程低效林改造项目、重庆长寿钢材物流仓储项目等7个三峡后续工作项目档案验收。参与重庆85万吨/年甲醇装置界区外配套公用工程改扩建项目（热电站、水厂子项目）、重庆市长寿区回龙寨至石回村公路改建工程等8个区级重点建设项目档案验收。受市档案局委托，与化医集团组成专家组对重庆川染能源供应有限责任公司的1个重点建设项目档案进行验收。

【行政权力清理】 年内清理行政权力事项22件。截至年底前，区政府明确取消的非行政许可审批事项3件。制订《长寿区档案局推行“双随机一公开”工作实施细则》和随机抽查事项清单，对部分单位进行随机抽查。 （李勇军）

体　育

【竞技体育】 坚持体教结合，竞技体育成效显著。成立长寿中学等7所（其中2016年新增2所）学校业余体校、江南九年制学校等6所校园足球学校和实验中学等11所特色体育项目学校，分别组建田径、游泳、拳击、跆拳道、柔道、射击、射箭等特色运动队，拥有在册在训运动员1398人。参加2016年市青少年锦标赛获得金牌34枚、银牌52枚、铜牌64枚；参加市五运会获得金牌38枚、银牌35枚、铜牌49枚，总分2888分，名列全市第三，创造长寿区历年最好成绩。承办2016年重庆市青少年羽毛球锦标赛、2016年重庆市武术散打擂台赛、2016年重庆市青少年射箭锦标赛等大型竞技赛事活动。全年向市级优秀运动队和高校输送体育人才30余人；全区有一级运动员资格15人、二级运动员资格30人。举办2016年“开心木门杯”长寿区第二届传统武术锦标赛。

【群众体育活动】 （详见本类目《概述》分目）

【体育产业】 （详见本类目《概述》分目）

（谭其军）

教育 科技

教　育

【概况】 2016年，围绕“办人民满意教育”的宗旨，以深化教育供给侧结构性改革为重点，加强教育系统党的建设和思想政治建设，促进教育公平，全面提高教育质量，优化教育结构，加快推进城乡教育一体化、教育信息化和教育现代化，教育事业“十三五”规划实现良好开局。年内，全区有各级各类学校213所（含教师进修校1所，农村成人文化技术学校18所），比2015年增加5所，增长2.4%；在校学生93006人，减少2131人，下降2.24%；在职教职工7892人，增加160人，增长2.07%；学校占地241.54万平方米，减少8.06万平方米，下降3.23%；校舍建筑面积119.49万平方米，增加10.29万平方米，增长9.42%；教育经费总收入16.68亿元，增加3.81亿元，增长29.60%；总支出16.70亿元，增加3.81亿元，增长29.59%。

【机构变动】 5月16日，区编委印发《关于同意新市、八颗街道辖区学校更名的批复》（长编发〔2016〕19号），将重庆市长寿区新市镇中心小学校（挂重庆市长寿区新市镇教育管理中心牌子）更名为“重庆市长寿区新市街道中心小学校（挂重庆市长寿区新市街道教育管理中心牌子）”，重庆市长寿区新市镇初级中学校更名为“重庆市长寿区新市街道初级中学校”；重庆市长寿区八颗镇中心小学校（挂重庆市长寿区八颗镇教育管理中心牌子）更名为“重庆市长寿区八颗街道中心小学校（挂重庆市长寿区八颗街道教育管理中心牌子）”，重庆市长寿区八颗镇初级中学校更名为“重庆市长寿区八颗街道初级中学校”；其他不变。

6月30日，区编委印发《关于同意设立凤城、菩提街道教管中心的批复》（长编发〔2016〕46号），同意设立凤城街道教管中心和菩提街道教管中心。凤城街道教管中心在凤城一小挂牌，负责凤城街道辖区内凤城一小、凤城二小、古佛小学的管理，负责凤城街道辖区内成人教育、学前教育和经区教委批准的民办学校的行业管理；凤城一小其他不变。菩提街道教管中心在桃花九年制学校挂牌，负责菩提街道辖区内桃花九年制学校的管理，负责菩提街道辖区内成人教育、学前教育和经区教委批准的民办学校的行业管理；桃花九年制学校其他不变。同日，区编委印发《关于同意设立重庆市长寿区晶山小学校的批复》（长编发〔2016〕47号），同意设立重庆市长寿区晶山小学校，为区教委管理的公益一类事业单位，机构规格正科级，经费形式为财政全额拨款；核定编制60名，其中校长1名、副校长2名。同日，区编委印发《关于同意新市、八颗街道辖区学校更名的批复》（长编发〔2016〕48号），将重庆市长寿区新市镇实验小学校更名为“重庆市长寿区新市街道实验小学校”，重庆市长寿区八颗镇八颗小学校更名为“重庆市长寿区八颗街道八颗小学校”，重庆市长寿区八颗镇梓潼小学校更名为“重庆市长寿区八颗街道梓潼小学校”；其他不变。

9月7日，区委教育工委、区教委印发《关于同意撤销重庆市长寿区石堰镇红灯小学校的批复》（长教工委发〔2016〕60号）、《关于同意撤销重庆市长寿区葛兰镇星火小学校的批复》（长教工委发〔2016〕61号）。

9月14日，区委教育工委、区教委印发《关于同意撤销重庆市长寿区云集镇高凤小学校的批复》（长教工委发〔2016〕64号）。

11月22日，区编委印发《关于调整区教委机关及下属事业单位编制的通知》（长编发〔2016〕99号），将区教委行政编制由32名核减为27名，核减的5名行政编制划转至区纪委派驻纪检组。

11月23日，区委办印发《〈关于全面落实区纪委向区一级党和国家机关派驻纪检机构的方案〉的通知》（长寿委办发〔2016〕67号），设置区纪委驻区教育委员会纪检组，机构规格副处级，负责监督区教委，核定编制数3名，其中纪检组组长1名、副组长1名；撤销区教育纪工委、监察室，其编制和领导职数全部划转，由区纪委统筹调剂使用。

【学前教育】　坚持公办民办并举，全区有幼儿园95所，其中公办幼儿园35所，民办幼儿园60所；示范级幼儿园1所，一级幼儿园33所，二级幼儿园23所，三级幼儿园30所，未定等级幼儿园8所。有幼儿教师1351人，在园幼儿16708人；每万人口在园幼儿185.64人，比2015年增加1.91人，增长1.04个百分点。贯彻《幼儿教育纲要》，落实《3~6岁儿童学习与发展指南》，实施第二期学前教育三年行动计划，学前一年和学前三年入园率分别为95.36%和89.02%。针对学前教育小学化倾向等突出问题，加大检查指导力度，规范幼儿园办园行为。加强学前教育师资建设，全年招录公办幼儿教师30人。贯彻落实总书记习近平在重庆视察时关于学前教育发展的新要求，认定普惠性幼儿园9所，普惠率占全区78所幼儿园的82.11%。

【义务教育】　全区有义务教育阶段学校96所，其中公办小学65所，九年制学校7所，街镇初级中学13所，高完中学校初中部8个，民办小学2所，民办初中1所。有教职工5135人，在校学生58641人；每万人口在校义务教育阶段学生651.57人，比2015年减少12.59人，下降1.9个百分点。实行划片招生、免费免试就近入学，小学入学率、巩固率均为100%，初中入学率、巩固率分别为100%和99.3%。坚持“统筹城乡，扬峰填谷，均衡发展，整体提升”的工作思路，采取调整网点布局、优化师资配置，实施教育信息化、城乡学校结对帮扶，治理农村薄弱学校等措施，全区城乡中小学校日趋均衡。3月25日，长寿区被国务院教育督导委员会认定为义务教育发展基本均衡区。

【普通高中教育】　以打造优质高中群为目标，实施普通高中扩容工程，有普通高中学校8所，其中市级重点中学4所。有教职工1158人，在校学生13704人。坚持普通高中招生“三限”（限人数、限分数、限钱数）政策，深化招生制度改革，市级重点中学招生指标85%分配到校，确保薄弱学校重点中学升学配额。普通高中教育入学率69.94%，比2015年增长1.88个百分点；每万人口在校普通高中学生152.27人，减少7.98人，下降4.98个百分点。推进捆绑发展战略，普通高中教育质量稳步提高。高考参考5849人，上线5655人，上线率96.68%，增长1.76个百分点；其中重本上线811人，增加137人，增长20.33%。

【职业教育】　有中等职业学校2所，其中公办1所，民办1所；国家级重点中等职业学校1所，市级重点中等职业学校1所；教职工215人，在校学生3830人。围绕产业发展和市场需求，制定推进职业教育校企合作管理办法，实现“产教互动”“园校互动”。完善职业教育多元办学体制，重庆市医药学校与重庆医药高等专科学校和重庆三峡医药专科学校、重庆行知职业学校与重庆轻工职业学院联合办学，采取“五年一贯制”“3+4”等方式，完善人才培养链条。规范中职招生秩序，严禁买卖生源，年内招生1307人。拓宽就业渠道，中职毕业生1271人，就业1259人，就业率99.06%，专业对口率89.05%。重庆化工职业学院迁入长寿，2016年9月开学。

【民办教育】　严格按照标准、条件、程序，年内新审批教育培训机构5个、民办幼儿园3所。规范办学行为，对31个民办教育培训机构、60所民办幼儿园、2所民办小学、1所民办初中、1所民办中等职业学校进行年检，全部合格。6所民办幼儿园通过重庆市一级幼儿园检查验收。探索公、民办学校联建机制，把民办小学、民办普惠性幼儿园纳入公共财政保障范围，民办普惠性幼儿园新增8所，总计43所。

【成人教育】　依托18所农村成人文化技术学校，结合现代农业园区发展和农村产业结构调整，开展培训38期次，培训劳动力22061人次，发放宣传资料7.1万份。开展社区教育，抓好区、镇（街）、村（社区）三级公共文化服务体系建设，完善阅读设施，为群众阅读提供方便；开展“长寿区2016年全民阅读暨‘4·23’世界读书日启动仪式”，700余人参加活动。成人高考报名282人，参考261人，参考率92.55%；上线205人，上线率78.54%；录取219人，录取率83.91%。

组织自学考试2场，报名637科次；培养定向长寿区的合格专门人才10人，其中本科毕业生7人，专科毕业生3人。

【特殊教育】 实施《特殊教育提升计划（2014—2016年）》，建立财政为主、社会支持、全面覆盖的特殊教育服务保障机制，形成政府主导、部门协同、各方参与的特殊教育工作格局。有特殊教育机构1所，即重庆市长寿区特殊教育学校，是区内唯一针对特殊人群开办的九年一贯制公办学校，主要招收听力言语障碍、智力障碍的适龄儿童和在普通学校学习困难的走读学生；教职工33人，在校学生123人。全区视力、听力、智力残疾儿童少年义务教育入学率达到92.6%。

【基础设施】 大宗物品纳入政府集中采购，基础设施实行“建管分离”的代建制。投入2.71亿元实施公办义务教育阶段学校标准化建设，标准化率98%。按照《长寿区城区普通中小学布点规划（2013—2020）》开展重点项目建设，长寿中学晶山校区、晶山小学、实验一小古镇校区于9月建成投用。新市中心幼儿园、长寿湖中心幼儿园、示范幼儿园总园进入装修阶段；云台镇中心校扩建、石堰镇黎明小学迁建等农村学校改造和龙河中心园等农村幼儿园建设项目有序推进。实施“全面改薄”（即全面改善义务教育薄弱学校办学条件）项目51个，投入9922.37万元，改扩建校舍建筑面积4.86万平方米，新建运动场地8.63万平方米、围墙（大门）1300米。实行校舍维修长效机制，投入2003.9万元，维修项目78个，学校办学条件持续改善。

投入960万元，持续实施教育信息化提升工程。推进“三通两平台”建设，完成教育城域网、教育信息网、OA办公系统改版升级，实现电信、移动、联通三网互通合一。加强网络安全管理，改造教育城域网学校接入层交换机，涉及项目学校83所，保障学校网络安全。持续完善教育技术装备配备，新建六大功能室26间、实验室10间、计算机教室18间，购置电脑1002台、投影机180台、图书6.6万册。班班通、校校通、计算机配备、校园网实现全覆盖。六大功能室、实验室、图书室配备率100%，设备配置率91%。投入267.2万元实施课桌椅升级更换项目，采购课桌椅1.1万套、学生食堂餐桌凳1864位。

【队伍建设】 加强师德师风建设，开展“教师作出公开承诺”“师德对照检查”“教师家访进万家”“长寿好老师”演讲比赛、践行社会主义核心价值观等师德主题实践活动，中小学教师职业道德考核评价活动，“陶冶情操、提升素质、做四有教师”主题教育和选树先进典型活动，评选表彰师德师风十佳标兵10人、师德师风十佳标兵提名奖10人、先进个人70人。开展“寻找最美教师”活动，龙河镇乐温小学冉邦全、石堰镇中心校王凤、海棠镇清泉小学郑江获“重庆市最美乡村教师”称号，江南九年制学校白娟获“重庆市最美支教教师”称号，桃源小学余艳梅获“重庆市最美创新教师”称号，实验一小儿童课程研发团队、桃源小学美术组获“重庆市最美教师团队”称号。

教师招录与交流。按照公平、公正、公开原则，年内招聘教师268人，其中城区学校定点招录83人（免费师范毕业生31人），农村学校定点招录33人，农村边远高寒紧缺学科计划招录50人，引进研究生15人，特色体育教师8人，城区学校选调教师79人；比2015年增加57人，增长27.0%。继续实施市级教育改革试点项目——教师交流轮岗工作，交流轮岗教师535人，其中变动组织人事关系的交流轮岗194人，不变动组织人事关系的交流轮岗341人，交流教师占专任教师的8.34%，占符合交流轮岗条件教师的48.45%；交流区级以上优秀人才140人，占交流教师的26.32%。调动教师258人（含调出26人、调入33人、区教育系统内调动199人），解聘教师15人，商调教师31人，借调教师41人。

编制及职称评定。建立编制动态调整机制，统一城乡中小学编制标准，在重新核定编制过程中向乡村学校倾斜。全区教育事业单位核定编制总额7151名，其中中小学教职工编制6051名（小学3014名，初中1749名，普高1288名），教育自定编制1100名（幼教770名，成教39名，特教41名，其他250名）。幼儿园、小学、初中、普高、职教教职工编制配备率分别为40.3%、98.4%、129.4%、76.4%、77.7%。推进职称改革，核定全区教育系统岗位7149个，其中专业技术岗位6995个、管理岗位32个、工勤岗位122个。采取“退二进一”等方式，新聘专业技术人员447人，其中高级150人，中级270人，初级27人。

师资培训。严把教师“入口关”，加强教师资格规范化管理，认定并发放相应类别教师资格证书116人。开展普法活动，加强教师法制教育，6304人参加2016年法制理论考试，合格6297人，合格率99.89%。开展高级教师、一级教师教学水平考评，参考918人，涉及学科16个，获得“优秀”等级115人，“合格”791人，合格率98.69%。教师培训实行学分管理，坚持“教科研训四位一体”培训理念，构建“国家级—市级—区级—片区—学校”五级培训网络，投入经费1130万元，开设培训项目69个，参培教师58867人次，在职教师人均培训9.06次/年，人均85.8学时/年。打造名教师、骨干教师队伍，有区级及以上名教师、学科带头人、骨干教师766人，占在职在编教职工总数的11.8%；实施“特级教师培养计划”，筛选20人作为培养对象；新评市级骨干教师21人。

【德育及艺术教育】　以立德树人为根本，以共青团、少先队辅导员队伍建设为重点，挖掘社会主义核心价值观内容的丰富内涵，开展“长寿区首届最美孝心少年”评选活动、“共建文明城·校园在行动”系列活动、全民阅读之“新风行动”系列展演活动、“知我长寿”知识竞赛活动、“阅读达人”家庭竞赛活动，以及健康教育、法制教育、禁毒教育、家校（社区）共育等各类主题教育活动3000余场次。注重母语教育，成功举办“长寿区第三届中学生规范汉字听写大赛”，推选桃花九年制学校组队代表长寿区参加“重庆市第三届中学生规范汉字听写大赛”，获全市第二名。抓好德育工作，推动特色学校建设，晏家实验小学、江南九年制学校、长寿湖九年制学校被命名为“重庆市美丽校园”，黄桷湾小学获“重庆市2016年最美校园书屋”称号，凤一校、桃源小学、实验中学、新市中心校被命名为“第三批重庆市艺术体育特色学校”。在全市第七届中小学生艺术展演活动班级合唱展评中，实验一小等7所学校获一等奖，实验三小等7所学校获二等奖，新市街道实验小学等11所学校获三等奖；在市第三届中小学生合唱艺术节学校合唱团现场比赛中，云台中学获一等奖，长寿中学获二等奖；在第三届重庆市青少年书·画·文·影大赛中，实验三小陶垚等7名学生获特等奖。

【体育及健康教育】　以6所“青少年校园足球活动学校”、5所“青少年业余体校”和5个“市级体育后备人才基地”为辐射点，研发摔跤、跳绳、滚铁环等18项传统体育校本课程，开展阳光体育运动，形成“人人有体育项目，班班有体育活动，校校有体育特色”的氛围。贯彻“足球从娃娃抓起”，开展全区校园足球联赛353场次，择优参加重庆市片区联赛，实验中学高中女足队蝉联冠军，该校初中女足队获得亚军；在全市总决赛中，实验中学初中女足队获全市第七名。开展全区中小学生田径运动会和篮球、乒乓球、羽毛球等专项比赛，提升体育运动水平，增强学生体质。在重庆市第五届运动会中，长寿区青少年代表队获得金牌38枚、银牌35枚、铜牌49枚，总成绩2888分，列全市第三位，取得长寿区参加市运会的最好成绩。在其他竞技比赛中，江南九年制学校柔道队获市青少年柔道锦标赛乙组团体总分第一名；实验中学跆拳道队获市青少年跆拳道锦标赛女子甲组乙组团体总分第一名、男子甲组团体总分第三名；长二中摔跤队获市青少年摔跤锦标赛团体总分第三名。抓好学生健康及卫生教育，对全区7万余名中小学学生进行常规健康体检。关注学生心理健康，投入103万元新建标准化心理咨询室8间，帮助解决学生思想、生活方面存在的疑惑和困难。

【科技教育】　从打造科技教育强区出发，把握“自主创新、重点跨越、支撑发展、引领未来”的新时期科技发展方向，培养学生仔细观察、缜密思考、善于创新的学习习惯，调动学生学科学爱科学的积极性。在第三十届全国青少年科技创新大赛中，学生陈羿羽的科幻画《垃圾转换器》获二等奖，修伟的科技发明《喷雾式粉墙毛刷》获三等奖；推选36件作品参加市第三十一届青少年科技创新大赛终评，获一等奖5件、二等奖8件、三等奖21件；在第十三届宋庆龄少年儿童发明奖重庆市评选活动中，获金牌8枚、银牌6枚、铜牌9枚，葛兰中心校一分部被评为创新型学校；八颗中心校教师王伟被区委、区政府评为长寿区2016年度“十大创新人才”。组织参加市第三届生态文明知识竞赛暨中小学“生命之水”科普教育主题活动，实验中学等3所学校被评为先进学校。

【教研科研】　落实《区教委关于深入推进高效课堂建设的指导意见》，加强教研转型研究，自主研发高效课堂“双主六步教学模式”，把立德树人、培养学生核心素养贯穿教学始终。实施市、区级“领雁工程”项目，以新教育实验为平台，立足18项市级课题、149项区级课题，开展区教师进修校教研员集体视导、送课到校等活动，推进课程改革，开展教育科研课题研究。全年开展区级教研活动135次、专题讲座84次，组织100余名骨干教师到江苏海门、湖北隋县、四川宜宾、成都武侯参加新教育“每月一事”开放活动和高峰论坛，推荐15位先进个人、5所先进实验校、3位榜样教师、2个完美教室、1项卓越课程参加2016年年会评选、表彰。选拔参加重庆市2016年“一师一优课、一课一名师”活动，获得国家教育部优课31节，获市级奖163节（其中特等奖10节，一等奖63节，二等级90节）。组织开展全区第八届小学教师课堂教学技能大赛，评出一等奖45名、二等奖64名、三等奖44名。举行长寿区2016年中小学幼儿园教师“微课”制作比赛，评出一等奖32名、二等奖64名、三等奖97名。

【安全维稳】 完善校园安保体系，投入1592万元购买校园保安服务，有校园安保人员2412人（其中专兼职保卫干部308人、护校巡逻队员1588人、专职校园保安516人）。更换校园视频监控镜头861个，新安装110联网报警系统3套，校园安防器材配备率100%。分片开展4期培训，提升校园保安人员的思想素质和业务技能。建立健全安全工作制度，层层签订安全工作责任书，规范校车管理；开展校园周边环境综合治理；坚持每月矛盾纠纷和安全隐患排查调处，整治、排除9大类18项97处安全隐患。持续推进安全法制进教材、进课堂、进头脑，做到师资、教材、课时、经费“四落实”，学校每期开展应急演练活动2次以上。加强维稳工作，年内接待、受理群众来信来访244（件）次，化解矛盾纠纷。全区法人学校均为重庆市“平安校园”，创建率100%。

【党群工作】 开展“两学一做”学习教育，加强党对教育工作的领导，全区教育系统2672名中共党员用实际行动贯彻上级决策部署，践行入党誓言，推动教育发展。开展庆祝建党95周年系列活动，加强基层党组织建设，发展新党员23名；区委教育工委评选出20个先进基层党组织、20名优秀党务工作者、99名优秀共产党员。加强党风廉政建设，落实“两个责任”，办理信访件37件，办结率100%。贯彻执行新修订的《干部选拔任用条例》，提任干部36人。抓好工会及妇女工作，完善工会组织片区活动机制，开展健身步行、诗歌朗诵、演讲比赛、趣味运动会等活动77场次。落实专项资金，关心、支持退休教师协会、关心下一代工作委员会工作。壮大共青团、少先队组织，发展团员5372人、少先队员5263人。开展“慈善双日捐”活动，筹集善款51.55万元。慰问困难教职工206人，发放慰问金10.32万元。召开教育系统人大代表、政协会员、民主党派人士座谈会3场次，办理人大代表建议、政协委员提案41件，办结率100%，满意率100%。开展精准扶贫工作，区教委35名机关干部与双龙镇35户贫困户结对帮扶，找准致贫原因，制定帮扶计划和措施，帮助贫困户顺利脱贫。

【教育民生】 依托48个“留守儿童之家”和409个学校（村居）关工委工作室，全面推进“校·村（社区）联动”模式，关爱留守儿童、贫困儿童、残疾儿童健康成长。落实覆盖学前教育到高等教育的各项资助政策，资助金额1.09亿元（不含营养午餐和学生营养奶工程、免义务教育住校生住宿费、免作业本费和免费提供教辅资料费等项目），惠及学生31.61万人次（其中学前教育资助718.01万元，惠及幼儿2.76人次；义务教育资助4178.8万元，惠及学生23.36万人次；普通高中教育资助1177.77万元，惠及学生14.34万人次；中职教育资助1254.03万元，惠及学生1.75万人次；高等教育资助363.8万元，惠及学生0.21万人次；大学生生源地信用助学贷款1582.86万元，办理助学贷款学生0.22万人次）。发放重庆市渝联商贸有限责任公司助学专项基金10万元，资助贫困高考学生10人。农村义务教育学生营养改善计划“扩面提质”，贫困中小学生免费享受午餐，投入932.62万元，惠及学生1.66万人次。落实“长寿区农村教师生活补贴”和“乡镇工作补贴”政策，补助教师3226人，补助资金1531.9万元。加快教师周转宿舍建设，投资139.5万元，改扩建131套，建筑面积5626平方米。

【教育督导】 加强督政督学工作，完善督导检查结果公告制度和限期整改制度，强化督导结果运用，强化问责追责。修订完善年度综合督导相关指标，印发《长寿区2015—2016学年度综合督导方案》。11月开展全区教育系统综合督导评估，评出一等奖25个、二等奖23个、三等奖11个，督导工作先进个人124人。加强督学队伍建设，组织区政府督学和责任区督学参加专业培训125人次，征集督学工作典型案例18篇。结合长寿教育实际开展教育督导机构建设专题调研和“教育信息化”等7项区级专项督导。重视民调工作，成立区教委教育基层基础工作办公室，定期向区委、区人大、区政府、区政协领导和区考核办书面报告工作开展情况；全年拨打有效电话9438个，面向全社会征求对教育的意见和建议195个，落实解决163个，限期整改32个。

【教育大事记】 2016年5月4日，重庆市政协副主席、民进重庆市委主委陈贵云一行，在区政协主席张华，区委常委、统战部部长何以龙，区政府副区长、民进区委主委霍家勤等陪同下，走进桃源小学调研和指导新教育工作。陈贵云指出：桃源小学以新教育实验为载体，确立“都市桃花源，人人真善美”的办学愿景和“幸福在一起”的校训，坚持“育人为本的价值取向、有教无类的公平追求、因材施教的个性发展”三大教育理念，围绕营造书香校园、开展儿童课程、构筑理想课堂、教师专业发展、推进每月一事、培养卓越口才、建设数码社区、研发卓越课程、缔造完美教室、家校合作共育等板块，是一所名副其实的新教育实验示范学校。

（聂 鹏）

表38　　2016年长寿区教育事业情况

单位：所、人

	学校数（所）	毕业生数（人）	招生数（人）	在校生数（人）	教职工数（人）	
					合计	其中专任教师
总计	194	26759	26959	93006	7892	6739
中等职业教育	2	1271	1307	3830	215	166
普通高中	8	5266	4502	13704	1158	1013
普通初中	21	6580	6538	18921	2421	2126
普通小学	67	6927	5626	39720	2714	2696
特殊教育	1	5	20	123	33	30
学前教育	95	6710	8966	16708	1351	708

表39　　2016年长寿区办学条件情况

	占地面积（万平方米）	校舍面积		运动场地面积（万平方米）	固定资产值		图书		教学用计算机（台）
		合计（万平方米）	其中教学行政用房（万平方米）		合计（万元）	其中教学仪器设备值（万元）	合计（万册）	其中电子图书（万册）	
总计	241.54	119.49	74.17	85.11	12.26	1.35	181.21	4014.21	10835
中职教育	25.31	14.02	10.32	4.78	0.57	0.21	13.29	5.61	950
普通高中	68.12	32.68	18.23	25.52	3.69	0.39	52.82	954.82	2937
普通初中	42.69	21.03	10.66	13.48	1.11	0.19	38.48	193.27	1665
普通小学	88.38	39.58	25.59	35.33	6.19	0.49	66.12	1462.64	4663
特殊教育	0.91	0.61	0.41	0.11	0.11	0.01	0.22	0.36	12
学前教育	16.13	11.57	8.96	5.89	0.59	0.06	10.28	1397.51	608

表40　2016年长寿区教育经费与办学水平情况表

类别	单位	数量	类别	单位	数量
教育经费总收入	万元	166799	每万人口在园幼儿数	所	185.64
其中：国家财政性教育经费	万元	158453	每万人口在校小学生数	人	441.33
社会捐、集资办学经费	万元	0	每万人口在校初中生数	人	210.23
事业收入	万元	7892	每万人口在校高中阶段学生数	人	194.82
教育经费总支出	万元	167036	学前三年毛入园率	%	89.02
其中：事业性经费支出	万元	166993	小学适龄人口入学率	%	100
基本建设投资项目支出	万元	685	初中适龄人口入学率	%	100
财政预算内教育经费支出占财政支出的比例	%	15.34	高中阶段教育入学率	%	97.78
政府教育财政拨款的增长与财政经常性收入的增长比例	%	1.11	小学毕业生升入初中比例	%	100
小学生均预算内教育事业费	元	9192	初中毕业生升入高中阶段教育比例	%	97.78
初中生均预算内教育事业费	元	12270	教育人口占总人口的比例	%	10.33
普通高中生均预算内教育事业费	元	13649	人均受教育年限	年	12.16
中等职业学校生均预算内教育事业费	元	18410			
小学生均预算内公用经费	元	3028			
初中生均预算内公用经费	元	3873			
普通高中生均预算内公用经费	元	5481			
中等职业学校生均预算内公用经费	元	12292			

注：以上数据包含民办教育，数据来源于《2016－2017年学年初长寿区教育事业统计综合报表》和《2016年全国教育经费统计报表》

（重庆市长寿区教育委员会提供）

科　技

【概况】　2016年，长寿区全力推动科技与经济社会发展深度融合，实施科技项目53项，资助325万元；建成经开区院士工作站2个，建成博士后科研工作站等各级各类创新服务平台25个，建成川维、重钢等国家级技能大师工作室2个、市级技能大师工作室2个。新培育市级企业技术中心7家、市级工程技术研究中心1个、区级研发创新中心10个；完成“重庆市科技小巨人培育专项行动创投每周行”评审，评选出10个优胜项目，按照每个科技小巨人给予10万元补助奖励，补资奖励100万元。

重庆市长寿区科学技术委员会（简称区科委，挂重庆市长寿区知识产权局牌子）是主管全区科技工作的区政府工作部门；有内设机构2个：办公室（挂防震减灾科）、科技管理科（挂知识产权科）；直属事业单位2个：长寿区地震观测站、长寿区知识产权服务中心。2016年，坚持创新、协调、绿色、开放、共享的发展理念，夯实科技创新基础，优化科技资源配置，强化科技公共服务，加强产业技术创新，培育发展新兴产业，推动长寿经济社会快速发展。区科委2016年获区效能建设二等奖。

【科技体制】　长寿区深化科技体制机制改革，健全完善科技创新政策。区委十二届九次全会审议通过《深化改革扩大开放深入实施创新驱动发展战略的意见》，建立长寿区创新驱动发展战略工作联席会议制度；出台《长寿区创新驱动发展战略专项资金管理办法（试行）》《长寿区科技型企业培育管理实施细则》《重庆市长寿区企业研发创新中心认定和管理暂行办法》等创新激励政策；修订《重庆市长寿区专利资助奖励办法》，加大对创新驱动发展的政策扶持奖励，推动科技与经济社会发展深度融合。

【开放合作】 构建开放式创新格局。先后与清华大学、重庆大学等20余所知名高校、院所建立技术依托和协作关系，搭建一批产业技术创新联盟。长寿经开区成功引进清华控股集团“华控创新（重庆）药物研究院”、复兴集团创新药研发中心、亚特科技新能源汽车开发研究中心、世原汽车零配件开发研究中心、大宗国际电子信息技术开发中心等一批研发型企业和机构。长寿工业园区与中科院重庆绿色智能技术研究院签订“重庆长寿·中科未来城”合作框架协议，协议共建健康科技产业基地、智能制造与新能源产业基地、通用航空产业基地、长江生态环境科创基地和中科院重庆研究院长寿技术转移中心“四基地一中心”。长寿开放式创新格局雏形初显。

长寿区第一届创业、创新“双创”人物颁奖仪式

【科技园区】 以科技园区作为引领科技创新和产业升级的示范载体，以科技活动的空间集聚实现科技创新的规模效应，更多依靠创新驱动、更多发挥先发优势引领发展。长寿经开区成功升创国家知识产权示范园区，长寿现代农业园区成功申报国家农业科技园区，街镇工业走廊（工业园区）正创建市级特色产业园区。成功打造顾唯·智慧创梦工场、健康家佳、渔智汇市级“众创空间”3家，建成市级科技企业孵化园1家（长寿经开区孵化园）、区级科技孵化器1家（长寿工业园区孵化器），培育长寿菩提古镇旅游文化、电商产业园等市级微企孵化园3个、区级微企孵化园4个；建成沙田柚、晚熟柑橘等市级农业科技专家大院2家和区级农业科技专家大院3家。

【科技创新】 坚持创新驱动引导与专利能力提升并举，促企业转型升级。以长寿化工、钢铁、新材料、装备制造等主导产业为重点，创新驱动引导和专利能力提升计划两手并举，引导激发企业科技创新活力。创新驱动引导采取“创新专项资金引导＋科技计划项目资助＋科技进步奖励＋专利资助”方式，集成资源攻克新技术、开发新产品。2016年实施科技项目53项，资助325万元；组织历年项目结题39个，资金211.4万元；开展科技创新奖30项，奖金304.5万元。新培育高新技术企业14家，有效期内高新技术企业有30家，培育科技型企业82家；新认定高新技术产品82个；通过企业研究开发费用税前加计扣除鉴定项目43个；创建区域创业团队2个；成功举办长寿区第一届创新创业“十大双创”人物评选活动；科技成果登记50件；技术合同交易10个，金额1.01亿元。

【创新环境】 实施科技人才培养计划，重点配合市科委实施新产品研发团队建设项目、新产品创新青年科技人才培养项目、科技领军人才培养项目、科技领军人才促进项目。采取“请进来，走出去”的方式对科技干部、企业骨干进行培训、考察，开阔视野，提升创新能力。建立科技特派员制度，选派科技特派员到双龙镇、重钢等企事业单位开展科技创新技术指导、新技术推广与运用。加强科学技术知识的普及和宣传，开展文化、科技、卫生“三下乡”“4·26”世界知识产权日、科技活动宣传周、“5·12”防灾减灾日等宣传活动，展出各类成果展板60余块、发放各种宣传资料1万余份。

（汤世华）

表 41　　2016 年长寿区高新技术企业一览

序号	企业名称
1	重庆拓阳科技有限公司
2	重庆长源饲料有限公司
3	福安药业（集团）股份有限公司
4	重庆天珠科技有限公司
5	重庆欣欣向荣精细化工有限公司
6	重庆鹏越科技发展有限公司
7	重庆鸽牌电工材料有限公司
8	重庆望变电气（集团）股份有限公司
9	重庆市益丰生物肥有限公司
10	重庆瑞霆塑胶有限公司
11	重庆斯泰克瑞登梅尔材料技术有限公司
12	重庆强达力科技发展有限公司
13	重庆鸽牌电瓷有限公司
14	重庆市库格尔电子有限公司
15	重庆鼎盛印务股份有限公司
16	重庆康乐制药有限公司
17	重庆沈通变压器有限公司
18	重庆新川塔实业股份有限公司
19	重庆中节能三峰能源有限公司
20	重庆万斯金属特种成形有限公司
21	重庆凯林制药有限公司
22	重庆华彩化工有限责任公司
23	重庆康普化学工业有限公司
24	重庆永宏石油化工设备有限公司
25	重庆英斯凯化工有限公司
26	重庆博腾制药科技股份有限公司
27	重庆市泓淋科技有限公司
28	重庆云天化纽米科技股份有限公司
29	重庆市九龙橡胶制品制造有限公司
30	重庆长寿捷圆化工有限公司

表 42　　2016 年长寿区企业研发创新中心一览

序号	企业名称	中心名称
1	重庆斯泰克瑞登梅尔材料技术有限公司	重庆市长寿区功能性药用辅料研发创新中心
2	重庆凯林制药有限公司	重庆市长寿区原料药研发创新中心
3	重庆康乐制药有限公司	重庆市长寿区喹啉类合成药物研发创新中心
4	重庆市泓淋科技有限公司	重庆市长寿区 3C 信号链接技术研发创新中心

续表

序号	企业名称	中心名称
5	重庆鸽牌电瓷有限公司	重庆市长寿区瓷绝缘子及绝缘釉材料研发创新中心
6	重庆康普化学工业股份有限公司	重庆市长寿区金属溶剂萃取工程技术研发创新中心
7	重庆华彩化工有限责任公司	重庆市长寿区精细化工研发创新中心
8	重庆望变电气（集团）股份有限公司	重庆市长寿区输配电设备工程技术研发创新中心
9	重庆渝达六星动力机械有限公司	重庆长寿区通用汽油机缸头研发创新中心
10	重庆莱美隆宇药业有限公司	重庆市长寿区化学原料药研发创新中心

表43　**2016 年长寿区新增高新技术产品一览**

序号	产品名称	企业名称
1	建筑用低阻燃绝缘 PVC 管材（φ16）	重庆鸽牌电工材料有限公司
2	φ50 冷热水用 PPR 管材	重庆鸽牌电工材料有限公司
3	DK12－07 汽油电喷发动机	重庆小康动力有限公司
4	TRφ20 含银铜杆	重庆鸽牌电工材料有限公司
5	硫酸羟氯喹	重庆康乐制药有限公司
6	磷酸哌喹	重庆康乐制药有限公司
7	二苯甲基硫代乙酰胺	重庆康乐制药有限公司
8	西洛他唑	重庆康乐制药有限公司
9	金属萃取剂 MEXTRAL860H	重庆康普化学工业股份有限公司
10	S13 系列立体卷铁心油浸式电力变压器	重庆望变电气（集团）股份有限公司
11	DK15 汽油电喷发动机	重庆小康动力有限公司
12	交联聚维酮	重庆斯泰克瑞登梅尔材料技术有限公司
13	ZBW－12/0.4 系列预装式变电站	重庆望变电气（集团）股份有限公司
14	金属萃取剂（Mextral OR5774H）	重庆康普化学工业股份有限公司
15	SCB11（10）系列宽铁芯窄风道干式变压器	重庆望变电气（集团）股份有限公司
16	表面活性剂	重庆康普化学工业股份有限公司
17	金属萃取剂（Mextral984H）	重庆康普化学工业股份有限公司
18	羟基壬基醛肟（Mextral 5640H）	重庆康普化学工业股份有限公司
19	燃气－蒸汽联合循环发电服务	重庆中节能三峰能源有限公司
20	GGD 系列低压成套开关设备	重庆望变电气（集团）股份有限公司
21	S13－M 系列高过载油浸式电力变压器	重庆望变电气（集团）股份有限公司
22	苯乙酮肟	重庆康普化学工业股份有限公司
23	保坍剂	重庆健杰科技有限公司
24	KYN28 系列户内金属铠装抽出式开关柜	重庆望变电气（集团）股份有限公司
25	1080 型玻璃纤维布	重庆天勤材料有限公司
26	U160BP/155D 交流盘形悬式瓷绝缘子	重庆鸽牌电瓷有限公司
27	苯甲醛肟	重庆康普化学工业股份有限公司
28	U120BP/146D 交流盘形悬式瓷绝缘子	重庆鸽牌电瓷有限公司

续表

序号	产品名称	企业名称
29	泡沫陶瓷保温板	重庆双渝工业陶瓷有限公司
30	QBSG-25/12 电气化铁路接触网用棒形瓷绝缘子	重庆鸽牌电瓷有限公司
31	凡尔座（压裂泵阀座）	重庆永宏石油化工设备有限公司
32	N-甲基-4-溴-2-氟-苯甲酰胺	重庆博腾制药科技股份有限公司
33	缸盖压帽（压裂车柱塞根压帽）	重庆永宏石油化工设备有限公司
34	减水剂	重庆健杰科技有限公司
35	盐酸克林霉素	重庆朗天制药有限公司
36	N-BOC-4-氧代-L-脯氨酸叔丁酯	重庆博腾制药科技股份有限公司
37	生态透水砖	重庆双渝工业陶瓷有限公司
38	陶瓷气泡石	重庆双渝工业陶瓷有限公司
39	1506 型玻璃纤维布	重庆天勤材料有限公司
40	挡油铜套（铜盘根压裂车）	重庆永宏石油化工设备有限公司
41	耐酸陶瓷	重庆双渝工业陶瓷有限公司
42	金合蚊香	重庆金合蚊香制品有限公司
43	乙基香兰素	重庆欣欣向荣精细化工有限公司
44	金蛙蚊香	重庆金合蚊香制品有限公司
45	包装袋	重庆鼎盛印务股份有限公司
46	AG095 中冷气室	重庆万斯金属特种成形有限公司
47	聚乙烯桶/蓝方	重庆新天包装材料有限公司
48	卷膜	重庆鼎盛印务股份有限公司
49	甲钴胺	重庆莱美隆宇药业有限公司
50	方底袋	重庆强达力科技发展有限公司
51	生物有机肥	重庆拓阳科技有限公司
52	纳米炭	重庆莱美隆宇药业有限公司
53	PPR 管材	重庆新川塔实业股份有限公司
54	埃索美拉唑	重庆莱美隆宇药业有限公司
55	磷酸氟达拉滨	重庆莱美隆宇药业有限公司
56	PE 燃气管材	重庆新川塔实业股份有限公司
57	PE 波纹管	重庆新川塔实业股份有限公司
58	炎琥宁	重庆莱美隆宇药业有限公司
59	伏立康唑	重庆莱美隆宇药业有限公司
60	PE 吹塑薄膜	重庆瑞霆塑胶有限公司
61	PVC 管材	重庆新川塔实业股份有限公司
62	氨曲南	重庆莱美隆宇药业有限公司
63	盐酸格雷司琼	重庆凯林制药有限公司
64	产蛋鸡高峰期配合饲料 353	重庆长源饲料有限公司
65	盐酸米托蒽醌	重庆凯林制药有限公司
66	产蛋鸡高峰期配合饲料 333	重庆长源饲料有限公司

续表

序号	产品名称	企业名称
67	产蛋后备鸡（蛋中鸡）配合饲料321A	重庆长源饲料有限公司
68	克林霉素磷酸酯	重庆凯林制药有限公司
69	恩替卡韦	重庆凯林制药有限公司
70	盐酸克林霉素	重庆凯林制药有限公司
71	白菜（NY525－ca）专用生物肥	重庆市益丰生物肥有限公司
72	氨基高效减水剂	重庆天珠科技有限公司
73	西瓜（NY525－wa）专用生物肥	重庆市益丰生物肥有限公司
74	樱桃（NY513－gra）专用有机生物肥	重庆市益丰生物肥有限公司
75	苹果（NY525－ap）专用生物肥	重庆市益丰生物肥有限公司
76	猕猴桃（NY513－blf）专用生物菌肥	重庆市益丰生物肥有限公司
77	萘系高效减水剂	重庆天珠科技有限公司
78	双酚S单丙烯基醚（MAE）	重庆英斯凯化工有限公司
79	2－甲基－2－丙基－1，3－丙二醇（MPP）	重庆英斯凯化工有限公司
80	5－溴吲哚（W03）	重庆英斯凯化工有限公司
81	1，1－双（4－（2－丙烯氧基）苯）砜（DAE）	重庆英斯凯化工有限公司
82	2－（2－甲基－5－溴苄基）－5－（4－氟苯）噻吩	重庆英斯凯化工有限公司

（重庆市长寿区科学技术委员会提供）

知识产权

【概况】　2016年，全区按照“夯实基础，强化创新，突出应用，支撑发展”的总体思路，树立“抓知识产权就是抓经济，抓创新就是抓发展”的理念，以知识产权助推转型发展，完善知识产权保护体系和服务体系建设，知识产权与经济深度融合，增强自主创新能力，不断提升企业核心竞争力和知识产权服务。

年内开展“4·26”知识产权宣传日活动、“双打”执法检查、企业知识产权质押融资、企业知识产权贯标、企业知识产权专题培训等活动，组织开展市级知识产权试点优势企业申报工作，完成2015年专利资助及授权奖励的集中兑付，修订《专利资助奖励办法》，完成市政府对长寿区2016年“双打”工作检查等工作。2016年全区申请专利1695件（其中发明申请945件，实用新型申请556件，外观设计194件）；授权专利2231件（其中发明专利授权52件，实用新型授权2047件，外观设计授权132件）；有效发明专利达到184件，万人有效发明专利为2.23件。成功申报国家级优势企业3家，市级知识产权优势企业7家；市级知识产权试点企业21家。完成2015年专利资助及授权奖励的集中兑付695.7万元。

【服务体系】　以园区为载体、企业为主体，围绕企业开展专利服务工作，发挥知识产权保障作用，推进知识产权服务平台建设，健全知识产权服务功能，提升知识产权综合能力。一是突出企业知识产权主体地位，分别在经开区和长寿工业园区

长寿区2016年科技暨知识产权宣传周

（街镇工业走廊）设立知识产权服务工作站，为园区内企业提供专利检索、专利信息分析、专利申请等服务。派驻专利特派员指导企业的知识产权工作，帮助、引导企业建立和完善知识产权工作机制，将知识产权的创造、运用、管理和保护纳入企业技术创新和经营管理的全过程。二是全面推进各级知识产权优势、试点工作。年底前全区有国家级知识产权优势企业6家，市级知识产权优势企业13家，市级知识产权试点企业56家。中石化四川维尼纶厂被认定为首批国家级知识产权优势企业，长寿经济技术开发区被评为知识产权示范园区，已批准为国家知识产权试点园区；工业园区成功申报为市级知识产权试点园区。三是重点实施企业知识产权项目申报。斯泰克公司、博腾制药公司等申报市级《专利风险防控示范项目》，康乐制药公司、福安药业公司等申报市级《企业专利战略项目》，九龙橡胶公司开展知识产权质押融资，融资570万元。

【宣传培训】 以“三下乡”“4·26”世界知识产权日宣传周等宣传活动为契机，展出各种展板50余块，发放各种宣传资料5万余份，解答群众咨询5000余人次；向群众重点宣传知识产权基础知识、专利申请流程、长寿区科技成果等内容。先后在工业园区和经开区组织开展规模以上工业企业知识产权培训，针对企业贯标、专利申请、专利管理实务等，从多方面剖析知识产权的重要作用，对区内知识产权政策进行全面解读。全区160余家企业千余人受训。

【知识产权保护】 以行政保护为核心，突出企业主体地位，全区知识产权保护力度不断加大。一是行政执法与刑事司法“两法衔接”，互通共享，形成“双打”工作长效机制。建立“两法”衔接机制，健全“信息联络员”制度。开展录入技能培训，实现案件录入、信息迅速公开；已录入案件138件，其中2016年录入案件56件，公开案件占比100%。二是开展联合执法，重点抓好市场流通环节的治理，对制售假冒伪劣药品、医疗器械、保健食品和化妆品等行为进行拉网式检查和打击。强化从农资源头治理侵权假冒行为，狠抓生产源头监管，确保质量安全。强化监管，从严查处一批大案要案。全年查处商标侵权案件18件，涉案金额186.45万元，罚款6.17万元；查处销售不合格产品案件14件，涉案金额17.64万元，罚款4.28万元；受理侵权假冒消费者申诉举报38件，办结38件；查获各类假酒420余瓶；查办医疗器械违法案件77起，劣药案件4件；查获超过质量保证期、标签标注不规范、无登记证农药肥料品种10个，抽检发现不合格农药产品4个，不合格肥料产品2个；涉假刑事案件10件，破案12件；捣毁大型生产厂2家，售假窝点6个。（汤世华）

表44　**2016年长寿区国家级知识产权优势企业一览**

序号	企业名称	认定时间
1	中石化四川维尼纶厂	2014年
2	福安药业（集团）股份有限公司	2015年
3	重庆博腾制药科技股份有限公司	2015年
4	重庆鸽牌电瓷有限公司	2016年
5	重庆鼎盛印务股份有限公司	2016年
6	重庆瑞霆塑胶有限公司	2016年

表45　**2016年长寿区市级知识产权试点企业一览**

序号	企业名称	认定时间
1	重庆博腾精细化工有限公司	2011年
2	中石化四川维尼纶厂	2011年
3	福安药业（集团）股份有限公司	2012年

续表

序号	企业名称	认定时间
4	重庆海祥医药化工有限公司	2012 年
5	重庆长寿田野电器厂（已注销）	2012 年
6	重庆斯泰克材料技术有限公司	2013 年
7	重庆英斯凯化工有限公司	2013 年
8	重庆欣欣向荣精细化工有限公司	2013 年
9	重庆山能仪表有限公司	2013 年
10	重庆普源化工工业有限公司	2013 年
11	重庆康乐制药有限公司	2013 年
12	重庆海洲化学品有限公司	2013 年
13	重庆鸽牌电工材料有限公司	2013 年
14	重庆鸽牌电瓷有限公司	2013 年
15	重庆大嘉富食品有限公司	2013 年
16	重庆长寿化工有限责任公司	2013 年
17	重庆长风化学工业有限公司	2013 年
18	重庆佰坛机械制造有限公司	2013 年
19	重庆九龙橡胶制品制造有限公司	2013 年
20	重庆望江变压器厂有限公司	2013 年
21	重庆燕蓝科技有限公司	2014 年
22	重庆双弛门窗有限公司	2014 年
23	重庆名风家具有限公司	2014 年
24	重庆坤秀门窗有限公司	2014 年
25	重庆环松科技工业有限公司	2014 年
26	重庆鼎盛印务股份有限公司	2014 年
27	重庆达沃斯食品有限公司	2015 年
28	重庆广恒食品开发有限公司	2015 年
29	重庆华彩化工有限责任公司	2015 年
30	重庆健杰科技有限公司	2015 年
31	重庆钱珑门业有限责任公司	2015 年
32	重庆瑞霆塑胶有限公司	2015 年
33	重庆顺泰食品有限公司	2015 年
34	重庆天珠科技有限公司	2015 年
35	重庆中节能三峰能源有限公司	2015 年
36	重庆金合蚊香制品有限公司	2016 年
37	重庆永宏石油化工设备有限公司	2016 年
38	重庆龙瑞化工有限公司	2016 年
39	重庆旭鹏生态农业开发有限公司	2016 年
40	重庆市恒固勒装饰工程有限公司	2016 年
41	重庆欧帆门业有限公司	2016 年

续表

序号	企业名称	认定时间
42	重庆洋迪机电有限公司	2016年
43	重庆市长寿区标杆养鸡股份合作社	2016年
44	重庆佐恩家具有限公司	2016年
45	重庆强达力科技发展有限公司	2016年
46	重庆欣泰发食品有限公司	2016年
47	重庆万斯金属特种成形有限公司	2016年
48	重庆新川塔实业股份有限公司	2016年
49	重庆果然好农业开发有限公司	2016年
50	重庆东源农业开发有限公司	2016年
51	重庆长源饲料有限公司	2016年
52	重庆渝牛食品有限公司	2016年
53	重庆合得拢食品有限公司	2016年
54	重庆世纪之光科技实业有限公司	2016年
55	重庆沈通变压器有限公司	2016年
56	重庆三联管道设备有限公司	2016年

表46　　2016年长寿区市级知识产权优势企业一览

序号	企业名称	认定时间
1	重庆博腾制药科技股份有限公司	2014年
2	福安药业（集团）股份有限公司	2014年
3	重庆鸽牌电瓷有限公司	2014年
4	重庆康乐制药有限公司	2015年
5	重庆大嘉富食品有限公司	2015年
6	重庆长风化学工业有限公司	2015年
7	重庆鼎盛印务股份有限公司	2016年
8	重庆瑞霆塑胶有限公司	2016年
9	重庆达沃斯食品有限公司	2016年
10	重庆望变电气（集团）有限公司	2016年
11	重庆斯泰克瑞登梅尔材料技术有限公司	2016年
12	重庆广恒食品开发有限公司	2016年
13	重庆山能仪表有限公司	2016年

（重庆市长寿区知识产权局提供）

防震减灾

【防震减灾宣传】 2016年，长寿区防震减灾工作以地震监测预报、震害防御和地震应急三大职能为重点，围绕地震工作重点、创新工作思路、狠抓落实，各项工作稳步有序推进。一是在“三下乡”“4·26”全国知识产权日、“科技活动周”“5·12”防灾减灾日，进园区、进社区、进学校开展宣传活动，在长寿寿星广场搭设地震知识宣传站，悬挂宣传展板 15 块，发放宣传资料 3000 余份，现场咨询、讲解地震有关知识，收到较好宣传效果。二是 2016 年 3 月 8 日邢台地震 50 周年纪念日，以“弘扬抗震救灾精神，普及防震减灾知识”为主题，组织开展防震减灾宣传系列活动，强化人民群众防震减灾意识和弘扬邢台抗震救灾精神。三是按照国家地震局关于开展 2016 年第二批国家地震安全示范社区申报命名工作要求，凤城街道三峡路社区成功创建全国防震减灾科普示范社区。

长寿区新市街道“5·12”防震减灾宣传活动

【地震观测】　维护地震观测站设备设施正常运行和监测环境建设，长寿信息节点和长寿湖“陆态网”基准站运行正常，日常监管维护到位，全年不间断上传地震监测数据，上传率 100%。地震监测网络健全，维护地震台站环境建设，确保观测质量；加强地震监测管理和维护，确保地震设备运行正常。落实《长寿区地震监测预报体系方案》《观测数据异常落实和上报制度》《岗位值班人员日常工作规定》等制度，实行 24 小时值班制度，坚持谁在岗谁负责、谁分管谁负责、谁主管谁负责的原则，细化工作责任。

【应急预案】　地震应急救援综合预案形成。编制完成《地震应急救援队伍应急救援预案》，修订《重庆市长寿区地震应急预案》。各街镇、部门制订本辖区、本部门的综合应急预案。交通、铁路、水利、电力等基础设施和学校、医院、大型商场等人员密集场所的经营单位，以及由于地震可能引发次生灾害的采煤、采矿、危险物品生产等企业，制订相应的应急预案或相应的处置方案。

【应急队伍】　提升应急救援能力和群测群防能力，加强应急救援队伍建设。地震应急救援队由区人武部、武警消防支队、区科委、区城乡建委等部门组成，按照《地震应急救援队伍抢险救援预案》承担全区地震、建构筑物坍塌等灾害事故浅层地表埋压人员救援任务。在街镇、部门、村居成立“三网一员”工作队伍，负责地震宏观测报网、地震灾情速报网、地震知识宣传网的维护及防灾减灾知识宣传、防震减灾技能培训工作，建立由主要领导负责，分管领导抓落实，防震减灾联络员抓具体工作的工作机制。实现防震减灾工作全覆盖。

【抗震设防】　贯彻落实《重庆市地震安全性评价管理规定》，将地震安全性评价内容纳入重大项目的可行性研究报告或项目申请报告中。在建筑工程项目选址时，把地基抗震稳定性作为勘察审查的重点。在初步设计审批阶段，严格执行建筑抗震设计审查“一票否决”制度，对抗震设计不满足规范要求的不予通过审批；对学校、医院等公共建筑和政府重大公益建筑项目，以及需提高设防等级的建筑，组织专家对建筑抗震设计进行专项审查，从源头上把好建设工程质量安全关。按照抗震设防要求，加强长寿经开区、学校及医院等人员密集场所以及供水、供电、输油、输气等生命线工程抗震设防。对新建、改建、扩建的建筑工程要求其按地震烈度Ⅵ度设防；加强对重大建设工程和可能产生严重次生灾害的建设工程抗震设防的监督，要求按规定开展地震安全性评价，按评价结果进行设计、施工和验收，全面提高全区地震灾害综合防御能力。

【防震减灾科普】　长寿区重视防震减灾科普示范学校和科普示范社区创建工作。做到思想到位、措施到位，成立“创建防震减灾科普示范”

长寿区桃花九年制学校防震减灾应急演练

工作领导小组，分工责任明确，加强组织领导。由区科委主任任组长，防震减灾科、地震观测站人员为成员，负责创建区级、市级和国家级防震减灾科普示范学校和示范社区相关工作。把防震常识、自救互救、应急避险、应急设施、工程防震等普及到广大师生和社区居民中，创建区级防震减灾科普示范学校和区级、市级防震减灾科普示范社区。长寿区凤城街道三峡路社区正在申报创建国家级示范社区，为应急工作打下舆论和思想基础。

【应急演练】 区科委联合区教委、部分中小学校和社区，开展应急疏散演练，组织各有关人员观摩演练。地震应急疏散演练活动使广大师生和群众增强安全防护意识，掌握在紧急情况下机智疏散逃生的本领，和自救互救的能力。（*汤世华*）

气象事业

【概况】 2016年，重庆市长寿区气象局（简称区气象局）各类业务质量稳定，为防御气象灾害和市民生活服务提供保障。全年公众预报综合得分67.39分，灾重天气预报得分71.5分；全年测报和酸雨错情率均为0.0‰，报表预审无错情，自动站传输及时率99.91%，酸雨资料传输及时率100%，区域站数据传输及时率99.11%。

【气象服务】 服务题材多样、内容丰富，全年发布《重要天气服务快报》等15种材料702期，向区政府专题汇报重大灾害性天气9次，向相关领导传递针对性的气象服务短信65条次。“5·6”区域性暴雨天气过程中，葛兰雨量达到77.4毫米，同时伴有大风等；区气象局及时加强会商研判，提前29小时发布强降雨天气消息，做好实时监测、预警服务等工作；该次天气过程发布《大风黄色预警信号》等材料11期，各类会商9次，预警服务短信11条受众56320人次；发送终端信息11期869台次；及时开展灾情调查和上报。区政府领导批示“气象局工作积极，所提建议有很好的参考价值”。

加强部门协作，做好公共气象服务。加强与区应急办等10个部门的协调沟通，完成6月17日和12月8日的区防汛救灾和应急演练。在国庆等节日发布《专题气象服务》13期，短信13条63284人次接收。围绕区“两会”、长寿湖铁人三项赛等重大活动开展气象保障服务，区委、区政府和主办方给予“气象局工作卓有成效”的肯定。加强与当地媒体合作，重点对重要气象信息、气象知识进行宣传报道，全年接受采访23次。

【防灾减灾】 加强人工影响天气安全管理，以安全培训、签订安全责任书、购买人身意外险、发布临时公告和长期作业公告等形式将安全落实到人到岗。适时开展人工增雨和“蓝天行动”作业，全年开展作业40余次，发射火箭弹92枚。

防雷安全管理工作。认真开展易燃易爆生产经营单位防雷安全性能检测，全年对237个易燃易爆生产和经营单位进行防雷安全性检测。严格开展防雷技术服务和行政许可，全年完成新（改、扩）建建（构）筑物防雷审核82项，防雷装置隐蔽工程检查1346项；完成防雷装置设计审核和竣工验收行政许可分别为73件和108件。支持重点项目，完成23个汽车配套及化工新建项目和5个遗留项目防雷设计评价与许可。

【气象科普】 以“3·23”世界气象日等活动为载体，到农村、社区开展形式多样的气象防灾减灾知识宣传9次；举办开放日活动1次，接待300余人次参观；发放各类宣传材料10余种2万余册，接受咨询3000余人（次）；在桃源小学等举办讲座5场（次）。3月23日《长寿日报》以《气象日，说说长寿的气象事儿》为题专版介绍气象科普知识及长寿气象工作。

【气象现代化建设】 推进以政府为主导的气象现代化建设，2016年地方财政落实气象现代化建设资金241.43万元。4月8日，区政府召开长寿区防汛抗旱暨气象工作会议，会议要求加大气象现代化建设力度。当年度公共气象服务能力和气象预报预测能力较往年有所提高。

2016年，区气象局推进3个重点项目建设：一是五十亩晚熟柑橘智慧气象服务示范基地建设，已通过区政府验收；二是以整合改造已有业务平台功能、维修业务用房内外墙和屋顶等为内容的长寿区气象局综合改善项目，于10月完成公开招标，12月全面开工；三是长寿区葛兰标准化固定炮站建设项目已于10月完成招标，年底全面竣工。年内完成编制《长寿区气象事业发展“十三五”规划》，通过市、区专家评审，以长寿府发〔2016〕90号印发。

【气象队伍建设】 人才队伍整体水平逐年提高。2016 年有本科学历 13 人，研究生 2 人；高级职称 1 人，中级职称 6 人；业务带头人 1 人。年内开展“两学一做”学习教育，组织 20 次集体学习、3 场专题讨论、3 场专题党课、6 场微党课、知识答题、查找问题等活动。落实从严治党主体责任，召开党组会 8 次、支委会 16 次；抓好机关党组织建设，召开党员会 6 次，局党组书记和支部书记分别做专题党课 2 场；规范组织管理，9 月进行支部换届；完成党费清理，补交 2008—2016 年党费 10512.5 元；深化机关党建活动，以学习习近平系列讲话、重温入党誓词等形式开展庆祝建党 95 周年活动等。

党风廉政建设落实“两个责任”，制定党风廉政建设和反腐败分工责任制，纳入年度考核；由党组成员、副局长徐进明担任局纪检组长，强化监督责任；主要领导与分管领导和纪检员、分管领导与科室负责人层层签订“党风廉政建设责任书”；年初党组书记田凤国带领党组成员饶德华、原纪检员张白泉向区纪委书记谭伟专题汇报党风廉政建设工作；全年组织学习 22 次，观看警示教育片 1 场，参观警示教育基地 1 次，廉政知识竞赛 2 场，抓好领导干部廉洁自律各项规定的贯彻落实。全年无违规违纪现象发生。

深化精神文明建设，发现职工中的凡人善举，开展“身边好人”的学习宣传活动；组织全体职工注册志愿服务，结合“3·5”学雷锋日等开展志愿服务活动 5 场次；倡导日读一小时、月读一本书活动，形成多读书、读好书良好氛围；开展“慈善双日捐”活动，慰问党员 7 户 2000 余元；看望生病退休职工 3 次，慰问品和慰问金 1 万余元。

（左艳萍）

2016 年重庆市长寿区气象局领导人名录

党组书记、局长：田凤国

党组成员、副局长：饶德华　徐进明（2016 年 5 月任）

党组成员、纪检组长：徐进明（兼）

长寿中学电脑课堂

医疗卫生 计划生育

概 述

【概况】 重庆市长寿区卫生和计划生育委员会成立于2014年11月。截至2016年底，长寿区卫生和计划生育委员会机关行政编制25名，后勤事业编制3名；实有干部职工22人，其中委领导7人。有10个内设机构：党政办公室（纪检监察室）、组织人事科、规划财务科、法制信访科、医政医管科（干部保健科）、中医基层卫生科（宣传教育科）、公共卫生科、卫生应急办公室（信息统计科）、计划生育基层指导科（流动人口计划生育服务管理科）、计划生育家庭发展科。

管辖5个直属全额拨款事业单位：长寿区红十字会、长寿区公共卫生服务中心、长寿区疾病预防控制中心、基层医疗机构财务核算中心、档案信息中心；有4个参公卫生计生单位：长寿区卫生计生监督执法局、长寿区计划生育协会、长寿区爱卫办、长寿区计划生育药具管理中心；4个直属医疗卫生单位：长寿区人民医院、长寿区中医院、长寿区妇幼保健计划生育服务中心、长寿区第三人民医院；18个基层医疗卫生机构：凤城街道社区卫生服务中心、晏家街道社区卫生服务中心、江南街道社区卫生服务中心、渡舟街道社区卫生服务中心、新市街道社区卫生服务中心、八颗街道社区卫生服务中心、长寿湖镇卫生院、云台镇卫生院、葛兰镇卫生院、但渡镇卫生院、邻封镇卫生院、云集镇卫生院、双龙镇卫生院、龙河镇卫生院、海棠镇卫生院、石堰镇卫生院、洪湖镇卫生院、万顺镇卫生院。

全区有14所民营医院：川东医院、恒济医院、张勇中医骨科医院、盛伟医院、瑞恩医院、俪人医院、华都医院、九石坎医院、紫晶医院、泓源医院、桃源医院、协和医院、化工园区医院、理想口腔医院；有3所企业办医院：重钢医院、长化医院、长风医院。

2016年，长寿区深化医药卫生体制改革；进一步提高医疗服务质量；实施全面两孩政策，贯彻落实《计划生育条例》；推进基本公共卫生服务均等化；加强人才队伍和重点特色专科建设；推进中医药事业发展改革；做好健康扶贫和民生实事工作；推进卫生计生规划和法治建设；开展“两学一做”学习教育；加强反腐败和安全稳定工作。

【卫生监督】 启动卫生计生监督执法体系改革。开展打击非法行医和公共场所卫生管理，开展医疗机构X线影像诊断、餐饮具集中消毒、公共场所棉织品卫生、医疗机构执业信息、医疗机构消毒隔离5个专项监督检查行动，公共场所和学校监督覆盖率100%。实施行政处罚121户，罚款9万余元。督查医疗机构医疗废物处置工作，行政处罚16家。取缔无证诊所11户次，罚款2.3万元。截至12月底，年内新办卫生许可证115家、延续102家、变更18家、年审193家。推进网上行政审批“单轨运行”，网审平台运行正常。

【卫生计生服务体系】 推进中央投资建设项目。2016年以前中央投资卫生建设项目全部完工投用。2016年的中央投资卫生建设项目2个，区人民医院妇儿产科住院楼和洪湖镇卫生院门诊楼建设项目均已进场施工。

完成基层医疗卫生机构管理信息系统项目建设，通过市级专家组测评验收；区域卫生信息平台纳入国家医疗健康信息互联互通标准化成熟度测评，实现“市—区—街镇”三级网络互联互通、信息资源共享；全区基层医疗卫生单位均使用规范化公共卫生系统和模块化电子病历系统，机构覆盖率、使用率均100%；继续深化远程心电诊疗和病理服务，区级医疗单位全面开通预约挂号服务；强化卫生计生系统社会信用体系建设，指定专人维护，系统数据更新及时、准确，无错误、失效信息；开展远程影像平台建设调研，探索居民健康卡与家庭医生签约服务模式；增强网络与信息安全，区域卫生信息平台申请三级等保备案，启动三级等保测评。在全市率先开发使用“长寿区妇幼卫生信息网络系统”，得到市卫生计生委肯定。

【卫生计生巡回服务】　全区30支公共卫生巡回服务队结合卫生计生下乡和“白求恩精神”巡回义诊持续开展服务，主动为“老、弱、病、残”群众提供上门服务。全年，义诊患者8500余人次，开展公众咨询活动147次，健康知识讲座125次，联系电视台制作健康宣传栏目滚动宣传特色机构、科室。开展“健康中国行——无烟生活”主题活动，“健康中国行走进重庆——做快乐长寿人”活动；播放6种以上影像宣传制品2742次，发放各类宣传资料20万余份，发放避孕药具48万余份，赠送药品价值约7万元，减免患者费用58万余元。

2016年12月13日，全市妇幼保健机构“四大业务部”建设现场会在长寿召开

【健康扶贫工程】　全区10个贫困村卫生室标准化建设达到100%，配备基本医疗设备和健康一体机覆盖率100%。开展两轮建档立卡农村贫困人口“因病致（返）贫”病情调查工作，调查3445户涉及8929人4416名患者。从二甲及以上医院选派10名专业医师到10个贫困村所在街镇医院开展一年支医。牵头巩固八颗街道392户贫困户和石马村精准扶贫精准脱贫工作成果，继续指导区人民医院结对帮扶海棠镇贫困户工作。组织机关在职党员到渡舟街道长生桥社区报到，与八颗街道付何村等4个村党支部结对共建，开展走访慰问活动。

【妇幼系统管理】　年内全区有孕产妇8056人，孕产妇系统管理7396人，系统管理率为91.34%；免费实施孕产妇产前检查产检5次以上7548人，产检率93.22%；免费产后访视7628人，产后访视率为94.21%；早孕建册率98.45%，孕产妇健康管理率91.34%。全区新生儿出生10013人，活产8097人，住院分娩率100%。3岁以下儿童系统管理21873人，3岁以下儿童系统管理率91.85%，7岁以下儿童健康管理率94.81%；儿童免费体格检查36938人次、新生儿访视7365人次，访视率90.96%；婴儿死亡24例，死亡率2.96‰。

【行风建设】　在“两学一做”学习教育中开展“两对照”“三查找”“四提升”强化作风纪律建设，贯彻医疗卫生行风建设“九不准”等纪律规定。邀请区纪委领导上廉政党课；举办《中国共产党廉洁自律准则》《中国共产党纪律处分条例》漫画展；抓医德医风教育，举办“弘扬高尚医德，提升服务水平，和谐医患关系”主题情景剧比赛。

【安全维稳】　坚持“管行业必须管安全、管业务必须管安全”的原则，强化安全生产党政同责、“一把手负总责”和班子成员“一岗双责”责任。5月，下发《关于开展大排查大整治进一步强化高温汛期防控事故工作的通知》，强化高温汛期事故防控；6月，下发《卫生计生行业2016年夏季消防安全检查工作实施方案的通知》，开展夏季消防安全检查工作；9月，组织召开行业安全工作培训会，开展卫生计生行业危化品及易燃易爆物品安全排查和消防安全标准化管理工作。11月，下发《今冬明春火灾防控工作方案》。广泛宣传信访政策和流程；制定完善重点人群维稳预案；开展走访、下访、接访、约访工作。全年，处理信访系统信件41件，市长公开信箱新收信件63件，区阳光重庆“114”热线办公系统信件27件；“12356”计生热线总接通率100%；有效化解信访老户代某某案及袁某某积案；无个人进京、到市非正常上访等情况，无因信访举报办理不力导致越级上访等情况。

【党建工作】　开展“两学一做”学习教育。开展党员党组织关系集中排查、基层党组织按期换届情况专项检查、党费收缴工作专项检查等基层党建存在的重点问题专项整改工作。打造学习型党组织，党员领导干部和在职党员按时完成在线教育学习任务。举办“党风廉政和医德医风建设知识赛”、优秀医务工作者微视频展播等9项系列活动庆祝建党95周年，其中区级医疗机构开展党员专家义诊活动的做法被市卫生计生委转发。加强非公经济组织党组织建设。发展新党员20人、预备党员转正17人。

贯彻落实中央“八项规定”，组织卫生计生系统120余名领导干部到长寿区预防职务犯罪警示教育基地开展警示教育；落实单位主要负责人不直接分管人财物的工作规定；组织25个单位的64名领导干部述职述廉和民主测评；卫生计生系统19名副处级以上区管领导干部和102名正科级领导干部如实填报《领导干部个人事项报告表》。

长寿区卫生计生系统党员领导干部预防职务犯罪警示教育

完成纪检机构派驻制改革，撤销区卫生计生委纪委和纪检监察室，设立区纪委派驻区卫生计生委纪检组，设纪检组组长1名、副组长1名，工作人员1名，3名工作人员全部配备到位。纪委驻区卫生计生委纪检组组长，在长寿区纪委十三届一次全会上当选为区纪委委员。区级医疗机构纪检监察组织健全，经区委组织部批准，在区中医院院成立纪委，设纪委委员5名，其中纪委书记1名。

加强“长寿区卫生计生”微信公众平台建设。借力区、市级媒体平台开展健康知识宣传等服务，在《重庆日报》发表3篇，在《公民导刊》发表1篇，在《西部开发报》发表1篇；在“华龙网”发表15篇，在“新华网”发表11篇，在《重庆卫生计生情况》发表8篇，“市卫生计生委网站”发表16篇。区妇幼计生中心微电影《阵痛》获得首届国家卫生计生微电影节银奖；区精神卫生中心情景剧《爱的呼唤》在重庆市医学会精神医学专委会精神科医护科普能力大赛中获得三等奖；区精神卫生中心微电影《回家》获得第七届人口文化节最佳作品荣誉称号；《肿瘤斗士》荣获第七届重庆人口文化节“身边的感动”微视频优秀作品奖。参加重庆市2016年“双优杯”儿童书画比赛活动，长寿区报送的《跳绳》和《开心的郊游》分别获得二等奖和三等奖。长寿区卫生计生委被评为《人口与计划生育》杂志宣传工作先进集体，1人被评为《中国人口报》宣传工作先进个人。

【2016年卫生计生大事记】 1月1日起，施行全面两孩政策。1月1日起，全区所有基层公益性医疗机构所产生的医疗废物实现“应收尽收”和集中规范处置。4月1日，重庆医科大学附属长寿区人民医院揭牌仪式举行，区人民医院正式成为重庆医科大学非直管附属医院。5月16日，经区编委同意，重庆市长寿区八颗镇卫生院更名为“重庆市长寿区八颗街道社区卫生服务中心”，重庆市长寿区新市镇卫生院更名为“重庆市长寿区新市街道社区卫生服务中心”。7月1日零时起，区医院、区中医院、区第三人民医院全面实施药品零差销销售。8月5日，市爱卫处处长陈垦一行五人组成的国家卫生镇评审验收专家组对江南街道评审验收，江南街道通过国家卫生镇评审验收。10月14日，国家中医药管理局副局长闫树江一行调研长寿区中医药工作，市卫生计生委副主任、市中医药管理局副局长方明金、副区长霍家勤等陪同。11月22日，经区编委同意，撤销区卫生计生委纪检监察室，设立区纪委派驻区卫生计生委纪检组。

【重要活动】 3月29日，全区卫生和计划生育工作会议召开。区委常委、区委宣传部部长陈瑛，区人大常委会副主任李彬旭，区政府副区长霍家勤，区政协副主席涂其微出席会议。相关部门分管领导、各镇人民政府（街道办事处）分管领导和卫生计生办主任、各卫生计生单位党政负责人、部分医疗卫生机构负责人、委机关各科室负责人及退休老同志代表、村（社区）计生专干和乡村医生代表140余人参加会议。

5月9日，区卫生计生委组织召开全区卫生计生系统“两学一做”学习教育工作会议。区卫生计生委班子成员，各卫生计生单位党组织、委属非公经济组织党组织相关负责人，区级基层党组织和委属非公经济组织党组织负责人和组织委员，委机关全体党员100余人参加会议。

9月14日，长寿区召开医改工作协调会。区编办、区发改委、区经信委、区卫计委、区教委、区财政局、区人社局、区民政局、区食药监局等部门领导及具体科室负责人参会。

11月28日，重庆市卫生计生委、长寿区人民政府、长寿经济技术开发区管委会联合举办危化品事故应急救援演练。演练分事故接报、应急响应、现场调查、现场检测、去污洗消、检伤分类、医疗救援、生物样品采集和药片发放等环节进行。重庆市各区县卫生计生委分管领导、应急办主任以及部分医疗单位相关负责人到场观摩并参观长寿经开区应急管理中心。

12月13日，重庆市妇幼保健机构“四大业务部”建设推进会在长寿区召开，市卫生计生委党委委员、副主任吴良和，市卫生计生委巡视员简丽，长寿区人民政府副区长霍家勤，市卫生计生委妇幼处处长范宏连，长寿区卫生计生委党委书记、主任黄伟，市卫生计生委监察员廖永前，市人口计生研究院、市妇幼保健院的领导及部分市级专家，各区县卫生计生委分管主任、妇幼（公卫）科长及妇幼保健院院长、分管院长等220余人参加会议。

【重要数据】 2016年，全区有医疗卫生机构531个，其中“三甲”医院1所，二级医院4所（中医医院1所、妇幼保健院1所、综合医院2所），社区卫生服务中心6个，镇卫生院12所，村卫生室335个。执业（助理）医师1895人，注册护士2320人，卫生技术人员3718人，全区床位总数4624张（其中，民营医疗机构床位1133张，占24.5%）。全区每千人口拥有医院床位6.16张，每千人口拥有执业（助理）医师2.44人，每千人注册护士3.06人，每千人口卫生技术人员4.95人。

全区医疗卫生机构总诊疗304.29万人次，比2015年同期下降2.66%（其中公立医疗卫生机构总诊疗数241.89万人次，减少2.38%；民营医疗卫生机构总诊疗数62.40万人次，下降0.28%）。全区医疗卫生机构门急诊300.24万人次，下降1.19%（其中公立医疗卫生机构门急诊238.38万人次，减少0.96%；民营医疗卫生机构门急诊61.86万人次，下降0.23%）。全区医疗卫生机构出院13.05万人，增长0.61%（其中公立医疗卫生机构出院9.75万人，增长0.37%；民营医疗卫生机构出院3.30万人，增长0.23%）。全区医疗卫生机构次均门诊费用177.19元，增长13.17%（其中公立医疗卫生机构次均门诊费用224.57元，增长13.70%；民营医疗卫生机构次均门诊费用69.33元，增长8.91%）。全区医疗卫生机构人均住院费用5456.64元，增长5.32%（其中公立医疗卫生机构人均住院费用6299.07元，增长5.19%；民营医疗卫生机构人均住院费用4153.31元，增长7.32%）。

2016年全区常住人口82.57万人，其中，0～14岁人口、15～64岁人口、65岁及以上人口分别占13.4%、70.51%、16.09%。提倡“适龄生育”。人均期望寿命77.74岁。孕产妇死亡率24.7/10万，婴儿死亡率2.96‰，新生儿死亡率2.22‰，3岁以下儿童系统管理率91.85%，均达《两纲》目标值。

【目标管理考核】 2016年区委、区政府将卫生计生工作纳入对全区18个镇街的年度综合目标考核。各镇街严格按照卫生计生考核指标要求，逐项落实目标任务，晏家街道、江南街道、渡舟街道、八颗街道、新市街道、长寿湖镇、葛兰镇、龙河镇、石堰镇等9个街镇出色地完成各项任务，为卫生工作目标考核优秀单位；菩提街道、凤城街道、云台镇、但渡镇、邻封镇、云集镇、双龙镇、海棠镇、洪湖镇、万顺镇等10个街镇全面完成各项任务，为卫生工作目标考核合格单位。晏家街道、江南街道、八颗街道、新市街道、长寿湖镇、龙河镇、石堰镇、云台镇、洪湖镇等9个街镇出色地完成各项任务，为计划生育工作目标考核优秀单位；菩提街道、凤城街道、渡舟街道、邻封镇、但渡镇、云集镇、双龙镇、海棠镇、葛兰镇、万顺镇10个街镇全面完成各项任务，为计划生育工作目标考核合格单位。

【地方经验】 长寿区医疗卫生系统与区检察院“检卫廉洁共建”五项工作机制加强预防职务犯罪，工作效果明显。2013年至2016年，长寿区医疗卫生系统与区检察院“检卫廉洁共建”五项工作机制有效运行，从制度层面堵塞潜在职务犯罪风险漏洞，有效防止职务犯罪案件的发生，辖区医疗单位曾一度存在“院难进、脸难看、药品贵、看病难”的现象得到全面改观。“检卫廉洁共建”五项工作机制具体内容包涵：一是建立预防职务犯罪工作联席会机制，专题调研、剖析，每年明确一个主题开展专题调研，结合行业特点，进行专业化剖析，注重调研结果转化，不断完善制度建设。二是建立廉政风险排查预警机制，针对每一起个案进行风险排查，进行廉政风险点联合排查，落实风险防控，加强监督制约。三是建立警示教育常态化工作机制，实现有侧重、全覆盖，开展专题廉政教育讲座，多种形式敲警钟，推动廉政文化建设。四是建立规范采购工作机制，注重源头预防。加强药品价格和网上交易监管，加强医疗服务药品使用行为监管，注重源头预防，开展行贿犯罪档案查询。五是与区检察院建立“检卫廉洁共建”信息共享机制，区卫生计生纪检监察室负责收集群众对医疗单位反映突出的问题，并就问题及时与区检察院联系、沟通，区检察院针对问题采取相应措施、及时反馈。（郑延龄　陈文丁　李佳宏　黄永利　胡　倩　高　凤　柴　琳　叶凌云　韦爱群　罗　娟）

医　疗

【公立医院改革】　区人民医院、区中医院、区第三人民医院全面推进医改，2016年7月1日

长寿区“弘扬高尚医德、提升服务水平、和谐医患关系情景剧比赛活动”决赛

零时起，平稳实行药品零差率改革，至11月底，惠及门诊病人329142人次、住院病人23845人次，免收药品加成1490万余元。政府办医6项投入到位，落实离退休人员费用、人才培训经费、基本建设、设备购置、重点学科建设、政策性亏损补助等经费。严格控制公立医院医疗费用不合理增长，次均门诊费用区人民医院涨幅1.97%、区中医院涨幅1.67%；人均住院费用区人民医院降低1.99%、区中医院涨幅3.02%；区人民医院药占比控制为39.09%、区中医院为36.96 %；百元医疗收入卫生材料消耗：区人民医院为27.42元、区中医院为11.8元，均在控制范围内。

【社会办医】　2016年全区有民营医疗机构14家，床位1240张。民营医疗机构总计150个；全年民营医院门诊61.86万人次，比2015年下降0.23 %；民营卫生机构卫生人员1127人，卫生技术人员1051人，执业（助理）医师535人，注册护士822人；实有床位1133张，占24.5%。

【人才和科技建设】　人才队伍建设。年内引进研究生28人、本科生85人，新晋正高职称6人、副高职称62人。

医学科研教育。完成科研项目申报立项19项，11项科研项目顺利结题；完成学术论文179篇，其中统计源期刊61篇、一般期刊118篇。获得市卫计委科技成果三等奖1项。2015年7月至2016年6月，区级医院新进的本科及以上学历临床医师，接受住院医师规范化培训率西医类别为94%，中医类别为100%。

交流合作。年内选派援藏专家6人、援巴布亚新几内亚专家1人。

基层服务能力提升。启动农村卫生人员培训工作，选派基层卫生管理人员17人、社区专业检验人员2人参加市级培训；落实移民资金农村卫生培训项目，对250名乡村医生开展中医适宜技术、公共卫生、急诊急救、村医管理等方面培训，覆盖全区221个行政村。开展新申请乡村医生考试考核工作。落实市卫生计生委项目，为基层医疗机构配备250台健康一体机并开展培训，提升基层卫生服务的科学化和信息化水平。开展基层卫生岗位练兵和技能竞赛活动提升基层卫生服务质量，在全市技能竞赛中获得社区护理和农村全科2个三等奖；开展创建“群众满意乡镇卫生院”和社区卫生服务提

升工程，长寿湖、但渡2个镇卫生院获得“群众满意乡镇卫生院”称号。2013年启动乡村医生签约服务试点，到2016年推广到全区19个街镇，农村居民签约58057户，覆盖188085人，占农村常住人口的39.89%；城市居民签约42394户，覆盖129145人，占城市常住人口的36.6%。

【医养结合新模式】　推动重医附三院长寿湖医养中心建设项目；探索将长寿湖医养中心打造成为集老年病治疗、中医康复、专业护理、临终关怀为一体的医疗、养老、康复、护理一体化的养老院，有效整合现有养老和医疗两方面的资源，为老年群体提供生活照料、医疗康复、体育保健、文化娱乐等服务，实现老有所养、老有所医、老有所乐。

【分级诊疗工作】　组建分别以区人民医院、区中医院为龙头的镇卫生院、社区卫生服务中心的2个医疗联合体，签订医疗联合体合作协议并实质运行。发挥政策导向作用，强化医保、价格双重监管，引导群众基层首诊、双向转诊、急慢分诊，促进分级诊疗、有序就医。加强基层医疗卫生服务体系建设，增强基层看病就医的吸引力，实现“小病不出村、常见病不出镇（街道）、大病不出区”的医疗改革目标。

【基本药物制度】　公立医院全部进入联合体实行统一采购。年底前，基层公立医疗机构全部在重庆药品交易所采购且基药采购总量大于95%；区人民医院基药采购使用总量占比50.8%；区中医院基药采购采购使用总量占比54.66%。药品采购严格落实相关规定，未发现违纪违法行为。

2016年4月1日，重庆医科大学附属长寿人民医院揭牌仪式。区领导赵世庆、左永祥、陈瑛、霍家勤等出席

【医疗服务质量和管理】　落实进一步改善医疗服务行动计划，持续开展优质护理、“三基三严”岗位练兵和大比武等活动，成立26个区级医疗质量控制中心，强化公立与民营医疗机构同质监管，组织13名专家对区人民医院进行三甲医院巡查。新审批个体诊所6个，变更医疗机构执业许可证20个，校验医疗机构执业许可证478个。医师注册123人，变更注册186人；护士注册334人，变更注册168人，延续注册105人。深化平安医院建设，构建“三调解一保险”机制。申报市级继续医学教育项目6个，区级项目13个。区人民医院成为重庆医科大学非直管附属医院，1项科研项目被市卫生计生委评为2015年医学科技成果奖励项目；区中医院脑病科成功申报市“十三五”中医重点专科。参加全市分区护理技能大赛，获团体一等奖，2名队员分获二等奖、三等奖。

【中医事业】　发展中医药“治未病”服务，继续开展中医院中医药特色优势监测工作。做好迎接国家中医专业临床重点专科、国家“十二五”中医重点专科评估验收工作。加强名中医管理考核，推进名中医进社区工作，开展第二届长寿区名中医评选。筹备开展基层中医药服务能力提升工程“十三五”行动计划，以此为契机加大力度推进国家级基层中医药工作先进单位创建工作。完成基层医疗机构中医馆规范化建设，实现全覆盖。全区100%的镇卫生院和社区卫生服务中心完成中医药综合服务区建设，开展针灸等10种中医适宜技术服务，88.66%的村卫生室和社区卫生站能开展6种中医药适宜技术服务。10月，接受国家中医药管理局副局长闫树江一行中医药工作调研。

（陈文丁　叶凌云　刘政权）

卫　生

【概况】　2016年全区有专业公共卫生机构5个，全区承担基本公共卫生服务项目工作任务及技术指导单位28所，政府直接购买服务的单位20所；社区卫生服务中心/镇卫生院专职从事基本公共卫生工作人员184人，689名村医承担农村地区常住人口40%的工作任务。12项基本公共卫生服务实现全覆盖，群众满意度逐年提升。

【基本公共卫生】　城乡居民健康档案管理。

2016 年 3 月 24 日，长寿区卫生计生委和江南街道联合举办“健康中国行，快乐长寿人”活动启动仪式，区领导张云平、陈瑛等出席

全区居民健康档案建档 782221 人份，居民建档率为 96.68%；电子档案建档人数 625388 人，电子建档率 77.29%；抽查档案合格率 90.33%。

健康教育。全年开展公众咨询活动 304 次、健康知识讲座 361 次，播放 6 种以上影像宣传制品 6228 次 27050 小时，发放各类宣传资料 796977 份，更新健康教育宣传专栏 299 次，全区全年接受个性化健康教育 579501 人次。开展健康知识讲座进学校、进机关、进社区活动，先后在但渡镇、晏家街道、凤城街道、江南街道开展移民健康知识讲座，在海棠镇中心小学校、万顺镇中心小学校开展学生健康知识讲座，在石堰镇政府机关干部健康知识讲座，在桃花社区、望江路社区开展居民健康知识讲座等。年内开展全国爱耳日、爱国卫生月、“3·24”结核病防治日、全国预防接种日、职业病防治宣传周、防震减灾日、世界无烟日、爱眼日等宣传活动 9 次，发放各类宣传资料 10 万余份，制作展出各类展板 30 余块，义诊咨询 3000 余人次。通过《长寿日报》《长寿文化》报等宣传健康知识 20 余次，在长寿菩提古镇慢性病防控视频宣传 200 余次，在长寿电视台综合频道宣传“关爱女孩，打击两非”“科学就医，共享健康”公益广告各 200 余次。

老年人健康管理。全区常住人口 65 岁以上老年人有 98467 人，纳入健康管理 68206 人，健康管理率 69.27%，体检表完整率 90.3%。

继续扩大国家免疫规划疫苗常规接种，全年报告常规免疫应种 119713 人次，报告完成接种 119535 人次，“八苗”平均报告接种率 99.85%。遵循随机抽样的原则选取 5 个（不少于 25%）街（镇）纳入调查范围，结果显示建证率 100%、建卡率 100%、卡证相符率 100%，麻疹首针及时接种率 93.81%，疫苗接种各项指标均达到市级工作考核指标要求。开展 6 岁及以下适龄儿童免疫规划疫苗查漏补种工作，报告应种 762 人次，完成补种 747 人次，补种率 98.03%。完成 125 所幼儿园新生 7061 人、69 所小学校 4997 人的预防接种证查验工作，学校查验率 100%，新生查验率 100%。于 5 月 1 日起停用三价脊髓灰质炎减毒活疫苗（“糖丸”），用二价脊灰减毒活疫苗替代，将脊灰灭活疫苗纳入国家免疫规划。完成晏家实验小学腮腺炎疫苗免费应急接种工作，接种率 97.28%。全年未发生重大接种差错事故及群体性异常反应，无处置不当的纠纷及信访事件。

传染病与突发公共卫生事件管理。完善发热门诊和肠道门诊建设，实行 24 小时轮流值班制度和日报、零报、即时报制度，实现疫情早发现、早报告、早隔离、早治疗；加强与教育部门合作，联合印发关于手足口病、夏秋季传染病、冬春季传染病防控等相关文件，强化以学校为重点的传染病防控工作。年内全区报告法定传染病 17 种 4188 例，报告发病率为 508.07/十万，较 2015 年同期下降 11.73%；全区无甲类传染病报告，报告乙类传染病 2132 例，报告丙类传染病 2056 例；传染病纸质卡片报告率、及时率 100%，完整率 96.47%，准确率 91.18%；网络报告率、及时率 100.00%，准确率 98.82%，一致率 91.54%。全年报告突发公共卫生事件 4 起，其中传染病事件 3 起，事件级别均为一般，4 起事件均得到及时、有效的调查处置，无死亡病例发生。完成 1 起流行性感冒聚集病例调查处置工作，以及数起水痘和手足口病聚集病例调查处置。

慢性病健康管理。全区管理高血压病人 65533 人，管理率为 40%，规范管理率 70%，最后一次随访血压达标人数 22322 人，血压控制率 50.64%。全区管理糖尿病病人 17846 人，管理率 35%；规范管理 12492 人，规范管理率 70%，最后一次随访血糖达标人数 6780 人，血糖控制率 50.09%。

卫生监督协管工作。辖区各街镇卫生院、社区卫生服务中心建立卫生监督协管工作制度，按要求开展工作。建立辖区食品生产经营单位、职业危害企业或单位、学校、供水单位、医疗机构本底资料；每季度开展辖区内饮用水卫生、学校卫生、非法行医和非法采供血单位的巡查巡访，全年巡查2620户次，覆盖率100%。全年异常情况报告73户次，其中饮用水卫生1次、学校卫生4次、医疗卫生68户次，各类卫生监督协管信息及时报告率100%。年内开展宣传活动74次，制作宣传展板49块、发放23520份宣传资料，接受宣传咨询服务人数7256人次，新闻媒体宣传3次。

重症精神病人管理。全区全年排查建档4326份，在册患者人数3964人，在管患者3646人，患者检出率4.88‰，在管患者管理率91.98%，规范管理率79.64%；年内随访14593人次，最后一次随访时病情稳定人数为3034人，居家患者病情稳定率94.05%。

中医药服务。65岁以上老年人开展中医体质辨识47370人，老年人中医药健康管理率48.39%，老年人中医药健康管理服务记录完整91.46%；0～3岁儿童中医药服务健康管理15174人，开展摩腹讲解、捏脊等操作及提供健康指导服务，0～3岁儿童中医药健康管理率63.72%。

结核病防治。2016年结核病管理纳入基本公共卫生项目管理后，将基本公共卫生人均经费的0.97%用于肺结核患者健康管理服务工作；在中央转移支付项目经费的支持下，区财政额外拨款50万元/年专项经费用于可疑结核病人的免费检查，包括侧位DR胸片一张，血常规、尿常规、血沉、结核菌素（PPD）试验和结核抗体检查；区财政提供高二学生结核病免费筛查的所有费用以及小学和初中新生入学每例6元的PPD筛查。全区可疑结核病人初诊4899人次，发现活动性结核病患者390例；肺结核患者登记管理390人，管理率100%；规范管理378人，规范管理率96.92%。

2016年，组织医疗卫生机构开展入户调查和电话调查，全区居民满意度88.24%，公共卫生收益率82.45%，居民基本公共卫生服务信息知晓率89.94%。

【重大公共卫生】　完成农村孕产妇住院补助3085人，发放叶酸4537人。推进预防艾滋病、梅毒和乙肝母婴传播工作，孕产妇艾滋病、梅毒、乙肝检测率99.93%，干预率100%，乙肝免疫球蛋白接种率98.97%。继续做好出生缺陷三级干预，听力筛查4664例，筛查率85.11%。0～6岁儿童残疾筛查17225例，其中听力异常1例、肢体残疾4例、发育偏异3例。有序开展严重精神障碍患者管理工作，制发《关于印发2016年重庆市长寿区严重精神障碍患者底数摸排及诊断复核专项行动工作方案的通知》《关于进一步做好严重精神障碍患者服务管理工作的通知》《关于促进严重精神障碍患者监护责任落实实施以奖代补政策的通知》文件；联合公安、民政等部门开展全区严重精神障碍患者大排查工作，对4068名精神障碍患者开展排查及危险性评估工作。

“2016年长寿区危险化学品事故应急演练”在长寿经开区举行，全市38个区县卫计委和应急办负责人现场观摩

【卫生应急】　完成长寿经开区医疗急救站建设任务，组建医学救援、传染病处置、中毒处置3支应急队伍，配齐应急物资，完善应急预案。圆满完成市卫生计生委、长寿区政府和长寿经开区管委会联合举办的“长寿区危化品事故应急演练”任务，全市37个区县卫生计生委领导到场观摩。建成安监、环保、消防、公安、医疗、应急等六大部门的“联值、联训、联勤”联动应急机制，得到市卫生计生委和中国疾控中心职业中毒控制所领导肯定。年内开展各类医疗救援10起、救援98人，均得到及时有效治疗。开展突发中毒事件卫生应急网络服务模式试点项目，建设长寿区特效解毒药品储备分库，完善长寿区中毒病人医疗救治网络和信息收集网络，建立中毒危急重患者转运机制和部门

协作机制，开展进企业、进学校、进机关、进社区的中毒防范知识宣传教育、培训。

（罗　娟　杜华莉　罗　晋）

国家卫生区创建

【概况】 2016年，全区推进全国文明城区创建工作，开展城乡环境卫生整洁行动，巩固市级卫生城区创建成果，顺利通过市级卫生城区复查。江南街道顺利创建成为国家卫生镇，成功创建市级卫生单位1个、市级生态卫生村1个。爱国卫生宣传活动形式多样，全年组织开展爱国卫生月等大型宣传活动2次，健康知识巡讲22场次，健康知识竞赛1次。投入约20余万元为全区30000农户免费灭鼠，超额完成市级下达目标。全面推进控烟工作，开展多渠道的宣传及暗访行动。（但昆华）

人口和计划生育

【全面两孩政策实施】 坚持目标责任制管理，将计划生育纳入党政综合目标考核内容，层层签订责任书。2016年全区出生人口10013人（含往年漏统数），出生率11.1‰，自然增长率3.61‰，政策符合率97.85%，政策外多孩率1.08%。在《长寿日报》开辟全面两孩政策和新《条例》宣传专栏，在长寿电台广播“村村响”早中晚3次、每次5分钟定期进行政策解读；编制计划生育政策宣传折页20万余份、《条例》宣传海报10万余份，开展“计生赶场”和“卫生下乡”1000余次面对面宣传，确保政策宣传全覆盖。建立“区、镇、村”三级培训机制，年内培训230余次5000余人，确保各级计划生育干部知晓现行计划生育政策。全面落实生育登记服务制度，优化再生育审批程序。投入16万元用于配备高拍仪和培训，落实生育登记“全覆盖”，解决群众办证难问题。办理生育服务证6692件（其中一孩生育服务证3531件，二孩生育服务证3161件），已出生2262名；办理再生育服务证235件，独生子女父母光荣证2070件。对615个单位的2750名各类评先评优、人大代表、党代表、政协委员推荐人选进行计生审核。

2016年5月27日，长寿区实施全面两孩政策，促进人口均衡发展主题，开展计生协会“5·29会员日”纪念活动，副区长霍家勤参加

【出生人口性别比治理】 成立打击“两非”专项行动领导小组，联合公安、妇联、卫生计生监督执法局等部门开展专项整治行动，综合执法3次；完善落实出生人口性别比综合治理工作责任制度，建立健全孕产期全程服务制度、B超使用管理制度、终止妊娠药品使用管理制度、查验和通报制度。强化关爱女孩和利益导向宣传，投入经费10万余元，分别在长寿电视台各频道滚动播放宣传片50余次，制作宣传手册10万册，宣传标识标牌200幅；开展打击“两非”工作督查2次，年底前未发现未经批准擅自从事非法为他人进行胎儿性别鉴定或选择性别的终止妊娠手术的行为。截至2016年底，全区出生人口性别比为105.02，在正常范围。

【计生民生】 （详见《民生》类目《救助救济》分目）

【流动人口计划生育服务】 2016年，长寿区财政投入90万元用于流动人口基本公共卫生计生服务。建立健全流动人口信息共建共享机制，实现与公安、房管、民政、农委等部门交换共享信息“无缝衔接”，全年交换信息55261条。落实流动人口基本公共卫生计生均等化服务工作，区外流入人口23025人，为流动人口健康建档16578人，建档率72.02%；计划生育免费施术256例，为1654名流入儿童建立预防接种档案，为50对流入待孕夫妇实施免费孕前优生健康检查，为1220名成年育龄妇女办理《流动人口婚育证明》。流动人口信息提交率99.59%，反馈率99.83%，及时率97.14%。推进江南街道龙山社区流动人口服务管理示范社区创建工作，构建“区—街道—园区—企业”四级联动服务模式，建立“商会+计生协会”云南流动人口协会，圆满完成2016年国家流动人口动态监测工作。

【违法生育查处】 坚持依法、文明征收社会抚养费，做到规范征收标准、规范征收执法文书、规范收支管理。营造良好的计划生育执法环境。加强部门配合，把做思想工作与申请法院强制执行相结合。探索建立政策外生育不良记录，纳入征信系统。2015年10月1日—2016年9月30日，新发现立案2082件（含往年漏统，当年违法生育107人），处理455件，申请法院强制执行105件，结案89件，立案率100%；行政处理和行政处罚案卷合格率100%；征收社会抚养费303万元。未发生因违法行政、粗暴执法而造成的恶性事件。

（韦爱群 李 娅 高 凤）

附：

计划生育协会

长寿区计划生育协会按照“群众所需，协会所能”的要求，围绕全区卫生计生中心工作，承担宣传教育、生殖健康咨询服务、优生优育指导、计生家庭帮扶、权益维护和流动人员服务等工作。一是广泛深入开展宣传服务活动。2016年5月27日，区卫生计生委、区计生协联合新市街道党工委、办事处在新市街道广场启动长寿区“5·29”系列宣传服务活动。通过义诊、健康咨询、健教知识讲座、政策宣讲、宣传资料和宣传品发放等多种形式，发放各类宣传品25400份、免费服务包3330个，免费义诊1450人次。二是关爱计生特殊家庭，利用春节、端午、国庆、中秋等重要节点，走访慰问贫困母亲、留守儿童和计生特殊家庭近4000人次，发放慰问金100万元；组织计生特殊家庭吃团圆饭，为计生特殊家庭人员过生日，浏览区内旅游景点，组织志愿者农忙时节帮助计生特殊家庭生产劳动。三是完善“心连心联谊会”组织建设，及时调整充实“心连心联谊会”理事会，把10名有正能量、有号召力、有影响力的失独家庭人员补充到理事会，完善组织网络，实现每个街镇有1名理事会成员；建立“心连心联谊会”每季度1次活动制度，多形式开展活动，增强凝聚力。四是奖励并落实普遍联系与重点帮扶相结合的“3+X”联系人制度，为全区1292名计生特殊家庭人员按照全市统一标准购买生病住院护理补贴保险，完善计生家庭扶助系统失独家庭信息，实现分类管理，精准帮扶。五是青春期健康教育常态化开展，把青春期健康教育作为区计生协会品牌项目常态化开展；以初一、高一新生为对象，重点进行青春期健康教育，年内组织计生服务专家到全区中学开展青春期健康教育讲座15次。六是加强对昆明流动人口协会指导，建立区计生协与长寿驻昆明流动人口协会工作信息交流制度，及时互通工作信息，每半年召开一次工作会议，听取长寿驻昆明流动人口协会工作汇报，及时指导完成服务流动人口相关工作。

（柴 琳）

社会事务

社区建设

【概况】 全区设置42个城市社区，总面积91.217平方千米，管辖190011户、459352人（含暂住人口）。2016年年底前，长寿区获重庆市和谐社区建设示范区称号，有全国和谐社区建设示范社区1个、全国减灾示范社区4个、市级和谐社区建设示范街道2个、市级和谐社区建设示范社区14个、区级和谐社区建设合格社区25个。

全区有社区专职工作人员257名，平均年龄36.8岁。其中男性89名、女性168名，中共党员239名；面向社会公招150名，机关事业单位下派8名。社区专职工作者中研究生1名，占0.38%；本科文化78名，占30.35%；大专文化140名，占54.47%；高中（中专）文化38名，占14.78%。

长寿区坚持不断创新社区工作理念，以塑造“社区品牌”为突破口，打造“一居一文化”的特色社区，抓好基础规范和内涵提升，探索社区建设新的管理体制和运行机制，提升社区服务质量和水平，提高居民群众满意度和幸福感，将城市社区建设成为管理有序、服务完善、文明祥和的社会生活共同体。

【社区基础设施建设】 全区42个社区全部完成办公服务用房建设，总建筑面积23705平方米（500平方米的6个、500～1000平方米的31个、1000平方米以上的5个），总投资9997万元（其中市级补助资金630万元）；全区已建成7个街镇社区服务中心，总建筑面积8195平方米，总投资850余万元（其中市级补助资金210万元）。2016年新（改、扩）建社区服务站4个，提升社区服务硬件设施设备。

【社区干部待遇及办公经费】 继续执行从2014年1月1日起实施的村（社区）工作人员补贴及办公经费补助标准。一是办公经费，社区办公经费为6万元/年，其中包含居务监督委员会运转经费5000元。二是干部补贴。社区书记、主任为2100元/月，社区党组织副书记、居委会副主任补贴为2000元/月，社区其他专职工作者补贴为1900元/月；居民小组长补贴为400元/月。三是实行职称与绩效挂钩。社区工作人员考取社会工作者职业水平证书的，由区民政局于考取当年给予一次性奖励。从证书登记注册当月起，按社会工作师100元/月、助理社会工作师60元/月、社会工作员30元/月的标准增加补贴。四是建立年度考核奖励机制。根据社区工作人员个人年度考核结果给予一次性奖励，被评为优秀的奖励两个月补贴；被评为称职的奖励一个月补贴；被评为基本称职和不称职的不予奖励。

（何　欣）

社会事务管理

【救助管理】 建立健全区、街镇、村居三级救助服务网络，强化“属地管理、分级负责”工作要求，对生活无着流浪、乞讨人员实施“零距离”救助，街面主动救助、分类救助和应急救助常态化。全年接待求助人员552人次；站内救助511人次，站外救助41人次，全年救助14212人天次（其中，救助危重病人、精神病人、痴呆傻、疑似精神病人65人次，肢体残疾人员13人次，未成年人5人次；救助社会流散精神病、救助麻风病患者621人、930.2万元）。实现街头无流浪未成年人目标。

【婚姻收养登记】 2016年，长寿区依法在线办理结婚登记7491件、离婚登记3880件，补领婚姻证件3337件，办理收养登记12件，婚姻收养登记合格率均为100%。完成2015年的婚姻档案扫描及移交工作。开展婚姻家庭辅导服务，提升婚姻收养服务质量和管理水平。

【殡葬管理服务】 一是加强宣传，巩固提高火化率。以“4·27”毛泽东等老一辈无产阶级革命家签名倡导火葬60周年为契机，组织各殡葬服务单位举办宣传活动。借新市撤镇设街道的机会，要求该辖区内的死亡人员必须实行火化，禁止土葬；成立火化殡葬工作领导小组及应急处置组，将火化工作纳入全年村（居）综合工作目标考核内容，采取街道、村、组三级联动攻势，做好遗体火化的推进工作；对生活困难群体落实惠民殡葬政策，实行有奖举报，该街道实现火化率100%的目标。2016年全区火化遗体3666具（其中：区内3317具、区外349具）。二是继续做好本辖区内困难群体基本丧葬费用减免工作，2016年为长寿区内的440名低保、“五保”等符合条件的困难群众减免丧葬服务费36.7万元。三是启动2016年“殡葬服务提升年”活动。印发《长寿区“殡葬服务提升年”活动方案》，各殡葬服务单位结合实际分别制订活动方案，以“两学一做”学习教育活动为契机，查找、细化廉政防控风险点，围绕突出问题、制度漏洞等，从内部管理、业务规范、评价考核、监督检查、廉政教育等方面分析研究，完善防控措施。四是强化监管，开展“安全管理月”活动，邀请市消防培训中心教官对全区各殡葬服务机构负责人及管理人员进行消防安全知识讲座及消防演练培训；各殡葬服务机构加强安全隐患排查和整治工作，完善安全管理制度，落实各项安全措施，消除安全隐患；春节、清明节期间，综合运用自查、督查和第三方排查等方式，对全区祭扫场所安全隐患进行全面排查；宣传推广鲜花祭扫健康文明的祭扫形式，落实专人负责祭扫监测、观察、统计等情况，确保全区祭扫零事故。

【殡葬设施建设】 筹集迁建资金，殡仪馆迁建项目已筹集到位资金26630.53万元，完成迁建项目综合验收，房屋和设施设备正在办理移交手续。推进重庆西山蔚林苑公墓市场化工作，9月，拟制重庆西山蔚林苑公墓、殡仪馆治丧区和新建城区殡仪服务站公开出让出租方案，经区政府常务会研究，该工作暂缓进行。 （田洪波）

民族宗教工作

【概况】 重庆市长寿区民族宗教事务局（简称区民宗局）成立于2005年2月，设一科一室。2016年有干部职工6人，其中行政编制人员5名，机关后勤事业编制1名。

2016年，区民宗局抓好“两学一做”学习教育，发挥党员干部先锋模范作用，全局干部的思想认识、敬业意识、担当意识更强，遵守政治纪律和工作纪律，做好全区民族宗教工作。

【民族工作】 2016年，按市委及长寿区《关于加强和改进新形势下民族工作的通知》进行自查，各单位按照职能分工把中央和市委民族工作会议精神落实到实处。2016年3月21日在宗教界季度学习会上传达《统战工作条例》，就《条例》中涉及民宗局的职能职责部分提出贯彻实施措施。

做好城市流动少数民族的服务管理工作。2016年3月，两名回族人员在长寿凤城街道林庄口租一间门面卖兰州牛肉拉面，因其把煮面设施放在门面外与市政部门执法人员发生争执。区民宗局工作人员对其宣传民族政策，引导遵守市政管理条例，经调解及时化解此次矛盾纠纷。2016年9月，新疆喀什地区、和田地区的10多名维吾尔族流动人员到长寿经商，区民宗局配合市政部门做工作，划定多个地点允许他们经商，他们经营几天后认为生意不好，反复要求甚至强行到不允许摆摊的协信广场摆摊，区民宗局干部与市政、公安机关的干部共同进行耐心的政策教育和思想疏导，妥善化解矛盾。在年内“全国两会”“十一”等敏感时期，区民宗局对全区的民族宗教领域的不稳定因素进行拉网式排查，加大民族宗教领域纠纷的化解力度，对城市流动少数民族人员进行动态管理，制定维稳预案，确保民族宗教领域的安全稳定。

开展民族团结进步模范村创建前期筹备工作。将新市镇新合村列为2016年民族团结进步模范村创建，对该村少数民族情况、创建的内容进行调研，会同新市街道办事处制订创建活动初步方案。经报市民宗委审核后，市民宗委2016年8月下达34万元民族项目资金，9月启动实施创建。

2016年节日期间，区内相关各街镇慰问贫困少数民族户13户。区民宗局组织宗教界人士，到八颗中心小学校慰问少数民族贫困学生2名，送去慰问金2000元。

及时准确做好少数民族政策性服务。2016年办理民族成分更改2件，办理高考学生升学照顾手续13件。在全区招生工作会上向各学校宣传“少数民族青年才俊工程”资助范围、条件及资助标准；为考上本科的持贫困（低保）证的少数民族学生升学提供帮助。2016年为1名困难少数民族学生申请青年才俊工程资助，获得资助金额9000元（3000元/学年）。

【宗教工作】 依法管理宗教，规范宗教活动秩序。严格执行《宗教事务条例》的规定，对批准开放的35个宗教活动场所，加强教育，督促正信正行，重点完善财务制度、治安、消防、卫生防疫、建修安全等制度。要求正规场所自觉抵制邪教，抵制境外渗透以及藏传佛教到内地活动。与区公安局国保支队共同查处基督教私设聚会点1处，经教育停止活动；查处基督教在儿童乐园后门进行宗教宣传活动1次，当事人受到训诫，表示遵守宗教活动规定。

和谐寺观教堂的创建活动，一是按照市民宗委统一安排，以“国法与教规的关系”为主题开展宗教政策法规学习月活动，组织35个场所负责人、各宗教团体和宗教教职人员学习《中华人民共和国安全生产法（2014年修正）》《宗教事务条例》等法规。二是对2015年试行的宗教活动场所管理四个等级评比办法进行修改完善，印发2016年宗教场所管理评比办法，对具体量化考核细则进行完善，将场所对公账户开设使用情况纳入考核内容，各宗教场所结合教义教规和场所实际情况落实。

加强宗教教职人员、团体及场所负责人的教育培训。一是通过宗教界人士“季度集中学习会”组织学习宗教管理的各项政策规定和要求，及时传达市、区重要会议精神，让宗教界及时了解党和政府的声音。二是组织长寿区宗教界代表人士座谈会和佛教、基督教讲经交流会，各宗教场所互相交流场所管理发展经验，提高场所负责人对宗教场所规范管理的能力。

加强宗教场所的安全监管，维护宗教领域安全稳定。在季度集中学习会上，请消防教官培训消防安全知识；在春节、农历二月十九日等重要宗教会期、主要活动节日，到现场拉网式检查督促各个场所会期安全预案实施情况，发现隐患及时整改。张家山寺、王家山寺、天台寺、观音寺等宗教场所在2016年5月6日受到强对流天气影响，部分建筑物受到破坏，区民宗局及时查看灾情，督促各宗教场所及时设置隔离带防止次生灾害的发生，尽快给予恢复。最终各场所被破坏的建筑得到修复，修复期间无人员伤亡。全年宗教领域安全稳定。

做好宗教场所日常管理服务工作，指导菩提寺完成寺庙管委会的筹建和各项规章制度的制定和完善，菩提寺内务管理从一开始就达到正规化水平；协调双龙镇政府及有关村组完成双龙镇基督教活动点排危；协调葛兰镇完成天宝基督教活动点排危工作。 （刘显碧）

民生

就业与创业

【概况】 2016年，全区就业创业工作围绕经济发展大局，实施统筹城乡就业保障工程，做好人力资源保障、就业创业支持、劳动者素质提升等重点工作。城镇新增就业23465人，完成市下达任务的120.3%；帮助城镇登记失业人员就业7408人，完成任务的105.83%；帮助就业困难人员就业3045人，完成任务的101.5%；城镇登记失业率2.21%，低于市下达控制指标0.99个百分点；开展职业培训5490人，完成任务的122%；发放扶持创业贷款11448.5万元，完成任务的208.2%。失业保险参保人数为90949人，失业保险金征收2998.69万元。

【就业服务】 创新服务方式，提升就业服务质量。打造“互联网+就业”新模式，整合更新服务网络，实现各类业务网上申报、网上审核。优化创业担保贷款流程，开展农民工就业失业登记集中办理、承贷银行“一站式”受理等服务，发放创业担保贷款1.1亿元。创新职业培训机制，加强培训过程监督，在培训机构安装网络摄像头，通过网络地址和手机APP远程登录控制，实现培训过程的实时监管，有效提升培训质量。

依托产业扩大就业，发挥政策帮扶作用，支持实体经济发展，多渠道增加就业岗位。经开区和工业园区企业及长寿古镇、长寿湖旅游等服务业密集地成为新增就业主要阵地，促进经济增长点与就业增长点的有机结合。落实政策援助企业和个人稳定就业岗位，年内对招用就业困难人员的用人单位和灵活就业人员，发放就业补贴52.2万元、社保补贴1423.61万元、就业奖励2289万元、培训补贴535万元；对依法参加失业保险且未裁员或少裁员的278户企业发放稳岗补贴1518万元，受益职工3.1万人。搭好平台促进就业，通过“就业援助月”“春风行动”等系列活动，全年举办各类现场招聘会246场次，为产业发展提供人力资源保障。

【重点群体就业】 稳妥开展过剩产能企业职工安置工作，区人力社保局与区经信委、区安监局等部门及重钢等企业对接，制定分流职工安置方案，将拟分流职工信息录入人社部信息系统，开展针对性帮扶服务。引导农民工返乡就业创业，开展车站归途服务、院坝联谊宣传等“三项行动”，有序推进农转城进程，回引农村劳动力就业创业8951人。推进高校毕业生就业，依托就业服务平台做好就业创业定制服务，指导帮助高校毕业生实现就业938人。将就业创业与精准扶贫相结合，通过开发社区保洁、保安、市政协管等非全日制公益性岗位，帮助1413名贫困人员实现就业。

【创业带动就业】 收集总结创业经验，强化政策宣传，发挥“以点带面”的宣传促进作用。开展SYB创业培训和微型企业创业培训，重点讲授创业机会与创新思维等知识，创业培训1698人。制定创业孵化基地补贴管理办法，新培育区级创业孵化基地6个，总计有孵化企业和个体工商户221户，带动1980人实现稳定就业。组织参加创业专项活动，推荐田哥牛肉、燕南科技等18个项目参加“泛海扬帆——大学生创业行动”和“中国创翼”青年创业创新大赛重庆选拔赛，其中长寿湖鱼面、航模钓鱼项目被评为全市优秀，田哥牛肉获重庆赛区优胜奖并成功晋级全国半决赛。

【职业培训】 结合产业发展新要求，优化培训专业设置，新增化工工艺操作、旅游服务、果树园艺等特色工种培训。推行“招工—培训—就业”三位一体，由企业对新招录的员工进行培训，结业后再上岗，培训费用直接补贴给企业，实现招工与培训有机结合、培训与就业无缝对接。正新轮胎、泓淋科技、小康动力等企业开展岗前培训和技能提升培训1260人。根据农村建卡贫困户、残疾人等重点群体的需求，分阶段、分批次、分需求制定培训方案、设置培训内容，开展个性化技能培训，对609名重点人员开展免费技能培训和创业培训。

（雷福中）

社会保险

【概况】　重庆市长寿区社会保险局（简称区社保局）于2015年12月由原重庆市长寿区医疗保险管理中心、原重庆市长寿区社会保险局整合而成，于2016年5月完成组建。根据中共重庆市委、重庆市人民政府《关于区县（自治县）政府职能转变和机构改革的指导意见》（渝委发〔2014〕14号）和重庆市人力资源和社会保障局、重庆市机构编制委员会办公室《关于推进整合全市区县（自治县）社会保险经办机构的指导意见》（渝人社发〔2015〕82号）精神，经2015年11月23日区编委会研究，2015年12月4日区委第118次常委会审定，设立重庆市长寿区社会保险局，不再保留原重庆市长寿区医疗保险管理中心、原重庆市长寿区社会保险局。整合后，长寿区社会保险局为区人力社保局管理的公益一类事业单位，机构规格正处级，经费形式为财政全额拨款，具有独立法人资格。设12个内设机构，核定事业编制56名（其中局长1名、副局长3名，内设机构领导职数12正18副）。其主要职责7项：贯彻落实国家和市有关社会保险法律、法规、政策、制度；执行社会保险业务办理的操作办法和业务规范，开展行政区域内社会保险经办管理，提供社会保险服务业务；组织制定行政区域内社会保险征缴计划和除失业保险外的支付计划；承担行政区域内社会保险经办、管理的日常工作；指导和督促镇（街）开展社会保险经办服务工作；建立健全相关制度，加强用人单位和个人社会保险档案、收费依据、申报、支付及结算凭证等资料的管理；完成上级交办的其他工作。

【社保基金征收】　2016年，全力扩面征缴，加大宣传投入，创新宣传模式，以全民参保为契机，印发宣传资料100余万份，深入街镇、企业、建筑工地、人口流动密集区宣传社保知识。通过微信公众号、阳光重庆114平台、区政府门户网、区人社局网站、手机群发信息及LED屏等创新宣传方式，发布社会保险政策及经办流程，宣传和动员广大居民积极参保。1—12月，全区参保总人次为1587519人次，征收基金18.18亿元。城镇企业职工基本养老保险150380人106742.49万元，城乡居民社会养老保险345372人5722.81万元，工伤保险97626人6108.63万元，生育保险75396人1790.00万元；分别完成目标任务的101.44%、99.67%、104.86%、103.62%、103.79%、101.78%。（医疗保险详见本类目《医疗保险》分目）。征收基金分别完成目标任务的101.85%、101.65%、105.53%、103.34%、105.19%、101.13%。

【社保基金支付】　2016年1—12月，全区支付社保待遇31.30亿元，享受社保待遇4416005人次。

城镇企业职工基本养老保险领取待遇人员98598人，发放养老待遇211913.69万元；城乡居民社会养老保险领取待遇人员104642人，发放养老待遇15305.82万元。

医疗保险（详见本类目《医疗保险》分目）

工伤保险全区参保单位有3982人次享受工伤待遇3708.57万元；1046人次享受老工伤人员待遇60.10万元；机关事业单位有52人次享受工伤待遇39.97万元。

生育保险。全年3207人次享受生育保险待遇2478.19万元。

【特殊群体社会保险及补助】　特殊群体参保工作。截至12月末，全区新增征地农转非人员2410人，征收养老保险费6960.38万元；经济建设民工参保已通过审核1818名，其中1782名完清一次性补缴服务年限养老保险费用；超龄退役军人已通过参保审核1564名，其中1497名缴费成功。

特殊人群财政补助。截至12月底，为2888名困难国有企业“单（双）解”人员以个人身份参保给予缴费补贴563万元；为205人次中年丧子夫妇落实财政代缴养老保险费29.97万元；为符合参保条件的796名村干部发放缴费补贴70.61万元；发放14名新申报原民办教师养老保险一次性补助8.2万元，按月发放2146名原民办教师医疗补助163.2万元；发放83名新申报原农机人员养老保险一次性补助53.9万元，按月发放512名原农机人员医疗补助66.4万元；发放99名新申报原放映员养老保险一次性补助129.5万元，医疗补助40.3万元。公务医疗补助121176人次，支出1404.73万元。残军等特殊人群医疗报销补偿366.82万元。

特殊疾病办理。全年办理城乡居民医保特病6025人次，职工医保特病4129人次。

【工伤认定】 2015年底及2016年1—12月受理工伤认定申请1132件；作出工伤性质认定的有1128件（含2015年受理但未认定案件），作出不予工伤认定的有4件。工伤认定中行政复议5件，行政诉讼25件，行政上诉17件；工伤待遇中行政复议和行政诉讼各1件。

【社保改革】 推进医保基金支付方式改革，全面实行医保基金总额控费，实现按床日付费、单病种付费和项目付费等多种付费方式相结合。2016年度长寿区实行总额控费的医疗机构50家；单病种付费病种数为50种；精神病全部执行按床日付费。推进药品支付方式改革，从2016年7月1日起公立医院药品执行零差率销售；医保药品支付价格执行“双控措施”和“三不原则”。医保政策助推分级诊疗，医保报销待遇向基层倾斜，就医执行“双向转诊”和三级医院住院备案制度，政策引导参保人员多到基层医院就医，增加报销金额。

降低企业用工成本，执行普惠式降低社保费率、阶段性降低社保费率和小微困难企业降费降基相关政策，为困难企业降基、为小微企业降费，降低企业用工成本，其中为小微困难企业减负15191万元。

推进机关事业单位养老制度改革，发放2.4万册宣传资料，广泛宣传机关事业单位养老保险改革；完成基础数据采集，涉及参保单位359个，在职人员14374人、退休人员8975人，于2016年底已实现全区工资系统与金保系统中间库连接，确保参保人员相关数据及时入库。

提高社保待遇。2016年，基本养老待遇在全国统一调整6.5%的基础上，结合缴费年限、特殊调整等进行调整，城镇职工养老保险待遇人均月增加131元，确保养老待遇逐年调升。发挥医疗、工伤、生育保险“病有所医”的积极作用，提高基本医疗保险保障水平。提高报销标准，职工医保住院政策范围内报销比例达到82%，最高支付限额达到54.2万元；城乡居民医保在二级及以下医疗机构住院政策范围内报销比例达到75%，最高支付限额一档8万元，二档12万元；居民大额补充医疗最高支付20万元。

【社保维稳】 一是稳妥解决襄渝铁路等经济建设民工参加养老保险及养老待遇问题。二是妥善处理原农村户籍超龄退役军人参加养老保险问题，解决因户籍原因导致该类人群不能参保的长期信访。三是社保、民政、人武部门和银行等协作清理退役军人养老接续问题，接续率85%以上，为长寿区退役军人参加养老保险做好基础数据库的信息维护。四是妥善处理工伤（亡）事件，配合有关部门协调处理工伤（亡）信访事件70余件。五是开展部门协调及政策调研工作，推进长化厂搬迁、煤矿关闭、经信委信访群体等所涉社保诉求的解决，维护和谐稳定。（程泽凤）

【失业保险】 严格执行基金收支两条线财务管理制度，严格对账制度，定期与财政、银行核对账目，做到三方账务相符。将失业保险法律法规纳入微型企业创业培训，加强与工商、地税等部门联动，督促未参保的单位按规定参保和缴费。认真落实政策，发挥失业保险作用。对就业岗位稳定、不裁员或少裁员的企业，按政策给予稳岗补贴，全年为278户企业发放稳岗补贴1518万元，受益职工3.1万人。对失业保险金期间实现就业创业的失业人员，按政策给予一次性就业创业补助金。指导企业办理失业人员档案移交，及时为失业人员办理失业保险待遇申领并发放待遇。全区失业保险参保90949人，征收失业保险费2999万元；发放失业保险金2850人1272.7万元；发放农民工一次性生活补助金1064人460.64万元。

【社保基金监管】 把落实社保基金监督分工责任制作为党风廉政建设和反腐败制度建设的重要内容，查找和防范基金管理的风险漏洞及薄弱环节，推进基金管理、使用和监督的制度建设，加强非现场监督，开展专项检查，做好社保基金监督管理的日常工作，确保基金安全完整。一是进一步完善社会保险基金监管分工责任制，明确区人力社保局、区政府纠风办、区监察局、区财政局、区审计局、区地税局、区总工会、人民银行长寿中心支行等单位在社保基金监督管理工作中的职责和任务。二是开展社会保险基金专项检查，重点检查2014年至2015年失业保险基金运行情况，了解到经办机构建立起欠费台账并定期进行清理和催收，严格执行失业保险降费政策和补缴政策；建立比较完善的内控制度，按照不相容原则设立岗位，配备工作人员；业务操作流程规范，基金使用履行相关的审核、审批程序；定期与财政、地税、专户银行对账；财务部门与业务部门定期核对账目；单独记账、独立核算，核算准确；基金上解、下拨及时；坚持每个季度组织对享受失业保险待遇人员的资格进行核查及对职业培训机构使用基金情况进行检查。检查中发现7人提前退休未申报，继续领取失业保险金3.27万元，已收回4人多领取的失业金，多领金额2.25万元，已收回1.02万元，有3人无法收回（有1人因癌症无力退回，有2人无法联系）。第二项是企业职工退休审核审批专项检查，主要检查2014—2015年企业职工退休审核审批执行情况。了解到经办机构设立企业职工退休待遇审核科，配备相应的工作人员，合理设置工作岗位，设立退休初审、审核、审批、待遇计算等岗位，形成责任明确，相互制约的内部制衡机制；建立提前退休公示制度和办理程序和流程公开制度，严格执行企业职工退休的有关政策规定，对特殊工种、因病和政策性提前退休的企业职工，审核相关档案资料，严格履行报批手续。在检查中发现有9人按有关文件要求补缴费后，重复计算缴费年限。区社保局对这9人的补缴且视同缴费年限进行变更，重新计算养老待遇，收回多计发的退休费1.2万元。区人力社保局配合区有关部门对13家民营医保定点医院开展“骗保骗助”专项整治，收回违规金额5.96万元，收取违约金18.63万元。第三项是为防范业务风险，维护社保基金安全完整，组织力量对城镇企业职工基本养老保险、机关事业单位基本养老保险、城乡居民社会养老保险、城镇职工基本医疗保险、城乡居民合作医疗保险、工伤保险、生育保险、失业保险等8个险种经办机构的内控制度执行情况进行检查和测评，测评结果总体良好。对检查中发现的关键岗位聘用临时人员、关键岗位从业人员未取得从业资格证、业务经办手续不完善、业务授权管理不明晰、业务资料归档不完整、未与税务建立欠费对账机制等问题，责成相关经办机构认真整改。在组织对定点医疗机构的专项检查中，发现长寿化工园区医院存在串换项目、错误结算、过度医疗、违反物价规定、虚增费用等违反医保服务协议的行为，违规金额15.52万元，对其违规行为，区社保局进行严肃处理。第四项是探索社会保险基金社会监督方式，建立和完善社会监督机制，发挥社会各界对社会保险工作的监督作用，使社保基金在“阳光下运行”，提高社会保险基金监督有效性，在2015年开展社会保险基金社会监督试点工作之后，探索社会保险基金社会监督的有效方式；对聘请的社会监督员进行有关社会保险政策和法律法规的培训，组织社会监督员参与经办机构内控制度检查，社会监督员对经办机构内控制度建设和加强风险点防控提出建议，组织社会监督员对部分医保定点医疗机构和药店进行巡查监督。第五项是开展社会保险基金非现场监督工作，利用社保基金非现场监督软件系统，实时开展养老、医疗、工伤、失业、生育等险种非现场监管，进行业务数据对比、交叉监测、疑点研判，提高社保基金监测预警能力。全年筛选出预警疑点1050条，及时移交经办机构逐条核实和纠正。（雷福中　程泽凤）

医疗保险

【概况】 2016年，全区城镇职工医疗保险参保135286人，征收医保基金51449.16万元；城乡居民合作医疗保险参保783459人，征收9954.68万元。

职工医保发生2904596人次（普通门诊898318人次、特病门诊199313人次、住院40911人次、药房购药1766054人次），发生费用68963.03万元，统筹支出26987.89万元。大额支付6374.92万元。个人账户支付22992.42万元。居民医保就诊人次1299882人次，发生费用90740.40万元，医保支出43846.11万元。其中：统筹支出37130.08万元，门诊定额支出4099.55万元，一般诊疗费支出208.52万元，药事服务费713.45万元，大额医保支出1694.51万元。

（程泽凤）

社会福利

【养老服务】 完善养老服务政策措施。推进《长寿区养老服务设施布局规划2015—2025》方案编制工作。年底前，《长寿区养老服务设施布局规划》已经通过区级部门和专家咨询委员会评审，和区政府网站公示。

加快养老服务设施建设。按照“因地制宜、实事求是、方便实用、舒适安全”的原则，立足街道和社区实际，根据老年人的体能、心理特征，经过对拟定的9个社区养老服务场所进行审查筛选、实地踏勘，最终确定投入104万元资金，完成菩提街道古镇社区、凤城街道顺风亭社区、渡舟街道民兴社区和江南街道南滨路社区等4个城镇社区养老服务设施建设。对晏家、凤城、长寿湖和洪湖等街镇敬老院按“提升完善”“改造扩建”“原址重建”分类进行综合改造，完善基础设施，消除安全隐患、改善人居环境、扩增300余张养老床位。

加强养老服务标准化管理。指导全区的所有已建社区养老服务设施和农村幸福院的投入运营工作，开展社区居家养老服务。安排部署2016年全区“民政服务机构安全管理月”活动、夏季消防安全检查和社会福利机构消防安全标准化管理、汛期民政服务机构的安全管理、中秋节和国庆节期间养老设施安全检查，以及冬春火灾防控等工作，组织人力物力财力定期开展全区敬老院消防安全培训和演练。加强养老机构服务人员队伍建设，引导和鼓励全区养老服务人员参加养老护理员培训，提升养老服务水平。加大社会办养老机构政策宣传力度，在养老机构设立条件和提交材料等方面为申请筹办者提供政策指导和支持，鼓励社会养老服务专业机构通过托管、承包等方式运营公办养老机构。年底前，区养老服务中心入住农村“五保”、城市“三无”人员和社会老人180余人。全区从事养老服务且在工商办理登记的社会机构有11家，通过电话告知从事养老服务的社会举办者、下发《重庆市长寿区民政局养老机构设立许可告知书》和《养老机构设立许可申请审批资料》等方式，对举办养老机构作相应的指导服务，向区工商部门做好有关函告工作。

规范困难老年人补贴资金审批发放。召开福利科室业务专题培训会，要求严格按照“五保”“三无”供养、养老服务补贴等政策，做好基础工作，严把审批关，严禁弄虚作假和虚报冒领，确保补贴资金及时足额发放；对以往审批对象进行一次清理，加强福利科民政对象动态管理工作。2016年，为全区4489名农村“五保”对象和城市“三无”人员发放供养金2587.44万元，为经济困难的1751名高龄失能老年人发放养老服务补贴资金415.36万元。

【儿童福利】　一是做好孤儿、困境儿童及艾滋病病毒感染儿童的身份认定、档案管理、资金发放与监管、数据统计、信息录入与维护和专项检查等工作，按基本生活费600元/月·人的补贴标准，以打卡的方式发放到困难儿童的监护人手中，有效地维护困难儿童的基本生活权益。2016年，发放全区123名困难儿童生活补贴86.4万元。二是按照中国儿童少年基金会对符合条件的孤儿发放孤儿爱心保险卡的要求，发放271份“孤儿保障大行动”爱心保险卡。

【福利企业管理】　完成2015年度福利企业年检工作，平时每月审核福利企业的残疾人比例。2016年9月新增重庆斯托赛克蓝峰化工有限公司为福利企业。年底前，全区有24家福利企业，安置职工1975人。其中，残疾职工708人，残疾职工安置比例35.5%。

年内完成长寿区社会福利企业协会换届选举工作。

【福利彩票发行和公益金管理】　狠抓销售网点建设，创新福彩销售方式，增大发行销售量，努力筹集福利资金，提高救助能力。全年设立销售福彩投注站点86个。电脑票销量5807.39万元，刮刮乐销量802.78万元、中福在线销售厅销量1631.1万元。全年销量8241.27万元。彩票工作健康发展、机构健全、专人专门负责，福彩发行安全运行率100%。

完成2015年度及以前区级福彩公益金627.7万元的分配工作。收集有关街镇和业务工作调研意见，提出区级福彩公益金分配方案，按程序通过区级评审委员会审定，促使区级彩票公益金管理使用规范化。　（瞿勇强）

救助救济

【灾害救助】　2016年，长寿区先后遭受“5·6”风雹、“6·30”洪涝等自然灾害，两次灾害造成全区16个街镇36395人不同程度受灾。全区紧急转移安置354人，134间房屋倒塌，1096间房屋损坏，2304公顷农作物受灾，直接经济损失1835万元。

灾害发生后，长寿区及时开展应急期和过渡期灾民生活救助工作，按照12元/人·天的标准，全年发放灾民生活救助资金39.2万元、帐篷7顶、折叠床3张；做好倒房重建工作，下拨损房维修和倒房重建资金147.8万元，分散重建倒房84户130间；落实受灾群众冬春生活救助，发放救助资金325万元、棉被2000床，解决受灾群众过冬难题。

【传统救济】 2016年，全区发放定期定量救济金274万元，救济468人；发放襄渝铁路矽肺病人员补助金266万元，救助265人。

【城乡低保管理】 截至2016年12月，全区有城市低保户3749户5796人，占比1.8%；农村低保户7100户12842人，占比2.21%；全年支出低保金6036.19万元；加强低保动态常态化管理，年内新增城乡低保对象4150人，动态退出城乡低保3373人，实现动态管理下的应保尽保。

按照保障标准和家庭人均收入落实补差，城乡低保对象1—12月平均补差水平超过保障标准的60%，补差水平高于往年；城市低保月人均补差379元，农村低保月人均补差199元，高于长寿辖区低保标准增长幅度。

及时落实低保调标。2016年7月起，城市低保标准由420元/月·人提高到460元/月·人，农村低保标准由230元/月·人提高到300元/月·人。

落实低保标准与扶贫标准“两线合一”，及时将符合农村低保条件的扶贫对象纳入低保待遇，经调查审核，全年全区有1783名符合低保标准的建卡扶贫对象享受低保待遇，超额完成市里下达1647人的低保兜底任务，完成任务率108.26%。

比对核查定期化，区市两级核查系统平稳运行，对已享受低保对象全面进行家庭经济状况信息比对。开发建设长寿区救助家庭经济状况核查比对系统，与迪航公司签订合作协议，成功建设比对系统。加大与相关部门的协调对接，争取相关部门支持，将财政供养、社保、机动车辆、房产等信息与低保系统互联对接。认真开展对低保在册人员与新增低保对象、五保供养对象、临时救助对象等救助对象信息的事前比对核查，坚持逢进必查、未经比对核查不予审批。

【医疗救助】 组织相关单位修订完善医疗救助制度，扩大医疗救助范围，将全区城乡因病致贫重病患者纳入医疗救助范围，减轻城乡困难群体医疗负担。

加强医疗救助监管，召开全区城乡医疗救助工作会，与41家定点医疗救助机构签订监管服务协议，明确双方责任、权利与义务；依托医疗保险信息管理平台，达到医疗救助与医疗保险“一站式”同步结算。

落实市政府健全医疗救助制度文件精神，2016年全年医疗救助支出2735.9万元，救助141289人次。其中资助参保支出362.2万元，资助32313人参保；门诊救助支出635万元，救助91115人次；住院救助支出1738.7元，救助17861人次。

【临时救助】 2016年1—12月发放临时救助金1095万元（其中包含140万元征地农转非对象临时救助金），救助困难群众5120户、6480人，临时救助资金次均救助支出为1689元/人，发挥临时救助托底线、救急难的作用。

［陈强（救灾科） 陈强（低保中心）］

【计划生育奖励扶助】 关爱计划生育特殊家庭，认真落实国家、市计生家庭奖励扶助政策，创新实施长寿区计划生育失独家庭救助制度实施办法。开展“朝阳伴夕阳”失独家庭“六个一”关爱活动（为全区1498名计生特殊家庭人员建立一份动态分类管理的信息档案、健康档案，发放一张亲情连心卡，指定一名家庭签约医生，每两月开展一次亲情联系，每年开展一次健康管理服务，每年至少一次走访慰问）。组建60人的计生特殊家庭志愿者社会关怀队伍。提升就医“绿色通道”服务质量，区财政投入18万余元，为全区计生特殊家庭购买生病住院护理保险。协调区财政、民政、司法、保险等部门及时解决经费投入、最低生活保障、法律援助、住院理赔等工作，区级财政配套投入512.64万元，确保各项扶助政策落实。走访慰问计划生育特殊家庭1022户，发放慰问金30.66万元。全区对奖扶对象14731人、特扶对象1336人（其中失独家庭父母759人）、四级残疾扶助对象162人，计划生育手术并发症扶助对象30人，全年发放计划生育特殊家庭特别扶助金723.24万元，奖励扶助及时率90.1%。 （李　娅）

社会优抚

【双拥工作】 重视宣传，形成以报纸、电视、广播、网络“四位一体”的双拥宣传大“合唱”，扩大双拥工作的知晓度和影响力；成立以区委副书记任组长，人武部政委、区委组织部长、区委宣传部长任副组长，驻军、教育、法制、宣传、民政等有关部门主要负责人为成员的国防教育领导小组；建立领导小组议教制度、军地联席会议制度、国防教育责任制度、地方党政领导参与“军事”活动日制度、中学生军训制度和国防教育评比表彰制度六大制度，保障国防教育开展；确立“以学校为阵地，学生为媒介，家庭为桥梁，带动全社会”的全民国防教育思路，构建全方位覆盖的国防教育和双拥教育网络体系；征兵宣传到位，2016年层层筛选310人参军入伍。

驻长部队继承和发扬拥政爱民的优良传统，主动多办惠民生、暖民心、解民忧的好事实事。消防官兵到企事业单位开展消防安全知识培训，提升2000余名企事业职工自防自救能力；区武警中队、区武警三中队配合地方加强社会管理，搞好军警民联防联治，2016年先后出动兵力700余人次，完成长寿火车站、长寿火车北站、骑鞍车站春运执勤、押解犯人、抓捕逃犯、抢险救灾等任务；区消防支队全年抢险救援266起、社会救助200起，出动消防车辆1134台次，出动警力57752人次，疏散被困人员800人，解救被困人员212人。驻长部队还开展多种形式的扶贫济困、扶老助残、捐赠救助等社会公益活动，战士们用自己的实际行动帮助贫困学子。

长寿区有关部门为驻军部队送温暖。《长寿日报》社每年向驻长部队提供6个实习锻炼的岗位，丰富官兵文化生活；区文联、文化委、老体协、老年大学等单位分别开展送戏、送联欢、送书画进军营活动，丰富官兵军营生活；定期举办法律知识讲座，强化官兵法律知识；多次举办退役士兵及其家属的专场招聘会，解决官兵及其家庭所需。

【优抚工作】 落实各项优抚政策，及时调整兑现各项抚恤定补资金，全年发放优抚对象定期补助资金近5693.75万元。帮助困难重点优抚对象解决实际困难，将符合条件的分别纳入新村建设、危旧房改造、农村低收入住房保障予以资助，通过维修、改造、新建、租购等方式帮助重点优抚对象改善住房条件，全年解决住房困难资金5万元；落实重点优抚对象临时困难救助资金90万元，救助327人次。资助在乡和城镇无工作单位重点优抚对象参加社保和医保，执行医疗费用“一站式”即时结算服务，1～6级残疾军人参照职工医保全额资助参保，享受相应医疗待遇。从2016年1月起，除1～6级残军以外，在乡复员军人门诊医疗补助标准从每人每年600元提高至每人每年1200元，其他在乡重点优抚对象门诊医疗补助标准从每人每年300元提高至每人每年900元。

提升优待服务，对城乡义务兵家属统一优待标准、统一经费来源、统一兑现时间、统一对象方式，2016年城乡义务兵家庭优待金执行每户每年8000元，全年发放优待金538.24万元。坚持元旦、春节、“五一”、端午、中秋、国庆、“八一”等传统节假日和重大活动期间走访慰问。2016年，区委区政府向各驻长部队送慰问金及慰问物资186万余元；各级各部门、企业、各街镇和社区全年向各驻长部队送去慰问物资100余万元。2016年向退役士兵家庭赠送“光荣军属”牌匾310块和光荣之家年画29990张。

开展烈士纪念设施保护工作及烈士公祭活动。一是全面了解掌握烈士纪念设施管理保护现状，对全区零散烈士墓就地进行时时维护管理，由所在镇负责管理。二是接收安葬程俊辉烈士。2016年6月14日，在长寿区烈士陵园举办程俊辉烈士安葬仪式及刻碑纪念，并给予程俊辉烈士遗属足额兑现烈士褒扬金和一次性死亡抚恤金1769288元。三是在清明节等节日，区内部分单位、组织和个人分别开展烈士纪念活动。

抓好涉军维稳工作，加大政策宣传力度和帮助解决困难的工作力度，从根本上减少矛盾的发生。全面落实维稳措施，开展矛盾排查化解工作，掌握维稳工作的主动权。狠抓“重点人”和敏感时期维稳工作，加大接访和劝访工作力度，减少赴市上访人数和无一进京到访。

严格执行安置政策，完成退役士兵接收及安置任务。2016年，长寿区接收、审核、归档退伍军人士兵档案265人。截至年底前，已安置到具体工作岗位1人，其余退役士兵均已领取地方一次性经济补助金733.2万元，全面完成全年安置任务。

【优抚事业单位管理】 区军休中心根据规范化建设标准，再次购置新活动用房，基础设施建设得到质的提升。工作上采取“学、观、走、答、议”五种方法，坚持“六必访”制度，加强军队离退休干部思想政治建设，落实军休干部的政治经济两个待遇，军休干部人心稳定。区光荣院的服务水平和服务质量不断提高，年内新改造消防通道1个，消防安全隐患有效改善，服务管理规范化水平提高。（李俊薛）

住房保障

【概况】 深化住房保障体制机制改革，改善城镇低收入家庭住房困难。2016年全区续建并完成竣工验收公（廉）租房8.8万平方米、1632套，已全部交付使用。实物配租公（廉）租房1508套，发放租赁补贴3.36万元，解决近5000人的住房困难问题。完成对2015年保障性安居工程跟踪审计242户违规保障对象的整改工作。完成保障性住房物业管理、公房维修管理体制改革和东方物业公司改制工作。制定全区《“十三五”时期住房保障实物配租计划》《公共租赁住房租金标准》。办理三峡工程移民遗留问题困难补助家庭294户，补助金额25.3万元。完成保障性住房管理信息系统更新升级。加强保障性住房租金管理，实现保障性住房租金收入2215万元，比2015年增长11.5%。实现廉租住房与公共租赁住房并轨运行，准入退出、住用安全、运营管理等制度不断完善，社会效应和经济效益取得成效。（余　杰　袁国勤）

【保障性住房建设】 保障性安居工程是全区民生工程的首要任务，区公共民生工程中心把保障性住房建成老百姓的“安稳房、安心房、安康房”，秉承“勤奋、敬业、严谨、高效、诚信”的创业精神，向质量要市场，向管理要效益，克服困难，精心施工，优质、安全地完成工程建设任务。2016年，保障性住房及配套项目有：民生佳苑定销房配套项目、森香蓝庭、德瑞悦城已按计划完工投用；顺风庭定销房配套设施项目、在水一方定销房配套设施项目、定销房物业管理配套设施项目等重大项目正按计划有序推进。

【保障性住房安置管理】 2016年，在区公安局、区国土房管局、区地税局、区土地房屋征收办及有关部门和街镇的配合下，按计划全面推进房屋安置、办理产权证、后期物业管理等工作取得成效。全年安置定销房7117套，解决1.5万名拆迁群众入住问题。由于安置分配前期方案准备充分，房屋分配工作有条不紊，未发生一起不稳定事件。全年办理晏家七期、八期等项目的房屋产权证4241件，已发放4064件。定销房小区规范管理，协助国土房管局制订定销房后期物业管理初步方案，引入区保安公司、特丽洁、滨湖等专业物管公司对定销房小区逐步进行规范化管理。房屋后期质量管理，在江南、晏家等地设立质量处理投诉点，处理群众房屋质量投诉，解决群众困难，问题处理率99%。（付妮娜）

残疾人保障

【残疾人康复服务】 全年免费实施白内障复明手术632例，儿童矫治手术11例，康复训练288余人，居家康复服务3254人，社区康复服务16789人次；发放辅助器具700余件，装配大、小腿假肢、矫形器34件；贫困精神病患者门诊药物救助1286人，新办药物救助卡234人，贫困精神病患者住院救助62人，救助流散精神病286人次；新建44个残疾人康复村（社区）康复室，申报市级标准化康复示范康复站9个，全区残疾人康复站（室）达到77个，区残疾人康复托养中心投入建设，区妇幼保健院全国残疾预防综合试验区创建试点完成申报。

长寿区组织福利企业残疾职工体检

【残疾人教育就业扶贫服务】　全年城乡居民医保参保资助13074名，为16名残疾人提供大病救助，为85户贫困残疾人家庭进行危房改造，为80名残疾人提供机构托养服务，向647名残疾人发放居家安养护理补贴，每月为4350名贫困残疾人发放生活补贴，全年向7400名重度残疾人发放护理补贴。推进残疾人就业工作，全年新增残疾人就业129人，扶持残疾人种养殖大户4户；免费为313名残疾人提供职业技能培训，为650名残疾人提供农村实用技术培训。支持特殊教育发展，给予特殊教育学校学生每天定额生活补贴，全年资助16名非义务教育阶段贫困残疾学生入学，推荐13名高校残疾人毕业生就业。

【残疾人宣传文体服务】　搭建媒体和新兴网络平台的联系，利用《长寿群团》《长寿日报》《长寿文化》报、《重庆残联》等微信平台宣传残联工作动态和典型。撰写残联工作动态、政策发布、服务开展、助残典型和自强不息残疾人等稿件信息，全年上报市残联112条，用稿92条；本地报社和其他媒体以及市级主流媒体采用60余条。利用“爱耳日”“全国助残日”“文化月”“健身周”等与残疾人有关的节日，开展残疾预防宣传、无障碍体验、长寿湖文化之旅、趣味运动会等活动，带动更多的社会组织、爱心人士走进扶残助残事业。组织残疾体育艺术人才参加市级各项文体竞赛取得好成绩，2016全市残疾人才艺大赛上长寿区残疾人廖成果的根雕作品《鹿》获手工艺类别一等奖，长寿区残疾人徐瀛、魏霜、李灵威等7人组成的长寿区代表队在全市残疾人田径锦标赛赢得4金1银和团体全市第八位。

长寿区江南街道残疾人文体活动中心

【残疾人维权保障服务】　依法、及时有效地处理残疾人信访问题，确保残疾人信访事项案结事了、息诉罢访，全年处理来信来访71件，信访件结案率100%且质量符合要求。广泛开展普法宣传，对残疾人、残疾人工作者、残疾人专门协会进行法制教育宣传4次，普法宣传惠及500余人。为40名残疾人提供免费法律援助，印发残疾人法律援助联系卡466份，全年发放覆盖率为区内办证残疾人的73.9%。落实《无障碍环境建设条例》，继续做好残疾人C5驾照补贴、燃油补贴、路桥费及公交车减免等工作，及时完成信息数据上报、录入。

（文　瑶）

老龄事业

【概况】　2016年年末，全区户籍人口中年满60岁及其以上老年人有199742人，占全区总人口的22.1%。其中80周岁及以上35712人，90周岁以上3388人，百岁老人21人。人口老龄化日趋明显。

2016年，长寿区围绕“党政主导、社会参与、全民关怀”的老龄工作方针，坚持为老年人办好事，推进老龄事业持续健康发展。一是汇集各级领导批示和会议精神，学习总书记习近平、总理李克强对老龄工作的重要指示，向各单位、各街镇、各老龄机构进行传达，营造尊老敬老爱老助老的良好社会氛围。二是协调中国人寿保险公司，推进“孝老安康”惠民工程，开展老年人意外伤害保险工作，完善老年人的社会保障体系，2016年全区参保老年人38786人。三是配合华中师范大学中国农村研究院到长寿区开展为期3个月的“全国农村老年人生活现状调查”，掌握区内老年人的家庭状况、健康状况、经济状况和社会保障状况等的第一手资料。四是开展全国“敬老文明号”单位和“敬老爱老助老模范人物”的评选申报工作；树立典型，宣传先进。五是在全区开展“阳光助老复明工程”公益项目，协助重庆泰恒眼科医院免费为符合条件的老年人做白内障手术80余例。

全区221个村、42个社区全部成立老年人协会，入会4300余人。协会在组织老年人参加学习，开展文体活动，调解涉老纠纷、促进社会和谐等方面发挥积极作用。

【老年人社会优待】 全年审批办理96岁以上高龄老人津贴107人次，办理老年社会服务优待证12360个，公交敬老爱心卡39800余张；加大关爱空巢老人、留守老人工作，区卫计委系统医院对60周岁以上老年人凭证实行免普通挂号费，优先挂号、优先就诊、优先取药；区旅游局在各收费景区售票处设置老年人凭证免票标志牌；区交通局执行70周岁以上老年人办敬老卡免费乘车优待政策；区司法局协调区律师事务所、区法律援助中心免费提供涉及老年人合法权益受侵害案件的法律咨询、代写诉讼文书，法律服务机构免费提供有关老年人赡养方面的法律服务。

【敬老助老活动】 区老龄办向各街镇、各部门转发市老龄委下发的《关于开展2016年全国“敬老月”活动的通知》，在全区开展主题为“爱老敬老，全民行动”的敬老月活动，形式多样，内容丰富。春节前夕，区民政局走访慰问敬老院老人、空巢老人、孤寡老人、百岁老人，送去慰问金、慰问品和新春的祝福，为百岁老人发放寿匾。区老年体协经常组织全区70余支老年文体队开展文体竞赛活动，主要形式有牌类、棋类、钓鱼、游园、登山、走路、歌舞、跑步、太极拳、健身操等。长寿区老年书画研究会利用节日，开展书画展，下乡为群众义务书写馈赠春联，组织参加市老龄委书画比赛等。

【老年福利事业】 2016年，全区投入626.1万元项目整改资金，全面完成各街镇敬老院、福利院等社会福利机构的消防安全专项治理；增加300余张养老床位，促进全区养老服务设施建设和利用提档升级；为经济困难的1751名高龄失能老年人发放养老服务补贴资金415.36万元，维护困难老年人的基本生活权益。

【养老服务】 （详见本类目《社会福利》分目）

（杨　宏）

慈善事业

【慈善工作】 学习宣传贯彻《中华人民共和国慈善法》；指导区慈善会对慈善资金及物资的募集和发放工作。2016年区慈善会募集慈善资金及物资折款617.18万元（其中物资折款328万元）；发放慈善资金及物资折款560.1万元，救助困难群众1462人。

（瞿勇强）

镇（街道）

- ❖ 菩提街道
- ❖ 凤城街道
- ❖ 晏家街道
- ❖ 江南街道
- ❖ 渡舟街道
- ❖ 新市街道
- ❖ 八颗街道
- ❖ 长寿湖镇
- ❖ 云台镇
- ❖ 葛兰镇
- ❖ 但渡镇
- ❖ 邻封镇
- ❖ 云集镇
- ❖ 双龙镇
- ❖ 龙河镇
- ❖ 海棠镇
- ❖ 石堰镇
- ❖ 洪湖镇
- ❖ 万顺镇

镇（街道）

菩提街道

【概况】 根据重庆市政府《关于长寿区凤城街道渡舟街道行政区划调整的批复》（渝府〔2015〕62号）精神，经2015年12月18日区编委会审核，2015年12月21日十二届区委第一百一十九次常委会议审定通过，重庆市长寿区菩提街道于2015年12月28日正式挂牌成立。

2016年元旦前夕，中共长寿区委领导周勇、赵世庆、张明生、侯宇生、谭伟为设立菩提街道揭牌

菩提街道办事处驻桃源西四路1号。辖区以区行政中心为中心，东接但渡，南连凤城，西邻八颗，北连渡舟，辖桃花、古镇、朝阳、胜天、菩提5个社区和松柏、东新、红花、阳鹤、田坝、菩提6个村，辖区面积37.71平方千米；规划人口29.02万人，2016年有户籍人口5.3万人，常住人口18.7万人。辖区内有长寿菩提山文化旅游景区、长寿菩提古镇两大国家AAAA级旅游风景区。

【经济发展】 2016年，菩提街道有企业2336家，从业人员35040人，实现社会消费品零售总额215705万元。辖区内有乡村道路50.37千米、学校22所、医院诊所45家、大型商场4个。有家庭农场1家、专业合作社6家；土地流转26户，流转面积60.53公顷。

2016年有建档立卡扶贫户33户109人，年内动态调整中无新增扶贫户；先后对扶贫户开展春节慰问（凤城街道发放），端午、五一慰问，中秋、国庆慰问4次发放慰问资金2560元。落实区农委“科技兴农”策略，严格按照“科技示范户”评选要求确定“菩提街道科技示范户”20家，与专家对接20家科技示范户工作取得效果。惠农服务落实粮食直补和农资综合直补资金99万元，惠及农户2662户；落实退耕还林直补35万元，惠及农户1726户。

三峡移民动态管理，及时足额兑现直补资金50人2.97万元；多渠道争取资金，扎实搞好移民项目，东新村冉家湾居民点、古镇社区、菩提村二组等3个项目争取资金154.5万元。

【基础设施建设】 重大项目。协助区级相关部门做好南北中路和南北一路的测绘、地勘，桃花溪环境综合整治，菩提东路两侧景观绿化带建设，站南片区污水管网建设，科技孵化园施工建设等，及时化解各类矛盾。

两违查处建立违法建筑台账2000件69195平方米，拆除存量违法建筑50宗8260平方米，完成计划100%；消除在建违法建筑14宗1200平方米。查处违法用地乱搭乱建9件，查处率100%。

协助完成6个行政村的新农村规划。核实公示C、D级危房“十三五”改造计划24户，监督D级危房改造3户，C级危房开工建设9户。

征地拆迁。渡南路西延伸段菩提6组征地快速推进，签订协议45户，拆除房屋44户4866平方米，安置108人。配合完成民生佳苑选房、分房和产权变更，分房2600套，产权变更200余套。

社区管理落实古镇、菩提2个社区办公用房，争取资金136万元。对胜天、桃花2个社区的管辖范围进行科学合理的规划和调整；对桃花社区区划调整开展前期调查。

农村基建。农村道路养护50.76千米；开展乡村道路隐患排查6处，整治道路0.15千米，新安装防撞栏1处150米，增设道路弯道处凸面镜4面，安装警示标志5块；投入9万元新建农村道路错车道30个，方便车辆通行，解决群众出行难的问题；积极争取农村道路建设项目，向区发改委申报农发行战略合作项目1个，申报各类农村道路建设里程18.4千米。年内对辖区内的6口山坪塘进行整治，解决对应村组的灌溉问题。

【文明城区创建】 广泛宣传，设置LED灯箱广告3个、宣传大条幅3幅、专栏165个，刊播公益广告350个，张贴市民公约、社会主义核心价值观、关爱未成年人等海报1000余张；开展主题宣传活动8次，发放创建全国文明城区倡议书和宣传手册2万份，开展问卷调查2万余人次；利用道德讲堂、文化讲堂、市民学校、家长学校等载体开展创建知识宣传、指导服务30余次。组建志愿服务队25支，注册志愿者7080人，定期开展医疗卫生、普法维权、治安巡逻、关爱老弱病残等志愿服务活动；长期组织260余名志愿者在重要交通路口、旅游景区、小区周边开展文明劝导。开展集中式饮用水源检查70次，发现问题10个，整治完成10个，完成率100%；出动禁烧巡检人员1092人次，及时制止秸秆（杂草）焚烧103次，取缔露天燃烧垃圾点34个，取缔露天烧烤点12个，烟熏腊肉点29个。统一整治白色垃圾和建筑垃圾26次，清运存量垃圾570余吨；对785栋房屋的张贴栏、牛皮癣等进行清理，约27000平方米；集中力量开展桃花农贸市场、金科阳光小镇、朵力7号、时代广场等占道经营综合整治18次。调解金科世界城、碧桂园、同元御府华庭、蓝光幸福满庭等40多个小区物业纠纷100余起；指导碧水天城、维多利亚、沁园坊、朵力半岛等7个小区选举业主委员会，接待来访群众100多人次，进社区、小区召开协调会20多次，处理信访事件5起。开展“我推荐我评议身边好人”“乡贤”“十大孝星”“十大健康寿星”评选活动，报送优秀典型，营造榜样效应；多层次、多角度倡导市民养成健康文明的生活方式和良好的卫生习惯。

【社会事业】 把文化活动融合在长寿旅游宣传中，提升古镇、菩提山旅游知名度。年内配合市歌舞剧团“渝州大舞台”送演出进基层送戏下乡4次，与其他单位联合举办才艺大赛、坝坝舞比赛、文艺比赛、万人登山活动等赛事和活动16次。

推进全民健身活动，营造生动活泼的健身氛围，完善社区健身设施建设，加大指导培训力度；维修公共区域体育健身器材16套，新增社区健身器材3套，新建社区健身点2个；组织参加太极拳、广场健身操等培训活动，壮大群众体育指导员队伍，提高群众体育活动的科学性和有效性。

全年办理社会保障卡480张，特病卡96张；发放征地农转非大龄人员困难补助35376人2476320元；办理社保补贴366人，为265人换发就失业登记证；办理城乡居民医疗保险30220人3658910元，城乡居民养老保险4944人，超龄退役军人参保25人，襄渝铁路建设人员参保13人。

社会救助。规范低保申报程序，强化民主评议，实施分类施保、三榜公示制度，按照程序严格审批。截至2016年12月底，菩提街道享受城市低保123户222人，其中新增城市低保10户13人、停发14户24人、调减3户5人；发放城市低保金（含慰问金）68.1万元。享受农村低保98户207人，其中新增农村低保17户33人、停发16户42人、调减35户79人；发放农村低保金（含慰问金）42.5万元。加大各类救助力度，大病救助187人17.52万元，临时救助77人12.72万元，专项救助2人0.9万元。灾害救助实施冬荒救助2528户7020人7.8万元，风雹灾落实资金2.3万元。发放城镇“三无”、农村“五保”供养48人16.04万元，救助高龄失能老人9名1.08万元。落实孤困儿童保障制度，摸清“三留守”人员现状33人。加强困难残疾人救助，发放贫困残疾人生活补贴5.02万元、重度残疾人护理补贴9.95万元。

落实优抚对象231人，其中重点优抚对象160人优待政策；及时发放在乡老复员军人、带病回乡退伍军人、病故军人遗属等优抚对象定期补助资金、现役军人优待金和60周岁农村退役士兵生活补助资金等，建立人员沟通平台制度，落实优抚政策。

计划生育基本国策广泛宣传，全年开展大型宣传活动6次，发放宣传资料120000余份。2016年上报户籍出生697人（其中计划内生育695人，计划生育率99.7%），一孩374人，占出生上报的

53.66%；二孩数为315人，占45.19%；多孩数为8人，占1.15%。年内办理生育服务证676人（其中一孩申报数331人，二孩申报数345人），已出生一孩104人，二孩98人。办理独生子女光荣证358人，再生育服务证21人。2016年退出奖扶人员54人，新增特扶人员15人，落实奖扶106人；落实独生子女一次性奖励476人；走访慰问计生“特殊家庭”50户，发放慰问金1.42万元。

公共卫生工作建立流动人口健康档案160份，建档65岁以上老年人836份，严重精神病障碍患者84份，因病致穷的建档40户。家庭医生签约人数1127人。组织妇女“两癌”筛查958人。

2016年6月，菩提街道在长寿菩提古镇开展安全生产宣传月咨询活动

【安全维稳】 2016年安全生产工作坚持“安全第一、预防为主、综合治理”的方针，强化红线意识和底线思维，实现全年安全生产零事故。建立健全“党政同责、一岗双责”安全责任体系，全年召开安全生产工作专题分析会16次；开展各类安全执法检查224次，出动执法检查1335人次，检查安全生产经营单位和个体1117个次，排查整改各类安全隐患163件次。加大上路检查力度，开展机动车执法检查72次，检查机动车869辆次，查处违法、违规违章行为机动车507辆次；5个交通安全劝导站正常运行，在节假日和重点时段严格开展检查劝导。强化食品药品执法，分类完善监管台账1710户，全年检查食品药品经营户4200余次，立案33件，办结33件，罚没款入库额11.87万元；受理卫生许可证行政审批402件，按期办结率100%；检查学校57家（次），学校周边餐饮单位85家（次），确保学生饮食安全。

加强综治队伍建设，完善6个村、5个社区综治工作室的设施，各村（居）配齐综治专干工作人员，对综治工作人员开展职责任务、“网上信访代理”和“网格化服务管理工作”专题培训；各村综治专干及村、组干部完成每月不得少于9次，每次不少于8人的夜间巡逻工作，各社区坚持365天的夜间巡逻。全年参与突发事件和矛盾纠纷处置35次（其中，处理重大疑难纠纷19次）；参与维稳46次，重点敏感时期加强对重点人员的稳控，敏感时期每天向区委、区政府、区维稳办报送稳控情况；每周定时更新维稳系统，防止重点人员脱控；做好敏感时期退役军人的安抚稳定工作，宣传落实相关政策，完善优抚政务公开制度，采取各种办法，稳定优抚人员，重点是参战人员的维稳工作，年底前无一例参战退役军人到市进京上访，优抚对象群体稳定。及时回应信访纠纷，收办市政府公开信箱信件96件，受理信访件164件；建立健全12个人民调解委员会组织，调解案件成功102件，涉及199人139万元。

【党建工作】 推进基层党建7项重点任务落实，“两学一做”学习教育融入经常取得实效。年内新建基层党组织6个，发展党员5名。建好古镇社区、菩提社区便民服务中心，升级改造菩提村、松柏村便民服务中心，保障基层服务正常开展。群工系统收集办结群众反映事项293件，办结比100%，满意率97.7%。成立长寿菩提古镇商圈非公党委暨党群服务中心，走访古镇商圈商户383家，登记党员70余人；街道工会、妇女联合会、共青团组织相继成立，各项工作扎实开展。

菩提街道庆祝建党95周年大会

严格干部选拔条件、程序和纪律，对新提拔任职的19名科级干部、10名村居干部、7名纪检干部进行任前廉政谈话。年内安排部署党风廉政建设和反腐败工作22次，开展党员干部廉政教育23次警示教育6次，切实增强机关干部、村居干部组织纪律性。

换届工作有序推进，深入调查摸底，做好选情预测，制定选举方案，集中突破选举难点，村居两委换届选举、第十八届区人大代表选举均圆满完成。（何晓倩）

2016年重庆市长寿区菩提街道领导人名录

党工委书记：谭　庆（兼，2016年2月离任）
　　　　　　陈　勇（2016年10月任）
办事处主任：陈　勇（2016年11月离任）
　　　　　　任明全（2016年11月任）
人大工委主任：袁长青
专职副书记：杨　玲（女，2016年10月任）
纪工委书记：雷现强（2016年10月离任）
　　　　　　周　勇（2016年10月任）
政法书记：叶建彬（2016年10月离任）
　　　　　李泉勇（2016年10月任）
武装部长：戴远贵（补遗：2015年12月任）
办事处副主任：黄长丰　傅军化
　　　　　　戴远贵（2016年11月任）
　　　　　　叶建彬（2016年11月任）
组织委员：周　勇（2016年10月离任）
　　　　　杨　一（女，2016年10月任）
宣传委员：杨　玲（女，2016年10月离任）
　　　　　李超平（女，2016年10月任）
统战委员：李超平（女）

凤城街道

【概况】　凤城街道地处长江北岸、重庆东部，位于长寿城区，东与但渡镇相邻，南与江南街道隔江相望，西与晏家街道毗邻，北与菩提街道接壤，辖区面积44.76平方千米；下辖13个社区，9个村，214个居民组，133个村民小组；总人口20.07万人，其中户籍人口12.43万人。

凤城街道水陆交通四通八达，快捷方便，长寿港居于其内，重庆—长寿、重庆—万州、重庆—涪陵高速公路过境，境内村村通公路。凤城街道依山临江，有文峰塔、桓侯宫、定慧寺、三洞沟等自然和人文景观。

【经济发展】　2016年，凤城街道稳步推进农业发展，粮食、果蔬、畜禽稳步增收，农业新技术、农作物新品种等成效显著。核实兑付各种涉农资金714.2万元。完成180余公顷松材线虫病疫木除治工作，已通过区级验收。完成第三次全国农业普查清查摸底和培训工作。

开展精准扶贫，按照“摸清底数、区分类型、找准问题、分类施策”要求，通过产业扶持、D级危房改造、节日慰问、雨露工程、开发非全日制公益性岗位等措施确保贫困群众真正富裕起来，实现2016年完成建档立卡贫困户2户5人脱贫任务，总计脱贫83户221人。

【基础设施建设】　2016年，凤城街道全力做好征地拆迁工作，重点抓好历年项目扫尾工作，紧扣时间节点，加大地块交付力度，做好重大项目开工建设保障。全年征迁83户、涉及供地30公顷。

着重推进重大项目建设服务，对项目建设施工和拆迁遗留的各种矛盾纠纷，加大调解力度，及时协调相关部门共同解决问题，确保重大项目顺利实施。2016年完成全区17个重大项目的协调服务，主要包括青龙嘴片区文物保护修复项目、复元农民新村建设项目、三洞沟避险搬迁工程、顺风庭定销房配套设施、区医院至协信广场人行天桥、桃花至古佛高速路沿线带状休闲绿地工程等项目。

利用扶贫、交通、移民等资金，实施长风村农村道路整治工程、复元村道路工程、村级公路增设错车道项目（80个），农村C、D级危房改造项目（18户）、一事一议项目（12个）、复元敬老院整修工程、凤城大院危岩整治、林庄口危岩整治等项目，有效改善群众生产生活条件。

提升城市管理水平，全力创建全国文明城区。开展城区环境集中整治500余处，清理“牛皮癣”1876栋，清理背街小巷垃圾2488吨，摸排清理出“僵尸车”150余辆。全年及时处理群众反映各类城市问题250余件，清掏、整治下水道堵塞、化粪池溢出等问题98起，整治栏杆、围墙、标牌等市政设施安全隐患50余处，清理或排危树木100余棵。加强“两违”整治，制订存量违法建筑五年整治计划及年度实施计划，拆除新增和存量违法建筑99件，面积1.47万平方米。加强房屋外墙砖脱落、城市危岩滑坡等安全监管和治理工作，组织居民筹资对外墙砖脱落安全隐患进行排危整治46处，及时上报并排除城市边坡堡坎安全隐患4处，城区公共环境、公共秩序大为改观。

开展环保专项行动，以中央环保督查为契机，整治露天焚烧问题，取缔秸秆（杂草）焚烧点28个、露天烧烤点5个、烟熏腊肉点4个。启动畜禽养殖污染治理，严格实施畜禽养殖“三区”划分，对48户畜禽规模养殖户实施分类管控，完成关闭39户，整治9户。推进白鹤沟集中式饮水源标准化建设，整治白鹤沟集中式饮水源地周边环境，安装安全防护设施及环保警示标牌7处，制定水源地保护应急预案1套，配备巡查员1人。推进农村生活垃圾治理，配备保洁员7人、垃圾收集设施79个、垃圾运输车2辆，清理生活垃圾2100余吨，实现9个行政村农村生活垃圾有效治理全覆盖。

【社会事业】 2016年，凤城街道加大低保审核、公示力度，确保公平公正公开，发放低保金1053.6万元，惠及2550人。发放救助金89.9万元，救助458人次，其中发放高龄老年人养老补贴11.1万元，惠及210人次；发放失能老年人养老补贴4.96万元，惠及84人次；落实五保供养金邮政代发，发放供养金73.8万元。新办及更换第二代残疾证231个，办理残疾人“两项补贴”4576人次，发放补贴金78.04万元，切实保障辖区群众的基本生活。

大力宣传全面两孩计划生育国策，推进计划生育服务管理改革，实现网上办理率100%。全年办理生育服务证1024个、独生子女父母光荣证326个、高考加分30人。落实计划生育利益导向政策，办理计划生育国家奖扶631人，兑付资金76.07万元；办理计划生育特别扶助301人，兑付资金185.04万元；办理独生子女一次性奖励1049人，兑付资金31.47万元。征收社会抚养费16.85万元。建立“街道统筹协调——村（社区）入户宣传——卫生院优质服务”的工作模式，完成国家卫计委对2个村居90户住户的健康素养和中医药知识调查、82名建档贫困户患者专项调查、602名严重精神病患者专项排查、2252名农村妇女“两癌”筛查、460名育龄夫妇孕前优生健康检查以及65岁以上老年人免费健康体检等公共卫生服务工作。

组织开展2017年度城乡居民医保参保工作，全街道参保7.14万人，筹集资金891.45万元。拓宽就业渠道，开展就业培训2期，发放各类就业补贴、奖励2780万元，涉及3.06万人；妥善做好5393名就业奖励到期人员后续工作。办理失业登记2880人次。办理襄渝铁路修建人员养老保险352人，超龄退伍军人养老保险54人。办理居民医保特病612人，职工特病251人，发放居民特病证563张。发放原重铁、安定、川染等企业职工医保异地就医资金32万元，涉及119人。

做好移民工作，发放农村移民后期扶持直补资金210余万元，惠及5200余人。发放非农移民困难补助及特殊救济660余万元，惠及1600余人。完成三峡移民创业帮扶14户，兑现帮扶资金38.45万元；完成三峡移民就业技能培训200人。启动三洞沟避险搬迁前期工作，完成509户农房丈量等准备工作，有效助推移民安稳致富。

满足居民精神文化生活需求，形成以街道、村居和群众为一体的文体宣传工作体系，发挥街道文体宣传中心作用，改善整合文体资源，实现22个村居体育活动场所和设施设备全覆盖，成立书法、象棋、广场舞、绘画等群众性自治组织，广泛开展全民健身运动，满足居民群众对文化生活多元化的需求。结合文明城区创建、“扫黄打非”、意识形态等工作，通过LED、宣传画、讲座等多种形式向群众宣传十八届六中全会精神、总书记习近平视察重庆重要讲话精神、社会主义核心价值观等。

【安全维稳】 2016年，凤城街道党工委、办事处把维护公共安全摆在更加突出位置，不断深化平安建设，落实“党政同责、一岗双责、失职追责”责任制，强化党政领导责任、村（社区）责任、企业业主责任。

强化社会综合治理体系建设，加强村（社区）网格管理，建立基础网格243个，配备网格人员1067名，实现22个村居网格化服务管理全覆盖。强化治安巡查，组建13支60人的专业治安夜间巡逻队，13支995人的白天义务巡逻队，在重点时段、治安重点区域加强巡防布控，大大减少可防性案件的发生。强化交通安全，设立安全劝导站7个，配备交通劝导员7名，切实从源头上加强对农村交通安全的管理，预防和减少交通事故的发生。强化森林防火，设立森林防火检查站6个，配备工作人员6名、护林员9名，全年没有发生较大以上森林火灾。强化水利安全，对1座水库和138口山坪塘落实管护责任人，夏季实行24小时防汛抗旱和山洪灾害值班制度。强化信息搜集，配备治安信息员50名、舆情信息员32名，24小时搜集、反馈不稳定因素，切实维护社会和谐稳定。

强化矛盾纠纷排查化解，全年受理各类信访事项1390件，一次性办结1388件，正在办理2件，办结率99.85%。街道和村居两级调解组织年内调解各类大小纠纷2271件，涉及当事人5309人。依托村（居）网格化服务管理采集各类基础信息4722条，解决、上报或处理各类问题4549条，确保“两会”“两节”、杭州G20峰会、换届等重要时期的社会稳定。

强化重点地区排查整治，针对市级挂牌的骑鞍社区、梅村社区，区级挂牌的滨江路社区“盗窃突出”问题开展整治，社区治安情况明显改善，顺利通过市、区级验收。对协信商圈等涉非法集资企业集中地定期开展宣传和摸排走访，确保群众财产安全。

强化安全生产监督管理，坚持“安全第一、预防为主，综合治理”的方针，召开各类安全生产工作专题会议36次；结合安全生产专项行动，开展安全生产大排查、大整治、大执法、大督察行动，全年开展联合执法60次，检查企业92家次，排查出安全隐患260余条，约谈企业5家，停产整改1家。检查乡村道路车辆、学校（幼儿园）校车1530台次，查处交通违法行为650件；排查乡村道路隐患18处，整改率100%；检查各类船舶109艘次，年审渔船18艘，组织船舶业主开展集中安全学习4次。对烟花爆竹、燃气管线、消防、食药品、特种设备等进行专项检查，对检查出的隐患，全部要求企业落实整改措施，限时整改，组织复查验收，全年未发生经营性安全生产亡人事故，辖区安全形势持续稳定好转。

【党建工作】 2016年，凤城街道通过规范程序，严肃换届纪律，顺利完成村（社区）换届、人大换届、党代表选举，实现零信访、零负面舆情。开展“两学一做”学习教育，以党支部为基本单位，以支部会议、领导干部带头讲党课等党的组织生活为基本形式，学习党章党规，学习系列讲话，做合格党员。推进党费补缴工作，补缴党费6.69万元。严把选人用人关，严格按照《党政领导干部选拔任用条例》的规定和要求选任干部，做到干部提拔任免的公开、公平、公正；2016年提拔正科级干部5名、副科级干部4名、事业干部七级职员3名、八级职员3名。加强作风建设，落实中央八项规定精神，坚持不懈纠正“四风”；紧盯元旦、春节、中秋、国庆等重要时间节点和重要人群不放松，对公车私用、公款吃喝、大操大办等问题进行明察暗访4次，约谈2人，通报批评1人。

（宁　娜）

2016年重庆市长寿区凤城街道领导人名录

党工委书记：黄　亮（2016年10月离任）
　　　　　　邓永春（2016年10月任）
办事处主任：向长生（2016年11月任）
人大工委主任：聂小平
专职副书记：刘海容（女，2016年10月任）
纪工委书记：李　蓉（女，2016年10月离任）
　　　　　　李泽碧（女，2016年10月任）
政法书记：刘伯胜（2016年10月离任）
　　　　　操晓彬（2016年10月任）
武装部长：操展跃
办事处副主任：操晓彬（2016年11月离任）
　　　　　阳年志　杨　柳
　　　　　马　勇（2016年11月离任）
　　　　　操展跃（2016年11月任）
　　　　　杨运全（2016年11月任）
组织委员：李泽碧（女，2016年10月离任）
　　　　　马　勇（2016年10月任）
宣传委员：杨运全（2016年10月离任）
　　　　　郭水英（女，2016年10月任）
统战委员：高能会（女，2016年10月离任）
　　　　　郭水英（女，2016年10月任）

晏家街道

【概况】 晏家街道位于长寿城区西南部，地理位置优越，区位优势突出，工业基础雄厚，基础设施完备，是国家长寿经济技术开发区所在地。2016年辖9个社区、8个村，辖区面积95平方千米；户籍人口7.1万人，其中农村居民约1.5万人；流动人口约4万人。渝宜高速公路、渝怀铁路、渝利铁路、渝万铁路、长江水道纵贯全境，是长寿的交通枢纽、工业高地和物流中心。2016年晏家街道始终坚持“一确保、两服务、三管理”工作思路（即确保晏家地区稳定，服务经开区和人民群众，强化对干部、党员和群众的管理），为建设“实力晏家、和谐晏家、魅力晏家”而努力。依托园区经济，强化项目带动，发展第三产业，鼓励全民创业，经济总量快速增长，综合实力明显提升。

【经济发展】 2016年，晏家地区生产总值170.9亿元，增长13.2%；地方财政收入3923万元，增长12.95%；社会消费零售总额22.7亿元，增长17.8%；城乡居民人均可支配收入分别达到22100元和15600元，分别增长8%、11.8%。

持续推进晏家定销房订购工作。新政策应订房3472户，已订2623户，占75.55%；已签合同2321户，占88.18%。旧政策应订房1148户，已订1099户（已退房8户），占95.73%；已抽签定房1089户，占94.86%；已签接房合同882户、占80.84%。上浮50%应订房79户，已订69户，占87.34%；已签合同59户，占74.68%。第三批次订房（包括新交件的新旧政策、上浮和遗留问题处置）51户。对69个组3292户被征地拆迁人员发放租房困难补助3393万元。

【重大项目服务】 重大项目征地拆迁工作。年内先后处理长江二桥、管网工程、望变集团、宏达化工等18户征地拆迁历史遗留问题。完成20号地块望变集团项目、新恒阳项目、宏大化工项目红线用地范围内的房屋、棚房、构附着物的清理赔付及房屋协议签订和房屋拆除工作；提前完成晏家新农贸市场建设涉及征地拆迁的原大连一组、二组签约拆房工作；完成原承诺征迁的三观村寨坎脚、朱家屋基、草盘冲、汪家湾和十字村唐家岩的590户协议签订工作；完成石门村大地坝、沙塘村百合湾、龙门村长丘湾、龙门桥等4个组316户房屋拆除工作，房屋补偿安置资金兑付到位；完成MTO项目用地涉及沙溪村杨二湾、王家湾、铁炉湾、魏家湾、新湾、杜家冲6个组的房屋丈量，已签房屋协议595户，还有2户未签；推进经开区重大项目攻坚工作，涉及原高桥四队新村居民点19户，已完成签约3户，平街层12户30个门面全部腾空。开展辖区内已征未用土地摸排清理工作。经开区未拆除房屋42处，违章搭建152处，畜禽养殖41处，工厂及货运堆场6处，农家乐3处；乐至公司已征未用土地主要涉及养猪场、农家乐、理发店、茶园、汽车维修、石材加工、废品回收等。助推渝利铁路、龙门桥水库等重点工程建设，完成农村电网改造、页岩气管道工程以及渝长高速路扩能改造工程前期地勘、天然气勘探等工作。

【基础设施建设】 加大辖区内居民住房安全集中排查整治力度，编制“十三五”农村危房改造计划，组织2016年街道农村危旧房改造工作，编制“十三五”农村危房改造计划。年内实施4户D级农村危房改造，已完成1户精准扶贫D级危房改造验收，还有3户常规D级危房改造正在进行前期准备工作。做好辖区内14个地质灾害点的监测工作，确保群众生命财产安全。将新开洞滑坡和高上坡滑坡26户77人纳入“金土工程”避险搬迁，年底前正在公示搬迁人员名单。先后实施十字、沙溪、石门等4个村乡村道路改造硬化工程项目8个，完成古十路、班大路、向雨路、周罗路、龙四路、杜土路等8.2千米乡村道路改造硬化工程。

采取强力措施，对辖区内环保专项行动重点问题进行全覆盖摸查、无缝隙扫描、销号式清理。认真排查街道辖区环境保护涉及长江、晏家河等3条河流，河泉、雁家沟等2座水库，中法水务1个取水点，规模以下养殖场33个，屠宰场3个，非煤矿山16家，工业企业9家；曹家堡等29处坝坝舞场、麻将馆；70家餐饮、烧烤店等。年底前已经完成农村畜禽养殖污染问题整改。完成非煤矿山产污企业整改，辖区8户非煤矿山企业存在未安喷淋系统，没有环保制度，有2户安全距离内有住户等问题都得到整改。完成垃圾处理问题的整改，投入10万元清理整治村（居）垃圾死角和晏家城市污水直排晏家河问题，落实饮用水源标志。取缔1家非法塑料制品厂，对程某某在原响水洞纸厂非法生产塑料制品予以取缔。完成噪音扰民、烟尘污染问题的整改，街道组织文化、工商、食药监等部门对坝坝舞、餐饮、烧烤店存在的噪音扰民、烟尘污染等问题进行整改。

集中开展城区环境整治，对晏家七期广场、育才路主公路、育才西路范围内的所有违章建筑、活动板房以及临时摊点进行集中成片全覆盖摸查、无缝隙扫描、销号式清理，已消除制止在建违法建筑17起2687平方米，消除存量违法建筑356起16476平方米（含违建鱼塘2起9860平方米）。对经开区范围内的违章搭建、种植粮食和蔬菜作物等土地进行全覆盖摸查、无缝隙扫描、销号式清理，圆满完成渝长高速路晏家段、东沿线、化中大道、晏家河、罗家大坡等项目的环境综合整治工作任务，清理在土作物45.47公顷，拆除乱搭乱建及简易棚房570个。

【社会事业】 2016年办理征地农转非大龄人员困难补助新增1511人，总计申报享受17264人；办理城乡低保974户，1638人（其中城市低保794户1314人，农村低保180户324人）；办理城乡困难群众临时救助173人，被征地农转非人员医疗救助632人，城乡居民养老保险52364人；办理参加襄渝铁路建设民工补交社保284人；办理超龄退伍军人参加职工养老保险50人；办理就业奖励发放5997人，总计申报享受征地农转非大龄人员困难补助17127人。

晏家街道联合职业培训学校与劳务中介等举办各类职业技能培训，培训人员430人，组织现场招聘会5次，推荐就业500人。年内实现新增就业885人，登记失业人员就业158人，就业困难人员就业再就业192人，为攀钢集团招工127人。

计生卫生工作注重全面放开二孩宣传引导，树立正确合理的生育观念。2015年10月1日至2016年9月30日，辖区常住人口出生822人，合法生育率97%，死亡人数440人。严格落实计生卫生各种奖扶政策，农村部分计划生育家庭奖扶485人，特别扶助129人，一次性奖励413人，女孩高考加分12人。年内流入街道的流动人口5066人，流出人口4254人。

文化事业以创建全国文明城区为主线，大力宣传社会主义核心价值观，文化服务中心坚持向群众免费开放，举办大型群众文化活动4次，文艺演出10次。荣获先进文化街道、市级文明单位称号。文明城区创建一是注重宣传方式，营造浓厚氛围。街道和各社区制作宣传展板64块进行宣传，在各居民小区、人员密集场所、辖区主干道和背街小巷悬挂标语横幅20余条；投资29万元建设电子显示屏，制作“创建文明城区，整治违法建筑”100米文化宣传长廊；组织开展创建全国文明城区文艺演出；在主次干道上设立文明交通劝导员。二是完善基础设施，提升宜居环境。投资170万元，整治小区道路2千米、增设市政设施及健身器材10套，完成小区绿化树木栽植100株、新购楼栋消防灭火器1294个；开展小区楼道牛皮癣大清理；对建设银行分理处公路积水、农贸市场行道板破损、路灯等进行整修；对街道脏乱差进行集中整治，启动2个地下停车场等。

【安全维稳】 做好信访维稳工作，坚持开展干部下访工作，落实“四位一体”稳控责任，推进“互联网+信访”模式，综合运用行政、经济、法律手段，妥善解决信访、重点人员管控、重点地区管理和矛盾纠纷处置，使群众反映问题和诉求依理依法。全年办理领导批信2件、门户网站信访3件、网上信访件161件，其中自收信访件25件、国家信访局转办30件（其中督办并办结1件）、市信访办转办5件、区信访办转办71件、网上投诉30件；办结率100%；现场解释、解决和办理群众信访问题1300余件次，接访接待群众4100余人次；排查出影响社会稳定的重大矛盾纠纷和不稳定因素8件（涉及环境污染、征地拆迁、定销房质量等），所有来信来访和矛盾纠纷及不稳定因素都得到及时回复和较好地处理。

全面落实安全生产责任制和党政同责、“一岗双责”责任制，坚持主要领导、分管领导定期参加安全检查。年内对非煤矿山和职业卫生出动检查人员90人次，排查出一般安全隐患1条，限期整改中；交通安全出动检查人员350人次，纠正违章260人次，排查出一般道路安全隐患8条，已整改8条，整改率100%；危险化学品企业出动检查人员38人次，未发现安全隐患；歌厅、茶楼、网吧、洗浴等九小场所出动检查人员313人次，排查出一般安全隐患34条，已整改34条；工贸企业出动检查人员6人次，未发现安全隐患；烟花爆竹出动检查人员210人次，发现一般安全隐患3条，已立即整改。2016年，晏家街道未发生较大以上安全事故，非煤矿山企业伤亡零事故。（沈紫鹭）

2016年重庆市长寿区晏家街道领导人名录

党工委书记：黄茂生（2016年10月离任）
梁德志（2016年10月任）
办事处主任：韦本能（2016年11月离任）
杨福仁（2016年11月任）

人大工委主任：王　宣
专职副书记：吴　平（2016年10月任）
纪工委书记：吴　平（2016年10月离任）
但文胜（2016年10月任）
政法书记：杨建军（2016年10月离任）
付家利（2016年10月任）
武装部长：张自力（补遗：2015年12月离任）
王　平（2016年11月任）
办事处副主任：费长涌（2016年11月离任）
王如雪（兼，2016年11月离任）
廖柏树（2016年11月离任）
杨　勇　王　平
王　斌（2016年11月任）
廖明胜（2016年11月任）
组织委员：但文胜（2016年10月离任）
刘江红（女，2016年10月任）
宣传委员：王　斌（2016年10月离任）
黄油华（女，2016年10月任）
统战委员：郭水英（女，2016年10月离任）
黄油华（女，2016年10月任）

江南街道

【概况】　江南街道辖区面积67.89平方千米，城市建成区面积0.9平方千米。下辖7个村、2个社区，总人口22548人（其中农业人口10206人、非农业人口12342人），人口密度为每平方千米332人。街道办事处驻江南街道江南中路3号。

江南街道区位优势独特，紧依长江而建，东与涪陵相邻，西与巴南接壤，北与凤城、晏家隔江相望。江南交通条件便利，长江黄金水道绕城而过，境内有深水岸线21千米；茶涪路、龙石路、五庆路、大碉路等多条干线公路纵横交错，长江公路大桥及铁路大桥将江南与长寿主城紧密相连。江南自然资源丰富，万亩原始森林山峦起伏、连绵不断；五堡山森林茂密、溶洞交错，是都市休闲度假的胜地；龙桥湖常年水光潋滟、绿树成荫，素有“十龙宝地”之美称；怀清台、扇沱码头、王爷庙古刹遗址等人文景观，见证江南千年历史古韵。江南街道是重庆三峡库区的移民重镇、百年重钢搬迁之地、长寿南岸新城拓展区，也是长寿未来经济发展的重要增长极。

江南街道街区一瞥

【江南街道大事记】　2月4日，江南街道在龙山社区广场举行2016年“春到江南”系列文化活动展演及2015年度“十大孝星”颁奖仪式。

2月25日，江南街道党工委领导和部分临终关怀志愿者为一位五保老人送终。

3月24日，在江南街道龙山社区广场举行长寿区“健康中国行 快乐长寿人”活动启动仪式。

3月30日，江南街道组织全体机关干部到铁山坪廉政教育基地开展警示教育活动。

4月6日，市爱卫处组织的爱卫专家组到江南街道开展技术调研，区领导张云平、霍家勤出席调研座谈会。

5月10日，江南街道组织召开“两学一做”学习教育活动动员部署会。

5月23日，街道党工委领导带领部分志愿者到重病党员苟某某家中慰问。

6月27日，江南街道办事处联合区市政五大队、工商所、食药监所、派出所和社区开展市容环境秩序大整治。

8月5日，江南街道通过市爱卫处组织的国家卫生镇专家组评审验收。

9月18日，江南街道组织召开第十届村（居）委会换届选举工作培训会。

10月12日，江南街道召开区十八届人大代表选举工作会暨培训会。

11月3日，江南街道召开机关干部大会，区领导王身高带领新一届街道领导班子与大家见面。

12月8日，江南街道在龙山社区广场举行

“创文明城区，做文明市民”全民共建系列活动。

12月20日，重庆长寿长江二桥开工仪式在江南街道大元村永安组盐巴石举行。

【经济发展】 2016年，江南街道实现民营经济总产值46060万元，较2015年增长9.8%；增加值16000万元；营业收入45000万元，增长8.9%。工业企业实现产值19560万元，增加值6580万元，利润总额980万元。完成社会消费品销售总额20056万元，增长9%；社零总额19890万元，增长10.1%。计划生育政策符合率98%。

完成7个村玉米种植参保76.47公顷；新组建专业合作社2家，规范发放农业支持保护补贴资金179万元，涉及3647户，补贴面积793.53公顷。

江南街道天星村蔬菜种植基地

【服务重钢】 全方位推行“保姆式”服务重钢建设发展。完成长江二桥南桥头建设项目用地征迁工作，征地57.65公顷，安置341人；完成重钢配套企业菲尼克斯项目建设用地征迁工作，征地179.39公顷，安置913人。协助公安部门开展重钢及其附属企业矛盾化解、处置等工作；与区社保等部门协调，为重钢失业人员推荐就业；与经开区等部门开展环保“责任关怀”行动，加强企业与当地村民的联系。解决铁路沿线水系路系恢复等历史遗留问题取得实质性进展。

【基础设施建设】 江南新城龙山社区环境综合整治工程项目有序推进，总面积2800平方米的南滨路社区文化广场顺利完工，滨江路库岸整治工程持续推进。在街道办事处大院、重钢二门岗、南滨路社区滨江路等地划定停车位300个，占地4140平方米的江南新城停车场基础工程已经竣工。结合国家卫生镇创建及“两违”整治工作推进城市管理，整治牛皮癣23栋86个单元，面积2.65万平方米；开展占道经营整治和户外广告专项整治3次，拆除违法建筑156户，面积2456平方米，制止新发生违法建筑1件；对新城主次干道乱摆摊点78处进行集中整治，有效规范市容市貌和城市经营秩序。

分别投资300万元、1885万元完成库周交通下芭蕉沱移民公路（江南至涪陵石沱）硬化、安全排危和设施完善项目，居民点对外交通三龙路（三堆子至龙桥）、石大路（石板滩至大坪）水毁应急抢险项目和两处高切坡项目，扇沱村道路建设项目建设任务。总投资2100万元的“一马路”（一碗水至马桑）加宽改造工程顺利推进；投入30万元新建错车道87个；投入106万元完成锯梁村通客道路安全隐患整治；投入75万元，完成多处水毁的库周道路等基础设施整治修复工程。锯梁土岚垭等2座自来水厂如期交付使用。58口山坪塘已全部整治，投入资金248万元。整治黄鳝沟水库溢洪渠30米，完成扇沱村10组人畜饮水主管道全长1000米改造安装。利用三峡后续规划资金4900万元，启动建设天星、五堡、龙桥湖、锯梁4个村37.47千米乡村道路。

脱贫现代特色效益农业切块资金追加80万元，新建人行便道4460米、人行便桥1座、水泥钢架大棚0.67公顷，整治砖厂至鱼儿坝泥结石公路1300米。加强农村危旧房改造，申报2016年新增贫困户D级危房改造11户，审核批准8户。改善农村生态环境，完成义务植树5.3万株；完成松

到江南街道开展2016暑期社会实践活动的清华大学博士生

材线虫疫木除治411.87公顷；完成长江库周消落带24.35公顷绿化工程，种植垂柳、紫薇、黄桷树3.8万余株；清理防火线2.04万米；安装防火警示牌200张。强化畜禽养殖、屠宰场污染治理，综合整治限养区养殖场11户、屠宰场1户，关停（转、搬）养殖户7户、屠宰场1户。落实“四到位、八落实”措施，改善农民生活条件及居住环境。

【社会事业】 江南街道2016年有征地转非大龄人员4957人，按月发放生活困难补助34.71万元；新制发社会保障卡246张，补办152张；开展城乡居民医疗保险筹资参保工作，动员参保1.91万人，完成任务100%；城乡居民养老保险新办退休86人，办理死亡退费45人、漏录57人，办理重复参保清理5人，办理死亡未激活退费7人。有城镇低保对象319户490人，月低保金发放1.69万元；有农村低保对象178户310人，月低保金发放5.57万元。为786名困难人员解决春荒救助12万元，全年救济倒损农房51户，救济8.3万元；救济灾民546户，786人，救济15万元。2016年临时救助203人36.32万元。为33位农转非人员解决农转非救助4万元。全年为33户困难群众发放稻草援助金2.3万元。

全年统计出生人口265人，其中一孩159人，二孩97人，多孩9人；政策外生育5人。办理生育服务证206人，再生育服务证17人；生育政策符合率98.1%，多孩率3.4%（其中多孩政策外生育率为1.1%）。人口出生率13%；死亡人口189人，死亡率8.8%；人口自然增长率4.2‰。

2016年，江南九年制学校小学六年级在全区质量监测中排名并列第一名；初中毕业班重点高中指标到校30名，实际完成44人，完成率147%，排名全区第四；参加重庆市第五届运动会，获6金4银4铜、团体第三名的成绩。

完成120平方米文化展厅建设和免费开放功能室的升级改造工程，完成机关大楼“文化长廊”建设，打造南滨路社区文体一体化建设示范点工程，完成体育场工程建设，龙山孝文化广场建设全面启动。文化活动日益丰富，组织参加“中国梦·巴渝风”长寿古镇专场演出、“奉献人民、放歌巴渝”渝州大舞台演出活动；承办“孝感江南·爱在长寿”长寿十大孝星颁奖仪式及文艺演出、重庆市电视台专场录制孝文化宣传活动。有2人获长寿区2016年“十大孝星”，1人获全区首届“十大乡贤”，1人获全区首届“提名十大乡贤”。完成江南街道《文化志》修编（1984年—2015年）以及《江南街道志》（1986年—2015年）筹备工作。

【安全维稳】 落实“党政同责、一岗双责、齐抓共管”安全生产责任制，开展道路交通、非煤矿山、消防安全、水上交通、地质灾害、在建工程、烟花爆竹、人员密集场所、食品药品等领域的安全监管工作。全年检查551家次，主要领导带队检查44余次，分管领导参与113次，排查出隐患84个，整改到位率100%。道路纠违车辆792辆次，罚款2830元。全年接待群众234件次563人次；接到各类信访案件67件（其中政府电子信箱19件，信访信息系统自收案件38件，上级交办10件），年底前办结63件，办结率94%，确保全国两会、十八届六中全会等重要时期江南的和谐稳定。江南街道派出所全年接处警961起，受理立刑事案件98件，与2015年106件相比下降7%，破案31件；起诉18人，交检察院待诉9人，其中起诉涉毒人员6人；社区戒毒人员管控率100%；查处治安（行政）案件684件，处理违法人员466人（其中行政拘留33人，罚款13人，警告420人）；调处治安纠纷160起。（经本鑫）

2016年重庆市长寿区江南街道领导人名录

党工委书记：张云平（苗族，兼，2016年11月离任）
余　罡（2016年10月任）
办事处主任：余　罡（2016年11月离任）
傅家成（2016年11月任）
人大工委主任：韩志书（2016年11月离任）
文定全（2016年11月任）
专职副书记：邹红梅（女，2016年10月任）
纪工委书记：文定全（2016年10月离任）
程　勇（2016年10月任）
政法书记：李银元
武装部长：王　凯（2016年11月离任）
吴诗华（2016年11月任）
办事处副主任：张正荣（2016年11月离任）
雷光东
杨礼才（2016年11月离任）
周建伟

吴诗华（2016年11月任）
李小凤（女，2016年11月任）
组织委员：邹红梅（女，2016年10月离任）
邹　涛（2016年10月任）
宣传委员：程　勇（2016年10月离任）
杨建军（2016年10月任）
统战委员：唐顺礼（2016年10月离任）
杨建军（2016年10月任）

渡舟街道

【概况】　渡舟街道位于长寿城北部，是长寿火车北站所在地，街道办事处距渝万城际列车长寿北站、渝利铁路长寿北站约500米，距长寿区行政中心1000余米，毗邻渝长、长涪、长万高速公路桃花立交转盘，交通位置便捷。街道辖区面积50.43平方千米，耕地面积2902.93公顷；辖13个行政村、3个社区、170个村（居）民小组；户籍人口41243人，其中非农业人口16799人、农业人口24444人，常住人员51026人。渡舟街道是区政府规划城市拓展地区，是北部新城建设新区，街道城郊生态观光农业发展好，城市配套功能区初具规模。先后荣获重庆市文明单位、重庆市级卫生镇、重庆市安全社区等荣誉称号。

【经济发展】　2016年，渡舟街道有民营企业48家，实现工业总产值1.85亿元，比2015年增长13%（其中工业增加值6907万元，增长11%；营业收入3.83亿元，增长13%；利润总额4983万元，增长12.5%）；商贸流通实现销售总额6.93亿元，社会消费品零售总额6.69亿元，分别增长11%、10%。全年街道财政转移支出预算收入3738.9万元，实现支出3738.9万元。

2016年，渡舟街道大力发展特色农业，粮食种植面积3895.53公顷，总产量21480吨（其中水稻12112吨、玉米4100吨）；生猪出栏3.51万头，家禽出栏49.92万羽。开展农民购机补贴下乡宣传，全街道全年购买各型农机具25台（套），争取国家购机补贴2万余元。开展机插秧机手培训50人次，完成机插秧800公顷，机耕2466.67公顷，机收稻1466.67公顷。开展春秋两季畜禽重大疫病防治工作，免疫率100%。发展乡村旅游和生态观光农业，打造“地方名片”，巴乡谷、小河源、记忆岁月、紫耘花海等观光休闲农业经济体远近闻名。大力促进现代农业和特色农业发展，加快高峰、河塘、黄连等村规模化、无公害蔬菜基地建设。

【城市建设】　2016年，渡舟街道征地拆迁涉及渝富集团、渝长高速扩能、南北一路、南北中路、白鹤园等重大项目。完成渝长高速扩能项目114户房屋丈量等征地工作；启动渝东农副产品交易市场征地项目，征地面积39.15公顷；完成159户房屋丈量工作；启动南北一路、南北中路项目征地，征地面积25.96公顷，完成农房丈量212户，企业厂房丈量21户。历时两个月平稳有序完成2200余户民生佳苑选房分房工作。

推进卫片执法及“两违”整治。全年查处拆除违法建筑43宗，1.7万余平方米，有效遏制和打击乱搭乱建势头。

渡舟街道长生桥社区成为文明长寿·好体育人进社区试点社区

以创建文明城区为契机，改善城市环境。投入15万元，在灯旗、指路牌、墙体、楼道等制作系列宣传资料；发动志愿者上街入户宣传1万余人次，发放宣传单3万余份、宣传手册2万余册、宣传围裙1.5万余条，发放调查问卷1.8万余份，提高群众知晓度。投入200余万元，开展文明城区环境整治、背街绿化、垃圾清运清扫、污水管道整治、城市街道整治等工作，环境卫生明显改善。投入10万余元，对在水一方小区的203车站、街市农贸市场及血豆腐一条街周边乱搭乱建、乱停乱放进行拆除及清理。

【社会事业】　渡舟街道辖区2016年有中职

校一所，即重庆市医药学校，是一所省部级公办重点中等专业学校；有中心校一所，即渡舟中心校；点校一所，即太平小学；幼儿园6所。师资队伍不断壮大，教育事业蓬勃发展。

街道村居民文化生活丰富多彩。辖区内16个村居农家书屋全面投入使用；在中秋、重阳等传统佳节组织大型文艺汇演活动，组织体育爱好者参加长寿区群众健身活动。

渡舟街道组织参加长寿区的文艺会演

2016年，街道有低保户320户、542人，全年支出低保金147万元；新增“五保”人员18人，发放“五保”供养金102万元。年内救助392户、859人，发放救助金41万余元。街道2016年发放规范城镇低保人员就业补贴期满就业奖励910人，补贴金额107万余元。实现城乡居民医疗保险参保率和城乡居民养老保险参保率均达100%；完成领取养老待遇人员指纹采集、认证工作12413人次，办理社保卡换卡401张，新制卡713张。

2016年街道新生儿出生408人，符合政策生育率97.3%。全年新增国家奖扶对象240人，享受国家奖扶对象有1270人；新增国家特别扶助对象7人，全年享受国家特别扶助对象有78人；农村独生子女高考加分46人；奖扶工作做到“不重、不漏、不错”。年内免费对1703名妇女开展“两癌”筛查。

【基础设施建设】　2016年，渡舟街道投资540余万元，完成农村公路硬化8.3千米，新修农村泥结石路3.2千米，新修农村道路错车道110个，安装波形护栏4.8千米，整修危桥一座；投资40余万元，整改水毁道路14处，对182千米农村道路开展季度路面管养护工作，确保农村道路安全通畅。夯实农业基础设施建设，完成山坪塘整治65口，完成2015年度山坪塘验收68口。

加强城镇路灯日常维护与管理，更换背街小巷、在水一方小区路灯和楼道灯28盏156个，确保亮灯率99%以上；投入900余万元，油化背街小巷“白改黑”工程路面12000平方米，更新人行地砖15000平方米、路沿石1800米，新修雨污管道1100米；投资38万余元，安装垃圾箱体65个，清运生活垃圾1560余吨，实现城乡生活垃圾集中收集清运。

【安全维稳】　落实“党政同责、一岗双责、失职追责”制度，开展冬春防火工作、烟花爆竹安全、春运交通安全、安全生产“大排查大整治”等行动，实现安全生产“零目标”。2016年，开展各类安全执法检查139次，出动检查执法人员573人次，检查安全生产经营单位和个体2973个次；排查各类安全隐患353件次，其中较为突出安全隐患25件次，按照隐患整改“五落实”要求落实整改责任，督促隐患整改，消除安全隐患，实行“闭环”管理。截至年底前，已整改各类安全隐患306件次，2件正在整改之中。

完善治安防控体系建设，与16个村（居）签订社会管理综合治理责任书；全年调处矛盾纠纷1263件，调解成功率99%；实现网格化服务管理全覆盖，设置基础网格136个，兼职网格员588人。落实铁路护路人员8名，确保辖区铁路正常运行。加强法制宣传，开展大型法律咨询活动7次，举办图片展览5场次，发放宣传资料14000余份，受教育8400人次。

【党建工作】　街道党政班子成员自觉履行“一岗双责”，对分管工作及职责范围内党风廉政建设和反腐败工作做到同步推进。加大案件查办和信访工作力度，促进反腐败工作全面开展。2016年，接待群众来信来访49批次，区纪委交办信访4件，已按要求全部办理完毕并上报。严肃纪律要求，全年约谈街道班子成员和二级班子负责人24人次、村（居）两委负责人38人次。做好换届选举前期调查摸底工作，选好配强村（居）“两委”班子及成员，完成第十届村（居）民委员会换届选举工作。成功选出13个行政村、3个社区两委班子，未发生群众上访、集访情况和相关网络舆情。

（尧　敏）

2016 年重庆市长寿区渡舟街道领导人名录

党工委书记：龚小平（2016 年 7 月离任）
罗方全（2016 年 7 月任）
办事处主任：唐志鹏（2016 年 11 月离任）
高生洪（2016 年 11 月任）
人大工委主任：张自力（2016 年 11 月任）
专职副书记：洪　勇（2016 年 10 月任）
纪工委书记：黄道平（2016 年 10 月离任）
李文秀（女，2016 年 10 月任）
政法书记：余明木（2016 年 10 月任）
武装部长：戴远贵（补遗：2015 年 12 月离任）
张自力（补遗：2015 年 12 月任，2016 年 11 月离任）
王兴荣（2016 年 11 月任）
办事处副主任：洪　勇（2016 年 11 月离任）
陈有苗
黄　颖（女，2016 年 11 月离任）
黄　勇（2016 年 11 月离任）
王兴荣（2016 年 11 月任）
段小刚（2016 年 11 月任）
王平贵（2016 年 11 月任）
组织委员：段小刚（2016 年 10 月离任）
黄　勇（2016 年 10 月任）
宣传委员：袁　方（女，2016 年 10 月离任）
黄　颖（女，2016 年 10 月任）
统战委员：廖　勇（2016 年 10 月离任）
黄　颖（女，2016 年 10 月任）

新市街道

【概况】　新市街道位于长寿区主城以北 8 千米处，南与长寿北部新城相连，北接葛兰镇，东与双龙镇和龙河镇接壤，西与八颗街道为邻。街道办事处所在地河石桥社区，是长寿“花眼偶文”历史典故的发源地。辖区面积 37 平方千米（其中耕地面积 2536.9 公顷），森林覆盖率 38.6%。2016 年总人口 30337 人（其中农业人口 11853 人，非农业人口 18484 人），流动人口 6128 人；辖 8 个行政村和 1 个社区，60 个村（居）民小组。辖区内以套装门、橱柜等产业为主的 2.37 平方千米新市工业组团获得“中国家居产业基地”“重庆市小企业创业基地”称号。辖区内有企业 80 余家、中学 1 所、小学 2 所、幼儿园 2 所、银行营业点 3 家、加油站 1 座、气井 6 座，有超（特）高压线 7 条，天然气输送管道 5 条，盐卤输送管道 1 条。新市街道是长寿区首批启动的五个工业集中区重点镇之一，获得长寿区“五快街镇”“六好街镇党委”“文明单位”等称号，是重庆市卫生单位、重庆市卫生城镇、重庆市文明镇。

【经济发展】　2016 年实现工业总产值 78 亿元，比 2015 年增长 51.84%；实现利税总额 9 亿元，增长 40.63%。

2016 年新市街道加快家居产业园区建设。新市工业组团规划面积 2.4 平方千米，已完成开发 1.73 平方千米；引进企业 81 家，合同引资 75.11 亿元，已投产 48 家（规模以上企业 25 家），家居产业基地初具规模，已形成 500 万套套装门、30 万套橱柜、30 万套办公家具的产能（其中套装门产能占重庆市的三分之一，豪迈、佳禾、名风等 5 家龙头企业被评为重庆市十佳门业企业、全国门业 50 强）；拥有重庆市著名商标 3 个，专利 217 个；劳动力转移就业 12000 人，比 2015 年增长 14.83%。

新市街道的观光农业项目紫耘花海鸟瞰图

加大农技、农机和林业宣传推广力度，年内举办各种技术培训 6 次，受训人员 230 人次，发放资料 350 份，做好水稻象甲、外来生物的监测；对农用机械进行入户登记和上路检查，完成农机推广 80 台；完成义务植树 800 株，未发生未审批采伐木材和森林火灾。年内发放粮食直补等各类支农惠农资金317万元；农村贫困户建档立卡213户637人，完成脱贫209户。“红层找水”打井160口，解决困难群众800人的吃水问题；投资240万元完成新市村、新同村、堰耳沱村3个村5口山坪塘的整治；投资24万元完成后扶项目竣工验收；完成48万元投资堰耳沱村河道整治，已竣工验收。

【基础设施建设】 投入600余万元，改造新贸街、新富路和3条横街，铺装人行道板；投入120万元，新建客运车站1个、停车场2个；划停车位460余个（小车位210余个，摩托车位250余个）；完善中央隔离栏1300米人行道U形柱安装，更换垃圾箱80个，补栽行道树110颗；硬化背街小巷路面4000平方米。投入150万元，新建二、三级污水管网1500余米；投入80多万元，新建公厕3座，双龙路口公厕、农贸市场公厕、车站公厕均已完成投入使用；投入近40万元，对场镇改造路段、车站、城乡接合部新安装路灯40盏；对农贸市场进行改造扩建，规范市场秩序、整治占道经营情况，市容市貌得到显著改善。投入20多万元，完成文化便民广场改造，为群众提供环境优美、设施完善的健身环境；街道投入40余万元，聘请专业物业管理公司负责场镇的清扫保洁和公厕的日常管理保洁；新增垃圾箱30个，城镇垃圾箱体达到80个，农村垃圾收运系统覆盖更广，投入20万元保证垃圾收运系统正常运转；街道将桃花溪清漂工作纳入常态管理，每年财政纳入专项预算，确保清漂工作正常开展；新建标准化压缩垃圾中转站1座，设置垃圾箱体97个、配套勾臂车2台、压缩式垃圾车1台，率先提出并构建了“户集、村收、街归、区运区处理”的垃圾收运模式。与各村签订《农村公路养护目标责任书》。实行养护考核，每年投入养护资金28万元，街道和村形成二级巡查体系，专人专车，定期巡查。

【社会事业】 新市街道适应广大群众农民变市民后的新期待，统筹做好就业、社保、教育、医疗等各项民生工作，让经济社会发展成果最大限度地惠及广大群众。

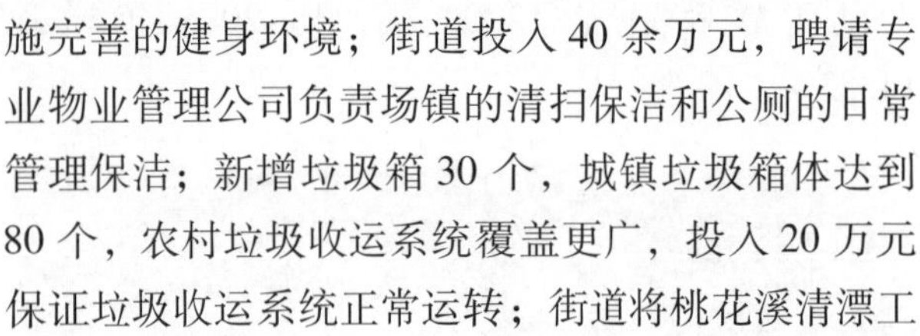

新市街道农村风光

2016年城镇新增就业人员1036人，城镇登记失业率1.97%；帮助下岗失业人员及返乡农民工申请小额贷款769万元；城乡居民医疗保险参保率100%，超额完成基金征收任务；城乡居民养老保险扩面14035人完成率99.8%，征收193.47万元，完成率98.56%。发放冬春荒救助金和临时医疗救助金46.8万元，惠及799名困难群众；严格执行低保政策，取消低保17人次，将274户463人纳入城乡低保，发放低保金116.6万元；有“五保”对象298人，投入21万元改善“五保”老人居住环境。

新市中心校、中心幼儿园已成功创建为区体育特色学校和区托幼机构卫生保健合格园所，新市中学2016级升入重点中学45人。年内组织和参加各种大型文化演出18次；完成安置房和李家湾农民新村有线电视安装539户，收缴有线电视收视费31万元。建立城乡居民电子健康档案23942份，建档率98%，慢性疾病管理1615人；有乡村医生26名、村卫生室16个，方便居民在社区及村卫生室能直接看病就医、刷卡报账；街道卫生院医保住院报销率73.38%，儿童预防接种七苗接种率95%；年内出生340人，政策符合率99.4%，人口自然增长率5.7‰，征收社会抚养费3万余元，帮扶贫困计划生育家庭13户，计划生育贫困家庭财政专项补助13户，资助贫困独生女上大学3人，新增国家奖励扶助对象192人，流动人口登记率86%以上，管理服务率90%以上。

2016年新市街道开展创建全国文明城区工作，以“寿乡新市、美丽新市、活力新市”为主题，河石桥社区以“寿乡故里、和睦人家、幸福社区”为主题，开展创建活动；借助中小学、家长学校、老年学校、市民学校等平台广泛宣传创建意义、倡导文明意识、践行文明行为；利用宣传车、广播、展板等多种方式进行宣传，在居民小区、北城大道、入场口以及路口等显眼地方设置大型广告字牌20余幅，大型墙标10幅，宣传标语200余幅，宣传展板40余块；结合“花眼偶文”制作200米文化长廊，在主干道设置核心价值观花架宣传牌36块，街道辖区所有LED屏24小时不间断宣传社会主义核心价值观，利用传统节日，开展经典诵读、道德讲堂、基层宣讲、演讲征文、微讲座等活动40余次；组织开展“道德模范”“十大孝星”“文明家庭”“乡贤”等评选表彰活动，街道有区级孝星3人、乡贤1人、全国文明先进工作者1人、第八届十大健康寿星1人；有九年义务教育教师80余名，关心下一代工作被全国评为先进集体。持续开展关爱空巢老人、留守儿童、困难职工、残疾人、文明交通劝导等志愿服务活动；河石桥社区有志愿者220名，组建6支专业志愿服务队，2016年，注册志愿者服务时间超过5500小时。

【安全维稳】 2016年开展安全生产全面排查10次，安全隐患整改率98%。开展食品药品安全知识培训和专项清查过期、失效、伪劣药品下架清剿工作；开展食品药品专项整治工作8次，出动执法人员76人次，查处违法案件10起。开展消防专项排查行动4次，整治各类消防隐患15处，组织消防演练4次。每月定期开展交通安全专项检查，查处多起违规违章行为，道路交通劝导站值守到岗。建立网格化无缝巡逻机制，组建1个社会治安专职巡逻队和9个村（社区）兼职巡逻队，落实264名人员义务守楼护院；开展防邪教集中宣传活动4次，发放宣传资料3500余份，对2名在册邪教人员落实教育转化工作；纳入社区戒毒人员7人，管控率85.7%。强化信访处置和法制宣传；领导干部接待群众110件次，街道信访办接待群众信访65件。处理突发性事件16件次，化解各类群众矛盾纠纷432件；街道、村两级调解委员会成功调解纠纷53件，调解成功率98%。全年接收矫正人员6人，年底前在矫5人；开展法治宣传活动7场，发放宣传资料5000余份，接受群众法律咨询150人次，受理法律援助案件6件。

【党建工作】 2016年以开展“两学一做”学习教育为契机，抓好思想建设。组织中心组专题学习14次，机关干部集中学习25次，各支部坚持“三会一课”制度。加强党工委班子自身建设，召开党工委（扩大）会议23次，班子碰头会31次，对重大问题进行民主决策。开展基层服务型党组织建设，全面完成街道公共服务中心规范化建设整改，加快推进红土地村、惠民村便民服务中心规范化建设，实施堰耳坨村支部提升强化行动。加大“群工系统”管理和使用力度，群工系统受理事项410件，办结率100%，群众评价率100%，满意率99.5%。加强党员队伍建设，择优发展党员5名，春节、“七一”走访慰问党员80名、发放慰问金25700元，对147名40年以上党龄的老党员发放生活补贴177440元，对15名符合补贴条件的村干部发放社会养老保险补贴11900元，对8名农村基层本土优秀人才进行调查摸底和信息登记，选聘8名本土优秀人才到村挂职。开展非公党建工作，单建宇心等7家非公企业党支部，非公组织党组织覆盖率85%。落实党风廉政建设主体责任和监督责任，年初将28项廉政建设任务分解落实到班子成员，组织党员干部集中观看警示教育片350余人次；配齐配强纪检监察干部7人，年内办理违纪案件2件，办理涉及纪检监察业务的信访件6件，信访案件与2015年同比下降30%。

（操良静）

2016年重庆市长寿区新市街道领导人名录

党工委书记：王琼英（女，2016年10月离任）
　　　　　　韦本能（2016年10月任）
办事处主任：任明全（2016年11月离任）
　　　　　　李健康（2016年11月任）
人大工委主任：李健康（2016年11月离任）
　　　　　　　白腊泉（2016年11月任）
专职副书记：马志强（2016年10月任）
纪工委书记：马志强（2016年10月离任）
　　　　　　向　青（女，2016年10月任）
政法书记：樊桥梁（2016年10月离任）
　　　　　廖柏树（2016年10月任）
武装部长：张可文（2016年3月离任）
　　　　　樊桥梁（2016年11月任）
办事处副主任：樊桥梁
　　　　　　　张可文（2016年4月离任）
　　　　　　　余明木（2016年11月离任）
　　　　　　　叶立军（2016年11月任）
　　　　　　　黄忠诚（2016年11月任）
　　　　　　　邹世明（2016年11月任）
组织委员：况敬蓉（女，2016年10月离任）
　　　　　周　昕（女，2016年10月任）
宣传委员：徐向阳
统战委员：周昊杰（女，2016年10月离任）
　　　　　徐向阳（2016年10月任）

八颗街道

【概况】　八颗街道位于长寿主城区西郊，东临桃花溪，西倚明月山，南靠长寿经开区，北傍商贸重镇葛兰。街道办事处驻地八颗场，辖原八颗镇、付何镇所辖行政区域，辖区面积99.25平方千米，耕地3900公顷，林地5000公顷（其中退耕还林880公顷），森林覆盖率48%，街镇建成区面积66公顷。辖1个社区及15个行政村，5个居民小组及126个村民小组；2016年全街道47289人，其中非农业人口9027人，农业人口38407人。渝巫路、长洪路贯穿全境，菩提北路、菩提东路南段及延伸段和明桃路已建成通车，有村道300千米。有武华、高产、前进3座水库，库容400万立方米。有500千伏武华变电站、220千伏变电站、110千伏变电站各1座，有7家非煤矿山企业，有2所中学、3所小学、1所卫生院。

【经济发展】　强化农技推广，加大农业投入，调整产业结构，年内新办理家庭农场3个、农民专业合作社6个，特色效益资金申报2户。做好扶贫对象的全面核查工作，扎实开展产业扶持、医疗救助、教育辅助、就业帮助、走访慰问等帮扶活动，全年发放慰问金69800元；核查并发放“雨露计划”资金7人3.5万元；完成D级危房改造9户，发放资金31.5万元。

【项目建设】　完善工作机制，建立联系便捷、沟通顺畅、协调有力、工作高效的项目推进组织网络，优化工作流程，严格财务管理，搞好统筹协调，强化廉洁自律，保障重大项目推进。年底前完成八颗六组比克电池、华博项目丈量农房79栋，签订协议80份，拆迁安置120人；完成付（何）新（市）路拓宽改造土地丈量涉及付何、美满、鹿坪3个村的3.17公顷；完成渝长高速扩能改造项目征地77.6公顷、房屋63栋，签订协议122份。

【基础设施建设】　新建梓潼场镇公厕1座；完成9个后扶项目、5个农村饮水项目，整治2座提灌站，完成22口山坪塘整治，新建1口山塘；完成10条农村公路改造、5条农村公路硬化、158千米农村公路维护，新增120个错车道。

强化环保日常工作，持续投入清理桃花溪漂浮物40余吨、3个水库及周边废弃物和垃圾50余吨；做好场镇垃圾日常清扫和农村垃圾“户集村收镇运”，全年清运垃圾796吨；强化场镇管理，完成八颗场镇道路白改黑，新安装路灯78盏，维修路灯38盏；人居环境得到明显改善。

【社会事业】　强化“管理文化、经营文化、发展文化”的理念，发挥以文化“引导社会、教育人民、推动发展”的积极作用，推动群众业余文化生活发展。全年放映“惠民工程”农村电影200余场，观看人数17万人次；组织开展各类文化艺术活动7次。

卫生计生工作从六个方面狠抓落实。办理农村国家奖扶268人，特扶12人，农村独生女高考加分75人，办理独生子女父母一次性奖励金390人，落实独生子女父母增发养老保险金108人；参加免费孕前优生检查287人（达区任务数96%），参加孕期优生检查452人，落实产后随访460人，无一例出生缺陷儿；计生困难群体慰问常规开展，全年慰问125户；探索计生家庭保健新模式，对全街道56个计生特殊对象户建立一对一帮扶制度；妇女“两癌”筛查1016人；狠抓公共卫生工作。

以创建文明城区活动为契机，开展宣传社会主义核心价值观活动，持续促进居民素质提升；新建临时停车场3个，设置固定垃圾箱体20余个，清理垃圾死角和牛皮癣，持续开展整顿占道经营和车辆乱停乱放问题，促进街道形象提升。

强化服务促进就业。加强高校毕业生就业实名定制服务和招聘服务工作，举办现场招聘会2次，解决252人就业，完成未就业高校毕业生实名定制服务10名。2016年全街道辖区城镇就业人员4578人；登记失业人数90人，登记失业率为1.9%，低于区下达控制指标2.5%。

围绕保障和改善民生，推进城乡居民养老保险、医疗保险，城乡居民低保、临时救助帮扶和扶贫工作。全街道医保参保率100%，2.3万余人参加养老保险，7021名60岁以上老人领取养老金；发放各类救助金153.82万元，救助各类困难群众2593人次，为9118人次发放城乡低保金353.9万元，为五保老人、优抚对象等发放供养金、优抚金316万余元。

【安全维稳】　坚持安稳工作“党政同责”“一岗双责”和辖区负责制，坚持每月安全和维稳例会，常抓严管安稳工作。全年开展安全检查85次，排查整改安全隐患272个；检查车辆928台，纠违660件，罚款404起，罚款8200元。接收各类信访件503件，已处理500件，化解率99.4%；领导下访、接访165件，已化解165件，化解率100%。八颗派出所接警708件，出动警力2124人次，出动机动车辆732台次，受理行政案件327件（其中治安案件56件，查处25件，治安调解17件，治安拘留6人），立刑事案件68件，破案16件，立案比2015年下降31.7%，破案持平；各调解组织全年调解700件（其中司法所调解纠纷31件，指导村级调委会调解20余件），涉及金额500余万元。对辖区50家中小型餐饮单位、14家药品经营企业、30家医疗机构、10所学校食堂多次开展食药安全联合检查；统筹抓好烟花爆竹、民爆物品、地质灾害、建筑施工、特种设备、消防、校园等方面安全和其他稳定工作，齐抓共管实现较大安全事故零发生、矿山安全零死亡、群体性事件零发生目标。

【党建工作】 开展“两学一做”学习教育，成立学习教育领导小组，制定“1+3”实施方案；组织开展专题学习12次，专题研讨和交流讨论8次；党委书记围绕“党章党规、习近平总书记系列讲话精神和十八届六中全会精神”讲专题党课2次。开展“两学一做”学习教育问题整改，查摆基层党组织、党员干部需重点解决的7个问题，建立问题清单，督促落实整改措施和责任，整改完成率100%。

完成基层两委换届和干部选任工作。党委与基层党组织、候选人和相关工作人员签订《严肃换届纪律责任书》《遵守换届纪律承诺书》，严格执行换届纪律，坚决贯彻正风肃纪各项规定，保证村（社区）“两委”、街道党工委办事处、区党代表和区人大代表换届工作顺利完成，成功率100%。年内选拔任用正科级干部5名、副科级干部2名，平级重用正科级干部1名。

巩固基层党建工作，坚持“三会一课”制度，强化党员教育管理，完善村级便民服务中心设施，新建莲花街社区服务中心，实现群工系统全覆盖，接受群众反映事项569件，办结率100%，满意率97.5%。抓好曙光村后进基层党组织整顿工作，制定整改措施，定期督办落实，顺利完成换届。及时补充本土人才3名。抓好基层党建七项重点任务，党费收缴全面完成、党组织关系集中排查全面落实、党员违法违纪完成全面排查，基层党组织实现按期换届，非公企业和社会组织实现“两个覆盖”，石马村抓党建促脱贫工作得到巩固。老党员生活补贴发放足额到位，春节和“七一”走访慰问贫困党员全面落实。

从严治党，加强党风廉政建设。把从严治党摆在首要位置，定期召开党工委会议研究党员发展、选人用人、专项整治、“四风”问题等重点工作；以全面落实党风廉政建设“两个责任”为抓手，做到全覆盖、零容忍。班子成员履行党建、廉政建设、安全稳定、环境保护、意识形态等“一岗双责”制度，管好分管领域身边的人和事；践行执纪问责，通过诫勉谈话、批评教育等处理40人次，给予党纪处分1人。

（喻　鹏）

2016年重庆市长寿区八颗街道领导人名录

党工委书记：张腊全（2016年10月离任）
袁轲七（2016年10月任）
办事处主任：韦学明（2016年11月离任）
刘洪英（女，2016年11月任）
人大工委主任：刘洪英（女，2016年11月离任）
黄洪飞（2016年11月任）
专职副书记：罗万川（2016年10月任）
纪工委书记：廖明胜（2016年10月离任）
袁　方（女，2016年10月任）
政法书记：张志伟（2016年12月离任）
刘作诗（2016年12月任）
武装部长：周泽渊
办事处副主任：王平贵（2016年11月离任）
黄忠诚（2016年11月离任）
邹世明（2016年11月离任）
周泽渊（2016年11月任）
李金荣（2016年11月任）
袁　健（2016年11月任）
组织委员：黄洪飞（2016年10月离任）
白　兵（2016年10月任）
宣传委员：唐远鸿
统战委员：余培英（女，2016年10月离任）
唐远鸿（2016年10月任）

长寿湖镇

【概况】 长寿湖镇距长寿城区18千米，位于长寿湖景区。全镇辖区面积104.5平方千米，其中耕地面积5266.67公顷；辖14个村（居），104个村（居）民小组；2016年末，全镇有19224户50304人，其中农村人口39997人，城镇居民10311人。

长寿湖镇区位优势明显，处于渝万、渝涪高速公路之间，长寿—狮子滩公路与长寿—双龙—罗山公路和“319”线的交会处，长狮路、狮云路、双狮路、云韩路、云丛路等穿境而过，与长寿湖旅游高速公路构成便捷的交通网络。境内水源、电力、旅游资源丰富，长寿湖以独特的自然风光和丰富的人文景观，形成具有浓厚地域特色的旅游休闲景区，列为重庆市新巴渝十二景之一“长湖浪屿”，是国家AAAA级景区，重庆市省级休闲度假区。

全镇资源和农产品丰富，有长寿湖和1条次级河流，森林3400公顷，果园2400公顷；盛产沙田柚、血脐橙、猕猴桃、茶叶、鱼面等名优特产。其中，“长寿湖牌有机鱼”被评为长寿十大最爱农产品，“梓雅红肉火龙果”“天赐寿岛牌茶叶”“长寿湖牌鱼肉面”和“顶派红心猕猴桃”被评为长寿区十大珍稀农产品。境内红色文化、水电文化、“寿”文化和众多文物景点并存，人文底蕴厚重。村组公路通达率100%，畅通路段里程占全镇农村道路总里程的100%，公路硬化率98%。广播、电视、通信光纤通达率100%。成功创建为全国文明镇、全国生态镇、全国园林镇、全国重点镇、全国特色景观旅游名镇。

【经济发展】 2016年，全镇实现地区生产总值14.2亿元，城镇居民人均收入32283元，农村居民人均收入14674元；分别比2015年增长10%、8%、7%；镇财政收入为3380万元（扣除专项补助），增长9%。

继续强化农业生产管理，确保农业增收。2016年完成粮油生产种植面积5767.33公顷，产量29850吨；蔬菜播种面积1458.13公顷（复种面积），产量32810吨。抓好产业提升和销售提升，改造400公顷老果林，形成五千亩沙田柚、一万亩血橙、四千亩夏橙产业规模；新建标准柑橘果园40公顷；发展专业合作社15个。培育企业、家庭农场、工商户三种业态，发展旅游业、种植业、养殖业、加工业四种产业。新核实办理微型企业246个、家庭农场4个；申报区级微型企业孵化园1个，新发展工商户26户。落实产业扶持政策，完成并验收2015年申报的现代农业资金项目8个，项目资金61万元；新申报2016年中央现代农业资金和特色效益农业资金项目10个，资金172万元。形成龙头带动、多业共存、优势互补、后劲有力的产业新格局。

【旅游开发】 服务旅游开发，抓征地拆迁保项目落地、抓矛盾调处保推进建设、抓信访处理保维护稳定，为景区建设提供保障。全年新征地19公顷，拆除农房89户1.2万平方米，住房安置89户262人，解决遗留拆迁户20户；处理征地拆迁群众来访65起150余人次，群众来信9件次（已全部回复），到各村组接访12次，维护被征地群众的合法权益，确保“远恒佳”学校、重医医养等项目用地。配合长寿湖景区创建AAAAA级，全面开展“美丽乡村”创建活动。坚持景区游、乡村游双轮驱动，新规划西岸民宿村4公顷1.7万平方米，农家乐新村2.67公顷正在规划设计中，打造醉美东山生态农庄、熙润精品旅游品牌。

【基础设施建设】 硬化公路10千米、人行便道30千米，加宽公路20千米；投资560万元，建成安顺偏偏果场基础设施配套项目及响塘紫竹人行便道硬化项目，整治山坪塘72口，改建提灌站4座，解决900余人出行难和1500亩果园抗旱问题，恢复灌面93.33公顷。推进天然气、沼气池建设和农网改造。继续实施中心镇、小城镇项目建设和市容市貌整治维护，开展“两违”整治和违法建筑专项整治。建成紫竹农民新村，确定西岸新农村建设方案；审批农村房屋建设18户，农村D级危房改造35户。

完善环保机构建设，编制全镇生态功能区划，划定生态保护红线，全面推进环境保护工作。环保设施不断完善，创建“无煤”镇，划定畜禽养殖“三区”，定期清扫和清运农村垃圾，饮用水源和次级河流水体水质达标；红光村、紫竹新村污水处理站建设有序推进；完成10个市级生态村验收。群众对环保工作的满意度为95%。清理松材线虫疫木，实施两桂村、石岭村绿化长江新造林项目后期管护；无森林火灾发生。

【社会事业】 加强中小学教育基础设施建设，教学条件明显改善。加强教职员工的业务培训，教育质量稳步提升。九年制义务教育入学率100%。

继续推进公共文化服务，建设农体工程，开展文体活动5次，其中承办区老年体协文体展示活动；送文化下乡演出6场；参加区级以上文体活动、比赛3次，获得好成绩；1人被评为全区乡贤，1人被评为区第八届十大健康寿星，全镇评选表彰孝星、身边好人等先进典型70名；安装电视户户通卫星接收器1210个。

全员人口和流动人口信息化建设工作居全区前列。截至2016年12月31日，全镇当年出生703人，其中政策内生育697人，政策符合率99.15%；建立生育登记服务制度，全年办理生育服务证417件（其中一孩212件、二孩205件），办理再生育服务证20件，办理独生子女父母光荣证172件，网上办证率100%；免费孕前优生健康检查172对319人。

落实卫生公共服务，为353名贫困户患者和229名重症精神障碍患者建档并体检；流入人口健康建档170份，农村妇女“两癌”检查755人；完善村级卫生室建设；开展全国食品安全示范镇创建工作；医疗救治、疾病预防、应对突发事件等方面能力不断提高。

做好民政救助工作，医疗救助、减灾救灾、五保、优抚、老龄、维护残疾人合法权益、殡葬改革等工作全面落实；及时足额发放低保金，完成2016年低保金调标；做好各类灾害救灾减灾工作，全年发放救灾金30余万元，救助受灾群众1350人次；发放救助金57.2万元，救助困难群众420户次；推进长寿湖养老院项目建设，成功申报龙沟村农村幸福院项目；完成石岭村、玉华村的村级公共服务项目建设。

落实社会保障，新农合参合率100%；足额发放农业支持保护等各类补贴，投入精准扶贫资金111.2万元；城镇新增就业岗位200个，农民工回引就业创业630人，城镇登记失业率控制在3%以内；全年为群众代办事务850件。

【安全维稳】 狠抓安全生产，签订安全目标管理责任书，建立完善安全预案、安全制度、各类安全台账等落实到位。年内开展综合督查检查4次、“打非治违”安全检查356次、道路交通安全检查142次、水上交通安全检查145次；食品药品安全监管有效开展；创建全国安全社区稳步推进。强化综合治理，完善镇综治、公安、司法、信访、安监、民政等部门一体化运作机制；长寿湖派出所全年接警732起，处警732起；与2015年相比，发案率下降，破案率增加；完善警务室、警民联系点建设，综合整治重点地区，场镇治安巡逻常态化；开展防范和打击非法金融活动；推进无邪教创建工作，反邪教警示教育阵地村居覆盖率100%；创建申报为全市示范镇，申报全国示范村1个、全市示范村2个。积极化解矛盾纠纷，受理各类信访件99件（含重复件），调解各类民事纠纷850件，调解成功836件，为当事人挽回经济损失147.5余万元；领导定点公开接访群众144件次130余人次，化解矛盾152件。加强应急值守，完成全国“两会”“6·4”、国庆、六中全会等特殊敏感时期维稳任务。制定完善应急管理预案52个，实施网格化、楼栋长管理机制。社区戒毒（康复）、流动人口和特殊人群管理、校园周边环境整治等工作有效开展。

【基层组织建设】 开展“两学一做”学习教育活动，强化落实从严治党责任和廉政建设责任，集中上党课28次、学习30次。选拔1名处级、6名科级干部；5名预备党员按期转正，新发展党员4名。完成村（居）两委换届和全镇1679名党员党费清理的前期集中排查工作。强化作风建设，各级干部坚守岗位，联系群众、下村调研常态化，解决群众反映的突出问题；加强预防，廉政警示教育2次、干部廉政谈话10次，发廉洁短信2000条。服务群众、机关和村（居）财务管理、惠民项目资金实施等机制完善；开展村（居）干部任期和离任经济责任审计，公开村（居）干部家庭及其直系亲属享受强农惠农等政策情况，持续开展党务、村（居）务、财务公开；查处党员、干部违纪违法案件1件。

11月30日，中共长寿湖镇第九次代表大会召开，刘明作《党委工作报告》，赵雪峰作《纪委工作报告》；12月23日，长寿湖镇第十届人民代表大会第一次会议召开，叶海涛作《政府工作报告》，袁培英作《人大工作报告》。（邹　仪）

2016 年重庆市长寿区长寿湖镇领导人名录

党委书记：梁德志（2016 年 10 月离任）
　　　　　刘　明（2016 年 10 月任）
镇　　长：刘　明（2016 年 12 月离任）
　　　　　叶海涛（2016 年 12 月任）
人大主席：叶海涛（2016 年 12 月离任）
　　　　　袁培英（女，2016 年 12 月任）
专职副书记：邓亚林（2016 年 10 月任）
纪委书记：邓亚林（2016 年 10 月离任）
　　　　　赵雪峰（2016 年 10 月任）
政法书记：张志强
武装部长：吴诗华（2016 年 11 月离任）
　　　　　李家明（2016 年 11 月任）
副 镇 长：周联芳（女，2016 年 12 月离任）
　　　　　胡建允（2016 年 12 月离任）
　　　　　王福明
　　　　　李家明（2016 年 12 月任）
　　　　　胥宏亮（2016 年 12 月任）
　　　　　黄学梅（女，2016 年 12 月任）
组织委员：左晓红（女，2016 年 10 月离任）
　　　　　郑　颖（女，2016 年 10 月任）
宣传委员：张　余（女，2016 年 10 月离任）
　　　　　勾洪文（2016 年 10 月任）
统战委员：勾洪文

云台镇

【概况】 云台镇位于长寿区北部，距长寿区行政中心 35 千米，距重庆主城区 100 千米。海拔 305～1009 米。辖区面积 85.72 平方千米。辖 13 个行政村和 1 个居委会，全镇总人口 5.15 万人。镇内基础设施齐全，天然气、煤炭、石灰石等矿产资源丰富，有川东石油钻探公司搬迁后留下的上亿元闲置资产，渝沪高速公路立交桥紧临城镇，渝巫路横穿场镇，是万州、武汉以及上海进出重庆的必经之路。是重庆市规划发展的市级试点小城镇、示范小城镇、百强镇、中心镇、市级小企业创业基地；被长寿区规划定位为全国重点名镇、长寿北部地区中心镇、长寿街镇工业走廊金属结构件与工模具制造基地、五华山与范家桥乡村旅游发展区。云台镇围绕“农业稳镇、工业兴镇、城商靓镇、民生和镇”的发展思路，加快农村经济发展，加快城镇建设步伐，推进新农村建设，加大统筹城乡发展力度，促进城乡共同繁荣。

远眺云台场镇

【经济发展】 2016 年云台镇国民生产总值 37.8 亿元，比 2015 年增长 12%。工业总产值突破十亿大关，达到 10.81 亿元，工业增加值提高到 21531 万元。固定资产投资 11.3 亿元，完成市、区级重点项目 16 个。社会消费品零售总额 19.05 亿元。

加快现代农业培育。推进农业供给侧结构性改革，提高农业综合生产能力，实施以链式经济为重要特征的农业产业化经营，运用“公司 + 基地 + 农户”的模式，支持清迈良园、五华山等农家乐发展特色效益农业。全面整合蔬菜、水稻、瓜果三大品牌产业，打造农、文、旅结合的云台经济升级版。

农技工作开展粮食稳定增产行动。把“稳定发展粮食生产，确保粮食播种面积，努力提高单产”作为全年首要任务来抓。做好大春技术培训工作和春播管理工作，全年实现植面积 4971.07 公顷，总产量 25270 吨（其中，水稻种植面积 1193.07 公顷，产量 9874 吨；玉米 1016.87 公顷，产量 7627 吨；红苕 1036.6 公顷，产量 3683 吨）。做好清迈农业公司春播大棚温室育秧技术指导和管理，全区机插秧现场会在云台镇召开。配合财政所完成粮食综合直补和种粮大户的申报工作。做好 2013 年、2014 年度退耕还林基本口粮田项目建设的管理和协调工作，年底前工程已全面完成。做好在土作物的田间管理和病虫防治以及预测预报工作，全年没有发生重大病虫害，确保粮食产量目标实现。落实2016年全镇扶贫户399户1223人精准扶贫的产业规划和帮扶工作，确保贫困户“越线”，“贫困村”销号的目标任务。

林业工作加强森林法、森林防火条例、退耕还林条例、野生动物保护法的宣传，贯彻执行《中共中央国务院关于加快林业发展的决定》，3月份利用赶场天在云台街上开展森林防火典型案例宣传。完成2016年度历年退耕还林615.4公顷的自查、管护及直补申报工作。对高速路两侧租地范围内绿化地40.53公顷进行管护及租地兑现工作，兑现资金44.3万元；加强绿化工程建设，完成拱桥村46公顷核桃基地补植管护任务，完成全镇11.7万株的义务植树任务；申报规划八字新村的美丽乡村绿化工作。采伐限额，实行办证采伐，办理木材采伐证175.6立方米（其中拱桥村五华山防火通道和利民村防火通道办理采伐证指标172.6立方米）。坚持林地征（占）用审批制度和木材经营加工许可证制度，全镇办理木材经营加工许可证4户。调处拱桥村五华山防火通道和利民村防火通道林权纠纷2件。引导农民申报森林保险，协助完成公益林保险1466.67公顷，推进商品林保险。积极宣传，开展野生动物保护工作。护林防火的宣传出动防火宣传车76人次，开设防火线21条21600米，开设防火通道2条3.8千米，落实护林防火人员29名，发放森林防火宣传资料3200余份，制作森林防火宣传牌80块，设置森林防火检查站点5个，张贴森林防火宣传标语150余份，制作横幅标语60幅，书写森林防火标语750余条，组织85人次进行森林防火巡查，7－9月对村级进行护林防火专项考核。加强林业有害生物防控，坚持森林病虫害预测预报制度，预防和除治松材线虫，已除治枯死松木3439株，完成枯死松木的除治目标。查处林业案件9件。完成天保二期公益林1466.67公顷的管护和生态效益补偿兑现25.85万元；对2016年度天保公益林进行重新安排及落实管护人员35名。

推动重点项目建设。按照“拓展规模，打造形态，完善功能，集聚企业”思路，持续推进工业园区建设。实施工业组团二期34.67公顷征地拆迁工作，完成项目地勘和勘界，开展涉及拆迁的32栋房屋面积丈量，签订房屋拆迁协议25栋，协议签订率78.13%。成功引进重庆双渝陶瓷工业有限公司等2家企业，预计2017年投产运行。全镇有规模以上企业4家，企业就业人口2500余人。继续实施农村环境连片整治3个污水处理站建设配套工程。积极服务全市重点项目，完成渝万铁路建设水、路系恢复和用地复垦等后续问题处置。

【基础设施建设】 促进城乡协调发展，完成永久基本农田划定、城乡发展控制性详规报批、乡村旅游发展规划编制。推进“两违”专项整治，拆除违法建筑350平方米。创建文明城区，城镇公共环境和秩序明显改观。实施11个土地复垦项目和5个农民新村二期建设项目，修建住房288套。完成2014年度小城镇建设项目（打渔溪2座桥梁）招标、2016年度小城镇建设项目（环境和河道整治，云台、青云场镇和八字新村太阳能路灯建设）立项，申报八字新村美丽乡村绿化项目。以中央环保督察为契机，整治环境突出问题15个；严格执行“三区”划分，全面实施畜禽养殖污染治理，完成关闭（搬迁）15户、整治32户任务。

实施村级公路硬化8千米，完成2013—2015年度山坪塘整治、人行便道硬化、青云龙溪河提灌站和陈家岩河道整治等工程；改造D级危房27户。

【社会事业】 强化民生领域服务。发挥民政兜底保障作用，发放城乡低保、困难救济、医疗救助等1103.6万余元。完成小额担保贷款50户550万元，帮助22名下岗失业人员和28名返乡农民工创业，提供就业岗位110个，城镇新增就业170人，登记失业率控制在2%。投资30万元，办理民意调查中群众反映意见建议16件。巩固精准扶贫成果，对2016年3月、11月新增的55户贫困户开展多元化帮扶。

落实教育优先发展战略。云台镇有九年制学校1所、中学1所、中心校1所（辖学校5校3园），有83个教学班，教师247人，学生3797人；专任教师学历达标率100%，学历提高和教师岗位结构都超过市级标准。云台镇党委、政府建机制，作规划，深入推进科教强镇战略。一是建立健全教育工作领导机制，镇政府成立以镇长为组长，分管领导及相关部门负责人为成员的教育工作领导小组，负责对全镇涉及教育改革与发展等重大问题的研究，及时出台完善政策，全面协调处理有关事项。二是建立健全教育工作机制，按照“主要领导全面抓、分管领导具体抓、教育单位全力抓、有关部门配合抓”的工作思路，健全制度，明确职责；制定出台《云台镇党政领导蹲点联校制度》，镇党委、政府领导与各中小学相关负责人签订目标管理责任书，分解细化任务，坚持每月到学校了解情况，研究解决教育工作问题，全面实行包校挂钩机制，切实帮助学校解决问题；制定出台《云台镇教育工作研究制度》，年初及9月上旬，镇党委政府定期召开由有关部门人员、镇、村干部、家长代表组成的全镇教育工作大会；将教育工作纳入政府工作的重要议事日程，经常研究，认真处理；履行政府职责，协调各方，有效解决云台中学综合楼改造、校门外鸡场搬迁、云台中心校寄宿制工程、黄葛九年制教学重建等教育工作的具体问题。三是制定《云台镇教育发展规划》，将实施义务教育 、发展学前教育 、加强学校建设等工作列入教育的重点工作，纳入政府年度工作目标，优先发展教育事业。

医疗、卫生、文化等社会事业升档提质，群众幸福指数提升。

【安全维稳】 深化平安云台建设。加强重点地区、重点时段的治安巡逻防范，派出所全年接处警800多起，处置率100%；立刑事案件33件，打击处理7人；受理行政案件170件，查结159件，行政处罚155人，拘留3人，警告153人。公众安全感指数90%以上。建立“3＋X”工作机制，强化矛盾纠纷排查调解，办结群众来访187件次，化解纠纷1115起、积案3件，完成全年维稳工作目标任务。开展各类宣传教育活动，举办法制知识讲堂，分别在云台中学、黄葛九年制学校及重点企业单位举办法制知识讲座9场次；推进禁毒铲毒踏查工作，开展青少年毒品预防教育活动4次，举办“6·5”大型禁毒月活动1次；开展禁铲毒踏查71次。集中开展宣传月活动，接受法律咨询5000人次，发放宣传资料5000余份；配合区打非办开展大型非法集资集中宣传1次。全面排查高危重点人员，推动安置帮教工作开展，按照程序做好地区刑释解教人员的接收、谈话、建档和信息库管理工作；加大社区矫正人员的管理工作，对社区矫正人员13人进行一人一档整理，完善其信息内容，推动社区矫正工作的全面运行。加强社区戒毒人员管理，多次到重庆等地落实人吸毒人员现状，社区戒毒人员14名，报到率100%。开展社会治安重点地区整治工作，年初将云台镇云台社区流动人口管理作为本年度镇级社会治安重点地区整治工作；成立以镇长为组长专项整治工作小组，由综治办和云台派出所共同协作，加大整治和打击处理的力度。做好消防工作，全年发火警27起，得到及时解决，无人员伤亡；实施社会救助12起，冲洗街道5次；组织消防安全专项检查6次，对辖区内的消防重点单位进行拉网大排查，排查出火灾隐患12处，现场责令当事人进行整改。开展网格化工作，全镇建立大网格14个、小网格107个，配备专职网格长及网格员164名、兼职网格员4名，各村居建立网格化制度，网格化达到100%上墙；以网格化管理工作为依托，全面开展全镇信访稳定、消防安全、道路安全及人民调解工作。开展各领域安全生产大排查大整治和“打非治违”专项行动，实施大沟煤矿、云台煤矿关闭和后续处置工作，消除隐患137起，全年未发生一例较大安全生产事故。

【党建工作】 严格履行全面从严治党工作职责，强化领导班子和干部队伍建设。一是坚持学习不放松，定期开展党委中心组集中学习活动，年初召开专题党委会研究部署全年的学习方案，把学习贯彻十八大和总书记习近平系列重要讲话精神当成一项长期的重大政治任务来抓。二是坚持民主集中制，认真执行党委议事规则。坚持大事会议定、小事常通气；坚持分工合作，班子成员实行AB角，相互补台不拆台，杜绝内耗；坚持“三放”（在观念上放胆，工作上放权，落实上放心），让班子成员敢想敢干、敢于创新、敢于担责，区考核连续两年被评为先进领导集体，获实绩考核一、二等奖。2016年底换届有7名同志获得提拔交流。

加强机关和村居干部团队建设，打造“四型”政府（法治型、责任型、服务型、廉洁型政府）。一是坚持选人用人“二十字”好干部标准，科级干部提拔及事业干部晋升均做到公平公正公开；年内村居两委换届一次性选举成功。二是实施“人才强村”战略。重视年轻村居干部培养，落实机关干部全员驻村，探索和推进村居45岁以下四职干部和本土大学生村干部到镇挂职锻炼的方式，村居“两委”班子素质不断提高。三是坚持学习培训，坚持每周两次机关干部学习制度，组织一次村居干部业务知识培训和政策法律知识宣讲。四是坚持优质服务，开展“三个一”（对待来办事的群众一张笑脸、一把椅子、一杯热茶）和“四指一联”“四不”和“首问负责制”活动（即指门、指路、指人、指方法、电话联系；不让群众在我这里受到冷落、不让问题在我这里搁置、不让违法违纪现象在我这里发生，不让政策在我这里掉线）。

2016 年 12 月换届的云台镇新一届领导班子

严格落实党委主体责任，推进党风廉政建设。对照乡镇党委书记抓基层党建责任清单，加强统一领导，认真落实党内监督条例，强化监督检查。年初，召开专题党委会，研究部署党风廉政建设工作，党委与班子成员、村居书记签订党风廉政建设目标责任书。坚持党委会议事制度，执行民主集中制，实行审议决策重大问题票决制度。确定党委领导班子的集体责任、党委主要负责人的第一责任、镇政府负责人和其他班子成员责任，实行主要领导抓三个片，各分管领导落实到每个村和分管部门的分级责任制。做到“一副肩膀、两个担子”，实现权责对等、履责到位，实行分项负责，形成党委书记抓面、分管领导抓块、牵头部门抓线、业务单位抓项、纪检监察部门组织协调的工作机制。年内班子成员中无违法违纪行为，也未发生其他严重影响班子形象的问题。在“三严三实”专题教育中，班子成员上党课 18 人次，集中学习 12 次，交流研讨 5 次，全镇开展机关干部走访下访回访群众活动，收集问题 352 条，已全部解决。落实镇党委书记是党风廉政建设“第一责任人”，落实中央八项规定，反对“四风”，坚持廉洁从政，杜绝公车私用和超标准使用办公用房，上交 3 辆公务车，腾退 8 间办公用房，梳理汇总的 13 条“四风”问题全部整改完毕。督促纪委履行监督责任，及时完成党风廉政建设各项任务。

推进基层服务型党组织建设，多方筹集资金新建黄葛、应祝、利民、鲤鱼等村的便民服务中心，整修拱桥、青云等村的便民服务中心。深化群工系统和共产党员微信易信安装使用，群工系统受理事项 415 条，办结率 100%。500 多名党员干部群众安装和使用共产党员微信。全镇 13 个村完成电商、超市、金融“三进村”工作；筹资 36 万元启动 24 公顷核桃种植精准扶贫项目。全镇 375 户贫困户通过精准扶贫实现全部脱贫；强化党建工作力量和干部队伍建设，13 个村均已配备 1 名本土优秀大学生；每季度开展一次支部书记党建工作交流会。

弘扬民主政治，区镇人大代表全年提建议 61 条，云义路改造等 3 个议案作为区人代会议案；各村分片建立人大代表工作站，代表工作情况多次在区级会上交流。实行村民自治，完善村四职干部向村民代表述评制度、村居书记季度工作例会制度，让干部置于镇党委和人民群众监督之中。落实惠民政策，重视社会热点难点，解决民计民生大事。

（王　松）

2016 年重庆市长寿区云台镇领导人名录

党委书记：陶进文
镇　　长：高　波
人大主席：陈显华
专职副书记：余振勇（2016 年 10 月任）
纪委书记：夏心明
政法书记：雷现平（2016 年 10 月离任）
　　　　　陈　华（2016 年 10 月任）
武装部长：王兴荣（2016 年 11 月离任）
　　　　　高　峰（2016 年 11 月任）
副 镇 长：黄　媛（2016 年 12 月离任）
　　　　　程洪平（2016 年 12 月离任）
　　　　　江凤梅（女）
　　　　　江小红（2016 年 12 月任）
　　　　　高　峰（2016 年 12 月任）
　　　　　高　强（2016 年 12 月任）
组织委员：伍锋林
宣传委员：程小莉（女，2016 年 10 月离任）
　　　　　王仁科（2016 年 10 月任）
统战委员：黄油华（女，2016 年 10 月离任）

王仁科（2016年10月任）

葛兰镇

【概况】 葛兰镇地处长寿区腹心地带，位于渝巫、长垫、葛狮、长邻路的交汇处，是长寿腹心地区交通要冲，距离重庆主城区80千米，距长万高速路合兴入口6千米，距离渝怀铁路川维站和长寿港码头25千米。全镇辖区面积11090公顷，耕地面积3309公顷，辖1个社区、21个村、6个居民小组、162个村民小组。全镇年末户籍人口28695户71544人；城镇常住人口3万余人，流动人口9000余人。镇政府驻地葛兰场。葛兰镇是全市规划发展的“百个经济强镇”“百个中心商贸镇”“市级示范小城镇”“市级文明镇标兵单位”“首批启动的45个中心镇”“市级中小企业创业基地”“重庆市交通安全文明镇”。镇域内水资源丰富，桃花溪流经全境；矿产资源有煤、石灰石、白云岩、钾矿等11种，其中石灰石储量5000万吨，白云岩储量4000万吨。森林面积4500公顷，森林覆盖率为42%。2016年葛兰镇机关行政在编人员49人（其中公务员44人，参公人员5人），事业在编人员35人。

【换届选举】 2016年，党政群团组织进行换届选举。7月8日镇妇联召开换届大会，选举产生街镇妇联领导班子。8月4日召开葛兰镇工会联合会第一次代表大会，选举产生葛兰镇工会联合会和经费审查委员会，选举工会联合会主席、副主席。9月8日，22个村（居）党支部召开党员大会，选举产生新一届村（居）党支部委员66名（其中书记22名），选举出席镇第十四次党代会代表160名。10月22日，22个村（居）委同时召开选举大会，选举新一届村（居）委会主任22名，委员46名，选举产生出席镇人代会代表87名；随后168个村（居）民小组进行换届选举，选举产生新一届村（居）民小组长168名，选举村（居）监督委员会22个79人，村（居）民代表750名。11月28日，召开镇第十四次党员代表大会，选举产生新一届镇党委委员11名，镇纪委委员7名；选举产生出席区第十三次党代会代表10名。12月10日，召开葛兰镇第十九届人民代表大会第一次会议，大会选举人大主席1名、镇长1名、副镇长4名，选举产生出席区第十八届人代会代表21名。

【经济发展】 园区经济健康发展，重庆市健康科技产业园区已开发面积82公顷，建成标准厂房面积达2.6万平方米。入驻企业36家，其中规模以上企业21家，吸收就业人员6500余人。重庆粮食集团10万吨粮库建设项目进入场地平整阶段。做好园区入住企业服务工作，帮助解决水、电、气等各类生产问题5个，协调解决各类矛盾纠纷和生活问题23起。

长寿现代畜牧园区葛兰片已开发区域74公顷，2016年标杆蛋鸡养殖合作社存栏蛋鸡70万只，入驻小微企业31家，成功创建区级微企孵化园。

【镇村建设】 城镇品质提档升级。以落实全国文明城区创建工作任务为契机，全面提升场镇形象。新装宣传栏10块、灯杆标语80副、灯箱120个，铲除“牛皮癣”600余平方米。顺利启动顺帆田园小区安置房建设项目。完成葛兰塑像、三角碑、葛兰一小转盘等3个场镇出入口转盘景观美化改造。

秦家大塆成功申报市级历史文化名村；美丽乡村建设完成黄家坝村、沙河村农民新村配套基础设施建设；纳入C、D级危房改造222户，已竣工验收42户。农村交通日益完善，葛（兰）大（坝）路改造工程进入实施阶段；全年完成农村道路升级改造20余千米，建设错车道120个，修建人行便道近6千米。整治维修电力提灌站10台/站，整治山坪塘29口，整修村级排水沟1769米。农村生活垃圾收运系统完善，新设垃圾箱体38个。全面启动农村电网升级改造工程，全镇改造1.3万户；龙井坎、中华等6个村接通天然气，安装1800余户。

深入开展“蓝天、碧水、宁静、绿地、田园”环保五大行动，整治环境突出问题，保护群众环境权益。建立健全葛兰镇环保应急预案。严格控制大气污染源，推广使用清洁能源，场镇建成区居民全部使用气和电。场镇环卫工作实行服务外包，每日清扫和保洁已呈常态化，城区干净程度明显提高。实施饮用水源保护工程，加强饮水源水库保护，提升饮用水质。

深入推进环保整治行动，桃花溪污染攻坚整治成果得到巩固。“户集、村归、镇收、区处理”的农村生活垃圾处理系统运行良好，无害化处理率95%；调整优化畜禽养殖“三区”划分，从严控制畜禽养殖准入，启动全镇畜禽养殖污染整治行动，关闭养殖场44家，治理达标101家。农村面源污染得到有效整治，空气清新，村容整洁，人民幸福感满意度明显增强；严格工矿企业污染源防治，加大日常巡查力度，到2016年底配合区级有关部门严肃查处违规排污企业6家。

【社会事业】 实施产业扶持532户，低保兜底38户，落实公益性岗位34个。全面完成特殊群体救助资金发放，发放各类民政救助资金1518.33万元。其中发放1047户城乡低保金596.9388万元，救灾救济金23.5万元，救助金1471.182万元，五保金257.604万元，孤儿、困境儿童经费8.64万元，优抚优待金425.438万元，残疾人补助经费91.028万元。

全镇参加城乡居民医保55578人；参加城乡居民养老保险33332人，征收养老保险费526.09万元；参加退地农转城人员养老保险9人；农村小额人身保险收取保费30余万元。

葛兰镇中学中考升学率78.6%，葛兰中学高考升学率68.5%。九年制义务教育普及率100%，中、高考升学率逐年提升，“校村联动”成为全区关爱留守儿童品牌活动，打造全区农村教育第一镇的目标实现。

镇文化服务中心提档升级，村（居）农家书屋全部实现免费开放，年内协助“渝州大舞台”文艺演出10场次，开展群众性文体活动98场次，放映农村惠民电影200余场次；新装宣传栏10块，灯杆标语80幅，灯箱120个，文化市场健康有序发展。

【安全维稳】 社会秩序平安稳定。推进“平安葛兰”建设，严厉打击各类违法犯罪行为，全年破获“盗抢骗、黄赌毒”案件24起，调解各类纠纷600余起，化解信访积案9件。全面落实安全生产责任制，开展安全隐患大排查大整治，全年未发生重大以上安全生产事故，安全生产形势持续向好；辖域内4家小煤矿全部关闭；开展食品药品安全监管专项巡查147次。

【党的建设】 开展“两学一做”学习教育活动，党员政治意识、大局意识、核心意识、看齐意识明显加强，维护和发扬“心齐气顺、风正劲足”的镇风民风；改进工作作风，整治机关“庸懒慢散”不良习气，解决推诿扯皮、敷衍拖拉等突出问题；严格考核奖惩，健全完善重点工作常态化督查推进机制；广泛听取社会各界的意见和建议，推进决策科学化、民主化。推进政务信息公开，保障人民群众对政府工作的知情权、参与权、表达权和监督权。严格用制度管权管事管人，加强国有资产、财政资金、土地管理、工程建设、招投标等重点领域的行政监察和审计监督，努力实现干部清正、政府清廉、政治清明。严格控制“三公”经费支出，降低行政成本，把更多的物力、财力用在促发展、惠民生上。（王　莉）

2016年重庆市长寿区葛兰镇领导人名录

党委书记：罗方全（2016年7月离任）
　　　　　刘　勇（2016年10月任）
镇　　长：刘　勇（2016年12月离任）
　　　　　张麒麟（2016年12月任）
人大主席：张麒麟（2016年12月离任）
　　　　　王　伟（2016年12月任）
专职副书记：程伯超（2016年10月任）
纪委书记：程伯超（2016年10月离任）
　　　　　彭继坎（2016年12月任）
政法书记：陶治国（2016年10月离任）
　　　　　刘建平（2016年10月任）
武装部长：余和平
副 镇 长：叶立军（2016年12月离任）
　　　　　张　斌（2016年12月离任）
　　　　　王　伟（2016年12月离任）
　　　　　王丽萍（女，2016年12月任）
　　　　　孙宏斌（2016年12月任）
　　　　　余和平（2016年12月任）
　　　　　焦跃彬（2016年12月任）
组织委员：彭继坎（2016年10月离任）
　　　　　王　涛（女，2016年10月任）
宣传委员：孙宏斌（2016年10月离任）
　　　　　甘　彦（女，2016年10月任）
统战委员：韩　静（女，2016年10月离任）
　　　　　甘　彦（女，2016年10月任）

但渡镇

【概况】 但渡镇位于长寿以东，长涪高速公路但渡立交桥处，距离长寿主城6千米。辖区面积57.4平方千米，辖8个村、61个村民小组。2016

年全镇有8258户、19126人，人口密度为333.2人/平方千米。有耕地1038.6公顷，退耕还林868.9公顷，森林面积3457.6公顷，森林覆盖率60.2%。沙田柚、花椒、柑橘、竹笋是主要的农产品资源；镇内页岩、原煤、大青石、天然气、水能资源丰富；除长风化学工业公司、回龙寨电站、下硐电站等国企外，镇属企业有3个砖厂、2个石材厂、2个农业龙头企业，201家微型企业。龙溪河沿岸绿色自然风光、楠木院楠竹林以及黄草山1000余公顷的森林资源具有旅游开发潜力。

【经济发展】 2016年，但渡镇农民人均可支配收入18706元，比2015年增长8.9%；财政总收入2038万元，增长18.5%；一般预算收入1680万元，增长6.3%。全镇经济社会呈现持续向好发展局面，实现“十二五”的圆满收官和“十三五”良好开局。

发展特色效益农业带动农民增收。全镇粮食播种面积和粮食产量稳中有增；水果种植518.67公顷，年产量3368吨；特色蔬菜种植288.6公顷，年产量6219吨；花椒种植447.53公顷，鲜花椒产量1200余吨，实现产值2400万元。创新农业生产组织方式，发展农民合作组织和涉农微型企业，创办微企村1个，发展小微企业35家、农业公司2家、专业合作社6家、家庭农场5家、果蔬种植大户12户、水产养殖大户5户。

【基础设施建设】 实施小城镇建设工程，加大环境综合整治力度，城乡旧貌换新颜。全面开展畜禽养殖污染整治工作，显著改善人居环境条件。

针对但渡干道路况差的实际情况，加强交通重点项目建设，完善路网，完成老街人行道整治工程。加大工程协调服务力度，桃大路但渡段改造、但复路塌方建设及但渡大桥建成投用，未名村、曾祠村对外交通移民项目完工。加大农村电网改造升级力度，提升农村线路及配变的安全供电能力。完成但渡镇水厂建设，新安装双河金园等村民聚居点天然气140户。

【社会事业】 把改善民生、凝聚人心作为经济社会发展的出发点和落脚点。以保障群众基本生活为基础，持续提升食品、住房、医疗、教育、养老等社会保障能力，以各项救助救济制度的衔接联动为辅助，增进民生保障水平。精准扶贫工作实现脱贫致富。坚持治标与治本结合，扶持扶贫户创

2016年5月30日，长寿区人大常委会主任张明生率队在但渡九年制学校慰问

业、帮扶就业、解决子女上学困难等方式实现扶贫对象精准识别、精准帮扶、精准管理，保证扶贫工作任务圆满完成。实施动态管理模式，新增建卡扶贫户33户81人；完成扶贫到户产业扶持项目申请211户，申报产业扶持资金24.3万元；完成非全日制公益性岗位支持26人，发放补贴13万元；资助5名建档立卡贫困大学生入学，发放雨露工程资金2.5万元。

【安全维稳】 落实“党政同责、一岗双责、齐抓共管、失职追责”安全工作责任制，完成2016年安全生产目标考核任务。加强不同执法主体的协同配合，延续安全生产形势持续向好趋势。落实大排查大整治，防范生产安全风险。加强道路交通路检路查力度，全年纠正查处916次交通违法行为。加强食品药品执法检查力度，查处过期食品21种、药品3种38件次，年内未发生食品药品安全事故。承接好区消防支队下放的委托执法工作，按要求加强人口密集场所和烟花爆竹经营店的消防检查，消除消防安全隐患。

坚持干部下访听民意、解民忧，做好矛盾纠纷排查处理工作。加强基层网格精细化管理，形成镇——村——组三级信访网格，实现横向到边、纵向到底、不留死角的全方位防控，摸排化解矛盾纠纷率96%，居全区前列。落实领导包办信访责任制，强化稳控措施，做好领导干部接访制度，畅通信访渠道，维护群众权益。按法律、政策规定对特殊人员进行教育、管理和帮扶，无一人托管漏管。完善社会治安防控运行机制，强化管控措施，加强巡逻防控工作，实现巡逻常态化，增强群众安全感。

【政治建设】 2016年5月开始，但渡镇开展党建“两学一做”学习教育活动。结合建党九十五周年和贯彻十八届六中全会精神，2次请区委党校老师宣讲。开展廉洁从政教育，用反腐案例教育党员领导干部，加大廉政警示教育力度。及时传达党风廉政建设和反腐败工作部署要求，组织召开镇村党务及党风廉政建设工作会，同各村支部签订《2016年党风廉政建设目标责任书》，规范镇、村干部的廉洁从政行为。组织镇、村干部观看《镜鉴》《永远在路上》等纪录片，组织镇党政班子成员、部门负责人及各村四职干部到长寿湖廉政教育警示教育基地参加警示教育。加强村务公开和财务公开管理，制定村财务双审双签等制度，监督和约束村干部行为。加强廉政风险防控，发挥党外监督、专门机构监督、群众监督和舆论监督的作用，强化对党员干部问责，构建不敢腐、不能腐、不想腐的有效机制。

2016年12月2日，但渡镇新一届党委班子成员

2016年7月中旬到12月，但渡镇进行镇、村两级党政换届选举。于12月2日举行但渡镇第十四次党员代表大会，12月16日举行但渡镇第十九届一次人民代表大会。换届选举工作顺利完成。

（余晓莹）

2016年重庆市长寿区但渡镇领导人名录

党委书记：程兴明（2016年7月离任）
　　　　　张冬芬（女，2016年7月任）
镇　　长：陈伦彪（2016年10月离任）
　　　　　陈　红（2016年12月任）
人大主席：陈　红（2016年12月离任）
　　　　　夏　阳（2016年12月任）
专职副书记：李文宪（女，2016年10月任）
纪委书记：黄　勇（2016年10月离任）
　　　　　刘　箭（2016年10月任）
武装部长兼政法书记：张　平（2016年10月离任兼任政法书记）
政法书记：廖仿志（2016年10月任）
副 镇 长：叶炳轩（2016年12月离任）
　　　　　张　平
　　　　　刘　箭（2016年12月离任）
　　　　　廖仿志（2016年12月任）
　　　　　胡瑞清（2016年12月任）
组织委员：孔　铁
宣传委员：向　青（女，2016年10月离任）
　　　　　叶炳轩（2016年10月任）
统战委员：李文宪（女，2016年10月离任）
　　　　　叶炳轩（2016年10月任）

邻　封　镇

【概况】 邻封镇位于长寿东部，距长寿主城20千米，在风景优美的龙溪河畔，与长寿湖、但渡、渡舟、双龙等街镇相邻。全镇辖区面积55.85平方千米，辖10个行政村，89个村民小组，总人口3.6万人，其中农业人口3.2万人。已成功创建全国文明镇、重庆市生态镇，正在申报重庆市历史文化名镇。镇党委辖19个党支部，有党员1319名，其中女性党员315名，高中文化以上党员340名。

邻封镇是全国优质沙田柚生产示范基地，长寿沙田柚的主产区和核心示范区，有“中国长寿沙田柚之乡”“全国优质果品生产基地”的美称。2016年种植沙田柚五万三千亩，投产面积三万余亩，年产值2亿多元。

【经济发展】 2016年，全镇农民人均可分配收入1.49万元，地区生产总值（GDP）63603万元，其中，第一产业增加值10714万元，第二产业增加值41010万元，第三产业增加值12016万元。

【长寿沙田柚产业】 完善沙田柚种植核心区内水系、路系、导视系统和太阳能杀虫灯等配套设施，提高沙田柚标准化种植和抵御自然灾害能力。开展春季、夏季沙田柚管理技术培训2次，培训1500人次。建成沙田柚实蝇监测点11个。包家寨沙田柚种植股份合作社和葛藤湾沙田柚种植股份合作社成功申报入列绿色食品名录。构建电商销售平台，长寿沙田柚电商年内销售4万余件。

【乡村旅游发展】 成立乡村旅游发展服务中心，多部门联动科学编制核心景区发展规划，编写《长寿沙田柚柚菜菜谱》《柚乡风情》，发掘宣扬柚乡文化，打响柚乡旅游品牌。依托油菜花海、红高粱、向日葵等人造景观，打造“十里柚乡·百里花海”乡村生态观光园。完善景区旅游基础设施，景区12千米公路扩宽、游客体验中心、观景台、停车场建设等项目已进场施工。2016年3月“十里柚乡·百里花海”乡村生态观光园开园到年底，接待游客11.5万余人、自驾车3万辆，其中农家乐接待游客用餐4万人、住宿2000人。成功推出“中华名果——长寿沙田柚之乡”“十里柚乡·百里花海”乡村生态观光园、“邻封三绝——东林古寺、龙溪碧水、万亩柚林”“邻封三宝——柚子菜、龙溪河野鱼、柚林貂蝉”等旅游品牌，形成“春赏花、夏戏水、秋采果、冬祈福”四季旅游形态，提升邻封乡村旅游知名度和影响力。

【基础设施建设】 2016年，邻封镇投资385万元整治山坪塘85口，投资80万元完成镇内农村饮水管网改造；改造及清淤渠道45千米；完成后扶2014年山塘提灌站项目并开始审计，2015年小农水68口山坪塘整治工程已全部进场施工。实施“畅通工程”和“通达工程”，完成油菜花核心景区大墩坎等5条公路的修建、扩宽和整治；完成鸣焦路等5条公路的规划、设计、评审和招投标工作，已进场施工；完成杨家沟公路、杨连路的扩宽硬化以及东林寺公路的扩宽建设；在全镇形成“三横两纵、内成环、九大出口”交通网络，在全区率先实现“村村通、湾湾通”。

改善人居环境，修建柚香广场、电厂休闲健身广场，完成10个村农体工程配套设施建设；实施小城镇基础设施建设项目，投入资金135万元，对邻封场镇主干道沿线路沿、路板、护栏等基础设施进行升级改造，提升场镇形象；新村建设上硐新村一期主体工程已完工，环境工程正在加紧施工，焦家农民新村房建正式进场；完成24户精准扶贫危房改造和8户高山生态移民搬迁，确保群众居住安全。

【社会事业】 2016年，邻封镇投资160万元，完成幸福院扩建工程及环境整治和消防整治；全年发放各类救灾救济、五保低保金等310.5万元；新增五保户10人，敬老院入住87人，五保家园入住26人，敬老院、五保家园入住率100%。推进扶贫攻坚，产业扶持、发放扶贫慰问金及开展雨露工程等，帮助贫困户走出困境，全镇292户、691名贫困人口成功解决“八难”，全部实现脱贫“越线”。年内居民社保新参保15人，全镇实际参保总计19290人；在6个村级服务平台设立养老保险指纹服务点，方便群众就近验证；医保参保3.2万人，实现医保全覆盖；年内举办大型招聘会1场，现场意向签约130余人。

龙溪中学升学率在全区农村中学多年位居第二，镇教管中心连续十年获区政府教育督导考核一等奖。年内邀请区文化馆开展“十里柚乡·百里花海”乡村生态观光园开园仪式专场文艺演出，在景区内组织开展“柚乡花朵舞起来”10余场次的文化演出；组织邻封柚乡龙舟队、威风锣鼓队参加长寿湖龙舟赛，取得第四名的好成绩。

做好居民公共卫生的免费检查，对高血压、糖尿病、重性精神病患者和失独家庭人员、65岁以上的老人等，全年开展14场次免费体检；慰问计生困难家庭183户，发放慰问金9.66万元。

【安全维稳】 全年开展安全监管的日常检查、节前节后检查、督查及联合检查等100余次，签订各类安全目标责任书140份；开展“春运”“交安行动”“道路安全隐患排查”等专项整治活动，与交巡警支队、邻封派出所等开展联合执法8次，出动检查车辆56次。坚持“小事不出村、大事不出镇”，把矛盾化解在基层；按时召开矛盾安全排查会，将矛盾排查会、群众工作例会、稳定分析会三合一，制订各重要时段维稳预案；全年解决纠纷322件，成功调解322件，成功率100%；辖区内未发生重点人员、敏感时期到市进京非访，未发生群体性事件及个人极端信访事件，未发生严重影响群众安全的恶性刑事案件。

落实国务院《政府信息公开条例》，政务、村务公开工作深入推行；自觉接受人民代表大会的依法监督和政协的民主监督，认真办理党代表、人大代表建议意见；发挥工、青、妇等社会团体作用；基层民主法制建设扎实推进，村级换届选举工作顺利完成，政府科学民主决策水平不断提升。加强镇村便民服务中心建设，便民惠民服务网络进一步完善；推进效能建设，完善机关规章制度，优化联村绩效考核体系，合理调整中层岗位，开展机关思想作风建设，干部作风明显改进；统一战线、武装、宗教、老干部、关心下一代、老龄、双拥、档案等各项工作取得新的进展。（杨　静）

2016 年重庆市长寿区邻封镇领导人名录

党委书记：刘祥云（2016 年 10 月离任）
　　　　　李智勇（2016 年 10 月任）
镇　　长：李智勇（2016 年 12 月离任）
　　　　　张常宝（2016 年 12 月任）
人大主席：袁培英（女，2016 年 12 月离任）
　　　　　喻可君（女，2016 年 12 月任）
专职副书记：黄发中（2016 年 10 月任）
纪委书记：喻可君（女，2016 年 10 月离任）
　　　　　胡韩霞（女，2016 年 10 月任）
政法书记、统战委员：石坤君（2016 年 10 月离任）
政法书记：雷现平（2016 年 10 月任）
武装部长、副镇长：彭　渝
副 镇 长：张雪彬（2016 年 12 月离任）
　　　　　石坤君（2016 年 12 月任）
　　　　　雷现平（2016 年 12 月任）
组织委员：胡韩霞（女，2016 年 10 月离任）
　　　　　张雪彬（2016 年 10 月任）
宣传委员：黄发中（2016 年 10 月离任）
　　　　　陈　辉（2016 年 10 月任）
统战委员：陈　辉（2016 年 10 月任）

云 集 镇

【概况】　云集镇位于长寿区东北部，东与涪陵区接壤，北临垫江县，西和南接长寿湖镇，辖区面积 115.32 平方千米；云集镇政府驻地华中场，距长寿主城 34 千米；辖 1 个社区 11 个行政村，93 个村（居）民小组，3 个场镇。2016 年年底，人口 35789 人，14439 户，其中农业人口 31274 人，城镇人口 4515 人；耕地面积 3926.67 公顷，水域面积 533.33 公顷，森林面积 3420 公顷。夏橙、榨菜、中药材、油茶是该镇的四大支柱产业。

【经济发展】　2016 年，全镇实现地区生产总值 81263 万元，比 2015 年增长 11%；农业总产值 65432 万元，增长 8.1%；工业总产值 7265 万元，增长 13%；社会消费品零售总额 16349 万元，增长 10.1%；农民人均可支配收入 13293 元，增长 10.5%。

加强农业技术培训，集中组织专家讲、田间地头现场教、科技赶集发资料等不同形式开展农技培训工作，全年完成培训四期以上，培训人数 1000 人以上。利用各种媒体宣传党的优惠政策和农业生产先进技术，发布当年度科技项目信息，推广“一增五改”“全程机械化”、塑料软盘机插秧育秧、水稻无盘旱育秧、再生稻等生产技术；组织实施 2016 年基层农技推广服务体系改革与建设科技示范户物化补助项目，全镇有示范户 35 户。组织实施测土配方施肥 66.67 公顷（福胜九、十组）；完成巩固退耕还林成果后续产业基本口粮田 200 公顷建设任务；完成大胜村夏橙“黑心病”防治 10 公顷示范片建设任务；布置柑橘实蝇监测点 13 个；成立 40 人专业除治队伍，对松材线虫和柏毛虫进行有效防治；组织实施巩固退耕还林成果后续产业柑橘高接换种 533.33 公顷的后续工作及农业综合项目 266.67 公顷。

全年粮食播种面积稳定在 4465.06 公顷，总产量 22971 吨。其中：水稻播种面积 1206.47 公顷，产量 9014 吨；玉米播种面积 845.33 公顷，产量 5329.4 吨。

落实扶贫工作，2016 年识别新增扶贫对象 81 户 191 人，其中贫困村大同村 7 户 18 人。通过对扶贫对象进行结对帮扶、产业规划、保障增收、住房改造等方式，贫困户年内全面脱贫“越线”。开展干部“一对一”结对帮扶贫困户 520 户，危房改造 168 户。大同村整合资金 839.8 万元（其中财政扶贫资金 200 万元）项目 20 个，修建人行便道 1.5 千米，硬化公路 7.7 千米，修建泥结石路 9 千米。

【基础设施建设】　解决村民出行难的问题，投资 516 万元完成冯尖路、卫山路、新回路、王龙路的扩宽和硬化工程；投资 45 万元，新修 150 个错车道，解决 11 个村 33 条 241.68 千米乡村路的错车难题；投资 108 万元对华白路魏家崖进行滑坡整治；投资 2800 万元的何华路全家垭口到华中场段公路黑化工程，投资 4000 余万元的 5.2 千米沿湖旅游路云集段均全面动工；投入 1098 万元，对全镇11条21.96千米组级公路进行硬化升级；投资180万元，完成华中场镇人行便道整治工程；完成大古凼场镇路灯安装工程、雷祖场镇农贸市场厕所新建工程、华中场镇兴隆堡至卫生院段道路改造工程。

改善农村居民生活条件，全面启动移民避险解困试点工作，落实避险解困的建房、购房和投亲靠友121户273人；申报兑现移民直补资金320万元，直补移民5578人。利用后扶资金557.5万元启动项目5个，利用帮扶资金40万元建设福胜村人饮项目，利用建设资金90万元改建大同村公路硬化项目，投资38万元搬迁云华路沿线水管。投资200万元整治山坪塘50口。

开展环保整治专项行动，重新进行禁养区、限养区、适养区“三区”划分，全镇整顿畜禽养殖户42家，关闭大古凼屠宰场和雷祖屠宰场，正在着手搬迁华中屠宰场和整改华中污水处理厂。开展灭犬行动，捕杀野犬90余只，要求居民加强家狗的管理，防止野犬咬人扰民事件发生。

【社会事业】 推进社保、医保、就业等工作，创办微型企业200户，回引创业402户，回引就业创业1825人，培训农民工1523人，城镇登记失业率连续5年低于1.0%；城乡居民医疗参保34196人，参保率100%；城乡居民社保参保21640人，参保率90%以上。

做好农村救灾救济工作，规范低保申请、审批、发放和监督程序，全镇年内有城镇低保户12户14人，农村低保501户907人，发放低保金209.4万元；供养特困人员287人，足额兑现直补“五保”金16.9万元；临时医疗救助150余人，34余万元；对贫困精神病患者住院救助35人，药物救助32人，资助15余万元；对重点优抚对象163人发放优抚金14.76万余元；对定向救助对象14人发放救助资金8.1万余元；雨露计划申报5人，补助资金2.5万元；完成1112名残疾人的动态数据更新；慈善双日薪捐款1.17万元。

2016年，全镇出生367人，死亡275人，生育政策符合率94.8%；孕前优生检查完成53对，妇女“两癌”筛查完成253人，慰问计划生育困难户、留守儿童、空巢老人28户，发放慰问金1.15万元。

开展文化体育工作，组织参加“星耀长寿”才艺大赛和“炫动长寿·百姓舞台”时代中心广场舞比赛；长寿湖首届龙舟赛获第六名；加强文艺骨干队伍的培训与建设，已有坝坝舞队5支，均已配备音响设备和活动场所。有专业乡村文艺演出队伍3支（寿云文艺演出队、阿会演艺队、江渝演艺）；镇文化服务中心图书室、村农家书屋均坚持常年免费开放，每周开放时间40小时以上；对镇内区级文物保护单位杨克明烈士故居进行环境清理，落实专人看护。

【安全维稳】 全年受理来信来访15件，信访电子信箱36件，接访、下访、约访群众135人次，抽调40.6万元资金解决群众疑难问题。集访、越级上访呈下降趋势，到镇集访比2015年下降40%，无信访人参与到区集访，参与到市集访下降20%，无信访人到市、区缠访，到镇缠访比2015年上升50%；矛盾纠纷调处成功率高，受理493件（村调委会调处487件，镇调委会调处6件），成功调处483件，成功率98%。做好治安防范工作，受理各类案件109件（其中刑事案件23件，治安案件32件），破获10件刑案，查处28件治安案件，抓获犯罪嫌疑人5人，行政拘留18人，收缴火药枪1支，收缴毒品0.85克，收缴假币4130元。

落实安全应急措施，年内对水陆交通、非煤矿山、烟花爆竹、工矿商贸企业、消防重点场所等各类监管单位安全检查241次，发现整改违法行为664次，下达整改指令5份，罚款3690元。检查餐饮单位186户次，完成9家餐饮服务单位、10家食品流通单位、4家“四小”单位备案的行政审批工作。成立有14支53人的应急救援队伍，开展应急分队森林灭火和地质灾害的演练；添置10万元应急管理的硬件物资，为应对公共突发事件的处置奠定物质保障。加强地质灾害群测群防点建设，申报地质灾害“金土工程”6处，新安装警示牌32个、界桩59个，发放地灾明白卡、单点预案、避险卡600余张。

【基层组织建设】 成立华福社区党委，招聘5名社区专职工作人员，完善社区组织建设，加强对城镇人口的服务与管理。做好换届工作，完成全镇15个基层党组织、12个村（居）委会换届选举工作，新当选党组织书记5名、村（居）主任4名、副主任2名。完成区、镇两级党代表和人大代表换届选举工作，选出区党代表8名、镇党代表100名，区人大代表11名、镇人大代表64名。健全村（居）务公开管理制度，对公开的内容、程序、时限、形式和管理方面进行规范，深化村民自治。（徐　里）

2016年重庆市长寿区云集镇领导人名录

党委书记：舒　鸿（2016年10月离任）
　　　　　刘伦科（2016年10月任）
镇　　长：刘伦科（2016年12月离任）
　　　　　雷现强（2016年12月任）
人大主席：湛广兵（2016年12月离任）
　　　　　马绍全（2016年12月任）
专职副书记：廖昆明（2016年10月任）
纪委书记：马绍全（2016年10月离任）
　　　　　孙　静（2016年10月任）
政法书记：廖昆明（兼，2016年10月离任）
　　　　　车选科（2016年10月任）
武装部长：车选科
副 镇 长：车　念（2016年12月离任）
　　　　　勾晓勇
　　　　　廖昆明（2016年12月离任）
　　　　　车选科（2016年12月任）
　　　　　张碧英（女，2016年12月任）
组织委员：王　千（女，2016年10月离任）
　　　　　陈华强（2016年10月任）
宣传委员：车选科（2016年10月离任）
　　　　　王　千（女，2016年10月任）
统战委员：熊芫艺（女，2016年10月离任）
　　　　　王　千（女，2016年10月任）

双龙镇

【概况】　双龙镇位于长寿城区东北部，地处长寿湖西岸，距长寿城区22千米，距长寿湖风景区5千米，镇政府坐落在双龙社区龙祥街17号。全镇辖区面积56.97平方千米，其中城镇建成区域面积1.8平方千米；耕地面积3001.8公顷（田2411.4公顷、土590.4公顷）。辖11个村、1个社区，85个村（居）民小组。2016年户籍总户数18832户、总人口39083人，其中：男性19839人、女性19244人、农业人口32727人、城镇非农业人口6356人；有农村劳动力22685人、外出务工17785人；镇常住人口24708人，人口密度444人/平方千米。辖区交通优势明显，渝宜高速公路、长寿湖旅游高速公路穿境而过；渝万高铁长寿湖站设站双龙，从双龙乘坐高铁到重庆主城20分钟、到长寿城区8分钟；龙湖迎宾大道、何华路、长（寿）双（龙）路、双（龙）乐（温）路、三（平）罗（围）路等多条公路在境内交汇贯通。辖区自然人文资源丰富，探明岩盐储量15亿吨、天然气储量14.5亿立方米；拥有秀丽的罗围寿山风景、宜人的田园风光、众多的历史古迹、神奇的民间传说和深厚的文化底蕴，其中“罗围寿山”入选“长寿新八景”。辖区产业兴旺发达，全镇有个体工商户1854户、企业403户、微型企业363户，国家级农业产业园区集产业示范、休闲观光等多功能于一体，中盐重庆长寿公司已发展为全市重要盐卤输出基地。

【经济发展】　2016年全镇实现地区生产总值7.6亿元，比2015年增加5500万元、增长7.8%（其中第一产业17042万元，增加592万元、增长3.6%；第二产业18720万元，增加1510万元、增长8.77%；第三产业40238万元，增加3398万元、增长9.22%）；社会固定资产投资2.77亿元，增加2600万元、增长10.36%；社会消费品零售总额8.99亿元，增加7800万元、增长9.5%；城镇居民可支配收入2.79万元，增加2000元、增长7.72%；农民人均可支配收入1.43万元，增加1100元、增长8.33%。

全年粮食总产21404吨，比2015年减产130吨、减少0.06%。油菜产量704吨，减产31吨，减少4.2%；小春粮食作物产量1828吨，减产40吨，减少2.1%；水稻播种面积1643.24公顷、产量14422吨，减产90吨，减少0.62%。水果种植面积864.5公顷，产量5995吨，增产3122吨，增长108.78%；蔬菜产量12037吨，减产2200吨，减少15.45%。退耕还林直补3516户，直补面积155.84公顷，补助资金29.22万元；全镇森林覆盖率43%，组建护林队12个，有专（兼）职护林人员24人。全年出栏育肥猪37170头，增加2414头，增长6.9%；仔猪25513头，增加1167头，增长4.7%；家禽333626只，减少117604只；肉种鸡苗760万羽，减少90万羽，降低10.5%；禽蛋产量2376吨，减少269吨，降低10.1%。截至

2016年12月，全镇有规模养殖场31个（以100头生猪当量计算），其中猪场18个、鸡场11个、鸽场1个、鹌鹑场1户。各类水产品面积340.5公顷，年产量2280吨，增加40吨。

农业园区涉及9个村、1个社区，面积846.8公顷，其中晚熟柑橘650公顷、蔬菜96.6公顷、花卉苗木100.2公顷；入园企业14个，其中柑橘企业9个、蔬菜企业4个、花卉苗木企业1个，农正、和兴源公司柑橘大面积投产，徐银波公司蔬菜成批量销售。2016年，农业园区企业柑橘产量2020吨、收入929万元，蔬菜产量1.04万吨、收入834万元；土地租金每亩按350千克稻谷当年市场中等价格计算，村民应得土地租金1137.7万元，截至2016年12月企业兑付土地租金1056.7万元、兑付率92.9%。

全年盐卤业生产9万吨，比2015年减少7万吨，减产56%；产值2000万元，减少1550万元，减产56%。

全镇乡镇企业44个，其中农业企业14个、条石厂3个、机械制造业3个、铸造业3个、建筑业5个、建材业6个，交通运输仓储业1个、农产品加工业5个，批发零售业3个。

2016年财政收入上级转移支付补助收入2680.43万元，比2015年减少157.87万元，减幅5%。其中，保障性转移支付1590.99万元，事务性转移支付190.33万元，激励性转移支付92.88万元，各种专项补助1万元，区专项补助收入805.23万元，上年滚存结余2.06万元。

2016年地方财政预算支出2653.58万元。其中，一般公共服务支出614.62万元（主要是行政运行费）；社会保障（含离退休、民政救济）1079.12万元，农林水、文化等事业单位运行费596.85万元，医疗卫生与计划生育支出224.92万元，节能环保支出28.5万元，住房保障支出88.6万元；涉农项目支出1257.91万元，基金支出269.95万元；上解精神病医疗支出10.44万元。当年列报支出合计2923.53万元，滚存结余16.47万元。

全镇有银行3家，分别是中国农业银行重庆双龙支行、重庆农商行长寿支行双龙分理处和中国邮政储蓄银行重庆长寿区双龙营业所。2016年，三家银行合计存款额132165万元，比2015年增加8011万元，增长6.45%。

【基础设施建设】 年内双龙场镇查处3起违法建筑，强制消除违法建筑1起；新建场镇路灯20盏，整修150盏，雨水管网600米，整修场镇一级污水管网300米，整换窨井盖25套；新增场镇绿化面积180平方米。更换垃圾桶32个，场镇生活垃圾日产日清，垃圾运输处理3500吨。解决渝万铁路遗留问题10起，补征地0.67公顷，办理农转非75户。双龙城管监察中队有队员10人，场镇卫生保洁人员30人，及时清扫垃圾，改变场镇“脏、乱、差”现象。完成井家堡公路改造400米。

新农村建设完成农村危旧改造44户，农村危房普查200户；新增农村垃圾收运箱65个；农村房屋审批12户，新建1085平方米。完成农村道路养护200千米，新建公路4千米，硬化农村公路13千米，整治公路隐患2千米，整修水毁公路10处、4.3千米；完成红岩至焦家公路扩宽改造8.7千米；新硬化人行便道42千米；完成三罗路水毁工程治理3处，改造2千米。

生态环境保护。全镇有集中式饮用水源地2个，污水处理厂3个，次级河流1条（双龙河8个段），有屠宰场1家、工业企业1家（中盐重庆长寿公司）、非煤矿山3家、食品小作坊15家、餐饮业61家、医疗机构15个、农贸市场2个、畜禽养殖场66家、水产养殖450余处、汽车修理6家。环保专项行动年内巡查各类对象1200余家次，指导现场消除环境影响和风险70余处，下达限期整改通知30余份次，移交外排污染源案件1件；实施饮水源规范化整改，新设立界碑3块，新更换道路牌、警示牌等标识标牌20余块，新安装隔离网90余米，清除杂草和白色垃圾2吨；受理办结中央督察组交办件4件。畜禽达标整治截至12月底，签订协议52户，其中关闭22户，整治30户；完成整改11户，其中关闭6户、达标整治5户；正在动工整改21户，其中动工关闭9户，动工达标整治12户。

【社会事业】 2016年，双龙镇新增贫困户51户、91人，截至12月全镇有精准扶贫户493户、1073人。年内落实新增51户贫困户产业扶持项目，完成58户贫困户危房改造，按时支付149名建卡贫困户公益性岗位薪酬，建立265名因病致贫人员居民健康档案，完成贫困村红岩村环境整治，14口山坪塘整治工程、石河堰修筑工程、5千米人行便道（一标段）、红岩村阵地建设、谷黄村人行便道建设等项目通过区级验收，发放各类扶贫帮扶资金114.4万元。

全年开展农技培训班35期，培训人员3755人；科技下乡活动14场次，培训新型农民1060人次；机械化耕作、收割培训18人次。

全镇有学校7所，其中区属高完中一所，镇教管中心管理学校6所（小学2所、幼儿园3所、培训机构1个）。区属高完中双龙中学，有在校学生913人，教职工172人，其中中学高级教师23人。初中升高中220人，升学率80%；高考参考196人，上线148人，上线率76%。全校获得各类表彰、奖励267项（人）次，其中集体获表彰8项；教师9人获国家级奖励、29人获市级奖励、136人获区级奖励；学生17人获国家级奖励、3人获市级奖励、65人获区级奖励。小学2所，其中中心校1所，寿山点校1所；在校学生1627人，教职工112人。中心校2016年学龄儿童入学率100%，小学升初中100%。幼儿园3所，其中中心幼儿园1所，在职教师9人，聘用教师9人，在园儿童350人；社会办幼儿园2所，教师18人，在园儿童320人。培训机构1个，汇英文化辅导学校，教师5人。镇教管中心获资助工作先进集体和“五好”基层关工委表彰；教师获市区奖励132人次，其中一等奖28人次，优秀、先进工作者23人次；双龙中心校代表镇教管中心参加的区级象棋、乒乓球、羽毛球比赛分别荣获小学组一等奖、二等奖、二等奖。

双龙镇文体阵地有24个，分别为镇综合文化站1个、农家书屋11个、农体健身点12个。镇综合文化站面积1900平方米，室内包括图书室、培训室（书画展厅）、广播室、电子阅览室（文化资源共享工程镇级点）、多功能室、广电机房、办公室等功能室，有活动广场1200平方米。农家书屋11个，外借点36个，藏书3.5万册，全年图书借阅15243人次。农体健身点12个，面积7200平方米，每个点设标准篮球场1个、乒乓球台2张。全镇设有农村广播综合系统广播终端115套，实现辖区全覆盖。年内全镇举办、承办、参加各类群众文体活动9场次。12月7日，组织参加“文明长寿、幸福家园”——长寿区第六届街镇文艺调演和第三届“美丽乡村”书法美术摄影展，舞蹈《少年中国梦》参演，余江波摄影作品《春耕》获一等奖，秦福波美术作品获三等奖，胡敏书法作品获三等奖。全镇有群众文体活动团队6支，全年自主开展小型活动600余场次。全镇有文化经营单位6家，有体彩销售点1个。全年开展文体市场检查21次，辖区无重大违规经营行为和安全责任事故发生。全镇有文物30处，其中区级文物保护单位1处（罗围老街民居），全年无重大文物损毁事故发生；有市级非物质文化遗产2项，分别为长寿血豆腐制作工艺、花鼓，全年在双龙中学开设花鼓传承培训班78班次。

2016年在各个节日慰问计生特困、贫困家庭77户、失独家庭31户、术后并发症5户、独生子女残疾家庭11户、计生贫困15户、留守儿童10户、贫困母亲3户、村级计生困难干部2户，送去慰问金2.56万元。年内新增国家级计生奖励扶助对象122人，特别扶助15人，退出国家级计生奖励扶助136人，区级独生子女父母奖励金发放211人，奖励金额138.28万元。全镇出生婴儿433人，其中政策内生育431人，政策外生育2人，计划生育符合政策率99.54%；全镇人口出生率12.33‰，人口自然增长率在3‰以内。

全镇有医院1所，即双龙镇卫生院，属国家一级甲等医院，下设罗围分院、11个村卫生室、1个社区卫生服务站；设有内儿科、外科、妇产科、中医药科、针灸理疗科、口腔科、眼耳鼻喉科、医技科（放射室、检验室、超声心电室）、药剂科、公共卫生科等科室；医院有职工78人，其中专业技术人员69人（正高职称1人、副高职称4人、中级职称26人、初级职称38人）。医院床位编制60张，开放床位70张，其中罗围分院10张。

2016年，全镇有农村低保177户、312人，全年发放低保金737166元；有城市低保户104户、156人，全年发放低保金606621元。年内临时困难救助242人，救助金额314521元；征地农转非医疗救助36人，救助金额62870元。全镇“五保”户239人，其中集中供养42人，分散供养197人；全年发放供养金1423892元；特困人员照料护理补贴22人，发放补贴19320元。有优抚对象369人（其中重点优抚277人，一般优抚88

人），企业参战人员2人，企业复员2人，发放优抚金3049141元。儿童救助10人，其中孤儿3人，困境儿童7人；按照每人每月600元标准，发放金额59760元。殡葬工作按照六到位要求，全年火化尸体52具。全镇有百岁以上老人1人，96～99周岁老人15人，全年发放补贴1.34万元；失能老人25人，发放补贴6.22万元；高龄老人62人，发放补贴13.64万元。残疾人大病救助6人，发放救助金2.03万元；残疾人危房改造4人，发放补助金6.4万元；残疾人护理补贴334人，发放补贴207950元；残疾人生活补贴127人，发放补贴72850元。

2016年，双龙镇全民参保登记和人力资源台账录入4万余人；年内完成农村劳动力培训300余人次，回引外出务工人员452人，实现创业就业200余人；城镇新增就业人员110人，推荐招工26人，成功帮扶就业困难人员实现就业33人；办理灵活就业社保、医保补贴53人。年内办理城乡居民基本养老保险指纹验证6000余人；办理征地农转非“4050”以上人员生活困难补助2260人；原襄渝铁路建设民兵民工补缴养老保险工作，办理补缴66人；办理超龄退伍军人参加城镇企业职工基本养老保险102人。配合区社保局做好具有金融功能的社会保障卡发放工作，确保广大参保居民进行市级统筹报销；2016年参加城乡居民医疗保险38925人，参保率100%。

【安全维稳】 全年组织道路交通安全检查242次，检查车辆4860次，查处违章车辆756车次，处罚25000元，现场批评教育354人次；查出道路安全隐患3起，整改3起；检查非煤矿山安全12次，检查企业60个，查出隐患13处，整改13处；检查建筑安全12次，发现隐患3处，整改3处；检查烟花爆竹8次，检查单位362个，限期整改17处；检查消防安全12次，检查单位396个，发出隐患整改通知17个；排查出地质灾害6处，已整改6处。双龙镇有18名义务消防队员，年内出火警5起，挽回经济损失12万元，抢险救灾4起，转移群众28人；全镇发现马蜂窝316个，已清除275个。

全镇设巡逻队伍13支、队员79人，中小学配备法制副校长3人、校园保安23人。年内开展普法宣传8次，调处各类纠纷847件，调解成功847件；排查、衔接刑释解教人员26人，年内收教社区矫正人员9人，在矫社区矫正人员15人，帮教刑满释放人员26人。治安案件发生347件，查处135件；治安罚款146人。刑事案件发生89件，破获29件。交通事故发生69起，无人死亡，直接经济损失2.2万元。帮扶教育吸毒人员140人，强制戒毒19人；加强9名邪教人员教育转化工作。

全年办理“食品经营许可证”49件；实施食品安全快速检测57件次，依法处置检测出的5件异常件；检查美容美发、化妆品、小作坊、食品等经营单位650余家次；出动人员150余人次，办结食品行政执法案件9件，依法移交违法违规线索20条。

信访维稳工作按照“三到位，一依法”的原则，及时处理各类信访案件。年内区级以上交办信件57件，办结57件；镇上交办信件15件，办结14件。开展干部大下访活动，下访451次，接待群众654人次，收到各类问题489件，成功解决489件；化解历史疑难案件4件。

【党建工作】 全镇党员总数1383名；农村党支部11个，党员1001名；社区党支部3个，党员130人；机关党支部1个，党员58名；退休职工党支部1个，党员119名；非公企业党支部2个。全镇发展新党员9名，表彰先进基层党组织5个、优秀党务工作者15名、优秀共产党员50名。开展“两学一做”学习教育，镇、村党组织集中学习120余次，送学100余人次；邀请专家专题讲座3次，党委书记讲党课6次，班子其他成员讲党课15次。全年党委中心组集中学习18次，邀请区委宣讲团宣讲4场次，组建镇党委宣讲团巡回宣讲24场次；全年报送新闻选题13条，被采用3篇，在市、区主流媒体上刊发50余篇。精神文明建设及全国文明城区共建制作宣传标牌200余块，开展场镇秩序整治、文明劝导等工作；举办“我们的节日”活动和“美丽双龙 文明同行”等主题志愿者行动6场次；金秋助学12人，发放助学金3.6万元。加强党外代表人士培养，配备2名无党派人士和1名九三学社社员担任二级班子领导；落实民族宗教三级网络两级责任制，保持辖区民族宗教和谐稳定；发挥商会作用，优化非公经济发展环境。

全镇有基干民兵189人，普通民兵连12个；民兵4512人，全年集训2次，26名民兵参训。

2016年为部队选送合格新兵14人。

2016年7月—9月开展19个党支部换届选举工作，选出19名书记和35名委员；9月—10月开展12个村（居）委会换届工作，选出12名主任和38名村（居）委会成员；11月23日召开中共双龙镇第十四次代表大会，选举产生中共双龙镇第十四届委员会委员11名、镇纪委委员7名和出席长寿区第十三次党代会代表9名；12月14日召开双龙镇第十九届第一次人民代表大会，选举产生镇人大主席1名、副主席1名，镇人民政府镇长1名、副镇长3名，区人大代表13名。（刘　科）

2016年重庆市长寿区双龙镇领导人名录

党委书记：陈代禹（2016年10月离任）
　　　　　张光勇（2016年10月任）
镇　　长：张光勇（2016年12月离任）
　　　　　叶俊英（女，2016年12月任）
人大主席：张兰平（2016年12月离任）
　　　　　邓建国（2016年12月任）
专职副书记：陶治国（2016年10月任）
人大副主席：徐　斌（2016年12月任）
纪委书记：刘海容（女，2016年10月离任）
　　　　　郑小林（2016年10月任）
政法书记：罗万川（2016年10月离任）
　　　　　江　洞（2016年10月任）
武装部长：李家明（2016年11月离任）
　　　　　王　伟（2016年11月任）
副 镇 长：唐顺斌（2016年12月离任）
　　　　　李超平（女，2016年12月离任）
　　　　　杨　耀（2016年12月离任）
　　　　　王　伟（2016年12月任）
　　　　　张青彦（2016年12月任）
　　　　　郑　雪（女，2016年12月任）
组织委员：叶俊英（女，2016年10月离任）
　　　　　张凤青（2016年10月任）
宣传委员：郑小林（2016年10月离任）
　　　　　刘　科（2016年10月任）
统战委员：徐　斌（2016年10月离任）
　　　　　刘　科（2016年10月任）

龙 河 镇

【概况】　龙河镇位于长寿区中部，东邻垫江县，南靠长寿湖、双龙镇、新市镇，西连葛兰镇，北接石堰镇。辖区面积89.9平方千米，耕地面积4747公顷，森林覆盖率38%。政府驻地在合兴场，距长梁高速路合兴立交桥出口500米，全镇公路里程356千米，行政村畅通率100%。辖17个村、1个社区，115个村民小组、6个居民小组；总人口47823人，其中农业人口44126人，非农业人口3697人。

龙河镇地处亚热带，地貌以浅丘平坝为主。气候温和湿润，雨量充沛，土壤肥沃，盛产优质水稻、杂柑、夏橙、蔬菜，畜禽养殖业发达。是长寿区特种畜禽水产养殖基地和鱼米之乡，是重庆市晚熟柑橘基地。

【经济发展】　2016年，完成水稻种植1993.53公顷，总产1.59万吨；玉米种植745.2公顷，总产4895.9吨；油菜种植297.2公顷，总产498.85吨；机耕面积4400公顷，完成计划的100.3%；机收1860公顷，完成计划的112.5%。全镇土地家庭承包4769公顷，全年新增流转土地118公顷，总计流转土地2743.8公顷，占总耕地面积的57.8%。2016年财政总收入3099.92万元，比2015年增加33.94万元；财政支出3623.65万元，增加491.45万元，完成年度预算的110.46%。

现代农业园区发展迈上新台阶，以龙河镇为核心的现代农业种植园区不断提档升级，成功创建国家级农业科技园区，建成三大产业基地1500公顷，其中晚熟柑橘基地1280公顷，蔬菜基地100公顷，花卉苗木基地120公顷，特色农业得到全面发展。园区入驻区级龙头企业16家；注册农民专业合作社2家，参加合作社农户542户，示范带动园区及周边农户共同发展主导产业的从业农民2000余人，园区核心区农民人均可支配收入1.49万元。

乡村休闲旅游业蓬勃发展，依托现代农业园区和长寿湖景区，加快农旅结合，建成“橘海之舟——秀才湾”。龙河镇投入1000万元进行环境升级打造，形成“明丰村赏红叶——秀才湾休闲垂钓观光——农业园区摘果”的乡村休闲旅游线路。依托长寿湖湖面资源，打造面向全市的垂钓休闲基地，乡村旅游经济效益得到提升。

农业产业结构调整步伐加快，推进土地适度规模经营，全镇有农民专业合作社39家、家庭农场

28家。依托保合村的“保合农场”电商品牌，在全镇组建17个电商经营点，建成左家湾电商产业示范带，发展农村电商代购、代销网点，网购、网销农产品产值突破50万元。

农业园区

【基础设施建设】 完成镇总体规划修编（2014—2025），完善合兴、龙河、乐温3个场镇的功能，实施绿化、亮化、净化工程。建成商品房7万平方米，商品房销售有序推进。新增路灯41盏，路灯覆盖率98%；投资360万元新建场镇公厕2座，油化仁和场道路4500平方米，新建、整治排洪管网905米。引进专业物业管理公司对场镇进行保洁、市政设施维护、垃圾清运管理，场镇面貌焕然一新。

道路交通实现内连外畅，2016年筹资555.37万元，用于长安村、保合村、龙河村、仁和村的6条道路硬化9.9千米。龙贯路、乐百路升级为省道，纳为区交委管理。全镇实现村村通硬化路，符合条件的道路已开通农村客运线路。投资500余万元，新建人行便道124千米，解决群众出行难问题。农田水利设施日趋完善，筹资5500余万元，完成221口山坪塘整治、渠道整治、蔡家河流域水土流失治理和提灌站新建、整修，解决18个村居9460余户人畜饮水问题。配合区国土局、农投公司开展土地整理项目，新增耕地30公顷，建成高标准基本农田近30公顷。

龙河镇明星村

抓好农民新村建设，秀才湾农民新村成功创建为“重庆市农民新村建设市级示范点”，62户居民住上“连排别墅”。推进天然气入户工作，启动合兴、明丰等6个村天然气入户安装。实施农村环境连片整治，农村垃圾实现“户归集、村收集、镇运输、区处理”，成功创建“重庆市生态文明示范镇”。

鸟瞰秀才湾农民新村

【社会事业】 健全完善社会保障体系。实现农村新型合作医疗和养老保险全覆盖，城乡居民医疗保险参保率100%，养老保险参保28543人。年内有城市低保85户115人，农村低保403户767人；城市低保新增7户12人，调减停发7户8人，全年发放城市低保金34.2万元；农村低保新增31户60人，调减停发27户36人，发放农村低保金147.8万元。全镇大病临时救助90人183050元；自然灾害救助4户2500元；发放2016年冬令款21万元，救助965人（含敬老院55人）。全镇有“五保”“三无”人员362人（其中集中供养50人），发放“五保”供养金194.7万元。全镇14个村（居）安装金宝内网及养老保险指纹认证系统，参保居民不出村完成验证；完成全民登记参保工作，实现人员跨统筹地区流动时社会保险关系接续和权益延续。

强化卫生计生工作。完成合兴、龙河卫生院标准化建设，加强医疗卫生基础设施建设，加大村级卫生室医护人员配备力度，完善基层医疗机构新农合报销机制，全镇医疗建档立卡覆盖率100%。贯彻计生政策，推进单独二孩、全面二孩政策的实施，保证生育水平正常化。开展爱国卫生及公共卫生工作，组织各类公共卫生对象参加检查，并建卡立档。

发展教育文化事业。完成小学教学点、学校布局调整工作，整合教育资源，盘活师资力量，加强师资队伍建设，促进义务教育均衡发展，教育督导评估居全区前茅。文化活动丰富多彩，开展龙河镇庆祝建党95周年文艺演出，组织参加长寿湖端午节龙舟赛，承办长寿区“三下乡”演出启动仪式，组织队员参加“星耀长寿”才艺大赛获组织奖。9至10月率先在全区街镇中举办2期太极培训，组建百人太极队，发挥社会体育指导员作用。

【安全维稳】 全面落实安全生产“五大责任体系”，开展“安全生产月”、安全宣传教育培训、安全生产大排查大整治等重要活动，重点开展安全生产打非治违行动、道路交通安全“百日整顿”专项行动，加大对非煤矿山的巡查力度。2016年，全镇未发生重大安全生产事故，实现安全生产“零死亡”。

狠抓矛盾纠纷排查化解，坚持“打防结合、预防为主”方针，开展矛盾纠纷排查调处；开展干部下访、走访活动。加强对重点人员的教育稳控，遏制非法上访的行为。

落实社会治安管控，创新村（居）网格化管理模式，设置18个总网格、121个分网格；成立镇、村两级治安巡逻队，让群众安全感和满意度提升。

【党建工作】 建设人民满意的法治、创新、廉洁和服务型政府，开展“两学一做”学习教育活动，坚持落实中央八项规定精神，纠正“四风”，切实转变干部作风。严格公务车辆管理，严控“三公”消费。严格依法行政，完善行政决策风险评估机制，推进政务公开，提高科学决策、民主决策、依法决策水平。健全监督管理机制，强化招投标规范化管理和建设工程监管，党风廉政建设“一岗双责”全面落实。

完成村级、镇级换届工作。9月13日选举产生18个村（社区）支部书记、支部委员；10月22日召开龙河镇村（居）第十届村民委员会选举大会，选举产生各村（居）主任、委员。11月29日召开中国共产党重庆市长寿区龙河镇第十四次代表大会，选举产生中共重庆市长寿区龙河镇十四届委员会委员11名，中共重庆市长寿区龙河镇纪律检查委员会委员7名；11月29日分别召开第一次全体会议，选举产生党委书记、副书记和纪委书记、副书记。12月10日召开选举大会，选区产生区十八届人大代表及镇十九届人大代表；12月13日召开龙河镇第十九届人民代表大会第一次会议，选举产生龙河镇第十九届人民代表大会主席、专职副主席和镇人民政府班子组成人员。（李　婕）

2016年重庆市长寿区龙河镇领导人名录

党委书记：张新明
镇　　长：温永熙（2016年12月离任）
　　　　　邹翔名（2016年12月任）
人大主席：向瑞芳（女，2016年12月离任）
　　　　　张　忠（2016年12月任）
专职副书记：沈洪英（女，2016年10月任）
人大专职副主席：刘成福（2016年12月任）
纪委书记：张　忠（2016年10月离任）
　　　　　祝明合（2016年10月任）
政法书记：李金荣（2016年10月离任）
　　　　　车　念（2016年10月任）
武装部长：杨洪文
副 镇 长：刘成福（2016年12月离任）
　　　　　李文秀（女）
　　　　　徐　嘉（2016年12月离任）
　　　　　杨洪文（2016年12月任）
　　　　　罗　利（女，2016年12月任）
　　　　　李　英（女，2016年12月任）
组织委员：沈洪英（女，2016年10月离任）
　　　　　徐　嘉（2016年10月任）
宣传委员：程建军
统战委员：祝明合（2016年10月离任）
　　　　　程建军（2016年10月任）

海棠镇

【概况】 海棠镇位于长寿区北部，北邻重庆市垫江县、西接四川省邻水县，镇政府所在地长寿区海棠镇正街，距G50高速公路云台出口、澄溪出口均为5千米，距长寿深水港码头50千米，距渝怀铁路川维站80千米，距重庆主城区90千米，地理位置优越。全镇辖区面积45平方千米，辖9个行政村、58个村民小组、10874户，户籍人口32539人（其中非农业人口4159人）。耕地面积1127公顷，设施农业面积160公顷，有效灌溉面积797公顷，农作物播种面积2686公顷。海棠镇地势东西高、中部低，中部属浅丘平坝区，亚热带湿润气候，四季分明，夏季长而炎热，春秋季短，冬季较暖和；雨量充沛，但分布不均，易出现春旱，五、六月常发生洪涝灾害，七、八月伏旱明显。

海棠镇天然气、硫磺储量丰富，境内有川东天然气净化总厂引进分厂。石灰矿在镇内东西两山蕴藏量丰富，在千万吨以上，未大量开采，只是少部分开采用于生产片石、碎石。

【经济发展】 2016年，海棠镇实现国民实现国民生产总值（GDP）13.79亿元；工农业总产值分别为3.01亿元和1.18亿元，增长率分别为7%、6.3%；固定资产投资2.08亿元；社会消费品零售总额2.73亿元，增长11%；农民人均可支配收入13336元，增长9%，地方财政收入2110万元，增长5%。

2016年以市场为导向，加快农业产业结构性调整，完成一、二期现代农业粮油核心区建设266.67公顷，建成高标准粮田示范基地和沙田柚、“黄葛李”种植示范基地各1个，成立专业合作社11家、家庭农场7家，发展柑橘200公顷、沙田柚和李子各66.67公顷、蔬菜和枣子各33.33公顷、莲藕26.67公顷、花卉园艺6.67公顷、食用菌香菇3.33公顷；农机农技推广位居全区前列。

2016年10月，区委常委、区纪委书记谭伟到海棠镇巡查党风廉政建设情况

海棠镇把土桥工业园区作为镇域经济工作主战场，开足马力、高速推进园区开发建设，完成前三期34.47公顷征地任务和“七通一平”基建工程，安装人行道板26776平方米，修建园区道路2.5千米，绿化、硬化、亮化等工程相继完工，园区基础设施日趋完备，招商引资效果明显。入园签约企业7家，其中4家已入园运行，实现聚商选资额4.66亿元。

第三产业推进商贸流通和现代服务业，加快海棠综合农贸市场开发建设。发展中型连锁超市7家、中小型餐馆28家、“一条龙”家宴服务11家；建立农家便民店35个、农资供销店13个；新增微型企业22家、品牌电器专卖店2个，电子商务、网络消费等新兴业态快速成长；清泉张家古寨、小河天池原村已纳入全区乡村旅游发展总体规划。

【基础设施建设】 农村道路建设全年村道加宽改造和硬化改造10.85千米，投入资金409万余元；实现农村公路养护管理全覆盖，全年发放养护资金11万元。

城镇建设加快重点地域污水排放、垃圾整治，启动农贸市场和市民健身广场建设，城镇功能完善；开展场镇行道树乱牵乱挂、场镇乱搭乱建、占道施工等问题专项整治，对场镇内的化粪池和下水道进行建档管理，场镇环境优化；开展小城镇基础设施建设，整修海棠西街道路150米，新建石桥坝广场1个，占地面积十亩。

新农村建设，金子村上河坎滑坡点复垦项目8户房屋已通过审查，预包装复垦规模3149平方米；加大农村危旧房改造力度，完成全镇16户精准扶贫D级危房改造，启动长寿区2016年第三批危房改造任务，其中D级35户、C级30户。

【社会事业】 教育事业取得新进展。海棠镇中心小学校有学生1657名，教职工123人；学校占地面积24803平方米，校舍建筑面积31932平方米；小学学段适龄儿童全部入学，入学率为100%。海棠镇初级中学有24个教学班，1178名学生，教职工97人；学校占地总面积21462平方米，校舍总面积11373平方米，其中绿化面积9484平方米。

文化卫生事业以关注民生为目的，丰富农村群众文化生活。完成全镇9个农家书屋、18个图书外借点的标准化建设和规范管理；打造“海棠唢呐”等非物质文化遗产，深挖海棠非物质文化，成功申报“海棠打夯号子”为区级非物质文化遗产保护项目，“海棠唢呐”正在申报国家级非遗保护项目；聘请重庆仁利物业管理公司对场镇卫生进行专业管护，坚持生活垃圾日产日清，每天清运垃圾5车次，保障场镇卫生干净整洁。

计划生育工作。全镇户籍人口总数为33584人，育龄妇女8687人，人口出生政策符合率96%；自然增长率为8.4‰；孕优完成66对，完成率100%；年内征收社会抚养费11万元。年内走访流动人口30户，为外出流动人口办证60个，办证率100%；举办避孕节育知识培训2次，参训人员280人次；免费发放避孕套800余盒。全镇98名使用药具人员全部实行知情选择，药具发放率100%，随访率100%。

年内新增5户贫困户11人。镇村两级及区级部门135名干部，一对一开展精准脱贫精准扶贫帮扶工作，产业扶持268户；帮扶救助66户困难群众，投入资金11.162万元。2016年申报春蕾计划学生5人、雨露计划学生10人，补助7.5万元，均已发到本人。

2016年救助救济发放745人农村低保，总额165.564万元；37人城镇低保总额34.28万元。发放冬春荒补贴11万元、火灾住房救济2户0.8万元和稻草援助5人次，发放临时救济金23.28万元。

社会保障工作全年征收养老保险金250余万元，新办理参保人员200余人，完成近4500人的人脸指纹采集和认证工作；全镇30398人参加城乡居民医疗保险，筹资270余万元，全年医保服务1.6万人次；政府解决就业人员数量增多，全年完成新增就业450人，下岗失业人员再就业50人，就业困难人员就业40人，就业培训500多人，完成回引就业创业500人，成功为50个就业困难家庭或返乡农民工创业发放贷款45笔350余万元。

【安全维稳】 加强安全监管，严格执行“一岗双责”，认真落实安全专管人员和管理员的职责，完善安全生产制度，建立安全生产台账，做好道路交通、森林防火、城乡消防、食品药品等重点领域安全工作，彻底清查各类安全隐患。年内全镇出动检查人员605人次，出动检查车辆146台次，对辖区1家非煤矿山、6个建筑工地、9个人员聚集场所、43家工贸企业、203家个体工商户、221千米乡村道路进行有效监管，排查出各类安全隐患176处，下发隐患整改通知书52份，截至年底前已经整治完成隐患172处，整改率97.7%。安全应急管理严密到位，落实安全生产“五大责任体系”，每月例行开展道路交通、地质灾害、护林防火等7个重点领域安全检查，有效整治各类隐患166起，综合应急救援演练进入常态，连续多年未发生一例重特大安全事故，成功通过市级安全社区复评验收。

建立“1+1”领导包村联系和包案负责制，加快推进治安防控体系“五张网”建设，强化食品卫生、交通安全等领域网格化监管，定期进行信息联席研判，重大事件预知、预警、预防能力逐渐增强，公众安全感指数连续5年保持在90%以上，社会大局总体平稳可控。各类矛盾纠纷妥善化解，深化“处积案、解难题、办实事”行动，推进领导接访、干部下访制度化。接访、下访、约访群众213次461人次，解决群众诉求236件次、矛盾纠纷582起（含群体性纠纷5起），成功稳控“两参”人员等七类重点群体，圆满完成重点时节维稳工作目标任务。

严格依法办事，强化村民自治，推行政务和村务公开。抓好社会治安综合治理和民主法制建设，为经济建设和改革开放创造良好的社会环境。发放宣传各类法律法规等资料16000份，征订普法书籍260余册，开展现场普法宣讲，受教育面85000余人。打击各类违法犯罪分子，重点是严厉打击“门徒会”等邪教分子，社会治安秩序整顿成效明显。2016年，全镇排查各类矛盾纠纷573件，成功调处572件，调处成功率99%以上；市区转信访25件，已办理25件；镇接18件次，已处理18件次。

全镇开展反邪教宣传、排查和打击专项治理，全年印发宣传资料12500余份，召开各种宣讲会、培训会780余人次，写大幅标语25余幅，出反邪教专栏5期；组织反邪教知识竞赛200余人次。

2016年11月，区委常委、组织部长王志宏到海棠镇指导党建工作

【党建工作】 开展“两学一做”学习教育活动，增强党员政治意识、大局意识、核心意识、看齐意识，提高党性修养。严格把好发展党员工作的各个环节，年内发展党员6名，党员按期转正6名。督促党员自觉参加组织生活，完成党组织交给的任务，按期按规定交纳党费，自觉接受党组织的教育和培训；利用七一等节日广泛开展各种活动，党员领导干部都能以普通党员的身份参加组织生活，自觉接受党组织和党员的监督。（蒋舰斌）

2016年重庆市长寿区海棠镇领导人名录

党委书记：王义平（2016年10月离任）
　　　　　黎维新（2016年10月任）
镇　　长：黎维新（2016年12月离任）
　　　　　刘伯胜（2016年12月任）
人大主席：白腊泉（2016年12月离任）
　　　　　李　迅（2016年12月任）
专职副书记：袁永生（2016年10月任）
纪委书记：吴国全（2016年10月离任）
　　　　　夏白川（2016年10月任）
政法书记：邹明中（兼，2016年10月离任）
　　　　　章　静（2016年10月任）
武装部长：邹明中（2016年11月离任）
　　　　　殷家斌（2016年11月任）
副 镇 长：袁永生（2016年12月离任）
　　　　　殷家斌
　　　　　高　强（2016年12月离任）
　　　　　章　静（2016年12月任）
　　　　　操千秋（女，2016年12月任）
组织委员：杨　一（女，2016年10月离任）
　　　　　黄　林（2016年10月任）
宣传委员：邹明中（2016年10月离任）
　　　　　陈　影（女，2016年10月任）
统战委员：袁　健（2016年10月离任）
　　　　　陈　影（女，2016年10月任）

石堰镇

【概况】 石堰镇位于长寿区城区之北，镇治石堰场，距区城34千米。镇地域呈长条形，东南至西北约14.1千米，东北至西南约7.6千米，辖区面积107.18平方千米；东与垫江县包家镇接壤，西邻邻水县丰禾镇，北抵云台镇，南连葛兰镇、龙河镇。镇辖20个村、1个社区，137个村（居）民组，24874户；总人口61547人，其中农业人口53046人、非农业人口8501人。耕地面积6217.4公顷。境内有中型水库范家桥水库以及小（一）型水库三条沟水库，桃花溪、打鱼溪、龙溪河等河流由北向南平行流经镇的东、中、西部，水资源丰富。石堰镇人民政府驻石堰正街165号，石堰镇机关内设15个办公室（所），2016年在职在编人员72人。

【经济发展】 2016年，完成工业增加值5367万元，其中，机械制造业1924万元，建材业2344万元，电力、水力1099万元。完成营业收入23379万元，其中，工业3779万元，农业4996万元，贸易3201万元，交通运输8439万元，建筑业2964万元。全镇有企业550个（其中微企466个），2016年新增82个（其中微企70个）；有个体工商户1288家，2016年新增148家。全镇地方一般预算财政收入完成3352.79万元，其中保障性转移支付1937.81万元，比2015年增长3.6%；地方一般预算支出完成3307.78万元，下降1.6%。

全年利用各种会议宣传作物栽培、耕作、施肥、病虫害防治、渔业生产等相关知识；召开技术培训会6次，600人次受训。

搞好农村经济指标及粮食产量统计，2016年粮食产量37600吨，保持稳产，人均生产粮食665公斤。农民人均纯收入12684元，增长7%，人平增加纯收入879元。

全年产地检疫生猪5062头，其中屠宰检疫1794头；检疫牛278头，家禽1350只，仔猪改割

8424头。年末存栏生猪16633头，其中规模场存栏11714头，散户1089头，全镇母猪1738头；存栏牛1658头（其中奶牛1402头），羊559只，鸡448408只（其中蛋鸡386400只、肉鸡1800只），鸭29983只，鹅1599只。

【基础设施建设】 2016年投资730万元，完成兴隆场镇新街道路整治1070米，兴隆场镇整体道路油化及人行道改造约2000米，安装路灯81盏；修补石堰场镇道路接头及政府大院沥青路面2000平方米，维修场镇破损人行道砖约200平方米，更换污水井盖10个，购置果皮箱20个，垃圾收运配件300套；启动健身广场建设项目平场工作。投入59.9万元引进重庆中厚物业管理有限公司进行专业场镇物业保洁及农村生活垃圾清运工作。投入19.94万元配备专人、专业设施设备常年定期开展桃花溪干流清漂，分段巡查、分段保洁。

抓好农田水利基本建设，全年完成维修电力提灌站5台/102千瓦，渠道清淤8千米，渠道防渗2.1千米，恢复改善灌面33.33公顷。争取后扶资金480万元，新建人行便道23千米，公路硬化6.6千米；新建及整治提灌站2座，新建及整治防渗渠1.3千米。争取抗旱资金30万元，对麒麟村夹柴沟河道进行整治。争取农村饮水安全项目结余资金460万元，完成木耳、海天、兴庄3个村农村饮水工程改造。争取小农水资金280万元，对全镇46口山坪塘进行整治，新建石坝村龙安提灌站。争取农业资金337.5万元，完成义和、干坝、高庙、兴庄4个村300公顷口粮田项目建设。

投入550万元，启动2016年度农村道路10.82千米改造工程建设，覆盖石安、兴庄等7个行政村，惠及约12000人，截至年底前建成7千米道路。投入51万元，用于农村公路养护、维修。投入55万元安排扶贫人员非全日制公益岗位111个进行道路保洁。

严格考核奖惩制度，投入8万余元，开展镇域范围环保和土地专项巡查工作，实现镇域范围全覆盖，有效发现并制止环境、土地领域违法违规现象。

全面完成年度违法建筑整治任务，整治违建66处11918平方米，其中拆除60处1195平方米，处罚10723平方米；有效遏制增量，逐步消除存量。

【社会事业】 2016年，全镇有“五保”户433人，年内有12名“五保”对象死亡，全年新增30名符合“五保”条件的老人；由镇财政拨款统一为全镇“五保”户购买“孝老安康”小额意外保险，全年发放“五保”供养金256.02万元。沙石敬老院46个床位，石堰敬老院66个床位，年底前沙石敬老院入住38人，石堰敬老院入住57人，总体入住率86%，超额完成民政局下达80%的目标。全镇有96岁以上老人12人，1—12月发放营养费补贴1.41万元；2016年“敬老月”活动走访慰问11位高龄老人，发放慰问金和礼品合计6600元，下拨各村重阳节“敬老月”活动经费4.2万元。审查发放2016年冬令春荒粮款1257户289970元。元旦春节、五一端午、中秋国庆三次发放慰问金26.47万元，慰问民政对象7155人次。2016年4个季度临时救助401户困难群众家庭58.4万元。石堰镇稻草援助中心全年援助25人10920元，其中医疗救助5人、助困20人；经审核上报区慈善总会6户重大疾病医疗救助资料，获救助1.8万元。

城乡居民养老保险全年新参保60人，总计参保30152人，参保率99.8%；征收养老保险金405.33万元，完成区下达目标407.82万元的99.39%。全年办理城乡居民养老保险初审645人，死亡救济金初审360人，正常人员死亡退保77人，城乡居民社会基本养老保险清退30人。全年为57人办理农转城社会养老保险，为渝万铁路建设用地和朝阳村井场建设征地农转非46人办理被征地农转非人员参加征地农转非养老保险；为2710人被征地农转非大龄人员办理生活困难补助，全年发放大龄人员生活困难补助2276400元。2016年度，全镇完成小额人身保险7178份、“孝老安康”险4797份，征缴金额431030元；受理55人次理赔资料，死亡赔付6人（其中小额人身保险2人、孝老安康险4人）。

年内组织1次大型招聘会，签订意向性用工314人次。全年为69名“4050”人员办理养老保险补贴，为4人办理医保补贴；鼓励灵活就业人员实现再就业，新增城乡就业人员268人实现创业，完成城镇登记失业人员87人实现就业再就业（其中就业困难人员37人实现就业再就业）；农民工专项能力考核210人。城镇登记失业率控制在

3.5%以内。全年为领取失业保险金的72人办理审签上报区就业局。为创业者办理小额担保贷款65笔650万元（其中农商行石堰支行发放贷款22笔，放贷220万元；邮政银行发放贷款43笔，放贷430万元），帮助65个企业摆脱困境，容纳264人就地转移就业。方便群众采集验证指纹人脸图像，在石兴社区等12个村居配备指纹采集仪。全镇全年新采集670人的指纹及人脸图像，总计采集10420人；验证指纹及人脸图像5955人；办理异地人员领取社会保险待遇资格协助认证120人。

2016年，区下达医保筹资61395人，已超3.18%完成区级下达任务。全年办理新参加城乡居民医疗保险112人，其中新生儿80人，医保改档21人；办理以个人身份参加职工医疗保险50人；办理特病卡273人次，其中已发放243人；办理补换社会保障卡488张。2017年城乡医疗保险参保工作百分之百完成，全镇58939人参保。

2016年石堰镇中学素质教学目标考核获区一等奖和综合督导考核区二等奖；全校毕业381人，升入高一级学校376人，升入重点高中186人，完成区下达指标的133.33%。教师获得国家级奖2人次，获得市区级奖励120人次；学生获得各级奖励386人次。向学生发放特困生和贫困寄宿生生活补助、非寄宿制贫困学生营养午餐补助等各类资助金695875元，资助贫困学生1140人次；春节慰问困难职工10名，贫困学生27名。全年无一人因贫辍学。

石堰镇2016年户籍出生人口（含漏统）552人；其中政策内生育540人，违法生育12人，符合政策生育率97.8%；死亡人口505人。常住人口出生403人，符合政策生育401人，符合政策生育率99.5%；死亡人数470人。登记办理一孩“生育服务证”139人，登记办理二孩“生育服务证”150人，登记办理“再生育服务证”13人，办理“独生子女父母光荣证”135人，办理“流动人口婚育证明”22人。实施全面两孩政策，发放宣传资料3482份。全镇参加免费孕优检查107对，完成区下达任务的89.2%。落实各项计划生育奖励优惠政策，全年新增国家奖扶217人，特别扶助15人（其中中年丧子户4户7人）；重庆市四级以下残疾4人；退出奖扶107人（其中因死亡退出20人，因征地和购买社保退出87人）；完成对独生子女户全部老户1172人年审工作，完成农村独生女高考加分申报29人；完成2016年独生子女父母一次性奖励申报236人；完成妇女“两癌”检查1400人次。春节慰问计生特困家庭16户、失独家庭26户38人、残疾家庭39户71人、留守儿童5人、手术并发症2人，发放慰问金28000元及2600元的慰问品。全年发放计生宣传资料4580份。年内发生违法生育19例，已全部立案，征收社会抚养费2.5万元。镇计生办与公安等部门每季度对辖区内的医疗机构进行督查，对怀孕14周以上人工终止妊娠必须审批后手术，全镇出生人口性别均在正常值范围内。综合施治流动人口管理，落实流动人口的信息采集录入工作，每年采集一次，完善FIS系统网络版的流动人口信息。全年全镇流出25814人，流动人口信息交换平台待处理协查通报率和待发送协查通报率均为100%；全镇流入育龄妇女7人（其中已婚育龄妇女6人），均已建立档案，每个季度查验一次。

全年免费放映电影114场，送图书5250册，送演出84场次。全镇有电子游戏厅2家、网吧1家、音像制品2家、打字复印室4处等文化经营单位。年内对全镇的文化娱乐经营场所进行综合检查8次。在第三次文物复查中，有48处不可移动文物尚存，有8处已消失，新发现文物41处，全镇有不可移动文物登记89处（其中古遗址6处，古墓葬34处，古建筑30处，石窟及石刻12处，近现代重要史迹及代表性建筑3处，其他方面4处）。石堰镇戴氏祠已成功申报成为区级文物保护单位。全镇21个村（居），农民体育健身工程已完成17个村篮球健身场地建设，完成金星、石安、石兴社区3个农体工程建设任务，投入使用。

【安全稳定】 安全生产实现“零”死亡的目标，全年投入安全经费33万余元，开展安全生产执法检查223次，出动执法人员578人次，处理违法行为756起，罚款38000余元；排查各类安全隐患70个，整改完毕57个，整改中3个，报区级部门处理10个；开展安全培训8次、宣传活动5次、消防应急疏散演练7次。投入安全经费23060元，对新滩、义和、石安、燕耳、普子、木耳、金星、石堰、高庙等9个村25段危险路段进行整治，安装减速带7米、护栏35米、广角镜15个、警示标识10个、指示路标3个。购买50个灭火器，投入

3500元。

全年办理各类转办、交办信访件173件，办结169件；排查重点、疑难矛盾纠纷88件，化解85件；镇级领导接访群众285件次（其中公开接访145件次，下访108件次，约访32件次），解决一大批群众关心的热点、难点问题，调解各类矛盾纠纷422件。全镇未发生进京非访、规模进京上访、重大个人极端事件和群体性事件。

【党建工作】 开展“两学一做”学习教育活动，镇党政领导班子集中学习讨论交流6次，机关干部学习交流14次，分组专题讨论3次；走访群众12624户、征求意见建议2088条，已整改1723条，查找整改党政班子问题6个，查找梳理班子成员问题75条，已整改落实53条。各基层党组织查找问题40条，已全部完成整改；整顿涣散基层党组织2个。在“两学一做”学习教育期间，办理民生实事10件。

严格执行村（社区）便民服务中心值班制度，定期抽查值班情况。选聘14名大学生后备干部担任村“书记助理”和“主任助理”。调查摸底排查，全镇130个非公有经济党组织组建率100%。利用“群工系统”平台收集办结群众反映事项800条，办结率100%；利用党建云远程教育客户端，开展党员教育播放792次。

2016年，全镇有党员1799名，缴纳党费6.63万元；在党费清理中，补缴党费3.81万元。新增党员29人，减少党员68人。表彰先进基层党组织5个、先进党务工作者12名和先进共产党员54名。利用春节、“七一”等重要节日，走访慰问贫困党员350人9.5万元，发放40年以上老党员生活补贴530人68.11万元，发放在职村干部养老保险补贴92人8.28万元，发放离任村干部养老保险补贴74人4.33万元。春节慰问离任村干部439人4.39万元。（徐 滔）

2016年重庆市长寿区石堰镇领导人名录

党委书记：袁轲七（2016年10月离任）
　　　　　张　涛（2016年10月任）
镇　　长：张冬芬（女，2016年8月离任）
　　　　　汪升平（2016年12月任）
人大主席：汪升平（2016年12月离任）
　　　　　黄　媛（2016年12月任）
专职副书记：唐慧芳（女，2016年10月任）
人大副主席：刘政林（2016年12月任）
纪委书记：余淑碧（女，2016年10月任）
政法书记：彭庆良（2016年10月离任）
　　　　　甘立勇（2016年10月任）
武装部长：余超航
副 镇 长：刘政林（2016年12月离任）
　　　　　刘建平（2016年12月离任）
　　　　　甘立勇（2016年12月离任）
　　　　　王　剑（2016年12月任）
　　　　　余超航（2016年12月任）
　　　　　陈忠云（2016年12月任）
组织委员：李　迅（2016年10月离任）
　　　　　康　彪（2016年10月任）
宣传委员：王　剑（2016年10月离任）
　　　　　陈雪容（女，2016年10月任）
统战委员：唐慧芳（女，2016年10月离任）
　　　　　陈雪容（女，2016年10月任）

洪 湖 镇

【概况】 洪湖镇位于长寿区西部，地处长寿区、渝北区和四川省邻水县三县（区）交界处，是长寿区4个中心大镇之一，辐射周边10余个乡镇、20余万人口，区位优势明显，自然条件良好，属生态农业大镇。辖14个行政村、1个居委会，108个组，18个场镇部门，全镇16787户，40011人。全镇总面积103.65平方千米，耕地面积1894.67公顷，其中田1055.73公顷，土837.6公顷；森林面积4586.67公顷，其中生态林2666.67公顷（含楠竹林海200公顷），经济林1333.33公顷；水域面积200公顷。2016年有中小民营企业117家，个体工商户958户。

【经济发展】 按照“发展解决一切问题”的总体思路，立足资源优势，创新发展方式，营造投资环境，加大协调服务力度，经济稳步增长。2016年全镇地区生产总值（GDP）实现146334万元，比2015年增长8%；工业增加值完成21250万元，增长12%；非规模全社会固定资产投资额9545万元，增长20%；镇金融机构年底存款余额8.1亿元，农民人均可支配收入实现10405元。

【基础设施建设】 科学编制洪湖镇控制性详细规划，实现洪湖场镇道路白改黑，完成洪湖场镇路灯和路沿改造。建成18000平方米的电厂文化公园和2000平方米芦池健身文化广场及其附属设施。强化场镇管理，加强洪湖场镇、称沱场镇、三合场镇清扫保洁及路灯管护，做好洪湖新街隔离带和三个中心转盘的整治绿化，场镇面貌形象得到优化提升。

称黄公路、称幺公路、称雷公路改造全面完成，洪湖出境道路更加通畅。投入420万元新建泥结路面28千米，实施村级公共服务项目92个，建成人行便道107.36千米，行政村通畅率100%。全镇实施各类水利工程280个，整治山塘90座，新修渠道40千米，整修渠道20千米，改善灌溉面积333.33公顷，新增灌溉面积266.67公顷。完成8个村人饮安全项目，解决10500人安全饮水问题，农村生产生活用水得到保障。凤凰村110千伏变电站建成投用，实施农网改造，解决群众生产生活用电问题。投入资金723万元，实施土地整治241公顷，新增耕地35公顷，生产条件不断改善。

【社会事业】 镇辖小学4所、成人文化艺术学校1所、幼儿园2所、私人办学1所，校舍面积15006平方米，固定资产822万元，教职工230人（其中在职103人，退休127人），全镇教学班47个（小学37个，幼儿园10个），在校小学生1090人、幼儿246人，寄读学生604人，儿童入学率100%，留守儿童托管768人。学校办学理念和发展目标定位：核心理念是“正”，树立“正言、正身、正行”的校训，树立“人人有节，个个成长”的校风，树立“德学兼善，严慈相济”的教风，以“创建长寿区竹文化特色小学”的办学目标，促进青少年健康有为的成长。加大投入，从效益上求发展，在质量上求突破，发挥政府协调服务的职能，立足提档升级，争创市级文明镇。洪湖实验小学成为重庆市校园足球学校，区级科技示范校、校园文化示范校，年内师生获得市、区奖项16人次。区直属大洪河中学连续获得长寿区素质教育目标考核街镇中学第一名和长寿区教育综合督导评估一等奖。2016年初中毕业生升入高中就读率97.2%。

孕优筛查和妇女“两癌”筛查持续推进，全面两孩政策宣传落实。医疗服务体系完善，镇卫生院2996平方米的住院大楼建成投入使用，实现村级卫生室全覆盖。

【安全维稳】 将安全生产工作纳入政府工作的重要议事日程，广泛宣传教育，利用重要节假日和安全生产月，广泛开展宣传教育。落实责任，层层分解，与15个村（居）委会以及相关从业人员签订安全生产、道路交通、水上交通等工作目标管理责任书，增强责任意识和安全意识。严格监督考核，重点加强专项执法检查，严格管理，完善监管机制建设。年内组织人员开展安全生产大检查11次，及时排除安全隐患13起，现场整改6起、限期整改7起，有效遏制各类安全事故发生。抓好安全法规学习和工作创新，发挥安监部门职能作用，广泛收集各种事故报告、法律法规。

信访工作形势严峻，维稳压力大，人多面广，情况复杂，主要采取措施：一是落实“一岗双责”，做到“行知去向，动之轨迹”准确掌握信访人员的动向，随时采取稳控措施；二是落实帮扶政策，把信访扶贫与民政统筹结合，纳入低保救助和医保救助；三是用好帮扶关系，凡与信访人有关系的就安排为包案责任人，进行劝说、化解、稳控。全年收到群众来信31件，其中6件属于阅办件，均在规定的时间里完成回复工作。2016年全年调解化解各类矛盾纠纷82件次，全镇未出现一例重大恶性案件。

年内建立场镇巡逻队每天夜间巡逻与赶场天白天巡逻、重点单位巡逻相结合的大巡逻方式，提高群众安全感、减少治安案件发生。在社区戒毒管理中心有11名自愿到社区康复的人员，年底前报到率100%，社区矫正工作多次得到上级有关部门肯定。

【党建工作】 开展“两学一做”学习教育，针对存在的“四风”问题进行挂单整改，针对群众反映的突出问题进行集中整治。坚持民主集中制，杜绝“一言堂”，做到“三重一大”问题集体研究，重视发扬民主，集思广益科学决策。深化干部队伍学习，坚持将学习摆在工作首位，“学理论、强实践、重结合”，注重学以致用，打牢工作的理论基础。

基层组织建设先后完成7个村1个社区的便民服务大厅新建改建工程，确保全镇村（社区）可用办公面积200平方米以上。工作制度落实到位，“群工系统”使用办结率和满意率均达到100%。全面完成黑岩、坪滩、长生和普兴4个村的提升强化工作，选派第一书记4名，增强班子凝聚力，改善软弱涣散现状。选优配强村（居）班子，圆满完成2016年村（社区）换届选举工作。

党风廉政建设落实“两个责任”，全面履行“两个责任清单”，开展“作风建设年活动”，教育引导全镇党员自觉遵守廉洁自律准则。严格信访调查和严肃查办案件，调查核实各类信访举报35起，批评教育15人次，诫勉谈话9人次，严重警告处分2人，留党察看一年处分1人，开除党籍2人，开除公职2人。

宣传统战工作坚持和完善党委中心组学习制度，推进学习型党组织建设，加强与《长寿日报》、长寿电视台的合作，做好对外宣传工作；深入推进精神文明创建活动，促进精神文明建设和良好道德风尚的形成。贯彻民族宗教政策，强化爱国爱教教育，防治邪教入侵；健全统战成员议事协商会议制度，拓宽统战成员知情渠道，扩大政治参与形式和途径，提升党外人士建言献策的水平。

（郭永乐）

2016年重庆市长寿区洪湖镇领导人名录

党委书记：车晓琴（女）
镇　　长：殷道川
人大主席：魏　伟
专职副书记：席光勇（2016年10月任）
纪委书记：席光勇（2016年10月离任）
　　　　　危　勇（2016年10月任）
武装部长兼政法书记：危　勇（2016年11月离任）
政法书记：程光术（2016年10月任）
武装部长：周其明（2016年11月任）
副 镇 长：程光术
　　　　　顾艳春（蒙古族，2016年12月离任）
　　　　　胡瑞清（2016年12月离任）
　　　　　周其明（2016年12月任）
　　　　　高雪莲（女，2016年12月任）
组织委员兼宣传委员：刘维红（女，2016年10月离任）
组织委员：黄　帮（2016年10月任）
宣传委员：甘　松（2016年10月任）
统战委员：甘　松

万顺镇

【概况】 长寿区万顺镇距长寿主城42千米，地处长寿城区、渝北城区、邻水县城“一小时经济圈”的“金三角”区域，位于明月山西部与渝北铜锣山东部之间的大洪湖畔，生态良好，环境优美，风光秀丽。全镇辖区面积57平方千米，耕地面积1373公顷；辖8个行政村，71个村民小组；总人口29637人。全镇支柱产业为种植业和水产养殖业，粮食作物主要有水稻、玉米、甘薯，经济作物主要有水产、畜禽、柑橘、油菜；辖区有水库7座、山塘64口，大洪湖岛屿80余个、轮渡码头13个，水域面积1133.33公顷，占大洪湖长寿段总水面的90%。是长寿宜居的“后花园”，也是全区重要的鱼米之乡，重庆市重要的淡水鱼类养殖基地。

大洪湖跨湖大桥

【经济发展】 2016年全镇实现地区生产总值32333万元，比2015年增长11%；一般公共财政收入增长2.5%；社会固定资产投资增长25.2%；社会消费品零售总额增长8.9%；城乡居民人均可支配收入分别增长8.9%、9.8%。

坚持“农业强镇”的发展理念，巩固传统农业，发展特色农业。全年种植水稻1000公顷，产量0.75万吨；种植玉米533.33公顷，产量0.4万吨；种植红薯506.67公顷，产量0.2万吨；种植大豆300公顷，产量0.05万吨；种植小春粮食226.67公顷，产量0.07万吨；柑橘种植面积333.33公顷，年产量1200余吨；蔬菜种植333.33公顷，年产量8000余吨；水产养殖1333.33公顷，年产量5000吨；生猪出栏37056头，家禽出栏

38.23万只，肉类产量3738.36吨，禽蛋2200吨；苗木、花卉、药材等特色经济作物种植33.33公顷，农业适度规模化和三产结合发展逐步突显。商贸交易日益增长，“商贸活镇”逐步实现，个体工商户452户，年产值465万元。全镇在册企业204家，微型企业158家，专业合作社13家。

【旅游开发】 （详见《旅游业》类目《大洪湖生态旅游开发》分目）

【基础设施建设】 2016年，完成洪九（龙）路二期人行道改造工程；完成规划申报2016年度小城镇建设项目；完成场镇整治，新建人行道板10000平方米，新安装路灯80盏，路灯亮灯率95%，栽植行道树176株；场镇卫生实行物业公司集中清扫、动态保洁。整治提灌站10座，新建提灌站4座；整修全镇隐患沟渠10千米、山塘31口；整治病险水库1座，整治水毁拦河堰2座。全面完成沿湖路公路硬化；新硬化白合村、东风村、石龙村公路14.9千米；新安装道路防护设施4千米；硬化“一事一议财政奖补”人行便道26千米；整修机耕道8.5千米；改造农村公路30千米，管养村级公路120千米，新建错车道90个，解决处理公路遗留问题3个。改善农村生产生活环境，完成13.33公顷农业生产全程社会化服务试点工作，培育科技示范户60户，带动周边农户300户；完成扶贫户D级危房改造50户；全镇5个自来水厂投入运行；新安装天然气用户200余户。

【社会事业】 做好社会保障工作，救助困难群众167户，14.37万元；救助精神病人4名；慰问残疾人75户；办理农村独生女高考加分20人次；落实就业奖励130人次，发放小额贷款800万元；持续帮扶263户建卡贫困户规划切合实际的产业发展项目，走访慰问313户建卡贫困户。

发展教育事业，2016年镇中学128名学生毕业。其中被市级重点中学录取70人，完成目标数的145.8%，上线率居全区乡镇中学前列，获区教育教学质量一等奖。万顺镇中心小学关工委获区五好关工委。

落实卫生计生工作，新增计生奖（特）扶对象39人；58对夫妻参加免费孕前优生健康检查，完成年度目标任务的87%。全镇8个村实现医疗点全覆盖，医保服务即时划卡结算，百姓看病方便。

抓好宣传文化工作，组织参加2016年长寿区“乡贤”和“孝星”评选活动，万花村1位村民获长寿区“十大乡贤”称号，东风村1位村民被评选为区第八届十大健康寿星、1位村民获长寿区“十大孝星”荣誉称号，万顺村1位村民获长寿区“十大提名孝星”称号。实施农村电影惠民工程，全年放映108场。开展群众文艺活动，大年初三与洪湖镇联合在长寿古镇广场举行“中国梦·巴渝风”长寿区春节广场文艺演出；参加“炫动长寿”广场舞比赛，获得二等奖。做好镇图书馆以及农家书屋开放工作，镇图书馆每周开放42小时以上；农家书屋每周开放40小时以上，节假日按需开放。

【安全维稳】 化解综治难题，直面矛盾，排查化解新矛盾，全力推进遗留旧矛盾化解。镇机关干部每月开展2次移民稳定隐患大排查，村干部每周开展1次移民不稳定因素排查，整合综治、司法、信访等力量，畅通诉求渠道，落实工作措施，在第一时间、第一地点做好初始矛盾和信访问题的化解处理工作。约谈走访，加强法制宣传教育，向群众宣传法律法规知识，引导群众合理合法有序表达诉求，纠正“信访不信法”“法不责众”等错误观念，引导群众依法维权，重点人口、重点群体得到较好稳控化解。

推进“两违”整治，按照“两违”分类处置原则，对易某某等5户的“两违”建筑依法实施断水断电、强制拆除，规范和维护全镇建设秩序。对于其他早期形成的“两违”建筑，实行分类处置，多次与区国土房管局、规划局、水务局协商处置措施，化解遗留问题。

管控安全生产，全面落实安全生产“一岗双责”责任，加强对饮食、医药、烟爆、危化品、交通、建筑、农电、农机、森林、地质灾害点等安全监管，及时排查整治安全隐患。联合交巡警、派出所、海事处、消防等相关单位开展安全知识宣传，发放各种安全生产宣传资料。开展水上交通、道路交通安全执法160次，检查船舶260余艘次、车辆1260余辆，处罚交通违法行为320余起。定期开展消防检查和食药品经营单位例行检查，狠抓重点环节、重点领域、重点品种的专项排查整治，年内检查食品药品经营单位1300余家次，农村家宴备案登记220件，行政处罚7件，罚款3.8万元；打击非法行医立案20件，处罚金6050元，没收器械10起。

全力确保社会安全稳定，成立镇村两级巡逻队，不间断巡逻。加大突出问题打击整治力度，社会治安不断好转。犯罪率呈递减趋势，辖区内无各类重大、恶性案件，无非法宗教活动。

【党建工作】 开展“两学一做”学习教育，党委中心组专题学习12次，党委班子成员指导各党支部坚持边学边查边改，查摆突出问题23条，建立问题清单9张，制定整改方案9个，督促整改销号23条。

万顺镇组织机关干部观看廉政教育片

多措并举抓干部队伍建设，严把选人用人关，旗帜鲜明地为敢于担当的干部担当、为敢于负责的干部负责。年内新提拔科级干部7人，新招录机关事业单位工作人员3人，干部交流20余名。全年发展党员4人，新转正预备党员1人，调整村支部书记1人，村支部副书记2人。履行第一责任人职责，对换届工作亲自过问、亲自部署、亲自检查，圆满完成镇领导班子、村“两委”换届调整和“两代表一委员”推选。换届后，镇领导班子年龄结构、知识和专业结构进一步优化；8名不能胜任人员调整出村干部队伍，整体素质有较大提高。

解决基层重点任务，及时部署党员组织关系集中排查，党员排查率100%，全部查找到位；按要求对应处理未处理违纪违法党代表和党员进行处理；实现党费管理规范化；整顿转化后进村2个；培养本土人才8名；组织干部和贫困户结成帮扶对子，持续帮扶263户建卡贫困户。完成四重村、院子村、东风村群众办事大厅改建，为8个村配齐办公设施设备；2016年“群工系统”受理群众反映事项568件，办结568件。

标本兼治推动全面从严治党，镇党委专题研究意识形态工作2次，专题研究党风廉政建设8次，与各单位签订《党风廉政建设责任书》。班子成员认真履行“一岗双责”，把抓工作同抓管理结合起来，支持纪委履行监督责任，运用监督执纪及时发现问题，纠正偏差，通过函询、诫勉谈话、批评教育等方式处理21人；给予党纪轻处分和组织处理2人；给予党纪重处分和重大职务调整1人；严重违纪涉嫌违法立案审查1人。（陶　亮）

2016年重庆市长寿区万顺镇领导人名录

党委书记：李兴建（2016年10月离任）
　　　　　余代中（2016年10月任）
镇　　长：余代中（2016年11月离任）
　　　　　苏　勇（2016年12月任）
人大主席：苏　勇（2016年12月离任）
　　　　　吴国全（2016年12月任）
专职副书记：潘正庆（2016年10月任）
纪委书记：潘正庆（2016年10月离任）
　　　　　操良超（2016年10月任）
政法书记：刘俊材（2016年10月离任）
　　　　　杨普顺（2016年10月任）
武装部长：杨普顺（兼）
副 镇 长：殷道学
　　　　　王丽萍（女，2016年12月离任）
　　　　　杨普顺
　　　　　张建美（女，2016年12月任）
组织委员：刘俊材
宣传委员：王利飞（2016年10月离任）
　　　　　陶　然（2016年10月任）
统战委员：操良超（2016年10月离任）
　　　　　陶　然（2016年10月任）

但渡镇升高村果农进行沙田柚人工授粉

人 物

- 领导人物
- 重庆市人大代表
- 先进模范人物
- 2016年长寿区新评高级专业技术职称人员
- 在外地的长寿人
- 在长寿的外地人
- 烈士
- 长寿老人

人物

领导人物

中共重庆市长寿区第十三届委员会书记、副书记、常务委员

（2016 年 12 月 28 日，中共重庆市长寿区第十三届委员会第一次全体会议选举）

赵世庆

赵世庆，男，汉族，重庆大渡口人，1964 年 4 月生，本科学历，工程硕士，1982 年 7 月参加工作，1986 年 11 月加入中国共产党，现任重庆市长寿区委书记。

第三届、四届市委委员

巴川江

巴川江，男，蒙古族，内蒙古乌兰浩特人，1963 年 4 月生，研究生学历，工商管理硕士，1980 年 11 月参加工作，1984 年 4 月加入中国共产党。现任重庆市长寿区委副书记、区政府党组书记、区长，长寿经开区党工委书记、管委会主任（兼）。

左永祥

左永祥，男，汉族，重庆长寿人，1968年8月生，本科学历，工商管理硕士，1991年7月参加工作，1993年11月加入中国共产党，现任重庆市长寿区委副书记、区政府常务副区长，区委党校校长（兼），长寿区旅游发展管理服务中心党组书记（兼），长寿湖风景名胜区党工委书记（兼）。

何以龙

何以龙，男，汉族，重庆长寿人，1964年3月生，本科学历，工商管理硕士，1982年9月参加工作，1996年2月加入中国共产党。现任重庆市长寿区委常委、统战部长。

王身高

王身高，男，汉族，重庆开州人，1966年2月生，研究生学历，1984年8月参加工作，1987年11月加入中国共产党。现任重庆市长寿区委常委，区委政法委委员、书记，区土地房屋征收安置办公室党组书记。

谭 伟

谭伟，男，汉族，重庆石柱人，1961年5月生，研究生学历，1980年9月参加工作，1984年12月加入中国共产党。现任重庆市长寿区委常委、纪委书记。

第三届、四届市纪委委员

王志宏

王志宏，男，汉族，四川宣汉人，1964年5月生，研究生学历，农学学士，1984年7月参加工作，1984年11月加入中国共产党。现任重庆市长寿区委常委、组织部长。

蒋牧宸

蒋牧宸，男，汉族，重庆潼南人，1974年4月生，研究生学历，管理学博士，1997年7月参加工作，1993年5月加入中国共产党。现任重庆市长寿区委常委、副区长，区政府党组副书记。

李 松

李松，男，汉族，重庆江北人，1968 年 3 月生，研究生学历，1987 年 7 月参加工作，1989 年 12 月加入中国共产党。现任重庆市长寿区委常委、副区长。

师明萌

师明萌，女，汉族，重庆巫山人，1970 年 6 月生，研究生学历，1989 年 7 月参加工作，1991 年 4 月加入中国共产党。现任重庆市长寿区委常委、宣传部长。

（以上领导人物资料由中共重庆市长寿区委办公室提供）

重庆市人大代表

表 47　　2016 年长寿区选举的重庆市第四届人民代表大会代表

姓名	性别	政治面貌	文化程度	工作单位和职务	选举时间
巴川江	男	中共党员	工商管理硕士	中共重庆市长寿区委副书记，区政府党组书记、区长，长寿经开区党工委书记、管委会主任（兼）	2016 年 12 月 22 日

（重庆市长寿区人大常委会提供）

先进模范人物

表 48　　**2016 年长寿区获市级以上表彰先进个人**

获奖项目	获奖者姓名	获奖者性别	获奖者工作单位及职务	授奖单位	授奖时间
2011－2015 年全国法治宣传教育先进工作者	蒲昌迅	男	长寿区人民检察院　干警	中宣部　司法部 全国普法办	2016 年 5 月
国土资源科学技术二等奖	殷湖北	男	长寿区规划局　局长	国土资源科学技术奖励评审委员会	2016 年 10 月
民革全国机关工作先进个人	罗德明	男	民革长寿区委 副主任委员	民革中央委员会	2016 年 11 月
2014－2015 年农工党反映社情民意工作先进个人	李彬旭	男	长寿区人大常委会 副主任	农工党中央办公厅	2016 年 1 月
2013－2014 年全国社会服务工作先进个人	李彬旭	男	长寿区人大常委会 副主任	农工党中央委员会	2016 年 3 月
全国优秀农民工	高　奎	男	石堰镇　农民工	国务院农民工 工作领导小组	2016 年 2 月
九三学社全国先进个人	涂奇微	男	政协长寿区委员会 副主席	九三学社中央委员会	2016 年 10 月
	孟信春	男	长寿区医院医务科　科长		
重庆市优秀共产党员	蒲昌迅	男	长寿区人民检察院　干警	中共重庆市委	2016 年 7 月
	张昭源	男	龙河镇　团委书记 保合村　党支部书记		
重庆市优秀党务工作者	叶俊英	女	双龙镇党委委员 组织委员	中共重庆市委	2016 年 7 月
	郝小兰	女	凤城街道轻化路社区 党委书记		
重庆五一劳动奖章	乔正荣	男	长寿区人民医院 党委书记、院长	重庆市总工会	2016 年 12 月

（中共重庆市长寿区委组织部、重庆市长寿区总工会及有关单位提供）

长寿区 2016 年度“十大创新人才”“十大创业人物”

十大创新人才

马建国　重庆博腾制药科技股份有限公司

王　伟　重庆市长寿区八颗街道中心小学校

文慧英　重庆莱美隆宇药业有限公司

左向红　重庆市长寿区龙河镇文化服务中心

吕新坤　重庆云天化瀚恩新材料开发有限公司
杨俊荣　重庆市长寿区中医院
秦庆伟　中国石化集团四川维尼纶厂
黄　仑　重庆钢铁股份有限公司
黄玉明　重庆英斯凯化工有限公司
徐志刚　重庆康普化学工业股份有限公司

十大创业人物

王　强　重庆锦亿繁科技发展有限公司
任春莲　重庆锘铭劳务有限责任公司
邱　波　重庆云顾客科技有限公司
李小兵　重庆润浦环保仪器销售有限公司
陈兰英　重庆市长寿区硕丰莲藕种植家庭农场
吴建明　重庆市长寿区加多鑫科技有限公司
秦木文　重庆市长寿区朽语坊木雕工作室
袁兴顺　重庆豪顺生态农业发展有限公司
董大伟　重庆九橡化大橡胶科技有限责任公司
董　静　重庆市长寿区慧沣农业开发有限公司

（摘自长寿委发〔2016〕35号）

长寿区第二届“十大孝星”

第二届“十大孝星”

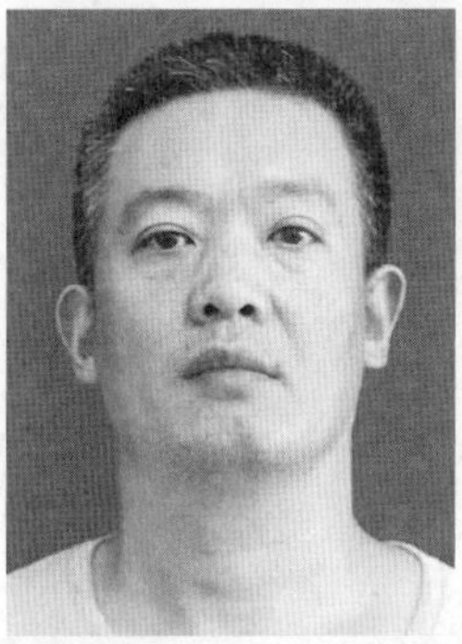

1. 肖远林，男，45岁，江南街道

他是重钢一名普通工人，为了照顾瘫痪在床的父亲，他辞职回家，长期耐心周到照顾父亲。

2. 徐向君，女，61岁，新市街道

从2007年开始，她先后精心照顾和陪伴患血癌的公公和患肝癌的母亲走完人生最后的路，还长期照顾生病的婆婆。

3. 阳佳莉，女，35 岁，八颗街道

从结婚之前就开始照顾因骨质增生、腰椎疾患瘫痪在床的婆婆，结婚后也孝心不减，得到众乡亲夸奖。

4. 车家敏，女，51 岁，江南街道

她的婆婆双耳失聪、体弱多病，生活难以自理，她就长期把照顾老人放在第一位。村里人都夸她是孝顺的好媳妇。

5. 张升林，男，56 岁，云集镇

岳母长期生病，生活不能自理，张升林一直细心照顾老人饮食起居，还想方设法让老人开心。

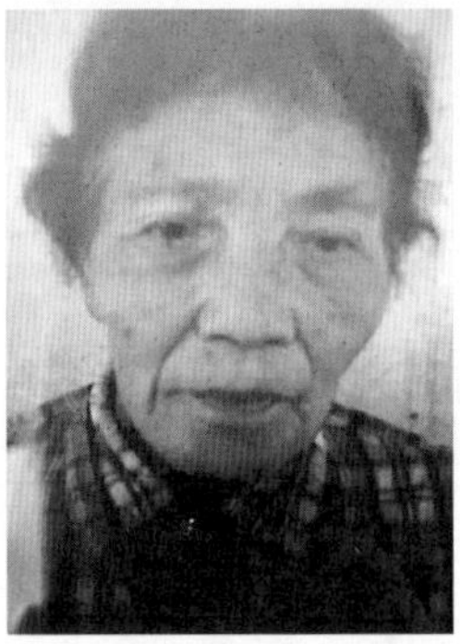

6. 任国英，女，71 岁，新市街道

十余年精心照顾生病卧床不起的婆婆，自己进入古稀之年，仍然坚持孝敬照顾婆婆。

7. 冉诗雅，女，14 岁，渡舟街道

她在父亲生病去世、母亲离家出走、奶奶瘫痪的困境中，自己努力学习，帮助爷爷料理家务，还悉心照顾奶奶。

8. 向瑞利，男，70 岁，渡舟街道

他自己已进入老年，还无微不至照顾 97 岁高龄的养父。村里人都说“这个老寿星多亏他儿子的精心照顾”。

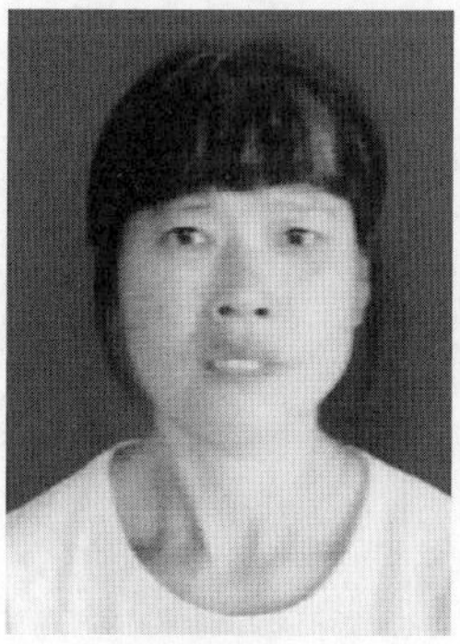

9. 刘富敏，女，47 岁，万顺镇

离婚已经十一年，她依然赡养和无微不至照顾着前夫 78 岁的继父。

10. 李本凡，男，61 岁，新市街道

从 12 岁开始照顾病重的养父，58 岁又辞掉工作回家照顾“股骨头坏死”的养母。他还说：“我要报恩，绝不会让母亲比我吃得差，也不会让她穿得没有我暖和。”

第二届“十大孝星”提名孝星

1. 但远均　女　渡舟街道
2. 陈秀英　女　双龙镇
3. 杜万辉　男　万顺镇
4. 蒲丽群　女　凤城街道

5. 刘　丽　女　区法院
6. 李小群　女　八颗街道
7. 黄旭梅　女　葛兰镇
8. 李素兰　女　八颗街道
9. 李进明　男　长寿湖镇
10. 蹇淑兰　女　云台镇

（摘自长寿委宣〔2016〕64号和《长寿日报》2016年8月5日第四、五版）

长寿区2016年“十大乡贤”

2016年“十大乡贤”

1. 张世君，女，52岁，邻封镇

1989年当选生产队妇女队长兼出纳，多次被评为先进工作者；2007年当选邻封镇焦家村村主任，硬化焦家村的公路二十多千米，整治土地二千多亩，新修生产、生活路43千米，新修水池27口、排水沟20千米、条石坎近千立方米，整治山塘32口，实施沼气300多户。

2. 袁平安，男，64岁，江南街道

退休教师，家住江南街道锯梁村。他热心公益、乐于助人，多次主动借钱帮助乡邻，主动为五保户垫付电费，帮助邻里调解家庭矛盾，长期为留守儿童担任免费校外辅导员等，深受群众赞誉。

3. 蔡庆文，男，48岁，万顺镇

热心公益事业，带动乡亲致富。他创办公司，带动家乡200人就业；他主动出资10万元修建万花村村委会到万花村盖基洞组的公路，出资2万元硬化公路；他分别出资2万元修建蔡家寺塆、双龙塆公路。

4. 周仕民，男，66 岁，龙河镇

从 2003 年开始，他每年拿出 6000 余元慰问村里 80 岁以上老人和特殊困难群体；每月资助 1 名贫困大学生 500 元，直至大学毕业；资助 8 万元为社里安装水电；捐资 10 万元建设村级公路；坚持 20 余年每年为太和村捐资 3000 元用于公益事业。

5. 余子栋，男，78 岁，凤城街道

他为子孙制定“爱国、奉献、团结、帮贫”的家风，“八要八不准”的家训，要求子孙要过好政治、礼仪、经济、两性“四关”，家庭被评为区级“十佳好家训”先进家庭；他本人积极参加社会公益活动，为本楼住户子女和亲友子女就业学习提供帮助。

6. 廖云生，男，73 岁，菩提街道

区法院退休干部，73 岁高龄还热心社区公益事业。每年十一月居民医保缴费期间，他每天都义务上门收费；积极协助社区上门收集资料；社区群众遇到困难和不愉快的事情，他就主动谈心，帮助排忧解难、化解矛盾。邻居们都评价他是实实在在的“好心人”。

7. 孙　滨，男，82 岁，凤城街道

年过七旬的孙滨为解决家住原重棉七厂的老人们因为地处偏僻交通不便、生活不便的实际困难，带头建立老帮老、互帮互助的志愿服务组织“重棉老年帮帮团”。他带头制定和遵守志愿者章程；多年坚持每周二、五上门登记，步行到 2 千米外的关口为空巢老人买回日常生活物品，代交水电气费、电话费等。

8. 叶云峰，男，65岁，葛兰镇

热衷公益事业，每年出资免费为葛兰山区学校修缮围墙及附属设施，连续3年向稻草基金和商会赞助共计12万元；自2013年起，定向资助5名家庭贫困大学生；2013年“9·13”洪灾发生后，自发组织群众生产自救，并筹资重建黄家坝便民桥1座。

9. 杨百克，男，73岁，长寿湖镇

积极发挥文艺特长，为社区贡献余热。组织社区中老年人开展形式多样的文体活动，多次代表镇和社区参加重庆市、长寿区的文艺会演。有着较高的声望和影响力，周边群众赞誉有加。

10. 李庆中，男，69岁，新市街道

积极发动组建由20多名骨干分子、30多名积极分子、40多名志愿者组成的关心下一代“五老”队伍，建立9个村级留守儿童辅导站，长期结对帮扶留守儿童。他带领的新市教管中心关工委，成为长寿区首批“五好关工委”，并受到中国关工委、教育部和重庆市关工委嘉奖；个人先后被表彰为“老有所为老教师”“长寿区教育系统五好关工委创先争优工作先进个人”“重庆市教育系统关心下一代工作先进工作者”。

2016年“十大乡贤”提名乡贤

1. 殷嘉樵　男　渡舟街道
2. 邱儒成　男　渡舟街道
3. 张柏林　男　邻封镇
4. 夏玉萍　女　晏家街道
5. 肖华安　男　江南街道
6. 华俊国　男　洪湖镇
7. 李春梅　女　晏家街道
8. 姚长生　男　云台镇
9. 刘泽忠　男　云台镇
10. 刘元毅　男　双龙镇

（摘自长寿委宣〔2016〕63号和《长寿日报》2016年7月29日第四、五版）

2016年长寿区新评高级专业技术职称人员

一、正高级工程师（2人）

长寿区环境监测站　刘淑容

长寿区林业局　潘仲全

二、高级工程师（26人）

长寿区八颗街道农业服务中心　但智容

长寿区城乡规划服务中心　周洪君

长寿区渡舟街道农服中心　游古军

长寿区环境监测站　李　羲

长寿区环境监测站　杨　益

长寿区建设工程施工安全监督站　史栋梁

长寿区农村土地整治中心　杨　熙

长寿区农广校　江德中

长寿区市政设施和环境卫生管理处　刘邦珍

长寿区土地房屋征收安置办公室　邹永祥

长寿区云集镇农业服务中心　夏晋晋

重庆川维石化工程有限责任公司　何光学

重庆涵虚阁制药技术开发有限公司　郑曦孜

重庆坤飞建（集团）有限公司　刘进东

重庆龙辉建设有限公司　王和明

重庆市长寿区八颗街道农业服务中心　张俊伦

重庆市长寿区城乡统筹发展管理服务中心　张家坤

重庆市长寿区村镇建设服务中心　张剑峰

重庆市长寿区水务投资建设管理服务中心　杨　鑫

重庆市长寿区水资源和河道管理站　廖梦南

重庆四兴建设有限公司　罗　浩

重庆渝发建设有限公司　陈　利

重庆渝发建设有限公司　熊远新

重庆渝发建设有限公司　郑　胜

重庆渝凤建设有限公司　向　红

重庆长寿区安全生产应急救援指挥中心　陈朝明

三、主任医师（9人）

长寿区人民医院　李胜难

长寿区人民医院　夏　维

长寿区人民医院　胡　蕖

长寿区人民医院　唐　飞

长寿区人民医院　项劲驰

长寿区人民医院　袁梅芳

长寿区双龙镇卫生院　鲜志容
长寿区妇幼保健计划生育服务中心　罗艳琼
长寿区中医院　杨俊荣

四、副主任药师（4 人）

长寿区人民医医院　罗　敏
长寿区长寿湖镇卫生院　雷中惠
长寿区双龙镇卫生院　韩秀梅
长寿区邻封镇卫生院　叶　强

五、副主任护师（27 人）

长寿化工园区医院　陈小艳
长寿区八颗街道社区卫生服务中心　叶建君
长寿区妇幼保健计划生育服务中心　李建英
长寿区妇幼保健计划生育服务中心　张小容
长寿区洪湖镇卫生院　杜贤芳
长寿区人民医院　敖学容
长寿区人民医院　陈　虹
长寿区人民医院　陈晓林
长寿区人民医院　黄　敬
长寿区人民医院　黎维霞
长寿区人民医院　廖　艳
长寿区人民医院　潘小玲
长寿区人民医院　陶愈艳
长寿区人民医院　王绍芳
长寿区人民医院　王时芳
长寿区人民医院　吴晓兰
长寿区人民医院　张　玲
长寿区人民医院　张世穗
长寿区中医医院　李志容
长寿区中医医院　陶　容
长寿区中医医院　周自力
长寿区第三人民医院　邓小芳
长寿区第三人民医院　蒋泰君
长寿区第三人民医院　周　玲
长寿区石堰镇卫生院　杨淑琼
长寿区双龙镇卫生院　邓贵香
长寿区长寿湖镇卫生院　何荣华

六、副主任技师（5 人）

长寿区人民医医院　刘钉宾
长寿区人民医院　曾建涛
长寿区江南街道社区卫生服务中心　贺胜群
长寿区双龙镇卫生院　龚兴淑
长寿区双龙镇卫生院　周　珍

七、副主任医师（23 人）
长寿区八颗街道社区卫生服务中心　雷　静
长寿区第三人民医院　李雪群
长寿区凤城街道社区卫生服务中心　张晓辉
长寿区洪湖镇卫生院　吴琼兰
长寿区洪湖镇卫生院　徐光碧
长寿区人民医院　蔡　敬
长寿区人民医院　陈　萍
长寿区人民医院　陈　琪
长寿区人民医院　陈　万
长寿区人民医院　高　税
长寿区人民医院　何玉环
长寿区人民医院　江　川
长寿区人民医院　李　玲
长寿区人民医院　刘　平
长寿区人民医院　牟海波
长寿区人民医院　席鹏峰
长寿区人民医院　夏　阳
长寿区人民医院　谢惠彦
长寿区人民医院　叶　浪
长寿区人民医院　郑兆斌
长寿区云台镇卫生院　蒋晓俊
长寿区中医院　汪鸣华
长寿化工园区医院　任冬梅
八、研究员（1 人）
重庆市长寿区教师进修学校　袁小梅
九、副研究员（4 人）
长寿区图书馆　喻　平
长寿区文化馆　聂　玲
长寿区文化馆　徐　洁
长寿区洪湖镇文化服务中心　杜春堂
十、高级讲师（1 人）
重庆市医药学校　何木全
十一、中学高级教师（148 人）
长寿区晏家街道双园小学　李金伟
重庆市长寿川维中学校　陈　艳
重庆市长寿川维中学校　何中成
重庆市长寿川维中学校　李富荣
重庆市长寿川维中学校　吴劲强
重庆市长寿川维中学校　夏兴华
重庆市长寿川维中学校　余兴建
重庆市长寿川维中学校　张　瑛

重庆市长寿川维中学校　张　勇
重庆市长寿大洪河中学校　邱昌文
重庆市长寿第一中学校　黄新渝
重庆市长寿第一中学校　罗　丽
重庆市长寿第一中学校　明建平
重庆市长寿第一中学校　韦　凤
重庆市长寿葛兰中学校　罗　伟
重庆市长寿葛兰中学校　谢照毅
重庆市长寿葛兰中学校　叶小红
重庆市长寿葛兰中学校　张旭妍
重庆市长寿龙溪中学校　方小龙
重庆市长寿区八颗街道初级中学校　余小平
重庆市长寿区八颗街道中心小学校　李文芳
重庆市长寿区川维小学校　谢德兰
重庆市长寿区川维小学校　周芳好
重庆市长寿区但渡九年制学校　黎　英
重庆市长寿区但渡九年制学校　周建容
重庆市长寿区第二实验小学校　陈　震
重庆市长寿区第二实验小学校　戴向东
重庆市长寿区第二实验小学校　李菊香
重庆市长寿区第三实验小学校　杨　军
重庆市长寿区第三实验小学校　杨明强
重庆市长寿区第三实验小学校　张开芳
重庆市长寿区第三实验小学校　周光池
重庆市长寿区第一实验小学校　付宇星
重庆市长寿区第一实验小学校　吕桂兰
重庆市长寿区第一实验小学校　彭克利
重庆市长寿区第一实验小学校　阳　高
重庆市长寿区第一实验小学校　袁其珍
重庆市长寿区渡舟街道三平小学校　向高飞
重庆市长寿区渡舟街道中心小学校　余明文
重庆市长寿区飞龙九年制学校　周　勇
重庆市长寿区凤城第三小学校　郭剑容
重庆市长寿区凤城第一小学校　陈建容
重庆市长寿区凤城第一小学校　邓恩英
重庆市长寿区凤城第一小学校　樊红丽
重庆市长寿区凤城第一小学校　涂龙静
重庆市长寿区凤城第一小学校　王　涛
重庆市长寿区凤城第一小学校　伍天蓉
重庆市长寿区付何初级中学校　朱秀麟
重庆市长寿区葛兰镇初级中学校　张能全
重庆市长寿区葛兰镇中心小学校　陈凤兰

重庆市长寿区葛兰镇中心小学校　黄建军
重庆市长寿区葛兰镇中心小学校　徐拥军
重庆市长寿区葛兰镇中心小学校　阳淑惠
重庆市长寿区葛兰镇中心小学校　游　鹏
重庆市长寿区葛兰镇中心小学校　余晓琴
重庆市长寿区葛兰镇中心小学校　张平轩
重庆市长寿区葛兰镇中心小学校　张真旭
重庆市长寿区海棠镇初级中学校　李玉梅
重庆市长寿区海棠镇中心小学校　蔡明芬
重庆市长寿区海棠镇中心小学校　孔　梅
重庆市长寿区海棠镇中心小学校　谭　宁
重庆市长寿区洪湖镇教育管理中心　汪登明
重庆市长寿区黄桷湾小学校　陈显桥
重庆市长寿区黄桷湾小学校　杨仁慧
重庆市长寿区江南九年制学校　田茂莉
重庆市长寿区江南九年制学校　杨文君
重庆市长寿区教师进修学校　罗红霞
重庆市长寿区教育资金结算中心　王　侠
重庆市长寿区邻封镇中心小学校　文　凯
重庆市长寿区邻封镇中心小学校　张　勤
重庆市长寿区龙河镇初级中学校　左其华
重庆市长寿区龙河镇教育管理中心　江明书
重庆市长寿区龙河镇教育管理中心　刘德元
重庆市长寿区龙河镇教育管理中心　舒良成
重庆市长寿区龙河镇教育管理中心　徐丽霞
重庆市长寿区龙河镇教育管理中心　袁家伦
重庆市长寿区石回九年制学校　项　彬
重庆市长寿区石堰镇初级中学校　张以杰
重庆市长寿区石堰镇教育管理中心　孔艳梅
重庆市长寿区石堰镇教育管理中心　熊　勇
重庆市长寿区石堰镇教育管理中心　阳秀容
重庆市长寿区石堰镇教育管理中心　张书兰
重庆市长寿区示范幼儿园　包　莉
重庆市长寿区示范幼儿园　李　辉
重庆市长寿区双龙镇寿山小学校　韩绍敏
重庆市长寿区双龙镇寿山小学校　尹秀兰
重庆市长寿区双龙镇中心小学校　苟小玲
重庆市长寿区桃花九年制学校　刘秀英
重庆市长寿区桃花九年制学校　王亚英
重庆市长寿区桃花九年制学校　杨　勇
重庆市长寿区桃花九年制学校　邹绍碧
重庆市长寿区桃源小学校　刘建文

重庆市长寿区桃源小学校　罗友涛
重庆市长寿区桃源小学校　蒲晓凤
重庆市长寿区桃源小学校　张　英
重庆市长寿区桃源小学校　张玉兰
重庆市长寿区万顺镇初级中学校　樊广进
重庆市长寿区万顺镇教育管理中心　蔡　宏
重庆市长寿区万顺镇教育管理中心　李碧容
重庆市长寿区万顺镇教育管理中心　罗道成
重庆市长寿区万顺镇教育管理中心　吴秀琼
重庆市长寿区新市街道教育管理中心　袁齐彬
重庆市长寿区晏家街道中学校　张永清
重庆市长寿区晏家实验小学校　车　凤
重庆市长寿区晏家实验小学校　程　波
重庆市长寿区晏家实验小学校　何　键
重庆市长寿区晏家实验小学校　李切勇
重庆市长寿区晏家实验小学校　杨晓荣
重庆市长寿区晏家实验小学校　张　燕
重庆市长寿区晏家实验小学校　赵小容
重庆市长寿区云集镇初级中学校　张利煊
重庆市长寿区云集镇中心小学校　蒋天云
重庆市长寿区云集镇中心小学校　汤秀华
重庆市长寿区云台镇中心小学校　熊雅丽
重庆市长寿区云台镇中心小学校　阳本明
重庆市长寿区云台镇中心小学校　郑　敏
重庆市长寿区云台中学校　刘　锋
重庆市长寿区长寿湖九年制学校　李　唯
重庆市长寿区长寿湖九年制学校　袁永辉
重庆市长寿区长寿湖中学校　唐志旭
重庆市长寿实验中学校　白　燮
重庆市长寿实验中学校　程　高
重庆市长寿实验中学校　刘雪蓉
重庆市长寿实验中学校　彭　敏
重庆市长寿实验中学校　徐胜伟
重庆市长寿实验中学校　周　勇
重庆市长寿实验中学校　朱　波
重庆市长寿实验中学校　邹开明
重庆市长寿双龙中学校　陈仲高
重庆市长寿中学校　蔡中山
重庆市长寿中学校　高国云
重庆市长寿中学校　关　凤
重庆市长寿中学校　华　静
重庆市长寿中学校　李　武

重庆市长寿中学校 李顺东
重庆市长寿中学校 刘亚熙
重庆市长寿中学校 罗 亮
重庆市长寿中学校 皮治惠
重庆市长寿中学校 谭克伦
重庆市长寿中学校 汤玲琳
重庆市长寿中学校 陶有果
重庆市长寿中学校 汪传容
重庆市长寿中学校 汪春莲
重庆市长寿中学校 杨明江
重庆市长寿中学校 张达林
重庆市长寿中学校 张建国
重庆市长寿中学校 张永康
重庆市长寿中学校 周 辉

十二、高级畜牧师（2人）

长寿区葛兰镇畜牧兽医站 杨 涛
长寿区江南街道畜牧兽医站 张开文

十三、高级兽医师（4人）

长寿区动物疫病预防控制中心 刘 博
长寿区长寿湖镇畜牧兽医站 王 勇
长寿区邻封镇畜牧兽医站 吕金刚
长寿区云台镇畜牧兽医站 陈德权

十四、高级会计师（2人）

长寿区卫生和计划生育委员会 黄晓容
重庆电讯职业学院 刘万琼

十五、高级农艺师（5人）

长寿区农研中心 刘文成
长寿区农研中心科技站 唐晓东
长寿区农广校教务处 曾文学
长寿区葛兰镇农业服务中心 蔡学文
长寿区渡舟街道办农业服务中心 黄国利

（重庆市长寿区人力资源和社会保障局提供）

在外地的长寿人

长寿籍著名曲艺演员张旭东（艺名叮当）

张旭东（艺名叮当），生于1968年12月，是长寿区凤城关口人。四川省政协特邀委员、成都市文联委员、四川省文明交通形象大使、中国曲艺牡丹奖获得者、中国曲协“十大英才”、四川省文学艺术界联合会副主席、四川省曲艺家协会副主席、四川谐剧第三代掌门人、四川电视台十佳节目主持人。

张旭东1987年9月参加工作在长寿化工总厂，任第二分厂专职团总支书记；1990年9月调入长化总厂团委工作，先后任宣传干事、团委书记。他从小酷爱文艺，一直怀揣艺术梦想，1996 年不顾家人劝阻，走上职业演出的道路。1999 年，拜师四川省著名谐剧表演艺术家沈伐门下；2000 年经沈伐引荐，拜师川渝散打评书艺术家李伯清学习散打评书。在两位师父的教导和自身努力下，叮当 2003 年在第二届“巴蜀笑星擂台赛”获“巴蜀笑星”奖；2006 年考入四川省广播电视台担任主持人，主持多档电视节目，于 2007 年被四川广电集团评为十佳节目主持人。2009 年 8 月，为保护和传承四川谐剧，叮当被四川省委宣传部、四川省文化厅按特殊人才引进，人事工作关系调入四川省曲艺研究院，职称评定为国家三级演员。2009 年，叮当的谐剧《舍不得》获得第七届中国曲艺节优秀节目奖，2010 年获中国曲艺最高奖“牡丹奖”，谐剧《超男梦》获优秀表演奖提名；2012 年四川省第十二届戏剧小品大赛获最佳表演奖（一等奖）；2013 年由中国曲艺家协会、四川省文联、四川省文化厅主办，四川省曲艺家协会、四川省曲艺研究院承办的说唱四川，叮当谐剧专场获得成功，同年获得第六届四川省巴蜀文艺奖（曲艺类）。2014 年，凭借谐剧《麻将人生》，叮当获得第八届中国曲艺牡丹奖表演奖，同年被中国曲协授予“牡丹绽放”十大英才称号。2008 年汶川地震，叮当自驾车赴灾区为受困群众送欢笑，鼓励他们对生活的信心和希望，耐心给予心理辅导；从 2009 年至 2016 年，先后随中国曲协、四川省委宣传部、省文化厅、省文联、省曲协、省曲艺研究院等单位，行程过百万千米，几乎走遍全川所有的老少边穷和革命老区，送欢笑下基层、采风创作、惠民演出，在工厂、部队、学校、社区等为群众、官兵、学生等演出 1000 多场，观众 200 万人次。叮当凭借多年的杰出贡献，2016 年被四川省委宣传部授予“深入生活，扎根群众”优秀文艺工作者称号；由他创建的“嘻二三”剧场正在筹备中。（长寿区曲艺家协会供稿）

重庆著名老中医黄治品

黄治品，男，1931 年生，重庆市长寿区洪湖镇芦池村人。《实用中医药杂志》副主编，重庆市中医药学会资深专家咨询委员会委员，第四届“中国名医论坛”组委会副理事长。

黄老出身医儒世家，家中富藏中医药典籍，自幼在祖父黄子襄（名中医）的哺育熏陶下，立志向古代医圣学习，做济世良医。16 岁时，他便走上悬壶济世之路。数十年跑遍长寿区每个角落，解除不少群众的疾病之苦，享誉乡里。新中国成立后，他考获执业医生资格，在邻封医院从事中医临床工作，有机会得到当地名医袁昌厚和重庆市名中医陈源生、周百川、王希知等的悉心指点，故而造诣日深。改革开放以后，黄老到重庆主城开办川渝药材行和中医药门诊部，用精湛的医技、特效制剂和炮制中药的传统技法为群众服务。之后又拜武医大师吕紫剑和国医大师邓铁涛为师，潜心探微，开创观察舌下脉络诊治心脑血管疾病的新法，甚得患者赞誉。

临床工作之余，黄老数十年如一日，不遗余力地投入促进中华医药事业振兴发展的各种工作中，曾多次直接上书国家领导人，并在很多全国性的中医药学术会议上大声疾呼，建言献策，被誉为“铁杆中医”。他还积极支持《实用中医药杂志》的办刊工作、市中医药学会的学会活动，对办刊和学会工作做出较大贡献，先后获得过市卫生局、市教育委员会和杂志社及学会的表彰、奖励。他积极参与中医药教育科研工作，除创制独具特色的《舌诊图谱》，撰写《健康与长寿》《养身立命真言》等专著及医学文论公开发表和参加各种学术会议交流并多次获奖外，还曾主持过成都中医药刊授学院长寿辅导班的组织及教学工作，曾主持举办专题学术讲座、带教学生，为中医药事业的薪火相传、创新发展贡献力量。在 2014 年中华名医“薪火传承”全国名老中医学术思想传承交流论坛上，获得“中华名医”的荣誉证书。

在 60 多年的从医中，黄老为数以万计的贫困患者、烈军属等免费救治疾病，还多次为灾区和发展中医药事业捐款捐物、赠发宣传品，其高尚的医德、精诚的医道，不仅获得广大患者的良好口碑和众多锦旗，受到政府有关部门的多次表彰、奖励。

（根据《长寿人物》杂志总第 19 期杨顺民的文章改编）

在长寿的外地人

重庆绿安长寿电子商务有限公司总裁刘玉民

刘玉民是四川营山县人，1994 年 12 月入伍，先后在原总参谋部兵种部、总政治部军事检察院和总装备部科订部服役，个人荣立三等功一次，集体一等功一次。2007 年转业，自谋职业就职于重庆中钢投资集团。2009 年他在中钢工作期间，带领中钢党支部争创党建示范点。由于工作出色，分别获街道、区级和市级“党建示范点”荣誉称号，个人获得重庆市“优秀党务工作者”称号，同时获得国家统战部推广企业转变发展方式优秀案例。他在企业考取注册安全工程师和二级建造师证书。2015 年，他作为服务于社区居民“互联网 + 健康直通车医疗扶贫项目”负责人，在参加 2015 志愿服务重庆交流会暨第二届中国青年志愿服务项目大赛中获得银奖。2016 年 1 月，他创办的公司被长寿区政府招商引资入驻长寿菩提古镇。

2014 年 9 月，响应总理李克强在夏季达沃斯论坛开幕式上“大众创业”“草根创业”“万众创新”的号召，作为有互联网平台思维的刘玉民源于“怎样把农村里原生态的、有机的、健康的‘优食’产品弄到平台上来销售，这样一方面既可让农民增收；另一方面又可让城里人至少是孩子们吃上有机、绿色健康放心的好食品”“把‘优食’产品与互联网销售结合起来、就是很好的创新”的思想，组织几个伙伴共同商量，讲决心、谈规划、谋思路。经过两个多月的筹备，2014 年年底众筹成立重庆绿安电子商务有限公司。公司以“中国优食幸福绿安”为理念，致力于将优食集中到“中国优食”平台，致力于为用户提供便捷而幸福的生活；注册“七只青蛙”商标，公司首批创业者为 7 人都自称自己是幸福的小青蛙，旨意是我们所干的事业像小青蛙一样越走越远，越跳越高。

公司以“互联网 +”为中心，涵盖“互联网 + 农业”“互联网 + 创业孵化”（小青蛙）、“互联网 + 本地生活”（幸福的青蛙）三大板块，是集农产品测评、品牌推广、创业孵化、便民生活、跨境电商、仓储物流为一体的高科技公司，致力打造优质农产品评测系统、食旅结合推广平台、特产礼品供应链平台、村官有礼发现互助平台、电商孵化平台、幸福生活服务平台。公司做大做强的发展思路是：积极参与混合所有制经济发展，与重盐集团及供销社系统深度合作。2016 年底前，旗下有全资子公司 6 家、合资公司 2 家，业务辐射重庆、贵州、四川等省市 30 多个区县，将“幸福理念”撒向重庆及大西南。

刘玉民提出“发展企业必须有一股干劲和热情”“要成功必须苦干加巧干”的创业精神，建立起“行为”和“运作”两个规范新模式，把企业的经营管理工作全部内容纳入规范之中。

无论是在重庆，或是四川、贵州等合作地，当地政府都称道“刘玉民是农村电商的带头人”；外地考察者还说“幸福绿安模式可在全国推广”。2015 年长寿区政府考察刘玉民的“幸福绿安”模式后，邀请刘玉民的团队在 2016 年 1 月，成立重庆绿安长寿电子商务有限公司，落户“幸福长寿古镇”。在长寿的公司有 3 幢房子 1000 多平方米，分八大板块服务平台，O2O 电商体验馆、信息服务中心、小青蛙众创空间、创客之家、小青蛙孵化器文化展示区、创客培训中心、小青蛙加速器、会议室。线上线下购物平台，销售长寿及外地的名优特产，很受消费喜欢。

刘玉民常说：“企业发展了，我们不忘党的政策英明，不忘部队的培养，不忘对社会的奉献。”他转业 9 年，时刻牢记部队的培养，不忘为退伍军人排忧解难。刘玉民公司入驻长寿后就迅速与区武装部对接，为新入伍的长寿籍新战士送去公司的问候，与区民政局优抚科对接，为转业退伍军人做好就业技能和电子商务方面知识的培训，提高退伍军人的综合素质和能力；在“幸福长寿”平台上专门开发“帮帮购”模块，运用互联网手段帮助长寿建档注册的贫困人口脱贫。为更多的承担社会责任，他还以个人的名义申请注册“绿安社会工作服务中心”，专门服务于留守儿童的关爱、青少年成长、弱势群体帮扶和大学生创业就业等。

（根据《长寿人物》杂志总第19期余培的文章改编）

烈　士

程俊辉

程俊辉，男，汉族，生于1994年5月，高中学历，家住重庆市长寿区龙河镇金明村一组。2012年12月在长寿区应征入伍，2014年8月入党，生前系云南省军区扫雷三队一班战士，下士军衔。2016年6月4日下午，扫雷三队在坡度大于60度的云南省文山州富宁县田蓬镇芭蕉塘火石坪山雷场执行排雷任务，程俊辉主动到最危险的地段作业；正在他全神贯注排除一枚地雷引信时，山体突然崩塌，致使他坠落至30多米的深谷，后经医院抢救无效牺牲。2016年6月6日，程俊辉被云南省军区政治部批准为烈士，追记二等功。

（重庆市长寿区民政局提供）

2016年6月14日，扫雷英雄程俊辉烈士忠骨安葬仪式在长寿烈士陵园举行

长寿老人

表49　**2016年长寿区百岁老人**

序号	所属街镇	姓名	性别	出生日期	年龄	健康状况
1	凤城	胡伯卿	男	1915. 12	101	健康
2		向维汉	男	1915. 09	101	健康
3		徐柏林	男	1916. 04	100	健康
4		何孝慰	女	1916. 06	100	健康
5		李学珍	女	1914. 09	102	健康
6		李光宇	女	1914. 12	102	一般
7		王静益	女	1916. 12	100	健康
8	晏家	辜淑清	女	1915. 05	102	健康
9		车志立	女	1911. 08	105	健康
10		罗淑珍	女	1909. 01	107	健康

续表

序号	所属街镇	姓名	性别	出生日期	年龄	健康状况
11	长寿湖	余杨氏	女	1913.11	103	一般
12		方淑兰	女	1916.06	100	一般
13	云集	陈心芳	女	1909.11	107	差
14		刘池恩	女	1915.11	101	差
15	洪湖	黄治成	男	1912.10	104	一般
16		雷官发	女	1916.03	100	一般
17	八颗	黄本福	女	1913.09	103	一般
18	新市	江徐氏	女	1912.05	105	一般
19	但渡	熊长寿	男	1916.08	100	差
20	双龙	郭树成	男	1916.10	100	健康
21	云台	樊德芳	女	1914.07	102	一般

（重庆市长寿区民政局提供）

长寿区第八届“十大健康寿星”

第八届“十大健康寿星”

1. 车志立　女　106 岁　生于 1911 年 8 月 11 日　晏家街道
2. 樊德芳　女　103 岁　生于 1914 年 7 月 28 日　云台镇
3. 邓淑会　女　100 岁　生于 1917 年 4 月 26 日　但渡镇
4. 黎中明　女　99 岁　生于 1917 年 11 月 3 日　新市街道
5. 张素清　女　99 岁　生于 1918 年 2 月 22 日　晏家街道
6. 廖素英　女　99 岁　生于 1918 年 4 月 16 日　万顺镇
7. 王德轩　男　98 岁　生于 1919 年 1 月 11 日　长寿湖镇
8. 王海洲　男　97 岁　生于 1920 年 6 月 5 日　江南街道
9. 包淑元　女　97 岁　生于 1920 年 7 月 20 日　菩提街道
10. 程晴初　男　97 岁　生于 1920 年 8 月 4 日　凤城街道

第八届“十大健康寿星”提名寿星

1. 卓杨氏　女　99 岁　生于 1917 年 12 月 6 日　海棠镇
2. 张淑清　女　98 岁　生于 1919 年 5 月 20 日　双龙镇
3. 王淑清　女　97 岁　生于 1920 年 1 月 26 日　凤城街道
4. 吴义容　男　97 岁　生于 1920 年 8 月 15 日　洪湖镇
5. 何忠琴　女　97 岁　生于 1920 年 8 月 28 日　龙河镇
6. 龚助华　女　97 岁　生于 1920 年 9 月 14 日　万顺镇
7. 陈仪芳　女　96 岁　生于 1920 年 10 月 26 日　双龙镇
8. 谭克群　女　96 岁　生于 1920 年 12 月 10 日　凤城街道
9. 聂惠民　女　96 岁　生于 1921 年 8 月 24 日　凤城街道
10. 陶树成　男　95 岁　生于 1922 年 3 月 8 日　八颗街道

（摘自长寿委宣〔2016〕72 号）

2016年2月4日，长寿区“十大孝星”颁奖仪式在江南街道举行

文 献

- ❖ 中共重庆市长寿区委　重庆市长寿区人民政府
  关于印发《长寿区2016年“三农”工作要点》的通知
- ❖ 中共重庆市长寿区委印发《2016年度政党协商计划》的通知
- ❖ 中共重庆市长寿区委　重庆市长寿区人民政府
  关于印发《重庆市长寿区推进供给侧结构性改革实施方案》的通知
- ❖ 中共重庆市长寿区委　重庆市长寿区人民政府
  关于深化改革扩大开放加快实施创新驱动发展战略的意见
- ❖ 中共重庆市长寿区委　重庆市长寿区人民政府
  转发《中共重庆市长寿区委宣传部重庆市长寿区司法局关于在全区公民中开展法治宣传教育的第七个五年规划（2016—2020年）》的通知
- ❖ 中共重庆市长寿区委　重庆市长寿区人民政府
  关于深化全区供销合作社综合改革的意见
- ❖ 中共重庆市长寿区委　重庆市长寿区人民政府
  关于印发《重庆市长寿区国有林场改革实施方案》的通知
- ❖ 中共重庆市长寿区委十二届十次全会
  关于中国共产党重庆市长寿区第十三次代表大会有关事项的决议
- ❖ 中共重庆市长寿区委　重庆市长寿区人民政府
  关于印发《重庆市长寿区人才引进培养和激励办法（试行）》的通知

文 献

中共重庆市长寿区委
重庆市长寿区人民政府
关于印发《长寿区2016年“三农”工作要点》的通 知

各镇党委和人民政府，各街道党工委和办事处，区委各部委，区级各部门，在长市属单位，各人民团体，相关企业：

《长寿区2016年“三农”工作要点》已经区委、区政府同意，现印发给你们，请认真贯彻落实。

中共重庆市长寿区委

重庆市长寿区人民政府

2016年3月9日

长寿区2016年“三农”工作要点

为深入贯彻中央、全市农村工作会议和《中共中央、国务院关于落实发展新理念加快农业现代化实现全面小康目标的若干意见》（中发〔2016〕1号）、《中共重庆市委、重庆市人民政府关于印发〈重庆市2016年“三农”工作要点〉的通知》（渝委发〔2016〕8号）精神，促进农业提质增效、农村繁荣稳定、农民持续增收，加快全面建成小康社会步伐，特制定2016年“三农”工作要点。

一、总体要求

2016年，全区农业农村工作要全面贯彻党的十八大、十八届三中四中五中全会和习近平总书记系列重要讲话精神，坚持创新、协调、绿色、开放、共享五大发展理念推进农业现代化，牢牢把握科学定位，紧紧围绕“城乡统合”发展战略，主动适应经济发展新常态，按照“调结构、转方式、促统筹、稳增收、抓改革、谋发展”的总思路，全力推进城郊特色效益农业发展，落实农业供给侧结构性改革部署，继续以工业化的理念推进农业现代化，继续以园区模式统筹协调城乡和产业发展，继续全面深化农业农村各项改革，推动新型工业化、新型城镇化、信息化和农业现代化“四化”同步发展，推动一二三次产业深度融合，努力在提高农业综合生产能力上挖掘新潜力、在优化产业结构上开辟新途径、在转变发展方式上寻求新突破、在促进农民增收上取得新成效、在新农村建设上迈出新步伐，为全区经济社会发展和全面建成小康社会提供有力保障和支撑。力争全年农业总产值增长4.5%以上，农村居民人均可支配收入增长9%以上。

二、重点工作

1. 落实农业供给侧结构性改革部署。认真落实好中央、市对供给侧结构性改革的工作要求和安排部署，主动适应新常态，着力调结构、降成本、补短板，提高农业供给体系质量和效率。坚持以市场需求为导向，出台推进改革的配套工作制度，通过不断调整要素投入和提升全要素生产率带动产业结构调整，全方位、多途径开发农业资源，满足日益多元化的农产品消费需求，缓解农产品结构性失衡问题，控制农业经济供求比在合理的范围内。围绕城郊型特色效益农业发展，不断完善“1＋5＋2”特色效益农业产业体系，夯实粮食基础，重点推进柑橘、渔业、畜禽、蔬菜、林果五大支撑产业，积极发展中药材、花卉苗木两大特色产业。鼓励各个街镇因地制宜培育具有本区域特色、符合市场需求的农业优势产业，推进产业化经营、规模化发展、品牌化营销。

2. 促进农村一二三产业融合发展。制定出台支持农村一二三产业融合发展的指导意见。进一步打造现代农业“三园”“五区”产业融合发展平台，依托园区示范带动作用，大力发展现代农业产业化集群。不断延伸产业链条，加快推进农畜产品加工基地和农副产品交易市场建设，充分利用电子商务、物联网等新兴技术，将农资供应与农业生产连接起来，将农产品加工、销售与农业生产连接起来，着力构建粮经饲统筹、种养加一体、农牧渔结合、产加销服一条龙的现代农业产业体系。大力推进农业与文化、科技、生态、旅游融合，鼓励文化创意和设计服务企业为涉农经营主体提供创意服务。深入推进农旅结合，编制乡村旅游规划，围绕“十里柚香”“万亩橘海”和“万亩紫薇”等优质乡村旅游资源，有序发展休闲农庄、乡村酒店、特色民居、自驾露营、户外运动等乡村旅游载体，培育一批休闲农业与乡村旅游经营主体，打造一批休闲农业与乡村旅游精品路线，构筑乡村旅游新业态。

3. 拓宽农民增收渠道。围绕特色效益农业产业发展，积极开拓农民就业和增收渠道。推动农村“大众创业、万众创新”，打造一批农民工返乡创业园，支持农民自主创业，允许规模经营农户、家庭农场、农民专业合作社承担小微型农村基础设施项目并自建自管。加大对农业微型企业的扶持力度，将家庭农场纳入小微企业扶持范围，着重解决其用地难、融资难问题。引导农民自愿以土地经营权等入股龙头企业和农民专业合作社，参与农村产业融合发展、分享产业链收益。探索涉农项目财政补助资金股权化改革，完善农业产业化龙头企业和农村集体经济组织、农户的利益联结机制，增加农民财产性收入。探索农业职业经理人制度，建立农业职业经理人职业资格培训和考试制度，在创办微型企业、专业合作社、家庭农场，以及土地流转、养老保险等方面给予优惠或者补贴。

4. 巩固脱贫攻坚成果。在完成2015年脱贫攻坚任务的基础上，继续按照“十个精准”工作要求，进一步落实好产业项目、进一步实施职业教育培训、进一步开展低保等社会救助、进一步落实高山生态扶贫搬迁、进一步完善脱贫户资料信息录入，建立“企业＋农户”脱贫帮扶利益联结机制，帮助脱贫户继续发展生产、创业就业。结合工商部门微企政策，开展光伏发电扶贫项目试点。大力开展贫困户危房改造工程，彻底解决脱贫户住房困难。在10个脱贫村建立电商网点，拓宽贫困地区农产品外销渠道。大力开发公益性岗位，深度挖掘就业潜力，通过就业保证脱贫户稳步增收。加快推进扶贫项目建设进度。

5. 强化农业科技支撑。创新农业科技推广模式，引入竞争和激励机制，引导农业科研单位、教育机构、涉农企业、技术团队等开展技术承包、技术转让、技术培训等农技推广服务。积极探索利用基于移动互联的农技推广服务云平台、农业科技网络书屋等信息化服务手段。推行“政府＋专家＋协会＋农民”“公司＋专家＋协会＋农民”“公司（政府）＋网络＋专家”等农业科技推广新模式。加强新型适用农机具示范推广，开展农业生产、加工、贮运全程机械化示范应用，充分发挥农业机械化在保障和推动产业现代化中的装备性作用，推动特色优势产业跨越式提升。加快推进气象现代化建设，完成人工影响天气标准化固定炮站和台站综合改善项目，提升气象服务能力。

6. 深化农村综合改革。探索农村土地所有权、承包权、经营权“三权”分置实现形式，开展不动产登记和农村土地经营权颁证试点，为经营权入市交易奠定基础。用好农业综合执法改革成果，进一步理顺管理模式、运行机制、工作制度，不断提高农业执法监管能力，巩固“全国平安渔业示范区（县）”和“国家无规定动物疫病区”创建成果，争创“全国平安农机示范区（县）”。深化农村集体资产量化确权改革，在2015年改革试点的基础上，选择一个行政村整村推进改革试点工作。

深化供销合作社综合改革，制定改革实施方案，细化工作举措，力争在重点领域和关键环节取得突破。逐步推进农业水价综合改革和水利设施物业化管理工作。深化集体林权制度改革，实施土地经营权和林木所有权“两权”分离，做好林木权属证明颁证，推进集体林权综合改革。推进国有林场改革。

7. 实施农业品牌化战略。出台推进农产品品牌化建设的实施意见，围绕“1+5+2”特色效益农业产业体系建设，加快培育农产品区域公用品牌，通过组织开展商品推介会、参加农产品交易会等活动，利用现代新兴媒体和营销方式，提升长寿沙田柚、长寿有机鱼等特色农产品的品牌效应，打造长寿生猪、长寿蛋鸡、长寿血脐、长寿晚熟柑橘等特色新品牌。大力发展名特优新农产品，加大“三品一标”认证和补贴奖励力度，新培育“三品一标”20个。深度挖掘具有长寿文化特点的农产品品牌价值内涵，加强创意设计和资源整合，促进历史文化积淀和农产品品牌价值融合，提振特色品牌价值。

8. 提升农畜产品质量安全水平。进一步完善“区—镇（街）—村”三级农畜产品质量安全监管体系。依托区农产品质量安全中心检测实验室和区动物疫病预防控制中心兽医实验室，全面提升农畜产品质量安全检测、监测水平。加强产地环境保护和源头治理，强化农业投入品监管，完善新型农业经营主体投入品使用记录制度，建立农畜产品产地准出制度和可追溯制度。推进农业标准化生产，深入开展果蔬标准园、畜禽水产标准化养殖场示范创建。进一步强化高毒农药定点销售、实名购买制度。加强重大动物疫病防控和关键环节的检验检疫。探索开展“互联网+农畜产品质量安全”工作试点，力争率先在全市建立新型工作机制，提升监管和防控水平。把保障农畜产品质量安全工作作为衡量街镇、区级有关部门党政领导班子政绩的重要考核指标。

9. 创新金融服务“三农”模式。创新贴近农村需求的金融产品，加大“三农”信贷投放力度。加快农业增信保证保险专项工作实施进度，通过保证保险贷款的形式解决农业经营主体融资难的问题，力争新增贷款总额突破2亿元。积极同重庆市农业担保有限公司开展融资担保业务合作，增加农业贷款担保授信额度1亿元。充分发挥农业发展银行、农业银行、邮储银行、重庆农商行、中银富登村镇银行等主要涉农银行支农作用，完善农村产权抵押融资机制，开展农业产业化经营中基础设施、产业设施、生物资产等确权、评估、担保、抵押融资、不良资产处置，以及农村产权抵押互助合作保险试点工作。借助农村“产权”抵押试点，启动探索农村土地经营权和农民居住房财产权抵押贷款试点。继续扩大农业保险覆盖面，发展收益保险、柑橘价格指数保险等新型险种。

10. 提高农村信息化建设水平。借助互联网技术和新兴媒体，依托重庆移动“农信通”信息化网络平台建设，着力实施农村信息化建设工程，提升农村教育、医疗卫生、文化旅游和农业生产经营信息化水平，加快构建城乡一体的农村信息化体制机制。推进现代信息技术应用于行政管理、农业生产、经营、管理和服务，对大田种植、畜禽养殖、渔业生产等进行物联网改造，示范推广农业物联网应用。大力推进农村电子商务工作，加强平台建设和运营推广，以长寿村村淘电商公司为载体搭建电商公共服务平台，依托淘宝、1号店、京东、供销E家等知名电商平台建设长寿农产品网上销售专区，推进O2O与B2C以及众筹结合的电子商务交易公共平台建设。

11. 加强农业农村基础建设。以农田水利为重点，加快推进农业农村基础设施建设，加强现有设施的利用和管理，改善农村生产生活条件。完成龙门桥水库建设，开展大中型水库移民避险解困试点工作，完成山坪塘整治719口，推进农村饮水安全提档升级。实施耕地质量提升与保护行动，落实最严格的耕地保护制度，完成全区永久基本农田划定工作，认真做好设施农用地规划工作，严格控制农村集体建设用地规模。突出农业综合开发重点项目建设，实施高标准农田建设8000亩。完成龙河镇太和村蔬菜育苗基地建设，进一步推动蔬菜育苗工厂化。加快优质柑橘良种基地改扩建项目建设，延伸柑橘产业链条。全面推进农村公路改造工程，新改建农村公路100千米。实施农村电网改造升级工程。加强防灾减灾和应急救援体系建设，提高气象、地震、地质灾害防御能力。

12. 发展壮大林业经济。围绕林业一二三产业融合发展，重点推进林木加工、木本油料、特色林果、花卉苗木、森林旅游等产业。充分利用西山、东山森林资源，大力开展森林旅游和发展林下经济，建立和巩固核桃、板栗、枣子等林业干果产业基地。实施生态修复行动，全面完成2015、2016年退耕还林建设任务，启动长寿区典型森林生态系统保护项目和湿地公园建设。加强生态林管护和森林经营。完善桃花河水源涵养方案，完成桃花河三号桥东侧绿化项目竣工验收及移交工作。全面完成公益林森林保险，进一步扩大商品林保险，提高参保率。加强天保公益林建设，强化生态效益补偿，落实天然林管护责任。强化森林防火，确保无重特大火灾发生。开展林业有害生物普查，加强松材线虫病防控，确保松材线虫病枯病死株数下降15%以上。完成林地变更补充调查，全区森林覆盖率稳定在45%以上。

13. 完善新型农业经营体系。办好农业职业教育，强化农广校体系建设，提升师资队伍素质，增强开展教育培训和认定管理能力。引导有志投身现代农业建设的农村青年、返乡农民工、农技推广人员、农村大中专毕业生和退伍军人等加入职业农民队伍，培育新型职业农民1000人。大力培育专业大户和家庭农场，加快发展农民专业合作社，做强做优农业龙头企业，用好用活现代特色效益农业财政补助资金，重点支持新型农业经营主体发展壮大，促进农业产业化。将家庭农场培育任务下达到街镇，并纳入对街镇的农业现代化考核。大力引导家庭农场领办农民专业合作社或加入农民专业合作社，对加入农民专业合作社的家庭农场给予优先扶持。新发展区级农业龙头企业20个、农民专业合作社100个、家庭农场200家。

14. 大力发展循环农业。推进农林牧渔融合发展，依托国家农业科技园区开展循环农业试点示范，推行农业清洁化试点。完成现代农业园区大中型沼气工程及沼气、沼液主管网建设，鼓励有条件的养殖企业建设有机肥生产车间，通过企业内部消化小循环，相邻企业输送中循环，核心、示范、辐射三区配送大循环，实现种养耦合，实现零排放，提高土壤有机质。大力推广“猪—沼—果”、稻鱼同田、鱼菜共生等模式，促进种地与养地结合。抓好畜禽粪便综合利用和转化，提升粪污处理能力。推进秸秆、畜禽粪便等废弃物资源化利用，开展农膜回收试点，实现化肥和农药零增长。开展长江流域增殖放流，严格执行天然林保护制度，停止天然林商业性采伐，全面推进农业资源保护。

15. 打造长寿特色美丽乡村。以“宜游宜寿、多彩乡村”为主题，规划建设具有寿乡文化内涵的休闲村落，强化历史文化名村与传统村落保护与利用，建成长寿特色美丽宜居村庄10个，开展生态文明示范村建设，留住长寿乡韵乡愁。进一步抓好乡村规划建设，分类别、分批次、按照村庄特色编制村庄建设规划，加强农房建设质量安全监管和风貌控制，改造农村危旧房800户。有步骤、分区域推进山林田路综合治理，加强河道综合治理和管护，继续巩固和扩大桃花河污染综合整治成果，深入实施桃花河上游生态修复、调水增流、河外截污、景观打造工程。加大农业面源污染防治力度，进一步推进农村环境连片整治工作。加强以沼气、太阳能为主的农村能源建设，启动村庄绿化、美化、亮化工程。

16. 强化农村公共服务能力。加快推进城镇公共服务向农村延伸，让广大农民群民众共享改革发展成果。大力实施文化惠民工程，推进行政村综合文化服务中心示范建设，打造农村“便民文化服务圈”。完善贫困学生资助政策，推进义务教育均衡发展，基本普及高中阶段教育。大力发展中等职业教育，提高农村毕业生就业率和对口升学率。促进基本公共卫生服务均等化，完善村卫生室设备配置。探索建立乡村医生养老保障与退出机制。整合城乡居民基本医疗保险制度，适当提高政府补助标准、个人缴费和受益水平。全面实施城乡居民大病保险制度，完善医疗救助制度。加强农村低保规范管理，推进街镇敬老院建设。全面实施两孩政策。

三、保障措施

1. 创新农业投入方式。优先保障财政对农业农村的投入，确保力度不减小、总量有增加。改革农业投入方式，根据不同领域市场化程度，建立健全现有财政补助方式，整合金融支持及竞争性项目相结合的财政扶持农业产业发展新机制，充分发挥财政资金杠杆作用，带动更多金融和社会资本投向农业农村。加大专项建设资金对扶贫、水利、农村产业融合、农产品深加工等“三农”领域重点项目和工程的支持力度。推进非农口部门财政资金统筹工作，进一步加强财政资金横向整合力度。完善健全涉农资金监督管理机制，继续开展绩效评价工作，建立“事前有标准、事中有监督、事后有评估”的监督管理体系。

2. 抓好基层党建和精神文明建设。深入扎实开展农村党员“两学一做”学习教育。纵深推进基层服务型党组织建设，重点深化“群工系统”的应用，进一步丰富服务项目，加强督查督办，确保群众问题得到解决。深化服务群众实体平台建设特别是村便民服务中心规范化建设，严格落实值班坐班和民事代办等制度，确保群众找得到人、办得了事，不断提升服务群众能力和水平。切实抓好关爱农村留守儿童、留守妇女、留守老人工作。坚持抓镇强村，深入实施农村高素质本土人才队伍建设计划。抓好镇、村两级换届工作，确保选好配强班子、换届风清气正。开展农村社区建设试点。严格落实农村基层党建责任制，加强农村基层党风廉政建设。健全党组织领导下的村民自治机制，完善农村治安防控体系，切实保障农村正常的生产生活秩序，深入开展法制宣传教育，提高农村基层法治水平。

3. 强化对“三农”工作的领导。全区各级、各部门要落实“重中之重”的要求，进一步加强和改善对“三农”工作的领导，将精力、财力向农业农村倾斜。注重选派熟悉“三农”工作的干部进街镇党政领导班子。加强“三农”工作的前瞻性、全局性、储备性政策研究，健全决策咨询机制。提升农村经济社会发展调查统计水平，做好第三次农业普查。巩固“三严三实”专题教育成果。强化跟踪督查，全面落实强农惠农政策，确保“十三五”农村改革发展开好局、起好步，为全面建成小康社会打下坚实基础。

名词解释

农业供给侧结构性改革：推进农业供给侧结构性改革，核心是围绕市场的需求进行生产，优化农业资源的配置，扩大农产品有效供给，增强供给结构的适应性和灵活性

“1+5+2”特色效益农业产业体系：“1”粮油；“5”柑橘、渔业、畜禽、蔬菜、林果；“2”中药材、花卉苗木

三园：现代农业种植园、现代畜牧养殖园、沙田柚种植园

五区：现代粮食生产区、三峡生态移民农业区、果蔬生态种植区、西山生态农业区、东山生态农业区

十个精准：精准推进基础设施建设、精准落实产业扶持措施、精准实施教育扶贫、精准推进人口转移就业、精准实施高山生态扶贫搬迁、精准开展医疗卫生扶贫、精准落实低保“兜底”政策、精准提供金融扶贫支持、精准建立结对帮扶机制、加强精准扶贫精准脱贫组织领导

三品一标：“三品”无公害农产品、绿色农产品、有机农产品；“一标”农产品地理标志

O2O：Online－to－Offline（线上对线下），暨将线下的商务机会与互联网结合，让互联网成为线下交易的平台。

B2C：Business－to－Customer（商对客），“商对客”是电子商务的一种模式，也就是通常说的直接面向消费者销售产品和服务商业零售模式。

中共重庆市长寿区委
印发《2016年度政党协商计划》的通知

各民主党派区委、区工商联、区知联会：

《2016年度政党协商计划》已经十二届中共长寿区委第126次常委会审定，现予印发。

中共重庆市长寿区委

2016年3月23日

2016 年度政党协商计划

根据中共中央办公厅《关于加强政党协商的实施意见》（中办发〔2015〕54 号）、《中共长寿区委关于贯彻〈中共重庆市委关于贯彻《中国共产党统一战线工作条例》实施意见〉的意见》（长寿委发〔2015〕14 号）和《中共长寿区委关于加强社会主义协商民主建设的实施意见》（长寿委发〔2015〕9 号）精神，按照政党协商的内容和形式，结合中共长寿区委年度工作重点，现就做好 2016 年度政党协商提出如下计划。

一、区党代会报告征求党外人士意见

书面征求党外人士意见，各民主党派以书面形式反馈意见建议，根据党代会时间确定协商时间。

二、区委全会报告征求党外人士意见

书面征求党外人士意见，各民主党派以书面形式反馈意见建议，根据区委全会时间确定协商时间。

三、2016 年政府工作报告征求党外人士意见

书面征求党外人士意见，各民主党派以书面形式反馈意见建议，根据人代会时间确定协商时间。

四、“十三五”规划纲要专题协商座谈会

由中共长寿区委负责同志主持，征求党外人士相关意见建议。

五、2016 年暑期谈心会暨双月座谈会

由中共长寿区委负责同志主持，通报全区经济社会发展情况，听取党外人士对经济社会发展的意见建议，预定 8 月召开。

六、调研协商座谈会

由中共长寿区委负责同志主持，就各民主党派区委的重点考察调研成果及建议进行协商，邀请有关部门参加，预定 11 月召开。

七、人事协商座谈会

由中共长寿区委负责同志主持，就区人大常委会、区政府、区政协领导班子成员人选和区人民法院院长、区人民检察院检察长人选等重要人事安排在酝酿阶段进行协商，根据具体情况确定会议时间。

八、其他需要同各民主党派协商的重要问题

中共重庆市长寿区委 重庆市长寿区人民政府 关于印发《重庆市长寿区推进供给侧结构性改革实施方案》的通知

各街道党工委和办事处，各镇党委和人民政府，区委各部委，区级各部门，各人民团体，在长市属部门，有关企事业单位：

现将《重庆市长寿区推进供给侧结构性改革实施方案》印发给你们，请结合实际认真贯彻执行。

中共重庆市长寿区委

重庆市长寿区人民政府

2016 年 8 月 30 日

重庆市长寿区推进供给侧结构性改革实施方案

推进供给侧结构性改革，是适应、把握和引领经济发展新常态的重大战略部署，是经济发展方式转变和经济结构战略性调整的关键。为积极稳妥落实“去产能、去库存、去杠杆、降成本、补短板”等结构性改革重点任务，实现“十三五”时期各项目标任务，按照市委、市政府《关于印发〈重庆市供给侧结构性改革工作方案〉的通知》（渝委发〔2016〕9号）精神，结合长寿区实际，制定本实施方案。

一、总体要求

（一）指导思想

全面贯彻党的十八大和十八届三中、四中、五中全会精神、习近平总书记系列重要讲话精神和视察重庆重要讲话精神，按照“四个全面”战略布局和“五位一体”建设要求，坚持创新、协调、绿色、开放、共享发展理念，大力实施区域发展战略，围绕“科学发展、富民兴区”的总任务和“三个全面建成”的总目标，综合运用市场机制、经济政策和法治办法，在适当扩大总需求的同时，加大供给侧结构性改革力度，着力推动工商实体经济发展，保护和发展好优质产能，以增加有效供给为根本目的，提高资源要素配置效率与效益，为全面建成小康社会提供坚强的动力支撑。

（二）基本原则

——坚持市场导向原则。充分发挥市场在资源配置中的决定性作用，通过进一步完善市场机制，矫正供需结构错位和要素配置扭曲，促进供需新平衡。切实调动企业和社会参与积极性，大力培育弘扬企业家精神，鼓励创新、创业、创造。进一步深化行政管理体制改革，更好地发挥政府引导和调控作用，加强政策引导，规范政府行为，维护市场秩序，营造活力迸发、规范透明、良性竞争的营商环境。

——坚持靶向施策原则。深化整合既有政策，通过准确的导向机制和强力的推进机制，围绕供给侧结构性改革重点行业和关键环节，靶向引导、精准施策，推动生产要素向提升供给端质量与水平聚集，提高全要素生产率。

——坚持立足实际原则。即关注存量更注重增量，大力扶持战略性新兴产业，以增量带存量，以存量促增量，不断扩大有效供给，改善供给结构，创造新供给，培育新需求。在化解过剩产能过程中，既要优化存量结构，巩固并扩大市场份额，又要对技术落后、环保不达标、生产不安全、长期亏损的企业采取切实可行措施予以淘汰。

——坚持积极稳妥原则。主动谋划、不等不靠、依法依规，稳步推进供给侧结构性改革，处置好企业资产债务。充分考虑经济和社会的承受能力，把握好改革时机、节奏和力度，做好各种预案，防范各类风险。在改革过程中统筹做好就业和援助工作，切实保障企业和职工的合法权益，织就密实的民生保障网，保持社会和谐稳定。

——坚持创新驱动原则。大力实施创新驱动发展战略，为经济快速发展提供强劲支撑。在满足原有发展水平下供给总量增加的同时，瞄准形成更高水平经济发展形态，加大推进科学技术创新、经营管理创新、发展模式创新等多领域创新，加快产业升级和经济转型，实现更高质量经济发展。

——坚持重在落实原则。严格按照中央和市里要求，制定改革方案情况要摸清、目的要明确、任务要具体、责任要落实、措施要有力，做到可督促、可检查、能问责。既要统筹兼顾，突出重点，抓住关键，又要强化改革引领，坚持问题导向抓重点、关键突破带全局、结果导向求实效，确保供给侧结构性改革的各项目标落实、措施落实、责任落实。

（三）工作目标

通过全力推进供给侧结构性改革，在“十三五”时期，供给侧结构性改革攻坚取得重要进展，供给结构对需求变化的适应性和灵活性明显提高。产能过剩稳妥化解，企业成本得到降低，房地产库存降到合理水平，政府债务得到合理控制，金融风险有效管控，经济、社会、基础设施、生态短板显著补强，经济社会发展的协调性和可持续性明显提高，形成长寿区多层次、高质量的供给体系，在更高的水平上实现新的供需平衡，为加快率先走在改革发展的前列奠定坚实基础。

——增加有效供给，增强经济增长动力。以市场为导向增加有效供给，以改革、开放、创新为动力，大力发展新经济，加快产业转型升级步伐，形成高质量、多层次、宽领域的有效供给体系，增强供给的效率和活力。

——去除无效供给，提高资源配置效率。用2—3年时间，通过多管齐下、综合施策，鼓励企业主动进行市场出清，去除一批过剩产能、一批房地产库存、一批僵尸企业和空壳公司，使技术落后、环保不达标、生产不安全、长期亏损的企业基本消除，腾出资源要素、市场空间支持有前景的企业发展。

——减轻实体经济负担，支持实体经济发展。通过深化行政审批制度改革，落实好各项惠企减负政策，加强事中事后监管，切实规范涉企收费行为，降低企业经营性成本，切实减轻实体经济负担。

——优化需求结构，促进供需有效对接。积极支持利用互联网、大数据、云计算等新手段、新方法，畅通市场供需对接通道，促进供给侧与需求侧高效耦合和精准对接。建立社会信用体系，加大知识产权保护力度，坚决打击制假、贩假等假冒伪劣行为。维护市场公平秩序，实施公平竞争审查制度，打破市场垄断。深挖区内需求潜力，开拓发展更大空间，以优化投资结构提高投资效率，形成对经济发展稳定而持久的内需支撑。

二、以市场为导向增加有效供给

（一）集群化发展战略性新兴制造业

发展MDI及化工新材料产业。以BSF40万吨MDI项目为龙头，耦合发展天然气、石油化工产业，加快推进上下游产业布局，着力培育化工新材料产业集群。重点规划发展PC、氨纶、聚氨酯树脂、HDI、IPDI，以及涂料、工程塑料等项目，加快推进立邦2万吨汽车涂料和树脂、旭川化学10万吨聚氨酯树脂、宏国聚材1万吨脂肪族异氰酸酯、金刚化工4.5万吨涂料等下游化工新材料项目陆续开工建设。加快推进国都化工聚醚多元醇、环氧树脂等一批重点招商项目尽早签约落地。到2020年，MDI及化工新材料产业集群力争实现产值约150亿元。（牵头单位：区经信委，责任单位：区发改委、区投资促进局、长寿经开区经发局、长寿经开区运行局）

发展新材料新能源产业。依托国际复合、云天化重庆研发中心、纽米科技等龙头企业，着力发展多元化高品质玻璃纤维及下游产品、锂离子电池隔膜、PVA光学膜等新材料项目。加快建设世纪之光PMMA光纤材料项目及大宗国际石墨烯材料项目，延伸发展石墨烯薄膜、石墨烯粉体、石墨烯导电/导热材料、石墨烯防腐材料、碳纤维及复合材料等项目。积极发展3D打印材料、纳米印刷、通用航空及高铁用玻璃材料等前沿新材料产品。大力推进动力电池、电机、电控等新能源汽车动力系统等战略项目，努力打造新能源产业基地。到2020年，新材料新能源产业集群力争实现产值约300亿元。（牵头单位：区经信委，责任单位：区发改委、区投资促进局、长寿经开区经发局、长寿经开区运行局、长寿工业园区管委会）

发展生物医药产业。发挥长寿经开区院士专家工作站、博士后科研工作站和企业工程研究中心优势，大力推进产学研创新体系建设，深入推进创新药物、多肽等生物医药研发与应用，加快从临床试验、药物研发到产业化进程。大力引进生物医药研发机构，推动化学药制剂、仿制药、生物药项目引进及研发成果转化，积极培育医疗器械、医疗检测等产业，打造生物医药完整产业链，建设辐射西南的生物医药产业研发生产基地。到2020年，生物医药产业集群力争实现产值近50亿元。（牵头单位：区经信委，责任单位：区发改委、区科委、区投资促进局、长寿经开区经发局、长寿经开区运行局）

发展其他战略性新兴产业。加大集成电路、显示模组、芯片、手机部件配套等重大项目引进力度，发展电子核心基础部件产业。积极引进机器人、数控基础等智能装备及上下游配套项目，发展机器人及智能装备产业。加快推进飞华环保公司废氯化氢循环利用项目、新中天环保公司资源回收利用项目等环保项目建设，充分发挥经开区原料、物流条件等配套优势，着力引进垃圾处理、废水处理、烟气脱硫脱硝等环保成套设备项目，发展环保产业。（牵头单位：区经信委，责任单位：区发改委、区环保局、区投资促进局、长寿经开区经发

局、长寿经开区运行局、长寿工业园区管委会）

（二）培育发展生产生活性服务业

培育发展新兴商业形态。推动落实“互联网+”商业，不断完善长寿电商产业园配套功能，争创市级示范性电商产业园。重点发展跨境电商和农村电商，建立完善城乡电子商务服务体系建设，促进电子商务与工业、农业、旅游业、文体产业、生活服务业等多产业融合发展。引进3家以上国内外知名电商企业，培育10家以上本地龙头电商企业，培育10个以上农副产品网络销售品牌。积极推进冷链物流体系建设。大力发展会展经济，按规定举办各类节庆会展活动，培育会展品牌企业。（牵头单位：区商务局，责任单位：区发改委、区经信委、区科委、区农委、区文化委、区旅游局、区供销社、区工商分局）

培育发展商贸业。以建立城乡一体化的商贸服务业为主线，优化商业布局和业态结构调整，加快构建城乡三级商贸流通体系。建成区级综合型公共配送中心和电商末端配送体系，解决农产品流通“最初一公里”和电商物流“最后一公里”问题，形成立体化城乡商贸网格体系。（牵头单位：区商务局，责任单位：区发改委、区农委、区工商分局、区邮政局）

培育发展文化旅游服务业。全面贯彻落实协调和绿色发展理念，以建设长寿湖风景区、菩提山文化旅游区和滨江长寿谷三大百亿级景区为抓手，打造旅游精品，追求精致旅游，引导长寿旅游精美发展。坚持文旅结合发展，深挖长寿文化内涵，扩大文旅结合的深度与广度。完善旅游度假区配套基础设施建设，改善旅游大环境，打造长寿湖－长寿菩提古镇国家级旅游度假区，加快建设“长寿·人人向往”的休闲旅游胜地。大力发展乡村旅游，创“长寿人家”乡村旅游品牌，增加城市居民休闲度假有效供给。加强旅游产品结构性改革，走特色化道路，大力提升服务水平，充分利用“旅游+”等优势，落实好带薪休假等政策，做大做强旅游产业。（牵头单位：区旅游局，责任单位：区文化委、区旅游发展中心）

培育发展金融服务业。进一步优化金融生态环境，综合运用债券、期货、汇票、保单等多元化金融产品，加快改善金融产品结构。制定产业发展政策，打造金融创新平台，发展创新金融，吸引创新金融和互联网金融落户长寿。扩大银行在城区、街镇的网点覆盖密度，继续支持村镇银行、小额贷款公司、担保公司、互联网保险等服务地方经济发展，进一步提升地方性金融机构的数量和质量。到2020年，新增国内外金融机构3－5家、新兴金融机构10家以上，培育上市公司2－5家。（牵头单位：区国资金融办，责任单位：区财政局、人行长寿中心支行）

培育发展“大健康”产业。围绕全民健康打造可持续发展的大健康产业链，加快重庆长寿健康科技产业基地建设，推进重医附三院长寿医养中心项目建设，充分利用“长寿”这一独特的品牌优势，加快发展医疗服务、体育健身服务、养老服务、健康保健产业，创新健康管理模式，开展“互联网+健康”服务，打造“健康长寿”。（牵头单位：区发改委，责任单位：区经信委、区民政局、区卫生计生委、长寿工业园区管委会、区旅游发展中心）

（三）提高“1+5+2”特色效益农业发展水平

提升现代农业“三园”建设质量和效益水平，有序推进现代农业“五区”建设，充分发挥多种形式农业适度规模经营在结构性改革中的引领作用，完善以粮油产业为基础，柑橘、渔业、畜禽、蔬菜、林果五大产业为支撑，中药材、花卉苗木为增长点的“1+5+2”特色效益农业产业体系。大力推进“互联网+农业”，切实提高本土优势农产品的有效供给能力。加快现代农业科技园区建设，加大农业科技成果推广运用力度，大力发展绿色生态农业，着力提高农业质量效益和竞争力。推动粮经饲统筹、农林牧渔结合、种养加一体、农村一二三产融合发展，在全市率先实现适农区域农业现代化。（牵头单位：区农委，责任单位：区发改委、区财政局、区规划局、区林业局、区畜牧兽医局、区供销社、区城乡统筹发展中心）

（四）改造提升传统优势产业

改造提升基础化工产业。按照前端原材料多元化供给、后端产品多渠道实现、副产物资源化综合利用的路径，推动石油化工、天然气化工与新材料产业耦合发展，促进化工产业向纵深方向发展。延伸甲醇、乙炔、氢氰酸等下游产业链，重点发展MTO、PBT、MMA等项目。拓展氯碱化工产业链，重点发展钛白粉、双氧水等项目，推进300万吨重油深加工项目建设，努力打造石油化工产业集群。到2020年，综合化工产业集群力争实现产值约500亿元。（牵头单位：区经信委，责任单位：区发改委、区投资促进局、长寿经开区经发局、长寿经开区运行局）

改造提升精细化工产业。大力开展科技创新工作，鼓励福安、博腾等医药中间体、原料药企业加大研发投入、积极开发新技术、新产品，同时引导中间体、原料药企业延伸产业链，大力发展制剂、药用辅料，不断提高企业综合实力。积极推动农药化工产业开展技改，强化产业链各环节的循环利用，提升产业链经济效益。到2020年，精细化工产业集群力争实现产值约50亿元。（牵头单位：区经信委，责任单位：区发改委、区投资促进局、长寿经开区经发局、长寿经开区运行局）

改造提升钢铁冶金产业。抢抓市场机遇，加快推进重钢—浦项冷轧薄板、镀锌板项目建设，深度调整钢铁产品结构，大力发展汽车高强钢、高品质线材、不锈钢等钢铁产品。着力培育特色金属制品产业链，加快发展钢丝绳、特种线缆、胎圈钢丝、不锈钢制品等特色金属制品。积极发展新型钢结构产业，打造一条集钢材研发、建筑产品设计与研发、钢结构加工制造、物流配送服务为一体的全新产业链。到2020年，钢铁冶金及金属压延产业集群力争实现产值约500亿元。（牵头单位：区经信委，责任单位：区发改委、区投资促进局、长寿经开区经发局、长寿经开区运行局）

改造提升装备制造产业。重点发展汽车整车及零部件配套、新能源汽车零部件配套等产业链，大力发展节能环保装备制造、化工装备制造、都市专业设备制造产业链，培育发展智能装备制造产业链。重点依托星宇等现代汽车配套企业、小康动力、环松科技等龙头企业，发挥长寿经开区钢铁及化工新材料产业优势，以传统汽车和新能源汽车制造为发展方向，积极融入重庆汽车产业发展。到2020年，装备制造产业集群力争实现产值约400亿元。（牵头单位：区经信委，责任单位：区发改委、区投资促进局、长寿经开区经发局、长寿经开区运行局）

改造提升电子信息产业。以长寿经开区新材料产业为基础，主动融入重庆笔电光电产业集群，加快集聚电子信息产业材料类配套企业。加快培育液晶面板减薄、偏光片等产品链，完善电瓷材料、电子连接线等产品链，大力推进塑料光纤、短焦距投影仪、固态硬盘等项目建设。加快长寿工业园区智能手机、平板电脑、VR/AR设备等智能终端产业集聚发展。到2020年，电子信息产业集群力争实现产值约500亿元。（牵头单位：区经信委，责任单位：区发改委、区投资促进局、长寿经开区经发局、长寿经开区运行局、长寿工业园区管委会）

改造提升轻工产业。充分发挥新市家居产业园的规模集聚效应，加快完善家居产业链条，引导存量企业从单一家具生产向成套家具生产、定制家具生产转型，加快传统家具生产向智能化、信息化方向升级，推动智能家具家电融合发展，努力培育一批新兴智能家居企业，打造中国西部智能家居产业基地。引导重庆长寿健康科技产业基地现有休闲食品、食药品包装、农副产品精加工产业由粗放型向集约型、科技型升级，着力引进一批医疗康复设备制造、健康食品和生物医药企业，实现传统健康产业提档升级。到2020年，长寿工业园区轻工产业群力争实现产值约300亿元。（牵头单位：区经信委，责任单位：区发改委、区投资促进局、长寿工业园区管委会）

（五）推动以科技创新为核心的全面创新

着力推进“三链”协同。深度整合创新驱动既有政策，通过准确的导向机制和强有力的推进机制，实现产业链、创新链、资金链的耦合协同。围绕产业链部署创新链，依托长寿经开区五大产业及长寿工业园区特色产业和现代服务业、现代农业布局创新项目。围绕创新链完善资金链，创新政府资金投入方式和财税激励机制，用好科技投入基金，提高资金使用效率，强化金融对创新驱动的支撑作用。（牵头单位：区科委，责任单位：区发改委、区财政局、区国资金融办、区经信委、区农委、长寿经开区经发局、长寿工业园区管委会）

加快构建开放式创新体系。大力提升企业技术研发创新水平，着力构建“1+2+20+40”金字塔型的企业创新体系，到2020年，打造1家行业领军型企业研发创新中心、2家国家级企业技术中心、20家市级企业技术中心、40家区级企业研发创新中心。加快培育科技型企业、高新技术创新企业。推动大众创业、万众创新，着力构建“15+

20+20”创新创业体系，发挥政策集成和协同效应，大力营造创新创业良好环境，打造15家众创空间、20家创新中介服务机构、20家科技型“小巨人”企业。（牵头单位：区科委，责任单位：区发改委、区财政局、区国资金融办、区经信委、长寿经开区经发局、长寿工业园区管委会）

营造良好的创新生态环境。认真贯彻落实相关优惠政策，激励科研人员创新、企业创新、全民创新。设立多层次引导基金和投资基金，大力引进风险投资等第三方投资。健全鼓励和支持创新的政策体系，实行严格的知识产权保护制度。营造勇于探索、公平竞争、宽容失败的社会氛围和尊重知识、崇尚创造、追求卓越的创新文化。（牵头单位：区科委，责任单位：区发改委、区财政局、区国资金融办、长寿经开区经发局、长寿工业园区管委会）

构建创新驱动功能平台。依托长寿经开区，建设创新驱动核心区。依托长寿工业园区、现代农业“三园五区”，建设创新驱动示范区。依托电商产业园、农民工返乡创业园、创业孵化基地、微企孵化园及特色村等平台，建设创新驱动辐射区。实施创新驱动研发投入提升、创新平台建设、“双创”基地打造、人才保障四大工程。（牵头单位：区科委，责任单位：区发改委、区财政局、区国资金融办、区经信委、区农委、区人力社保局、区工商分局、长寿经开区经发局、长寿工业园区管委会）

（六）提升开放水平拓展市场空间

加快构筑对外大通道。主动融入长江经济带基础设施网络体系，增强与周边地区的互联互通能力，强化长寿在“一带一路”和长江经济带中的节点性作用。完成渝万铁路长寿段建设，积极争取沿江货运铁路，主动对接广安－长寿－涪陵货运铁路，形成融入成渝经济圈、连通渝新欧国际大通道、融入丝绸之路经济带的铁路网络体系。完成渝长高速路扩能改造，加快推动与两江新区的快速通道前期工作，积极推进沪渝南线长寿支线和长江三桥项目研究论证工作，形成长寿融入都市功能拓展区的快速无缝对接网络体系。（牵头单位：区交委，责任单位：区发改委、区规划局）

推进以长寿经开区为核心的开放平台建设。着力培育经开区对外开放核心功能，进一步优化经开区管理体制机制，充分发挥经开区在体制创新、产业聚集、结构调整、土地集约利用、节能环保等方面的载体和平台作用，加大口岸建设力度，加快设立长寿海关、检验检疫机构。加强现代物流领域功能创新，打造集现代金融、服务贸易、仓储配送为一体的重庆化工品交易中心。以中新（重庆）战略性互联互通示范项目为契机，进一步优化资源和要素配置，推进产业转型升级和优化布局。（牵头单位：区投资促进局，责任单位：区商贸物流建设中心、长寿经开区经发局）

加强区域经济合作。坚持共享发展和合作共赢理念，加强与周边区县的合作对接。按照有利于产业体系构建、产业链延伸的原则，聚焦汽摩、笔电、节能环保等产业对基础材料的需求，主动承接两江新区产业溢出效应，主动融入长江经济带产业合作，促进全区产业多元化发展。推进与涪陵化工分工协作，加强页岩气资源利用。以发展生态果蔬、特色农副产品加工等产业为重点，联合垫江、梁平打造龙溪河生态经济带。（牵头单位：区发改委，责任单位：区经信委、区农委、区商务局、区环保局、区投资促进局）

（七）深化体制机制改革增强供给体系活力

深化投融资体制机制改革。确立企业投资主体地位，平等对待各类投资主体，放宽放活社会投资。改善企业投资管理，注重事前政策引导、事后监管约束和过程服务，创新服务方式，简化服务流程，提高综合服务能力。完善政府投资体制，发挥好政府投资的引导作用和放大效应，完善政府和社会资本合作模式。拓宽投资项目资金来源，充分挖掘社会资金潜力。建立健全股权投资引导机制，整合现有投向实体经济的财政资金，探索建立股权投资引导基金、创业投资基金、生物医药产业并购基金，支持战略性新兴产业加快发展。发挥科技风险投资引导基金作用，加大对科技型中小企业投资力度。（牵头单位：区发改委，责任单位：区财政局、区国资金融办、区经信委、区科委、区工商分局）

深化国资国企改革。完善区管国有企业分层管理体系，理顺区国资金融办出资企业和区属部门出资企业的关系；加大区管国有企业改革力度，进一步推动区管国有企业尤其是平台公司人员身份改革。继续推进区管国有企业薪酬制度改革，完善区管国有企业负责人薪酬制度；加大闲置国有资产的清理处置力度，规范资产资源管理和有效利用。健全公司法人治理结构，以董事会建设为重点逐步完善国企现代企业制度，建立有效制衡、运转高效的体制机制。逐步推进混合所有制改革和股权多元化改革。稳步推进区管国有企业分类改革和遗留问题处理，确保社会稳定。（牵头单位：区国资金融办，责任单位：区委组织部、区人力社保局、相关平台公司、区管国有企业）

深化 PPP 模式改革。在基础设施建设领域推广 PPP 模式改革基础上，继续在政府公共服务市场化采购等领域加大与社会资本合作力度，通过特许经营、购买服务、股权合作等方式，进一步增强公共产品和服务供给能力，不断提高供给效率和水平。（牵头单位：区发改委，责任单位：区财政局、区城乡建委）

深化科技体制改革。进一步推进院企合作，探索建立新型研究院，拓展科技创新路径。突出企业技术创新主体地位，推进科技资源资本化、市场化，建立主要由市场决定技术创新项目经费配置、成果评价、收益分配的机制。优化财政性科技资源配置，建立健全专利服务机制和发明专利转化应用机制。（牵头单位：区科委，责任单位：区发改委、区经信委、区教委、区财政局、长寿经开区运行局）

深化财税扶持机制改革。跟进落实中央、市与供给侧结构性改革有关的财税、金融政策，推动金融机构业务转型。建设国税地税统一征税服务大厅。研究营改增后收入分配办法等相关政策。（牵头单位：区财政局，责任单位：区国资金融办、区国税局、区地税局）

三、积极稳妥去除无效供给

（一）积极化解过剩产能

多管齐下综合施策。严格执行产业禁投负面清单，对过剩产能项目不得办理用地、能评、环评和项目核准、备案手续，金融机构不得新增授信，特别重要项目报市政府批准实施。对产能过剩行业实行有区别的阶梯性、惩罚性水电气等价格，严格执行环保、能耗、质量技术、安全生产等控制标准，用市场的办法淘汰落后产能。对存量企业中技术先进、生产安全、能耗环保达标的产能区别对待，支持企业开拓市场，投放新产品，巩固市场份额。实施“走出去”与“引进来”结合，开展对外合作，加强产能合作统筹引导，完善对外投资的政策支持，向外转移产能。发挥现有产能基础，积极引入龙头企业实施兼并重组，转产增效。对产能压减和退出企业在土地转让、人员安置、债权债务处置等方面给予政策扶持。（牵头单位：区经信委，责任单位：区发改委、区国资金融办、区环保局、区安监局、长寿经开区经发局、长寿经开区运行局、长寿工业园区管委会、人民银行长寿中心支行）

积极推进去产能工作。支持重钢加快转型转产，大力推进冷轧镀锌板项目早日开工建设。配合重钢调减现有船板钢生产能力 200 万吨以上，将富余炼钢能力转产薄板、钢结构等精品用材。鼓励和引导重庆长航川江船厂从船舶制造向船舶维保、码头装卸、仓储转型发展，逐步去除造船产能。支持西南水泥公司集团内部优化整合产能，逐步压缩水泥产能；从严控制水泥项目准入审批环节，确保区域内水泥产能有减无增。严格执行煤炭行业生产技术标准，落实煤炭生产企业退出产能补偿政策，鼓励煤炭生产企业主动退出，有序关闭煤炭生产企业。（牵头单位：区经信委，责任单位：区发改委、区安监局、区煤管局、区投资促进局、长寿经开区经发局、长寿经开区运行局）

（二）有效处置僵尸企业和空壳公司

提供有效政策支持。全面清理僵尸企业和空壳公司，对未按时进行年报年检或长期无经营业务活动、无税务活动、注册登记出现异常等情况的企业依法给予处置。鼓励各类投资主体通过设立并购重组基金、股权投资基金等形式参与处置僵尸企业和空壳公司。支持银行向金融资产管理公司打包转让不良资产，加快不良资产处置进度。积极探索债转股、参与运营、资产证券化和流转等市场化处置渠道，提高资产处置效率。大力支持兼并重组型资产处置，对转型升级和兼并重组过程中的债务重组等按照国家政策予以扶持，对关停企业用地性质可按城市规划进行调整，所获溢价收益用于人员安置等。（牵头单位：区经信委，责任单位：区发改委、区国资金融办、长寿经开区运行局、区工商分局）

坚持“一企一策”分类指导。严格认定，分类实行，通过企业集团内部处置一批、兼并重组一批、资产管理公司处置一批、破产关闭一批等方式处置。支持外来企业对建滔化工、一胜特、海洲化学、德雅化工等企业兼并重组，延伸产品链条，提高产品附加值，增加产品竞争力，有效盘活或改造现有产能。支持天信线缆、吉利斯丹等企业利用对外出租或回购再利用等方式盘活现有存量资产。（牵头单位：区经信委，责任单位：长寿经开区经发局、长寿经开区运行局、长寿工业园区管委会）

做好职工安置工作。指导企业按国家有关政策落实职工安置补偿，积极争取国家、市专项资金支持。做好再就业帮扶，开发公益性岗位，通过技能培训、职业介绍等方式促进下岗失业人员再就业或自主创业。实行失业保障、社会救助兜底，保障职工基本生活。（牵头单位：区人力社保局，责任单位：区财政局、长寿经开区运行局、长寿工业园区管委会）

（三）去除房地产库存

加大土地供应调控力度。统筹安排房地产建设总量、供应结构、空间布局和开发进度。顺应土地市场变化，制定科学合理的土地供应计划。针对普通商品住房库存量大，消化周期长的现状，暂停或延缓普通商品房土地出让，引导房地产开发企业对已供地未开工的项目暂停或减少开工量；对招商引资工业项目，不再配套职工居住用地，采取公租房定向配租方式提供职工住房；将符合条件的非住宅类商品房库存改造为社会事业用房、电商用房、楼宇工业等，进一步减少房地产市场入市规模，促进商品房价格理性回归，防范房地产企业出现“烂尾”项目，控制稳定风险。（牵头单位：区国土房管局，责任单位：区城乡建委、区规划局）

进一步拓展市场。加大户籍、社保、教育、医疗等制度改革力度，提高户籍人口城镇化率，吸引外地农民工就地转为市民；落实首套房、改善型购房的税收优惠政策和有关金融、信贷等房地产调控政策，让有购房需求的群众尤其是农村户籍人口能购房，积极释放刚性需求；探索建立租购并举的住房制度，培育发展专业化住房租赁市场；通过举办房交会等形式，多渠道促进产品销售。房地产去库存取得明显成效，去化周期处于合理区间。（牵头单位：区国土房管局，责任单位：区发改委、区财政局、区国资金融办、区公安局、相关平台公司）

切实降低房地产企业税费。对房地产企业所得税预售收入的计税毛利率由20%调整为15%，非普通住宅、商业、车库的土地增值税预征率由3.5%调整为2%，普通住宅土地增值税预征率执行1%。（牵头单位：区国税局、区地税局，责任单位：相关部门）

积极推进货币化安置。原则上停止新建安置房，在征地农转非、国有土地上房屋征收、城市棚户区改造中，通过采取住房货币化安置或回购普通商品房方式安置，着力搭建存量商品房与拆迁安置、棚户区改造之间的供需对接通道，增加普通商品住房的需求。（牵头单位：区国土房管局，责任单位：区城乡建委、区征收安置办、相关平台公司）

推动房地产功能转型。研究制定未开发房地产用地的用途转换方案，通过调整土地用途、规划条件，推进房地产与文化体育、健康养老、教育医疗、众创空间融合发展。积极拓展保障性住房的有效利用，完善保障性住房项目建设的相关手续，办理权属登记。制定和落实“十三五”公廉租房住房实物配租计划，启动廉租房实物配租，应保尽保；公租房有计划配租，轮候保障。对存量保障性住房提出分类处置措施，拓展房产有效利用。研究制定存量安置房去库存方案，稳慎推进去化工作。（牵头单位：区国土房管局，责任单位：区财政局、区国资金融办、区城乡建委、区规划局、区公共民生工程建设中心、区旅游发展中心、长寿经开区集团公司）

四、减轻实体经济负担

（一）降低企业税费负担

加大结构性减税力度和涉企收费清理。贯彻落实国家、市“营改增”政策，优化税制结构。进一步清理涉企行政事业性收费和政府定价的经营服务性收费，对属于国家明文规定且有收费标准的行政事业性收费项目，收费标准按国家规定的下限执行。属于本地政府定价、政府指导价管理的行政事业性收费严格执行国家相关政策。严格执行国家关于取消停征和整合部分政府性基金项目的要求，停征取消一批政府性基金项目，并将更新后的涉企行政事业性收费、政府性基金等目录清单及时向社会公布。（牵头单位：区发改委，责任单位：区财政局、区国资金融办、区经信委、区国税局、区地税局）

（二）降低要素成本

进一步落实长寿区支持实体经济发展六大举措及市政府涉企减负30条政策，加大对新办鼓励类中小企业、新办微企财政资金支持力度，缓解企业生产经营压力。（牵头单位：区发改委，责任单位：区财政局、区经信委、区科委、区城乡建委、区农委、区商务局、区国土房管局、区工商分局）

积极推进多元化供气和售电侧改革试点。完善多元化供气格局，扩大直供气覆盖面，通过市场竞争机制降低天然气价格，降低企业用气成本。落实大工业用户用电增量奖励政策，以降低基本电费、降低力调电费、降低分时电费为重点，开展企业电价超高诊断工作，指导企业降低电费成本。严格执行降低一般工商业用电价格规定，减轻中小微企业负担。（牵头单位：区发改委，责任单位：区经信委、长寿经开区运行局、相关供气供电机构）

降低企业融资成本。大力推动建立政府与银行、保险、担保的合作机制，做好农业增信保证保险，积极探索工业增信保证保险，有效降低企业融资成本。进一步加大财政扶持力度，引导银行业金融机构主动对接重点企业和重点项目，对符合贷款条件的，积极给予支持。综合运用再贷款、再贴现等货币政策工具，有效控制贷款利率上浮空间。利用“互联网+”等技术手段，努力搭建融资信息服务平台，促进银企对接，帮助消除信息不对称，有效降低融资成本。（牵头单位：区国资金融办，责任单位：区财政局、区经信委、区农委、人行长寿中心支行、相关金融机构）

置换企业高成本债务。推动与金融机构的战略合作，加快置换高成本债务，给予企业融资增信和贷款担保，建立良性借贷关系。加强由政府引导，行业协会组织，按照国家利率政策做好已有融资的利率下调工作。（牵头单位：区国资金融办，责任单位：区财政局、人行长寿中心支行、相关金融机构）

（三）降低企业经营性成本

降低企业物流成本。引导物流仓储设施集约化布局，加快企业物流的信息化发展。推进电商物流发展，推广建设末端快递公共取送点。鼓励商贸企业剥离物流业务，支持重点商贸物流企业开展城市共同配送工作，加快建立城市共同配送机制，提高物流效率、降低物流成本。（牵头单位：区商务局，责任单位：区发改委、区财政局、区经信委、区农委、区供销社、区工商分局）

降低企业用工负担。进一步落实企业稳岗补贴政策，调整困难企业社保缴费基数，降低小微企业基本养老保险单位缴费费率，开通优质诚信企业社保经办绿色通道。（牵头单位：区人力社保局，责任单位：区经信委、区财政局、区农委、区商务局、区工商分局、区地税局）

（四）降低制度性交易成本

2016年完成权责清单、公共服务事项和中介服务的清理和规范。全面实施行政审批网上审批，推行建设领域并联审批改革。着力构建权责明晰、定位准确的政府行政权力运行体系，全面建成综合性的政务服务网站，实现行政审批和服务事项的“一站式”网上办理与“全流程”效能监管。实施注册登记电子化，下放个人独资企业、合资企业登记权限。加快社会信用体系建设，建立和完善全区统一的公共信用信息应用平台，推动信用信息共享交换与应用。（牵头单位：区政府法制办、区发改委，责任单位：区编办、区电子政务办、区行政服务中心管理办、区工商分局）

五、加大风险防控力度

（一）做好政府性债务管控

健全政府债务管控制度，规范举债行为，进一步细化债务风险预警指标，建立预警制度，按时公开政府债务限额及债务支出情况并形成长效机制。加快存量政府债务的置换，加强政府债券资金的管理。调整政府平台公司考核管理制度，提高资金使用效率。降低政府平台公司融资成本，改善融资结构，完善资金收支预判体系，严控偿债风险。（牵头单位：区财政局，责任单位：区国资金融办、各平台公司）

（二）有效控制金融机构创新产品杠杆率

支持金融监管部门对金融机构创新产品的杠杆率进行管控，重点管控银行金融机构夹层投资和保险公司万能险产品等金融衍生品潜在风险。严格防范高杠杆比金融产品、担保公司代偿等风险。（牵头单位：区国资金融办，责任单位：区财政局、人行长寿中心支行）

（三）加强对互联网金融的监管

对P2P网络借贷、股权众筹平台等互联网金融机构及交易市场、投资咨询类企业实行严格的准入管理机制。严格按照《重庆市人民政府办公厅关于印发重庆市互联网金融风险专项整治工作实施方案的通知》（渝府办发〔2016〕94号）要求，对辖区互联网金融机构开展全面摸底排查及专项整治工作，建立健全机构数据库，对摸排出的涉嫌违法违规企业，依法予以严厉打击和整顿。（牵头单位：区国资金融办，责任单位：区公安局、区工商分局、人行长寿中心支行）

（四）切实推进工商企业多元化融资

积极推进落实与市证监局签署的《推动长寿区资本市场改革发展的合作备忘录》，加强区内工商企业上市培育，通过培训、引导，推动一批优质企业在主板、中小板、创业板、新三板以及OTC市场上融资、增资扩股。与深交所深化合作，加强企业改制上市指导工作力度，鼓励企业实现股权多元化发展，规范企业上市程序，进一步加快资本市场建设步伐，完善多层次资本市场，促进区域经济结构优化升级。（牵头单位：区国资金融办，责任单位：区经信委、区农委、区商务局、区工商分局、人行长寿中心支行）

（五）坚决遏制非法集资行为

按照“打早、打小、打苗头”的工作思路，提高“打非”工作常态化、信息化、规范化水平。充分发挥多部门联动执法优势，继续加大宣传引导、提高群众风险意识，发动群众举报、及时掌控非法集资苗头，强化监管排查、控制非法集资增量，加快案件处置、及时化解积案存量，启动吊销程序，积极追赃挽损、化解群众矛盾，做好信访维稳、维护社会稳定。（牵头单位：区国资金融办，责任单位：区信访办、区公安局、区政府法制办、区工商分局、人行长寿中心支行）

六、切实补强基础设施和民生领域短板

（一）建立精准扶贫长效机制

以“四大转变”推进脱贫攻坚工作，逐步由应急扶贫向长效扶贫转变，由点上扶贫向面上扶贫转变，由重基础设施建设向产业扶贫转变，由一般性扶贫向公共服务转变。实施危房改造、金融扶贫、医疗扶贫、就业扶贫和产业扶贫“五大扶贫工程”，精准推进危房改造、精准提供金融扶贫支持、精准开展医疗卫生扶贫、精准促进就业创业、精准帮扶发展农业产业。继续深入开展教育资助扶贫行动、兜底保障扶贫行动、交通扶贫行动、饮水安全扶贫行动、农村环境整治扶贫行动和电商扶贫行动“六大扶贫行动”，巩固扶贫成果。（牵头单位：区农委，责任单位：相关部门、各街镇）

（二）实施基础设施补短板工程

加快农村基础设施建设。策划实施农村基础设施、农村基本公共服务、农村信息化、农村环境综合整治、美丽乡村建设五大工程。强化与农发行的农业政策性金融合作，加大全区19个街镇农村公路及场镇基础设施改造建设力度。力争完成1000千米的农村联网公路、断头公路、“十三五”末行政村通农客村道公路扩宽改造以及重要县乡道公路升级改造。持续发挥小城镇建设专项资金作用，实施葛兰、云台等14个镇及原拆并场的市政基础设施、管网下地、立面改造、市政休闲设施等为重点的城镇人居环境改善工程。进一步完善城镇和农村垃圾收运系统，到2020年全区生活垃圾收运实现全覆盖，农村垃圾收集率达到95%，处置率达到100%。（牵头单位：区发改委，责任单位：区城乡建委、区交委、区市政局、各街镇、相关平台公司）

完善城市基础设施建设。严格规划管理，围绕道路互联互通，加快城区与园区间、城市内部组团间、中心城区与重要场镇间的交通基础设施建设，提升城市快速交通水平。推进公共停车场建设，制定完善城区停车专项规划，规划建设一批公共停车场，逐步改造城区道路停车位，增加临时停车供给。全面实施城区绿化美化工程，提升城市形象。加快推进海绵城市、智慧城市、地下综合管廊等新型城市建设，全面提升城市功能。（牵头单位：区城乡建委、区市政局，责任单位：区规划局、相关平台公司）

（三）实施生态环境建设补短板工程

深入实施“蓝天、碧水、宁静、绿地、田园”五大环保行动。对龙溪河、桃花河、御临河流域等次级河流统一规划、综合整治，继续深入推进长寿湖生态环境保护专项，同时争取将大洪湖流域生态环境保护列入国家良好湖泊生态环境保护专项，确保全区次级河流水质全面达到水环境功能要求。切实加强饮用水源保护，深入开展集中式饮用水源涵养工程。启动城市第二饮用水源、应急备用水源论证。对天然林实施封育并开展森林抚育，提升森林质量，维护生物多样性。深入推进主要污染物总量减排，落实好工程减排、结构减排、管理减排等措施，实行排污权交易制度，减少污染物排放总量。进一步完善防灾减灾防控体系，加强生态环境风险应急处置体系建设。到2020年，环境空气质量优良天数达到292天，全区街镇污水处理设施实现全覆盖，多污染物综合防治和环境治理取得明显成效。（牵头单位：区环保局，责任单位：相关部门、各街镇）

（四）实施社会事业补短板工程

加快发展教育事业。围绕基本实现城乡教育一体化、教育信息化和教育现代化，加大农村薄弱学校改造力度，优化学校网点布局，推进优质教育资源均衡配置，按需扩大城镇教育容量。推动发展普惠性学前教育。围绕产业升级发展需求，依托重庆化工职业学院，加快现代职教体系建设，完善人才培养链条，创新产教融合、校企合作机制。（牵头单位：区教委，责任单位：相关部门、各街镇）

加快发展医疗事业。围绕完善城乡医疗卫生服务体系，着力提升医疗服务能力，建设“健康长寿”。推进公立医院改革，建立医疗联合体，实施分级诊疗，优化区内医疗资源配置，提高群众看病方便程度。加大基层公立医疗机构投入保障和政府购买服务支持力度，保证医疗卫生服务基层网底安全。推进区人民医院北城分院、中医院二期、区妇幼保健院扩建等项目建设，提升区级医疗机构服务能力。深化医保支付方式改革、调整医疗服务价格、推进医药分开，逐步破除公立医院逐利机制，减轻群众看病负担。引入社会资本与公立医疗机构合作举办医疗养老机构，提供多元化的社会需求。（牵头单位：区卫生计生委，责任单位：区发改委、区财政局、区人力社保局）

加快发展文化事业。围绕构建覆盖城乡的公共文化服务体系，大力推进区级文化馆搬迁、长寿博物馆、老体育馆改造以及三段石文体综合广场、全民健身中心、基层综合性文化服务中心等一批区级重点项目建设。继续实施农体工程、社区健身点、农民健身广场等基层健身工程建设。依托长寿区公共文化服务物联网平台，加大政府向社会力量购买公共文化服务的力度，积极开展文化进社区、进农村，丰富公共文化产品和服务供给，创新公共文化服务方式和手段。到2020年，全区各街镇、村（社区）普遍建成集宣传文化、党员教育、科学普及、普法教育、体育健身等功能于一体，资源充足、设备齐全、服务规范、保障有力、群众满意度较高的基层综合性公共文化设施和场所。（牵头单位：区文化委，责任单位：相关部门、各街镇）

七、保障措施

（一）加强组织领导。全区各街镇、有关部门及单位要切实把思想和行动统一到中央、市委和区委、区政府关于推进供给侧结构性改革的决策部署上来，把落实本实施方案作为当前重点工作抓紧抓实，加强组织协调，完善工作机制，形成齐抓共管、整体推进的工作格局。建立长寿区推进供给侧结构性改革工作联席会议制度，由区政府区长任召集人，区政府常务副区长任副召集人，相关区委、区政府分管领导按职责分工具体推进，区级有关部门及单位主要负责人为成员，联席会议下设办公室在区发改委。区级有关部门要及时研究工作落实中的突出问题，加强与市级相关部门的沟通，制定产业、金融、财政、用地等配套政策。

（二）明确责任分工。各牵头单位要进一步细化明确年度重点工作目标任务，对落实相关任务负总责。各年度重点工作目标任务要按照清单方式管理，确保“见目标、见任务、见企业、见时效、见路径、见责任人”。相关责任单位要各司其职，主动配合牵头部门，全力落实各项工作安排。

（三）强化宣传引导。要充分利用报刊、电视、互联网等各种新闻媒体，广泛宣传供给侧结构性改革的重大意义、目标要求和政策措施，做好实施方案的政策解读，总结推广好经验好做法，及时回应社会关切，正确引导社会预期，最大限度凝聚共识，调动社会各界的主动性、积极性和创造性，共同营造推进供给侧结构性改革的良好舆论氛围。

（四）严格督查考核。建立健全目标责任制，分解落实年度重点工作目标任务和责任，强化过程监督和结果考核。区委督查室、区政府督查室要加强督查督办，视情况采取下达督查通知书、组织实地督查、提请区领导约谈、挂牌督办等方式推动工作落实，同时将落实本实施方案和年度重点工作目标任务纳入年度实绩考核，对工作落实不到位的，按有关规定严格问责。

中共重庆市长寿区委
重庆市长寿区人民政府
关于深化改革扩大开放加快实施
创新驱动发展战略的意见

（2016年10月20日中国共产党重庆市长寿区第十二届委员会第九次全体会议通过）

创新是引领发展的第一动力，是推动社会进步的重要力量。根据《中共中央国务院关于深化体制机制改革加快实施创新驱动发展战略的若干意见》《国家创新驱动发展战略纲要》和《中共重庆市委重庆市人民政府关于深化改革扩大开放加快实施创新驱动发展战略的意见》和全国科技创新大会、市委四届九次全会的统一部署，就进一步深化改革、扩大开放，加快实施创新驱动发展战略，提出如下意见。

一、总体要求

（一）指导思想

以邓小平理论、“三个代表”重要思想、科学发展观为指导，深入学习贯彻习近平总书记系列重要讲话和视察重庆重要讲话精神，全面贯彻落实党的十八大、十八届三中四中五中全会、全国科技创新大会和市委四届九次全会精神，按照“五位一体”总体布局和“四个全面”战略布局要求，坚持以人民为中心的发展思想，坚持创新、协调、绿色、开放、共享的发展理念，全面落实科教兴国和人才强国战略，大力实施区域发展战略，围绕“科学发展、富民兴区”的总任务和“三个全面建成”的总目标，进一步深化改革、扩大开放，加快推进以科技创新为核心的全面创新，着力推动企业成为创新主体，激发人才创新创造活力，推进全方位开放式创新，加快科技成果转移转化，营造良好创新生态，加快建设创新驱动发展示范区，推动发展动力转换，加快发展方式转变，为长寿区全面建成小康社会提供强大支撑。

（二）基本原则

——坚持需求导向。紧扣长寿发展战略定位，顺应科技发展趋势，聚焦经济社会发展需求，围绕产业链布局创新链，加快培育战略性新兴产业，形成以创新为主要引领与支撑的经济体系和发展模式，构建长寿创新发展新格局，打造创新创业新引擎。

——坚持深化改革。遵循科技创新规律，瞄准制约创新驱动发展的突出问题，破除科技与经济深度融合的体制机制障碍，强化市场导向作用，突出企业创新主体地位，转变政府职能，营造良好制度环境，充分激发全社会创新创造活力。

——坚持开放引领。进一步扩大开放，加快构建开放式创新生态，大力培育科技型企业，积极引进科研机构和团队，强化各类创新主体和区域之间的创新协同，在更大范围内集聚创新资源，培育以新技术、新产业、新业态、新商业模式为标志的“四新经济”，推动创新与产业发展、产城融合、民生发展等领域有机结合，促进各类创新要素有序流动、综合集成和高效利用。

——坚持人才为先。把人力资源开发放在创新驱动发展的优先位置，以充分发挥各类人才的积极性和创造性为核心，改革人才评价、引进、培养和使用机制，加快建设科技创新平台，增强人才吸引力，在创新事业中集聚人才，在创新实践中培养人才，让各类人才人尽其才、才尽其用、用有所成。

——坚持全面创新。坚持以科技创新为核心的全面创新，通过科技创新和制度创新“双轮驱动”，推动科技与经济深度融合，全方位推进产品创新、品牌创新、产业组织创新、商业模式创新等，把创新驱动发展战略落实到经济社会发展全过程和各方面，打造长寿发展“升级版”。

（三）发展目标

到2020年，全面建成创新驱动发展示范区，成为西部创新中心的重要组成部分。长寿经开区建成国家知识产权示范园区、国家级科技企业孵化器和国际创新合作园，长寿工业园区建成市级高新技术产业园区，现代农业园区建成国家农业科技园区。

——创新型经济结构基本形成。构建起知识密集、多点支撑的产业结构，培育一批具有竞争力的优势产业集群，文化创意产业快速发展。战略性新兴制造业增加值占规模以上工业增加值比重达到30%，知识密集型服务业增加值占地区生产总值比重达到20%，科技进步贡献率提高到60%以上。

——创新能力大幅提升。创新要素集聚辐射能力显著增强，产学研协同高效，企业技术创新主体地位大幅提升，培育科技型企业510家，其中高新技术企业超过60家，巴渝创新型领军企业5家以上。研究与试验发展（R&D）经费支出占地区生产总值比重达到2.5%，规上工业企业研发投入占销售收入比重达到1.5%以上，高新技术企业研发投入占销售收入比重达到3%以上，每万人发明专利拥有量和高新技术产品销售收入翻一番。

——创新平台建设成效显著。科技资源集聚能力显著提高，开放、共享、服务水平明显增强，区域科技创新平台体系更加完善。构建共享服务平台，长寿经开区建成研发检测服务平台和科技创新园公共服务平台，长寿工业园区建成中科未来城科技创新平台，现代农业园区建成农业科技服务平台，沿江现代物流园建成“互联网+智慧物流创新平台”。企业研发创新平台建设取得突破，培育同行业领先的企业研发创新中心1家、国家级企业技术中心2家、市级企业技术中心20家、区级企业研发创新中心40家，建成一批博士后、院士工作站和产业技术创新联盟。

——科技人才队伍明显壮大。引进与培育科技创新人才、管理型创新人才、高技能实用人才，聚集一批重点企业和重点产业领域高层次创新人才，新引进各类急需紧缺专业人才超过600人，科技活动人员占企业从业人数比例超过5%。

——创新生态更加优化。深入推进“放管服”改革，创新政策措施更加健全，知识产权保护更加严格，创新服务体系更加完善，创新价值得到充分体现，形成崇尚创新、宽容失败的价值导向和文化氛围。

二、强化企业创新主体地位，不断激发创新活力

（一）鼓励企业加大技术创新投入

充分发挥财政资金的杠杆作用，整合各类产业发展专项资金和科技专项资金，设立每年不低于1.5亿元的创新驱动发展战略专项资金，配套运用普惠性政策，引导支持企业加大研发经费投入力度。完善企业研发费用计核办法，优化企业研发费用加计扣除政策的办理流程。鼓励规模以上企业每年从销售收入中提取3%—5%作为研发准备金，税前按实际支出额进行加计扣除，并按其新增研发投入的10%给予奖励。

（二）完善创新产品及服务扶持政策

完善重大新产品研发成本补助政策，加大对产品研发成本的补助力度，对市场认可并经专业评定的市级新产品，连续两年按新产品新增税收地方留成部分的50%给予财政补助；对具有发明专利的市级重大新产品，补助时间延长至三年。落实首台（套）重大技术装备扶持政策，对采购使用我市首台（套）重大技术装备的单位按其采购额给予一定比例补助。对研发机构新购置先进科研设备，且纳入重庆大型科学仪器资源共享平台的，给予一定比例补贴。健全优先使用创新产品和服务的采购政策，每年小微企业直接或间接获得政府采购合同金额不少于总合同金额的20%。试行创新产品与服务远期约定采购及风险补偿制度，鼓励市场主体之间通过合约方式约定采购创新产品和服务，稳定创新产品开发者和服务提供商的市场预期；对约定采购的创新产品及服务研制失败的，给予生产服务提供商相关保险费用补贴。

（三）大力培育科技型企业

采取综合措施，大力培育科技型企业，激励科技型企业争创高新技术企业。实施科技型中小微企业培育工程，完善所得税优惠、创业补助、贷款贴息等扶持政策，适时跟进股权投资、上市辅导、转型孵化等专业服务，促进“专精特新”科技型中小微企业发展；鼓励企业组建科技人员持股、社会资本参股的法人化研发公司，支持国内外高层次人才团队发起设立专业性、公益性和开放性新型研发机构。实施科技型企业转型升级工程，将符合条件的科技型企业纳入国家高新技术企业培育库，并通过专项创新券予以支持；对首次通过市科委认定的

科技型企业给予一次性资助；对新认定的国家火炬计划重点高新技术企业、高新技术企业给予一次性奖励，并按规定连续三年享受企业所得税留成部分50%的研发专项补助；对规模以上高新技术企业按有关规定给予研发投入补贴；建立转贷应急周转资金，重点支持有市场有回款有效益但资金周转暂时困难的高新技术企业；探索建立投保科技保险的保费补贴制度，支持高新技术企业、转制科研院所及其他科研机构投保科技保险。

（四）加快培育创新型领军企业

实施巴渝创新型领军企业培育计划，对接国家“创新企业百强工程”、工信部“制造业单项冠军企业培育提升专项行动”，鼓励和引导企业进入重庆领军企业培育库，对于入选国家“创新企业百强工程”的企业，按照国家要求给予配套资金支持。开展主导行业龙头企业创新转型试点，促进企业技术创新与管理创新、商业模式创新互动发展，重点支持龙头企业与高校、科研院所联合建设国家级研发机构。实施制造业与互联网融合“双创”平台计划，鼓励龙头企业通过投资员工创业开拓新的业务领域、开发新产品，形成企业内部创新生态圈。

（五）完善企业创新链配套服务

鼓励第三方机构为创新创业者提供工业设计、芯片专利池、检验检测、模具加工、知识产权、专利标准、智能语音识别模组、样机制造、中试生产、产品推广等创新全链条服务。建立大型科研仪器设备和研发公共服务共享开放政策，分类整合各专业领域的技术、资本、信息、市场和人力等资源，培育发展一批创新创业导师队伍和专业化培训机构，为创新创业者提供定制化服务。开展科技创新券试点，重点支持科技型中小微企业向第三方创新服务机构购买研发、检测、分析、咨询等专业服务。

三、推动重点领域和重点区域创新，提升综合竞争实力

（一）运用新技术推动工业转型升级

着力推动新型工业化、信息化、城镇化、农业现代化深度融合发展，以集群为导向合理布局产业，加快引进和组织实施一批重大项目，实现制造业更高水平发展。高起点承接国内外综合化工、高端装备制造、新材料新能源、电子信息、生物医药等行业中前景好、体量大、带动性强、科技含量较高的骨干企业及关键零部件配套企业，填平补齐产业链薄弱和缺失环节，快速做大产业规模。支持现有企业运用新技术、新工艺、新材料、新装备、新模式开展技术改造，推进工业化和信息化深度融合，提高装备数字化与智能化水平，推动产业转型升级。积极培育智能装备、化工新材料、生物医药等新兴产业，优化资金、技术、人才等要素配置，形成一批产业链条完善、规模效应明显、核心竞争力突出、支撑作用强大的产业集群。推动工业企业建立研发中心，着重提高技术引进消化吸收再创新能力。集中攻克一批主导产业核心共性关键技术，加强基础零部件、基础制造工艺、基础材料的研究开发，形成一批发明专利和技术标准，促进科技成果工程化和产业化，重点解决关键原材料、重大装备、基础器件等附加值不高、本地配套率低的问题，支撑重点产业转型升级。鼓励发展面向智能制造的信息系统集成、技术转移、知识产权和融资租赁等知识密集型服务业，促进产业转型。鼓励企业开展个性化定制、柔性化生产。

（二）推广新模式提升农业现代化水平

创新农业发展理念，以工业化理念、园区化方式统筹协调城乡和产业发展，全力推进适农区域全域农业现代化。创新农业发展模式，完善利益联结机制，促进农业产业链延伸，推进农业与制造业、旅游业、文化产业、健康养老业等产业深度融合，推动多层次、宽领域、广覆盖的农村一二三产业融合发展。大力发展新型农业经营主体，强化农民合作社和家庭农场基础作用，支持龙头企业引领示范，鼓励社会资本投入，培育多元化农业产业融合主体。完善土地流转模式，落实集体所有权，稳定农户承包权，放活土地经营权，完善“三权分置”办法，依法推进土地经营权有序流转，发展多种形式的适度规模经营，探索各类集体资产量化确权的具体实现形式。充分发挥区农村综合产权流转交易中心的平台作用和窗口功能，完善农村土地流转风险监测机制。完善农业科技推广模式，大力推广农业科技创新与集成应用、“互联网＋”农业应用，加快农业信息化、农产品质量安全、绿色生态农业技术研发和农村电商模式创新，着力提高农业质量效益和竞争力。创新农业投融资模式，加强与农业金融服务机构合作，探索设立农业风险金，拓宽融资渠道。持续推进农业增信保证保险试点，支持农

业技术创新和管理体制机制创新。开展农业产业化项目财政补助资金股权化改革试点。

（三）培育新业态发展现代服务业和民生经济

充分利用互联网、物联网等新技术，不断开发新模式、刺激新消费，培育新兴商业形态和新型民生经济。抓好电商产业园建设管理，逐步完善功能和配套设施，引进培育跨境电商、农村电商，重点发展“互联网＋供应链”平台，开展钢材、化工产品、房产等供应链业务，整合优势资源、优化大宗货运市场的运营效率，真正发挥全区电商产业集聚效应。创新虚拟物流服务模式，推进电子商务和物流配送协同的信息共享技术、网购物流服务网络发展，有效降低物流成本。积极推动形成“云平台＋信息管道＋智能终端＋内容服务”的信息通信服务产业集群。积极发展金融新业态，吸引创新金融和互联网金融落户长寿，综合运用债券、期货、汇票等多元化金融产品，加快金融产品结构改善创新。深度挖掘长寿文化内涵，打好“长寿”牌，推动大健康产业、现代教育业与旅游业融合发展。强化科技服务民生，把创新融入“智慧城市”“海绵城市”建设全过程，加快发展智慧教育、数字医疗、物联网文化等一批新业态，培育基于开源软件和硬件平台的社区创新业态。

（四）搭建新平台推动科技创新资源共建共享

加快科技创新公共服务平台体系建设，引导科技创新资源进一步聚集和共建共享。依托长寿经开区建设政府、企业、高校、第三方机构共同参与的经开区研发检测公共平台，实现经开区企业科研仪器、大型实验设备使用效率最大化。依托科技创新园建设以信息服务、人力资源服务、知识产权服务和科技创新投融资服务为主要内容的公共服务平台，形成涵盖科学数据、科技文献、实验材料、高端人才资源等科技资源共建共享。依托中科未来城建设科技创新平台，加速中小微科技企业孵化和基于物联网技术、智能家居、大健康等新兴产业培育。依托现代农业园区建设农业科技服务平台，实现专家团队服务、新技术利用和新品种推广的高效化。依托沿江现代物流园建设“互联网＋智慧物流创新平台”，引导物流企业实施信息化战略，加快打造数据驱动、智能互动、开放协同的社会化物流网络体系。鼓励企业创建各类研发创新平台，实施一批重大技术专项，支持创新主体承担各级研发创新中心、工程实验室、重点实验室、工程（技术）研究中心等重大创新载体建设任务，按有关规定给予一次性奖励。

（五）加快建设创新驱动核心区和示范区

构建创新驱动功能平台，加快建设创新驱动核心区和示范区，引导创新要素向重点区域集聚。着力建设以长寿经开区为主体的创新驱动核心区，加快科技创新园等科研基础设施建设，不断完善研发机构、创新创业人才、投资资本、重大创新成果等创新要素集聚政策，提升产业创新能力，大力发展科技型企业和高新技术企业，打造国家知识产权示范园区和国家级科技企业孵化器；完善重庆市化工新材料专利信息平台专利数据库，拓展服务功能，化工品交易中心建成投用；充分发挥创新驱动核心区作用，整合高效利用各种要素资源，在科技体制机制改革、科研项目和经费管理、科技成果转移转化、股权激励、科技金融结合、知识产权保护和运用、人才培养和引进、新型创新组织培育等方面先行先试，形成一批可复制、可推广的改革举措和政策措施。着力建设以长寿工业园区和现代农业重点核心区为主体的创新驱动示范区，加快中科未来城、特色效益农业基地等科研基础设施建设，完善以企业为主体的产业技术创新机制和知识产权管理服务体系，加快产业结构调整步伐，大力发展新兴产业，长寿工业园区打造为市级高新技术产业园区，现代农业园区建成国家农业科技园区。

四、推进开放式协同创新，集聚创新资源

（一）积极引进创新资源

围绕重点产业和长远发展需求，在注重引进制造业项目的同时，加快引进市内外研究机构、领军人才和优势技术等各类创新资源，实现聚商选资方向的转变。积极与全球百强创新型企业、中国五百强企业、市内外著名科研机构和知名大学建立研究开发合作关系，争取来长设立研发机构。加强与市内外科技组织、标准化组织、检验检测及科技咨询机构的合作，引导来长设立工作站或分支机构。落实高端研发机构引进激励政策，符合条件的给予一次性奖励。对在长注册设立独立法人的高端研发机构，给予一次性奖励，并依据单位及其员工的税收贡献给予连续三年研发补助。对自建自用科研用房的，给予城市建设配套费减免。推进开放创新合作园区建设，将长寿经开区打造成为兼具产业特色和技术优势的国际创新合作园。

（二）加快政产学研一体协同创新

鼓励企业与清华大学、重庆大学、中科院重庆绿色智能技术研究院等知名高校和科研院所开展研发合作，组建优势互补、风险共担、利益共享的产业技术创新联盟，从事产业关键技术研究开发，共建研发和产业化基地。符合条件的，可以登记为企业法人，按规定享受企业研发费用加计扣除政策，支持其承担科技计划项目。制定职业教育校企合作管理办法，促进产教融合发展。鼓励企业、园区、高校、科研院所创新投融资模式，建立理事会领导、各种创新主体共同参与并实行会员制的新型创新研发实体，开展竞争前技术研究。对符合高端协同创新机构认定条件的，财政稳定支持的经费最高可达其运营费用的1/3。积极发展产业链垂直整合、流程外包等新模式，大力发展众创、众包、众扶、众筹等新经济平台，支持大企业将非核心业务外包或委托加工，集中资源发展主营业务；鼓励各类企业开展技术合作或研发外包，提高合作创新比重。推广开放式研发设计新模式，在各主导产业构建产业链横向和纵向协同创新平台，实现资源分享、成本分摊。推进网络化制造试点，实现产品全生命周期数据共享和智能化管理。

（三）大力开展区域创新合作

坚持共享发展和合作共赢理念，主动融入“一带一路”和长江经济带等国家战略，加强与国内外地区和周边区县的合作对接，着力构建互利共赢、协同创新的战略合作关系。以中新（重庆）战略性互联互通示范项目为契机，聚焦金融服务、交通物流和信息通信技术等新兴产业，主动承接两江新区产业溢出效应，开展协同创新，促进全区产业多元化互补发展。对企业加入全球著名大学牵头的国际创新联盟及知名孵化器等产生的会员费、参加高科技成果会展产生的费用，给予一定比例资助。

五、加快科技成果转移转化，提升创新产业化水平

（一）坚持以市场化导向开展科研项目立题

充分发挥市场对科研项目立题的导向作用，引入企业家和产业专家参与技术创新规划、计划、政策的制定和科研项目立题决策。更多地采用财政后补助、间接投入等方式，引导支持企业先行投入。区级财政科技计划项目经费用于区级科技计划中市场类科技项目和企业牵头实施的项目比例均不低于80%。深化科研项目管理，分类指导公益性研究项目与技术创新开发项目，进一步扩大公益类项目资助面，注重成果应用；聚焦市场新兴产业发展方向，突出转化效益。

（二）探索建立重大科技成果中试专项

抓住中试转化这一关键环节，加快实施重大科技成果中试专项，促进科技成果转化和产业化。以市场需求为导向，着力解决科技成果工程化放大及产业化应用过程中存在的关键和辅助配套技术问题。对中试成功产品优先安排科技计划项目、贷款担保、贷款贴息、政府采购等，对纳入重大科技成果转化中试专项的项目在审批环节开启“绿色通道”，给予产业发展资金扶持。鼓励企业购买重大科技成果或加大自主知识产权产品研发，并实施产业化。不断完善中试专项资助政策，加大支持力度，对中试成果在长产业化、向下延伸打造产业链的，给予一次性资助。

（三）提高科研人员成果转化收益比例

大力促进科技成果转化收益合理化分配。对职务科技成果转让、许可给他人实施的，从科技成果转让净收入或者许可净收入中提取不低于50%奖励给科技人员，利用职务科技成果作价投资的，从科技成果形成的股份或者出资比例中提取不低于50%的比例奖励给科技人员。其中，做出主要贡献人员所获得的份额应不低于奖励总额的50%。同时，切实保障实施科技成果转移转化机构的收益权。鼓励企事业单位加大研发投入，促进科技成果转化，对科技成果转化作出重大贡献人员和团队的奖励，计入当年单位工资总额，不作为工资总额基数。鼓励企业对科技人员实施股权、期权和分红激励，科技人员在取得股权激励时的个人所得税，延递至取得股权分红或转让股权取得收入时并原则上在5年内分期缴纳。三年内未能转化的科技成果，依法通过强制许可、权利让渡等措施促进其加速转化。

（四）建设一批新型孵化载体

着力推进长寿经开区国家级科技孵化器、长寿工业园区市级科技孵化器建设。鼓励社会力量利用闲置建筑建设众创空间、孵化器、加速器等新型科技孵化载体。新建孵化器和加速器可按工业用地性质供地，允许孵化器载体房屋按幢按层分割登记并实施出租或转让。对具备实验、检测、小试、中试、样机制造等功能的科技企业孵化器，择优给予运营绩效奖励。鼓励长寿经开区建立社会资本投资建设科技企业孵化器的风险补偿制度。对新认定的国家、市级科技企业孵化器给予一次性奖励。

（五）探索“双肩挑”人员创新创业改革试点

选择符合条件的部分单位开展从事科研工作的“双肩挑”领导人员创新创业改革试点，准许其在完成岗位任务的前提下，在长兼职从事技术研发、产品开发、技术咨询、技术服务等成果转化活动，并取得相应报酬，或在长创办、领办科技型企业，并取得合法股权或薪酬。鼓励“双肩挑”人员离岗转化科技成果、创办领办科技型企业。

六、强化创新人才支撑，激活创新内生动力

（一）完善人才引进激励和培养制度

制定《长寿区人才引进激励和培养办法》，建立健全专家人才库，制定评价奖励政策，通过对创新工作绩效的评估，给予一定奖励。完善人力资源数据库，分行业分领域管理各类专家人才，支持符合条件的专家人才对口交流到企业担任技术顾问或从事专业技术研究工作。严格落实市级人才引进相关政策，统筹协调体制内外人力资源开发，确保新引进人才和符合条件的现有人才可享受相关政策待遇。实行柔性引进人才弹性考核制度，突出研究进度和绩效，不受岗位工作时间限制。允许国有企事业单位使用自主设立的高层次人才资金对做出突出贡献的科技人才发放激励性报酬，不计入单位绩效工资总额管理。

（二）深化职称管理制度改革

加大发明专利转化应用情况与技术转让成交额在科技人员职称评审中的权重。在新型研发机构、大型骨干企业、高新技术企业开展职称自主评定试点。进一步畅通海外高层次人才、博士后研究人员、特殊人才高级职称直接认定“绿色通道”。建立能上能下的岗位聘用机制，逐步优化“以岗位定职称、以职称定收入”的单一管理制度。

（三）加大高层次人才引进力度

设立每年不少于1000万元高层次人才引进专项资金，健全市场化引才机制，充分发挥用人单位的引才主体作用，下大力气引进一批全职创新创业团队，特别是领军人才。鼓励通过项目合作、技术开发、科技咨询、学术交流等方式柔性引进人才。对引进的高层次人才，按照用人单位实际发放年薪的一定比例给予一次性奖励。在长按揭购买住房或投资创办科技型企业的，依据在长五年内所缴纳个人所得税地方留成部分的额度给予财政补助；在长取得股权分红或股权转让收益的，依据其所缴纳个人所得税地方留成部分50%的额度给予财政补助。根据引进高层次人才的需求，以用人单位为主体，定制化启动建设一批科技创新平台，政府科技创新专项资金提供一定比例的资助，最高可达1000万元。引进人才创办或领办的科技型企业，全部列入政府股权投资基金候选名单。鼓励第三方专业机构参与招才引智，视其引才绩效给予奖励。

（四）完善人才引进配套制度

探索以项目为载体的科技人才柔性引进机制，事业单位应留有一定余编，引进高层次和急需紧缺人才按随到随办原则完善人事关系及入编手续。对引进的高层次人才提供医疗便利，配偶子女随调随迁，协助安置就业，优先安排入学。不断优化完善城市商圈业态，建设一批现代购物娱乐中心和活动场所，为引进的高层次人才提供优质服务。

（五）优化创新型人才培养模式

推动专业技术人才队伍建设，加大高层次专业技术人才培养培训力度，实施急需紧缺人才培养培训项目和岗位培训项目。依托专业技术人员继续教育基地，举办专业技术人员知识更新工程高级研修班。大力开展技能创新和带徒传技等活动，加快培养高技能人才和技能创新成果的传承推广。支持学校与企业合作，建设创新实践基地。鼓励青年人才参加各类创新创业大赛、职业技能大赛等活动。积极对接博士后创新人才支持计划和中国（重庆）新加坡博士后国际培养交流计划，落实博士后在长创新创业扶持政策。加大青年科技人才培养力度，建立健全对青年人才的普惠性支持措施。改革基础教育培养模式，开展探究式、启发式、研究式教学方法改革试点，培养学生创新思维。

（六）鼓励人才创新创业

加强与高等院校、科研院所等机构合作，择优推荐并资助高层次人才参加市内外高水平学术交流活动。建立健全科研人员双向流动机制，促进人才在事业单位和企业间合理流动。探索实施事业单位高层次科技人才年薪制、协议工资制和项目工资制。探索高端研发平台人才团队的股权让渡激励，对政府财政资金参股的高端研发平台，可将政府持股中部分份额，依照合同约定、项目完成情况和科技成果评价情况让渡奖励给做出重要贡献的人才团队。搭建职业经理人与企业有效对接、优胜劣汰、合理流动的市场平台，造就一支勇于创新、敢于冒险的创新型企业家队伍。鼓励企业创建各类技能大师工作室和各类院士（博士后）工作站，按有关规定给予一定资助。对获得国家重大科技贡献的创新团队或个人给予一次性奖励。

七、强化金融支撑功能，集聚创新发展资本

（一）完善创新创业股权投资体系

实施创投资金倍增计划，按照政府引导基金“只引导不直投、只参股不控股”的原则，重点发展创业种子投资基金、天使投资基金、风险投资基金，为创新团队和科技型企业提供种子期、初创期、成长期不同发展阶段的融资服务。发挥政府引导基金作用，制定分红让利等优惠政策，撬动更多社会资本参与天使投资和创业投资，吸引有产业和技术背景的优秀创投管理团队在长设立各类子基金。积极争取国家、市产业股权引导基金和保险资金支持，鼓励长寿经开区、长寿工业园区、现代农业园区探索设立覆盖各行业领域的股权引导基金并专业化运作，形成20亿元股权投资基金，其中区级出资约占1/4，社会资本约占3/4。允许事业单位代持政府投资的创业种子投资基金股权。落实各类创新创业投资扶持政策，支持符合条件的有限合伙制创业投资企业法人合伙人享受投资抵扣税收优惠政策。完善股权投资基金管理办法，优化股权投资基金办理流程。

（二）不断创新金融服务模式

探索设立科技创新银行、科技创业证券公司等新型金融机构，鼓励开发性金融机构和商业银行在长寿经开区、长寿工业园区、现代农业园区设立科技支行和专营机构，实行专门的客户准入、信贷审批和风险管理，为科技型企业提供专业性金融服务。鼓励银行业加强差异化信贷管理，放宽科技型中小微企业不良贷款容忍度。支持开展知识产权质押融资、信用贷款和科技保险等金融创新服务。鼓励和引导银行机构、小贷公司与创投基金、股权投资机构及保险机构合作，实现投保贷联动，为企业提供融资服务。用好市科技型信贷风险补偿专项资金，按照市区联动方式，对银行、担保、小额贷款公司等机构对科技型中小微企业的信贷损失和知识产权质押融资损失给予一定比例的贷款风险补偿。对向企业发放知识产权质押融资的银行，给予一定奖励。

（三）利用资本市场支持技术创新

完善创新型企业上市储备制度，将有上市意愿的科技型企业纳入长寿区拟上市企业储备库重点培养，每年向市优先推荐一批属于国家和我市战略性新兴产业、技术含量高、成长性好的企业进入重庆市拟上市企业储备库。鼓励科技型企业开展并购重组。发挥重庆股份转让中心（OTC市场）融资、并购、交易功能，支持科技型中小微企业在OTC市场科技创新板挂牌交易融资，对上市挂牌融资的企业按上市实际支付的中介费用、交易费用和推广辅助费用的一定比例给予一次性补助。引导OTC挂牌的科技型企业向新三板转板，推动发展成熟的高新技术企业在主板、创业板以及境外资本市场开展股权融资，拓展科技型企业直接融资渠道。推动有条件企业IPO（首次公开募股）上市，对通过IPO或增发股票募集资金、引入各类投资基金并在长投资的科技创新企业按年度新募集或引入资金额的一定比例给予奖励。优先支持符合条件的科技型企业发行公司债券、项目收益债券等债权工具，募集资金用于研究开发。探索开展股权众筹融资试点。

八、营造良好创新生态，务实推动创新发展

（一）全面深化改革

以“放管服”改革为抓手，全面清理废除科研管理全过程中一切妨碍创新活动的规定和做法，切实解决科研管理过紧过死的突出问题，为科研单位和科技人员“松绑”。不断深化商事制度改革，推进多证合一，为创新创业企业工商注册提供便利。强化竞争政策和产业政策对创新的引导，严格执行重庆市产业准入负面清单制度和行业准入标准，破除限制新技术新产品新商业模式发展的不合理准入障碍。简化科研项目预算编制，下放科研项目调整权，合理有效地配置和利用好科研经费，科技奖励更加注重科技创新质量和成果转移转化效益。转变科技行政管理职能，完善科研项目委托第三方专业机构管理机制。加快推进大型科研仪器设备和研发公共服务平台开放共享，提高科技资源的

使用效率。制定科研信用管理办法，建立科研诚信档案和黑名单制度。

（二）保护知识产权

加大知识产权侵权打击力度，探索实施诉前证据保全和惩罚性赔偿制度。加强知识产权综合行政执法，建立健全快速维权机制和多元纠纷解决机制。强化知识产权保护民间救助和行业自律，防范知识产权风险。优化专利申请资助政策，提高专利转化效率，力争使具有重大市场价值的发明专利能在一年内进入市场。实施知识产权培育计划，鼓励建立重点产业知识产权联盟。

（三）营造创新氛围

大力弘扬科技人员创新精神、企业家精神和工匠精神，提高科技人员在各类评选表彰奖励中的比例，在全社会形成尊重人才、鼓励创造、宽容失败的文化。建立健全容错纠错机制，对单位和个人在创新活动中勤勉尽责但未达成预期目标的，不作负面评价，不影响政绩考核和提拔使用；符合中央大政方针、理念正确、程序正当的创新举措与现行政策有一定冲突，未造成不良影响的，免除单位和个人相关责任。对创新改革探索违反程序或造成严重不良后果的，及时叫停和纠正；对抵制、阻挠、延误改革创新，造成不良后果的，严格追责。完善信访举报快速查核机制，及时澄清不实反映，还相关人员清白，营造良好的创新创业环境。

（四）加强组织协调

加强党对科技工作的领导，各街镇、各部门要将“第一动力”“第一生产力”放在本地区、本部门工作中优先谋划、优先落实。充分发挥区推进创新驱动发展战略联席会议制度的作用，完善跨部门、跨领域沟通协商机制。从上到下建立严格责任制，责任到人，督查到位，严格考核，抓好落实。完善科技创新统计监测机制，将研发强度、新产品销售收入率、发明专利数、科技进步贡献率、公民具备科学素质的比例等科技创新能力指标纳入经济社会发展指标体系，科学评价创新发展状况。完善以新发展理念为导向的考核机制，加大创新驱动发展指标的权重。

（五）形成工作合力

各街镇、各部门要把加快实施创新驱动发展战略摆上重要议事日程，既各司其职、各负其责，又相互协调、密切配合，充分发挥整体效应。各部门和单位要加强协同，进一步明确任务、落实责任，区发改委、区教委、区科委、区经信委、区财政局（区国资金融办）、区人力社保局、区农委、区商务局、区文化委、区统计局、区旅游局、区林业局、区供销社、区投资促进局、区畜牧局、区工商分局等部门和各政府平台要结合实际，制定配套措施，做好政策衔接。区科协要更好地团结带领广大科技工作者扎实推进科技创新。各类行业协会、商会、基金会等要充分发挥在推动创新驱动发展中的积极作用。要深入实施全民科学素质行动计划，加强科学教育和科技普及，努力形成大众创业、万众创新的新格局。

中共重庆市长寿区委
重庆市长寿区人民政府
转发《中共重庆市长寿区委宣传部
重庆市长寿区司法局关于在全区公民中开展法治
宣传教育的第七个五年规划（2016—2020 年）》的
通　　知

各街道党工委和办事处，各镇党委和人民政府，区委各部委，区级各部门，各人民团体，在长市属部门，有关企事业单位：

现将《中共重庆市长寿区委宣传部、重庆市

长寿区司法局关于在全区公民中开展法治宣传教育的第七个五年规划（2016－2020 年）》（以下简称“七五”普法规划）转发给你们，请结合实际认真贯彻执行。

中共重庆市长寿区委
重庆市长寿区人民政府
2016 年 11 月 14 日

中共重庆市长寿区委宣传部
重庆市长寿区司法局关于在全区公民中开展法治宣传教育的
第七个五年规划（2016—2020 年）

在区委、区政府的正确领导下，在全区公民中开展法制宣传教育的第六个五年规划（2011—2015年）顺利实施完成，法治宣传教育工作取得明显成效。以宪法为核心的中国特色社会主义法律体系得到深入宣传，社会普法教育机制逐步完善，普法宣传形式载体不断丰富，法治文化建设持续推进，普法依法治理工作质效明显提升，全区公民的法治意识普遍增强，自觉尊法学法守法用法的社会氛围更加浓厚，为全面依法治区奠定了良好的社会基础。

党的十八大以来，以习近平同志为总书记的党中央对全面依法治国作出了重要部署，对法治宣传教育提出了新的更高要求，明确了法治宣传教育的基本定位、重大任务和重要措施，为法治宣传教育工作指明了方向，提供了基本遵循。区委全面贯彻落实中央、市委有关会议精神和习近平总书记系列重要讲话精神，对全面推进依法治区进行了部署，强调必须抓住领导干部这个关键，做尊法学法守法用法的模范，必须抓住全民守法这个基础，切实增强法治宣传教育的针对性实效性。与新形势新任务的要求和人民群众的法治需求相比，全区法治宣传教育工作体制机制还不够健全，部分单位的工作责任意识有待进一步增强，法治宣传教育的基础性作用有待进一步强化，还需要进一步营造依法治区浓厚氛围。在全区公民中深入开展法治宣传教育，增强全民法治观念，对于长寿区落实“四个全面”战略布局，推进“十三五”时期经济社会发展，具有十分重要的意义。根据《中共中央、国务院转发〈中央宣传部、司法部关于在公民中开展法治宣传教育的第七个五年规划（2016—2020 年）〉的通知》（中发〔2016〕11 号）和《中共重庆市委、重庆市人民政府转发〈中共重庆市委宣传部、重庆市司法局关于在全市公民中开展法治宣传教育的第七个五年规划（2016—2020 年）〉的通知》（渝委发〔2016〕25 号）要求，结合长寿区实际，特制定本规划。

一、指导思想、主要目标和工作原则

（一）指导思想

高举中国特色社会主义伟大旗帜，全面贯彻党的十八大、十八届三中、四中、五中、六中全会和市委四届历次全会精神，以马克思列宁主义、毛泽东思想、邓小平理论、“三个代表”重要思想、科学发展观为指导，深入贯彻习近平总书记系列重要讲话和视察重庆重要讲话精神，坚持“四个全面”战略布局，坚持创新、协调、绿色、开放、共享的发展理念，把全民普法和守法作为依法治区的长期基础性工作，深入开展法治宣传教育，扎实推进依法治理和法治创建，大力弘扬社会主义法治精神，努力建设社会主义法治文化，推进法治宣传教育与法治实践相结合，健全普法宣传教育机制，推动工作创新发展，教育引导广大人民群众和党员干部坚定走中国特色社会主义法治道路，切实增强自觉尊法学法守法用法意识，营造全面依法治区浓厚氛围，为实现“三个全面建成”提供有力的法治保障。

（二）主要目标

普法宣传教育机制进一步健全，普法责任全面落实，社会主义法治文化更加繁荣发展，依法治理进一步深化，实现普法宣传社会全覆盖。通过深入扎实的法治宣传教育，使全民法治观念和全体党员党章党规意识明显增强，全社会厉行法治的积极性和主动性明显提高，推动形成自觉尊法学法守法用法的社会环境。

（三）工作原则

——坚持围绕中心，服务大局。紧紧围绕区委、区政府中心工作开展法治宣传教育，更好地服务于落实“四个全面”战略布局，更好地服务于实施区域发展战略，为长寿区“十三五”时期经济社会发展营造良好法治环境。

——坚持依靠群众，服务群众。以满足群众不断增长的法治需求为出发点和落脚点，以群众喜闻乐见、易于接受的方式开展法治宣传教育，增强全社会尊法学法守法用法意识，使全区人民成为社会主义法治的忠实崇尚者、自觉遵守者、坚定捍卫者。

——坚持普治并举，学用结合。坚持法治宣传教育与依法治理有机结合，把法治宣传教育融入执法、司法、法律服务和党内法规建设活动中，相互促进，融合互动。引导人民群众积极参与法治实践活动，自觉运用法治手段处理和解决矛盾问题。

——坚持分类指导，突出重点。根据不同部门、行业及不同对象的实际和特点，分类实施法治宣传教育。突出抓好重点对象，带动和促进全民普法。

——坚持创新发展，注重实效。总结经验，把握规律，推动法治宣传教育工作理念、机制、载体和方式方法创新，不断提高法治宣传教育的针对性和实效性，力戒形式主义。

二、主要任务

（一）深入学习宣传习近平总书记关于全面依法治国的重要论述。党的十八以来，习近平总书记站在坚持和发展中国特色社会主义全局的高度，对全面依法治国作了重要论述，提出了一系列新思想、新观点、新论断、新要求，深刻回答了建设社会主义法治国家的重大理论和实践问题，为全面依法治国提供了科学理论指导和行动指南。要深入学习习近平总书记关于全面依法治国的重要论述，增强走中国特色社会主义道路的自觉性和坚定性，增强全社会厉行法治的积极性和主动性。深入学习宣传以习近平同志为总书记的党中央关于全面依法治国的重要部署，宣传科学立法、严格执法、公正司法、全民守法和党内法规建设的生动实践，使全社会了解和掌握全面依法治国的重大意义和总体要求，更好地发挥法治的引领和规范作用。认真组织学习习近平总书记视察重庆重要讲话精神，各级领导干部要充分认识依法办事和正确用权的辩证关系，充分发挥领导干部表率作用，带头尊法学法守法用法。大力宣传市委、区委深入贯彻全面依法治国重要部署，全面推进依法治区取得的成效，凝聚社会共识，形成强大合力。

（二）深入学习宣传宪法。坚持把宪法学习宣传摆在首要位置，在全社会普遍开展宪法教育，弘扬宪法精神，树立宪法权威。深入宣传依宪治国、依宪执政等理念，宣传党的领导是宪法实施最根本保证，宣传宪法确立的国家根本制度、根本任务和我国的国体、政体，宣传公民的基本权利和义务等宪法基本内容，宣传宪法的实施。实行宪法宣誓制度，认真组织好“12·4”国家宪法日集中宣传活动，提高宪法宣传教育的实效性和渗透力，推动宪法家喻户晓、深入人心，提高全体公民特别是各级领导干部和国家机关工作人员的宪法意识，教育引导一切组织和个人都必须以宪法为根本活动准则，增强宪法观念，坚决维护宪法尊严。

（三）深入学习宣传中国特色社会主义法律体系。加强以宪法为核心的中国特色社会主义法律体系的学习宣传，使广大干部群众了解掌握中国特色社会主义法律体系形成的重大意义、本质特征、基本内容和发展要求，增强全面依法治国、依法治市、依法治区的信心和决心。大力宣传宪法相关法、民法商法、行政法、经济法、社会法、刑法、诉讼与非诉讼程序法等多部门法律法规。大力宣传社会主义民主政治建设的法律法规，提高人民有序参与民主政治的意识和水平。大力宣传保障公民基本权利的法律法规，推动全社会树立尊重和保障人权意识，促进公民权利保障法治化。大力宣传依法行政领域的法律法规，推动各级行政机关树立“法定职责必须为、法无授权不可为”的意识，促进法治政府建设。大力宣传市场经济领域的法律法规，推动全社会树立保护产权、平等交换、公平竞争、诚实信用等意识，促进大众创业、万众创新，促进经济在新常态下平稳健康运行。大力宣传有利于激发文化创造活力、保障人民基本文化权益的相关法律法规，促进社会主义精神文明建设。大力宣传教育、就业、收入分配、社会保障、医疗卫生、食品安全、扶贫、慈善、社会救助和妇女儿童、老年人、残疾人合法权益保护、消防安全等方面法律法规，促进保障和改善民生。大力宣传国家安全和公共安全领域的法律法规，提高全民安全意识、风险意识和预防能力。大力宣传国防法律法规，提高全民国防观念，促进国防建设。大力宣传党的民族、宗教政策和相关法律法规，维护民族地区繁荣稳定，促进民族关系、宗教关系和谐。大力宣传环境保护、生态文明、资源能源节约利用等方面的法律法规，推动美丽中国建设。大力宣传互联网领域的法律法规，教育引导网民依法规范网络行为，促进形成网络空间良好秩序。大力宣传诉讼、行政复议、仲裁、调解、信访等方面的法律法规，引导群众依法表达诉求，通过法律途径维护合法权益，促进社会和谐稳定。大力宣传我市地方性法规和规章，充分发挥地方性法规和规章在我市经济建设和社会生活中的重要作用。在传播法律知识的同时，要更加注重弘扬法治精神、培育法治理念、树立法治意识，大力宣传宪法法律至上、法制统一、法律面前人人平等、权由法定、权依法使等基本法治观念，破除“法不责众”“人情大于国法”等错误认识，引导全民自觉守法、遇事找法、解决问题靠法。

（四）深入学习宣传党内法规。适应全面从严治党、依规治党新形势新要求，切实加大党内法规宣传力度，在全区党员中牢固树立政治意识、大局意识、核心意识、看齐意识。突出宣传党章，教育引导广大党员尊崇党章，以党章为根本遵循，坚决维护党章权威。大力宣传《中国共产党党组工作条例（试行）》《中国共产党地方委员会工作条例》《中国共产党廉洁自律准则》《中国共产党纪律处分条例》《关于新形势下党内政治生活的若干准则》《中国共产党党内监督条例》《党政领导干部选拔任用工作条例》等党内法规，教育引导广大党员牢记党规党纪，严格遵守各项行为规范。大力宣传《关于党政机关领导班子主要负责人不直接分管人财物等工作的暂行规定》《关于进一步规范重庆市领导干部配偶、子女及其配偶经商办企业行为的规定（试行）》等市委党内法规，严格落实各项纪律要求。把党内法规学习有效融入“两学一做”学习教育，作为学习型党组织建设的重要内容。正确把握党内法规宣传与国家法律宣传的衔接和协调，坚持纪在法前、纪严于法，把纪律和规矩挺在前面，为党内法规的贯彻实施营造良好氛围。

（五）深入推进法治文化繁荣发展。把法治文化建设纳入现代公共文化服务体系，推动法治文化与地方文化、行业文化、企业文化融合发展。加强法治文化创作，将法治文化项目作为全区公共文化服务机构常设项目，推出一批具有本地特色的法治题材电影、电视剧、微视频、舞台剧，策划和出版一批法治题材图书，培育法治文化精品。加强法治文化宣传阵地建设，将法治题材广播电视节目（栏目）纳入全区广播电视创新创优栏目扶持范围，将法治题材的公益广告纳入全区广播电视公益广告扶持范围，在全区图书馆、文化馆、公共图书借阅场所、农家书屋、社区书屋中，提高普法读物的藏书量和流通量。充分发挥“法治之窗”“干部周末讲堂”“梦想课堂”“百姓课堂”、长寿广播电视台、长寿普法报刊等平台作用，扎实开展法治理论宣讲。把法治元素纳入城乡建设规划设计，利用公共服务和活动场所，因地制宜地建设法治文化宣传载体。广泛开展群众性法治文化活动，充分利用长寿区群众艺术团体资源，组织开展丰富多彩的法治文化展演展播。

（六）深入开展多层次多领域依法治理。深化法治区县创建活动，深化基层组织和部门、行业依法治理，提高社会治理法治化水平。深入开展民主法治示范村（社区）创建，坚持实施村居“两委”干部年度全员法治轮训，教育引导基层群众组织的依法自治。发挥市民公约、村规民约、行业规章、团体章程等社会规范在社会治理中的积极作用，支持行业协会商会类社会组织发挥行业自律和专业服务功能，发挥社会组织对其成员的行为导引、规则约束、权益维护作用。

（七）深入推进法治教育与道德教育相结合。坚持依法治国和以德治国相结合的基本原则，以法治体现道德理念，以道德滋养法治精神，实现法律和道德相辅相成、法治和德治相得益彰。大力弘扬社会主义核心价值观和中华传统美德，培育社会公德、职业道德、家庭美德、个人品德，提高全体市民思想道德水平，为全面依法治区创造良好人文环境。强化规则意识，倡导契约精神，弘扬公序良俗，引导人们自觉履行法定义务、社会责任、家庭责任。健全公民和组织守法信用记录与信用评价体系，建立信用信息查询服务系统，完善守法诚信褒奖机制和违法失信行为惩戒机制，充分发挥法治在解决道德领域突出问题的作用。

三、普法对象和重点

法治宣传教育的对象是一切有接受教育能力的公民，重点是领导干部和青少年。各街镇、各部门和各单位根据实际，明确各自法制宣传教育的重点对象。

（一）强化领导干部的法治宣传教育。坚持把领导干部带头学法、模范守法作为推进全社会树立法治意识的关键，坚持正面激励和反面警示相结合，健全完善领导干部尊法学法守法用法长效机制。加大领导干部法治教育力度，把宪法法律和党内法规列入党委（党组）中心组学习内容，列入党校、行政院校必修课，把法治教育纳入干部教育培训总体规划，纳入国家工作人员初任培训、任职培训的必训内容。健全完善新提任领导干部法治理论知识考试和年度法治理论知识考试制度，推动考试与旁听法庭审判相结合，有序组织相关领导干部旁听有关职务犯罪案件、行政诉讼案件的法庭审判。全面落实行政机关负责人出庭应诉的规定，加强监督，定期通报有关情况。加强领导干部依法履职制度建设，健全完善重大决策合法性审查机制、重大决策责任倒查机制和终身追究制度，落实领导干部干预司法活动、插手具体案件处理的记录、通报和责任追究规定。建立党政主要负责人述职述廉述法“三位一体”制度。改进干部选拔任用办法，把法治建设成效纳入各级党政领导班子综合考核和领导干部实绩考核的重要内容，把学法用法情况列入公务员年度考核重要内容。把法治观念强不强、法治素养好不好作为衡量干部德才的重要标准，把能不能遵守法律、依法办事作为考察干部的重要内容。加强党内法规宣传教育，教育引导党员领导干部以更高标准遵守党内法规，严守政治纪律和政治规矩。加强反面警示教育，及时通报有关领导干部违法违纪的典型案例。积极推行完善法律顾问制度，在各级党政机关和人民团体普遍设立公职律师，企业可设立公司律师，促进各级领导干部提高法治思维的能力。

（二）强化青少年的法治宣传教育。坚持法治教育从青少年抓起，把法治教育纳入国民教育体系。在全区中小学设立法治知识课程，法治教育列入职业学校一年级必修课程，保证学时和学分。制定和实施长寿区青少年各学段法治课教学大纲，制订中小学生法治教育社会实践课程指导方案，进一步修订法治教育教学计划。完善长寿区地方青少年法治教材体系，将义务教育阶段学生法治教材纳入免费教科书发放目录。全面加强中小学法治教育师资培养，将法治教育教师人才纳入公开招聘范围。教育行政管理部门每年组织开展中小学校长、法治课教师法治专题培训。广泛开展青少年法治教育实践活动，积极开辟第二课堂，利用开学第一课、毕业仪式、成人仪式开展法治教育。强化学校、家庭、社会“三位一体”的青少年法治教育格局，引导法律服务机构和从业人员在学校、社区等设立青少年法律服务站，加强长寿区青少年法治教育基地建设和网络建设。加强对不良行为的青少年、闲散青少年、流浪乞讨青少年、刑释未成年人、服刑人员未成年子女、留守儿童等重点青少年群体的法治教育和帮扶，充分发挥 12355 青少年服务台、“莎姐”志愿者服务团队等青少年社会化维权队伍作用，扎实开展针对性法治宣传活动。

（三）强化各部门各行业重点对象的法治宣传教育。明确重点对象，结合实际开展法治宣传教育活动。各部门各单位各行业要重点抓好面向管理、服务和执法对象的法治宣传教育，充分利用自身资源，发挥好各自的优势，加大所涉及、所执行法律法规的宣传力度。积极推动点单式、订制式普法，在深入了解社情民意的基础上，按需安排好各自侧重群体的普法活动。坚持普法与服务相结合，全面深化城乡公共法律服务体系建设，进一步深化村（社区）法律顾问工作，开设社区“法律诊所”，提高普法工作实效。突出加强对企业经营管理人员的法治宣传教育，引导他们树立诚信守法、爱国敬业意识，提高依法经营、依法管理能力。加强对农民工等群体的法治宣传教育，帮助、引导他们依法维权，自觉运用法律手段解决矛盾纠纷。

四、工作步骤

第七个五年法治宣传教育规划从 2016 年开始实施，到 2020 年结束。分为以下三个阶段。

宣传发动阶段：2016 年，各街镇、各部门、各行业要根据本规划，做好宣传发动工作。

组织实施阶段：2016 年至 2019 年，各街镇、各部门、各行业要依据规划确定的目标任务和要求，全面组织实施，做到年年有计划、有部署、有措施、有督促、有总结，确保规划落到实处。2018年开展中期检查督导。

检查验收阶段：2020年，在各街镇、各部门、各行业自查验收的基础上，按照市委、市政府和区委、区政府的部署要求，对本规划的执行情况进行检查验收。

五、工作措施

（一）健全普法宣传教育机制。各级党委和政府要加强对普法工作的领导，健全完善普法协调协作机制，发挥各部门、各行业在普法宣传教育中的职能作用，形成齐抓共管的工作合力。人民团体、社会组织要在法治宣传教育中发挥积极作用，根据各自特点和实际需要，有针对性地组织开展法治宣传教育活动。充分调动社会各方面参与普法的主动性和积极性，加强各级普法讲师团、普法志愿者、法治新闻工作者队伍建设，建立健全培训和管理制度，提高工作能力和水平，适时开展普法工作第三方评估，逐步优化普法考核验收标准和方式。把法治教育纳入精神文明创建内容，建立相应的考评指标体系。各部门各单位要建立与所承担的普法责任相适应的内部考核机制。

（二）健全普法责任制。实行国家机关“谁执法谁普法”的普法责任制，健全责任清单动态管理机制，编制实施年度普法计划。全面落实法院、检察院、行政执法部门、法律服务行业等以案释法工作主体责任，建立健全典型案例编辑、典型案例发布、办案过程法律告知、以案释法宣讲等系列制度。深化执法司法公开，使案件审判、行政执法、纠纷调解和法律服务的过程成为向群众弘扬法治精神的过程。落实“谁主管谁负责”的普法责任，各行业、各单位要在管理、服务过程中，结合行业特点和特定群体的法律需求，开展法治宣传教育。制定新闻媒体公益普法责任制度，广播电视、报纸期刊、互联网和手机媒体等大众传媒要自觉履行普法责任，加强各类媒体法治栏目建设，加大普法公益广告投放，加大法治新闻宣传报道，加强对法治热点事件和热点问题的解读，及时回应社会关切，积极引导社会法治风尚。强化各级党组织对党内法规的宣传教育职责。

（三）推进法治宣传教育工作创新。创新工作理念，坚持服务党委、政府工作大局、服务人民群众生产生活，努力培育全社会法治信仰，增强法治宣传教育工作实效。坚持集中法治宣传教育与经常性法治宣传教育相结合，创新方式方法，深化法律进机关、进乡村、进社区、进学校、进企业、进单位、进中介机构、进监所的“法律八进”主题活动，完善工作标准，建立长效机制。创新普法载体阵地，继续做优做强3311普法工程，大力完善城乡公共活动场所法治宣传教育设施，加强行业窗口、服务大厅、交通场站等公共场所法治宣传固定设施建设，积极运用公共场所电子显示屏、服务窗口触摸屏、公交移动电视屏等推送法治宣传教育内容。全面推进“互联网＋法治宣传”行动，加强普法网站和普法网络集群建设，积极运用微博、微信、微电影、客户端等开展新媒体普法服务，加强法治宣传教育信息资源数据库建设，实现公共数据资源的开放和共享。

六、工作保障

（一）加强组织领导。各级各部门要高度重视法治宣传教育工作，纳入地方经济社会发展规划，定期听取法治宣传教育工作情况汇报，及时研究解决工作中的重大问题。区人大要加强对法治宣传教育工作的专项监督和检查。进一步规范长寿区普法办事机构设置，完善机制，加强保障，配齐配强工作人员，进一步提高履职能力。

（二）加强工作指导。进一步完善普法工作议事协调机制，明确相关单位职责，发挥各自优势，形成推进法治宣传教育工作创新发展的整体合力。加强上级部门对下级部门、主管部门对下属单位落实普法责任的指导督促。坚持需求导向和问题导向，加大工作调研力度，深入基层、深入群众，了解真实情况，解决实际问题，推动普法工作的深入开展。及时总结推广典型经验，培育宣传先进典型，充分发挥先进典型的示范和带动作用。

（三）加强经费保障。把普法工作经费列入各级政府财政预算，切实予以保障，并建立动态增长机制。把法治宣传教育列入政府购买服务指导性目录。各部门、各单位要根据年度普法计划项目，安排法治宣传教育专项经费，加大资金投入。各级财政要加大对贫困地区普法经费的支持保障力度。积极利用社会资金开展法治宣传教育工作。

中共重庆市长寿区委
重庆市长寿区人民政府
关于深化全区供销合作社综合改革的意见

（2016 年 11 月 17 日）

为进一步深化农村改革，加快推进农业现代化建设，适应农民多层次多元化的生产生活服务新需求，根据中共中央、国务院《关于深化供销合作社综合改革的决定》（中发〔2015〕11 号）和市委、市政府《关于深化全市供销合作社综合改革的意见》（渝委发〔2015〕22 号）精神，结合长寿区实际，现提出如下意见。

一、总体要求

（一）改革思路。全面贯彻落实党的十八大和十八届二中、三中、四中、五中、六中全会精神，以邓小平理论、“三个代表”重要思想、科学发展观为指导，深入贯彻习近平总书记系列重要讲话精神，围绕长寿区“三农”工作大局，以现代农业基地和“1 + 5 + 2”特色效益农业体系建设为依托，着力构建区供销合作社主导的行业指导体系和社有企业支撑的经营服务体系，双线运行机制基本形成。着力构建为农服务体系，把供销社系统打造成为农业社会化服务的骨干力量、农村现代流通的主导力量、农民专业合作的带动力量，为推进长寿区城乡统筹发展和农业现代化发挥更大作用。

（二）基本原则

——坚持为农服务、以农为本。体现党和政府的政策导向，始终把服务“三农”作为供销合作社的立身之本、生存之基，把为农服务成效作为衡量工作的首要标准，做到为农、务农、姓农。

——坚持政府扶持、市场运作。遵循市场经济规律，采取市场化方式开展经营服务，建立为农服务的激励机制，激发供销合作社发展内生动力，不断增强对农民的带动能力和市场竞争力。

——坚持合作共赢、平等互助。充分尊重农民意愿，采取各种行之有效的形式，积极参与农业社会化服务，广泛开展联合与合作，实行民主管理、民主决策，与广大农民结成紧密的利益共同体。

（三）目标任务

到 2020 年，把供销合作社打造成为与农民联结更紧密、为农服务功能更完备、市场化运行更高效的合作经济组织体系，成为服务农民生产生活的生力军和综合平台。

——为农服务体系基本建成。创办农业社会化服务组织 50 个，建设农村电子商务服务站 200 个，覆盖农资供应、配方施肥、农机作业、庄稼医院、收储加工、农产品销售等农业生产全过程，电子商务成为农产品对外销售的重要渠道，带动农产品销售 10 亿元以上。

——基层组织体系健全巩固。区供销合作社指导基层供销社和为农服务能力显著增强，复建和改建基层供销社 10 个，领办农民合作社 600 个，服务范围更广泛，与农民的利益联结更加紧密，实现供销合作体系覆盖全区 19 个街镇，农民组织化程度进一步提高。

——双线运行机制更加规范。区供销合作社行业指导、服务基层、资产监管等功能更加完备。基层供销社、社有企业法人治理机构进一步完善。区供销合作社主导的行业指导体系和社有企业支撑的经营服务体系的作用充分发挥，社企分开、上下贯通、整体协调运转的双线运行机制基本形成。

二、拓宽经营服务领域，创新为农服务方式

（一）围绕现代农业产业布局。围绕“1 + 5 + 2”特色效益农业体系，以现代农业示范、农超对接、社区服务、电子商务、农产品加工、仓储物流、休闲旅游、定制农业建设等为重点，发展生产性服务业和新型服务业，促进农村一、二、三产业融合发展。围绕全区精准扶贫攻坚任务，引导贫困群众组建或加入基层合作组织，带动贫困农户增收。

（二）重点发展农业社会化服务。供销社是实施全区农业社会化服务的重要平台，支持供销合作社承担政府向社会力量购买的公共服务。各基层供销社、社有企业和专业合作社积极开展农业社会化服务，延伸农业服务链条，开展以土地流转、代耕代种、农资供应、配方施肥、庄稼医院、农机作业、收储加工、产销对接、品牌营销等为主要内容，覆盖产前、产中、产后的全程农业社会化服务。构建规模化、综合性、可持续的农业社会化服务体系，推动农业适度规模经营和农村一、二、三产业与信息化融合发展。

（三）加强农村现代流通网络建设。健全完善农资、农副产品、日用消费品（含烟花爆竹）、再生资源等四大连锁经营网络体系，以社有企业为龙头、项目为带动，引入电子商务和物联网技术改造传统流通渠道和网点，提升农村流通现代化水平，推动流通网络转型升级。规范建设农资放心店、庄稼医院、“绿优鲜”超市，推进农社、农超对接，构建由产地直达消费终端的农产品销售网络。支持供销合作社立足重点产业，参与公益性农副产品批发交易市场、产地市场、仓储冷链物流和生鲜农产品配送服务。

（四）加快发展“互联网＋农业”。支持供销合作社以“互联网＋农业”方式，大力发展农村电子商务，打造“网上供销合作社”，推进农村经营网点信息化改造，提升农村信息化支撑能力和应用水平，加快物联网在现代农业的应用。培育农村电子商务市场主体，推进长寿农村电子商务公共服务中心和运营中心建设，支持供销合作社电子商务企业与大型电子商务平台合作，做大做强长寿村村淘等本地电商平台，培育农村电商品牌。加快建设第三方平台企业店、商城、长寿馆、长寿村村淘电商服务站建设，发展生鲜农产品及生活日用消费品“社区直销”和“网订店取”业务，构建具有供销合作社特色的农村电子商务经营服务体系。

（五）提升城乡综合服务水平。加快建设农村综合服务社、村（社区）便民服务中心，推进基层供销社农资超市、电子商务向村、社区发展，农产品流通、科技、信息等服务向田间地头延伸。支持供销合作社系统参与发展休闲农业、乡村旅游、社区养老等服务业。打造长寿村村淘电商、农资、绿优鲜、烟花爆竹、再生资源回收连锁经营体系，形成连锁化、规模化、品牌化经营服务新格局，提升供销社系统流通服务能力和水平。

（六）探索发展农村合作金融服务。在完善监管体系的前提下，在条件成熟的农民合作社、供销合作社，按照社员制、封闭性、不对外吸储放贷、不支付固定回报的原则，发展农村资金互助合作。支持供销合作社参与全国总社、市供销社发起设立的中小型银行、农村保险等金融服务业试点。

三、强化基层供销社改造，夯实为农服务平台

（一）密切与农民的利益联结。基层供销社要广泛吸收农民和各类新型农业经营主体入社，强化与农民在组织上和经济上的联结，强化合作经济组织属性，拓宽基层供销社负责人选任渠道，鼓励村支“两委”负责人、大学生村干部、农村产业带头人等各类优秀人才入社参选，支持基层供销社与村“两委”共建服务中心、发展项目和开展服务，强化与农民的联合与合作，提升为农服务能力。推动合作方式股权化，入社成员可通过资金、资产、资源等要素入股，建立产权明晰、权责对等的股份合作制，支持基层供销社与各类新型农业经营主体建立劳动合作、资本合作、土地合作等合作机制，推行按交易额返利和按股分红相结合的分配制度，进一步密切与农民的利益联结。

（二）改造提升基层供销社。未设立基层供销社的街镇要加快建设进度，通过参控股龙头企业、农民合作社、专业大户、家庭农场等新型农业经营主体，采取联合合作的方式建立基层供销社。把基层供销社真正建成农村合作经济组织的联合体、政府购买服务的承接体、新农村流通网络建设工程的载体、为农民提供生产生活服务的综合平台。支持基层供销社作为相关涉农政策和项目的实施主体，承担公益性服务。扶持基层供销社参与新农村现代流通网络建设和产加销一体化经营服务及电子商务发展。

（三）领办创办农民合作社。发挥基层供销社综合服务优势，立足特色效益产业，以市场化方式领办创办农民合作社，扩大辐射带动范围。创新合作方式，基层供销社与各类农业新型经营主体，通过资本合作、劳动合作、要素合作等形式，组建农民合作社或联合社。支持基层供销社与农村集体经济组织、基层农技推广机构、基层水利服务机构等合作，形成服务农民生产生活的合力。

四、加强联合社治理，提升为农服务能力

（一）加强联合社自身建设。大力实施“人才兴社”战略，探索建立适应市场经济要求和为农服务需要的科学化、市场化的选人用人机制，培养、造就一批懂市场、善经营、会管理的职业经理人和一支高素质的供销社干部职工队伍。区供销合作社参照公务员法管理的人员确因工作需要，按干部管理权限和相关程序，经批准可到本级社有企业兼职，但不得在企业领取报酬。完善区供销合作社资产监管机制，确保社有资产保值增值。

（二）深化社有企业改革。积极引入各类社会资本，推进社有企业产权多元化和社有资产资本化，发展混合所有制经济，培育一批竞争力强、影响力大的龙头企业，通过投资参股、整合重组等方式联合组建企业集团。开展社有企业股权化改革。建立完善现代企业制度，健全法人治理结构，建立与绩效挂钩的激励约束机制，建立符合现代企业制度的选人用人机制，试行职业经理人制度，探索社有企业骨干人员投资入股试点。支持社有企业承担化肥、农药等国家储备任务，财政给予储备贴息。要公开透明、依法依规、稳妥有序推进社有企业改革，强化纪检监察、民主监督，防止社有资产流失。

五、强化保障措施，确保改革有序推进

（一）加强组织领导。各街镇要加强对供销合作社综合改革的领导，落实配套措施，扎实推进综合改革。相关区级部门要加大支持力度、积极配合，稳妥推进供销合作社综合改革工作。

（二）强化政策支持。加大财政扶持力度，支持供销合作社合作经济组织、农村电子商务、社会化服务、现代流通融通及供销系统重点项目建设。允许区供销合作社将财政扶持资金以股权形式投入基层供销社，所形成的资产转交基层供销社持有和管护。落实国家有关优惠政策，不转移、侵占供销合作社财产，不将社有资产纳入政府融资平台，不改变供销合作社及其所属企事业单位的隶属关系。妥善处理供销合作社社员股金清退形成的举债资金、社有企业职工社会保障等历史遗留问题。落实国家税收优惠政策，依法合理减免供销合作社综合改革中涉及的有关税费。供销合作社及涉农社有企业依法享受国家规定的农业生产经营活动相应税收优惠。

（三）建立督导推进机制。建立完善供销合作社综合改革督查机制和工作评价机制。重点改革任务要建立工作台账，落实责任主体，明确完成时限，确保责任层层落实。区委督查室和区政府督查室加强对深化供销合作社综合改革进展情况的督导检查，确保综合改革各项工作落到实处、收到实效。

（四）加强党风廉政建设。加强党风廉政建设和反腐败工作，全面落实“两个责任”。加强基层供销社党组织建设，加大在农民合作社建立党组织力度。加强供销合作社文化建设，继承和发扬供销合作社优良传统，弘扬“为农、诚信、创业、合作”的新时期供销合作社精神，推动供销合作社健康有序发展。

中共重庆市长寿区委
重庆市长寿区人民政府
关于印发《重庆市长寿区国有林场改革实施方案》的通知

各街道党工委和办事处、各镇党委和人民政府，区委各部委、区级各部门：

《重庆市长寿区国有林场改革实施方案》已经区委、区政府同意，现印发给你们，请结合工作实际组织实施。

中共重庆市长寿区委
重庆市长寿区人民政府
2016 年 12 月 28 日

重庆市长寿区国有林场改革实施方案

为全面深化长寿区国有林场改革，促进国有林场科学发展，保护培育森林资源，维护三峡库区生态安全，建设长江流域重要生态屏障，进一步明确国有林场的功能定位和管理体制、理顺运行机制、健全支持政策，充分发挥国有林场在生态建设中的示范带动作用，根据《中共重庆市委、重庆市人民政府关于印发〈重庆市国有林场改革实施方案〉的通知》（渝委发〔2016〕15号）精神，结合长寿区实际，制定本实施方案。

一、总体要求

（一）指导思想

全面贯彻党的十八大和十八届三中四中五中六中全会精神，按照市委、市政府决策部署，围绕长寿区“三地一中心”建设，以生态建设为主，严守“五个决不能”底线，围绕保护生态、保障民生两大目标，推动政事分开、事企分开，推进林业发展模式由木材生产为主转变为生态修复和建设为主、由利用森林获取经济利益为主转变为保护森林提供生态服务为主，完善监管体制，创新经营机制，盘活森林资源，构建有利于保护生态、改善民生、增强林业发展活力的国有林场新体制，实现国有林场健康持续发展，为维护国家生态安全、保护生物多样性、建设生态文明作出更大贡献。

（二）基本原则

——坚持把生态优先作为首要前提。以维护和提高森林资源生态功能为改革的出发点和落脚点，严守林地红线和森林红线，确保国有森林资源不破坏、国有资产不流失。

——坚持把改善民生作为基本遵循。把改善林区生产生活条件放在突出位置，更好的发挥政府作用，切实维护好职工切身利益，充分调动国有林场职工的积极性，确保林区和谐稳定。

——坚持把促进可持续发展作为重要内容。以“因养林而养人”为方向，结合长寿区林业和生态建设实际，科学制定改革方案，在保护中合理利用森林资源，增强林场发展活力。

——坚持把改革创新作为根本动力。着力破除制约林场发展的体制机制障碍，全面深化国有林场改革，加快制度创新，完善经营管理体制，激活各类发展要素。

（三）目标任务

通过改革，建立功能定位明确、管理科学规范、政策保障有力的现代国有林场发展机制，全面提高森林资源总量和质量，促进资源增长、林业增效，实现生态良好与社会和谐稳定。到2017年年底，基本完成长寿区国有林场改革主体任务。到2020年，实现以下目标：

——生态功能显著提升。森林面积保持3.6万亩以上；林木蓄积量从27.8万立方米增加到30.8万立方米；森林覆盖率从99%提高到99.4%；商业性采伐减少50%以上，禁止开展皆伐方式的商业性采伐，全面停止天然林的商业性采伐。森林碳汇显著增强、生物多样性更加丰富，森林质量大幅提升。

——生产生活条件明显改善。加大基础设施建设投入，国有林场管护站点实现公路、电、水以及信息网络全覆盖，林区生产生活条件更完善，林区职工生活更幸福。

——体制机制全面创新。从严控制事业编制，在原有编制数基础上减少10%。形成功能定位明确、管理科学规范、森林管护购买服务、资源监管分级实施的林场管理新体制，确保政府投入可持续、资源监管高效率、林场发展有后劲。

二、明确功能定位，完善监管体制

（一）科学界定国有林场属性。坚持国有林场公益属性，将其主要功能定位为保护培育森林资源、维护三峡库区生态安全、提供生态公益服务。与功能定位相适应，结合其生态区位、资源禀赋以及承担的公益职责，长寿区国有林场按公益服务一类事业单位管理，进一步强化公益服务职能，所需经费纳入区级财政全额预算管理。

（二）推进国有林场事企分开。国有林场从事的经营活动要实行市场化运作，组建经济实体，将经营活动交由经济实体负责，国有林场不参与经济实体的经营活动。加强资产负债的清理认定和核查工作，防止国有资产流失。区林业行政主管部门受委托对经济实体国有资产进行监管。对林业特色产业、森林旅游和少量商品林采伐等暂不能分开的经营活动，严格实行“收支两条线”管理，收入由区财政部门统筹安排用于国有林场基础设施建设、森林资源保护培育等。

（三）理顺国有林场管理体制。坚持国家所有、市级监管、区级管理、林场保护经营的国有林场森林资源管理体制，保持国有林场隶属关系长期稳定。区林业行政主管部门要加快职能转变，创新管理方式，减少对国有林场的微观管理和直接管理，加强发展战略、规划、政策、标准等制定和实施，落实国有林场法人自主权。国有林场设立、变更、撤销，事前应征求市林业行政主管部门意见，事后报备。强化对编制使用的监管，国有林场新进人员除国家政策性安置、按干部人事权限由上级任命及涉密岗位等确需使用其他方法选拔任用人员外，都要实行公开招聘。

（四）完善森林资源监管体制。区林业行政主管部门要健全森林资源监管体制。加强国有林场森林资源监测体系建设，完善国有林场森林资源管理档案，定期向社会公布森林资源状况，接受社会监督，对国有林场场长实行森林资源离任审计。把保护和培育森林资源作为考核的重要内容，对国有林场场长实行年度目标考核。建立制度化的监测考核体制，加大对国有林场森林资源保护管理情况的考核力度。

三、创新经营保护机制，盘活森林资源

（一）积极培育森林资源。科学编制森林经营方案，优化国有林场发展思路。合理确定国有林场森林采伐方式和采伐限额，逐年减少采伐量。启动国有林场森林资源保护和培育工程，改造低质低效和重要生态区位的针叶纯林，允许适度修建配套经营设施。实施森林抚育经营，提升森林资源质量。增强森林固碳能力，增加森林碳汇储备，积极参与探索碳排放权交易下的林业碳汇交易模式，开展碳汇交易试点。保护生物多样性，保持生态系统稳定。

（二）加大资源保护力度。保持森林资源权属稳定，维护国有林场合法权益，严禁擅自改变国有森林资源的经营管理权，严禁破坏国有森林资源和乱砍滥伐、滥占林地、无序建设，严肃查处破坏移动界桩、蓄意制造林权纠纷的行为。建立归属清晰、权责明确、监管有效的森林资源产权制度，建立健全林地保护制度、森林保护制度、监督制度和考核制度，严格实施林地保护利用规划，加强林地用途管制，保持国有林场林地范围和用途的长期稳定，不得突破3.6万亩的国有林地保护红线，严禁林地转为非林地。允许国有林场特别分散的小块林地与集体林地依法互换。探索有效的国社联合森林资源保护机制。利用国有林场森林资源开展森林旅游等，应当与国有林场明确收益分配方式；经批准占用国有林场林地的，应当按规定足额支付林地林木补偿费、安置补助费、植被恢复费和职工社会保障费用；探索对建设项目拟占用国有林地实行森林资源资产评估，用地单位按照评估结果对森林资源予以补偿。

（三）创新经营管护机制。在确保国有森林资源不减少、国有资产不流失前提下，鼓励社会资本进入国有林场经济实体，采取多种形式合作发展森林旅游等特色产业，有效盘活森林资源，实现国有森林资源保值增值。国有林场森林资源日常管护、森林抚育等引入市场机制，小块分散的国有林地可通过合同、委托等方式面向社会公开购买服务。鼓励社会公益组织和志愿者参与森林资源管护，提高全社会生态保护意识。

（四）发展特色林业经济。鼓励国有林场立足森林资源优势，大力发展森林旅游、林下种养业、林产品加工等特色林业经济，调整优化林业产业结构，促进林业增效、林区发展。推进林下生产、加工物流、市场营销等一二三产业融合发展，产业链增值收益更多留在林区、留给林场。做好与重庆市避暑休闲地产、区乡村旅游等相关规划的衔接，鼓励国有林场利用资源优势发展避暑休闲、养生养老、观光游憩等产业。积极建设森林公园，加大现有森林公园的开发建设力度，丰富旅游产品，向社会开放。扶持林农依托森林公园等森林旅游景区开展餐饮、住宿、运输、导游等服务业，吸纳农民就业，带动农民脱贫致富。

四、完善政策支持体系，健全体制机制

（一）加强基础设施建设。将国有林场基础设施统筹纳入全区相关建设计划。公路建设纳入交通部门农村公路统筹规划，内部巡护道路纳入林业部门防火通道建设；供电纳入电力部门农村电网改造升级解决；饮水纳入水利部门农村饮水安全巩固提升工程和林业部门防火消防水池建设解决；信息网络纳入通信部门农村通信基础设施建设解决；森林火灾、林业有害生物防控等纳入区里防灾减灾能力建设。积极推进国有林场生态搬迁，将位于生态敏感区域、自然条件恶劣、不宜人居的管护站点逐步搬迁至基础设施较为完善且有利于森林资源管护的区域。在重点林区、交通要道口、农林交界处、景区服务点、街镇或村民聚居地等合理布设管护站点。完善管护站功能设施，2020 年前，全面完成管护站标准化建设。提高森林保护培育科技含量，建设现代新型林场。

（二）加强财政支持。在中央、市财政安排的国有林场改革补助资金基础上，区财政要安排补助资金，统筹解决国有林场改革资金问题。逐步提高国有林场管护费补助标准，满足国有林场保护培育森林资源的需要。国有森林全部纳入政策性森林保险范围。国有林场依托经济实体开展的森林旅游、种植、养殖、林产品加工等贷款项目，按照有关规定给予财政贴息。区级有关部门要将国有林场纳入农业生产发展、农村基础设施建设、农业生态修复和治理、农村社会管理和公共服务、扶贫开发等公共财政支农惠农政策支持范围，加大对国有林场发展的支持力度，促进林场与周边地区基本公共服务均等化。

（三）加强金融支持。鼓励金融机构开发符合国有林场生产经营特点的信贷产品，开展门票收费权、产品订单等抵质抵押贷款业务，充分利用林业贷款中央财政贴息政策，拓宽国有林场融资渠道。

（四）加强人才队伍建设。国有林场要根据核定编制数，按照国家相关规定，招聘引进人才，逐步解决职工队伍年龄老化、专业人才缺乏、管护力量薄弱、文化程度偏低等问题。按照《人力资源和社会保障部、国家林业局关于国有林场岗位设置管理的指导意见》（人社部发〔2015〕54 号）的要求调整国有林场林业专业技术岗位、技能岗位结构比例，优化人才队伍结构。加强国有林场领导班子建设，规范领导干部选拔任用，建立场长轮岗交流制度。完善公开招聘制度、聘用合同制度、岗位管理制度、职工培训制度，建立健全国有林场职工绩效考核制度和奖惩机制。参照支持西部和艰苦边远地区发展相关政策，引进国有林场发展急需的管理和技术人才。国有林场新进专业技术人员要明确最低服务年限。国有林场专业技术职务评聘条件参照街镇基层站所执行，一线工作视同街镇工作经历。落实职工养老保险、医疗保险、住房公积金等政策，全面提高国有林场社会保障水平。

（五）营造良好改革发展环境。由于长寿区国有森林资源零星分布在山高坡陡、生态脆弱的边远山区，地形地势复杂，林农交错，道路通行条件差，缺水、缺电等问题突出，经营管理难度大。扶持三农的优惠政策没有完全覆盖到国有林场。因此，区级相关部门应在项目、资金、政策等方面向国有林场重点倾斜，避免国有林场发展建设边缘化。各街镇对国有林场在国有森林资源所在地开展的基础设施建设、林地保护、森林防火、林业有害生物防治、造林营林、特色产业发展等要予以大力支持和配合，协调搞好所辖相关职能部门及辖区村组与国有林场的关系，及时化解矛盾和问题，确保国有林场改革发展顺利推进。

五、实施步骤

（一）明确任务。区发改委、区林业局要做好统筹协调，加强指导和服务。区编办、区人社局、区财政局等相关部门按照职能分工，及时制定完善配套政策。

（二）精心实施。区林业局要根据本实施方案和全区相关配套政策，认真组织实施，在 2016 年 12 月底前基本完成国有林场改革任务。

（三）总结迎检。2017 年 6 月底前，区林业局要根据国有林场改革验收管理规定，搜集整理国有林场改革相关资料，区级相关部门要积极支持配合。基本完成国有林场改革后，要全面系统地分析总结国有林场改革工作经验，迎接好国家和市级检查验收。

六、保障措施

（一）加强领导。成立以区政府分管副区长为组长，区林业局主要负责人为副组长，区编办、区发改委、区财政局、区人社局、区国土房管局、区交委、区农委、区水务局等区级有关部门主要负责人为成员的区国有林场改革领导小组，负责统筹协调和指导国有林场改革。有关部门要加强沟通、指导和服务，做好跟踪分析和督促检查，及时发现和解决改革中出现的新问题，适时评估方案实施情况。方案实施过程中出现的重大问题，要及时上报区委区政府。

（二）明确责任。推进国有林场改革是国家全面深化改革的一项重大举措，区政府是国有林场改革的责任主体，对区国有林场改革负总责，区级相关部门在国有林场改革中负有重要的工作责任，要按照本方案确定的目标、任务、内容和工作步骤，抓紧推进各项工作，确保按时完成各项目标任务。

（三）规范操作。国有林场改革涉及职工的切身利益，要坚持“以人为本，确保稳定”的原则，不采取强制性买断方式，不搞一次性下岗分流。区级有关部门要依法、民主、阳光操作，确保公开、公平、公正，切实保障职工的知情权、参与权、监督权。切实做好风险预警，及时化解矛盾，确保社会稳定。

中共重庆市长寿区委十二届十次全会关于中国共产党重庆市长寿区第十三次代表大会有关事项的决议

（2016年12月13日区委十二届十次全会通过）

中共重庆市长寿区委十二届十次全会于2016年12月13日召开。区委常委会主持了会议。区委委员、候补委员38人出席会议。全会研究和部署了召开中国共产党重庆市长寿区第十三次代表大会的有关准备工作。

根据市委批复，全会决定：中国共产党重庆市长寿区第十三次代表大会于2016年12月26日至12月29日召开。

全会审议通过了召开中国共产党重庆市长寿区第十三次代表大会的有关事项。

（一）审议通过了中国共产党重庆市长寿区第十三次代表大会筹备工作情况报告；

（二）审议通过了中国共产党重庆市长寿区第十二届委员会工作报告（草案），决定提交中国共产党重庆市长寿区第十三次代表大会审议；

（三）审议通过了中国共产党重庆市长寿区纪律检查委员会工作报告（草案），决定书面提交中国共产党重庆市长寿区第十三次代表大会审议；

（四）审议通过了中国共产党重庆市长寿区第十三次代表大会议程（草案），决定提交大会预备会议表决通过；

（五）通过了中国共产党重庆市长寿区第十三次代表大会主席团建议名单，决定提交大会预备会议表决通过；

（六）通过了中国共产党重庆市长寿区第十三次代表大会秘书长建议名单，决定提交大会预备会议表决通过；

（七）通过了中国共产党重庆市长寿区第十三次代表大会主席团常务委员会委员建议名单，决定提交大会主席团第一次会议表决通过；

（八）通过了中国共产党重庆市长寿区第十三次代表大会执行主席分组建议名单，决定提交大会主席团第一次会议表决通过；

（九）通过了中国共产党重庆市长寿区第十三次代表大会副秘书长建议名单，决定提交大会主席团第一次会议表决通过；

（十）通过了中国共产党重庆市长寿区第十三次代表大会代表资格审查委员会成员建议名单，决定提交大会预备会议表决通过；

（十一）审议通过了中国共产党重庆市长寿区第十三次代表大会各代表团划分情况及召集人建议名单；

（十二）审议通过了中国共产党重庆市长寿区第十三次代表大会各代表团团长、副团长建议名单，决定提交各代表团第一次代表会议表决通过；

（十三）审议通过了中国共产党重庆市长寿区第十三次代表大会列席人员建议名单，决定提交主席团第一次会议表决通过；

（十四）审议通过了中国共产党重庆市长寿区第十三次代表大会邀请在主席台就座人员建议名

单，决定提交大会主席团第一次会议通过；

（十五）讨论通过了长寿区提名重庆市出席党的十九大代表推荐人选；

（十六）投票确定了长寿区出席中国共产党重庆市第五次代表大会代表候选人预备人选。

全会要求，全区各级党组织、全体党员干部，团结一致，开拓奋进，扎实工作，以优异的成绩迎接党的十九大、市第五次党代会和区第十三次党代会的胜利召开。

中共重庆市长寿区委
重庆市长寿区人民政府
关于印发《重庆市长寿区人才引进培养和激励办法（试行）》的通知

各街道党工委和办事处，各镇党委和人民政府，区委各部委，区级各部门，各人民团体，有关单位：

《重庆市长寿区人才引进培养和激励办法（试行）》已经区委、区政府同意，现印发给你们，请遵照执行。

中共重庆市长寿区委

重庆市长寿区人民政府

2016 年 12 月 30 日

重庆市长寿区人才引进培养和激励办法（试行）

第一章　总　则

第一条　为深入贯彻落实人才强区战略，更好地发挥人才在加快长寿经济社会发展中的重要作用，按照既有利于引进急需紧缺优秀人才，又有利于调动现有人才积极性的要求，根据《重庆市引进高层次人才若干优惠政策规定》《重庆市长寿区中长期人才发展规划（2011—2020 年）》，制定本办法。

第二条　本办法适用范围包括区属事业单位，以及工商注册地和税务征纳关系均在长寿的企业、经济社会组织。

第三条　根据区委的部署，在区委人才工作领导小组领导下，区委组织部、区人力社保局具体负责本办法的组织实施。

第二章　引进对象

第四条　引进对象包括《重庆市引进高层次人才若干优惠政策规定》中规定的四类对象（详见附件 1），并增加以下对象：

（一）国务院特殊津贴获得者，省部级有突出贡献中青年专家、优秀专业技术人才、学术学科带头人；

（二）具有正高专业技术职称的人才，全日制博士研究生；

（三）符合长寿区年度急需紧缺人才专业目录的高级经营管理人才、副高专业技术职称人才、高级技师及其他相当层次的人才。

第三章　人才认定

第五条　发布年度急需紧缺人才专业目录

每年 10 月底前，相关单位根据工作需要，向各行业主管部门申报急需紧缺人才类别及专业，各行业主管部门在综合分析的基础上初步形成本行业、本领域次年急需紧缺人才专业目录，报送区人力社保局。区人力社保局初审后，征求区委人才工作领导小组成员单位意见，形成急需紧缺人才专业目录（送审稿），提交区委人才工作领导小组会议研究审定，面向社会发布。

第六条　申报确认

（一）符合国家、市里规定的引进人才类别，除享受国家、市里规定的相关政策待遇外，区里再一事一议给予相应支持。

（二）符合本办法规定的引进人才和现有人才在申报确认后，可享受相应的政策待遇。

1. 引进人才按本办法第四条对象申报条件进行确认。

2. 符合本办法第四条第（一）类至第（三）类对象申报条件的现有人才，经认定，可享受相应配套政策。

第七条　认定程序

（一）个人申请。个人向所在单位提出认定申请，并提供相关证明材料。

（二）单位初审。申请人所在单位及主管部门对申请人各项条件初步审核同意后，向区人力社保局进行申报。

（三）评审。区人力社保局会同相关行业主管部门、专业领域专家进行评审。

（四）审核。区人力社保局将评审通过的人选报区委人才工作领导小组审核。

（五）公示。经区委人才工作领导小组审核确定的人选，在一定范围内进行公示，公示时间不少于5个工作日。

（六）反馈。经公示无异议或不影响认定结果的，由区人力社保局将书面认定意见反馈给申报单位。

（七）入库。经确认的人选进入长寿区高层次人才动态信息库，并享受相应配套政策。

第四章　人才引进

第八条　人才引进是指从本区行政区域外引进的人才。

第九条　引进方式

可以采取调动、招聘等方式引进人才，鼓励用人单位以岗位聘用、项目聘用、任务聘用、项目合作等方式柔性引进人才。

第十条　工资待遇

事业单位引进的人才，执行国家规定的工资福利政策。企业引进的人才，可实行岗位绩效工资制、年薪制、协议工资制、效益工资制、项目工资制、成果工资制等，由企业与引进人才协商。

第十一条　岗位编制

事业单位引进的人才，在编制限额内予以优先保障，在职位上可按规定设置特设岗位，可不受单位专业技术岗位数额限制申报评审专业技术资格。

第十二条　安家补助

与用人单位签订5年及以上合同的新引进人才，给予安家补助。除市里规定外，其他对象具体标准如下：

（一）市里所列第四类对象、本办法第四条第（一）类对象，每人20万元；

（二）本办法第四条第（二）类对象，每人10万元；

（三）本办法第四条第（三）类对象，每人5万元。

引进到事业单位的，所需经费由区财政和用人单位各承担1/2；引进到企业和其他经济社会组织的，所需经费由区财政补助1/3、用人单位承担2/3。

引进人才安家补助按月分5年拨付，未满5年而提出或要求解除合同（含调离、辞职、自动离职、解聘等）的，从离岗之日起停止发放安家补助。

第十三条　住房保障

除市里规定外（详见附件2），其他引进人才在引进后5年内享受住房保障，具体标准如下：

（一）本办法第四条第（一）类对象，用人单位安排80平方米的使用住房或相当面积的租房补贴；

（二）本办法第四条第（二）类对象，用人单位安排60平方米的使用住房或相当面积的租房补贴；

（三）本办法第四条第（三）类对象，用人单位安排40平方米的使用住房或相当面积的租房补贴。

第十四条　引进到长寿区事业单位的专业技术人才在原事业单位辞职的，可根据本人要求和政策规定聘用为事业单位工作人员，工龄按规定计算认定。

第十五条　配偶随调

引进人才随迁、随调、随归的配偶可由区人力社保局配合用人单位妥善安置。

第十六条　子女就学

区教委为引进人才的子女提供公办幼儿园、小学、初中、高中学校供其选择。

第十七条　柔性引进的高层次人才优惠政策待遇，实行一事一议。

第五章　人才培养

第十八条　鼓励人才自我提升，支持用人单位培养人才。

第十九条　学术研修交流资助

除市里规定外，对本办法第四条第（一）类至第（三）类对象，用人单位每年可给予一定的资料、学术研修交流等资助经费。

第二十条　技术技能提升资助

鼓励各类人才积极申报技术技能和职称评定。

事业单位工作人员和企业在岗人员新取得急需紧缺专业正高级、副高级专业技术职称的，区财政分别一次性资助每人5000元、3000元；企业在岗人员新取得急需紧缺专业高级技师职业资格等级证书的，区财政一次性资助每人3000元。

第六章　人才激励

第二十一条　激励津贴

除市里规定外（详见附件2），通过认定并经年度考核的其他对象具体标准如下：

（一）市里所列第（四）类对象，每人每年10000元；

（二）本办法第四条第（一）类对象，每人每年8000元；

（三）本办法第四条第（二）类对象，每人每年5000元；

（四）本办法第四条第（三）类对象，每人每年3000元。

激励津贴所需经费，事业单位的由区财政和用人单位各承担1/2；企业和其他经济社会组织的，由区财政补助1/3、用人单位承担2/3。

第二十二条　政府奖励

对引进的或者经本区申报入选的国家、市认定的高层次人才，除享受上级优惠政策外，区财政给予专项奖励。具体标准实行一事一议。

第二十三条　服务保障

经认定符合条件的人才可享受以下服务保障：

（一）优先推荐申报各类人才项目、扶持资金和评选表彰；

（二）优先提供融资担保服务，优先向金融机构、风险投资公司推荐项目，优先申请科技风险投资基金；

（三）优先推荐担任各级党代表、人大代表、政协委员和进入群团组织任职；

（四）完善区级领导联系高层次人才制度，定期开展走访、座谈等活动；

（五）由用人单位每年免费组织健康体检1次；

（六）优先支持参与全区重大发展战略、重点建设项目、重要产业布局和重要攻关课题密切相关的富有创新性、实效性和操作性的人才项目。引导、鼓励和支持非公经济组织和其他社会组织参与人才项目建设。

第七章　考核管理

第二十四条　建立长寿区高层次人才动态信息库，对高层次人才实施动态管理服务，管理服务期为3年（技术技能提升资助对象除外），期满后可再次申请认定。管理服务期内，达到更高层级认定条件的，可按规定申报相应层级人才认定，经认定符合条件者，其管理服务期重新计算，并享受相应配套政策。

第二十五条　管理服务期已满人员再次申报参加认定时，以最近一个管理服务期内及期满之后所对应的人才类别、取得的业绩成果等为申报依据。

第二十六条　高层次人才实行年度考核制度。考核重点是创新能力、业绩贡献、项目推进情况等方面。考核工作由用人单位组织实施，必要时，区委组织部、区人力社保局可派人参加考核。

第二十七条　对离开长寿区或不再与长寿区用人单位履行工作协议，以及考核结果为基本合格及以下等次者，取消其高层次人才资格认定，并终止其享受的相关优惠待遇。

第二十八条　有下列情形之一者，应当取消资格并按有关规定取消或追回其所享受的待遇：

（一）学术、业绩、成果上弄虚作假被有关部门查处；

（二）提供虚假材料骗取高层次人才资格；

（三）管理服务期内受党纪、政纪处分的；

（四）管理服务期内受刑事处罚的；

（五）其他需要取消高层次人才资格的情形。

取消资格的，今后不再受理其高层次人才认定申请。

第二十九条　区委组织部、区人力社保局每年组织一次人才在岗情况核查。人才所在单位应在每年12月下旬，向区人力社保局报告本单位人才变动情况，逾期不报，暂停其享受的相关优惠待遇。

第八章　附则

第三十条　同一名人才，涉及区内不同层次时，按“从优、从高、不重复”原则执行。

第三十一条　本办法中除安家补助、住房保障政策外，适用于现有人才。

第三十二条　有关单位可结合自身实际，参照本办法制定相应的人才政策。

第三十三条　本办法由区委组织部、区人力社保局商有关部门解释。

第三十四条　本办法自2017年1月1日起施行，区内原有政策与本规定不符合的，按本规定执行。

附件：1. 重庆市人才引进四类对象

2. 重庆市各类人才主要优惠政策一览表

附件1

重庆市人才引进四类对象

（根据《重庆市引进高层次人才若干优惠政策规定》之规定）

第一类：中国科学院院士、中国工程院院士。

第二类：1. 国家引进海外高层次人才计划（千人计划）人选；2. 国家自然科学奖、国家技术发明奖、国家科学技术进步奖一等奖获得者前三名；3. 国家“863”“973”重大科研项目主持人。

第三类：1. 国家级重点学科、重点实验室、工程技术研究中心学术技术带头人；2. 国家自然科学奖、国家技术发明奖、国家科学技术进步奖二等奖获得者前三名；3. “新世纪百千万人才工程”国家级人选；4. 国家杰出青年科学基金获得者；5. 国家有突出贡献中青年专家；6. 卫生部有突出贡献中青年专家；7. “长江学者计划”特聘教授；8. “中华技能大奖”获得者。

第四类：1. 在海外取得博士学位，并在海外知名高等院校、科研机构、金融机构、世界500强企业等单位具备两年以上工作经历的海外高层次人才；2. 国（境）外经济金融、科教文卫知名专家。

附件2

重庆市各类人才主要优惠政策一览表

项　目	第一类	第二类	第三类		第四类
			百千万人才工程国家级人选	其他	
岗位津贴（元/月）	8000	5000	3000	1000	
住房标准（平方米）	200	150	120	120	100
安家补助（万元）	200	100	30	30	
资料资助（万元）	6		4		2

续表

项　目	第一类	第二类	第三类		第四类
			百千万人才工程国家级人选	其他	
日常扶持	配备助手、专车，提供差旅费		提供工作和生活用车以及2次差旅费		提供工作用车和1次差旅费
医疗保健	参照省部级干部		1年1次体检和疗养		
家属就业	市人力社保局配合用人单位妥善安置				
子女入学	由户口或工作单位所在地的教育主管部门安排				

长江岸边长寿城

统计资料

❖ 重庆市长寿区2016年国民经济和社会发展统计公报

❖ 2016年重庆市长寿区国民经济主要指标

❖ 2016年重庆市长寿区各街镇主要统计指标

统计资料

重庆市长寿区 2016 年国民经济和社会发展统计公报

重庆长寿区统计局

2017 年 3 月 21 日

2016 年，面对错综复杂的国内外形势和艰巨繁重的改革发展稳定任务，区委、区政府带领全区人民全面贯彻中央、市委各项决策部署，有效应对国际金融危机持续影响和各种风险挑战，主动适应经济发展新常态，深入落实区域发展战略，全面推进“三地一中心”建设，呈现出经济平稳增长、民生持续改善、社会协调发展的良好局面，为“十三五”如期全面建成小康社会奠定了坚实基础。

一、综合

全年实现地区生产总值 454 亿元，比上年增长 10.7%。按产业分，第一产业增加值 44 亿元，增长 5.0%；第二产业增加值 242.7 亿元，增长 12%；第三产业增加值 167.3 亿元，增长 10.4%。三次产业结构比为 9.7:53.5:36.8。按常住人口计算，全区人均地区生产总值达到 55033 元（8285 美元）。

年末全区常住人口 82.57 万人，增加 0.14 万人。城镇化率 63.32%，提高 1.7 个百分点，城镇化率比全市平均水平高 0.72 个百分点。年末户籍总人口 90.3 万人，其中农村居民 58.0 万人。新出生人口 8745 人，出生率 9.64‰，自然增长率 2.83‰。

城镇新增就业人员 23242 人，下降 4.3%。城镇登记失业人员就业 7000 人，下降 10.6%。年末城镇登记失业率 2.2%，上升 0.12 个百分点。

截至 2016 年底，全区共有市场主体总量达 5.4 万户，其中微企 1.2 万户。2016 年，全区新增各类市场主体 8284 户，其中新增微企 2057 户。全区注册商标总量达 3440 件。

二、农业

全年实现农林牧渔业及其服务业增加值 44.9 亿元，增长 5.0%。实现农业总产值 66.2 亿元，增长 15.4%。全年粮食播种面积 106.0 万亩，粮食总产量 37.3 万吨，增长 1.2%，粮食综合单产 352.3 公斤/亩。蔬菜种植面积 22.6 万亩，总产量 36.0 万吨，增长 6.8%。水果种植面积 35.0 万亩，总产量 24.3 万吨，增长 9.5%。出栏生猪 65.8 万头，下降 3.2%。出栏家禽 1123.1 万只，增长 4.0%。出栏牛 7385 头，增长 8.9%。禽肉产量 17466 吨，增长 3.2%。禽蛋产量 53273 吨，增长 6.3%。水产品总量 32475 吨，其中淡水养殖 31165 吨，淡水养殖中鲢鱼、鲫鱼、草鱼最多，产量分别达 9310 吨、6976 吨、6155 吨。

三、工业

全年实现工业增加值 176.8 亿元，增长 10.7%，占全区地区生产总值的 38.9%。年末全区拥有规上工业企业 229 家，全年实现规模以上工业总产值 900 亿元，增长 12.5%。其中，长寿经开区 780 亿元，增长 11.9%；长寿工业园区 96.7 亿元，增长 108.4%。全年完成规上工业销售产值 883.1 亿元，增长 13.1%；规上工业产品产销率 98.12%，上升 0.52 个百分点。规上工业利润总额 -40.1 亿元，止损 0.3 亿元。实现税金及附加

20.2 亿元，增长 39.2%。

全年规上工业实现钢材产量 387 万吨，缩减产量 156.4 万吨，下降 28.8%；粗钢产量 290.5 万吨，缩减产量 81.3 万吨，下降 21.9%；生铁产量 287.7 万吨，缩减产量 78.7 万吨，下降 21.5%；焦炭产量 119.7 万吨，缩减产量 54.2 万吨，下降 31.2%；精甲醇产量 180.6 万吨，增加产量 25.6 万吨，增长 16.5%；合成氨产量 16.3 万吨，增加产量 5.5 万吨，增长 51.5%；发动机产量 1643.4 万千瓦，增加产量 280.4 万千瓦，增长 20.6%；橡胶轮胎外胎产量 1706.7 万条，增加产量 116.1 万条，增长 7.3%；初级形态塑料 16.3 万吨，增加产量 13.4 万吨，增长 455%。

四、建筑业和固定资产投资

全年实现建筑业增加值 65.9 亿元，增长 15.1%。建筑业总产值达 192.3 亿元，增长 20.6%。全年完成固定资产投资总额 589.2 亿元，增长 16.2%。其中工业投资 319.5 亿元，增长 16.4%；房地产开发投资 99 亿元，增长 23.9%。全年商品房施工面积 600.2 万平方米，下降 23.8%；商品房新开工面积 153.9 万平方米，增长 16.3%；商品房销售面积 212.7 万平方米，下降 9.1%。全年新增城市建成区面积 1.1 平方千米、停车泊位 5002 个，竣工投用人行天桥 2 座。推进违法建筑专项整治，拆违治乱 5.1 万平方米。实施小城镇基础设施项目 64 个。

五、国内贸易

全年批发和零售业实现增加值 21.0 亿元，增长 9.7%，占全区地区生产总值的 4.6%；住宿和餐饮业实现增加值 14.8 亿元，增长 8.0%，占全区地区生产总值的 3.3%。全年实现社会消费品零售总额 117.1 亿元，增长 13.4%。按经营地统计，城镇消费品零售额 63.2 亿元，增长 13.2%；乡村消费品零售额 53.9 亿元，增长 13.7%。按行业统计，批发业 24.0 亿元，增长 11.9%；零售业 65.3 亿元，增长 14.2%；住宿业 3.6 亿元，增长 13.1%；餐饮业 24.2 亿元，增长 13.1%。实现会展直接收入 2.1 亿元，拉动消费 1 亿元。建成 5000 平方米的电商产业园区，引进长城宽带、湖山在线、巨时科技、品培网络、乐谷乐享等电商企业 27 家，实现网上交易额 2.3 亿元。

六、外经外贸招商

全年实际利用内资 242.1 亿元，增长 10.9%。实际利用外资 2 亿美元，下降 45.6%，其中 1000 万美元以上的外资项目共计 5 个，占全区实际利用外资总额的 72.5%。全年实现进出口总额 10.7 亿美元，下降 12.2%。其中出口额 9.3 亿美元，增长 0.37%；进口额 1.4 亿美元，下降 52.6%。

全年招商引资共引进项目 186 个，增长 47.6%。项目合同总金额 509.2 亿元，下降 6.1%。实际到位资金 260.1 亿元，增长 21.0%。新引进聚氨酯上下游项目 12 个，汽车零部件及装备制造企业 34 个，精细化工项目 27 个，电子信息项目 12 个，商贸物流企业 24 家。

七、交通、邮电和旅游

全年交通运输、仓储和邮政业实现增加值 46.1 亿元，增长 8.2%，占全区地区生产总值的 10.2%。公路货运周转量 51.8 亿吨千米，公路客运周转量 97150 万人千米，综合增长 9.4%；水上货运周转量 34.5 亿吨千米，水上客运周转量 37 万人千米，综合增长 14.8%。全年完成 66 个共 148 千米的农村公路硬化改造项目，完成 2300 个农村主干村道错车道建设和 46 千米公路安保护栏的设置。

全区共有邮政所 48 处，邮路 6 条，邮路总长度 658 千米，农村投递线路总长度 542 千米，与去年持平。全年邮政业务总量 8676.6 万元，增长 17.4%。全年电信业务总量 4.2 亿元，增长 25.1%。年末固定电话用户 11.6 万户，移动电话用户 64.9 万户，固定互联网用户 10.3 万户，手机上网用户 50.1 万人。

全年实现旅游收入 47 亿元，增长 11.9%；旅游人数 770 万人次，增长 10%。其中：长寿湖景区接待游客 228 万人次，增长 20.5%；长寿菩提古镇接待游客 293 万人次，增长 9.8%；长寿菩提山文化旅游景区接待游客 122 万人次，增长 17.4%。

八、财税、金融

全年地方财政收入 91.2 亿元，增长 10.0%，其中一般公共预算收入 37.4 亿元，增长 10.1%。一般公共预算收入中税收收入 28.1 亿元，增长 13.7%。全年地方财政支出 127.3 亿元，增长 1.2%，其中一般公共预算支出 64.5 亿元，增长 8.2%。全年财政民生支出 41.7 亿元，占一般公共预算支出的比例达到64.7%。其中教育相关支出16.0亿元，占一般公共预算支出的比例达到24.8%。全面完成“营改增”改革，5月1日开始新增试点的建筑业、房地产业、金融业和生活服务业4大行业累计减税2亿元，社保降费为企业减负1.5亿元，减税降负效果明显。

全年金融业实现增加值20.8亿元，增长17.4%，占全区地区生产总值的4.6%。年末全区金融机构本外币存款余额为496.7亿元，增长9.2%。其中，人民币存款余额495.2亿元，增长9.3%。金融机构本外币贷款余额为294.2亿元，增长4.3%。其中，人民币贷款余额294.1亿元，增长4.6%。

九、人民生活和社会保障

全区居民人均可支配收入23519元，增长10.1%。按常住地分，城镇常住居民人均可支配收入29915元，增长8.5%；农村常住居民人均可支配收入13252元，增长10%。

全区城镇企业职工基本养老保险参保人数15.0万人，城乡居民社会养老保险参保人数34.5万人，城镇职工医疗保险参保人数13.5万人，城乡居民合作医疗保险参保人数78.3万人，工伤保险参保人数9.8万人，生育保险参保人数7.5万人。全区共支付社保待遇31.3亿元，享受社保待遇441.6万人次。全年安排城乡居民合作医疗参保补贴3.3亿元，安排困难群众医疗救助资金0.3亿元，医疗保障水平进一步提升。

十、教育和科技

全区共有教育机构200个，教职工12828人。其中幼儿园95所，教职工1351人；小学67所，教职工2714人；九年制学校7所，教职工531人；初级中学14所，教职工906人；完全中学8所，教职工2142人；职业学校2所，教职工215人。全区共有在校学生93006人，其中幼儿园在园儿童16708人，小学生39720人，初中学生18921人，高中学生13704人，职业教育学生3830人。全区共有民办教育机构76个，教职工1299人，学生12534人；其中民办幼儿园72个，教职工1120人，在园儿童11067人。

全年共落实发放各类教育资助资金1.1亿元，惠及学生31.6万人次。其中学前教育资助718.01万元，惠及幼儿2.8万人次；义务教育资助4178.8万元，惠及学生23.4万人次；普通高中教育资助1177.8万元，惠及学生14.3万人次；中职教育资助1254.03万元（含公用经费），惠及学生1.7万人次；高等教育资助363.8万元，惠及学生2010人次；大学生生源地信用助学贷款1582.9万元，惠及学生2132人次。

全区共建成各类创新研发平台25个。全年新培育国家知识产权优势企业6家、市级知识产权优势企业13家、市级知识产权试点企业56家。新培育高新技术企业14家，有效期内高新技术企业累计达30家；新培育科技型企业82家；新认定高新企业14家。全年专利申请1695件、授权2231件，有效发明专利为181件，每万人发明专利拥有量2.20件。

十一、文化体育和卫生

全年开展流动文化服务进村3564场，其中农村电影放映2676场。创作文艺作品500余件，获市级以上奖项（入展）40余件次。区图书馆接待读者20万余人次，图书流通达16万余册次，免费为社区、企业送图书2万余册。新发展文化企业（个体）120余家、投资总额达5200余万元，培育文化微型企业24家。建成长寿古镇文创产业孵化园，吸引入驻文化企业20家。全区达一级运动员资格15人，达二级运动员资格30人。共派出600余名运动员参加第五届市运会19个大项比赛，青少年组共获得金牌38枚、银牌35枚、铜牌49枚，团体总分2888分，奖牌总数和团体总分均位列全市第三位。组队参加全国全市13个项目锦标赛，共获得金牌31枚、银牌50枚、铜牌60枚，并成功承办全市羽毛球、射击锦标赛、武术散打擂台赛。

全区现有注册医疗机构531个，其中综合医院20家，民营医院13家，社区卫生服务中心7所，镇卫生院18所，村卫生室335个。全区床位总数4624张（其中民营医疗机构床位1133张，占24.5%），执业（助理）医师1918人，注册护士2450人。全区每千人口拥有医院床位6.16张，每千人口卫生技术人员4.95人。将乡村医生签约服务推广到全区19个街镇，农村居民签约5.8万户，覆盖18.8万人，占农村常住人口的39.89%；城市居民签约4.2万户，覆盖12.9万人，占城市常住人口的36.6%。平稳实行药品零差率改革，免收药品加成1490万余元。孕产妇艾梅乙检测率99.93%，干预率100%，乙肝免疫球蛋白接种率98.97%。

十二、移民和社会服务

截至年底，全区三峡后续工作项目累计到位资金26.57亿元，累计完成投资22.59亿元。全年兑付农村移民后期扶持补助资金812万元，兑付解决移民遗留问题补助资金和特殊救济资金220万元。

全年支出低保金6036万元，保障1.1万户低保对象基本生活；支出医疗救助金2700万元，帮扶困难群众1.5万人次；支出供养金2587万元，保障4489名特困人员基本生活。发放优抚对象定期补助金5621万元，下拨应急救灾和倒房重建资金187万元，发放灾民冬春生活救助金325万元。

全年共受理法律援助案件1601件（民事案件1458件、刑事案件138件、行政案件5件），增长近31%；办结1745件（民事案件1522件、刑事案件219件、行政案件4件），增长近16%；为受援人挽回经济损失2317.8万元（其中挽回农民工经济损失880.6万元）。共调解各类矛盾纠纷18020件，调解成功17882件，调解成功率99.23%。

十三、资源、环境和安全生产

2016年长寿区年平均气温为18.6℃，年总降水量为1260.6毫米，年总日照时数为1184.8小时。高温天气≥35℃天数达39天，极端最高气温达40.7℃。长江长寿段水体稳定在Ⅲ类水质，龙溪河长寿段水质达到水域功能要求；完成山坪塘整治719口，新增蓄水能力102万方，解决了0.81万人生活用水问题；城区集中式饮用水源地水质合格率达100%，34个乡镇集中式饮用水源地水质合格率达85%以上；噪声达标区实现建城区100%全覆盖；危险废物和医疗废物规范处置率达100%。城镇污水处理厂污泥和工业危险废物转移制度执行率、处置利用率均达100%

全域建成重庆市安全社区，群众安全感、政法机关满意度和执法公信力分别达93.78%、94.20分、94.55分，均连续三年稳步上升；八类案件、可防性案件、侵财案件分别下降17.6%、14.5%、16.4%；交通死亡人数、受伤人员、直接经济损失分别下降43.2%、19.3%、48.8%；发生火灾事故、直接经济损失分别下降18.9%、14.2%，保持连续三年下降趋势。

2016年重庆市长寿区国民经济主要统计指标

表50　　2016年长寿区国民经济主要统计指标

地区生产总值	1—4季度	同比±%
地区生产总值（亿元）	454.0	10.7
第一产业	44.0	5.0
第二产业	242.7	12.0
工　业	176.8	10.7
建筑业	65.9	15.1
第三产业	167.3	10.4
其中：交通运输、仓储和邮政业	46.1	8.2
批发和零售业	21.0	9.7
住宿和餐饮业	14.8	8.0

农　　业	1—4季度	2015年同期	同比±%
农业总产值（万元）	662490	574151	15.4
粮食产量（吨）	373312	368870	1.2

续表

农　业	1—4 季度	2015 年同期	同比 ±%
出栏生猪（万头）	65.8	68.0	-3.2
出栏家禽（万只）	1123.1	1080	4.0
蔬菜产量（万吨）	36.0	33.7	6.8
水果产量（吨）	242998	222000	9.5
禽肉产量（吨）	17466	16920	3.2
禽蛋产量（吨）	53273	50087	6.3

居民收入	1-4 季度	2015 年同期	同比 ±%
城镇常住居民人均可支配收入（元）	29915	27571	8.5
农村常住居民人均可支配收入（元）	13252	12047	10.0

规上工业	1—4 季度	2015 年同期	同比 ±%
工业企业数（个）	229	191	19.9
工业亏损企业数（个）	56	52	7.7
工业总产值（亿元）	900.0	800.0	12.5
其中：长寿经开区	780.0	697.1	11.9
长寿工业园区	96.7	46.4	108.4
工业销售产值（亿元）	883.1	780.8	13.1
其中：长寿经开区	762.7	677.9	12.5
长寿工业园区	95.7	45.8	108.9
工业产品产销率（%）	98.12	97.60	上升 0.52 个百分点
其中：长寿经开区	97.78	97.25	上升 0.53 个百分点
长寿工业园区	98.96	98.71	上升 0.25 个百分点

规上工业主要产品产量（吨）	1—4 季度	2015 年同期	同比 ±%
生铁	2877320	3664298	-21.5
粗钢	2905097	3718240	-21.9
钢材	3870454	5434948	-28.8
精甲醇	1806340	1550014	16.5
醋酸乙烯	477425	468957	1.8
冰醋酸	373945	393367	-4.9
合成氨	162576	107326	51.5
烧碱（折 100%）	190778	148980	28.1
合成橡胶	20002	23070	-13.3
化学纤维	18304	13429	36.3
合成纤维聚合物	141313	123659	14.3
初级形态塑料	163074	29383	455.0

续表

规上工业主要产品产量（吨）	1—4 季度	2015 年同期	同比 ±%
化学药品原药	2506	2428	3.2
橡胶轮胎外胎（条）	17066863	15906289	7.3
玻璃纤维纱	185650	215066	-13.7
水泥	1298829	1406257	-7.6
发动机（千瓦）	16434054	13629667	20.6
焦炭	1197049	1739122	-31.2
发电量（万千瓦时）	257928	307829	-16.2

规上工业企业经济效益	1—4 季度	2015 年同期	同比 ±%
工业产品销售收入（万元）	8331816	7478215	11.4
其中：长寿经开区	7188025	6502648	10.5
长寿工业园区	919916	445589	106.4
工业利润总额（万元）	-401288	-403838	
其中：长寿经开区	-458761	-450883	
长寿工业园区	47346	34941	35.5
工业税金及附加（万元）	202059	145143	39.2
其中：长寿经开区	165565	117161	41.3
长寿工业园区	28572	17798	60.5

投　资	1—4 季度	2015 年同期	同比 ±%
固定资产投资（亿元）	589.2	506.9	16.2
其中：工业	319.5	274.4	16.4
其中：房地产开发	99.0	79.9	23.9

房　地　产	1—4 季度	2015 年同期	同比 ±%
商品房施工面积（万平方米）	600.2	787.5	-23.8
商品房新开工面积（万平方米）	153.9	132.3	16.3
商品房销售面积（万平方米）	212.7	234.0	-9.1

商　贸	1—4 季度	2015 年同期	同比 ±%
社会消费品零售总额（万元）	1171249	1032599	13.4
按区域分：城镇	632020	558202	13.2
乡村	539229	474397	13.7
按行业分：批发业	239529	214056	11.9
零售业	653290	572301	14.2
住宿业	35995	31836	13.1

续表

商　　贸	1—4 季度	2015 年同期	同比 ± %
餐饮业	242435	214406	13.1
批发零售业销售额（万元）	3130901	2631683	19.0
住宿餐饮营业收入（万元）	334801	284846	17.5

财　　政	1—4 季度	2015 年同期	同比 ± %
地方财政收入（亿元）	91.2	84.1	10.0
其中：公共财政预算收入	37.4	35.1	10.1
地方财政支出（亿元）	127.3	125.8	1.2
其中：公共财政预算支出	64.5	59.2	8.2

金　　融	年末数据	年初数据	比年初 ± %
本外币存款余额（万元）	4966917	4547011	9.2
其中：人民币存款余额	4952026	4530535	9.3
本外币贷款余额（万元）	2942090	2821160	4.3
其中：人民币贷款余额	2940863	2811899	4.6

外经外贸	1—4 季度	2015 年同期	同比 ± %
实际利用内资（亿元）	242.1	218.3	10.9
实际利用外资（亿美元）	2	3.68	-45.6
进出口总额（亿美元）	10.7	12.3	-12.2

招商引资	1—4 季度	2015 年同期	同比 ± %
协议项目个数（个）	186	126	47.6
项目合同总金额（亿元）	509.2	542	-6.1
实际到位资金（亿元）	260.1	215	21.0

就　　业	1—4 季度	2015 年同期	同比 ± %
城镇登记失业人员就业人数（人）	7000	7832	-10.6
城镇登记失业率（%）	2.20	2.08	上升 0.12 个百分点
城镇新增就业人数（人）	23242	24298	-4.3

旅　　游	1—4 季度	2015 年同期	同比 ± %
旅游收入（亿元）	47	—	11.9
旅游人数（万人次）	770	—	10

（重庆市长寿区统计局提供）

2016 年重庆市长寿区各街镇主要统计指标

表 51

一、人口

街镇名称	户数（户）	总人口（人）	出生人数（人）	出生率（‰）	死亡人数（人）	死亡率（%）	自然增长率（‰）
菩提街道	26956	58731	677	12.90	215	4.10	8.80
凤城街道	65584	135927	1191	9.26	923	7.17	2.08
晏家街道	31607	73109	719	10.32	502	7.20	3.11
江南街道	10775	23032	262	11.82	184	8.30	3.52
渡舟街道	16049	40074	457	11.05	313	7.57	3.48
新市街道	10466	24576	319	10.78	254	8.58	2.20
八颗街道	19188	42910	517	10.94	341	7.22	3.73
长寿湖镇	16189	39841	573	11.53	406	8.17	3.36
云台镇	17294	37643	737	14.28	325	6.30	7.98
葛兰镇	29174	60702	797	10.92	546	7.48	3.44
但渡镇	7832	18732	176	9.33	189	10.02	-0.69
邻封镇	14079	31749	319	9.33	304	8.89	0.44
云集镇	12826	27037	431	12.07	326	9.13	2.94
双龙镇	17214	35055	563	14.35	333	8.49	5.86
龙河镇	17829	38954	570	11.85	362	7.53	4.32
海棠镇	13977	35201	397	12.83	251	8.11	4.72
石堰镇	22698	44077	634	10.24	513	8.29	1.96
洪湖镇	13810	30364	379	9.75	262	6.74	3.01
万顺镇	11499	26608	295	9.68	207	6.79	2.89
长寿区	375046	824322	10013	11.08	6756	7.48	3.60

（重庆市长寿区卫生和计划生育委员会提供）

表 52

二、乡镇企业

街镇名称	乡镇企业						其中乡镇工业			
	总产值（万元）	比 2015 年±（%）	利润（万元）	比 2015 年±（%）	入库税金（万元）	比 2015 年±（%）	产值（万元）	比 2015 年±（%）	增加值（万元）	比 2015 年±（%）
菩提街道										
凤城街道	1335848.39	12.2	130119.76	17.5	48923.82	9.5	302549.19	15.2	90005.28	11.2
晏家街道	296464.23	12.1	16680.24	16.9	14394.73	7.8	116885.3	14.8	20959.56	10.95
江南街道	58200.34	11.5	2222.27	16.3	2794.73	6.5	25315.62	15.1	6676.65	11
渡舟街道	252546.09	11.6	12709.11	16.8	6700.01	6.7	50805.72	14.75	12828.47	10.81
长寿湖镇	18728.95	11.3	882.34	15.4	1727.21	10.6	4568.47	13.25	1113.04	10.75

续表

街镇名称	乡镇企业						其中乡镇工业			
	总产值（万元）	比2015年±（%）	利润（万元）	比2015年±（%）	入库税金（万元）	比2015年±（%）	产值（万元）	比2015年±（%）	增加值（万元）	比2015年±（%）
云台镇	137213.34	12.6	13540.79	17.2	2619.83	10.8	111823.69	16.53	19039.94	12.33
葛兰镇	350825.9	15.5	23679.32	17.6	12885.68	11.3	329149.7	18.41	74534.17	13.15
但渡镇	19328.27	10.3	3232.51	15.1	843.41	6.4	6929.02	13.55	1569.31	10.05
邻封镇	61658.93	10.2	1337.51	15.02	128.57	6.2	3258.48	13.42	710.79	10.03
云集镇	16296.01	10.8	1244.66	15.07	280.76	7.05	4181.68	14.35	1011.26	10.52
双龙镇	51225.45	10.6	3828.03	15.33	995.4	5.46	31629.8	14.75	7262.17	10.67
龙河镇	47705.5	10.7	4316.84	15.41	1643.5	5.06	12416.13	14.88	4347.93	10.86
海棠镇	93280.9	14.6	3396.47	15.98	2798.75	6.75	58864.37	16.95	14802.97	11.05
石堰镇	42633.45	11.1	1498.25	15.66	252.6	6.91	17717.51	15.03	5606.29	10.36
新市镇	328549.3	17.4	20728.4	18.55	14284.88	11.53	327723.7	20.15	97913.52	13.8
八颗镇	139982.06	12.4	11266.9	16.51	5477.87	10.85	142320.8	15.33	34311.26	11.44
洪湖镇	62798.13	10.7	2425.18	14.65	706.89	6.95	39629	14.78	11182.77	10.2
万顺镇	25562.16	10.5	210.86	14.8	13.62	6.52	25291.95	14.36	4997.44	10.1

（重庆市长寿区经济和信息化委员会提供）

附 录

❖ 旧词新说

附　录

旧词新说

离开——闪
清瘦——骨感
集体——团队
争论——对话
滋补——养身
秘书——小秘
发疯——非理性亢奋
不拿手——菜鸟
追随者——粉丝
围观者——吃瓜群众
意见合一——共识
双方受益——双赢
紧张失常——抓狂
心理抚慰——心灵鸡汤
贪官污吏——老虎苍蝇
分享不求回报——资源共享

尽兴——嗨
开会——论坛
容貌——颜值
辞职——跳槽
用餐——饭局
痛快——爽歪歪
密切——零距离接触
不成熟——青涩
资本家——企业家
农民工——外来建设者
结伴出游者——驴友
胡说八道——牛屎
年轻英俊——小鲜肉
用尽全力——洪荒之力
说出内心感受——吐槽

幼稚——呆萌
单位——机构
领导——老板
减肥——塑身
目录——菜单
计划——路线图
不一般——牛气
暴发户——土豪
包工头——项目经理
八卦新闻——秘闻
桃色新闻——绯闻
奇特出众——奇葩
甩手踩脚——广场舞
适龄未婚——剩男(剩女)
中老年女性——资深美女

（根据日常使用收集整理）

索 引

❖ 索引

索　引

说　明

一、本索引按主题词首字汉语拼音(同音字按声调)顺序排列,若首字拼音相同则按第二字音序排列,以此类推。索引主题词后的阿拉伯数字表示该主题内容所在页码。

二、本索引收录的是分目;条目、《概述》分目和《特载》《大事记》《文献》《统计资料》等部目的相关内容未做索引。

三、以数字开头的索引词集中放在末尾。

D

F

G

H

J

K

L

M

N

P

Q

R

S